D Programlama Dili

D Programlama Dili

Ali Çehreli

Teknik düzenleme: Luís Marques

D Programlama Dili

D sürümü: 2.098.1
Kitap düzenleme: 2022-02-09 [1]

Bu kitabın en güncel elektronik sürümlerini sitesinden[2] edinebilirsiniz.

Teknik düzenleme: Luís Marques[3]

Kapak tasarımı: İzgi Yapıcı[4]

Kapak resmi: Sarah Reece[5]

Basımcı: Ali Çehreli[6]

Fontlar:

Andada (tasarımcı: Huerta Tipográfica için Carolina Giovagnoli)
Open Sans (tasarımcı: Steve Matteson)
DejaVu Mono (tasarımcı: DejaVu Fonts)

PDF sürümü Prince XML ile oluşturulmuştur
Diğer ekitap sürümleri Calibre ile oluşturulmuştur

1. https://bitbucket.org/acehreli/ddili
2. http://ddili.org/ders/d
3. http://www.luismarques.eu
4. http://izgiyapici.com
5. mailto:sarah@reeceweb.com
6. mailto:acehreli@yahoo.com

İçindekiler

Önsöz - Andrei Alexandrescu

Ali'yi tanıyanlarımız açık, sabırlı, ve fazla mütevaziliğe kaçmayan nazik kişiliğinin yazdığı D kitabına da yansıdığını farkedeceklerdir.

Kitaptaki her cümle belirli bir amaca hizmet ediyor ve her birisi ileriye doğru bir adıma dönüşüyor; ne fazla hızlı ne fazla yavaş. "`opApply`'ın tanımında da `foreach`'ten yararlanıldığına dikkat edin. `main` içinde `poligon` nesnesi üzerinde işleyen `foreach`, poligonun `noktalar` üyesi üzerinde işletilen bir `foreach`'ten yararlanmış olur." Kitap bu havada ve tam da gereken miktarda sözcük sarfederek devam ediyor. Hem de doğru sırada: Ali, – programcılığa yeni başlayanlara üstesinden gelemeyecekleri kadar "hep birden" geliveren – dil kavramlarını takdire değer bir biçimde ardışık olarak sunmayı başarıyor.

"D Programlama Dili"nin çok beğendiğim bir tarafı daha var: bu kitap, *genel anlamda* programlama öğrenme açısından da iyi bir kitap. Haskell'i tanıtan bir kitap aynı zamanda fonksiyonel programlamayı da öğretecektir; C üzerine olan bir kitap sistem programlama kavramlarını da verecektir; bir Python kitabı betik programlama yöntemlerini de gösterecektir, vs. Peki, D'yi tanıtan bir kitabın satır aralarında neler bulmayı bekleyebiliriz? En iyisi, programcılığın kendisini...

D, "işe uygun olan alet kullanma" fikrini güder ve kullanıcılarına çok sayıda programlama yöntemi sunar. Bunu yaparken programcının önüne fazla gariplik de sermez. D ile kod yazmanın en zevkli yolu kodlamaya açık fikirle yaklaşmaktır çünkü şekil almaya başlayan her tasarım aslında onu başka bir kalıba sokmaya elveren farklı bir gerçekleştirme, yaklaşım, veya paradigma için taze bir fırsattır. En uygun olanlarını seçebilmesi için programcının olanakların tümünü biliyor olması gerekir – "D Programlama Dili" programcıyı bu bilgilerle donatmanın çok iyi yollarından birisi. Bu bilgileri özümsemiş olmak yalnızca iyi D kodu yazmaya değil, genelde iyi kod yazmaya da yardım eder.

Kitap, öğretilen programlama ve dil kavramlarını destekleyen yöntemler de gösteriyor. Her programcıya mutlaka öğretilen kod tekrarından kaçınılması, iyi isimler seçilmesi, kodun alt parçalara ayrılması, ve başka bir çok öğüt normal kodlamada da olduğu gibi basit çözümden sağlam çözüme doğru adım adım geçiriliyor. "D Programlama Dili" okuyucularını sonuca hızlıca gitme yanılgısına değil, çok daha kalıcı yararları olan doğru kodlamaya yöneltmeye odaklanıyor.

D'nin öğretilen ilk programlama dili olabileceğini uzun zamandır tahmin etmekteydim. D, kullanıcılarına çok çeşitli programlama kavramını – sistem, fonksiyonel, nesne yönelimli, türden bağımsız, kod üretmeli – içtenlikle ve yapmacıklığa kaçmadan sunar. Bu fırsatı mükemmelce değerlendirdiğini gördüğüm Ali'nin kitabı da öyle.

Andrei Alexandrescu
San Francisco, *Mayıs 2015*

Yazarın Önsözü

D, en alt düzeylerden en üst düzeylere kadar bütün güçlü programlama kavramlarını destekleyen ve özellikle bellek güvenliğini, program doğruluğunu, ve kolay kullanımı ön plana çıkartan *çok paradigmalı* bir programlama dilidir.

Bu kitabın temel amacı yeni başlamış olan okuyuculara programcılığı D dilini kullanarak öğretmektir. Her ne kadar başka dillerde kazanılmış olan deneyimler yararlı olsa da, bu kitap programcılığa en temel kavramlardan başlar.

Bu kitabı izleyebilmek için D programlarınızı yazacak, derleyecek, ve çalıştıracak bir ortama ihtiyacınız olacak. Bu *geliştirme ortamında* en azından bir derleyici ve bir metin düzenleyici bulunması şarttır. Derleyici kurulumunu ve programların nasıl derlendiklerini bir sonraki bölümde göreceğiz.

Her bölüm olabildiğince az sayıda kavramı hep daha önceki bölümlerde öğrenilen bilgiler üzerine kurulu olarak anlatmaya çalışıyor. Bu yüzden kitabı başından sonuna doğru hiç bölüm atlamadan okumanızı öneririm. Bu kitap her ne kadar yeni başlayanlar için yazılmış olsa da D dilinin hemen hemen tamamını içerir. Deneyimli okuyucular dizin bölümünden yararlanarak kitabı bir D referansı olarak da kullanabilirler.

Bazı bölümlerin sonunda o zamana kadar öğrendiğiniz bilgileri kullanarak programlayabileceğiniz küçük problemler ve kendi çözümlerinizle karşılaştırabilmeniz için çözümler de bulunuyor.

Kitabın sonunda (ve HTML sürümünün her sayfasında) kitapta kullanılan Türkçe terimlerin İngilizcelerini içeren bir sözlük bulunuyor.

Programcılık yeni araçlar, yöntemler, ve kavramlar öğrenmeyi gerektiren çok doyurucu bir uğraştır. D programcılığından en az benim kadar hoşlanacağınızı umuyorum. Programlama dilleri başkalarıyla paylaşıldığında hem daha kolay öğrenilir hem de çok daha zevklidir. Çeşitli D forumlarını[1] izlemenizi ve o forumlara katkıda bulunmanızı öneririm.

Bu kitap İngilizce[2]'ye de çevrilmiştir.

Teşekkür

Bu kitabın gelişiminde büyük katkıları bulunan aşağıdaki kişilere teşekkür ederim.

Mert Ataol, Zafer Çelenk, Salih Dinçer, Can Alpay Çiftçi, Faruk Erdem Öncel, Muhammet Aydın (Mengü Kağan), Ergin Güney, Jordi Sayol, David Herberth, Andre Tampubolon, Gour-Gadadhara Dasa, Raphaël Jakse, Andrej Mitrović, Johannes Pfau, Jerome Sniatecki, Jason Adams, Ali H. Çalışkan, Paul Jurczak, Brian Rogoff, Михаил Страшун (Mihails Strasuns), Joseph Rushton Wakeling, Tove, Hugo Florentino, Satya Pothamsetti, Luís Marques, Christoph Wendler, Daniel Nielsen, Ketmar Dark, Pavel Lukin, Jonas Fiala, Norman Hardy, Rich Morin, Douglas Foster, Paul Robinson, Sean Garratt, Stéphane Goujet, Shammah Chancellor, Steven Schveighoffer, Robbin Carlson, Bubnenkov Dmitry Ivanovich, Bastiaan Veelo, Olivier Pisano, Dave Yost, Tomasz Miazek-Mioduszewski, Gerard Vreeswijk, Justin Whear, Gerald Jansen, Sylvain Gault, Shriramana Sharma, Jay Norwood, Henri Menke, Chen Lejia, Vladimir Panteleev, Martin Tschierschke, ag0aep6g, Andrew Edwards, Steve White, Mark Schwarzmann, Thibaut Charles, Richard Palme, Don Grant, Goksan Kadir, Aleksandr Treyger, Michael Siegel,

1. http://ddili.org/forum/forum
2. http://ddili.org/ders/d.en/

Quirin Schroll, Don Allen, Krasimir Berov, Chibisi Chima-Okereke, Xavier Gachon, ve Paul Hines.

Özellikle Luís Marques ve Steven Schveighoffer kitabın İngilizce çevirisinin her bölümü üzerinde ayrıntılı düzenlemeler yaptılar ve önerilerde bulundular. Bu kitap bir miktar da olsa yararlı olmayı başarabilmişse bunu Luís'in ve Steven'ın usta düzenlemelerine borçluyum.

Bu kitabın yazım sürecinde heyecanımı canlı tutan bütün D topluluğuna teşekkür ederim. D dili, bearophile ve Kenji Hara gibi yorulmak bilmeyen kişilerden oluşan harika bir topluluğa sahiptir.

Ebru, Damla, ve Derin, sabrınız ve desteğiniz için çok teşekkür ederim. İyi ki varsınız.

Ali Çehreli
Mountain View, *Mayıs 2017*

Kitabın bu sürümü çok sayıda düzeltme ve geliştirmenin[1] yanında yeni bir bölüm de içeriyor: `static foreach` (sayfa 605).

Ali Çehreli
Mountain View, *Şubat 2019*

Kitabın bu sürümüne eklenen en önemli başlık, Kopyalayıcı işlev (sayfa 281) oldu.

Ali Çehreli
Mountain View, *Ocak 2022*

1. https://bitbucket.org/acehreli/ddili/commits/all

1 "Merhaba Dünya" Programı

Her programlama dilinde gösterilen ilk program *merhaba dünya* programıdır. Doğal olarak son derece basit olması gereken bu program o dilde program yazabilmek için mutlaka bilinmesi gereken kavramları da içerdiği için önemlidir.

Şimdilik bu kavramları bir kenara bırakalım ve önce bu programı görelim:

```
import std.stdio;

void main() {
    writeln("Merhaba, Dünya!");
}
```

Yukarıdaki *kaynak koddan* çalışabilir program oluşturulabilmesi için kaynak kodun bir D derleyicisi tarafından derlenmesi gerekir.

1.1 Derleyici kurulumu

Bu bölüm yazıldığı sırada derleyici olarak üç seçenek bulunuyor: Digital Mars derleyicisi `dmd`, GCC derleyicisi `gdc`, ve LLVM derleme ortamını hedefleyen `ldc`.

D programlama dilinin geliştirilmesi sırasındaki asıl derleyici `dmd` olmuştur. D'nin yeni olanakları ilk olarak hep bu derleyicide gerçekleştirilmişlerdir. Bu kitaptaki örnekler de hep `dmd` üzerinde denenmiş olduklarından sizin de onu kurmanızı öneririm. Başka derleyicileri gerekirse daha sonra kurabilirsiniz. Bu kitaptaki kod örnekleri dmd 2.098.1 ile derlendi.

`dmd`'nin en yeni sürümünü Digital Mars'ın Download sayfasından[1] indirebilirsiniz. O sayfadaki sürümler arasından işletim sisteminize uyan ve sisteminizin 32 veya 64 bitlik olmasına bağlı olan en yeni sürümü seçin. D1 sürümlerini seçmeyin. Bu kitap D'nin D2 diye de anılan son sürümünü anlatır.

Derleyici kurulumu ortama bağlı olarak farklılık gösterse de bir kaç bağlantıya ve düğmeye tıklamak kadar kolaydır.

1.2 Kaynak dosya

Programcının D dili kurallarına göre yazdığı ve derleyiciye derlemesi için verdiği dosyaya *kaynak dosya* denir. D derlemeli bir dil olduğu için, kaynak dosyanın kendisi çalıştırılabilir bir program değildir. Kaynak dosya, ancak derleyici tarafından derlendikten sonra çalıştırılabilen program haline gelir.

Her tür dosyanın olduğu gibi, kaynak dosyanın da diske kaydedilirken bir isminin olması gerekir. Kaynak dosya isminde sisteminizin izin verdiği her harfi kullanabilirsiniz. Ancak, D kaynak dosyalarının dosya isim *uzantısının* `.d` olması geleneklesmiştir. Geliştirme ortamları, araç programlar, ve başka programcılar da bunu beklerler. Örneğin `deneme.d`, `tavla.d`, `fatura.d`, vs. uygun kaynak dosya isimleridir.

1.3 Merhaba dünya programını derlemek

Kaynak dosya bir metin düzenleyicide[2] (veya aşağıda bahsedildiği gibi bir *geliştirme ortamında*) yazılabilir. Yukarıdaki programı bir metin dosyasına yazın veya kopyalayın ve `merhaba.d` ismiyle kaydedin.

Derleyicinin görevi, bu kaynak dosyada yazım hataları bulunmadığını denetlemek ve onu makine koduna dönüştürerek çalıştırılabilir program haline getirmektir. Programı derlemek için şu adımları uygulayın:

1. http://www.dlang.org/download.html
2. http://wiki.dlang.org/Editors

1. Bir uç birim penceresi (konsol, terminal, komut satırı, vs. diye de bilinir) açın.
2. `merhaba.d` dosyasının kaydedildiği klasöre gidin.
3. Aşağıdaki komutu yazın ve Enter'a basın. ($ karakterini yazmayın; o karakter komut satırının başını temsil ediyor.)

```
$ dmd merhaba.d
```

Eğer bir hata yapmadıysanız hiçbir şey olmadığını düşünebilirsiniz. Tersine, `dmd`'nin mesaj vermemesi herşeyin yolunda gittiğini gösterir. Bulunduğunuz klasörde `merhaba` (veya `merhaba.exe`) isminde bir program oluşmuş olması gerekir.

Eğer derleyici bazı mesajlar yazdıysa programı yazarken bir hata yaptığınız için olabilir. Hatayı bulmaya çalışın, olası yanlışları düzeltin, ve programı tekrar derleyin. Programlama hayatınızda doğal olarak sıklıkla hatalar yapacaksınız.

Program başarıyla derlenmişse ismini yazarak başlatabilirsiniz. Programın "Merhaba, Dünya!" yazdığını göreceksiniz:

```
$ ./merhaba        ← programın çalıştırılması
Merhaba, Dünya!    ← programın yazdığı satır
```

Tebrikler! İlk D programınızı çalıştırdınız.

1.4 Derleyici seçenekleri

Derleyicilerin derleme aşamasıyla ilgili komut satırı seçenekleri vardır. Bu seçenekleri görmek için yalnızca derleyicinin ismini yazın ve Enter'a basın:

```
$ dmd     ← yalnızca derleyicinin ismi
DMD64 D Compiler v2.098.1
...
  -de          show use of deprecated features as errors (halt compilation)
...
  -unittest    compile in unit tests
...
  -w           warnings as errors (compilation will halt)
...
```

Özellikle kısaltılmış olarak gösterdiğim yukarıdaki liste her zaman için kullanmanızı önerdiğim seçenekleri içeriyor. Buradaki merhaba dünya programında hiçbir etkisi olmasa da aşağıdaki komut hem birim testlerini etkinleştirir hem de hiçbir uyarıya veya emekliye ayrılmış olanağa izin vermez. Bu ve bazı başka seçeneklerin anlamlarını ilerideki bölümlerde göreceğiz:

```
$ dmd merhaba.d -de -w -unittest
```

`dmd` komut satırı seçeneklerinin tam listesini DMD Compiler sayfasında[1] bulabilirsiniz.

`-run` seçeneğini de kullanışlı bulabilirsiniz. `-run`, kaynak kodun derlenmesini, programın oluşturulmasını, ve çalıştırılmasını tek komuta indirger. Bu seçenek komut satırındaki son derleyici seçeneği olmalı ve kaynak dosyadan hemen önce belirtilmelidir:

```
$ dmd -de -w -unittest -run merhaba.d
Hello world!  ← program otomatik olarak çalıştırılır
```

1. http://dlang.org/dmd-linux.html

1.5 Geliştirme ortamı

Derleyiciye ek olarak bir *geliştirme ortamı* (IDE) da kurmayı düşünebilirsiniz. Geliştirme ortamları program yazma, derleme, ve hata ayıklama adımlarını kolaylaştıran programlardır.

Geliştirme ortamlarında program derlemek ve çalıştırmak, bir tuşa basmak veya bir düğmeye tıklamak kadar kolaydır. Yine de programların uç birimlerde nasıl derlendiklerini bilmeniz de önemlidir.

Bir geliştirme ortamı kurmaya karar verdiğinizde dlang.org'daki IDEs sayfasındaki[1] seçeneklere bakabilirsiniz.

1.6 Türkçe harfler

Kitabın bölümleri bütünüyle Türkçe programlardan oluştuklarından çalıştığınız ortamda Türkçe harflerin doğru olarak görünmeleri önemlidir. Bunun için uç birim penceresinin UTF-8 kodlamasına ayarlanmış olması gerekir. (Linux gibi bazı ortamlarda uç birimler zaten UTF-8'e ayarlıdır.)

Örneğin, eğer bir Windows ortamında çalışıyorsanız karakter kodlamasını 65001'e ayarlamanız ve Lucida Console gibi bir TrueType font seçmeniz gerekir.

1.7 Merhaba dünya programının içeriği

Bu kadar küçük bir programda bile değinilmesi gereken çok sayıda kavram bulunuyor. Bu kavramları bu aşamada fazla ayrıntılarına girmeden şöyle tanıtabiliriz:

İç olanaklar: Her programlama dili kendi söz dizimini, temel türlerini, anahtar sözcüklerini, kurallarını, vs. tanımlar. Bunlar o dilin *iç olanaklarını* oluştururlar. Bu programda görülen parantezler, noktalı virgüller, `main` ve `void` gibi sözcükler; hep D dilinin kuralları dahilindedirler. Bunları Türkçe gibi bir dilin yazım kurallarına benzetebiliriz: özne, yüklem, noktalama işaretleri, vs...

Kütüphaneler ve işlevler: Dilin iç olanakları yalnızca dilin yapısını belirler. Bu olanaklar kullanılarak oluşturulan işlevlerin bir araya getirilmelerine *kütüphane* adı verilir. Kütüphaneler programların yararlanmaları amacıyla bir araya getirilmiş olan program parçacıklarından oluşurlar.

Bu programdaki `writeln` işlevi, standart D kütüphanesinde çıkışa satır yazdırmak için kullanılan bir işlevdir. İsmi, "satır yaz"ın karşılığı olan "write line"dan gelir.

Modüller: Kütüphane içerikleri, kullanış amaçlarına göre gruplanmış olan *modüllerdir*. D'de kütüphaneler programlara bu modüller halinde tanıtılırlar. Bu programda kullanılan tek modül olan `std.stdio`'nun ismi, "standart kütüphanenin standart giriş/çıkış modülü" olarak çevirebileceğimiz "standard input/output"tan türemiştir.

Karakterler ve dizgiler: Bu programdaki `"Merhaba, Dünya!"` gibi bilgilere *dizgi*, dizgileri oluşturan elemanlara da *karakter* adı verilir. Örneğin bu programdaki dizgiyi oluşturan karakterlerden bazıları `M`, `e`, ve `!` karakterleridir.

İşlem sırası: Program, işini belirli adımları belirli sırada tekrarlayarak yapar. Bu sıranın en başında `main` isimli işlevin içindeki işlemler vardır; programın işleyişi, `main`'le başlar. Bu küçük programda tek bir işlem bulunuyor: `writeln`'li satırdaki işlem.

Büyük/Küçük harf ayrımı: Programda değişiklik yaparken dizgilerin içinde istediğiniz karakterleri kullanabilirsiniz, ama diğer isimleri göründükleri gibi

1. http://wiki.dlang.org/IDEs

küçük harfle yazmaya dikkat edin, çünkü D dilinde büyük/küçük harf ayrımı önemlidir. Örneğin `writeln` ile `Writeln` D dilinde farklı isimlerdir.

Anahtar sözcük: Dilin iç olanaklarını belirleyen özel sözcüklere *anahtar sözcük* denir. Anahtar sözcükler dilin kendisi için ayrılmış olan ve özel anlamlar taşıyan sözcüklerdir; programda başka amaçla kullanılamazlar. Bu programda iki anahtar sözcük bulunuyor: Programa modül eklemeye yarayan `import` ve buradaki kullanımında "hiçbir tür" anlamına gelen `void`.

D'nin anahtar sözcükleri şunlardır: `abstract`, `alias`, `align`, `asm`, `assert`, `auto`, `body`, `bool`, `break`, `byte`, `case`, `cast`, `catch`, `cdouble`, `cent`, `cfloat`, `char`, `class`, `const`, `continue`, `creal`, `dchar`, `debug`, `default`, `delegate`, `delete`, `deprecated`, `do`, `double`, `else`, `enum`, `export`, `extern`, `false`, `final`, `finally`, `float`, `for`, `foreach`, `foreach_reverse`, `function`, `goto`, `idouble`, `if`, `ifloat`, `immutable`, `import`, `in`, `inout`, `int`, `interface`, `invariant`, `ireal`, `is`, `lazy`, `long`, `macro`, `mixin`, `module`, `new`, `nothrow`, `null`, `out`, `override`, `package`, `pragma`, `private`, `protected`, `public`, `pure`, `real`, `ref`, `return`, `scope`, `shared`, `short`, `static`, `struct`, `super`, `switch`, `synchronized`, `template`, `this`, `throw`, `true`, `try`, `typedef`, `typeid`, `typeof`, `ubyte`, `ucent`, `uint`, `ulong`, `union`, `unittest`, `ushort`, `version`, `void`, `volatile`, `wchar`, `while`, `with`, `__FILE__`, `__FILE_FULL_PATH__`, `__MODULE__`, `__LINE__`, `__FUNCTION__`, `__PRETTY_FUNCTION__`, `__gshared`, `__traits`, `__vector`, ve `__parameters`.

Bir kaç tanesi hariç, bu sözcükleri ilerideki bölümlerde göreceğiz: `asm`[1] ve `__vector`[2] bu kitabın kapsamı dışında kalıyor; `body`, `delete`, `typedef`, ve `volatile` emekliye ayrılmışlardır; ve `macro` henüz D tarafından kullanılmamaktadır.

1.8 Problemler

1. Programa istediğiniz başka bir şey yazdırın.
2. Programı birden fazla satır yazacak şekilde değiştirin. Bunun için programa yeni bir `writeln` satırı ekleyebilirsiniz.
3. Programın başka yerlerinde değişiklikler yapın ve derlemeye çalışın; örneğin `writeln` satırının sonundaki noktalı virgül olmadığında derleme hatalarıyla karşılaştığınızı görün.

Çözümler: Sayfa 698

---

1. http://dlang.org/statement.html#AsmStatement
2. http://dlang.org/phobos/core_simd.html#.Vector

2 writeln ve write

Bundan önceki bölümde, yazdırılmak istenen dizginin `writeln`'e parantez içinde verildiğini gördük.

Programda `writeln` gibi iş yapan birimlere *işlev*, o işlevlerin işlerini yaparken kullanacakları bilgilere de *parametre* adı verilir. Parametreler işlevlere parantez içinde verilirler.

`writeln` satıra yazdırmak için bir seferde birden fazla parametre alabilir. Parametrelerin birbirleriyle karışmalarını önlemek için aralarında virgül kullanılır.

```
import std.stdio;

void main() {
    writeln("Merhaba, Dünya!", "Merhaba, balıklar!");
}
```

Bazen, aynı satıra yazdırılacak olan bütün bilgi `writeln`'e hep birden parametre olarak geçirilebilecek şekilde hazır bulunmayabilir. Böyle durumlarda satırın baş tarafları `write` ile parça parça oluşturulabilir ve satırdaki en sonuncu bilgi `writeln` ile yazdırılabilir.

`writeln` yazdıklarının sonunda yeni bir satıra geçer, `write` aynı satırda kalır:

```
import std.stdio;

void main() {
    // Önce elimizde hazır bulunan bilgiyi yazdırıyor olalım:
    write("Merhaba");

    // ... arada başka işlemlerin yapıldığını varsayalım ...

    write("dünya!");

    // ve en sonunda:
    writeln();
}
```

`writeln`'i parametresiz kullanmak, satırın sonlanmasını sağlar.

Başlarında // karakterleri bulunan satırlara *açıklama satırı* adı verilir. Bu satırlar programa dahil değildirler; programın bilgisayara yaptıracağı işleri etkilemezler. Tek amaçları, belirli noktalarda ne yapılmak istendiğini programı daha sonra okuyacak olan kişilere açıklamaktır.

2.1 Problemler

1. Buradaki programların ikisi de dizgileri aralarında boşluk olmadan birbirlerine yapışık olarak yazdırıyorlar; bu sorunu giderin
2. `write`'ı da birden fazla parametreyle çağırmayı deneyin

Çözümler: Sayfa 698

3 Derleme

D programcılığında en çok kullanılan iki aracın *metin düzenleyici* ve *derleyici* olduklarını gördük. Programlar metin düzenleyicilerde yazılırlar.

D gibi dillerde derleme kavramı ve derleyicinin işlevi de hiç olmazsa kaba hatlarıyla mutlaka bilinmelidir.

3.1 Makine kodu

Bilgisayarın beyni CPU denen mikro işlemcidir. Mikro işlemciye ne işler yapacağını bildirmeye *kodlama*, bu bildirimlere de *kod* denir.

Her mikro işlemci modelinin kendisine has kodları vardır. Her mikro işlemcinin nasıl kodlanacağına mimari tasarımı aşamasında ve donanım kısıtlamaları gözetilerek karar verilir. Bu kodlar çok alt düzeyde elektronik sinyaller olarak gerçekleştirilirler. Bu tasarımda kodlama kolaylığı geri planda kaldığı için, doğrudan mikro işlemciyi kodlayarak program yazmak çok güç bir iştir.

Mikro işlemcinin adının parçası olan *işlem* kavramı, özel sayılar olarak belirlenmiştir. Örneğin kodları 8 bit olan hayalî bir işlemcide 4 sayısı yükleme işlemini, 5 sayısı depolama işlemini, 6 sayısı da arttırma işlemini gösteriyor olabilir. Bu hayalî işlemcide soldaki 3 bitin işlem sayısı ve sağdaki 5 bitin de o işlemde kullanılacak değer olduğunu düşünürsek, bu mikro işlemcinin makine kodu şöyle olabilir:

```
İşlem   Değer          Anlamı
 100    11110      YÜKLE  11110
 101    10100      DEPOLA 10100
 110    10100      ARTTIR 10100
 000    00000      BEKLE
```

Makine kodunun donanıma bu kadar yakın olması, *oyun kağıdı* veya *öğrenci kayıtları* gibi üst düzey kavramların bilgisayarda temsil edilmelerini son derece güç hale getirir.

3.2 Programlama dili

Mikro işlemcileri kullanmanın daha etkin yolları aranmış, ve çözüm olarak üst düzey kavramları ifade etmeye elverişli programlama dilleri geliştirilmiştir. Bu dillerin donanım kaygıları olmadığı için, özellikle kullanım kolaylığı ve ifade gücü gözetilerek tasarlanmışlardır. Programlama dilleri insanlara uygun dillerdir ve çok kabaca konuşma dillerine benzerler:

```
if (ortaya_kağıt_atılmış_mı()) {
    oyun_kağıdını_göster();
}
```

Buna rağmen, programlama dilleri çok daha sıkı kurallara sahiptirler.

Programlama dillerinin bir sorunu, anahtar sözcüklerinin geleneksel olarak İngilizce olmasıdır. Neyse ki bunlar kolayca öğrenebilecek kadar az sayıdadır. Örneğin `if`'in "eğer" anlamına geldiğini bir kere öğrenmek yeter.

3.3 Yorumlayıcı

Yorumlayıcı, programın kaynak kodunu okuyan ve yazıldığı amaca uygun olarak işleten bir araçtır. Örneğin, bir yorumlayıcı yukarıdaki kod verildiğinde önce `ortaya_kağıt_atılmış_mı()`'yı, sonra da onun sonucuna bağlı olarak `oyun_kağıdını_göster()`'i işletir. Programcının bakış açısından, programı yorumlayıcı ile işletmek yalnızca iki adımdan oluşur: programı yazmak ve yorumlayıcıya vermek.

Yorumlayıcı programı her işletişinde kaynak kodu baştan okumak zorundadır. Bu yüzden, yorumlayıcı ile işletilen program genel olarak o programın derlenmiş halinden daha yavaş çalışır. Ek olarak, yorumlayıcılar genelde kodu kapsamlıca incelemeden işletirler. Bu yüzden, çeşitli program hatası ancak program çalışmaya başladıktan sonra yakalanabilir.

Perl, Python, ve Ruby gibi esnek ve dinamik dillerde yazılmış programların işletilmeden önce incelenmeleri güçtür. Bu yüzden, böyle diller geleneksel olarak yorumlayıcı ile kullanılırlar.

3.4 Derleyici

Derleyici, programın kaynak kodunu okuyan başka bir araçtır. Yorumlayıcıdan farkı, kodu işletmemesi ama işletecek olan başka bir program oluşturmasıdır. Programcının yazdığı kodları işletme görevi oluşturulan bu programa aittir. (Bu program genelde makine kodu içerir.) Programcının bakış açısından, programı derleyici ile işletmek üç adımdan oluşur: programı yazmak, derlemek, ve oluşturulan programı çalıştırmak.

Yorumlayıcının aksine, derleyici kaynak kodu tek kere ve derleme sırasında okur. Bu yüzden, derlenmiş program yorumlayıcı tarafından işletilen programdan genelde daha hızlıdır. Derleyiciler kodu genelde kapsamlı olarak da inceleyebildiklerinden hem daha hızlı işleyen programlar üretebilirler hem de program hatalarının çoğunu daha program işlemeye başlamadan önce yakalayabilirler. Öte yandan, yazılan programın her değişiklikten sonra derlenmesinin gerekmesi ek bir külfet olarak görülebilir ve bazı insan hatalarının kaynağıdır. Dahası, derleyicinin ürettiği program ancak belirli bir platformda çalışabilir; programın başka bir mikro işlemci veya işletim sistemi üzerinde çalışabilmesi için tekrar derlenmesi gerekir. Ek olarak, derlenmeleri kolay olan diller yorumlayıcı kullananlardan daha az esnektirler.

Aralarında Ada, C, C++, ve D'nin de bulunduğu bazı diller güvenlik ve performans gibi nedenlerle derlenebilecek biçimde tasarlanmışlardır.

Derleme hatası

Derleyiciler programı dilin kurallarına uygun olarak derledikleri için, kural dışı kodlar gördüklerinde bir hata mesajı vererek sonlanırlar. Örneğin kapanmamış bir parantez, unutulmuş bir noktalı virgül, yanlış yazılmış bir anahtar sözcük, vs. derleme hatasına yol açar.

Derleyici bazen de kod açıkça kural dışı olmadığı halde, programcının yanlış yapmasından şüphelenebilir ve bu konuda uyarı mesajı verebilir. Program derlenmiş bile olsa, her zaman için uyarıları da hata gibi kabul edip, uyarıya neden olan kodu değiştirmek iyi olur.

4 Temel Türler

Bir bilgisayarın beyninin *mikro işlemci* olduğunu gördük. Bir programdaki işlemlerin çoğunu mikro işlemci yapar. Kendi yapmadığı işleri de bilgisayarın yan birimlerine devreder.

Bilgisayarlarda en küçük bilgi miktarı, 0 veya 1 değerini tutabilen ve *bit* adı verilen yapıdır.

Yalnızca 0 ve 1 değerini tutabilen bir veri türünün kullanımı çok kısıtlı olduğu için, mikro işlemciler birden fazla bitin yan yana getirilmesinden oluşan daha kullanışlı veri türleri tanımlamışlardır: örneğin 8 bitten oluşan *bayt* veya 32, 64, vs. bitten oluşan daha büyük veri türleri... Eğer türlerden N bitlik olanı bir mikro işlemcinin en etkin olarak kullandığı tür ise, o mikro işlemcinin *N bitlik* olduğu söylenir: "32 bitlik işlemci", "64 bitlik işlemci", gibi...

Mikro işlemcinin tanımladığı veri türleri de kendi başlarına yeterli değillerdir; çünkü örneğin *öğrenci ismi* gibi veya *oyun kağıdı* gibi özel bilgileri tutamazlar. Mikro işlemcinin sunduğu bu genel amaçlı veri türlerini daha kullanışlı türlere çevirmek programlama dillerinin görevidir. D'nin temel türleri bile tek başlarına kullanıldıklarında *oyun kağıdı* gibi bir kavramı destekleyemezler. O tür kavramlar ileride anlatılacak olan *yapılarla* ve *sınıflarla* ifade edilirler.

D'nin temel türleri çoğunlukla diğer dillerdeki temel türlere benzerler. Ek olarak, D'de belki de ancak bilimsel hesaplarda işe yarayan bazı ek türler de bulunur.

Tabloda kullanılan terimlerin açıklamalarını aşağıda bulacaksınız.

D'nin Temel Veri Türleri

Tür	Açıklama	İlk Değeri
bool	Bool değeri	false
byte	işaretli 8 bit	0
ubyte	işaretsiz 8 bit	0
short	işaretli 16 bit	0
ushort	işaretsiz 16 bit	0
int	işaretli 32 bit	0
uint	işaretsiz 32 bit	0
long	işaretli 64 bit	0L
ulong	işaretsiz 64 bit	0LU
float	32 bit kayan noktalı sayı	float.nan
double	64 bit kayan noktalı sayı	double.nan
real	ya donanımın (mikro işlemcinin) tanımladığı en büyük kayan noktalı sayı türüdür (örneğin, x86 mikro işlemcilerinde 80 bit), ya da double'dır; hangisi daha büyükse...	real.nan
ifloat	sanal float değer	float.nan * 1.0i
idouble	sanal double değer	double.nan * 1.0i
ireal	sanal real değer	real.nan * 1.0i
cfloat	iki float'tan oluşan karmaşık sayı	float.nan + float.nan * 1.0i
cdouble	iki double'dan oluşan karmaşık sayı	double.nan + double.nan * 1.0i
creal	iki real'den oluşan karmaşık sayı	real.nan + real.nan * 1.0i
char	UTF-8 kod birimi	0xFF
wchar	UTF-16 kod birimi	0xFFFF

dchar	UTF-32 kod birimi ve Unicode kod noktası	0x0000FFFF

Bunlara ek olarak *hiçbir türden olmama* kavramını ifade eden `void` anahtar sözcüğü de vardır. `cent` ve `ucent` anahtar sözcükleri, işaretli ve işaretsiz 128 bitlik veri türlerini temsil etmek üzere ilerisi için ayrılmışlardır.

Aksine bir neden bulunmadığı sürece genel bir kural olarak tam değerler için `int` kullanabilirsiniz. Kesirli değerleri olan kavramlar için de öncelikle `double` türü uygundur.

Tablodaki terimlerin açıklamaları aşağıdaki gibidir:

- **Bool değer:** Mantıksal ifadelerde kullanılan ve "doğruluk" durumunda `true`, "doğru olmama" durumunda `false` değerini alan türdür
- **İşaretli tür:** Hem eksi hem artı değerler alabilen türdür; Örneğin -128'den 127'ye kadar değer alabilen `byte`. İsimleri eksi *işaretinden* gelir.
- **İşaretsiz tür:** Yalnızca artı değerler alabilen türdür; Örneğin 0'dan 255'e kadar değer alabilen `ubyte`. Bu türlerin başındaki u harfi, "işaretsiz" anlamına gelen "unsigned"ın baş harfidir.
- **Kayan noktalı sayı:** Kabaca, 1.25 gibi kesirli değerleri tutabilen türdür; hesapların hassasiyeti türlerin bit sayısıyla doğru orantılıdır (yüksek bit sayısı yüksek hassasiyet sağlar); bunların dışındaki türler kesirli değerler alamazlar; örneğin `int`, yalnızca tamsayı değerler alabilir
- **Karmaşık sayı:** Matematikte geçen karmaşık sayı değerlerini alabilen türdür
- **Sanal değer:** Karmaşık sayıların salt sanal değerlerini taşıyabilen türdür; tabloda İlk Değer sütununda geçen `i`, matematikte -1'in kare kökü olan sayıdır
- **nan:** "Not a number"ın kısaltmasıdır ve *geçersiz kesirli sayı değeri* anlamına gelir

4.1 Tür nitelikleri

D'de türlerin *nitelikleri* vardır. Niteliklere türün isminden sonra bir nokta ve nitelik ismiyle erişilir. Örneğin `int`'in `.sizeof` niteliğine `int.sizeof` diye erişilir. Tür niteliklerinin yalnızca bazılarını burada göreceğiz; gerisini sonraki bölümlere bırakacağız:

- `.stringof` türün okunaklı ismidir
- `.sizeof` türün bayt olarak uzunluğudur; türün kaç bitten oluştuğunu hesaplamak için bu değeri bir bayttaki bit sayısı olan 8 ile çarpmak gerekir
- `.min` "en az" anlamına gelen "minimum"un kısaltmasıdır; türün alabileceği en küçük değerdir
- `.max` "en çok" anlamına gelen "maximum"un kısaltmasıdır; türün alabileceği en büyük değerdir
- `.init` "ilk değer" anlamına gelen "initial value"nun kısasıdır"; belirli bir tür için özel bir değer belirtilmediğinde kullanılan değer budur

Bu nitelikleri `int` türü üzerinde gösteren bir program şöyle yazılabilir:

```
import std.stdio;

void main() {
    writeln("Tür                : ", int.stringof);
    writeln("Bayt olarak uzunluğu: ", int.sizeof);
    writeln("En küçük değeri     : ", int.min);
    writeln("En büyük değeri     : ", int.max);
```

```
    writeln("İlk değeri            : ", int.init);
}
```

Programın çıktısı:

```
Tür                  : int
Bayt olarak uzunluğu: 4
En küçük değeri      : -2147483648
En büyük değeri      : 2147483647
İlk değeri           : 0
```

4.2 size_t

Programlarda `size_t` türü ile de karşılaşacaksınız. `size_t` bütünüyle farklı bir tür değildir; ortama bağlı olarak `ulong` veya başka bir işaretsiz temel türün takma ismidir. İsmi "size type"tan gelir ve "büyüklük türü" anlamındadır. *Adet* gibi saymayla ilgili olan kavramları temsil ederken kullanılır.

Asıl türünün sisteme göre farklı olmasının nedeni, `size_t`'nin programın kullanabileceği en büyük bellek miktarını tutabilecek kadar büyük bir tür olmasının gerekmesidir: 32 bitlik sistemlerde `uint` ve 64 bitlik sistemlerde `ulong`. Bu yüzden, 32 bitlik sistemlerdeki en büyük tamsayı türü `size_t` değil, `ulong`'dur.

Bu türün sizin ortamınızda hangi temel türün takma ismi olduğunu yine `.stringof` niteliği ile öğrenebilirsiniz:

```
import std.stdio;

void main() {
    writeln(size_t.stringof);
}
```

Yukarıdaki programı denediğim ortamda şu çıktıyı alıyorum:

```
ulong
```

4.3 Problem

Diğer türlerin de niteliklerini yazdırın.

Not: İlerisi için düşünüldükleri için geçersiz olan `cent` ve `ucent` türlerini hiçbir durumda kullanamazsınız. Bir istisna olarak, hiçbir türden olmamayı temsil eden `void` türünün ise `.min`, `.max`, ve `.init` nitelikleri yoktur.

Ek olarak, `.min` niteliği kesirli sayı türleriyle kullanılamaz. Eğer bu problemde bir kesirli sayı türünü `.min` niteliği ile kullanırsanız derleyici bir hata verecektir. Daha sonra Kesirli Sayılar bölümünde (sayfa 41) göreceğimiz gibi, kesirli sayı türlerinin en küçük değeri için `.max` niteliğinin eksi işaretlisini kullanmak gerekir (örneğin, -`double.max`).

Çözüm: Sayfa 698

5 Atama ve İşlem Sıraları

Programcılık öğrenirken karşılaşılan engellerden ilk ikisini bu bölümde göreceğiz.

5.1 Atama işlemi

Program içinde

```
a = 10;
```

gibi bir satır gördüğünüzde bu, "a'nın değeri 10 olsun" demektir. Benzer şekilde, aşağıdaki satırın anlamı da "b'nin değeri 20 olsun" demektir:

```
b = 20;
```

Bu bilgilere dayanarak o iki satırdan sonra aşağıdaki satırı gördüğümüzde ne düşünebiliriz?

```
a = b;
```

Ne yazık ki matematikten alıştığımız kuralı burada uygulayamayız. O ifade, "a ile b eşittir" demek **değildir**! Baştaki iki ifadeyle aynı mantığı yürütünce, o ifadenin "a'nın değeri b olsun" demek olduğunu görürüz. "a'nın b olması" demek, "b'nin değeri ne ise, a'nın değeri de o olsun" demektir.

Matematikten alıştığımız = işareti programcılıkta bambaşka bir anlamda kullanılmaktadır: Sağ tarafın değeri ne ise, sol tarafın değerini de o yapmak.

5.2 İşlem sıraları

Programlarda işlemler adım adım ve belirli bir sırada uygulanırlar. Yukarıdaki üç ifadenin program içinde alt alta bulunduklarını düşünelim:

```
a = 10;
b = 20;
a = b;
```

Onların toplu halde anlamları şudur: "a'nın değeri 10 olsun, *sonra* b'nin değeri 20 olsun, *sonra* a'nın değeri b'nin değeri olsun". Yani oradaki üç işlem adımından sonra hem a'nın hem de b'nin değerleri 20 olur.

5.3 Problem

Aşağıdaki işlemlerin a'nın ve b'nin değerlerini değiş tokuş ettiklerini gözlemleyin. Eğer değerler başlangıçta sırasıyla 1 ve 2 iseler, işlemlerden sonra 2 ve 1 olurlar:

```
c = a;
a = b;
b = c;
```

Çözüm: Sayfa 698

6 Değişkenler

Programda kullanılan kavramları temsil eden yapılara *değişken* denir. Örnek olarak *hava sıcaklığı* gibi bir değeri veya *yarış arabası motoru* gibi karmaşık bir nesneyi düşünebilirsiniz.

Bir değişkenin temel amacı bir değeri ifade etmektir. Değişkenin değeri, ona en son atanan değerdir. Her değerin belirli bir türünün olması gerektiği gibi, her değişken de belirli bir türdendir. Değişkenlerin çoğunun isimleri de olur ama programda açıkça anılmaları gerekmeyen değişkenlerin isimleri olmayabilir de.

Örnek olarak bir okuldaki öğrenci sayısı *kavramını* ifade eden bir değişken düşünebiliriz. Öğrenci sayısı bir tamsayı olduğu için, türünü `int` olarak seçebiliriz. Açıklayıcı bir isim olarak da `öğrenci_sayısı` uygun olur.

D'nin yazım kuralları gereği, değişkenler önce türleri sonra isimleri yazılarak tanıtılırlar. Bir değişkenin bu şekilde tanıtılmasına, o değişkenin *tanımı*, ve bu eyleme o değişkenin *tanımlanması* denir. Değişkenin ismi, programda geçtiği her yerde değerine dönüşür.

```
import std.stdio;

void main() {
    // Değişkenin tanımlanması; öğrenci_sayısı'nın int
    // türünde bir değişken olduğunu belirtir:
    int öğrenci_sayısı;

    // Değişkenin isminin kullanıldığı yerde değerine
    // dönüşmesi:
    writeln("Bu okulda ", öğrenci_sayısı, " öğrenci var.");
}
```

Bu programın çıktısı şudur:

```
Bu okulda 0 öğrenci var.
```

Programın çıktısından anlaşıldığına göre, `öğrenci_sayısı`'nın değeri 0'dır. Bunun nedeni, `int`'in ilk değerinin temel türler tablosundan hatırlayacağınız gibi 0 olmasıdır.

Dikkat ederseniz, `öğrenci_sayısı` çıktıda ismi olarak değil, değeri olarak belirmiştir; yani programın çıktısı `Bu okulda öğrenci_sayısı öğrenci var.` şeklinde olmamıştır.

Değişkenlerin değerleri = işleci ile değiştirilir. Yaptığı iş *değer atamak* olduğu için, bu işlece *atama işleci* denir:

```
import std.stdio;

void main() {
    int öğrenci_sayısı;
    writeln("Bu okulda ", öğrenci_sayısı, " öğrenci var.");

    // öğrenci_sayısı'na 200 değerinin atanması:
    öğrenci_sayısı = 200;
    writeln("Bu okulda şimdi ", öğrenci_sayısı, " öğrenci var.");
}
```

```
Bu okulda 0 öğrenci var.
Bu okulda şimdi 200 öğrenci var.
```

Eğer değişkenin değeri tanımlandığı sırada biliniyorsa, tanımlanmasıyla değerinin atanması aynı anda yapılabilir, ve hata riskini azalttığı için de önerilen bir yöntemdir:

```
import std.stdio;

void main() {
    // Hem tanım, hem atama:
    int öğrenci_sayısı = 100;

    writeln("Bu okulda ", öğrenci_sayısı, " öğrenci var.");
}
```

```
Bu okulda 100 öğrenci var.
```

6.1 Problem

İki değişken kullanarak ekrana "2.11 kurundan 20 avro bozdurdum." yazdırın. Değişkenlerden kesirli sayı olanı için `double` türünü kullanabilirsiniz.

Çözüm: Sayfa 699

7 Standart Giriş ve Çıkış Akımları

Bizim *ekran* olarak algıladığımız çıkış, aslında D programının *standart çıkışıdır*. Standart çıkış *karakter* temellidir: yazdırılan bütün bilgi önce karakter karşılığına dönüştürülür ve ondan sonra art arda karakterler olarak standart çıkışa gönderilir. Önceki bölümlerde çıkışa gönderilen tamsayılar, örneğin öğrenci sayısı olan 100 değeri, ekrana aslında tamsayı 100 değeri olarak değil; `1`, `0`, ve `0` şeklinde üç karakter olarak gönderilmiştir.

Normalde *klavye* olarak algıladığımız standart giriş de bunun tersi olarak çalışır: bilgi art arda karakterler olarak gelir ve ondan sonra programda kullanılacak değerlere dönüştürülür. Örneğin girişten okunan 42 gibi bir değer, aslında 4 ve 2 karakterleri olarak okunur.

Bu dönüşümler bizim özel bir şey yapmamıza gerek olmadan, otomatik olarak gerçekleşirler.

Art arda gelen karakterler kavramına *karakter akımı* adı verilir. Bu tanıma uydukları için D programlarının standart girişi ve çıkışı birer karakter akımıdır. Standart giriş akımının ismi `stdin`, standart çıkış akımının ismi de `stdout`'tur.

Akımları kullanırken normalde akımın ismi, bir nokta, ve o akımla yapılacak işlem yazılır: `akım.işlem` gibi. Buna rağmen, çok kullanılan akımlar oldukları için, `stdin` ve `stdout`'un özellikle belirtilmeleri gerekmez.

Önceki bölümlerde kullandığımız `writeln`, aslında `stdout.writeln`'in kısaltmasıdır. Benzer şekilde, `write` da `stdout.write`'in kısaltmasıdır. *Merhaba dünya* programını böyle bir kısaltma kullanmadan şöyle de yazabiliriz:

```
import std.stdio;

void main() {
    stdout.writeln("Merhaba, Dünya!");
}
```

7.1 Problem

Yukarıdaki programda `stdout`'u yine `writeln` işlemiyle kullanın ama bir seferde birden fazla değişken yazdırın.

Çözüm: Sayfa 699

8 Girişten Bilgi Almak

Girilen bilginin daha sonradan kullanılabilmesi için bir değişkende saklanması gerekir. Örneğin okulda kaç tane öğrenci bulunduğu bilgisini alan bir program, bu bilgiyi `int` türünde bir değişkende tutabilir.

Yazdırma işlemi sırasında dolaylı olarak `stdout` akımının kullanıldığını bir önceki bölümde gördük. Bu, bilginin nereye gideceğini açıklamaya yetiyordu; çünkü `stdout`, *standart çıkış* demektir. Çıkışa ne yazdırılacağını da parametre olarak veriyorduk. Örneğin `write(öğrenci_sayısı);` yazmak, çıkışa `öğrenci_sayısı` değişkeninin *değerinin* yazdırılacağını söylemeye yetiyordu. Özetlersek:

```
akım:       stdout
işlem:      write
yazdırılan: öğrenci_sayısı değişkeninin değeri
hedef:      normalde ekran
```

`write`'ın karşılığı `readf`'tir. İsmindeki "f", "belirli bir düzende"nin İngilizcesi olan "formatted"dan gelir.

Standart girişin de `stdin` olduğunu görmüştük.

Okuma durumunda bundan başkaca önemli bir ayrıntı vardır: okunan bilginin nerede depolanacağının da belirtilmesi gerekir. Okuma işlemini de özetlersek:

```
akım:       stdin
işlem:      readf
okunan:     bir bilgi
hedef:      ?
```

Bilginin depolanacağı hedef belirtilirken bir değişkenin adresi kullanılır. Bir değişkenin adresi, o değişkenin değerinin bellekte yazılı olduğu yerdir.

D'de isimlerden önce kullanılan & karakteri, o isimle belirtilen şeyin *adresi* anlamına gelir. `readf`'e okuduğu bilgiyi yerleştireceği yer bu şekilde bildirilir: `&öğrenci_sayısı`. Burada `&öğrenci_sayısı`, "öğrenci_sayısı değişkenine" diye okunabilir. Bu kullanım, yukarıdaki soru işaretini ortadan kaldırır:

```
akım:       stdin
işlem:      readf
okunan:     bir bilgi
hedef:      öğrenci_sayısı değişkeninin bellekteki yeri
```

İsimlerin başına & karakteri koymak o ismin belirttiği şeyin *gösterilmesi* anlamına gelir. Bu gösterme kavramı, sonraki bölümlerde karşılaşacağımız referansların ve göstergelerin de özünü oluşturur.

`readf` konusunda bir noktayı ilerideki bölümlere bırakacağız ve şimdilik ilk parametresi olarak `"%s"` kullanmak gerektiğini kabul edeceğiz:

```
    readf("%s", &öğrenci_sayısı);
```

(*Not: Çoğu durumda aslında boşluk karakteri ile* `" %s"` *yazmak gerekeceğini aşağıda gösteriyorum.*)

`readf` aslında & karakteri olmadan da kullanılabilir:

```
    readf("%s", öğrenci_sayısı);    // öncekinin eşdeğeri
```

Her ne kadar & kullanılmadığında kod daha okunaklı ve güvenli olsa da, sizi hem referans kavramına (sayfa 160) hem de parametrelerin referans olarak geçirilmeleri kavramına (sayfa 169) alıştırmış olmak için readf'i bu kitapta göstergelerle kullanmaya devam edeceğim.

"%s", verinin değişkene uygun olan düzende dönüştürüleceğini belirtir. Örneğin girişten gelen '4' ve '2' karakterleri, bir int'e okunduklarında 42 tamsayı değerini oluşturacak şekilde okunurlar.

Bu anlatılanları gösteren programda önce sizden öğrenci sayısını bildirmeniz isteniyor. İstediğiniz değeri yazdıktan sonra Enter'a basmanız gerekir.

```
import std.stdio;

void main() {
    write("Okulda kaç öğrenci var? ");

    // Öğrenci sayısının tutulacağı değişkenin tanımlanması
    int öğrenci_sayısı;

    /* Girişten gelen bilginin öğrenci_sayısı değişkenine
     * atanması */
    readf("%s", &öğrenci_sayısı);

    writeln(
      "Anladım: okulda ", öğrenci_sayısı, " öğrenci varmış.");
}
```

8.1 Boşlukların gözardı edilmelerinin gerekmesi

Yukarıdaki gibi programlarda değerleri yazdıktan sonra Enter tuşuna basılması gerektiğini biliyorsunuz. Kullanıcının Enter tuşuna basmış olması da özel bir kod olarak ifade edilir ve o bile programın standart girişinde belirir. Programlar böylece bilgilerin tek satır olarak mı yoksa farklı satırlarda mı girildiklerini algılayabilirler.

Bazı durumlarda ise girişte bekleyen o özel kodların hiçbir önemi yoktur; süzülüp gözardı edilmeleri gerekir. Yoksa standart girişi *tıkarlar* ve başka bilgilerin girilmesini engellerler.

Bunun bir örneğini görmek için yukarıdaki programda ayrıca öğretmen sayısının da girilmesini isteyelim. Program düzenini biraz değiştirerek ve açıklamaları kaldırarak:

```
import std.stdio;

void main() {
    write("Okulda kaç öğrenci var? ");
    int öğrenci_sayısı;
    readf("%s", &öğrenci_sayısı);

    write("Kaç öğretmen var? ");
    int öğretmen_sayısı;
    readf("%s", &öğretmen_sayısı);

    writeln("Anladım: okulda ", öğrenci_sayısı, " öğrenci",
            " ve ", öğretmen_sayısı, " öğretmen varmış.");
}
```

Ne yazık ki program ikinci int'i okuyamaz:

```
Okulda kaç öğrenci var? 100
Kaç öğretmen var? 20
  ← Burada bir hata atılır
```

Öğretmen sayısı olarak 20 yazılmış olsa da *bir önceki 100'ün* sonunda basılmış olan Enter'ın kodları girişi tıkamıştır ve o yüzden öğretmen_sayısı değişkeninin değeri olan 20 okunamamaktadır. Programın girişine gelen kodları şu şekilde ifade edebiliriz:

```
100[EnterKodu]20[EnterKodu]
```

Girişin tıkandığı noktayı işaretli olarak belirttim.

Bu durumda çözüm, öğretmen sayısından önce gelen Enter kodunun önemli olmadığını belirtmek için `%s` belirtecinden önce bir boşluk karakteri kullanmaktır: `" %s"`. Düzen dizgisi içinde geçen boşluk karakterleri *sıfır veya daha fazla sayıdaki görünmez kodu* okuyup gözardı etmeye yararlar. O tek boşluk karakteri bütün görünmez karakter kodlarını okuyup gözardı eder: normal boşluk karakteri, Enter'la girilen satır sonu karakteri, Tab karakteri vs.

Genel bir kural olarak, okunan her değer için `" %s"` kullanabilirsiniz. Yukarıdaki program o değişiklikle artık istendiği gibi çalışır. Yalnızca değişen satırlarını göstererek:

```
// ...
    readf(" %s", &öğrenci_sayısı);
// ...
    readf(" %s", &öğretmen_sayısı);
// ...
```

Çıktısı:

```
Okulda kaç öğrenci var? 100
Kaç öğretmen var? 20
Anladım: okulda 100 öğrenci ve 20 öğretmen varmış.
```

8.2 Ek bilgiler

- Daha önce gördüğümüz // karakterleri tek bir satır açıklama yazmaya elverişlidir. Birden fazla satırda blok halinde açıklama yazmak için açıklamayı /* ve */ belirteçleri arasına alabilirsiniz.

  Başka açıklama belirteçlerini de içerebilmek için /+ ve +/ belirteçleri kullanılır:

```
    /+
     // Tek satırlık açıklama

     /*
       Birden fazla
       satırlık açıklama
      */

      Yukarıdaki belirteçleri bile içerebilen açıklama bloğu
     +/
```

- Kaynak kodlardaki boşluk karakterlerinin çoğu önemsizdir. O yüzden fazla uzayan satırları bölebiliriz veya daha anlaşılır olacağını düşündüğümüz boşluklar ekleyebiliriz. Hatta yazım hatasına yol açmadığı sürece hiç boşluk kullanmayabiliriz bile:

```
import std.stdio;void main(){writeln("Okuması zor!");}
```

  Fazla sıkışık kodu okumak güçtür.

8.3 Problem

Girişten sayı beklenen durumda harfler girin ve programın yanlış çalıştığını gözlemleyin.

Çözüm: Sayfa 699

9 Mantıksal İfadeler

Programda asıl işleri *ifadeler* yaparlar. Programda değer veya yan etki üreten her şeye ifade denir. Aslında oldukça geniş bir kavramdır, çünkü 42 gibi bir tamsayı sabiti bile 42 değerini ürettiği için bir ifadedir. `"merhaba"` gibi bir dizgi de bir ifadedir, çünkü `"merhaba"` sabit dizgisini üretir. (Not: Buradaki *üretme* kavramını değişken tanımlama ile karıştırmayın. Burada yalnızca *değer* üretmekten söz ediliyor; değişken üretmekten değil. Her değerin bir değişkene ait olması gerekmez.)

`writeln` gibi kullanımlar da ifadedirler, çünkü yan etkileri vardır: çıkış akımına karakter yerleştirdikleri için çıkış akımını etkilemiş olurlar. Şimdiye kadar gördükleriniz arasından atama işlecini de bir ifade örneği olarak verebiliriz.

İfadelerin değer üretiyor olmaları, onların başka ifadelerde değer olarak kullanılmalarını sağlar. Böylece basit ifadeler kullanılarak daha karmaşık ifadeler elde edilebilir. Örneğin hava sıcaklığını veren bir `hava_sıcaklığı()` işlevi olduğunu düşünürsek, onu kullanarak şöyle bir çıktı oluşturabiliriz:

```
writeln("Şu anda hava ", hava_sıcaklığı(), " derece");
```

O satır toplam dört ifadeden oluşur:

1. `"Şu anda hava "` ifadesi
2. `hava_sıcaklığı()` ifadesi
3. `" derece"` ifadesi
4. ve o üç ifadeyi kullanan `writeln`'li ifade

Bu bölümde mantıksal ifadeleri göreceğiz ama daha ileri gitmeden önce en temel işlemlerden olan atama işlecini hatırlayalım.

= (atama işleci): Sağ tarafındaki ifadenin değerini sol tarafındaki ifadeye (örneğin bir değişkene) atar.

```
hava_sıcaklığı = 23      // hava_sıcaklığı'nın değeri 23 olur
```

9.1 Mantıksal ifadeler

Mantıksal ifadeler Bool aritmetiğinde geçen ifadelerdir. Karar verme düzeneğinin parçası oldukları için bilgisayarları akıllı gösteren davranışların da temelidirler. Örneğin bir programın "eğer girilen yanıt Evet ise dosyayı kaydedeceğim" gibi bir kararında bir mantıksal ifade kullanılır.

Mantıksal ifadelerde yalnızca iki değer vardır: "doğru olmama" anlamını taşıyan `false` ve "doğruluk" anlamını taşıyan `true`.

Aşağıdaki örneklerde bir soru ile kullanılan `writeln` ifadelerini şöyle anlamanız gerekiyor: Eğer sorunun karşısına "true" yazılmışsa *evet*, "false" yazılmışsa *hayır*... Örneğin programın çıktısı

```
Tatlı var: true
```

olduğunda "evet, tatlı var" demektir. Aynı şekilde

```
Tatlı var: false
```

olduğunda "hayır, tatlı yok" demektir. Yani çıktıda "var" göründüğü için "var olduğunu" düşünmeyin; çıktıdaki "... var: false", "yok" anlamına geliyor. Aşağıdaki program parçalarını hep öyle okumanız gerekiyor.

Mantıksal ifadeleri daha ileride göreceğimiz *koşullarda, döngülerde, parametrelerde*, vs. çok kullanacağız. Programlarda bu kadar çok kullanıldıkları için mantıksal ifadeleri çok iyi anlamak gerekir. Tanımları son derece kısa olduğu için çok da kolaydırlar.

Mantıksal ifadelerde kullanılan mantıksal işleçler şunlardır:

- == "Eşit midir" sorusunu yanıtlar. İki tarafındaki ifadelerin değerlerini karşılaştırır ve eşit olduklarında "doğruluk" anlamına gelen `true` değerini, eşit olmadıklarında da "doğru olmama" anlamına gelen `false` değerini üretir. Ürettiği değerin türü de doğal olarak `bool`'dur. İki değişkenimiz olsun:

```
int haftadaki_gün_sayısı = 7;
int yıldaki_ay_sayısı = 12;
```

  Onları kullanan iki eşitlik işleci ifadesi ve sonuçları şöyle gösterilebilir:

```
haftadaki_gün_sayısı == 7       // true
yıldaki_ay_sayısı == 11         // false
```

- != "Eşit değil midir" sorusunu yanıtlar. İki tarafındaki ifadeleri karşılaştırır ve == işlecinin tersi sonuç üretir.

```
haftadaki_gün_sayısı != 7       // false
yıldaki_ay_sayısı != 11         // true
```

- || "Veya" anlamındadır. Sol tarafındaki ifadenin değeri `true` ise hiç sağ taraftaki ifadeyi işletmeden `true` değerini üretir. Sol taraf `false` ise sağ taraftakinin değerini üretir. Bu işlem Türkçe *veya* ifadesine benzer: birincisi, ikincisi, veya ikisi birden `true` olduğunda `true` üretir.

  Bu işlece verilen iki ifadenin alabileceği olası değerler ve sonuçları şöyledir:

Sol ifade	İşleç	Sağ ifade	Sonuç
false	||	false	false
false	||	true	true
true	||	false (bakılmaz)	true
true	||	true (bakılmaz)	true

```
import std.stdio;

void main() {
    /* false "yok" anlamına gelsin,
     * true "var" anlamına gelsin */
    bool baklava_var = false;
    bool kadayıf_var = true;

    writeln("Tatlı var: ", baklava_var || kadayıf_var);
}
```

  Yukarıdaki programdaki || işlecini kullanan ifade, en az bir `true` değer olduğu için `true` değerini üretir.

- && "Ve" anlamındadır. Sol tarafındaki ifadenin değeri `false` ise hiç sağ taraftaki ifadeyi işletmeden `false` değerini üretir. Sol taraf `true` ise sağ taraftakinin değerini üretir. Bu işlem Türkçe *ve* ifadesine benzer: birincisi ve ikincisi `true` olduğunda `true` üretir.

Sol ifade	İşleç	Sağ ifade	Sonuç
false	&&	false (bakılmaz)	false
false	&&	true (bakılmaz)	false
true	&&	false	false

true	&&	true	true

```
writeln("Baklava yiyeceğim: ",
        baklava_yemek_istiyorum && baklava_var);
```

Not: || ve && işleçlerinin bu "sağ tarafı ancak gerektiğinde" işletme davranışları işleçler arasında çok nadirdir, ve bir de şimdilik sonraya bırakacağımız ?: işlecinde vardır. Diğer işleçler bütün ifadelerinin değerlerini her zaman için hesaplarlar ve kullanırlar.

- ^ "Yalnızca birisi mi" sorusunu yanıtlar. İki ifadeden ya biri ya öbürü `true` olduğunda (ama ikisi birden değil) `true` değerini üretir.

Sol ifade	İşleç	Sağ ifade	Sonuç
false	^	false	false
false	^	true	true
true	^	false	true
true	^	true	false

Örneğin ancak ve ancak bir arkadaşımın geldiğinde tavla oynayacağımı, aksi taktirde onlarla başka bir şey yapacağımı düşünürsek; onların gelip gelmeme durumlarına göre tavla oynayıp oynamayacağımı şöyle hesaplayabiliriz:

```
writeln("Tavla oynayacağım: ", ahmet_burada ^ barış_burada);
```

- < "Küçük müdür" sorusunu yanıtlar. Sol taraf sağ taraftan küçükse (veya sıralamada *önceyse*) `true`, değilse `false` değerini üretir.

```
writeln("Yendik: ", yediğimiz_gol < attığımız_gol);
```

- > "Büyük müdür" sorusunu yanıtlar. Sol taraf sağ taraftan büyükse (veya sıralamada *sonraysa*) `true`, değilse `false` değerini üretir.

```
writeln("Yenildik: ", yediğimiz_gol > attığımız_gol);
```

- <= "Küçük veya eşit midir" sorusunu yanıtlar. Sol taraf sağ taraftan küçük (veya sıralamada daha önce) veya ona eşit olduğunda `true` üretir. > işlecinin tersidir.

```
writeln("Yenilmedik: ", yediğimiz_gol <= attığımız_gol);
```

- >= "Büyük veya eşit midir" sorusunu yanıtlar. Sol taraf sağ taraftan büyük (veya sıralamada daha sonra) veya ona eşit olduğunda `true` üretir. < işlecinin tersidir.

```
writeln("Yenmedik: ", yediğimiz_gol >= attığımız_gol);
```

- ! "Tersi" anlamındadır. Diğer mantıksal işleçlerden farklı olarak tek bir ifade ile çalışır ve sağ tarafındaki ifadenin değerinin tersini üretir: `true` ise `false`, `false` ise `true`.

```
writeln("Bakkala gideceğim: ", !ekmek_var);
```

9.2 İfadeleri gruplamak

İfadelerin hangi sırada işletilecekleri gerektiğinde parantezlerle belirtilir. Karmaşık ifadelerde önce parantez içindeki ifadeler işletilir ve onların değeri dıştaki işleçle kullanılır. Örneğin "kahve veya çay varsa ve yanında da baklava veya kadayıf varsa keyfim yerinde" gibi bir ifadeyi şöyle hesaplayabiliriz:

```
writeln("Keyfim yerinde: ",
        (kahve_var || çay_var) && (baklava_var || kadayıf_var));
```

Kendimiz parantezlerle gruplamazsak, ifadeler D dilinin kuralları ile belirlenmiş olan önceliklere uygun olarak işletilirler. && işlecinin önceliği || işlecininkinden daha yüksektir. Yukarıdaki mantıksal ifadeyi parantezlerle gruplamadan şöyle yazdığımızı düşünelim:

```
writeln("Keyfim yerinde: ",
        kahve_var || çay_var && baklava_var || kadayıf_var);
```

O ifade, işlem öncelikleri nedeniyle aşağıdakinin eşdeğeri olarak işletilir:

```
writeln("Keyfim yerinde: ",
        kahve_var || (çay_var && baklava_var) || kadayıf_var);
```

Bu da tamamen farklı anlamda bir ifadeye dönüşmüş olur: "kahve varsa, veya çay ve baklava varsa, veya kadayıf varsa; keyfim yerinde".

Bütün işleçlerin işlem önceliklerini hemen hemen hiçbir programcı ezbere bilmez. O yüzden, gerekmese bile parantezler kullanarak hangi ifadeyi kurmak istediğinizi açıkça belirtmek kodun anlaşılırlığı açısından çok yararlıdır.

İşleç öncelikleri tablosunu ilerideki bir bölümde (sayfa 695) göreceğiz.

9.3 Girişten `bool` okumak

Yukarıdaki örneklerdeki bütün `bool` ifadeler çıkışa `"false"` veya `"true"` dizgileri olarak yazdırılırlar. Bunun tersi de doğrudur: `readf()` girişten gelen `"false"` ve `"true"` dizgilerini `false` ve `true` değerlerine dönüştürür. Bu dizgilerdeki harfler büyük veya küçük olabilir; örneğin, `"False"` ve `"FALSE"` dizgileri `false`'a, `"True"` ve `"TRUE"` dizgileri de `true`'ya dönüştürülür.

Bu dönüşümler yalnızca `bool` değişkenlere okunurken geçerlidir. Girişteki karakterler `string` değişkenlere okunurken oldukları gibi okunurlar. (Daha sonra dizgiler bölümünde (sayfa 74) göreceğimiz gibi, `string` okurken `readln()` işlevini kullanmak gerekir.)

9.4 Problemler

1. Sayıların büyüklüğü ve küçüklüğü ile ilgili olan <, > vs. işleçleri bu bölümde tanıdık. Bu işleçler içinde "arasında mıdır" sorusunu yanıtlayan işleç bulunmaz. Yani verilen bir sayının iki değer arasında olup olmadığını hesaplayan işleç yoktur. Bir arkadaşınız bunun üstesinden gelmek için şöyle bir program yazmış olsun. Bu programı derlemeye çalışın ve derlenemediğini görün:

   ```
   import std.stdio;

   void main() {
       int sayı = 15;
       writeln("Arasında: ", 10 < sayı < 20); // ← derleme HATASI
   }
   ```

   Derleme hatasını gidermek için bütün ifadenin etrafında parantez kullanmayı deneyin:

   ```
   writeln("Arasında: ", (10 < sayı < 20)); // ← derleme HATASI
   ```

   Yine derlenemediğini görün.

2. Aynı arkadaşınız hatayı gidermek için *bir şeyler denerken* derleme hatasının gruplama ile giderildiğini farketsin:

```
writeln("Arasında: ", (10 < sayı) < 20);
```

Bu sefer programın beklendiği gibi çalıştığını ve "true" yazdığını gözlemleyin. O çıktı yanıltıcıdır çünkü programda gizli bir hata bulunuyor. Hatanın etkisini görmek için 15 yerine bu sefer 20'den büyük bir değer kullanın:

```
    int sayı = 21;
```

O değer 20'den küçük olmadığı halde program yine "true" yazdıracaktır.
İpucu: Mantıksal ifadelerin değerlerinin `bool` türünde olduklarını hatırlayın. Bildiğiniz `bool` değerlerin 20 gibi bir sayıdan küçük olması gibi bir kavram tanımadık.

3. D'de "arasında mıdır" sorusunu yanıtlayan mantıksal ifadeyi şu şekilde kodlamamız gerekir: alt sınırdan büyüktür ve üst sınırdan küçüktür. Programdaki ifadeyi o şekilde değiştirin ve artık çıktının beklendiği gibi "true" olduğunu görün. Ayrıca, yazdığınız ifadenin `sayı`'nın başka değerleri için de doğru çalıştığını denetleyin. Örneğin, `sayı` 50 veya 1 olduğunda sonuç "false" çıksın; 12 olduğunda "true" çıksın.

4. Plaja ancak iki koşuldan birisi gerçekleştiğinde gidiyor olalım:

   - Mesafe 10'dan az (kilometre varsayalım) ve yeterince bisiklet var
   - Kişi sayısı 5 veya daha az, arabamız var, ve ehliyetli birisi var

   Aşağıdaki programdaki mantıksal ifadeyi bu koşullar sağlandığında "true" yazdıracak şekilde kurun. Programı denerken "... var mı?" sorularına "false" veya "true" diye yanıt verin:

```
import std.stdio;

void main() {
    write("Kaç kişiyiz? ");
    int kişi_sayısı;
    readf(" %s", &kişi_sayısı);

    write("Kaç bisiklet var? ");
    int bisiklet_sayısı;
    readf(" %s", &bisiklet_sayısı);

    write("Mesafe? ");
    int mesafe;
    readf(" %s", &mesafe);

    write("Araba var mı? ");
    bool araba_var;
    readf(" %s", &araba_var);

    write("Ehliyet var mı? ");
    bool ehliyet_var;
    readf(" %s", &ehliyet_var);

    /* Aşağıdaki true'yu silin ve yerine sorudaki koşullardan
     * birisi gerçekleştiğinde true üretecek olan bir
     * mantıksal ifade yazın: */
    writeln("Plaja gidiyoruz: ", true);
}
```

Programın doğru çalıştığını farklı değerler girerek denetleyin.

Çözümler: Sayfa 699

10 `if` Koşulu

Programda asıl işlerin ifadeler tarafından yapıldığını öğrendik. Şimdiye kadar gördüğümüz programlarda işlemler `main` isimli işlev içinde baştan sona doğru ve yazıldıkları sırada işletiliyorlardı.

D'de deyimler, ifadelerin işletilme kararlarını veren ve ifadelerin işletilme sıralarını etkileyen program yapılarıdır. Kendileri değer üretmezler ve yan etkileri yoktur. Deyimler, ifadelerin işletilip işletilmeyeceklerini ve bu ifadelerin hangi sırada işletileceklerini belirlerler. Bu kararları verirken de yine ifadelerin değerlerinden yararlanırlar.

Not: *İfade ve deyim kavramlarının burada öğrendiğiniz tanımları D dilindeki tanımlarıdır. Başka dillerdeki tanımları farklılıklar gösterir ve hatta bazı dillerde böyle bir ayrım yoktur.*

10.1 `if` bloğu ve kapsamı

`if` deyimi, ifadelerin işletilip işletilmeyeceğine belirli bir mantıksal ifadenin sonucuna bakarak karar veren yapıdır. "if", İngilizce'de "eğer" anlamındadır; "eğer tatlı varsa" kullanımında olduğu gibi...

Parantez içinde bir mantıksal ifade alır, eğer o ifade doğruysa (yani değeri `true` ise), küme parantezleri içindeki ifadeleri işletir. Bunun tersi olarak, mantıksal ifade doğru değilse küme parantezleri içindeki ifadeleri işletmez.

Söz dizimi şöyledir:

```
    if (bir_mantıksal_ifade) {
        // işletilecek bir ifade
        // işletilecek başka bir ifade
        // vs.
    }
```

Örneğin "eğer baklava varsa baklava ye ve sonra tabağı kaldır" gibi bir program yapısını şöyle yazabiliriz:

```
import std.stdio;

void main() {
    bool baklava_var = true;

    if (baklava_var) {
        writeln("Baklava yiyorum...");
        writeln("Tabağı kaldırıyorum...");
    }
}
```

O programda `baklava_var`'ın değeri `false` yapılırsa çıkışa hiçbir şey yazdırılmaz, çünkü `if` deyimi kendisine verilen mantıksal ifade `false` olduğunda küme parantezi içindeki ifadeleri işletmez.

Küme parantezleriyle gruplanmış ifadelerin tümüne *blok*, o bölgeye de *kapsam* adı verilir.

Yazım yanlışlarına yol açmadığı sürece, okumayı kolaylaştırmak için programda istediğiniz gibi boşluklar kullanabilirsiniz.

10.2 `else` bloğu ve kapsamı

Çoğu zaman `if`'e verilen mantıksal ifadenin doğru olmadığı durumda da bazı işlemler yapmak isteriz. Örneğin "eğer ekmek varsa yemek ye, yoksa bakkala git" gibi bir kararda ekmek olsa da olmasa da bir eylem vardır.

D'de ifade `false` olduğunda yapılacak işler `else` anahtar sözcüğünden sonraki küme parantezleri içinde belirtilir. "else", "değilse" demektir. Söz dizimi şöyledir:

```
if (bir_mantıksal_ifade) {
    // doğru olduğunda işletilen ifadeler

} else {
    // doğru olMAdığında işletilen ifadeler
}
```

Örnek olarak:

```
if (ekmek_var) {
    writeln("Yemek yiyorum");

} else {
    writeln("Bakkala yürüyorum");
}
```

O örnekte `ekmek_var`'ın değerine göre ya birinci dizgi ya da ikinci dizgi yazdırılır.

`else` kendisi bir deyim değildir, `if` deyiminin seçime bağlı bir parçasıdır; tek başına kullanılamaz.

Yukarıdaki `if` ve `else` bloklarının küme parantezlerinin hangi noktalara yazıldıklarına dikkat edin. Kabul edilen D kodlama standardına[1] göre küme parantezleri aslında kendi satırlarına yazılırlar. Bu kitap yaygın olan başka bir kodlama standardına uygun olarak deyim küme parantezlerini deyimlerle aynı satırlara yazar.

10.3 Kapsam parantezlerini hep kullanın

Hiç tavsiye edilmez ama bunu bilmenizde yarar var: Eğer `if`'in veya `else`'in altındaki ifade tekse, küme parantezleri gerekmez. Yukarıdaki ifade küme parantezleri kullanılmadan aşağıdaki gibi de yazılabilir:

```
if (ekmek_var)
    writeln("Yemek yiyorum");

else
    writeln("Bakkala yürüyorum");
```

Çoğu deneyimli programcı tek ifadelerde bile küme parantezi kullanır. (Bununla ilgili bir hatayı problemler bölümünde göreceksiniz.) Mutlaka küme parantezleri kullanmanızı bu noktada önermemin bir nedeni var: Bu öneriye hemen hemen hiçbir zaman uyulmayan tek durumu da şimdi anlatacağım.

10.4 "if, else if, else" zinciri

Dilin bize verdiği güçlerden birisi, ifade ve deyimleri serbestçe karıştırarak kullanma imkanıdır. İfade ve deyimleri kapsamlar içinde de kullanabiliriz. Örneğin bir `else` kapsamında bile `if` deyimi bulunabilir. Programların *akıllı* olarak algılanmaları, hep bizim ifade ve deyimleri doğru sonuçlar verecek şekilde birbirlerine bağlamamızdan doğar. Bisiklete binmeyi yürümekten daha çok sevdiğimizi varsayarsak:

```
if (ekmek_var) {
    writeln("Yemek yiyorum");

} else {

    if (bisiklet_var) {
```

1. http://dlang.org/dstyle.html

```
            writeln("Uzaktaki fırına gidiyorum");

        } else {
            writeln("Yakındaki bakkala yürüyorum");
        }
    }
```

Oradaki `if` deyimlerinin anlamı şudur: "eğer ekmek varsa: yemek yiyorum; eğer ekmek yoksa: bisiklet varsa fırına gidiyorum, yoksa bakkala yürüyorum".

Biraz daha ileri gidelim ve bisiklet olmadığında hemen bakkala yürümek yerine, komşunun evde olup olmamasına göre davranalım:

```
    if (ekmek_var) {
        writeln("Yemek yiyorum");

    } else {

        if (bisiklet_var) {
            writeln("Uzaktaki fırına gidiyorum");

        } else {

            if (komşu_evde) {
                writeln("Komşudan istiyorum");

            } else{
                writeln("Yakındaki bakkala yürüyorum");
            }
        }
    }
```

Burada görüldüğü gibi "eğer böyleyse bunu yap, değilse ama öyleyse onu yap, o da değilse ama şöyleyse şunu yap, vs." gibi yapılar programcılıkta çok kullanılır. Ne yazık ki böyle yazınca kodda fazla boşluklar oluşur: buradaki 3 `if` deyimi ve 4 `writeln` ifadesi için toplam 13 satır yazmış olduk (boş satırları saymadan).

Sık karşılaşılan bu yapıyı daha düzenli olarak yazmak için, böyle zincirleme kararlarda bir istisna olarak *içlerinde tek bir `if` deyimi bulunan* `else`'lerin kapsam parantezlerini yazmayız.

Hiçbir zaman kodu aşağıdaki gibi düzensiz bırakmamanızı öneririm. Ben bir sonraki adıma geçme aşaması olarak gösteriyorum. İçlerinde tek bir `if` olan `else`'lerin küme parantezlerini kaldırınca kod aşağıdaki gibi olur:

```
    if (ekmek_var) {
        writeln("Yemek yiyorum");

    } else

        if (bisiklet_var) {
            writeln("Uzaktaki fırına gidiyorum");

        } else

            if (komşu_evde) {
                writeln("Komşudan istiyorum");

            } else{
                writeln("Yakındaki bakkala yürüyorum");
            }
```

Bir adım daha ileri giderek `if` anahtar sözcüklerini de üstlerindeki `else` satırlarına çeker ve biraz da hizalarsak, son derece okunaklı bir yapı oluşur:

```
    if (ekmek_var) {
        writeln("Yemek yiyorum");
```

```
} else if (bisiklet_var) {
    writeln("Uzaktaki fırına gidiyorum");

} else if (komşu_evde) {
    writeln("Komşudan istiyorum");

} else{
    writeln("Yakındaki bakkala yürüyorum");
}
```

Böylece hem satır sayısı azalmış olur, hem de kararlara göre işletilecek olan bütün ifadeler alt alta gelmiş olurlar. Dört koşulun hangi sırada denetlendiği ve her koşulda ne yapıldığı bir bakışta anlaşılır.

Çok sık karşılaşılan bu kod yapısına "if, else if, else" denir.

10.5 Problemler

1. Aşağıdaki programdaki mantıksal ifadenin `true` olduğunu görüyoruz. Dolayısıyla programın *limonata içip bardağı yıkamasını* bekleriz:

   ```
   import std.stdio;

   void main() {
       bool limonata_var = true;

       if (limonata_var) {
           writeln("Limonata içiyorum");
           writeln("Bardağı yıkıyorum");

       } else
           writeln("Baklava yiyorum");
           writeln("Tabağı kaldırıyorum");
   }
   ```

   Oysa programı çalıştırırsanız, çıktısında bir de *tabak kaldırıldığını* göreceksiniz:

   ```
   Limonata içiyorum
   Bardağı yıkıyorum
   Tabağı kaldırıyorum
   ```

   Neden? Programı düzelterek beklenen çıktıyı vermesini sağlayın.

2. Kullanıcıyla oyun oynayan (ve ona fazlasıyla güvenen) bir program yazın. Kullanıcı attığı zarın değerini girsin. Zarın değerine göre ya kullanıcı kazansın, ya da program:

   ```
      Zar Değeri           Program Çıktısı
          1               Siz kazandınız
          2               Siz kazandınız
          3               Siz kazandınız
          4               Ben kazandım
          5               Ben kazandım
          6               Ben kazandım
   Başka bir değer        HATA: Geçersiz değer
   ```

   Ek puan: Hatalı giriş oluştuğunda değeri de yazsın. Örneğin:

   ```
   HATA: Geçersiz değer: 7
   ```

3. Aynı oyunu şöyle değiştirelim: Kullanıcı 1'den 1000'e kadar bir sayı girsin ve 1-500 aralığında siz kazanın, 501-1000 aralığında bilgisayar kazansın. Hâlâ bir önceki problemdeki çözümleri uygulayabilir misiniz?

Çözümler: Sayfa 700

11 while Döngüsü

while döngüsü if koşuluna çok benzer ve onun tekrar tekrar işletilmesidir. Mantıksal bir ifade alır, bu ifade doğru ise kapsamdaki ifadeleri işletir. Kapsamdaki işlemler tamamlanınca mantıksal ifadeye tekrar bakar ve doğru olduğu sürece bu döngüde devam eder. "while", "olduğu sürece" demektir. Söz dizimi şöyledir:

```
    while (bir_mantıksal_ifade) {
        // işletilecek bir ifade
        // işletilecek başka bir ifade
        // vs...
    }
```

Örneğin "baklava olduğu sürece baklava ye" gibi bir ifade şöyle programlanabilir:

```
import std.stdio;

void main() {
    bool hâlâ_baklava_var = true;

    while (hâlâ_baklava_var) {
        writeln("Tabağa baklava koyuyorum");
        writeln("Baklava yiyorum");
    }
}
```

O program sonsuza kadar o döngü içinde kalacaktır, çünkü hâlâ_baklava_var değişkeninin değeri hiç değişmemekte ve hep true olarak kalmaktadır.

while'ın gücü, mantıksal ifadenin programın çalışması sırasında değiştiği durumlarda daha iyi anlaşılır. Bunu görmek için kullanıcıdan bir sayı alan ve bu sayı "0 veya daha büyük" olduğu sürece döngüde kalan bir program düşünelim. Hatırlarsanız, int türündeki değişkenlerin ilk değeri 0 olduğu için bu programda da sayı'nın ilk değeri 0'dır:

```
import std.stdio;

void main() {
    int sayı;

    while (sayı >= 0) {
        write("Bir sayı girin: ");
        readf(" %s", &sayı);

        writeln(sayı, " için teşekkürler!");
    }

    writeln("Döngüden çıktım");
}
```

O program girilen sayı için teşekkür eder ve eksi bir sayı girildiğinde döngüden çıkar.

11.1 continue deyimi

"continue", "devam et" demektir. Bu deyim, döngünün geri kalanındaki ifadelerin işletilmeleri yerine, hemen döngünün başına dönülmesini sağlar.

Yukarıdaki programda girilen her sayı için teşekkür etmek yerine, biraz seçici olalım ve 13 değeri girildiğinde beğenmeyip tekrar döngünün başına dönelim. Bu programda 13'e teşekkür edilmez, çünkü sayı 13 olduğunda continue ile hemen döngünün başına gidilir:

```
import std.stdio;

void main() {
    int sayı;

    while (sayı >= 0) {
        write("Bir sayı girin: ");
        readf(" %s", &sayı);

        if (sayı == 13) {
            writeln("Uğursuz sayı kabul etmiyorum...");
            continue;
        }

        writeln(sayı, " için teşekkürler!");
    }

    writeln("Döngüden çıktım");
}
```

O programın davranışını şöyle özetleyebiliriz: girilen sayı 0 veya daha büyük olduğu sürece sayı al, ama 13 değerini kullanma.

`continue` deyimi `do-while`, `for`, ve `foreach` deyimleriyle birlikte de kullanılabilir. Bu olanakları sonraki bölümlerde göreceğiz.

11.2 break deyimi

Bir çok sözlük anlamı olan "break" D'de "döngüyü kır" anlamındadır. Bazen artık döngüyle işimiz kalmadığını anladığımızda döngüden hemen çıkmak isteriz; `break` bunu sağlar. Bu programın aradığı özel sayının 42 olduğunu varsayalım ve o sayıyı bulduğu an döngüyle işi bitsin:

```
import std.stdio;

void main() {
    int sayı;

    while (sayı >= 0) {
        write("Bir sayı girin: ");
        readf(" %s", &sayı);

        if (sayı == 42) {
            writeln("ARADIĞIMI BULDUM!");
            break;
        }

        writeln(sayı, " için teşekkürler!");
    }

    writeln("Döngüden çıktım");
}
```

Şimdiki davranışını da şöyle özetleyebiliriz: girilen sayı 0 veya daha büyük olduğu sürece sayı al, 42 gelirse hemen çık.

`break` deyimi `do-while`, `for`, `foreach`, ve `switch` deyimleriyle birlikte de kullanılabilir. Bu olanakları sonraki bölümlerde göreceğiz.

11.3 Koşulsuz döngü

`break` deyiminin kullanıldığı bazı durumlarda bilerek *koşulsuz döngü* oluşturulur ve `break` deyimi o döngünün tek çıkışı olur. (Tam doğru olmasa da koşulsuz döngü yerine *sonsuz döngü* dendiği de olur.) Koşulsuz döngü oluşturmak için `while`'a sabit `true` değeri verilir. Örneğin, kullanıcıya bir menü göstererek ondan bir komut bekleyen aşağıdaki program, ancak kullanıcı özellikle istediğinde bu döngüden çıkmaktadır:

```
import std.stdio;

void main() {
    // Koşulsuz döngü, çünkü mantıksal ifade hep true:
    while (true) {
        write("0:Çık, 1:Türkçe, 2:İngilizce - Seçiminiz? ");

        int seçim;
        readf(" %s", &seçim);

        if (seçim == 0) {
            writeln("Tamam, sonra görüşürüz...");
            break;    // Bu döngünün tek çıkışı

        } else if (seçim == 1) {
            writeln("Merhaba!");

        } else if (seçim == 2) {
            writeln("Hello!");

        } else {
            writeln("O dili bilmiyorum. :/");
        }
    }
}
```

(Not: Koşulsuz döngülerden hata atılınca da çıkılabilir. Hata atma düzeneğini daha sonraki bir bölümde göreceğiz.)

11.4 Problemler

1. Şu program girişten 3 geldiği sürece döngüde kalmak için programlanmış ama bir hata var: kullanıcıdan bir kere bile sayı istemiyor:

    ```
    import std.stdio;

    void main() {
        int sayı;

        while (sayı == 3) {
            write("Sayı? ");
            readf(" %s", &sayı);
        }
    }
    ```

    Neden? O programdaki hatayı giderin ve beklendiği gibi çalışmasını sağlayın: kullanıcıdan sayı alsın ve sayı 3 olduğu sürece döngüde kalsın.

2. Bilgisayar iki kişiye (Ayşe ve Barış) şöyle bir oyun oynatsın: en başta Ayşe'den 1-10 aralığında bir sayı alsın. Ayşe'nin bu aralık dışında sayı girmesini kabul etmesin ve doğru sayı girene kadar Ayşe'den sayı almaya devam etsin.

    Ondan sonra Barış'tan teker teker sayı almaya başlasın ve Barış'ın girdiği sayı Ayşe'nin baştan girdiği sayıya eşit olunca oyunu sonlandırsın.

    Not: Ayşe'nin girdiği sayı ekranda göründüğünden tabii ki Barış tarafından hemen bilinir. Bu aşamada bunun bir önemi yok; burada amacımız döngüleri öğrenmek.

Çözümler: Sayfa 701

12 Tamsayılar ve Aritmetik İşlemler

D'nin karar verme ile ilgili yapılarından `if`'i ve `while`'ı gördük. Bu bölümde temel türlerin sayısal olanlarıyla yapılan aritmetik işlemlere bakacağız. Böylece bundan sonraki bölümlerde çok daha becerikli ve ilginç programlar yazabileceksiniz.

Aritmetik işlemler aslında son derece basittirler çünkü zaten günlük hayatımızda her zaman karşımıza çıkarlar. Buna rağmen, temel türlerle ilgilenirken mutlaka bilinmesi gereken çok önemli kavramlar da vardır. *Tür uzunluğu*, *taşma*, ve *kırpılma* kavramlarını anlıyorsanız bütün konuyu bu tabloya bakarak geçebilirsiniz:

İşleç	Etkisi	Örnek kullanım
`++`	değerini bir arttırır	`++değişken`
`--`	değerini bir azaltır	`--değişken`
`+`	iki değerin toplamı	`birinci + ikinci`
`-`	birinciden ikincinin çıkarılmışı	`birinci - ikinci`
`*`	iki değerin çarpımı	`birinci * ikinci`
`/`	birincinin ikinciye bölümü	`birinci / ikinci`
`%`	birincinin ikinciye bölümününden kalan	`birinci % ikinci`
`^^`	birincinin ikinci'nin değeri kadar üssü (birincinin ikinci kere kendisiyle çarpımı)	`birinci ^^ ikinci`

Tablodaki ikili işleçlerin yanına = karakteri gelenleri de vardır: `+=`, `-=`, `*=`, `/=`, `%=`, ve `^^=`. Bunlar işlemin sonucunu soldaki değişkene atarlar:

```
    sayı += 10;
```

O ifade `sayı`'ya 10 ekler ve sonucu yine `sayı`'ya atar; sonuçta değerini 10 arttırmış olur. Şu ifadenin eşdeğeridir:

```
    sayı = sayı + 10;
```

Taşma: Her değer her türe sığmaz ve taşabilir. Örneğin, 0 ile 255 arasında değerler tutabilen `ubyte`'a 260 değeri verilmeye kalkışılırsa değeri 4 olur. (*Not: C ve C++ gibi bazı dillerin tersine, taşma D'de işaretli türler için de yasaldır ve işaretsiz türlerle aynı davranışa sahiptir.*)

Kırpılma: Tamsayılar virgülden sonrasını tutamazlar. Örneğin 3/2 ifadesinin değeri 1 olur.

Eğer bu kavramları örneğin başka dillerden biliyorsanız, bu kadarı yetebilir. İsterseniz geri kalanını okumayabilirsiniz, ama yine de sondaki problemleri atlamayın.

Bu bölüm ilgisiz bilgiler veriyor gibi gelebilir; çünkü aritmetik işlemler hepimizin günlük hayatta sürekli olarak karşılaştığımız kavramlardır: Tanesi 10 lira olan bir şeyden iki tane alırsak 20 lira veririz, veya üçü 45 lira olan şeylerin tanesi 15 liradır.

Ne yazık ki işler bilgisayarda bu kadar basit olmayabilir. Sayıların bilgisayarda nasıl saklandıklarını bilmezsek, örneğin 3 milyar borcu olan bir firmanın 3 milyar daha borç alması sonucunda borcunun 1.7 milyara *düştüğünü* görebiliriz. Başka bir örnek olarak, 1 kutusu 4 çocuğa yeten dondurmadan 11 çocuk için 2 tane yetecek diye hesaplayabiliriz.

Bu bölüm size öncekilerden daha teknik gelebilir ama tamsayıların bilgisayarda nasıl ifade edildiklerinin bir programcı tarafından mutlaka bilinmesi gerekir.

Tamsayılar

Tamsayılar ancak tam değerler alabilen türlerdir: -2, 0, 10, vs. Bu türler 2.5 gibi kesirli değerler tutamazlar. Daha önce temel türler tablosunda da gördüğünüz tamsayı türleri şunlardır:

Tür	Bit Uzunluğu	İlk Değeri
byte	8	0
ubyte	8	0
short	16	0
ushort	16	0
int	32	0
uint	32	0
long	64	0L
ulong	64	0LU

Hatırlarsanız, tür isimlerinin başındaki `u` karakteri "unsigned"dan geliyordu ve "işaretsiz" demekti. O türler *eksi işareti olmayan* türlerdir ve yalnızca sıfır ve daha büyük değerler alabilirler.

Her ne kadar diğer türler gibi `0` değerine eşit olsalar da, `0L` ve `0LU` sırasıyla `long` ve `ulong` türünde *hazır değerlerdir.*

Bitler ve tür uzunlukları

Günümüzdeki bilgisayar sistemlerinde en küçük bilgi parçası bittir. Bit, elektronik düzeyde ve devrelerin belirli noktalarında *elektrik geriliminin var olup olmaması* kavramıyla belirlendiği için, ancak iki durumdan birisinde bulunabilir. Bu durumlar 0 ve 1 değerleri olarak kabul edilmişlerdir. Yani sonuçta bir bit, iki değişik değer saklayabilir.

Yalnızca iki durumla ifade edilebilen kavramlarla fazla karşılaşmadığımız için bitin kullanışlılığı da azdır: yazı veya tura, odada ışıkların açık olup olmadığı, vs. gibi iki durumu olan kavramlar...

Biraz ileri giderek iki biti bir araya getirirsek, ikisinin birlikte saklayabilecekleri toplam değer adedi artar. İkisinin ayrı ayrı 0 veya 1 durumunda olmalarına göre toplam 4 olasılık vardır. Soldaki rakam birinci biti, sağdaki rakam da ikinci biti gösteriyor olsun: 00, 01, 10, ve 11. Yani bir bit eklemeyle toplam durum sayısı ikiye katlanmış olur. Bit eklemenin etkisini daha iyi görebilmek için bir adım daha atabiliriz: Üç bit, toplam 8 değişik durumda bulunabilir: 000, 001, 010, 011, 100, 101, 110, 111.

Bu sekiz durumun hangi tamsayı değerlerine karşılık gelecekleri tamamen anlaşmalara ve geleneklere kalmıştır. Yoksa örneğin 000 durumu 42 değerini, 001 durumu 123 değerini, vs. gösteriyor da olabilirdi. Tabii bu kadar ilgisiz değerler kullanışlı olmayacaklarından, 3 bitlik bir türü örnek alırsak, bu 8 durumun işaretli ve işaretsiz olarak kullanılmasında aldığı değerler şu tablodakine benzer:

Bitlerin Durumu	İşaretsiz Değer	İşaretli Değer
000	0	0
001	1	1
010	2	2
011	3	3
100	4	-4
101	5	-3
110	6	-2
111	7	-1

Burada görmenizi istediğim, 3 bitten nasıl 8 farklı değer elde edilebildiğidir.

Görüldüğü gibi, eklenen her bit, saklanabilecek bilgi miktarını iki katına çıkartmaktadır. Bunu devam ettirirsek; bitlerin bir araya getirilmelerinden oluşturulan değişik uzunluktaki türlerin saklayabildikleri farklı değer miktarlarını, bir önceki bit uzunluğunun saklayabileceği değer miktarını 2 ile çarparak şöyle görebiliriz:

Bit Adedi	Saklanabilecek Farklı Değer Adedi	D Türü	En Küçük Değeri	En Büyük Değeri
1	2			
2	4			
3	8			
4	16			
5	32			
6	64			
7	128			
8	256	byte ubyte	-128 0	127 255
...	...			
16	65,536	short ushort	-32768 0	32767 65535
...	...			
32	4,294,967,296	int uint	-2147483648 0	2147483647 4294967295
...	...			
64	18,446,744,073,709,551,616	long ulong	-9223372036854775808 0	9223372036854775807 18446744073709551615
...	...			

Bazı tablo satırlarını atladım ve aynı sayıda bitten oluşan D türlerinin işaretli ve işaretsiz olanlarını aynı satırda gösterdim (örneğin `int` ve `uint` 32 bitlik satırdalar).

Hangi durumda hangi tür

D'de üç bitlik tür yoktur. Olsaydı, tutabildiği 8 farklı değer ile ancak *atılan zarın sonucu* veya *haftanın gün sayısı* gibi kavramları ifade etmek için kullanılabilirdi.

Öte yandan, `uint` çok büyük bir tür olsa da, dünyadaki bütün insanları kapsayacak bir kimlik kartı numarası gibi bir kavram için kullanılamaz, çünkü `uint` dünyadaki insan nüfusu olan 7 milyardan daha az sayıda değer saklayabilir. `long` ve `ulong`'un Türkçe'de nasıl okunduğunu bile bilemeyeceğim toplam değer adedi ise çoğu kavram için fazlasıyla yeterlidir.

Temel bir kural olarak, özel bir neden yoksa, tamsayılar için öncelikle `int`'i düşünebilirsiniz.

Taşma

Türlerin bit sayılarıyla belirlenen bu kısıtlamaları, onlarla yapılan işlemlerde beklenmedik sonuçlar verebilir. Örneğin değerleri 3 milyar olan iki `uint`'in toplamı gerçekte 6 milyar olsa da, en fazla 4 milyar kadar değer saklayabilen `uint`'e sığmaz. Bu durumda sonuç `uint`'ten *taşmış* olur; programda hiçbir uyarı verilmeden 6 milyarın ancak 4 milyardan geri kalanı, yani 2 milyar kadarı sonuç değişkeninde kalır. (Aslında 6 milyar eksi 4.3 milyar, yani yaklaşık olarak 1.7 milyar...)

Kırpılma

Tamsayılar kesirli değerler tutamadıkları için ne kadar önemli olsa da, virgülden sonraki bilgiyi kaybederler. Örneğin 1 kutusu 4 çocuğa yeten dondurmadan 11 çocuk için 2.75 kutu gerekiyor olsa bile, bu değer bir tamsayı tür içinde ancak 2 olarak saklanabilir.

Taşmaya ve kırpılmaya karşı alabileceğiniz bazı önlemleri işlemlerin tanıtımından sonra vereceğim. Önce aritmetik işlemleri tanıyalım.

Tür nitelikleri hatırlatması

Temel türlerin tanıtıldığı bölümde tür niteliklerini görmüştük: `.min`, türün alabileceği en küçük değeri; `.max` da en büyük değeri veriyordu.

Arttırma: ++

Tek bir değişkenle kullanılır. Değişkenin isminden önce yazılır ve o değişkenin değerini 1 arttırır:

```
import std.stdio;

void main() {
    int sayı = 10;
    ++sayı;
    writeln("Yeni değeri: ", sayı);
}
```

```
Yeni değeri: 11
```

Arttırma işleci, biraz aşağıda göreceğiniz *atamalı toplama* işlecinin 1 değeri ile kullanılmasının eşdeğeridir:

```
    sayı += 1;        // ++sayı ifadesinin aynısı
```

Arttırma işleminin sonucu; eğer türün taşıyabileceği en yüksek değeri aşıyorsa, o zaman *taşar* ve türün alabildiği en düşük değere dönüşür. Bunu denemek için önceki değeri `int.max` olan bir değişkeni arttırırsak, yeni değerinin `int.min` olduğunu görürüz:

```
import std.stdio;

void main() {
    writeln("en düşük int değeri   : ", int.min);
    writeln("en yüksek int değeri  : ", int.max);

    int sayı = int.max;
    writeln("sayının önceki değeri : ", sayı);
    ++sayı;
    writeln("sayının sonraki değeri: ", sayı);
}
```

```
en düşük int değeri   : -2147483648
en yüksek int değeri  : 2147483647
sayının önceki değeri : 2147483647
sayının sonraki değeri: -2147483648
```

Bu çok önemli bir konudur; çünkü sayı hiçbir uyarı verilmeden, en yüksek değerinden en düşük değerine geçmektedir; hem de *arttırma* işlemi sonucunda!

Buna *taşma* denir. Benzer taşma davranışlarını azaltma, toplama, ve çıkarma işlemlerinde de göreceğiz.

Azaltma: --

Tek bir değişkenle kullanılır. Değişkenin isminden önce yazılır ve o değişkenin değerini 1 azaltır:

```
    --sayı;    // değeri bir azalır
```

Azaltma işleci, biraz aşağıda göreceğiniz *atamalı çıkarma* işlecinin 1 değeri ile kullanılmasının eşdeğeridir:

```
    sayı -= 1;        // --sayı ifadesinin aynısı
```

++ işlecine benzer şekilde, eğer değişkenin değeri baştan o türün en düşük değerindeyse, yeni değeri o türün en yüksek değeri olur. Buna da *taşma* denir.

Toplama: +

İki ifadeyle kullanılır ve aralarına yazıldığı iki ifadenin toplamını verir:

```
import std.stdio;

void main() {
    int sayı_1 = 12;
    int sayı_2 = 100;

    writeln("Sonuç: ", sayı_1 + sayı_2);
    writeln("Sabit ifadeyle: ", 1000 + sayı_2);
}
```

```
Sonuç: 112
Sabit ifadeyle: 1100
```

Eğer iki ifadenin toplamı o türde saklanabilecek en yüksek değerden fazlaysa, yine *taşma* oluşur ve değerlerin ikisinden de daha küçük bir sonuç elde edilir:

```
import std.stdio;

void main() {
    // İki tane 3 milyar
    uint sayı_1 = 3000000000;
    uint sayı_2 = 3000000000;

    writeln("uint'in en yüksek değeri: ", uint.max);
    writeln("                  sayı_1: ", sayı_1);
    writeln("                  sayı_2: ", sayı_2);
    writeln("                  toplam: ", sayı_1 + sayı_2);
    writeln("TAŞMA! Sonuç 6 milyar olmadı!");
}
```

```
uint'in en yüksek değeri: 4294967295
                  sayı_1: 3000000000
                  sayı_2: 3000000000
                  toplam: 1705032704
TAŞMA! Sonuç 6 milyar olmadı!
```

Çıkarma: -

İki ifadeyle kullanılır ve birinci ile ikincinin farkını verir:

```
import std.stdio;

void main() {
    int sayı_1 = 10;
    int sayı_2 = 20;

    writeln(sayı_1 - sayı_2);
    writeln(sayı_2 - sayı_1);
}
```

```
-10
10
```

Eğer sonucu tutan değişken işaretsizse ve sonuç eksi bir değer alırsa, yine garip sonuçlar doğar. Yukarıdaki programı `uint` için tekrar yazarsak:

```
import std.stdio;

void main() {
```

```
    uint sayı_1 = 10;
    uint sayı_2 = 20;

    writeln("SORUN! uint eksi değer tutamaz:");
    writeln(sayı_1 - sayı_2);
    writeln(sayı_2 - sayı_1);
}
```

```
SORUN! uint eksi değer tutamaz:
4294967286
10
```

Eninde sonunda farkları alınacak kavramlar için hep işaretli türlerden seçmek iyi bir karardır. Yine, özel bir neden yoksa normalde `int`'i seçebilirsiniz.

Çarpma: *

İki ifadenin değerlerini çarpar. Yine taşmaya maruzdur:

```
import std.stdio;

void main() {
    uint sayı_1 = 6;
    uint sayı_2 = 7;

    writeln(sayı_1 * sayı_2);
}
```

```
42
```

Bölme: /

Birinci ifadeyi ikinci ifadeye böler. Tamsayılar kesirli sayı tutamayacakları için, eğer varsa sonucun kesirli kısmı atılır. Buna *kırpılma* denir. Örneğin bu yüzden aşağıdaki program 3.5 değil, 3 yazmaktadır:

```
import std.stdio;

void main() {
    writeln(7 / 2);
}
```

```
3
```

Virgülden sonrasının önemli olduğu hesaplarda tamsayı türleri değil, *kesirli sayı türleri* kullanılır. Kesirli sayı türlerini bir sonraki bölümde göreceğiz.

Kalan: %

Birinci ifadeyi ikinci ifadeye böler ve kalanını verir. Örneğin 10'un 6'ya bölümünden kalan 4'tür:

```
import std.stdio;

void main() {
    writeln(10 % 6);
}
```

```
4
```

Bu işleç bir sayının tek veya çift olduğunu anlamada kullanılır. Tek sayıların ikiye bölümünden kalan her zaman için 1 olduğundan, kalanın 0 olup olmadığına bakarak sayının tek veya çift olduğu kolayca anlaşılır:

```
    if ((sayı % 2) == 0) {
        writeln("çift sayı");
    } else {
```

```
        writeln("tek sayı");
    }
```

Üs alma: ^^

Birinci ifadenin ikinci ifade ile belirtilen üssünü alır. Örneğin 3 üssü 4, 3'ün 4 kere kendisiyle çarpımıdır:

```
import std.stdio;

void main() {
    writeln(3 ^^ 4);
}
```

```
81
```

Atamalı aritmetik işleçleri

Yukarıda gösterilen ve iki ifade alan aritmetik işleçlerin atamalı olanları da vardır. Bunlar işlemi gerçekleştirdikten sonra ek olarak sonucu sol taraftaki değişkene atarlar:

```
import std.stdio;

void main() {
    int sayı = 10;

    sayı += 20;   // sayı = sayı + 20 ile aynı şey; şimdi 30
    sayı -= 5;    // sayı = sayı - 5  ile aynı şey; şimdi 25
    sayı *= 2;    // sayı = sayı * 2  ile aynı şey; şimdi 50
    sayı /= 3;    // sayı = sayı / 3  ile aynı şey; şimdi 16
    sayı %= 7;    // sayı = sayı % 7  ile aynı şey; şimdi  2
    sayı ^^= 6;   // sayı = sayı ^^ 6 ile aynı şey; şimdi 64

    writeln(sayı);
}
```

```
64
```

Eksi işareti: -

Önüne yazıldığı ifadenin değerini artıysa eksi, eksiyse artı yapar:

```
import std.stdio;

void main() {
    int sayı_1 = 1;
    int sayı_2 = -2;

    writeln(-sayı_1);
    writeln(-sayı_2);
}
```

```
-1
2
```

Bu işlecin sonucunun türü, değişkenin türü ile aynıdır. `uint` gibi işaretsiz türler eksi değerler tutamadıkları için, bu işlecin onlarla kullanılması şaşırtıcı sonuçlar doğurabilir:

```
    uint sayı = 1;
    writeln("eksi işaretlisi: ", -sayı);
```

`-sayı` ifadesinin türü de `uint`'tir ve o yüzden eksi değer alamaz:

```
eksi işaretlisi: 4294967295
```

Artı işareti: +

Matematikte sayıların önüne yazılan + işareti gibi bunun da hiçbir etkisi yoktur. İfadenin değeri eksiyse yine eksi, artıysa yine artı kalır:

```
import std.stdio;

void main() {
    int sayı_1 = 1;
    int sayı_2 = -2;

    writeln(+sayı_1);
    writeln(+sayı_2);
}
```

```
1
-2
```

Önceki değerli (sonek) arttırma: ++

Not: Özel bir nedeni yoksa normal arttırma işlecini kullanmanızı öneririm.

Normal arttırma işlecinden farklı olarak ifadeden sonra yazılır. Yukarıda anlatılan ++ işlecinde olduğu gibi ifadenin değerini bir arttırır, ama içinde geçtiği ifadede *önceki değeri* olarak kullanılır. Bunun etkisini görmek için normal ++ işleciyle karşılaştıralım:

```
import std.stdio;

void main() {
    int normal_arttırılan = 1;
    writeln(++normal_arttırılan);          // 2 yazılır
    writeln(normal_arttırılan);            // 2 yazılır

    int önceki_değerli_arttırılan = 1;

    // Değeri arttırılır ama ifadede önceki değeri kullanılır:
    writeln(önceki_değerli_arttırılan++);  // 1 yazılır
    writeln(önceki_değerli_arttırılan);    // 2 yazılır
}
```

```
2
2
1
2
```

Yukarıdaki arttırma işleminin olduğu satır şunun eşdeğeridir:

```
    int önceki_değeri = önceki_değerli_arttırılan;
    ++önceki_değerli_arttırılan;
    writeln(önceki_değeri);                // 1 yazılır
```

Yani bir anlamda, sayı arttırılmıştır, ama içinde bulunduğu ifadede *önceki değeri* kullanılmıştır.

Önceki değerli (sonek) azaltma: - -

Not: Özel bir nedeni yoksa normal azaltma işlecini kullanmanızı öneririm.

Önceki değerli arttırma ++ ile aynı şekilde davranır ama arttırmak yerine azaltır.

İşleç öncelikleri

Yukarıdaki işleçleri hep tek başlarına ve bir veya iki ifade ile gördük. Oysa mantıksal ifadelerde olduğu gibi, birden fazla aritmetik işleci bir arada kullanarak daha karmaşık işlemler oluşturabiliriz:

```
int sayı = 77;
int sonuç = (((sayı + 8) * 3) / (sayı - 1)) % 5;
```

Mantıksal ifadelerde olduğu gibi, bu işleçlerin de D tarafından belirlenmiş olan öncelikleri vardır. Örneğin, * işlecinin önceliği + işlecininkinden yüksek olduğundan, parantezler kullanılmadığında `sayı + 8 * 3` ifadesi önce * işlemi uygulanacağı için `sayı + 24` olarak hesaplanır. Bu da yukarıdakinden farklı bir işlemdir.

O yüzden, parantezler kullanarak hem işlemleri doğru sırada uygulatmış olursunuz, hem de kodu okuyan kişilere kodu anlamalarında yardımcı olmuş olursunuz.

İşleç öncelikleri tablosunu ilerideki bir bölümde (sayfa 695) göreceğiz.

Taşma olduğunu belirlemek

Her ne kadar henüz görmediğimiz işlev (sayfa 136) ve `ref` parametre (sayfa 169) olanaklarını kullansa da, taşma durumunu bildirebilen `core.checkedint` modülünü[1] burada tanıtmak istiyorum. Bu modül + ve - gibi işleçleri değil, şu işlevleri kullanır: işaretli ve işaretsiz toplama için `adds` ve `addu`, işaretli ve işaretsiz çıkarma için `subs` ve `subu`, işaretli ve işaretsiz çarpma için `muls` ve `mulu`, ve ters işaretlisini almak için `negs`.

Örneğin, a ve b'nin `int` türünde iki değişken olduklarını varsayarsak, toplamlarının taşıp taşmadığını aşağıdaki kod ile denetleyebiliriz:

```
import core.checkedint;

void main() {
    // Deneme amacıyla taşmaya neden oluyoruz
    int a = int.max - 1;
    int b = 2;

    // Aşağıdaki 'adds' işlevi sırasında sonuç taşmışsa bu
    // değişkenin değeri 'true' olur:
    bool taştı_mı = false;
    int sonuç = adds(a, b, taştı_mı);

    if (taştı_mı) {
        // 'sonuç'u kullanamayız çünkü taşmış
        // ...

    } else {
        // 'sonuç'u kullanabiliriz
        // ...
    }
}
```

Taşma gibi sorunlara karşı etkili bir başka modül, `Checked` türünü tanımlayan std.experimental.checkedint modülüdür[2]. Ancak, hem kullanımı hem de gerçekleştirmesi kitabın bu noktasında fazla ileri düzey kabul edilmelidir.

Taşmaya karşı önlemler

Eğer bir işlemin sonucu seçilen türe sığmıyorsa, zaten yapılacak bir şey yoktur. Ama bazen sonuç sığacak olsa da ara işlemler sırasında oluşabilecek taşmalar nedeniyle yanlış sonuçlar elde edilebilir.

Bir örneğe bakalım: kenarları 40'a 60 kilometre olan bir alanın her 1000 metre karesine bir elma ağacı dikmek istiyoruz. Kaç ağaç gerekir?

Bu problemi kağıt kalemle çözünce sonucun 40000 çarpı 60000 bölü 1000 olarak 2.4 milyon olduğunu görürüz. Bunu hesaplayan bir programa bakalım:

1. http://dlang.org/phobos/core_checkedint.html
2. https://dlang.org/phobos/std_experimental_checkedint.html

```
import std.stdio;

void main() {
    int en  = 40000;
    int boy = 60000;
    int ağaç_başına_yer = 1000;

    int gereken_ağaç = en * boy / ağaç_başına_yer;

    writeln("Gereken elma ağacı: ", gereken_ağaç);
}
```

```
Gereken elma ağacı: -1894967
```

Bırakın yakın olmayı, bu sonuç sıfırdan bile küçüktür! Bu sorunun nedeni, programdaki `en * boy` alt işleminin bir `int`'e sığamayacak kadar büyük olduğu için taşması, ve bu yüzden de geri kalan `/ ağaç_başına_yer` işleminin de yanlış çıkmasıdır.

Buradaki ara işlem sırasında oluşan taşmayı değişken sıralarını değiştirerek giderebiliriz:

```
int gereken_ağaç = en / ağaç_başına_yer * boy;
```

Şimdi hesap doğru çıkar:

```
Gereken elma ağacı: 2400000
```

Bu ifadenin doğru çalışmasının nedeni, şimdiki ara işlem olan `en / ağaç_başına_yer` ifadesinin değerinin 40 olduğu için artık `int`'ten taşmamasıdır.

Aslında böyle bir durumda en doğru çözüm; bir tamsayı türü değil, kesirli sayı türlerinden birisini kullanmaktır: `float`, `double`, veya `real`.

Kırpılmaya karşı önlemler

Benzer şekilde, ara işlemlerin sırasını değiştirerek kırpılmanın da etkisini azaltabiliriz. Bunun ilginç bir örneğini, aynı sayıya bölüp yine aynı sayıyla çarptığımızda görebiliriz: 10/9*9 işleminin sonucunun 10 çıkmasını bekleriz. Oysa:

```
import std.stdio;

void main() {
    writeln(10 / 9 * 9);
}
```

```
9
```

Yine, işlemlerin sırasını değiştirince kırpılma olmayacağı için sonuç doğru çıkar:

```
writeln(10 * 9 / 9);
```

```
10
```

Burada da en iyi çözüm belki de bir kesirli sayı türü kullanmaktır.

12.1 Problemler

1. Yazacağınız program kullanıcıdan iki tamsayı alsın ve birincinin içinde ikinciden kaç tane bulunduğunu ve artanını versin. Örneğin 7 ve 3 değerleri girilince çıkışa şunu yazsın:

```
7 = 3 * 2 + 1
```

2. Aynı programı, kalan 0 olduğunda daha kısa sonuç verecek şekilde değiştirin. Örneğin 10 ve 5 verince gereksizce "10 = 5 * 2 + 0" yazmak yerine, yalnızca yeterli bilgiyi versin:

```
10 = 5 * 2
```

3. Dört işlemi destekleyen basit bir hesap makinesi yazın. İşlemi bir menüden seçtirsin ve girilen iki değere o işlemi uygulasın. Bu programda taşma ve kırpılma sorunlarını gözardı edebilirsiniz.
4. Yazacağınız program 1'den 10'a kadar bütün sayıları ayrı satırlarda olacak şekilde yazdırsın. Ama, bir istisna olarak 7 değerini yazdırmasın. Programda şu şekilde tekrarlanan `writeln` ifadeleri kullan**ma**yın:

```
import std.stdio;

void main() {
    // Böyle yapmayın!
    writeln(1);
    writeln(2);
    writeln(3);
    writeln(4);
    writeln(5);
    writeln(6);
    writeln(8);
    writeln(9);
    writeln(10);
}
```

Onun yerine, bir döngü içinde değeri arttırılan bir değişken düşünün ve 7'yi yazdırmama koşuluna da dikkat edin. Burada herhalde *eşit olmama* koşulunu denetleyen != işlecini kullanmak zorunda kalacaksınız.

Çözümler: Sayfa 702

13 Kesirli Sayılar

Tamsayıların ve aritmetik işlemlerin oldukça kolay olduklarını, buna rağmen yapılarından kaynaklanan taşma ve kırpılma gibi özellikleri olduğunu gördük.

Bu bölümde de biraz ayrıntıya girmek zorundayız. Eğer aşağıdaki listedeki herşeyi bildiğinizi düşünüyorsanız, ayrıntılı bilgileri okumayıp doğrudan problemlere geçebilirsiniz:

- Bin kere 0.001 eklemek 1 eklemekle aynı şey değildir
- == veya != mantıksal ifadelerini kesirli sayı türleriyle kullanmak çoğu durumda hatalıdır
- Kesirli sayıların ilk değerleri 0 değil, `.nan`'dır. `.nan` değeriyle işlem yapmak anlamlı değildir; başka bir değerle karşılaştırıldığında `.nan` ne küçüktür ne de büyük.
- Artı yöndeki taşma değeri `.infinity`, eksi yöndeki taşma değeri de *eksi* `.infinity`'dir

Kesirli sayı türleri çok daha kullanışlıdırlar ama onların da mutlaka bilinmesi gereken özellikleri vardır. Kırpılma konusunda çok iyidirler, çünkü zaten özellikle virgülden sonrası için tasarlanmışlardır. Belirli sayıda bitle sınırlı oldukları için taşma bu türlerde de vardır ancak alabildikleri değer aralığı tamsayılarla karşılaştırıldığında olağanüstü geniştir. Ek olarak, tamsayı türlerinin taşma durumunda sessiz kalmalarının aksine, kesirli sayılar "sonsuzluk" değerini alırlar.

Önce kesirli sayı türlerini hatırlayalım:

Tür	Bit Uzunluğu	İlk Değeri
`float`	32	`float.nan`
`double`	64	`double.nan`
`real`	en az 64, veya donanım sağlıyorsa daha fazla (örneğin, 80)	`real.nan`

13.1 Kesirli tür nitelikleri

Kesirli türlerin nitelikleri tamsayılardan daha fazladır:

- `.stringof` türün okunaklı ismidir
- `.sizeof` türün bayt olarak uzunluğudur; türün kaç bitten oluştuğunu hesaplamak için bu değeri bir bayttaki bit sayısı olan 8 ile çarpmak gerekir
- `.max` "en çok" anlamına gelen "maximum"un kısaltmasıdır; türün alabileceği en büyük değerdir. Kesirli türlerde `.min` bulunmaz; türün alabileceği en düşük değer için `.max`'ın eksi işaretlisi kullanılır. Örneğin, `double` türünün alabileceği en düşük değer `-double.max`'tır.
- `.min_normal`, türün normal duyarlığı ile ifade edebildiği sıfıra en yakın değerdir. (Duyarlık kavramını aşağıda göreceğiz.) Tür aslında daha küçük değerler de ifade edebilir ama o değerlerin duyarlığı türün normal duyarlığının altındadır ve hesaplanmaları daha yavaştır. Bir kesirli sayı değerinin eksi `.min_normal` ile artı `.min_normal` aralığında olması durumuna (0 hariç) *alttan taşma* denir.
- `.dig` "basamak sayısı" anlamına gelen "digits"in kısaltmasıdır; türün kaç basamak duyarlığı olduğunu belirtir
- `.infinity` "sonsuz" anlamına gelir; taşma durumunda kullanılan değerdir.

Kesirli sayı türlerinin diğer nitelikleri daha az kullanılır. Bütün nitelikleri dlang.org'da Properties for Floating Point Types[1] başlığı altında bulabilirsiniz.

Yukarıdaki nitelikleri birbirleriyle olan ilişkilerini görmek için bir sayı çizgisine şöyle yerleştirebiliriz:

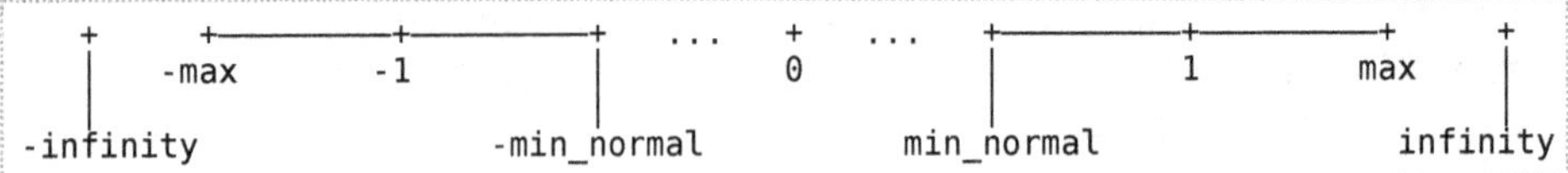

```
   +     +---------+----------+  ...  +  ...  +----------+---------+     +
   |   -max       -1          |       0       |          1        max    |
   |                          |               |                          |
-infinity               -min_normal       min_normal                infinity
```

İki özel sonsuzluk değeri hariç, yukarıdaki çizginin ölçeği doğrudur: `min_normal` ile 1 arasında ne kadar değer ifade edilebiliyorsa, 1 ile `max` arasında da aynı sayıda değer ifade edilir. Bu da `min_normal` ile 1 arasındaki değerlerin son derece yüksek doğrulukta oldukları anlamına gelir. (Aynı durum eksi taraf için de geçerlidir.)

13.2 .nan

Açıkça ilk değeri verilmeyen kesirli sayıların ilk değerlerinin `.nan` olduğunu gördük. `.nan` değeri bazı anlamsız işlemler sonucunda da ortaya çıkabilir. Örneğin şu programdaki ifadelerin hepsi `.nan` sonucunu verir:

```
import std.stdio;

void main() {
    double sıfır = 0;
    double sonsuz = double.infinity;

    writeln("nan kullanan her işlem: ", double.nan + 1);
    writeln("sıfır bölü sıfır       : ", sıfır / sıfır);
    writeln("sıfır kere sonsuz      : ", sıfır * sonsuz);
    writeln("sonsuz bölü sonsuz     : ", sonsuz / sonsuz);
    writeln("sonsuz eksi sonsuz     : ", sonsuz - sonsuz);
}
```

`.nan`'ın tek yararı bir değişkenin ilklenmemiş olduğunu göstermek değildir. İşlem sonuçlarında oluşan `.nan` değerleri sonraki hesaplar sırasında da korunurlar ve böylece hesap hatalarının erkenden ve kolayca yakalanmalarına yardım ederler.

13.3 Kesirli sayıların yazımları

Bu üç türün niteliklerine bakmadan önce kesirli sayıların nasıl yazıldıklarını görelim. Kesirli sayıları 123 gibi tamsayı şeklinde veya 12.3 gibi noktalı olarak yazabiliriz.

Ek olarak, `1.23e+4` gibi bir yazımdaki e+, "çarpı 10 üzeri" anlamına gelir. Yani bu örnek $1.23x10^4$'tür, bir başka deyişle "1.23 çarpı 10000"dir ve ifadenin değeri 12300'dür.

Eğer e'den sonra gelen değer eksi ise, yani örneğin `5.67e-3` gibi yazılmışsa, o zaman "10 üzeri o kadar değere bölünecek" demektir. Yani bu örnek $5.67/10^3$'tür, bir başka deyişle "5.67 bölü 1000"dir ve ifadenin değeri 0.00567'dir.

Kesirli sayıların bu gösterimlerini türlerin niteliklerini yazdıran aşağıdaki programın çıktısında göreceksiniz:

```
import std.stdio;

void main() {
    writeln("Tür ismi                  : ", float.stringof);
    writeln("Duyarlık                  : ", float.dig);
    writeln("En küçük normalize değeri: ", float.min_normal);
    writeln("En küçük değeri           : ", -float.max);
    writeln("En büyük değeri           : ", float.max);
```

1. http://dlang.org/property.html

```
    writeln();

    writeln("Tür ismi                    : ", double.stringof);
    writeln("Duyarlık                    : ", double.dig);
    writeln("En küçük normalize değeri: ", double.min_normal);
    writeln("En küçük değeri             : ", -double.max);
    writeln("En büyük değeri             : ", double.max);
    writeln();

    writeln("Tür ismi                    : ", real.stringof);
    writeln("Duyarlık                    : ", real.dig);
    writeln("En küçük normalize değeri: ", real.min_normal);
    writeln("En küçük değeri             : ", -real.max);
    writeln("En büyük değeri             : ", real.max);
}
```

Programın çıktısı benim ortamımda aşağıdaki gibi oluyor. `real` türü donanıma bağlı olduğu için bu çıktı sizin ortamınızda farklı olabilir:

```
Tür ismi                 : float
Duyarlık                 : 6
En küçük normalize değeri: 1.17549e-38
En küçük değeri          : -3.40282e+38
En büyük değeri          : 3.40282e+38

Tür ismi                 : double
Duyarlık                 : 15
En küçük normalize değeri: 2.22507e-308
En küçük değeri          : -1.79769e+308
En büyük değeri          : 1.79769e+308

Tür ismi                 : real
Duyarlık                 : 18
En küçük normalize değeri: 3.3621e-4932
En küçük değeri          : -1.18973e+4932
En büyük değeri          : 1.18973e+4932
```

Not: `double` ve `real` `float`'tan daha fazla duyralığa sahip oldukları halde, `writeln` bütün kesirli sayı türlerini 6 basamak duyarlıkla yazdırır. (Duyarlık kavramını aşağıda göreceğiz.)

Gözlemler

`ulong` türünün tutabileceği en yüksek değerin ne kadar çok basamağı olduğunu hatırlıyor musunuz: 18,446,744,073,709,551,616 sayısı 20 basamaktan oluşur. Buna karşın, en küçük kesirli sayı türü olan `float`'un bile tutabileceği en yüksek değer 10^{38} mertebesindedir. Yani şunun gibi bir değer: 340,282,000,000,000,000,000,000,000,000,000,000,000. `real`'in en büyük değeri ise 10^{4932} mertebesindedir (4900'den fazla basamağı olan bir sayı).

Başka bir gözlem olarak `double`'ın 15 duyarlıkla ifade edebileceği en düşük değere bakalım:

```
    0.000...(burada 300 tane daha 0 var)...0000222507385850720
```

13.4 Taşma gözardı edilmez

Ne kadar büyük değerler tutuyor olsalar da kesirli sayılarda da taşma olabilir. Kesirli sayı türlerinin iyi tarafı, taşma oluştuğunda tamsayılardaki taşmanın tersine bundan haberimizin olabilmesidir: taşan sayının değeri "artı sonsuz" için `.infinity`, "eksi sonsuz" için `-.infinity` haline gelir. Bunu görmek için şu programda `.max`'ın değerini %10 arttırmaya çalışalım. Sayı zaten en büyük değerinde olduğu için, %10 arttırınca taşacak ve yarıya bölünse bile değeri "sonsuz" olacaktır:

```
import std.stdio;

void main() {
    real sayı = real.max;

    writeln("Önce: ", sayı);

    // 1.1 ile çarpmak, %110 haline getirmektir:
    sayı *= 1.1;
    writeln("%10 arttırınca: ", sayı);

    // İkiye bölerek küçültmeye çalışalım:
    sayı /= 2;
    writeln("Yarıya bölünce: ", sayı);
}
```

O programda `sayı` bir kere `real.infinity` değerini alınca yarıya bölünse bile sonsuz değerinde kalır:

```
Önce: 1.18973e+4932
%10 arttırınca: inf
Yarıya bölünce: inf
```

13.5 Duyarlık (Hassasiyet)

Duyarlık, yine günlük hayatta çok karşılaştığımız ama fazla sözünü etmediğimiz bir kavramdır. Duyarlık, bir değeri belirtirken kullandığımız basamak sayısıdır. Örneğin 100 liranın üçte birinin 33 lira olduğunu söylersek, duyarlık 2 basamaktır. Çünkü 33 değeri sadece iki basamaktan ibarettir. Daha hassas değerler gereken bir durumda 33.33 dersek, bu sefer dört basamak kullanmış olduğumuz için duyarlık 4 basamaktır.

Kesirli sayı türlerinin bit olarak uzunlukları yalnızca alabilecekleri en yüksek değerleri değil; değerlerin duyarlıklarını da etkiler. Bit olarak uzunlukları ne kadar fazlaysa, duyarlıkları da o kadar fazladır.

13.6 Bölmede kırpılma yoktur

Önceki bölümde gördüğümüz gibi, tamsayı bölme işlemlerinde sonucun virgülden sonrası kaybedilir:

```
    int birinci = 3;
    int ikinci = 2;
    writeln(birinci / ikinci);
```

Çıktısı:

```
1
```

Kesirli sayı türlerinde ise virgülden sonrasını kaybetmek anlamında kırpılma yoktur:

```
    double birinci = 3;
    double ikinci = 2;
    writeln(birinci / ikinci);
```

Çıktısı:

```
1.5
```

Virgülden sonraki bölümün doğruluğu kullanılan türün duyarlığına bağlıdır: `real` en yüksek duyarlıklı, `float` da en düşük duyarlıklı kesirli sayı türleridir.

13.7 Hangi durumda hangi tür

Özel bir neden yoksa her zaman için `double` türünü kullanabilirsiniz. `float`'un duyarlığı düşüktür ama küçük olmasının yarar sağlayacağı nadir programlardan birisini yazıyorsanız düşünerek ve ölçerek karar verebilirsiniz. Öte yandan, `real`'in duyarlığı bazı ortamlarda `double`'dan daha yüksek olduğundan yüksek duyarlığın önemli olduğu hesaplarda `real` türünü kullanmak isteyebilirsiniz.

13.8 Her değeri ifade etmek olanaksızdır

Her değerin ifade edilememesi kavramını önce günlük hayatımızda göstermek istiyorum. Kullandığımız onlu sayı sisteminde virgülden önceki basamaklar birler, onlar, yüzler, vs. basamaklarıdır; virgülden sonrakiler de onda birler, yüzde birler, binde birler, vs.

Eğer ifade etmek istediğimiz değer bu basamakların bir karışımı ise, değeri tam olarak ifade edebiliriz. Örneğin 0.23 değeri 2 adet *onda bir* değerinden ve 3 adet *yüzde bir* değerinden oluştuğu için tam olarak ifade edilebilir. Öte yandan, 1/3 değerini onlu sistemimizde tam olarak ifade edemeyiz çünkü virgülden sonra ne kadar uzatırsak uzatalım yeterli olmaz: 0.33333...

Benzer durum kesirli sayılarda da vardır. Türlerin bit sayıları sınırlı olduğu için, her değer tam olarak ifade edilemez.

Bilgisayarlarda kullanılan ikili sayı sistemlerinin bir farkı, virgülden öncesinin birler, ikiler, dörtler, vs. diye; virgülden sonrasının da yarımlar, dörtte birler, sekizde birler, vs. diye gitmesidir. Eğer değer bunların bir karışımı ise tam olarak ifade edilebilir; değilse edilemez.

Bilgisayarlarda tam olarak ifade edilemeyen bir değer 0.1'dir (10 kuruş gibi). Onlu sistemde tam olarak 0.1 şeklinde ifade edilebilen bu değer, ikili sistemde 0.0001100110011... diye tekrarlar ve kullanılan kesirli sayı türünün duyarlığına bağlı olarak belirli bir yerden sonra hatalıdır. (Tekrarladığını söylediğim o son sayıyı ikili sistemde yazdım, onlu değil...)

Bunu gösteren aşağıdaki örneği ilginç bulabilirsiniz. Bir değişkenin değerini bir döngü içinde her seferinde 0.001 arttıralım. Döngünün 1000 kere tekrarlanmasının ardından sonucun 1 olmasını bekleriz. Oysa öyle çıkmaz:

```
import std.stdio;

void main() {
    float sonuç = 0;

    // Bin kere 0.001 değerini ekliyoruz:
    int sayaç = 1;
    while (sayaç <= 1000) {
        sonuç += 0.001;
        ++sayaç;
    }

    if (sonuç == 1) {
        writeln("Beklendiği gibi 1");

    } else {
        writeln("FARKLI: ", sonuç);
    }
}
```

0.001 tam olarak ifade edilemeyen bir değer olduğundan, bu değerdeki hata miktarı sonucu döngünün her tekrarında etkilemektedir:

```
FARKLI: 0.999991
```

Not: Yukarıdaki `sayaç`, döngü sayacı olarak kullanılmaktadır. Bu amaçla açıkça değişken tanımlamak aslında önerilmez. Onun yerine, daha ilerideki bir bölümde göreceğimiz `foreach` döngüsü (sayfa 121) kullanılabilir.

13.9 Sırasızlık

Daha önce tamsayılarda göndüğümüz karşılaştırma işleçleri kesirli sayılarda da kullanılır. Ancak, kesirli sayılarda geçersiz değeri gösteren `.nan` da bulunduğundan, o değerin başka değerlerle küçük büyük olarak karşılaştırılması anlamsızdır. Örneğin, `.nan`'ın mı yoksa 1'in mi daha büyük olduğu gibi bir soru yanıtlanamaz.

Bu yüzden kesirli sayılarda başka bir karşılaştırma kavramı daha vardır: sırasızlık. Sırasızlık, değerlerden en az birisinin `.nan` olması demektir.

Aşağıdaki tablo kesirli sayı karşılaştırma işleçlerini gösteriyor. İşleçlerin hepsi ikilidir ve örneğin `soldaki == sağdaki` şeklinde kullanılır. `false` ve `true` içeren sütunlar, işleçlerin hangi durumda ne sonuç verdiğini gösterir.

Sonuncu sütun, ifadelerden birisinin `.nan` olması durumunda o işlecin kullanımının anlamlı olup olmadığını gösterir. Örneğin `1.2 < real.nan` ifadesinin sonucu `false` çıksa bile, ifadelerden birisi `real.nan` olduğu için bu sonucun bir anlamı yoktur çünkü bunun tersi olan `real.nan < 1.2` ifadesi de `false` verir.

İşleç	Anlamı	Soldaki Büyükse	Soldaki Küçükse	İkisi Eşitse	En Az Birisi .nan ise	.nan ile Anlamlı
==	eşittir	false	false	true	false	evet
!=	eşit değildir	true	true	false	true	evet
>	büyüktür	true	false	false	false	hayır
>=	büyüktür veya eşittir	true	false	true	false	hayır
<	küçüktür	false	true	false	false	hayır
<=	küçüktür veya eşittir	false	true	true	false	hayır

Her ne kadar `.nan` ile kullanımı anlamlı olsa da, değerlerden birisi `.nan` olduğunda == işleci her zaman için `false` üretir. Her iki değer de `.nan` olduğunda bile sonuç `false` çıkar:

```
import std.stdio;

void main() {
    if (double.nan == double.nan) {
        writeln("eşitler");

    } else {
        writeln("eşit değiller");
    }
}
```

`double.nan`'ın kendisine eşit olacağı beklenebilir, ancak karşılaştırmanın sonucu yine de `false`'tur:

```
eşit değiller
```

`.nan` eşitlik karşılaştırması için `isNaN()`

Yukarıda gördüğümüz gibi, bir kesirli sayı değişkeninin `.nan`'a eşit olup olmadığı == işleci ile karşılaştırılamaz:

```
    if (kesirli == double.nan) {    // ← YANLIŞ KARŞILAŞTIRMA
        // ...
    }
```

O yüzden `std.math` modülündeki "nan değerinde mi?" sorusunun yanıtını veren `isNaN()` işlevinden yararlanmak gerekir:

```
import std.math;
// ...
    if (isNaN(kesirli)) {    // ← doğru karşılaştırma
        // ...
    }
```

Benzer biçimde, `.nan`'a eşit olmadığı da `!=` ile değil, `!isNaN()` ile denetlenmelidir.

13.10 Problemler

1. Yukarıda bin kere 0.001 ekleyen programı `float` yerine `double` (veya `real`) kullanacak biçimde değiştirin:

   ```
       double sonuç = 0;
   ```

   Bu problem, kesirli sayı türlerinin eşitlik karşılaştırmalarında kullanılmasının ne kadar yanıltıcı olabildiğini göstermektedir.
2. Önceki bölümdeki hesap makinesini kesirli bir tür kullanacak şekilde değiştirin. Böylece hesap makineniz çok daha doğru sonuçlar verecektir. Denerken değerleri girmek için 1000, 1.23, veya 1.23e4 şeklinde yazabilirsiniz.
3. Girişten 5 tane kesirli sayı alan bir program yazın. Bu sayıların önce iki katlarını yazsın, sonra da beşe bölümlerini. Bu problemi bir sonra anlatılacak olan dizilere hazırlık olarak soruyorum. Eğer bu programı şimdiye kadar öğrendiklerinizle yazarsanız, dizileri anlamanız daha kolay olacak.

Çözümler: Sayfa 703

14 Diziler

Bir önceki bölümün problemlerinden birisinde 5 tane değişken tanımlamış ve onlarla belirli işlemler yapmıştık: önce iki katlarını almıştık, sonra da beşe bölmüştük. O değişkenleri ayrı ayrı şöyle tanımlamıştık:

```
double sayı_1;
double sayı_2;
double sayı_3;
double sayı_4;
double sayı_5;
```

Bu yöntem her duruma uygun değildir, çünkü değişken sayısı arttığında onları teker teker tanımlamak, içinden çıkılmaz bir hal alır. Bin tane sayıyla işlem yapmak gerektiğini düşünün... Bin tane değişkeni ayrı ayrı sayı_1, sayı_2, ..., sayı_1000 diye tanımlamak hemen hemen olanaksız bir iştir.

Dizilerin bir yararı böyle durumlarda ortaya çıkar: diziler bir seferde birden fazla değişken tanımlamaya yarayan olanaklardır. Birden fazla değişkeni bir araya getirmek için en çok kullanılan veri yapısı da dizidir.

Bu bölüm dizi olanaklarının yalnızca bir bölümünü kapsar. Diğer olanaklarını daha ilerideki Başka Dizi Olanakları bölümünde (sayfa 64) göreceğiz.
bir bölümde göreceğiz.)

14.1 Tanımlanması

Dizi tanımı değişken tanımına çok benzer. Tek farkı, dizide kaç değişken bulunacağının, yani bir seferde kaç değişken tanımlanmakta olduğunun, türün isminden sonraki köşeli parantezler içinde belirtilmesidir. Tek bir değişkenin tanımlanması ile bir dizinin tanımlanmasını şöyle karşılaştırabiliriz:

```
int     tekDeğişken;
int[10] onDeğişkenliDizi;
```

O iki tanımdan birincisi, şimdiye kadarki kodlarda gördüklerimiz gibi tek değişken tanımıdır; ikincisi ise 10 değişkenden oluşan bir dizidir.

Yukarıda sözü geçen problemdeki 5 ayrı değişkeni 5 elemanlı bir dizi halinde hep birden tanımlamak için şu söz dizimi kullanılır:

```
double[5] sayılar;
```

Bu tanım, "double türünde 5 tane sayı" diye okunabilir. Daha sonra kod içinde kullanıldığında tek bir sayı değişkeni sanılmasın diye ismini de çoğul olarak seçtiğime dikkat edin.

Özetle; dizi tanımı, tür isminin yanına köşeli parantezler içinde yazılan dizi uzunluğundan ve bunları izleyen dizi isminden oluşur:

```
tür_ismi[dizi_uzunluğu] dizi_ismi;
```

Tür ismi olarak temel türler kullanılabileceği gibi, programcının tanımladığı daha karmaşık türler de kullanılabilir (bunları daha sonra göreceğiz). Örnekler:

```
// Bütün şehirlerdeki hava durumlarını tutan bir dizi
// Burada örneğin
//   false: "kapalı hava"
//   true : "açık hava"
// anlamında kullanılabilir
bool[şehirAdedi] havaDurumları;

// Yüz kutunun ağırlıklarını ayrı ayrı tutan bir dizi
```

```
double[100] kutuAğırlıkları;

// Bir okuldaki bütün öğrencilerin kayıtları
ÖğrenciBilgisi[öğrenciAdedi] öğrenciKayıtları;
```

14.2 Topluluklar ve elemanlar

Aynı türden değişkenleri bir araya getiren veri yapılarına *topluluk* adı verilir. Bu tanıma uydukları için diziler de toplulukturlar. Örneğin Temmuz ayındaki günlük hava sıcaklıklarını tutmak için kullanılacak bir dizi 31 tane `double` değişkenini bir araya getirebilir ve *`double` türünde elemanlardan oluşan bir topluluk* oluşturur.

Topluluk değişkenlerinin her birisine *eleman* denir. Dizilerin barındırdıkları eleman adedine dizilerin *uzunluğu* denir. "Eleman adedi" ve "dizi uzunluğu" ifadelerinin ikisi de sık kullanılır.

14.3 Eleman erişimi

Problemdeki değişkenleri ayırt etmek için isimlerinin sonuna bir alt çizgi karakteri ve bir sıra numarası eklemiştik: `sayı_1` gibi... Sayıları hep birden bir dizi halinde ve `sayılar` isminde tanımlayınca elemanlara farklı isimler verme şansımız kalmaz. Onun yerine, elemanlara dizinin erişim işleci olan `[]` ile ve bir sıra numarasıyla erişilir:

```
sayılar[0]
```

O yazım, "sayıların 0 numaralı elemanı" diye okunabilir. Bu şekilde yazınca `sayı_1` ifadesinin yerini `sayılar[0]` ifadesi almış olur.

Burada dikkat edilmesi gereken iki nokta vardır:

- **Numara sıfırdan başlar:** Biz insanlar nesneleri 1'den başlayacak şekilde numaralamaya alışık olduğumuz halde, dizilerde numaralar 0'dan başlar. Bizim 1, 2, 3, 4, ve 5 olarak numaraladığımız sayılar dizi içinde 0, 1, 2, 3, ve 4 olarak numaralanırlar. Programcılığa yeni başlayanların bu farklılığa dikkat etmeleri gerekir.
- **`[]` karakterlerinin iki farklı kullanımı:** Dizi tanımlarken kullanılan `[]` karakterleri ile erişim işleci olarak kullanılan `[]` karakterlerini karıştırmayın. Dizi tanımlarken kullanılan `[]` karakterleri elemanların türünden sonra yazılır ve dizide kaç eleman bulunduğunu belirler; erişim için kullanılan `[]` karakterleri ise dizinin isminden sonra yazılır ve elemanın sıra numarasını belirler:

```
// Bu bir tanımdır. 12 tane int'ten oluşmaktadır ve her
// ayda kaç gün bulunduğu bilgisini tutmaktadır
int[12] ayGünleri;

// Bu bir erişimdir. Aralık ayına karşılık gelen elemana
// erişir ve değerini 31 olarak belirler
ayGünleri[11] = 31;

// Bu da bir erişimdir. Ocak ayındaki gün sayısını
// writeln'a göndermek için kullanılmaktadır.
writeln("Ocak'ta ", ayGünleri[0], " gün var.");
```

Hatırlatma: Ocak ayının sıra numarasının 0, Aralık ayının sıra numarasının 11 olduğuna dikkat edin.

14.4 İndeks

Elemanlara erişirken kullanılan sıra numaralarına *indeks*, elemanlara erişme işine de *indeksleme* denir.

İndeks sabit bir değer olmak zorunda değildir; indeks olarak değişken değerleri de kullanılabilir. Bu olanak dizilerin kullanışlılığını büyük ölçüde arttırır. Örneğin aşağıdaki kodda hangi aydaki gün sayısının yazdırılacağını `ayNumarası` değişkeni belirlemektedir:

```
writeln("Bu ay ", ayGünleri[ayNumarası], " gün çeker");
```

`ayNumarası`'nın 2 olduğu bir durumda yukarıdaki ifadede `ayGünleri[2]`'nin değeri, yani Mart ayındaki gün adedi yazdırılır. `ayNumarası`'nın başka bir değerinde de o aydaki gün sayısı yazdırılır.

Yasal olan indeksler, 0'dan dizinin uzunluğundan bir eksiğine kadar olan değerlerdir. Örneğin 3 elemanlı bir dizide yalnızca 0, 1, ve 2 indeksleri yasaldır. Bunun dışında indeks kullanıldığında program bir hata ile sonlanır.

Dizileri, elemanları yan yana duran bir topluluk olarak düşünebilirsiniz. Örneğin ayların günlerini tutan bir dizinin elemanları ve indeksleri şu şekilde gösterilebilir (Şubat'ın 28 gün çektiğini varsayarak):

```
indeksler →    0    1    2    3    4    5    6    7    8    9    10   11
elemanlar →  | 31 | 28 | 31 | 30 | 31 | 30 | 31 | 31 | 30 | 31 | 30 | 31 |
```

Not: Yukarıdaki indeksleri yalnızca gösterim amacıyla kullandım; indeksler belleğe yazılmazlar.

İlk elemanın indeksi 0, ve Ocak ayındaki gün sayısı olan 31 değerine sahip; ikinci elemanın indeksi 1, ve Şubat ayındaki gün sayısı olan 28 değerine sahip; vs.

14.5 Sabit uzunluklu diziler ve dinamik diziler

Kaç eleman barındıracakları programın yazıldığı sırada bilinen dizilere *sabit uzunluklu dizi*; elemanlarının sayısı programın çalışması sırasında değişebilen dizilere *dinamik dizi* denir.

Yukarıda 5 sayı tanımlamak için kullandığımız `sayılar` dizisi ve 12 aydaki gün sayılarını tutmak için kullandığımız `ayGünleri` dizileri sabit uzunluklu dizilerdir; çünkü eleman sayıları baştan belirlenmiştir. O dizilerin uzunlukları programın çalışması sırasında değiştirilemez. Uzunluklarının değişmesi gerekse, bu ancak kaynak koddaki sabit olan değerin elle değiştirilmesi ve programın tekrar derlenmesi ile mümkündür.

Dinamik dizi tanımlamak sabit uzunluklu dizi tanımlamaktan daha kolaydır; dizinin uzunluğunu boş bırakmak diziyi dinamik yapmaya yeter:

```
int[] dinamikDizi;
```

Böyle dizilerin uzunlukları programın çalışması sırasında gerektikçe arttırılabilir veya azaltılabilir.

14.6 Eleman adedini edinmek ve değiştirmek için `.length`

Türlerin olduğu gibi dizilerin de nitelikleri vardır. Burada yalnızca bir tanesini göreceğiz. `.length` dizideki eleman adedini bildirir:

```
writeln("Dizide ", dizi.length, " tane eleman var");
```

Ek olarak, `.length` dinamik dizilerde dizinin uzunluğunu değiştirmeye de yarar:

```
    int[] dizi;             // boştur
    dizi.length = 5;        // uzunluğu 5 olur
```

14.7 Bir dizi örneği

Bu bilgiler ışığında 5 değişkenli probleme dönelim ve onu dizi kullanacak şekilde tekrar yazalım:

```
import std.stdio;

void main() {
    // Bu değişkeni döngüleri kaç kere tekrarladığımızı saymak
    // için kullanacağız
    int sayaç;

    // double türündeki beş elemandan oluşan sabit uzunluklu
    // bir dizi tanımlıyoruz
    double[5] sayılar;

    // Sayıları bir döngü içinde girişten alıyoruz
    while (sayaç < sayılar.length) {
        write("Sayı ", sayaç + 1, ": ");
        readf(" %s", &sayılar[sayaç]);
        ++sayaç;
    }

    writeln("İki katları:");
    sayaç = 0;
    while (sayaç < sayılar.length) {
        writeln(sayılar[sayaç] * 2);
        ++sayaç;
    }

    // Beşte birlerini hesaplayan döngü de bir önceki
    // döngünün benzeridir...
}
```

Gözlemler: Döngülerin kaç kere tekrarlanacaklarını `sayaç` belirliyor: döngüleri, o değişkenin değeri `sayılar.length`'ten küçük olduğu sürece tekrarlıyoruz. Sayacın değeri her tekrarda bir arttıkça, `sayılar[sayaç]` ifadesi de sırayla dizinin elemanlarını göstermiş oluyor: `sayılar[0]`, `sayılar[1]`, vs.

Bu programın yararını görmek için girişten 5 yerine örneğin 20 sayı alınacağını düşünün... Dizi kullanan bu programda tek bir yerde küçük bir değişiklik yapmak yeter: 5 değerini 20 olarak değiştirmek... Oysa dizi kullanmayan programda 15 tane daha değişken tanımlamak ve kullanıldıkları kod satırlarını 15 değişken için tekrarlamak gerekirdi.

14.8 Elemanları ilklemek

D'de her türde olduğu gibi dizi elemanları da otomatik olarak ilklenirler. Elemanlar için kullanılan ilk değer, elemanların türüne bağlıdır: `int` için 0, `double` için `double.nan`, vs.

Yukarıdaki programdaki `sayılar` dizisinin beş elemanı da dizi tanımlandığı zaman `double.nan` değerine sahiptir:

```
    double[5] sayılar;      // dizinin bütün elemanlarının
                            // ilk değeri double.nan olur
```

Elemanların bu ilk değerleri dizi kullanıldıkça değişebilir. Bunun örneklerini yukarıdaki programlarda gördük. Örneğin `ayGünleri` dizisinin 11 indeksli elemanına 31 değerini atadık:

```
    ayGünleri[11] = 31;
```

Daha sonra da girişten gelen değeri, `sayılar` isimli dizinin sayaç indeksli elemanının değeri olarak okuduk:

```
    readf(" %s", &sayılar[sayaç]);
```

Bazen elemanların değerleri, dizi kurulduğu anda bilinir. Öyle durumlarda dizi, *atama* söz dizimiyle ve elemanların ilk değerleri sağ tarafta belirtilerek tanımlanır. Kullanıcıdan ay numarasını alan ve o ayın kaç gün çektiğini yazan bir program düşünelim:

```
import std.stdio;

void main() {
    // Şubat'ın 28 gün çektiğini varsayıyoruz
    int[12] ayGünleri =
        [ 31, 28, 31, 30, 31, 30, 31, 31, 30, 31, 30, 31 ];

    write("Kaçıncı ay? ");
    int ayNumarası;
    readf(" %s", &ayNumarası);

    int indeks = ayNumarası - 1;
    writeln(ayNumarası, ". ay ",
            ayGünleri[indeks], " gün çeker");
}
```

O programda `ayGünleri` dizisinin elemanlarının dizinin tanımlandığı anda ilklendiklerini görüyorsunuz. Ayrıca, kullanıcıdan alınan ve değeri 1-12 aralığında olan ay numarasının indekse nasıl dönüştürüldüğüne dikkat edin. Böylece kullanıcının 1-12 aralığında verdiği numara, programda 0-11 aralığına dönüştürülmüş olur. Kullanıcı 1-12 aralığının dışında bir değer girdiğinde, program dizinin dışına erişildiğini bildiren bir hata ile sonlanır.

Dizileri ilklerken sağ tarafta tek bir eleman değeri de kullanılabilir. Bu durumda dizinin bütün elemanları o değeri alır:

```
    int[10] hepsiBir = 1;    // Bütün elemanları 1 olur
```

14.9 Temel dizi işlemleri

Diziler, bütün elemanlarını ilgilendiren bazı işlemlerde büyük kolaylık sağlarlar.

Sabit uzunluklu dizileri kopyalama

Atama işleci, sağdaki dizinin elemanlarının hepsini birden soldaki diziye kopyalar:

```
    int[5] kaynak = [ 10, 20, 30, 40, 50 ];
    int[5] hedef;

    hedef = kaynak;
```

Not: Atama işleminin anlamı dinamik dizilerde çok farklıdır; bunu ilerideki bir bölümde göreceğiz.

Dinamik dizilere eleman ekleme

~= işleci, dinamik dizinin sonuna yeni bir eleman veya yeni bir dizi ekler:

```
    int[] dizi;                     // dizi boştur
    dizi ~= 7;                      // dizide tek eleman vardır
    dizi ~= 360;                    // dizide iki eleman olur
    dizi ~= [ 30, 40 ];             // dizide dört eleman olur
```

Sabit uzunluklu dizilere eleman eklenemez:

```
int[10] dizi;
dizi ~= 7;                  // ← derleme HATASI
```

Dinamik diziden eleman çıkartma

Dizi elemanları `std.algorithm` modülündeki `remove()` işlevi ile çıkartılırlar. Aynı elemanlara erişim sağlayan birden fazla *dilim* olabildiğinden `remove()` dizideki eleman adedini değiştiremez. Tek yapabildiği, elemanları bir veya daha fazla konum sola kaydırmaktır. Bu yüzden, `remove()` işlevinin sonucunun tekrar aynı dizi değişkenine atanması gerekir.

`remove()`'un iki farklı kullanımı vardır:

1. Çıkartılacak elemanın indeksini belirtmek. Örneğin, aşağıdaki kod indeksi 1 olan elemanı çıkartır.

```
import std.stdio;
import std.algorithm;

void main() {
    int[] dizi = [ 10, 20, 30, 40 ];
    dizi = dizi.remove(1);              // Tekrar dizi'ye atanıyor
    writeln(dizi);
}
```

```
[10, 30, 40]
```

2. Çıkartılacak elemanı ilerideki bir bölümde (sayfa 476) göreceğimiz bir *isimsiz işlev* ile belirtmek. Örneğin, aşağıdaki kod değerleri 42'ye eşit olan elemanları çıkartır.

```
import std.stdio;
import std.algorithm;

void main() {
    int[] dizi = [ 10, 42, 20, 30, 42, 40 ];
    dizi = dizi.remove!(a => a == 42);  // Tekrar dizi'ye atanıyor
    writeln(dizi);
}
```

```
[10, 20, 30, 40]
```

Birleştirme

~ işleci iki diziyi uç uca birleştirerek yeni bir dizi oluşturur. Aynı işlecin atamalı olanı da vardır (~=) ve sağdaki diziyi soldaki dizinin sonuna ekler:

```
import std.stdio;

void main() {
    int[10] birinci = 1;
    int[10] ikinci = 2;
    int[] sonuç;

    sonuç = birinci ~ ikinci;
    writeln(sonuç.length);     // 20 yazar

    sonuç ~= birinci;
    writeln(sonuç.length);     // 30 yazar
}
```

Eğer sol tarafta sabit uzunluklu bir dizi varsa, dizinin uzunluğu değiştirilemeyeceği için ~= işleci kullanılamaz:

```
    int[20] sonuç;
    // ...
    sonuç ~= birinci;          // ← derleme HATASI
```

Atama işleminde de, sağ tarafın uzunluğu sol tarafa uymazsa program çöker:

```
    int[10] birinci = 1;
    int[10] ikinci = 2;
    int[21] sonuç;

    sonuç = birinci ~ ikinci;
```

O kod, programın "dizi kopyası sırasında uzunluklar aynı değil" anlamına gelen hata ile çökmesine neden olur:

```
object.Error@(0): Array lengths don't match for copy: 20 != 21
```

Elemanları sıralama

`std.algorithm.sort` işlevi elemanları küçükten büyüğe doğru sıralar. `sort()`'tan yararlanabilmek için `std.algorithm` modülünün eklenmesi gerekir. (İşlevleri daha sonraki bir bölümde göreceğiz.)

```
import std.stdio;
import std.algorithm;

void main() {
    int[] dizi = [ 4, 3, 1, 5, 2 ];
    sort(dizi);
    writeln(dizi);
}
```

Çıktısı:

```
[1, 2, 3, 4, 5]
```

Elemanları ters çevirmek

`std.algorithm.reverse` elemanların yerlerini aynı dizi içinde ters çevirir; ilk eleman sonuncu eleman olur, vs.:

```
import std.stdio;
import std.algorithm;

void main() {
    int[] dizi = [ 4, 3, 1, 5, 2 ];
    reverse(dizi);
    writeln(dizi);
}
```

Çıktısı:

```
[2, 5, 1, 3, 4]
```

14.10 Problemler

1. Yazacağınız program önce kullanıcıdan kaç tane sayı girileceğini öğrensin ve girişten o kadar kesirli sayı alsın. Daha sonra bu sayıları önce küçükten büyüğe, sonra da büyükten küçüğe doğru sıralasın.
   Burada `sort` ve `reverse` işlevlerini kullanabilirsiniz.
2. Başka bir program yazın: girişten aldığı sayıların önce tek olanlarını sırayla, sonra da çift olanlarını sırayla yazdırsın. Özel olarak -1 değeri girişi sonlandırmak için kullanılsın: bu değer geldiğinde artık girişten yeni sayı alınmasın.

Örneğin girişten

```
1 4 7 2 3 8 11 -1
```

geldiğinde çıkışa şunları yazdırsın:

```
1 3 7 11 2 4 8
```

İpucu: Sayıları iki ayrı diziye yerleştirmek işinize yarayabilir. Girilen sayıların tek veya çift olduklarını da aritmetik işlemler sayfasında öğrendiğiniz `%` (kalan) işlecinin sonucuna bakarak anlayabilirsiniz.

3. Bir arkadaşınız yazdığı bir programın doğru çalışmadığını söylüyor.

Girişten beş tane sayı alan, bu sayıların karelerini bir diziye yerleştiren, ve sonunda da dizinin elemanlarını çıkışa yazdıran bir program yazmaya çalışmış ama programı doğru çalışmıyor.

Bu programın hatalarını giderin ve beklendiği gibi çalışmasını sağlayın:

```
import std.stdio;

void main() {
    int[5] kareler;

    writeln("5 tane sayı giriniz");

    int i = 0;
    while (i <= 5) {
        int sayı;
        write(i + 1, ". sayı: ");
        readf(" %s", &sayı);

        kareler[i] = sayı * sayı;
        ++i;
    }

    writeln("=== Sayıların Kareleri ===");
    while (i <= kareler.length) {
        write(kareler[i], " ");
        ++i;
    }

    writeln();
}
```

Çözümler: Sayfa 705

15 Karakterler

Karakterler yazıları oluşturan en alt birimlerdir: harfler, rakamlar, noktalama işaretleri, boşluk karakteri, vs. Önceki bölümdeki dizilere ek olarak bu bölümde de karakterleri tanıyınca iki bölüm sonra anlatılacak olan *dizgi* kavramını anlamak kolay olacak.

Bilgisayar veri türleri temelde bitlerden oluştuklarından, karakterler de bitlerin birleşimlerinden oluşan tamsayı değerler olarak ifade edilirler. Örneğin, küçük harf `'a'`nın tamsayı değeri 97'dir ve `'1'` rakamının tamsayı değeri 49'dur. Bu değerler tamamen anlaşmalara bağlı olarak atanmışlardır ve kökleri ASCII kod tablosuna dayanır.

Karakterler bazı dillerde geleneksel olarak 256 farklı değer tutabilen `char` türüyle gösterilirler. Eğer `char` türünü başka dillerden tanıyorsanız onun her harfi barındıracak kadar büyük bir tür olmadığını biliyorsunuzdur. D'de üç farklı karakter türü bulunur. Buna açıklık getirmek için bu konunun tarihçesini gözden geçirelim.

15.1 Tarihçe

ASCII Tablosu

Donanımın çok kısıtlı olduğu günlerde tasarlanan ilk ASCII tablosu 7 bitlik değerlerden oluşuyordu ve bu yüzden ancak 128 karakter değeri barındırabiliyordu. Bu değerler İngiliz alfabesini oluşturan 26 harfin küçük ve büyük olanlarını, rakamları, sık kullanılan noktalama işaretlerini, programların çıktılarını uç birimlerde gösterirken kullanılan kontrol karakterlerini, vs. ifade etmek için yeterliydi.

Örnek olarak, `"merhaba"` metnindeki karakterlerin ASCII kodları sırasıyla şöyledir (bu gösterimlerde okumayı kolaylaştırmak için bayt değerleri arasında virgül kullanıyorum):

```
109,101,114,104,97,98,97
```

Her bir değer bir harfe karşılık gelir. Örneğin, iki `'a'` harfi için iki adet 97 değeri kullanılmıştır.

Donanımdaki gelişmeler doğrultusunda ASCII tablosundaki kodlar daha sonra 8 bite çıkartılarak 256 karakter destekleyen *Genişletilmiş* (Extended) *ASCII* tablosu tanımlanmıştır.

IBM Kod Tabloları

IBM firması ASCII tablosuna dayanan ve 128 ve daha büyük karakter değerlerini dünya dillerine ayıran bir dizi kod tablosu tanımladı. Bu kod tabloları sayesinde İngiliz alfabesinden başka alfabelerin de desteklenmeleri sağlanmış oldu. Örneğin, Türk alfabesine özgü karakterler IBM'in 857 numaralı kod tablosunda yer aldılar.

Her ne kadar ASCII'den çok daha yararlı olsalar da, kod tablolarının önemli sorunları vardır: Yazının doğru olarak görüntülenebilmesi için yazıldığı zaman hangi kod tablosunun kullanıldığının bilinmesi gerekir çünkü farklı kod tablolarındaki kodlar farklı karakterlere karşılık gelirler. Örneğin, 857 numaralı kod tablosunda `'Ğ'` olan karakter 437 numaralı kod tablosu ile görüntülendiğinde `'ª'` karakteri olarak belirir. Başka bir sorun, yazı içinde birden fazla dilin karakteri kullanıldığında kod tablolarının yetersiz kalmalarıdır. Ayrıca, 128'den fazla özel karakteri olan diller zaten 8 bitlik bir tabloda ifade edilemezler.

ISO/IEC 8859 Kod Tabloları

Uluslararası standartlaştırma çalışmaları sonucunda ISO/IEC 8859 standart karakter kodları tanımlanmış ve örneğin Türk alfabesinin özel harfleri 8859-9 tablosunda yer almışlardır. Yapısal olarak IBM'in tablolarının eşdeğeri olduklarından IBM'in kod tablolarının sorunları bu standartta da bulunur. Hatta, Felemenkçe'nin ij karakteri gibi bazı karakterler bu tablolarda yer bulamamışlardır.

Unicode

Unicode standardı bu sorunları çözer. Unicode, dünya dillerindeki ve yazı sistemlerindeki harflerin, karakterlerin, ve yazım işaretlerinin yüz binden fazlasını tanımlar ve her birisine farklı bir kod verir. Böylece, Unicode'un tanımladığı kodları kullanan metinler bütün dünya karakterlerini hiçbir karışıklık ve kısıtlama olmadan bir arada bulundurabilirler.

15.2 Unicode kodlama çeşitleri

Unicode, her bir karaktere bir kod değeri verir. Örnek olarak, `'Ğ'` harfinin Unicode'daki değeri 286'dır. Unicode'un desteklediği karakter sayısı o kadar fazla olunca, karakterleri ifade eden değerler de doğal olarak artık 8 bitle ifade edilemezler. Örneğin, kod değeri 255'ten büyük olduğundan `'Ğ'`nin en az 2 baytla gösterilmesi gerekir.

Karakterlerin elektronik ortamda nasıl ifade edildiklerine *karakter kodlaması* denir. Yukarıda `"merhaba"` dizgisinin karakterlerinin ASCII kodlarıyla nasıl ifade edildiklerini görmüştük. Şimdi Unicode karakterlerinin standart kodlamalarından üçünü göreceğiz.

UTF-32: Bu kodlama her Unicode karakteri için 32 bit (4 bayt) kullanır. `"merhaba"`nın UTF-32 kodlaması da ASCII kodlamasıyla aynıdır. Tek fark, her karakter için 4 bayt kullanılmasıdır:

```
0,0,0,109, 0,0,0,101, 0,0,0,114, 0,0,0,104, 0,0,0,97,
0,0,0,98, 0,0,0,97
```

Başka bir örnek olarak, ifade edilecek metnin örneğin `"aĞ"` olduğunu düşünürsek:

```
0,0,0,97, 0,0,1,30
```

Not: Baytların sıraları farklı platformlarda farklı olabilir.

`'a'`da bir ve `'Ğ'`de iki adet anlamlı bayt olduğundan toplam beş adet de sıfır bulunmaktadır. Bu sıfırlar her karaktere 4 bayt verebilmek için gereken *doldurma baytları* olarak düşünülebilir.

Dikkat ederseniz, bu kodlama her zaman için ASCII kodlamasının 4 katı yer tutmaktadır. Metin içindeki karakterlerin büyük bir bölümünün İngiliz alfabesindeki karakterlerden oluştuğu durumlarda, çoğu karakter için 3 tane de 0 kullanılacağından bu kodlama duruma göre fazla savurgan olabilir.

Öte yandan, karakterlerin her birisinin tam olarak 4 bayt yer tutuyor olmasının getirdiği yararlar da vardır. Örneğin, bir sonraki Unicode karakteri hiç hesap gerektirmeden her zaman için tam dört bayt ötededir.

UTF-16: Bu kodlama, Unicode karakterlerinin çoğunu 16 bitle (2 bayt) gösterir. İki bayt yaklaşık olarak 65 bin değer tutabildiğinden, yaklaşık yüz bin Unicode karakterinin geri kalan 35 bin kadarı için daha fazla bayt kullanmak gerekir.

Örnek olarak `"aĞ"` UTF-16'da aşağıdaki 4 bayt olarak kodlanır:

```
0,97, 1,30
```

Not: Baytların sıraları farklı ortamlarda farklı olabilir.

Bu kodlama çoğu belgede UTF-32'den daha az yer tutar ama nadir kullanılan bazı karakterler için ikiden fazla bayt kullandığından işlenmesi daha karmaşıktır.

UTF-8: Bu kodlama, karakterleri en az 1 ve en fazla 4 baytla ifade eder. Eğer karakter ASCII tablosundaki karakterlerden biriyse, tek baytla ve aynen ASCII tablosundaki değeriyle ifade edilir. Bunların dışındaki karakterlerin bazıları 2, bazıları 3, diğerleri de 4 bayt olarak ifade edilirler. Türk alfabesinin İngiliz alfabesinde bulunmayan özel karakterleri 2 baytlık gruptadırlar.

Çoğu belge için UTF-8 bütün kodlamalar arasında en az yer tutan kodlamadır. Başka bir yararı, ASCII tablosundaki kodlara aynen karşılık geldiğinden, ASCII kodlanarak yazılmış ve İngiliz alfabesini kullanan belgeler de otomatik olarak UTF-8 düzenine uyarlar. Bu kodlamada hiç savurganlık yoktur; bütün karakterler gerçekten gereken sayıda baytla ifade edilirler. Örneğin, `"aĞ"`ın UTF-8 kodlaması aşağıdaki gibidir:

```
97, 196,158
```

15.3 D'nin karakter türleri

D'de karakterleri ifade etmek için 3 farklı tür vardır. Bunlar yukarıda anlatılan Unicode kodlama yöntemlerine karşılık gelirler. Temel türlerin tanıtıldığı sayfada gösterildikleri gibi:

Tür	Açıklama	İlk Değeri
char	işaretsiz 8 bit UTF-8 karakter değeri	0xFF
wchar	işaretsiz 16 bit UTF-16 karakter değeri	0xFFFF
dchar	işaretsiz 32 bit UTF-32 karakter değeri	0x0000FFFF

Başka bazı programlama dillerinden farklı olarak, D'de her karakter aynı uzunlukta olmayabilir. Örneğin, `'Ğ'` harfi Unicode'da en az 2 baytla gösterilebildiğinden 8 bitlik `char` türüne sığmaz. Öte yandan, `dchar` 4 bayttan oluştuğundan her Unicode karakterini tutabilir.

15.4 Karakter sabitleri

Karakterleri program içinde tek olarak belirtmek gerektiğinde etraflarına tek tırnak işaretleri koyulur:

```
    char a_harfi = 'a';
    wchar büyük_yumuşak_g = 'Ğ';
```

Karakter sabitleri için çift tırnak kullanılamaz çünkü o zaman iki bölüm sonra göreceğimiz *dizgi* sabiti anlamına gelir: `'a'` karakter değeridir, `"a"` tek karakterli bir dizgidir.

Türk alfabesindeki bazı harflerin Unicode kodları 2 bayttan oluştuklarından `char` türündeki değişkenlere atanamazlar.

Karakterleri sabit olarak program içine yazmanın bir çok yolu vardır:

- En doğal olarak, klavyeden doğrudan karakterin tuşuna basmak
- Çalışma ortamındaki başka bir programdan veya bir metinden kopyalamak. Örneğin, bir internet sitesinden veya çalışma ortamında karakter seçmeye yarayan bir programdan kopyalanabilir (Linux ortamlarında bu programın ismi *Character Map*'tir (uç birimlerde `charmap`).)

- Karakterlerin bazılarını standart kısa isimleriyle yazmak. Bunun söz dizimi `\&karakter_ismi;` biçimindedir. Örneğin, avro karakterinin ismi `euro`'dur ve programda değeri şöyle yazılabilir:

```
wchar para_sembolü = '\&euro;';
```

  Diğer isimli karakterleri D'nin isimli karakterler listesinde[1] bulabilirsiniz.

- Karakterleri tamsayı Unicode değerleriyle belirtmek:

```
char a = 97;
wchar Ğ = 286;
```

- ASCII tablosundaki karakterleri değerleriyle `\sekizli_düzende_kod` veya `\xon_altılı_düzende_kod` söz dizimleriyle yazmak:

```
char soru_işareti_sekizli = '\77';
char soru_işareti_on_altılı = '\x3f';
```

- Karakterleri Unicode değerleriyle yazmak. `wchar` için `\udört_haneli_kod` söz dizimini, `dchar` için de `\Usekiz_haneli_kod` söz dizimini kullanabilirsiniz (`u` ve `U` karakterlerinin farklı olduklarına dikkat edin). Bu yazımda karakterin kodunun on altılı sayı sisteminde (hexadecimal) yazılması gerekir:

```
wchar Ğ_w = '\u011e';
dchar Ğ_d = '\U0000011e';
```

Bu yöntemler karakterleri çift tırnak içinde bir arada yazdığınız durumlarda da geçerlidir. Örneğin, aşağıdaki iki satır aynı çıktıyı verirler:

```
writeln("Ağ fiyatı: 10.25€");
writeln("\x41\u011f fiyatı: 10.25\&euro;");
```

15.5 Kontrol karakterleri

Bazı karakterler yalnızca metin düzeniyle ilgilidirler; kendilerine özgü görünümleri yoktur. Örneğin, uç birime yeni bir satıra geçileceğini bildiren *yeni satır* karakterinin gösterilecek bir şekli yoktur; yalnızca yeni bir satıra geçilmesini sağlar. Böyle karakterlere ***kontrol karakteri*** denir. Kontrol karakterleri `\özel_harf` söz dizimiyle ifade edilirler.

Yazım	İsim	Açıklama
`\n`	yeni satır	Yeni satıra geçirir
`\r`	satır başı	Satırın başına götürür
`\t`	sekme	Bir sonraki sekme noktasına kadar boşluk bırakır

Örneğin, çıktıda otomatik olarak yeni satır açmayan `write` bile `\n` karakterlerini yeni satır açmak için kullanır. Yazdırılacak metnin içinde istenen noktalara `\n` karakterleri yerleştirmek o noktalarda yeni satır açılmasını sağlar:

```
write("birinci satır\nikinci satır\nüçüncü satır\n");
```

Çıktısı:

```
birinci satır
ikinci satır
üçüncü satır
```

1. http://dlang.org/entity.html

15.6 Tek tırnak ve ters bölü

Tek tırnak karakterinin kendisini tek tırnaklar arasında yazamayız çünkü derleyici ikinci tırnağı gördüğünde tırnakları kapattığımızı düşünür: `'''`. İlk ikisi açma ve kapama tırnakları olarak algılanırlar, üçüncüsü de tek başına algılanır ve yazım hatasına neden olur.

Ters bölü karakteri de başka özel karakterleri ifade etmek için kullanıldığından, derleyici onu bir özel karakterin başlangıcı olarak algılar: `'\'`. Derleyici `\'` yazımını bir özel karakter olarak algılar ve baştaki tek tırnakla eşlemek için bir tane daha tek tırnak arar ve bulamaz.

Bu iki karakteri sabit olarak yazmak gerektiğinde başlarına bir ters bölü daha yazılır:

Yazım	İsim	Açıklama
`\'`	tek tırnak	Tek tırnağın karakter olarak tanımlanmasına olanak verir: `'\''`
`\\`	ters bölü	Ters bölü karakterinin yazılmasına olanak verir: `'\\'` veya `"\\"`

15.7 std.uni modülü

`std.uni` modülü Unicode karakterleriyle ilgili yardımcı işlevler içerir. Bu modüldeki işlevleri kendi belgesinde[1] bulabilirsiniz.

`is` ile başlayan işlevler karakterle ilgili sorular cevaplarlar: cevap yanlışsa `false`, doğruysa `true` döndürürler. Bu işlevler mantıksal ifadelerde kullanışlıdırlar:

- `isLower`: Küçük harf mi?
- `isUpper`: Büyük harf mi?
- `isAlpha`: Herhangi bir harf mi?
- `isWhite`: Herhangi bir boşluk karakteri mi?

`to` ile başlayan işlevler verilen karakteri kullanarak yeni bir karakter üretirler:

- `toLower`: Küçük harfini üretir
- `toUpper`: Büyük harfini üretir

Aşağıdaki program bütün bu işlevleri kullanmaktadır:

```
import std.stdio;
import std.uni;

void main() {
    writeln("ğ küçük müdür? ", isLower('ğ'));
    writeln("Ş küçük müdür? ", isLower('Ş'));

    writeln("İ büyük müdür? ", isUpper('İ'));
    writeln("ç büyük müdür? ", isUpper('ç'));

    writeln("z harf midir? ",       isAlpha('z'));
    writeln("\&euro; harf midir? ", isAlpha('\&euro;'));

    writeln("'yeni satır' boşluk mudur? ", isWhite('\n'));
    writeln("alt çizgi boşluk mudur? ",    isWhite('_'));

    writeln("Ğ'nin küçüğü: ", toLower('Ğ'));
    writeln("İ'nin küçüğü: ", toLower('İ'));

    writeln("ş'nin büyüğü: ", toUpper('ş'));
```

1. http://dlang.org/phobos/std_uni.html

```
    writeln("ı'nın büyüğü: ", toUpper('ı'));
}
```

Çıktısı:

```
ğ küçük müdür? true
Ş küçük müdür? false
İ büyük müdür? true
ç büyük müdür? false
z harf midir? true
€ harf midir? false
'yeni satır' boşluk mudur? true
alt çizgi boşluk mudur? false
Ğ'nin küçüğü: ğ
İ'nin küçüğü: i
ş'nin büyüğü: Ş
ı'nın büyüğü: I
```

15.8 Türk alfabesinin şanssız harfleri: ı ve i

'ı' ve 'i' harflerinin küçük ve büyük biçimleri Türk alfabesinde tutarlıdır: noktalıysa noktalı, noktasızsa noktasız. Oysa çoğu yabancı alfabede bu konuda bir tutarsızlık vardır: noktalı 'i'nin büyüğü noktasız 'I'dır.

Bilgisayar sistemlerinin temelleri İngiliz alfabesiyle başladığından 'i'nin büyüğü 'I, 'I'nın küçüğü ise 'i'dir. Bu yüzden bu iki harf için özel dikkat göstermek gerekir:

```
import std.stdio;
import std.uni;

void main() {
    writeln("i'nin büyüğü: ", toUpper('i'));
    writeln("I'nın küçüğü: ", toLower('I'));
}
```

İstenmeyen çıktısı:

```
i'nin büyüğü: I
I'nın küçüğü: i
```

Karakter kodları kullanılarak yapılan küçük-büyük dönüşümleri ve harf sıralamaları aslında bütün alfabeler için sorunludur.

Örneğin, 'I'nın küçüğünün 'i' olarak dönüştürülmesi Azeri ve Kelt alfabeleri için de yanlıştır.

Benzer sorunlar harflerin sıralanmalarında da bulunur. Örneğin, 'ğ' gibi Türk alfabesine özgü harfler 'z'den sonra sıralandıkları gibi, 'á' gibi aksanlı harfler İngiliz alfabesinde bile 'z'den sonra gelirler.

15.9 Girişten karakter okumadaki sorunlar

Unicode karakterleri girişten okunurken beklenmedik sonuçlarla karşılaşılabilir. Bunlar genellikle *karakter* ile ne kastedildiğinin açık olmamasındandır. Daha ileriye gitmeden önce bu sorunu gösteren bir programa bakalım:

```
import std.stdio;

void main() {
    char harf;
    write("Lütfen bir harf girin: ");
    readf(" %s", &harf);
    writeln("Okuduğum harf: ", harf);
}
```

Yukarıdaki programı Unicode kodlaması kullanılmayan bir ortamda çalıştırdığınızda programın girişinden aldığı Türkçe harfleri belki de doğru olarak yazdırdığını görebilirsiniz.

Öte yandan, aynı programı çoğu Linux uç biriminde olduğu gibi bir Unicode ortamında çalıştırdığınızda, yazdırılan harfin sizin yazdığınızla aynı olmadığını görürsünüz. Örneğin, UTF-8 kodlaması kullanan bir uç birimde ASCII tablosunda bulunmayan bir harf girilmiş olsun:

```
Lütfen bir harf girin: ğ
Okuduğum harf:                ← girilen harf görünmüyor
```

Bunun nedeni, UTF-8 kodlaması kullanan uç birimin ASCII tablosunda bulunmayan 'ğ' gibi harfleri birden fazla kod ile temsil etmesi, ve `readf`'in `char` okurken bu kodlardan yalnızca birincisini alıyor olmasıdır. O `char` da asıl karakteri temsil etmeye yetmediğinden, `writeln`'ın yazdırdığı *eksik kodlanmış olan harf* uç birimde gösterilememektedir.

`char` olarak okunduğunda harfin kendisinin değil, onu oluşturan kodların okunmakta olduklarını harfi iki farklı `char` olarak okuyarak görebiliriz:

```
import std.stdio;

void main() {
    char birinci_kod;
    char ikinci_kod;

    write("Lütfen bir harf girin: ");
    readf(" %s", &birinci_kod);
    readf(" %s", &ikinci_kod);

    writeln("Okuduğum harf: ", birinci_kod, ikinci_kod);
}
```

Program girişten iki `char` okumakta ve onları aynı sırada çıkışa yazdırmaktadır. O `char` değerlerinin art arda uç birime gönderilmiş olmaları, bu sefer harfin UTF-8 kodlamasını standart çıkış tarafında tamamlamakta ve karakter doğru olarak gösterilmektedir:

```
Lütfen bir harf girin: ğ
Okuduğum harf: ğ
```

Bu sonuçlar standart giriş ve çıkışın `char` akımları olmalarından kaynaklanır. Karakterlerin iki bölüm sonra göreceğimiz dizgiler aracılığıyla aslında çok daha rahat okunduklarını göreceksiniz.

15.10 D'nin Unicode desteği

Unicode çok büyük ve karmaşık bir standarttır. D, Unicode'un oldukça kullanışlı bir alt kümesini destekler.

Unicode ile kodlanmış olan bir metin en aşağıdan en yukarıya doğru şu düzeylerden oluşur:

- **Kod birimi** (code unit): UTF kodlamalarını oluşturan kod değerleridir. Unicode karakterleri, kodlamaya ve karakterin kendisine bağlı olarak bir veya daha fazla kod biriminden oluşabilirler. Örneğin, UTF-8 kodlamasında 'a' karakteri tek kod biriminden, 'ğ' karakteri ise iki kod biriminden oluşur.

  D'nin `char`, `wchar`, ve `dchar` türleri sırasıyla UTF-8, UTF-16, ve UTF-32 kod birimlerini ifade ederler.
- **Kod noktası** (code point): Unicode'un tanımlamış olduğu her harf, im, vs. bir kod noktasıdır. Örneğin, 'a' ve 'ğ' iki farklı kod noktasıdır.

Bu kod noktaları kodlamaya bağlı olarak bir veya daha fazla kod birimi ile ifade edilirler. Yukarıda da değindiğim gibi, UTF-8 kodlamasında `'a'` tek kod birimi ile, `'ğ'` ise iki kod birimi ile ifade edilir. Öte yandan, her ikisi de UTF-16 ve UTF-32 kodlamalarında tek kod birimi ile ifade edilirler.

D'de kod noktalarını tam olarak destekleyen tür `dchar`'dır. `char` ve `wchar` ise yalnızca kod birimi türü olarak kullanılmaya elverişlidirler.

- **Karakter** (character): yazı sistemlerinde kullanılmak üzere Unicode'un tanımlamış olduğu bütün şekiller, imler, ve konuşma dilinde "karakter" veya "harf" dediğimiz her şey bu tanıma girer.

  Bu konuda Unicode'un getirdiği bir karışıklık, bazı karakterlerin birden fazla kod noktasından oluşabilmeleridir. Örneğin, `'ğ'` harfini ifade etmenin iki yolu vardır:

  - Tek başına `'ğ'` kod noktası olarak
  - Art arda gelen `'g'` ve `'˘'` kod noktaları olarak (`'g'` ve sonrasında gelen *birleştirici* (combining) breve şapkası)

  Farklı kod noktalarından oluştuklarından, tek kod noktası olan `'ğ'` karakteri ile art arda gelen `'g'` ve `'˘'` karakterlerinin ilgileri yoktur.

15.11 Özet

- Unicode, dünya yazı sistemlerindeki bütün karakterleri destekler.
- `char` UTF-8 kodlaması içindir; karakterleri ifade etmeye genelde elverişli olmasa da ASCII tablosunu destekler.
- `wchar` UTF-16 kodlaması içindir; karakterleri ifade etmeye genelde elverişli olmasa da özel durumlarda birden fazla alfabe karakterini destekler.
- `dchar` UTF-32 kodlaması içindir; 32 bit olması nedeniyle bütün Unicode karakterlerini destekler ve *kod noktası* olarak kullanılabilir.

16 Başka Dizi Olanakları

Elemanları bir araya getirmeye yarayan dizileri Diziler bölümünde (sayfa 48) görmüştük. O bölümü kısa tutmak için özellikle sonraya bıraktığım başka dizi olanaklarını burada göstereceğim.

Ama önce karışıklığa neden olabileceğini düşündüğüm bazı terimleri listelemek istiyorum:

- **Dizi:** Yan yana duran ve sıra numarasıyla erişilen elemanlardan oluşan topluluktur; bundan başkaca anlam taşımaz.
- **Sabit uzunluklu dizi (statik dizi):** Eleman adedi değiştirilemeyen dizidir; kendi elemanlarına sahiptir.
- **Dinamik dizi:** Eleman adedi değiştirilebilen dizidir; kendi elemanları yoktur, sahip olmadığı elemanlara erişim sağlar.
- **Dilim:** Dinamik dizilerin başka bir ismidir.

Bu bölümde özellikle *dilim* dediğim zaman dilimleri (yani dinamik dizileri), yalnızca *dizi* dediğim zaman da fark gözetmeden dilimleri ve sabit uzunluklu dizileri kasdetmiş olacağım.

16.1 Dilimler

Dilimler aslında dinamik dizilerle aynı olanaktır. Bu olanağa; dizi gibi kullanılabilme özelliği nedeniyle bazen *dinamik dizi*, başka dizinin bir parçasına erişim sağlama özelliği nedeniyle de bazen *dilim* denir. Var olan başka bir dizinin elemanlarının bir bölümünü sanki daha küçük farklı bir diziymiş gibi kullandırmaya yarar.

Dilimler, elemanları bir başlangıç indeksinden bir bitiş indeksine kadar belirlemeye yarayan *aralık* söz dizimiyle tanımlanırlar:

```
aralığın_başı .. aralığın_sonundan_bir_sonrası
```

Başlangıç indeksi aralığa dahildir; bitiş indeksi aralığın dışındadır:

```
/* ... */ = ayGünleri[0 .. 3];  // 0, 1, ve 2 dahil; 3 hariç
```

Not: Burada anlatılan aralıklar Phobos kütüphanesinin aralık kavramından farklıdır. Sınıf ve yapı arayüzleriyle ilgili olan Phobos aralıklarını daha ilerideki bir bölümde göstereceğim.

Örnek olarak `ayGünleri` dizisini dörde *dilimleyerek* birbirinden farklı dört çeyrek diziymiş gibi şöyle kullanabiliriz:

```
    int[12] ayGünleri =
        [ 31, 28, 31, 30, 31, 30, 31, 31, 30, 31, 30, 31 ];

    int[] ilkÇeyrek    = ayGünleri[0 .. 3];
    int[] ikinciÇeyrek = ayGünleri[3 .. 6];
    int[] üçüncüÇeyrek = ayGünleri[6 .. 9];
    int[] sonÇeyrek    = ayGünleri[9 .. 12];
```

O kodda tanımlanan son dört değişken dilimdir; her birisi asıl dizinin dört değişik bölgesine erişim sağlamaktadır. Buradaki önemli nokta, o dilimlerin kendilerine ait elemanlarının bulunmadığıdır. Onlar asıl dizinin elemanlarına erişim sağlarlar. Bir dilimdeki bir elemanın değiştirilmesi asıl dizideki asıl elemanı etkiler. Bunu görmek için dört çeyreğin ilk elemanlarına dört farklı değer verelim ve asıl diziyi yazdıralım:

```
    ilkÇeyrek[0] =    1;
    ikinciÇeyrek[0] = 2;
    üçüncüÇeyrek[0] = 3;
    sonÇeyrek[0] =    4;

    writeln(ayGünleri);
```

Değişen elemanları işaretlenmiş olarak gösteriyorum:

```
[1, 28, 31, 2, 31, 30, 3, 31, 30, 4, 30, 31]
```

Dikkat ederseniz, her dilim kendisinin 0 numaralı elemanını değiştirdiğinde o dilimin asıl dizide erişim sağladığı ilk eleman değişmiştir.

Dizi indekslerinin 0'dan başladıklarını ve dizinin uzunluğundan bir eksiğine kadar olduklarını daha önce görmüştük. Örneğin 3 elemanlı bir dizinin yasal indeksleri 0, 1, ve 2'dir. Dilim söz diziminde bitiş indeksi *aralığın sonundan bir sonrası* anlamına gelir. Bu yüzden, dizinin son elemanını da aralığa dahil etmek gerektiğinde ikinci indeks olarak dizinin uzunluğu kullanılır. Örneğin uzunluğu 3 olan bir dizinin bütün elemanlarına erişim sağlamak için `dizi[0..3]` yazılır.

Aralık söz dizimindeki doğal bir kısıtlama, başlangıç indeksinin bitiş indeksinden büyük olamayacağıdır:

```
    int[3] dizi = [ 0, 1, 2 ];
    int[] dilim = dizi[2 .. 1];  // ← çalışma zamanı HATASI
```

Başlangıç indeksinin bitiş indeksine eşit olması ise yasaldır ve *boş dilim* anlamına gelir:

```
    int[] dilim = birDizi[indeks .. indeks];
    writeln("Dilimin uzunluğu: ", dilim.length);
```

`indeks`'in yasal bir indeks değeri olduğunu kabul edersek, çıktısı:

```
Dilimin uzunluğu: 0
```

16.2 `dizi.length` yerine `$`

Dizi elemanlarını `[]` işleci ile indekslerken bazen dizinin uzunluğundan da yararlanmak gerekebilir. Bu konuda kolaylık olarak ve yalnızca `[]` işleci içindeyken, `dizi.length` yazmak yerine kısaca `$` karakteri kullanılabilir:

```
    writeln(dizi[dizi.length - 1]);   // dizinin son elemanı
    writeln(dizi[$ - 1]);             // aynı şey
```

16.3 Kopyasını almak için `.dup`

İsmi "kopyala" anlamına gelen "duplicate"in kısası olan `.dup` niteliği, var olan bir dizinin elemanlarının kopyasından oluşan yeni bir dizi üretir:

```
    double[] dizi = [ 1.25, 3.75 ];
    double[] kopyası = dizi.dup;
```

Bir örnek olarak Şubat'ın 29 gün çektiği senelerdeki ayların gün sayılarını tutan bir dizi oluşturmak isteyelim. Bir yöntem, önce normal senelerdeki `ayGünleri`'nin bir kopyasını almak ve o kopya dizideki Şubat'ın gün sayısını bir arttırmaktır:

```
import std.stdio;

void main() {
    int[12] ayGünleri =
        [ 31, 28, 31, 30, 31, 30, 31, 31, 30, 31, 30, 31 ];
```

```
    int[] artıkYıl = ayGünleri.dup;

    ++artıkYıl[1];      // yeni dizideki Şubat'ın gün sayısını
                        // arttırır

    writeln("Normal: ", ayGünleri);
    writeln("Artık : ", artıkYıl);
}
```

Çıktısı:

```
Normal: [31, 28, 31, 30, 31, 30, 31, 31, 30, 31, 30, 31]
Artık : [31, 29, 31, 30, 31, 30, 31, 31, 30, 31, 30, 31]
```

16.4 Atama işlemi

Değerini değiştirme olarak bildiğimiz atama işlemi, sabit uzunluklu dizilerde de aynı anlamdadır; elemanların değerleri değişir:

```
    int[3] a = [ 1, 1, 1 ];
    int[3] b = [ 2, 2, 2 ];

    a = b;          // a'nın elemanları da 2 olur
    writeln(a);
```

Çıktısı:

```
[2, 2, 2]
```

Dilimlerle kullanıldığında ise atama işleminin anlamı çok farklıdır: Dilimin, erişim sağlamakta olduğu elemanları bırakmasına ve yeni elemanlara erişim sağlamaya başlamasına neden olur:

```
    int[] tekler = [ 1, 3, 5, 7, 9, 11 ];
    int[] çiftler = [ 2, 4, 6, 8, 10 ];

    int[] dilim;      // henüz hiçbir elemana erişim sağlamıyor

    dilim = tekler[2 .. $ - 2];
    writeln(dilim);

    dilim = çiftler[1 .. $ - 1];
    writeln(dilim);
```

Yukarıdaki koddaki `dilim` başlangıçta hiçbir dizinin elemanına erişim sağlamazken önce `tekler`'in bazı elemanlarına, sonra da `çiftler`'in bazı elemanlarına erişim sağlar:

```
[5, 7]
[4, 6, 8]
```

16.5 Uzunluğun artması paylaşımı sonlandırabilir

Sabit dizilere eleman eklenemediği için bu konu yalnızca dilimlerle ilgilidir.

Aynı elemana aynı anda birden fazla dilimle erişilebilir. Örneğin aşağıdaki sekiz elemanın ilk ikisi üç dilim tarafından paylaşılmaktadır:

```
import std.stdio;

void main() {
    int[] dilim = [ 1, 3, 5, 7, 9, 11, 13, 15 ];
    int[] yarısı = dilim[0 .. $ / 2];
    int[] çeyreği = dilim[0 .. $ / 4];

    çeyreği[1] = 0;     // tek dilimde değişiklik
```

```
    writeln(çeyreği);
    writeln(yarısı);
    writeln(dilim);
}
```

`çeyreği` diliminin ikinci elemanında yapılan değişiklik asıl elemanı değiştirdiği için, bu etki dilimlerin hepsi tarafından görülür:

```
[1, 0]
[1, 0, 5, 7]
[1, 0, 5, 7, 9, 11, 13, 15]
```

Bu açıdan bakıldığında dilimlerin elemanlara *paylaşımlı* olarak erişim sağladıkları söylenebilir. Bu paylaşımın getirdiği bir soru işareti, dilimlerden birisine eleman eklendiğinde ne olacağıdır. Dilimler aynı asıl elemanlara erişim sağladıklarından, kısa olan dilime eklenecek elemanlar için yer yoktur. (Aksi taktirde, yeni elemanlar başka dilimlerin elemanları üzerine yazılırlar.)

D, yeni eklenen bir elemanın başka dilimlerin üzerine yazılmasına izin vermez ve uzunluğun artması için yer bulunmadığında paylaşımı sona erdirir. Yeri olmayan dilim paylaşımdan ayrılır. Bu işlem sırasında o dilimin erişim sağlamakta olduğu bütün elemanlar otomatik olarak kopyalanırlar ve uzayan dilim artık bu yeni elemanlara erişim sağlamaya başlar.

Bunu görmek için yukarıdaki programdaki `çeyreği` diliminin elemanını değiştirmeden önce ona yeni bir eleman ekleyelim:

```
    çeyreği ~= 42;        // sonunda yeni elemana yer olmadığı
                          // için bu dilim bu noktada paylaşımdan
                          // ayrılır

    çeyreği[1] = 0;       // o yüzden bu işlem diğer dilimleri
                          // etkilemez
```

Eklenen eleman dilimin uzunluğunu arttırdığı için dilim artık kopyalanan yeni elemanlara erişim sağlamaya başlar. `çeyreği`'nin elemanında yapılan değişikliğin `dilim` ve `yarısı` dilimlerini artık etkilemediği programın şimdiki çıktısında görülüyor:

```
[1, 0, 42]
[1, 3, 5, 7]
[1, 3, 5, 7, 9, 11, 13, 15]
```

Dilimin uzunluğunun açıkça arttırılması da eleman paylaşımından ayrılmasına neden olur:

```
    ++çeyreği.length;           // paylaşımdan ayrılır
```

veya

```
    çeyreği.length += 5;     // paylaşımdan ayrılır
```

Öte yandan, bir dilimin uzunluğunun kısaltılması eleman paylaşımını sonlandırmaz. Uzunluğun kısaltılması, yalnızca *artık daha az elemana erişim sağlama* anlamına gelir:

```
    int[] a = [ 1, 11, 111 ];
    int[] d = a;

    d = d[1 .. $];         // başından kısaltıyoruz
    d[0] = 42;             // elemanı dilim yoluyla değiştiriyoruz

    writeln(a);            // diğer dilimi yazdırıyoruz
```

Çıktısından görüldüğü gibi, d yoluyla yapılan değişiklik a'nın eriştirdiği elemanı da etkilemiştir; yani paylaşım devam etmektedir:

```
[1, 42, 111]
```

Uzunluğun başka ifadeler yoluyla kısaltılması da paylaşımı sonlandırmaz:

```
    d = d[0 .. $ - 1];          // sonundan kısaltmak
    --d.length;                 // aynı şey
    d.length = d.length - 1;    // aynı şey
```

Eleman paylaşımı devam eder.

Paylaşımın sonlanıp sonlanmayacağını belirlemek için capacity

Bu konuda dikkat edilmesi gereken bir karışıklık, uzunluğun artmasının paylaşımı her zaman için sonlandırmamasıdır. En uzun olan dilimin sonunda yeni elemanlara yer bulunduğu zaman paylaşım sonlanmaz:

```
import std.stdio;

void main() {
    int[] dilim = [ 1, 3, 5, 7, 9, 11, 13, 15 ];
    int[] yarısı = dilim[0 .. $ / 2];
    int[] çeyreği = dilim[0 .. $ / 4];

    dilim ~= 42;          // en uzun dilime ekleniyor
    dilim[1] = 0;

    writeln(çeyreği);
    writeln(yarısı);
    writeln(dilim);
}
```

Çıktıda görüldüğü gibi, uzunluğu artmış olmasına rağmen en uzun olan dilime eleman eklenmesi paylaşımı sonlandırmamıştır. Yapılan değişiklik bütün dilimleri etkilemiştir:

```
[1, 0]
[1, 0, 5, 7]
[1, 0, 5, 7, 9, 11, 13, 15, 42]
```

Bir dilime yeni bir eleman eklendiğinde paylaşımın sonlanıp sonlanmayacağı `capacity` niteliği ile belirlenir. (Aslında `capacity` bir işlev olarak gerçekleştirilmiştir ancak bu ayrımın burada önemi yoktur.)

Dilime ileride eklenecek olan yeni elemanlar için önceden ayrılmış olan alana o dilimin *sığası* denir. `capacity` değerinin anlamı aşağıdaki gibidir:

- Değeri 0 ise, bu dilim en uzun dilim değildir. Bu durumda yeni bir eleman eklendiğinde dilimin bütün elemanları başka yere kopyalanırlar ve paylaşım sonlanır.
- Değeri sıfırdan farklı ise bu en uzun dilimdir. Bu durumda `capacity`'nin anlamı, başka yere kopyalanmaları gerekmeden dilimin en fazla kaç eleman barındıracağıdır. Dilime eklenebilecek yeni eleman sayısı, `capacity`'den mevcut eleman adedi çıkartılarak bulunur. Dilimin uzunluğu `capacity` değerine eşit ise, bir eleman daha eklendiğinde elemanlar başka yere kopyalanacaklar demektir.

Buna uygun olarak, eleman eklendiğinde paylaşımın sonlanıp sonlanmayacağı aşağıdaki gibi bir kodla belirlenebilir:

```
    if (dilim.capacity == 0) {
        /* Yeni bir eleman eklendiğinde bu dilimin bütün
         * elemanları başka bir yere kopyalanacaklar
         * demektir. */

        // ...

    } else {
        /* Bu dilimde yeni elemanlar için yer olabilir. Kaç
         * elemanlık yer olduğunu hesaplayalım: */
        auto kaçElemanDaha = dilim.capacity - dilim.length;

        // ...
    }
```

Sığayla ilgili ilginç bir durum, *bütün elemanlara* erişim sağlayan birden fazla dilim olduğunda ortaya çıkar. Böyle bir durumda her dilim sığası olduğunu bildirir:

```
import std.stdio;

void main() {
    // Bütün elemanlara eriştiren üç dilim
    int[] d0 = [ 1, 2, 3, 4 ];
    int[] d1 = d0;
    int[] d2 = d0;

    writeln(d0.capacity);
    writeln(d1.capacity);
    writeln(d2.capacity);
}
```

Üçünün de sığası vardır:

```
7
7
7
```

Ancak, dilimlerden birisine eleman eklendiği an diğerleri sığalarını yitirirler:

```
    d1 ~= 42;     // ← artık d1 en uzundur

    writeln(d0.capacity);
    writeln(d1.capacity);
    writeln(d2.capacity);
```

Eleman eklenen dilim en uzun dilim haline geldiğinden artık yalnızca onun sığası vardır:

```
0
7         ← artık yalnızca d1'in sığası var
0
```

Elemanlar için yer ayırmak

Hem eleman kopyalamanın hem de elemanlar için yeni yer ayırmanın az da olsa bir süre bedeli vardır. Bu yüzden, eleman eklemek pahalı bir işlem olabilir. Eleman adedinin baştan bilindiği durumlarda böyle bir bedelin önüne geçmek için tek seferde yer ayırmak mümkündür:

```
import std.stdio;

void main() {
    int[] dilim;

    dilim.reserve(20);
    writeln(dilim.capacity);
```

```
    foreach (eleman; 0 .. 17) {
        dilim ~= eleman;    // ← bu elemanlar taşınmazlar
    }
}
```

```
31          ← En az 20 elemanlık sığa
```

`dilim`'in elemanları ancak 31'den fazla eleman olduğunda başka bir yere taşınacaklardır.

16.6 Bütün elemanlar üzerindeki işlemler

Bu olanak hem sabit uzunluklu dizilerle hem de dilimlerle kullanılabilir.

Dizi isminden sonra yazılan içi boş `[]` karakterleri *bütün elemanlar* anlamına gelir. Bu olanak, elemanların her birisiyle yapılması istenen işlemlerde büyük kolaylık sağlar.

```
import std.stdio;

void main() {
    double[3] a = [ 10, 20, 30 ];
    double[3] b = [  2,  3,  4 ];

    double[3] sonuç = a[] + b[];

    writeln(sonuç);
}
```

Çıktısı:

```
[12, 23, 34]
```

O programdaki toplama işlemi, `a` ve `b` dizilerinin birbirlerine karşılık gelen elemanlarını ayrı ayrı toplar: önce ilk elemanlar kendi aralarında, sonra ikinci elemanlar kendi aralarında, vs. O yüzden böyle işlemlerde kullanılan dizilerin uzunluklarının eşit olmaları şarttır.

Yukarıdaki programdaki `+` işleci yerine; daha önce gördüğünüz `+`, `-`, `*`, `/`, `%`, ve `^^` aritmetik işleçlerini; ilerideki bölümlerde karşılaşacağınız `^`, `&`, ve `|` ikili bit işleçlerini; ve bir dizinin önüne yazılan tekli `-` ve `~` işleçlerini kullanabilirsiniz.

Bu işleçlerin atamalı olanları da kullanılabilir: `=`, `+=`, `-=`, `*=`, `/=`, `%=`, `^^=`, `^=`, `&=`, ve `|=`.

Bu olanak yalnızca iki diziyi ilgilendiren işlemler için değildir; bir dizi yanında onun elemanlarıyla uyumlu olan bir ifade de kullanılabilir. Örneğin bir dizinin bütün elemanlarını dörde bölmek için:

```
    double[3] a = [ 10, 20, 30 ];
    a[] /= 4;

    writeln(a);
```

Çıktısı:

```
[2.5, 5, 7.5]
```

Bütün elemanlarını belirli bir değere eşitlemek için:

```
    a[] = 42;
    writeln(a);
```

Çıktısı:

```
[42, 42, 42]
```

Bu olanağın dilimlerle kullanımında hataya açık bir durum vardır. Sonuçta eleman değerlerinde bir fark görülmese bile aşağıdaki iki ifade aslında anlamsal açıdan çok farklıdır:

```
    dilim2 = dilim1;          // ← dilim1'in elemanlarına erişim
                              //   sağlamaya başlar

    dilim3[] = dilim1;        // ← zaten erişim sağlamakta olduğu
                              //   elemanların değerleri değişir
```

`dilim2`'nin doğrudan atama işleciyle kullanılıyor olması, onun artık `dilim1`'in elemanlarına erişim sağlamaya başlamasına neden olur. Oysa `dilim3[]` ifadesi *dilim3'ün bütün elemanları* anlamını taşıdığı için, onun bütün elemanlarının değerleri `dilim1`'in elemanlarının değerlerini alırlar. Bu yüzden, unutulan bir `[]` işlecinin etkisi çok büyük olabilir.

Bunu aşağıdaki programda görebiliriz:

```
import std.stdio;

void main() {
    double[] dilim1 = [ 1, 1, 1 ];
    double[] dilim2 = [ 2, 2, 2 ];
    double[] dilim3 = [ 3, 3, 3 ];

    dilim2 = dilim1;          // ← dilim1'in elemanlarına erişim
                              //   sağlamaya başlar

    dilim3[] = dilim1;        // ← zaten erişim sağlamakta olduğu
                              //   elemanların değerleri değişir

    writeln("dilim1 önce : ", dilim1);
    writeln("dilim2 önce : ", dilim2);
    writeln("dilim3 önce : ", dilim3);

    dilim2[0] = 42;           // ← erişimini dilim1'le paylaşmakta
                              //   olduğu eleman değişir

    dilim3[0] = 43;           // ← kendi elemanı değişir

    writeln("dilim1 sonra: ", dilim1);
    writeln("dilim2 sonra: ", dilim2);
    writeln("dilim3 sonra: ", dilim3);
}
```

`dilim2`'de yapılan değişiklik `dilim1`'i de etkilemiştir:

```
dilim1 önce : [1, 1, 1]
dilim2 önce : [1, 1, 1]
dilim3 önce : [1, 1, 1]
dilim1 sonra: [42, 1, 1]
dilim2 sonra: [42, 1, 1]
dilim3 sonra: [43, 1, 1]
```

Buradaki tehlike; `dilim2` atanırken `[]` işlecinin belki de unutulmuş olmasının etkisinin, belki de o yüzden istenmeden paylaşılmaya başlanmış olan eleman değişene kadar farkedilememiş olmasıdır.

Bu gibi tehlikeler yüzünden bu işlemleri dilimlerle kullanırken dikkatli olmak gerekir.

16.7 Çok boyutlu diziler

Şimdiye kadar gördüğümüz dizi işlemlerinde eleman türü olarak hep `int` ve `double` gibi temel türler kullandık. Eleman türü olarak aslında başka türler, örneğin diziler de kullanılabilir. Böylece *dizi dizisi* gibi daha karmaşık topluluklar tanımlayabiliriz. Elemanlarının türü dizi olan dizilere *çok boyutlu dizi* denir.

Şimdiye kadar gördüğümüz dizilerin elemanlarını hep soldan sağa doğru yazmıştık. İki boyutlu dizi kavramını anlamayı kolaylaştırmak için bir diziyi bir kere de yukarıdan aşağıya doğru yazalım:

```
    int[] dizi = [
                    10,
                    20,
                    30,
                    40
                 ];
```

Kodu güzelleştirmek için kullanılan boşlukların ve fazladan satırların derleyicinin gözünde etkisiz olduklarını biliyorsunuz. Yukarıdaki dizi önceden olduğu gibi tek satırda da yazılabilirdi ve aynı anlama gelirdi.

Şimdi o dizinin her bir elemanını `int[]` türünde bir değerle değiştirelim:

```
    /* ... */ dizi = [
                        [ 10, 11, 12 ],
                        [ 20, 21, 22 ],
                        [ 30, 31, 32 ],
                        [ 40, 41, 42 ]
                      ];
```

Yaptığımız tek değişiklik, `int` yerine `int[]` türünde elemanlar yazmak oldu. Kodun yasal olması için eleman türünü artık `int` olarak değil, `int[]` olarak belirlememiz gerekir:

```
    int[][] dizi = [
                        [ 10, 11, 12 ],
                        [ 20, 21, 22 ],
                        [ 30, 31, 32 ],
                        [ 40, 41, 42 ]
                      ];
```

Satır ve sütunlardan oluştukları için yukarıdaki gibi dizilere *iki boyutlu dizi* denir.

Elemanları *int dizisi* olan yukarıdaki dizinin kullanımı şimdiye kadar öğrendiklerimizden farklı değildir. Her bir elemanının `int[]` türünde olduğunu hatırlamak ve `int[]` türüne uyan işlemlerde kullanmak yeter:

```
dizi ~= [ 50, 51 ]; // yeni bir eleman (yani dilim) ekler
dizi[0] ~= 13;      // ilk elemanına (yani ilk dilimine) ekler
```

Aynı dizinin şimdiki hali:

```
[[10, 11, 12, 13], [20, 21, 22], [30, 31, 32], [40, 41, 42], [50, 51]]
```

Dizinin kendisi veya elemanları sabit uzunluklu da olabilir:

```
    int[2][3][4] dizi;  // 2 sütun, 3 satır, 4 düzlem
```

Yukarıdaki tanımı *iki sütunlu üç satırdan oluşan dört düzlem* diye düşünebilirsiniz. Öyle bir dizi, örneğin bir macera oyununda ve her katında 2x3=6 oda bulunan 4 katlı bir bina ile ilgili bir kavram için kullanılıyor olabilir.

Örneğin öyle bir binanın ikinci katının ilk odasında bulunan eşyaların sayısı şöyle arttırılabilir:

```
    // ikinci katın indeksi 1'dir ve o katın ilk odasına
    // [0][0] ile erişilir
    ++eşyaSayıları[1][0][0];
```

Yukarıdaki söz dizimlerine ek olarak, *dilim dilimi* oluşturmak için `new` ifadesi de kullanılabilir. Aşağıdaki örnek yalnızca iki boyut belirtiyor:

```
import std.stdio;

void main() {
    int[][] d = new int[][](2, 3);
    writeln(d);
}
```

Yukarıdaki new ifadesi 2 adet 3 elemanlı dizi oluşturur ve onlara erişim sağlayan bir dilim döndürür. Çıktısı:

```
[[0, 0, 0], [0, 0, 0]]
```

16.8 Özet

- Sabit uzunluklu dizilerin kendi elemanları vardır; dilimler ise kendilerine ait olmayan elemanlara erişim sağlarlar.
- `[]` işleci içindeyken `dizi_ismi.length` yazmak yerine kısaca `$` yazılabilir.
- `.dup` niteliği, elemanların kopyalarından oluşan yeni bir dizi üretir.
- Atama işlemi, sabit dizilerde eleman değerlerini değiştirir; dilimlerde ise başka elemanlara erişim sağlanmasına neden olur.
- Uzayan dilim paylaşımdan *ayrılabilir* ve yeni kopyalanmış olan elemanlara erişim sağlamaya başlayabilir. Bunun olup olmayacağı `capacity()` ile belirlenir.
- `dizi[]` yazımı *dizinin bütün elemanları* anlamına gelir; kendisine uygulanan işlem her bir elemanına ayrı ayrı uygulanır.
- Elemanları dizi olan dizilere çok boyutlu dizi denir.

16.9 Problem

Bir `double` dizisini başından sonuna doğru ilerleyin ve değerleri 10'dan büyük olanların değerlerini yarıya indirin. Örneğin elinizde şu dizi varsa:

```
    double[] dizi = [ 1, 20, 2, 30, 7, 11 ];
```

elemanlarının değerleri şuna dönüşsün:

```
[1, 10, 2, 15, 7, 5.5]
```

Çeşitli çözümleri olsa da, bunu yalnızca dilim olanakları ile başarmaya çalışın. İşe bütün diziye erişim sağlayan bir dilimle başlayabilirsiniz. Ondan sonra o dilimi her seferinde baş tarafından tek eleman kısaltabilir ve dilimin hep ilk elemanını kullanabilirsiniz.

Şu ifade dilimi başından tek eleman kısaltır:

```
        dilim = dilim[1 .. $];
```

Çözüm: Sayfa 706

17 Dizgiler

"merhaba" gibi metin parçalarının dizgi olduklarını zaten öğrenmiş ve şimdiye kadarki kodlarda çok yerde kullanmıştık. Dizgileri anlamaya yarayan iki olanağı da bundan önceki üç bölümde gördük: diziler ve karakterler.

Dizgiler o iki olanağın bileşiminden başka bir şey değildir: elemanlarının türü *karakter* olan *dizilere* dizgi denir. Örneğin `char[]` bir dizgi türüdür. Ancak, Karakterler bölümünde (sayfa 56) gördüğümüz gibi, D'de üç değişik karakter türü olduğu için, üç değişik dizgi türünden ve bunların bazen şaşırtıcı olabilecek etkileşimlerinden söz etmek gerekir.

17.1 `readf` yerine `readln` ve `strip`

Konsoldan satır okuma ile ilgili bazı karışıklıklara burada değinmek istiyorum.

Dizgiler karakter dizileri oldukları için *satır sonu* anlamına gelen `'\n'` gibi kontrol karakterlerini de barındırabilirler. O yüzden, girdiğimiz bilgilerin sonunda bastığımız Enter tuşunu temsil eden kodlar da okunurlar ve dizginin parçası haline gelirler.

Dahası, girişten kaç karakter okunmak istendiği de bilinmediği için `readf` *giriş tükenene kadar* gelen bütün karakterleri dizginin içine okur.

Bunun sonucunda da şimdiye kadar kullanmaya alıştığımız `readf` istediğimiz gibi işlemez:

```
import std.stdio;

void main() {
    char[] isim;

    write("İsminiz nedir? ");
    readf(" %s", &isim);

    writeln("Çok memnun oldum ", isim, "!");
}
```

Yazılan isimden sonra basılan Enter girişi sonlandırmaz, ve `readf` dizgiye eklemek için karakter beklemeye devam eder:

```
İsminiz nedir? Mert
                    ← Enter'a basıldığı halde giriş sonlanmaz
                    ← (bir kere daha basıldığını varsayalım)
```

Konsolda girişi sonlandırmak için Linux ortamlarında Ctrl-D'ye, Windows ortamlarında da Ctrl-Z'ye basılır. Girişi o şekilde sonlandırdığınızda Enter'lar nedeniyle oluşan satır sonu kodlarının bile dizginin parçası haline geldiklerini görürsünüz:

```
Çok memnun oldum Mert
                    ← isimden sonra satır sonu karakteri var
!                   ← (bir tane daha)
```

İsimden hemen sonra yazdırılmak istenen ünlem işareti satır sonu kodlarından sonra belirmiştir.

Bu yüzden `readf` çoğu durumda girişten dizgi okumaya uygun değildir. Onun yerine ismi "satır oku" anlamındaki "read line"dan türemiş olan `readln` kullanılabilir.

`readln`'ın kullanımı `readf`'ten farklıdır; `" %s"` düzen dizgisini ve `&` işlecini gerektirmez:

```
import std.stdio;

void main() {
    char[] isim;

    write("İsminiz nedir? ");
    readln(isim);

    writeln("Çok memnun oldum ", isim, "!");
}
```

Buna rağmen satır sonunu belirleyen kodu o da barındırır:

```
İsminiz nedir? Mert
Çok memnun oldum Mert
!                        ← isimden sonra yine "satır sonu" var
```

Dizgilerin sonundaki satır sonu kodları ve bütün boşluk karakterleri `std.string` modülünde tanımlanmış olan `strip` işlevi ile silinebilir:

```
import std.stdio;
import std.string;

void main() {
    char[] isim;

    write("İsminiz nedir? ");
    readln(isim);
    isim = strip(isim);

    writeln("Çok memnun oldum ", isim, "!");
}
```

Yukarıdaki `strip` ifadesi `isim`'in sonundaki satır sonu kodlarının silinmiş halini döndürür. O halinin tekrar `isim`'e atanması da `isim`'i değiştirmiş olur:

```
İsminiz nedir? Mert
Çok memnun oldum Mert!  ← "satır sonu" kodlarından arınmış olarak
```

`readln` ve `strip` zincirleme biçimde daha kısa olarak da yazılabilirler:

```
    string isim = strip(readln());
```

O yazımı `string` türünü tanıttıktan sonra kullanmaya başlayacağım.

17.2 Dizgiden veri okumak için formattedRead

Girişten veya herhangi başka bir kaynaktan edinilmiş olan bir dizginin içeriği `std.format` modülündeki `formattedRead()` ile okunabilir. Bu işlevin ilk parametresi veriyi içeren dizgidir. Sonraki parametreler ise aynı `readf`'teki anlamdadır:

```
import std.stdio;
import std.string;
import std.format;

void main() {
    write("İsminizi ve yaşınızı aralarında boşluk" ~
          " karakteriyle girin: ");

    string satır = strip(readln());

    string isim;
    int yaş;
    formattedRead(satır, " %s %s", isim, yaş);

    writeln("İsminiz ", isim, ", yaşınız ", yaş, '.');
}
```

```
İsminizi ve yaşınızı aralarında boşluk karakteriyle girin: Mert 30
İsminiz Mert, yaşınız 30.
```

Aslında, hem `readf` hem de `formattedRead` başarıyla okuyup dönüştürdükleri veri adedini *döndürürler*. Dizginin geçerli düzende olup olmadığı bu değer beklenen adet ile karşılaştırılarak belirlenir. Örneğin, yukarıdaki `formattedRead` çağrısı `string` türündeki isimden ve `int` türündeki yaştan oluşan *iki* adet veri beklediğinden, dizginin geçerliliği aşağıdaki gibi denetlenebilir:

```
uint adet = formattedRead(satır, " %s %s", isim, yaş);

if (adet != 2) {
    writeln("Hata: Geçersiz satır.");

} else {
    writeln("İsminiz ", isim, ", yaşınız ", yaş, '.');
}
```

Girilen veri `isim` ve `yaş` değişkenlerine dönüştürülemiyorsa program hata verir:

```
İsminizi ve yaşınızı aralarında boşluk karakteriyle girin: Mert
Hata: Geçersiz satır.
```

17.3 Tek tırnak değil, çift tırnak

Tek tırnakların karakter sabiti tanımlarken kullanıldıklarını görmüştük. Dizgi sabitleri için ise çift tırnaklar kullanılır: `'a'` karakterdir, `"a"` tek karakterli bir dizgidir.

17.4 `string`, `wstring`, ve `dstring` değişmezdirler

D'de üç karakter türüne karşılık gelen üç farklı karakter dizisi türü vardır: `char[]`, `wchar[]`, ve `dchar[]`.

Bu üç dizi türünün *değişmez* olanlarını göstermek için üç tane de *takma isim* vardır: `string`, `wstring`, ve `dstring`. Bu takma isimler kullanılarak tanımlanan dizgilerin karakterleri *değişmezdirler*. Bir örnek olarak, bir `wchar[]` değişkeninin karakterleri değişebilir ama bir `wstring` değişkeninin karakterleri değişemez. (D'nin *değişmezlik* kavramının ayrıntılarını daha sonraki bölümlerde göreceğiz.)

Örneğin bir `string`'in baş harfini büyütmeye çalışan şu kodda bir derleme hatası vardır:

```
string değişmez = "merhaba";
değişmez[0] = 'M';              // ← derleme HATASI
```

Buna bakarak, değiştirilmesi istenen dizgilerin dizi yazımıyla yazılabileceklerini düşünebiliriz ama o da derlenemez. Sol tarafı dizi yazımıyla yazarsak:

```
char[] bir_dilim = "merhaba";  // ← derleme HATASI
```

O kod da derlenemez. Bunun iki nedeni vardır:

1. `"merhaba"` gibi kodun içine hazır olarak yazılan dizgilerin türü `string`'dir ve bu yüzden değişmezdirler.
2. Türü `char[]` olan sol taraf, sağ tarafın bir *dilimidir.*

Bir önceki bölümden hatırlayacağınız gibi, sol taraf sağ tarafı gösteren bir dilim olarak algılanır. `char[]` değişebilir ve `string` değişmez olduğu için de burada bir uyumsuzluk oluşur: derleyici, değişebilen bir dilim ile değişmez bir diziye erişilmesine izin vermemektedir.

Bu durumda yapılması gereken, değişmez dizinin bir kopyasını almaktır. Bir önceki bölümde gördüğümüz .dup niteliğini kullanarak:

```
import std.stdio;

void main() {
    char[] dizgi = "merhaba".dup;
    dizgi[0] = 'M';
    writeln(dizgi);
}
```

Derlenir ve dizginin baş harfi değişir:

```
Merhaba
```

Benzer şekilde, örneğin string gereken yerde de char[] kullanılamaz. Değişebilen char[] türünden, değiştirilemeyen string türünü üretmek için de .idup niteliğini kullanmak gerekebilir. s'nin türü char[] olduğunda aşağıdaki satır derlenemez:

```
    string sonuç = s ~ '.';     // ← derleme HATASI
```

s'nin türü char[] olduğu için sağ taraftaki sonucun türü de char[]'dır. Bütün o sonuç kullanılarak değişmez bir dizgi elde etmek için .idup kullanılabilir:

```
    string sonuç = (s ~ '.').idup;
```

17.5 Dizgilerin şaşırtıcı olabilen uzunlukları

Unicode karakterlerinin bazılarının birden fazla baytla gösterildiklerini ve Türk alfabesine özgü harflerin iki baytlık olduklarını görmüştük. Bu bazen şaşırtıcı olabilir:

```
    writeln("aĞ".length);
```

"aĞ" dizgisi 2 harf içerdiği halde dizinin uzunluğu 3'tür:

```
3
```

Bunun nedeni, "merhaba" şeklinde yazılan hazır dizgilerin eleman türünün char olmasıdır. char da UTF-8 kod birimi olduğu için, o dizginin uzunluğu 3'tür (a için tek, Ğ için iki kod birimi).

Bunun görünür bir etkisi, iki baytlık bir harfi tek baytlık bir harfle değiştirmeye çalıştığımızda karşımıza çıkar:

```
    char[] d = "aĞ".dup;
    writeln("Önce: ", d);
    d[1] = 't';
    writeln("Sonra:", d);
```

```
Önce: aĞ
Sonra:at�      ← YANLIŞ
```

O kodda dizginin 'Ğ' harfinin 't' harfi ile değiştirilmesi istenmiş, ancak 't' harfi tek bayttan oluştuğu için 'Ğ'yi oluşturan baytlardan ancak birincisinin yerine geçmiş ve ikinci bayt çıktıda belirsiz bir karaktere dönüşmüştür.

O yüzden, bazı başka programlama dillerinin normal karakter türü olan char'ı D'de bu amaçla kullanamayız. (Aynı sakınca wchar'da da vardır.) Unicode'un tanımladığı anlamda harflerle, imlerle, ve diğer simgelerle ilgilendiğimiz durumlarda dchar türünü kullanmamız gerekir:

```
    dchar[] d = "aĞ"d.dup;
    writeln("Önce: ", d);
    d[1] = 't';
    writeln("Sonra:", d);
```

```
Önce: aĞ
Sonra:at
```

Doğru çalışan kodda iki değişiklik yapıldığına dikkat edin:

1. Dizginin türü `dchar[]` olarak belirlenmiştir.
2. `"aĞ"d` hazır dizgisinin sonunda `d` belirteci kullanılmıştır.

Buna rağmen, `dchar[]` ve `dstring` kullanımı karakterlerle ilgili bütün sorunları çözemez. Örneğin, kullanıcının girdiği "aĞ" dizgisinin uzunluğu 2 olmayabilir çünkü örneğin 'Ğ' tek Unicode karakteri olarak değil, 'G' ve sonrasında gelen *birleştirici* (combining) breve şapkası olarak kodlanmış olabilir. Unicode ile ilgili bu tür sorunlardan kaçınmanın en kolay yolu bir Unicode kütüphanesi kullanmaktır.

17.6 Hazır dizgiler

Hazır dizgilerin özellikle belirli bir karakter türünden olmasını sağlamak için sonlarına belirleyici karakterler eklenir:

```
import std.stdio;

void main() {
     string s = "aĞ"c;   // bu, "aĞ" ile aynı şeydir
    wstring w = "aĞ"w;
    dstring d = "aĞ"d;

    writeln(s.length);
    writeln(w.length);
    writeln(d.length);
}
```

```
3
2
2
```

a ve Ğ harflerinin her ikisi de `wchar` ve `dchar` türlerinden tek bir elemana sığabildiklerinden son iki dizginin uzunlukları 2 olmaktadır.

17.7 Dizgi birleştirmek

Dizgiler aslında dizi olduklarından, dizi işlemleri onlar için de geçerlidir. İki dizgiyi birleştirmek için ~ işleci, bir dizginin sonuna başka dizgi eklemek için de ~= işleci kullanılır:

```
import std.stdio;
import std.string;

void main() {
    write("İsminiz? ");
    string isim = strip(readln());

    // Birleştirme örneği:
    string selam = "Merhaba " ~ isim;

    // Sonuna ekleme örneği:
    selam ~= "! Hoşgeldin...";

    writeln(selam);
}
```

```
İsminiz? Can
Merhaba Can! Hoşgeldin...
```

17.8 Dizgileri karşılaştırmak

Not: Unicode bütün yazı sistemlerindeki harfleri tanımlasa da onların o yazı sistemlerinde nasıl sıralandıklarını belirlemez. Aşağıdaki işlevleri kullanırken bu konuda beklenmedik sonuçlarla karşılaşabilirsiniz.

Daha önce sayıların küçüklük büyüklük karşılaştırmalarında kullanılan <, >=, vs. işleçlerini görmüştük. Aynı işleçleri dizgilerle de kullanabiliriz. Bu işleçlerin *küçüklük* kavramı dizgilerde alfabetik sırada *önce* anlamındadır. Benzer şekilde, büyüklük de alfabetik sırada *sonra* demektir:

```
import std.stdio;
import std.string;

void main() {
    write("     Bir dizgi giriniz: ");
    string dizgi_1 = strip(readln());

    write("Bir dizgi daha giriniz: ");
    string dizgi_2 = strip(readln());

    if (dizgi_1 == dizgi_2) {
        writeln("İkisi aynı!");

    } else {
        string önceki;
        string sonraki;

        if (dizgi_1 < dizgi_2) {
            önceki = dizgi_1;
            sonraki = dizgi_2;

        } else {
            önceki = dizgi_2;
            sonraki = dizgi_1;
        }

        writeln("Sıralamada önce '", önceki,
                "', sonra '", sonraki, "' gelir.");
    }
}
```

17.9 Büyük küçük harfler farklıdır

Harflerin büyük ve küçük hallerinin farklı karakter kodlarına sahip olmaları onların birbirlerinden farklı oldukları gerçeğini de getirir. Örneğin 'A' ile 'a' farklı harflerdir.

Ek olarak, ASCII tablosundaki kodlarının bir yansıması olarak, büyük harflerin hepsi, sıralamada küçük harflerin hepsinden önce gelir. Örneğin büyük olduğu için 'B', sıralamada 'a'dan önce gelir. Aynı şekilde, "aT" dizgisi, 'T' harfi 'ç'den önce olduğu için "aç" dizgisinden önce sıralanır.

Bazen dizgileri harflerin küçük veya büyük olmalarına bakmaksızın karşılaştırmak isteriz. Böyle durumlarda yukarıda gösterilen aritmetik işleçler yerine, `std.string.icmp` işlevi kullanılabilir.

17.10 std.string modülü

`std.string` modülü dizgilerle ilgili işlevler içerir. Bu işlevlerin tam listesini kendi belgesinde[1] bulabilirsiniz.

Oradaki işlevler arasından bir kaç tanesi:

1. http://dlang.org/phobos/std_string.html

- `indexOf`: Verilen karakteri bir dizgi içinde baştan sona doğru arar ve bulursa bulduğu yerin indeksini, bulamazsa -1 değerini döndürür. Seçime bağlı olarak bildirilebilen üçüncü parametre, küçük büyük harf ayrımı olmadan aranmasını sağlar
- `lastIndexOf`: `indexOf`'a benzer şekilde çalışır. Farkı, sondan başa doğru aramasıdır
- `countChars`: Birinci dizgi içinde ikinci dizgiden kaç tane bulunduğunu sayar
- `toLower`: Verilen dizginin, bütün harfleri küçük olan eşdeğerini döndürür
- `toUpper`: `toLower`'a benzer şekilde çalışır. Farkı, büyük harf kullanmasıdır
- `strip`: Dizginin başındaki ve sonundaki boşlukları siler
- `insert`: Dizginin içine başka dizgi yerleştirir

Dizgiler de aslında dizi olduklarından, diziler için yararlı işlevler içeren `std.array`, `std.algorithm` ve `std.range` modüllerindeki işlevler de dizgilerle kullanılabilir.

17.11 Problemler

1. std.string modülünün belgesini[1] inceleyin.
2. ~ işlecini de kullanan bir program yazın: Kullanıcı bütünüyle küçük harflerden oluşan ad ve soyad girsin; program önce bu iki kelimeyi aralarında boşluk olacak şekilde birleştirsin ve sonra baş harflerini büyütsün. Örneğin "ebru" ve "domates" girildiğinde programın çıktısı "Ebru Domates" olsun.
3. Kullanıcıdan bir satır alın. Satırın içindeki ilk 'a' harfinden, satırın içindeki son 'a' harfine kadar olan bölümü yazdırsın. Örneğin kullanıcı "balıkadam" dizgisini girdiğinde ekrana "alıkada" yazdırılsın.

   Bu programda `indexOf` ve `lastIndexOf` işlevlerini kullanarak iki değişik indeks bulmanız, ve bu indekslerle bir dilim oluşturmanız işe yarayabilir.

   `indexOf` ve `lastIndexOf` işlevlerinin dönüş türleri `int` değil, `ptrdiff_t`'dir. İlk 'a' harfini bulmak için şöyle bir satır kullanabilirsiniz:

   ```
   ptrdiff_t ilk_a = indexOf(satır, 'a');
   ```

   Bir kaç bölüm sonra göreceğimiz `auto` anahtar sözcüğü ile daha da kısa olabilir:

   ```
   auto ilk_a = indexOf(satır, 'a');
   ```

Çözümler: Sayfa 707

1. http://dlang.org/phobos/std_string.html

18 Standart Akımları Dosyalara Bağlamak

Önceki bölümlerdeki programlar hep standart giriş ve çıkış akımları ile etkileşiyorlardı. D'nin standart akımlarının `stdin` ve `stdout` olduklarını görmüştük, ve açıkça akım bildirmeden çağrılan `writeln` gibi işlevlerin de arka planda bu akımları kullandıklarını öğrenmiştik. Ek olarak, standart girişin hep klavye olduğu, ve standart çıkışın da hep ekran olduğu durumlarda çalışmıştık.

Bundan sonraki bölümde programları dosyalarla etkileşecek şekilde yazmayı öğreneceğiz. Dosyaların da karakter akımı olduklarını, ve bu yüzden standart giriş ve çıkışla etkileşmekten bir farkları olmadıklarını göreceksiniz.

Dosya akımlarına geçmeden önce, programcılık hayatınızda çok işinize yarayacak başka bir bilgiyi bu bölümde vermek istiyorum: programınızın standart giriş ve çıkışını, sizin kodunuzda hiçbir değişiklik gerekmeden dosyalara *bağlayabilirsiniz*. Programınız ekran yerine bir dosyaya yazabilir, ve klavye yerine bir dosyadan veya bir programdan okuyabilir. Bu, bütün modern uç birimlerin hepsinde bulunan ve programlama dilinden bağımsız bir olanaktır.

18.1 Standart çıkışı > ile bir dosyaya bağlamak

Programınızı bir uç birimden başlatıyorsanız, programı çalıştırmak için yazdığınız komutun sonuna > karakterinden sonra bir dosya ismi yazmanız, programın standart çıkış akımının o dosyaya bağlanması için yeterlidir. Bu durumda, programın standart çıkışına yazdığı herşey o dosyaya yazılır.

Standart girişinden bir sayı alan, o sayıyı 2 ile çarpan, ve sonucu standart çıkışına yazdıran bir program düşünelim:

```
import std.stdio;

void main() {
    double sayı;
    readf(" %s", &sayı);

    writeln(sayı * 2);
}
```

O programın isminin `iki_kat` olduğunu varsayarsak, programı komut satırından

```
./iki_kat > iki_kat_sonucu.txt
```

şeklinde başlatır ve girişine örneğin 1.2 yazarsanız, programın çıktısı olan 2.4'ün ekrana *değil*, `iki_kat_sonucu.txt` ismindeki bir dosyaya yazıldığını görürsünüz. *Not: Bu program baştan "Lütfen bir sayı giriniz: " gibi bir mesaj yazmadığı halde, siz yine de sayıyı klavyeden yazıp Enter'a basmalısınız.*

18.2 Standart girişi < ile bir dosyaya bağlamak

Çıkışın > karakteriyle bir dosyaya bağlanmasına benzer şekilde, giriş de < karakteriyle bir dosyaya bağlanabilir. Bu durumda da girişinden bilgi bekleyen bir program klavyeden okumak yerine, belirtilen dosyadan okur.

Bu sefer de elimizde girişinden aldığı sayının onda birini hesaplayan bir program olsun:

```
import std.stdio;

void main() {
    double sayı;
    readf(" %s", &sayı);
```

```
    writeln(sayı / 10);
}
```

Eğer iki kat alan programın oluşturduğu dosya hâlâ klasörde duruyorsa, ve bu programın isminin de onda_bir olduğunu varsayarsak, programı komut satırından

```
./onda_bir < iki_kat_sonucu.txt
```

şeklinde başlatırsanız, girişini daha önce oluşturulan iki_kat_sonucu.txt dosyasından aldığını ve çıkışa 0.24 yazdırdığını görürsünüz. *Not: iki_kat_sonucu.txt dosyasında 2.4 olduğunu varsayıyorum.*

onda_bir programı; ihtiyacı olan sayıyı artık klavyeden değil, bir dosyadan okumaktadır.

18.3 Giriş ve çıkış akımlarının ikisini birden dosyalara bağlamak

> ve < karakterlerini aynı anda kullanabilirsiniz:

```
./onda_bir < iki_kat_sonucu.txt > butun_sonuc.txt
```

Bu sefer giriş iki_kat_sonucu.txt dosyasından okunur, ve çıkış da butun_sonuc.txt dosyasına yazılır.

18.4 Programları | ile birbirlerine bağlamak

Yukarıda kullanılan iki_kat_sonucu.txt dosyasının iki program arasında aracılık yaptığına dikkat edin: iki_kat programı, hesapladığı sonucu iki_kat_sonucu.txt dosyasına yazmaktadır, ve onda_bir programı da ihtiyaç duyduğu sayıyı iki_kat_sonucu.txt dosyasından okumaktadır.

| karakteri, programları böyle bir aracı dosyaya gerek olmadan birbirlerine bağlar. | karakteri, solundaki programın standart çıkışını sağındaki programın standart girişine bağlar. Örneğin komut satırında birbirine şu şekilde bağlanan iki program, toplu olarak "beşte bir" hesaplayan bir komut haline dönüşür:

```
./iki_kat | ./onda_bir
```

Önce iki_kat programı çalışır ve girişinden bir sayı alır. *Not: O programın "Lütfen bir sayı giriniz: " gibi bir mesaj yazmadığını hatırlayın; siz yine de sayıyı klavyeden yazıp Enter'a basmalısınız.*

Sonra, iki_kat programının çıkışı onda_bir programının girişine verilir ve iki katı alınmış olan sayının onda biri, yani baştaki sayının "beşte biri" çıkışa yazılır.

18.5 Problem

İkiden fazla programı art arda bağlamayı deneyin:

```
./birinci | ./ikinci | ./ucuncu
```

Çözüm: Sayfa 707

19 Dosyalar

Ne kadar güçlü olsalar da, önceki bölümde uç birimlerde kullanıldıklarını gördüğümüz >, <, ve | karakterleri her duruma uygun değildir. Çünkü her program işini yalnızca standart giriş ve çıkışla etkileşerek yapamaz.

Örneğin öğrenci kayıtları ile ilgilenen bir program, standart çıkışını kullanıcıya bir komut menüsü göstermek için kullanıyor olabilir. Standart girişini de kullanıcıdan komut almak için kullandığını düşünürsek, böyle bir programın kayıtlarını tuttuğu öğrenci bilgilerini yazmak için en az bir dosyaya ihtiyacı olacaktır.

Bu bölümde dosya sisteminin klasörlerde barındırdığı dosyalara yazmayı ve dosyalardan okumayı öğreneceğiz.

19.1 Temel kavramlar

Dosya işlemleri için `std.stdio` modülünde tanımlanmış olan `File` *yapısı* kullanılır. Henüz yapıları göstermediğim için `File` nesnelerinin *kurulma* söz diziminin ayrıntısına girmeyeceğim ve şimdilik bir kalıp olarak kabul etmenizi bekleyeceğim.

Kullanımlarına geçmeden önce dosyalarla ilgili temel kavramların açıklanması gerekir.

Karşı taraf

Bu bölümdeki bilgilerle oluşturulan dosyaların başka ortamlarda hemen okunabileceklerini düşünmeyin. Dosyayı oluşturan taraf ile dosyayı kullanan tarafın en azından dosya düzeni konusundan anlaşmış olmaları gerekir. Örneğin öğrenci numarasının ve isminin dosyaya yazıldıkları sırada okunmaları gerekir.

Bir dosya oluşturup içine bilgiler yazmak, o dosyanın başka bir ortamda açılıp okunması için yeterli olmayabilir. Dosyayı yazan tarafla okuyan tarafın belirli konularda anlaşmış olmaları gerekir. Örneğin dosyaya `char[]` olarak yazılmış olan bir bilginin `wchar[]` olarak okunması yanlış sonuç doğurur.

Ek olarak, aşağıdaki kodlar dosyaların başına BOM belirtecini yazmazlar. Bu, dosyalarınızın BOM belirteci gerektiren ortamlarda doğru olarak açılamamasına neden olabilir. ("Byte order mark"ın kısası olan BOM, karakterleri oluşturan UTF kod birimlerinin dosyaya hangi sırada yazılmış olduklarını belirtir.)

Dosya erişim hakları

Dosya sistemi dosyaları programlara çeşitli erişim haklarıyla sunar. Erişim hakları hem performans hem de dosya sağlığı açısından önemlidir.

Konu *dosyadan okumak* olunca; aynı dosyadan okumak isteyen birden fazla programa aynı anda okuma izni verilmesi, programlar birbirlerini beklemeyecekleri için hız kazancı sağlar. Öte yandan, konu *dosyaya yazmak* olunca; dosyanın içeriğinin tutarlılığı açısından dosyaya belirli bir anda ancak tek bir programın yazmasına izin verilmelidir; yoksa iki programın birbirlerinden habersiz olarak yazmaları sonucunda dosyanın içeriği tutarsız hale gelebilir.

Dosya açmak

Programın standart giriş ve çıkış akımları olan `stdin` ve `stdout`, program başladığında zaten *açılmış* ve kullanıma hazır olarak gelirler; onları kullanmaya başlamadan önce özel bir işlem gerekmez.

Dosyaların ise diskteki isimleri ve istenen erişim hakları bildirilerek program tarafından açılmaları gerekir. Aşağıdaki örneklerde de göreceğimiz gibi, oluşturulan bir `File` nesnesi, belirtilen isimdeki dosyanın açılması için yeterlidir:

```
File dosya = File("ogrenci_bilgisi", "r");
```

Dosya kapatmak

Açılan dosyaların mutlaka kapatılmaları da gerekir. Ancak, `File` nesneleri kendileri sonlanırken erişim sağlamakta oldukları asıl dosyaları da kapattıkları için, normalde bu işin programda açıkça yapılması gerekmez. Dosya, `File` nesnesinin içinde bulunduğu kapsamdan çıkılırken kendiliğinden kapatılır:

```
if (bir_koşul) {

    // File nesnesi burada oluşturulmuş ve kullanılmış olsun
    // ...

} // ← Dosya bu kapsamdan çıkılırken otomatik olarak
  //   kapatılır. Açıkça kapatmaya gerek yoktur.
```

Bazen aynı `File` nesnesinin başka dosyayı veya aynı dosyayı farklı erişim haklarıyla kullanması istenir. Böyle durumlarda dosyanın kapatılıp tekrar açılması gerekir:

```
dosya.close();                          // dosyayı kapatır
dosya.open("ogrenci_bilgisi", "r");     // dosyayı açar
```

Dosyaya yazmak ve dosyadan okumak

Dosyalar da karakter akımları olduklarından, `writeln` ve `readf` gibi işlevler onlarla da kullanılabilir. Farklı olan, dosya değişkeninin isminin ve bir noktanın da yazılmasının gerekmesidir:

```
writeln("merhaba");          // standart çıkışa yazar
stdout.writeln("merhaba");   // yukarıdakinin uzun yazımıdır
dosya.writeln("merhaba");    // dosyaya yazar
```

Dosya sonu için `eof()`

Bir dosyadan okurken dosyanın sonuna gelinip gelinmediği, "dosya sonu" anlamına gelen "end of file"ın kısaltması olan `eof()` üye işleviyle denetlenir. Bu işlev dosya sonuna gelindiğinde `true` döndürür.

Örneğin, aşağıdaki döngü dosyanın sonuna gelene kadar devam eder:

```
while (!dosya.eof()) {
    // ...
}
```

Klasör işlemleri için `std.file` modülü

Klasör işlemleri ile ilgili olan `std.file` modülünün belgesinde[1] işinize yarayacak işlevler bulabilirsiniz. Örneğin, `exists` belirtilen isimdeki dosyanın mevcut olup olmadığını bildirir:

```
if (exists(dosya_ismi)) {
    // dosya mevcut

} else {
    // dosya mevcut değil
}
```

---

1. http://dlang.org/phobos/std_file.html

19.2 std.stdio.File yapısı

File, C dilindeki standart fopen işlevinin kullandığı erişim belirteçlerini kullanır:

Belirteç	Anlamı
r	**okuma** erişimi dosya başından okunacak şekilde hazırlanır
r+	**okuma ve yazma** erişimi dosya başından okunacak ve başına yazılacak şekilde hazırlanır
w	**yazma** erişimi dosya yoksa: boş olarak oluşturulur dosya zaten varsa: içi boşaltılır
w+	**okuma ve yazma** erişimi dosya yoksa: boş olarak oluşturulur dosya zaten varsa: içi boşaltılır
a	**sonuna yazma** erişimi dosya yoksa: boş olarak oluşturulur dosya zaten varsa: içeriği korunur ve sonuna yazılacak şekilde hazırlanır
a+	**okuma ve sonuna yazma** erişimi dosya yoksa: boş olarak oluşturulur dosya zaten varsa: içeriği korunur; başından okunacak ve sonuna yazılacak şekilde hazırlanır

Yukarıdaki erişim haklarının sonuna 'b' karakteri de gelebilir ("rb" gibi). O karakter *binary mode* açma durumunu destekleyen platformlarda etkili olabilir ama POSIX ortamlarında gözardı edilir.

Dosyaya yazmak

Dosyanın önce yazma erişimi ile açılmış olması gerekir:

```
import std.stdio;

void main() {
    File dosya = File("ogrenci_bilgisi", "w");

    dosya.writeln("İsim  : ", "Zafer");
    dosya.writeln("Numara: ", 123);
    dosya.writeln("Sınıf : ", "1A");
}
```

Dizgiler bölümünden (sayfa 74) hatırlayacağınız gibi, "ogrenci_bilgisi" gibi bir dizginin türü string'dir ve *değişmezdir.* Yani File, dosya ismini ve erişim hakkını string türü olarak kabul eder. Bu yüzden, yine o bölümden hatırlayacağınız gibi, File örneğin char[] türünde bir dizgi ile kurulamaz; kurmak gerektiğinde o dizginin .idup niteliğinin çağrılması gerekir.

Yukarıdaki program, çalıştırıldığı klasör içinde ismi ogrenci_bilgisi olan bir dosya oluşturur veya var olan dosyanın üzerine yazar.

Not: Dosya ismi olarak dosya sisteminin izin verdiği her karakteri kullanabilirsiniz. Ben bu kitapta dosya isimlerinde yalnızca ASCII harfler kullanacağım.

Dosyadan okumak

Dosyanın önce okuma erişimi ile açılmış olması gerekir:

```
import std.stdio;
import std.string;

void main() {
    File dosya = File("ogrenci_bilgisi", "r");

    while (!dosya.eof()) {
        string satır = strip(dosya.readln());
        writeln("Okuduğum satır -> |", satır);
```

```
    }
}
```

Yukarıdaki program, çalıştırıldığı klasör içindeki `ogrenci_bilgisi` isimli dosyanın içindeki satırları başından sonuna kadar okur ve standart çıkışa yazdırır.

19.3 Problem

Yazacağınız program kullanıcıdan bir dosya ismi alsın, o dosyanın içindeki *boş olmayan* bütün satırları, dosyanın ismine `.bak` eklenmiş başka bir dosyaya yazsın. Örneğin, verilen dosyanın ismi `deneme.txt` ise, boş olmayan satırlarını `deneme.txt.bak` dosyasına yazsın.

Çözüm: Sayfa 707

20 auto ve typeof

20.1 auto

Bazen aynı ismin iki veya daha fazla modülde birden tanımlı olduğu durumlarla karşılaşılabilir. Örneğin birbirlerinden farklı iki kütüphanenin iki modülünde de `File` isminde bir tür bulunabilir. O ismi tanımlayan iki modülün birden eklenmesi durumunda da yalnızca `File` yazmak karışıklığa neden olur; derleyici hangi türün kullanılacağını bilemez.

Böyle durumlarda hangi modüldeki ismin kastedildiğini belirtmek için modülün ismini de yazmak gerekir. Örneğin `File` türü ile ilgili böyle bir isim çakışması olduğunu varsayarsak:

```
std.stdio.File dosya = std.stdio.File("ogrenci_bilgisi", "r");
```

O kullanımda uzun ismin hem de iki kere yazılması gerekmiştir: sol tarafta `dosya` nesnesinin türünü belirtmek için, sağ tarafta ise `File` nesnesini kurmak için.

Oysa derleyiciler çoğu durumda sol tarafın türünü sağ tarafın türüne bakarak anlayabilirler. Örneğin 42 gibi bir tamsayı değerle ilklenen bir değişkenin `int` olduğu, veya `std.stdio.File` kurularak oluşturulan bir nesnenin yine `std.stdio.File` türünden olduğu kolayca anlaşılabilir.

D'nin `auto` anahtar sözcüğü, sol tarafın türünün sağ taraftan anlaşılabildiği durumlarda sol tarafın yazımını kolaylaştırmak için kullanılır:

```
    auto dosya = std.stdio.File("ogrenci_bilgisi", "r");
```

`auto`'yu her türle kullanabilirsiniz:

```
    auto sayı = 42;
    auto kesirliSayı = 1.2;
    auto selam = "Merhaba";
    auto vida = BisikletVitesDüzeneğininAyarVidası(10);
```

"auto", otomatik anlamına gelen "automatic"in kısaltmasıdır. Buna rağmen *türün otomatik olarak anlaşılması* kavramı ile ilgili değildir. Aslında değişkenlerin yaşam süreçleri ile ilgili olan `auto`, tanım sırasında başka belirteç bulunmadığı zaman kullanılır.

Başka belirteçler de türün otomatik olarak anlaşılması için yeterlidir:

```
    immutable i = 42;
```

Zaten `immutable` yazılmış olduğu için türün değişmez bir `int` olduğu o yazımdan da otomatik olarak anlaşılır. (`immutable` anahtar sözcüğünü daha sonra göreceğiz.)

20.2 typeof

Bu anahtar sözcük, "türü" anlamına gelen "type of" deyiminden türemiştir. Kendisine verilen ifadenin (değişken, nesne, hazır değer, vs.) türünü o ifadeyi hiç işletmeden üretir.

Örneğin zaten tanımlanmış olan `int` türünde `sayı` isminde bir değişken olduğunu varsayarsak:

```
    int sayı = 100;          // bu zaten 'int' olarak tanımlanmış

    typeof(sayı) sayı2;      // "sayı'nın türü" anlamında
    typeof(100) sayı3;       // "100 hazır değerinin türü" anlamında
```

Yukarıdaki son iki ifade, şu ikisinin eşdeğeridir:

```
    int sayı2;
    int sayı3;
```

Türlerin zaten bilindiği yukarıdaki gibi durumlarda `typeof`'un kullanılmasına gerek olmadığı açıktır. Bu anahtar sözcük özellikle daha sonra anlatılacak olan şablon (sayfa 401) ve katma (mixin) (sayfa 563) olanaklarının kullanımında yararlıdır.

20.3 Problem

42 gibi bir hazır değerin D'nin tamsayı türlerinden `int` türünde olduğunu yukarıda okudunuz. (Yani `short`, `long`, vs. değil.) Bir program yazarak 1.2 gibi bir hazır değerin türünün D'nin kesirli sayı türlerinden hangisinden olduğunu bulun: `float` mu, `double` mı, yoksa `real` mi? Yeni öğrendiğiniz `typeof` ve Temel Türler bölümünde (sayfa 8) öğrendiğiniz `.stringof` işinize yarayabilir.

Çözüm: Sayfa 708

21 İsim Alanı

D'de her isim, tanımlandığı noktadan başlayarak hem içinde tanımlandığı kapsamda, hem de o kapsamın içindeki kapsamlarda geçerlidir. Her kapsam bir *isim alanı* tanımlar.

İçinde tanımlandığı kapsamdan çıkıldığında, isim artık geçersiz hale gelir ve derleyici tarafından tanınmaz:

```
void main() {
    int dışSayı;

    if (birKoşul) {        // ← yeni bir kapsam başlatır
        int içSayı = 1;
        dışSayı = 2;       // ← dışSayı içeride de geçerlidir

    }                  // ← içSayı'nın geçerliliği burada son bulur

    içSayı = 3;    // ← derleme HATASI
                   // içSayı'nın geçerli olduğu kapsamdan
                   // çıkılmıştır
}
```

`if` koşulunun kapsamı içinde tanımlanmış olan `içSayı` o kapsamın dışında geçersizdir. Öte yandan, `dışSayı` hem dışarıdaki hem de içerideki kapsamda geçerlidir.

Bir kapsamda tanımlanmış bir ismin içerdeki bir kapsamda tekrar tanımlanması yasal değildir:

```
    int uzunluk = tekSayılar.length;

    if (birKoşul) {
        int uzunluk = asalSayılar.length;  // ← derleme HATASI
    }
```

Kapsamlar deyimlere bağlı olmak zorunda değildir; bir çift küme paranteziyle serbestçe ve bağımsız olarak da tanımlanabilirler:

```
void main() {
    // Bu kapsam hiçbir deyime bağlı değildir:
    {
        int a;
    }

    // Başka bir kapsam:
    {
        int a;    // Bu 'a', öncekinden farklıdır
    }
}
```

Ancak, böyle bağımsız kapsamlar modül düzeyinde (kaynak kodun en üst düzeyinde) tanımlanamazlar:

```
void main() {
    // ...
}

{    // ← derleme HATASI
}
```

21.1 İsimleri kullanıldıkları ilk noktada tanımlamak

Şimdiye kadarki örneklerde de gördüğünüz gibi, isimlerin kullanıldıkları ilk noktadan daha *önce* tanımlanmış olmaları gerekir:

```
writeln(sayı);  // ← derleme HATASI
                //   sayı henüz bilinmiyor
int sayı = 42;
```

O kodun çalışabilmesi için `sayı`'nın `writeln` işleminden daha önce tanımlanmış olması gerekir. Kaç satır önce tanımlanacağı programcıya bağlı olsa da, her ismin *kullanıldığı ilk noktaya en yakın yerde* tanımlanması programcılık açısından daha iyi kabul edilir.

Bunu kullanıcıdan aldığı sayıların ortalamalarını yazdıran bir programın `main` işlevinde görelim. Özellikle C dilinden gelen programcılar, kullanılan bütün isimleri kapsamların en başında tanımlamaya alışmışlardır:

```
int adet;                                 // ← BURADA
int[] sayılar;                            // ← BURADA
double ortalamaDeğer;                     // ← BURADA

write("Kaç sayı gireceksiniz? ");

readf(" %s", &adet);

if (adet >= 1) {
    sayılar.length = adet;

    // ... burada asıl işlemler yapılıyor olsun...

} else {
    writeln("HATA: En az bir sayı girmelisiniz!");
}
```

Bunun karşıtı olarak, isimleri olabildiğince geç tanımlamak önerilir. Aynı programı bu tavsiyeye uyarak şöyle yazabiliriz:

```
write("Kaç sayı gireceksiniz? ");

int adet;                                 // ← BURADA
readf(" %s", &adet);

if (adet >= 1) {
    int[] sayılar;                        // ← BURADA
    sayılar.length = adet;

    double ortalamaDeğer;                 // ← BURADA
    // ... burada asıl işlemler yapılıyor olsun...

} else {
    writeln("HATA: En az bir sayı girmelisiniz!");
}
```

Bütün değişkenleri bir arada en başta tanımlamak yapısal olarak daha iyi olsa da, değişkenleri geç tanımlamanın da bir kaç önemli yararı vardır:

- **Hız**: Her değişken tanımının program hızı açısından bir bedeli vardır. D'de bütün değişkenler ilklendikleri için, belki de hiç kullanılmayacak olan değişkenleri en baştan ilklemek, o işlem için geçen zamanın boşa gitmesine neden olabilir.
- **Hata riski**: Değişkenlerin tanımları ile kullanımları arasına giren her satır, program hataları açısından ufak da olsa bir risk taşır: bir örnek olarak, `uzunluk` gibi genel bir ismi olan bir değişken aradaki satırlarda yanlışlıkla başka bir uzunluk kavramı için kullanılmış, ve asıl kullanılacağı yere gelindiğinde değeri çoktan değişmiş olabilir.
- **Okuma kolaylığı**: Kapsamdaki satırlar çoğaldıkça, alttaki satırlarda kullanılan bir değişkenin tanımının programın yazıldığı ekranın dışında

kalma olasılığı artar; değişkenlerin tanımlarını görmek veya hatırlamak için sık sık metnin üst tarafına gitmek ve tekrar geri gelmek gerekebilir.

- **Kod değişikliği**: Program kodları sürekli olarak gelişim halindedirler: programa ekler yapılır, programın bazı olanakları silinir, farkedilen hataları giderilir, vs. Bu işlemler sırasında çoğu zaman bir grup satırın hep birden başka bir işlev olarak tanımlanması istenebilir.

  Böyle durumlarda, o kod satırlarında kullanılan bütün değişkenlerin kullanıldıkları ilk yerde tanımlanmış olmaları, hepsinin birden başka bir yere taşınmalarına olanak sağlar.

  Örneğin yukarıdaki bu tavsiyeye uyan programın `if` kapsamındaki bütün satırlar hep birden programın başka bir noktasına taşınabilirler.

  Oysa değişkenlerini C'deki gibi tanımlayan bir programda, taşınacak olan kod satırlarında kullanılan değişkenlerin de teker teker seçilerek ayrı ayrı taşınmaları gerekir.

22 for Döngüsü

while döngüsü (sayfa 27) ile aynı işe yarar. Yararı, döngü ile ilgili bütün tanımların tek satırda yapılmasıdır.

for döngüsü foreach döngüsünden çok daha az kullanılır. Buna rağmen, for döngüsünün nasıl işlediği de iyi bilinmelidir. foreach döngüsünü daha sonraki bir bölümde göreceğiz.

22.1 while'ın bölümleri

Hatırlarsak, while döngüsü tek bir koşul denetler ve o koşul doğru olduğu sürece döngüye devam eder. Örneğin 1'den 10'a kadar olan bütün tamsayıları yazdıran bir döngü "sayı 11'den küçük olduğu sürece" şeklinde kodlanabilir:

```
    while (sayı < 11)
```

O döngünün *ilerletilmesi*, sayı'nın döngü içinde bir arttırılması ile sağlanabilir:

```
        ++sayı;
```

Kodun derlenebilmesi için sayı'nın while'dan önce tanımlanmış olması gerekir:

```
    int sayı = 1;
```

Döngünün asıl işlemlerini de sayarsak, bütün bölümlerine değinmiş oluruz:

```
        writeln(sayı);
```

Bu dört işlemi *döngünün hazırlığı*, *devam etme koşulunun denetimi*, *asıl işlemleri*, ve *ilerletilmesi* olarak açıklayabiliriz:

```
    int sayı = 1;           // ← hazırlık

    while (sayı < 11) {     // ← devam koşulu
        writeln(sayı);      // ← asıl işlemler
        ++sayı;             // ← döngünün ilerletilmesi
    }
```

while döngüsü sırasında bu bölümler şu sırada işletilirler:

```
hazırlık

koşul denetimi
asıl işlemler
ilerletilmesi

koşul denetimi
asıl işlemler
ilerletilmesi

...
```

Hatırlayacağınız gibi, bir break deyimi veya atılmış olan bir hata da döngünün sonlanmasını sağlayabilir.

22.2 for'un bölümleri

for döngüsü bu dört işlemden üçünü tek bir tanıma indirgeyen deyimdir. Bu işlemlerin üçü de for deyiminin parantezi içinde, ve aralarında noktalı virgül olacak şekilde yazılırlar. Asıl işlemler ise kapsam içindedir:

```
for (/* hazırlık */; /* devam koşulu */; /* ilerletilmesi */) {
    /* asıl işlemler */
}
```

Yukarıdaki `while` döngüsü `for` ile yazıldığında çok daha düzenli bir hale gelir:

```
    for (int sayı = 1; sayı < 11; ++sayı) {
        writeln(sayı);
    }
```

Bu, özellikle döngü kapsamının kalabalık olduğu durumlarda çok yararlıdır: döngüyü ilerleten işlem, kapsam içindeki diğer ifadeler arasında kaybolmak yerine, `for` ile aynı satırda durur ve kolayca görülür.

`for` döngüsünün bölümleri de `while`'ın bölümleriyle aynı sırada işletilirler.

`break` ve `continue` deyimleri `for` döngüsünde de aynı şekilde çalışırlar.

`while` ve `for` döngüleri arasındaki tek fark, `for`'un hazırlık bölümünde tanımlanmış olan değişkenin isim alanıdır. Bunu aşağıda açıklıyorum.

Çok sık olarak döngüyü ilerletmek için bir tamsayı kullanılır, ama öyle olması gerekmez. Ayrıca, döngü değişkeni arttırılmak yerine başka bir biçimde de değiştirilebilir. Örneğin belirli bir değer aralığındaki kesirli sayıların sürekli olarak yarılarını gösteren bir döngü şöyle yazılabilir:

```
    for (double sayı = 1; sayı > 0.001; sayı /= 2) {
        writeln(sayı);
    }
```

Birden fazla döngü değişkeni gerektiğinde küme parantezleri içinde tanımlanırlar. Örneğin, aşağıdaki döngü, türleri farklı olan iki değişken tanımlamaktadır:

```
    for ({ int i = 0; double d = 0.5; } i < 10; ++i) {
        writeln("i: ", i, ", d: ", d);
        d /= 2;
    }
```

Hazırlık bölümü, işaretlenmiş olan küme parantezlerinin arasındaki bölgedir. Dikkat ederseniz, hazırlık bölümüyle koşulun arasında noktalı virgül bulunmaz.

22.3 Döngünün üç bölümü de boş bırakılabilir

Gereken durumlarda isteğe bağlı olarak, bu bölümler boş bırakılabilir:

- Bazen hazırlık için bir değişken tanımlamak gerekmez çünkü zaten tanımlanmış olan bir değişken kullanılacaktır
- Bazen döngüyü sonlandırmak için döngü koşulu yerine döngü içindeki `break` satırlarından yararlanılır
- Bazen döngüyü ilerletme adımı belirli koşullara bağlı olarak döngü içinde yapılabilir

Bütün bölümler boş bırakıldığında, `for` döngüsü *sonsuza kadar* anlamına gelir:

```
    for ( ; ; ) {
        // ...
    }
```

Öyle bir döngü, örneğin ya hiç çıkılmayacak şekilde, veya belirli bir koşul gerçekleştiğinde `break` ile çıkılacak şekilde tasarlanmış olabilir.

22.4 Döngü değişkeninin geçerli olduğu kapsam

`for` ile `while`'ın tek farkı, döngü hazırlığı sırasında tanımlanan ismin geçerlilik alanıdır: `for` döngüsünün hazırlık bölgesinde tanımlanan isim, yalnızca döngü içindeki kapsamda geçerlidir (ve onun içindekilerde), dışarıdaki kapsamda değil:

```
for (int i = 0; i < 5; ++i) {
    // ...
}

writeln(i);      // ← derleme HATASI
                 //   i burada geçerli değildir
```

`while` döngüsünde ise, isim `while`'ın da içinde bulunduğu kapsamda tanımlanmış olduğu için, `while`'dan çıkıldığında da geçerliliğini korur:

```
int i = 0;

while (i < 5) {
    // ...
    ++i;
}

writeln(i);     // ← 'i' burada hâlâ geçerlidir
```

`for` döngüsünün bu ismin geçerlilik alanını küçük tutuyor olması, bir önceki bölümün sonunda anlatılanlara benzer şekilde, programcılık hatası risklerini de azaltır.

22.5 Problemler

1. İç içe iki `for` döngüsü kullanarak, ekrana satır ve sütun numaralarını gösteren 9'a 9'luk bir tablo yazdırın:

```
0,0 0,1 0,2 0,3 0,4 0,5 0,6 0,7 0,8
1,0 1,1 1,2 1,3 1,4 1,5 1,6 1,7 1,8
2,0 2,1 2,2 2,3 2,4 2,5 2,6 2,7 2,8
3,0 3,1 3,2 3,3 3,4 3,5 3,6 3,7 3,8
4,0 4,1 4,2 4,3 4,4 4,5 4,6 4,7 4,8
5,0 5,1 5,2 5,3 5,4 5,5 5,6 5,7 5,8
6,0 6,1 6,2 6,3 6,4 6,5 6,6 6,7 6,8
7,0 7,1 7,2 7,3 7,4 7,5 7,6 7,7 7,8
8,0 8,1 8,2 8,3 8,4 8,5 8,6 8,7 8,8
```

2. Bir veya daha fazla `for` döngüsü kullanarak ve `*` karakterini gereken sayıda yazdırarak geometrik şekiller çizdirin:

```
*
**
***
****
*****
```

```
********
 ********
  ********
   ********
    ********
```

vs.

Çözümler: Sayfa 708

23 Üçlü İşleç ?:

`?:` işleci, temelde bir `if-else` deyimi gibi çalışır:

```
if (/* koşul */) {
    /* doğruluk işlemleri */

} else {
    /* doğru olmama işlemleri */
}
```

`if` deyimi, koşul doğru olduğunda doğruluk işlemlerini, aksi durumda diğer işlemleri işletir. Hatırlarsanız, `if` bir deyimdir ve bu yüzden kendi değeri yoktur; tek etkisi, programın işleyişini etkilemesidir.

`?:` işleci ise bir *ifadedir* ve `if-else` ile aynı işi, ama bir değer üretecek şekilde gerçekleştirir. Yukarıdaki kodu `?:` kullanarak şöyle yazabiliriz (bölüm açıklamalarını kısaltarak gösteriyorum):

```
/* koşul */ ? /* doğruluk işlemi */ : /* doğru olmama işlemi */
```

`?:` işleci üç bölümündeki üç ifade yüzünden *üçlü işleç* olarak adlandırılır.

Bu işlecin değeri; koşula bağlı olarak ya doğruluk işleminin, ya da doğru olmama işleminin değeridir. İfade olduğu için, ifadelerin kullanılabildiği her yerde kullanılabilir.

Aşağıdaki örneklerde aynı işi hem `?:` işleci ile, hem de `if` deyimi ile gerçekleştireceğim. `?:` işlecinin bu örneklerdeki gibi durumlarda çok daha kısa olduğunu göreceksiniz.

- **İlkleme**

  Artık yıl olduğunda 366, olmadığında 365 değeri ile ilklemek için:

  ```
  int günAdedi = artıkYıl ? 366 : 365;
  ```

  Aynı işi `if` ile yapmak istesek; bir yol, baştan hiç ilklememek ve değeri sonra vermektir:

  ```
  int günAdedi;

  if (artıkYıl) {
      günAdedi = 366;

  } else {
      günAdedi = 365;
  }
  ```

  `if` ile başka bir yol; baştan *artık yıl* değilmiş gibi ilklemek ve adedi sonra bir arttırmak olabilir:

  ```
  int günAdedi = 365;

  if (artıkYıl) {
      ++günAdedi;
  }
  ```

- **Yazdırma**

  Yazdırılan bir mesajın bir parçasını `?:` ile duruma göre farklı yazdırmak:

  ```
  writeln("Bardağın yarısı ", iyimser ? "dolu" : "boş");
  ```

Aynı işi yapmak için mesajın baş tarafını önce yazdırabilir ve gerisini sonra `if` ile seçebiliriz:

```
write("Bardağın yarısı ");

if (iyimser) {
    writeln("dolu");

} else {
    writeln("boş");
}
```

`if` ile başka bir yol, bütün mesajı farklı olarak yazdırmaktır:

```
if (iyimser) {
    writeln("Bardağın yarısı dolu");

} else {
    writeln("Bardağın yarısı boş");
}
```

- **Hesap**
  Tavla puanını mars olup olmama durumuna göre `?:` ile 2 veya 1 arttırmak:

```
tavlaPuanı += marsOldu ? 2 : 1;
```

`if` ile puanı duruma göre 2 veya 1 arttırmak:

```
if (marsOldu) {
    tavlaPuanı += 2;

} else {
    tavlaPuanı += 1;
}
```

`if` ile başka bir yol; baştan bir arttırmak ve mars ise bir kere daha arttırmak olabilir:

```
++tavlaPuanı;

if (marsOldu) {
    ++tavlaPuanı;
}
```

Bu örneklerden görüldüğü gibi kod `?:` işleci ile çok daha kısa olmaktadır.

23.1 Üçlü işlecin türü

`?:` işlecinin değeri denetlenen koşula bağlı olarak ya doğruluk ifadesinin ya da doğru olmama ifadesinin değeridir. Bu iki ifadenin *ortak* bir türlerinin bulunması şarttır.

Ortak tür, oldukça karmaşık bir yöntemle ve iki tür arasındaki tür dönüşümü (sayfa 239) ve türeme (sayfa 330) ilişkilerine de bağlı olarak seçilir. Ek olarak, ortak türün *çeşidi* ya sol değerdir ya da sağ değer (sayfa 182). Bu kavramları ilerideki bölümlerde göreceğiz.

Şimdilik, ortak türü *açıkça tür dönüşümü gerektirmeden her iki değeri de tutabilen bir tür* olarak kabul edin. Örneğin, `int` ve `long` türleri için ortak bir tür vardır çünkü her ikisi de `long` türü ile ifade edilebilir. Öte yandan, `int` ve `string` türlerinin ortak bir türü yoktur çünkü ikisi de diğerine otomatik olarak dönüşemez.

Hatırlarsanız, bir ifadenin türü `typeof` ve `.stringof` ile öğrenilebilir. Bu yöntem üçlü ifade için seçilen ortak türü öğrenmek için de kullanılabilir:

```
    int i;
    double d;

    auto sonuç = birKoşul ? i : d;
    writeln(typeof(sonuç).stringof);
```

`double` türü `int` değerlerini ifade edebildiğinden (ve bunun tersi doğru olmadığından), yukarıdaki üçlü ifadenin türü `double` olarak seçilmiştir:

```
double
```

Geçerli olmayan bir örnek olarak bir forum sitesinin oluşturduğu bir mesaja bakalım. Bağlı olan kullanıcı sayısı 1 olduğunda mesaj "Tek" kelimesi ile yazılsın: "**Tek** kullanıcı bağlı". Kullanıcı sayısı 1'den farklı olduğunda ise rakamla gösterilsin: "**3** kullanıcı bağlı".

"Tek" ve 3 arasındaki seçim `?:` işleciyle doğrudan yapılamaz:

```
    writeln((adet == 1) ? "Tek" : adet,     // ← derleme HATASI
            " kullanıcı bağlı");
```

Ne yazık ki o kod yasal değildir çünkü koşul sonucunda seçilecek iki ifadenin ortak türü yoktur: `"Tek"` bir `string` olduğu halde, `adet` bir `int`'tir.

Çözüm olarak `adet`'i de `string`'e dönüştürebiliriz. `std.conv` modülünde bulunan `to!string` işlevi kendisine verilen ifadenin `string` karşılığını üretir:

```
import std.conv;
// ...
    writeln((adet == 1) ? "Tek" : to!string(adet),
            " kullanıcı bağlı");
```

Bu durumda `?:` işlecinin her iki ifadesi de `string` olduğundan kod hatasız olarak derlenir ve çalışır.

23.2 Problem

Program kullanıcıdan bir tamsayı değer alsın; bu değerin sıfırdan küçük olması *zararda olmak*, sıfırdan büyük olması da *kazançlı olmak* anlamına gelsin.

Program verilen değere göre sonu "zarardasınız" veya "kazançlısınız" ile biten bir mesaj yazdırsın. Örneğin "100 lira zarardasınız" veya "70 lira kazançlısınız". Daha uygun görseniz bile bu bölümle ilgili olabilmesi için `if` koşulunu kullanmayın.

Çözüm: Sayfa 709

24 Hazır Değerler

Programlar işlerini değişkenlerin ve nesnelerin değerlerini kullanarak yaparlar. Değişkenleri ve nesneleri işleçlerle ve işlevlerle kullanarak yeni değerler üretirler ve yeni nesneler oluştururlar.

Bazı değerlerin ise hesaplanmaları gerekmez; onlar kaynak kod içine doğrudan hazır olarak yazılırlar. Örneğin şu kod parçasındaki işlemler sırasında kullanılan `0.75` kesirli sayı değeri ve `"Toplam fiyat: "` sabit dizgisi kod içine programcı tarafından hazır olarak yazılmıştır:

```
öğrenciFiyatı = biletFiyatı * 0.75;
fiyat += öğrenciSayısı * öğrenciFiyatı;
writeln("Toplam fiyat: ", fiyat);
```

Bu tür değerlere *hazır değer* denir. Şimdiye kadar gördüğümüz programlarda zaten çok sayıda hazır değer kullandık. Bu bölümde hazır değerlerin bütün çeşitlerini ve söz dizimlerini göreceğiz.

24.1 Tamsayılar

Tamsayıları dört değişik sayı sisteminde yazabilirsiniz: Günlük hayatımızda kullandığımız *onlu* sayı sisteminde, bazı durumlarda daha uygun olan *on altılı* veya *ikili* sayı sistemlerinde, ve nadir olarak *sekizli* sayı sisteminde.

Bütün tamsayı değerlerinin rakamlarının aralarına, istediğiniz sayıda, istediğiniz yerlerine, ve herhangi amaçla; örneğin okumayı kolaylaştırmak için `_` karakterleri yerleştirebilirsiniz. Örneğin, rakamları üçer üçer ayırmak için: `1_234_567`. Bu karakterler tamamen programcının isteğine bağlıdır ve derleyici tarafından gözardı edilirler.

Onlu sayı sisteminde: Günlük hayatımızda kullandığımız gibi, onlu rakamlarla yazılır. Örnek: 12. Onlu değerlerin ilk rakamı 0 olamaz. Bunun nedeni, 0 ile başlayan hazır değerlerin çoğu başka dilde sekizli sayı sistemine ayrılmış olmasıdır. Bu konudaki karışıklıklardan doğabilecek olan hataları önlemek için D'de tamsayı hazır değerleri 0 ile başlayamaz.

On altılı sayı sisteminde: `0x` veya `0X` ile başlayarak ve on altılı sayı sisteminin rakamları olan "0123456789abcdef" ve "ABCDEF" ile yazılır. Örnek: `0x12ab00fe`.

Sekizli sayı sisteminde: `std.conv` modülündeki `octal` ile ve sekizli sayı sisteminin rakamları olan "01234567" ile yazılır. Örnek: `octal!576`.

İkili sayı sisteminde: `0b` veya `0B` ile başlayarak ve ikili sayı sisteminin rakamları olan 0 ve 1 ile yazılır. Örnek: `0b01100011`.

Tamsayı değerlerin türleri

Her değerin olduğu gibi, D'de hazır değerlerin de türleri vardır. Hazır değerlerin türleri `int`, `double`, vs. gibi açıkça yazılmaz; derleyici, türü hazır değerin yazımından anlar.

Hazır değerlerin türlerinin aslında programcı açısından çok büyük bir önemi yoktur. Bazen tür, hazır değerin içinde kullanıldığı ifadeye uymayabilir ve derleyici uyarı verir. Öyle durumlarda aşağıdaki bilgilerden yararlanarak hazır değerin türünü açıkça belirtmeniz gerekebilir.

Tamsayı hazır değerlerin öncelikle `int` türünde oldukları varsayılır. Eğer değer bir `int`'e sığmayacak kadar büyükse, derleyici şu şekilde karar verir:

- `int`'e sığmayacak kadar büyük olan değer onlu sistemde yazılmışsa, `long`'dur

- `int`'e sığmayacak kadar büyük olan değer başka bir sayı sisteminde yazılmışsa, öncelikle `uint`'tir, ona da sığmıyorsa `long`'dur, ona da sığmıyorsa `ulong`'dur

Bunu görmek için daha önce öğrendiğimiz `typeof`'tan ve `stringof`'tan yararlanan şu programı kullanabiliriz:

```
import std.stdio;

void main() {
    writeln("\n--- bunlar onlu olarak yazıldılar ---");

    // int'e sığdığı için int
    writeln(       2_147_483_647, "\t\t",
            typeof(2_147_483_647).stringof);

    // int'e sığmadığı ve onlu olarak yazıldığı için long
    writeln(       2_147_483_648, "\t\t",
            typeof(2_147_483_648).stringof);

    writeln("\n--- bunlar onlu olarak yazılMAdılar ---");

    // int'e sığdığı için int
    writeln(       0x7FFF_FFFF, "\t\t",
            typeof(0x7FFF_FFFF).stringof);

    // int'e sığmadığı ve onlu olarak yazılmadığı için uint
    writeln(       0x8000_0000, "\t\t",
            typeof(0x8000_0000).stringof);

    // uint'e sığmadığı ve onlu olarak yazılmadığı için long
    writeln(       0x1_0000_0000, "\t\t",
            typeof(0x1_0000_0000).stringof);

    // long'a sığmadığı ve onlu olarak yazılmadığı için ulong
    writeln(       0x8000_0000_0000_0000, "\t\t",
            typeof(0x8000_0000_0000_0000).stringof);
}
```

Çıktısı:

```
--- bunlar onlu olarak yazıldılar ---
2147483647              int
2147483648              long

--- bunlar onlu olarak yazılMAdılar ---
2147483647              int
2147483648              uint
4294967296              long
9223372036854775808             ulong
```

L son eki

Değerin büyüklüğünden bağımsız olarak, eğer değerin sonunda bir `L` karakteri varsa, türü `long`'dur. Örnek: `10L`.

U son eki

Değerin büyüklüğünden bağımsız olarak, eğer değerin sonunda bir `U` karakteri varsa, işaretsiz bir türdür. Örnek: `10U`'nun türü `uint`'tir. Küçük harf `u` da kullanılabilir.

`L` ve `U` karakterleri birlikte ve sıralarının önemi olmadan da kullanılabilirler. Örneğin `7UL`'nin ve `8LU`'nun ikisinin de türleri `ulong`'dur.

24.2 Kesirli sayılar

Kesirli sayılar onlu sayı sisteminde veya on altılı sayı sisteminde yazılabilirler. Örneğin onlu olarak `1.234` veya on altılı olarak `0x9a.bc`.

Onlu sayı sisteminde: Sayının yanına, e veya E belirtecinden sonra "çarpı 10 üzeri" anlamına gelen bir çarpan eklenebilir. Örneğin `3.4e5`, "3.4 çarpı 10 üzeri 5" anlamındadır. Bu belirteçten sonra bir + karakteri de yazılabilir ama onun bir etkisi yoktur. Örneğin, `5.6e2` ile `5.6e+2` aynı anlamdadır.

Belirteçten sonra gelen - karakterinin etkisi vardır ve "10 üzeri o kadar değere bölünecek" anlamına gelir. Örneğin `7.8e-3`, "7.8 bölü 10 üzeri 3" anlamındadır.

On altılı sayı sisteminde: Sayı `0x` veya `0X` ile başlar; noktadan önceki ve sonraki bölümleri on altılı sayı sisteminin rakamlarıyla yazılır. e ve E de on altılı sistemde geçerli rakamlar olduklarından, üs belirteci olarak başka bir harf kullanılır: p (veya P).

Başka bir fark, bu belirteçten sonra gelen değerin "10 üzeri" değil, "2 üzeri" anlamına gelmesidir. Örneğin `0xabc.defP4`'ün sonundaki belirteç, "2 üzeri 4 ile çarpılacak" anlamına gelir.

Kesirli sayı değerler hemen hemen her zaman için bir nokta içerirler, ama belirteç varsa noktaya gerek yoktur. Örneğin 2e3, 2000 değerinde bir kesirli sayıdır.

Noktadan önceki değer `0` ise yazılmayabilir. Örneğin `.25`, "çeyrek" anlamında bir kesirli sayı değeridir.

Gözardı edilen _ karakterlerini kesirli sayılarla da kullanabilirsiniz: `1_000.5`

Kesirli sayı değerlerin türleri

Kesirli değerler özellikle belirtilmemişse `double` türündedir. Sonlarına `f` veya `F` eklenirse, `float`; `L` eklenirse `real` olurlar. Örneğin `1.2` `double`'dır, `3.4f` `float`'tur, ve `5.6L` `real`'dir.

24.3 Karakterler

Karakter türündeki hazır değerler her zaman için tek tırnaklar arasında yazılırlar. Örneğin `'a'`, `'\n'`, `'\x21'`.

Karakterin kendisi olarak: Tek tırnaklar arasına karakterin kendisi klavyeden yazılabilir veya başka bir metinden kopyalanabilir: `'a'`, `'ş'`, vs.

Kontrol karakteri olarak: Ters bölü işaretinden sonra bir karakter belirteci kullanılabilir. Örneğin ters bölü karakterinin kendisi `'\\'` şeklinde yazılır. Kontrol karakterleri şunlardır:

Yazımı	Anlamı
`\'`	tek tırnak
`\"`	çift tırnak
`\?`	soru işareti
`\\`	ters bölü
`\a`	uyarı karakteri (bazı ortamlarda zil sesi)
`\b`	silme karakteri
`\f`	sayfa sonu
`\n`	satır sonu
`\r`	aynı satırın başına götürür
`\t`	bir sonraki sekme adımına götürür
`\v`	bir sonraki düşey sekme adımına götürür

Genişletilmiş ASCII karakter kodu olarak: Karakterleri doğrudan kodları ile belirtebilirsiniz. Yukarıda tamsayılar başlığında anlatılanlara uygun olarak, kodu `\x` ile başlayan 2 haneli on altılı sayı olarak veya `\` ile başlayan 3 haneye kadar sekizli sayı olarak yazabilirsiniz. Örneğin `'\x21'` ve `'\41'` ünlem işareti karakterinin iki farklı yazımıdır.

Unicode karakter kodu olarak: `u` karakterinden sonra 4 on altılı rakam olarak yazılırsa türü `wchar` olur; `U` karakterinden sonra 8 on altılı rakam olarak yazılırsa türü `dchar` olur. Örneğin `'\u011e'` ve `'\U0000011e'` Ğ karakterinin sırasıyla `wchar` ve `dchar` türünde olan değeridir.

İsimli karakter olarak: İsimleri olan karakterleri isimleriyle ve `'\&karakter_ismi;'` söz dizimiyle yazabilirsiniz. D, HTML 5 karakter isimlerinin hepsini destekler[1]. Örneğin `'\€'` €, `'\♥'` ♥, ve `'\©'` de © karakteridir.

24.4 Dizgiler

Hazır dizgiler sabit karakterlerin bileşimlerinden oluşurlar ve çok sayıda farklı söz dizimiyle yazılabilirler.

Çift tırnaklar arasında yazılan dizgiler

Dizgilerin başka dillerde de bulunan en yaygın yazımı, çift tırnaklar arasında yazılmalarıdır: örneğin `"merhaba"`. Bu şekilde yazıldığında, içindeki karakterler yukarıdaki karakter yazımlarına uygun olarak yazılırlar. Örneğin, göstermek amacıyla yukarıdaki karakter sabitlerinden bazılarını içeren `"A4 ka\u011fıt: 3\½TL"` dizgisi, `"A4 kağıt: 3½TL"`nin eşdeğeridir.

Göründüğü gibi çıkan dizgiler

Ters tırnak işaretleri arasında yazılan dizgilerin içindeki karakterler, yukarıda karakter sabitleriyle ilgili olarak anlatılan kurallar işletilmeden, görüldükleri anlama gelirler. Örneğin `` `c:\nurten` `` şeklinde yazılan dizgi, Windows işletim sisteminde bir klasör ismi olabilir. Oysa çift tırnaklar arasında yazılmış olsa, dizginin içinde geçen `'\n'`, *satır sonu* anlamına gelirdi:

```
    writeln(`c:\nurten`);
    writeln("c:\nurten");
```

```
c:\nurten    ← göründüğü gibi
c:           ← satır sonu olarak anlaşılan karakter
urten
```

Göründüğü gibi çıkan dizgilerin diğer bir yazım şekli, çift tırnaklar kullanmak, ama öncesine bir `r` belirteci eklemektir: `r"c:\nurten"` de göründüğü gibi anlaşılır.

Ayraçlı dizgiler

Çift tırnakların hemen içine gelmek koşuluyla, dizginin parçası olmayan ayraçlar yerleştirebilirsiniz. Ayraçlı dizgilerde çift tırnaklardan önce q karakteri gelir: `q".merhaba."` dizgisinin değeri "merhaba"dır; noktalar değere ait değillerdir. Hemen sonrası satır sonuna gelmek koşuluyla, ayraçları sözcükler olarak da belirleyebilirsiniz:

```
writeln(q"AYRAÇ
birinci satır
ikinci satır
AYRAÇ");
```

Bu örnekteki AYRAÇ sözcüğü dizginin parçası değildir:

```
birinci satır
ikinci satır
```

D kodu dizgileri

Yine başında q karakteri olmak üzere, { ve } karakterleri arasında yasal D kodu içeren dizgiler yazılabilir:

1. http://dlang.org/entity.html

```
auto dizgi = q{int sayı = 42; ++sayı;};
writeln(dizgi);
```

Çıktısı:

```
int sayı = 42; ++sayı;
```

Dizgi değerlerin türleri

Dizgiler özellikle belirtilmediğinde `immutable(char)[]` türündedirler. Sonlarına eklenen `c`, `w`, ve `d` karakterleri dizginin türünü sırasıyla `immutable(char)[]`, `immutable(wchar)[]`, ve `immutable(dchar)[]` olarak belirler. Örneğin `"merhaba"d` dizgisinin karakterleri `immutable(dchar)` türündedirler.

Bu üç türün sırasıyla `string`, `wstring`, ve `dstring` olan takma isimlerini Dizgiler bölümünde (sayfa 74) öğrenmiştiniz.

24.5 Hazır değerler derleme zamanında hesaplanırlar

Hazır değerleri işlem halinde de yazabilirsiniz. Örneğin Ocak ayındaki toplam saniye değerini `2678400` veya `2_678_400` olarak yazmak yerine, değerin doğruluğundan emin olmamıza yarayan `60 * 60 * 24 * 31` şeklinde de yazabilirsiniz. İçinde çarpma işleçleri olsa da, o işlem programınızın çalışma hızını düşürmez; hazır değer, derleme zamanında yine de 2678400 olarak hesaplanır ve sanki siz öyle yazmışsınız gibi derlenir.

Aynı durum dizgi hazır değerleri için de geçerlidir. Örneğin `"merhaba " ~ "dünya"` yazımındaki *dizgi birleştirme* işlemi çalışma zamanında değil, derleme zamanında yapıldığı için programınız sanki "merhaba dünya" yazılmış gibi derlenir ve çalışır.

24.6 Problemler

1. Aşağıdaki satır derlenemez:

   ```
   int miktar = 10_000_000_000;    // ← derleme HATASI
   ```

   Derleme hatasını giderin ve `miktar`'ın on milyara eşit olmasını sağlayın.

2. Bir tamsayının değerini sonsuz bir döngüde arttıran ve bunu ekrana yazdıran bir program yazın. Döngünün her tekrarında sayının değeri ekrana yazdırıldığı halde, yazılan değer hep aynı satırda çıksın:

   ```
   Sayı: 25774   ← hep aynı satırın üstüne yazılsın
   ```

   Bunun için yukarıdaki kontrol karakterlerinden birisi işinize yarayacak.

Çözümler: Sayfa 709

25 Çıktı Düzeni

Diğer bölümlerden farklı olarak, bu bölüm D dilinin iç olanaklarından birisini değil, çıktı düzeni için kullanılan `std.format` modülünü anlatmaktadır.

Adı `std` ile başlayan bütün modüller gibi `std.format` da D'nin standart kütüphanesi olan Phobos'un bir parçasıdır. Çok büyük bir kütüphane olan Phobos bu kitapta bütünüyle kapsanamamaktadır.

D'nin giriş ve çıkış için kullandığı düzen belirteçlerinin temelde C dilindekiler gibi olduğunu ama bazı farkları bulunduğunu göreceksiniz.

Bir *ön hatırlatma* olarak bütün düzen dizgisi karakterleri aşağıdaki tablodaki gibidir:

```
Ayar Karakterleri (birden fazla kullanılabilir)
      -     sola dayalı
      +     işaretli
      #     diğer şekilde
      0     solda 0'lı
  boşluk    solda boşluklu

Düzen Karakterleri
      s     belirteçsiz gibi
      b     ikili
      d     onlu
      o     sekizli
    x,X     on altılı
    f,F     kesirli
    e,E     on üzerili kesirli
    a,A     on altılı kesirli
    g,G     e veya f gibi

      ,     hane ayraçları

      (     eleman düzeni başı
      )     eleman düzeni sonu
      |     eleman ayracı
```

Şimdiye kadar çıktı için `writeln` gibi işlevleri gerektiğinde birden fazla parametreyle kullanmıştık. Bu parametreler otomatik olarak karakter eşdeğerlerine dönüştürülerek sırayla çıkışa gönderiliyorlardı.

Bazen bu yeterli değildir. Çıktının belirli bir düzene uyması gerekebilir. Örneğin bir faturanın maddelerini yazdıran şu koda bakalım:

```
    faturaMaddeleri ~= 1.23;
    faturaMaddeleri ~= 45.6;

    for (int i = 0; i != faturaMaddeleri.length; ++i) {
        writeln("Madde ", i + 1, ": ", faturaMaddeleri[i]);
    }
```

Çıktısı:

```
Madde 1: 1.23
Madde 2: 45.6
```

Oysa faturadaki değerlerin belirli bir düzende, örneğin her zaman için virgülden sonra iki haneyle ve geniş bir alanda sağa dayalı olarak yazılmaları okuma açısından önemli olabilir. (*Not: Ben bu bölümde günlük kullanıma uygun olarak "virgül" diyeceğim; ama kesirli sayılarda virgül yerine nokta karakteri kullanılır.*):

```
Madde 1:     1.23
Madde 2:    45.60
```

İşte çıktı düzeni, böyle konularda yarar sağlar. Şimdiye kadar kullandığımız çıktı işlevlerinin isminde `f` harfi geçen karşılıkları da vardır: `writef()` ve `writefln()`. İsimlerindeki `f` harfi "düzen, biçim" anlamına gelen "format"ın kısaltmasıdır. Bu işlevlerin ilk parametresi diğer parametrelerin nasıl yazdırılacaklarını belirleyen *düzen dizgisidir.*

Örneğin, `writefln` yukarıdaki çıktıyı aşağıdaki gibi bir düzen dizgisi ile üretebilir:

```
writefln("Madde %d:%9.02f", i + 1, faturaMaddeleri[i]);
```

Düzen dizgisi, normal karakterlerden ve özel düzen belirteçlerinden oluşur. Her düzen belirteci `%` karakteriyle başlar ve bir *düzen karakteri* ile biter. Yukarıdaki dizgide iki tane düzen belirteci var: `%d` ve `%9.02f`.

Her belirteç, düzen dizgisinden sonra verilen parametrelerle sıra ile eşleşir. Örneğin `%d` ile `i + 1`, ve `%9.02f` ile `faturaMaddeleri[i]`... Her belirteç, eşleştiği parametrenin çıktı düzenini belirler. (Düzen belirteçlerinde parametre numaraları da kullanılabilir. Bunu aşağıda göstereceğim.)

Düzen dizgisi içinde bulunan ve belirteçlere ait olmayan karakterler, oldukları gibi yazdırılırlar. Yukarıdaki dizgi içindeki *normal* karakterleri işaretli olarak şöyle gösterebiliriz: `"Madde %d:%9.02f"`.

Düzen belirteci, çoğunun belirtilmesi gerekmeyen altı parçadan oluşur. Bu bölümlerden birisi olan *numara*'yı daha aşağıda göstereceğim. Diğer beş bölüm şunlardır (*Not: okumayı kolaylaştırmak için aralarında boşluk kullanıyorum; bu bölümler aslında bitişik olarak yazılırlar*):

```
%  ayar_karakterleri  genişlik  ayraç  duyarlık  düzen_karakteri
```

Baştaki `%` karakterinin ve sondaki düzen karakterinin yazılması şarttır, diğerleri ise isteğe bağlıdır.

% karakterinin böyle özel bir anlamı olduğu için, çıktıda % karakterinin kendisi yazdırılmak istendiğinde `%%` şeklinde çift olarak yazılır.

25.1 *düzen_karakteri*

`b`: Tamsayı, ikili sayı düzeninde yazdırılır.

`o`: Tamsayı, sekizli sayı düzeninde yazdırılır.

`x` ve `X`: Tamsayı, on altılı sayı düzeninde yazdırılır; `x` için küçük harfler, `X` için büyük harfler kullanılır.

`d`: Tamsayı, onlu sistemde yazdırılır; eğer işaretli bir türse ve değeri sıfırdan küçükse, başına eksi işareti gelir; aksi durumda işaretsiz bir tür gibi yazdırılır.

```
int değer = 12;

writefln("İkili     : %b", değer);
writefln("Sekizli   : %o", değer);
writefln("On altılı: %x", değer);
writefln("Ondalık   : %d", değer);
```

```
İkili     : 1100
Sekizli   : 14
On altılı: c
Ondalık   : 12
```

`e`: Kesirli sayı, aşağıdaki bölümlerden oluşacak şekilde yazdırılır.

- virgülden önce tek hane
- *duyarlık* 0 değilse virgül

- virgülden sonra *duyarlık* adet hane (varsayılan duyarlık 6'dır)
- e karakteri ("10 üzeri" anlamında)
- üs sıfırdan küçükse `-`, değilse `+` karakteri
- en az iki hane olarak üs değeri

`E`: `e` ile aynı düzende, ama çıktıda `E` harfiyle

`f` ve `F`: Kesirli sayı, onlu sistemde yazdırılır; virgülden önce en az bir hane bulunur; varsayılan duyarlık 6'dır.

`g`: Kesirli sayı, eğer üs değeri -5 ile *duyarlık* arasında olacaksa, `f` gibi; değilse `e` gibi yazdırılır. *duyarlık* virgülden sonrasını değil, belirgin hane sayısını belirtir; virgülden sonra belirgin hane yoksa virgül de yazdırılmaz; virgülden sonra en sağdaki sıfırlar yazdırılmazlar.

`G`: `g` ile aynı düzende, ama `E` veya `F` kullanılmış gibi yazdırılır

`a`: Kesirli sayı, on altılı sistemde ve aşağıdaki bölümlerden oluşacak şekilde yazdırılır:

- `0x` karakterleri
- tek on altılı hane
- *duyarlık* 0 değilse virgül
- virgülden sonra *duyarlık* adet hane, veya *duyarlık* belirtilmemişse gerektiği kadar hane
- `p` karakteri ("2 üzeri" anlamında)
- üssün değerine göre `-` veya `+` karakteri
- en az bir hane olarak üs değeri; (0 değerinin üs değeri 0'dır)

`A`: `a` ile aynı düzende, ama çıktıda `0X` ve `P` karakterleriyle

```
double değer = 123.456789;

writefln("e ile: %e", değer);
writefln("f ile: %f", değer);
writefln("g ile: %g", değer);
writefln("a ile: %a", değer);
```

```
e ile: 1.234568e+02
f ile: 123.456789
g ile: 123.457
a ile: 0x1.edd3c07ee0b0bp+6
```

`s`: Parametrenin değeri; düzen dizgisi kullanılmadığı zamandaki gibi, türüne uygun olan şekilde yazdırılır:

- `bool` türler `true` veya `false` olarak
- tamsayılar `%d` gibi
- kesirli sayılar `%g` gibi
- dizgiler UTF-8 kodlamasıyla; *duyarlık*, en fazla kaç bayt kullanılacağını belirler (UTF-8 kodlamasında karakter sayısıyla bayt sayısının eşit olmayabileceklerini hatırlayın; örneğin "ağ" dizgisi toplam 3 bayt uzunluğunda 2 karakterden oluşur)
- yapı ve sınıf nesneleri, türün `toString()` üye işlevinin ürettiği dizgi olarak; *duyarlık*, en fazla kaç bayt kullanılacağını belirler
- diziler, elemanları yan yana sıralanarak

```
    bool b = true;
    int i = 365;
    double d = 9.87;
    string s = "düzenli";
    auto n = File("deneme_dosyasi", "r");
    int[] dz = [ 2, 4, 6, 8 ];

    writefln("bool  : %s", b);
    writefln("int   : %s", i);
    writefln("double: %s", d);
    writefln("string: %s", s);
    writefln("nesne : %s", n);
    writefln("dizi  : %s", dz);
```

```
bool  : true
int   : 365
double: 9.87
string: düzenli
nesne : File(55738FA0)
dizi  : [2, 4, 6, 8]
```

25.2 *genişlik*

Değer için çıktıda ayrılan alanın genişliğini belirler. Eğer genişlik olarak * kullanılmışsa, genişlik değeri bir sonraki parametrenin değeri olarak alınır. Eğer eksi bir sayıysa, - ayar karakteri kullanılmış gibi çalışır.

```
    int değer = 100;

    writefln("On karakterlik alanda :%10s", değer);
    writefln("Beş karakterlik alanda:%5s", değer);
```

```
On karakterlik alanda :       100
Beş karakterlik alanda:  100
```

25.3 *ayraç*

Virgül karakteri, sayıların hanelerinin ayraçlarla gruplandırılmalarını sağlar. Varsayılan hane sayısı 3, virgülden sonra belirtilen farklı bir değerle değiştirilebilir:

```
    writefln("%,f", 1234.5678);         // Üçer üçer
    writefln("%,s", 1000000);           // Üçer üçer
    writefln("%,2s", 1000000);          // İkişer ikişer
```

```
1,234.567,800
1,000,000
1,00,00,00
```

Hane sayısı * karakteri olarak belirtildiğinde asıl değer bir sonraki parametre değerinden okunur (o parametre `int` olmak zorundadır).

```
    writefln("%,*s", 1, 1000000);       // Birer birer
```

```
1,0,0,0,0,0,0
```

Benzer biçimde, ayraç karakteri de virgülden sonra soru işareti kullanılarak belirtilebilir. Kullanılması istenen ayraç karakteri, sayıdan önceki parametre olarak belirtilir:

```
    writefln("%,?s", '.', 1000000);     // Ayraç noktadır
```

```
1.000.000
```

25.4 *duyarlık*

Eğer belirtilmişse, nokta karakterinden sonra yazılır. Kesirli sayı türünden olan değerlerin çıktıda kullanılacak olan duyarlığını belirler. Eğer duyarlık olarak * kullanılmışsa, duyarlık değeri bir sonraki parametrenin değeri olarak alınır (o değer `int` olmak zorundadır). Duyarlık eksi bir sayıysa gözardı edilir.

```
double kesirli = 1234.56789;

writefln("%.8g", kesirli);
writefln("%.3g", kesirli);
writefln("%.8f", kesirli);
writefln("%.3f", kesirli);
```

```
1234.5679
1.23e+03
1234.56789000
1234.568
```

```
auto sayı = 0.123456789;
writefln("Sayı: %.*g", 4, sayı);
```

```
Sayı: 0.1235
```

25.5 *ayar_karakterleri*

Birden fazla ayar karakteri kullanabilirsiniz.

-: parametre değeri; kendisine ayrılan alanda sola dayalı olarak yazdırılır; bu ayar, `0` ayar karakterini geçersiz kılar

```
int değer = 123;

writefln("normalde sağa dayalı:|%10d|", değer);
writefln("sola dayalı         :|%-10d|", değer);
```

```
normalde sağa dayalı:|       123|
sola dayalı         :|123       |
```

+: değer artı ise başına + karakteri yazdırılır; bu ayar, *boşluk* ayar karakterini geçersiz kılar

```
writefln("eksi değerde etkili değil: %+d", -50);
writefln("artı değer, + ile        : %+d", 50);
writefln("artı değer, + olmadan    : %d", 50);
```

```
eksi değerde etkili değil: -50
artı değer, + ile        : +50
artı değer, + olmadan    : 50
```

#: kullanılan *düzen_karakteri*'ne bağlı olarak, değeri *başka şekilde* yazdırır

- o için: sekizli sayının ilk karakteri her zaman için 0 olarak yazdırılır
- x ve X için: sayı sıfır değilse, başına `0x` veya `0X` gelir
- kesirli sayılarda: virgülden sonra hane olmasa da virgül yazdırılır
- g ve G için: virgülden sonra sağdaki sıfırlar atılmaz

```
writefln("Sekizli sıfırla başlar       : %#o", 1000);
writefln("On altılının başına 0x gelir : %#x", 1000);

writefln("Gerekmese de virgüllü olur    : %#g", 1f);
writefln("Sağdaki sıfırlar da yazdırılır: %#g", 1.2);
```

```
Sekizli sıfırla başlar        : 01750
On altılının başına 0x gelir  : 0x3e8
Gerekmese de virgüllü olur    : 1.00000
Sağdaki sıfırlar da yazdırılır: 1.20000
```

`0`: sayılarda (değer nan veya `infinity` değilse), sol tarafa değer için ayrılan alan dolacak kadar 0 yazdırılır; *duyarlık* da belirtilmişse bu ayar etkisizdir

```
    writefln("Sekiz genişlikte: %08d", 42);
```

```
Sekiz genişlikte: 00000042
```

boşluk karakteri: değer artı ise, eksi değerlerle alt alta düzgün dursun diye başına tek bir boşluk karakteri yazdırılır

```
    writefln("Eksi değerde etkisi yok: % d", -34);
    writefln("Artı değer, boşluklu   : % d", 56);
    writefln("Artı değer, boşluksuz  : %d", 56);
```

```
Eksi değerde etkisi yok: -34
Artı değer, boşluklu   :  56
Artı değer, boşluksuz  : 56
```

25.6 Parametre numaraları

Yukarıda düzen dizgisi içindeki düzen belirteçlerinin parametrelerle teker teker ve sırayla eşleştirildiklerini gördük. Aslında düzen belirtecinde parametre numarası da kullanılabilir. Bu, belirtecin hangi parametre ile ilgili olduğunu belirler. Parametreler 1'den başlayarak artan sırada numaralanırlar. Parametre numarası `%` karakterinden hemen sonra ve $ karakteri ile birlikte yazılır:

```
    % numara$ ayar_karakterleri genişlik duyarlık düzen_karakteri
```

Bunun bir yararı, aynı parametrenin birden fazla yerde yazdırılabilmesidir:

```
    writefln("%1$d %1$x %1$o %1$b", 42);
```

Yukarıdaki düzen dizgisi 1 numaralı parametreyi dört düzen belirteci yoluyla onlu, on altılı, sekizli, ve ikili sayı sistemlerinde yazdırmaktadır:

```
42 2a 52 101010
```

Parametre numaralarının bir diğer kullanım alanı, aynı parametrelerin farklı düzen dizgileriyle kullanılabilmesi ve bu sayede mesajların farklı konuşma dillerinin yazım kurallarına uydurulabilmesidir. Örneğin belirli bir dersteki öğrenci sayısı Türkçe olarak şöyle bildiriliyor olsun:

```
    writefln("%s sınıfında %s öğrenci var.", sınıf, adet);
```

```
1A sınıfında 20 öğrenci var.
```

Programın örneğin İngilizce'yi de desteklemesi gerektiğini düşünelim. Bu durumda düzen dizgisinin dile uygun olarak daha önceden seçilmiş olması gerekir. Aşağıdaki yöntem bu iş için üçlü işleçten yararlanıyor:

```
    auto düzenDizgisi = (dil == "tr"
                         ? "%s sınıfında %s öğrenci var."
                         : "There are %s students in room %s.");

    writefln(düzenDizgisi, sınıf, adet);
```

Ne yazık ki, parametreler düzen belirteçleriyle birer birer eşleştirildiklerinde sınıf ve adet bilgileri İngilizce mesajda ters sırada çıkarlar. Sınıf bilgisi adet yerinde, adet bilgisi de sınıf yerindedir:

```
There are 1A students in room 20.  ← Yanlış: Adet 1A, sınıf 20!
```

Bunun önüne geçmek için düzen dizgisinde hangi belirtecin hangi parametreye karşılık geldiği 1$ ve 2$ biçiminde parametre numaralarıyla belirtilebilir:

```
    auto düzenDizgisi = (dil == "tr"
                         ? "%1$s sınıfında %2$s öğrenci var."
                         : "There are %2$s students in room %1$s.");

    writefln(düzenDizgisi, sınıf, adet);
```

Artık mesajın hem Türkçesi hem de İngilizcesi düzgündür:

```
1A sınıfında 20 öğrenci var.
```

```
There are 20 students in room 1A.
```

25.7 Eleman düzeni

`%(` ve `%)` arasındaki düzen belirteçleri bir topluluktaki (veya aralıktaki) elemanlara teker teker uygulanır:

```
    auto sayılar = [ 1, 2, 3, 4 ];
    writefln("%(%s%)", sayılar);
```

Yukarıdaki düzen dizgisi üç parçadan oluşuyor:

- `%(`: Eleman düzeni başı
- `%s`: Her elemanın düzeni
- `%)`: Eleman düzeni sonu

Her birisine `%s` düzeni uygulandığında bütün elemanlar çıktıda art arda belirirler:

```
1234
```

Eleman düzeninin başı ile sonu arasındaki *normal* karakterler her eleman için tekrarlanırlar. Örneğin, `{%s},` belirteci her elemanın küme parantezleri arasında ve virgüllerle ayrılarak yazdırılmasını sağlar:

```
    writefln("%({%s},%)", sayılar);
```

Ancak, düzen belirtecinin sağındaki *normal* karakterlerin ayraç oldukları kabul edilir ve onlar normalde yalnızca elemanlar arasına yazdırılırlar. Bu yüzden, yukarıdaki örnekteki `},` karakterleri sonuncu elemandan sonra yazdırılmazlar:

```
{1},{2},{3},{4  ← '}' ve ',' karakterleri son eleman için yazdırılmamış
```

Sağdaki karakterlerin hangilerinin ayraç oldukları ve hangilerinin sonuncu elemandan sonra da yazdırılmalarının gerektiği `%|` ile belirtilir. Bu belirtecin solundaki karakterler sonuncu eleman için de yazdırılırlar, sağındaki karakterler ise yazdırılmazlar. Örneğin, aşağıdaki düzen dizgisi `}` karakterini sonuncu elemandan sonra da yazdırır ama `,` karakterini yazdırmaz:

```
    writefln("%({%s}%|,%)", sayılar);
```

```
{1},{2},{3},{4}  ← '}' karakteri son eleman için de yazdırılmış
```

Tek başlarına yazdırılan dizgilerden farklı olarak, eleman olarak yazdırılan dizgiler normalde çift tırnaklar arasında yazdırılırlar:

```
    auto sebzeler = [ "ıspanak", "kuşkonmaz", "enginar" ];
    writefln("%(%s, %)", sebzeler);
```

```
"ıspanak", "kuşkonmaz", "enginar"
```

Bunun istenmediği durumlarda eleman düzeni `%(` ile değil, `%-(` ile başlatılır:

```
    writefln("%-(%s, %)", sebzeler);
```

```
ıspanak, kuşkonmaz, enginar
```

Aynısı karakterler için de geçerlidir. `%(` kullanıldığında karakterler tek tırnak içinde yazdırılır:

```
    writefln("%(%s%)", "merhaba");
```

```
'm''e''r''h''a''b''a'
```

`%-(` kullanıldığında ise tırnaksız olarak yazdırılır:

```
    writefln("%-(%s%)", "merhaba");
```

```
merhaba
```

Eşleme tablolarında eleman düzeninde iki belirteç kullanılmalıdır: Birincisi anahtarı, ikincisi de değeri temsil eder. Örneğin, aşağıdaki `%s (%s)` belirteci önce anahtarın parantezsiz olarak, sonra da değerin parantez içinde yazdırılmasını sağlar:

```
    auto yazıyla = [ 1 : "bir", 10 : "on", 100 : "yüz" ];
    writefln("%-(%s (%s)%|, %)", yazıyla);
```

`%|` belirtecinin sağında belirtilen virgülün son eleman için yazdırılmadığına da dikkat edin:

```
1 (bir), 100 (yüz), 10 (on)
```

25.8 format

Yukarıda anlatılan bütün olanaklar `std.string` modülünün `format` işlevi için de geçerlidir. `format` aynı `writef` gibi işler ama oluşturduğu bilgiyi çıkışa yazdırmak yerine bir dizgi olarak döndürür:

```
import std.stdio;
import std.string;

void main() {
    write("Adınız ne? ");
    auto isim = strip(readln());

    auto sonuç = format("Merhaba %s!", isim);
}
```

Böylece, oluşturulan dizgi daha sonraki ifadelerde kullanılabilir.

Denetlenen düzen dizgisi

`format` gibi düzen dizgisi alan bütün işlevlerin (`writef`, `writefln`, `formattedWrite`, `readf`, `formattedRead`, vs.) başka bir yazım düzeni daha vardır. Düzen dizgisi bir *şablon parametre değeri* olarak belirtilebilir ve böylece düzen dizgisinin doğruluğu derleme zamanında denetlenebilir:

```
import std.stdio;

void main() {
    writefln!"%s %s"(1);        // ← derleme HATASI (fazladan %s)
    writefln!"%s"(1, 2);        // ← derleme HATASI (fazladan 2)
    writefln!"%s %d"(1, 2.5);   // ← derleme HATASI (uyumsuz %d ve 2.5)
}
```

Yukarıdaki `!` karakteri, daha sonraki bir bölümde (sayfa 401) göreceğimiz *şablon parametre değeri* işlecidir.

(*Not: Her ne kadar bu yazım düzeni daha güvenli olsa da derleme zamanını uzatabilir.*)

25.9 Problemler

1. Girilen tamsayıyı on altılı düzende yazdıran bir program yazın.
2. Girilen kesirli sayıyı bir *yüzde* değeri olarak ve virgülden sonra 2 haneyle yazdıran bir program yazın. Örneğin 1.2345 girildiğinde ekrana yalnızca `%1.23` yazsın.

Çözümler: Sayfa 710

26 Giriş Düzeni

Çıktı Düzeni (sayfa 103) bölümünde anlatılanlara benzer şekilde, girişten gelen verilerin düzeni de belirtilebilir. Bu düzen; hem okunması istenen bilgiyi, hem de gözardı edilmesi istenen bilgiyi belirtebilir.

Giriş için kullanılan düzen dizgisi C'deki `scanf` işlevinin düzen dizgisine benzer.

Düzen dizgisi olarak şimdiye kadar yaptığımız gibi `" %s"` kullanıldığında, okunmakta olan değişkenin türüne en uygun olan düzende okunur. Örneğin aşağıdaki `readf` çağrısında değişkenin türü `double` olduğu için girişteki karakterler kesirli sayı olarak okunurlar:

```
    double sayı;

    readf(" %s", &sayı);
```

Düzen dizgisi içinde üç tür bilgi bulunabilir:

- **Boşluk karakteri**: Girişteki *sıfır* veya daha fazla boşluk karakteri anlamına gelir ve onların okunup gözardı edilmelerini sağlar.
- **Düzen belirteci**: Önceki bölümdekilere benzer şekilde `%` karakteriyle başlar ve girişten gelen karakterlerin hangi türde okunacaklarını belirler.
- **Başka herhangi karakter**: Girişte aynen bulunması beklenen bir karakteri ifade eder ve onun okunup gözardı edilmesini sağlar.

O bilgiler sayesinde, girişten gelen veri içerisinden bizim için önemli olanlarını seçip çıkartmak ve geri kalanını gözardı etmek son derece kolaydır.

Ayrıntıya girmeden önce, bu üç tür bilgiyi kullanan bir örneğe bakalım. Girişte tek satır halinde şöyle bir bilgi bulunsun:

```
numara:123 not:90
```

O satır içerisinden bizim için önemli olan iki bilgi, öğrencinin numarası ve notu olsun; yani girişteki `numara:` ve `not:` gibi karakterlerin bizim için bir önemi bulunmasın. İşte o satır içinden öğrencinin numarasını ve notunu *seçen* ve geri kalanını gözardı eden bir düzen dizgisi şöyle yazılabilir:

```
    int numara;
    int not;
    readf("numara:%s not:%s", &numara, &not);
```

`"numara:%s not:%s"` düzen dizgisinde işaretli olarak gösterilen bütün karakterler girişte aynen bulunmalıdırlar; onlar `readf` tarafından girişten okunup gözardı edilirler.

O düzen dizgisinde kullanılan tek boşluk karakteri, girişte o noktada bulunan bütün boşluk karakterlerinin gözardı edilmelerine neden olur.

`%` karakterinin özel anlamı nedeniyle, girişte `%` karakterinin kendisinin gözardı edilmesi istendiğinde `%%` şeklinde çift olarak yazılır.

Tek satırlık bilgi okumak için Dizgiler bölümünde (sayfa 74) `strip(readln())` yöntemi önerilmişti. Düzen dizgisinin sonuna yazılan `\n` karakteri sayesinde `readf` de bu amaçla kullanılabilir:

```
import std.stdio;

void main() {
    write("Adınız   : ");
```

```
    string ad;
    readf(" %s\n", &ad);          // ← sonda \n

    write("Soyadınız: ");
    string soyad;
    readf(" %s\n", &soyad);       // ← sonda \n

    write("Yaşınız  : ");
    int yaş;
    readf(" %s", &yaş);

    writefln("%s %s (%s)", ad, soyad, yaş);
}
```

Yukarıda ad ve soyad okunurken kullanılan düzen dizgileri satır sonunda basılan Enter tuşunun oluşturduğu `\n` karakterinin de okunmasını ve gözardı edilmesini sağlarlar. Buna rağmen, satır sonlarındaki olası boşluk karakterlerinden kurtulmak için yine de `strip()`'i çağırmak gerekebilir.

26.1 Düzen karakterleri

Verinin nasıl okunacağı aşağıdaki düzen karakterleriyle belirtilir:

d: Onlu sistemde tamsayı oku

o: Sekizli sistemde tamsayı oku

x: On altılı sistemde tamsayı oku

f: Kesirli sayı oku

s: Değişkenin türüne uygun olan düzende oku; en yaygın kullanılan belirteç budur

c: Tek karakter oku; bu belirteç boşlukları da okur (gözardı edilmelerini önler)

Örneğin, girişte 3 tane "23" bulunduğunu varsayarsak, her birisi aşağıdaki farklı düzen karakterlerine göre farklı olarak okunur:

```
    int sayı_d;
    int sayı_o;
    int sayı_x;

    readf(" %d %o %x", &sayı_d, &sayı_o, &sayı_x);

    writeln("onlu olarak okununca     : ", sayı_d);
    writeln("sekizli olarak okununca  : ", sayı_o);
    writeln("on altılı olarak okununca: ", sayı_x);
```

3 defa "23" girildiği halde her birisi farklı okunur:

```
onlu olarak okununca     : 23
sekizli olarak okununca  : 19
on altılı olarak okununca: 35
```

Not: "23", sekizli düzende 2x8+3=19 değerinde, ve on altılı düzende 2x16+3=35 değerindedir.

26.2 Problem

Girişten *yıl.ay.gün* düzeninde bir tarih bilgisi gelsin. Ekrana kaçıncı ay olduğunu yazdırın. Örneğin 2009.09.30 geldiğinde 9 yazılsın.

Çözüm: Sayfa 710

27 do-while Döngüsü

`for` döngüsü (sayfa 92) bölümünde `while` (sayfa 27)'ın işleyiş adımlarını da görmüştük:

```
hazırlık

koşul denetimi
asıl işlemler
ilerletilmesi

koşul denetimi
asıl işlemler
ilerletilmesi

...
```

`do-while`'ın `while`'dan farkı, koşul denetiminin sonda olması ve bu sayede işlemlerin en az bir kere işletilmeleridir:

```
hazırlık (while'dan daha az durumda gerekir)

asıl işlemler
ilerletilmesi
koşul denetimi     ← koşul denetimi sonda

asıl işlemler
ilerletilmesi
koşul denetimi     ← koşul denetimi sonda

...
```

Örneğin, tuttuğu sayının tahmin edilmesini bekleyen bir programda `do-while` döngüsü daha doğal gelebilir:

```
import std.stdio;
import std.random;

void main() {
    int sayı = uniform(1, 101);

    writeln("1'den 100'e kadar bir sayı tuttum.");

    int tahmin;

    do {
        write("Tahmininiz nedir? ");

        readf(" %s", &tahmin);

        if (sayı < tahmin) {
            write("tuttuğum sayı daha küçük; ");

        } else if (sayı > tahmin) {
            write("tuttuğum sayı daha büyük; ");
        }

    } while (tahmin != sayı);

    writeln("Doğru!");
}
```

`uniform`, `std.random` modülünde bulunan bir işlevdir. Belirtilen aralıkta eşit dağılımlı rasgele sayılar üretir. Yukarıdaki kullanımında; aralığı belirleyen ikinci değer, çıkacak sayılar arasında değildir. Diğer kullanımlarını öğrenmek için std.random modülünün belgesine[1] bakabilirsiniz.

27.1 Problem

Aynı oyunu bilgisayara oynatın; tuttuğunuz sayıyı en fazla 7 tahminde bulacaktır.

Çözüm: Sayfa 711

1. http://dlang.org/phobos/std_random.html

28 Eşleme Tabloları

Eşleme tabloları üst düzey dillerin hepsinde bulunan veri yapılarıdır. Onları program içine gömülen minik veri tabanları olarak düşünülebilirsiniz. Programlarda çok kullanılan ve çok hızlı veri yapılarıdır.

Dizileri (sayfa 48) "elemanları yan yana duran topluluk" olarak tanımlamış ve elemanlarına *indeksle* erişildiğini görmüştük. Örneğin haftanın günlerinin isimlerini tutan bir dizi şöyle tanımlanabilir:

```
    string[] günİsimleri =
        [ "Pazartesi", "Salı", "Çarşamba", "Perşembe",
          "Cuma", "Cumartesi", "Pazar" ];
```

Belirli bir günün ismi o diziyi kullanarak şöyle yazdırılabilir:

```
    writeln(günİsimleri[1]);    // "Salı" yazar
```

Dizilerin elemanları sıra numarasıyla (indeksle) eriştiriyor olmaları, onların indekslerle elemanları *eşleştirdikleri* olarak açıklanabilir.

Ancak, diziler indeks türü olarak yalnızca tamsayı türler kullanabilirler. Örneğin "Salı" dizgisi bulunduğunda onun haftanın 1 numaralı günü olduğunu söyleyemezler çünkü "Salı" gibi bir dizgiyi indeks olarak kullanamazlar.

Eşleme tablolarının kullanışlılığı işte bu gibi durumlarda ortaya çıkar. Eşleme tabloları elemanlara yalnızca numara ile değil, herhangi bir türle erişilen veri yapılarıdır. Görevleri, herhangi bir indeks türündeki bir değeri herhangi başka bir türdeki değer ile *eşlemektir*. Eşleme tabloları elemanlarını *indeks-değer* çiftleri olarak tutarlar. Aşağıda *eleman* yazdığım her yerde bir indeks-değer çiftini kastedeceğim.

Eşleme tabloları arka planda *hash table* veri yapısını kullandıkları için algoritma karmaşıklığı açısından dizilerden geri kalmazlar: son derece hızlı topluluklardır. Bunun anlamı, içlerindeki eleman sayısından bağımsız olarak, hemen her zaman için sabit zamanda erişim sağlamalarıdır.

Bu kadar hızlı çalışmalarının bedeli, içlerindeki elemanların sıraları konusunda bir şey bilinemiyor olmasıdır. Elemanların ne dizilerdeki gibi *yan yana* olduklarını, ne de örneğin *küçükten büyüğe doğru* sıralandıklarını söyleyebiliriz.

Diziler indeks değerleri için yer harcamazlar. Dizi elemanları bellekte yan yana durduklarından her elemanın indeks değeri onun başlangıçtan kaç eleman ötede olduğudur.

Öte yandan, eşleme tabloları hem indeksleri hem de değerleri saklamak zorundadırlar. Bu fark eşleme tablolarının bellekte daha fazla yer tutmalarına neden olsa da, onların *seyrek* indeks değerleri kullanabilmelerini de sağlar. Örneğin, 0 ve 999 gibi iki değer için diziler 1000 eleman saklamak zorunda oldukları halde eşleme tabloları yalnızca iki eleman saklarlar.

28.1 Tanımlama

Eşleme tablosu tanımı dizi tanımına çok benzer. Tek farkı, köşeli parantezler içine dizinin uzunluğu yerine dizinin indeks türünün gelmesidir. Söz dizimi aşağıdaki gibidir:

```
    değer_türü[indeks_türü] tablo_ismi;
```

Örneğin türü `string` olan gün isminden türü `int` olan gün sıra numarasına eşleyen bir eşleme tablosu şöyle tanımlanır:

```
int[string] günSıraları;
```

O tanım gün ismine karşılık olarak gün numarasını veren, yani yukarıdaki `günİsimleri` dizisinin tersi olarak işleyen bir tablo olarak kullanılabilir. Bunu aşağıdaki kod örneklerinde göreceğiz.

Eşleme tablolarının en kullanışlı taraflarından birisi, indeks ve değer türü olarak daha sonra öğreneceğimiz *yapı* ve *sınıf* türleri de dahil olmak üzere her türün kullanılabilmesidir.

Dinamik dizilerde olduğu gibi, eşleme tablolarının uzunlukları da tanımlandıkları zaman belirlenmez. Tablo otomatik olarak büyür.

Not: Baştan elemansız olarak tanımlanan bir eşleme tablosu boş değil, `null` (sayfa 235)'dır. Bu ayrımın işlevlere parametre olarak geçirilen eşleme tabloları (sayfa 169) açısından büyük önemi vardır. Bu kavramları ilerideki bölümlerde göreceğiz.

28.2 Tabloya eleman ekleme

Belirli bir indeks değerine karşılık gelen değer atama işleci ile belirlenir:

```
günSıraları["Pazartesi"] = 0;   // "Pazartesi"yi 0 ile eşler
günSıraları["Salı"] = 1;        // "Salı"yı 1 ile eşler
```

Eşleme ilişkisi tablonun otomatik olarak büyümesi için de yeterlidir. Yukarıdaki işlemler sonucunda tabloda artık iki eleman vardır. Bunu bütün tabloyu yazdırarak görebiliriz:

```
writeln(günSıraları);
```

Çıktısı, "Pazartesi" ve "Salı" indekslerine karşılık 0 ve 1 değerlerinin bulunduğunu gösterir:

```
["Pazartesi":0, "Salı":1]
```

Her indeks değerine karşılık tek değer bulunabilir. Bu yüzden, var olan bir indekse karşılık yeni bir değer atandığında tablo büyümez, var olan elemanın değeri değişir:

```
günSıraları["Salı"] = 222;
writeln(günSıraları);
```

Çıktısı:

```
["Pazartesi":0, "Salı":222]
```

28.3 İlkleme

Gün sıraları kavramında olduğu gibi, eşleme bilgisi bazen tablo kurulduğu sırada bilinir. Eşlemeleri teker teker atayarak kurmak yerine bu bilgiyi tabloyu tanımladığımız zaman da verebiliriz. Eşleme tabloları da dizi söz diziminde olduğu gibi ilklenir. Farklı olarak, indeks ile değeri arasına `:` karakteri yazılır:

```
int[string] günSıraları =
    [ "Pazartesi" : 0, "Salı" : 1, "Çarşamba" : 2,
      "Perşembe"  : 3, "Cuma" : 4, "Cumartesi": 5,
      "Pazar"     : 6 ];

writeln(günSıraları["Salı"]);    // "1" yazar
```

28.4 Tablodan eleman çıkartma

Elemanlar, buradaki kullanımında "çıkart, at" anlamına gelen `.remove` ile çıkartılırlar:

```
günSıraları.remove("Salı");
writeln(günSıraları["Salı"]);   // ← çalışma zamanı HATASI
```

Son satır, tabloda artık bulunmayan bir elemana erişmeye çalıştığı için çalışma zamanında bir hata atılmasına ve o hatanın yakalanmaması durumunda da programın sonlanmasına neden olur. Hata düzeneğini ilerideki bir bölümde (sayfa 193) göreceğiz.

Elemanların hepsini birden çıkartmak gerektiğinde `.clear` kullanılır:

```
günSıraları.clear;    // Tablo boşalır
```

28.5 Eleman sorgulama

Tabloda bulunmayan bir elemana erişmek bir hata atılmasına neden olduğundan, sorgulamak için `in` işleci kullanılır. Bu kullanım "içinde var mı?" sorusunu yanıtlar:

```
if ("mor" in renkKodları) {
    // evet, renkKodları'nda "mor" indeksli değer var

} else {
    // hayır, yok
}
```

Bazen elemanın bulunup bulunmadığını açıkça sorgulamak yerine eleman bulunmadığı durumda standart bir değer kullanmak istenebilir. Örneğin, `renkKodları` tablosunda bulunmayan renklere karşılık -1 gibi bir değer kabul edilmiş olabilir. Bu gibi durumlarda `.get()` kullanılır. Tabloda varsa mevcut değeri, yoksa `.get()`'e verilen ikinci parametrenin değerini döndürür:

```
int[string] renkKodları = [ "mavi" : 10, "yeşil" : 20 ];
writeln(renkKodları.get("mor", -1));
```

Tabloda `"mor"` indeksli eleman bulunmadığından `.get()` ikinci parametresinin değeri olan -1'i döndürür:

```
-1
```

28.6 Nitelikler

- `.length` eleman sayısını verir.
- `.keys` bütün indeksleri dinamik dizi olarak verir.
- `.byKey` bütün indeksleri bir aralık olarak sunar; bunun kullanımını bir sonraki bölümde göreceğiz.
- `.values` bütün eleman değerlerini dinamik dizi olarak verir.
- `.byValue` bütün eleman değerlerini bir aralık olarak sunar; bunun kullanımını bir sonraki bölümde göreceğiz.
- `.byKeyValue` bütün indeksleri ve değerleri bir aralık olarak sunar.
- `.rehash` ancak gerçekten gereken durumlarda tablonun daha etkin çalışmasını sağlayabilir. Örneğin, tabloya çok sayıda eleman eklendikten sonra ve daha tablonun asıl kullanımı başlamadan önce bu nitelik çağrılırsa tablonun erişim işlemleri bazı programlarda daha hızlı olabilir.
- `.sizeof` tablonun *referansının* büyüklüğüdür (tablodaki eleman adediyle ilgisi yoktur ve her tablo için aynıdır).

- `.get` varsa elemanın değerini, yoksa ikinci parametresinin değerini döndürür.
- `.remove` belirtilen indeksli elemanı tablodan çıkartır.
- `.clear` tabloyu boşaltır.

28.7 Örnek

Girilen rengin İngilizcesini veren bir program şöyle yazılabilir:

```
import std.stdio;
import std.string;

void main() {
    string[string] renkler = [ "siyah"   : "black",
                               "beyaz"   : "white",
                               "kırmızı" : "red",
                               "yeşil"   : "green",
                               "mavi"    : "blue" ];

    writeln("Ben bu ", renkler.length,
            " rengin İngilizcelerini öğrendim: ",
            renkler.keys);

    write("Haydi sorun: ");
    string türkçesi = strip(readln());

    if (türkçesi in renkler) {
        writefln("İngilizcesi \"%s\"", renkler[türkçesi]);

    } else {
        writeln("Onu bilmiyorum.");
    }
}
```

28.8 Problemler

1. Bir eşleme tablosunu bütünüyle boşaltmak için `.clear`'den başka ne yöntemler düşünülebilir? (Bunun en doğal yolu `.clear`'dir.) En az üç yöntem düşünülebilir:

    - Elemanları bir döngü içinde teker teker tablodan çıkartmak
    - Boş bir eşleme tablosu atamak
    - Bir öncekine benzer şekilde, tablonun `.init` niteliğini atamak
      Not: Her türün `.init` niteliği, o türün ilk değeri olarak kullanılan değerdir:

    ```
    sayı = int.init;     // int için 0 olur
    ```

2. Dizilerde olduğu gibi, eşleme tablolarında da her indekse karşılık tek değer bulunabilir. Bu, bazı durumlarda kısıtlayıcıdır.
   Her öğrenci için birden fazla not tutmak istiyor olalım. Örneğin "emre" için 90, 85, 95, vs. notlarını barındırmak isteyelim.
   Bir eşleme tablosu kullanmak, notlara `notlar["emre"]` şeklinde öğrencinin ismiyle erişme konusunda yardımcı olur. Ancak, notları tabloya aşağıdaki şekilde yerleştirmek işe yaramaz:

    ```
    int[string] notlar;
    notlar["emre"] = 90;
    notlar["emre"] = 85;   // ← Olmaz: öncekinin üstüne yazar
    ```

   Ne yapabilirsiniz? Her öğrenci için birden fazla not tutabilen bir eşleme tablosu tanımlayın.

Çözümler: Sayfa 712

29 foreach Döngüsü

foreach D'nin en kullanışlı deyimlerinden birisidir. "Her birisi için" anlamına gelir. Belirli işlemleri bir topluluktaki (veya bir aralıktaki) elemanların her birisi ile yapmayı sağlar.

Topluluk elemanlarının tümüyle yapılan işlemler programcılıkta çok yaygındır. for döngüsünün (sayfa 92) bir dizinin bütün elemanlarına erişmek için nasıl kullanıldığını görmüştük:

```
    for (int i = 0; i != dizi.length; ++i) {
        writeln(dizi[i]);
    }
```

Bu iş için gereken adımları şöyle özetleyebiliriz:

- İsmi geleneksel olarak i olan bir sayaç tanımlamak (aslında biz önceki örneklerde hep sayaç dedik)
- Döngüyü topluluğun .length niteliğine kadar ilerletmek
- i'yi arttırmak
- Elemana erişmek

Bu adımlar ayrı ayrı elle yapılmak yerine foreach ile çok daha basit olarak şöyle ifade edilir:

```
    foreach (eleman; dizi) {
        writeln(eleman);
    }
```

foreach'in güçlü yanlarından birisi, eşleme tabloları ile de aynı biçimde kullanılabilmesidir. for döngüsünde ise, örneğin bir eşleme tablosunun bütün elemanlarına erişmek için tablo'nun .values niteliği çağrılır:

```
    auto elemanlar = tablo.values;
    for (int i = 0; i != elemanlar.length; ++i) {
        writeln(elemanlar[i]);
    }
```

foreach eşleme tabloları için özel bir kullanım gerektirmez; eşleme tabloları da dizilerle aynı biçimde kullanılır:

```
    foreach (eleman; tablo) {
        writeln(eleman);
    }
```

29.1 Söz dizimi

foreach üç bölümden oluşur:

```
    foreach (isimler; topluluk_veya_aralık) {
        işlem_bloğu
    }
```

- ***topluluk_veya_aralık***: döngünün işletileceği elemanları belirler
- ***işlem_bloğu***: her elemanla yapılacak işlemleri belirler
- ***isimler***: erişilen elemanın ve varsa başka nesnelerin isimlerini belirler; seçilen isimler programcıya bağlı olsa da, bunların anlamı ve adedi topluluk çeşidine göre değişir

29.2 continue ve break

Bu anahtar sözcüklerin ikisi de burada da aynı anlama gelirler: `continue` döngünün erkenden ilerletilmesini, `break` de döngünün sonlandırılmasını bildirir.

29.3 Dizilerle kullanımı

isimler bölümüne yazılan tek isim, dizinin elemanını ifade eder:

```
    foreach (eleman; dizi) {
        writeln(eleman);
    }
```

Eğer iki isim yazılırsa birincisi otomatik bir sayaçtır, ikincisi yine elemanı ifade eder:

```
    foreach (sayaç, eleman; dizi) {
        writeln(sayaç, ": ", eleman);
    }
```

Sayacın değeri `foreach` tarafından otomatik olarak arttırılır. Sayaç değişkeninin ismi programcıya kalmış olsa da isim olarak `i` de çok yaygındır.

29.4 Dizgilerle kullanımı ve std.range.stride

Dizilerle aynı şekilde kullanılır. Tek isim yazılırsa dizginin karakterini ifade eder, çift isim yazılırsa sayaç ve karakterdir:

```
    foreach (karakter; "merhaba") {
        writeln(karakter);
    }

    foreach (sayaç, karakter; "merhaba") {
        writeln(sayaç, ": ", karakter);
    }
```

`char` ve `wchar` türlerinin Unicode karakterlerini barındırmaya genel olarak uygun olmadıklarını hatırlayın. `foreach` bu türlerle kullanıldığında karakterlere değil, kod birimlerine erişilir:

```
    foreach (sayaç, kod; "abcçd") {
        writeln(sayaç, ": ", kod);
    }
```

Örneğin ç'yi oluşturan kodlara ayrı ayrı erişilir:

```
0: a
1: b
2: c
3: 
4: �
5: d
```

UTF kodlamasından bağımsız olarak her tür dizginin `foreach` ile *karakter karakter* erişilmesini sağlayan olanak, `std.range` modülündeki `stride`'dır. `stride` "adım" anlamına gelir ve karakterlerin kaçar kaçar atlanacağı bilgisini de alır:

```
import std.range;

// ...

    foreach (harf; stride("abcçd", 1)) {
        writeln(harf);
    }
```

`stride` kullanıldığında UTF kodlarına değil Unicode karakterlerine erişilir:

```
a
b
c
ç
d
```

Bu kodda neden sayaç kullanılamadığını biraz aşağıda açıklayacağım.

29.5 Eşleme tablolarıyla kullanımı

Tek isim yazılırsa eleman değerini, iki isim yazılırsa indeks ve eleman değerini ifade eder:

```
    foreach (eleman; tablo) {
        writeln(eleman);
    }

    foreach (indeks, eleman; tablo) {
        writeln(indeks, ": ", eleman);
    }
```

Not: Eşleme tablolarında indeksin de herhangi bir türden olabileceğini hatırlayın. O yüzden bu döngüde `sayaç` yazmadım.

Eşleme tabloları indekslerini ve elemanlarını *aralıklar* olarak da sunabilirler. Aralıkları daha ilerideki bir bölümde (sayfa 572) göreceğiz. Eşleme tablolarının `.byKey`, `.byValue`, ve `.byKeyValue` nitelikleri `foreach` döngülerinden başka ortamlarda da kullanılabilen hızlı aralık nesneleri döndürürler.

`.byValue`, `foreach` döngülerinde yukarıdaki elemanlı döngü ile karşılaştırıldığında fazla bir yarar sağlamaz. `.byKey` ise bir eşleme tablosunun *yalnızca* indeksleri üzerinde ilerlemenin en hızlı yoludur:

```
    foreach (indeks; tablo.byKey) {
        writeln(indeks);
    }
```

`.byKeyValue` çokuzlu (sayfa 515) gibi kullanılan bir değişken döndürür. İndeks ve eleman değerleri o değişkenin `.key` ve `.value` nitelikleri ile elde edilir:

```
    foreach (eleman; tablo.byKeyValue) {
        writefln("%s indeksinin değeri: %s",
                 eleman.key, eleman.value);
    }
```

29.6 Sayı aralıklarıyla kullanımı

Sayı aralıklarını Başka Dizi Olanakları bölümünde (sayfa 64) görmüştük. `foreach`'in *topluluk_veya_aralık* bölümüne bir sayı aralığı da yazılabilir:

```
    foreach (sayı; 10..15) {
        writeln(sayı);
    }
```

Hatırlarsanız; yukarıdaki kullanımda 10 aralığa dahildir, 15 değildir.

29.7 Yapılarla, sınıflarla, ve aralıklarla kullanımı

`foreach`, bu desteği veren yapı, sınıf, ve aralık nesneleriyle de kullanılabilir. Nasıl kullanıldığı hakkında burada genel bir şey söylemek olanaksızdır, çünkü tamamen o tür tarafından belirlenir. `foreach`'in nasıl işlediğini ancak söz konusu yapının, sınıfın, veya aralığın belgesinden öğrenebiliriz.

Yapılar ve sınıflar `foreach` desteğini ya `opApply()` isimli üye işlevleri ya da *aralık (range) üye işlevleri* aracılığıyla verirler; aralıklar ise bu iş için aralık üye işlevleri tanımlarlar. Bu olanakları daha sonraki bölümlerde göreceğiz.

29.8 Sayaç yalnızca dizilerde otomatiktir

Otomatik sayaç olanağı yalnızca dizilerde bulunur. `foreach` başka çeşit türlerle kullanılırken sayaç gerektiğinde iki seçenek vardır:

- Daha sonra Yapı ve Sınıflarda `foreach` bölümünde (sayfa 492) göreceğimiz `std.range.enumerate`'ten yararlanmak.
- Bir sayaç değişkeni tanımlamak ve elle arttırmak.

```
size_t sayaç = 0;
foreach (eleman; topluluk) {
    // ...
    ++sayaç;
}
```

Böyle bir değişken sayacın döngünün her ilerletilişinde değil, belirli bir koşul sağlandığında arttırılması gerektiğinde de yararlı olur. Örneğin, aşağıdaki döngü yalnızca 10'a tam olarak bölünen sayıları sayar:

```
import std.stdio;

void main() {
    auto dizi = [ 1, 0, 15, 10, 3, 5, 20, 30 ];

    size_t sayaç = 0;
    foreach (sayı; dizi) {
        if ((sayı % 10) == 0) {
            ++sayaç;
            write(sayaç);

        } else {
            write(' ');
        }

        writeln(": ", sayı);
    }
}
```

Çıktısı:

```
 : 1
1: 0
 : 15
2: 10
 : 3
 : 5
3: 20
4: 30
```

29.9 Elemanın kopyası, kendisi değil

`foreach` döngüsü; normalde elemanın kendisine değil, bir kopyasına erişim sağlar. Topluluk elemanlarının yanlışlıkla değiştirilmelerini önlemek amacıyla böyle tasarlandığını düşünebilirsiniz.

Bir dizinin elemanlarının her birisini iki katına çıkartmaya çalışan şu koda bakalım:

```
import std.stdio;

void main() {
    double[] sayılar = [ 1.2, 3.4, 5.6 ];
```

```
    writefln("Önce : %s", sayılar);

    foreach (sayı; sayılar) {
        sayı *= 2;
    }

    writefln("Sonra: %s", sayılar);
}
```

Programın çıktısı, `foreach` kapsamında `sayı`'ya yapılan atamanın etkisi olmadığını gösteriyor:

```
Önce : 1.2 3.4 5.6
Sonra: 1.2 3.4 5.6
```

Bunun nedeni, `sayı`'nın dizi elemanının kendisi değil, onun bir kopyası olmasıdır. Dizi elemanının kendisinin ifade edilmesi istendiğinde, isim bir *referans* olarak tanımlanır:

```
    foreach (ref sayı; sayılar) {
        sayı *= 2;
    }
```

Yeni çıktıda görüldüğü gibi, `ref` anahtar sözcüğü dizideki asıl elemanın etkilenmesini sağlamıştır:

```
Önce : 1.2 3.4 5.6
Sonra: 2.4 6.8 11.2
```

Oradaki `ref` anahtar sözcüğü, `sayı`'yı asıl elemanın bir *takma ismi* olarak tanımlar. `sayı`'da yapılan değişiklik artık elemanın kendisini etkilemektedir.

29.10 Topluluğun kendisi değiştirilmemelidir

Topluluk elemanlarını `ref` olarak tanımlanmış olan değişkenler aracılığıyla değiştirmekte bir sakınca yoktur. Ancak, `foreach` döngüsü kapsamında topluluğun kendi yapısını etkileyecek hiçbir işlem yapılmamalıdır. Örneğin diziden eleman silinmemeli veya diziye eleman eklenmemelidir.

Bu tür işlemler topluluğun yapısını değiştireceklerinden, ilerlemekte olan `foreach` döngüsünün işini bozarlar. O noktadan sonra programın davranışının ne olacağı bilinemez.

29.11 Ters sırada ilerlemek için `foreach_reverse`

`foreach_reverse` `foreach` ile aynı biçimde işler ama aralığı ters sırada ilerler:

```
    auto elemanlar = [ 1, 2, 3 ];

    foreach_reverse (eleman; elemanlar) {
        writefln("%s ", eleman);
    }
```

Çıktısı:

```
3
2
1
```

`foreach_reverse`'ün kullanımı yaygın değildir. Çoğunlukla onun yerine daha sonra göreceğimiz `retro()` isimli aralık işlevi kullanılır.

29.12 Problem

Eşleme tablolarının indeks değerleri ile eleman değerlerini *eşlediklerini* görmüştük. Bu tek yönlüdür: indeks verildiğinde eleman değerini elde ederiz, ama eleman değeri verildiğinde indeks değerini elde edemeyiz.

Elinizde hazırda şöyle bir eşleme tablosu olsun:

```
string[int] isimle = [ 1:"bir", 7:"yedi", 20:"yirmi" ];
```

O tablodan ve tek bir `foreach` döngüsünden yararlanarak, `rakamla` isminde başka bir eşleme tablosu oluşturun. Bu yeni tablo, `isimle` tablosunun tersi olarak çalışsın: isime karşılık rakam elde edebilelim. Örneğin

```
writeln(rakamla["yirmi"]);
```

yazdığımızda çıktı şöyle olsun:

```
20
```

Çözüm: Sayfa 714

30 switch ve case

`switch`, *çoklu koşul* gibi çalışan bir deyimdir ve bu açıdan bir "if else if" zincirine benzer. Buradaki kullanımında "durum" anlamına gelen `case`, `switch`'in denetlediği değerin karşılaştırıldığı durumları belirlemek için kullanılır; kendisi bir deyim değildir.

`switch`, parantez içinde bir ifade alır; o ifadenin değerini kendi kapsamı içindeki `case`'lerle karşılaştırır ve o değere eşit olan `case`'in işlemlerini işletir. Söz dizimini şöyle gösterebiliriz:

```
switch (ifade) {

case değer_1:
    // ifade'nin değer_1'e eşit olduğu durumdaki işlemler
    // ...
    break;

case değer_2:
    // ifade'nin değer_2'ye eşit olduğu durumdaki işlemler
    // ...
    break;

// ... başka case'ler ...

default:
    // hiçbir değere uymayan durumdaki işlemler
    // ...
    break;
}
```

Her ne kadar bir koşul gibi çalışsa da, `switch`'in aldığı ifade bir mantıksal ifade olarak kullanılmaz. Yani bir `if`'te olduğu gibi "eğer böyleyse" anlamında değildir. `switch`'teki ifadenin *değerinin*, `case`'lerdeki değerlere eşit olup olmadığına bakılır. Yani, buradaki koşullar hep eşitlik karşılaştırmalarıdır. Bu açıdan bakıldığında bir "if else if" zinciri gibi düşünülebilir:

```
auto değer = ifade;

if (değer == değer_1) {
    // değer_1 durumundaki işlemler
    // ...

} else if (değer == değer_2) {
    // değer_2 durumundaki işlemler
    // ...
}

// ... başka 'else if'ler ...

} else {
    // hiçbir değere uymayan durumdaki işlemler
    // ...
}
```

Ancak, bu "if else if" `switch`'in tam eşdeğeri değildir. Nedenlerini aşağıdaki başlıklarda açıklıyorum.

İfadenin değerine eşit olan bir `case` değeri varsa, o `case`'in altındaki işlemler işletilir. Eğer yoksa, "varsayılan" anlamına gelen `default`'un altındaki işlemler işletilir.

30.1 goto

`goto` programcılıkta kaçınılması öğütlenen bir deyimdir. Buna rağmen nadir durumlarda `switch` deyimi ile kullanılması gerekebilir. `goto` deyimini ayrıntılı olarak daha ilerideki bir bölümde (sayfa 511) göreceğiz.

`if` koşulunun kapsamı olduğu için, kapsamdaki işlemler sonlanınca bütün `if` deyiminin işi bitmiş olur. `switch`'te ise ifadenin değerine eşit bir `case` bulunduğu zaman programın işleyişi o `case`'e atlar ve ya bir `break` ile ya da bir `goto case` ile *karşılaşılana kadar* devam eder. `goto case` hemen alttaki `case`'e devam edilmesine neden olur:

```
switch (değer) {

case 5:
    writeln("beş");
    goto case;     // bir sonraki case'e devam eder

case 4:
    writeln("dört");
    break;

default:
    writeln("bilmiyorum");
    break;
}
```

`değer` 5 olduğunda `case 5` satırının altına gidilir ve orada "beş" yazdırılır. Onun sonundaki `goto case` bir sonraki `case`'e devam edilmesini sağladığı için "dört" de yazdırılır ve çıktıda ikisi de yer alırlar:

```
beş
dört
```

`goto` deyimi `case` bölümlerinde üç farklı biçimde kullanılabilir:

- `goto case`, bir sonraki `case`'e atlanmasını sağlar.
- `goto default`, `default` bölümüne atlanmasını sağlar.
- `goto case` *`ifade`*, ifadeye uyan `case`'e atlanmasını sağlar.

Bu üç kullanımı bir önceki bölümde gördüğümüz `foreach`'ten de yararlanan aşağıdaki programla deneyebiliriz:

```
import std.stdio;

void main() {
    foreach (değer; [ 1, 2, 3, 10, 20 ]) {
        writefln("--- değer: %s ---", değer);

        switch (değer) {

        case 1:
            writeln("case 1");
            goto case;

        case 2:
            writeln("case 2");
            goto case 10;

        case 3:
            writeln("case 3");
            goto default;

        case 10:
            writeln("case 10");
            break;

```

```
        default:
            writeln("default");
            break;
        }
    }
}
```

Çıktısı:

```
--- değer: 1 ---
case 1
case 2
case 10
--- değer: 2 ---
case 2
case 10
--- değer: 3 ---
case 3
default
--- değer: 10 ---
case 10
--- değer: 20 ---
default
```

30.2 İfadenin değeri ancak tamsayı, `bool`, veya dizgi olabilir

`if`'te eşitlik karşılaştırmasında herhangi bir tür kullanılabilir. `switch`'te ise ifade değeri olarak ancak tamsayılar, bool, veya dizgiler kullanılabilir.

```
    string işlem = /* ... */;
    // ...
    switch (işlem) {

    case "toplama":
        sonuç = birinci + ikinci;
        break;

    case "çıkarma":
        sonuç = birinci - ikinci;
        break;

    case "çarpma":
        sonuç = birinci * ikinci;
        break;

    case "bölme":
        sonuç = birinci / ikinci;
        break;

    default:
        throw new Exception(format("Geçersiz işlem: %s", işlem));
    }
```

Not: Yukarıdaki kod hiçbir `case`'e uymayan durumda bir hata atmaktadır. Hataları ilerideki bir bölümde (sayfa 193) göreceğiz.

Her ne kadar ifade türü olarak `bool` da kullanılabiliyor olsa da, `false` ve `true` diye iki değeri olan bu tür için çoğu durumda `if`'in veya `?:` üçlü işlecinin daha uygun olduğunu düşünebilirsiniz.

30.3 Değer aralıkları

Belirli bir değer aralığındaki durumlar `case`'ler arasına `..` karakterleri yerleştirilerek belirtilir:

```
    switch (zarDeğeri) {

    case 1:
        writeln("Sen kazandın");
        break;
```

```
    case 2: .. case 5:
        writeln("Berabere");
        break;

    case 6:
        writeln("Ben kazandım");
        break;

    default:
        /* Aslında bu durumun hiç gerçekleşmemesi gerekir çünkü
         * yukarıdaki durumlar bütün olası değerleri
         * kapsamaktadır. (Aşağıdaki 'final switch'e bakınız.) */
        break;
    }
```

Yukarıdaki zarla oynanan oyunda zarın 2, 3, 4, veya 5 değerinde berabere kalınmaktadır.

30.4 Ayrık değerler

Yukarıdaki oyunda [2,5] aralığında değil de 2 ve 4 değerleri geldiğinde berabere kalındığını varsayalım. Öyle durumlarda `case`'in değerlerinin aralarına virgül yazılır:

```
    case 2, 4:
        writeln("Berabere");
        break;
```

30.5 `final switch` deyimi

Bu deyim de `switch` gibidir ama bazı kısıtlamaları vardır:

- `default` bölümü bulunamaz; zaten bu durum bazı koşullarda anlamsızdır: Örneğin, zarın değerlerinin altısının da işlemlerinin belirli olduğu bir durumda `default` bölümüne gerek yoktur.
- `case`'lerde aralıklı değerler kullanılamaz (virgülle gösterilen ayrık değerler ise kullanılabilir).
- Eğer ifade bir `enum` türüyse türün bütün değerlerinin `case`'ler tarafından kapsanmış olmaları gerekir (`enum`'ları bir sonraki bölümde göreceğiz).

```
    final switch (zarDeğeri) {

    case 1:
        writeln("Sen kazandın");
        break;

    case 2, 3, 4, 5:
        writeln("Berabere");
        break;

    case 6:
        writeln("Ben kazandım");
        break;
    }
```

30.6 Ne zaman kullanmalı

Yukarıda anlatılanlardan anlaşıldığı gibi; `switch`, bir ifadenin derleme zamanında bilinen değerlerle karşılaştırıldığı durumlarda kullanışlıdır.

Eğer karşılaştırılacak değer yalnızca iki taneyse, `switch` yerine bir "if else" daha uygun olabilir. Örneğin yazı/tura gibi bir sonuçta `if` deyimi yeterlidir:

```
if (yazıTuraSonucu == yazı) {
    // ...

} else {
    // ...
}
```

Genel bir kural olarak, `switch`'i üç veya daha fazla değer olduğunda düşünebilirsiniz.

Mevcut değerlerin her birisinin `case` değeri olarak yer alması gereken durumlarda `final switch`'i yeğleyin. Bu, özellikle `enum` türlerine uygundur.

30.7 Problemler

1. Yukarıdaki örneklerden birisindeki gibi bir hesap makinesi yapın. Kullanıcıdan önce işlemi `string` olarak, sonra da sayıları `double` olarak alsın ve işleme göre hesap yapsın. Örneğin işlem "topla" olarak ve sayılar "5 7" olarak girildiğinde ekrana 12 yazsın.

   Girişi şu şekilde okuyabilirsiniz:

   ```
   string işlem;
   double birinci;
   double ikinci;

   // ...

   işlem = strip(readln());
   readf(" %s %s", &birinci, &ikinci);
   ```

2. Hesap makinesini geliştirin ve "topla" gibi sözlü işlemler yanında "+" gibi simgeleri de desteklemesini sağlayın: işlem dizgisi olarak "+" girildiğinde de aynı şekilde çalışsın.
3. Program bilinmeyen bir işlem girildiğinde hata atsın. Hata atma düzeneğini ilerideki bir bölümde (sayfa 193) göreceğiz. Şimdilik yukarıdaki `throw` deyimini kendi programınıza uygulayın.

Çözümler: Sayfa 714

31 enum

enum, "numaralandırmak" anlamına gelen "enumerate"in kısaltılmışıdır. İsimli sabit değerler üretmek için kullanılır.

31.1 Sihirli sabitler

Tamsayılar ve Aritmetik İşlemler bölümünün problem çözümlerinden (sayfa 702) birisinde şöyle bir koşul kullanmıştık:

```
    if (işlem == 1) {
        sonuç = birinci + ikinci;

    } else if (işlem == 2) {
        sonuç = birinci - ikinci;

    } else if (işlem == 3) {
        sonuç = birinci * ikinci;

    } else if (işlem == 4) {
        sonuç = birinci / ikinci;
    }
```

O kod parçasındaki 1, 2, 3, ve 4 değerlerine *sihirli sabit* denir. Kodu okuyan birisinin onların ne anlama geldiklerini bir bakışta anlaması olanaksızdır. Örneğin yukarıdaki kodda 1'in *toplama işlemi*, 2'nin *çıkarma işlemi*, vs. anlamlarına geldiklerini ancak kapsamlarındaki kodları okuduktan sonra anlayabiliyoruz. Bu durumda şanslıyız, çünkü her kapsamda yalnızca tek satır var; daha karmaşık kodlarda kodu anlamak çok güç olabilir.

Programcılıkta sihirli sabitlerden kaçınılır çünkü onlar iyi yazılmış kodun en önemli niteliklerinden olan *okunurluğunu* azaltırlar.

enum olanağı işte bu tür sabitlere isimler vermeyi ve bu sayede kodun okunurluğunu arttırmayı sağlar. Aynı kod enum değerleriyle yazıldığında her bir if koşulunun hangi işlemle ilgili olduğu açıkça anlaşılır:

```
    if (işlem == İşlem.toplama) {
        sonuç = birinci + ikinci;

    } else if (işlem == İşlem.çıkarma) {
        sonuç = birinci - ikinci;

    } else if (işlem == İşlem.çarpma) {
        sonuç = birinci * ikinci;

    } else if (işlem == İşlem.bölme) {
        sonuç = birinci / ikinci;

    }
```

Artık 1 gibi anlamı açık olmayan bir değer yerine İşlem.toplama gibi isimli bir değer kullanılmaktadır. Bundan sonraki bölümlerdeki kodlarda sihirli sabitler yerine hep isimli sabitler kullanacağım.

Yukarıdaki 1, 2, 3, ve 4 değerlerine karşılık gelen enum tanımı şöyle yazılır:

```
enum İşlem { toplama = 1, çıkarma, çarpma, bölme }
```

31.2 Söz dizimi

enum yaygın olarak şu söz dizimiyle kullanılır:

```
enum Türİsmi { değerİsmi_1, değerİsmi_2, /* vs. */ }
```

Bazen değerlerin asıl türlerini de belirtmek gerekebilir. Bunun nasıl kullanıldığını bir sonraki başlıkta göreceğiz:

```
enum Türİsmi : asıl_tür { değerİsmi_1, değerİsmi_2, /* vs. */ }
```

`enum` anahtar sözcüğünden sonra bütün değerlerin toplu olarak ne anlama geldiğini belirten bir tür ismi verilir. Bütün olası değerler isimler halinde `enum` kapsamı içinde sıralanırlar.

Bir kaç örnek:

```
enum ParaAtışıSonucu { yazı, tura }
enum OyunKağıdıRengi { maça, kupa, karo, sinek }
enum BiletTürü { normal, çocuk, öğrenci, emekli }
```

Bu değerler aynı zamanda yeni bir türün parçaları haline de gelirler. Örneğin `yazı` ve `tura` artık `ParaAtışıSonucu` diye tanımlanmış olan yeni bir türün değerleridir. Bu yeni tür de başka türler gibi değişken tanımlamak için kullanılabilir:

```
ParaAtışıSonucu sonuç;              // otomatik ilklenerek
auto yt = ParaAtışıSonucu.yazı;    // türü çıkarsanarak
```

Yukarıdaki kodlarda da olduğu gibi, `enum` türlerinin değerleri kod içinde sabit olarak belirtilecekleri zaman ait oldukları türün ismiyle birlikte ve ondan bir nokta ile ayrılarak yazılırlar:

```
if (sonuç == ParaAtışıSonucu.yazı) {
    // ...
}
```

31.3 Asıl değerler ve türleri

`enum` türlerin değerleri arka planda normalde `int` olarak gerçekleştirilirler. Yani her ne kadar `yazı` ve `tura` gibi isimleri olsa da, arka planda birer `int` değeridirler. (`int`'ten başka türlerin de kullanılabileceğini aşağıda göreceğiz.)

Bu değerler programcı özellikle belirtmediği sürece 0'dan başlar ve her isimli değer için bir tane arttırılır. Örneğin yukarıda tanımlanan `ParaAtışıSonucu`'nun iki değerinin sırasıyla 0 ve 1'e eşit olduklarını şöyle gösterebiliriz:

```
writefln("yazı'nın değeri 0: %s", (ParaAtışıSonucu.yazı == 0));
writefln("tura'nın değeri 1: %s", (ParaAtışıSonucu.tura == 1));
```

Çıktısı:

```
yazı'nın değeri 0: true
tura'nın değeri 1: true
```

Normalde 0'dan başlayan bu değerleri istediğimiz noktadan itibaren = işareti ile kendimiz de belirleyebiliriz. Yukarıda `İşlem.toplama` değerini 1 olarak belirken bundan yararlanmıştık. Belirlediğimiz değerden sonrakilerin değerleri de yine derleyici tarafından birer birer arttırılarak verilir:

```
enum Deneme { a, b, c, ç = 100, d, e, f = 222, g, ğ }
writefln("%d %d %d", Deneme.b, Deneme.ç, Deneme.ğ);
```

Çıktısı:

```
1 100 224
```

enum değerlerinin perde arkasında tamsayılardan başka bir tür olması gerektiğinde o tür enum isminden sonra belirtilir:

```
enum DoğalSabit : double { pi = 3.14, e = 2.72 }
enum IsıBirimi : string { C = "Celcius", F = "Fahrenheit" }
```

31.4 Bir enum türüne ait olmayan enum değerleri

Sihirli sabitlerden kurtulmanın önemli olduğunu ve bu amaçla enum'lardan yararlanabileceğimizi gördük.

Ancak, sihirli sabitlerden kurtulabilmek için ayrıca bir enum türü belirlemek doğal olmayabilir. Örneğin tek amacımızın 24 saatteki toplam saniye sayısını tutan bir sabit tanımlamak olduğunu düşünelim. Böyle tek sabitin tanımlanmasında ayrıca enum türü belirlemeye gerek yoktur. Böyle durumlarda enum türü ve enum kapsam parantezleri yazılmayabilir:

```
enum günBaşınaSaniye = 60 * 60 * 24;
```

Artık o sabiti hesaplarda ismiyle kullanabiliriz:

```
toplamSaniye = günAdedi * günBaşınaSaniye;
```

enum, başka türden hazır değerler tanımlamak için de kullanılabilir. Örneğin isimli bir string hazır değeri şöyle tanımlanabilir:

```
enum dosyaİsmi = "liste.txt";
```

Böyle sabitler *sağ değerdirler* (sayfa 182) ve İngilizce'de "manifest constant" diye anılırlar.

Dizi ve eşleme tabloları da derleme zamanı sabitleri olarak tanımlanabilirler. Ancak, daha sonra Değişmezlik bölümünde (sayfa 147) göreceğimiz gibi, enum dizi ve eşleme tablolarının hız kayıban neden olabilen gizli bedelleri vardır.

31.5 Nitelikleri

.min ve .max nitelikleri enum türünün sırasıyla en küçük ve en büyük değerleridir. Bunları bir for döngüsünde kullanarak bütün değerleri sırayla gezebiliriz:

```
enum OyunKağıdıRengi { maça, kupa, karo, sinek }

for (auto renk = OyunKağıdıRengi.min;
     renk <= OyunKağıdıRengi.max;
     ++renk) {

    writefln("%s: %d", renk, renk);
}
```

"%s" ve "%d" düzen belirteçlerinin çıktılarının farklı olduklarına dikkat edin:

```
maça: 0
kupa: 1
karo: 2
sinek: 3
```

Bunun için foreach döngüsünün uygun olmadığına dikkat edin. foreach değer aralığı ile kullanılsaydı .max değeri aralığın dışında kalırdı:

```
foreach (renk; OyunKağıdıRengi.min .. OyunKağıdıRengi.max) {
    writefln("%s: %d", renk, renk);
}
```

Çıktısı:

```
maça: 0
kupa: 1
karo: 2
          ← sinek eksik
```

Bu yüzden, bir enum'ın bütün değerleri üzerinde ilerlemenin doğru bir yolu std.traits modülünde tanımlı olan EnumMembers şablonundan yararlanmaktır:

```
import std.traits;
// ...
    foreach (renk; EnumMembers!OyunKağıdıRengi) {
        writefln("%s: %d", renk, renk);
    }
```

Not: Yukarıdaki ! karakteri şablon parametre değeri bildirmek içindir. Şablonları ilerideki bir bölümde (sayfa 401) göreceğiz.

```
maça: 0
kupa: 1
karo: 2
sinek: 3   ← sinek mevcut
```

31.6 Asıl türden dönüştürmek

Yukarıdaki yazdırma örneklerinde görüldüğü gibi, bir enum değer perde arkasında kullanılan asıl türe (örneğin int'e) otomatik olarak dönüşür. Bunun tersi doğru değildir:

```
    OyunKağıdıRengi renk = 1;        // ← derleme HATASI
```

Bunun nedeni, enum değişkenlerine yanlışlıkla geçersiz değerlerin atanmasını önlemektir:

```
    renk = 100;    // ← geçerli bir değer olmadığı için
                   //   anlamsız olurdu
```

Geçerli olduğunu bildiğimiz bir değeri bir enum değerine dönüştürmek istiyorsak, bunu açıkça bir *tür dönüşümü* olarak yazmamız gerekir:

```
    renk = cast(OyunKağıdıRengi)1;      // şimdi kupa
```

Tür dönüşümlerini ilerideki bir bölümde (sayfa 239) göreceğiz.

31.7 Problem

Tamsayılar ve Aritmetik İşlemler bölümünün (sayfa 30) problemlerindeki hesap makinesini değiştirin: Dört işlemi destekleyen basit bir hesap makinesi, işlemi bir menüden seçtirsin ve girilen iki değere o işlemi uygulasın.

Programı bu sefer şu farklarla yazın:

- Hangi işlem olduğunu sihirli sabitlerden değil, enum değerlerden anlasın.
- int yerine double kullansın.
- "if else if" zinciri yerine switch kullansın.

Çözüm: Sayfa 711

32 İşlevler

İşlevler *gerçek* programların temel taşlarıdır. Nasıl temel türler, bütün türlerin yapı taşları iseler, işlevler de program davranışlarının yapı taşlarıdır.

İşlevlerin ustalıkla da ilgisi vardır. Usta programcıların yazdıkları işlevler kısa ve öz olur. Bunun tersi de doğrudur: kısa ve öz işlevler yazmaya çalışmak, ustalık yolunda ilerlemenin önemli adımlarındandır. İşlemleri oluşturan alt adımları görmeye çalışmak ve o adımları küçük işlevler halinde yazmak, programcılık konusunda gelişmenize yardım edecektir.

Bundan önceki bölümlerde temel deyimler ve ifadeler öğrendik. Daha hepsini bitirmedik ama D'nin programlarda çok kullanılan, çok yararlı, ve çok önemli olanaklarını gördük. Yine de, hiçbirisi büyük programlar yazmak için yeterli değildir. Şimdiye kadar yazdığımız biçimdeki programlar, deneme programları gibi hiçbir karmaşıklığı olmayan çok basit programlar olabilirler. En ufak bir karmaşıklığı bulunan bir işi işlev kullanmadan yazmaya çalışmak çok zordur, ve ortaya çıkan program da hataya açık olur.

İşlevler, ifade ve deyimleri bir araya getiren olanaklardır. Bir araya getirilen ifade ve deyimlere toplu olarak yeni bir isim verilir ve o işlemlerin hepsi birden bu isimle işletilir.

Bir araya getirerek yeni isim verme kavramını günlük hayattan tanıyoruz. Örneğin *yağda yumurta yapma* işini şu adımlarla tarif edebiliriz:

- tavayı çıkart
- yağı çıkart
- yumurtayı çıkart
- ateşi aç
- tavayı ateşe koy
- tava ısınınca yağı içine at
- yağ eriyince yumurtayı içine kır
- yumurtanın beyazı pişince tavayı ateşten al
- ateşi söndür

O kadar ayrıntıya girmek zamanla gereksiz ve içinden çıkılmaz bir hâl alacağı için, birbiriyle ilişkili adımların bazılarına tek bir isim verilebilir:

- malzemeleri hazırla (tavayı, yağı, yumurtayı çıkart)
- ateşi aç
- yumurtayı pişir (tavayı ateşe koy, vs.)
- ateşi söndür

Daha sonra daha da ileri gidilebilir ve bütün o adımları içeren tek bir ifade de kullanılabilir:

- yağda yumurta yap (bütün adımlar)

İşlevlerin bundan farkı yoktur: Yaptıkları işlerin hepsine birden genel bir isim verilebilen adımlar tek bir işlev olarak tanımlanırlar. Örnek olarak kullanıcıya bir menü gösteren şu satırlara bakalım:

```
    writeln(" 0 Çıkış");
    writeln(" 1 Toplama");
```

```
    writeln(" 2 Çıkarma");
    writeln(" 3 Çarpma");
    writeln(" 4 Bölme");
```

Onların hepsine birden `menüyüGöster` gibi bir isim verilebileceği için onları bir işlev olarak şu şekilde bir araya getirebiliriz:

```
void menüyüGöster() {
    writeln(" 0 Çıkış");
    writeln(" 1 Toplama");
    writeln(" 2 Çıkarma");
    writeln(" 3 Çarpma");
    writeln(" 4 Bölme");
}
```

Artık o işlevi `main` içinden kısaca ismiyle işletebiliriz:

```
import std.stdio;

void main() {
    menüyüGöster();

    // ... diğer işlemler ...
}
```

`menüyüGöster` ile `main`'in tanımlarındaki benzerliğe bakarak `main`'in de bir işlev olduğunu görebilirsiniz. İsmi İngilizce'de "ana işlev" kullanımındaki "ana" anlamına gelen `main`, D programlarının ana işlevidir. D programlarının işleyişi bu işlevle başlar ve programcının istediği şekilde başka işlevlere dallanır.

32.1 Parametreler

İşlevlerin güçlü yanlarından birisi, yaptıkları işlerin belirli ölçüde ayarlanabiliyor olmasından gelir.

Yine yumurta örneğine dönelim, ve bu sefer beş yumurta yapmak isteyelim. İzlenmesi gereken adımlar aslında bu durumda da aynıdır; tek farkları, yumurta sayısındadır. Daha önce dörde indirgediğimiz adımları beş yumurtaya uygun olarak şöyle değiştirebiliriz:

- beş yumurtalık malzeme hazırla
- ateşi aç
- yumurtaları pişir
- ateşi söndür

Teke indirgediğimiz adım da şöyle değişir:

- yağda beş yumurta yap

Temelde aynı olan yumurta pişirme işiyle ilgili bir bilgi ek olarak belirtilmektedir: "beş yumurta çıkart" veya "beş yumurta yap" gibi.

İşlevlerin davranışları da benzer şekilde ayarlanabilir. İşlevlerin işlerini bu şekilde etkileyen bilgilere *parametre* denir. Parametreler, parametre listesinde virgüllerle ayrılarak bildirilirler. Parametre listesi, işlevin isminden hemen sonra yazılan parantezin içidir.

Daha önceki `menüyüGöster` işlevinde parametre parantezini boş olarak tanımlamıştık çünkü o işlev her zaman için aynı menüyü göstermekteydi. Menüdeki ilk seçeneğin hep "Çıkış" olması yerine, duruma göre değişen bir seçenek olmasını istesek, bunu bir parametreyle sağlayabiliriz. Örneğin ilk seçeneği bazı durumlarda "Geri Dön" olarak yazdırmak için bu bilgiyi bir parametre olarak tanımlayabiliriz:

```
void menüyüGöster(string ilkSeçenek) {
    writeln(" 0 ", ilkSeçenek);
    writeln(" 1 Toplama");
    writeln(" 2 Çıkarma");
    writeln(" 3 Çarpma");
    writeln(" 4 Bölme");
}
```

`ilkSeçenek` parametresi bu örnekte bir dizgi olduğu için türünü de `string` olarak belirledik. Bu işlevi artık değişik dizgilerle işleterek menünün ilk satırının farklı olmasını sağlayabiliriz. Tek yapmamız gereken, parametre değerini parantez içinde belirtmektir:

```
    menüyüGöster("Çıkış");
    menüyüGöster("Geri Dön");
```

Not: Burada parametrenin türüyle ilgili bir sorunla karşılaşabilirsiniz: Bu işlev yukarıda yazıldığı haliyle `char[]` türünde dizgilerle kullanılamaz. Örneğin, `char[]` ve `string` uyumlu olmadıklarından aşağıdaki kod derleme hatasına neden olur:

```
    char[] birSeçenek;
    birSeçenek ~= "Kare Kök Al";
    menüyüGöster(birSeçenek);    // ← derleme HATASI
```

Öte yandan, `menüyüGöster`'in tanımında parametrenin türünü `char[]` olarak belirlediğinizde de işlevi `"Çıkış"` gibi bir `string` değeriyle çağıramazsınız. `immutable` ile ilgili olan bu konuyu bir sonraki bölümde göreceğiz.

Biraz daha ileri gidelim ve seçenek numaralarının hep 0 ile değil, duruma göre değişik bir değerle başlamasını istiyor olalım. Bu durumda başlangıç numarasını da parametre olarak verebiliriz. Parametreler virgüllerle ayrılırlar:

```
void menüyüGöster(string ilkSeçenek, int ilkNumara) {
    writeln(' ', ilkNumara, ' ', ilkSeçenek);
    writeln(' ', ilkNumara + 1, " Toplama");
    writeln(' ', ilkNumara + 2, " Çıkarma");
    writeln(' ', ilkNumara + 3, " Çarpma");
    writeln(' ', ilkNumara + 4, " Bölme");
}
```

O işleve hangi numarayla başlayacağını artık biz bildirebiliriz:

```
    menüyüGöster("Geri Dön", 1);
```

32.2 İşlev çağırmak

İşlevin işini yapması için başlatılmasına işlevin *çağrılması* denir. İşlev çağrısının söz dizimi şöyledir:

```
    işlevin_ismi(parametre_değerleri)
```

İşini yaparken kullanması için işleve verilen bilgilere *parametre değeri* denir. Parametre değerleri işlevin tanımındaki parametrelerle bire bir eşleşirler. Örneğin, yukarıdaki `menüyüGöster()` işlev çağrısındaki `"Geri Dön"` ve `1` değerleri sırayla `ilkSeçenek` ve `ilkNumara` parametrelerine karşılık gelirler.

Her parametre değerinin türü, karşılık geldiği parametrenin türüne uymalıdır.

32.3 İş yapmak

Hem daha önceki bölümlerde hem de bu bölümde *iş yapmaktan* söz ettim. Program adımlarının, ifadelerin, işlevlerin, *iş yaptıklarını* söyledim. İş yapmak, değer üretmek veya yan etki oluşturmak anlamına gelir:

- **Değer üretmek**: Bazı işlemler yalnızca değer üretirler. Örneğin toplama işleminin sonucunu veren bir işlev, toplanan değerlerin toplamını *üretir*. Başka bir örnek olarak; isim, adres, vs. gibi kendisine verilen bilgiyi bir araya getirerek bir `Öğrenci` nesnesi oluşturan bir işlevin de bir nesne *ürettiği* söylenir.

  Bu tür işlemlerin ayrıca yan etkileri yoktur; programın durumunda hiçbir değişikliğe neden olmazlar; yalnızca değer üretirler.
- **Yan etki oluşturmak**: Bazı işlemlerin yalnızca yan etkileri vardır. Örneğin çıkışa menü yazdıran `menüyüGöster` işlevi çıkışı *etkilemektedir*; oluşturduğu bir değer yoktur. Başka bir örnek olarak, kendisine verilen bir `Öğrenci` nesnesini bir öğrenciler listesine ekleyen bir işlevin etkisi, listenin büyümesidir. Onun da ürettiği bir değer yoktur.

  Genel olarak, programın durumunda bir değişikliğe neden olan bir işlemin yan etkisinin olduğu söylenir.
- **Hem değer üretmek, hem yan etki oluşturmak**: Bazı işlemler hem değer üretirler, hem de yan etkileri vardır. Örneğin girişten okuduğu sayıların toplamını hesaplayıp döndüren bir işlev, hem toplamın sonucunu üretmektedir; hem de içinden karakterler çıkarttığı için girişi etkilemektedir.
- **Etkisizlik**: Her işlevin normalde yukarıdaki üç gruptan birisine girdiğini söyleyebiliriz: değer üretirler veya yan etkileri vardır. Buna rağmen, bazı işlevler bazı koşullara bağlı olarak bazen hiç iş yapmayabilirler.

32.4 İşlevin dönüş değeri

Değer üreten bir işlevin ürettiği değere o işlevin *dönüş değeri* denir. Bu terim, işlevin işini bitirdikten sonra bize geri dönmesi gibi bir düşünceden türemiştir. İşlevi "çağırırız" ve "döndürdüğü" değeri kullanırız.

Her değerin olduğu gibi, dönüş değerinin de türü vardır. Bu tür işlevin isminden önce yazılır. Örneğin iki tane `int` değeri toplayan bir işlev, eğer sonuçta yine `int` türünde bir değer üretiyorsa, dönüş türü olarak `int` yazılır:

```
int topla(int birinci, int ikinci) {
    // ... yapılan işlemler ...
}
```

İşlevin döndürdüğü değer, sanki o değer işlev çağrısının yerine yazılmış gibi, onun yerine geçer. Örneğin `topla(5, 7)` çağrısının değer olarak 12 ürettiğini düşünürsek, şu iki satır birbirinin eşdeğeridir:

```
    writeln("Toplam: ", topla(5, 7));
    writeln("Toplam: ", 12);
```

`writeln` çağrılmadan önce, `topla(5, 7)` işlevi çağrılır ve onun döndürdüğü değer olan 12, yazdırması için `writeln`'e parametre olarak verilir.

Bu sayede işlevlerin değerlerini başka işlevlere parametre olarak verebilir ve daha karmaşık ifadeler oluşturabiliriz:

```
    writeln("Sonuç: ", topla(5, böl(100, kişiSayısı())));
```

O örnekte kişiSayısı'nın dönüş değeri böl'e, böl'ün dönüş değeri topla'ya, ve en sonunda da topla'nın dönüş değeri writeln'e parametre olarak verilmektedir.

32.5 return deyimi

İşlevin ürettiği değer, "döndür" anlamına gelen return anahtar sözcüğü ile bildirilir:

```
int topla(int birinci, int ikinci) {
    int toplam = birinci + ikinci;
    return toplam;
}
```

İşlev, gereken işlemleri ve hesapları yaparak dönüş değerini üretir ve en son olarak return ile döndürür. İşlevin işleyişi de o noktada sona erer ve işlevden dönülmüş olur.

İşlevlerde birden fazla return anahtar sözcüğü kullanılabilir. İfade ve deyimlere bağlı olarak önce hangi return işletilirse, işlevin dönüş değeri olarak o return'ün döndürdüğü değer kullanılır:

```
int karmaşıkHesap(int birParametre, int başkaParametre) {
    if (birParametre == başkaParametre) {
        return 0;
    }

    return birParametre * başkaParametre;
}
```

O işlev; iki parametresi birbirlerine eşitse 0 değerini, değilse iki parametrenin çarpımını döndürür.

32.6 void işlevler

Eğer işlev değer üretmeyen bir işlevse, dönüş türü olarak "boşluk, yokluk" anlamına gelen void yazılır. O yüzden main'in ve menüyüGöster'in dönüş türlerini void olarak yazdık; şimdiye kadar gördüğümüz kadarıyla ikisi de değer üretmeyen işlevlerdir.

Not: main aslında int de döndürebilir. Bunu sonraki bir bölümde (sayfa 186) göreceğiz.

32.7 İşlevin ismi

İşlevin ismi, programcı tarafından işlevin yaptığı işi açıklayacak şekilde seçilmelidir. Örneğin iki sayıyı toplayan işlevin ismini topla olarak seçtik; veya menüyü gösteren işleve menüyüGöster dedik.

İşlevlere isim verirken izlenen bir kural, isimleri topla'da ve menüyüGöster'de olduğu gibi ikinci tekil şahıs emir kipinde seçmektir. Yani toplam'da ve menü'de olduğu gibi isim halinde değil. Böylece işlevin bir eylemde bulunduğu isminden anlaşılır.

Öte yandan hiçbir yan etkileri olmayan, yani yalnızca değer üreten işlevlere içinde eylem bulunmayan isimler de seçilebilir. Örneğin şu andaki hava sıcaklığını veren bir işlev için havaSıcaklığınıVer yerine havaSıcaklığı gibi bir ismin daha uygun olduğunu düşünebilirsiniz.

İşlev, nesne, değişken, vs. isim seçimlerinin programcılığın *sanat* tarafında kaldığını düşünebilirsiniz. İşe yarar, yeterince kısa, ve programdaki diğer isimlerle tutarlı olan isimler bulmak bazen yaratıcılık gerektirir.

32.8 İşlevlerin kod kalitesine etkileri

İşlevlerin kod kalitesine etkileri büyüktür. İşlevlerin küçük olmaları ve sorumluluklarının az olması programların bakımlarını kolaylaştırır.

Programı bir bütün halinde `main` içinde yazmak yerine küçük parçalara ayırmak bütün programı kolaylaştırır. Küçük işlevlerin birim olarak işlemleri de basit olacağından, teker teker yazılmaları çok daha kolay olur. Programın diğer işlemleri bu yapı taşları üzerine kurulunca bütün program daha kolay yazılır. Daha da önemlisi, programda daha sonradan gereken değişiklikler de çok daha kolay hale gelirler.

Kod tekrarından kaçının

Programcılıkta kaçınılması gereken bir eylem, kod tekrarıdır. Kod tekrarı, aynı işi yapan işlemlerin programda birden fazla yerde tekrarlanması anlamına gelir.

Bu tekrar bazen bilinçli olarak satırların bir yerden başka bir yere kopyalanması ile yapılabilir. Bazen de farkında olmadan, aynı işlemlerin aynı şekilde kodlanmaları şeklinde ortaya çıkabilir.

Kod tekrarının sakıncalarından birisi; tekrarlanan işlemlerdeki olası hataların bütün kopyalarda da bulunması, ve aynı hatanın her kopyada giderilmesinin gerekmesidir. Oysa; tekrarlanan kod tek bir işlev içinde bulunuyor olsa, hatayı yalnızca bir kere gidermek yeter.

Yukarıda işlevlerin ustalıkla ilgili olduklarına değinmiştim. Usta programcılar koddaki işlemler arasındaki benzerlikleri yakalamaya ve kod tekrarını ortadan kaldırmaya çalışırlar.

Bir örnek olarak, girişten aldığı sayıları önce girişten geldikleri sırada, sonra da sıralanmış olarak yazdıran şu programa bakalım:

```
import std.stdio;
import std.algorithm;

void main() {
    int[] sayılar;

    int adet;
    write("Kaç sayı gireceksiniz? ");
    readf(" %s", &adet);

    // Sayıları oku
    foreach (i; 0 .. adet) {
        int sayı;
        write("Sayı ", i, "? ");
        readf(" %s", &sayı);

        sayılar ~= sayı;
    }

    // Diziyi çıkışa yazdır
    writeln("Sıralamadan önce:");
    foreach (i, sayı; sayılar) {
        writefln("%3d:%5d", i, sayı);
    }

    sort(sayılar);

    // Diziyi çıkışa yazdır
    writeln("Sıraladıktan sonra:");
    foreach (i, sayı; sayılar) {
        writefln("%3d:%5d", i, sayı);
    }
}
```

Kod tekrarını görüyor musunuz? Diziyi yazdırmak için kullanılan son iki `foreach` döngüsü birbirinin aynısı. `yazdır` ismiyle bir işlev tanımlasak ve yazdırmasını istediğimiz diziyi de parametre olarak versek, bu kod tekrarını ortadan kaldırmış oluruz:

```
void yazdır(int[] dizi) {
    foreach (i, eleman; dizi) {
        writefln("%3s:%5s", i, eleman);
    }
}
```

Dikkat ederseniz, parametrenin ismi olarak `sayılar` yerine ondan daha genel olan `dizi` ismini seçtik. Bunun nedeni, bu işlev bağlamında dizi yazdırmak dışında bir şey bilmiyor olduğumuzdur. Dizinin elemanlarının ne olduklarından bu işlev içinde haberimiz yoktur. Dizideki `int` elemanların ne anlama geldiklerini ancak bu işlevi çağıran kapsam bilir: belki öğrenci kayıt numaralarıdır, belki bir şifrenin parçalarıdır, belki bir grup insanın yaşlarıdır... Ne olduklarını `yazdır` işlevi içinde bilemediğimiz için, ancak `dizi` ve `eleman` gibi genel isimler kullanabiliyoruz.

Şimdi kod biraz daha düzenli bir hale gelir:

```
import std.stdio;
import std.algorithm;

void yazdır(int[] dizi) {
    foreach (i, eleman; dizi) {
        writefln("%3s:%5s", i, eleman);
    }
}

void main() {
    int[] sayılar;

    int adet;
    write("Kaç sayı gireceksiniz? ");
    readf(" %s", &adet);

    // Sayıları oku
    foreach (i; 0 .. adet) {
        int sayı;
        write("Sayı ", i, "? ");
        readf(" %s", &sayı);

        sayılar ~= sayı;
    }

    // Diziyi çıkışa yazdır
    writeln("Sıralamadan önce:");
    yazdır(sayılar);

    sort(sayılar);

    // Diziyi çıkışa yazdır
    writeln("Sıraladıktan sonra:");
    yazdır(sayılar);
}
```

İşimiz bitmedi: iki `yazdır` çağrısından önce birer de başlık yazdırılıyor. Yazdırılan dizgi farklı olsa da işlem aynıdır. Eğer başlığı da `yazdır`'a parametre olarak verirsek, başlığı yazdırma tekrarından da kurtulmuş oluruz. Programın yalnızca değişen bölümlerini gösteriyorum:

```
void yazdır(string başlık, int[] dizi) {
    writeln(başlık, ":");

    foreach (i, eleman; dizi) {
        writefln("%3s:%5s", i, eleman);
    }
```

```
}
// ...

    // Diziyi çıkışa yazdır
    yazdır("Sıralamadan önce", sayılar);

// ...

    // Diziyi çıkışa yazdır
    yazdır("Sıraladıktan sonra", sayılar);
```

Bu işlemin yazdır'dan önceki açıklama satırlarını da gereksiz hale getirdiğini görebiliriz. İşlemlere yazdır diye açıklayıcı bir isim verdiğimiz için, ayrıca "Diziyi çıkışa yazdır" gibi bir açıklamaya da gerek kalmamış oluyor. Şimdi programın son satırları şöyle kısaltılabilir:

```
    yazdır("Sıralamadan önce", sayılar);
    sort(sayılar);
    yazdır("Sıraladıktan sonra", sayılar);
```

Bu programda bir kod tekrarı daha var: girişten adet ve sayı için aynı şekilde tamsayı okunuyor. Tek farkları, kullanıcıya gösterilen mesaj ve değişkenin ismi:

```
    int adet;
    write("Kaç sayı gireceksiniz? ");
    readf(" %s", &adet);

// ...

        int sayı;
        write("Sayı ", i, "? ");
        readf(" %s", &sayı);
```

sayıOku diye bir işlev yazarsak ve kullanıcıya gösterilecek mesajı bir parametre olarak alırsak, kod çok daha temiz bir hale gelir. Bu sefer bu işlevin girişten okuduğu değeri döndürmesi gerektiğine dikkat edin:

```
int sayıOku(string mesaj) {
    int sayı;
    write(mesaj, "? ");
    readf(" %s", &sayı);
    return sayı;
}
```

Bu işlevi çağırarak adet'in değerini okumak kolay. adet'i işlevin dönüş değeriyle ilkleyebiliriz:

```
    int adet = sayıOku("Kaç sayı gireceksiniz");
```

sayı'yı okurken kullanılan mesaj döngü sayacı olan i'yi de içerdiğinden o mesaj std.string modülündeki format'tan yararlanılarak her i için farklı olarak oluşturulabilir:

```
import std.string;
// ...
        int sayı = sayıOku(format("Sayı %s", i));
```

sayı'nın foreach içinde tek bir yerde kullanıldığını görerek sayı'nın tanımını da tamamen kaldırabilir ve onun kullanıldığı tek yerde doğrudan sayıOku işlevini çağırabiliriz. Böylece döngü içindeki satırlar da azalmış olur:

```
    foreach (i; 0 .. adet) {
        sayılar ~= sayıOku(format("Sayı %s", i));
    }
```

Ben bu programda son bir değişiklik daha yapacağım ve sayıların okunmasıyla ilgili bütün işlemleri tek bir işleve taşıyacağım. Böylece "Sayıları oku" açıklaması da ortadan kalkacak; çünkü yeni işlevin ismi zaten ne işlem yapılmakta olduğunu açıklayacak.

`sayılarıOku` ismini verebileceğimiz bu işlevin hiçbir parametre alması gerekmez, ama değer olarak bütün diziyi üretirse ismi ile de uyumlu bir kullanımı olur.

Böylece bütün program son olarak şöyle yazılabilir:

```
import std.stdio;
import std.string;
import std.algorithm;

void yazdır(string başlık, int[] dizi) {
    writeln(başlık, ":");

    foreach (i, eleman; dizi) {
        writefln("%3s:%5s", i, eleman);
    }
}

int sayıOku(string mesaj) {
    int sayı;
    write(mesaj, "? ");
    readf(" %s", &sayı);
    return sayı;
}

int[] sayılarıOku() {
    int[] sayılar;

    int adet = sayıOku("Kaç sayı gireceksiniz");

    foreach (i; 0 .. adet) {
        sayılar ~= sayıOku(format("Sayı %s", i));
    }

    return sayılar;
}

void main() {
    int[] sayılar = sayılarıOku();
    yazdır("Sıralamadan önce", sayılar);
    sort(sayılar);
    yazdır("Sıraladıktan sonra", sayılar);
}
```

Programın bu halini ilk haliyle karşılaştırın. Yeni programda `main` işlevi içinde programın ana adımları açık bir şekilde anlaşılmaktadır. Oysa ilk halinde programın ne yaptığını ancak kodları ve açıklamaları okuyarak anlamak zorunda kalıyorduk.

Programın son halinde daha fazla satır bulunuyor olması sizi yanıltmasın. İşlevler aslında kodu küçültürler, ama bunu çok kısa olan bu programda göremiyoruz. Örneğin `sayıOku` işlevini yazmadan önce girişten tamsayı okumak için her seferinde 3 satır kod yazıyorduk. Şimdi ise `sayıOku`'yu çağırarak her noktadaki kod satırı sayısını 1'e indirmiş olduk. Hatta, `foreach` döngüsü içindeki `sayı`'nın tanımını da tamamen kaldırabildik.

Açıklamalı kod satırlarını işlevlere dönüştürün

Eğer programdaki işlemlerin bazılarının ne yaptıklarını açıklama satırları yazarak açıklama gereği duyuyorsanız, belki de o işlemlerin bir işleve taşınmaları zamanı gelmiştir. İşlevin ismini açıklayıcı olarak seçmek, açıklama satırının gereğini de ortadan kaldırır.

Yukarıdaki programdaki üç açıklama satırından bu sayede kurtulmuş olduk.

Açıklama satırlarından kurtulmanın önemli başka bir nedeni daha vardır: açıklama satırları zaman içinde kodun ne yaptığı hakkında yanlış bilgi vermeye başlarlar. Baştan iyi niyetle ve doğru olarak yazılan açıklama satırı, kod değiştiğinde unutulur ve zamanla koddan ilgisiz hale gelebilir. Artık açıklama satırı ya yanlış bilgi veriyordur, ya da tamamen işe yaramaz durumdadır. Bu yüzden programları açıklama satırlarına gerek bırakmadan yazmaya çalışmak önemlidir.

32.9 Problemler

1. `menüyüGöster` işlevini bütün seçeneklerini bir dizi olarak alacak şekilde değiştirin. Örneğin şu şekilde çağırabilelim:

```
    string[] seçenekler =
        [ "Siyah", "Kırmızı", "Yeşil", "Mavi", "Beyaz" ];
    menüyüGöster(seçenekler, 1);
```

   Çıktısı şöyle olsun:

```
 1 Siyah
 2 Kırmızı
 3 Yeşil
 4 Mavi
 5 Beyaz
```

2. İki boyutlu bir diziyi bir resim kağıdı gibi kullanan bir program yazdım. Siz bu programı istediğiniz şekilde değiştirin:

```
import std.stdio;

enum satırAdedi = 20;
enum sütunAdedi = 60;

/* alias, "takma isim" anlamına gelir. Programın geri
 * kalanında hep dchar[sütunAdedi] yazmak yerine, daha
 * açıklayıcı olarak 'Satır' yazabilmemizi sağlıyor.
 *
 * Dikkat ederseniz Satır "sabit uzunluklu dizi" türüdür. */
alias Satır = dchar[sütunAdedi];

/* Bir Satır dilimine de kısaca 'Kağıt' takma ismini
 * veriyoruz. */
alias Kağıt = Satır[];

/* Verilen kağıdı satır satır ve kare kare çıkışa gönderir. */
void kağıdıGöster(Kağıt kağıt) {
    foreach (satır; kağıt) {
        writeln(satır);
    }
}

/* Verilen kağıdın belirtilen yerine bir benek koyar; bir
 * anlamda o kareyi "boyar". */
void benekKoy(Kağıt kağıt, int satır, int sütun) {
    kağıt[satır][sütun] = '#';
}

/* Kağıdın belirtilen yerinden aşağıya doğru, belirtilen
```

```
 * uzunlukta çizgi çizer. */
void düşeyÇizgiÇiz(Kağıt kağıt, int satır,
                   int sütun, int uzunluk) {
    foreach (çizilecekSatır; satır .. satır + uzunluk) {
        benekKoy(kağıt, çizilecekSatır, sütun);
    }
}

void main() {
    Satır boşSatır = '.';

    /* Hiç satırı bulunmayan bir kağıt */
    Kağıt kağıt;

    /* Ona boş satırlar ekliyoruz */
    foreach (i; 0 .. satırAdedi) {
        kağıt ~= boşSatır;
    }

    /* Ve kullanmaya başlıyoruz */
    benekKoy(kağıt, 7, 30);
    düşeyÇizgiÇiz(kağıt, 5, 10, 4);

    kağıdıGöster(kağıt);
}
```

Çözümler: Sayfa 712

33 Değişmezlik

Kavramlar, programlarda kullanılan değişkenlerle temsil edilir. Kavramlar arasındaki etkileşimleri bu değişkenlerin değerlerini değiştirerek sağlarız. Örneğin, aşağıdaki kod bir alışveriş ile ilgili değişkenlerin değerlerini *değiştirmektedir*:

```
    toplamFiyat = fiyatıHesapla(fiyatListesi);
    cüzdandakiMiktar -= toplamFiyat;
    bakkaldakiMiktar += toplamFiyat;
```

Değer değişiminin bilerek kısıtlanmasına *değişmezlik* denir.

Değer değişimi çoğu iş için gerekli olduğundan değişimin bilerek kısıtlanması anlamsız gibi görünebilse de oldukça güçlü ve yararlı bir olanaktır. Değişmezlik kavramı, yazılım dünyası tarafından edinilmiş olan deneyimlere dayanır: Değişmezlik, kodların doğruluğuna ve kolay değiştirilebilmelerine katkı sağlar. Hatta, bazı fonksiyonel programlama dilleri değer değişimini bütünüyle yasaklarlar.

Değişmezliğin getirdiği bazı yararlar şunlardır:

- Bazı kavramlar zaten *değişmezdirler*. Örneğin haftadaki gün sayısı 7'dir, matematikteki *pi* (π) sabittir, bir programın desteklediği dil sayısı programın çalıştığı sürece değişmeyecektir (örneğin yalnızca Türkçe ve İngilizce'dir), vs.
- Değişmeyen kavramları temsil etmeseler bile, bazı değişkenlerin değerlerinin bir kere ilklendikten sonra değişmesi istenmiyer olabilir ve bunların sonradan değişmeleri programcı hatası olarak kabul edilebilir. Örneğin, yukarıdaki koddaki `toplamFiyat`'ın değeri bir kere belirlendikten sonra değişmemelidir.
- Koddaki bütün işlemlerin her değişkeni değiştirebilecek kadar esnek olmaları, hangi işlemlerin hangi değişkenleri değiştirdiklerini fazla serbest bıraktığından kodun okunması ve geliştirilmesi güçleşir.
- İşlevler, parametrelerinin yalnızca bazılarını değişebilen türden tanımladıklarında, hangi parametreleri yalnızca giriş bilgisi olarak kullanacaklarını ve hangilerini yan etkileri olarak değiştireceklerini belirtmiş olurlar.

Değişmezlik, hem genel olarak programlamada çok yaygın olduğundan hem de D programcılığında çok kullanıldığından, bu kavramla ilgili aşağıdaki garipliklere göz yumulur:

- Şimdiye kadar yazmış olduğumuz programlardan görüldüğü gibi, değişmezlik kesinlikle gerekli değildir.
- Değişmezlik, D'd `const` ("sabit, değişmez" anlamına gelen "constant"ın kısası) ve `immutable` ("değişebilen" anlamına gelen "mutable"ın karşıt anlamlısı) anahtar sözcükleriyle ifade edilir. Her ne kadar İngilizce'de aynı anlama gelseler de bu anahtar sözcüklerin görevleri farklıdır ve bazı durumlarda birbirleriyle uyumsuzdur. (`inout` (sayfa 169) ve `shared` (sayfa 643) gibi, `const` ve `immutable` da *tür nitelendiricisidir.*)
- Bir değişkenin değişmezliğinden bahseden "constant variable" ve "immutable variable" terimleri İngilizce de anlamsızdır ve kulağa yanlış gelir.

- İşlevler değişmezlik kavramını göz önüne almaya zorlanırlar ve bu sayede daha kullanışlı hale gelirler. (Bu zorundalığın işlevden işleve geçmesi bazen bir virüsün yayılmasına benzetilir ve "const-correctness" olarak adlandırılır.)

33.1 Değişmezler

Kesinlikle değişmeyecek olan değişkenler üç farklı biçimde tanımlanabilirler.

enum değişkenler

Bazı sabit değişkenlerin `enum` olarak tanımlanabildiklerini `enum` bölümünde (sayfa 132) görmüştük:

```
    enum dosyaİsmi = "liste.txt";
```

Derleme zamanında hesaplanabildikleri sürece `enum` değişkenler işlev çağrıları da dahil olmak üzere daha karmaşık ifadelerle de ilklenebilirler:

```
int satırAdedi() {
    return 42;
}

int sütunAdedi() {
    return 7;
}

string isim() {
    return "liste";
}

void main() {
    enum dosyaİsmi = isim() ~ ".txt";
    enum toplamKare = satırAdedi() * sütunAdedi();
}
```

Bunu sağlayan D olanağı, ilerideki bir bölümde (sayfa 550) göreceğimiz *derleme zamanında işlev işletme* olanağıdır (CTFE).

Derleyici `enum` değişkenlerin değiştirilmelerine izin vermez:

```
    ++toplamKare;     // ← derleme HATASI
```

Değişmezlik kavramını sağlayan çok etkili bir olanak olmasına karşın `enum` ancak değerleri derleme zamanında bilinen veya hesaplanabilen sabitler için kullanılabilir.

Bekleneceği gibi, program derlenirken `enum` değişkenlerin yerlerine onların değerleri kullanılır. Örneğin, şöyle bir `enum` tanımı ve onu kullanan iki ifade olsun:

```
    enum i = 42;
    writeln(i);
    foo(i);
```

Yukarıdaki kod, i'nin yerine onun değeri olan 42'nin doğrudan yazılmasının eşdeğeridir:

```
    writeln(42);
    foo(42);
```

Bir `enum` değişkenin yerine değerinin kullanılıyor olması `int` gibi basit türler için normal olarak kabul edilmelidir. Ancak, `enum` değişkenlerin dizi veya eşleme tablosu olarak kullanılmalarının gizli bir bedeli vardır:

```
    enum a = [ 42, 100 ];
    writeln(a);
    foo(a);
```

a'nın yerine değerini yerleştirdiğimizde derleyicinin derleyeceği asıl kodun aşağıdaki gibi olduğunu görürüz:

```
    writeln([ 42, 100 ]);    // bir dizi oluşturulur
    foo([ 42, 100 ]);        // başka bir dizi oluşturulur
```

Yukarıdaki koddaki gizli bedel, her ifade için farklı bir dizi oluşturuluyor olmasıdır. Bu yüzden, birden fazla yerde kullanılacak olan dizilerin ve eşleme tablolarının `immutable` değişkenler olarak tanımlanmaları çoğu duruma daha uygundur.

`const` değişkenler

`enum` gibi, bu anahtar sözcük de bir değişkenin değerinin değişmeyeceğini bildirir. `enum`'dan farkı, `const` değişkenlerin adresleri olan normal değişkenler olmaları ve ilk değerlerini çalışma zamanında da alabilmeleridir.

Derleyici `const` değişkenlerin değiştirilmelerine izin vermez:

```
    const yarısı = toplam / 2;
    yarısı = 10;      // ← derleme HATASI
```

Aşağıdaki program `enum` ve `const` anahtar sözcüklerinin kullanımlarının farklarını gösteriyor. Tuttuğu sayıyı kullanıcının tahmin etmesini bekleyen bu programda tutulan sayı derleme zamanında bilinemeyeceğinden `enum` olarak tanımlanamaz. Ancak, bir kere seçildikten sonra değerinin değişmesi istenmeyeceğinden ve hatta değişmesi bir hata olarak kabul edileceğinden bu değişkenin `const` olarak işaretlenmesi uygun olur.

Aşağıdaki program kullanıcının tahminini okurken yine bir önceki bölümde tanımladığımız `sayıOku` işlevinden yararlanıyor:

```
import std.stdio;
import std.random;

int sayıOku(string mesaj) {
    int sayı;
    write(mesaj, "? ");
    readf(" %s", &sayı);
    return sayı;
}

void main() {
    enum enAz = 1;
    enum enÇok = 10;

    const sayı = uniform(enAz, enÇok + 1);

    writefln("%s ile %s arasında bir sayı tuttum.",
             enAz, enÇok);

    auto doğru_mu = false;
    while (!doğru_mu) {
        const tahmin = sayıOku("Tahmininiz");
        doğru_mu = (tahmin == sayı);
    }

    writeln("Doğru!");
}
```

Gözlemler:

- enAz'ın ve enÇok'un değerleri programın derlenmesi sırasında bilindiklerinden ve bir anlamda bu programın davranışının değişmez parçaları olduklarından enum olarak tanımlanmışlardır.
- Rasgele seçilmiş olan sayı değerinin ve kullanıcıdan okunan her tahmin değerinin programın işleyişi sırasında değişmeleri doğru olmayacağından onlar const olarak tanımlanmışlardır.
- O değişkenlerin tanımları sırasında türlerinin açıkça belirtilmediğine dikkat edin. auto'da olduğu gibi, enum ve const anahtar sözcükleri de türün sağ tarafın değerinden çıkarsanması için yeterlidir.

Program içinde açıkça const(int) diye parantezle yazılması gerekmese de const türün bir parçasıdır. Aşağıdaki program üç farklı biçimde tanımlanmış olan değişkenlerin türlerinin tam isimlerinin aynı olduklarını gösteriyor:

```
import std.stdio;

void main() {
    const      çıkarsanarak = 0;
    const int  türüyle      = 1;
    const(int) tamOlarak    = 2;

    writeln(typeof(çıkarsanarak).stringof);
    writeln(typeof(türüyle).stringof);
    writeln(typeof(tamOlarak).stringof);
}
```

Üçünün de asıl tür ismi const'ı da içerir ve parantezlidir:

```
const(int)
const(int)
const(int)
```

Parantezlerin içindeki tür önemlidir. Bunu aşağıda dilimin veya elemanlarının değişmezliği konusunda göreceğiz.

immutable değişkenler

Değişken tanımında immutable anahtar sözcüğü const ile aynıdır. immutable değişkenler değiştirilemezler:

```
    immutable yarısı = toplam / 2;
    yarısı = 10;    // ← derleme HATASI
```

Programın başka tarafları özellikle immutable gerektirmediğinde, değişkenleri const veya immutable olarak tanımlayabilirsiniz. Bir işlevin özellikle immutable gerektirdiği durumda ise o parametreye gönderilecek olan değişkenin de immutable olarak tanımlanmış olması gerekir. Bunu aşağıda göreceğiz.

33.2 Parametreler

Sonraki iki bölümde göreceğimiz gibi, işlevler parametrelerinde değişiklik yapabilirler. Örneğin, parametre olarak gönderilmiş olan dilimlerin elemanlarını değiştirebilirler.

Başka Dizi Olanakları bölümünden (sayfa 64) hatırlayacağınız gibi, dilimler kendi elemanlarına sahip değillerdir, o elemanlara yalnızca erişim sağlarlar. Belirli bir anda aynı elemana erişim sağlamakta olan birden fazla dilim bulunabilir.

Bu başlık altındaki örneklerde dilimlerden yararlanıyor olsam da burada anlatılanlar eşleme tabloları için de geçerlidir çünkü onlar da *referans türleridir.*

İşlev parametresi olan bir dilim, işlevin çağrıldığı yerdeki dilimin kendisi değil, bir *kopyasıdır.* (Yalnızca dilim değişken kopyalanır, elemanları değil.)

```
import std.stdio;

void main() {
    int[] dilim = [ 10, 20, 30, 40 ];  // 1
    yarıla(dilim);
    writeln(dilim);
}

void yarıla(int[] sayılar) {           // 2
    foreach (ref sayı; sayılar) {
        sayı /= 2;
    }
}
```

Yukarıdaki `yarıla` işlevinin işletildiği sırada aynı dört elemana erişim sağlamakta olan iki farklı dilim vardır:

1. `main`'in içinde tanımlanmış olan ve `yarıla`'ya parametre olarak gönderilen `dilim` isimli dilim
2. `yarıla`'nın parametre değeri olarak almış olduğu ve `main`'deki dilimle aynı dört elemana erişim sağlamakta olan `sayılar` isimli dilim

`foreach` döngüsünde `ref` anahtar sözcüğü de kullanılmış olduğundan o dört elemanın değerleri yarılanmış olur:

```
[5, 10, 15, 20]
```

Bu örnekte de görüldüğü gibi, `yarıla` gibi işlevlerin kendilerine gönderilen dilimlerin elemanlarını değiştirebilmeleri kullanışlıdır çünkü zaten eleman değiştirmek için yazılmışlardır.

Derleyici, `const` değişkenlerin böyle işlevlere gönderilmelerine izin vermez:

```
    const int[] dilim = [ 10, 20, 30, 40 ];
    yarıla(dilim);      // ← derleme HATASI
```

Derleme hatası, `const(int[])` türündeki bir değişkenin `int[]` türündeki bir parametre değeri olarak kullanılamayacağını bildirir:

```
Error: function deneme.yarıla (int[] sayılar) is not callable
using argument types (const(int[]))
```

const parametreler

`const` değişkenlerin `yarıla`'da olduğu gibi parametrelerinde değişiklik yapan işlevlere gönderilmelerinin engellenmesi önemlidir. Ancak, parametrelerinde değişiklik yapmayan ve hatta yapmaması gereken aşağıdaki `yazdır` gibi işlevlere gönderilememeleri büyük bir kısıtlama olarak görülmelidir:

```
import std.stdio;

void main() {
    const(int[]) dilim = [ 10, 20, 30, 40 ];
    yazdır(dilim);      // ← derleme HATASI
}

void yazdır(int[] dilim) {
    writefln("%s eleman: ", dilim.length);

    foreach (i, eleman; dilim) {
        writefln("%s: %s", i, eleman);
```

```
    }
}
```

Elemanların `const` olarak tanımlanmış olmaları, onların yazdırılmalarına engel olmamalıdır. `const` parametreler bu konuda yararlıdırlar. (`const` kavramını böylece doğru kullandığı düşünülen işlevlerin "const konusunda doğru" anlamında "const-correct" oldukları söylenir.)

`const` anahtar sözcüğü bir değişkenin *belirli bir referans* (örneğin dilim) yoluyla değiştirilmeyeceğini belirler. Parametreyi `const` olarak işaretlemek, o dilimin elemanlarının işlev içerisinde değiştirilemeyeceğini garanti eder. Böyle bir garanti sağlandığı için program artık derlenir:

```
    yazdır(dilim);    // şimdi derlenir
// ...
void yazdır(const int[] dilim) {
    // ...
}
```

İşlev nasıl olsa değiştirmeyeceğine söz vermiş olduğundan, hem *değişebilen*, hem `const`, hem de `immutable` değişkenler o işlevin `const` parametresi olarak gönderilebilirler:

```
    int[] değişebilenDilim = [ 7, 8 ];
    yazdır(değişebilenDilim);    // derlenir

    const int[] dilim = [ 10, 20, 30, 40 ];
    yazdır(dilim);               // derlenir

    immutable int[] immDilim = [ 1, 2 ];
    yazdır(immDilim);            // derlenir
```

İşlev tarafından değiştirilmediği halde `const` olarak tanımlanmayan bir parametre, işlevin kullanışlılığını düşürür. Böyle işlevlerin "const-correct" olmadıkları söylenir.

`const` parametrelerin başka bir yararı, programcıya verdikleri yararlı bilgidir: Değişkenin işlev tarafından değiştirilmeyeceğini bilmek kodun anlaşılırlığını arttırır.

`const` parametrelerin değişebilen, `const`, ve `immutable` değişkenleri kabul edebilmelerinin ilginç bir etkisi vardır. Bunu aşağıdaki "`const` parametre mi, `immutable` parametre mi?" başlığı altında göreceğiz.

in parametreler

Bir sonraki bölümde göreceğimiz gibi, `in` hem `const` anlamını içerir, hem de `-preview=in` derleyici seçeneği ile kullanıldığında daha yararlıdır. Bu yüzden, `const` parametreler yerine `in` parametreler kullanmanızı öneririm.

immutable parametreler

Hem *değişebilen*, hem `const`, hem de `immutable` değişkenler alabildiklerinden `const` parametrelerin esnek olduklarını söyleyebiliriz.

Öte yandan, bir parametrenin `immutable` olarak işaretlenmesi, asıl değişkenin de `immutable` olması şartını getirir. Bu açıdan bakıldığında `immutable` parametreler işlevin çağrıldığı nokta üzerinde kuvvetli bir talepte bulunmaktadırlar:

```
void birİşlem(immutable int[] dilim) {
    // ...
}

void main() {
```

```
    immutable int[] değişmezDilim = [ 1, 2 ];
    int[] değişebilenDilim = [ 8, 9 ];

    birİşlem(değişmezDilim);         // bu derlenir
    birİşlem(değişebilenDilim);      // ← derleme HATASI
}
```

O yüzden immutable parametreleri ancak gerçekten gereken durumlarda düşünmenizi öneririm. Şimdiye kadar öğrendiklerimiz arasında immutable parametreler yalnızca dizgi türlerinde üstü kapalı olarak geçerler. Bunu biraz aşağıda göstereceğim.

const veya immutable olarak işaretlenmiş olan parametrelerin, işlevin çağrıldığı yerdeki asıl değişkeni değiştirmeme sözü verdiklerini gördük. Bu konu yalnızca referans türünden olan değişkenlerle ilgilidir.

Referans ve değer türlerini bir sonraki bölümde daha ayrıntılı olarak göreceğiz. Bu bölüme kadar gördüğümüz türler arasında dilimler ve eşleme tabloları referans türleri, diğerleri ise değer türleridir.

const parametre mi, immutable parametre mi?

Not: in parametreler const anlamını içerdiklerinden, bu bölüm in parametrelerle de ilgilidir.

Yukarıdaki başlıklara bakıldığında esneklik getirdiği için const belirtecinin yeğlenmesinin doğru olacağı sonucuna varılabilir. Bu her zaman doğru değildir.

Parametre tanımındaki const belirteci, asıl değişkenin *değişebilen* mi, const mı, yoksa immutable mı olduğu bilgisini işlev içerisinde belirsiz hale getirir. Bunu derleyici de bilemez.

Bunun bir etkisi, const parametrelerin immutable parametre alan başka işlevlere doğrudan gönderilemeyecekleridir. Örneğin, değişken main içinde her ne kadar immutable olarak tanımlanmış bile olsa, aşağıdaki koddaki foo işlevi const parametresini bar'a gönderemez:

```
void main() {
    /* Asıl değişken immutable */
    immutable int[] dilim = [ 10, 20, 30, 40 ];
    foo(dilim);
}

/* Daha kullanışlı olabilmek için parametresini const olarak
 * alan bir işlev. */
void foo(const int[] dilim) {
    bar(dilim);     // ← derleme HATASI
}

/* Parametresini belki de geçerli bir nedenle immutable olarak
 * alan bir işlev. */
void bar(immutable int[] dilim) {
    // ...
}
```

bar, parametresinin immutable olmasını şart koşmaktadır. Öte yandan, foo'nun const parametresi olan dilim'in aslında immutable bir değişkene mi yoksa değişebilen bir değişkene mi bağlı olduğu bilinemez.

Not: Yukarıdaki kullanıma bakıldığında main içindeki asıl değişkenin immutable olduğu açıktır. Buna rağmen, derleyici her işlevi ayrı ayrı derlediğinden foo'nun const parametresinin işlevin her çağrıldığı noktada aslında immutable olduğunu bilmesi olanaksızdır. Derleyicinin gözünde dilim değişebilen de olabilir immutable da.

Böyle bir durumda bir çözüm, bar'ı parametrenin değişmez bir kopyası ile çağırmaktır:

```
void foo(const int[] dilim) {
    bar(dilim.idup);
}
```

Bu durumda kodun derlenmesi sağlanmış olsa da, asıl değişkenin zaten immutable olduğu durumda bile kopyasının alınıyor olmasının gereksiz bir bedeli olacaktır.

Bütün bunlara bakıldığında belki de foo'nun parametresini const olarak almasının her zaman için doğru olmadığı düşünülebilir. Çünkü parametresini baştan immutable olarak seçmiş olsa kod kopyaya gerek kalmadan derlenebilir:

```
void foo(immutable int[] dilim) {  // Bu sefer immutable
    bar(dilim);      // Artık kopya gerekmez
}
```

Ancak, bir üstteki başlıkta belirtildiği gibi, asıl değişkenin immutable olmadığı durumlarda foo'nun çağrılabilmesi için bu sefer de .idup ile kopyalanması gerekecekti:

```
    foo(değişebilenDilim.idup);
```

Görüldüğü gibi, değişmeyecek olan parametrenin türünün const veya immutable olarak belirlenmesinin kararı kolay değildir.

İleride göreceğimiz şablonlar bu konuda da yararlıdırlar. Aşağıdaki kodları kitabın bu aşamasında anlamanızı beklemesem de parametrenin *değişebilen*, const, veya immutable olması kararını ortadan kaldırdığını belirtmek istiyorum. Aşağıdaki foo, yalnızca asıl değişken immutable olmadığında kopya bedeli öder; immutable değişkenler kopyalanmazlar:

```
import std.conv;
// ...

/* Şablon olduğu için hem değişebilen hem de immutable
 * değişkenlerle çağrılabilir. */
void foo(T)(T[] dilim) {
    /* Asıl değişken zaten immutable olduğunda 'to' ile
     * kopyalamanın bedeli yoktur. */
    bar(to!(immutable T[])(dilim));
}
```

33.3 İlkleme

Değişimin engellenmesinin, değişken ilk değerlerinin az da olsa karmaşık ifadelerden oluştuğu durumlarda kısıtlayıcı olduğu düşünülebilir. Örneğin, aşağıdaki meyveler dizisinin elemanlarının, turunçgilEklensin_mi değişkeninin değerine göre belirlenmesi istenmiştir, ancak kod dizi const olduğundan derlenemez:

```
    const meyveler = [ "elma", "armut" ];

    if (turunçgilEklensin_mi) {
        meyveler ~= [ "portakal" ];     // ← derleme HATASI
    }
```

Değişkeni örneğin auto ile tanımlamak kodun derlenmesi için yeterli olsa da, daha iyi bir yöntem, const'ı kullanmaya devam etmek ama ilkleme kodunu bir işleve taşımaktır:

```
bool turunçgilEklensin_mi;

string[] meyvelerYap() {
```

```
    auto sonuç = [ "elma", "armut" ];

    if (turunçgilEklensin_mi) {
        sonuç ~= [ "portakal" ];
    }

    return sonuç;
}

void main() {
    const meyveler = meyvelerYap();
}
```

sonuç dizisinin değişebilen türden olduğu halde meyveler'in istendiği gibi const olabildiğine dikkat edin. Kodun bir işleve taşınmasının mümkün olmadığı veya güçlük doğurduğu durumlarda isimsiz işlevler (sayfa 476) kullanılabilir:

```
    const meyveler = {
        // 'meyvelerYap()' işlevinin içeriğinin aynısı
        auto sonuç = [ "elma", "armut" ];

        if (turunçgilEklensin_mi) {
            sonuç ~= [ "portakal" ];
        }

        return sonuç;
    }();
```

İsimsiz işlev, işaretlenmiş olarak gösterilen küme parantezleri arasında tanımlanmıştır ve sondaki işlev çağrı parantezleriyle işletilmektedir. Sonuçta meyveler değişkeni, istendiği gibi const olarak tanımlanabilmiştir.

shared static this (ve static this) özel ilkleme bloklarında const ve immutable değişkenlere doğrudan değer atanabilir. Bu bloklar özellikle modül düzeyinde (işlevlerin dışında) tanımlanmış olan değişkenlerin ilklenmeleri için kullanılırlar:

```
immutable int[] i;

shared static this() {
    // 'const' ve 'immutable' modül değişkenleri bu blok içinde
    // değiştirilebilirler:
    i ~= 43;

    // Değişkenler programın geri kalanında yine de 'const' veya
    // 'immutable' olarak tanımlanmış gibi kullanılırlar.
}
```

shared static this blokları main işlevinden önce işletilirler.

33.4 Bütün dilime karşılık elemanlarının değişmezliği

const bir dilimin türünün .stringof ile const(int[]) olarak yazdırıldığını yukarıda gördük. const'tan sonra kullanılan parantezlerden anlaşılabileceği gibi, değişmez olan dilimin bütünüdür; o dilimde hiçbir değişiklik yapılamaz. Örneğin dilime eleman eklenemez, dilimden eleman çıkartılamaz, var olan elemanların değerleri değiştirilemez, veya dilimin başka elemanları göstermesi sağlanamaz:

```
    const int[] dilim = [ 1, 2 ];
    dilim ~= 3;                  // ← derleme HATASI
    dilim[0] = 3;                // ← derleme HATASI
    dilim.length = 1;            // ← derleme HATASI

    const int[] başkaDilim = [ 10, 11 ];
    dilim = başkaDilim;          // ← derleme HATASI
```

Değişmezliğin bu derece ileri götürülmesi bazı durumlara uygun değildir. Çoğu durumda önemli olan, yalnızca elemanların değiştirilmeyecekleri güvencesidir. Dilim nasıl olsa elemanlara erişim sağlayan bir olanak olduğundan o elemanlar değiştirilmedikleri sürece dilimin kendisinde oluşan değişiklikler bazı durumlarda önemli değildir.

Bir dilimin yalnızca elemanlarının değişmeyeceği, `const`'tan sonraki parantezin yalnızca elemanın türünü içermesi ile sağlanır. Yukarıdaki kod buna uygun olarak değiştirilirse artık yalnızca elemanı değiştiren satır derlenemez; dilimin kendisi değiştirilebilir:

```
const(int)[] dilim = [ 1, 2 ];
dilim ~= 3;                    // şimdi derlenir
dilim[0] = 3;                  // ← derleme HATASI
dilim.length = 1;              // şimdi derlenir

const int[] başkaDilim = [ 10, 11 ];
dilim = başkaDilim;            // şimdi derlenir
```

Birbirlerine çok yakın olan bu söz dizimlerini şöyle karşılaştırabiliriz:

```
const int[]  a = [1]; /* Ne elemanları ne kendisi
                         değiştirilebilen dilim */

const(int[]) b = [1]; /* Üsttekiyle aynı anlam */

const(int)[] c = [1]; /* Elemanları değiştirilemeyen ama
                         kendisi değiştirilebilen dilim */
```

Daha önceki bölümlerde bu konuyla üstü kapalı olarak karşılaştık. Hatırlarsanız, dizgi türlerinin asıl türlerinin `immutable` olduklarından bahsetmiştik:

- `string`, `immutable(char)[]`'ın takma ismidir
- `wstring`, `immutable(wchar)[]`'ın takma ismidir
- `dstring`, `immutable(dchar)[]`'ın takma ismidir

Benzer şekilde, dizgi hazır değerleri de değişmezdirler:

- `"merhaba"c` hazır dizgisinin türü `string`'dir
- `"merhaba"w` hazır dizgisinin türü `wstring`'dir
- `"merhaba"d` hazır dizgisinin türü `dstring`'dir

Bunlara bakarak D dizgilerinin normalde *`immutable` karakterlerden* oluştuklarını söyleyebiliriz.

`const` ve `immutable` geçişlidir

Yukarıdaki a ve b dilimlerinin kod açıklamalarında da değinildiği gibi, o dilimlerin ne kendileri ne de elemanları değiştirilebilir.

Bu, ilerideki bölümlerde göreceğimiz yapılar (sayfa 248) ve sınıflar (sayfa 324) için de geçerlidir. Örneğin, `const` olan bir yapı değişkeninin bütün üyeleri de `const`'tır ve `immutable` olan bir yapı değişkeninin bütün üyeleri de `immutable`'dır. (Aynısı sınıflar için de geçerlidir.)

`.dup` ve `.idup`

Karakterleri değişmez olduklarından dizgiler işlevlere parametre olarak geçirilirken uyumsuz durumlarla karşılaşılabilir. Bu durumlarda dizilerin `.dup` ve `.idup` nitelikleri yararlıdır:

- `.dup` dizinin değişebilen bir kopyasını oluşturur; ismi, "kopyasını al" anlamındaki "duplicate"ten gelir
- `.idup` dizinin değişmez bir kopyasını oluşturur; ismi "immutable duplicate"ten gelir

Örneğin, parametresinin programın çalışması süresince kesinlikle değişmeyecek olmasını isteyen ve bu yüzden onu `immutable` olarak belirlemiş olan bir işlevi `.idup` ile alınan bir kopya ile çağırmak gerekebilir:

```
void foo(string dizgi) {
    // ...
}

void main() {
    char[] selam;
    foo(selam);              // ← derleme HATASI
    foo(selam.idup);         // ← derlenir
}
```

33.5 Nasıl kullanmalı

- Genel bir kural olarak, olabildiği kadar değişmezliği yeğleyin.
- Değişken tanımlarken, programın çalışması sırasında kesinlikle değişmeyecek olan ve değerleri derleme zamanında bilinen veya hesaplanabilen değerleri `enum` olarak tanımlayın. Örneğin, dakikadaki saniye sayısı değişmez:

  ```
      enum int dakikaBaşınaSaniye = 60;
  ```

  Türün sağ taraftan çıkarsanabildiği durumlarda değişkenin türü belirtilmeyebilir:

  ```
      enum dakikaBaşınaSaniye = 60;
  ```

- `enum` dizisi ve `enum` eşleme tablosu kullanmanın gizli bedelini göz önünde bulundurun. Programda birden fazla yerde kullanıldıklarında onları `immutable` değişkenler olarak tanımlayın.
- Kesinlikle değişmeyecek olan ama değerleri derleme zamanında bilinmeyen veya hesaplanamayan değişkenleri `const` olarak tanımlayın. Türün belirtilmesi yine isteğe bağlıdır:

  ```
      const tahmin = sayıOku("Tahmininiz");
  ```

- Parametre tanımlarken, eğer işlev parametrede bir değişiklik yapmayacaksa parametreyi `in` olarak tanımlayın. Öyle yaptığınızda parametreyi değiştirmeme sözü verdiğinizden, *değişebilen*, `const`, ve `immutable` değişkenleri o işleve gönderebilirsiniz:

  ```
  void foo(in char[] dizgi) {
      // ...
  }

  void main() {
      char[] değişebilenDizgi;
      string immutableDizgi;

      foo(değişebilenDizgi);  // ← derlenir
      foo(immutableDizgi);    // ← derlenir
  }
  ```

- Bu kitaptaki çoğu örneğin aksine, parametrelerin hangi bölümlerinin değişmez olduğunu belirtin:

```
// Elemanlar değişemez, dilim değişebilir
void yazdır_1(const(int)[] dilim) {
    // ...
}

// Ne dilim ne de elemanlar değişebilir
void yazdır_2(const(int[]) dilim) {
    // ...
}

// yazdır_2() ile aynı
// (bu kitaptaki örneklerin aksine, bu yöntemden kaçının)
void yazdır_3(const int[] dilim) {
    // ...
}
```

- `const` değişkenleri `immutable` parametre alan işlevlere gönderemeyeceğinizi unutmayın. Bu konunun ayrıntılarını yukarıdaki "`const` parametre mi, `immutable` parametre mi?" başlığında gördük.
- Eğer parametrede bir değişiklik yapacaksanız o parametreyi değişebilen şekilde tanımlayın (`in`, `const`, veya `immutable` olarak tanımlansa zaten derleyici izin vermez):

```
import std.stdio;

void tersÇevir(dchar[] dizgi) {
    foreach (i; 0 .. dizgi.length / 2) {
        immutable geçici = dizgi[i];
        dizgi[i] = dizgi[$ - 1 - i];
        dizgi[$ - 1 - i] = geçici;
    }
}

void main() {
    dchar[] selam = "merhaba"d.dup;
    tersÇevir(selam);
    writeln(selam);
}
```

Çıktısı:

```
abahrem
```

33.6 Özet

- `enum` değişkenler, değerleri derleme zamanında bilinen ve kesinlikle değişmeyecek olan kavramları temsil ederler.
- `enum` dizilerin ve `enum` eşleme tablolarının kodda geçtikleri her noktada bellek ayrılması gibi gizli bir bedelleri vardır. Diziler ve eşleme tabloları için `immutable` belirtecini kullanın.
- `const` parametreler yerine `in` parametreleri yeğleyin.
- `const` ve `immutable` değişkenler, değerleri derleme zamanında bilinemeyen ama kesinlikle değişmeyecek olan kavramları temsil ederler.
- `const` bir parametre, işlev tarafından değiştirilemez. O yüzden, hem *değişebilen*, hem `const`, hem de `immutable` değişkenler o parametrenin değeri olarak kullanılabilirler.

- `immutable` parametreler, işlevin özellikle `immutable` olmasını talep ettiği parametrelerdir. İşlev çağrılırken bu parametrelere karşılık yalnızca `immutable` değişkenler gönderilebilir.
- `const(int[])`, dilimin de elemanlarının da değişmez olduklarını belirler.
- `const(int)[]`, yalnızca elemanların değişmez olduklarını belirler.

34 Değerler ve Referanslar

Değer türü ile referans türü arasındaki fark, özellikle daha sonra göreceğimiz yapıları ve sınıfları anlamada yararlı olacak.

Bu bölümde ayrıca değişkenlerin adreslerini bildiren & işlecini de tanıtacağım. En sonda da şu iki önemli kavramı gösteren bir tablo vereceğim:

- değer karşılaştırması
- adres karşılaştırması

34.1 Değer türü

Bunun tanımı son derece basittir: Değişkenleri değer taşıyan türlere değer türü denir. Örneğin bütün tamsayı ve kesirli sayı türleri değer türleridir çünkü bu türlerden olan her değişkenin kendi değeri vardır. Pek açık olmasa da sabit uzunluklu diziler de değer türleridir.

Örneğin, `int` türünden olan bir değişken bir tamsayı değer taşır:

```
int hız = 123;
```

`hız` değişkeninin büyüklüğü `int`'in büyüklüğü olan 4 bayttır. Belleği soldan sağa doğru bir şerit halinde devam ediyormuş gibi gösterirsek, o değişkenin bellekte şu şekilde yaşadığını düşünebiliriz:

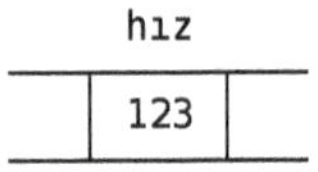

```
        hız
   ───┬─────┬───
      │ 123 │
   ───┴─────┴───
```

Değer türlerinin değişkenleri kopyalandıklarında kendi özel değerlerini edinirler:

```
int yeniHız = hız;
```

Yeni değişkene bellekte kendisine ait bir yer ayrılır ve `yeniHız`'ın da kendi değeri olur:

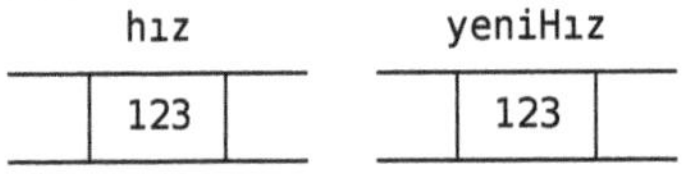

```
        hız             yeniHız
   ───┬─────┬───     ───┬─────┬───
      │ 123 │           │ 123 │
   ───┴─────┴───     ───┴─────┴───
```

Doğal olarak, artık bu değişkenlerde yapılan değişiklikler birbirlerinden bağımsızdır:

```
hız = 200;
```

Diğer değişkenin değeri değişmez:

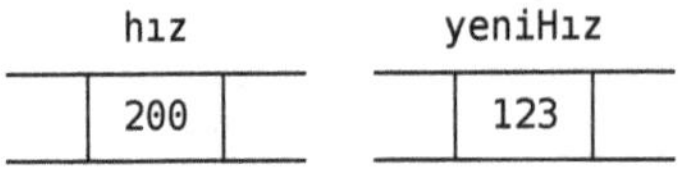

```
        hız             yeniHız
   ───┬─────┬───     ───┬─────┬───
      │ 200 │           │ 123 │
   ───┴─────┴───     ───┴─────┴───
```

`assert` hatırlatması

Bu bölümde kavramların doğruluklarını göstermek için `assert` ve `enforce` bölümünde (sayfa 209) gördüğümüz `assert` denetimlerinden yararlanacağım. Aşağıdaki örneklerde kullandığım `assert` denetimlerini "bu doğrudur" demişim gibi kabul edin.

Örneğin aşağıdaki `assert(hız == yeniHız)` ifadesi, "hız, yeniHız'a eşittir" anlamına geliyor.

Değer kimliği
Yukarıdaki gösterimlerden de anlaşılabileceği gibi, değişkenlerin eşitlikleri iki anlamda ele alınabilir:

- **Değer eşitliği**: Şimdiye kadar bir çok örnekte kullandığımız == işleci, değişkenlerin değerlerini karşılaştırır. Birbirlerinden farklı olan iki değişkenin bu açıdan *eşit olmaları*, onların değerlerinin eşit olmaları anlamına gelir.
- **Değer kimliği**: Kendi değerlerine sahip olmaları açısından bakıldığında, `hız` ve `yeniHız`'ın ayrı kimlikleri vardır. Değerleri eşit olsalar bile, birisinde yapılan değişiklik diğerini etkilemez.

```
int hız = 123;
int yeniHız = hız;
assert(hız == yeniHız);
hız = 200;
assert(hız != yeniHız);
```

Adres alma işleci &
Daha önce `readf` kullanımında gördüğümüz gibi, bu işleç değişkenin adresini döndürür. Okuduğu bilgiyi hangi değişkene yazacağını `readf`'e o değişkenin adresini vererek bildiriyorduk.

Not: Girişten Bilgi Almak bölümünde (sayfa 15) de gördüğümüz gibi, `readf` aslında gösterge gerektirmez.

Değişkenlerin adreslerini başka amaçlar için de kullanabiliriz. Bir örnek olarak iki farklı değişkenin adresini yazdıran bir kod şöyle yazılabilir:

```
int hız = 123;
int yeniHız = hız;

writeln("hız    : ", hız,     " adresi: ", &hız);
writeln("yeniHız: ", yeniHız, " adresi: ", &yeniHız);
```

`hız` ve `yeniHız` değişkenlerinin değerleri aynıdır, ama yukarıda da gösterildiği gibi bu değerler belleğin farklı adreslerinde bulunmaktadırlar:

```
hız    : 123 adresi: BF9A78F0
yeniHız: 123 adresi: BF9A78F4
```

Not: Programı her çalıştırdığınızda farklı adresler görmeniz normaldir. Bu değişkenler işletim sisteminden alınan belleğin boş yerlerine yerleştirilirler.

Değişken adresleri normalde on altılı sayı sisteminde yazdırılır.

Ayrıca, adreslerin `int`'in uzunluğu olan 4 kadar farklı olmalarına bakarak o değişkenlerin bellekte yan yana durduklarını da anlayabiliriz.

34.2 Referans değişkenleri

Referans türlerini anlatmaya geçmeden önce referans değişkenlerini tanıtmam gerekiyor.

Referans değişkenleri, başka değişkenlerin takma isimleri gibi kullanılan değişkenlerdir. Her ne kadar kendileri değişken gibi olsalar da, kendi özel değerleri yoktur. Böyle bir değişkende yapılan bir değişiklik asıl değişkeni etkiler.

Referans değişkenlerini aslında şimdiye kadar iki konuda görmüş ama üzerinde fazla durmamıştık:

- **foreach döngüsünde ref ile**: Bir grup elemana foreach döngüsünde sırayla erişilirken ref anahtar sözcüğü kullanıldığında; eleman, dizi elemanının *kendisi* anlamına geliyordu. Kullanılmadığında ise dizi elemanının *kopyası* oluyordu.

  Bunu, & işleci ile de gösterebiliriz. Adresleri aynı ise, iki farklı değişken aslında belleğin aynı yerindeki bir değere erişim sağlıyorlar demektir:

```
    int[] dilim = [ 0, 1, 2, 3, 4 ];

    foreach (i, ref eleman; dilim) {
        assert(&eleman == &dilim[i]);
    }
```

  Her ne kadar farklı iki değişken olsalar da, & işleci ile alınan adreslerinin eşit olmaları, döngünün her tekrarında tanımlanan eleman ve dilim[i]'nin değer kimliği açısından aslında aynı olduklarını gösterir.

  Bir başka deyişle, eleman, dilim[i]'nin takma ismidir. Daha başka bir deyişle, eleman ile dilim[i] aynı değere erişim sağlarlar. Birisinde yapılan değişiklik, asıl değeri etkiler.

  eleman takma ismi, sırayla asıl dizi elemanlarının takma ismi haline gelir. Bu durumu döngünün i'nin örneğin 3 olduğu tekrarı için şöyle gösterebiliriz:

```
   dilim[0] dilim[1] dilim[2] dilim[3] dilim[4]
      →        →        →     (eleman)
  ───┬────────┬────────┬────────┬─────────┬─────────┬───
     │   0    │   1    │   2    │    3    │    4    │
  ───┴────────┴────────┴────────┴─────────┴─────────┴───
```

- **ref ve out işlev parametrelerinde**: İşlev parametreleri ref veya out olarak tanımlandıklarında işleve gönderilen asıl değişkenin takma ismi gibi işlem görürler.

  Bunu görmek için böyle iki parametre alan bir işlevin iki parametresine de aynı değişkeni gönderelim. Aynı değer kimliğine sahip olduklarını yine & işleci ile gösterebiliriz:

```
import std.stdio;

void main() {
    int asılDeğişken;
    writeln("asılDeğişken'in adresi : ", &asılDeğişken);
    işlev(asılDeğişken, asılDeğişken);
}

void işlev(ref int refParametre, out int outParametre) {
    writeln("refParametre'nin adresi: ", &refParametre);
    writeln("outParametre'nin adresi: ", &outParametre);
    assert(&refParametre == &outParametre);
}
```

  Her ne kadar farklı parametre olarak tanımlansalar da, refParametre ve outParametre aslında aynı değere erişim sağlarlar çünkü zaten ikisi de main içindeki asılDeğişken'in takma ismidir:

```
asılDeğişken'in adresi : 7FFF1DC7D7D8
refParametre'nin adresi: 7FFF1DC7D7D8
outParametre'nin adresi: 7FFF1DC7D7D8
```

34.3 Referans türü

Bazı türlerden olan değişkenler kendi kimlikleri olduğu halde kendileri değer taşımazlar; değer taşıyan başka değişkenlere erişim sağlarlar. Böyle türlere referans türü denir.

Bu kavramı daha önce dizi dilimlerinde görmüştük. Dilimler, var olan başka bir dizinin elemanlarına erişim sağlayan türlerdir; kendi elemanları yoktur:

```
// İsmi burada 'dizi' olarak yazılmış olsa da aslında bu
// değişken de dilimdir; bütün elemanlara erişim sağlar.
int[] dizi = [ 0, 1, 2, 3, 4 ];

// Baştaki ve sondaki elemanı dışlayarak ortadaki üçüne
// erişim sağlayan bir dilim:
int[] dilim = dizi[1 .. $ - 1];

// Şimdi dilim[0] ile dizi[1] aynı değere erişirler:
assert(&dilim[0] == &dizi[1]);

// Gerçekten de dilim[0]'da yapılan değişiklik dizi[1]'i
// etkiler:
dilim[0] = 42;
assert(dizi[1] == 42);
```

Referans değişkenlerinin tersine, referans türleri yalnızca takma isim değildirler. Bunu görmek için aynı dilimin kopyası olan bir dilim daha oluşturalım:

```
int[] dilim2 = dilim;
```

Bu iki dilim kendi adresleri olan, bir başka deyişle kendi kimlikleri olan değişkenlerdir; `dilim2` ile `dilim` farklı adreslerde yaşarlar:

```
assert(&dilim != &dilim2);
```

İşte *referans değişkenleri* ile *referans türlerinin* ayrımı buna dayanır:

- Referans değişkenlerinin kendi kimlikleri yoktur, başka değişkenlerin takma isimleridirler.
- Referans türünden olan değişkenler ise kendi kimlikleri olan değişkenlerdir ama yine başka değerlere erişim sağlarlar.

Örneğin yukarıdaki `dilim` ve `dilim2`'yi bellek üzerinde şöyle gösterebiliriz:

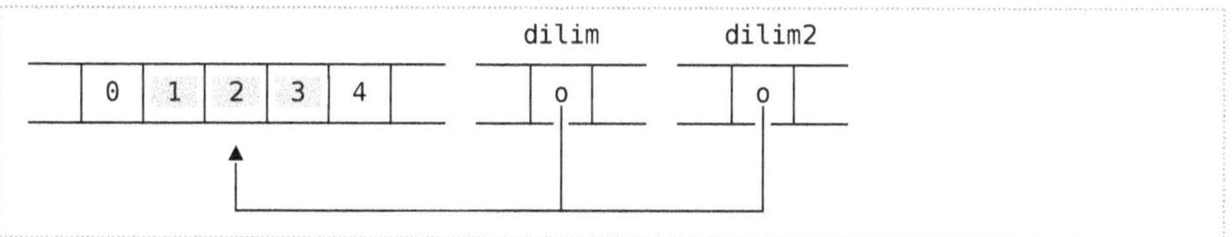

İki dilimin erişim sağladıkları asıl elemanlar işaretli olarak gösteriliyor.

D'nin güçlü bir olanağı olan sınıfları daha ilerideki bölümlerde göreceğiz. D'yi C++'dan ayıran önemli farklardan birisi, D'nin sınıflarının referans türleri olmalarıdır. Yalnızca bunu göstermiş olmak için çok basit bir sınıf tanımlayacağım:

```
class BirSınıf {
    int üye;
}
```

Sınıf nesneleri, daha önce hata atarken de kullandığımız `new` ile oluşturulurlar:

```
auto değişken = new BirSınıf;
```

Bu durumda `değişken`, new işleciyle oluşturulmuş olan isimsiz bir `BirSınıf` nesnesine erişim sağlayan bir referanstır:

```
(isimsiz BirSınıf nesnesi)    değişken
              ...                o
```

Dilimlere benzer şekilde, `değişken` kopyalandığında kopyası da aynı nesneye erişim sağlar ama kopyanın farklı adresi vardır:

```
auto değişken = new BirSınıf;
auto değişken2 = değişken;
assert(değişken == değişken2);
assert(&değişken != &değişken2);
```

Yukarıda görüldüğü gibi, erişim sağlama açısından eşit olsalar da, adresleri farklı olduğu için farklı değişkenlerdir:

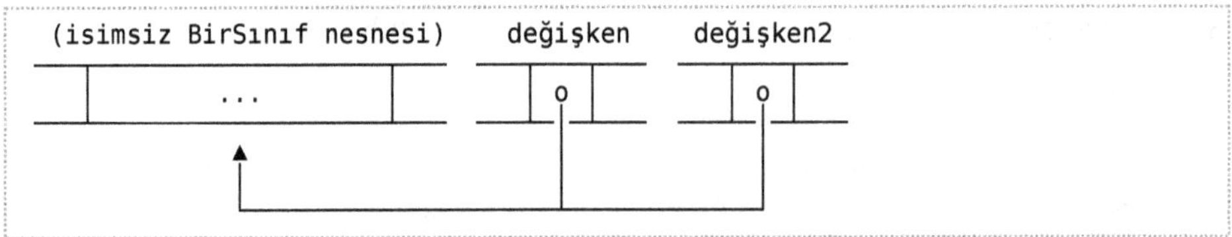

Böyle iki farklı `BirSınıf` nesnesinin gerçekten de aynı nesneye erişim sağladıklarını bir de şöyle gösterebiliriz:

```
auto değişken = new BirSınıf;
değişken.üye = 1;

auto değişken2 = değişken;    // aynı nesneyi paylaşırlar
değişken2.üye = 2;

assert(değişken.üye == 2);    // değişken'in de erişim
                              // sağladığı nesne
                              // değişmiştir
```

`değişken2` yoluyla 2 değerini alan üye, `değişken`'in de erişim sağladığı nesnenin üyesidir.

Başka bir referans türü, eşleme tablolarıdır. Eşleme tabloları da atandıklarında aynı asıl tabloya erişim sağlarlar:

```
string[int] isimleSayılar =
[
    1   : "bir",
    10  : "on",
    100 : "yüz",
];

// Aynı asıl tabloyu paylaşmaya başlarlar:
string[int] isimleSayılar2 = isimleSayılar;

// Örneğin ikincisine eklenen eleman ...
isimleSayılar2[4] = "dört";

// ... birincisinde de görünür.
assert(isimleSayılar[4] == "dört");
```

Bir sonraki bölümde göreceğimiz gibi, baştaki eşleme tablosu `null` ise eleman paylaşımı yoktur.

Atama işleminin farkı

Değer türlerinde ve referans değişkenlerinde atama işleminin sonucunda *asıl değer* değişir:

```
void main() {
    int sayı = 8;

    yarıyaBöl(sayı);          // asıl değer değişir
    assert(sayı == 4);
}

void yarıyaBöl(ref int bölünen) {
    bölünen /= 2;
}
```

Referans türlerinde ise atama işlemi, *hangi asıl nesneye erişim sağlandığını* değiştirir. Örneğin aşağıdaki kodda `dilim3`'e yapılan atama işlemi onun eriştirdiği elemanların değerlerini değiştirmez; `dilim3`'ün başka elemanları göstermesini sağlar:

```
void main() {
    int[] dilim1 = [ 10, 11, 12, 13, 14 ];
    int[] dilim2 = [ 20, 21, 22 ];

    int[] dilim3 = dilim1[1 .. 3]; // 1 ve 2 indeksli elemanlara
                                   // eriştirir

    dilim3[0] = 777;
    assert(dilim1 == [ 10, 777, 12, 13, 14 ]);

    // Bu atama işlemi dilim3'ün eriştirdiği elemanları
    // değiştirmez, dilim3'ün artık başka elemanlara
    // erişim sağlamasına neden olur
    dilim3 = dilim2[$ - 1 .. $];  // sonuncu elemana eriştirir

    dilim3[0] = 888;
    assert(dilim2 == [ 20, 21, 888 ]);
}
```

Atama işlecinin referans türlerindeki bu etkisini bir de `BirSınıf` türünde görelim:

```
    auto değişken1 = new BirSınıf;
    değişken1.üye = 1;

    auto değişken2 = new BirSınıf;
    değişken2.üye = 2;

    auto kopya = değişken1;
    kopya.üye = 3;

    kopya = değişken2;
    kopya.üye = 4;

    assert(değişken1.üye == 3);
    assert(değişken2.üye == 4);
```

Oradaki atama işlemleri sonucunda `kopya` önce `değişken1`'in nesnesine, sonra da `değişken2`'nin nesnesine erişim sağlar. `kopya` yoluyla değeri değiştirilen üye ilk seferde `değişken1`'inkidir, sonra ise `değişken2`'ninkidir.

Referans türleri hiçbir değere erişim sağlamıyor olabilirler

Referans *değişkenlerinde* mutlaka bir asıl değer vardır; onların yaşam süreçleri erişim sağladıkları bir asıl değer olmadan başlamaz. Referans *türlerinin* değişkenleri ise, henüz hiçbir değere erişim sağlamayacak şekilde oluşturulabilirler.

Örneğin bir `BirSınıf` değişkeni, erişim sağladığı nesne henüz belli olmadan şöyle tanımlanabilir:

```
    BirSınıf değişken;
```

Böyle değişkenler `null` özel değerine eşittirler. Bu özel değeri ve `is` anahtar sözcüğünü daha sonraki bir bölümde (sayfa 235) göreceğiz.

34.4 Sabit uzunluklu diziler *değer türü*, dinamik diziler *referans türü*

D'nin iki dizi türü bu konuda farklılık gösterir.

Dinamik diziler (dilimler), yukarıdaki örneklerde de görüldüğü gibi referans türleridir. Dinamik diziler kendilerine ait olmayan elemanlara erişim sağlarlar. Temel işlemler açısından referans olarak davranırlar.

Sabit uzunluklu diziler ise değer türleridir. Kendi elemanlarına sahiptirler ve değer türü olarak davranırlar:

```
    int[3] dizi1 = [ 10, 20, 30 ];

    // dizi2'nin elemanları dizi1'inkilerden farklı olur
    auto dizi2 = dizi1;
    dizi2[0] = 11;

    // İlk dizi değişmez
    assert(dizi1[0] == 10);
```

Tanımlandığı zaman uzunluğu da belirlendiği için `dizi1` sabit uzunluklu bir dizidir. `auto` anahtar sözcüğü nedeniyle `dizi2` de aynı türü edinir. Her ikisi de kendi elemanlarına sahiptirler. Birisinde yapılan değişiklik diğerini etkilemez.

34.5 Deney

Yukarıda anlatılan farklı türlerin değişkenlerine ve onların adreslerine == işlecini uygulayınca ortaya şöyle bir tablo çıkıyor:

```
                      Değişken Türü                     a == b  &a == &b
=====================================================================
            aynı değerli değişkenler (değer türü)        true    false
          farklı değerli değişkenler (değer türü)        false   false
                             ref değişkenli foreach      true     true
                     ref olmayan değişkenli foreach      true    false
                              out parametreli işlev      true     true
                              ref parametreli işlev      true     true
                               in parametreli işlev      true    false
                        aynı elemanlara erişen dilimler  true    false
                      farklı elemanlara erişen dilimler  false   false
  aynı nesneye erişen BirSınıf'lar (referans türü)       true    false
farklı nesneye erişen BirSınıf'lar (referans türü)       false   false
```

O tablo aşağıdaki programla üretilmiştir:

```
import std.stdio;
import std.array;

int modülDeğişkeni = 9;

class BirSınıf {
```

```
    int üye;
}

void başlıkÇiz() {
    immutable dchar[] başlık =
        "                 Değişken Türü" ~
        "                 a == b  &a == &b";

    writeln();
    writeln(başlık);
    writeln(replicate("=", başlık.length));
}

void bilgiSatırı(const dchar[] başlık,
                 bool değerEşitliği,
                 bool adresEşitliği) {
    writefln("%50s%9s%9s",
             başlık, değerEşitliği, adresEşitliği);
}

void main() {
    başlıkÇiz();

    int sayı1 = 12;
    int sayı2 = 12;
    bilgiSatırı("aynı değerli değişkenler (değer türü)",
                sayı1 == sayı2,
                &sayı1 == &sayı2);

    int sayı3 = 3;
    bilgiSatırı("farklı değerli değişkenler (değer türü)",
                sayı1 == sayı3,
                &sayı1 == &sayı3);

    int[] dilim = [ 4 ];
    foreach (i, ref eleman; dilim) {
        bilgiSatırı("ref değişkenli foreach",
                    eleman == dilim[i],
                    &eleman == &dilim[i]);
    }

    foreach (i, eleman; dilim) {
        bilgiSatırı("ref olmayan değişkenli foreach",
                    eleman == dilim[i],
                    &eleman == &dilim[i]);
    }

    outParametre(modülDeğişkeni);
    refParametre(modülDeğişkeni);
    inParametre(modülDeğişkeni);

    int[] uzunDilim = [ 5, 6, 7 ];
    int[] dilim1 = uzunDilim;
    int[] dilim2 = dilim1;
    bilgiSatırı("aynı elemanlara erişen dilimler",
                dilim1 == dilim2,
                &dilim1 == &dilim2);

    int[] dilim3 = dilim1[0 .. $ - 1];
    bilgiSatırı("farklı elemanlara erişen dilimler",
                dilim1 == dilim3,
                &dilim1 == &dilim3);

    auto değişken1 = new BirSınıf;
    auto değişken2 = değişken1;
    bilgiSatırı(
        "aynı nesneye erişen BirSınıf'lar (referans türü)",
        değişken1 == değişken2,
        &değişken1 == &değişken2);

    auto değişken3 = new BirSınıf;
    bilgiSatırı(
        "farklı nesneye erişen BirSınıf'lar (referans türü)",
```

```
            değişken1 == değişken3,
            &değişken1 == &değişken3);
}

void outParametre(out int parametre) {
    bilgiSatırı("out parametreli işlev",
                parametre == modülDeğişkeni,
                &parametre == &modülDeğişkeni);
}

void refParametre(ref int parametre) {
    bilgiSatırı("ref parametreli işlev",
                parametre == modülDeğişkeni,
                &parametre == &modülDeğişkeni);
}

void inParametre(in int parametre) {
    bilgiSatırı("in parametreli işlev",
                parametre == modülDeğişkeni,
                &parametre == &modülDeğişkeni);
}
```

Notlar:

- Programda işlev parametrelerini karşılaştırmak için bir de modül değişkeni kullanılıyor. Modül değişkenleri işlevlerin dışında tanımlanırlar ve içinde tanımlandıkları modüldeki bütün kodlar tarafından erişilebilirler.
- `std.array` modülünün `replicate()` işlevi kendisine verilen aralığı (yukarıdaki `"="`) belirtilen sayıda tekrarlar.

34.6 Özet

- Değer türlerinden olan her değişkenin kendi değeri ve kendi adresi vardır.
- Referans değişkenlerinin ne değerleri vardır ne de adresleri; takma isim gibidirler.
- Referans türlerinden olan değişkenlerin kendi adresleri vardır; ama erişim sağladıkları değer kendilerinin değildir.
- Referans türlerinde atama işlemi değer değiştirmez, hangi asıl nesneye erişildiğini değiştirir.
- Referans türlerinden olan değişkenler `null` olabilirler.

35 İşlev Parametreleri

Bu bölümde parametrelerin işlevlere gönderilmeleri konusundaki ayrıntıları göreceğiz ve D'deki parametre çeşitlerini tanıyacağız.

Aslında bu bölümün konularının bazılarıyla önceki bölümlerde karşılaşmıştık. Örneğin, foreach Döngüsü bölümünde (sayfa 121) `ref` anahtar sözcüğünün elemanların kopyalarını değil, *kendilerini* kullandırdığını görmüştük.

Ek olarak, hem `const` ve `immutable` belirteçlerinin parametrelerle kullanımını hem de değer türleriyle referans türleri arasındaki farkları daha önceki bölümlerde görmüştük.

Önceki programlarda işlevlerin nasıl parametrelerini kullanarak sonuçlar ürettiklerini gördük. Örneğin, hiçbir yan etkisi olmayan ve işi yalnızca değer üretmek olan bir işlev şöyle yazılabiliyordu:

```
double seneSonuNotu(double vizeNotu, double finalNotu) {
    return vizeNotu * 0.4 + finalNotu * 0.6;
}
```

O işlevde vize notu ağırlığının %40, final notununkinin de %60 olarak hesaplandığını görebiliyoruz. O işlevi örneğin şu şekilde çağırabiliriz:

```
    int vizeOrtalaması = 76;
    int finalNotu = 80;

    writefln("Sene sonu notu: %2.0f",
             seneSonuNotu(vizeOrtalaması, finalNotu));
```

35.1 Parametre her zaman kopyalanır

Yukarıdaki kodun `vizeOrtalaması` ve `finalNotu` değişkenlerini *kullandığını* söylediğimizde aslında temelde bir hataya düşmüş oluruz çünkü aslında işlev tarafından kullanılanlar değişkenlerin kendileri değil, *kopyalarıdır.*

Bu ayrım önemlidir çünkü parametrede yapılan değişiklik ancak kopyayı etkiler. Bunu yan etki üretmeye *çalışan* aşağıdaki işlevde görebiliriz. Bu işlev bir oyun karakterinin enerjisini azaltmak için yazılmış olsun:

```
void enerjisiniAzalt(double enerji) {
    enerji /= 4;
}
```

O işlevi denemek için yazılmış olan şu programa bakalım:

```
import std.stdio;

void enerjisiniAzalt(double enerji) {
    enerji /= 4;
}

void main() {
    double enerji = 100;

    enerjisiniAzalt(enerji);
    writeln("Yeni enerji: ", enerji);
}
```

Çıktısı:

```
Yeni enerji: 100        ← Değişmedi
```

`enerjisiniAzalt` işlevi parametresinin değerini dörtte birine düşürdüğü halde `main` içindeki `enerji` isimli değişkenin değeri aynı kalmaktadır. Bunun nedeni, main içindeki enerji ile enerjisiniAzalt işlevinin parametresi olan enerji'nin farklı değişkenler olmalarıdır. Parametre, main içindeki değişkenin *kopyasıdır*.

Bu olayı biraz daha yakından incelemek için programa bazı çıktı ifadeleri yerleştirebiliriz:

```
import std.stdio;

void enerjisiniAzalt(double enerji) {
    writeln("İşleve girildiğinde        : ", enerji);
    enerji /= 4;
    writeln("İşlevden çıkılırken        : ", enerji);
}

void main() {
    double enerji = 100;

    writeln("İşlevi çağırmadan önce     : ", enerji);
    enerjisiniAzalt(enerji);
    writeln("İşlevden dönüldükten sonra: ", enerji);
}
```

Çıktısı:

```
İşlevi çağırmadan önce     : 100
İşleve girildiğinde        : 100
İşlevden çıkılırken        : 25    ← parametre değişir,
İşlevden dönüldükten sonra: 100    ← asıl enerji değişmez
```

Çıktıdan anlaşıldığı gibi, isimleri aynı olsa da main içindeki enerji ile enerjisiniAzalt içindeki enerji farklı değişkenlerdir. İşleve main içindeki değişkenin değeri *kopyalanır* ve değişiklik bu kopyayı etkiler.

Bu, ilerideki bölümlerde göreceğimiz yapı nesnelerinde de böyledir: Yapı nesneleri de işlevlere kopyalanarak gönderilirler.

35.2 Referans türlerinin eriştirdiği değişkenler kopyalanmazlar

Dilim, eşleme tablosu, ve sınıf gibi referans türleri de işlevlere kopyalanırlar. Ancak, bu türlerin erişim sağladığı değişkenler (dilim ve eşleme tablosu elemanları ve sınıf nesneleri) kopyalanmazlar. Bu çeşit değişkenler işlevlere *referans* olarak geçirilirler. Parametre, asıl nesneye eriştiren yeni bir reeferanstır ve dolayısıyla, parametrede yapılan değişiklik asıl nesneyi değiştirir.

Dizgiler de dizi olduklarından bu durum onlar için de geçerlidir. Parametresinde değişiklik yapan şu işleve bakalım:

```
import std.stdio;

void başHarfiniNoktaYap(dchar[] dizgi) {
    dizgi[0] = '.';
}

void main() {
    dchar[] dizgi = "abc"d.dup;
    başHarfiniNoktaYap(dizgi);
    writeln(dizgi);
}
```

Parametrede yapılan değişiklik main içindeki asıl nesneyi değiştirmiştir:

```
.bc
```

Buna rağmen, dilim ve eşleme tablosu değişkenlerinin kendileri yine de kopyalanırlar. Bu durum, parametre özellikle ref belirteci ile tanımlanmamışsa şaşırtıcı sonuçlar doğurabilir.

Dilimlerin şaşırtıcı olabilen referans davranışları

Başka Dizi Olanakları bölümünde (sayfa 64) belirtildiği gibi, *bir dilime eleman eklenmesi paylaşımı sonlandırabilir.* Paylaşım sonlanmışsa yukarıdaki `dizgi` gibi bir parametre artık asıl elemanlara erişim sağlamıyor demektir.

```
import std.stdio;

void sıfırEkle(int[] dilim) {
    dilim ~= 0;
    writefln("sıfırEkle() içindeyken: %s", dilim);
}

void main() {
    auto dilim = [ 1, 2 ];
    sıfırEkle(dilim);
    writefln("sıfırEkle()'den sonra : %s", dilim);
}
```

Yeni eleman yalnızca parametreye eklenir, çağıran taraftaki dilime değil:

```
sıfırEkle() içindeyken: [1, 2, 0]
sıfırEkle()'den sonra : [1, 2]      ← 0 elemanı yok
```

Yeni elemanların gerçekten de asıl dilime eklenmesi istendiğinde parametrenin `ref` olarak geçirilmesi gerekir:

```
void sıfırEkle(ref int[] dilim) {
    // ...
}
```

`ref` belirtecini biraz aşağıda göreceğiz.

Eşleme tablolarının şaşırtıcı olabilen referans davranışları

Eşleme tablosu çeşidinden olan parametreler de şaşırtıcı sonuçlar doğurabilirler. Bunun nedeni, eşleme tablolarının yaşamlarına boş olarak değil, `null` olarak başlamalarıdır.

`null`, bu anlamda *ilklenmemiş eşleme tablosu* anlamına gelir. Eşleme tabloları ilk elemanları eklendiğinde otomatik olarak ilklenirler. Bunun bir etkisi olarak, eğer bir işlev `null` olan bir eşleme tablosuna bir eleman eklerse o eleman çağıran tarafta görülemez çünkü parametre ilklenmiştir ama çağıran taraftaki değişken yine `null`'dır:

```
import std.stdio;

void elemanEkle(int[string] tablo) {
    tablo["kırmızı"] = 100;
    writefln("elemanEkle() içindeyken: %s", tablo);
}

void main() {
    int[string] tablo;    // ← null tablo
    elemanEkle(tablo);
    writefln("elemanEkle()'den sonra : %s", tablo);
}
```

Eklenen eleman çağıran taraftaki tabloya eklenmemiştir:

```
elemanEkle() içindeyken: ["kırmızı":100]
elemanEkle()'den sonra : []        ← Elemanı yok
```

Öte yandan, işleve gönderilen tablo `null` değilse, eklenen eleman o tabloda da görülür:

```
    int[string] tablo;
    tablo["mavi"] = 10;       // ← Bu sefer null değil
    elemanEkle(tablo);
```

Bu sefer, eklenen eleman çağıran taraftaki tabloda da görülür:

```
elemanEkle() içindeyken: ["mavi":10, "kırmızı":100]
elemanEkle()'den sonra : ["mavi":10, "kırmızı":100]
```

Bu yüzden, eşleme tablolarını da `ref` parametreler olarak geçirmek daha uygun olabilir.

35.3 Parametre çeşitleri

Parametrelerin işlevlere geçirilmeleri normalde yukarıdaki iki temel kurala uyar:

- Değer türleri kopyalanırlar. Asıl değişken ve parametre birbirlerinden bağımsızdır.
- Referans türleri de kopyalanırlar ama referans türlerinin doğalarına uygun olarak hem asıl değişken hem de parametre aynı nesneye erişim sağlar.

Bunlar bir belirteç kullanılmadığı zaman varsayılan kurallardır. Bu genel kurallar aşağıdaki anahtar sözcükler yardımıyla değiştirilebilir.

`in`

İngilizce'de "içeriye" anlamına gelen `in` parametreler, normalde `const` parametrelerle aynıdırlar; değiştirilemezler:

```
void deneme(in int değer) {
    değer = 1;     // ← derleme HATASI
}
```

`-preview=in` derleyici seçeneği kullanıldığında ise, `in` parametreler programcının amacını "bu işlev bu parametreyi yalnızca giriş verisi olarak kullanacaktır" olarak belirler:

```
$ dmd -preview=in deneme.d
```

`-preview=in`, derleyicinin `in` parametreleri daha uygun olarak geçirmesini sağlar:

- `in`'in anlamı `const scope` olarak değişir (`scope` için aşağıya bakınız)
- `ref` parametrelerin aksine, *sağ değerler* bile `in` parametrelere geçirilebilirler (`ref` için aşağıya, sağ değerler için bir sonraki bölüme bakınız)
- Kopyalandıklarında yan etki üretecek olan türler (örneğin, `this(this)` işlevi tanımlanmış olan bir tür) veya kopyalanmaları engellenmiş olan türler (örneğin `this(this)` işlevi `@disable` ile etkisizleştirilmiş olan bir tür) referans olarak geçirilirler

`-preview=in`'in kullanılıp kullanılmamasından bağımsız olarak `const` yerine `in` parametreler kullanmanızı öneririm.

`out`

İşlevin ürettiği bilginin işlevden `return` anahtar sözcüğü ile döndürüldüğünü görmüştük. İşlevlerden tek değer döndürülebiliyor olması bazen kısıtlayıcı olabilir çünkü bazı işlevlerin birden fazla sonuç üretmesi istenir. (*Not: Aslında dönüş türü `Tuple` veya `struct` olduğunda işlevler birden fazla değer döndürebilirler. Bu olanakları ilerideki bölümlerde göreceğiz.*)

"Dışarıya" anlamına gelen out belirteci, işlevlerin parametreleri yoluyla da sonuç üretmelerini sağlar. İşlev bu çeşit parametrelerin değerlerini atama yoluyla değiştirdiğinde, o değerler işlevi çağıran ortamda da sonuç olarak görülürler. Bilgi bir anlamda işlevden *dışarıya* gönderilmektedir.

Örnek olarak iki sayıyı bölen ve hem bölümü hem de kalanı üreten bir işleve bakalım. İşlevin dönüş değerini bölmenin sonucu için kullanırsak bölmeden kalanı da bir out parametre olarak döndürebiliriz:

```
import std.stdio;

int kalanlıBöl(int bölünen, int bölen, out int kalan) {
    kalan = bölünen % bölen;
    return bölünen / bölen;
}

void main() {
    int kalan;
    int bölüm = kalanlıBöl(7, 3, kalan);

    writeln("bölüm: ", bölüm, ", kalan: ", kalan);
}
```

İşlevin kalan isimli parametresinin değiştirilmesi main içindeki kalan'ın değişmesine neden olur (isimlerinin aynı olması gerekmez):

```
bölüm: 2, kalan: 1
```

Değerleri çağıran tarafta ne olursa olsun, işleve girildiğinde out parametreler öncelikle türlerinin ilk değerine dönüşürler:

```
import std.stdio;

void deneme(out int parametre) {
    writeln("İşleve girildiğinde   : ", parametre);
}

void main() {
    int değer = 100;

    writeln("İşlev çağrılmadan önce: ", değer);
    deneme(değer);
    writeln("İşlevden dönüldüğünde : ", değer);
}
```

O işlevde parametreye hiçbir değer atanmıyor bile olsa işleve girildiğinde parametrenin değeri int'in ilk değeri olmakta ve bu main içindeki değeri de etkilemektedir:

```
İşlev çağrılmadan önce: 100
İşleve girildiğinde   : 0      ← int.init değerinde
İşlevden dönüldüğünde : 0
```

Görüldüğü gibi, out parametreler dışarıdan bilgi alamazlar, yalnızca dışarıya bilgi gönderebilirler.

out parametre yerine dönüş türü olarak Tuple veya struct kullanmak daha iyidir. Bunları ilerideki bölümlerde göreceğiz.

const

const yerine in parametreler kullanmanızı öneririm.

Daha önce de gördüğümüz gibi, bu belirteç parametrenin işlev içinde değiştirilmeyeceği garantisini verir. Bu sayede, işlevi çağıranlar hem parametrede değişiklik yapılmadığını bilmiş olurlar, hem de işlev const veya immutable olan değişkenlerle de çağrılabilir:

```
import std.stdio;

dchar sonHarfi(const dchar[] dizgi) {
    return dizgi[$ - 1];
}

void main() {
    writeln(sonHarfi("sabit"));
}
```

`immutable`

Daha önce de gördüğümüz gibi, bu belirteç parametrenin programın çalışması süresince değişmemesini şart koşar. Bu konuda ısrarlı olduğundan aşağıdaki işlevi ancak elemanları `immutable` olan dizgilerle çağırabiliriz (örneğin, dizgi hazır değerleriyle):

```
import std.stdio;

dchar[] karıştır(immutable dchar[] birinci,
                 immutable dchar[] ikinci) {
    dchar[] sonuç;
    int i;

    for (i = 0; (i < birinci.length) && (i < ikinci.length); ++i) {
        sonuç ~= birinci[i];
        sonuç ~= ikinci[i];
    }

    sonuç ~= birinci[i..$];
    sonuç ~= ikinci[i..$];

    return sonuç;
}

void main() {
    writeln(karıştır("MERHABA", "dünya"));
}
```

Kısıtlayıcı bir belirteç olduğundan, `immutable`'ı ancak değişmezliğin gerçekten gerekli olduğu durumlarda kullanmanızı öneririm. Öte yandan, `const` parametreler genelde daha kullanışlıdır çünkü bunlar `const`, `immutable`, ve *değişebilen* değişkenlerin hepsini kabul ederler.

`ref`

İşleve normalde kopyalanarak geçirilecek olan bir değişkenin referans olarak geçirilmesini sağlar.

Sağ değerler (bir sonraki bölüme bakınız) `ref` parametre olarak geçirilemezler.

Yukarıda parametresi normalde kopyalandığı için istediğimiz gibi çalışmayan `enerjisiniAzalt` işlevinin `main` içindeki asıl değişkeni değiştirebilmesi için parametresini referans olarak alması gerekir:

```
import std.stdio;

void enerjisiniAzalt(ref double enerji) {
    enerji /= 4;
}

void main() {
    double enerji = 100;

    enerjisiniAzalt(enerji);
    writeln("Yeni enerji: ", enerji);
}
```

İşlev parametresinde yapılan değişiklik artık `main` içindeki `enerji`'nin değerini değiştirir:

```
Yeni enerji: 25
```

Görüldüğü gibi, `ref` parametreler işlev içinde hem kullanılmak üzere giriş bilgisidirler, hem de sonuç üretmek üzere çıkış bilgisidirler. `ref` parametreler asıl değişkenlerin takma isimleri olarak da düşünülebilirler. Yukarıdaki işlev parametresi olan `enerji`, `main` içindeki `enerji`'nin bir takma ismi gibi işlem görür. `ref` yoluyla yapılan değişiklik asıl değişkeni değiştirir.

`ref` parametreler işlevlerin yan etki üreten türden işlevler olmalarına neden olurlar: Dikkat ederseniz, `enerjisiniAzalt` işlevi değer üretmemekte, parametresinde bir değişiklik yapmaktadır.

Fonksiyonel programlama denen programlama yönteminde yan etkilerin özellikle azaltılmasına çalışılır. Hatta, bazı programlama dillerinde yan etkilere hiç izin verilmez. Değer üreten işlevlerin yan etkisi olan işlevlerden programcılık açısından daha üstün oldukları kabul edilir. İşlevlerinizi olabildiğince değer üretecek şekilde tasarlamanızı öneririm. İşlevlerin yan etkilerini azaltmak, onların daha anlaşılır ve daha kolay olmalarını sağlar.

Aynı işi fonksiyonel programlamaya uygun olacak şekilde gerçekleştirmek için (yani, değer üreten işlev kullanmak için) programı şöyle değiştirmek önerilir:

```
import std.stdio;

double düşükEnerji(double enerji) {
    return enerji / 4;
}

void main() {
    double enerji = 100;

    enerji = düşükEnerji(enerji);
    writeln("Yeni enerji: ", enerji);
}
```

`auto ref`

Bu belirteç yalnızca şablonlarla (sayfa 401) kullanılabilir. Bir sonraki bölümde göreceğimiz gibi, *sol değerler* `auto ref` parametrelere referans olarak, *sağ değerler* ise kopyalanarak geçirilirler.

`inout`

İsminin `in` ve `out` sözcüklerinden oluştuğuna bakıldığında bu belirtecin *hem giriş hem çıkış* anlamına geldiği düşünebilir ancak bu doğru değildir. Hem giriş hem çıkış anlamına gelen belirtecin `ref` olduğunu yukarıda gördük.

`inout`, parametrenin *değişmezlik* bilgisini otomatik olarak çıkış değerine taşımaya yarar. Parametre `const`, `immutable`, veya *değişebilen* olduğunda dönüş değeri de `const`, `immutable`, veya *değişebilen* olur.

Bu belirtecin yararını görmek için kendisine verilen dilimin ortadaki elemanlarını yine dilim olarak döndüren bir işleve bakalım:

```
import std.stdio;

int[] ortadakileri(int[] dilim) {
    if (dilim.length) {
        --dilim.length;              // sondan kırp

        if (dilim.length) {
            dilim = dilim[1 .. $];   // baştan kırp
        }
```

```
    }

    return dilim;
}

void main() {
    int[] sayılar = [ 5, 6, 7, 8, 9 ];
    writeln(ortadakileri(sayılar));
}
```

Çıktısı:

```
[6, 7, 8]
```

Kitabın bu noktasına kadar anladıklarımız doğrultusunda bu işlevin parametresinin aslında `const(int)[]` olarak bildirilmiş olması gerekir çünkü kendisine verilen dilimin elemanlarında değişiklik yapmamaktadır. Dikkat ederseniz, dilimin kendisinin değiştirilmesinde bir sakınca yoktur çünkü değiştirilen dilim işlevin çağrıldığı yerdeki dilim değil, onun kopyasıdır.

Ancak, işlev buna uygun olarak tekrar yazıldığında bir derleme hatası alınır:

```
int[] ortadakileri(const(int)[] dilim) {
    // ...
    return dilim;    // ← derleme HATASI
}
```

Derleme hatası, elemanları değiştirilemeyen bir dilimin elemanları ***değiştirilebilen*** bir dilim olarak döndürülemeyeceğini bildirir:

```
Error: cannot implicitly convert expression (dilim) of
type const(int)[] to int[]
```

Bunun çözümü olarak dönüş türünün de `const(int)[]` olarak belirlenmesi düşünülebilir:

```
const(int)[] ortadakileri(const(int)[] dilim) {
    // ...
    return dilim;    // şimdi derlenir
}
```

Kod, yapılan o değişiklikle derlenir. Ancak, bu sefer ortaya farklı bir kısıtlama çıkmıştır: İşlev ***değişebilen*** elemanlardan oluşan bir dilimle bile çağrılmış olsa döndürdüğü dilim `const` elemanlardan oluşacaktır. Bunun zararını görmek için bir dilimin ortadaki elemanlarının on katlarını almaya çalışan şu koda bakalım:

```
    int[] ortadakiler = ortadakileri(sayılar); // ← derleme HATASI
    ortadakiler[] *= 10;
```

İşlevin döndürdüğü `const(int)[]` türündeki dilimin `int[]` türündeki dilime atanamaması doğaldır:

```
Error: cannot implicitly convert expression
(ortadakileri(sayılar)) of type const(int)[] to int[]
```

Asıl dilim değişebilen elemanlardan oluştuğu halde ortadaki bölümü üzerine böyle bir kısıtlama getirilmesi kullanışsızlıktır. İşte, `inout` değişmezlikle ilgili olan bu sorunu çözer. Bu anahtar sözcük hem parametrede hem de dönüş türünde kullanılır ve parametrenin değişebilme durumunu dönüş değerine taşır:

```
inout(int)[] ortadakileri(inout(int)[] dilim) {
    // ...
    return dilim;
}
```

Aynı işlev artık `const`, `immutable`, ve *değişebilen* dilimlerle çağrılabilir:

```
    {
        int[] sayılar = [ 5, 6, 7, 8, 9 ];
        // Dönüş türü değişebilen elemanlı dilimdir
        int[] ortadakiler = ortadakileri(sayılar);
        ortadakiler[] *= 10;
        writeln(ortadakiler);
    }

    {
        immutable int[] sayılar = [ 10, 11, 12 ];
        // Dönüş türü immutable elemanlı dilimdir
        immutable int[] ortadakiler = ortadakileri(sayılar);
        writeln(ortadakiler);
    }

    {
        const int[] sayılar = [ 13, 14, 15, 16 ];
        // Dönüş türü const elemanlı dilimdir
        const int[] ortadakiler = ortadakileri(sayılar);
        writeln(ortadakiler);
    }
```

`lazy`

Doğal olarak, parametre değerleri işlevler çağrılmadan *önce* işletilirler. Örneğin, `topla` gibi bir işlevi başka iki işlevin sonucu ile çağırdığımızı düşünelim:

```
    sonuç = topla(birMiktar(), başkaBirMiktar());
```

`topla`'nın çağrılabilmesi için öncelikle `birMiktar` ve `başkaBirMiktar` işlevlerinin çağrılmaları gerekir çünkü `topla` hangi iki değeri toplayacağını bilmek zorundadır.

İşlemlerin bu şekilde doğal olarak işletilmeleri *hevesli* olarak tanımlanır. Program, işlemleri öncelik sıralarına göre hevesle işletir.

Oysa bazı parametreler işlevin işleyişine bağlı olarak belki de hiçbir zaman kullanılmayacaklardır. Parametre değerlerinin hevesli olarak önceden işletilmeleri kullanılmayan parametrelerin gereksiz yere hesaplanmış olmalarına neden olacaktır.

Bunun bilinen bir örneği, programın işleyişiyle ilgili mesajlar yazdırmaya yarayan *log* işlevleridir. Bu işlevler kullanıcı ayarlarına bağlı olarak yalnızca yeterince öneme sahip olan mesajları yazdırırlar:

```
enum Önem { düşük, orta, yüksek }
// Not: Önem, İngilizce'de 'log level' olarak bilinir.

void logla(Önem önem, string mesaj) {
    if (önem >= önemAyarı) {
        writeln(mesaj);
    }
}
```

Örneğin, eğer kullanıcı yalnızca `Önem.yüksek` değerli mesajlarla ilgileniyorsa, `Önem.orta` değerindeki mesajlar yazdırılmazlar. Buna rağmen, parametre değeri işlev çağrılmadan önce yine de hesaplanacaktır. Örneğin, aşağıdaki mesajı oluşturan `format` ifadesinin tamamı (`bağlantıDurumunuÖğren()` çağrısı dahil) `logla` işlevi çağrılmadan önce işletilecek ama bu işlem mesaj yazdırılmadığı zaman boşa gitmiş olacaktır:

```
    if (!bağlanıldı_mı) {
        logla(Önem.orta,
              format("Hata. Bağlantı durumu: '%s'.",
```

```
                          bağlantıDurumunuÖğren()));
    }
```

`lazy` anahtar sözcüğü parametreyi oluşturan ifadenin yalnızca o parametre işlev içinde gerçekten kullanıldığında (ve her kullanıldığında) hesaplanacağını bildirir:

```
void logla(Önem önem, lazy string mesaj) {
    // ... işlevin tanımı öncekiyle aynı ...
}
```

Artık ifade `mesaj` gerçekten kullanıldığında hesaplanır.

Dikkat edilmesi gereken bir nokta, `lazy` parametrenin değerinin o parametre *her kullanıldığında* hesaplanacağıdır.

Örneğin, aşağıdaki işlevin `lazy` parametresi üç kere kullanıldığından onu hesaplayan işlev de üç kere çağrılmaktadır:

```
import std.stdio;

int parametreyiHesaplayanİşlev() {
    writeln("Hesap yapılıyor");
    return 1;
}

void tembelParametreliİşlev(lazy int değer) {
    int sonuç = değer + değer + değer;
    writeln(sonuç);
}

void main() {
    tembelParametreliİşlev(parametreyiHesaplayanİşlev());
}
```

Çıktısı:

```
Hesap yapılıyor
Hesap yapılıyor
Hesap yapılıyor
3
```

`lazy` belirtecini değeri ancak bazı durumlarda kullanılan parametreleri belirlemek için kullanabilirsiniz. Ancak, değerin birden fazla sayıda hesaplanabileceğini de unutmamak gerekir.

scope

Bu anahtar sözcük parametrenin işlev sonlandıktan sonra kullanılmayacağını bildirir. Bu bölümün yazıldığı sırada `scope` ancak işlev `@safe` (sayfa 550) olarak tanımlanmışsa ve `-dip1000` derleyici seçeneği kullanılmışsa etkiliydi. DIP, "D Geliştirme Önerisi" anlamına gelen *D Improvement Proposal* teriminin kısaltmasıdır. DIP 1000 bu bölüm yazıldığında henüz deneme aşamasında olduğundan her durumda istendiği gibi çalışmayabilir.

```
$ dmd -dip1000 deneme.d
```

```
int[] modülDilimi;

@safe int[] işlev(scope int[] parametre) {
    modülDilimi = parametre;    // ← derleme HATASI
    return parametre;           // ← derleme HATASI
}

void main() {
    int[] dilim = [ 10, 20 ];
    int[] sonuç = işlev(dilim);
}
```

Yukarıdaki işlev scope ile verdiği sözü iki yerde bozmaktadır: Onu hem modül kapsamındaki bir dilime atamakta hem de dönüş değeri olarak kullanmaktadır. Bu davranışlar parametrenin işlevin sonlanmasından sonra da kullanılabilmesine neden olacağından derleme hatasına neden olur.

shared

Bu anahtar sözcük parametrenin iş parçacıkları arasında paylaşılabilen çeşitten olmasını gerektirir:

```
void işlev(shared int[] i) {
    // ...
}

void main() {
    int[] sayılar = [ 10, 20 ];
    işlev(sayılar);     // ← derleme HATASI
}
```

Yukarıdaki program derlenemez çünkü parametre olarak kullanılan değişken shared değildir. Program aşağıdaki değişiklikle derlenebilir:

```
    shared int[] sayılar = [ 10, 20 ];
    işlev(sayılar);     // şimdi derlenir
```

shared anahtar sözcüğünü ilerideki Veri Paylaşarak Eş Zamanlı Programlama bölümünde (sayfa 643) kullanacağız.

return

Bazı durumlarda bir işlevin ref parametrelerinden birisini doğrudan döndürmesi istenebilir. Örneğin, aşağıdaki seç() işlevi rasgele seçtiği bir parametresini döndürmekte ve böylece çağıran taraftaki bir değişkenin doğrudan değiştirilmesi sağlanmaktadır:

```
import std.stdio;
import std.random;

ref int seç(ref int soldaki, ref int sağdaki) {
    return uniform(0, 2) ? soldaki : sağdaki;     // ← derleme HATASI
}

void main() {
    int a;
    int b;

    seç(a, b) = 42;

    writefln("a: %s, b: %s", a, b);
}
```

Sonuçta main() içindeki a veya b değişkenlerinden birisinin değeri 42 olur:

```
a: 42, b: 0
```

```
a: 0, b: 42
```

Ancak, bazı durumlarda seç()'e gönderilen parametrelerin yaşam süreçleri döndürülen referansın yaşam sürecinden daha kısa olabilir. Örneğin, aşağıdaki foo() işlevi seç()'i iki yerel değişkenle çağırmakta ve sonuçta kendisi bunlardan birisine referans döndürmüş olmaktadır:

```
import std.random;

ref int seç(ref int soldaki, ref int sağdaki) {
    return uniform(0, 2) ? soldaki : sağdaki;     // ← derleme HATASI
```

```
}

ref int foo() {
    int a;
    int b;

    return seç(a, b);     // ← HATA: geçersiz referans döndürülüyor
}

void main() {
    foo() = 42;           // ← HATA: yasal olmayan adrese yazılıyor
}
```

a ve b değişkenlerinin yaşam süreçleri `foo()`'dan çıkıldığında sona erdiğinden, `main()` içindeki atama işlemi yasal bir değişkene yapılamaz. Bu, *tanımsız davranıştır.*

Tanımsız davranış, programın davranışının programlama dili tarafından belirlenmediğini ifade eder. Tanımsız davranış içeren bir programın davranışı hakkında hiçbir şey söylenemez. (Olasılıkla, 42 değeri daha önceden a veya b için kullanılan ama belki de artık ilgisiz bir değişkene ait olan bir bellek bölgesine yazılacak ve o değişkenin değerini önceden kestirilemeyecek biçimde bozacaktır.)

Parametreye uygulanan `return` anahtar sözcüğü böyle hataları önler. `return`, o parametrenin döndürülen referanstan daha uzun yaşayan bir değişken olması gerektiğini bildirir:

```
import std.random;

ref int seç(return ref int soldaki, return ref int sağdaki) {
    return uniform(0, 2) ? soldaki : sağdaki;
}

ref int foo() {
    int a;
    int b;

    return seç(a, b);     // ← derleme HATASI
}

void main() {
    foo();
}
```

Derleyici bu sefer `seç()`'e gönderilen değişkenlerin `foo()`'nun döndürmeye çalıştığı referanstan daha kısa yaşadıklarını farkeder ve *yerel değişkene referans döndürülmekte* olduğunu bildiren bir hata verir:

```
Error: escaping reference to local variable a
Error: escaping reference to local variable b
```

Not: Derleyicinin böyle bir hatayı `return` anahtar sözcüğüne gerek kalmadan da görmüş olabileceği düşünülebilir. Ancak, bu her durumda mümkün değildir çünkü derleyici her derleme sırasında her işlevin içeriğini görmüyor olabilir.

35.4 Özet

- *Parametre*, işlevin işi için kullanılan bilgidir.
- *Parametre değeri*, işleve parametre olarak gönderilen bir ifadedir (örneğin bir değişken).
- Her parametre kopyalanarak gönderilir. Ancak, referans türlerinde kopyalanan asıl değişken değil, referansın kendisidir.

- `in`, parametrenin yalnızca bilgi girişi için kullanıldığını bildirir. `const` yerine `in`'i öneririm.
- `out`, parametrenin yalnızca bilgi çıkışı için kullanıldığını bildirir.
- `ref`, parametrenin hem bilgi girişi hem de bilgi çıkışı için kullanıldığını bildirir.
- `auto ref` yalnızca şablonlarla kullanılır. *Sol değerlerin* referans olarak, *sağ değerlerin* ise kopyalanarak geçirileceğini bildirir.
- `const`, parametrenin işlev içinde değiştirilmediğini garanti eder. (Hatırlarsanız, `const` geçişlidir: böyle bir değişken aracılığıyla erişilen başka veriler de değiştirilemez.) `const` yerine `in`'i öneririm.
- `immutable`, parametre olarak kullanılan değişkenin `immutable` olması şartını getirir.
- `inout` hem paremetrede hem de dönüş türünde kullanılır ve parametrenin `const`, `immutable`, veya *değişebilme* özelliğini dönüş türüne taşır.
- `lazy`, parametre olarak gönderilen ifadenin değerinin ancak o değer gerçekten kullanıldığında (ve her kullanıldığında) işletilmesini sağlar.
- `scope`, parametreye eriştiren herhangi bir referansın işlevden dışarıya sızdırılmayacağını bildirir.
- `shared`, parametre olarak kullanılan değişkenin `shared` olması şartını getirir.
- `return`, parametrenin döndürülen referanstan daha uzun yaşaması gerektiğini bildirir.

35.5 Problem

Aşağıdaki işlev kendisine verilen iki parametrenin değerlerini değiş tokuş etmeye çalışmaktadır:

```
import std.stdio;

void değişTokuş(int birinci, int ikinci) {
    int geçici = birinci;
    birinci = ikinci;
    ikinci = geçici;
}

void main() {
    int birSayı = 1;
    int başkaSayı = 2;

    değişTokuş(birSayı, başkaSayı);

    writeln(birSayı, ' ', başkaSayı);
}
```

Ancak, işlev istendiği gibi çalışmamaktadır:

```
1 2          ← değiş tokuş olmamış
```

İşlevi düzeltin ve değişkenlerin değerlerinin değiş tokuş edilmelerini sağlayın.

Çözüm: Sayfa 715

36 Sol Değerler ve Sağ Değerler

Her ifadenin değeri ya *sol değerdir* ya da *sağ değerdir*. Bu iki kavramı ayırt etmenin kolay bir yolu, dizi ve eşleme tablosu elemanları dahil olmak üzere bütün değişkenlerin sol değer, hazır değerler dahil olmak üzere bütün geçici değerlerin de sağ değer olduklarını kabul etmektir.

Örneğin, aşağıdaki `writeln()` çağrılarından birincisinin bütün parametreleri sol değerdir, ikincisindekiler ise sağ değerdir:

```
import std.stdio;

void main() {
    int i;
    immutable(int) imm;
    auto dizi = [ 1 ];
    auto tablo = [ 10 : "on" ];

    /* Aşağıdaki parametre değerlerinin hepsi sol değerdir. */

    writeln(i,              // değişken
            imm,            // immutable değişken
            dizi,           // dizi
            dizi[0],        // dizi elemanı
            tablo[10]);     // eşleme tablosu elemanı
                            // vs.

    enum mesaj = "merhaba";

    /* Aşağıdaki parametre değerlerinin hepsi sağ değerdir. */

    writeln(42,             // hazır değer
            mesaj,          // enum sabiti (manifest constant)
            i + 1,          // geçici değer
            hesapla(i));    // işlevin dönüş değeri
                            // vs.
}

int hesapla(int i) {
    return i * 2;
}
```

36.1 Sağ değerlerin yetersizlikleri

Sol değerlerle karşılaştırıldıklarında sağ değerler aşağıdaki üç konuda yetersizdir.

Sağ değerlerin adresleri yoktur

Sol değerlerin bellekte yerleri olabilir, sağ değerlerin olamaz.

Örneğin, aşağıdaki programdaki `a + b` sağ değerinin adresi alınamaz:

```
import std.stdio;

void main() {
    int a;
    int b;

    readf(" %s", &a);           // ← derlenir
    readf(" %s", &(a + b));     // ← derleme HATASI
}
```

```
Error: a + b is not an lvalue
```

Sağ değerlere yeni değer atanamaz

Değişmez olmadıkları sürece sol değerlere yeni değer atanabilir, sağ değerlere atanamaz.

```
    a = 1;           // ← derlenir
    (a + b) = 2;     // ← derleme HATASI
```

```
Error: a + b is not an lvalue
```

Sağ değerler işlevlere referans olarak geçirilemezler
Sol değerler referans olarak geçirilebilirler, sağ değerler geçirilemezler.

```
void onArttır(ref int değer) {
    değer += 10;
}

// ...

    onArttır(a);        // ← derlenir
    onArttır(a + b);    // ← derleme HATASI
```

```
Error: function deneme.onArttır (ref int değer)
is not callable using argument types (int)
```

Bu kısıtlamanın temel nedeni, işlevlerin referans türündeki parametrelerini sonradan kullanmak üzere bir kenara kaydedebilecekleri, oysa sağ değerlerin yaşamlarının sonradan kullanılmaya çalışıldıklarında çoktan sonlanmış olacağıdır.

C++ gibi bazı dillerden farklı olarak, D'de sağ değerler referansı `const` olarak alan işlevlere de geçirilemezler:

```
void yazdır(ref const(int) değer) {
    writeln(değer);
}

// ...

    yazdır(a);        // ← derlenir
    yazdır(a + b);    // ← derleme HATASI
```

```
Error: function deneme.yazdır (ref const(int) değer)
is not callable using argument types (int)
```

36.2 Hem sol değer hem sağ değer alabilen auto ref parametreler

Önceki bölümde gördüğümüz gibi, işlev şablonlarının (sayfa 401) `auto ref` parametreleri hem sol değer hem sağ değer alabilirler.

`auto ref`, bir sol değer ile çağrıldığında *referans olarak* geçirme anlamına gelir; sağ değer ile çağrıldığında ise *kopyalayarak* geçirme anlamına gelir. Derleyicinin bu farklı iki durum için farklı kod üretebilmesi için işlevin bir şablon olması gerekir.

Şablonları daha sonra göreceğiz. Şimdilik aşağıda işaretli olarak gösterilen boş parantezlerin `onArttır`'ı bir *işlev şablonu* haline getirdiğini kabul edin.

```
void onArttır()(auto ref int değer) {
    /* UYARI: Asıl parametre bir sağ değer ise buradaki
     * 'değer' adlı parametre çağıran taraftaki değerin
     * kopyasıdır. O yüzden, parametrede yapılan aşağıdaki
     * değişiklik çağıran tarafta gözlemlenemez. */

    değer += 10;
}

void main() {
    int a;
    int b;
```

```
    onArttır(a);         // ← sol değer; referans olarak geçirilir
    onArttır(a + b);     // ← sağ değer; kopyalanarak geçirilir
}
```

Parametrenin gerçekte sol değer mi yoksa sağ değer mi olduğu `static if`'i `__traits(isRef)` ile kullanarak öğrenilebilir:

```
void onArttır()(auto ref int değer) {
    static if (__traits(isRef, değer)) {
        // 'değer' referans olarak geçirilmiş
    } else {
        // 'değer' kopyalanarak geçirilmiş
    }
}
```

`static if`'i ve `__traits`'i daha sonra Koşullu Derleme bölümünde (sayfa 461) göreceğiz.

36.3 Terimler

"Sol değer" ve "sağ değer" anlamına gelen "lvalue" ve "rvalue" ne yazık ki bu iki çeşit değeri yeterince ifade edemez. Başlarındaki *l* ve *r* harfleri "sol" anlamındaki "left"ten ve "sağ" anlamındaki "right"tan gelir. Bu sözcükler atama işlecinin sol ve sağ tarafını ifade ederler:

- Değişmez olmadıkları sürece, sol değerler atama işlecinin sol tarafındaki ifade olarak kullanılabilirler.
- Sağ değerler atama işlecinin sol tarafındaki ifade olarak kullanılamazlar.

Bu terimlerin açık olmamalarının bir nedeni, hem sol değerlerin hem de sağ değerlerin aslında atama işlecinin her iki tarafında da yer alabilmeleridir:

```
    /* Bir sağ değer olan 'a + b' solda,
     * bir sol değer olan 'a' sağda: */
    array[a + b] = a;
```

37 Tembel İşleçler

Tembel değerlendirmeler işlemlerin gerçekten gerekli oldukları zamana kadar geciktirilmeleri anlamına gelir. İngilizcesi "lazy evaluation" olan tembel değerlendirmeler bazı programlama dillerinin de temel olanakları arasındadır.

İşlemlerin gerekene kadar geciktirilmeleri doğal olarak hız kazancı sağlayabilir çünkü belki de gerekmeyecek olan bir işlem için baştan zaman harcanmamış olur. Öte yandan, bir önceki bölümde de gördüğümüz gibi, `lazy` parametrelerin her erişildiklerinde tekrar hesaplanıyor olmaları zaman kaybına da neden olabilir.

Tembel değerlendirmelere yakın olan bir kavram, işleçlere verilen ifadelerin duruma göre hiç işletilmiyor olmalarıdır. Bu kavramı daha önce gördüğümüz aşağıdaki işleçlerden tanıyorsunuz:

- `||` (*veya*) işleci: İkinci ifade ancak birincisi `false` olduğunda işletilir.

  ```
  if (birİfade() || belkiDeİşletilmeyecekOlanİfade()) {
      // ...
  }
  ```

  Eğer `birİfade()`'nin sonucu `true` ise, sonucun da `true` olacağı daha ikinci ifade işletilmeden bellidir. O durumda ikinci ifade işletilmez.

- && (*ve*) işleci: İkinci ifade ancak birincisi `true` olduğunda işletilir.

  ```
  if (birİfade() && belkiDeİşletilmeyecekOlanİfade()) {
      // ...
  }
  ```

  Eğer `birİfade()`'nin sonucu `false` ise, sonucun da `false` olacağı daha ikinci ifade işletilmeden bellidir. O durumda ikinci ifade işletilmez.

- `?:` işleci (üçlü işleç): Koşul `true` olduğunda birinci ifade, `false` olduğunda ikinci ifade işletilir.

  ```
  int i = birKoşul() ? yaBuİfade() : yaDaBuİfade();
  ```

  `birKoşul()`'un sonucuna göre ifadelerden yalnızca birisi işletilir.

Bu işleçlerdeki tembellik yalnızca hız kazancıyla ilgili değildir. İfadelerden birisinin işletilmesi duruma göre hatalı olabilir.

Örneğin, aşağıdaki *baş harfi A ise* koşulu dizginin boş olma olasılığı varsa hatalıdır:

```
dstring s;
// ...
if (s[0] == 'A') {
    // ...
}
```

`s`'nin sıfır indeksli elemanına erişmeden önce öyle bir elemanın varlığından emin olmak gerekir. Bu yüzden aşağıdaki koşul yukarıdaki denetimi && işlecinin sağ tarafına almakta ve böylece o denetimi ancak dizgi dolu olduğunda işletmektedir:

```
if ((s.length >= 1) && (s[0] == 'A')) {
    // ...
}
```

Tembel değerlendirmeler ilerideki bölümlerde göreceğimiz işlev göstergeleri, temsilciler (sayfa 476), ve aralıklarla (sayfa 572) da sağlanabilir.

38 Programın Çevresiyle Etkileşimi

İşlevleri anlatırken `main`'in de bir işlev olduğunu söylemiştim. Programın işleyişi `main`'le başlar ve oradan başka işlevlere dallanır. `main`'in şimdiye kadar gördüğümüz tanımı şöyleydi:

```
void main() {
    // ...
}
```

O tanıma bakarak `main`'in bir değer döndürmediğini ve hiçbir parametre almadığını düşünürüz. Aslında bu mümkün değildir, çünkü programı başlatan ortam bir dönüş değeri bekler; `main`, `void` döndürüyor gibi yazılmış olsa da aslında bir değer döndürür.

38.1 main'in dönüş değeri

Programlar her zaman için başka bir ortam tarafından başlatılırlar. Bu ortam, programı ismini yazıp Enter'a basarak başlattığımız uç birim olabilir, menülerindeki "Çalıştır" gibi bir komutla başlattığımız bir geliştirme ortamı olabilir, programı kendisi başlatan başka bir program olabilir, vs.

Program kendisini başlatan bu ortama işini başarıyla tamamlayıp tamamlamadığı bilgisini `main`'in dönüş değeri olarak bildirir.

Programın dönüş değeri olarak 0 değeri programın başarıyla sonuçlandığını, 0'dan başka bir değer ise programın çalışması sırasında bir hata oluştuğunu bildirmek için kullanılır. İstediğimiz değeri döndürmek bize kalmış olsa da, 0'ın *başarı* anlamına gelmesi standartlaşmıştır.

Not: Dönüş değeri olarak ancak [0,127] aralığındaki tamsayılara güvenebilirsiniz. Bunun dışındaki değerler her ortam tarafından desteklenmiyor olabilir.

Sıfırdan başka değerler her programa göre değişik anlamlar taşıyabilir. Örneğin Unix türevi ortamlarda dosyaları listelemek için kullanılan `ls` programı önemsiz hatalarda 1 değerini, ciddi hatalarda ise 2 değerini döndürür. Komut satırından başlatılan programların dönüş değerleri `$?` ortam değişkeninden okunabilir. Örneğin klasörde bulunmayan bir dosyayı görmek istediğimizde, programın dönüş değeri komut satırında `$?` değişkeninden aşağıdaki gibi okunabilir.

Not: Aşağıdaki komut satırı örneklerinde # karakteriyle başlayan satırlar kullanıcın yazdığı satırları gösteriyor. Aynı adımları denemek istediğinizde o satırları # karakteri dışında sizin yazarak Enter'a basmanız gerekir. O satırları daha koyu olarak gösterdim.

Ek olarak, aşağıdaki örnekler bir Linux ortamında denenmiş olsalar da, benzerlerini örneğin Windows DOS pencerelerinde de kullanabilirsiniz.

```
# ls klasorde_bulunmayan_bir_dosya
ls: klasorde_bulunmayan_bir_dosya: No such file or directory
# echo $?
2       ← ls'in dönüş değeri
```

Dönüş değeri void olan main'ler de değer üretirler

Şimdiye kadar karşılaştığımız işlevlerin bazılarının işlerini yapamayacakları durumlara düştüklerinde hata attıklarını görmüştük. Şimdiye kadar gördüğümüz kadarıyla, hata atıldığı zaman program bir `object.Exception` mesajıyla sonlanıyordu.

Bu gibi durumlarda, `main`'in dönüş türü olarak `void` kullanılmış olsa bile, yani `main` bir değer döndürmeyecekmiş gibi yazılmış olsa bile, programı çalıştıran ortama otomatik olarak 1 değeri döndürülür. Bunu görmek için hata atarak sonlanan şu basit programı çalıştıralım:

```
void main() {
    throw new Exception("Bir hata oldu");
}
```

Dönüş türü `void` olarak tanımlandığı halde programı çalıştıran ortama 1 değeri döndürülmüştür:

```
# ./deneme
object.Exception: Bir hata oldu
# echo $?
1
```

Benzer şekilde, dönüş türü `void` olarak tanımlanmış olan `main` işlevleri başarıyla sonlandıklarında, otomatik olarak dönüş değeri olarak 0 üretirler. Bu sefer *başarıyla sonlanan* şu programa bakalım:

```
import std.stdio;

void main() {
    writeln("Başardım!");
}
```

Bu program dönüş değeri olarak 0 üretmiştir:

```
# ./deneme
Başardım!
# echo $?
0
```

Dönüş değerini belirlemek

Kendi programlarımızdan değer döndürmek, başka işlevlerde de olduğu gibi, `main`'i dönüş türünü `int` olarak tanımlamak ve bir `return` deyimi kullanmak kadar basittir:

```
import std.stdio;

int main() {
    int sayı;
    write("Lütfen 3-6 arasında bir sayı giriniz: ");
    readf(" %s", &sayı);

    if ((sayı < 3) || (sayı > 6)) {
        stderr.writeln("HATA: ", sayı, " uygun değil!");
        return 111;
    }

    writeln("Teşekkür: ", sayı);

    return 0;
}
```

Programın isminin `deneme` olduğunu kabul edersek ve istenen aralıkta bir sayı verildiğinde programın dönüş değeri 0 olur:

```
# ./deneme
Lütfen 3-6 arasında bir sayı giriniz: 5
Teşekkür: 5
# echo $?
0
```

Aralığın dışında bir sayı verildiğinde ise programın dönüş değeri 111 olur:

```
# ./deneme
Lütfen 3-6 arasında bir sayı giriniz: 10
HATA: 10 uygun değil!
# echo $?
111
```

Normalde hata için 1 değerini kullanmak yeterlidir. Ben yalnızca örnek olması için özel bir nedeni olmadan 111 değerini seçtim.

38.2 Standart hata akımı `stderr`

Yukarıdaki programda `stderr` akımını kullandım. Bu akım, standart akımların üçüncüsüdür ve programın hata mesajlarını yazmak için kullanılır:

- `stdin`: standart giriş akımı
- `stdout`: standart çıkış akımı
- `stderr`: standart hata akımı

Programlar uç birimde başlatıldıklarında `stdout` ve `stderr` akımlarına yazılanlar normalde ekranda belirirler. Bu akımlara yazılan mesajları istendiğinde ayrı ayrı elde etmek de mümkündür.

38.3 `main`'in parametreleri

Bazı programlar kendilerini başlatan ortamlardan parametre alabilirler. Örneğin yukarıda gördüğümüz `ls` programı parametresiz olarak yalnızca `ls` yazarak başlatılabilir:

```
# ls
deneme
deneme.d
```

İsteğe bağlı olarak da bir veya daha çok parametreyle başlatılabilir. Bu parametrelerin anlamları bütünüyle programa bağlıdır ve o programın belgelerinde belirtilmiştir:

```
# ls -l deneme
-rwxr-xr-x 1 acehreli users 460668 Nov  6 20:38 deneme
```

D programlarını başlatırken kullanılan parametreler `main`'e bir `string` dizisi olarak gönderilirler. `main`'i `string[]` parametre alacak şekilde tanımlamak bu parametrelere erişmek için yeterlidir. Aşağıdaki program kendisine verilen parametreleri çıkışına yazdırıyor:

```
import std.stdio;

void main(string[] parametreler) {
    foreach (i, parametre; parametreler) {
        writefln("%3s numaralı parametre: %s", i, parametre);
    }
}
```

Rasgele parametrelerle şöyle başlatılabilir:

```
# ./deneme komut satirina yazilan parametreler 42 --bir_secenek
  0 numaralı parametre: ./deneme
  1 numaralı parametre: komut
  2 numaralı parametre: satirina
  3 numaralı parametre: yazilan
  4 numaralı parametre: parametreler
  5 numaralı parametre: 42
  6 numaralı parametre: --bir_secenek
```

Parametre dizisinin ilk elemanı her zaman için program başlatılırken kullanılan program ismidir. Diğer parametreler bu dizinin geri kalan elemanlarıdır.

Bu parametrelerle ne yapacağı tamamen programa kalmıştır. Örneğin kendisine verilen iki sözcüğü ters sırada yazdıran bir program:

```
import std.stdio;

int main(string[] parametreler) {
    if (parametreler.length != 3) {
        stderr.writeln("HATA! Doğru kullanım:\n    ",
                       parametreler[0],
                       " bir_sözcük başka_sözcük");
        return 1;
    }

    writeln(parametreler[2], ' ', parametreler[1]);

    return 0;
}
```

Bu program gerektiğinde doğru kullanımını da gösteriyor:

```
# ./deneme
HATA! Doğru kullanım:
    ./deneme bir_sözcük başka_sözcük
# ./deneme dünya merhaba
merhaba dünya
```

38.4 Program seçenekleri ve `std.getopt` modülü

`main`'in parametreleriyle ve dönüş değeriyle ilgili olarak bilinmesi gerekenler aslında bu kadardır. Ancak parametreleri teker teker listeden ayıklamak zahmetli olabilir. Onun yerine, bu konuda yardım alabileceğimiz `std.getopt` modülünün bir kullanımını göstereceğim.

Bazı parametreler program tarafından bilgi olarak kullanılırlar. Örneğin yukarıdaki programa verilen "dünya" ve "merhaba" parametreleri, o programın ekrana yazdıracağı bilgiyi belirliyordu.

Bazı parametreler ise programın işini nasıl yapacağını belirlerler; bunlara *program seçeneği* denir. Örneğin yukarıda kullandığımız `ls` programına komut satırında seçenek olarak `-l` vermiştik.

Program seçenekleri programların kullanışlılıklarını arttırırlar. Böylece, programın istediği parametreler bir insan tarafından teker teker komut satırından yazılmak yerine örneğin bir betik program içinden verilebilirler.

Komut satırı parametrelerinin ne oldukları ve ne anlama geldikleri her ne kadar tamamen programa bağlı olsalar da onların da bir standardı gelişmiştir. POSIX standardına uygun bir kullanımda, her seçenek `--` ile başlar, seçenek ismi bunlara bitişik olarak yazılır, ve seçenek değeri de bir = karakterinden sonra gelir:

```
# ./deneme --bir_secenek=17
```

Phobos'un `std.getopt` modülü, programa parametre olarak verilen bu tür seçeneklerin ayıklanmasında yardımcı olur. Ben burada fazla ayrıntısına girmeden `getopt` işlevinin kısa bir kullanımını göstereceğim.

Çıkışına rasgele seçtiği sayıları yazdıran bir program tasarlayalım. Kaç tane sayı yazdıracağı ve sayıların değerlerinin hangi aralıkta olacağı programa komut satırından seçenekler olarak verilsin. Program örneğin şu şekilde başlatılabilsin:

```
# ./deneme --adet=7 --en-kucuk=10 --en-buyuk=15
```

getopt işlevi bu değerleri program parametreleri arasında bulmakta yararlıdır. getopt'un okuduğu değerlerin hangi değişkenlere yazılacakları readf kullanımından tanıdığımız & karakteriyle bir *gösterge* olarak bildirilir:

```
import std.stdio;
import std.getopt;
import std.random;

void main(string[] parametreler) {
    int adet;
    int enKüçükDeğer;
    int enBüyükDeğer;

    getopt(parametreler,
           "adet", &adet,
           "en-kucuk", &enKüçükDeğer,
           "en-buyuk", &enBüyükDeğer);

    foreach (i; 0 .. adet) {
        write(uniform(enKüçükDeğer, enBüyükDeğer + 1), ' ');
    }

    writeln();
}
```

```
# ./deneme --adet=7 --en-kucuk=10 --en-buyuk=15
11 11 13 11 14 15 10
```

Çoğu zaman parametrelerin kestirmeleri de olur. Örneğin --adet yazmak yerine kısaca -a yazılır. Seçeneklerin kestirmeleri getopt'a | ayracından sonra bildirilir:

```
    getopt(parametreler,
           "adet|a", &adet,
           "en-kucuk|k", &enKüçükDeğer,
           "en-buyuk|b", &enBüyükDeğer);
```

Çoğu zaman kestirme seçenekler için = karakteri de kullanılmaz:

```
# ./deneme -a7 -k10 -b15
11 13 10 15 14 15 14
```

Parametrelerin programa string türünde geldiklerini görmüştük. getopt bu dizgileri değişkenlerin türlerine otomatik olarak dönüştürür. Örneğin yukarıdaki programdaki adet'in int olduğunu bildiği için, onu string'den int'e çevirir. getopt'u kullanmadığımız zamanlarda bu dönüşümü daha önce de bir kaç kere kullandığımız to işleviyle kendimiz de gerçekleştirebiliriz.

std.conv modülünde tanımlanmış olan to'yu daha önce hep tamsayıları string'e dönüştürmek için to!string şeklinde kullanmıştık. string yerine başka türlere de dönüştürebiliriz. Örneğin 0'dan başlayarak kendisine komut satırından bildirilen sayıda ikişer ikişer sayan bir programda to'yu şöyle kullanabiliriz:

```
import std.stdio;
import std.conv;

void main(string[] parametreler) {
    // Parametre verilmediğinde 10 varsayıyoruz
    size_t adet = 10;

    if (parametreler.length > 1) {
        // Bir parametre verilmiş
        adet = to!size_t(parametreler[1]);
    }

    foreach (i; 0 .. adet) {
        write(i * 2, ' ');
```

```
    }

    writeln();
}
```

Program parametre verilmediğinde 10, verildiğinde ise belirtildiği kadar sayı üretir:

```
# ./deneme
0 2 4 6 8 10 12 14 16 18
# ./deneme 3
0 2 4
```

38.5 Ortam değişkenleri

Programları başlatan ortamlar programların yararlanmaları için ortam değişkenleri de sunarlar. Bu değişkenlere `std.process` modülündeki `environment` topluluğu ile eşleme tablosu arayüzü ile erişilir. Örneğin, çalıştırılacak olan programların hangi klasörlerde arandıklarını belirten `PATH` değişkeni aşağıdaki gibi yazdırılabilir:

```
import std.stdio;
import std.process;

void main() {
    writeln(environment["PATH"]);
}
```

Çıktısı:

```
# ./deneme
/usr/local/bin:/usr/bin
```

`std.process.environment` bütün ortam değişkenlerini eşleme tablolarının söz dizimiyle sunar:

```
import std.process;
// ...
    writeln(environment["PATH"]);
```

Buna rağmen kendisi bir eşleme tablosu değildir. Bütün değişkenleri tek eşleme tablosu olarak elde etmek için:

```
    string[string] hepsi = environment.toAA();
```

38.6 Başka programları başlatmak

Programlar başka programları başlattıklarında onların *ortamları* haline gelirler. Program başlatmaya yarayan işlevler `std.process` modülünün olanakları rasındadır.

Örneğin, `executeShell` kendisine parametre olarak verilen dizgiyi sanki komut satırında yazılmış gibi başlatır ve hem programın dönüş değerini hem de çıktısını bir *çokuzlu* olarak döndürür. Diziye benzer biçimde kullanılan çokuzluları daha sonra Çokuzlular bölümünde (sayfa 515) göreceğiz:

```
import std.stdio;
import std.process;

void main() {
    const sonuç = executeShell("ls -l deneme");
    const dönüşDeğeri = sonuç[0];
    const çıktısı = sonuç[1];

    writefln("ls programı %s değerini döndürdü.", dönüşDeğeri);
```

```
    writefln("Çıktısı:\n%s", çıktısı);
}
```

Çıktısı:

```
# ./deneme
ls programı 0 değerini döndürdü.
Çıktısı:
-rwxrwxr-x. 1 acehreli acehreli 1352810 Oct  6 15:00 deneme
```

38.7 Özet

- Dönüş türü `void` olarak tanımlansa bile `main` başarıyla sonlandığında 0, hata ile sonlandığında 1 döndürür.
- `stderr` hata mesajlarını yazmaya uygun olan akımdır.
- `main`, `string[]` türünde parametre alabilir.
- `std.getopt` modülü program parametrelerini ayrıştırmaya yarar.
- `std.process` modülü ortam değişkenlerine eriştirmeye ve başka programları başlatmaya yarar.

38.8 Problemler

1. Komut satırından parametre olarak iki değer ve bir işlem karakteri alan bir hesap makinesi yazın. Şöyle çalışsın:

   ```
   # ./deneme 3.4 x 7.8
   26.52
   ```

   *Not: * karakterinin komut satırında özel bir anlamı olduğu için çarpma işlemi için x karakterini kullanın. Yine de * karakterini kullanmak isterseniz komut satırında * şeklinde yazmanız gerekir.*

2. Hangi programı başlatmak istediğinizi soran, bu programı başlatan ve çıktısını yazdıran bir program yazın.

Çözümler: Sayfa 715

39 Hata Yönetimi

Beklenmedik durumlar programların yaşamlarının doğal parçalarıdır. Kullanıcı hataları, programcı hataları, ortamdaki beklenmedik değişiklikler, vs. programların çalışmaları sırasında her zaman karşılaşılan durumlardır.

Bu durumlar bazen normal işleyişe devam edilemeyecek kadar vahim olabilir. Örneğin gereken bir bilgi elde edilemiyordur, eldeki bilgi geçersizdir, bir çevre aygıtı çalışmıyordur, vs. Böyle çaresiz kalınan durumlarda D'nin hata atma düzeneği kullanılarak işleme son verilir.

Devam edilemeyecek kadar kötü bir durum örneği olarak yalnızca dört aritmetik işlemi destekleyen bir işlevin bunların dışındaki bir işlemle çağrılması durumunu düşünebilirsiniz. Önceki bölümün problem çözümlerinde de olduğu gibi:

```
    switch (işlem) {

    case "+":
        writeln(birinci + ikinci);
        break;

    case "-":
        writeln(birinci - ikinci);
        break;

    case "x":
        writeln(birinci * ikinci);
        break;

    case "/":
        writeln(birinci / ikinci);
        break;

    default:
        throw new Exception(format("Geçersiz işlem: %s", işlem));
    }
```

Yukarıdaki `switch` deyiminde `case`'lerle belirtilmiş olan dört işlem dışında ne yapılacağı bilinmemektedir. O yüzden deyimin `default` kapsamında bir hata atılmaktadır.

Çaresiz durumlarda atılan hata örnekleriyle Phobos'ta da karşılaşırız. Örneğin bir dizgiyi `int` türüne dönüştürmek için kullanılan `to!int`, `int` olamayacak bir dizgiyle çağrıldığında hata atar:

```
import std.conv;

void main() {
    const int sayı = to!int("merhaba");
}
```

"merhaba" dizgisi bir tamsayı değer ifade etmediği için; o program, `to!int`'in attığı bir hatayla sonlanır.

```
# ./deneme
std.conv.ConvException@std/conv.d(37): std.conv(1161): Can't convert
value `merhaba' of type const(char)[] to type int
```

`to!int`'in attığı yukarıdaki hatayı şu şekilde çevirebiliriz: "const(char)[] türündeki `merhaba' değeri int türüne dönüştürülemez".

Hata mesajının baş tarafındaki std.conv.ConvException da hatanın türünü belirtir. Bu hatanın ismine bakarak onun `std.conv` modülü içinde tanımlanmış olduğunu anlayabiliyoruz. İsmi de "dönüşüm hatası" anlamına gelen "conversion exception"dan türemiş olan ConvException'dır.

39.1 Hata atmak için throw

Bunun örneklerini hem yukarıdaki switch deyiminde, hem de daha önceki bölümlerde gördük.

Anlamı "at, fırlat" olan throw deyimi, kendisinden sonra yazılan ifadenin değerini bir *hata nesnesi olarak atar* ve işleme hemen son verilmesine neden olur. throw deyiminden sonraki adımlar işletilmez. Bu, hata kavramına uygun bir davranıştır: hatalar işlemlere devam edilemeyecek durumlarda atıldıkları için, zaten devam etmek söz konusu olmamalıdır.

Başka bir bakış açısıyla; eğer işleme devam edilebilecek gibi bir durumla karşılaşmışsak, hata atılacak kadar çaresiz bir durum yok demektir. O durumda hata atılmaz ve işlev bir çaresini bulur ve işine devam edebilir.

Exception ve Error hata türleri

throw deyimi ile yalnızca Throwable türünden türemiş olan nesneler atılabilir. Buna rağmen, programlarda ondan da türemiş olan Exception ve Error türleri kullanılır. Örneğin Phobos'taki hatalar ya Exception sınıfından, ya da Error sınıfından türemişlerdir. Error, giderilemez derecede hatalı durumları ifade eder. O hatanın yakalanması önerilmez. Bu yüzden, atacağınız hataları ya doğrudan Exception'dan, ya da ondan türeteceğiniz daha belirgin türlerden atmanız gerekir. (*Not: Sınıflarla ilgili bir konu olan türemeyi daha sonra göreceğiz.*)

Exception nesneleri, kurulurlarken hata mesajını string olarak alırlar. Bu mesajı, std.string modülündeki format işlevi ile oluşturmak kolaylık sağlar:

```
import std.stdio;
import std.string;
import std.random;

int[] rasgeleZarlarAt(int adet) {
    if (adet < 0) {
        throw new Exception(
            format("Geçersiz 'adet' değeri: %s", adet));
    }

    int[] sayılar;

    foreach (i; 0 .. adet) {
        sayılar ~= uniform(1, 7);
    }

    return sayılar;
}

void main() {
    writeln(rasgeleZarlarAt(-5));
}
```

```
# ./deneme
object.Exception: Geçersiz 'adet' değeri: -5
```

Çoğu durumda, new ile açıkça hata nesnesi oluşturmak ve throw ile açıkça atmak yerine bu adımları kapsayan enforce() işlevi kullanılır. Örneğin, yukarıdaki denetimin eşdeğeri aşağıdaki enforce() çağrısıdır:

```
    enforce(adet >= 0, format("Geçersiz 'adet' değeri: %s", adet));
```

enforce() ve assert() işlevlerinin farklarını daha sonraki bir bölümde göreceğiz.

Hata atıldığında bütün kapsamlardan çıkılır

Programın, `main` işlevinden başlayarak başka işlevlere, onlardan da daha başka işlevlere dallandığını görmüştük. İşlevlerin birbirlerini katmanlar halinde çağırmaları, çağrılan işlevlerin kendilerini çağıran işlevlere dönmeleri, ardından başka işlevlerin çağrılmaları, vs. bir ağacın dalları halinde gösterilebilir.

Örneğin `main`'den çağrılan `yumurtaYap` adlı bir işlev, kendisi `malzemeleriHazırla` adlı başka bir işlevi çağırabilir, ve o işlev de `yumurtaHazırla` adlı başka bir işlevi çağırabilir. Okların işlev çağrıları anlamına geldiklerini kabul edersek, böyle bir programın dallanmasını şu şekilde gösterebiliriz:

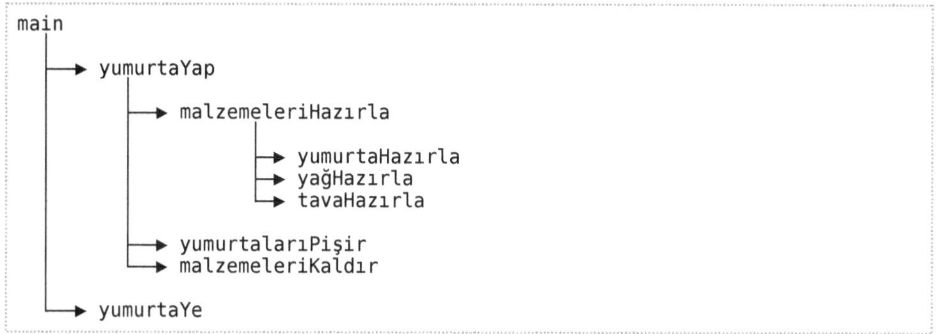

Toplam 3 alt düzeye dallanan bu programı, dallanma düzeylerini değişik miktarlarda girintiyle gösterecek şekilde aşağıdaki gibi yazabiliriz. Tabii bu programda işlevler yararlı işler yapmıyorlar; burada amaç, yalnızca programın dallanmasını göstermek:

```
import std.stdio;

void girinti(int miktar) {
    foreach (i; 0 .. miktar * 2) {
        write(' ');
    }
}

void başlıyor(string işlev, int girintiMiktarı) {
    girinti(girintiMiktarı);
    writeln("▶ ", işlev, " ilk satır");
}

void bitiyor(string işlev, int girintiMiktarı) {
    girinti(girintiMiktarı);
    writeln("◁ ", işlev, " son satır");
}

void main() {
    başlıyor("main", 0);
    yumurtaYap();
    yumurtaYe();
    bitiyor("main", 0);
}

void yumurtaYap() {
    başlıyor("yumurtaYap", 1);
    malzemeleriHazırla();
    yumurtalarıPişir();
    malzemeleriKaldır();
    bitiyor("yumurtaYap", 1);
}

void yumurtaYe() {
    başlıyor("yumurtaYe", 1);
```

```
    bitiyor("yumurtaYe", 1);
}

void malzemeleriHazırla() {
    başlıyor("malzemeleriHazırla", 2);
    yumurtaHazırla();
    yağHazırla();
    tavaHazırla();
    bitiyor("malzemeleriHazırla", 2);
}

void yumurtalarıPişir() {
    başlıyor("yumurtalarıPişir", 2);
    bitiyor("yumurtalarıPişir", 2);
}

void malzemeleriKaldır() {
    başlıyor("malzemeleriKaldır", 2);
    bitiyor("malzemeleriKaldır", 2);
}

void yumurtaHazırla() {
    başlıyor("yumurtaHazırla", 3);
    bitiyor("yumurtaHazırla", 3);
}

void yağHazırla() {
    başlıyor("yağHazırla", 3);
    bitiyor("yağHazırla", 3);
}

void tavaHazırla() {
    başlıyor("tavaHazırla", 3);
    bitiyor("tavaHazırla", 3);
}
```

Normal işleyişi sırasında program şu çıktıyı üretir:

```
▶ main ilk satır
  ▶ yumurtaYap ilk satır
    ▶ malzemeleriHazırla ilk satır
      ▶ yumurtaHazırla ilk satır
      ◁ yumurtaHazırla son satır
      ▶ yağHazırla ilk satır
      ◁ yağHazırla son satır
      ▶ tavaHazırla ilk satır
      ◁ tavaHazırla son satır
    ◁ malzemeleriHazırla son satır
    ▶ yumurtalarıPişir ilk satır
    ◁ yumurtalarıPişir son satır
    ▶ malzemeleriKaldır ilk satır
    ◁ malzemeleriKaldır son satır
  ◁ yumurtaYap son satır
  ▶ yumurtaYe ilk satır
  ◁ yumurtaYe son satır
◁ main son satır
```

`başlıyor` ve `bitiyor` işlevleri sayesinde ▶ işareti ile işlevin ilk satırını, ◁ işareti ile de son satırını gösterdik. Program `main`'in ilk satırıyla başlıyor, başka işlevlere dallanıyor, ve en son `main`'in son satırıyla sonlanıyor.

Şimdi, programı `yumurtaHazırla` işlevine dolaptan kaç yumurta çıkartacağını parametre olarak belirtecek şekilde değiştirelim; ve bu işlev birden az bir değer geldiğinde hata atsın:

```
import std.string;

// ...

void yumurtaHazırla(int adet) {
    başlıyor("yumurtaHazırla", 3);
```

```
    if (adet < 1) {
        throw new Exception(
            format("Dolaptan %s yumurta çıkartılamaz", adet));
    }

    bitiyor("yumurtaHazırla", 3);
}
```

Programın doğru olarak derlenebilmesi için tabii başka işlevleri de değiştirmemiz gerekir. Dolaptan kaç yumurta çıkartılacağını işlevler arasında `main`'den başlayarak elden elden iletebiliriz. Bu durumda programın diğer tarafları da aşağıdaki gibi değiştirilebilir. Bu örnekte, `main`'den bilerek geçersiz olan -8 değerini gönderiyoruz; amaç, programın dallanmasını bir kere de hata atıldığında görmek:

```
// ...

void main() {
    başlıyor("main", 0);
    yumurtaYap(-8);
    yumurtaYe();
    bitiyor("main", 0);
}

void yumurtaYap(int adet) {
    başlıyor("yumurtaYap", 1);
    malzemeleriHazırla(adet);
    yumurtalarıPişir();
    malzemeleriKaldır();
    bitiyor("yumurtaYap", 1);
}

// ...

void malzemeleriHazırla(int adet) {
    başlıyor("malzemeleriHazırla", 2);
    yumurtaHazırla(adet);
    yağHazırla();
    tavaHazırla();
    bitiyor("malzemeleriHazırla", 2);
}

// ...
```

Programın bu halini çalıştırdığımızda, `throw` ile hata atıldığı yerden sonraki hiçbir satırın işletilmediğini görürüz:

```
▶ main ilk satır
  ▶ yumurtaYap ilk satır
    ▶ malzemeleriHazırla ilk satır
      ▶ yumurtaHazırla ilk satır
object.Exception: Dolaptan -8 yumurta çıkartılamaz
```

Hata oluştuğu an; en alt düzeyden en üst düzeye doğru, önce `yumurtaHazırla` işlevinden, sonra `malzemeleriHazırla` işlevinden, daha sonra `yumurtaYap` işlevinden, ve en sonunda da `main` işlevinden çıkılır. Bu çıkış sırasında, işlevlerin henüz işletilmemiş olan adımları işletilmez.

İşlemlere devam etmeden bütün işlevlerden çıkılmasının mantığı; en alt düzeydeki `yumurtaHazırla` işlevinin başarısızlıkla sonuçlanmış olmasının, onu çağıran daha üst düzeydeki işlevlerin de başarısız olacakları anlamına gelmesidir.

Alt düzey bir işlevden atılan hata, teker teker o işlevi çağıran üst düzey işlevlere geçer ve en sonunda `main`'den de çıkarak programın sonlanmasına neden olur. Hatanın izlediği yolu işaretli olarak aşağıdaki gibi gösterebiliriz:

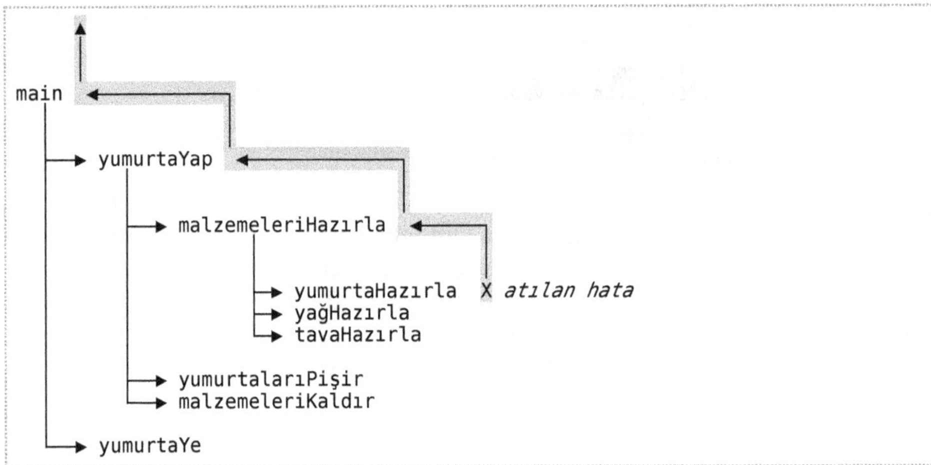

Hata atma düzeneğinin yararı, hatalı bir durumla karşılaşıldığında dallanılmış olan bütün işlevlerin derhal terkedilmelerini sağlamasıdır.

Bazı durumlarda, atılan hatanın *yakalanması* ve programın devam edebilmesi de mümkündür. Bunu sağlayan `catch` anahtar sözcüğünü biraz aşağıda göreceğiz.

`throw`'u ne zaman kullanmalı

`throw`'u gerçekten işe devam edilemeyecek durumlarda kullanın. Örneğin kayıtlı öğrenci adedini bir dosyadan okuyan bir işlev, bu değer sıfırdan küçük çıktığında hata atabilir. Çünkü örneğin eksi adet öğrenci ile işine devam etmesi olanaksızdır.

Öte yandan; eğer devam edilememesinin nedeni kullanıcının girdiği bir bilgiyse, kullanıcının girdiği bu bilgiyi denetlemek daha uygun olabilir. Kullanıcıya bir hata mesajı gösterilebilir ve bilgiyi geçerli olacak şekilde tekrar girmesi istenebilir. Kullanıcıyla etkileşilen böyle bir durum, programın atılan bir hata ile sonlanmasından daha uygun olabilir.

39.2 Hata yakalamak için `try-catch` deyimi

Yukarıda, atılan hatanın bütün işlevlerden ve en sonunda da programdan hemen çıkılmasına neden olduğunu anlattım. Aslında atılan bu hata *yakalanabilir* ve hatanın türüne veya duruma göre davranılarak programın sonlanması önlenebilir.

Hata, atıldığı işlevden üst düzey işlevlere doğru adım adım ilerlerken, onunla ilgilenen bir noktada `try-catch` deyimi ile yakalanabilir. "try"ın anlamı "dene", "catch"in anlamı da "yakala"dır. `try-catch` deyimini, bu anlamları göze alarak "çalıştırmayı *dene*, eğer hata atılırsa *yakala*" olarak anlatabiliriz. Söz dizimi şöyledir:

```
try {
    // çalıştırılması istenen ve belki de
    // hata atacak olan kod bloğu

} catch (ilgilenilen_bir_hata_türü_nesnesi) {
    // bu türden hata atıldığında
    // işletilecek olan işlemler

} catch (ilgilenilen_diğer_bir_hata_türü_nesnesi) {
    // bu diğer türden hata atıldığında
    // işletilecek olan işlemler

// ... seçime bağlı olarak başka catch blokları ...
```

```
    } finally {
        // hata atılsa da atılmasa da;
        // mutlaka işletilmesi gereken işlemler
    }
```

Bu bloğu anlamak için önce aşağıdaki `try-catch` kullanmayan programa bakalım. Bu program, zar değerini bir dosyadan okuyor ve çıkışa yazdırıyor:

```
import std.stdio;

int dosyadanZarOku() {
    auto dosya = File("zarin_yazili_oldugu_dosya", "r");

    int zar;
    dosya.readf(" %s", &zar);

    return zar;
}

void main() {
    const int zar = dosyadanZarOku();

    writeln("Zar: ", zar);
}
```

Dikkat ederseniz, `dosyadanZarOku` işlevi hiç hatalarla ilgilenmeden ve sanki dosya başarıyla açılacakmış ve içinden bir zar değeri okunacakmış gibi yazılmış. O, yalnızca kendi işini yapıyor. Bu, hata atma düzeneğinin başka bir yararıdır: işlevler her şey yolunda gidecekmiş gibi yazılabilirler.

Şimdi o programı klasörde `zarin_yazili_oldugu_dosya` isminde bir dosya bulunmadığı zaman başlatalım:

```
# ./deneme
std.exception.ErrnoException@std/stdio.d(286): Cannot open file
`zarin_yazili_oldugu_dosya' in mode `r' (No such file or directory)
```

Klasörde dosya bulunmadığı zaman, mesajı "'zarin_yazili_oldugu_dosya' 'r' modunda açılamıyor" olan bir `ErrnoException` atılmıştır. Yukarıda gördüğümüz diğer örneklere uygun olarak, program çıkışına "Zar: " yazdıramamış ve hemen sonlanmıştır.

Şimdi programa `dosyadanZarOku` işlevini bir `try` bloğu içinde çağıran bir işlev ekleyelim, ve `main`'den bu işlevi çağıralım:

```
import std.stdio;
import std.exception;

int dosyadanZarOku() {
    auto dosya = File("zarin_yazili_oldugu_dosya", "r");

    int zar;
    dosya.readf(" %s", &zar);

    return zar;
}

int dosyadanZarOkumayıDene() {
    int zar;

    try {
        zar = dosyadanZarOku();

    } catch (std.exception.ErrnoException hata) {
        writeln("(Dosyadan okuyamadım; 1 varsayıyorum)");
        zar = 1;
    }
```

```
    return zar;
}

void main() {
    const int zar = dosyadanZarOkumayıDene();

    writeln("Zar: ", zar);
}
```

Eğer programı yine aynı şekilde klasörde `zarin_yazili_oldugu_dosya` dosyası olmadan başlatırsak, bu sefer programın hata ile sonlanmadığını görürüz:

```
$ ./deneme
(Dosyadan okuyamadım; 1 varsayıyorum)
Zar: 1
```

Bu kodda, `dosyadanZarOku` işlevinin işleyişi bir `try` bloğu içinde *denenmektedir*. Eğer hatasız çalışırsa, işlev ondan sonra `return zar;` satırı ile normal olarak sonlanır. Ama eğer özellikle belirtilmiş olan `std.exception.ErrnoException` hatası atılırsa, işlevin işleyişi o `catch` bloğuna geçer ve o bloğun içindeki kodları çalıştırır. Bunu programın yukarıdaki çıktısında görüyoruz.

Özetle, klasörde zar dosyası bulunmadığı için

- önceki programdaki gibi bir `std.exception.ErrnoException` hatası atılmakta, (bunu bizim kodumuz değil, `File` atıyor)
- bu hata `catch` ile yakalanmakta,
- `catch` bloğunun normal işleyişi sırasında zar için 1 değeri varsayılmakta,
- ve programın işleyişine devam edilmektedir.

İşte `catch`, atılabilecek olan hataları yakalayarak o durumlara uygun olarak davranılmasını, ve programın işleyişine devam etmesini sağlar.

Başka bir örnek olarak, yumurtalı programa dönelim ve onun `main` işlevine bir `try-catch` deyimi ekleyelim:

```
void main() {
    başlıyor("main", 0);

    try {
        yumurtaYap(-8);
        yumurtaYe();

    } catch (Exception hata) {
        write("Yumurta yiyemedim: ");
        writeln('"', hata.msg, '"');
        writeln("Komşuda yiyeceğim...");
    }

    bitiyor("main", 0);
}
```

(Not: `.msg` niteliğini biraz aşağıda göreceğiz.)

Yukarıdaki `try` bloğunda iki satır kod bulunuyor. `catch`, bu satırların herhangi birisinden atılacak olan hatayı yakalar.

```
▶ main ilk satır
  ▶ yumurtaYap ilk satır
    ▶ malzemeleriHazırla ilk satır
      ▶ yumurtaHazırla ilk satır
Yumurta yiyemedim: "Dolaptan -8 yumurta çıkartılamaz"
Komşuda yiyeceğim...
◁ main son satır
```

Görüldüğü gibi, bu program bir hata atıldı diye artık hemen sonlanmamaktadır. Program; hataya karşı önlem almakta, işleyişine devam etmekte, ve `main` işlevi normal olarak sonuna kadar işletilmektedir.

`catch` blokları sırayla taranır

Örneklerde kendimiz hata atarken kullandığımız `Exception`, *genel* bir hata türüdür. Bu hatanın atılmış olması, programda bir hata olduğunu belirtir; ve hatanın içinde saklanmakta olan mesaj, o mesajı okuyan insanlara da hatayla ilgili bilgi verir. Ancak, `Exception` sınıfı hatanın *türü* konusunda bir bilgi taşımaz.

Bu bölümde daha önce gördüğümüz `ConvException` ve `ErrnoException` ise *daha özel* hata türleridir: birincisi, atılan hatanın bir dönüşüm ile ilgili olduğunu; ikincisi ise sistem işlemleriyle ilgili olduğunu anlatır.

Phobos'taki çoğu başka hata gibi `ConvException` ve `ErrnoException`, `Exception` sınıfından türemişlerdir. Atılan hata türleri, `Error` ve `Exception` genel hata türlerinin daha özel halleridir. `Error` ve `Exception` da kendilerinden daha genel olan `Throwable` sınıfından türemişlerdir. ("Throwable"ın anlamı "atılabilen"dir.)

Her ne kadar `catch` ile yakalanabiliyor olsa da, `Error` türünden veya ondan türemiş olan hataların yakalanmaları önerilmez. `Error`'dan daha genel olduğu için `Throwable`'ın yakalanması da önerilmez. Yakalanmasının doğru olduğu sıradüzen, `Exception` sıradüzenidir.

```
           Throwable (yakalamayın)
              ↗   ↖
    Exception      Error (yakalamayın)
     ↗    ↖         ↗    ↖
   ...    ...     ...    ...
```

Not: Sıradüzen gösterimini daha sonraki Türeme bölümünde (sayfa 330) göstereceğim. Yukarıdaki şekil, `Throwable`'ın en genel, `Exception` ve `Error`'ın daha özel türler olduklarını ifade eder.

Atılan hataları özellikle belirli bir türden olacak şekilde yakalayabiliriz. Örneğin `ErrnoException` türünü yakalayarak dosya açma sorunu ile karşılaşıldığını anlayabilir ve programda buna göre hareket edebiliriz.

Atılan hata, ancak eğer `catch` bloğunda belirtilen türe uyuyorsa yakalanır. Örneğin `ÖzelBirHata` türünü yakalamaya çalışan bir `catch` bloğu, `ErrnoException` hatasını yakalamaz.

Bir `try` deyimi içerisindeki kodların (veya onların çağırdığı başka kodların) attığı hata, o `try` deyiminin `catch` bloklarında belirtilen hata türlerine *sırayla* uydurulmaya çalışılır. Eğer atılan hatanın türü sırayla bakılan `catch` bloğunun hata türüne uyuyorsa, o hata yakalanmış olur ve o `catch` bloğunun içerisindeki kodlar işletilir. Uyan bir `catch` bloğu bulunursa, artık diğer `catch` bloklarına bakılmaz.

`catch` bloklarının böyle sırayla taranmalarının doğru olarak çalışması için `catch` bloklarının daha özel hata türlerinden daha genel hata türlerine doğru sıralanmış olmaları gerekir. Buna göre; genel bir kural olarak eğer yakalanması uygun bulunuyorsa, yakalanması önerilen en genel hata türü olduğu için `Exception` her zaman en sondaki `catch` bloğunda belirtilmelidir.

Örneğin öğrenci kayıtlarıyla ilgili hataları yakalamaya çalışan bir `try` deyimi, `catch` bloklarındaki hata türlerini özelden genele doğru şu şekilde yazabilir:

```
    try {
        // ... hata atabilecek kayıt işlemleri ...
```

```
    } catch (KayıtNumarasıHanesiHatası hata) {

        // özellikle kayıt numarasının bir hanesiyle ilgili
        // olan bir hata

    } catch (KayıtNumarasıHatası hata) {

        // kayıt numarasıyla ilgili olan, ama hanesi ile
        // ilgili olmayan daha genel bir hata

    } catch (KayıtHatası hata) {

        // kayıtla ilgili daha genel bir hata

    } catch (Exception hata) {

        // kayıtla ilgisi olmayan genel bir hata

    }
```

`finally` bloğu

`try-catch` deyiminin son bloğu olan `finally`, hata atılsa da atılmasa da mutlaka işletilecek olan işlemleri içerir. `finally` bloğu isteğe bağlıdır; gerekmiyorsa yazılmayabilir.

`finally`'nin etkisini görmek için %50 olasılıkla hata atan şu programa bakalım:

```
import std.stdio;
import std.random;

void yüzdeElliHataAtanİşlev() {
    if (uniform(0, 2) == 1) {
        throw new Exception("hata mesajı");
    }
}

void deneme() {
    writeln("ilk satır");

    try {
        writeln("try'ın ilk satırı");
        yüzdeElliHataAtanİşlev();
        writeln("try'ın son satırı");

    // ... isteğe bağlı olarak catch blokları da olabilir ...

    } finally {
        writeln("finally işlemleri");
    }

    writeln("son satır");
}

void main() {
    deneme();
}
```

O işlev hata atmadığında programın çıktısı şöyledir:

```
ilk satır
try'ın ilk satırı
try'ın son satırı
finally işlemleri
son satır
```

Hata attığında ise şöyle:

```
ilk satır
try'ın ilk satırı
finally işlemleri
object.Exception@deneme.d(7): hata mesajı
```

Görüldüğü gibi, hata atıldığında "try'ın son satırı" ve "son satır" yazdırılmamış, ama `finally` bloğunun içi iki durumda da işletilmiştir.

`try-catch`'i ne zaman kullanmalı

`try-catch` deyimi, atılmış olan hataları yakalamak ve bu durumlarda özel işlemler yapmak için kullanılır.

Dolayısıyla, `try-catch` deyimini ancak ve ancak atılan bir hata ile ilgili özel işlemler yapmanız gereken veya yapabildiğiniz durumlarda kullanın. Başka durumlarda hatalara karışmayın. Hataları, onları yakalamaya çalışan işlevlere bırakın.

39.3 Hata nitelikleri

Program hata ile sonlandığında çıktıya otomatik olarak yazdırılan bilgiler yakalanan hata nesnelerinin niteliklerinden de edinilebilir. Bu nitelikler `Throwable` arayüzü tarafından sunulur:

- `.file`: Hatanın atıldığı kaynak dosya
- `.line`: Hatanın atıldığı satır
- `.msg`: Hata mesajı
- `.info`: Çağrı yığıtının hata atıldığındaki durumu
- `.next`: Bir sonraki ikincil hata

`finally` bloğunun hata atılan durumda otomatik olarak işletildiğini gördük. (Bir sonraki bölümde göreceğimiz `scope` deyimi ve daha ilerideki bir bölümde göreceğimiz *sonlandırıcı işlevler* de kapsamlardan çıkılırken otomatik olarak işletilirler.)

Doğal olarak, kapsamlardan çıkılırken işletilen kodlar da hata atabilirler. *İkincil* olarak adlandırılan bu hatalar birbirlerine bir bağlı liste olarak bağlanmışlardır; her birisine asıl hatadan başlayarak `.next` niteliği ile erişilir. Sonuncu hatanın `.next` niteliğinin değeri `null`'dır. (`null` değerini ilerideki bir bölümde göreceğiz.)

Aşağıdaki örnekte toplam üç adet hata atılmaktadır: `foo()` içinde atılan asıl hata ve `foo()`'nun ve onu çağıran `bar()`'ın `finally` bloklarında atılan ikincil hatalar. Program, ikincil hatalara `.next` nitelikleri ile nasıl erişildiğini gösteriyor.

Bu programdaki bazı kavramları daha sonraki bölümlerde göreceğiz. Örneğin, `for` döngüsünün yalnızca `hata` ifadesinden oluşan devam koşulu *`hata null` olmadığı sürece* anlamına gelir.

```
import std.stdio;

void foo() {
    try {
        throw new Exception("foo'daki asıl hata");

    } finally {
        throw new Exception("foo'daki finally hatası");
    }
}

void bar() {
    try {
        foo();
```

```
    } finally {
        throw new Exception("bar'daki finally hatası");
    }
}

void main() {
    try {
        bar();

    } catch (Exception yakalananHata) {

        for (Throwable hata = yakalananHata;
             hata;    // ← Anlamı: null olmadığı sürece
             hata = hata.next) {

            writefln("mesaj: %s", hata.msg);
            writefln("dosya: %s", hata.file);
            writefln("satır: %s", hata.line);
            writeln();
        }
    }
}
```

Çıktısı:

```
mesaj: foo'daki asıl hata
dosya: deneme.d
satır: 6

mesaj: foo'daki finally hatası
dosya: deneme.d
satır: 9

mesaj: bar'daki finally hatası
dosya: deneme.d
satır: 19
```

39.4 Hata çeşitleri

Hata atma düzeneğinin ne kadar yararlı olduğunu gördük. Hem alt düzeydeki işlemlerin, hem de o işleme bağımlı olan daha üst düzey işlemlerin hemen sonlanmalarına neden olur. Böylece program yanlış bilgiyle veya eksik işlemle devam etmemiş olur.

Buna bakarak her hatalı durumda hata atılmasının uygun olduğunu düşünmeyin. Hatanın çeşidine bağlı olarak farklı davranmak gerekebilir.

Kullanıcı hataları

Hataların bazıları kullanıcıdan gelir. Yukarıda da gördüğümüz gibi, örneğin bir sayı beklenen durumda "merhaba" gibi bir dizgi girilmiş olabilir. Programın kullanıcıyla etkileştiği bir durumda programın hata ile sonlanması uygun olmayacağı için, böyle durumlarda kullanıcıya bir hata mesajı göstermek ve doğru bilgi girmesini istemek daha uygun olabilir.

Yine de, kullanıcının girdiği bilginin doğrudan işlenmesinde ve o işlemler sırasında bir hata atılmasında da bir sakınca olmayabilir. Önemli olan, bu tür bir hatanın programın sonlanmasına neden olmak yerine, kullanıcıya geçerli bilgi girmesini söylemesidir.

Bir örnek olarak, kullanıcıdan dosya ismi alan bir programa bakalım. Aldığımız dosya isminin geçerli olup olmadığı konusunda iki yol izleyebiliriz:

- **Bilgiyi denetlemek**: `std.file` modülündeki `exists` işlevini kullanarak verilen isimde bir dosya olup olmadığına bakabiliriz:

```
    if (exists(dosya_ismi)) {
        // dosya mevcut

    } else {
        // dosya mevcut değil
    }
```

Dosyayı ancak dosya mevcut olduğunda açarız. Ancak; dosya, program bu denetimi yaptığı anda mevcut olduğu halde, az sonra `File` ile açılmaya çalışıldığında mevcut olmayabilir. Çünkü örneğin sistemde çalışmakta olan başka bir program tarafından silinmiş veya ismi değiştirilmiş olabilir.

Bu yüzden, belki de aşağıdaki diğer yöntem daha uygundur.

- **Bilgiyi doğrudan kullanmak**: Kullanıcıdan alınan bilgiye güvenebilir ve doğrudan işlemlere geçebiliriz. Eğer verilen bilgi geçersizse, zaten `File` bir hata atacaktır:

```
import std.stdio;
import std.exception;
import std.string;

void dosyayıKullan(string dosyaİsmi) {
    auto dosya = File(dosyaİsmi, "r");
    // ...
}

string dizgiOku(string soru) {
    write(soru, ": ");
    string dizgi = strip(readln());

    return dizgi;
}

void main() {
    bool dosyaKullanılabildi = false;

    while (!dosyaKullanılabildi) {
        try {
            dosyayıKullan(
                dizgiOku("Dosyanın ismini giriniz"));

            /* Eğer bu noktaya gelebildiysek, dosyayıKullan
             * işlevi başarıyla sonlanmış demektir. Yani,
             * verilen dosya ismi geçerlidir.
             *
             * Bu yüzden bu noktada bu değişkenin değerini
             * 'true' yaparak while'ın sonlanmasını
             * sağlıyoruz. */
            dosyaKullanılabildi = true;
            writeln("Dosya başarıyla kullanıldı");

        } catch (std.exception.ErrnoException açmaHatası) {
            stderr.writeln("Bu dosya açılamadı");
        }
    }
}
```

Programcı hataları

Bazı hatalar programcının kendisinden kaynaklanır. Örneğin yazılan bir işlevin programda kesinlikle sıfırdan küçük bir değerle çağrılmayacağından eminizdir. Programın tasarımına göre bu işlev kesinlikle eksi bir değerle çağrılmıyordur. İşlevin buna rağmen eksi bir değer alması; ya programın mantığındaki bir hatadan kaynaklanıyordur, ya da o mantığın gerçekleştirilmesindeki bir hatadan. Bunların ikisi de programcı hatası olarak kabul edilir.

Böyle, programın yazımıyla ilgili olan, yani programcının kendisinden kaynaklanan hatalı durumlarda hata atmak yerine bir `assert` kullanmak daha uygun olabilir (*Not: `assert`'ü daha sonraki bir bölümde göreceğiz.*):

```
void menüSeçeneği(int sıraNumarası) {
    assert(sıraNumarası >= 0);
    // ...
}

void main() {
    menüSeçeneği(-1);
}
```

Program bir `assert` hatası ile sonlanır:

```
core.exception.AssertError@deneme.d(2): Assertion failure
```

`assert` hangi kaynak dosyanın hangi satırındaki beklentinin gerçekleşmediğini de bildirir. (Bu mesajda `deneme.d` dosyasının ikinci satırı olduğu anlaşılıyor.)

Beklenmeyen durumlar

Yukarıdaki iki durumun dışında kalan her türlü hatalı durumda hata atmak uygundur. Zaten başka çare kalmamıştır: ne bir kullanıcı hatasıyla ne de bir programcı hatasıyla karşı karşıyayızdır. Eğer işimize devam edemiyorsak, hata atmaktan başka çare yoktur.

Bizim attığımız hatalar karşısında ne yapacakları bizi çağıran üst düzey işlevlerin görevidir. Eğer uygunsa, attığımız hatayı yakalayarak bir çare bulabilirler.

39.5 Özet

- Eğer bir kullanıcı hatasıyla karşılaşmışsanız ya kullanıcıyı uyarın ya da yine de işlemlere devam ederek nasıl olsa bir hata atılacağına güvenin.
- Programın mantığında veya gerçekleştirilmesinde hata olmadığını garantilemek için `assert`'ü kullanın. (*Not: `assert`'ü ilerideki bir bölümde göreceğiz.*)
- Bunların dışındaki durumlarda `throw` veya `enforce()` ile hata atın. (*Not: `enforce()`'u ilerideki bir bölümde göreceğiz.*)
- Hataları ancak ve ancak yakaladığınızda yararlı bir işlem yapabilecekseniz yakalayın. Yoksa hiç `try-catch` deyimi içine almayın; belki de işlevinizi çağıran daha üst düzeydeki bir işlev yakalayacaktır.
- `catch` bloklarını özelden genele doğru sıralayın.
- İşletilmeleri mutlaka gereken işlemleri `finally` bloğuna yazın.

40 scope

Kesinlikle işletilmeleri gereken ifadelerin `finally` bloklarına, hatalı durumlarda işletilmeleri gereken ifadelerin de `catch` bloklarına yazıldıklarını bir önceki bölümde gördük. Bu blokların kullanımlarıyla ilgili bir kaç gözlemde bulunabiliriz:

- `catch` ve `finally` blokları `try` bloğu olmadan kullanılamaz.
- Bu bloklarda kullanılmak istenen bazı değişkenler o noktalarda geçerli olmayabilirler:

```
void birİşlev(ref int çıkış) {
    try {
        int birDeğer = 42;

        çıkış += birDeğer;
        hataAtabilecekBirİşlev();

    } catch (Exception hata) {
        çıkış -= birDeğer;      // ← derleme HATASI
    }
}
```

Yukarıdaki işlev, referans türündeki parametresinde değişiklik yapmakta ve hata atılması durumunda onu eski haline getirmeye çalışmaktadır. Ne yazık ki, `birDeğer` yalnızca `try` bloğu içinde tanımlı olduğu için bir derleme hatası alınır. *(Not: Yaşam süreçleriyle ilgili olan bu konuyu ilerideki bir bölümde tekrar değineceğim.)*

- Bir kapsamdan çıkılırken kesinlikle işletilmesi gereken ifadelerin hepsinin bir arada en aşağıdaki `finally` bloğuna yazılmaları, ilgili oldukları kodlardan uzakta kalacakları için istenmeyebilir.

`catch` ve `finally` bloklarına benzer şekilde işleyen ve bazı durumlarda daha uygun olan olanak `scope` deyimidir. Üç farklı `scope` kullanımı, yine ifadelerin kapsamlardan çıkılırken kesinlikle işletilmeleri ile ilgilidir:

- `scope(success)`: Kapsamdan başarıyla çıkılırken işletilecek olan ifadeleri belirler.
- `scope(failure)`: Kapsamdan hatayla çıkılırken işletilecek olan ifadeleri belirler.
- `scope(exit)`: Kapsamdan başarıyla veya hatayla çıkılırken işletilecek olan ifadeleri belirler.

Bu deyimler yine atılan hatalarla ilgili olsalar da `try-catch` bloklarının parçası değillerdir.

Örneğin, hata atıldığında `çıkış`'ın değerini düzeltmeye çalışan yukarıdaki işlevi bir `scope(failure)` deyimiyle daha kısa olarak şöyle yazabiliriz:

```
void birİşlev(ref int çıkış) {
    int birDeğer = 42;

    çıkış += birDeğer;
    scope(failure) çıkış -= birDeğer;

    hataAtabilecekBirİşlev();
}
```

Yukarıdaki scope deyimi, kendisinden sonra yazılan ifadenin işlevden hata ile çıkıldığı durumda işletileceğini bildirir. Bunun bir yararı, yapılan bir değişikliğin hatalı durumda geri çevrilecek olduğunun tam da değişikliğin yapıldığı yerde görülebilmesidir.

scope deyimleri bloklar halinde de bildirilebilirler:

```
    scope(exit) {
        // ... çıkarken işletilecek olan ifadeler ...
    }
```

Bu kavramları deneyen bir işlevi şöyle yazabiliriz:

```
void deneme() {
    scope(exit) writeln("çıkarken 1");

    scope(success) {
        writeln("başarılıysa 1");
        writeln("başarılıysa 2");
    }

    scope(failure) writeln("hata atılırsa 1");
    scope(exit) writeln("çıkarken 2");
    scope(failure) writeln("hata atılırsa 2");

    yüzdeElliHataAtanİşlev();
}
```

İşlevin çıktısı, hata atılmayan durumda yalnızca scope(exit) ve scope(success) ifadelerini içerir:

```
çıkarken 2
başarılıysa 1
başarılıysa 2
çıkarken 1
```

Hata atılan durumda ise scope(exit) ve scope(failure) ifadelerini içerir:

```
hata atılırsa 2
çıkarken 2
hata atılırsa 1
çıkarken 1
object.Exception: hata mesajı
```

Çıktılardan anlaşıldığı gibi, scope deyimlerinin ifadeleri ters sırada işletilmektedir. Bunun nedeni, daha sonra gelen kodların daha önceki değişkenlerin durumlarına bağlı olabilecekleridir. scope deyimlerindeki ifadelerinin ters sırada işletilmeleri programın durumunda yapılan değişikliklerin geri adımlar atılarak ters sırada işletilmelerini sağlar.

41 assert ve enforce

Programları yazarken çok sayıda varsayımda bulunuruz ve bazı beklentilerin doğru çıkmalarını umarız. Programlar ancak bu varsayımlar ve beklentiler doğru çıktıklarında doğru çalışırlar. assert, programın dayandığı bu varsayımları ve beklentileri denetlemek için kullanılır. Programcının en etkili yardımcılarındandır.

Bazen hata atmakla assert'ten yararlanmak arasında karar vermek güçtür. Aşağıdaki örneklerde fazla açıklamaya girmeden assert'ler kullanacağım. Hangi durumda hangi yöntemin daha uygun olduğunu ise daha aşağıda açıklayacağım.

Çoğu zaman programdaki varsayımların farkına varılmaz. Örneğin iki kişinin yaşlarının ortalamasını alan aşağıdaki işlevde kullanılan hesap, yaş parametrelerinin ikisinin de sıfır veya daha büyük olacakları varsayılarak yazılmıştır:

```
double ortalamaYaş(double birinciYaş, double ikinciYaş) {
    return (birinciYaş + ikinciYaş) / 2;
}
```

Yaşlardan en az birisinin eksi bir değer olarak gelmesi hatalı bir durumdur. Buna rağmen, işlev mantıklı bir ortalama üretebilir ve program bu hata hiç farkedilmeden işine yanlış da olsa devam edebilir.

Başka bir örnek olarak, aşağıdaki işlev yalnızca iki komuttan birisi ile çağrılacağını varsaymaktadır: "şarkı söyle" ve "dans et":

```
void komutİşlet(string komut) {
    if (komut == "şarkı söyle") {
        robotaŞarkıSöylet();

    } else {
        robotuDansEttir();
    }
}
```

Böyle bir varsayımda bulunduğu için, "şarkı söyle" dışındaki geçerli olsun olmasın her komuta karşılık robotuDansEttir işlevini çağıracaktır.

Bu varsayımları kendimize sakladığımızda sonuçta ortaya çıkan program hatalı davranabilir. assert, bu varsayımlarımızı dile getirmemizi sağlayan ve varsayımlar hatalı çıktığında işlemlerin durdurulmalarına neden olan bir olanaktır.

assert, bir anlamda programa "böyle olduğunu varsayıyorum, eğer yanlışsa işlemi durdur" dememizi sağlar.

41.1 Söz dizimi

assert iki biçimde yazılabilir:

```
    assert(mantıksal_ifade);
    assert(mantıksal_ifade, mesaj);
```

assert, kendisine verilen mantıksal ifadeyi işletir. İfadenin değeri true ise varsayım doğru çıkmış kabul edilir ve assert denetiminin hiçbir etkisi yoktur. İfadenin değeri false olduğunda ise varsayım yanlış çıkmış kabul edilir ve bir AssertError hatası atılır. İsminden de anlaşılabileceği gibi, bu hata Error'dan türemiştir ve Hatalar bölümünde (sayfa 193) gördüğümüz gibi, yakalanmaması gereken bir hata türüdür. Böyle bir hata atıldığında programın hemen sonlanması önemlidir çünkü programın yanlış varsayımlara dayanarak yanlış olabilecek sonuçlar üretmesi böylece önlenmiş olur.

Yukarıdaki `ortalamaYaş` işlevindeki varsayımlarımızı iki `assert` ile şöyle ifade edebiliriz:

```
double ortalamaYaş(double birinciYaş, double ikinciYaş) {
    assert(birinciYaş >= 0);
    assert(ikinciYaş >= 0);

    return (birinciYaş + ikinciYaş) / 2;
}

void main() {
    auto sonuç = ortalamaYaş(-1, 10);
}
```

O `assert`'ler "birinciYaş'ın 0 veya daha büyük olduğunu varsayıyorum" ve "ikinciYaş'ın 0 veya daha büyük olduğunu varsayıyorum" anlamına gelir. Başka bir bakış açısıyla, "assert" sözcüğünün "emin olarak öne sürmek" karşılığını kullanarak, "birinciYaş'ın 0 veya daha büyük olduğundan eminim" gibi de düşünülebilir.

`assert` bu varsayımları denetler ve yukarıdaki programda olduğu gibi, varsayımın yanlış çıktığı durumda programı bir `AssertError` hatasıyla sonlandırır:

```
core.exception.AssertError@deneme(2): Assertion failure
```

Hatanın @ karakterinden sonra gelen bölümü hangi dosyanın hangi satırındaki varsayımın doğru çıkmadığını gösterir. Bu örnekteki `deneme(2)`'ye bakarak hatanın `deneme.d` dosyasının ikinci satırında olduğu anlaşılır.

`assert` beklentisinin yanlış çıktığı durumda açıklayıcı bir mesaj yazdırılmak istendiğinde `assert` denetiminin ikinci kullanımından yararlanılır:

```
    assert(birinciYaş >= 0, "Yaş sıfırdan küçük olamaz");
```

Çıktısı:

```
core.exception.AssertError@deneme.d(2): Yaş sıfırdan küçük olamaz
```

Programda kesinlikle gelinmeyeceği düşünülen veya gelinmemesi gereken noktalarda, özellikle başarısız olsun diye mantıksal ifade olarak bilerek `false` sabit değeri kullanılır. Örneğin yukarıdaki "şarkı söyle" ve "dans et" örneğinde başka komutların geçersiz olduklarını belirtmek ve bu durumlarda hata atılmasını sağlamak için şöyle bir `assert` denetimi kullanılabilir:

```
void komutİşlet(string komut) {
    if (komut == "şarkı söyle") {
        robotaŞarkıSöylet();

    } else if (komut == "dans et") {
        robotuDansEttir();

    } else {
        assert(false);
    }
}
```

Artık işlev yalnızca o iki komutu kabul eder ve başka komut geldiğinde `assert(false)` nedeniyle işlem durdurulur. (*Not: Burada aynı amaç için bir `final switch` deyimi (sayfa 127) de kullanılabilir.*)

41.2 static assert

assert denetimleri programın çalışması sırasında işletilirler çünkü programın doğru işleyişi ile ilgilidirler. Bazı denetimler ise daha çok programın yapısı ile ilgilidirler ve derleme zamanında bile işletilebilirler.

static assert, derleme zamanında işletilebilecek olan denetimler içindir. Bunun bir yararı, belirli koşulların sağlanamaması durumunda programın derlenmesinin önlenebilmesidir. Doğal olarak, bütün ifadenin derleme zamanında işletilebiliyor olması şarttır.

Örneğin, çıkış aygıtının genişliği gibi bir kısıtlama nedeniyle menü başlığının belirli bir uzunluktan kısa olması gereken bir durumda static assert'ten yararlanılabilir:

```
    enum dstring menüBaşlığı = "Komut Menüsü";
    static assert(menüBaşlığı.length <= 16);
```

İfadenin derleme zamanında işletilebilmesi için dizginin enum olarak tanımlandığına dikkat edin. Yalnızca dstring olsaydı bir derleme hatası oluşurdu.

Bir programcının o başlığı daha açıklayıcı olduğunu düşündüğü için değiştirdiğini düşünelim:

```
    enum dstring menüBaşlığı = "Yön Komutları Menüsü";
    static assert(menüBaşlığı.length <= 16);
```

Program artık static assert denetimini geçemediği için derlenemez:

```
Error: static assert  (20LU <= 16LU) is false
```

Programcı da böylece programın uyması gereken bu kısıtlamayı farketmiş olur.

static assert'ün yararı, yukarıda olduğu gibi türlerin ve değerlerin açıkça belli oldukları örneklerde anlaşılamıyor. static assert özellikle şablon ve koşullu derleme olanakları ile kullanıldığında yararlıdır. Bu olanakları ilerideki bölümlerde göreceğiz.

41.3 *Kesinlikle doğru olan* (!) varsayımlar için bile assert

"Kesinlikle doğru olan"ın özellikle üzerine basıyorum. Hiçbir varsayım bilerek yanlış olmayacağı için, zaten çoğu hata *kesinlikle doğru olan* varsayımlara dayanır.

Bu yüzden bazen kesinlikle gereksizmiş gibi duran assert denetimleri de kullanılır. Örneğin belirli bir senenin aylarının kaç gün çektikleri bilgisini bir dizi olarak döndüren bir işlev ele alalım:

```
int[] ayGünleri(int yıl) {
    int[] günler = [
        31, şubatGünleri(yıl),
        31, 30, 31, 30, 31, 31, 30, 31, 30, 31
    ];

    assert((diziToplamı(günler) == 365) ||
           (diziToplamı(günler) == 366));

    return günler;
}
```

Doğal olarak bu işlevin döndürdüğü dizideki gün toplamları ya 365 olacaktır, ya da 366. Bu yüzden yukarıdaki assert denetiminin gereksiz olduğu düşünülebilir. Oysa, her ne kadar gereksiz gibi görünse de, o denetim şubatGünleri işlevinde ilerideki bir zamanda yapılabilecek bir hataya karşı bir güvence sağlar.

`şubatGünleri` işlevi bir hata nedeniyle örneğin 30 değerini döndürse, o `assert` sayesinde bu hata hemen farkedilecektir.

Hatta biraz daha ileri giderek dizinin uzunluğunun her zaman için 12 olacağını da denetleyebiliriz:

```
    assert(günler.length == 12);
```

Böylece kodu diziden yanlışlıkla silinebilecek veya diziye yanlışlıkla eklenebilecek bir elemana karşı da güvence altına almış oluruz.

Böyle denetimler her ne kadar gereksizmiş gibi görünseler de son derece yararlıdırlar. Kodun sağlamlığını arttıran ve kodu ilerideki değişiklikler karşısında güvencede tutan çok etkili yapılardır.

Kodun sağlamlığını arttıran ve programın yanlış sonuçlar doğuracak işlemlerle devam etmesini önleyen bir olanak olduğu için, `assert` bundan sonraki bölümlerde göreceğimiz *birim testleri* ve *sözleşmeli programlama* olanaklarının da temelini oluşturur.

41.4 Değer üretmez ve yan etkisi yoktur

İfadelerin değer üretebildiklerini ve yan etkilerinin olabildiğini görmüştük. `assert` değer üretmeyen bir denetimdir.

Ek olarak, `assert` denetiminin kendisinin bir yan etkisi de yoktur. Ona verilen mantıksal ifadenin yan etkisinin olmaması da D standardı tarafından şart koşulmuştur. `assert`, programın durumunu değiştirmeyen ve yalnızca varsayımları denetleyen bir yapı olarak kalmak zorundadır.

41.5 `assert` denetimlerini etkisizleştirmek

`assert` programın doğruluğu ile ilgilidir. Programın yeterince denenip amacı doğrultusunda doğru olarak işlediğine karar verildikten sonra programda başkaca yararı yoktur. Üstelik, ne değerleri ne de yan etkileri olduğundan, `assert` denetimleri programdan bütünüyle kaldırılabilmelidirler ve bu durumda programın işleyişinde hiçbir değişiklik olmamalıdır.

Derleyici seçeneği `-release`, `assert` denetimlerinin sanki programa hiç yazılmamışlar gibi gözardı edilmelerini sağlar:

```
dmd deneme.d -release
```

Böylece olasılıkla uzun süren denetimlerin programı yavaşlatmaları önlenmiş olur.

Bir istisna olarak, `false` veya ona otomatik olarak dönüşen bir hazır değerle çağrılan `assert`'ler `-release` ile derlendiklerinde bile programdan çıkartılmazlar. Bunun nedeni, `assert(false)` denetimlerinin hiçbir zaman gelinmemesi gereken satırları belirliyor olmaları ve o satırlara gelinmesinin her zaman için hatalı olacağıdır.

41.6 Hata atmak için `enforce`

Programın çalışması sırasında karşılaşılan her beklenmedik durum programdaki bir yanlışlığı göstermez. Beklenmedik durumlar programın elindeki verilerle veya çevresiyle de ilgili olabilir. Örneğin, kullanıcının girmiş olduğu geçersiz bir değerin `assert` ile denetlenmesi doğru olmaz çünkü kullanıcının girdiği yanlış değerin *programın doğruluğu* ile ilgisi yoktur. Bu gibi durumlarda `assert`'ten yararlanmak yerine daha önceki bölümlerde de yaptığımız gibi `throw` ile hata atmak doğru olur.

`std.exception` modülünde tanımlanmış olan ve buradaki kullanımında "şart koşuyorum" anlamına gelen `enforce`, hata atarken daha önce de kullandığımız `throw` ifadesinin yerine geçer.

Örneğin, belirli bir koşula bağlı olarak bir hata atıldığını varsayalım:

```
    if (adet < 3) {
        throw new Exception("En az 3 tane olmalı.");
    }
```

`enforce` bir anlamda `if` denetimini ve `throw` deyimini sarmalar. Aynı kod `enforce` ile aşağıdaki gibi yazılır:

```
import std.exception;
// ...
    enforce(adet >= 3, "En az 3 tane olmalı.");
```

Mantıksal ifadenin öncekinin tersi olduğuna dikkat edin. Bunun nedeni, `enforce`'un "bunu şart koşuyorum" anlamını taşımasıdır. Görüldüğü gibi, `enforce` koşul denetimine ve `throw` deyimine gerek bırakmaz.

41.7 Nasıl kullanmalı

`assert` *programcı hatalarını* yakalamak için kullanılır. Örneğin, yukarıdaki `ayGünleri` işlevinde ve `menüBaşlığı` değişkeniyle ilgili olarak kullanılan `assert`'ler tamamen programcılıkla ilgili hatalara karşı bir güvence olarak kullanılmışlardır.

Bazı durumlarda `assert` kullanmakla hata atmak arasında karar vermek güç olabilir. Böyle durumlarda beklenmedik durumun programın kendisi ile mi ilgili olduğuna bakmak gerekir. Eğer denetim programın kendisi ile ilgili ise `assert` kullanılmalıdır.

Herhangi bir işlem gerçekleştirilemediğinde ise hata atılmalıdır. Bu iş için daha kullanışlı olduğu için `enforce`'tan yararlanmanızı öneririm.

Bu konudaki başka bir kıstas, karşılaşılan durumun giderilebilen bir hata çeşidi olup olmadığıdır. Eğer giderilebilen bir durumsa hata atmak uygun olabilir. Böylece daha üst düzeydeki bir işlev atılan bu hatayı yakalayabilir ve duruma göre farklı davranabilir.

41.8 Problemler

1. Bu problemde size önceden yazılmış bir program göstermek istiyorum. Bu programın hata olasılığını azaltmak için bazı noktalarına `assert` denetimleri yerleştirilmiş. Amacım, bu `assert` denetimlerinin programdaki hataları ortaya çıkartma konusunda ne kadar etkili olduklarını göstermek.

   Program kullanıcıdan bir başlangıç zamanı ve bir işlem süresi alıyor ve o işlemin ne zaman sonuçlanacağını hesaplıyor. Program, sayılardan sonra gelen 'da' eklerini de doğru olarak yazdırıyor:

   ```
   09:06'da başlayan ve 1 saat 2 dakika süren işlem
   10:08'de sonlanır.
   ```

   ```
   import std.stdio;
   import std.string;
   import std.exception;

   /* Verilen mesajı kullanıcıya gösterir ve girilen zaman
    * bilgisini saat ve dakika olarak okur. */
   void zamanOku(string mesaj, out int saat, out int dakika) {
       write(mesaj, "? (SS:DD) ");
   ```

```
    readf(" %s:%s", &saat, &dakika);

    enforce((saat >= 0) && (saat <= 23) &&
            (dakika >= 0) && (dakika <= 59),
            "Geçersiz zaman!");
}

/* Zamanı dizgi düzeninde döndürür. */
string zamanDizgisi(int saat, int dakika) {
    assert((saat >= 0) && (saat <= 23));
    assert((dakika >= 0) && (dakika <= 59));

    return format("%02s:%02s", saat, dakika);
}

/* İki zaman bilgisini birbirine ekler ve üçüncü parametre
 * çifti olarak döndürür. */
void zamanEkle(
        int başlangıçSaati, int başlangıçDakikası,
        int eklenecekSaat, int eklenecekDakika,
        out int sonuçSaati, out int sonuçDakikası) {
    sonuçSaati = başlangıçSaati + eklenecekSaat;
    sonuçDakikası = başlangıçDakikası + eklenecekDakika;

    if (sonuçDakikası > 59) {
        ++sonuçSaati;
    }
}

/* Sayılardan sonra kesme işaretiyle ayrılarak kullanılacak
 * olan "de, da" ekini döndürür. */
string daEki(int sayı) {
    string ek;

    immutable int sonHane = sayı % 10;

    switch (sonHane) {

    case 1, 2, 7, 8:
        ek = "de";
        break;

    case 3, 4, 5:
        ek = "te";
        break;

    case 6, 9:
        ek = "da";
        break;

    default:
        break;
    }

    assert(ek.length != 0);

    return ek;
}

void main() {
    int başlangıçSaati;
    int başlangıçDakikası;
    zamanOku("Başlangıç zamanı",
             başlangıçDakikası, başlangıçSaati);

    int işlemSaati;
    int işlemDakikası;
    zamanOku("İşlem süresi", işlemSaati, işlemDakikası);

    int bitişSaati;
    int bitişDakikası;
    zamanEkle(başlangıçSaati, başlangıçDakikası,
              işlemSaati, işlemDakikası,
```

```
                bitişSaati, bitişDakikası);

    sonucuYazdır(başlangıçSaati, başlangıçDakikası,
                 işlemSaati, işlemDakikası,
                 bitişSaati, bitişDakikası);
}

void sonucuYazdır(
        int başlangıçSaati, int başlangıçDakikası,
        int işlemSaati, int işlemDakikası,
        int bitişSaati, int bitişDakikası) {
    writef("%s'%s başlayan",
           zamanDizgisi(başlangıçSaati, başlangıçDakikası),
           daEki(başlangıçDakikası));

    writef(" ve %s saat %s dakika süren işlem",
           işlemSaati, işlemDakikası);

    writef(" %s'%s sonlanır.",
           zamanDizgisi(bitişSaati, bitişDakikası),
           daEki(bitişDakikası));

    writeln();
}
```

Bu programı çalıştırın ve girişine başlangıç olarak `06:09` ve süre olarak `1:2` verin. Programın normal olarak sonlandığını göreceksiniz.

Not: Aslında çıktının hatalı olduğunu farkedebilirsiniz. Bunu şimdilik görmezden gelin; çünkü az sonra `assert`'lerin yardımıyla bulacaksınız.

2. Bu sefer programa `06:09` ve `15:2` zamanlarını girin. Bir `AssertError` atıldığını göreceksiniz. Hatada belirtilen satıra gidin ve programla ilgili olan hangi beklentinin gerçekleşmediğine bakın. Bu hatanın kaynağını bulmanız zaman alabilir.
3. Bu sefer programa `06:09` ve `1:1` zamanlarını girin. Yeni bir hata ile karşılaşacaksınız. O satıra da gidin ve o hatayı da giderin.
4. Bu sefer programa `06:09` ve `20:0` bilgilerini girin. Yine `assert` tarafından yakalanan bir program hatası ile karşılaşacaksınız. O hatayı da giderin.
5. Bu sefer programa `06:09` ve `1:41` bilgilerini girin. Programın *da* ekinin doğru çalışmadığını göreceksiniz:

```
Başlangıç zamanı? (SS:DD) 06:09
İşlem süresi? (SS:DD) 1:41
06:09'da başlayan ve 1 saat 41 dakika süren işlem
07:50'da sonlanır
```

Bunu düzeltin ve duruma göre doğru ek yazmasını sağlayın: 7:10'da, 7:50'de, 7:40'ta, vs.

Çözümler: Sayfa 716

42 Birim Testleri

Programcılığın kaçınılmaz uğraşlarından birisi hata ayıklamaktır.

Her kullanıcının yakından tanıdığı gibi, içinde bilgisayar programı çalışan her cihaz yazılım hataları içerir. Yazılım hataları, kol saati gibi basit elektronik aletlerden uzay aracı gibi büyük sistemlere kadar her yerde bulunur.

42.1 Hata nedenleri

Yazılım hatalarının çok çeşitli nedenleri vardır. Programın fikir aşamasından başlayarak kodlanmasına doğru kabaca sıralarsak:

- Programdan istenenler açık bir şekilde ortaya konmamış olabilir. Hatta, belki de programın tam olarak ne yapacağı başından belli değildir.
- Programcı programdan istenenleri yanlış anlamış olabilir.
- Programlama dili programdan istenenleri ifade etmekte yetersiz kalabilir. Bir insana Türkçe anlatırken bile anlaşmazlıklar yaşandığını göz önüne alırsak, bilgisayar dilinin karmaşık söz dizimleri ve kuralları istenenlerin tam olarak ifade edilmesi için yeterli olmayabilir.
- Programcının varsayımları yanlış çıkabilir. Örneğin, pi sayısı olarak 3.14 değerinin yeterli olduğu varsayılmış olabilir.
- Programcının bilgisi herhangi bir konuda yetersiz veya yanlış olabilir. Örneğin, kesirli sayıların eşitlik karşılaştırmalarında kullanılmalarının güvensiz olduğunu bilmiyordur.
- Program baştan düşünülmemiş olan bir durumla karşılaşabilir. Örneğin, bir klasördeki dosyalardan birisi program o listeyi bir döngüde kullanırken silinmiş veya o dosyanın ismi değiştirilmiş olabilir.
- Programcı kodu yazarken dikkatsizlik yapabilir. Örneğin, bir işlem sırasında `toplamFiyat` yerine `toptanFiyat` yazabilir.
- vs.

Ne yazık ki, günümüzde henüz tam olarak sağlam kod üreten yazılım geliştirme yöntemleri bulunamamıştır. Bu konu, sürekli olarak çözüm bulunmaya çalışılan ve her beş on yılda bir ümit verici yöntemlerin ortaya çıktığı bir konudur.

42.2 Hatanın farkedildiği zaman

Yazılım hatasının ne zaman farkına varıldığı da çeşitlilik gösterir. En erkenden en geçe doğru sıralayarak:

- Kod yazılırken
  - Programı yazan kişi tarafından
  - Başka bir programcı tarafından; örneğin *çiftli programlama* (pair programming) yöntemi uygulandığında, yapılan bir yazım hatasını programı yazan kişinin yanındaki programcı farkedebilir
  - Derleyici tarafından; derleyicinin verdiği hata mesajları veya uyarılar çoğunlukla programcı hatalarını gösterirler
  - Programın programcı tarafından oluşturulması sırasında **birim testleri** tarafından
- Kod incelenirken

    - Kaynak kodu inceleyen araç programlar tarafından
    - Kodu inceleyen başka programcılar tarafından ***kod incelemesi*** (code review) sırasında
- Program kullanımdayken
    - Programın işleyişini inceleyen araç programlar tarafından (örneğin Linux ortamlarındaki açık kodlu 'valgrind' programı ile)
    - Sürümden önce test edilirken, ya `assert` denetimlerinin başarısızlığından ya da programın gözlemlenen davranışından
    - Sürümden önce *beta* kullanıcıları tarafından test edilirken
    - Sürümdeyken son kullanıcılar tarafından

Hata ne kadar erken farkedilirse hem zararı o kadar az olur, hem de o kadar az sayıda insanın zamanını almış olur. Bu yüzden en iyisi, hatanın kodun yazıldığı sırada yakalanmasıdır. Geç farkedilen hata ise başka programcıların, programı test edenlerin, ve çok sayıdaki kullanıcının da zamanını alır.

Son kullanıcıya gidene kadar farkedilmemiş olan bir hatanın kodun hangi noktasından kaynaklandığını bulmak da çoğu durumda oldukça zordur. Bu noktaya kadar farkedilmemiş olan bir hata, bazen aylarca sürebilen uğraşlar sonucunda temizlenebilir.

42.3 Hata yakalamada birim testleri

Kodu yazan programcı olmazsa zaten kod olmaz. Ayrıca, derlemeli bir dil olduğu için D programları zaten derleyici kullanmadan oluşturulamazlar. Bunları bir kenara bıraktığımızda, program hatalarını yakalamada en erken ve bu yüzden de en etkin yöntem olarak birim testleri kalır.

Birim testleri, modern programcılığın ayrılmaz araçlarındandır. Kod hatalarını azaltma konusunda en etkili yöntemlerdendir. Birim testleri olmayan kod, hatalı kod olarak kabul edilir.

Ne yazık ki bunun tersi doğru değildir: birim testlerinin olması, kodun hatasız olduğunu kanıtlamaz; ama hata oranını çok büyük ölçüde azaltır.

Birim testleri ayrıca kodun rahatça ve güvenle geliştirilebilmesini de sağlarlar. Kod üzerinde değişiklik yapmak, örneğin yeni olanaklar eklemek, doğal olarak o kodun eski olanaklarının artık hatalı hale gelmelerine neden olabilir. Kodun geliştirilmesi sırasında ortaya çıkan böyle hatalar, ya çok sonraki sürüm testleri sırasında farkedilirler, ya da daha kötüsü, program son kullanıcılar tarafından kullanılırken.

Bu tür hatalar kodun yeniden düzenlenmesinden çekinilmesine ve kodun gittikçe ***çürümesine*** (code rot) neden olurlar. Örneğin bazı satırların aslında yeni bir işlev olarak yazılmasının gerektiği bir durumda, yeni hatalardan korkulduğu için koda dokunulmaz ve ***kod tekrarı*** gibi zararlı durumlara düşülebilir.

Programcı kültüründe duyulan "bozuk değilse düzeltme" ("if it isn't broken, don't fix it") gibi sözler, hep bu korkunun ürünüdür. Bu gibi sözler, yazılmış olan koda dokunmamayı erdem olarak gösterdikleri için zaman geçtikçe kodun çürümesine ve üzerinde değişiklik yapılamaz hale gelmesine neden olurlar.

Modern programcılıkta bu düşüncelerin yeri yoktur. Tam tersine, kod çürümesinin önüne geçmek için kodun gerektikçe serbestçe geliştirilmesi önerilir: "acımasızca geliştir" ("refactor mercilessly"). İşte bu yararlı yaklaşımın en güçlü silahı birim testleridir.

Birim testi, programı oluşturan en alt birimlerin birbirlerinden olabildiğince bağımsız olarak test edilmeleri anlamına gelir. Alt birimlerin bağımsız olarak testlerden geçmeleri, o birimlerin birlikte çalışmaları sırasında oluşacak hataların olasılığını büyük ölçüde azaltır. Eğer parçalar doğru çalışıyorsa, bütünün de doğru çalışma olasılığı artar.

Birim testleri başka bazı dillerde JUnit, CppUnit, Unittest++, vs. gibi kütüphane olanakları olarak gerçekleştirilmişlerdir. D'de ise birim testleri dilin iç olanakları arasındadır. Her iki yaklaşımın da üstün olduğu yanlar gösterilebilir. D birim testleri konusunda bazı kütüphanelerin sunduğu bazı olanakları içermez. Bu yüzden birim testleri için ayrı bir kütüphaneden yararlanmak da düşünülebilir.

D'de birim testleri, önceki bölümde gördüğümüz `assert` denetimlerinin `unittest` blokları içinde kullanılmalarından oluşurlar. Ben burada yalnızca D'nin bu iç olanağını göstereceğim.

42.4 Birim testlerini başlatmak

Programın asıl işleyişi ile ilgili olmadıkları için, birim testlerinin yalnızca programın geliştirilmesi aşamasında çalıştırılmaları gerekir. Birim testleri derleyici veya geliştirme ortamı tarafından, ve ancak özellikle istendiğinde başlatılır.

Birim testlerinin nasıl başlatıldıkları kullanılan derleyiciye ve geliştirme ortamına göre değişir. Ben burada örnek olarak Digital Mars'ın derleyicisi olan dmd'nin `-unittest` seçeneğini göstereceğim.

Programın `deneme.d` isimli bir kaynak dosyaya yazıldığını varsayarsak komut satırına `-unittest` seçeneğini eklemek birim testlerini etkinleştirmek için yeterlidir:

```
dmd deneme.d -w -unittest
```

Bu şekilde oluşturulan program çalıştırıldığında önce birim testleri işletilir ve ancak onlar başarıyla tamamlanmışsa programın işleyişi `main` ile devam eder.

42.5 `unittest` blokları

Birim testlerini oluşturan kodlar bu blokların içine yazılır. Bu kodların programın normal işleyişi ile ilgileri yoktur; yalnızca programı ve özellikle işlevleri denemek için kullanılırlar:

```
unittest {
    /* ... birim testleri ve testler için gereken kodlar ... */
}
```

`unittest` bloklarını sanki işlev tanımlıyor gibi kendi başlarına yazabilirsiniz. Ama daha iyisi, bu blokları denetledikleri işlevlerin hemen altına yazmaktır.

Örnek olarak, bir önceki bölümde gördüğümüz ve kendisine verilen sayıya Türkçe ses uyumuna uygun olarak *da eki* döndüren işleve bakalım. Bu işlevin doğru çalışmasını denetlemek için, `unittest` bloğuna bu işlevin döndürmesini beklediğimiz koşullar yazarız:

```
dstring daEki(int sayı) {
    // ...
}

unittest {
    assert(daEki(1) == "de");
    assert(daEki(5) == "te");
    assert(daEki(9) == "da");
}
```

Oradaki üç koşul; 1, 5, ve 9 sayıları için sırasıyla "de", "te", ve "da" döndürüldüğünü denetler.

Her ne kadar testlerin temeli assert denetimleri olsa da, unittest bloklarının içinde her türlü D olanağını kullanabilirsiniz. Örneğin, bir dizgi içindeki belirli bir harfi o dizginin en başında olacak şekilde döndüren bir işlevin testleri şöyle yazılabilir:

```
dstring harfBaşa(dstring dizgi, dchar harf) {
    // ...
}

unittest {
    immutable dizgi = "merhaba"d;

    assert(harfBaşa(dizgi, 'm') == "merhaba");
    assert(harfBaşa(dizgi, 'e') == "emrhaba");
    assert(harfBaşa(dizgi, 'a') == "aamerhb");
}
```

Oradaki üç assert denetimi harfBaşa işlevinin nasıl çalışmasının beklendiğini denetliyorlar.

Bu örneklerde görüldüğü gibi, birim testleri aynı zamanda işlevlerin belgeleri ve örnek kodları olarak da kullanışlıdırlar. Yalnızca birim testine bakarak işlevin kullanılışı hakkında hızlıca fikir edinebiliriz.

42.6 Hata atılıp atılmadığının denetlenmesi

Kodun belirli durumlar karşısında hata atıp atmadığının da denetlenmesi gerekebilir. std.exception modülü bu konuda yardımcı olan iki işlev içerir:

- assertThrown: Belirli bir hata türünün atıldığını denetler
- assertNotThrown: Belirli bir hata türünün atıl*ma*dığını denetler

Örneğin, iki dilim parametresinin eşit uzunlukta olduğunu şart koşan ve boş dilimlerle de hatasız çalışması gereken bir işlev aşağıdaki gibi denetlenebilir:

```
import std.exception;

int[] ortalama(int[] a, int[] b) {
    // ...
}

unittest {
    /* Eşit uzunluklu olmayan dilimlerde hata atılmalıdır */
    assertThrown(ortalama([1], [1, 2]));

    /* Boş dilimlerde hata atılmamalıdır */
    assertNotThrown(ortalama([], []));
}
```

assertThrown normalde türüne bakmaksızın herhangi bir hatanın atıldığını denetler; gerektiğinde özel bir hata türünün atıldığını da denetleyebilir. Benzer biçimde, assertNotThrown da normalde hiçbir hatanın atılmadığını denetler ama gerektiğinde o da belirli bir hata türünün atılmadığını denetleyebilir. Özel hata türü bu işlevlere şablon parametresi olarak bildirilir:

```
    /* Eşit uzunluklu olmayan dilimlerde UzunlukHatası
     * atılmalıdır */
    assertThrown!UzunlukHatası(ortalama([1], [1, 2]));

    /* Boş dilimlerde RangeError atılmamalıdır (yine de başka
     * türden hata atılabilir) */
    assertNotThrown!RangeError(ortalama([], []));
```

Şablonları ilerideki bir bölümde (sayfa 401) göreceğiz.

Bu işlevlerin temel amacı kodu kısaltmak ve okunurluğu arttırmaktır. Yoksa, aşağıdaki `assertThrown` satırı aslında hemen altındaki uzun kodun eşdeğeridir:

```
    assertThrown(ortalama([1], [1, 2]));

// ...

    /* Yukarıdaki satırın eşdeğeri */
    {
        auto atıldı_mı = false;

        try {
            ortalama([1], [1, 2]);

        } catch (Exception hata) {
            atıldı_mı = true;
        }

        assert(atıldı_mı);
    }
```

42.7 Test yönelimli programlama: *önce test, sonra kod*

Modern programcılık yöntemlerinden olan *test yönelimli programlama* ("test driven development" - TDD), birim testlerinin kod yazılmadan *önce* yazılmasını öngörür. Bu yöntemde asıl olan birim testleridir. Kodun yazılması, birim testlerinin başarıya ulaşmalarını sağlayan ikincil bir uğraştır.

Yukarıdaki `daEki` işlevine bu bakış açısıyla yaklaşarak onu önce birim testleriyle şöyle yazmamız gerekir:

```
dstring daEki(int sayı) {
    return "bilerek hatalı";
}

unittest {
    assert(daEki(1) == "de");
    assert(daEki(5) == "te");
    assert(daEki(9) == "da");
}

void main() {
}
```

Her ne kadar o işlevin hatalı olduğu açık olsa da, önce programın birim testlerinin doğru olarak çalıştıklarını, yani beklendiği gibi hata attıklarını görmek isteriz:

```
$ dmd deneme.d -w -O -unittest
$ ./deneme
core.exception.AssertError@deneme(8): unittest failure
```

İşlev ancak ondan sonra ve bu testleri geçecek şekilde yazılır:

```
dstring daEki(int sayı) {
    dstring ek;

    immutable sonHane = sayı % 10;

    final switch (sonHane) {

    case 1:
    case 2:
    case 7:
    case 8:
        ek = "de";
        break;
```

```
    case 3:
    case 4:
    case 5:
        ek = "te";
        break;

    case 6:
    case 9:
    case 0:
        ek = "da";
        break;
    }

    return ek;
}

unittest {
    assert(daEki(1) == "de");
    assert(daEki(5) == "te");
    assert(daEki(9) == "da");
}

void main() {
}
```

Artık program bu testleri geçer, ve bizim de daEki işlevi konusunda güvenimiz gelişir. Bu işlevde daha sonradan yapılacak olası geliştirmeler, unittest bloğuna yazdığımız koşulları korumak zorundadırlar. Böylelikle kodu geliştirmeye güvenle devam edebiliriz.

42.8 Bazen de *önce hata, sonra test, ve en sonunda kod*

Birim testleri bütün durumları kapsayamazlar. Örneğin yukarıdaki testlerde üç farklı eki üreten üç sayı değeri seçilmiş, ve daEki işlevi bu üç testten geçtiği için başarılı kabul edilmiştir.

Bu yüzden, her ne kadar çok etkili yöntemler olsalar da, birim testleri bütün hataları yakalayamazlar ve bazı hatalar bazen son kullanıcılara kadar saklı kalabilir.

daEki işlevi için bunun örneğini assert bölümünün problemlerinde de görmüştük. O problemde olduğu gibi, bu işlev 50 gibi bir değer geldiğinde hatalıdır:

```
import std.stdio;

void main() {
    writefln("%s'%s", 50, daEki(50));
}
```

Çıktısı:

```
$ ./deneme
50'da
```

İşlev yalnızca son haneye baktığı için 50 için "de" yerine hatalı olarak "da" döndürmektedir.

Test yönelimli programlama işlevi hemen düzeltmek yerine öncelikle bu hatalı durumu yakalayan bir birim testinin eklenmesini önerir. Çünkü hatanın birim testlerinin gözünden kaçarak programın kullanımı sırasında ortaya çıkmış olması, birim testlerinin bir yetersizliği olarak görülür. Buna uygun olarak bu durumu yakalayan bir test örneğin şöyle yazılabilir:

```
unittest {
    assert(daEki(1) == "de");
```

```
    assert(daEki(5) == "te");
    assert(daEki(9) == "da");
    assert(daEki(50) == "de");
}
```

Program bu sefer bu birim testi denetimi nedeniyle sonlanır:

```
$ ./deneme
core.exception.AssertError@deneme(39): unittest failure
```

Artık bu hatalı durumu denetleyen bir test bulunduğu için, işlevde ileride yapılabilecek geliştirmelerin tekrardan böyle bir hataya neden olmasının önüne geçilmiş olur.

Kod ancak bu birim testi yazıldıktan sonra, ve o testi geçirmek için yazılır.

Not: Bu işlev, sonu "bin" ve "milyon" gibi okunarak biten başka sayılarla da sorunlu olduğu için burada kapsamlı bir çözüm bulmaya çalışmayacağım.

42.9 Problem

Yukarıda sözü geçen `harfBaşa` işlevini, birim testlerini geçecek şekilde gerçekleştirin:

```
dstring harfBaşa(dstring dizgi, dchar harf) {
    dstring sonuç;
    return sonuç;
}

unittest {
    dstring dizgi = "merhaba"d;

    assert(harfBaşa(dizgi, 'm') == "merhaba");
    assert(harfBaşa(dizgi, 'e') == "emrhaba");
    assert(harfBaşa(dizgi, 'a') == "aamerhb");
}

void main() {
}
```

O tanımdan başlayın; ilk test yüzünden hata atıldığını görün; ve işlevi hatayı giderecek şekilde yazın.

Çözüm: Sayfa 719

43 Sözleşmeli Programlama

Sözleşmeli programlama, işlevlerin hizmet sunan birimler olarak kabul edilmeleri düşüncesi üzerine kurulu bir programlama yöntemidir. Bu düşünceye göre, işlevler ve onları çağıran kodlar arasında yazısız bazı anlaşmalar vardır. Sözleşmeli programlama, bu anlaşmaları dil düzeyinde belirlemeye yarayan olanaktır.

Sözleşmeli programlama, ticari bir dil olan Eiffel tarafından "design by contract (DBC)" adıyla yayılmıştır. Bu yöntem D dilinde "contract programming" olarak geçer. Birim testlerinde olduğu gibi, `assert` denetimlerine dayanır ve D'nin kod sağlamlığı sağlayan bir başka olanağıdır.

D'de sözleşmeli programlama üç temelden oluşur:

- İşlevlerin `in` blokları
- İşlevlerin `out` blokları
- Yapı ve sınıfların `invariant` blokları

`invariant` bloklarını ve *sözleşme kalıtımını* ilerideki bir bölümde (sayfa 395) ve yapı ve sınıflardan daha sonra göreceğiz.

43.1 Giriş koşulları için in blokları

İşlevlerin doğru çalışabilmeleri, aldıkları parametre değerlerine bağlı olabilir. Örneğin karekök alan bir işlev kendisine verilen parametrenin sıfırdan küçük olmamasını şart koşar; veya parametre olarak tarih bilgisi alan bir işlev ayın 1 ile 12 arasında olmasını şart koşar.

Bu tür koşulları daha önce `assert` ve `enforce` bölümünde (sayfa 209) görmüştük. İşlevlerin parametreleriyle ilgili olan `assert` denetimleri işlevin tanımlandığı blok içinde yapılıyordu:

```
string zamanDizgisi(int saat, int dakika) {
    assert((saat >= 0) && (saat <= 23));
    assert((dakika >= 0) && (dakika <= 59));

    return format("%02s:%02s", saat, dakika);
}
```

D'nin sözleşmeli programlama anlayışında işlevlerin giriş koşulları "giriş" anlamına gelen `in` bloklarında denetlenir. Sözleşmeli programlama blokları kullanıldığı zaman, işlevin asıl bloğu da do ile belirlenir:

```
import std.stdio;
import std.string;

string zamanDizgisi(int saat, int dakika)
in {
    assert((saat >= 0) && (saat <= 23));
    assert((dakika >= 0) && (dakika <= 59));

} do {
    return format("%02s:%02s", saat, dakika);
}

void main() {
    writeln(zamanDizgisi(12, 34));
}
```

Not: D'nin önceki sürümlerinde bu amaç için do yerine body anahtar sözcüğü kullanılırdı.

İşlevin in bloğunun yararı, işlevin başlatılmasıyla ilgili olan denetimlerin bir arada ve ayrı bir blok içinde yapılmasıdır. Böylece assert denetimleri işlevin asıl işlemlerinin arasına karışmamış olurlar. İşlevin içinde yine de gerektikçe assert denetimleri kullanılabilir, ama giriş koşulları sözleşmeli programlama anlayışına uygun olarak in bloğuna yazılırlar.

in bloklarındaki kodlar programın çalışması sırasında işlevin her çağrılışında otomatik olarak işletilirler. İşlevin asıl işleyişi, ancak bu koşullar sağlandığında devam eder. Böylece işlevin geçersiz başlangıç koşulları ile çalışması ve programın yanlış sonuçlarla devam etmesi önlenmiş olur.

in bloğundaki bir assert denetiminin başarısız olması sözleşmeyi işlevi çağıran tarafın bozduğunu gösterir. İşlev sözleşmenin gerektirdiği şekilde çağrılmamış demektir.

43.2 Çıkış garantileri için out blokları

İşlevin yaptığı kabul edilen sözleşmenin karşı tarafı da işlevin sağladığı garantilerdir. Örneğin belirli bir senedeki Şubat ayının kaç gün çektiği bilgisini döndüren bir işlevin çıkış garantisi, döndürdüğü değerin 28 veya 29 olmasıdır.

Çıkış garantileri, işlevlerin "çıkış" anlamına gelen out bloklarında denetlenirler.

İşlevin dönüş değerinin özel bir ismi yoktur; bu değer return ile isimsiz olarak döndürülür. Bu durum, dönüş değeriyle ilgili garantileri yazarken bir sorun doğurur: ismi olmayınca, dönüş değeriyle ilgili assert denetimleri de yazılamaz.

Bu sorun out anahtar sözcüğünden sonra verilen isimle halledilmiştir. Bu isim dönüş değerini temsil eder ve denetlenecek olan garantilerde bu isim kullanılır:

```
int şubattaKaçGün(int yıl)
out (sonuç) {
    assert((sonuç == 28) || (sonuç == 29));

} do {
    return artıkYıl_mı(yıl) ? 29 : 28;
}
```

Ben out bloğunun parametresinin ismi olarak sonuç yazmayı uygun buldum; siz dönüşDeğeri gibi başka bir isim de verebilirsiniz. Hangi ismi kullanırsanız kullanın, o isim işlevin dönüş değerini temsil eder.

Bazen işlevin dönüş değeri yoktur, veya dönüş değerinin denetlenmesi gerekmiyordur. O zaman out bloğu parametresiz olarak yazılır:

```
out {
    // ...
}
```

İşleve girerken in bloklarının otomatik olarak işletilmeleri gibi, out blokları da işlevden çıkarken otomatik olarak işletilirler.

out bloğundaki bir assert denetiminin başarısız olması sözleşmenin işlev tarafından bozulduğunu gösterir. İşlev sözleşmenin gerektirdiği değeri veya yan etkiyi üretememiş demektir.

Daha önceki bölümlerde hiç kullanmamış olduğumuzdan da anlaşılabileceği gibi, in ve out bloklarının kullanımı seçime bağlıdır. Bunlara yine seçime bağlı olan unittest bloklarını da eklersek, D'de işlevler dört blok halinde yazılabilirler:

- Giriş koşulları için in bloğu: seçime bağlıdır ve giriş koşullarını denetler
- Çıkış garantileri için out bloğu: seçime bağlıdır ve çıkış garantilerini denetler

- İşlevin asıl işlemlerini içeren do bloğu: bu bloğun yazılması şarttır, ama eğer `in` ve `out` blokları kullanılmamışsa do anahtar sözcüğü yazılmayabilir
- İşlevin birim testlerini içeren `unittest` bloğu: bu aslında işlevin parçası değildir ve kendi başına işlev gibi yazılır; ama denetlediği işlevin hemen altına yazılması, aralarındaki bağı gösterme bakımından uygun olur

Bütün bu blokları içeren bir işlev tanımı şöyle yazılabilir:

```
import std.stdio;

/* Toplamı iki parça olarak bölüştürür.
 *
 * Toplamdan öncelikle birinciye verir, ama birinciye hiçbir
 * zaman 7'den fazla vermez. Gerisini ikinciye verir. */
void bölüştür(int toplam, out int birinci, out int ikinci)
in {
    assert(toplam >= 0, "toplam sıfırdan küçük olamaz");

} out {
    assert(toplam == (birinci + ikinci));

} do {
    birinci = (toplam >= 7) ? 7 : toplam;
    ikinci = toplam - birinci;
}

unittest {
    int birinci;
    int ikinci;

    // Toplam 0 ise ikisi de 0 olmalı
    bölüştür(0, birinci, ikinci);
    assert(birinci == 0);
    assert(ikinci == 0);

    // Toplam 7'den az ise birincisi toplam'a, ikincisi 0'a
    // eşit olmalı
    bölüştür(3, birinci, ikinci);
    assert(birinci == 3);
    assert(ikinci == 0);

    // Sınır koşulunu deneyelim
    bölüştür(7, birinci, ikinci);
    assert(birinci == 7);
    assert(ikinci == 0);

    // 7'den fazla olduğunda birinci 7 olmalı, gerisi ikinciye
    // gitmeli
    bölüştür(8, birinci, ikinci);
    assert(birinci == 7);
    assert(ikinci == 1);

    // Bir tane de büyük bir değerle deneyelim
    bölüştür(1_000_007, birinci, ikinci);
    assert(birinci == 7);
    assert(ikinci == 1_000_000);
}

void main() {
    int birinci;
    int ikinci;

    bölüştür(123, birinci, ikinci);
    writeln("birinci: ", birinci, " ikinci: ", ikinci);
}
```

Program aşağıdaki gibi derlenebilir ve çalıştırılabilir:

```
$ dmd deneme.d -w -unittest
$ ./deneme
birinci: 7 ikinci: 116
```

Bu işlevin asıl işi yalnızca 2 satırdan oluşuyor; denetleyen kodlar ise tam 19 satır! Bu kadar küçük bir işlev için bu kadar emeğin gereksiz olduğu düşünülebilir. Ama dikkat ederseniz, programcı hiçbir zaman bilerek hatalı kod yazmaz. Programcının yazdığı kod her zaman için *doğru çalışacak şekilde* yazılmıştır. Buna rağmen, hatalar da hep böyle doğru çalışacağı düşünülen kodlar arasından çıkar.

İşlevlerden beklenenlerin birim testleri ve sözleşmeli programlama ile böyle açıkça ortaya koyulmaları, doğru olarak yazdığımız işlevlerin her zaman için doğru kalmalarına yardım eder. Program hatalarını azaltan hiçbir olanağı küçümsememenizi öneririm. Birim testleri ve sözleşmeli programlama olanakları bizi zorlu hatalardan koruyan çok etkili araçlardır. Böylece zamanımızı hata ayıklamak yerine, ondan çok daha zevkli ve verimli olan kod yazmaya ayırabiliriz.

43.3 Sözleşme ifadeleri

`in` ve `out` bloklarının her çeşit D kodu içerebilmesi doğal olarak yararlı bir olanaktır. Buna rağmen, giriş koşulları ve çıkış garantileri çoğu zaman basit `assert` ifadelerinden oluşurlar. Böyle durumlarda bir kolaylık olarak sözleşme ifadelerinden yararlanılabilir. Aşağıdaki işleve bakalım:

```
int işlev(int a, int b)
in {
    assert(a >= 7, "a 7'den küçük olamaz");
    assert(b < 10);

} out (sonuç) {
    assert(sonuç > 1000);

} do {
    // ...
}
```

Sözleşme ifadeleri blok parantezlerini ortadan kaldırır, `assert` açıkça çağrılmaz, ve do anahtar sözcüğüne gerek kalmaz:

```
int işlev(int a, int b)
in (a >= 7, "a 7'den küçük olamaz")
in (b < 10)
out (sonuç; sonuç > 1000) {
    // ...
}
```

İşlevin dönüş değerinin `out` ifadesindeki noktalı virgülden önce isimlendirildiğine dikkat edin. İşlevin dönüş değeri bulunmadığında veya çıkış garantisi dönüş değeri ile ilgili olmadığında bu noktalı virgül yine de yazılmalıdır:

```
out (; /* ... */)
```

43.4 Sözleşmeli programlamayı etkisizleştirmek

Birim testlerinin tersine, sözleşmeli programlama normalde etkilidir; etkisizleştirmek için özel bir derleyici veya geliştirme ortamı ayarı gerekir. Bunun için dmd derleyicisinde `-release` seçeneği kullanılır:

```
dmd deneme.d -w -release
```

Program o seçenekle derlendiğinde `in`, `out`, ve `invariant` blokları programa dahil edilmezler.

43.5 `in` bloğu mu `enforce` mu

`assert` ve `enforce` bölümünde (sayfa 209) karşılaştığımız `assert` ile `enforce` arasındaki karar güçlüğü `in` blokları ile `enforce()` arasında da vardır. `in` bloğundaki `assert` denetimlerinin mi yoksa işlev tanımı içindeki `enforce` denetimlerinin mi daha uygun olduğuna karar vermek bazen güç olabilir.

Yukarıda gördüğümüz gibi, sözleşmeli programlama bütünüyle etkisizleştirilebilir. Bundan da anlaşılabileceği gibi, sözleşmeli programlama da `assert` ve `unittest` gibi *programcı hatalarına* karşı koruma getiren bir olanaktır.

Bu yüzden işlevlerin giriş koşulu denetimlerinin hangi yöntemle sağlanacağının kararı da yine `assert` ve `enforce` bölümünde (sayfa 209) gördüğümüz maddelerle verilebilir:

- Eğer denetim programın kendisi ile ilgili ise, yani programcının olası hatalarına karşı koruma getiriyorsa `in` bloklarındaki `assert` denetimleri kullanılmalıdır. Örneğin, işlev yalnızca programın kendi işlemleri için çağırdığı bir yardımcı işlevse, o işlevin giriş koşullarını sağlamak bütünüyle programı yazan programcının sorumluluğunda demektir. O yüzden böyle bir işlevin giriş koşullarının denetimi `in` bloklarında yapılmalıdır.
- Herhangi bir işlem başka bazı koşullar sağlanmadığı için gerçekleştirilemiyorsa `enforce` ile hata atılmalıdır.

  Bunun bir örneğini görmek için bir dilimin en ortasını yine bir dilim olarak döndüren bir işleve bakalım. Bu işlev bir kütüphaneye ait olsun; yani, belirli bir modülün özel bir yardımcı işlevi değil, bir kütüphanenin arayüzünün bir parçası olsun. Kullanıcılar böyle bir işlevi doğru veya yanlış her türlü parametre değeriyle çağırabilecekleri için bu işlevin giriş koşullarının her zaman için denetlenmesi gerekecektir.

  O yüzden aşağıdaki işlevde `in` bloğundaki `assert` denetimlerinden değil, işlevin tanımındaki bir `enforce`'tan yararlanılmaktadır. Yoksa `in` bloğu kullanılmış olsa, sözleşmeli programlama etkisizleştirildiğinde böyle bir denetimin ortadan kalkması güvensiz olurdu.

```
import std.exception;

inout(int)[] ortadakiler(inout(int)[] asılDilim, size_t uzunluk)
out (sonuç) {
    assert(sonuç.length == uzunluk);

} do {
    enforce(asılDilim.length >= uzunluk);

    immutable baş = (asılDilim.length - uzunluk) / 2;
    immutable son = baş + uzunluk;

    return asılDilim[baş .. son];
}

unittest {
    auto dilim = [1, 2, 3, 4, 5];

    assert(ortadakiler(dilim, 3) == [2, 3, 4]);
    assert(ortadakiler(dilim, 2) == [2, 3]);
    assert(ortadakiler(dilim, 5) == dilim);
}

void main() {
}
```

out blokları ile ilgili buna benzer bir karar güçlüğü yoktur. Her işlev döndürdüğü değerden kendisi sorumlu olduğundan ve bir anlamda dönüş değeri programcının sorumluluğunda olduğundan çıkış denetimleri her zaman için out bloklarına yazılmalıdır. Yukarıdaki işlev buna uygun olarak out bloğundan yararlanıyor.

- in blokları ve enforce arasında karar verirken başka bir kıstas, karşılaşılan durumun giderilebilen bir hata çeşidi olup olmadığıdır. Eğer giderilebilen bir durumsa hata atmak uygun olabilir. Böylece daha üst düzeydeki bir işlev atılan bu hatayı yakalayabilir ve hatanın türüne göre farklı davranabilir.

43.6 Problem

İki futbol takımının puanlarını bir maçın sonucuna göre arttıran bir işlev yazın.

Bu işlevin ilk iki parametresi birinci ve ikinci takımın attıkları goller olsun. Son iki parametresi de bu takımların maçtan önceki puanları olsun. Bu işlev golleri dikkate alarak birinci ve ikinci takımın puanlarını düzenlesin: fazla gol atan taraf üç puan kazansız, goller eşitse iki takım da birer puan kazansınlar.

Ek olarak, işlevin dönüş değeri de kazanan tarafı belirtsin: birinci kazanmışsa 1, ikinci kazanmışsa 2, berabere kalmışlarsa 0.

Aşağıdaki programla başlayın ve işlevin dört bloğunu uygun şekilde doldurun. Benim main içine yazdığım assert denetimlerini silmeyin. Onlar benim bu işlevin çalışması konusundaki beklentilerimi belgeliyorlar.

```
int puanEkle(int goller1, int goller2,
             ref int puan1, ref int puan2)
in {
    // ...

} out (sonuç) {
    // ...

} do {
    int kazanan;

    // ...

    return kazanan;
}

unittest {
    // ...
}

void main() {
    int birincininPuanı = 10;
    int ikincininPuanı = 7;
    int kazananTaraf;

    kazananTaraf =
        puanEkle(3, 1, birincininPuanı, ikincininPuanı);
    assert(birincininPuanı == 13);
    assert(ikincininPuanı == 7);
    assert(kazananTaraf == 1);

    kazananTaraf =
        puanEkle(2, 2, birincininPuanı, ikincininPuanı);
    assert(birincininPuanı == 14);
    assert(ikincininPuanı == 8);
    assert(kazananTaraf == 0);
}
```

Ben int seçtiğim halde burada üç değerli bir enum türü döndürmek daha uygun olurdu:

```
enum MaçSonucu {
    birinciKazandı, ikinciKazandı, berabere
}

MaçSonucu puanEkle(int goller1, int goller2,
                   ref int puan1, ref int puan2)
// ...
```

Çözüm: Sayfa 721

44 Yaşam Süreçleri ve Temel İşlemler

Çok yakında yapı ve sınıfları anlatmaya başlayacağım. Yapıların kullanıcı türlerinin temeli olduklarını göreceğiz. Onlar sayesinde temel türleri ve başka yapıları bir araya getirerek yeni türler oluşturabileceğiz.

Daha sonra D'nin nesneye dayalı programlama olanaklarının temelini oluşturan sınıfları tanıyacağız. Sınıflar başka türleri bir araya getirmenin yanında o türlerle ilgili özel işlemleri de belirlememizi sağlayacaklar.

O konulara geçmeden önce şimdiye kadar hiç üzerinde durmadan kullandığımız bazı temel kavramları ve temel işlemleri açıklamam gerekiyor. Bu kavramlar ileride yapı ve sınıf tasarımları sırasında yararlı olacak.

Şimdiye kadar kavramları temsil eden veri yapılarına *değişken* adını verdik. Bir kaç noktada da yapı ve sınıf türünden olan değişkenlere özel olarak *nesne* dedik. Ben bu bölümde bunların hepsine birden genel olarak *değişken* diyeceğim. Herhangi bir türden olan herhangi bir veri yapısı en azından bu bölümde *değişken* adını alacak.

Bu bölümde yalnızca şimdiye kadar gördüğümüz temel türleri, dizileri, ve eşleme tablolarını kullanacağım; siz bu kavramların bütün türler için geçerli olduklarını aklınızda tutun.

44.1 Değişkenlerin yaşam süreçleri

Bir değişkenin tanımlanması ile başlayan ve *geçerliliğinin bitmesine* kadar geçen süreye o değişkenin *yaşam süreci* denir.

Geçerliliğin bitmesi kavramını İsim Alanı bölümünde (sayfa 89) *değişkenin tanımlandığı kapsamdan çıkılması* olarak tanımlamıştım.

O konuyu hatırlamak için şu örneğe bakalım:

```
void hızDenemesi() {
    int hız;                    // tek değişken ...

    foreach (i; 0 .. 10) {
        hız = 100 + i;          // ... 10 farklı değer alır
        // ...
    }
} // ← yaşamı burada sonlanır
```

O koddaki `hız` değişkeninin yaşam süreci `hızDenemesi` işlevinden çıkıldığında sona erer. Orada 100 ile 109 arasında 10 değişik değer alan tek değişken vardır.

Aşağıdaki kodda ise durum yaşam süreçleri açısından çok farklıdır:

```
void hızDenemesi() {
    foreach (i; 0 .. 10) {
        int hız = 100 + i;      // 10 farklı değişken vardır
        // ...
    } // ← yaşamları burada sonlanır
}
```

O kodda her birisi tek değer alan 10 farklı değişken vardır: döngünün her tekrarında `hız` isminde yeni bir değişken yaşamaya başlar; yaşamı, döngünün kapama parantezinde sona erer.

44.2 Parametrelerin yaşam süreçleri

İşlev Parametreleri bölümünde (sayfa 169) gördüğümüz parametre türlerine bir de yaşam süreçleri açısından bakalım:

`ref`: Parametre aslında işlev çağrıldığında kullanılan değişkenin takma ismidir. Parametrenin asıl değişkenin yaşam süreci üzerinde etkisi yoktur.

`in`: *Değer türündeki* bir parametrenin yaşamı işleve girildiği an başlar ve işlevden çıkıldığı an sona erer. *Referans türündeki* bir parametrenin yaşamı ise `ref`'te olduğu gibidir.

`out`: Parametre aslında işlev çağrıldığında kullanılan değişkenin takma ismidir. `ref`'ten farklı olarak, işleve girildiğinde asıl değişkene önce otomatik olarak türünün `.init` değeri atanır. Bu değer daha sonra işlev içinde değiştirilebilir.

`lazy`: Parametre tembel olarak işletildiğinden yaşamı kullanıldığı an başlar ve o an sona erer.

Bu dört parametre türünü kullanan ve yaşam süreçlerini açıklayan bir örnek şöyle yazılabilir:

```
void main() {
    int main_in;      // değeri işleve kopyalanır

    int main_ref;     // işleve kendisi olarak ve kendi
                      // değeriyle gönderilir

    int main_out;     // işleve kendisi olarak gönderilir;
                      // işleve girildiği an değeri sıfırlanır

    işlev(main_in, main_ref, main_out, birHesap());
}

void işlev(
    in int p_in,        // yaşamı main_in'in kopyası olarak
                        // işleve girilirken başlar ve işlevden
                        // çıkılırken sonlanır

    ref int p_ref,      // main_ref'in takma ismidir

    out int p_out,      // main_out'un takma ismidir; ref'ten
                        // farklı olarak, işleve girildiğinde
                        // değeri önce int.init olarak atanır

    lazy int p_lazy) {  // yaşamı işlev içinde kullanıldığı an
                        // başlar ve eğer kullanımı bitmişse
                        // hemen o an sonlanır; değeri için,
                        // her kullanıldığı an 'birHesap'
                        // işlevi çağrılır
    // ...
}

int birHesap() {
    int sonuç;
    // ...
    return sonuç;
}
```

44.3 Temel işlemler

Hangi türden olursa olsun, bir değişkenin yaşamı boyunca etkili olan üç temel işlem vardır:

- **Kurma**: Yaşamın başlangıcı.
- **Sonlandırma**: Yaşamın sonu.
- **Atama**: Değerin değişmesi.

Değişkenlerin yaşam süreçleri kurma işlemiyle başlar ve sonlandırma işlemiyle sona erer. Bu süreç boyunca değişkene yeni değerler atanabilir.

Kurma

Her değişken, kullanılmadan önce kurulmak zorundadır. Burada "kurma" sözcüğünü "hazırlamak, inşa etmek" anlamlarında kullanıyorum. Kurma iki alt adımdan oluşur:

1. **Yer ayrılması**: Değişkenin yaşayacağı yer belirlenir.
2. **İlk değerinin verilmesi**: O adrese ilk değeri yerleştirilir.

Her değişken bilgisayarın belleğinde kendisine ayrılan bir yerde yaşar. Derleyicinin istediğimiz işleri yaptırmak için mikro işlemcinin anladığı dilde kodlar ürettiğini biliyorsunuz. Derleyicinin ürettiği kodların bir bölümünün görevi, tanımlanan değişkenler için bellekten yer ayırmaktır.

Örneğin, hızı temsil eden şöyle bir değişken olsun:

```
int hız = 123;
```

Daha önce Değerler ve Referanslar bölümünde (sayfa 160) gördüğümüz gibi, o değişkenin belleğin bir noktasında yaşadığını düşünebiliriz:

Her değişkenin bellekte bulunduğu yere o değişkenin *adresi* denir. Bir anlamda o değişken o adreste yaşamaktadır. Programda bir değişkenin değerini değiştirdiğimizde, değişkenin yeni değeri aynı yere yerleştirilir:

```
++hız;
```

Aynı adresteki değer bir artar:

Kurma, değişkenin yaşamı başladığı anda gerçekleştirilir çünkü değişkeni kullanıma hazırlayan işlemleri içerir. Değişkenin herhangi bir biçimde kullanılabilmesi için kurulmuş olması önemlidir.

Değişkenler üç farklı şekilde kurulabilirler:

- **Varsayılan şekilde**: Programcı değer belirtmemişse
- **Kopyalanarak**: Başka bir değişkenin değeriyle
- **Belirli bir değerle**: Programcının belirlediği değerle

Hiçbir değer kullanılmadan kurulduğunda değişkenin değeri o türün *varsayılan* değeridir. Varsayılan değer, her türün `.init` niteliğidir:

```
int hız;
```

O durumda `hız`'ın değeri `int.init`'tir (yani 0). Varsayılan değerle kurulmuş olan bir değişkenin programda sonradan başka değerler alacağını düşünebiliriz.

```
File dosya;
```

Dosyalar bölümünde (sayfa 83) gördüğümüz `std.stdio.File` türünden olan yukarıdaki `dosya` nesnesi dosya sisteminin hiçbir dosyasına bağlı olmayan bir `File` yapısı nesnesidir. Onun dosya sisteminin hangi dosyasına erişmek için kullanılacağının daha sonradan belirleneceğini düşünebiliriz; varsayılan şekilde kurulmuş olduğu için henüz kullanılamaz.

Değişken bazen başka bir değişkenin değeri *kopyalanarak* kurulur:

```
int hız = başkaHız;
```

O durumda `hız`'ın değeri `başkaHız`'ın değerinden kopyalanır ve `hız` yaşamına o değerle başlar. Sınıf değişkenlerinde ise durum farklıdır:

```
auto sınıfDeğişkeni = başkaSınıfDeğişkeni;
```

`sınıfDeğişkeni` de yaşamına `başkaSınıfDeğişkeni`'nin kopyası olarak başlar.

Aralarındaki önemli ayrım, `hız` ile `başkaHız`'ın birbirlerinden farklı iki değer olmalarına karşın `sınıfDeğişkeni` ile `başkaSınıfDeğişkeni`'nin aynı nesneye erişim sağlamalarıdır. Bu çok önemli ayrım *değer türleri* ile *referans türleri* arasındaki farktan ileri gelir.

Son olarak, değişkenler belirli değerlerle veya özel şekillerde kurulabilirler:

```
int hız = birHesabınSonucu();
```

Yukarıdaki `hız`'ın ilk değeri programın çalışması sırasındaki bir hesabın değeri olarak belirlenmektedir.

```
auto sınıfDeğişkeni = new BirSınıf;
```

Yukarıdaki `sınıfDeğişkeni`, yaşamına `new` ile kurulan nesneye erişim sağlayacak şekilde başlamaktadır.

Sonlandırma

Değişkenin yaşamının sona ermesi sırasında yapılan işlemlere sonlandırma denir. Kurma gibi sonlandırma da iki adımdan oluşur:

1. **Son işlemler**: Değişkenin yapması gereken son işlemler işletilir
2. **Belleğin geri verilmesi**: Değişkenin yaşadığı yer geri verilir

Temel türlerin çoğunda sonlandırma sırasında özel işlemler gerekmez. Örneğin `int` türünden bir değişkenin bellekte yaşamakta olduğu yere sıfır gibi özel bir değer atanmaz. Program o adresin artık boş olduğunun hesabını tutar ve orayı daha sonra başka değişkenler için kullanır.

Öte yandan, bazı türlerden olan değişkenlerin yaşamlarının sonlanması sırasında özel işlemler gerekebilir. Örneğin bir `File` nesnesi, eğer varsa, ara belleğinde tutmakta olduğu karakterleri diske yazmak zorundadır. Ek olarak, dosyayla işinin bittiğini dosya sistemine bildirmek için de dosyayı kapatmak zorundadır. Bu işlemler `File`'ın sonlandırma işlemleridir.

Dizilerde durum biraz daha üst düzeydedir: o dizinin erişim sağlamakta olduğu bütün elemanlar da sonlanırlar. Eğer dizinin elemanları temel türlerdense özel bir sonlanma işlemi gerekmez. Ama eğer dizinin elemanları sonlanma gerektiren bir yapı veya sınıf türündense, o türün sonlandırma işlemleri her eleman için uygulanır.

Sonlandırma eşleme tablolarında da dizilerdeki gibidir. Ek olarak, eşleme tablosunun sahip olduğu indeks değişkenleri de sonlandırılırlar. Eğer indeks türü olarak bir yapı veya sınıf türü kullanılmışsa, her indeks nesnesi için o türün gerektirdiği sonlandırma işlemleri uygulanır.

Çöp toplayıcı: D *çöp toplayıcılı* bir dildir. Bu tür dillerde sonlandırma işlemleri programcı tarafından açıkça yapılmak zorunda değildir. Yaşamı sona eren bir değişkenin sonlandırılması otomatik olarak çöp toplayıcı denen düzenek tarafından halledilir. Çöp toplayıcının ayrıntılarını ilerideki bir bölümde göreceğiz.

Değişkenler iki şekilde sonlandırılabilirler:

- **Hemen**: Sonlandırma işlemleri hemen işletilir

- **Sonra**: Çöp toplayıcı tarafından ilerideki bir zamanda

Bir değişkenin bunlardan hangi şekilde sonlandırılacağı öncelikle kendi türüne bağlıdır. Temel türlerin hemen sonlandırıldıklarını düşünebilirsiniz çünkü zaten sonlandırma için özel işlemleri yoktur. Bazı türlerin değişkenlerinin son işlemleri ise çöp toplayıcı tarafından daha sonraki bir zamanda işletilebilir.

Atama

Bir değişkenin yaşamı boyunca karşılaştığı diğer önemli işlem atamadır.

Temel türlerde atama işlemi yalnızca değişkenin değerinin değiştirilmesi olarak görülebilir. Yukarıdaki bellek gösteriminde olduğu gibi, değişken örneğin 123 olan bir değer yerine artık 124 değerine sahip olabilir.

Daha genel olarak aslında atama işlemi de iki adımdan oluşur:

1. **Eski değerin sonlandırılması**: Eğer varsa, sonlandırma işlemleri ya hemen ya da çöp toplayıcı tarafından daha sonra işletilir
2. **Yeni değerin verilmesi**: Eski değerin yerine yeni değer atanır

Bu iki adım sonlandırma işlemleri bulunmadığı için temel türlerde önemli değildir. Ama sonlandırma işlemleri bulunan türlerde atamanın böyle iki adımdan oluştuğunu akılda tutmakta yarar vardır: atama aslında bir sonlandırma ve bir yeni değer verme işlemidir.

45 null Değeri ve is İşleci

Önceki bölümlerde gördüğümüz gibi, referans türünden olan değişkenler hiçbir nesneye erişim sağlamadan da oluşturulabilirler:

```
    BirSınıf erişimSağlayan = new BirSınıf;

    BirSınıf değişken;  // erişim sağlamayan
```

Bir referans türü olduğu için yukarıdaki değişken'in bir kimliği vardır; ama erişim sağladığı bir nesne henüz yoktur. Böyle bir değişkenin bellekte şu şekilde durduğunu düşünebiliriz:

```
         değişken
     ───┬──────┬───
        │ null │
     ───┴──────┴───
```

Hiçbir nesneye erişim sağlamayan referansların değerleri null'dır. Bunu aşağıda anlatıyorum.

Böyle bir değişken kendisine bir nesne atanana kadar kullanılamaz bir durumdadır. Doğal olarak, erişim sağladığı bir BirSınıf nesnesi olmadığı için o değişken ile işlemler yapmamız beklenemez:

```
import std.stdio;

class BirSınıf {
    int üye;
}

void kullan(BirSınıf değişken) {
    writeln(değişken.üye);    // ← HATA
}

void main() {
    BirSınıf değişken;
    kullan(değişken);
}
```

kullan işlevine verilen değişken hiçbir nesneye erişim sağlamadığından, olmayan nesnenin üye'sine erişilmeye çalışılması programın çökmesine neden olur:

```
$ ./deneme
Segmentation fault
```

"Segmentation fault", programın geçerli olmayan bir bellek bölgesine erişmeye çalıştığı için işletim sistemi tarafından acil olarak sonlandırıldığını gösterir.

45.1 null değeri

Erişim sağladığı nesne henüz belli olmayan referans türü değişkenleri null özel değerine sahiptir. Bu değeri de herhangi başka bir değer gibi yazdırabiliriz:

```
    writeln(null);
```

Çıktısı:

```
null
```

Değeri null olan bir değişken çok kısıtlı sayıda işlemde kullanılabilir:

1. Erişim sağlaması için geçerli bir nesne atamak

```
değişken = new BirSınıf;  // artık nesnesi var
```

O atamadan sonra artık `değişken`'in erişim sağladığı bir nesne vardır. `değişken` artık `BirSınıf` işlemleri için kullanılabilir.

2. `null` olup olmadığını denetlemek

```
if (değişken == null)      // ← derleme HATASI
```

Ne yazık ki, == işleci asıl nesneleri karşılaştırdığı için; ve `null` bir değişkenin eriştirdiği geçerli bir nesne olmadığı için, o ifade derlenemez.

Bu yüzden, bir değişkenin `null` olup olmadığını denetlemek için `is` işleci kullanılır.

45.2 `is` işleci

`is`, İngilizce'de "olmak" fiilinin "öyledir" kullanımındaki anlamına sahiptir. Bu bölümü ilgilendiren kullanımında ikili bir işleçtir, yani sol ve sağ tarafına iki değer alır. Bu iki değer aynıysa `true`, değilse `false` üretir.

Not: `is`'in örneğin şablon olanağında tekli işleç olarak kullanıldığı durumlar da vardır.

İki değerden birisinin `null` olabildiği durumlarda == işlecinin kullanılamadığını yukarıda gördük. Onun yerine `is`'i kullanmak gerekir. "Bu değişken null ise" koşulunu denetlemeye yarar:

```
if (değişken is null) {
    // hiçbir nesneye erişim sağlamıyor
}
```

`is`, başka türlerle de kullanılabilir. Örneğin iki tamsayı değişkenin değerleri şöyle karşılaştırılabilir:

```
if (hız is yeniHız) {
    // ikisi aynı değerde

} else {
    // ikisi farklı değerde
}
```

Dilimlerde de iki dilimin aynı elemanlara erişim sağlayıp sağlamadıklarını denetler:

```
if (dilim is dilim2) {
    // aynı elemanları paylaşıyorlar
}
```

45.3 `!is` işleci

== ve != işleçlerine benzer şekilde, `is`'in tersi `!is` işlecidir. Değerler eşit olmadığında `true` üretir:

```
if (hız !is yeniHız) {
    // farklı değerlere sahipler
}
```

45.4 `null` değer atamak

Referans türünden olan bir değişkene `null` değerini atamak, o değişkenin artık hiçbir nesneye erişim sağlamamasına neden olur.

Eğer bu atama sonucunda asıl nesneye erişen başka referans değişkeni kalmamışsa, asıl nesne çöp toplayıcı tarafından sonlandırılacaktır. Hiçbir referans tarafından erişilmiyor olması, o nesnenin artık kullanılmadığını gösterir.

Örnek olarak, önceki bir bölümde (sayfa 160) gördüğümüz iki değişkenin aynı nesneye eriştikleri duruma bakalım:

```
auto değişken = new BirSınıf;
auto değişken2 = değişken;
```

```
 (isimsiz BirSınıf nesnesi)     değişken      değişken2
───┬───────────────────┬───   ───┬───┬───   ───┬───┬───
   │        ...        │         │ o │         │ o │
───┴───────────────────┴───   ───┴─│─┴───   ───┴─│─┴───
            ▲                      │               │
            └──────────────────────┴───────────────┘
```

Bu değişkenlerden birisine `null` atamak, onun bu değerle ilişkisini keser:

```
değişken = null;
```

`BirSınıf` nesnesine artık yalnızca `değişken2` tarafından erişilmektedir:

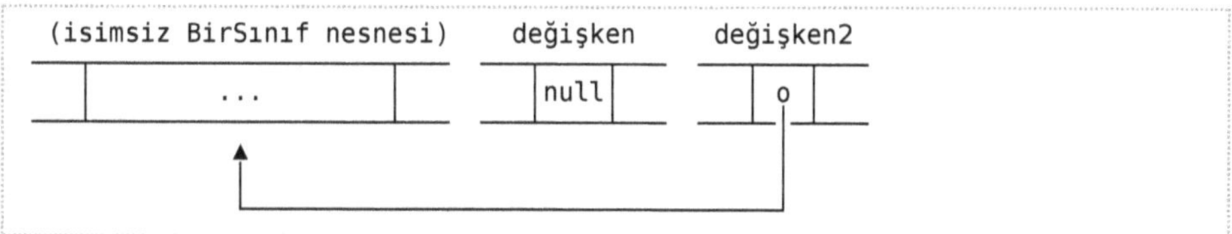

İsimsiz `BirSınıf` nesnesine erişen son referans olan `değişken2`'ye de `null` atanması, asıl nesnenin sonlanmasına neden olur:

```
değişken2 = null;
```

Çöp toplayıcı asıl nesneyi türüne göre ya hemen, ya da ilerideki bir zamanda sonlandıracaktır. Program açısından artık o nesne yoktur çünkü o nesneye erişen referans kalmamıştır:

```
                                değişken        değişken2
───┬───────────────────┬───   ───┬──────┬───   ───┬──────┬───
   │                   │         │ null │         │ null │
───┴───────────────────┴───   ───┴──────┴───   ───┴──────┴───
```

Eşleme tabloları bölümünün (sayfa 116) birinci problemi, bir eşleme tablosunu boşaltan üç yöntem gösteriyordu. Şimdi o yöntemlere bir dördüncüsünü ekleyebiliriz; eşleme tablosu değişkenine `null` değer atamak, değişkenin erişim sağladığı asıl tablo ile ilişkisini keser:

```
string[int] isimleSayılar;
// ...
isimleSayılar = null;       // artık hiçbir elemana erişim
                            // sağlamaz
```

Yukarıdaki `BirSınıf` örneğine benzer şekilde, eğer `isimleSayılar` asıl tabloya erişim sağlayan son referans idiyse, asıl tablonun elemanları çöp toplayıcı tarafından sonlandırılacaklardır.

Bir dilimin de artık hiçbir elemana erişim sağlaması istenmiyorsa `null` atanabilir:

```
int[] dilim = dizi[ 10 .. 20 ];
// ...
dilim = null;      // artık hiçbir elemana erişim sağlamaz
```

45.5 Özet

- `null`, hiçbir değere erişim sağlamayan referans değeridir
- `null` referanslar yalnızca iki işlemde kullanılabilirler: değer atamak, `null` olup olmadığını denetlemek
- == işleci asıl nesneye erişmeyi gerektirebileceği için, `null` olma olasılığı bulunan referanslar `is` ile denetlenmelidir
- `is`'in tersi `!is`'dir
- `null` atanan referans artık hiçbir elemana erişim sağlamaz
- Hiçbir referansın erişim sağlamadığı nesneler çöp toplayıcı tarafından sonlandırılırlar

46 Tür Dönüşümleri

İşlemlerde kullanılan değişken ve nesne türlerinin hem o işlemlerle hem de birbirleriyle uyumlu olmaları gerekir. Yoksa anlamsız veya yanlış sonuçlar doğabilir. D'nin de aralarında bulunduğu bazı diller türlerin uyumluluklarını derleme zamanında denetlerler. Böyle dillere "türleri derleme zamanında belli olan" anlamında "statically typed" dil denir.

Anlamsız işlem örneği olarak, bir toplama işleminde sanki bir sayıymış gibi dizgi kullanmaya çalışan şu koda bakalım:

```
char[] dizgi;
writeln(dizgi + 5);      // ← derleme HATASI
```

Derleyici o kodu tür uyuşmazlığı nedeniyle reddeder. Bu yazıyı yazdığım sırada kullandığım derleyici, türlerin uyumsuz olduğunu bildiren şu hatayı veriyor:

```
Error: incompatible types for ((dizgi) + (5)): 'char[]' and 'int'
```

O hata mesajı, `((dizgi) + (5))` ifadesinde uyumsuz türler olduğunu belirtir: `char[]` ve `int`.

Tür uyumsuzluğu, *farklı tür* demek değildir. Çünkü farklı türlerin güvenle kullanılabildiği işlemler de vardır. Örneğin `double` türündeki bir değişkene `int` türünde bir değer eklenmesinde bir sakınca yoktur:

```
double toplam = 1.25;
int artış = 3;
toplam += artış;
```

`toplam` ve `artış` farklı türlerden oldukları halde o işlemde bir yanlışlık yoktur; çünkü bir kesirli sayı değişkeninin bir `int` değer kadar arttırılmasında bir uyumsuzluk yoktur.

46.1 Otomatik tür dönüşümleri

Her ne kadar bir `double` değerin bir `int` değer kadar arttırılmasında bir sakınca olmasa da, o işlemin mikro işlemcide yine de belirli bir türde yapılması gerekir. Kesirli Sayılar bölümünden (sayfa 41) hatırlayacağınız gibi; 64 bitlik olan `double`, 32 bitlik olan `int`'ten daha *büyük* (veya *geniş*) bir türdür. Bir `int`'e sığabilen her değer bir `double`'a da sığabilir.

Birbirinden farklı türler kullanılan işlemlerle karşılaştığında, derleyici önce değerlerden birisini diğer türe dönüştürür, ve işlemi ondan sonra gerçekleştirir. Bu dönüşümde kullanılan tür, değer kaybına neden olmayacak şekilde seçilir. Örneğin `double` türü `int` türünün bütün değerlerini tutabilir, ama bunun tersi doğru değildir. O yüzden yukarıdaki `toplam += artış` işlemi `double` türünde güvenle gerçekleştirilebilir.

Dönüştürülen değer, her zaman için isimsiz ve geçici bir değişken veya nesnedir. Asıl değerin kendisi değişmez. Örneğin yukarıdaki += işlemi sırasında `artış`'ın kendi türü değiştirilmez, ama `artış`'ın değerine eşit olan geçici bir değer kullanılır. Yukarıdaki işlemde perde arkasında neler olduğunu şöyle gösterebiliriz:

```
{
    double aslında_isimsiz_olan_double_bir_deger = artış;
    toplam += aslında_isimsiz_olan_double_bir_deger;
}
```

Derleyici, `int` değeri önce `double` türündeki geçici bir ara değere dönüştürür ve işlemde o dönüştürdüğü değeri kullanır. Bu örnekteki geçici değer yalnızca += işlemi süresince yaşar.

Böyle otomatik dönüşümler aritmetik işlemlerle sınırlı değildir. Birbirinin aynısı olmayan türlerin kullanıldığı başka durumlarda da otomatik tür dönüşümleri uygulanır. Eğer kullanılan türler bir dönüşüm sonucunda birlikte kullanılabiliyorlarsa, derleyici gerektikçe değerleri otomatik olarak dönüştürür. Örneğin `int` türünde parametre alan bir işleve `byte` türünde bir değer gönderilebilir:

```
void birİşlem(int sayı) {
    // ...
}

void main() {
    byte küçükDeğer = 7;
    birİşlem(küçükDeğer);       // otomatik tür dönüşümü
}
```

Orada da önce `küçükDeğer`'e eşit geçici bir `int` oluşturulur, ve `birİşlem` o geçici `int` değeri ile çağrılır.

int terfileri

Aşağıdaki tabloda sol taraftaki türler çoğu aritmetik işlemde doğrudan kullanılmazlar, önce otomatik olarak sağ taraftaki türlere dönüştürülürler:

Hangi Türden	Hangi Türe
bool	int
byte	int
ubyte	int
short	int
ushort	int
char	int
wchar	int
dchar	uint

`int` terfileri `enum` türlerine de uygulanır.

Bu terfilerin nedeni mikro işlemcinin doğal türünün `int` olmasıdır. Örneğin, aşağıdaki her iki değişken de `ubyte` oldukları halde toplama işlemi o değişkenlerin değerleri `int` türüne terfi edildikten sonra gerçekleştirilir:

```
    ubyte a = 1;
    ubyte b = 2;
    writeln(typeof(a + b).stringof);  // işlem ubyte değildir
```

Çıktısı:

```
int
```

Terfi edilen a ve b değişkenleri değildir. Toplama işleminde kullanılabilsinler diye yalnızca onların değerleri geçici değerler olarak terfi edilirler.

Aritmetik dönüşümler

Aritmetik işlemlerde kullanılan değerler güvenli yönde, yani küçük türden büyük türe doğru gerçekleştirilirler. Bu kadarını akılda tutmak çoğu durumda yeterli olsa da aslında bu kurallar oldukça karışıktır, ve işaretli türlerden işaretsiz türlere yapılan dönüşümlerde de hataya yol açabilirler.

Dönüşüm kuralları şöyledir:

1. Değerlerden birisi `real` ise diğeri `real`'e dönüştürülür

2. Değilse ama birisi `double` ise diğeri `double`'a dönüştürülür
3. Değilse ama birisi `float` ise diğeri `float`'a dönüştürülür
4. Değilse yukarıdaki `int` terfisi dönüşümleri uygulanır ve sonra şu işlemlere geçilir:
    1. Eğer iki tür de aynı ise durulur
    2. Eğer her ikisi de işaretli ise, veya her ikisi de işaretsiz ise; küçük tür büyük türe dönüştürülür
    3. Eğer işaretli tür işaretsiz türden büyükse, işaretsiz olan işaretliye dönüştürülür
    4. Hiçbirisi değilse işaretli tür işaretsiz türe dönüştürülür

Yukarıdaki son kural ne yazık ki hatalara yol açabilir:

```
int    a = 0;
int    b = 1;
size_t c = 0;
writeln(a - b + c);  // Şaşırtıcı sonuç!
```

Çıktısı şaşırtıcı biçimde `size_t.max` olur:

```
18446744073709551615
```

Yukarıdaki son kural nedeniyle ifade `int` türünde değil, `size_t` türünde gerçekleştirilir. `size_t` de işaretsiz bir tür olduğundan -1 değerini taşıyamaz ve sonuç alttan taşarak `size_t.max` olur.

Dilim dönüşümleri

Bir kolaylık olarak, sabit uzunluklu diziler işlev çağrılarında otomatik olarak dilimlere dönüşebilirler:

```
import std.stdio;

void foo() {
    int[2] dizi = [ 1, 2 ];

    // Sabit uzunluklu dizi dilim olarak geçiriliyor:
    bar(dizi);
}

void bar(int[] dilim) {
    writeln(dilim);
}

void main() {
    foo();
}
```

`bar()`'ın parametresi bütün elemanlara erişim sağlayan bir dilimdir:

```
[1, 2]
```

Uyarı: Eğer işlev, dilimi sonradan kullanmak üzere saklıyorsa *yerel* bir sabit uzunluklu dizinin o işleve geçirilmesi yanlıştır. Örneğin, aşağıdaki programda `bar()`'ın sonradan kullanılmak üzere sakladığı dilim `foo()`'dan çıkıldığında geçerli değildir:

```
import std.stdio;

void foo() {
    int[2] dizi = [ 1, 2 ];
```

```
    // Sabit uzunluklu dizi dilim olarak geçiriliyor:
    bar(dizi);

} // ← NOT: 'dizi' bu noktadan sonra geçerli değildir

int[] saklananDilim;

void bar(int[] dilim) {
    // Yakında geçersiz olacak bir dilim saklamaktadır:
    saklananDilim = dilim;
    writefln("bar içinde : %s", saklananDilim);
}

void main() {
    foo();

    /* HATA: Artık dizi elemanı olmayan belleğe erişir */
    writefln("main içinde: %s", saklananDilim);
}
```

Böyle bir hatanın sonucunda programın davranışı tanımsızdır. Örneğin, `dizi`'nin elemanlarının bulunduğu belleğin çoktan başka amaçlarla kullanıldığı gözlemlenebilir:

```
bar içinde : [1, 2]          ← asıl elemanlar
main içinde: [4396640, 0]    ← tanımsız davranışın gözlemlenmesi
```

const dönüşümleri

Her referans türü kendisinin `const` olanına otomatik olarak dönüşür. Bu güvenli bir dönüşümdür çünkü hem zaten türün büyüklüğünde bir değişiklik olmaz hem de `const` değerler değiştirilemezler:

```
char[] parantezİçinde(const char[] metin) {
    return "{" ~ metin ~ "}";
}

void main() {
    char[] birSöz;
    birSöz ~= "merhaba dünya";
    parantezİçinde(birSöz);
}
```

O kodda sabit olmayan `birSöz`, sabit parametre alan işleve güvenle gönderilebilir, çünkü değerler sabit referanslar aracılığıyla değiştirilemezler.

Bunun tersi doğru değildir. `const` bir referans türü, `const` olmayan bir türe dönüşmez:

```
char[] parantezİçinde(const char[] metin) {
    char[] parametreDeğeri = metin;  // ← derleme HATASI
// ...
}
```

Bu konu yalnızca referans değişkenleri ve referans türleri ile ilgilidir. Çünkü değer türlerinde zaten değer kopyalandığı için, kopyanın `const` olan asıl nesneyi değiştirmesi söz konusu olamaz:

```
    const int köşeAdedi = 4;
    int kopyası = köşeAdedi;      // derlenir (değer türü)
```

Yukarıdaki durumda `const` türden `const` olmayan türe dönüşüm yasaldır çünkü dönüştürülen değer asıl değerin bir kopyası haline gelir.

immutable dönüşümleri

immutable belirteci kesinlikle değişmezlik gerektirdiğinden ne immutable türlere dönüşümler ne de immutable türlerden dönüşümler otomatiktir:

```
string a = "merhaba";
char[] b = a;           // ← derleme HATASI
string c = b;           // ← derleme HATASI
```

const dönüşümlerde olduğu gibi bu konu da yalnızca referans türleriyle ilgilidir. Değer türlerinin değerleri kopyalandıklarından, değer türlerinde her iki yöne doğru dönüşümler de otomatiktir:

```
immutable a = 10;
int b = a;              // derlenir (değer türü)
```

enum dönüşümleri

enum bölümünden (sayfa 132) hatırlayacağınız gibi, enum türleri *isimli değerler* kullanma olanağı sunarlar:

```
enum OyunKağıdıRengi { maça, kupa, karo, sinek }
```

Değerleri özellikle belirtilmediği için o tanımda değerler sıfırdan başlayarak ve birer birer arttırılarak atanır. Buna göre örneğin OyunKağıdıRengi.sinek'in değeri 3 olur.

Böyle isimli enum değerleri, otomatik olarak tamsayı türlere dönüşürler. Örneğin aşağıdaki koddaki toplama işlemi sırasında OyunKağıdıRengi.kupa 1 değerini alır ve sonuç 11 olur:

```
int sonuç = 10 + OyunKağıdıRengi.kupa;
assert(sonuç == 11);
```

Bunun tersi doğru değildir: tamsayı değerler enum türlerine otomatik olarak dönüşmezler. Örneğin aşağıdaki kodda renk değişkeninin 2 değerinin karşılığı olan OyunKağıdıRengi.karo değerini almasını bekleyebiliriz; ama derlenemez:

```
OyunKağıdıRengi renk = 2;    // ← derleme HATASI
```

Tamsayıdan enum değerlere dönüşümün açıkça yapılması gerekir. Bunu aşağıda göreceğiz.

bool dönüşümleri

bool mantıksal ifadelerin doğal türü olduğu halde, yalnızca iki değeri olması nedeniyle tek bitlik bir tamsayı gibi görülebilir ve bazı durumlarda öyle işlem görür. false 0'a, true da 1'e otomatik olarak dönüşür:

```
int birKoşul = false;
assert(birKoşul == 0);

int başkaKoşul = true;
assert(başkaKoşul == 1);
```

Hazır değer kullanıldığında bunun tersi ancak iki özel değer için doğrudur: 0 hazır değeri false'a, 1 hazır değeri de true'ya otomatik olarak dönüşür:

```
bool birDurum = 0;
assert(!birDurum);      // false

bool başkaDurum = 1;
assert(başkaDurum);     // true
```

Sıfır ve bir dışındaki hazır değerler otomatik olarak dönüşmezler:

```
    bool b = 2;    // ← derleme HATASI
```

Bazı deyimlerin mantıksal ifadelerden yararlandıklarını biliyorsunuz: `if`, `while`, vs. Aslında böyle deyimlerde yalnızca `bool` değil, başka türler de kullanılabilir. Başka türler kullanıldığında sıfır değeri `false`'a, sıfırdan başka değerler de `true`'ya otomatik olarak dönüşürler:

```
    int i;
    // ...

    if (i) {    // ← int, mantıksal ifade yerine kullanılıyor
        // ... 'i' sıfır değilmiş

    } else {
        // ... 'i' sıfırmış
    }
```

Benzer biçimde, `null` değerler otomatik olarak `false`'a, `null` olmayan değerler de `true`'ya dönüşürler. Bu, referansların `null` olup olmadıklarının denetlenmesinde kolaylık sağlar:

```
    int[] a;
    // ...

    if (a) {    // ← otomatik bool dönüşümü
        // ... null değil; 'a' kullanılabilir ...

    } else {
        // ... null; 'a' kullanılamaz ...
    }
```

46.2 Açıkça yapılan tür dönüşümleri

Bazı durumlarda bazı tür dönüşümlerinin elle açıkça yapılması gerekebilir çünkü bazı dönüşümler veri kaybı tehlikesi ve güvensizlik nedeniyle otomatik değillerdir:

- Büyük türden küçük türe dönüşümler
- `const` türden değişebilen türe dönüşümler
- `immutable` dönüşümleri
- Tamsayılardan `enum` değerlere dönüşümler
- vs.

Programcının isteği ile açıkça yapılan tür dönüşümleri için aşağıdaki yöntemler kullanılabilir:

- Kurma söz dizimi
- `std.conv.to` işlevi
- `std.exception.assumeUnique` işlevi
- `cast` işleci

Kurma söz dizimi

Yapı ve sınıf nesnelerinin kurma söz dizimi başka türlerle de kullanılabilir:

```
    HedefTür(değer)
```

Örneğin, aşağıdaki *dönüşüm* bir `int` değerinden bir `double` değeri elde etmektedir (örneğin, sonucun virgülden sonrasını kaybetmemek için):

```
    int i;
    // ...
    const sonuç = double(i) / 2;
```

Çoğu dönüşüm için to()

Daha önce hep değerleri `string` türüne dönüştürmek için `to!string` olarak kullandığımız `to` aslında mümkün olan her dönüşümü sağlayabilir. Söz dizimi şöyledir:

```
    to!(HedefTür)(değer)
```

Aslında bir şablon olan `to`, şablonların daha ileride göreceğimiz kısa söz diziminden de yararlanabildiği için hedef türün tek sözcükle belirtilebildiği durumlarda hedef tür parantezsiz olarak da yazılabilir:

```
    to!HedefTür(değer)
```

`to`'nun kullanımını görmek için bir `double` değerini `short` türüne ve bir `string` değerini de `int` türüne dönüştürmeye çalışan aşağıdaki kodu bakalım:

```
void main() {
    double d = -1.75;

    short s = d;      // ← derleme HATASI
    int i = "42";     // ← derleme HATASI
}
```

Her `double` değer `short` olarak ifade edilemeyeceğinden ve her dizgi `int` olarak kabul edilebilecek karakterler içermediğinden o dönüşümler otomatik değildir. Programcı, uygun olan durumlarda bu dönüşümleri açıkça `to` ile gerçekleştirebilir:

```
import std.conv;

void main() {
    double d = -1.75;

    short s = to!short(d);
    assert(s == -1);

    int i = to!int("42");
    assert(i == 42);
}
```

Dikkat ederseniz `short` türü kesirli değer alamadığı için s'nin değeri -1 olarak dönüştürülebilmiştir.

`to()` güvenlidir: Mümkün olmayan dönüşümlerde hata atar.

Hızlı immutable dönüşümleri için assumeUnique()

`to()`, `immutable` dönüşümlerini de gerçekleştirebilir:

```
    int[] dilim = [ 10, 20, 30 ];
    auto değişmez = to!(immutable int[])(dilim);
```

Yukarıdaki koddaki değiştirilebilen elemanlardan oluşan `dilim`'e ek olarak `immutable` bir dilim daha oluşturulmaktadır. `değişmez`'in elemanlarının gerçekten değişmemelerinin sağlanabilmesi için `dilim` ile aynı elemanları paylaşmaması gerekir. Aksi taktirde, `dilim` yoluyla yapılan değişiklikler `değişmez`'in elemanlarının da değişmesine ve böylece `immutable` belirtecine aykırı duruma düşmesine neden olurdu.

Bu yüzden `to()`, `immutable` dönüşümlerini asıl değerin kopyasını alarak gerçekleştirir. Aynı durum dizilerin `.idup` niteliği için de geçerlidir; hatırlarsanız `.idup`'un ismi "kopyala" anlamına gelen "duplicate"ten türemiştir. `değişmez`'in elemanlarının `dilim`'inkilerden farklı olduklarını ilk elemanlarının adreslerinin farklı olmasına bakarak gösterebiliriz:

```
    assert(&(dilim[0]) != &(değişmez[0]));
```

Bazen bu kopya gereksiz olabilir ve nadiren de olsa program hızını etkileyebilir. Bunun bir örneğini görmek için değişmez bir tamsayı dilimi bekleyen bir işleve bakalım:

```
void işlev(immutable int[] koordinatlar) {
    // ...
}

void main() {
    int[] sayılar;
    sayılar ~= 10;
    // ... çeşitli değişiklikler ...
    sayılar[0] = 42;

    işlev(sayılar);      // ← derleme HATASI
}
```

Yukarıdaki kod, `sayılar` parametresi işlevin gerekçesini yerine getirmediği için derlenemez çünkü programın derlenebilmesi için `işlev()`'e `immutable` bir dilim verilmesi şarttır. Bunun bir yolunun `to()` olduğunu gördük:

```
import std.conv;
// ...
    auto değişmezSayılar = to!(immutable int[])(sayılar);
    işlev(değişmezSayılar);
```

Ancak, eğer `sayılar` dilimi yalnızca bu parametreyi oluşturmak için gerekmişse ve `işlev()` çağrıldıktan sonra bir daha hiç kullanılmayacaksa, elemanların `değişmezSayılar` dilimine kopyalanmaları gereksiz olacaktır. `assumeUnique()`, bir dilimin elemanlarının belirli bir noktadan sonra değişmez olarak işaretlenmelerini sağlar:

```
import std.exception;
// ...
    auto değişmezSayılar = assumeUnique(sayılar);
    işlev(değişmezSayılar);
    assert(sayılar is null);    // asıl dilim null olur
```

"Tek kopya olduğunu varsay" anlamına gelen `assumeUnique()` eleman kopyalamaz; aynı elemanlara `immutable` olarak erişim sağlayan yeni bir dilim döndürür. Elemanların asıl dilim aracılığıyla yanlışlıkla değiştirilmelerini önlemek için de asıl dilimi `null`'a eşitler.

cast işleci

`to()`'nun ve `assumeUnique()`'in kendi gerçekleştirmelerinde de yararlandıkları alt düzey dönüşüm işleci `cast` işlecidir.

Hedef tür `cast` parantezinin içine yazılır:

```
    cast(HedefTür)değer
```

cast, to()'nun güvenle gerçekleştiremediği dönüşümleri de yapacak kadar güçlüdür. Örneğin, aşağıdaki dönüşümler to()'nun çalışma zamanında hata atmasına neden olur:

```
OyunKağıdıRengi renk = to!OyunKağıdıRengi(7); // ← hata atar
bool b = to!bool(2);                          // ← hata atar
```

Örneğin, atılan hata dönüştürülmek istenen 7 değerinin OyunKağıdıRengi türünde bir karşılığı olmadığını bildirir:

```
std.conv.ConvException@phobos/std/conv.d(1778): Value (7)
does not match any member value of enum 'OyunKağıdıRengi'
```

Bir tamsayının OyunKağıdıRengi değeri olarak kullanılabileceğinden veya bir tamsayı değerin bool anlamında kullanılabileceğinden ancak programcı emin olabilir. Bu gibi durumlarda cast işlecinden yararlanılmalıdır:

```
// Olasılıkla hatalı ama mümkün:
OyunKağıdıRengi renk = cast(OyunKağıdıRengi)7;

bool b = cast(bool)2;
assert(b);
```

Gösterge türleri arasındaki dönüşümler cast ile yapılmak zorundadır:

```
void * v;
// ...
int * p = cast(int*)v;
```

Yaygın olmasa da, bazı C kütüphane arayüzleri gösterge değerlerinin gösterge olmayan değişkenlerde tutulmalarını gerektirebilir. Asıl gösterge değeri sonuçta tekrar elde edilebildiği sürece böyle dönüşümler de cast ile gerçekleştirilir:

```
size_t saklananGöstergeDeğeri = cast(size_t)p;
// ...
int * p2 = cast(int*)saklananGöstergeDeğeri;
```

46.3 Özet

- Otomatik tür dönüşümleri güvenli yönde yapılır: Küçük türden büyük türe doğru ve değişebilen türden değişmez türe doğru.
- Ancak, işaretsiz türlere doğru yapılan dönüşümler o türler eksi değerler tutamadıkları için şaşırtıcı sonuçlar doğurabilirler.
- enum türler tamsayı türlere otomatik olarak dönüşürler ama tamsayılar enum türlere otomatik olarak dönüşmezler.
- false 0'a, true da 1'e otomatik olarak dönüşür. Benzer biçimde, sıfır değerler false'a, sıfır olmayan değerler de true'ya otomatik olarak dönüşür.
- null referanslar otomatik olarak false değerine, null olmayan referanslar da true değerine dönüşürler.
- Bazı tür dönüşümleri için kurma söz dizimi kullanılabilir.
- Açıkça yapılan çoğu dönüşüm için to() kullanılır.
- Kopyalamadan immutable'a dönüştürmek için assumeUnique() kullanılır.
- cast en alt düzey ve en güçlü dönüşüm işlecidir.

47 Yapılar

Kitabın başında temel türlerin üst düzey kavramları ifade etmede yetersiz kalacaklarını söylemiştim. `int` türünden bir tamsayı örneğin iki olay arasında geçen süreyi dakika türünden ifade etmek için kullanılabilir; ama böyle bir değer her zaman tek başına kullanışlı olamaz. Değişkenler bazen başka değişkenlerle bir araya geldiklerinde anlam kazanırlar.

Yapılar temel türleri, başka yapıları, veya sınıfları bir araya getirerek yeni türler oluşturmaya yarayan olanaklardır. Yeni tür `struct` anahtar sözcüğü ile oluşturulur. Bu tanıma göre, yapılar *kullanıcı türleridir*. `struct`, "yapı" anlamına gelen "structure"ın kısaltmasıdır.

Bu bölümde yapılarla ilgili olarak anlatacağım çoğu bilgi, daha sonra göreceğimiz sınıfları anlamada da yardımcı olacak. Özellikle *bir araya getirerek yeni tür tanımlama* kavramı, yapılarda ve sınıflarda aynıdır.

Yapı kavramını anlamak için daha önce `assert` ve `enforce` bölümünde (sayfa 209) gördüğümüz `zamanEkle` işlevine bakalım. Aşağıdaki tanım o bölümün problem çözümlerinde geçiyordu:

```
void zamanEkle(
        int başlangıçSaati, int başlangıçDakikası,
        int eklenecekSaat, int eklenecekDakika,
        out int sonuçSaati, out int sonuçDakikası) {
    sonuçDakikası = başlangıçDakikası + eklenecekDakika;
    sonuçSaati = başlangıçSaati + eklenecekSaat;
    sonuçSaati += sonuçDakikası / 60;

    sonuçDakikası %= 60;
    sonuçSaati %= 24;
}
```

Not: İşlevin `in`, `out`, ve `unittest` bloklarını fazla yer tutmamak için bu bölümde göstermiyorum.

Her ne kadar o işlev altı tane parametre alıyor gibi görünse de, birbirleriyle ilgili olan parametreleri çifter çifter düşünürsek, aslında üç çift bilgi aldığını görürüz. O çiftlerden ilk ikisi giriş olarak, sonuncusu da çıkış olarak kullanılmaktadır.

47.1 Tanımlanması

`struct` birbirleriyle ilişkili değişkenleri bir araya getirerek yeni bir tür olarak kullanma olanağı verir:

```
struct GününSaati {
    int saat;
    int dakika;
}
```

Yukarıdaki tanım, `saat` ve `dakika` isimli iki `int` değişkeni bir araya getiren ve ismi `GününSaati` olan yeni bir tür tanımlar. Yukarıdaki tanımdan sonra artık başka türler gibi kullanabileceğimiz `GününSaati` isminde yeni bir türümüz olur. Örnek olarak `int` türüne benzer kullanımını şöyle gösterebiliriz:

```
    int sayı;               // bir değişken
    sayı = başkaSayı;       // başkaSayı'nın değerini alması

    GününSaati zaman;       // bir nesne
    zaman = başkaZaman;     // başkaZaman'ın değerini alması
```

Yapı türleri şöyle tanımlanır:

```
struct Türİsmi {
    // ... türü oluşturan üyeler ve varsa özel işlevleri ...
}
```

Yapılar için özel işlevler de tanımlanabilir. Bunları daha sonraki bir bölümde anlatacağım. Bu bölümde yalnızca yapı üyelerini gösteriyorum.

Yapının bir araya getirdiği parçalara *üye* adı verilir. Bu tanıma göre, yukarıdaki `GününSaati` yapısının iki üyesi vardır: `saat` ve `dakika`.

`struct` tür tanımıdır, değişken tanımı değildir

Burada bir uyarıda bulunmam gerekiyor: İsim Alanı bölümünde (sayfa 89) ve Yaşam Süreçleri bölümünde (sayfa 230) anlatılanlar doğrultusunda; yapı tanımında kullanılan küme parantezlerine bakarak, o kapsam içindeki üyelerin yapının tanımlandığı an yaşamaya başladıklarını düşünebilirsiniz. Bu doğru değildir.

Yapı tanımı, değişken tanımlamaz:

```
struct GününSaati {
    int saat;       // ← Değişken tanımı değildir; daha sonra
                    //   bir yapı nesnesinin parçası olacaktır.

    int dakika;     // ← Değişken tanımı değildir; daha sonra
                    //   bir yapı nesnesinin parçası olacaktır.
}
```

Yapı tanımı, daha sonradan yapı nesneleri oluşturulduğunda ne tür üye değişkenlerinin olacağını belirler. O üye değişkenler bu yapı türünden bir nesne oluşturulduğu zaman o nesnenin parçası olarak oluşturulurlar:

```
    GününSaati yatmaZamanı;     // içinde kendi saat ve dakika
                                // değişkenlerini barındırır

    GününSaati kalkmaZamanı;    // bu da kendi saat ve dakika
                                // değişkenlerini barındırır;
                                // bunun saat ve dakika
                                // değişkenleri öncekinden
                                // bağımsızdır
```

Yapı ve sınıf değişkenlerine *nesne* denir.

Kodlama kolaylığı

Saat ve dakika gibi iki bilgiyi böyle bir araya getirerek tek bir tür gibi kullanabilmek büyük kolaylık sağlar. Örneğin yukarıdaki işlev altı tane `int` yerine, asıl amacına çok daha uygun olacak şekilde üç tane `GününSaati` türünde parametre alabilir:

```
void zamanEkle(GününSaati başlangıç,
               GününSaati eklenecek,
               out GününSaati sonuç) {
    // ...
}
```

Not: Günün saatini belirten böyle iki değerin eklenmesi aslında normal bir işlem olarak kabul edilmemelidir. Örneğin kahvaltı zamanı olan 7:30'a öğle yemeği zamanı olan 12:00'yi eklemek doğal değildir. Burada aslında `Süre` diye yeni bir tür tanımlamak ve `GününSaati` nesnelerine `Süre` nesnelerini eklemek çok daha doğru olurdu. Ben bu bölümde yine de yalnızca `GününSaati` türünü kullanacağım.

Hatırlayacağınız gibi, işlevler `return` deyimiyle tek bir değer döndürebilirler. `zamanEkle` ürettiği saat ve dakika değerlerini zaten bu yüzden iki tane `out` parametre olarak tanımlamak zorunda kalıyordu. Ürettiği iki tane sonucu tek bir değer olarak döndüremiyordu.

Yapılar bu kısıtlamayı da ortadan kaldırırlar: Birden fazla bilgiyi bir araya getirerek tek bir tür oluşturdukları için, işlevlerin dönüş türü olarak kullanılabilirler. Artık işlevden tek bir `GününSaati` nesnesi döndürebiliriz:

```
GününSaati zamanEkle(GününSaati başlangıç,
                     GününSaati eklenecek) {
    // ...
}
```

Böylece `zamanEkle` artık yan etki oluşturan değil, değer üreten bir işlev haline de gelmiş olur. İşlevler bölümünden (sayfa 136) hatırlayacağınız gibi; işlevlerin yan etki oluşturmak yerine değer üretmeleri tercih edilir.

Yapılar da yapı üyesi olabilirler. Örneğin `GününSaati` yapısından iki üyesi bulunan başka bir yapı şöyle tasarlanabilir:

```
struct Toplantı {
    string     konu;
    size_t     katılımcıSayısı;
    GününSaati başlangıç;
    GününSaati bitiş;
}
```

`Toplantı` yapısı da başka bir yapının üyesi olabilir. `Yemek` diye bir yapı olduğunu da varsayarsak:

```
struct GünlükPlan {
    Toplantı projeToplantısı;
    Yemek    öğleYemeği;
    Toplantı bütçeToplantısı;
}
```

47.2 Üye erişimi

Yapı üyelerini de herhangi bir değişken gibi kullanabiliriz. Tek fark, üyelere erişmek için nesnenin isminden sonra önce erişim işleci olan *nokta*, ondan sonra da üyenin isminin yazılmasıdır:

```
    başlangıç.saat = 10;
```

O satır, `başlangıç` nesnesinin `saat` üyesine `10` değerini atar.

Yapılarla ilgili bu kadarlık bilgiyi kullanarak `zamanEkle` işlevini artık şu şekilde değiştirebiliriz:

```
GününSaati zamanEkle(GününSaati başlangıç,
                     GününSaati eklenecek) {
    GününSaati sonuç;

    sonuç.dakika = başlangıç.dakika + eklenecek.dakika;
    sonuç.saat = başlangıç.saat + eklenecek.saat;
    sonuç.saat += sonuç.dakika / 60;

    sonuç.dakika %= 60;
    sonuç.saat %= 24;

    return sonuç;
}
```

Bu işlevde kullanılan değişken isimlerinin artık çok daha kısa seçilebildiğine dikkat edin: nesnelere `başlangıç`, `eklenecek`, ve `sonuç` gibi kısa isimler verebiliyoruz. `başlangıçSaati` gibi bileşik isimler kullanmak yerine de nesnelerin üyelerine nokta ile `başlangıç.saat` şeklinde erişiyoruz.

O işlevi kullanan bir kod aşağıdaki şekilde yazılabilir. Bu program, 1 saat 15 dakika süren ve 8:30'da başlayan dersin bitiş zamanını 9:45 olarak hesaplar:

```
void main() {
    GününSaati dersBaşı;
    dersBaşı.saat = 8;
    dersBaşı.dakika = 30;

    GününSaati dersSüresi;
    dersSüresi.saat = 1;
    dersSüresi.dakika = 15;

    immutable dersSonu = zamanEkle(dersBaşı, dersSüresi);

    writefln("Ders sonu: %s:%s",
             dersSonu.saat, dersSonu.dakika);
}
```

Çıktısı:

```
Ders sonu: 9:45
```

Yukarıdaki `main`'i şimdiye kadar bildiklerimizi kullanarak yazdım. Biraz aşağıda bu işlemlerin çok daha kolay ve kısa olanlarını göstereceğim.

47.3 Kurma

Yukarıdaki `main`'in ilk üç satırı, `dersBaşı` nesnesinin kurulması ile ilgilidir; ondan sonraki üç satır da `dersSüresi` nesnesinin kurulmasıdır. O satırlarda önce nesne tanımlanmakta, sonra saat ve dakika üyelerinin değerleri atanmaktadır.

Herhangi bir değişkenin veya nesnenin tutarlı bir şekilde kullanılabilmesi için mutlaka kurulması gerekir. Bu çok önemli ve yaygın bir işlem olduğu için, yapı nesneleri için kısa bir kurma söz dizimi vardır:

```
    GününSaati dersBaşı = GününSaati(8, 30);
    GününSaati dersSüresi = GününSaati(1, 15);
```

Nesneler bu şekilde kurulurken belirtilen değerler, yapının üyelerine yapı içinde tanımlandıkları sıra ile atanırlar: yapı içinde `saat` önce tanımlandığı için 8 değeri `dersBaşı.saat`'e, 30 değeri de `dersBaşı.dakika`'ya atanır.

Tür Dönüşümleri bölümünde (sayfa 239) gördüğümüz gibi, kurma söz dizimi başka türlerle de kullanılabilir:

```
    auto u = ubyte(42);    // u'nun türü ubyte olur
    auto i = int(u);       // i'nin türü int olur
```

`immutable` olarak kurabilme olanağı

Nesneleri aynı anda hem tanımlamak hem de değerlerini verebilmek, onları `immutable` olarak işaretleme olanağı da sağlar:

```
    immutable dersBaşı = GününSaati(8, 30);
    immutable dersSüresi = GününSaati(1, 15);
```

Kurulduktan sonra artık hiç değişmeyecek oldukları durumlarda, bu nesnelerin sonraki satırlarda yanlışlıkla değiştirilmeleri böylece önlenmiş olur. Yukarıdaki programda ise nesneleri `immutable` olarak işaretleyemezdik, çünkü ondan sonra üyelerinin değerlerini atamamız mümkün olmazdı:

```
    immutable GününSaati dersBaşı;
    dersBaşı.saat = 8;          // ← derleme HATASI
    dersBaşı.dakika = 30;       // ← derleme HATASI
```

Doğal olarak, `immutable` olarak işaretlendiği için değişemeyen `dersBaşı` nesnesinin üyelerini değiştirmek olanaksızdır.

Sondaki üyelerin değerleri boş bırakılabilir

Yapı nesneleri kurulurken *sondaki* üyelerin değerleri belirtilmeyebilir. Bu durumda sondaki üyeler yine de otomatik olarak kendi türlerinin `.init` değeri ile ilklenirler.

Bunu gösteren aşağıdaki programda `Deneme` türü gittikçe azalan sayıda parametre ile kuruluyor ve geri kalan parametrelerin de otomatik olarak ilklendikleri `assert` denetimleri ile gösteriliyor (programda kullanmak zorunda kaldığım `isNaN` işlevini programdan sonra açıklıyorum):

```
import std.math;

struct Deneme {
    char   karakter;
    int    tamsayı;
    double kesirli;
}

void main() {
    // Bütün değerlerle
    auto d1 = Deneme('a', 1, 2.3);
    assert(d1.karakter == 'a');
    assert(d1.tamsayı == 1);
    assert(d1.kesirli == 2.3);

    // Sonuncusu eksik
    auto d2 = Deneme('a', 1);
    assert(d2.karakter == 'a');
    assert(d2.tamsayı == 1);
    assert(isNaN(d2.kesirli));

    // Son ikisi eksik
    auto d3 = Deneme('a');
    assert(d3.karakter == 'a');
    assert(d3.tamsayı == int.init);
    assert(isNaN(d3.kesirli));

    // Hiçbirisi yok
    auto d4 = Deneme();
    assert(d4.karakter == char.init);
    assert(d4.tamsayı == int.init);
    assert(isNaN(d4.kesirli));

    // Yukarıdakiyle aynı şey
    Deneme d5;
    assert(d5.karakter == char.init);
    assert(d5.tamsayı == int.init);
    assert(isNaN(d5.kesirli));
}
```

Kesirli Sayılar bölümünden (sayfa 41) hatırlayacağınız gibi `double`'ın ilk değeri `double.nan`'dır ve bir değerin `.nan`'a eşit olup olmadığı `==` işleci ile denetlenemez. O yüzden yukarıdaki programda `std.math.isNaN`'dan yararlanılmıştır.

Varsayılan üye değerlerinin belirlenmesi

Üyelerin otomatik olarak ilkleniyor olmaları çok yararlı bir olanaktır. Üyelerin rasgele değerlerle kullanılmaları önlenmiş olur. Ancak, her üyenin kendi türünün `.init` değerini alması her duruma uygun değildir. Örneğin `char.init` değeri geçerli bir karakter bile değildir.

Bu yüzden üyelerin *otomatik olarak* alacakları değerler programcı tarafından belirlenebilir. Bu sayede örneğin yukarıda gördüğümüz ve hiçbir kullanışlılığı olmayan `double.nan` değeri yerine, çoğu zaman çok daha uygun olan 0.0 değerini kullanabiliriz.

Üyelerin aldıkları bu özel ilk değerlere *varsayılan değer* denir ve üye tanımından sonraki atama söz dizimiyle belirlenir:

```
struct Deneme {
    char   karakter = 'A';
    int    tamsayı  = 11;
    double kesirli  = 0.25;
}
```

Üye tanımı sırasında kullanılan bu yazım şeklinin bir atama işlemi olmadığına dikkat edin. Yukarıdaki kodun tek amacı, üyeler için hangi değerlerin varsayılacağını belirlemektir. Bu değerler, daha sonra nesne oluşturulurken gerekirse kullanılacaktır.

Nesne kurulurken değerleri özellikle belirtilmeyen üyeler o varsayılan değerleri alırlar. Örneğin aşağıdaki kullanımda nesnenin hiçbir üyesinin değeri verilmemektedir:

```
    Deneme d;  // hiçbir üye değeri belirtilmiyor
    writefln("%s,%s,%s", d.karakter, d.tamsayı, d.kesirli);
```

Bütün üyeler türün tanımında belirtilmiş olan ilk değerlere sahip olurlar:

```
A,11,0.25
```

{} karakterleriyle kurma

Yukarıdaki kurma söz dizimi varken kullanmaya gerek olmasa da, bunu da bilmeniz gerekir. Yapı nesnelerini başka bir söz dizimiyle de kurabilirsiniz:

```
    GününSaati dersBaşı = { 8, 30 };
```

Belirlenen değerler bu kullanımda da üyelere sıra ile atanırlar; ve bu kullanımda da üye sayısından daha az değer verilebilir.

Bu söz dizimi D'ye C programlama dilinden geçmiştir:

```
    auto dersBaşı = GününSaati(8, 30);    // ← normal
    GününSaati dersSonu = { 9, 30 };      // ← C söz dizimi
```

Bu söz diziminin bir yararı, *isimli ilklendirici* olanağıdır. Verilen bir değerin hangi üye ile ilgili olduğu üyenin ismi ile belirtilebilir. Bu olanak, üyelerin yapı içindeki tanımlarından farklı sırada ilklenmelerine de izin verir:

```
    GününSaati g = { dakika: 42, saat: 7 };
```

47.4 Kopyalama ve Atama

Yapılar değer türleridir. Bundan; Değerler ve Referanslar bölümünde (sayfa 160) açıklandığı gibi, her yapı nesnesinin kendisine ait değeri olduğunu anlarız. Kurulduklarında kendi değerlerini edinirler; atandıklarında da yalnızca kendi değerleri değişir.

```
    auto seninYemekSaatin = GününSaati(12, 0);
    auto benimYemekSaatim = seninYemekSaatin;
```

```
    // Yalnızca benim yemek saatim 12:05 olur:
    benimYemekSaatim.dakika += 5;

    // ... senin yemek saatin değişmez:
    assert(seninYemekSaatin.dakika == 0);
```

Kopyalama sırasında bir nesnenin bütün üyeleri sırayla diğer üyeye kopyalanır. Benzer şekilde, atama işlemi de bütün üyelerin sırayla atanmaları anlamına gelir.

Bu konuda referans türünden olan üyelere özellikle dikkat etmek gerekir.

Referans türünden olan üyelere dikkat!

Burada çok önemli bir konuyu hatırlatmak gerekiyor: Referans türünden olan değişkenler kopyalandıklarında veya atandıklarında asıl nesne değişmez, ona erişim sağlayan referans değişir, ve sonuçta asıl nesneye birden fazla referans tarafından erişim sağlanmış olur.

Bunun yapı üyeleri açısından önemi, iki farklı yapı nesnesinin üyelerinin aynı asıl nesneye erişim sağlıyor olacaklarıdır. Bunu görmek için referans türünden bir üyesi olan bir yapıya bakalım. Bir öğrencinin numarasını ve notlarını içeren şöyle bir yapı tanımlanmış olsun:

```
struct Öğrenci {
    int numara;
    int[] notlar;
}
```

O türden bir nesnenin başka bir nesnenin değeriyle kurulduğu şu koda bakalım:

```
    // Birinci öğrenciyi kuralım:
    auto öğrenci1 = Öğrenci(1, [ 70, 90, 85 ]);

    // İkinci öğrenciyi birincinin kopyası olarak kuralım ...
    auto öğrenci2 = öğrenci1;

    // ... ve sonra numarasını değiştirelim:
    öğrenci2.numara = 2;

    // DİKKAT: İki öğrenci bu noktada aynı notları paylaşmaktadırlar!

    // İlk öğrencinin notunda bir değişiklik yaptığımızda ...
    öğrenci1.notlar[0] += 5;

    // ... ikinci öğrencinin notunun da değiştiğini görürüz:
    writeln(öğrenci2.notlar[0]);
```

`öğrenci2` nesnesi kurulduğu zaman, üyeleri sırayla `öğrenci1`'in üyelerinin değerlerini alır. `int` bir değer türü olduğu için, her iki `Öğrenci` nesnesinin ayrı `numara` değeri olur.

Her iki `Öğrenci` nesnesinin birbirlerinden bağımsız olan `notlar` üyeleri de vardır. Ancak, dizi dilimleri referans türleri olduklarından, her ne kadar `notlar` üyeleri bağımsız olsalar da, aslında aynı asıl dizinin elemanlarına erişim sağlarlar. Sonuçta, bir nesnenin `notlar` üyesinde yapılan değişiklik diğerini de etkiler.

Yukarıdaki kodun çıktısı, iki öğrenci nesnesinin aynı asıl notları paylaştıklarını gösterir:

```
75
```

Belki de burada hiç kopyalama işlemini kullanmadan, ikinci nesneyi kendi numarasıyla ve birincinin notlarının *kopyasıyla* kurmak daha doğru olur:

```
    // İkinci öğrenciyi birincinin notlarının kopyası ile
    // kuruyoruz
```

```
auto öğrenci2 = Öğrenci(2, öğrenci1.notlar.dup);

// İlk öğrencinin notunda bir değişiklik yaptığımızda ...
öğrenci1.notlar[0] += 5;

// ... ikinci öğrencinin notu bu sefer değişmez:
writeln(öğrenci2.notlar[0]);
```

Dizilerin `.dup` niteliği ile kopyalandığı için bu sefer her nesnenin ayrı notları olur. Şimdiki çıktı, ikinci öğrencinin notunun etkilenmediğini gösterir:

```
70
```

Not: İstenen durumlarda referans türünden üyelerin otomatik olarak kopyalanmaları da sağlanabilir. Bunu daha sonra yapı işlevlerini anlatırken göstereceğim.

47.5 Yapı hazır değerleri

Nasıl 10 gibi hazır değerleri hiç değişken tanımlamak zorunda kalmadan işlemlerde kullanabiliyorsak, yapı nesnelerini de isimleri olmayan *hazır değerler* olarak kullanabiliriz.

Yapı hazır değerlerini oluşturmak için yine kurma söz dizimi kullanılır ve yapı nesnesi gereken her yerde kullanılabilir.

```
GününSaati(8, 30) // ← hazır değer
```

Yukarıdaki `main` işlevini şimdiye kadar öğrendiklerimizi kullanarak şöyle yazabiliriz:

```
void main() {
    immutable dersBaşı = GününSaati(8, 30);
    immutable dersSüresi = GününSaati(1, 15);

    immutable dersSonu = zamanEkle(dersBaşı, dersSüresi);

    writefln("Ders sonu: %s:%s",
             dersSonu.saat, dersSonu.dakika);
}
```

Dikkat ederseniz, o programda `dersBaşı` ve `dersSüresi` nesnelerinin açıkça belirtilmelerine gerek yoktur. Onlar yalnızca `dersSonu` nesnesini hesaplamak için kullanılan aslında geçici nesnelerdir. O nesneleri açıkça tanımlamak yerine, `zamanEkle` işlevine şu şekilde *hazır değer* olarak da gönderebiliriz:

```
void main() {
    immutable dersSonu = zamanEkle(GününSaati(8, 30),
                                   GününSaati(1, 15));

    writefln("Ders sonu: %s:%s",
             dersSonu.saat, dersSonu.dakika);
}
```

47.6 `static` üyeler

Çoğu durumda her yapı nesnesinin kendi üyelerine sahip olmasını isteriz. Bazı durumlarda ise belirli bir yapı türünden olan bütün nesnelerin tek bir değişkeni paylaşmaları uygun olabilir. Bu, o yapı türü için akılda tutulması gereken genel bir bilgi bulunduğunda gerekebilir.

Bütün nesnelerin tek bir üyeyi paylaşmalarının bir örneği olarak, her bir nesne için farklı bir tanıtıcı numara olduğu bir durum düşünelim:

```
struct Nokta {
    // Her nesnenin kendi tanıtıcı numarası
```

```
    size_t numara;

    int satır;
    int sütun;
}
```

Her nesneye farklı bir numara verebilmek için `sonrakiNumara` gibi bir değişken barındırmak, ve her nesne için o sayıyı bir arttırmak gerekir:

```
Nokta NoktaOluştur(int satır, int sütun) {
    size_t numara = sonrakiNumara;
    ++sonrakiNumara;

    return Nokta(numara, satır, sütun);
}
```

Burada karar verilmesi gereken şey, her nesnenin oluşturulması sırasında ortak olarak kullanılan `sonrakiNumara` bilgisinin nerede tanımlanacağıdır. `static` üyeler işte bu gibi durumlarda kullanışlıdırlar.

O bilgi bir yapı üyesi olarak tanımlanır ve `static` olarak işaretlenir. Diğer üyelerin aksine, böyle üyelerden her iş parçacığında yalnızca bir adet oluşturulur. (Çoğu program yalnızca `main()`'in işlediği tek iş parçacığından oluşur.):

```
import std.stdio;

struct Nokta {
    // Her nesnenin kendi tanıtıcı numarası
    size_t numara;

    int satır;
    int sütun;

    // Bundan sonra oluşturulacak olan nesnenin numarası
    static size_t sonrakiNumara;
}

Nokta NoktaOluştur(int satır, int sütun) {
    size_t numara = Nokta.sonrakiNumara;
    ++Nokta.sonrakiNumara;

    return Nokta(numara, satır, sütun);
}

void main() {
    auto üstteki = NoktaOluştur(7, 0);
    auto ortadaki = NoktaOluştur(8, 0);
    auto alttaki =  NoktaOluştur(9, 0);

    writeln(üstteki.numara);
    writeln(ortadaki.numara);
    writeln(alttaki.numara);
}
```

`sonrakiNumara` her seferinde bir arttırıldığı için her nesnenin farklı numarası olur:

```
0
1
2
```

`static` üyeler bütün türe ait olduklarından onlara erişmek için bir nesne olması gerekmez. O üyeye türün ismi kullanılarak erişilebileceği gibi, o türün bir nesnesi üzerinden de erişilebilir:

```
    ++Nokta.sonrakiNumara;
    ++alttaki.sonrakiNumara;    // üst satırın eşdeğeri
```

İş parçacığı başına tek değişken yerine bütün programda tek değişken gerektiğinde o değişkenin `shared static` olarak tanımlanması gerekir. `shared` anahtar sözcüğünü daha sonraki bir bölümde göreceğiz.

İlk işlemler için `static this()`, son işlemler için `static ~this()`

Yukarıda `sonrakiNumara` üyesini özel bir değerle ilklemedik ve otomatik ilk değeri olan sıfırdan yararlandık. Gerektiğinde özel bir değerle de ilkleyebilirdik:

```
    static size_t sonrakiNumara = 1000;
```

O yöntem ancak ilk değer derleme zamanında bilindiğinde kullanılabilir. Ek olarak, bazı durumlarda yapının kullanımına geçmeden önce bazı ilkleme kodlarının işletilmesi de gerekebilir. Bu gibi ilkleme kodları yapının `static this()` kapsamına yazılırlar.

Örneğin, aşağıdaki kod nesne numaralarını hep sıfırdan başlatmak yerine eğer mevcutsa özel bir ayar dosyasından okuyor:

```
import std.file;

struct Nokta {
// ...

    enum sonNumaraDosyası = "Nokta_son_numara_dosyasi";

    static this() {
        if (exists(sonNumaraDosyası)) {
            auto dosya = File(sonNumaraDosyası, "r");
            dosya.readf(" %s", &sonrakiNumara);
        }
    }
}
```

Bir yapının özel `static this()` kapsamındaki kodlar her iş parçacığında ayrı ayrı işletilir. Bu kodlar o yapı o iş parçacığında kullanılmaya başlanmadan önce otomatik olarak işletilir. İş parçacıklarının sayısından bağımsız olarak bütün programda tek kere işletilmesi gereken kodlar ise (örneğin, `immutable` değişkenlerin ilklenmeleri) `shared static this()` işlevlerinde tanımlanmalıdırlar. Bunları daha sonraki Veri Paylaşarak Eş Zamanlı Programlama bölümünde (sayfa 643) göreceğiz.

Benzer biçimde, `static ~this()` yapı türünün belirli bir iş parçacığındaki son işlemleri için, `shared static ~this()` de bütün programdaki son işlemleri içindir.

Örneğin, aşağıdaki `static ~this()` yukarıdaki `static this()` tarafından okunabilsin diye son numarayı ayar dosyasına kaydetmektedir:

```
struct Nokta {
// ...

    static ~this() {
        auto dosya = File(sonNumaraDosyası, "w");
        dosya.writeln(sonrakiNumara);
    }
}
```

Böylece, program nesne numaralarını artık hep kaldığı yerden başlatacaktır. Örneğin, ikinci kere çalıştırıldığında programın çıktısı aşağıdaki gibidir:

```
3
4
5
```

47.7 Problemler

1. Tek bir oyun kağıdını temsil eden ve ismi `OyunKağıdı` olan bir yapı tasarlayın. Bu yapının kağıt rengi ve kağıt değeri için iki üyesi olduğu düşünülebilir.
   Renk için bir `enum` değer kullanabileceğiniz gibi; doğrudan ♠, ♡, ♢, ve ♣ karakterlerini de kullanabilirsiniz.
   Kağıt değeri olarak da bir `int` veya bir `dchar` üye kullanabilirsiniz. `int` seçerseniz 1'den 13'e kadar değerlerden belki de 1, 11, 12, ve 13 değerlerini sırasıyla as, vale, kız ve papaz için düşünebilirsiniz.
   Daha başka çözümler de bulunabilir. Örneğin kağıt değerini de bir `enum` olarak tanımlayabilirsiniz.
   Bu yapının nesnelerinin nasıl kurulacakları, üyeler için seçtiğiniz türlere bağlı olacak. Örneğin eğer her iki üyeyi de `dchar` türünde tasarladıysanız, şöyle kurulabilirler:

```
    auto kağıt = OyunKağıdı('♣', '2');
```

2. Bir `OyunKağıdı` nesnesi alan ve o nesneyi çıkışa yazdıran `oyunKağıdıYazdır` isminde bir işlev tanımlayın:

```
struct OyunKağıdı {
    // ... burasını siz yazın ...
}

void oyunKağıdıYazdır(OyunKağıdı kağıt) {
    // ... burasını siz yazın ...
}

void main() {
    auto kağıt = OyunKağıdı(/* ... */);
    oyunKağıdıYazdır(kağıt);
}
```

   Örneğin sinek ikiliyi çıktıya şu şekilde yazdırsın:

```
♣2
```

   Kupa asını da şu şekilde:

```
♡A
```

   O işlevin içeriği, doğal olarak yapıyı nasıl tasarladığınıza bağlı olacaktır.

3. İsmi `yeniDeste` olan bir işlev yazın. Elli iki farklı oyun kağıdını temsil eden `OyunKağıdı[]` türünde bir dilim döndürsün:

```
OyunKağıdı[] yeniDeste()
out (sonuç) {
    assert(sonuç.length == 52);

} do {
    // ... burasını siz yazın ...
}
```

   Bu işlev örneğin şöyle kullanılabilsin:

```
    OyunKağıdı[] deste = yeniDeste();

    foreach (kağıt; deste) {
        oyunKağıdıYazdır(kağıt);
        write(' ');
    }

    writeln();
```

Eğer destedeki her kağıt gerçekten farklı olmuşsa, şuna benzer bir çıktı olmalıdır:

```
♠2 ♠3 ♠4 ♠5 ♠6 ♠7 ♠8 ♠9 ♠0 ♠J ♠Q ♠K ♠A ♡2 ♡3 ♡4
♡5 ♡6 ♡7 ♡8 ♡9 ♡0 ♡J ♡Q ♡K ♡A ♢2 ♢3 ♢4 ♢5 ♢6 ♢7
♢8 ♢9 ♢0 ♢J ♢Q ♢K ♢A ♣2 ♣3 ♣4 ♣5 ♣6 ♣7 ♣8 ♣9 ♣0
♣J ♣Q ♣K ♣A
```

4. Desteyi karıştıran bir işlev yazın. `std.random` modülünde[1] tanımlı olan `uniform` işlevini kullanarak rasgele seçtiği iki kağıdın yerini değiştirsin. Bu işlemi kaç kere tekrarlayacağını da parametre olarak alsın:

```
void karıştır(OyunKağıdı[] deste, int değişTokuşAdedi) {
    // ... burasını siz yazın
}
```

Şu şekilde çağrılabilsin:

```
    OyunKağıdı[] deste = yeniDeste();
    karıştır(deste, 1);

    foreach (kağıt; deste) {
        oyunKağıdıYazdır(kağıt);
        write(' ');
    }

    writeln();
```

`değişTokuşAdedi` ile belirtilen değer kadar değiş tokuş işlemi gerçekleştirsin. Örneğin 1 ile çağrıldığında şuna benzer bir çıktı versin:

```
♠2 ♠3 ♠4 ♠5 ♠6 ♠7 ♠8 ♠9 ♠0 ♠J ♠Q ♠K ♠A ♡2 ♡3 ♡4
♡5 ♡6 ♡7 ♡8 ♣4 ♡0 ♡J ♡Q ♡K ♡A ♢2 ♢3 ♢4 ♢5 ♢6 ♢7
♢8 ♢9 ♢0 ♢J ♢Q ♢K ♢A ♣2 ♣3 ♡9 ♣5 ♣6 ♣7 ♣8 ♣9 ♣0
♣J ♣Q ♣K ♣A
```

`değişTokuşAdedi` olarak daha yüksek bir değer verdiğinizde deste iyice karışmış olmalıdır:

```
    karıştır(deste, 100);
```

```
♠4 ♣7 ♢9 ♢6 ♡2 ♠6 ♣6 ♢A ♣5 ♢8 ♢3 ♡Q ♢J ♣K ♣8 ♣4
♡J ♣Q ♠Q ♠9 ♢0 ♡A ♠A ♡9 ♠7 ♡3 ♢K ♢2 ♡0 ♠J ♢7 ♡7
♠8 ♡4 ♣J ♢4 ♣0 ♡6 ♢5 ♡5 ♡K ♠3 ♢Q ♠2 ♠5 ♣2 ♡8 ♣A
♠K ♣9 ♠0 ♣3
```

Not: Deste karıştırmak için daha etkin bir yöntemi çözüm programında açıklıyorum.

Çözümler: Sayfa 722

1. http://dlang.org/phobos/std_random.html

48 Parametre Serbestliği

Bu bölümde İşlev Parametreleri bölümünde (sayfa 169) anlatılanlarla doğrudan ilgili olan ve işlev çağırma konusunda bazı serbestlikler sağlayan iki olanağı göstereceğim:

- Varsayılan parametre değerleri
- Belirsiz sayıda parametreler

48.1 Varsayılan parametre değerleri

İşlevlerle ilgili bir kolaylık, parametrelere varsayılan değerler atanabilmesidir. Bu, yapı üyelerinin varsayılan değerlerinin belirlenebilmesine benzer.

Bazı işlevlerin bazı parametreleri çoğu durumda hep aynı değerle çağrılıyor olabilirler. Örnek olarak, bir eşleme tablosunu çıkışa yazdıran bir işlev düşünelim. Yazdırdığı eşleme tablosunun hem indeks türü hem de değer türü `string` olsun. Bu işlev, çıktıda kullanacağı ayraç karakterlerini de parametre olarak alacak şekilde esnek tasarlanmış olsun:

```
import std.algorithm;

// ...

void tabloYazdır(string başlık,
                 string[string] tablo,
                 string indeksAyracı,
                 string elemanAyracı) {
    writeln("-- ", başlık, " --");

    auto indeksler = sort(tablo.keys);

    // İlk elemandan önce eleman ayracı olmamalı
    if (indeksler.length != 0) {
        auto indeks = indeksler[0];
        write(indeks, indeksAyracı, tablo[indeks]);
        indeksler = indeksler[1..$];    // İlk elemanı çıkart
    }

    // Diğer elemanlardan önce eleman ayracı yazdırılmalı
    foreach (indeks; indeksler) {
        write(elemanAyracı);
        write(indeks, indeksAyracı, tablo[indeks]);
    }

    writeln();
}
```

O işlev, indekslerle değerler arasına `":"`, elemanlar arasına da `", "` gelecek şekilde şöyle çağrılabilir:

```
void main() {
    string[string] sözlük = [
        "mavi":"blue", "kırmızı":"red", "gri":"gray" ];

    tabloYazdır("Renk Sözlüğü", sözlük, ":", ", ");
}
```

Çıktısı:

```
-- Renk Sözlüğü --
gri:gray, kırmızı:red, mavi:blue
```

Aynı programda başka tabloların da yazdırıldıklarını, ve çoğu durumda hep aynı ayraçların kullanıldıklarını varsayalım. Yalnızca bazı özel durumlarda farklı ayraçlar kullanılıyor olsun.

Parametre değerlerinin çoğunlukla aynı değeri aldıkları durumlarda, o değerler *varsayılan değer* olarak belirtilebilirler:

```
void tabloYazdır(string başlık,
                 string[string] tablo,
                 string indeksAyracı = ":",
                 string elemanAyracı = ", ") {
    // ...
}
```

Varsayılan değerleri olan parametreler işlev çağrısı sırasında belirtilmeyebilirler:

```
    tabloYazdır("Renk Sözlüğü",
                sözlük); /* ← ayraçlar belirtilmemiş;
                          *   varsayılan değerlerini alırlar */
```

O durumda, belirtilmeyen parametrelerin varsayılan değerleri kullanılır.

Normalin dışında değer kullanılacağı durumlarda işlev çağrılırken o parametreler için yine de özel değerler verilebilir. Gerekiyorsa yalnızca ilki:

```
    tabloYazdır("Renk Sözlüğü", sözlük, "=");
```

Çıktısı:

```
-- Renk Sözlüğü --
gri=gray, kırmızı=red, mavi=blue
```

Veya gerekiyorsa her ikisi birden:

```
    tabloYazdır("Renk Sözlüğü", sözlük, "=", "\n");
```

Çıktısı:

```
-- Renk Sözlüğü --
gri=gray
kırmızı=red
mavi=blue
```

Varsayılan değerler yalnızca parametre listesinin son tarafındaki parametreler için belirtilebilir. Baştaki veya aradaki parametrelerin varsayılan değerleri belirtilemez.

Özel anahtar sözcüklerin varsayılan değer olarak kullanılmaları

Aşağıdaki anahtar sözcükler kodda geçtikleri yeri gösteren hazır değerler olarak işlem görürler:

- `__MODULE__`: Modülün ismi `string` türünde
- `__FILE__`: Kaynak dosyanın ismi `string` türünde
- `__FILE_FULL_PATH__`: Kaynak dosyanın ismi dosya yoluyla birlikte `string` türünde
- `__LINE__`: Satırın numarası `int` türünde
- `__FUNCTION__`: İşlevin ismi `string` türünde
- `__PRETTY_FUNCTION__`: İşlevin tam bildirimi `string` türünde

Kodun başka noktalarında da kullanışlı olsalar da varsayılan parametre değeri olarak kullanıldıklarında etkileri farklıdır. Normal kod içinde geçtiklerinde değerleri bulundukları yerle ilgilidir:

```
import std.stdio;

void işlev(int parametre) {
```

```
    writefln("%s dosyasının %s numaralı satırında, %s " ~
             "işlevi içindeyiz.",
             __FILE__, __LINE__, __FUNCTION__);    // ← satır 6
}

void main() {
    işlev(42);
}
```

Bildirilen 6 numaralı satır işlevin kendi kodlarına işaret eder:

```
deneme.d dosyasının 6 numaralı satırında, deneme.işlev
işlevi içindeyiz.
```

Ancak, bazı durumlarda işlevin hangi satırda tanımlandığı değil, hangi satırdan çağrıldığı bilgisi daha önemlidir. Bu özel anahtar sözcükler varsayılan parametre değeri olarak kullanıldıklarında kendi bulundukları satırla değil, işlevin çağrıldığı satırla ilgili bilgi verirler:

```
import std.stdio;

void işlev(int parametre,
           string işlevİsmi = __FUNCTION__,
           string dosya = __FILE__,
           int satır = __LINE__) {
    writefln("%s dosyasının %s numaralı satırındaki %s " ~
             "işlevi tarafından çağrılıyor.",
             dosya, satır, işlevİsmi);
}

void main() {
    işlev(42);    // ← satır 13
}
```

Bu sefer özel anahtar sözcüklerin değerleri işlevin çağrıldığı `main()` işlevine işaret eder:

```
deneme.d dosyasının 13 numaralı satırındaki deneme.main
işlevi tarafından çağrılıyor.
```

Yukarıdakilere ek olarak aşağıdaki özel değişkenler de kullanılan derleyiciye ve derleme saatine göre değerler alırlar:

- `__DATE__`: Derleme günü `string` türünde
- `__TIME__`: Derleme saati `string` türünde
- `__TIMESTAMP__`: Derleme günü ve saati `string` türünde
- `__VENDOR__`: Derleyici `string` türünde (örneğin, `"Digital Mars D"`)
- `__VERSION__`: Derleyici sürümü `long` türünde (örneğin, 2.081 sürümü için `2081L` değeri)

48.2 Belirsiz sayıda parametreler

Varsayılan parametre değerleri, işlevin aslında kaç tane parametre aldığını değiştirmez. Örneğin yukarıdaki `tabloYazdır` işlevi her zaman için dört adet parametre alır; ve işini yaparken o dört parametreyi kullanır.

D'nin başka bir olanağı, işlevleri belirsiz sayıda parametre ile çağırabilmemizi sağlar. Bu olanağı aslında daha önce de çok kere kullandık. Örneğin `writeln`'i hiçbir kısıtlamayla karşılaşmadan sınırsız sayıda parametre ile çağırabiliyorduk:

```
    writeln(
        "merhaba", 7, "dünya", 9.8 /*, ve istediğimiz kadar
                                    * daha parametre */);
```

D'de belirsiz sayıda parametre kullanmanın dört yolu vardır:

- `extern(C)` olarak işaretlenmiş olan işlevler ve `_argptr` gizli parametresini kullanan düzenek. Güvensiz olan bu olanağı bu kitapta anlatmayacağım.
- Normal D işlevleri için `_argptr` ve `TypeInfo[]` türündeki `_arguments` gizli parametrelerini kullanan düzenek. `writeln` gibi işlevler bu düzeneği kullanır. Hem henüz öğrenmediğimiz *göstergeleri* kullandığı için, hem de aynı nedenden ötürü güvensiz olabilen bu olanağı da bu kitapta anlatmayacağım.
- Belirsiz sayıdaki parametrelerin hep aynı türden olmalarını gerektiren ama bunun yanında güvenli olan D olanağı. Aşağıda bu düzeneği anlatıyorum.
- Belirsiz sayıda şablon parametresi. Bu olanağı daha sonra Şablonlar bölümünde (sayfa 401) göreceğiz.

D, belirsiz sayıdaki parametreleri o tür işlevlere bir dizi halinde sunar. Belirsiz sayıda parametre alacak olan işlevin parametresi olarak bir dizi belirtilir ve hemen arkasından `...` karakterleri yazılır:

```
double topla(double[] sayılar...) {
    double sonuç = 0.0;

    foreach (sayı; sayılar) {
        sonuç += sayı;
    }

    return sonuç;
}
```

O şekilde tanımlanan `topla`, belirsiz sayıda parametre alan bir işlev haline gelmiş olur. Onu istediğimiz sayıda `double` ile çağırabiliriz:

```
    writeln(topla(1.1, 2.2, 3.3));
```

Bütün parametre değerleri tek dilim olarak da verilebilirler:

```
    writeln(sum([ 1.1, 2.2, 3.3 ]));     // üsttekinin eşdeğeri
```

Parametre listesindeki dizi ve ondan sonra gelen `...` karakterleri işlevin çağrıldığı sırada kullanılan parametreleri temsil ederler. `topla` işlevi örneğin beş `double` parametre ile çağrıldığında, `topla`'nın `sayılar` parametresi o beş sayıyı içerir.

Böyle işlevlerin şart koştukları parametreler de bulunabilir. Örneğin, belirsiz sayıdaki sözcüğü parantezler arasında yazdıran bir işlev düşünelim. Bu işlev, her ne kadar sözcük sayısını serbest bıraksa da, ne tür parantezler kullanılacağının belirtilmesini şart koşsun.

Kesinlikle belirtilmesi gereken parametreler parametre listesinde baş tarafa yazılırlar. Belirsiz sayıdaki parametreyi temsil eden dizi ise en sona yazılır:

```
char[] parantezle(
        string açma,     // ← işlev çağrılırken belirtilmelidir
        string kapama,   // ← işlev çağrılırken belirtilmelidir
        string[] sözcükler...) {    // ← hiç belirtilmeyebilir
    char[] sonuç;

    foreach (sözcük; sözcükler) {
        sonuç ~= açma;
        sonuç ~= sözcük;
        sonuç ~= kapama;
    }
```

```
    return sonuç;
}
```

O işlevi çağırırken ilk iki parametre mutlaka belirtilmelidir:

```
    parantezle("{");        // ← derleme HATASI
```

Kesinlikle belirtilmeleri gereken baştaki parametreler verildiği sürece, geri kalan parametreler konusunda serbestlik vardır. Buna uygun olarak açma ve kapama parantezlerini kullanan bir örnek:

```
    writeln(parantezle("{", "}", "elma", "armut", "muz"));
```

Çıktısı:

```
{elma}{armut}{muz}
```

Parametre dizisinin ömrü kısadır

Belirsiz sayıdaki parametrelerin sunulduğu dilim, ömrü kısa olan geçici bir dizinin elemanlarını gösterir. Bu elemanlar yalnızca işlevin işleyişi sırasında kullanmalıdır. Ömürleri kısa olduğundan, işlevin böyle bir dilimi daha sonradan kullanmak üzere saklaması hatalıdır:

```
int[] sonraKullanmakÜzereSayılar;

void foo(int[] sayılar...) {
    sonraKullanmakÜzereSayılar = sayılar;      // ← HATALI
}

struct S {
    string[] sonraKullanmakÜzereİsimler;

    void foo(string[] isimler...) {
        sonraKullanmakÜzereİsimler = isimler;      // ← HATALI
    }
}

void bar() {
    foo(1, 10, 100);   /* Geçici [ 1, 10, 100 ] dizisi bu
                        * noktadan sonra geçerli değildir. */

    auto s = S();
    s.foo("merhaba", "dünya");/* Geçici [ "merhaba", "dünya" ]
                               * dizisi bu noktadan sonra
                               * geçerli değildir. */

    // ...
}

void main() {
    bar();
}
```

Program yığıtında yaşayan geçici dizilerin elemanlarına erişim sağlayan dilimler sakladıklarından hem serbest işlev `foo()` hem de üye işlev `S.foo()` hatalıdır. Belirsiz sayıda parametre alan işlev çağrılırken otomatik olarak oluşturulan diziler yalnızca o işlevin işleyişi sırasında geçerlidirler.

Bu yüzden, parametreleri gösteren bir dilimi sonradan kullanmak üzere saklamak isteyen bir işlevin dilim elemanlarının kopyalarını alması gerekir:

```
void foo(int[] sayılar...) {
    sonraKullanmakÜzereSayılar = sayılar.dup;      // ← doğru
}

// ...
```

```
    void foo(string[] isimler...) {
        sonraKullanmakÜzereİsimler = isimler.dup;     // ← doğru
    }
```

Ancak, böyle işlevler normal dizi dilimleriyle de çağrılabildiklerinden, normal dilimlerin elemanlarının kopyalanmaları gereksizce masraflı olacaktır.

Hem doğru hem de hızlı olan bir çözüm, birisi belirsiz sayıda parametre, diğeri ise normal dilim alan aynı isimde iki işlev tanımlamaktır. İşlev belirsiz sayıda parametre ile çağrıldığında birisi, normal dilimle çağrıldığında diğeri işletilir:

```
int[] sonraKullanmakÜzereSayılar;

void foo(int[] sayılar...) {
    /* Bu, belirsiz sayıda parametre alan foo() işlevi
     * olduğundan, kendilerini gösteren dilim saklamadan önce
     * elemanların kopyalarını almak gerekir. */
    sonraKullanmakÜzereSayılar = sayılar.dup;
}

void foo(int[] sayılar) {
    /* Bu, normal dilim alan foo() işlevi olduğundan, dilimi
     * olduğu gibi saklayabiliriz. */
    sonraKullanmakÜzereSayılar = sayılar;
}

struct S {
    string[] sonraKullanmakÜzereİsimler;

    void foo(string[] isimler...) {
        /* Bu, belirsiz sayıda parametre alan S.foo() işlevi
         * olduğundan, kendilerini gösteren dilim saklamadan
         * önce elemanların kopyalarını almak gerekir. */
        sonraKullanmakÜzereİsimler = isimler.dup;
    }

    void foo(string[] isimler) {
        /* Bu, normal dilim alan S.foo() işlevi olduğundan,
         * dilimi olduğu gibi saklayabiliriz. */
        sonraKullanmakÜzereİsimler = isimler;
    }
}

void bar() {
    /* Bu çağrı, belirsiz sayıda parametre alan işleve
     * yönlendirilir. */
    foo(1, 10, 100);

    /* Bu çağrı, normal dilim alan işleve yönlendirilir. */
    foo([ 2, 20, 200 ]);

    auto s = S();

    /* Bu çağrı, belirsiz sayıda parametre alan işleve
     * yönlendirilir. */
    s.foo("merhaba", "dünya");

    /* Bu çağrı, normal dilim alan işleve yönlendirilir. */
    s.foo([ "selam", "ay" ]);

    // ...
}

void main() {
    bar();
}
```

Aynı isimde ama farklı parametreli işlevler tanımlamaya *işlev yükleme* denir. İşlev yüklemeyi bir sonraki bölümde göreceğiz.

48.3 Problem

Daha önce gördüğümüz aşağıdaki enum türünün tanımlı olduğunu varsayın:

```
enum İşlem { toplama, çıkarma, çarpma, bölme }
```

O işlem çeşidini ve işlemde kullanılacak iki kesirli sayıyı içeren bir de yapı olsun:

```
struct Hesap {
    İşlem işlem;
    double birinci;
    double ikinci;
}
```

Örneğin `Hesap(İşlem.bölme, 7.7, 8.8)` nesnesi, 7.7'nin 8.8'e bölüneceği anlamına gelsin.

Bu yapı nesnelerinden belirsiz sayıda parametre alan, her birisini teker teker hesaplayan, ve bütün sonuçları bir `double` dizisi olarak döndüren `hesapla` isminde bir işlev yazın.

Bu işlev örneğin şöyle çağrılabilsin:

```
void main() {
    writeln(hesapla(Hesap(İşlem.toplama, 1.1, 2.2),
                    Hesap(İşlem.çıkarma, 3.3, 4.4),
                    Hesap(İşlem.çarpma, 5.5, 6.6),
                    Hesap(İşlem.bölme, 7.7, 8.8)));
}
```

Yukarıdaki gibi kullanıldığında, `hesapla`'nın işlem sonuçlarını yerleştirdiği dizi `writeln` tarafından çıktıya şöyle yazdırılacaktır:

```
[3.3, -1.1, 36.3, 0.875]
```

Çözüm: Sayfa 725

49 İşlev Yükleme

Aynı isimde birden fazla işlev tanımlamaya *işlev yükleme* denir. İsimleri aynı olan bu işlevlerin ayırt edilebilmeleri için parametrelerinin birbirlerinden farklı olmaları gerekir.

Bu kullanımda "yükleme" sözcüğünün "aynı isme yeni görev yükleme" anlamına geldiğini düşünebilirsiniz.

Aşağıda aynı isimde ama parametreleri farklı işlevler görüyorsunuz:

```
import std.stdio;

void bilgiVer(double sayı) {
    writeln("Kesirli sayı: ", sayı);
}

void bilgiVer(int sayı) {
    writeln("Tamsayı      : ", sayı);
}

void bilgiVer(string dizgi) {
    writeln("Dizgi        : ", dizgi);
}

void main() {
    bilgiVer(1.2);
    bilgiVer(3);
    bilgiVer("merhaba");
}
```

İşlevlerin hepsinin de ismi `bilgiVer` olduğu halde, derleyici parametrenin türüne uygun olan işlevi seçer ve onun çağrılmasını sağlar. Örneğin `1.2` hazır değerinin türü `double` olduğu için, onun kullanıldığı durumda o işlevler arasından `double` parametre alanı çağrılır.

Hangi işlevin çağrılacağı *derleme zamanında* seçilir. Bu seçim her zaman kolay veya açık olmayabilir. Örneğin şu kodda kullanılan `int` değer hem `real` hem de `double` türüne uyduğu için derleyici hangisini seçeceğine karar veremez:

```
real yediKatı(real değer) {
    return 7 * değer;
}

double yediKatı(double değer) {
    return 7 * değer;
}

void main() {
    int sayı = 5;
    auto sonuç = yediKatı(sayı);     // ← derleme HATASI
}
```

Not: Normalde aynı işi yapan böyle iki işlevin yazılması gereksizdir. Tek işlev tanımının nasıl birden fazla tür için kullanılabileceğini daha sonra Şablonlar bölümünde (sayfa 401) göreceğiz.

Öte yandan, bu işlevlerin `long` türünde parametre alan bir üçüncüsü tanımlansa derleme hatası ortadan kalkar çünkü yüklenen işlev seçimi konusunda `int` değerler `long` türüne kesirli türlerden *daha uyumludurlar*:

```
long yediKatı(long değer) {
    return 7 * değer;
}

// ...
```

```
    auto sonuç = yediKatı(sayı);      // şimdi derlenir
```

49.1 Parametre uyum kuralları

Aynı isimde birden fazla işlev bulunması, derleyicinin bir seçim yapmasını gerektirir. Yüklenen işlevler arasından, kullanılan parametrelere *daha çok uyan* işlev seçilir.

Bu seçim çoğu durumda kolay ve *beklendiği gibi* olur; ama hangi işlevin daha çok uyduğu konusu bazen çok karışıktır. Bu yüzden uyum kuralları geliştirilmiştir.

Parametreler için uyum konusunda dört durum vardır:

- uyumsuzluk
- otomatik tür dönüşümü yoluyla uyum
- `const`'a dönüştürerek uyum
- tam uyum

Derleyici, yüklenmiş olan işlevlerden hangisini çağıracağına karar vermek için işlevleri gözden geçirir. Her işlevin parametrelerine teker teker bakar ve her parametrenin yukarıdaki dört uyum durumundan hangisinde olduğunu belirler. Bütün parametreler içindeki en az uyum, bu işlevin de uyumu olarak kabul edilir.

Bu şekilde bütün işlevlerin uyum durumları belirlendikten sonra; eğer varsa, en çok uyan işlev seçilir.

Eğer birden fazla işlev aynı derecede uymuşsa, onlardan hangisinin seçileceğine daha da karışık başka kurallar yoluyla karar verilir.

Ben burada bu kuralların daha derinine inmeyeceğim; çünkü eğer bu kadar karışık kurallarla yüz yüze kalmışsanız, aslında programınızın tasarımında değişiklik yapma zamanı gelmiş demektir. Belki de işlev şablonlarını kullanmak daha doğru olacaktır. Hatta belki de aynı isimde işlev tanımlamak yerine, daha açıklayıcı isimler kullanarak hangisini çağırmak istediğinizi açıkça belirtmek bütün karışıklığı ortadan kaldıracaktır: `yediKatı_real` ve `yediKatı_double` gibi...

49.2 Yapılar için işlev yükleme

İşlev yükleme, yapılarda ve sınıflarda çok yararlıdır; üstelik o türlerde işlev seçimi konusunda uyum sorunları da çok daha azdır. Yukarıdaki `bilgiVer` işlevini Yapılar bölümünde (sayfa 248) kullandığımız bazı türler için yükleyelim:

```
struct GününSaati {
    int saat;
    int dakika;
}

void bilgiVer(GününSaati zaman) {
    writef("%02s:%02s", zaman.saat, zaman.dakika);
}
```

O tanım sayesinde artık `GününSaati` nesnelerini de `bilgiVer` işlevine gönderebiliriz. Böylece programımızda her tür nesneyi aynı isimle yazdırabileceğimiz alışılmış bir yöntemimiz olur:

```
    auto kahvaltıZamanı = GününSaati(7, 0);
    bilgiVer(kahvaltıZamanı);
```

Temel türlerde olduğu gibi, artık `GününSaati` nesneleri de kendilerine özgü çıktı düzenleri ile yazdırılmış olurlar:

```
07:00
```

`bilgiVer` işlevini yapılar bölümünde değinilen `Toplantı` yapısı için de yükleyelim:

```
struct Toplantı {
    string     konu;
    int        katılımcıSayısı;
    GününSaati başlangıç;
    GününSaati bitiş;
}

void bilgiVer(Toplantı toplantı) {
    bilgiVer(toplantı.başlangıç);
    write('-');
    bilgiVer(toplantı.bitiş);

    writef(" \"%s\" toplantısı (%s katılımcı)",
           toplantı.konu,
           toplantı.katılımcıSayısı);
}
```

Gördüğünüz gibi; `bilgiVer`'in `GününSaati` için yüklenmiş olanı, `Toplantı`'yı yazdıran işlev tarafından kullanılmaktadır. Artık `Toplantı` nesnelerini de alıştığımız isimdeki işlevle yazdırabiliriz:

```
    auto geziToplantısı =
        Toplantı("Bisikletle gezilecek yerler", 3,
                 GününSaati(9, 0), GününSaati(9, 10));
    bilgiVer(geziToplantısı);
```

Çıktısı:

```
09:00-09:10 "Bisikletle gezilecek yerler" toplantısı (3 katılımcı)
```

49.3 Eksiklikler

Yukarıdaki `bilgiVer` işlevi her ne kadar kullanım kolaylığı getirse de, bu yöntemin bazı eksiklikleri vardır:

- `bilgiVer` işlevi yalnızca `stdout`'a yazdığı için fazla kullanışlı değildir. Oysa örneğin `File` türünden bir dosyaya da yazabiliyor olsa, kullanışlılığı artardı. Bunu sağlamanın yolu, çıktının yazdırılacağı akımı da işleve bir parametre olarak vermektir:

  ```
  void bilgiVer(File akım, GününSaati zaman) {
      akım.writef("%02s:%02s", zaman.saat, zaman.dakika);
  }
  ```

  O sayede `GününSaati` nesnelerini istersek `stdout`'a, istersek de bir dosyaya yazdırabiliriz:

  ```
      bilgiVer(stdout, kahvaltıZamanı);

      auto dosya = File("bir_dosya", "w");
      bilgiVer(dosya, kahvaltıZamanı);
  ```

  Not: `stdin`, `stdout`, ve `stderr` nesnelerinin türleri de aslında `File`'dır.

- Daha önemlisi, `bilgiVer` gibi bir işlev, yapı nesnelerini temel türler kadar rahatça kullanabilmemiz için yeterli değildir. Temel türlerden alışık olduğumuz rahatlık yoktur:

```
writeln(kahvaltıZamanı);  // Kullanışsız: Genel düzende yazar
```

O kod çalıştırıldığında `GününSaati` türünün ismi ve üyelerinin değerleri programa uygun biçimde değil, genel bir düzende yazdırılır:

```
GününSaati(7, 0)
```

Bunun yerine, yapı nesnesinin değerini örneğin `"12:34"` biçiminde bir `string`'e dönüştürebilen bir işlev olması çok daha yararlı olur. Yapı nesnelerinin de otomatik olarak `string`'e dönüştürülebileceklerini bundan sonraki bölümde göstereceğim.

49.4 Problem

`bilgiVer` işlevini şu iki yapı için de yükleyin:

```
struct Yemek {
    GününSaati zaman;
    string     adres;
}

struct GünlükPlan {
    Toplantı sabahToplantısı;
    Yemek    öğleYemeği;
    Toplantı akşamToplantısı;
}
```

`Yemek` yapısı yalnızca başlangıç zamanını barındırdığı için; onun bitiş zamanını başlangıç zamanından bir buçuk saat sonrası olarak belirleyin. Bu işlem için yapılar bölümünde tanımladığımız `zamanEkle` işlevi yararlı olabilir:

```
GününSaati zamanEkle(GününSaati başlangıç,
                     GününSaati eklenecek) {
    GününSaati sonuç;

    sonuç.dakika = başlangıç.dakika + eklenecek.dakika;
    sonuç.saat = başlangıç.saat + eklenecek.saat;
    sonuç.saat += sonuç.dakika / 60;

    sonuç.dakika %= 60;
    sonuç.saat %= 24;

    return sonuç;
}
```

Yemek bitiş zamanları o işlev yardımıyla hesaplanınca `GünlükPlan` nesneleri çıkışa şuna benzer şekilde yazdırılabilirler:

```
10:30-11:45 "Bisiklet gezisi" toplantısı (4 katılımcı)
12:30-14:00 Yemek, Yer: Taksim
15:30-17:30 "Bütçe" toplantısı (8 katılımcı)
```

Çözüm: Sayfa 726

50 Üye İşlevler

Bu bölümde her ne kadar yapıları kullanıyor olsak da buradaki bilgilerin çoğu daha sonra göreceğimiz sınıflar için de geçerlidir.

Bu bölümde yapıların ve sınıfların üye işlevlerini tanıyacağız, ve bunların içerisinden özel olarak, nesneleri `string` türüne dönüştürmede kullanılan `toString` üye işlevini göreceğiz.

Bir yapının tanımlandığı çoğu durumda, o yapıyı kullanan bir grup işlev de onunla birlikte tanımlanır. Bunun örneklerini önceki bölümlerde `zamanEkle` ve `bilgiVer` işlevlerinde gördük. O işlevler bir anlamda `GününSaati` yapısı ile birlikte *sunulan* ve o yapının *arayüzünü* oluşturan işlevlerdir.

Hatırlarsanız; `zamanEkle` ve `bilgiVer` işlevlerinin ilk parametresi, *üzerinde işlem yaptıkları* nesneyi belirliyordu. Şimdiye kadar tanımladığımız bütün diğer işlevler gibi, onlar da bağımsız olarak, tek başlarına, ve modül kapsamında tanımlanmışlardı.

Bir yapının arayüzünü oluşturan işlevler çok karşılaşılan bir kavram olduğu için; o işlevler yapının içinde, yapının üye işlevleri olarak da tanımlanabilirler.

50.1 Üye işlev

Bir yapının veya sınıfın küme parantezlerinin içinde tanımlanan işlevlere *üye işlev* denir:

```
struct BirYapı {
    void üye_işlev(/* parametreleri */) {
        // ... işlevin tanımı ...
    }

    // ... yapının üyeleri ve diğer işlevleri ...
}
```

Üye işlevlere yapının diğer üyelerinde olduğu gibi nesne isminden sonraki nokta karakteri ve ardından yazılan işlev ismi ile erişilir:

```
    nesne.üye_işlev(parametreleri);
```

Üye işlevleri aslında daha önce de kullandık; örneğin standart giriş ve çıkış işlemlerinde `stdin` ve `stdout` nesnelerini açıkça yazabiliyorduk:

```
    stdin.readf(" %s", &numara);
    stdout.writeln(numara);
```

O satırlardaki `readf` ve `writeln` üye işlevlerdir.

İlk örneğimiz olarak `GününSaati` yapısını yazdıran `bilgiVer` işlevini bir üye işlev olarak tanımlayalım. O işlevi daha önce serbest olarak şöyle tanımlamıştık:

```
void bilgiVer(GününSaati zaman) {
    writef("%02s:%02s", zaman.saat, zaman.dakika);
}
```

Üye işlev olarak yapının içinde tanımlanırken bazı değişiklikler gerekir:

```
struct GününSaati {
    int saat;
    int dakika;

    void bilgiVer() {
        writef("%02s:%02s", saat, dakika);
    }
}
```

Daha önce yapı dışında serbest olarak tanımlanmış olan `bilgiVer` işlevi ile bu üye işlev arasında iki fark vardır:

- Üye işlev yazdırdığı nesneyi parametre olarak almaz
- O yüzden üyelere `zaman.saat` ve `zaman.dakika` diye değil, `saat` ve `dakika` diye erişir

Bunun nedeni, üye işlevlerin zaten her zaman için bir nesne üzerinde çağrılıyor olmalarıdır:

```
auto zaman = GününSaati(10, 30);
zaman.bilgiVer();
```

Orada, `bilgiVer` işlevi `zaman` nesnesini yazdıracak şekilde çağrılmaktadır. Üye işlevin tanımı içinde noktasız olarak yazılan `saat` ve `dakika`, `zaman` nesnesinin üyeleridir; ve sırasıyla `zaman.saat` ve `zaman.dakika` üyelerini temsil ederler.

O üye işlev çağrısı, daha önceden serbest olarak yazılmış olan `bilgiVer`'in şu şekilde çağrıldığı durumla eşdeğerdir:

```
zaman.bilgiVer();     // üye işlev
bilgiVer(zaman);      // serbest işlev (önceki tanım)
```

Üye işlev her çağrıldığında, üzerinde çağrıldığı nesnenin üyelerine erişir:

```
auto sabah = GününSaati(10, 0);
auto akşam = GününSaati(22, 0);

sabah.bilgiVer();
write('-');
akşam.bilgiVer();
writeln();
```

`bilgiVer`, `sabah` üzerinde çağrıldığında `sabah`'ın değerini, `akşam` üzerinde çağrıldığında da `akşam`'ın değerini yazdırır:

```
10:00-22:00
```

Nesneyi `string` olarak ifade eden `toString`

Bir önceki bölümde `bilgiVer` işlevinin eksikliklerinden söz etmiştim. Rahatsız edici bir diğer eksikliğini burada göstermek istiyorum: Her ne kadar zamanı okunaklı bir düzende çıktıya gönderiyor olsa da, genel çıktı düzeni açısından `'-'` karakterini yazdırmayı ve satırın sonlandırılmasını kendimiz ayrıca halletmek zorunda kalıyoruz.

Oysa, nesnelerin diğer türler gibi kullanışlı olabilmeleri için örneğin şu şekilde yazabilmemiz çok yararlı olurdu:

```
writefln("%s-%s", sabah, akşam);
```

Öyle yazabilseydik; daha önceki 4 satırı böyle tek satıra indirgemiş olmanın yanında, nesneleri `stdout`'tan başka akımlara da, örneğin bir dosyaya da aynı şekilde yazdırabilirdik:

```
auto dosya = File("zaman_bilgisi", "w");
dosya.writefln("%s-%s", sabah, akşam);
```

Yapıların `toString` isimdeki üye işlevleri özeldir ve nesneleri `string` türüne dönüştürmek için kullanılır. Bunun doğru olarak çalışabilmesi için, ismi "string'e dönüştür"den gelen bu işlev o nesneyi ifade eden bir `string` döndürmelidir.

Bu işlevin içeriğini sonraya bırakalım, ve önce yapı içinde nasıl tanımlandığına bakalım:

```
import std.stdio;

struct GününSaati {
    int saat;
    int dakika;

    string toString() {
        return "deneme";
    }
}

void main() {
    auto sabah = GününSaati(10, 0);
    auto akşam = GününSaati(22, 0);

    writefln("%s-%s", sabah, akşam);
}
```

Nesneleri dizgi olarak kullanabilen kütüphane işlevleri onların `toString` işlevlerini çağırırlar ve döndürülen dizgiyi kendi amaçlarına uygun biçimde kullanırlar.

Bu örnekte henüz anlamlı bir dizgi üretmediğimiz için çıktı da şimdilik anlamsız oluyor:

```
deneme-deneme
```

Ayrıca `bilgiVer`'i artık emekliye ayırmakta olduğumuza da dikkat edin; `toString`'in tanımını tamamlayınca ona ihtiyacımız kalmayacak.

`toString` işlevini yazmanın en kolay yolu, `std.string` modülünde tanımlanmış olan `format` işlevini kullanmaktır. Bu işlev, çıktı düzeni için kullandığımız bütün olanaklara sahiptir ve örneğin `writef` ile aynı şekilde çalışır. Tek farkı, ürettiği sonucu bir akıma göndermek yerine, bir `string` olarak döndürmesidir.

`toString`'in de zaten bir `string` döndürmesi gerektiği için, `format`'ın döndürdüğü değeri olduğu gibi döndürebilir:

```
import std.string;
// ...
struct GününSaati {
// ...
    string toString() {
        return format("%02s:%02s", saat, dakika);
    }
}
```

`toString`'in yalnızca bu nesneyi `string`'e dönüştürdüğüne dikkat edin. Çıktının geri kalanı, `writefln` çağrısı tarafından halledilmektedir. `writefln`, `"%s"` düzen bilgilerine karşılık olarak `toString`'i otomatik olarak iki nesne için ayrı ayrı çağırır, aralarına `'-'` karakterini yerleştirir, ve en sonunda da satırı sonlandırır:

```
10:00-22:00
```

Görüldüğü gibi, burada anlatılan `toString` işlevi parametre almamaktadır. `toString`'in parametre olarak `delegate` alan bir tanımı daha vardır. O tanımını daha ilerideki İşlev Göstergeleri, İsimsiz İşlevler, ve Temsilciler bölümünde (sayfa 476) göreceğiz.

Örnek: ekle üye işlevi

Bu sefer de `GününSaati` nesnelerine zaman ekleyen bir üye işlev tanımlayalım.

Ama ona geçmeden önce, önceki bölümlerde yaptığımız bir yanlışı gidermek istiyorum. Yapılar bölümünde (sayfa 248) tanımladığımız `zamanEkle` işlevinin, `GününSaati` nesnelerini toplamasının normal bir işlem olmadığını görmüş, ama yine de o şekilde kullanmıştık:

```
GününSaati zamanEkle(GününSaati başlangıç,
                     GününSaati eklenecek) {    // anlamsız
    // ...
}
```

Gün içindeki iki zamanı birbirine eklemek doğal bir işlem değildir. Örneğin yola çıkma zamanına sinemaya varma zamanını ekleyemeyiz. Gün içindeki bir zamana eklenmesi normal olan, bir *süredir*. Örneğin yola çıkma zamanına *yol süresini* ekleyerek sinemaya varış zamanını buluruz.

Öte yandan, gün içindeki iki zamanın birbirlerinden çıkartılmaları normal bir işlem olarak görülebilir. O işlemin sonucu da örneğin `Süre` türünden olmalıdır.

Bu bakış açısı ile, dakika duyarlığıyla çalışan bir `Süre` yapısını ve onu kullanan `zamanEkle` işlevini şöyle yazabiliriz:

```
struct Süre {
    int dakika;
}

GününSaati zamanEkle(GününSaati başlangıç, Süre süre) {
    // başlangıç'ın kopyasıyla başlıyoruz
    GününSaati sonuç = başlangıç;

    // Süreyi ekliyoruz
    sonuç.dakika += süre.dakika;

    // Taşmaları ayarlıyoruz
    sonuç.saat += sonuç.dakika / 60;
    sonuç.dakika %= 60;
    sonuç.saat %= 24;

    return sonuç;
}

unittest {
    // Basit bir test
    assert(zamanEkle(GününSaati(10, 30), Süre(10))
           == GününSaati(10, 40));

    // Gece yarısı testi
    assert(zamanEkle(GününSaati(23, 9), Süre(51))
           == GününSaati(0, 0));

    // Sonraki güne taşma testi
    assert(zamanEkle(GününSaati(17, 45), Süre(8 * 60))
           == GününSaati(1, 45));
}
```

Şimdi aynı işlevi bir üye işlev olarak tanımlayalım. Üye işlev zaten bir nesne üzerinde çalışacağı için `GününSaati` parametresine gerek kalmaz ve parametre olarak yalnızca süreyi geçirmek yeter:

```
struct Süre {
    int dakika;
}

struct GününSaati {
    int saat;
    int dakika;

    string toString() {
        return format("%02s:%02s", saat, dakika);
```

```
    }

    void ekle(Süre süre) {
        dakika += süre.dakika;

        saat += dakika / 60;
        dakika %= 60;
        saat %= 24;
    }

    unittest {
        auto zaman = GününSaati(10, 30);

        // Basit bir test
        zaman.ekle(Süre(10));
        assert(zaman == GününSaati(10, 40));

        // 15 saat sonra bir sonraki güne taşmalı
        zaman.ekle(Süre(15 * 60));
        assert(zaman == GününSaati(1, 40));

        // 22 saat ve 20 dakika sonra gece yarısı olmalı
        zaman.ekle(Süre(22 * 60 + 20));
        assert(zaman == GününSaati(0, 0));
    }
}
```

`ekle`, nesnenin zamanını belirtilen süre kadar ilerletir. Daha sonraki bölümlerde göreceğimiz *işleç yükleme* olanağı sayesinde bu konuda biraz daha kolaylık kazanacağız. Örneğin += işlecini yükleyerek yapı nesnelerini de temel türler gibi kullanabileceğiz:

```
    zaman += Süre(10);        // bunu daha sonra öğreneceğiz
```

Ayrıca gördüğünüz gibi, üye işlevler için de `unittest` blokları yazılabilir. O blokların yapı tanımını kalabalıklaştırdığını düşünüyorsanız, bloğu bütünüyle yapının dışında da tanımlayabilirsiniz:

```
struct GününSaati {
    // ... yapı tanımı ...
}

unittest {
    // ... yapı testleri ...
}
```

Bunun nedeni, `unittest` bloklarının aslında belirli bir noktada tanımlanmalarının gerekmemesidir. Denetledikleri kodlarla bir arada bulunmaları daha doğal olsa da, onları uygun bulduğunuz başka yerlerde de tanımlayabilirsiniz.

50.2 Problemler

1. `GününSaati` yapısına nesnelerin değerini `Süre` kadar azaltan bir üye işlev ekleyin. `ekle` işlevinde olduğu gibi, süre azaltıldığında bir önceki güne taşsın. Örneğin 00:05'ten 10 dakika azaltınca 23:55 olsun.

   Başka bir deyişle, `azalt` işlevini şu birim testlerini geçecek biçimde gerçekleştirin:

```
struct GününSaati {
    // ...

    void azalt(Süre süre) {
        // ... burasını siz yazın ...
    }
```

```
    unittest {
        auto zaman = GününSaati(10, 30);

        // Basit bir test
        zaman.azalt(Süre(12));
        assert(zaman == GününSaati(10, 18));

        // 3 gün ve 11 saat önce
        zaman.azalt(Süre(3 * 24 * 60 + 11 * 60));
        assert(zaman == GününSaati(23, 18));

        // 23 saat ve 18 dakika önce gece yarısı olmalı
        zaman.azalt(Süre(23 * 60 + 18));
        assert(zaman == GününSaati(0, 0));

        // 1 dakika öncesi
        zaman.azalt(Süre(1));
        assert(zaman == GününSaati(23, 59));
    }
}
```

2. Daha önce İşlev Yükleme bölümünün çözümünde (sayfa 726) kullanılan diğer bütün `bilgiVer` işlevlerinin yerine `Toplantı`, `Yemek`, ve `GünlükPlan` yapıları için `toString` üye işlevlerini tanımlayın.

   Çok daha kullanışlı olmalarının yanında, her birisinin tek satırda yazılabildiğini göreceksiniz.

Çözümler: Sayfa 728

51 const ref Parametreler ve const Üye İşlevler

Bu bölümde üye işlevlerin `immutable` nesnelerle de kullanılabilmeleri için nasıl `const` olarak işaretlenmeleri gerektiğini göreceğiz. Bu bölümde her ne kadar yalnızca yapıları kullanıyor olsak da `const` üye işlevler sınıflar için de aynen geçerlidir.

51.1 immutable nesneler

Şimdiye kadarki bazı örneklerde `immutable` değişkenler ve nesneler tanımlamış ve `immutable` anahtar sözcüğünün nesnelerin değiştirilemez olmalarını sağladığını görmüştük:

```
    immutable okumaSaati = GününSaati(15, 0);
```

`okumaSaati` değiştirilemez:

```
    okumaSaati = GününSaati(16, 0);      // ← derleme HATASI
    okumaSaati.dakika += 10;             // ← derleme HATASI
```

Derleyici `immutable` nesneye yeni bir değer atanmasına veya bir üyesinin değiştirilmesine izin vermez. Zaten `immutable` olarak işaretlemenin amacı da budur: Bazı nesnelerin değerlerinin değişmemesi program doğruluğu açısından önemli olabilir.

51.2 const olmayan ref parametreler

Bu kavramı daha önce İşlev Parametreleri bölümünde (sayfa 169) görmüştük. `ref` parametrelerin işlev içinde değiştirilmemeleri yönünde bir kısıtlama yoktur. `ref` bir parametresini değiştirmiyor bile olsa, bunun garantisini vermediği için böyle bir işleve `immutable` nesne gönderilemez:

```
// süre'yi değiştirmediği halde const olarak işaretlenmemiş
int toplamSaniye(ref Süre süre) {
    return 60 * süre.dakika;
}
// ...
    immutable ısınmaSüresi = Süre(3);
    toplamSaniye(ısınmaSüresi);          // ← derleme HATASI
```

Derleyici `immutable` olan `ısınmaSüresi` nesnesinin `toplamSaniye` işlevine gönderilmesine izin vermez, çünkü `toplamSaniye` işlevi parametresinde değişiklik yapmayacağı garantisini vermemektedir.

51.3 const ref parametreler

`const ref` olarak işaretlenen bir parametre, *o işlev içinde değiştirilmeyecek* demektir:

```
int toplamSaniye(const ref Süre süre) {
    return 60 * süre.dakika;
}
// ...
    immutable ısınmaSüresi = Süre(3);
    toplamSaniye(ısınmaSüresi);          // ← şimdi derlenir
```

Parametresini `const` olarak işaretleyen işlev *o parametrede değişiklik yapmayacağı* garantisini vermiş olduğu için işleve `immutable` değişkenler de gönderilebilir.

Derleyici `const` parametrenin değiştirilmesine izin vermez:

```
int toplamSaniye(const ref Süre süre) {
    süre.dakika = 7;          // ← derleme HATASI
// ...
}
```

`const ref` yerine `in ref` de kullanılabilir. İlerideki bir bölümde (sayfa 169) göreceğimiz gibi, in parametrenin yalnızca giriş bilgisi olarak kullanıldığını ve bu yüzden değiştirilemeyeceğini bildirir:

```
int toplamSaniye(in ref Süre süre) {
    // ...
}
```

51.4 const olmayan üye işlevler

Nesneleri değiştirmenin başka bir yolu üye işlevlerdir. Bunu daha önce `GününSaati.ekle` işlevinde görmüştük. O üye işlev, üzerinde çağrıldığı nesneyi ona bir `Süre` ekleyerek değiştiriyordu:

```
struct GününSaati {
// ...
    void ekle(Süre süre) {
        dakika += süre.dakika;

        saat += dakika / 60;
        dakika %= 60;
        saat %= 24;
    }
// ...
}
// ...
    auto başlangıç = GününSaati(5, 30);
    başlangıç.ekle(Süre(30));          // başlangıç değişir
```

51.5 const üye işlevler

Bazı üye işlevler ise üzerinde çağrıldıkları nesnede değişiklik yapmazlar:

```
struct GününSaati {
// ...
    string toString() {
        return format("%02s:%02s", saat, dakika);
    }
// ...
}
```

`toString`'in tek işi nesneyi `string` olarak ifade etmektir ve zaten o kadar olmalıdır; nesnenin kendisini değiştirmez.

Üye işlevlerin nesnede bir değişiklik yapmayacakları garantisi parametre listesinden sonra yazılan `const` sözcüğü ile verilir:

```
struct GününSaati {
// ...
    string toString() const {
        return format("%02s:%02s", saat, dakika);
    }
}
```

O `const`, nesnenin o işlev içinde değiştirilmeyeceği anlamına gelir.

Böylece `toString` üye işlevi `immutable` nesneler üzerinde de çağrılabilir. Aksi halde nesnenin değiştirilmeyeceğinin garantisi bulunmadığından, `immutable` nesneler üzerinde çağrılamama gibi yapay bir kısıtlamayla karşı karşıya kalınırdı:

```
struct GününSaati {
// ...
    // const olarak işaretlenmemiş (yanlış tasarım)
    string toString() {
        return format("%02s:%02s", saat, dakika);
    }
}
// ...
    immutable başlangıç = GününSaati(5, 30);
    writeln(başlangıç);      // GününSaati.toString() çağrılmaz!
```

Çıktısı beklenendiği gibi `05:30` değil, derleyicinin çağırdığı genel bir işlevin çıktısıdır:

```
immutable(GününSaati)(5, 30)
```

`toString` `immutable` bir nesne üzerinde açıkça çağrıldığında ise bir derleme hatası oluşur:

```
    auto dizgiOlarak = başlangıç.toString(); // ← derleme HATASI
```

Bu açıdan bakıldığında şimdiye kadarki bölümlerde gördüğümüz `toString` üye işlevleri yanlış tasarlanmışlardır; aslında onların da `const` olarak işaretlenmeleri gerekirdi.

Not: İşlevin nesnede değişiklik yapmayacağını garanti eden `const` anahtar sözcüğü aslında işlevin tanımından önce de yazılabilir:

```
    // üsttekiyle aynı anlamda
    const string toString() {
        return format("%02s:%02s", saat, dakika);
    }
```

Öyle yazıldığında dönüş türüne aitmiş gibi yanlış bir anlam verebildiği için `const` anahtar sözcüğünü bu biçimde değil, daha yukarıda gösterildiği gibi parametre listesinden sonra yazmanızı öneririm.

51.6 inout üye işlevler

İşlev Parametreleri bölümünde (sayfa 169) gördüğümüz gibi, `inout` parametrenin değişmezlik bilgisini işlevin çıkış türüne aktarır.

Benzer biçimde, `inout` olarak tanımlanmış olan bir üye işlev de *nesnenin* değişmezlik bilgisini işlevin çıkış türüne aktarır:

```
import std.stdio;

struct Topluluk {
    int[] elemanlar;

    inout(int)[] başTarafı(size_t n) inout {
        return elemanlar[0 .. n];
    }
}

void main() {
    {
        // immutable bir Topluluk nesnesi
        auto topluluk = immutable(Topluluk)([ 1, 2, 3 ]);
        auto dilim = topluluk.başTarafı(2);
        writeln(typeof(dilim).stringof);
    }
    {
        // const bir Topluluk nesnesi
        auto topluluk = const(Topluluk)([ 1, 2, 3 ]);
        auto dilim = topluluk.başTarafı(2);
        writeln(typeof(dilim).stringof);
    }
```

```
    {
        // Değişebilen bir Topluluk nesnesi
        auto topluluk = Topluluk([ 1, 2, 3 ]);
        auto dilim = topluluk.başTarafı(2);
        writeln(typeof(dilim).stringof);
    }
}
```

Farklı değişmezliğe sahip üç nesnenin döndürdüğü üç dilim o nesnelerin değişmezliklerine sahiptir:

```
immutable(int)[]
const(int)[]
int[]
```

`const` ve `immutable` nesneler üzerinde de çağrılabilmeleri gerektiğinden `inout` üye işlevler derleyici tarafından `const` olarak derlenirler.

51.7 Ne zaman kullanmalı

- İşlev içinde değiştirilmeyecek olan parametreleri `const` olarak işaretleyin. Böylece o işlevlere `immutable` değişkenler de gönderilebilir.
- `toString` gibi nesnede değişiklik yapmayan üye işlevleri her zaman için `const` olarak işaretleyin:

```
struct GününSaati {
// ...
    string toString() const {
        return format("%02s:%02s", saat, dakika);
    }
}
```

Böylece yapının ve sınıfın kullanışlılığı gereksizce kısıtlanmamış olur. Bundan sonraki bölümlerdeki kodları buna uygun olarak tasarlayacağız.

52 Kurucu ve Diğer Özel İşlevler

Her ne kadar bu bölümde yalnızca yapıları kullanıyor olsak da bu temel işlemler daha sonra göreceğimiz sınıflar için de geçerlidir. Sınıflardaki farklılıklarını daha sonraki bölümlerde göstereceğim.

Yapıların üye işlevleri arasından dört tanesi nesnelerin temel işlemlerini belirledikleri için ayrıca önemlidir:

- Kurucu işlev `this`
- Sonlandırıcı işlev `~this`
- Kopyalayıcı işlev `this(ref const(S))`
  (Yukarıdaki `S`, yapı türünü gösteren yalnızca bir örnektir.)
- Atama işleci `opAssign`

Ek olarak, yeni yazılacak olan kodlar için önerilmeyen ve geçmişten kalmış olan bir işlev daha vardır:

- Kopya sonrasını belirleyen `this(this)`

Bu temel işlemlerin normalde yapılar için özel olarak tanımlanmaları gerekmez çünkü o işlemler zaten derleyici tarafından otomatik olarak halledilirler. Yine de bu işlevlerin özel olarak kendi isteğimiz doğrultusunda tanımlanmalarının gerektiği durumlar olabilir.

52.1 Kurucu işlev

Kurucu işlevin asıl görevi bir nesnenin üyelerine gerekli değerleri atayarak onu kullanılabilir duruma getirmektir.

Kurucu işlevleri şimdiye kadar hem bütün yapı örneklerinde hem de `File` gibi kütüphane türlerinde gördük. Türün ismi işlev çağrısı gibi kullanıldığında o türün kurucu işlevi çağrılır. Bunu aşağıdaki satırın sağ tarafında görüyoruz:

```
    auto dersBaşı = GününSaati(8, 30);
```

Benzer biçimde, aşağıdaki satırın sağ tarafında da bir sınıf nesnesi kurulmaktadır:

```
    auto değişken = new BirSınıf();
```

Tür ismi işlev çağrısı gibi kullanılırken parantez içinde yazılanlar da kurucu işleve gönderilen parametre değerleri haline gelirler. Örneğin, yukarıdaki 8 ve 30 değerleri `GününSaati` kurucu işlevine gönderilen parametre değerleridir.

Şimdiye kadar gördüğümüz nesne kurma söz dizimlerine ek olarak; `const`, `immutable`, ve `shared` nesneler *tür kurucusu* söz dizimiyle de kurulabilirler. (`shared` anahtar sözcüğünü ilerideki bir bölümde (sayfa 643) göreceğiz.)

Örneğin, aşağıdaki üç değişken de `immutable` oldukları halde, `a` değişkeninin kurulma işlemi `b` ve `c` değişkenlerininkinden anlamsal olarak farklıdır:

```
    /* Yaygın söz dizimi; değişebilen bir türün immutable bir
     * değişkeni: */
    immutable a = S(1);

    /* Tür kurucusu söz dizimi; immutable bir türün bir
     * değişkeni: */
    auto b = immutable(S)(2);
```

```
    /* 'b' ile aynı anlamda: */
    immutable c = immutable(S)(3);
```

Söz dizimi

Diğer işlevlerden farklı olarak, kurucu işlevlerin dönüş değerleri yoktur ve dönüş türü olarak `void` bile yazılmaz. Kurucu işlevin ismi `this` olmak zorundadır. "Bu" anlamına gelen "this"in "*bu* türden nesne kuran işlev" sözünden geldiğini düşünebilirsiniz:

```
struct BirYapı {
    // ...

    this(/* kurucu parametreleri */) {
        // ... nesneyi kuran işlemler ...
    }
}
```

Kurucu parametreleri nesneyi kullanıma hazırlamak için gereken bilgilerden oluşur.

Otomatik kurucu işlev

Şimdiye kadar gördüğümüz bütün yapı örneklerinde derleyici tarafından sağlanan otomatik kurucu işlevden yararlandık. O kurucunun işi, parametre değerlerini sırayla üyelere atamaktır.

Yapılar bölümünden (sayfa 248) hatırlayacağınız gibi, parametre listesinde sonda bulunan parametrelerin değerlerinin belirtilmesi gerekmez. Değerleri belirtilmeyen üyeler kendi türlerinin `.init` değerlerini alırlar. Yine aynı bölümden hatırlayacağınız gibi, üyelerin `.init` değerleri üye tanımı sırasında = işleciyle belirlenebilir:

```
struct Deneme {
    int üye = 42;
}
```

Parametre Serbestliği bölümünde (sayfa 260) gösterilen *varsayılan parametre değerleri* olanağını da hatırlarsak, otomatik kurucu işlevin derleyici tarafından aşağıdaki gibi oluşturulduğunu düşünebiliriz:

```
struct Deneme {
    char   karakter;
    int    tamsayı;
    double kesirli;

    /* Derleyicinin sağladığı kurucu işlevin eşdeğeri. (Not:
     * Bu işlev nesneyi Deneme() yazımıyla kurarken çağrılmaz;
     * açıklama amacıyla gösteriyorum.) */
    this(in char   karakter_parametre = char.init,
         in int    tamsayı_parametre  = int.init,
         in double kesirli_parametre  = double.init) {
        karakter = karakter_parametre;
        tamsayı  = tamsayı_parametre;
        kesirli  = kesirli_parametre;
    }
}
```

Eğer çoğu yapıda olduğu gibi o kadarı yeterliyse, bizim ayrıca kurucu işlev tanımlamamız gerekmez. Bütün üyelere geçerli değerler verilmesi nesnenin kurulmuş olması için çoğu durumda yeterlidir.

Üyelere `this.` ile erişim

Yukarıdaki kodda parametrelerle üyeler karışmasınlar diye parametrelerin sonlarına `_parametre` diye bir belirteç ekledim. Parametrelerin isimlerini de üyelerle aynı yapsaydım kod hatalı olurdu:

```
struct Deneme {
    char   karakter;
    int    tamsayı;
    double kesirli;

    this(in char   karakter = char.init,
         in int    tamsayı  = int.init,
         in double kesirli  = double.init) {
        // 'in' bir parametreyi kendisine atamaya çalışıyor!
        karakter = karakter;    // ← derleme HATASI
        tamsayı  = tamsayı;
        kesirli  = kesirli;
    }
}
```

Bunun nedeni, işlev içinde `karakter` yazıldığında üyenin değil, parametrenin anlaşılmasıdır. Yukarıdaki parametreler `in` olarak işaretlendiklerinden sabit değerin değiştirilemeyeceğini bildiren derleme hatası alınır:

```
Error: variable deneme.Deneme.this.karakter cannot modify const
```

Bu konuda bir çözüm olarak `this.`'dan yararlanılır: üye işlevler içinde `this.`, *bu nesnenin* anlamına gelir. Bu olanağı kullanınca, parametrelerin isimlerinin sonlarına artık `_parametre` gibi ekler yazmak da gerekmez:

```
    this(in char   karakter = char.init,
         in int    tamsayı  = int.init,
         in double kesirli  = double.init) {
        this.karakter = karakter;
        this.tamsayı  = tamsayı;
        this.kesirli  = kesirli;
    }
```

`karakter` yazıldığında parametre, `this.karakter` yazıldığında da "bu nesnenin üyesi" anlaşılır ve kod artık istediğimizi yapacak biçimde derlenir ve çalışır.

Programcı tarafından tanımlanan kurucu işlev

Yukarıda derleyicinin otomatik olarak yazdığı kurucu işlevin perde arkasında nasıl çalıştığını anlattım. Daha önce de belirttiğim gibi, eğer yapının kurulması için bu kadarı yeterliyse ayrıca kurucu tanımlamak gerekmez. Çoğu duruma uygun olan kurucu perde arkasında zaten derleyici tarafından otomatik olarak yazılır ve çağrılır.

Bazen nesnenin kurulabilmesi için üyelere sırayla değer atamaktan daha karmaşık işlemler gerekebilir. Örnek olarak daha önce tanımlamış olduğumuz `Süre` yapısına bakalım:

```
struct Süre {
    int dakika;
}
```

Tek bir tamsayı üyesi bulunan bu yapı için derleyicinin sağladığı kurucu çoğu durumda yeterlidir:

```
    zaman.azalt(Süre(12));
```

Ancak, o kurucu yalnızca dakika miktarını aldığından bazı durumlarda programcıların hesaplar yapmaları gerekebilir:

```
    // 23 saat ve 18 dakika öncesi
    zaman.azalt(Süre(23 * 60 + 18));

    // 22 saat ve 20 dakika sonrası
    zaman.ekle(Süre(22 * 60 + 20));
```

Programcıları böyle hesaplardan kurtarmak için saat ve dakika miktarlarını iki ayrı parametre olarak alan bir `Süre` kurucusu düşünülebilir. Böylece toplam dakika hesabı kurucu içinde yapılır:

```
struct Süre {
    int dakika;

    this(int saat, int dakika) {
        this.dakika = saat * 60 + dakika;
    }
}
```

Saat ve dakika farklı iki parametre olduklarından, programcılar da hesabı artık kendileri yapmak zorunda kalmamış olurlar:

```
    // 23 saat ve 18 dakika öncesi
    zaman.azalt(Süre(23, 18));

    // 22 saat ve 20 dakika sonrası
    zaman.ekle(Süre(22, 20));
```

İlk atama işlemi, kurmadır

Üyelerin değerleri kurucu içinde belirlenirken her üyeye yapılan ilk atama işlemi özeldir: O işlem, üyenin `.init` değerinin üzerine başka bir değer atanması değil, üyenin belirtilen değerle kurulmasıdır. Üyeye yapılan daha sonraki atama işlemleri normal atama olarak işletilir.

Bu özel kuralın nedeni, `immutable` ve `const` üyelerin çalışma zamanında bilinen değerlerle kurulabilmelerini sağlamaktır. Aksi taktirde, `immutable` ve `const` değişkenler değiştirilemediklerinden, bu çeşit üyelerin değerlerini çalışma zamanında belirlemek mümkün olmazdı.

Aşağıdaki program atama işleminin `immutable` bir üye için nasıl tek kere mümkün olduğunu gösteriyor:

```
struct S {
    int m;
    immutable int i;

    this(int m, int i) {
        this.m = m;     // ← kurma
        this.m = 42;    // ← atama (değişebilen üye için mümkün)

        this.i = i;     // ← kurma
        this.i = i;     // ← derleme HATASI
    }
}

void main() {
    auto s = S(1, 2);
}
```

Programcının kurucusu otomatik kurucunun bazı kullanımlarını geçersizleştirir

Programcı tarafından tek bir kurucu işlevin bile tanımlanmış olması, derleyicinin oluşturduğu kurucu işlevin *varsayılan parametre değerleri* ile kullanımını geçersiz hale getirir. Örneğin `Süre`'nin tek parametre ile kurulması derleme hatasına neden olur:

```
    zaman.azalt(Süre(12));    // ← derleme HATASI
```

O tek parametreli kullanım, programcının tanımlamış olduğu iki parametreli kurucuya uymamaktadır. Ek olarak, Süre'nin otomatik kurucusu o kullanımda artık geçersizdir.

Çözüm olarak kurucuyu *yükleyebilir* ve bir tane de tek parametreli kurucu tanımlayabiliriz:

```
struct Süre {
    int dakika;

    this(int saat, int dakika) {
        this.dakika = saat * 60 + dakika;
    }

    this(int dakika) {
        this.dakika = dakika;
    }
}
```

Programcı tarafından tanımlanan kurucu, nesnelerin { } karakterleriyle kurulmaları olanağını da ortadan kaldırır:

```
    Süre süre = { 5 };      // ← derleme HATASI
```

Buna rağmen, hiç parametre yazılmadan kurulum her zaman için geçerlidir:

```
    auto s = Süre();          // derlenir
```

Bunun nedeni, her türün `.init` değerinin derleme zamanında bilinmesinin D'de şart olmasıdır. Yukarıdaki s'nin değeri `Süre` türünün ilk değerine eşittir:

```
    assert(s == Süre.init);
```

Varsayılan kurucu yerine `static opCall`

Her türün ilk değerinin derleme zamanında bilinmesinin gerekli olması varsayılan kurucunun programcı tarafından tanımlanmasını olanaksız hale getirir.

Her nesne kurulduğunda çıktıya bir satır yazdırmaya çalışan aşağıdaki kurucuya bakalım:

```
struct Deneme {
    this() {    // ← derleme HATASI
        writeln("Deneme nesnesi kuruluyor");
    }
}
```

Derleyici bunun mümkün olmadığını bildirir:

```
Error: constructor deneme.Deneme.this default constructor for
structs only allowed with @disable and no body
```

Not: Varsayılan kurucunun sınıflar için tanımlanabildiğini ileride göreceğiz.

Bu kısıtlamaya rağmen yapı nesnelerinin parametresiz olarak nasıl kurulacakları parametre almayan bir `static opCall` ile belirlenebilir. Bunun yapının `.init` değerine bir etkisi yoktur: `static opCall` yalnızca nesnelerin parametresiz olarak kurulmalarını sağlar.

Bunun mümkün olması için `static opCall` işlecinin o yapının türünden bir nesne oluşturması ve döndürmesi gerekir:

```
import std.stdio;

struct Deneme {
    static Deneme opCall() {
        writeln("Deneme nesnesi kuruluyor");
        Deneme deneme;
        return deneme;
    }
}

void main() {
    auto deneme = Deneme();
}
```

`main` içindeki `Deneme()` çağrısı `static opCall`'u işletir:

```
Deneme nesnesi kuruluyor
```

Not: `static opCall`'un içindeyken `Deneme()` yazılmaması gerektiğine dikkat edin. O yazım da `static opCall`'u çağıracağından `static opCall`'dan hiç çıkılamaz:

```
    static Deneme opCall() {
        writeln("Deneme nesnesi kuruluyor");
        return Deneme();    // ← Yine 'static opCall'u çağırır
    }
```

Çıktısı:

```
Deneme nesnesi kuruluyor
Deneme nesnesi kuruluyor
Deneme nesnesi kuruluyor
...     ← sürekli olarak tekrarlanır
```

Başka kurucu işlevleri çağırmak

Kurucu işlevler başka kurucu işlevleri çağırabilirler ve böylece olası kod tekrarlarının önüne geçilmiş olur. `Süre` gibi basit bir yapı bunun yararını anlatmak için uygun olmasa da bu olanağın kullanımını aşağıdaki gibi iki kurucu ile gösterebiliriz:

```
    this(int saat, int dakika) {
        this.dakika = saat * 60 + dakika;
    }

    this(int dakika) {
        this(0, dakika);  // diğer kurucuyu çağırıyor
    }
```

Yalnızca dakika alan kurucu diğer kurucuyu saat değeri yerine 0 göndererek çağırmaktadır.

Uyarı: Yukarıdaki `Süre` kurucularında bir tasarım hatası bulunduğunu söyleyebiliriz. Nesneler tek parametre ile kurulduklarında ne istendiği açık değildir:

```
    auto yolSüresi = Süre(10);     // 10 saat mi, 10 dakika mı?
```

`Süre`'nin belgelerine veya tanımına bakarak "10 dakika" dendiğini anlayabiliriz. Öte yandan, iki parametre alan kurucuda ilk parametrenin *saat* olması bir tutarsızlık oluşturmaktadır.

Böyle tasarımlar karışıklıklara neden olacaklarından kaçınılmaları gerekir.

Kurucu nitelendiricileri

Değişebilen, `const`, `immutable`, ve `shared` nesneler normalde aynı kurucu ile kurulur:

```
import std.stdio;

struct S {
    this(int i) {
        writeln("Bir nesne kuruluyor");
    }
}

void main() {
    auto d = S(1);
    const c = S(2);
    immutable i = S(3);
    shared s = S(4);
}
```

Yukarıda sağ taraftaki ifadelerde kurulmakta olan nesneler anlamsal olarak *değişebilen* türdendir. Aralarındaki fark, değişkenlerin tür nitelendiricileridir. Bu yüzden, bütün nesneler aynı kurucu ile kurulur:

```
Bir nesne kuruluyor
Bir nesne kuruluyor
Bir nesne kuruluyor
Bir nesne kuruluyor
```

Kurulmakta olan nesnenin nitelendiricisine bağlı olarak bazen bazı üyelerinin farklı kurulmaları veya hiç kurulmamaları istenebilir veya gerekebilir. Örneğin, `immutable` bir nesnenin hiçbir üyesinin o nesnenin yaşamı boyunca değişmesi söz konusu olmadığından, nesnenin değişebilen bazı nesnelerinin hiç ilklenmemeleri program hızı açısından yararlı olabilir.

Nitelendirilmiş kurucular farklı niteliklere sahip nesnelerin kurulmaları için farklı tanımlanabilirler:

```
import std.stdio;

struct S {
    this(int i) {
        writeln("Bir nesne kuruluyor");
    }

    this(int i) const {
        writeln("const bir nesne kuruluyor");
    }

    this(int i) immutable {
        writeln("immutable bir nesne kuruluyor");
    }

    /* 'shared' anahtar sözcüğünü ilerideki bir bölümde
     * göreceğiz. */
    this(int i) shared {
        writeln("shared bir nesne kuruluyor");
    }
}

void main() {
    auto d = S(1);
    const c = S(2);
    immutable i = S(3);
    shared s = S(4);
}
```

Ancak, yukarıda da belirtildiği gibi, sağ taraftaki ifadeler anlamsal olarak *değişebilen* olduklarından, yukarıdaki nesneler yine de *değişebilen* nesne kurucusu ile kurulurlar:

```
Bir nesne kuruluyor
Bir nesne kuruluyor    ← const kurucu DEĞİL
```

```
Bir nesne kuruluyor       ← immutable kurucu DEĞİL
Bir nesne kuruluyor       ← shared kurucu DEĞİL
```

Nitelendirilmiş kuruculardan yararlanabilmek için *tür kurucusu* söz dizimini kullanmak gerekir. (*Tür kurucusu* terimi nesne kurucularıyla karıştırılmamalıdır; tür kurucusu türlerle ilgilidir, nesnelerle değil.) Bu söz dizimi, bir nitelendiriciyi ve var olan bir türü birleştirerek farklı bir tür oluşturur. Örneğin, `immutable(S)` türü, `immutable` ile S'nin birleşmesinden oluşur:

```
    auto d = S(1);
    auto c = const(S)(2);
    auto i = immutable(S)(3);
    auto s = shared(S)(4);
```

Sağ taraftaki ifadelerdeki nesneler bu sefer farklıdır: *değişebilen*, `const`, `immutable`, ve `shared`. Dolayısıyla, her nesne kendi türüne uyan kurucu ile kurulur:

```
Bir nesne kuruluyor
const bir nesne kuruluyor
immutable bir nesne kuruluyor
shared bir nesne kuruluyor
```

Ek olarak, yukarıdaki nesneler `auto` ile kurulduklarından; türleri *değişebilen*, `const`, `immutable`, ve `shared` olarak çıkarsanır.

Kurucu parametresinin değişmezliği

Değişmezlik bölümünde (sayfa 147) referans türünden olan işlev parametrelerinin `const` olarak mı yoksa `immutable` olarak mı işaretlenmelerinin daha uygun olduğunun kararının güç olabildiğini görmüştük. Bu güçlük kurucu parametreleri için de geçerlidir. Ancak, kurucu parametrelerinin `immutable` olarak seçilmeleri bazı durumlarda `const`'tan daha uygundur.

Bunun nedeni, kurucu parametrelerinin daha sonradan kullanılmak üzere sıklıkla nesne içerisinde saklanmalarıdır. `immutable` olmadığı zaman, parametrenin kurucu çağrıldığındaki değeriyle daha sonradan kullanıldığındaki değeri farklı olabilir.

Bunun örneği olarak öğrencinin notlarını yazacağı dosyanın ismini parametre olarak alan bir kurucuya bakalım. Değişmezlik bölümündeki (sayfa 147) ilkeler doğrultusunda ve daha kullanışlı olabilmek amacıyla parametresi `const char[]` olarak tanımlanmış olsun:

```
import std.stdio;

struct Öğrenci {
    const char[] kayıtDosyası;
    size_t[] notlar;

    this(const char[] kayıtDosyası) {
        this.kayıtDosyası = kayıtDosyası;
    }

    void notlarıKaydet() {
        auto dosya = File(kayıtDosyası.idup, "w");
        dosya.writeln("Öğrencinin notları:");
        dosya.writeln(notlar);
    }

    // ...
}

void main() {
    char[] dosyaİsmi;
    dosyaİsmi ~= "ogrenci_notlari";
```

```
    auto öğrenci = Öğrenci(dosyaİsmi);

    // ...

    /* dosyaİsmi sonradan değiştiriliyor olsun (bu örnekte
     * bütün harfleri 'A' oluyor): */
    dosyaİsmi[] = 'A';

    // ...

    /* Notlar yanlış dosyaya kaydedilecektir: */
    öğrenci.notlarıKaydet();
}
```

Yukarıdaki program öğrencinin notlarını "`ogrenci_notlari`" dosyasına değil, ismi bütünüyle A harflerinden oluşan bir dosyaya yazar. O yüzden *referans türünden olan* üyelerin ve parametrelerin `immutable` olarak tanımlanmalarının daha uygun oldukları düşünülebilir. Bunun dizgilerde `string` ile kolayca sağlanabildiğini biliyoruz. Yapının yalnızca değişen satırlarını gösteriyorum:

```
struct Öğrenci {
    string kayıtDosyası;
    // ...
    this(string kayıtDosyası) {
        // ...
    }
    // ...
}
```

Kullanıcılar nesneleri artık `immutable` dizgilerle kurmak zorundadırlar ve kayıtların yazıldığı dosya konusundaki karışıklık böylece giderilmiş olur.

Tek parametreli kurucu yoluyla tür dönüşümü

Tek parametre alan kurucu işlevlerin aslında tür dönüşümü sağladıkları düşünülebilir: Kurucu işlevin parametresinin türünden yola çıkarak yapının türünde bir nesne üretilmektedir. Örneğin, aşağıdaki yapının kurucusu verilen bir `string`'e karşılık bir `Öğrenci` üretmektedir:

```
struct Öğrenci {
    string isim;

    this(string isim) {
        this.isim = isim;
    }
}
```

Bu *dönüşüm* özellikleri nedeniyle kurucu işlevler `to` ve `cast` tarafından da dönüşüm amacıyla kullanılırlar. Bunun bir örneğini görmek için aşağıdaki `selamVer` işlevine bakalım. O işlev bir `Öğrenci` beklediği halde ona `string` gönderilmesi doğal olarak derleme hatasına yol açar:

```
void selamVer(Öğrenci öğrenci) {
    writeln("Merhaba ", öğrenci.isim);
}
// ...
    selamVer("Eray");      // ← derleme HATASI
```

Öte yandan, aşağıdaki üç satır da derlenir ve `selamVer` işlevi üçünde de geçici bir `Öğrenci` nesnesi ile çağrılır:

```
import std.conv;
// ...
    selamVer(Öğrenci("Eray"));
```

```
    selamVer(to!Öğrenci("Ercan"));
    selamVer(cast(Öğrenci)"Erdost");
```

52.2 Sonlandırıcı işlev

Nesnenin yaşam süreci sona ererken gereken işlemler sonlandırıcı işlev tarafından işletilir.

Derleyicinin sunduğu otomatik sonlandırıcı sıra ile bütün üyelerin kendi sonlandırıcılarını çağırır. Kurucu işlevde de olduğu gibi, çoğu yapı türünde bu kadarı zaten yeterlidir.

Bazı durumlarda ise nesnenin sonlanmasıyla ilgili bazı özel işlemler gerekebilir. Örneğin, nesnenin sahiplenmiş olduğu bir işletim sistemi kaynağının geri verilmesi gerekiyordur; başka bir nesnenin bir üye işlevi çağrılacaktır; başka bir bilgisayar üzerinde çalışmakta olan bir programa onunla olan bağlantının kesilmekte olduğu bildirilecektir; vs.

Sonlandırıcı işlevin ismi `~this`'tir ve kurucuda olduğu gibi onun da dönüş türü yoktur.

Sonlandırıcı işlev yapılarda otomatik olarak işletilir

Sonlandırıcı işlev yapı nesnesinin geçerliliği bittiği an işletilir. (Yapılardan farklı olarak, sonlandırıcı işlev sınıflarda hemen işletilmez.)

Yaşam Süreçleri bölümünden (sayfa 230) hatırlayacağınız gibi, nesnelerin yaşam süreçleri tanımlandıkları kapsamdan çıkılırken sona erer. Bir yapı nesnesinin yaşamının sona erdiği durumlar şunlardır:

- Nesnenin tanımlandığı kapsamdan normal olarak veya atılan bir hata ile çıkılırken:

```
    if (birKoşul) {
        auto süre = Süre(7);
        // ...

    } // ← Sonlandırıcı işlev 'süre' için burada işletilir
```

- İsimsiz bir nesne o nesnenin tanımlandığı ifadenin en sonunda sonlanır:

```
    zaman.ekle(Süre(5));  // ← Süre(5) hazır değeri bu
                          //   ifadenin sonunda sonlanır
```

- Bir nesnenin yapı türündeki bütün üyeleri de asıl nesne ile birlikte sonlanırlar.

Sonlandırıcı örneği

Sonlandırıcı örneği olarak XML düzeni oluşturmaya yarayan bir yapı tasarlayalım. XML elemanları açılı parantezlerle belirtilirler, ve verilerden ve başka XML elemanlarından oluşurlar. XML elemanlarının nitelikleri de olabilir; onları bu örnekte dikkate almayacağız.

Burada amacımız, `<isim>` şeklinde açılan bir XML elemanının doğru olarak ve mutlaka `</isim>` şeklinde kapatılmasını sağlamak olacak:

```
<ders1>   ← dıştaki XML elemanının açılması
  <not>   ← içteki XML elemanının açılması
    57    ← veri
  </not>  ← içtekinin kapatılması
</ders1>  ← dıştakinin kapatılması
```

Bunu sağlayacak bir yapıyı iki üye ile tasarlayabiliriz. Bu üyeler XML elemanının ismini ve çıkışta ne kadar girintiyle yazdırılacağını temsil edebilirler:

```
struct XmlElemanı {
    string isim;
    string girinti;
}
```

Eğer XML elemanını açma işini kurucu işleve ve kapama işini de sonlandırıcı işleve yaptırırsak, nesnelerin yaşam süreçlerini ayarlayarak istediğimiz çıktıyı elde edebiliriz. Örneğin çıktıya nesne kurulduğunda `<eleman>`, sonlandırıldığında da `</eleman>` yazdırabiliriz.

Kurucuyu bu amaca göre şöyle yazabiliriz:

```
    this(string isim, int düzey) {
        this.isim = isim;
        this.girinti = girintiDizgisi(düzey);

        writeln(girinti, '<', isim, '>');
    }
```

Kurucunun son satırı XML elemanının açılmasını sağlamaktadır. `girintiDizgisi`, o düzeyin girintisini belirleyen ve boşluklardan oluşan bir `string` üretir:

```
import std.array;
// ...
string girintiDizgisi(int girintiAdımı) {
    return replicate(" ", girintiAdımı * 2);
}
```

Yararlandığı `replicate` işlevi, kendisine verilen dizgiyi belirtilen sayıda uç uca ekleyerek yeni bir dizgi üreten bir işlevdir; `std.array` modülünde tanımlıdır. Bu durumda yalnızca boşluk karakterlerinden oluşuyor ve satır başlarındaki girintileri oluşturmak için kullanılıyor.

Sonlandırıcı işlevi de XML elemanını kapatmak için benzer biçimde yazabiliriz:

```
    ~this() {
        writeln(girinti, "</", isim, '>');
    }
```

O yapıyı kullanan bir deneme programı aşağıdaki gibi yazılabilir:

```
import std.conv;
import std.random;
import std.array;

string girintiDizgisi(int girintiAdımı) {
    return replicate(" ", girintiAdımı * 2);
}

struct XmlElemanı {
    string isim;
    string girinti;

    this(string isim, int düzey) {
        this.isim = isim;
        this.girinti = girintiDizgisi(düzey);

        writeln(girinti, '<', isim, '>');
    }

    ~this() {
        writeln(girinti, "</", isim, '>');
    }
}
```

```
void main() {
    immutable dersler = XmlElemanı("dersler", 0);

    foreach (dersNumarası; 0 .. 2) {
        immutable ders =
            XmlElemanı("ders" ~ to!string(dersNumarası), 1);

        foreach (i; 0 .. 3) {
            immutable not = XmlElemanı("not", 2);
            immutable rasgeleNot = uniform(50, 101);

            writeln(girintiDizgisi(3), rasgeleNot);
        }
    }
}
```

`XmlElemanı` nesnelerinin üç kapsamda oluşturulduklarına dikkat edin. Bu programdaki XML elemanlarının açılıp kapanmaları bütünüyle o nesnelerin kurucu ve sonlandırıcı işlevleri tarafından oluşturulmaktadır.

```
<dersler>
  <ders0>
    <not>
      72
    </not>
    <not>
      97
    </not>
    <not>
      90
    </not>
  </ders0>
  <ders1>
    <not>
      77
    </not>
    <not>
      87
    </not>
    <not>
      56
    </not>
  </ders1>
</dersler>
```

Çıktıda örnek olarak `<dersler>` elemanına bakalım: `main` içinde ilk olarak `dersler` nesnesi kurulduğu için ilk olarak onun kurucusunun çıktısını görüyoruz; ve `main`'den çıkılırken sonlandırıldığı için de en son onun sonlandırıcısının çıktısını görüyoruz.

52.3 Kopyalayıcı işlev

Kopyalama, yeni bir nesneyi var olan başka bir nesnenin kopyası olarak kurmaktır.

S'nin bir yapı türü olduğunu varsayarsak, nesneler aşağıdaki durumlarda kopyalanırlar:

- Parametresini değer olarak alan bir işlev çağrılırken:

```
void foo(S s) {    // Çağrılan taraftaki parametre değeri,
                   // parametreye kopyalanır
    // ...
}
```

- İşlevden değer türü döndürürken:

```
S foo() {
    S sonuç;
    // ...
    return sonuç;      // Dönüş değeri, çağıran kapsama kopyalanır
}
```

Not: Derleyicinin "isimli dönüş değeri eniyileştirmesi" ("named return value optimization" (NRVO)) denen bir eniyileştirme uygulayabildiği durumlarda o kopya gerçekleşmez.

- Nesneler açıkça kopyalandıklarında

  Atama işlecinin bu durumda da kullanılıyor olması, bu durumda söz dizimi açısından karışıklığa neden olabilir. Örneğin, aşağıdaki ikinci satır, yeni nesne a'nın `varolanNesne`'den *kopyalanmasıdır*. Yeni bir nesne tanımlanmakta olduğunun göstergesi, oradaki `auto` anahtar sözcüğüdür.

```
    auto varolanNesne = S();
    auto a = varolanNesne;      // kopyalama
         a = varolanNesne;      // atama
         a = a;                 // atama
         a = S();               // atama
```

  Öte yandan, o kopyalama satırından sonraki bütün satırlar atama işlemi içerirler çünkü a o satırlar işletildiğinde zaten var olan bir nesnedir.

Normalde, derleyicinin yazmış olduğu kodlar kopyalama işlemini otomatik olarak gerçekleştirir: yeni nesnenin üyeleri, var olan nesnenin üyelerinden art arda kopyalanır. Aşağıdaki yapı tanımına ve a'nın `varolanNesne`'den kopyalandığı aşağıdaki koda bakalım:

```
struct S {
    int i;
    double d;
}

// ...

    auto varolanNesne = S();
    auto a = varolanNesne;     // kopyalama
```

Otomatik kopyalayıcı aşağıdaki adımları gerçekleştirir:

1. `a.i`'yi `varolanNesne.i`'den kopyalar
2. `a.d`'yi `varolanNesne.d`'den kopyalar

Otomatik kopyalayıcının uygun olmadığı bir örnek, Yapılar bölümünde (sayfa 248) gördüğümüz `Öğrenci` türüdür. Hatırlarsanız, o türden nesnelerin kopyalanmalarıyla ilgili bir sorun vardı:

```
struct Öğrenci {
    int numara;
    int[] notlar;
}
```

Oradaki `notlar` üyesi, bir dilim olduğundan bir referans türüdür. O yüzden, `Öğrenci` nesnelerinin otomatik olarak kopyalanmaları, birden fazla nesnenin `notlar` üyelerinin aynı elemanları paylaşacak olmalarıdır. Bir nesnenin notlarını değiştirmek, kopyalandığı nesnelerin notlarının da değişmesine neden olur:

```
    auto öğrenci1 = Öğrenci(1, [ 70, 90, 85 ]);

    auto öğrenci2 = öğrenci1;    // kopyalama
```

```
    öğrenci2.numara = 2;

    öğrenci1.notlar[0] += 5;      // bu, ikinci öğrencinin
                                  // notlarını da değiştirir
    assert(öğrenci2.notlar[0] == 75);
```

Bu karışıklığın engellenmesi için ikinci nesnenin `notlar` dizisinin kendi elemanlarına sahip olması gerekir. İşte, kopyalayıcı işlev bunun gibi özel kopyalama kodları gerektiği durumlar içindir.

Nesne kurmayla ilgili olduğundan, kopyalayıcının ismi de `this`'tir ve dönüş türü yoktur. Parametresi, yapıyla aynı türden ve `ref` olmalıdır. Var olan nesnenin değiştirilmesi düşünülmediğinden parametrenin `const` (veya `inout`) olarak tanımlanması uygundur. İngilizce'de "bu" anlamına gelen `this` anahtar sözcüğü ile uyumlu olmak adına, parametreyi "o" diye adlandırmak okuma kolaylığı sağlayabilir:

```
struct Öğrenci {
    int numara;
    int[] notlar;

    this(ref const(Öğrenci) o) {
        this.numara = o.numara;
        this.notlar = o.notlar.dup;
    }
}
```

O kopyalayıcı, `notlar`'ın elemanlarını yeni nesne için `.dup`'u da çağırarak üyeleri sırayla kopyalamaktadır. Sonuçta, yeni nesnenin `notlar` diliminin elemanları yeni nesneye ait olur.

Not: Yukarıdaki "İlk atama işlemi, kurmadır" başlığında anlatıldığı gibi, yukarıdaki atama işleçleri atama işlemleri değil, üyelerin kopyalanarak kurulmalarıdır.

Birinci nesnede yapılan değişiklik artık ikinci nesneyi etkilemez:

```
    öğrenci1.notlar[0] += 5;
    assert(öğrenci2.notlar[0] == 70);
```

Okunurluğu biraz daha az olsa da, parametre türünü `Öğrenci` diye tekrarlamak yerine, kopyalayıcı parametresini bütün yapılar için "bu nesnenin türü" anlamına gelen `typeof(this)` diye de yazabilirsiniz:

```
    this(ref const(typeof(this)) o) {
        // ...
    }
```

52.4 Kopya sonrası işlevi

Kopya sonrası işlevi, D'nin yeni kodlar için önerilmeyen eski bir olanağıdır. Yeni yazılan kodlar için kopyalayıcı işlev kullanılmalıdır. Kopya sonrası işlevi, eski kodları desteklemek adına yine de geçerlidir ama kopyalayıcı işlevle uyumsuzdur: Kopya sonrası işlevi tanımlanmış olduğunda kopyalayıcı işlev kullanılamaz.

D'de nesne kopyalamanın eski yöntemi şöyledir:

1. Yeni nesnenin üyeleri var olan nesnenin üyelerinden bit değerleri düzeyinde kopyalanırlar. Bit düzeyindeki bu kopyalamaya İngilizce'de "bit level transfer" (kısaca "blit") denir.
2. Kopyalama ile ilgili olarak gereken olası özel işlemler gerçekleştirilir. Bu adıma "blit sonrası" anlamında postblit denir.

Kopya sonrası işlevinin ismi de `this`'tir ve dönüş değeri yoktur. Diğer özel işlevlerden ayırt edilebilmesi için parametre listesine özel olarak `this` yazılır:

```
    this(this) {
        // ...
    }
```

Kopya sonrası işlevinin kopyalayıcı işlevden farkı, bu işleve girildiğinde üyelerin zaten kopyalanmış olmalarıdır. Ek olarak, zaten var olan ve kopyalanmakta olan nesne bu işlev içinden erişilemez. Kopya sonrası işlevinde yapılabilen işlemler, kopyalanmakta olan yeni nesne üzerinde yapılacak olan düzeltmelerdir.

Kopya sonrası işlevi `Öğrenci` türü için aşağıdaki gibi yazılabilir:

```
struct Öğrenci {
    int numara;
    int[] notlar;

    this(this) {
        // Buraya gelindiğinde 'numara ve 'notlar' zaten
        // kopyalanmışlardır. Ek olarak yapılması gereken,
        // elemanların da kopyalanmalarıdır:
        notlar = notlar.dup;
    }
}
```

52.5 Atama işleci

Atama, zaten var olan bir nesneye yeni bir değer vermek anlamına gelir:

```
    dönüşSüresi = gidişSüresi;        // atama
```

Atama temel işlemler arasında diğerlerinden biraz daha karmaşıktır çünkü atama işlemi aslında iki parçadan oluşur:

- Soldaki nesnenin sonlandırılması
- Sağdaki nesnenin soldaki nesneye kopyalanması

Ancak, o iki işlemin yukarıdaki sırada işletilmelerinin önemli bir sakıncası vardır: Nesnenin başarıyla kopyalanacağından emin olunmadan önce sonlandırılması hataya açıktır. Yoksa, nesnenin kopyalanması aşamasında bir hata atılsa elimizde sonlandırılmış ama tam kopyalanamamış bir nesne kalır.

Derleyicinin sunduğu otomatik atama işleci bu yüzden güvenli hareket eder ve perde arkasında aşağıdaki işlemleri gerçekleştirir:

1. Sağdaki nesneyi geçici bir nesneye kopyalar.
   Atama işleminin parçası olan asıl kopyalama işlemi bu adımdır. Henüz soldaki nesnede hiçbir değişiklik yapılmamış olduğundan kopyalama sırasında hata atılsa bile kaybedilen bir şey olmaz.
2. Soldaki nesneyi sonlandırır.
   Atama işleminin diğer parçası bu adımdır.
3. Geçici nesneyi soldaki nesneye aktarır.
   Bu adım ve sonrasında kopya sonrası işlevi veya sonlandırıcı işletilmez. Soldaki nesne ve geçici nesne birbirlerinin yerine kullanılabilir durumda olan iki nesnedir.

Yalnızca perde arkasındaki bu işlemler süresince geçerli olan geçici nesne yok olduğunda geriye yalnızca sağdaki nesne ve onun kopyası olan soldaki nesne kalır.

Derleyicinin sunduğu otomatik atama işleci hemen hemen her durumda yeterlidir. Eğer herhangi bir nedenle kendiniz tanımlamak isterseniz, atılabilecek olan hatalara karşı dikkatli olmak gerektiğini unutmayın.

Söz dizimi şu şekildedir:

- İsmi `opAssign`'dır.
- Parametre türü yapının kendi türüdür. (Kopyalayıcıda olduğu gibi, `ref const(typeof(this))` de yazılabilir.)
- Dönüş türü yapının kendi türüdür.
- İşlevden `return this` ile çıkılır.

Ben burada basit `Süre` yapısı üzerinde ve çıktıya bir mesaj yazdıracak şekilde tanımlayacağım:

```
struct Süre {
    int dakika;

    Süre opAssign(Süre sağdaki) {
        writefln(
            "dakika, %s değerinden %s değerine değişiyor",
            this.dakika, sağdaki.dakika);

        this.dakika = sağdaki.dakika;

        return this;
    }
}
// ...
    auto süre = Süre(100);
    süre = Süre(200);          // atama
```

Çıktısı:

```
dakika, 100 değerinden 200 değerine değişiyor
```

Başka türlerden atamak

Bazı durumlarda nesnelere kendi türlerinden farklı türlerin değerlerini de atamak isteyebiliriz. Örneğin atama işlecinin sağ tarafında her zaman için `Süre` türü kullanmak yerine, doğrudan bir tamsayı değer kullanmak isteyebiliriz:

```
    süre = 300;
```

Bunu, parametre olarak `int` alan bir atama işleci daha tanımlayarak sağlayabiliriz:

```
struct Süre {
    int dakika;

    Süre opAssign(Süre sağdaki) {
        writefln(
            "dakika, %s değerinden %s değerine değişiyor",
            this.dakika, sağdaki.dakika);

        this.dakika = sağdaki.dakika;

        return this;
    }

    Süre opAssign(int dakika) {
        writeln(
            "dakika, bir tamsayı değer ile değiştiriliyor");

        this.dakika = dakika;
```

```
        return this;
    }
}
// ...
    süre = Süre(200);
    süre = 300;
```

Çıktısı:

```
dakika, 100 değerinden 200 değerine değişiyor
dakika, bir tamsayı değer ile değiştiriliyor
```

Uyarı: Farklı türleri bu şekilde birbirlerine eşitleyebilmek veya daha genel olarak birbirlerinin yerine kullanabilmek, kolaylık getirdiği kadar karışıklıklara ve hatalara da neden olabilir.

52.6 Üye işlevlerin etkisizleştirilmesi

`@disable` olarak işaretlenen işlevler kullanılamaz.

Bazı durumlarda üyeler için varsayılan mantıklı ilk değerler bulunmayabilir ve nesnelerin özel bir kurucu ile kurulmaları gerekebilir. Örneğin, aşağıdaki türün dosya isminin boş olmaması gerekiyor olabilir:

```
struct Arşiv {
    string dosyaİsmi;
}
```

Ne yazık ki, derleyicinin oluşturduğu kurucu `dosyaİsmi`'ni boş olarak ilkleyecektir:

```
    auto arşiv = Arşiv();     // ← dosyaİsmi üyesi boş
```

Böyle bir durumu önlemenin yolu, varsayılan kurucuyu tanımını vermeden `@disable` olarak bildirmek ve böylece var olan diğer kuruculardan birisinin kullanılmasını şart koşmaktır:

```
struct Arşiv {
    string dosyaİsmi;

    @disable this();               // ← kullanılamaz

    this(string dosyaİsmi) {       // ← kullanılabilir
        // ...
    }
}

// ...

    auto arşiv = Arşiv();          // ← derleme HATASI
```

Bu sefer derleyici `this()`'in kullanılamayacağını bildirir:

```
Error: constructor deneme.Arşiv.this is not callable because
it is annotated with @disable
```

`Arşiv` nesneleri ya başka bir kurucu ile ya da doğrudan `.init` değeriyle kurulmak zorundadır:

```
    auto a = Arşiv("kayitlar");     // ← derlenir
    auto b = Arşiv.init;            // ← derlenir
```

Kopyalayıcı, kopya sonrası işlevi, ve atama işleci de etkisizleştirilebilir:

```
struct Arşiv {
// ...
```

```
    // Kopyalayıcı işlevi etkisizleştirir
    @disable this(ref const(typeof(this)));

    // Kopya sonrası işlevini etkisizleştirir
    @disable this(this);

    // Atama işlecini etkisizleştirir
    @disable typeof(this) opAssign(ref const(typeof(this)));
}

// ...

    auto a = Arşiv("kayitlar");
    auto b = a;                    // ← derleme HATASI
    b = a;                         // ← derleme HATASI
```

Sonlandırıcının içerdiği işlemlerin tek kere işletilmelerinin gerektiği durumlar olabilir. Böyle durumlarda yararlı olan bir yöntem, kopyalayıcının ve kopya sonrası işlevinin etkisizleştirilmeleri, ve dolayısıyla sonlandırıcıdaki kodların birden fazla kopya için birden fazla sayıda işletilmelerinin önlenmesidir.

Örneğin, aşağıdaki sonlandırıcı işlev, mesajların yazıldığı (*loglandıkları*) bir dosyaya en son olarak "Sonlanıyor" mesajını yazacak biçimde tasarlanmış:

```
import std.stdio;
import std.datetime;

// Mesaj yazıcı
struct Logger {
    File dosya;

    this(File dosya) {
        this.dosya = dosya;
        log("Başlıyor");
    }

    ~this() {
        log("Sonlanıyor");      // ← Son mesaj olması istenmiş
    }

    void log(string mesaj) {
        dosya.writefln("%s %s", Clock.currTime(), mesaj);
    }
}

void main() {
    auto logger = Logger(stdout);

    logger.log("main başladı");
    logger.log("foo çağrılıyor");
    foo(logger);
    logger.log("main'e dönüldü");
}

void foo(Logger logger) {
    logger.log("foo başladı");
}
```

Programın çıktısı, son mesajın, istenenin aksine iki kere yazdırıldığını göstermektedir:

```
2022-Jan-03 22:21:24.3143894 Başlıyor
2022-Jan-03 22:21:24.3144467 main başladı
2022-Jan-03 22:21:24.3144628 foo çağrılıyor
2022-Jan-03 22:21:24.3144767 foo başladı
2022-Jan-03 22:21:24.3144906 Sonlanıyor
2022-Jan-03 22:21:24.3145035 main'e dönüldü
2022-Jan-03 22:21:24.3145155 Sonlanıyor
```

Bu sorun, programda birden fazla `Logger` nesnesinin oluşturulması ve sonlandırıcının bunların her birisi için işletiliyor olmasıdır. "Sonlanıyor" mesajının istenenden erken yazılmasına neden olan nesne, `foo`'nun parametresidir çünkü o parametre, kopyalanacak biçimde tanımlamıştır.

Bu durumdaki en basit çözüm, kopyalamayı ve atamayı etkisizleştirilmektir:

```
struct Logger {
    @disable this(this);
    @disable this(ref const(typeof(this)));
    @disable Logger opAssign(ref const(typeof(this)));

    // ...
}
```

`Logger` nesneleri artık kopyalanamayacaklarından, `foo`'nun da parametresini *referans olarak* alacak şekilde değiştirilmesi gerekir:

```
void foo(ref Logger logger) {
    // ...
}
```

52.7 Özet

- Kurucu işlev (`this`) nesneleri kullanıma hazırlar. Derleyicinin otomatik olarak tanımladığı kurucu çoğu durumda yeterlidir.
- Varsayılan kurucunun davranışı yapılarda değiştirilemez. Gerektiğinde onun yerine `static opCall` tanımlanır.
- Tek parametreli kurucular `to` ve `cast` tarafından tür dönüşümü sırasında kullanılırlar.
- Sonlandırıcı işlev (`~this`) nesnenin yaşamı sona ererken işletilmesi gereken işlemleri içerir.
- Kopyalayıcı işlev (`this(ref const(typeof(this)))`) nesnenin var olan başka bir nesneden kopyalanarak nasıl kurulacağını belirler.
- Kopya sonrası işlevinin (`this(this)`) yeni yazılan kodlarda kullanılması önerilmez; derleyicinin otomatik olarak gerçekleştirdiği kopyadan sonra gereken düzeltmeleri içerir.
- Atama işlevi (`opAssign`) var olan nesnelerin başka nesnelerden atanmaları sırasında işletilir.
- Üye işlevler `@disable` ile etkisizleştirilirler.

53 İşleç Yükleme

İşleç yükleme olanağını bu bölümde yapılar üzerinde göreceğiz. Burada anlatılanlar daha sonra göreceğimiz sınıflar için de hemen hemen aynen geçerlidir. En belirgin fark, Kurucu ve Diğer Özel İşlevler bölümünde (sayfa 281) gördüğümüz atama işleci `opAssign`'ın sınıflar için tanımlanamıyor olmasıdır.

İşleç yükleme çok sayıda kavram içerir (şablonlar, `auto ref`, vs.). Bu kavramların bazılarını kitabın ilerideki bölümlerinde göreceğimizden bu bölüm size bu aşamada diğer bölümlerden daha zor gelebilir.

İşleç yükleme, işleçlerin kendi türlerimizle nasıl çalışacaklarını belirleme olanağıdır.

Yapıların ve üye işlevlerin yararlarını önceki bölümlerde görmüştük. Bunun bir örneği, `GününSaati` nesnelerine `Süre` nesnelerini ekleyebilmekti. Kodu kısa tutmak için yalnızca bu bölümü ilgilendiren üyelerini gösteriyorum:

```
struct Süre {
    int dakika;
}

struct GününSaati {
    int saat;
    int dakika;

    void ekle(Süre süre) {
        dakika += süre.dakika;

        saat += dakika / 60;
        dakika %= 60;
        saat %= 24;
    }
}

void main() {
    auto yemekZamanı = GününSaati(12, 0);
    yemekZamanı.ekle(Süre(10));
}
```

Üye işlevlerin yararı, yapıyı ilgilendiren işlemlerin yapının içinde tanımlanabilmeleridir. Üye değişkenler ve üye işlevler bir arada tanımlanınca yapının üyelerinin bütün işlevler tarafından doğru olarak kullanıldıkları daha kolay denetlenebilir.

Yapıların bütün bu yararlarına karşın, temel türlerin işleç kullanımı konusunda yapılara karşı üstünlükleri vardır: Temel türler özel tanımlar gerekmeden işleçlerle rahatça kullanılabilirler:

```
    int ağırlık = 50;
    ağırlık += 10;                       // işleçle
```

Şimdiye kadar öğrendiğimiz bilgiler doğrultusunda benzer işlemleri yapılar için ancak üye işlevlerle gerçekleştirebiliyoruz:

```
    auto yemekZamanı = GününSaati(12, 0);
    yemekZamanı.ekle(Süre(10));          // üye işlevle
```

İşleç yükleme, yapıları da temel türler gibi işleçlerle kullanabilme olanağı sunar. Örneğin, `GününSaati` yapısı için tanımlayabileceğimiz += işleci, yukarıdaki işlemin yazımını kolaylaştırır ve daha okunaklı hale getirir:

```
    yemekZamanı += Süre(10);             // yapı için de işleçle
```

Yüklenebilecek bütün işleçlere geçmeden önce bu kullanımın nasıl sağlandığını göstermek istiyorum. Daha önce ismini `ekle` olarak yazdığımız işlevi D'nin özel olarak belirlediği `opOpAssign(string işleç)` ismiyle tanımlamak ve bu tanımın `"+"` karakteri için yapılmakta olduğunu belirtmek gerekir. Biraz aşağıda açıklanacağı gibi, bu aslında += işleci içindir.

Aşağıdaki tanımın şimdiye kadar gördüğümüz işlev tanımlarına benzemediğini farkedeceksiniz. Bunun nedeni, `opOpAssign`'ın aslında bir *işlev şablonu* olmasıdır. Şablonları daha ilerideki bölümlerde göreceğiz; şimdilik işleç yükleme konusunda bu söz dizimini bir kalıp olarak uygulamak gerektiğini kabul etmenizi rica ediyorum:

```
struct GününSaati {
// ...
    ref GününSaati opOpAssign(string işleç)(Süre süre)  // (1)
            if (işleç == "+") {                           // (2)

        dakika += süre.dakika;
        saat += dakika / 60;
        dakika %= 60;
        saat %= 24;

        return this;
    }
}
```

Yukarıdaki şablon tanımı iki parçadan oluşur:

1. `opOpAssign(string işleç)`: Bunun aynen yazılması gerekir. (`opOpAssign`'dan başka işleç işlevlerinin de bulunduğunu aşağıda göreceğiz.)
2. `if (işleç == "+")`: `opOpAssign` birden fazla işlecin tanımında kullanılabildiği için hangi işleç karakterinin tanımlanmakta olduğu bu söz dizimiyle belirtilir. Aslında bir *şablon kısıtlaması* olan bu söz diziminin ayrıntılarını da daha sonraki bir bölümde göreceğiz.

`ekle` işlevinden farklı olarak, dönüş türünün bu tanımda `void` olmadığına dikkat edin. İşleçlerin dönüş türlerini biraz aşağıda açıklayacağım.

Derleyici, `GününSaati` nesnelerinin += işleciyle kullanıldığı yerlerde perde arkasında `opOpAssign!"+"` işlevini çağırır:

```
    yemekZamanı += Süre(10);

    // Aşağıdaki satır üsttekinin eşdeğeridir:
    yemekZamanı.opOpAssign!"+"(Süre(10));
```

`opOpAssign`'dan sonra yazılan `!"+"`, `opOpAssign`'ın + karakteri için tanımı olan işlevin çağrılmakta olduğu anlamına gelir. Şablonlarla ilgili olan bu söz dizimini de daha sonraki bir bölümde göreceğiz.

Kod içindeki += işlecine karşılık gelen yukarıdaki üye işlevde `"+="` değil, `"+"` kullanıldığına dikkat edin. `opOpAssign`'ın isminde geçen ve "değer ata" anlamına gelen "assign" zaten atama kavramını içerir. Sonuçta, `opOpAssign!"+"`, atamalı toplama işlemi olan += işlecinin tanımıdır.

İşleçlerin davranışlarını bizim belirleyebiliyor olmamız bize çoğu işleç için istediğimiz şeyi yapma serbestisi verir. Örneğin, yukarıdaki işleci süre ekleyecek şekilde değil, tam tersine süre azaltacak şekilde de tanımlayabilirdik. Oysa kodu okuyanlar += işlecini gördüklerinde doğal olarak *değerin artmasını* bekleyeceklerdir.

Genel beklentilere uyulması işleçlerin dönüş türleri için de önemlidir.

İşleçleri doğal davranışları dışında yazdığınızda bunun herkesi yanıltacağını ve programda hatalara neden olacağını aklınızda bulundurun.

53.1 Yüklenebilen işleçler

İşleçler kullanım çeşitlerine göre farklı yüklenirler.

Tekli işleçler

Tek nesneyle işleyen işleçlere tekli işleç denir:

```
    ++ağırlık;
```

Yukarıdaki ++ işleci tekli işleçtir çünkü işini yaparken tek değişken kullanmaktadır ve onun değerini bir arttırmaktadır.

Bu işleçler opUnary üye işlev ismiyle tanımlanırlar. opUnary parametre almaz çünkü yalnızca işlecin üzerinde uygulandığı nesneyi (yani this'i) etkiler.

İşlev tanımında kullanılması gereken işleç dizgileri şunlardır:

İşleç	Anlamı	İşleç Dizgisi
-nesne	ters işaretlisini üret	"-"
+nesne	aynı işaretlisini üret	"+"
~nesne	bit düzeyinde tersini al	"~"
*nesne	gösterdiğine eriş	"*"
++nesne	bir arttır	"++"
--nesne	bir azalt	"--"

Örneğin ++ işlecini Süre için şöyle tanımlayabiliriz:

```
struct Süre {
    int dakika;

    ref Süre opUnary(string işleç)()
            if (işleç == "++") {
        ++dakika;
        return this;
    }
}
```

İşlecin dönüş türünün ref olarak işaretlendiğine dikkat edin. İşleçlerin dönüş türlerini aşağıda açıklayacağım.

Süre nesneleri bu sayede artık ++ işleci ile arttırılabilirler:

```
    auto süre = Süre(20);
    ++süre;
```

Önceki değerli (sonek) arttırma ve önceki değerli (sonek) azaltma işleçleri olan nesne++ ve nesne-- kullanımları yüklenemez. O kullanımlardaki önceki değerleri derleyici otomatik olarak üretir. Örneğin, süre++ kullanımının eşdeğeri şudur:

```
    /* Önceki değer derleyici tarafından otomatik olarak
     * kopyalanır: */
    Süre __öncekiDeğer__ = süre;

    /* Tanımlanmış olan normal ++ işleci çağrılır: */
    ++süre;

    /* Daha sonra bütün ifadede __öncekiDeğer__ kullanılır. */
```

Bazı programlama dillerinden farklı olarak, *önceki değerin* programda kullanılmadığı durumlarda yukarıdaki kopyanın D'de bir masrafı yoktur. İfadenin kullanılmadığı durumlarda *önceki değerli arttırma* işleçleri normal arttırma işleçleriyle değiştirilirler:

```
/* Aşağıdaki ifadenin değeri programda kullanılmamaktadır.
 * İfadenin tek etkisi, 'i'nin değerini arttırmaktır. */
i++;
```

i'nin *önceki değeri* programda kullanılmadığından derleyici o ifadenin yerine aşağıdakini yerleştirir:

```
/* Derleyicinin kullandığı ifade: */
++i;
```

Ek olarak, eğer aşağıda göreceğimiz `opBinary` yüklemesi `süre += 1` kullanımını destekliyorsa, `++süre` ve `süre++` kullanımları için `opUnary` gerekmez; derleyici onların yerine `süre += 1` ifadesinden yararlanır. Benzer biçimde, `süre -= 1` yüklemesi de `--süre` ve `süre--` kullanımlarını karşılar.

İkili işleçler

İki nesne kullanan işleçlere ikili işleç denir:

```
toplamAğırlık = kutuAğırlığı + çikolataAğırlığı;
```

Yukarıdaki satırda iki farklı ikili işleç görülüyor: + işleci solundaki ve sağındaki değerleri toplar, = işleci de sağındakinin değerini solundakine atar.

İşleçleri gruplandırmak için aşağıdaki tabloda işleçlerin çeşitlerini de belirttim. "=" ile işaretli olanlar sağ tarafın değerini sol tarafa atarlar.

İşleç	Anlamı	İşlev İsmi	Sağ Taraf için İşlev İsmi	Çeşit
+	topla	opBinary	opBinaryRight	aritmetik
-	çıkar	opBinary	opBinaryRight	aritmetik
*	çarp	opBinary	opBinaryRight	aritmetik
/	böl	opBinary	opBinaryRight	aritmetik
%	kalanını hesapla	opBinary	opBinaryRight	aritmetik
^^	üssünü al	opBinary	opBinaryRight	aritmetik
&	bit işlemi *ve*	opBinary	opBinaryRight	bit
|	bit işlemi *veya*	opBinary	opBinaryRight	bit
^	bit işlemi *ya da*	opBinary	opBinaryRight	bit
<<	sola kaydır	opBinary	opBinaryRight	bit
>>	sağa kaydır	opBinary	opBinaryRight	bit
>>>	işaretsiz sağa kaydır	opBinary	opBinaryRight	bit
~	birleştir	opBinary	opBinaryRight	
in	içinde mi?	opBinary	opBinaryRight	
==	eşittir	opEquals	-	mantıksal
!=	eşit değildir	opEquals	-	mantıksal
<	öncedir	opCmp	-	sıralama
<=	sonra değildir	opCmp	-	sıralama
>	sonradır	opCmp	-	sıralama
>=	önce değildir	opCmp	-	sıralama
=	ata	opAssign	-	=
+=	arttır	opOpAssign	-	=
-=	azalt	opOpAssign	-	=
*=	katını ata	opOpAssign	-	=
/=	bölümünü ata	opOpAssign	-	=
%=	kalanını ata	opOpAssign	-	=
^^=	üssünü ata	opOpAssign	-	=
&=	& sonucunu ata	opOpAssign	-	=
|=	| sonucunu ata	opOpAssign	-	=
^=	^ sonucunu ata	opOpAssign	-	=
<<=	<< sonucunu ata	opOpAssign	-	=
>>=	>> sonucunu ata	opOpAssign	-	=
>>>=	>>> sonucunu ata	opOpAssign	-	=
~=	sonuna ekle	opOpAssign	-	=

Tabloda *sağ taraf için* olarak belirtilen işlev isimleri, nesne işlecin sağ tarafında da kullanılabildiğinde işletilir. Kodda şöyle bir ikili işleç bulunduğunu düşünelim:

```
x işleç y
```

Derleyici hangi üye işlevi işleteceğine karar vermek için yukarıdaki ifadeyi şu iki üye işlev çağrısına dönüştürür:

```
x.opBinary!"işleç"(y);       // x'in solda olduğu durumun tanımı
y.opBinaryRight!"işleç"(x);  // y'nin sağda olduğu durumun tanımı
```

O işlev çağrılarından daha uygun olanı seçilir ve işletilir.

`opBinaryRight`, işleçlerin her iki tarafında kullanılması beklenen (örneğin `int` gibi işleyen) türler tanımlarken kullanışlıdır:

```
auto x = ÖzelTamsayı(42);
x + 1;    // opBinary!"+" çağrılır
1 + x;    // opBinaryRight!"+" çağrılır
```

`opBinaryRight`'ın bir başka yaygın kullanımı `in` işlecidir çünkü `in` işleci genellikle sağ tarafındaki nesne ile ilişkilidir. Bunun bir örneğini aşağıda göreceğiz.

Aşağıdaki örneklerde üye işlevleri tanımlarken parametre ismini `sağdaki` olarak seçtim. Bununla parametrenin *işlecin sağındaki nesne* olduğunu vurguluyorum:

```
x işleç y
```

O ifade kullanıldığında üye işlevin `sağdaki` ismindeki parametresi y'yi temsil edecektir.

Dizi ve dilim işleçleri

Aşağıdaki işleçler bir türün topluluk olarak kullanılabilmesini sağlarlar.

Anlamı	İşlev İsmi	Örnek kullanım
eleman erişimi	opIndex	topluluk[i]
elemana atama	opIndexAssign	topluluk[i] = 7
eleman üzerinde tekli işlem	opIndexUnary	++topluluk[i]
atamalı eleman işlemi	opIndexOpAssign	topluluk[i] *= 2
eleman adedi	opDollar	topluluk[$ - 1]
bütün elemanlara eriştiren dilim	opSlice	topluluk[]
bazı elemanlara eriştiren dilim	opSlice(size_t, size_t)	topluluk[i..j]

Bu işleçleri aşağıda kendi başlıkları altında göreceğiz.

Aşağıdaki tablodaki işleçler D'nin önceki sürümlerinden kalma olduklarından kullanımları *önerilmez*. Onların yerine yukarıdaki tablodaki işleçler kullanılır.

Anlamı	İşlev İsmi	Örnek kullanım
bütün elemanlar üzerinde tekli işlem	opSliceUnary (önerilmez)	++topluluk[]
bazı elemanlar üzerinde tekli işlem	opSliceUnary (önerilmez)	++topluluk[i..j]
bütün elemanlara atama	opSliceAssign (önerilmez)	topluluk[] = 42
bazı elemanlara atama	opSliceAssign (önerilmez)	topluluk[i..j] = 7
bütün elemanlar üzerinde atamalı işlem	opSliceOpAssign (önerilmez)	topluluk[] *= 2
bazı elemanlar üzerinde atamalı işlem	opSliceOpAssign (önerilmez)	topluluk[i..j] *= 2

Diğer işleçler

Yukarıdaki işleçlere ek olarak aşağıdaki işleçler de yüklenebilir:

Anlamı	İşlev İsmi	Örnek kullanım
işlev çağrısı	opCall	nesne(42)
tür dönüşümü işleci	opCast	to!int(nesne)
var olmayan üye işlev için sevk	opDispatch	nesne.varOlmayanİşlev()

Bu işleçleri daha aşağıda kendi başlıkları altında açıklayacağım.

53.2 Birden fazla işleci aynı zamanda tanımlamak

Örnekleri kısa tutmak için yukarıda yalnızca ++, + ve += işleçlerini kullandık. En az bir işlecinin yüklenmesi gereken bir türün başka işleçlerinin de yüklenmelerinin gerekeceği beklenebilir. Örneğin, aşağıdaki `Süre` türü için `--` ve `-=` işleçleri de tanımlanmaktadır:

```
struct Süre {
    int dakika;

    ref Süre opUnary(string işleç)()
            if (işleç == "++") {
        ++dakika;
        return this;
    }

    ref Süre opUnary(string işleç)()
            if (işleç == "--") {
        --dakika;
        return this;
    }

    ref Süre opOpAssign(string işleç)(int miktar)
            if (işleç == "+") {
        dakika += miktar;
        return this;
    }

    ref Süre opOpAssign(string işleç)(int miktar)
            if (işleç == "-") {
        dakika -= miktar;
        return this;
    }
}

unittest {
    auto süre = Süre(10);

    ++süre;
    assert(süre.dakika == 11);

    --süre;
    assert(süre.dakika == 10);

    süre += 5;
    assert(süre.dakika == 15);

    süre -= 3;
    assert(süre.dakika == 12);
}

void main() {
}
```

Yukarıdaki işleç yüklemelerinde kod tekrarı bulunmaktadır. Benzer işlevlerin farklı olan karakterlerini işaretlenmiş olarak gösterdim. Bu kod tekrarı D'nin *dizgi katmaları* (`mixin`) olanağı ile giderilebilir. Daha ilerideki bölümlerde daha ayrıntılı olarak öğreneceğimiz `mixin` anahtar sözcüğünün işleç yüklemedeki yararını burada kısaca görelim.

`mixin`, kendisine verilen dizgiyi bulunduğu yere kaynak kod olarak yerleştirir. Örneğin, `işleç`'in `"++"` olduğu durumda aşağıdaki iki satır eşdeğerdir:

```
    mixin (işleç ~ "dakika;");
    ++dakika;                     // üsttekinin eşdeğeri
```

Dolayısıyla, bu olanaktan yararlanan aşağıdaki yapı yukarıdakinin eşdeğeridir:

```
struct Süre {
    int dakika;

    ref Süre opUnary(string işleç)()
            if ((işleç == "++") || (işleç == "--")) {
        mixin (işleç ~ "dakika;");
        return this;
    }

    ref Süre opOpAssign(string işleç)(int miktar)
            if ((işleç == "+") || (işleç == "-")) {
        mixin ("dakika " ~ işleç ~ "= miktar;");
        return this;
    }
}
```

`Süre` nesnelerinin belirli bir miktar ile çarpılmalarının veya bölünmelerinin de desteklenmesi istendiğinde yapılması gereken, o işleç karakterlerini de şablon kısıtlamalarına eklemektir:

```
struct Süre {
// ...

    ref Süre opOpAssign(string işleç)(int miktar)
            if ((işleç == "+") || (işleç == "-") ||
                (işleç == "*") || (işleç == "/")) {
        mixin ("dakika " ~ işleç ~ "= miktar;");
        return this;
    }
}

unittest {
    auto süre = Süre(12);

    süre *= 4;
    assert(süre.dakika == 48);

    süre /= 2;
    assert(süre.dakika == 24);
}
```

Şablon kısıtlamaları bu durumda isteğe bağlıdır; özellikle gerekmedikçe yazılmayabilirler:

```
    ref Süre opOpAssign(string işleç)(int miktar)
            /* kısıtlama yok */ {
        mixin ("dakika " ~ işleç ~ "= miktar;");
        return this;
    }
```

53.3 İşleçlerin dönüş türleri

İşleçleri kendi türleriniz için tanımlarken o işleçlerin hem davranışlarının hem de dönüş türlerinin temel türlerdeki gibi olmalarına dikkat edin. Bu, kodun anlaşılırlığı ve hataların önlenmesi açısından önemlidir.

Temel türlerle kullanılan hiçbir işlecin dönüş türü `void` değildir. Bu, bazı işleçler için barizdir. Örneğin, iki `int` değerin `a + b` biçiminde toplanmalarının sonucunun yine `int` türünde bir değer olduğu açıktır:

```
    int a = 1;
    int b = 2;
    int c = a + b;    // c, işlecin değeri ile ilklenir
```

Başka bazı işleçlerin dönüş değerleri ve türleri ise bariz olmayabilir. Örneğin, `++i` gibi bir işlecin bile değeri vardır:

```
int i = 1;
writeln(++i);    // 2 yazar
```

`++` işleci `i`'yi arttırmakla kalmaz, ayrıca `i`'nin yeni değerini de döndürür. Üstelik, `++` işlecinin döndürdüğü değer `i`'nin yeni değeri değil, aslında `i`'nin *ta kendisidir*. Bunu `++i` işleminin sonucunun adresini yazdırarak gösterebiliriz:

```
int i = 1;
writeln("i'nin adresi                      : ", &i);
writeln("++i ifadesinin sonucunun adresi: ", &(++i));
```

Çıktısı, iki adresin aynı olduklarını gösterir:

```
i'nin adresi                      : 7FFFAFECB2A8
++i ifadesinin sonucunun adresi: 7FFFAFECB2A8
```

Tanımladığınız işleçlerin dönüş türlerinin aşağıdaki listedekilere uymalarına özen göstermenizi öneririm:

- **Nesneyi değiştiren işleçler**
  `opAssign` istisna olmak üzere, nesnede değişiklik yapan işleçlerin nesnenin kendisini döndürmeleri uygundur. Bunu yukarıdaki `GününSaati.opOpAssign!"+"` ve `Süre.opUnary!"++"` işleçlerinde gördük.
  Nesnenin kendisini döndürmek için şu adımlar uygulanır:

  1. Dönüş türü olarak türün kendisi yazılır ve başına "referans" anlamına gelen `ref` anahtar sözcüğü eklenir.
  2. İşlevden *bu nesneyi döndür* anlamında `return this` ile çıkılır.

  Nesneyi değiştiren işleçler şunlardır: `opUnary!"++"`, `opUnary!"--"`, ve bütün `opOpAssign` yüklemeleri.
- **Mantıksal işleçler**
  `==` ve `!=` işleçlerini temsil eden `opEquals` `bool` döndürmelidir. `in` işleci ise normalde *içerilen nesneyi* döndürse de, istendiğinde o da basitçe `bool` döndürebilir.
- **Sıralama işleçleri**
  Nesnelerin sıralanmalarında yararlanılan ve `<`, `<=`, `>`, ve `>=` işleçlerinin davranışını belirleyen `opCmp` `int` döndürmelidir.
- **Yeni nesne üreten işleçler**
  Bazı işleçlerin yeni nesne oluşturmaları ve o nesneyi döndürmeleri gerekir:

  - Tekli işleçler `-`, `+`, ve `~`; ve ikili `~` işleci.
  - Aritmetik işleçler `+`, `-`, `*`, `/`, `%`, ve `^^`.
  - Bit işleçleri `&`, `|`, `^`, `<<`, `>>`, ve `>>>`.
  - `opAssign`, bir önceki bölümde de gösterildiği gibi, `return this` ile bu nesnenin bir kopyasını döndürür.
    Not: Bir eniyileştirme olarak bu işleç büyük yapılarda `const ref` de döndürebilir. Ben bu kitapta bu eniyileştirmeyi uygulamayacağım.

  Yeni nesne üreten işleç örneği olarak `Süre` nesnelerini birbirleriyle toplamayı sağlayan `opBinary!"+"` yüklemesine bakalım:

```
struct Süre {
    int dakika;

    Süre opBinary(string işleç)(Süre sağdaki) const
            if (işleç == "+") {
        return Süre(dakika + sağdaki.dakika);  // yeni nesne
    }
}
```

O tanımdan sonra programlarımızda artık `Süre` nesnelerini + işleciyle toplayabiliriz:

```
    auto gitmeSüresi = Süre(10);
    auto dönmeSüresi = Süre(11);
    Süre toplamSüre;
    // ...
    toplamSüre = gitmeSüresi + dönmeSüresi;
```

Derleyici o ifadeyi dönüştürür ve perde arkasında `gitmeSüresi` nesnesi üzerinde bir üye işlev olarak çağırır:

```
    // üsttekinin eşdeğeridir:
    toplamSüre = gitmeSüresi.opBinary!"+"(dönmeSüresi);
```

- `opDollar`
  Eleman adedi bilgisini döndürdüğünden en uygun tür `size_t`'dir. Buna rağmen, özellikle gerektiğinde `int` gibi başka tamsayı türlerini de döndürebilir.
- **Serbest işleçler**
  Bazı işleçlerin dönüş türleri bütünüyle o yapının tasarımına bağlıdır: Tekli * işleci, `opCall`, `opCast`, `opDispatch`, `opSlice`, ve bütün `opIndex` işleçleri.

53.4 Eşitlik karşılaştırmaları için opEquals

== ve != işleçlerinin davranışını belirler.

`opEquals` işlecinin dönüş türü `bool`'dur.

Yapılarda `opEquals` işlevinin parametresi `in` olarak işaretlenebilir. Ancak, çok büyük yapılarda hız kaybını önlemek için `opEquals`, parametresi `auto ref const` olan bir şablon olarak da tanımlanabilir (boş parantezler bu tanımın bir şablon olmasını sağlarlar):

```
    bool opEquals()(auto ref const GününSaati sağdaki) const {
        // ...
    }
```

Sol Değerler ve Sağ Değerler bölümünde (sayfa 182) gördüğümüz gibi, `auto ref` *sol değerlerin* referans olarak, *sağ değerlerin* ise kopyalanarak geçirilmelerini sağlar. Ancak, D'de *sağ değerler* kopyalanmak yerine taşındıklarından yukarıdaki işlev bildirimi hem *sol değerler* hem de *sağ değerler* için hızlı işler.

Karışıklıklara önlemek için `opEquals` ve `opCmp` birbirleriyle tutarlı olmalıdır. `opEquals`'ın `true` döndürdüğü iki nesne için `opCmp` sıfır döndürmelidir.

`opEquals` üye işlevi == ve != işleçlerinin ikisini de karşılar. Programcı işlevi == işleci için tanımlar; derleyici de != işleci için onun tersini kullanır:

```
    x == y;
    x.opEquals(y);         // üsttekinin eşdeğeri

    x != y;
    !(x.opEquals(y));      // üsttekinin eşdeğeri
```

Normalde opEquals işlevini yapılar için tanımlamaya gerek yoktur; derleyici bütün üyelerin eşitliklerini sırayla otomatik olarak karşılaştırır ve nesnelerin eşit olup olmadıklarına öyle karar verir.

Bazen nesnelerin eşitliklerinin özel olarak belirlenmeleri gerekebilir. Örneğin bazı üyeler eşitlik karşılaştırması için önemsiz olabilirler veya bir türün nesnelerinin eşit kabul edilmeleri özel bir kurala bağlı olabilir, vs.

Bunu göstermek için GününSaati yapısı için dakika bilgisini gözardı eden bir opEquals tanımlayalım:

```
struct GününSaati {
    int saat;
    int dakika;

    bool opEquals(GününSaati sağdaki) const {
        return saat == sağdaki.saat;
    }
}
// ...
    assert(GününSaati(20, 10) == GününSaati(20, 59));
```

Eşitlik karşılaştırmasında yalnızca saat bilgisine bakıldığı için 20:10 ve 20:59 zamanları eşit çıkmaktadır. (*Not: Bunun karışıklık doğuracağı açıktır; gösterim amacıyla basit bir örnek olarak kabul edelim.*)

53.5 Sıra karşılaştırmaları için opCmp

Sıralama işleçleri nesnelerin öncelik/sonralık ilişkilerini belirler. Sıralama ile ilgili olan <, <=, >, ve >= işleçlerinin hepsi birden opCmp üye işlevi tarafından karşılanır.

Yapılarda opCmp işlevinin parametresi in olarak işaretlenebilir. Ancak, opEquals'da olduğu gibi, çok büyük yapılarda hız kaybını önlemek için opCmp, parametresi auto ref const olan bir şablon olarak da tanımlanabilir:

```
    int opCmp()(auto ref const GününSaati sağdaki) const {
        // ...
    }
```

Karışıklıkları önlemek için opEquals ve opCmp birbirleriyle tutarlı olmalıdır. opEquals'ın true döndürdüğü iki nesne için opCmp sıfır döndürmelidir.

Bu dört işleçten birisinin şu şekilde kullanıldığını düşünelim:

```
    if (x işleç y) {  // ← işleç <, <=, >, veya >= olabilir
```

Derleyici o ifadeyi aşağıdaki mantıksal ifadeye dönüştürür ve onun sonucunu kullanır:

```
    if (x.opCmp(y) işleç 0) {
```

Örnek olarak,

```
    if (x <= y) {
```

ifadesi şuna dönüştürülür:

```
    if (x.opCmp(y) <= 0) {
```

Kendi yazdığımız bu işlevin bu kurala göre doğru çalışabilmesi için işlevin şu değerleri döndürmesi gerekir:

- Soldaki nesne önce olduğunda *eksi* bir değer.

- Sağdaki nesne önce olduğunda *artı* bir değer.
- İki nesne eşit olduklarında *sıfır* değeri.

Bu sonuçlardan anlaşılacağı gibi, opCmp'ın dönüş türü bool değil, int'tir.

GününSaati nesnelerinin sıralama ilişkilerini öncelikle saat değerine, saatleri eşit olduğunda da dakika değerlerine bakacak şekilde şöyle belirleyebiliriz:

```
    int opCmp(GününSaati sağdaki) const {
        /* Not: Buradaki çıkarma işlemleri sonucun alttan
         * taşabileceği durumlarda hatalıdır. (Metin içindeki
         * uyarıyı okuyunuz.) */

        return (saat == sağdaki.saat
                ? dakika - sağdaki.dakika
                : saat - sağdaki.saat);
    }
```

Saat değerleri aynı olduğunda dakika değerlerinin farkı, saatler farklı olduğunda da saatlerin farkı döndürülüyor. Bu tanım, zaman sıralamasında *soldaki* nesne önce olduğunda *eksi* bir değer, *sağdaki* nesne önce olduğunda *artı* bir değer döndürür.

Uyarı: Yasal değerlerinin taşmaya neden olabildiği türlerde opCmp işlecinin çıkarma işlemi ile gerçekleştirilmesi hatalıdır. Örneğin, aşağıdaki -2 değerine sahip olan nesne int.max değerine sahip olan nesneden daha *büyük* çıkmaktadır:

```
struct S {
    int i;

    int opCmp(S rhs) const {
        return i - rhs.i;          // ← HATA
    }
}

void main() {
    assert(S(-2) > S(int.max));    // ← yanlış sonuç
}
```

Öte yandan, çıkarma işleminin GününSaati yapısında kullanılmasında bir sakınca yoktur çünkü o türün hiçbir üyesinin yasal değerleri çıkarma işleminde taşmaya neden olmaz.

Bütün dizgi türleri ve aralıklar dahil olmak üzere dilimleri karşılaştırırken std.algorithm.cmp işlevinden yararlanabilirsiniz. cmp() iki dilimin sıra değerlerine uygun olarak eksi bir değer, sıfır, veya artı bir değer döndürür. Bu değer doğrudan opCmp işlevinin dönüş değeri olarak kullanılabilir:

```
import std.algorithm;

struct S {
    string isim;

    int opCmp(S rhs) const {
        return cmp(isim, rhs.isim);
    }
}
```

opCmp'un tanımlanmış olması bu türün std.algorithm.sort gibi sıralama algoritmalarıyla kullanılabilmesini de sağlar. sort sıralamayı belirlemek için nesneleri karşılaştırırken perde arkasında hep opCmp işletilir. Aşağıdaki program 10 adet rasgele zaman değeri oluşturuyor ve onları sort ile sıralıyor:

```
import std.random;
import std.stdio;
```

```
import std.string;
import std.algorithm;

struct GününSaati {
    int saat;
    int dakika;

    int opCmp(GününSaati sağdaki) const {
        return (saat == sağdaki.saat
                ? dakika - sağdaki.dakika
                : saat - sağdaki.saat);
    }

    string toString() const {
        return format("%02s:%02s", saat, dakika);
    }
}

void main() {
    GününSaati[] zamanlar;

    foreach (i; 0 .. 10) {
        zamanlar ~= GününSaati(uniform(0, 24), uniform(0, 60));
    }

    sort(zamanlar);

    writeln(zamanlar);
}
```

Beklendiği gibi, çıktıdaki saat değerleri zamana göre sıralanmışlardır:

```
[03:40,04:10,09:06,10:03,10:09,11:04,13:42,16:40,18:03,21:08]
```

53.6 İşlev gibi çağırmak için opCall

İşlev çağırırken kullanılan parantezler de işleçtir. Bu işlecin türün *ismi* ile kullanımını bir önceki bölümde `static opCall` olanağında görmüştük. O kullanım yapı nesnelerinin varsayılan olarak kurulmalarını sağlıyordu.

`opCall` türün *nesnelerinin* de işlev gibi kullanılabilmelerini sağlar:

```
    BirTür nesne;
    nesne();
```

O kodda `nesne` bir işlev gibi çağrılmaktadır. Bu kullanım `static` *olmayan* `opCall` üye işlevleri tarafından belirlenir.

Bunun bir örneği olarak bir doğrusal denklemin *x* değerlerine karşılık *y* değerlerini hesaplayan bir yapı düşünelim:

```
    y = ax + b
```

O hesaptaki *y* değerlerini `opCall` işlevi içinde şöyle hesaplayabiliriz:

```
struct DoğrusalDenklem {
    double a;
    double b;

    double opCall(double x) const {
        return a * x + b;
    }
}
```

O işlev sayesinde yapının nesneleri işlev gibi kullanılabilir ve verilen *x* değerlerine karşılık *y* değerleri hesaplanabilir:

```
DoğrusalDenklem denklem = { 1.2, 3.4 };
// nesne işlev gibi kullanılıyor:
double y = denklem(5.6);
```

Not: `opCall` işlevi tanımlanmış olan yapıları `Tür(parametreler)` yazımıyla kuramayız çünkü o yazım da bir `opCall` çağrısı olarak kabul edilir. O yüzden, yukarıdaki nesnenin `{ }` yazımıyla kurulması gerekmiştir. `DoğrusalDenklem(1.2, 3.4)` yazımı gerçekten gerektiğinde iki `double` parametre alan bir `static opCall` işlevi tanımlanmalıdır.

İlk satırda nesne kurulurken denklemin çarpanı olarak 1.2, ekleneni olarak da 3.4 değerinin kullanılacağı belirleniyor. Bunun sonucunda `denklem` nesnesi, $y = 1.2x + 3.4$ denklemini ifade etmeye başlar. Ondan sonra nesneyi artık bir işlev gibi kullanarak x değerlerini parametre olarak gönderiyor ve dönüş değeri olarak y değerlerini elde ediyoruz.

Bunun yararı, çarpan ve eklenen değerlerin baştan bir kere belirlenebilmesidir. Nesne o bilgiyi kendi içinde barındırır ve sonradan işlev gibi kullanıldığında yararlanır.

Başka çarpan ve eklenen değerleri ile kurulan bir nesneyi bu sefer de bir döngü içinde kullanan bir örneğe bakalım:

```
DoğrusalDenklem denklem = { 0.01, 0.4 };

for (double x = 0.0; x <= 1.0; x += 0.125) {
    writefln("%f: %f", x, denklem(x));
}
```

O da $y = 0.01x + 0.4$ denklemini x'in 0.0 ile 1.0 aralığındaki her 0.125 adımı için hesaplar.

53.7 Dizi erişim işleçleri

`opIndex`, `opIndexAssign`, `opIndexUnary`, `opIndexOpAssign`, ve `opDollar` nesneyi `nesne[konum]` biçiminde dizi gibi kullanma olanağı sağlarlar.

Dizilerden farklı olarak, bu işleçler çok boyutlu indeksleri de desteklerler. Çok boyutlu indeksler köşeli parantezler içinde birden fazla konum değeri ile sağlanır. Örneğin, iki boyutlu dizi gibi işleyen bir tür `nesne[konum0, konum1]` söz dizimini destekleyebilir. Bu bölümde bu işleçleri yalnızca tek boyutlu olarak kullanacağız ve çok boyutlu örneklerini Ayrıntılı Şablonlar bölümünde (sayfa 522) göreceğiz.

Aşağıdaki satırlardaki `kuyruk`, biraz aşağıda tanıyacağımız `ÇiftUçluKuyruk` türünün bir nesnesi, e ise `int` türünde bir değişkendir.

`opIndex` eleman erişimi amacıyla kullanılır. Köşeli parantezler içindeki konum değeri işlevin parametresi haline gelir:

```
e = kuyruk[3];                    // 3 numaralı eleman
e = kuyruk.opIndex(3);            // üsttekinin eşdeğeri
```

`opIndexAssign` atama amacıyla kullanılır. İlk parametresi atanan değer, sonraki parametresi de köşeli parantezler içindeki konum değeridir:

```
kuyruk[5] = 55;                   // 5 numaralı elemana 55 ata
kuyruk.opIndexAssign(55, 5);      // üsttekinin eşdeğeri
```

`opIndexUnary`, `opUnary`'nin benzeridir. Farkı, işlemin belirtilen konumdaki *eleman* üzerinde işleyecek olmasıdır:

```
    ++kuyruk[4];                        // 4 numaralı elemanı arttır
    kuyruk.opIndexUnary!"++"(4);        // üsttekinin eşdeğeri
```

`opIndexOpAssign`, `opOpAssign`'ın benzeridir. Farkı, atamalı işlemin belirtilen konumdaki *eleman* üzerinde işleyecek olmasıdır:

```
    kuyruk[6] += 66;                    // 6 numaralı elemana 66 ekle
    kuyruk.opIndexOpAssign!"+"(66, 6);  // üsttekinin eşdeğeri
```

`opDollar`, dilimlerden tanınan $ karakterini tanımlar. İçerilen eleman adedini döndürmek içindir:

```
    e = kuyruk[$ - 1];                  // sonuncu eleman
    e = kuyruk[kuyruk.opDollar() - 1];  // üsttekinin eşdeğeri
```

Eleman erişimi işleçleri örneği

Çift uçlu kuyruk (double-ended queue, veya kısaca deque) bir dizi gibi işleyen ama başa eleman eklemenin de sona eleman eklemek kadar hızlı olduğu bir veri yapısıdır. (Dizilerde ise başa eleman eklemek bütün elemanların yeni bir diziye taşınmalarını gerektirdiğinden yavaş bir işlemdir.)

Çift uçlu kuyruk veri yapısını gerçekleştirmenin bir yolu, perde arkasında iki adet diziden yararlanmak ama bunlardan birincisini ters sırada kullanmaktır. Başa eklenen eleman aslında birinci dizinin sonuna eklenir ve böylece o işlem de sona eklemek kadar hızlı olur.

Bu veri yapısını gerçekleştiren aşağıdaki yapı bu bölümde gördüğümüz erişim işleçlerinin hepsini tanımlamaktadır:

```
import std.stdio;
import std.string;
import std.conv;

struct ÇiftUçluKuyruk
{
private:

    /* Elemanlar bu iki üyenin hayalî olarak uç uca
     * gelmesinden oluşurlar. Ancak, 'baş' ters sırada
     * kullanılır: İlk eleman baş[$-1]'dir, ikinci eleman
     * baş[$-2]'dir, vs.
     *
     *   baş[$-1], baş[$-2], ... baş[0], son[0], ... son[$-1]
     */
    int[] baş;    // baş taraftaki elemanlar
    int[] son;    // son taraftaki elemanlar

    /* Belirtilen konumdaki elemanın hangi dilimde olduğunu
     * bulur ve o elemana bir referans döndürür. */
    ref inout(int) eleman(size_t konum) inout {
        return (konum < baş.length
                ? baş[$ - 1 - konum]
                : son[konum - baş.length]);
    }

public:

    string toString() const {
        string sonuç;

        foreach_reverse (eleman; baş) {
            sonuç ~= format("%s ", to!string(eleman));
        }

        foreach (eleman; son) {
            sonuç ~= format("%s ", to!string(eleman));
        }
```

```
        return sonuç;
    }

    /* Not: Sonraki bölümlerde göreceğimiz olanaklardan
     * yararlanıldığında toString() çok daha etkin olarak
     * aşağıdaki gibi de yazılabilir: */
    version (none) {
        void toString(void delegate(const(char)[]) hedef) const {
            import std.format;
            import std.range;

            formattedWrite(
                hedef, "%(%s %)", chain(baş.retro, son));
        }
    }

    /* Başa eleman ekler. */
    void başınaEkle(int değer) {
        baş ~= değer;
    }

    /* Sona eleman ekler.
     *
     * Örnek: kuyruk ~= değer
     */
    ref ÇiftUçluKuyruk opOpAssign(string işleç)(int değer)
            if (işleç == "~") {
        son ~= değer;
        return this;
    }

    /* Belirtilen elemanı döndürür.
     *
     * Örnek: kuyruk[konum]
     */
    inout(int) opIndex(size_t konum) inout {
        return eleman(konum);
    }

    /* Tekli işleci belirtilen elemana uygular.
     *
     * Örnek: ++kuyruk[konum]
     */
    int opIndexUnary(string işleç)(size_t konum) {
        mixin ("return " ~ işleç ~ "eleman(konum);");
    }

    /* Belirtilen elemana belirtilen değeri atar.
     *
     * Örnek: kuyruk[konum] = değer
     */
    int opIndexAssign(int değer, size_t konum) {
        return eleman(konum) = değer;
    }

    /* Belirtilen değeri belirtilen işlemde kullanır ve sonucu
     * belirtilen elemana atar.
     *
     * Örnek: kuyruk[konum] += değer
     */
    int opIndexOpAssign(string işleç)(int değer, size_t konum) {
        mixin ("return eleman(konum) " ~ işleç ~ "= değer;");
    }

    /* Uzunluk anlamına gelen $ karakterini tanımlar.
     *
     * Örnek: kuyruk[$ - 1]
     */
    size_t opDollar() const {
        return baş.length + son.length;
    }
}
```

```
void main() {
    auto kuyruk = ÇiftUçluKuyruk();

    foreach (i; 0 .. 10) {
        if (i % 2) {
            kuyruk.başınaEkle(i);

        } else {
            kuyruk ~= i;
        }
    }

    writefln("Üç numaralı eleman: %s",
             kuyruk[3]);    // erişim
    ++kuyruk[4];            // arttırım
    kuyruk[5] = 55;         // atama
    kuyruk[6] += 66;        // atamalı arttırım

    (kuyruk ~= 100) ~= 200;

    writeln(kuyruk);
}
```

opOpAssign işlevinin dönüş türünün de yukarıdaki ilkeler doğrultusunda ref olarak işaretlendiğine dikkat edin. ~= işleci bu sayede zincirleme olarak kullanılabilmektedir:

```
    (kuyruk ~= 100) ~= 200;
```

O ifadelerin sonucunda 100 ve 200 değerleri aynı kuyruk nesnesine eklenmiş olurlar:

```
Üç numaralı eleman: 3
9 7 5 3 2 55 68 4 6 8 100 200
```

53.8 Dilim işleçleri

opSlice nesneyi [] işleciyle kullanma olanağı verir.

Bu işlece ek olarak opSliceUnary, opSliceAssign, ve opSliceOpAssign işleçleri de vardır ama onların kullanımları önerilmez.

D, birden fazla boyutta dilimlemeyi destekler. Çok boyutlu bir dizi dilimleme örneğini ilerideki Ayrıntılı Şablonlar bölümünde (sayfa 522) göreceğiz. O bölümde anlatılacak olan yöntemler tek boyutta da kullanılabilseler de, hem yukarıdaki indeksleme işleçlerine uymazlar hem de henüz görmediğimiz şablonlar olarak tanımlanırlar. Bu yüzden, bu bölümde opSlice'ın şablon olmayan ve yalnızca tek boyutta kullanılabilen bir kullanımını göreceğiz. (opSlice'ın bu kullanımı da önerilmez.)

opSlice'ın iki farklı kullanımı vardır:

- *Bütün elemanlar* anlamına gelen kuyruk[] biçiminde köşeli parantezlerin içinin boş olduğu kullanım
- *Belirtilen aralıktaki elemanlar* anlamına gelen kuyruk[baş .. son] biçiminde köşeli parantezlerin içinde bir sayı aralığı belirtilen kullanım

Hem elemanları bir araya getiren *topluluk* kavramıyla hem de o elemanlara erişim sağlayan *aralık* kavramıyla ilgili olduklarından bu işleçler diğerlerinden daha karmaşık gelebilirler. Topluluk ve aralık kavramlarını ilerideki bölümlerde daha ayrıntılı olarak göreceğiz.

Şablon olmayan ve yalnızca tek boyutta işleyen opSlice'ın buradaki kullanımı, topluluktaki belirli bir aralıktaki elemanları temsil eden bir nesne döndürür. O aralıktaki elemanlara uygulanan işleçleri tanımlamak o nesnenin görevidir. Örneğin, aşağıdaki kullanım perde arkasında önce `opSlice` yüklemesinden yararlanarak bir aralık nesnesi üretir, sonra `opOpAssign!"*"` işlecini o aralık nesnesi üzerinde işletir:

```
kuyruk[] *= 10;              // bütün elemanları 10'la çarp

// Üsttekinin eşdeğeri:
{
    auto aralık = kuyruk.opSlice();
    aralık.opOpAssign!"*"(10);
}
```

Buna uygun olarak, `ÇiftUçluKuyruk` türünün `opSlice` işlevleri özel bir `Aralık` nesnesi döndürür:

```
import std.exception;

struct ÇiftUçluKuyruk {
// ...

    /* Bütün elemanları kapsayan bir aralık döndürür.
     * ('Aralık' yapısı aşağıda tanımlanıyor.)
     *
     * Örnek: kuyruk[]
     */
    inout(Aralık) opSlice() inout {
        return inout(Aralık)(baş[], son[]);
    }

    /* Belirli elemanları kapsayan bir aralık döndürür.
     *
     * Örnek: kuyruk[ilkKonum .. sonKonum]
     */
    inout(Aralık) opSlice(size_t ilkKonum, size_t sonKonum) inout {
        enforce(sonKonum <= opDollar());
        enforce(ilkKonum <= sonKonum);

        /* Belirtilen aralığın 'baş' ve 'son' dilimlerinin
         * hangi bölgelerine karşılık geldiklerini hesaplamaya
         * çalışıyoruz. */

        if (ilkKonum < baş.length) {
            if (sonKonum < baş.length) {
                /* Aralık bütünüyle 'baş' içinde. */
                return inout(Aralık)(
                    baş[$ - sonKonum .. $ - ilkKonum],
                    []);

            } else {
                /* Aralığın bir bölümü 'baş' içinde, geri
                 * kalanı 'son' içinde. */
                return inout(Aralık)(
                    baş[0 .. $ - ilkKonum],
                    son[0 .. sonKonum - baş.length]);
            }

        } else {
            /* Aralık bütünüyle 'son' içinde. */
            return inout(Aralık)(
                [],
                son[ilkKonum - baş.length .. sonKonum - baş.length]);
        }
    }

    /* Kuyruğun belirli bir aralığını temsil eder. opUnary,
     * opAssign, ve opOpAssign işleçlerinin tanımları bu yapı
     * içindedir. */
    struct Aralık {
        int[] başAralık;    // 'baş' içindeki elemanlar
        int[] sonAralık;    // 'son' içindeki elemanlar
```

```
        /* Belirtilen tekli işleci elemanlara uygular. */
        Aralık opUnary(string işleç)() {
            mixin (işleç ~ "başAralık[];");
            mixin (işleç ~ "sonAralık[];");
            return this;
        }

        /* Belirtilen değeri elemanlara atar. */
        Aralık opAssign(int değer) {
            başAralık[] = değer;
            sonAralık[] = değer;
            return this;
        }

        /* Belirtilen değeri her eleman için belirtilen
         * işlemde kullanır ve sonucu o elemana atar. */
        Aralık opOpAssign(string işleç)(int değer) {
            mixin ("başAralık[] " ~ işleç ~ "= değer;");
            mixin ("sonAralık[] " ~ işleç ~ "= değer;");
            return this;
        }
    }
}

void main() {
    auto kuyruk = ÇiftUçluKuyruk();

    foreach (i; 0 .. 10) {
        if (i % 2) {
            kuyruk.başınaEkle(i);

        } else {
            kuyruk ~= i;
        }
    }

    writeln(kuyruk);
    kuyruk[] *= 10;
    kuyruk[3 .. 7] = -1;
    writeln(kuyruk);
}
```

Çıktısı:

```
9 7 5 3 1 0 2 4 6 8
90 70 50 -1 -1 -1 -1 40 60 80
```

53.9 Tür dönüşümü işleci opCast

`opCast` elle açıkça yapılan tür dönüşümünü belirler ve dönüştürülecek her tür için ayrı ayrı yüklenebilir. Daha önceki bölümlerden hatırlayacağınız gibi, açıkça tür dönüşümü hem `to` işlevi ile hem de `cast` işleciyle sağlanabilir.

Bu işleç de şablon olarak tanımlanır ama kalıbı farklıdır: Hangi dönüşümün tanımlanmakta olduğu `(T : dönüştürülecek_tür)` söz dizimiyle belirtilir:

```
    dönüştürülecek_tür opCast(T : dönüştürülecek_tür)() {
        // ...
    }
```

Yine şimdilik bir kalıp olarak kabul etmenizi istediğim bu söz dizimini de daha sonraki Şablonlar bölümünde (sayfa 401) göreceğiz.

`Süre`'nin saat ve dakikadan oluşan bir tür olduğunu kabul edelim. Bu türün nesnelerini `double` türüne dönüştüren işlev aşağıdaki gibi tanımlanabilir:

```
import std.stdio;
import std.conv;
```

```
struct Süre {
    int saat;
    int dakika;

    double opCast(T : double)() const {
        return saat + (to!double(dakika) / 60);
    }
}

void main() {
    auto süre = Süre(2, 30);
    double kesirli = to!double(süre); // cast(double)süre de olabilirdi
    writeln(kesirli);
}
```

Yukarıdaki tür dönüşümü satırında derleyici üye işlevi perde arkasında şöyle çağırır:

```
    double kesirli = süre.opCast!double();
```

`double` türüne dönüştüren yukarıdaki işleç iki saat otuz dakikaya karşılık 2.5 değerini üretmektedir:

```
2.5
```

`opCast` açıkça yapılan tür dönüşümleri için olduğu halde, onun `bool` özellemesi mantıksal ifadelerde otomatik olarak işletilir:

```
struct Süre {
// ...

    bool opCast(T : bool)() const {
        return (saat != 0) || (dakika != 0);
    }
}

// ...

    if (süre) {                 // derlenir
        // ...
    }

    while (süre) {              // derlenir
        // ...
    }

    auto r = süre ? 1 : 2;      // derlenir
```

Yine de, `opCast`'in `bool` özellemesi bütün otomatik `bool` dönüşümleri için değildir:

```
void foo(bool b) {
    // ...
}

// ...

    foo(süre);                  // ← derleme HATASI
    bool b = süre;              // ← derleme HATASI
```

```
Error: cannot implicitly convert expression (süre) of type Süre to bool
Error: function deneme.foo (bool b) is not callable using argument types (Süre)
```

53.10 Sevk işleci `opDispatch`

Nesnenin var olmayan bir üyesine erişildiğinde çağrılacak olan üye işlevdir. Var olmayan üyelere yapılan bütün erişimler bu işlece *sevk edilir*.

Var olmayan üyenin ismi opDispatch'in bir şablon parametresi olarak belirir. Bu işleci çok basit olarak gösteren bir örnek:

```
import std.stdio;

struct BirTür {
    void opDispatch(string isim, T)(T parametre) {
        writefln("BirTür.opDispatch - isim: %s, değer: %s",
                 isim, parametre);
    }
}

void main() {
    BirTür nesne;
    nesne.varOlmayanİşlev(42);
    nesne.varOlmayanBaşkaİşlev(100);
}
```

Var olmayan üyelerine erişildiği halde derleme hatası alınmaz. Bütün o çağrılar opDispatch işlevinin çağrılmasını sağlarlar. Birinci şablon parametresi işlevin ismidir. Çağrılan noktada kullanılan parametreler de opDispatch'in parametreleri haline gelirler:

```
BirTür.opDispatch - isim: varOlmayanİşlev, değer: 42
BirTür.opDispatch - isim: varOlmayanBaşkaİşlev, değer: 100
```

isim şablon parametre değeri normalde opDispatch içinde kullanılabilir ve işlemler onun değerine bağlı olarak seçilebilirler:

```
    switch (isim) {
        // ...
    }
```

53.11 İçerme sorgusu için opBinaryRight!"in"

Eşleme tablolarından tanıdığımız in işlecini nesneler için de tanımlama olanağı sağlar.

Diğer işleçlerden farklı olarak, bu işleç için nesnenin sağda yazıldığı durum daha doğaldır:

```
        if (zaman in öğleTatili) {
```

O yüzden bu işleç için daha çok opBinaryRight!"in" yüklenir ve derleyici perde arkasında o üye işlevi çağırır:

```
                                   // üsttekinin eşdeğeri
        if (öğleTatili.opBinaryRight!"in"(zaman)) {
```

!in işleci ise bir değerin eşleme tablosunda *bulunmadığını* belirlemek için kullanılır:

```
        if (a !in b) {
```

!in yüklenemez çünkü derleyici perde arkasında in işlecinin sonucunun tersini kullanır:

```
        if (!(a in b)) {    // üsttekinin eşdeğeri
```

in işleci örneği

Bu örnek daha önce gördüğümüz Süre ve GününSaati yapılarına ek olarak bir de ZamanAralığı yapısı tanımlıyor. Bu yapı için tanımlanan in işleci belirli bir zamanın belirli bir aralıkta olup olmadığını bildirmek için kullanılacak.

Bu örnekte de yalnızca gerektiği kadar üye işlev kullandım.

GününSaati nesnesinin `for` döngüsünde nasıl temel türler kadar rahat kullanıldığına özellikle dikkat edin. O döngü işleç yüklemenin yararını gösteriyor.

```
import std.stdio;
import std.string;

struct Süre {
    int dakika;
}

struct GününSaati {
    int saat;
    int dakika;

    ref GününSaati opOpAssign(string işleç)(Süre süre)
            if (işleç == "+") {
        dakika += süre.dakika;

        saat += dakika / 60;
        dakika %= 60;
        saat %= 24;

        return this;
    }

    int opCmp(GününSaati sağdaki) const {
        return (saat == sağdaki.saat
                ? dakika - sağdaki.dakika
                : saat - sağdaki.saat);
    }

    string toString() const {
        return format("%02s:%02s", saat, dakika);
    }
}

struct ZamanAralığı {
    GününSaati baş;
    GününSaati son;    // son aralığın dışında kabul edilir

    bool opBinaryRight(string işleç)(GününSaati zaman) const
            if (işleç == "in") {
        return (zaman >= baş) && (zaman < son);
    }
}

void main() {
    auto öğleTatili = ZamanAralığı(GününSaati(12, 00),
                                   GününSaati(13, 00));

    for (auto zaman = GününSaati(11, 30);
         zaman < GününSaati(13, 30);
         zaman += Süre(15)) {

        if (zaman in öğleTatili) {
            writeln(zaman, " öğle tatilinde");

        } else {
            writeln(zaman, " öğle tatili dışında");
        }
    }
}
```

Çıktısı:

```
11:30 öğle tatili dışında
11:45 öğle tatili dışında
12:00 öğle tatilinde
12:15 öğle tatilinde
```

```
12:30 öğle tatilinde
12:45 öğle tatilinde
13:00 öğle tatili dışında
13:15 öğle tatili dışında
```

53.12 Problem

Payını ve paydasını `long` türünde iki üye olarak tutan bir kesirli sayı türü tanımlayın. Böyle bir yapının bir yararı, `float`, `double`, ve `real`'deki değer kayıplarının bulunmamasıdır. Örneğin, 1.0/3 gibi bir `double` değerin 3 ile çarpılmasının sonucu 1.0 olmadığı halde 1/3'ü temsil eden `Kesirli` bir nesnenin 3 ile çarpılmasının sonucu tam olarak 1'dir:

```
struct Kesir {
    long pay;
    long payda;

    /* Kurucu işlev kolaylık olsun diye paydanın
     * belirtilmesini gerektirmiyor ve 1 varsayıyor. */
    this(long pay, long payda = 1) {
        enforce(payda != 0, "Payda sıfır olamaz");

        this.pay = pay;
        this.payda = payda;

        /* Paydanın eksi değer almasını başından önlemek daha
         * sonraki işlemleri basitleştirecek. */
        if (this.payda < 0) {
            this.pay = -this.pay;
            this.payda = -this.payda;
        }
    }

    /* ... işleçleri siz tanımlayın ... */
}
```

Bu yapı için işleçler tanımlayarak olabildiğince temel türler gibi işlemesini sağlayın. Yapının tanımı tamamlandığında aşağıdaki birim testi bloğu hatasız işletilebilsin. O blokta şu işlemler bulunuyor:

- Payda sıfır olduğunda hata atılıyor. (Bu, yukarıdaki kurucudaki `enforce` ile zaten sağlanıyor.)
- Değerin eksi işaretlisini üretmek: Örneğin, 1/3 değerinin eksilisi olarak -1/3 değeri elde ediliyor.
- ++ ve -- ile değer bir arttırılıyor veya azaltılıyor.
- Dört işlem destekleniyor: Hem +=, -=, *=, ve /= ile tek nesnenin değeri değiştirilebiliyor hem de iki nesne +, -, *, ve / aritmetik işlemlerinde kullanılabiliyor. (Kurucuda olduğu gibi, sıfıra bölme işlemi de denetlenmeli ve önlenmelidir.)

  Hatırlatma olarak, a/b ve c/d gibi iki kesirli arasındaki aritmetik işlem formülleri şöyledir:

  - Toplama: a/b + c/d = (a*d + c*b)/(b*d)
  - Çıkarma: a/b - c/d = (a*d - c*b)/(b*d)
  - Çarpma: a/b * c/d = (a*c)/(b*d)
  - Bölme: (a/b) / (c/d) = (a*d)/(b*c)
- Nesnenin değeri `double`'a dönüştürülebiliyor.

- Sıralama ve eşitlik karşılaştırmaları pay ve paydaların tam değerlerine göre değil, o üyelerin ifade ettikleri değerlere göre uygulanıyorlar. Örneğin 1/3 ve 20/60 kesirli değerleri eşit kabul ediliyorlar.

```
unittest {
    /* Payda 0 olduğunda hata atılmalı. */
    assertThrown(Kesir(42, 0));

    /* 1/3 değeriyle başlayacağız. */
    auto a = Kesir(1, 3);

    /* -1/3 */
    assert(-a == Kesir(-1, 3));

    /* 1/3 + 1 == 4/3 */
    ++a;
    assert(a == Kesir(4, 3));

    /* 4/3 - 1 == 1/3 */
    --a;
    assert(a == Kesir(1, 3));

    /* 1/3 + 2/3 == 3/3 */
    a += Kesir(2, 3);
    assert(a == Kesir(1));

    /* 3/3 - 2/3 == 1/3 */
    a -= Kesir(2, 3);
    assert(a == Kesir(1, 3));

    /* 1/3 * 8 == 8/3 */
    a *= Kesir(8);
    assert(a == Kesir(8, 3));

    /* 8/3 / 16/9 == 3/2 */
    a /= Kesir(16, 9);
    assert(a == Kesir(3, 2));

    /* double türünde bir değere dönüştürülebilmeli.
     *
     * Hatırlarsanız, double türü her değeri tam olarak ifade
     * edemez. 1.5 değeri tam olarak ifade edilebildiği için
     * bu testi bu noktada uyguladım. */
    assert(to!double(a) == 1.5);

    /* 1.5 + 2.5 == 4 */
    assert(a + Kesir(5, 2) == Kesir(4, 1));

    /* 1.5 - 0.75 == 0.75 */
    assert(a - Kesir(3, 4) == Kesir(3, 4));

    /* 1.5 * 10 == 15 */
    assert(a * Kesir(10) == Kesir(15, 1));

    /* 1.5 / 4 == 3/8 */
    assert(a / Kesir(4) == Kesir(3, 8));

    /* Sıfırla bölmek hata atmalı. */
    assertThrown(Kesir(42, 1) / Kesir(0));

    /* Payı az olan öncedir. */
    assert(Kesir(3, 5) < Kesir(4, 5));

    /* Paydası büyük olan öncedir. */
    assert(Kesir(3, 9) < Kesir(3, 8));
    assert(Kesir(1, 1_000) > Kesir(1, 10_000));

    /* Değeri küçük olan öncedir. */
    assert(Kesir(10, 100) < Kesir(1, 2));

    /* Eksi değer öncedir. */
    assert(Kesir(-1, 2) < Kesir(0));
```

```
    assert(Kesir(1, -2) < Kesir(0));

    /* Aynı değerler hem <= hem de >= olmalı.  */
    assert(Kesir(-1, -2) <= Kesir(1, 2));
    assert(Kesir(1, 2) <= Kesir(-1, -2));
    assert(Kesir(3, 7) <= Kesir(9, 21));
    assert(Kesir(3, 7) >= Kesir(9, 21));

    /* Değerleri aynı olanlar eşit olmalı. */
    assert(Kesir(1, 3) == Kesir(20, 60));

    /* Karışık işaretler aynı sonucu üretmeli. */
    assert(Kesir(-1, 2) == Kesir(1, -2));
    assert(Kesir(1, 2) == Kesir(-1, -2));
}
```

Çözüm: Sayfa 729

54 Sınıflar

Sınıflar kullanıcı türü tanımlamaya yarayan başka bir olanaktır. D'nin nesne yönelimli programlama olanakları sınıflar yoluyla gerçekleştirilir. Nesne yönelimli programlamayı üç temel kavram üzerinde düşünebiliriz:

- **Sarma:** Üyelere erişimin kısıtlanması (*Not: Aslında yapılarda da bulunan bu olanağı genelde yapıların kullanım amaçlarının dışında kaldığı için göstermedim.*)
- **Kalıtım:** Başka bir türün üyelerini ve üye işlevlerini kendisininmiş gibi edinmek
- **Çok şekillilik:** Birbirlerine yakın türlerin daha genel ortak bir tür gibi kullanılabilmeleri

Sarma, daha sonra göreceğimiz *erişim hakları* ile sağlanır. Kalıtım, *gerçekleştirme* türemesidir. *Çok şekillilik* ise *arayüz* türemesi yoluyla gerçekleştirilir.

Bu bölümde sınıfları genel olarak tanıtacağım ve özellikle *referans türü* olduklarına dikkat çekeceğim. Sınıfların diğer olanaklarını daha sonraki bölümlere bırakacağım.

54.1 Yapılarla karşılaştırılması

Sınıflar yapılara temelde çok benzerler. Bu yüzden daha önce şu bölümlerde yapılar üzerinde gördüğümüz hemen hemen her konu sınıflar için de geçerlidir:

- Yapılar (sayfa 248)
- Üye İşlevler (sayfa 271)
- `const ref` Parametreler ve `const` Üye İşlevler (sayfa 277)
- Kurucu ve Diğer Özel İşlevler (sayfa 281)
- İşleç Yükleme (sayfa 300)

Sınıfları yapılardan ayıran önemli farklar da vardır. Bu farkları aşağıdaki bölümlerde anlatıyorum.

Referans türleridir

Sınıfların yapılardan farklı olmalarının en büyük nedeni, yapıların *değer türü* olmalarına karşın sınıfların *referans türü* olmalarıdır. Aşağıdaki farklılıkların büyük bir çoğunluğu, sınıfların bu özelliğinden kaynaklanır.

Sınıf değişkenleri `null` olabilirler

Sınıf değişkenlerinin kendileri değer taşımadıklarından, asıl nesne new anahtar sözcüğü ile oluşturulur. Aynı nedenden, `null` ve `is` bölümünde (sayfa 235) de gösterildiği gibi, sınıf değişkenleri `null` da olabilirler. Yani, "hiçbir nesneye erişim sağlamıyor" olabilirler.

Hatırlayacağınız gibi, bir değişkenin `null` olup olmadığı == ve != işleçleriyle değil, duruma göre `is` ve `!is` işleçleriyle denetlenir:

```
    BirSınıf erişimSağlayan = new BirSınıf;
    assert(erişimSağlayan !is null);

    BirSınıf değişken;  // erişim sağlamayan
    assert(değişken is null);
```

Bunun nedeni == işlecinin nesnenin üyelerini de kullanmasının gerekebileceğidir. O üye erişimi, değişkenin `null` olduğu durumda programın bir bellek hatası ile sonlanmasına neden olur. O yüzden sınıf değişkenlerinin `is` veya `!is` ile karşılaştırılmaları gerekir.

Sınıf nesneleri ve değişkenleri

Sınıf *nesnesi* ile sınıf *değişkeni* farklı kavramlardır.

Sınıf nesnesi, new anahtar sözcüğü ile oluşturulan ve kendi ismi olmayan bir program yapısıdır. Temsil ettiği kavramı gerçekleştiren, onun işlemlerini yapan, ve o türün davranışını belirleyen hep bu sınıf nesnesidir. Sınıf nesnelerine doğrudan erişemeyiz.

Sınıf değişkeni ise sınıf nesnesine erişim sağlayan bir program yapısıdır. Kendisi iş yapmasa da eriştirdiği nesnenin aracısı gibi işlem görür.

Daha önce Değerler ve Referanslar bölümünde (sayfa 160) gördüğümüz şu koda bakalım:

```
auto değişken1 = new BirSınıf;
auto değişken2 = değişken1;
```

İlk satırda sağ taraftaki new, isimsiz bir `BirSınıf` nesnesi oluşturur. `değişken1` ve `değişken2` ise yalnızca bu isimsiz nesneye erişim sağlayan değişkenlerdir:

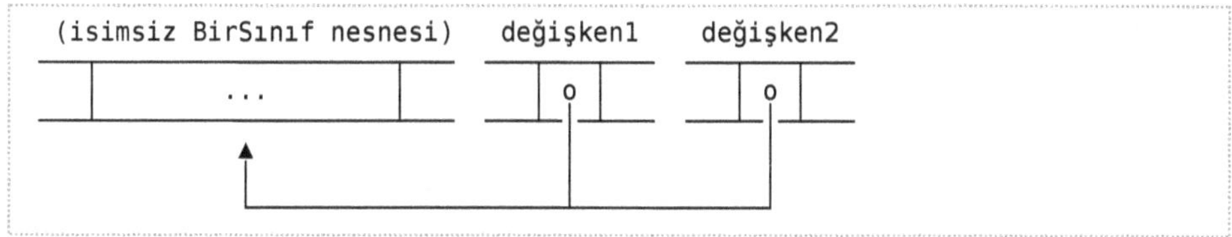

Kopyalama

Değişkenleri etkiler.

Referans türü oldukları için; sınıf değişkenlerinin kopyalanarak oluşturulmaları, onların hangi nesneye erişim sağlayacaklarını belirler. Bu işlem sırasında asıl nesne kopyalanmaz.

Yapılarda *kopya sonrası işlevi* olarak öğrendiğimiz `this(this)` üye işlevi sınıflarda bulunmaz.

```
auto değişken2 = değişken1;
```

Yukarıdaki kodda `değişken2`, `değişken1`'in kopyası olarak oluşturulmaktadır. O işlem her ikisinin de aynı nesneye erişim sağlamalarına neden olur.

Sınıf nesnelerinin kopyalanmaları gerektiğinde bunu sağlayan bir üye işlev tanımlanmalıdır. Bu işleve `kopyala()` gibi bir isim verebileceğiniz gibi, dizilere benzemesi açısından `dup()` isminin daha uygun olduğunu düşünebilirsiniz. Bu işlev yeni bir nesne oluşturmalı ve ona erişim sağlayan bir değişken döndürmelidir:

```
class Sınıf {
    Yapı   yapıNesnesi;
    char[] dizgi;
    int    tamsayı;

// ...

    this(Yapı yapıNesnesi, const char[] dizgi, int tamsayı) {
        this.yapıNesnesi = yapıNesnesi;
        this.dizgi       = dizgi.dup;
        this.tamsayı     = tamsayı;
    }

    Sınıf dup() const {
```

```
        return new Sınıf(yapıNesnesi, dizgi, tamsayı);
    }
}
```

dup() içinde oluşturulan yeni nesne için yalnızca Sınıf'ın kurucusundan yararlanıldığına dikkat edin. Kurucu dizgi üyesini dup() ile açıkça kopyalıyor. yapıNesnesi ve tamsayı üyeleri ise değer türleri olduklarından onlar zaten otomatik olarak kopyalanırlar.

O işlevden örneğin şöyle yararlanılabilir:

```
    auto nesne1 = new Sınıf(Yapı(1.5), "merhaba", 42);
    auto nesne2 = nesne1.dup();
```

Sonuçta, nesne2 nesne1'in hiçbir üyesini paylaşmayan ayrı bir nesnedir.

Benzer biçimde, nesnenin immutable bir kopyası da ismi idup olan bir işlev tarafından sağlanabilir. Ancak, bu örnekteki kurucu işlevin de pure olarak tanımlanması gerekir. pure anahtar sözcüğünü ilerideki bir bölümde (sayfa 550) göreceğiz.

```
class Sınıf {
// ...
    this(Yapı yapıNesnesi, const char[] dizgi, int tamsayı) pure {
        // ...
    }

    immutable(Sınıf) idup() const {
        return new immutable(Sınıf)(yapıNesnesi, dizgi, tamsayı);
    }
}

// ...

    immutable(Sınıf) imm = nesne1.idup();
```

Atama

Değişkenleri etkiler.

Referans türü oldukları için; sınıf değişkenlerinin atanmaları, daha önce erişim sağladıkları nesneyi bırakmalarına ve yeni bir nesneye erişim sağlamalarına neden olur.

Eğer *bırakılan* nesneye erişim sağlayan başka değişken yoksa, asıl nesne ilerideki belirsiz bir zamanda çöp toplayıcı tarafından sonlandırılacak demektir.

```
    auto değişken1 = new BirSınıf;
    auto değişken2 = new BirSınıf;
    değişken1 = değişken2;
```

Yukarıdaki atama işlemi, değişken1'in kendi nesnesini bırakmasına ve değişken2'nin nesnesine erişim sağlamaya başlamasına neden olur. Kendisine erişim sağlayan başka bir değişken olmadığı için bırakılan nesne daha sonra çöp toplayıcı tarafından sonlandırılacaktır.

Atama işleminin davranışı sınıflar için değiştirilemez; yani opAssign sınıflarda yüklenemez.

Tanımlama

struct yerine class anahtar sözcüğü kullanılır:

```
class SatrançTaşı {
    // ...
}
```

Kurma

Kurucu işlevin ismi, yapılarda olduğu gibi this'tir. Yapılardan farklı olarak sınıf nesneleri {} karakterleri ile kurulamaz.

```
class SatrançTaşı {
    dchar şekil;

    this(dchar şekil) {
        this.şekil = şekil;
    }
}
```

Yapıların aksine, sınıf üyeleri kurucu parametre değerlerinden sırayla otomatik olarak kurulamazlar:

```
class SatrançTaşı {
    dchar şekil;
    size_t değer;
}

void main() {
    auto şah = new SatrançTaşı('♔', 100);  // ← derleme HATASI
}
```

```
Error: no constructor for SatrançTaşı
```

Nesnelerin o yazımla kurulabilmeleri için programcının açıkça bir kurucu tanımlamış olması şarttır.

Sonlandırma

Sonlandırıcı işlevin ismi yapılarda olduğu gibi ~this'tir:

```
    ~this() {
        // ...
    }
```

Ancak, yapılardan farklı olarak, sınıfların sonlandırıcıları nesnenin yaşamı sona erdiği an işletilmez. Yukarıda da değinildiği gibi, sonlandırıcı ilerideki belirsiz bir zamandaki bir çöp toplama işlemi sırasında işletilir.

Daha sonra Bellek Yönetimi bölümünde (sayfa 670) de göreceğimiz gibi, sınıf sonlandırıcılarının aşağıdaki kurallara uymaları şarttır:

- Sınıf sonlandırıcısındaki kodlar, yaşamı çöp toplayıcı tarafından yönetilen hiçbir üyeye erişmemelidir. Bunun nedeni, çöp toplayıcının nesneyi veya üyelerini hangi sırada sonlandıracağı garantisini vermek zorunda olmamasıdır. Sonlandırıcı işletilmeye başladığında bütün üyeler zaten sonlandırılmış olabilirler.
- Sınıf sonlandırıcısı çöp toplayıcıdan yeni bellek ayırmamalıdır. Bunun nedeni, çöp toplayıcının temizlik işlemleri sırasında yeni bellek ayırabilme garantisini vermek zorunda olmamasıdır.

Bu kurallara uymamak tanımsız davranıştır. Tanımsız davranışın bir etkisini sonlandırıcı içinde yeni bir sınıf nesnesi kurmaya çalışarak görebiliriz:

```
class C {
    ~this() {
        auto c = new C(); // ← YANLIŞ: Sınıf sonlandırıcısında
                          //           yeni nesne kuruluyor
    }
}
```

```
void main() {
    auto c = new C();
}
```

Program bir hata ile sonlanır:

```
core.exception.InvalidMemoryOperationError@(0)
```

Sonlandırıcı içinde çöp toplayıcıdan *dolaylı olarak* bellek ayırmak da aynı derecede yanlıştır. Örneğin, dinamik dizi elemanları için kullanılan bellek bölgesi de çöp toplayıcı tarafından yönetilir. Bu yüzden, bir dinamik dizinin yeni bellek ayrılmasını gerektirecek herhangi biçimde kullanılması da tanımsız davranıştır:

```
    ~this() {
        auto dizi = [ 1 ];  // ← YANLIŞ: Sınıf sonlandırıcısında
                            //           çöp toplayıcıdan
                            //           dolaylı olarak bellek
                            //           ayrılıyor
    }
```

```
core.exception.InvalidMemoryOperationError@(0)
```

Üye erişimi

Yapılarda olduğu gibi, üyelere nokta karakteri ile erişilir.

```
    auto şah = new SatrançTaşı('♔');
    writeln(şah.şekil);
```

Her ne kadar değişkenin bir üyesine erişiliyor gibi yazılsa da, erişilen asıl nesnenin üyesidir. Sınıf değişkenlerinin üyeleri yoktur, sınıf nesnelerinin üyeleri vardır. Bir başka deyişle, `şah`'ın `şekil` diye bir üyesi yoktur, isimsiz sınıf nesnesinin `şekil` diye bir üyesi vardır.

Not: Üye değişkenlere böyle doğrudan erişilmesi çoğu durumda doğru kabul edilmez. Onun yerine daha sonra Nitelikler bölümünde (sayfa 390) göreceğimiz sınıf niteliklerinden yararlanmak daha uygundur.

İşleç yükleme

Yapılardaki gibidir.

Bir fark, `opAssign`'ın sınıflar için özel olarak tanımlanamamasıdır. Yukarıda atama başlığında anlatıldığı gibi, sınıflarda atama işleminin anlamı *yeni nesneye erişim sağlamaktır*; bu anlam değiştirilemez.

Üye işlevler

Sınıf üye işlevleri yapılarda olduğu gibi tanımlanırlar ve kullanılırlar. Buna rağmen, aralarında önemli bir fark vardır: Sınıf üye işlevleri *yeniden tanımlanabilirler* ve bu, onlar için varsayılan durumdur. Yeniden tanımlama kavramını daha sonra Türeme bölümünde (sayfa 330) göreceğiz.

Yeniden tanımlama düzeneğinin program hızına kötü bir etkisi olduğundan, burada daha fazla ayrıntısına girmeden bütün sınıf üye işlevlerini `final` olarak tanımlamanızı öneririm. Bu ilkeyi derleyici hatası almadığınız sürece bütün sınıf üyeleri için uygulayabilirsiniz:

```
class Sınıf {
    final int işlev() {    // ← Önerilir
        // ...
    }
}
```

Yapılardan başka bir fark, bazı işlevlerin `Object` sınıfından kalıtım yoluyla hazır olarak edinilmiş olmalarıdır. Bunlar arasından `toString` işlevinin `override` anahtar sözcüğü ile nasıl tanımlandığını bir sonraki bölümde (sayfa 330) göreceğiz.

`is` ve `!is` işleçleri

Sınıf değişkenleri üzerinde işler.

`is` işleci, sınıf değişkenlerinin aynı nesneye erişim sağlayıp sağlamadıklarını bildirir. İki değişken de aynı nesneye erişim sağlıyorlarsa `true`, değilse `false` değerini üretir. `!is` işleci de bunun tersi olarak işler: Aynı nesneye erişim sağlıyorlarsa `false`, değilse `true` değerini üretir.

```
auto benimŞah = new SatrançTaşı('♔');
auto seninŞah = new SatrançTaşı('♔');
assert(benimŞah !is seninŞah);
```

Yukarıdaki koddaki `benimŞah` ve `seninŞah` değişkenleri `new` ile oluşturulmuş olan iki farklı nesneye erişim sağladıkları için `!is`'in sonucu `true`'dur. Bu iki nesnenin aynı şekilde kurulmuş olmaları, yani ikisinin `şekil` üyelerinin de `'♔'` olması bunu değiştirmez; nesneler birbirlerinden ayrı iki nesnedir.

İki değişkenin aynı nesneye erişim sağladıkları durumda ise `is` işleci `true` üretir:

```
auto benimŞah2 = benimŞah;
assert(benimŞah2 is benimŞah);
```

Yukarıdaki iki değişken de aynı nesneye erişim sağlamaya başlarlar. `is` işleci bu durumda `true` üretir.

54.2 Özet

- Sınıfların yapılarla çok sayıda ortak yanları olduğu kadar büyük farkları da vardır.
- Sınıflar referans türleridir; `new` ile isimsiz bir *sınıf nesnesi* kurulur; döndürülen, o nesneye erişim sağlayan bir *sınıf değişkenidir*.
- Hiçbir nesneye erişim sağlamayan sınıf değişkenlerinin değeri `null`'dır; bu durum `is` veya `!is` ile denetlenir (`==` veya `!=` ile değil).
- Kopyalama normalde değişkeni kopyalar; nesnenin kopyalanabilmesi için `dup()` gibi bir üye işlev yazılması gerekir.
- Atama, değişkenin başka bir nesneyi göstermesini sağlar; bu davranış değiştirilemez.

55 Türeme

Daha genel bir türün daha özel bir alt türünü tanımlamaya türetme denir. Türetilen alt tür; genel türün üyelerini edinir, onun gibi davranır, ve onun yerine geçebilir.

D'de türeme yalnızca sınıflar arasında geçerlidir. Yeni bir sınıf, mevcut başka bir sınıftan türetilerek tanımlanabilir. Bir sınıfın türetildiği türe *üst sınıf*, ondan türetilen yeni sınıfa da *alt sınıf* adı verilir. Üst sınıfın özelliklerinin alt sınıf tarafından edinilmesine *kalıtım* denir.

D'de iki tür türeme vardır. Bu bölümde *gerçekleştirme türemesi* olan `class`'tan türemeyi göstereceğim; *arayüz türemesi* olan `interface`'ten türemeyi ise daha sonraki bir bölüme bırakacağım.

Sınıfın hangi sınıftan türetildiği, tanımlanırken isminden sonra yazılan `:` karakterinden sonra belirtilir:

```
class AltSınıf : ÜstSınıf {
    // ...
}
```

Masa saati kavramını temsil eden bir sınıf olduğunu varsayalım:

```
class Saat {
    int saat;
    int dakika;
    int saniye;

    void ayarla(int saat, int dakika, int saniye = 0) {
        this.saat = saat;
        this.dakika = dakika;
        this.saniye = saniye;
    }
}
```

Bu sınıfın üyelerinin, nesne oluşturulduğu an özel değerler almalarının şart olmadığını varsayalım. O yüzden bu sınıfın kurucu işlevine gerek yok. Saat, daha sonraki bir zamanda `ayarla` üye işlevi ile ayarlanabiliyor; ve varsayılan değeri belirtilmiş olduğu için de saniye değerini vermek isteğe bağlı:

```
    auto masaSaati = new Saat;
    masaSaati.ayarla(20, 30);
    writefln(
        "%02s:%02s:%02s",
        masaSaati.saat, masaSaati.dakika, masaSaati.saniye);
```

Not: Zaman bilgisini `toString` üye işlevi ile yazdırmak çok daha uygun olurdu. O işlevi biraz aşağıda `override` anahtar sözcüğünü tanırken ekleyeceğiz.

Yukarıdaki kodun çıktısı:

```
20:30:00
```

Bu kadarına bakarak `Saat` sınıfının bir yapı olarak da tanımlanabileceğini düşünebiliriz. Bu üç üyeyi bir yapı olarak da bir araya getirebilirdik ve o yapı için de üye işlevler tanımlayabilirdik.

`Saat`'in sınıf olması, ondan türetilen yeni türler tanımlama olanağı sunar.

Örneğin, temelde bu `Saat` sınıfının olanaklarını olduğu gibi içeren, ve ek olarak alarm bilgisi de taşıyan bir `ÇalarSaat` sınıfı düşünebiliriz. Bu sınıfı tek başına tanımlamak istesek; `Saat`'in mevcut üç üyesinin aynılarına ek olarak iki tane de alarm üyesi, ve saati ayarlamak için kullanılan `ayarla` işlevinin yanında da bir `alarmıKur` işlevi gerekirdi.

Bu sınıf, bu anlatıma uygun olarak şöyle gerçekleştirilebilir:

```
class ÇalarSaat {
    int saat;
    int dakika;
    int saniye;
    int alarmSaati;
    int alarmDakikası;

    void ayarla(int saat, int dakika, int saniye = 0) {
        this.saat = saat;
        this.dakika = dakika;
        this.saniye = saniye;
    }

    void alarmıKur(int saat, int dakika) {
        alarmSaati = saat;
        alarmDakikası = dakika;
    }
}
```

`Saat` sınıfında da bulunan üyelerini işaretlenmiş olarak gösterdim. Görüldüğü gibi; `Saat` ve `ÇalarSaat` sınıflarını aynı program içinde bu şekilde ayrı ayrı tanımlamak oldukça fazla kod tekrarına neden olur.

`class`'tan türetmek, bir sınıfın üyelerinin başka bir sınıf tarafından oldukları gibi edinilmelerini sağlar. `ÇalarSaat`'i `Saat`'ten türeterek tanımlamak, yeni sınıfı büyük ölçüde kolaylaştırır ve kod tekrarını ortadan kaldırır:

```
class ÇalarSaat : Saat {
    int alarmSaati;
    int alarmDakikası;

    void alarmıKur(int saat, int dakika) {
        alarmSaati = saat;
        alarmDakikası = dakika;
    }
}
```

`ÇalarSaat`'in `Saat`'ten türetildiği bu tanım öncekinin eşdeğeridir. Bu tanımdaki işaretlenmiş olan bölüm, bir önceki tanımdaki işaretlenmiş olarak gösterilen bölümün yerine geçer.

`ÇalarSaat`, `Saat`'in bütün üye değişkenlerini ve işlevlerini kalıtım yoluyla edindiği için bir `Saat` gibi de kullanılabilir:

```
    auto başucuSaati = new ÇalarSaat;
    başucuSaati.ayarla(20, 30);
    başucuSaati.alarmıKur(7, 0);
```

Yeni türün `Saat`'ten kalıtım yoluyla edindiği üyeleri de kendi üyeleri haline gelir, ve istendiğinde dışarıdan erişilebilir:

```
    writefln("%02s:%02s:%02s ♫%02s:%02s",
             başucuSaati.saat,
             başucuSaati.dakika,
             başucuSaati.saniye,
             başucuSaati.alarmSaati,
             başucuSaati.alarmDakikası);
```

Yukarıdaki kodun çıktısı:

```
20:30:00 ♫07:00
```

Not: Onun yerine biraz aşağıda gösterilecek olan `ÇalarSaat.toString` işlevini kullanmak çok daha doğru olur.

Bu örnekte görüldüğü gibi, üye veya üye işlev edinmek amacıyla yapılan türemeye *gerçekleştirme türemesi* denir.

Saat'ten kalıtım yoluyla edinilen üyeler de ÇalarSaat'in parçaları haline gelirler. Her ÇalarSaat nesnesinin artık hem kendi tanımladığı alarmla ilgili üyeleri, hem de kalıtımla edindiği saatle ilgili üyeleri vardır.

Belleği bu sefer aşağıya doğru ilerleyen bir şerit olarak hayal edersek, ÇalarSaat nesnelerinin bellekte aşağıdakine benzer biçimde durduklarını düşünebiliriz:

```
                  │      .      │
                  │      .      │
nesnenin adresi → ├─────────────┤
                  │(başka veriler)
                  │ saat        │
                  │ dakika      │
                  │ saniye      │
                  │ alarmSaati  │
                  │ alarmDakikası
                  ├─────────────┤
                  │      .      │
                  │      .      │
```

Yukarıdaki şekli yalnızca bir fikir vermesi için gösteriyorum. Üyelerin bellekte tam olarak nasıl durdukları derleyicinin kodu derlerken aldığı kararlara bağlıdır. Örneğin, *başka veriler* diye işaretlenmiş olan bölümde o türün sanal işlev tablosunu gösteren bir gösterge bulunur. (Nesnelerin belleğe tam olarak nasıl yerleştirildikleri bu kitabın kapsamı dışındadır.)

55.1 Uyarı: "o türden" ise türetin

Gerçekleştirme türemesinin *üye edinme* ile ilgili olduğunu gördük. Bu amaçla türetmeyi ancak türler arasında "bu özel tür, o genel türdendir" gibi bir ilişki (is-a) kurabiliyorsanız düşünün. Yukarıdaki örnek için böyle bir ilişkinin var olduğunu söyleyebiliriz, çünkü "çalar saat bir saattir."

Bazı türler arasında ise böyle bir ilişki yoktur. Çoğu durumda türler arasında bir *içerme* ilişkisi (has-a) vardır. Örneğin Saat sınıfına Pil de eklemek istediğimizi düşünelim. Pil üyesini türeme yoluyla edinmek uygun olmaz, çünkü "saat bir pildir" ifadesi doğru değildir:

```
class Saat : Pil {      // ← YANLIŞ TASARIM
    // ...
}
```

Bunun nedeni saatin bir pil *olmaması* ama bir pil *içermesidir.* Türler arasında böyle bir içerme ilişkisi bulunduğunda doğru olan içeren türün diğerini üye olarak tanımlamasıdır:

```
class Saat {
    Pil pil;            // ← Doğru tasarım
    // ...
}
```

55.2 En fazla bir class'tan türetilebilir

Sınıflar birden çok class'tan türetilemezler.

Örneğin "çalar saat sesli bir alettir" ilişkisini gerçekleştirmek için ÇalarSaat'i bir de SesliAlet sınıfından türetmek istesek, derleme hatası ile karşılaşırız:

```
class SesliAlet {
    // ...
}
```

```
class ÇalarSaat : Saat, SesliAlet {    // ← derleme HATASI
    // ...
}
```

interface'lerden ise istenildiği kadar sayıda türetilebilir. Bunu da daha sonra göreceğiz.

Öte yandan, sınıfların ne kadar derinlemesine türetildiklerinin bir sınırı yoktur:

```
class Çalgı {
    // ...
}

class TelliÇalgı : Çalgı {
    // ...
}

class Kemençe : TelliÇalgı {
    // ...
}
```

Yukarıdaki kodda Kemençe TelliÇalgı'dan, TelliÇalgı da Çalgı'dan türetilmiştir. Bu tanımda Kemençe, TelliÇalgı ve Çalgı özelden genele doğru bir *sıradüzen* oluştururlar.

55.3 Sıradüzenin gösterimi

Aralarında türeme ilişkisi bulunan türlerin hepsine birden *sıradüzen* ismi verilir.

Nesne yönelimli programlamada sıradüzenin geleneksel bir gösterimi vardır: üst sınıflar yukarıda ve alt sınıflar aşağıda olacak şekilde gösterilirler. Sınıflar arasındaki türeme ilişkisi de alt sınıftan üst sınıfa doğru bir okla belirtilir.

Örneğin yukarıdaki sınıf ilişkisini de içeren bir sıradüzen şöyle gösterilir:

```
             Çalgı
            ↗    ↖
     TelliÇalgı   NefesliÇalgı
       ↗    ↖       ↗    ↖
  Kemençe  Saz   Kaval   Ney
```

55.4 Üst sınıf üyelerine erişmek için super anahtar sözcüğü

Alt sınıf içinden üst sınıfın üyelerine erişilmek istendiğinde, üst sınıfı temsil etmek için super anahtar sözcüğü kullanılır.

Örneğin ÇalarSaat sınıfının üye işlevlerinin içindeyken, Saat'ten edindiği bir üyeye super.dakika diye erişilebilir:

```
class ÇalarSaat : Saat {
    // ...

    void birÜyeİşlev() {
        super.dakika = 10; // Saat'ten edindiği dakika değişir
        dakika = 10;       // ... aynı şey
    }
}
```

Yukarıdaki koddan da anlaşıldığı gibi, super anahtar sözcüğü her zaman gerekli değildir çünkü bu durumda yalnızca dakika yazıldığında da üst sınıftaki dakika anlaşılır. super'in bu kullanımı, hem üst sınıfta hem de alt sınıfta aynı isimde üyeler bulunduğu durumlardaki karışıklıkları gidermek için yararlıdır. Bunu biraz aşağıdaki super.sıfırla() ve super.toString() kullanımlarında göreceğiz.

Sıradüzendeki iki sınıfın aynı isimde üyeleri varsa isim karışıklıkları üyelerin tam isimleri belirtilerek giderilir:

```
class Alet {
    string üretici;
}

class Saat : Alet {
    string üretici;
}

class ÇalarSaat : Saat {
    // ...

    void foo() {
        Alet.üretici = "Öz Saatçilik";
        Saat.üretici = "En Öz Saatçilik";
    }
}
```

55.5 Üst sınıf üyelerini kurmak için super anahtar sözcüğü

`super` anahtar sözcüğü, *üst sınıfın kurucusu* anlamına da gelir. Alt sınıfın kurucusundan üst sınıfın kurucusunu çağırmak için kullanılır. Bu kullanımda; `this` nasıl bu sınıfın kurucusu ise, `super` de üst sınıfın kurucusudur.

Üst sınıfın kurucusunun açıkça çağrılması gerekmez. Eğer alt sınıfın kurucusu üst sınıfın herhangi bir kurucusunu açıkça çağırıyorsa, üst sınıfın kurucusu çağrıldığı noktada işletilir. Öte yandan (ve eğer üst sınıfın varsayılan kurucusu varsa), üst sınıfın varsayılan kurucusu henüz alt sınıf kurucusuna girilmeden otomatik olarak işletilir.

Yukarıdaki `Saat` ve `ÇalarSaat` sınıflarının kurucularını tanımlamamıştık. Bu yüzden her ikisinin üyeleri de kendi `.init` değerleri ile ilklenirler. Hatırlarsanız, o değer `int` için sıfırdır.

`Saat`'in aşağıdaki gibi bir kurucusu olduğunu varsayalım:

```
class Saat {
    this(int saat, int dakika, int saniye) {
        this.saat = saat;
        this.dakika = dakika;
        this.saniye = saniye;
    }

    // ...
}
```

Kullanıcıların `Saat` nesnelerini bu kurucu ile kurmaları gerektiğini biliyoruz:

```
    auto saat = new Saat(17, 15, 0);
```

Bir `Saat` nesnesinin öyle tek başına kurulması doğaldır.

Ancak, kullanıcıların bir `ÇalarSaat` kurdukları durumda, onun türemeyle edindiği `Saat` parçasını açıkça kurmaları olanaksızdır. Hatta kullanıcılar bazı durumlarda `ÇalarSaat`'in bir `Saat`'ten türediğini bile bilmek zorunda değillerdir.

Kullanıcının tek amacı, yalnızca alt sınıftan bir nesne kurmak ve onu kullanmak olabilir:

```
    auto başucuSaati = new ÇalarSaat(/* ... */);
    // ... bir ÇalarSaat olarak kullan ...
```

Bu yüzden, kalıtımla edindiği üst sınıf parçasını kurmak alt sınıfın görevidir. Üst sınıfın kurucusu `super` ismiyle çağrılır:

```
class ÇalarSaat : Saat {
    this(int saat, int dakika, int saniye,      // Saat için
         int alarmSaati, int alarmDakikası) { // ÇalarSaat için
        super(saat, dakika, saniye);
        this.alarmSaati = alarmSaati;
        this.alarmDakikası = alarmDakikası;
    }

    // ...
}
```

ÇalarSaat'in kurucusu, hem kendisi için gereken alarmla ilgili bilgileri hem de üst sınıf için gereken saat bilgilerini parametre olarak almakta ve Saat'in üyelerini super'i çağırarak kurmaktadır.

55.6 Üye işlevleri override ile özel olarak tanımlamak

Türemenin önemli bir yararı, üst sınıfta bulunan işlevlerin alt sınıf tarafından özel olarak yeniden tanımlanabilmesidir. override, bu kullanımda "hükümsüz kılmak, bastırmak" anlamına gelir. Alt sınıf, üst sınıfın işlevini kendisine uygun olacak şekilde yeniden tanımlayabilir.

Alt sınıfta yeniden tanımlanabilen işlevlere *sanal işlev* denir. Derleyiciler sanal işlevleri *sanal işlev gösterge tabloları* (virtual function pointer table (vtbl)) ve *vtbl göstergeleri* ile gerçekleştirirler. Bu konu bu kitabın kapsamı dışında olsa da, sanal işlev çağrılarının normal işlev çağrılarından biraz daha yavaş olduklarını bilmeniz gerekir. D'de bütün sınıf işlevleri sanal varsayılırlar. O yüzden, üst sınıfın işlevinin yeniden tanımlanmasının gerekmediği bir durumda o işlevin sanal olmaması için final olarak işaretlenmesi uygun olur. final anahtar sözcüğünü daha sonra Arayüzler bölümünde (sayfa 356) göreceğiz.

Saat'in sıfırla isminde bir üye işlevi olduğunu düşünelim. Bu işlev bütün üyelerin değerlerini sıfırlıyor olsun:

```
class Saat {
    void sıfırla() {
        saat = 0;
        dakika = 0;
        saniye = 0;
    }

    // ...
}
```

Hatırlayacağınız gibi, aynı işlev kalıtım yoluyla ÇalarSaat tarafından da edinilir ve onun nesneleri ile de kullanılabilir:

```
    auto başucuSaati = new ÇalarSaat(20, 30, 0, 7, 0);
    // ...
    başucuSaati.sıfırla();
```

Ancak, Saat'in bu sıfırla işlevinin alarmla ilgili üyelerden haberi yoktur; o, yalnızca kendi sınıfının üyeleri ile ilgili olabilir. Bu yüzden, alt sınıfın üyelerinin de sıfırlanabilmeleri için; üst sınıftaki sıfırla işlevinin *bastırılması*, ve alt sınıfta yeniden tanımlanması gerekir:

```
class ÇalarSaat : Saat {
    override void sıfırla() {
        super.sıfırla();
        alarmSaati = 0;
        alarmDakikası = 0;
    }
```

```
    // ...
}
```

Alt sınıfın yalnızca kendi üyelerini sıfırladığına, ve üst sınıfın işini `super.sıfırla()` çağrısı yoluyla üst sınıfa havale ettiğine dikkat edin.

Yukarıdaki kodda `super.sıfırla()` yerine yalnızca `sıfırla()` yazamadığımıza da ayrıca dikkat edin. Eğer yazsaydık, `ÇalarSaat` sınıfı içinde bulunduğumuz için öncelikle onun işlevi anlaşılırdı, ve içinde bulunduğumuz bu işlev tekrar tekrar kendisini çağırırdı. Sonuçta da program sonsuz döngüye girer, bir bellek sorunu yaşar, ve çökerek sonlanırdı.

`toString`'in tanımını bu noktaya kadar geciktirmemin nedeni, her sınıfın bir sonraki bölümde anlatacağım `Object` isminde bir sınıftan otomatik olarak türemiş olması ve `Object`'in zaten bir `toString` işlevi tanımlamış olmasıdır.

Bu yüzden, bir sınıfın `toString` işlevinin tanımlanabilmesi için `override` anahtar sözcüğünün de kullanılması gerekir:

```
import std.string;

class Saat {
    override string toString() const {
        return format("%02s:%02s:%02s", saat, dakika, saniye);
    }

    // ...
}

class ÇalarSaat : Saat {
    override string toString() const {
        return format("%s ♫%02s:%02s", super.toString(),
                      alarmSaati, alarmDakikası);
    }

    // ...
}
```

`ÇalarSaat`'in işlevinin `Saat`'in işlevini `super.toString()` diye çağırdığına dikkat edin.

Artık `ÇalarSaat` nesnelerini de dizgi olarak ifade edebiliriz:

```
void main() {
    auto masaSaatim = new ÇalarSaat(10, 15, 0, 6, 45);
    writeln(masaSaatim);
}
```

Çıktısı:

```
10:15:00 ♫06:45
```

55.7 Alt sınıf nesnesi, üst sınıf nesnesi yerine geçebilir

Üst sınıf daha *genel*, ve alt sınıf daha *özel* olduğu için; alt sınıf nesneleri üst sınıf nesneleri yerine geçebilirler. Buna *çok şekillilik* denir.

Bu genellik ve özellik ilişkisini "bu tür o türdendir" gibi ifadelerde görebiliriz: "çalar saat bir saattir", "öğrenci bir insandır", "kedi bir omurgalı hayvandır", vs. Bu ifadelere uygun olarak; saatin gerektiği yerde çalar saat, insanın gerektiği yerde öğrenci, omurgalı hayvanın gerektiği yerde de kedi kullanılabilir.

Üst sınıfın yerine kullanılan alt sınıf nesneleri kendi türlerini kaybetmezler. Nasıl normal hayatta bir çalar saatin bir saat olarak kullanılması onun aslında bir çalar saat olduğu gerçeğini değiştirmiyorsa, türemede de değiştirmez. Alt sınıf kendisi gibi davranmaya devam eder.

Elimizde Saat nesneleri ile çalışabilen bir işlev olsun. Bu işlev kendi işlemleri sırasında bu verilen saati de sıfırlıyor olsun:

```
void kullan(Saat saat) {
    // ...
    saat.sıfırla();
    // ...
}
```

Çok şekilliliğin yararı böyle durumlarda ortaya çıkar. Yukarıdaki işlev Saat türünden bir parametre beklediği halde, onu bir ÇalarSaat nesnesi ile de çağırabiliriz:

```
    auto masaSaatim = new ÇalarSaat(10, 15, 0, 6, 45);
    writeln("önce : ", masaSaatim);
    kullan(masaSaatim);
    writeln("sonra: ", masaSaatim);
```

kullan işlevi, masaSaatim nesnesini bir ÇalarSaat olmasına rağmen kabul eder, ve bir Saat gibi kullanır. Bu, aralarındaki türemenin "çalar saat bir saattir" ilişkisini oluşturmuş olmasındandır. Sonuçta, masaSaatim nesnesi sıfırlanmıştır:

```
önce : 10:15:00 ♫06:45
sonra: 00:00:00 ♫00:00
```

Burada dikkatinizi çekmek istediğim önemli nokta, yalnızca saat bilgilerinin değil, alarm bilgilerinin de sıfırlanmış olmasıdır.

kullan işlevinde bir Saat'in sıfırla işlevinin çağrılıyor olmasına karşın; asıl nesne bir ÇalarSaat olduğu için, o türün özel sıfırla işlevi çağrılır ve onun tanımı gereği hem saatle ilgili üyeleri, hem de alarmla ilgili üyeleri sıfırlanır.

masaSaatim'in kullan işlevine bir Saat'miş gibi gönderilebilmesi, onun asıl türünde bir değişiklik yapmaz. Görüldüğü gibi, kullan işlevi bir Saat nesnesi kullandığını düşündüğü halde, elindeki nesnenin asıl türüne uygun olan sıfırla işlevi çağrılmıştır.

Saat sıradüzenine bir sınıf daha ekleyelim. Sıfırlanmaya çalışıldığında üyelerinin rasgele değerler aldığı BozukSaat sınıfı:

```
import std.random;

class BozukSaat : Saat {
    this() {
        super(0, 0, 0);
    }

    override void sıfırla() {
        saat = uniform(0, 24);
        dakika = uniform(0, 60);
        saniye = uniform(0, 60);
    }
}
```

O türün parametre kullanmadan kurulabilmesi için parametresiz bir kurucu işlev tanımladığına da dikkat edin. O kurucunun tek yaptığı, kendi sorumluğunda bulunan üst sınıfını kurmaktır.

kullan işlevine bu türden bir nesne gönderdiğimiz durumda da bu türün özel sıfırla işlevi çağrılır. Çünkü bu durumda da kullan içindeki saat parametresinin asıl türü BozukSaat'tir:

```
    auto raftakiSaat = new BozukSaat;
    kullan(raftakiSaat);
    writeln(raftakiSaat);
```

`BozukSaat`'in `kullan` içinde sıfırlanması sonucunda oluşan rasgele saat değerleri:

```
22:46:37
```

55.8 Türeme geçişlidir

Sınıfların birbirlerinin yerine geçmeleri yalnızca türeyen iki sınıfla sınırlı değildir. Alt sınıflar, üst sınıflarının türedikleri sınıfların da yerine geçerler.

Yukarıdaki `Çalgı` sıradüzenini hatırlayalım:

```
class Çalgı {
    // ...
}

class TelliÇalgı : Çalgı {
    // ...
}

class Kemençe : TelliÇalgı {
    // ...
}
```

Oradaki türemeler şu iki ifadeyi gerçekleştirirler: "telli çalgı bir çalgıdır" ve "kemençe bir telli çalgıdır". Dolayısıyla, "kemençe bir çalgıdır" da doğru bir ifadedir. Bu yüzden, `Çalgı` beklenen yerde `Kemençe` de kullanılabilir.

Gerekli türlerin ve üye işlevlerin tanımlanmış olduklarını varsayarsak:

```
void güzelÇal(Çalgı çalgı, Parça parça) {
    çalgı.akortEt();
    çalgı.çal(parça);
}

// ...

    auto kemençem = new Kemençe;
    güzelÇal(kemençem, doğaçlama);
```

`güzelÇal` işlevi bir `Çalgı` beklediği halde, onu bir `Kemençe` ile çağırabiliyoruz; çünkü geçişli olarak "kemençe bir çalgıdır".

Türeme yalnızca iki sınıfla sınırlı değildir. Eldeki probleme bağlı olarak, ve her sınıfın tek bir `class`'tan türeyebileceği kuralına uyulduğu sürece, sıradüzen gerektiği kadar kapsamlı olabilir.

55.9 Soyut üye işlevler ve soyut sınıflar

Bazen bir sınıfta bulunmasının doğal olduğu, ama o sınıfın kendisinin tanımlayamadığı işlevlerle karşılaşılabilir. Somut bir gerçekleştirmesi bulunmayan bu işleve bu sınıfın bir *soyut işlevi* denir. En az bir soyut işlevi bulunan sınıflara da *soyut sınıf* ismi verilir.

Örneğin satranç taşlarını ifade eden bir sıradüzende `SatrançTaşı` sınıfının taşın hamlesinin yasal olup olmadığını sorgulamaya yarayan `yasal_mı` isminde bir işlevi olduğunu varsayalım. Böyle bir sıradüzende bu üst sınıf, taşın hangi karelere ilerletilebileceğini bilemiyor olabilir; her taşın hareketi, onunla ilgili olan alt sınıf tarafından biliniyordur: piyonun hareketini `Piyon` sınıfı biliyordur, şahın hareketini `Şah` sınıfı, vs.

`abstract` anahtar sözcüğü, o üye işlevin bu sınıfta gerçekleştirilmediğini, ve alt sınıflardan birisinde gerçekleştirilmesinin *şart olduğunu* bildirir:

```
class SatrançTaşı {
    abstract bool yasal_mı(Kare nereden, Kare nereye);
}
```

Görüldüğü gibi; o işlev o sınıfta tanımlanmamış, yalnızca `abstract` olarak bildirilmiştir.

Soyut sınıf türlerinin nesneleri oluşturulamaz:

```
    auto taş = new SatrançTaşı;          // ← derleme HATASI
```

Bunun nedeni, eksik işlevi yüzünden bu sınıfın kullanılamaz durumda bulunmasıdır. Çünkü; eğer oluşturulabilse, `taş.yasal_mı(buKare, şuKare)` gibi bir çağrının sonucunda ne yapılacağı bu sınıf tarafından bilinemez.

Öte yandan, bu işlevin tanımını veren alt sınıfların nesneleri oluşturulabilir; çünkü alt sınıf bu işlevi kendisine göre tanımlamıştır ve işlev çağrısı sonucunda ne yapılacağı böylece bilinir:

```
class Piyon : SatrançTaşı {
    override bool yasal_mı(Kare nereden, Kare nereye) {
        // ... işlevin piyon tarafından gerçekleştirilmesi ...
        return karar;
    }
}
```

Bu işlevin tanımını da sunduğu için bu alt sınıftan nesneler oluşturulabilir:

```
    auto taş = new Piyon;                // derlenir
```

Soyut işlevlerin de tanımları bulunabilir. (Alt sınıf yine de kendi tanımını vermek zorundadır.) Örneğin, `SatrançTaşı` türünün `yasal_mı` işlevi genel denetimler içerebilir:

```
class SatrançTaşı {
    abstract bool yasal_mı(Kare nereden, Kare nereye) {
        // 'nereden' karesinin 'nereye' karesinden farklı
        // olduğunu denetliyoruz
        return nereden != nereye;
    }
}

class Piyon : SatrançTaşı{
    override bool yasal_mı(Kare nereden, Kare nereye) {
        // Öncelikle hamlenin herhangi bir SatrançTaşı için
        // yasal olduğundan emin oluyoruz
        if (!super.yasal_mı(nereden, nereye)) {
            return false;
        }

        // ... sonra Piyon için özel karar veriyoruz ...

        return karar;
    }
}
```

`SatrançTaşı` sınıfı `yasal_mı` işlevi tanımlanmış olduğu halde yine de sanaldır. `Piyon` sınıfının ise nesneleri oluşturulabilir.

55.10 Örnek

Bir örnek olarak demir yolunda ilerleyen araçlarla ilgili bir sıradüzene bakalım. Bu örnekte sonuçta şu sıradüzeni gerçekleştirmeye çalışacağız:

```
             DemirYoluAracı
            /      |      \
   Lokomotif    Tren    Vagon { bindir()?, indir()? }
                          /   \
        YolcuVagonu     YükVagonu
```

`Vagon` sınıfının soyut olarak bıraktığı işlevleri soru işaretleriyle belirttim.

Burada amacım yalnızca sınıf ve sıradüzen tasarımlarını göstermek olduğu için fazla ayrıntıya girmeyeceğim ve yalnızca gerektiği kadar kod yazacağım. O yüzden aşağıdaki işlevlerde gerçek işler yapmak yerine yalnızca çıkışa mesaj yazdırmakla yetineceğim.

Yukarıdaki tasarımdaki en genel araç olan `DemirYoluAracı` yalnızca ilerleme işiyle ilgilenecek şekilde tasarlanmış olsun. Genel olarak bir *demir yolu aracı* olarak kabul edilebilmek için bu tasarımda bundan daha fazlası da gerekmiyor. O sınıfı şöyle tanımlayabiliriz:

```
class DemirYoluAracı {
    void ilerle(size_t kilometre) {
        writefln("Araç %s kilometre ilerliyor", kilometre);
    }
}
```

`DemirYoluAracı`'ndan türemiş olan bir tür `Lokomotif`. Bu sınıfın henüz bir özelliği bulunmuyor:

```
class Lokomotif : DemirYoluAracı {
}
```

Problemler bölümünde `DemirYoluAracı`'na soyut `sesÇıkart` işlevini eklediğimiz zaman `Lokomotif` türü de `sesÇıkart` işlevinin tanımını vermek zorunda kalacak.

Benzer biçimde, `Vagon` da bir `DemirYoluAracı`'dır. Ancak, eğer vagonların programda yük ve yolcu vagonu olarak ikiye ayrılmaları gerekiyorsa *indirme* ve *bindirme* işlemlerinin farklı olarak tanımlanmaları gerekebilir. Kullanım amacına uygun olarak her vagon mal veya yolcu taşır. Bu genel tanıma uygun olarak bu sınıfa iki işlev ekleyelim:

```
class Vagon : DemirYoluAracı {
    abstract void bindir();
    abstract void indir();
}
```

Görüldüğü gibi, bu işlevlerin `Vagon` arayüzünde *soyut* olarak tanımlanmaları gerekiyor çünkü vagonun indirme ve bindirme işlemleri sırasında tam olarak ne olacağı o vagonun türüne bağlıdır. Bu işlemler `Vagon` düzeyinde bilinemez. Yolcu vagonlarının indirme işlemi vagon kapılarının açılması ve yolcuların trenden çıkmalarını beklemek kadar basit olabilir. Yük vagonlarında ise yük taşıyan görevlilere ve belki de vinç gibi bazı araçlara gerek duyulabilir. Bu yüzden `indir` ve `bindir` işlevlerinin sıradüzenin bu aşamasında soyut olmaları gerekir.

Soyut `Vagon` sınıfının soyut işlevlerini gerçekleştirmek, ondan türeyen somut iki sınıfın görevidir:

```
class YolcuVagonu : Vagon {
    override void bindir() {
        writeln("Yolcular biniyor");
    }

    override void indir() {
        writeln("Yolcular iniyor");
    }
}

class YükVagonu : Vagon {
    override void bindir() {
        writeln("Mal yükleniyor");
    }
```

```
    override void indir() {
        writeln("Mal boşalıyor");
    }
}
```

Soyut bir sınıf olması Vagon'un kullanılamayacağı anlamına gelmez. Vagon sınıfının kendisinden nesne oluşturulamasa da Vagon sınıfı bir arayüz olarak kullanılabilir. Yukarıdaki türetmeler "yük vagonu bir vagondur" ve "yolcu vagonu bir vagondur" ilişkilerini gerçekleştirdikleri için bu iki sınıfı Vagon yerine kullanabiliriz. Bunu biraz aşağıda Tren sınıfı içinde göreceğiz.

Treni temsil eden sınıfı bir lokomotif ve bir vagon dizisi içerecek biçimde tanımlayabiliriz:

```
class Tren : DemirYoluAracı {
    Lokomotif lokomotif;
    Vagon[] vagonlar;

    // ...
}
```

Burada çok önemli bir konuya tekrar dikkatinizi çekmek istiyorum. Her ne kadar Lokomotif ve Vagon demir yolu araçları olsalar da, trenin onlardan türetilmesi doğru olmaz. Yukarıda değindiğimiz kuralı hatırlayalım: sınıfların türemeleri için, "bu özel tür, o genel türdendir" gibi bir ilişki bulunması gerekir. Oysa tren ne bir lokomotiftir, ne de vagondur. Tren onları *içerir*. Bu yüzden lokomotif ve vagon kavramlarını trenin üyeleri olarak tanımladık.

Bir trenin her zaman için lokomotifinin olması gerektiğini kabul edersek geçerli bir Lokomotif nesnesini şart koşan bir kurucu tanımlamamız gerekir. Vagonlar seçime bağlı iseler onlar da vagon eklemeye yarayan bir işlevle eklenebilirler:

```
import std.exception;
// ...

class Tren : DemirYoluAracı {
    // ...

    this(Lokomotif lokomotif) {
        enforce(lokomotif !is null, "Lokomotif null olamaz");
        this.lokomotif = lokomotif;
    }

    void vagonEkle(Vagon[] vagonlar...) {
        this.vagonlar ~= vagonlar;
    }

    // ...
}
```

Kurucuya benzer biçimde, vagonEkle işlevi de vagon nesnelerinin null olup olmadıklarına bakabilirdi. Bu konuyu gözardı ediyorum.

Trenle ilgili bir durum daha düşünebiliriz. Trenin istasyondan ayrılma ve istasyona gelme işlemlerinin de desteklenmesinin gerektiğini varsayalım:

```
class Tren : DemirYoluAracı {
    // ...

    void istasyondanAyrıl(string istasyon) {
        foreach (vagon; vagonlar) {
            vagon.bindir();
        }

        writefln("%s garından ayrılıyoruz", istasyon);
```

```
    }

    void istasyonaGel(string istasyon) {
        writefln("%s garına geldik", istasyon);

        foreach (vagon; vagonlar) {
            vagon.indir();
        }
    }
}
```

Bu programda geriye kalan, `std.stdio` modülünün eklenmesi ve bu sınıfları kullanan bir `main` işlevinin yazılmasıdır:

```
import std.stdio;
// ...
void main() {
    auto lokomotif = new Lokomotif;
    auto tren = new Tren(lokomotif);

    tren.vagonEkle(new YolcuVagonu, new YükVagonu);

    tren.istasyondanAyrıl("Ankara");
    tren.ilerle(500);
    tren.istasyonaGel("Haydarpaşa");
}
```

Programda trene farklı türden iki vagon eklenmektedir: `YolcuVagonu` ve `YükVagonu`. Ek olarak, `Tren` sınıfı programda iki farklı arayüzün sunduğu işlevlerle kullanılmaktadır:

1. `ilerle` işlevi çağrıldığında `tren` nesnesi bir `DemirYoluAracı` olarak kullanılmaktadır çünkü o işlev `DemirYoluAracı` düzeyinde bildirilmiştir ve `Tren` tarafından türeme yoluyla edinilmiştir.
2. `istasyondanAyrıl` ve `istasyonaGel` işlevleri çağrıldığında ise `tren` nesnesi bir `Tren` olarak kullanılmaktadır çünkü o işlevler `Tren` düzeyinde bildirilmişlerdir.

Programın çıktısı `indir` ve `bindir` işlevlerinin vagonların türüne bağlı olarak uygulandığını gösteriyor:

```
Yolcular biniyor     ←
Mal yükleniyor       ←
Ankara garından ayrılıyoruz
Araç 500 kilometre ilerliyor
Haydarpaşa garına geldik
Yolcular iniyor      ←
Mal boşalıyor        ←
```

55.11 Özet

- Türeme, "bu tür o türdendir" ilişkisi içindir.
- Her sınıf en fazla bir `class`'tan türetilebilir.
- `super`'in iki kullanımı vardır: üst sınıfın kurucusunu çağırmak ve üst sınıfın üyelerine erişmek.
- `override`, üst sınıfın bir işlevini bu sınıf için özel olarak tanımlar.
- `abstract`, soyut işlevin alt sınıflardan birisinde tanımlanmasını şart koşar.

55.12 Problemler

1. Yukarıdaki sıradüzenin en üst sınıfı olan `DemirYoluAracı`'nı değiştirelim. Kaç kilometre ilerlediğini bildirmenin yanında her yüz kilometre için bir de ses çıkartsın:

```
class DemirYoluAracı {
    void ilerle(size_t kilometre) {
        writefln("Araç %s kilometre ilerliyor:", kilometre);

        foreach (i; 0 .. kilometre / 100) {
            writefln("  %s", sesÇıkart());
        }
    }
}
```

Ancak, `sesÇıkart` işlevi `DemirYoluAracı` sınıfında tanımlanamasın çünkü her aracın kendi özel sesi olsun:

- `Lokomotif` için "çuf çuf"
- `Vagon` için "takıtak tukutak"

Not: `Tren.sesÇıkart` işlevini şimdilik bir sonraki soruya bırakın.

Her aracın farklı sesi olduğu için `sesÇıkart`'ın genel bir tanımı verilemez. O yüzden üst sınıfta soyut olarak bildirilmesi gerekir:

```
class DemirYoluAracı {
    // ...

    abstract string sesÇıkart();
}
```

`sesÇıkart` işlevini alt sınıflar için gerçekleştirin ve şu `main` ile deneyin:

```
void main() {
    auto vagon1 = new YolcuVagonu;
    vagon1.ilerle(100);

    auto vagon2 = new YükVagonu;
    vagon2.ilerle(200);

    auto lokomotif = new Lokomotif;
    lokomotif.ilerle(300);
}
```

Bu programın aşağıdaki çıktıyı vermesini sağlayın:

```
Araç 100 kilometre ilerliyor:
  takıtak tukutak
Araç 200 kilometre ilerliyor:
  takıtak tukutak
  takıtak tukutak
Araç 300 kilometre ilerliyor:
  çuf çuf
  çuf çuf
  çuf çuf
```

Dikkat ederseniz, `YolcuVagonu` ile `YükVagonu` aynı sesi çıkartıyorlar. O yüzden onların sesi, ortak üst sınıfları olan `Vagon` tarafından sağlanabilir.

2. `sesÇıkart` işlevini `Tren` sınıfı için nasıl tanımlayabileceğinizi düşünün.

   Bir fikir: `Tren`'in sesini, içerdiği lokomotifin ve vagonların seslerinin birleşimi olarak oluşturabilirsiniz.

Çözümler: Sayfa 733

56 Object

Açıkça başka bir sınıftan türetilmeyen sınıflar otomatik olarak `Object` adlı sınıftan türerler.

Sıradüzenin en üstündeki sınıf `Object`'ten otomatik olarak türer:

```
class Çalgı : Object {      // ": Object" yazılmaz; otomatiktir
    // ...
}

class TelliÇalgı : Çalgı {  // dolaylı olarak Object'ten türer
    // ...
}
```

En üstteki sınıf `Object`'ten türediği için, altındaki bütün sınıflar da dolaylı olarak `Object`'ten türerler. Bu anlamda "her sınıf, `Object` türündendir".

Bu türeme sonucunda her sınıf `Object`'in bazı üye işlevlerini edinir:

- `toString`: Nesnenin dizgi olarak ifadesi.
- `opEquals`: Eşitlik karşılaştırması.
- `opCmp`: Sıra karşılaştırması.
- `toHash`: Eşleme tablosu indeks değeri.

Bu işlevlerden son üçü sınıf nesnelerinin değerlerini ön plana çıkartmak ve onları eşleme tablolarında indeks türü olarak kullanmak için gereklidir.

Türeme yoluyla edinildikleri için bu işlevlerin türeyen tür için `override` anahtar sözcüğü ile tanımlanmaları gerekir.

Not: `Object`'ten edinilen başka üyeler de vardır. Bu bölümde yalnızca bu dört işlevini göreceğiz.

56.1 typeid ve TypeInfo

`Object` sınıfı, `std` pakedinin parçası olmayan `object`[1] modülünde tanımlanmıştır. Bu modül türler hakkında bilgi taşıyan `TypeInfo` sınıfını da tanımlar. Programın çalışması sırasında her farklı tür için farklı bir `TypeInfo` nesnesi vardır. `typeid` *ifadesi* belirli bir türe karşılık gelen `TypeInfo` nesnesine erişim sağlar. Biraz aşağıda göreceğimiz gibi, `TypeInfo` sınıfı türlerin eşit olup olmadıklarını belirlemek yanında türlerin özel işlevlerine (`toHash`, `postblit`, vs.) de erişim sağlar.

`TypeInfo` her zaman için çalışma zamanındaki asıl tür ile ilgilidir. Örneğin, aşağıdaki `Kemençe` ve `Saz` doğrudan `TelliÇalgı` sınıfından ve dolaylı olarak `Çalgı` sınıfından türemiş olsalar da ikisinin `TypeInfo` nesneleri farklıdır:

```
class Çalgı {
}

class TelliÇalgı : Çalgı {
}

class Kemençe : TelliÇalgı {
}

class Saz : TelliÇalgı {
}

void main() {
    TypeInfo k = typeid(Kemençe);
```

1. http://dlang.org/phobos/object.html

```
    TypeInfo s = typeid(Saz);
    assert(k != s);     // ← türler aynı değil
}
```

Yukarıdaki kullanımlarda `typeid`'ye *türün kendisi* verilmektedir (`Kemençe` gibi). `typeid` diğer kullanımında *ifade* alır ve o ifadenin değerinin türü ile ilgili olan `TypeInfo` nesnesini döndürür. Örneğin, aşağıdaki işlev birbirleriyle ilgili olsalar da farklı türden olan iki parametre almaktadır:

```
import std.stdio;

// ...

void foo(Çalgı ç, TelliÇalgı t) {
    const aynı_mı = (typeid(ç) == typeid(t));

    writefln("Türleri %s.", aynı_mı ? "aynı" : "aynı değil");
}

// ...

    auto a = new Kemençe();
    auto b = new Kemençe();
    foo(a, b);
```

Yukarıdaki `foo` çağrısı için gönderilen asıl parametre değerlerinin ikisi de `Kemençe` türünden olduklarından `foo` onların aynı türden olduklarını belirler:

```
Türleri aynı.
```

Kendilerine verilen ifadeleri işletmeyen `.sizeof` ve `typeof`'un aksine, `typeid` verilen ifadeyi işletmek zorundadır:

```
import std.stdio;

int foo(string bilgi) {
    writefln("'%s' sırasında çağrıldı.", bilgi);
    return 0;
}

void main() {
    const s = foo("sizeof").sizeof;      // foo() çağrılmaz
    alias T = typeof(foo("typeof"));     // foo() çağrılmaz
    auto ti = typeid(foo("typeid"));     // foo() çağrılır
}
```

Programın çıktısında görüldüğü gibi, yalnızca `typeid`'nin ifadesi işletilmiştir:

```
'typeid' sırasında çağrıldı.
```

Bu farkın nedeni, bazı ifadelerin asıl türlerinin ancak o ifadeler işletildikten sonra bilinebilmesidir. Örneğin, aşağıdaki işlevin asıl dönüş türü aldığı parametre değerine bağlı olarak her çağrıda ya `Kemençe` ya da `Saz` olacaktır:

```
Çalgı foo(int i) {
    return (i % 2) ? new Kemençe() : new Saz();
}
```

`TypeInfo`'nun dizi, yapı, sınıf, vs. gibi çeşitli türler için farklı alt sınıfları vardır. Bunlar arasından `TypeInfo_Class` özellikle yararlıdır. Örneğin, bir sınıf nesnesinin asıl türü `TypeInfo_Class.name` niteliğinden `string` olarak öğrenilebilir. Bir sınıf nesnesinin `.classinfo` niteliği o nesnenin türüne özgü `TypeInfo_Class` nesnesini verir:

```
    TypeInfo_Class bilgi = a.classinfo;
    string asılTürİsmi = bilgi.name;
```

56.2 toString

Yapılarda olduğu gibi, toString sınıf nesnelerinin dizgi olarak kullanılmalarını sağlar:

```
    const saat = new Saat(20, 30, 0);
    writeln(saat);          // saat.toString()'i çağırır
```

Sınıfın Object'ten kalıtım yoluyla edindiği toString işlevi fazla kullanışlı değildir; döndürdüğü string yalnızca türün ismini içerir:

```
deneme.Saat
```

Sınıfın isminden önceki bölüm, yani yukarıdaki deneme, o sınıfı içeren modülün ismini belirtir. Ona bakarak, Saat sınıfının deneme.d isimli bir kaynak dosya içinde tanımlandığını anlayabiliriz.

Önceki bölümde olduğu gibi, anlamlı bir string üretmesi için bu işlev hemen hemen her zaman için özel olarak tanımlanır:

```
import std.string;

class Saat {
    override string toString() const {
        return format("%02s:%02s:%02s", saat, dakika, saniye);
    }

    // ...
}

class ÇalarSaat : Saat {
    override string toString() const {
        return format("%s ♫%02s:%02s", super.toString(),
                      alarmSaati, alarmDakikası);
    }

    // ...
}

// ...

    auto başucuSaati = new ÇalarSaat(20, 30, 0, 7, 0);
    writeln(başucuSaati);
```

Çıktısı:

```
20:30:00 ♫07:00
```

56.3 opEquals

İşleç Yükleme bölümünde (sayfa 300) gördüğümüz gibi, bu üye işlev == işlecinin tanımını belirler (ve dolaylı olarak != işlecinin tanımını). İşlevin dönüş değeri nesneler eşitlerse true, değillerse false olmalıdır.

Uyarı: Bu işlevin opCmp ile tutarlı olması gerekir; true döndürdüğü durumda opCmp da sıfır döndürmelidir.

Yapıların aksine, derleyici a == b gibi bir ifadeyi otomatik olarak a.opEquals(b) ifadesine dönüştürmez. İki sınıf nesnesi karşılaştırıldıklarında aşağıdaki dört adımlık algoritma uygulanır:

```
bool opEquals(Object a, Object b) {
    if (a is b) return true;                          // (1)
    if (a is null || b is null) return false;         // (2)
```

```
    if (typeid(a) == typeid(b)) return a.opEquals(b); // (3)
    return a.opEquals(b) && b.opEquals(a);            // (4)
}
```

1. İki değişken de aynı nesneye erişim sağlıyorlarsa (veya ikisi de `null` iseler) eşittirler.
2. Yalnızca birisi `null` ise eşit değildirler.
3. Her iki nesne de aynı türden iseler ve o türün `opEquals` işlevi tanımlanmışsa `a.opEquals(b)` işletilir.
4. Aksi taktirde, eşit olarak kabul edilebilmeleri için eğer tanımlanmışlarsa hem `a.opEquals(b)`'nin hem de `b.opEquals(a)`'nın `true` üretmeleri gerekir.

Dolayısıyla, `opEquals` programcı tarafından özellikle tanımlanmamışsa o sınıfın nesnelerinin değerlerine bakılmaz; iki sınıf değişkeninin aynı nesneye erişim sağlayıp sağlamadıklarına bakılır:

```
    auto değişken0 = new Saat(6, 7, 8);
    auto değişken1 = new Saat(6, 7, 8);

    assert(değişken0 != değişken1); // eşit değiller
                                    // (çünkü farklı nesneler)
```

Yukarıdaki koddaki iki nesne aynı parametre değerleriyle kuruldukları halde, `new` ile ayrı ayrı kurulmuş oldukları için iki farklı nesnedir. Bu yüzden, onlara erişim sağlayan `değişken0` ve `değişken1` değişkenleri `Object`'in gözünde *eşit değillerdir*.

Öte yandan, aynı nesneye erişim sağladıkları için şu iki değişken *eşittir*:

```
    auto ortak0 = new Saat(9, 10, 11);
    auto ortak1 = ortak0;

    assert(ortak0 == ortak1);       // eşitler
                                    // (çünkü aynı nesne)
```

Bazen nesneleri böyle kimliklerine göre değil, değerlerine göre karşılaştırmak isteriz. Örneğin `değişken0`'ın ve `değişken1`'in erişim sağladıkları nesnelerin değerlerinin eşit olmalarına bakarak, == işlecinin `true` üretmesini bekleyebiliriz.

Yapılardan farklı olarak, ve `Object`'ten kalıtımla edinildiği için, `opEquals` işlevinin parametresi `Object`'tir. O yüzden, bu işlevi kendi sınıfımız için tanımlarken parametresini `Object` olarak yazmamız gerekir:

```
class Saat {
    override bool opEquals(Object o) const {
        // ...
    }

    // ...
}
```

Kendimiz `Object` olarak doğrudan kullanmayacağımız için bu parametrenin ismini kullanışsız olarak o diye seçmekte bir sakınca görmüyorum. İlk ve çoğu durumda da tek işimiz, onu bir tür dönüşümünde kullanmak olacak.

`opEquals`'a parametre olarak gelen nesne, kod içinde == işlecinin sağ tarafında yazılan nesnedir. Örneğin şu iki satır birbirinin eşdeğeridir:

```
    değişken0 == değişken1;    // o, değişken1'i temsil eder
```

Bu işleçteki amaç bu sınıftan iki nesneyi karşılaştırmak olduğu için, işlevi tanımlarken yapılması gereken ilk şey, parametre olarak gelen `Object`'in türünü kendi sınıfımızın türüne dönüştürmektir. Sağdaki nesneyi değiştirmek gibi bir niyetimiz de olmadığı için, tür dönüşümünde `const` belirtecini kullanmak da uygun olur:

```
    override bool opEquals(Object o) const {
        const sağdaki = cast(const Saat)o;

        // ...
    }
```

Hatırlayacağınız gibi, tür dönüşümü için `std.conv.to` işlevi de kullanılabilir:

```
import std.conv;
// ...
        const sağdaki = to!(const Saat)(o);
```

Yukarıdaki tür dönüşümü işlemi ya `sağdaki`'nin türünü bu şekilde `const Saat` olarak belirler ya da dönüşüm uyumsuzsa `null` üretir.

Burada karar verilmesi gereken önemli bir konu, sağdaki nesnenin türünün bu nesnenin türü ile aynı olmadığında ne olacağıdır. Sağdaki nesnenin tür dönüşümü sonucunda `null` üretmesi, sağdaki nesnenin aslında bu türe dönüştürülemediği anlamına gelir.

Ben nesnelerin eşit kabul edilebilmeleri için bu dönüşümün başarılı olması gerektiğini varsayacağım. Bu yüzden eşitlik karşılaştırmalarında öncelikle `sağdaki`'nin `null` olmadığına bakacağım. Zaten `null` olduğu durumda `sağdaki`'nin üyelerine erişmek hatalıdır:

```
class Saat {
    int saat;
    int dakika;
    int saniye;

    override bool opEquals(Object o) const {
        const sağdaki = cast(const Saat)o;

        return (sağdaki &&
                (saat == sağdaki.saat) &&
                (dakika == sağdaki.dakika) &&
                (saniye == sağdaki.saniye));
    }

    // ...
}
```

İşlevin bu tanımı sayesinde, == işleci `Saat` nesnelerini artık değerlerine göre karşılaştırır:

```
    auto değişken0 = new Saat(6, 7, 8);
    auto değişken1 = new Saat(6, 7, 8);

    assert(değişken0 == değişken1); // artık eşitler
                                    // (çünkü değerleri aynı)
```

`opEquals`'ı tanımlarken, eğer varsa ve nesnelerin eşit kabul edilmeleri için gerekliyse, üst sınıfın üyelerini de unutmamak gerekir. Örneğin alt sınıf olan `ÇalarSaat`'in nesnelerini karşılaştırırken, `Saat`'ten kalıtımla edindiği parçaları da karşılaştırmak anlamlı olur:

```
class ÇalarSaat : Saat {
    int alarmSaati;
    int alarmDakikası;

    override bool opEquals(Object o) const {
```

```
        const sağdaki = cast(const ÇalarSaat)o;

        return (sağdaki &&
                (alarmSaati == sağdaki.alarmSaati) &&
                (alarmDakikası == sağdaki.alarmDakikası) &&
                super.opEquals(o));
    }

    // ...
}
```

Oradaki ifade super'in opEquals işlevini çağırır ve eşitlik kararında onun da sonucunu kullanmış olur. Onun yerine daha kısaca super == o da yazılabilir. Ancak, öyle yazıldığında yukarıdaki dört adımlı algoritma tekrar işletileceğinden kod biraz daha yavaş olabilir.

56.4 opCmp

Sınıf nesnelerini sıralamak için kullanılır. <, <=, >, ve >= işleçlerinin tanımı için perde arkasında bu işlev kullanılır.

Bu işlevin dönüş değerini < işleci üzerinde düşünebilirsiniz: Soldaki nesne önce olduğunda eksi bir değer, sağdaki nesne önce olduğunda artı bir değer, ikisi eşit olduklarında sıfır döndürmelidir.

Uyarı: Bu işlevin opEquals ile tutarlı olması gerekir; sıfır döndürdüğü durumda opEquals da true döndürmelidir.

toString'in ve opEquals'un aksine, bu işlevin Object sınıfından kalıtımla edinilen bir davranışı yoktur. Tanımlanmadan kullanılırsa hata atılır:

```
    auto değişken0 = new Saat(6, 7, 8);
    auto değişken1 = new Saat(6, 7, 8);

    assert(değişken0 <= değişken1);     // ← Hata atılır
```

```
object.Exception: need opCmp for class deneme.Saat
```

Yukarıda opEquals için söylenenler bu işlev için de geçerlidir: Sağdaki nesnenin türünün bu nesnenin türüne eşit olmadığı durumda hangisinin daha önce sıralanması gerektiği konusuna bir şekilde karar vermek gerekir.

Bunun en kolayı bu kararı derleyiciye bırakmaktır, çünkü derleyici türler arasında zaten genel bir sıralama belirler. Türler aynı olmadıklarında bu sıralamadan yararlanmanın yolu, typeid'lerinin opCmp işlevinden yararlanmaktır:

```
class Saat {
    int saat;
    int dakika;
    int saniye;

    override int opCmp(Object o) const {
        /* Türler aynı olmadıklarında türlerin genel
         * sıralamasından yararlanıyoruz. */
        if (typeid(this) != typeid(o)) {
            return typeid(this).opCmp(typeid(o));
        }

        const sağdaki = cast(const Saat)o;
        /* sağdaki'nin null olup olmadığına bakmaya gerek yok
         * çünkü buraya gelinmişse 'o' ile aynı türdendir. */

        if (saat != sağdaki.saat) {
            return saat - sağdaki.saat;

        } else if (dakika != sağdaki.dakika) {
            return dakika - sağdaki.dakika;
```

```
        } else {
            return saniye - sağdaki.saniye;
        }
    }

    // ...
}
```

Yukarıdaki tanım, nesneleri sıralama amacıyla karşılaştırırken öncelikle türlerinin uyumlu olup olmadıklarına bakıyor. Eğer uyumlu iseler saat bilgisini dikkate alıyor; saatler eşitlerse dakikalara, onlar da eşitlerse saniyelere bakıyor.

Ne yazık ki, bu işlevin bu gibi karşılaştırmalarda daha güzel veya daha etkin bir yazımı yoktur. Eğer daha uygun bulursanız, if-else-if zinciri yerine onun eşdeğeri olan üçlü işleci de kullanabilirsiniz:

```
    override int opCmp(Object o) const {
        if (typeid(this) != typeid(o)) {
            return typeid(this).opCmp(typeid(o));
        }

        const sağdaki = cast(const Saat)o;

        return (saat != sağdaki.saat
                ? saat - sağdaki.saat
                : (dakika != sağdaki.dakika
                   ? dakika - sağdaki.dakika
                   : saniye - sağdaki.saniye));
    }
```

Bu işlevi bir alt sınıf için tanımlarken ve karşılaştırmada önemi varsa, üst sınıfını da unutmamak gerekir. Örneğin, aşağıdaki `ÇalarSaat.opCmp` sıralama kararında öncelikle üst sınıfından yararlanıyor:

```
class ÇalarSaat : Saat {
    override int opCmp(Object o) const {
        const sağdaki = cast(const ÇalarSaat)o;

        const int üstSonuç = super.opCmp(o);

        if (üstSonuç != 0) {
            return üstSonuç;

        } else if (alarmSaati != sağdaki.alarmSaati) {
            return alarmSaati - sağdaki.alarmSaati;

        } else {
            return alarmDakikası - sağdaki.alarmDakikası;
        }
    }

    // ...
}
```

Üst sınıfın sıfırdan farklı bir değer döndürmesi durumunda, iki nesnenin sıraları ile ilgili yeterli bilgi edinilmiştir; ve o değer döndürülür. Yukarıdaki kodda, alt sınıfın üyelerine ancak üst sınıf parçaları eşit çıktığında bakılmaktadır.

Artık bu türün nesneleri sıralama karşılaştırmalarında kullanılabilir:

```
    auto çs0 = new ÇalarSaat(8, 0, 0, 6, 30);
    auto çs1 = new ÇalarSaat(8, 0, 0, 6, 31);

    assert(çs0 < çs1);
```

O kodda diğer bütün üyeleri eşit olduğu için, `çs0` ve `çs1`'in nasıl sıralanacaklarını en son bakılan alarm dakikası belirler.

Bu işlev yalnızca kendi yazdığımız kodlarda kullanılmak için değildir. Programda kullandığımız kütüphaneler ve dil olanakları da bu işlevi çağırabilir. Örneğin bir dizi içindeki nesnelerin `sort` ile sıralanmalarında, veya sınıfın bir eşleme tablosunda indeks türü olarak kullanılmasında da perde arkasında bu işlevden yararlanılır.

Dizgi türünden olan üyeler için opCmp

Dizgi türündeki üyeler için `opCmp` işlevini eksi, sıfır, veya artı döndürecek şekilde uzun uzun şöyle yazabilirsiniz:

```
import std.exception;

class Öğrenci {
    string isim;

    override int opCmp(Object o) const {
        const sağdaki = cast(Öğrenci)o;
        enforce(sağdaki);

        if (isim < sağdaki.isim) {
            return -1;

        } else if (isim > sağdaki.isim) {
            return 1;

        } else {
            return 0;
        }
    }

    // ...
}
```

Onun yerine, `std.algorithm` modülünde tanımlanmış olan ve aynı karşılaştırmayı daha hızlı olarak gerçekleştiren `cmp` işlevini de kullanabilirsiniz:

```
import std.algorithm;

class Öğrenci {
    string isim;

    override int opCmp(Object o) const {
        const sağdaki = cast(Öğrenci)o;
        enforce(sağdaki);

        return cmp(isim, sağdaki.isim);
    }

    // ...
}
```

Bu türün, kendisiyle uyumsuz olan türlerle sıra karşılaştırılmasında kullanılmasına izin vermediğine dikkat edin. Bu denetimi `Object`'ten `Öğrenci`'ye tür dönüşümünün başarılı olmasına `enforce` ile bakarak sağlıyor.

56.5 toHash

Bu işlev, sınıfın eşleme tablolarında indeks türü olarak kullanılabilmesini sağlar. Eşleme tablosunun eleman türü olarak kullanıldığı durumda bir etkisi yoktur.

Bu işlevin eşleme tablolarında indeks türü olarak kullanılabilmesi için `opEquals` işlevinin de tanımlanmış olmaları gerekir.

Eşleme tablosu indeks değerleri

Eşleme tabloları eleman erişimini çok hızlı şekilde gerçekleştiren veri yapılarıdır. Üstelik bunu, tabloda ne kadar eleman bulunduğundan bağımsız olarak yapabilirler. (*Not: Her şeyin olduğu gibi bu hızın da bir bedeli vardır: elemanları sırasız olarak tutmak zorundadırlar, ve kesinlikle gereken miktardan daha fazla bellek kullanıyor olabilirler.*)

Eşleme tablolarının bu hızı, indeks olarak kullanılan türü önce *hash* denen bir tamsayı değere çevirmelerinden kaynaklanır. Bu tamsayıyı kendilerine ait bir dizinin indeksi olarak kullanırlar.

Bu yöntemin hızdan başka bir yararı, tamsayıya dönüştürülebilen her türün eşleme tablosu indeks türü olarak kullanılabilmesidir.

`toHash`, sınıf nesnelerinin bu amaç için indeks değerleri döndürmelerini sağlar.

Bu sayede, pek mantıklı olmasa da, `Saat` türünü bile indeks olarak kullanabiliriz:

```
    string[Saat] zamanİsimleri;

    zamanİsimleri[new Saat(12, 0, 0)] = "öğleni gösteren saat";
```

`Object`'ten kalıtım yoluyla edinilen `toHash` işlevi, farklı nesneler için farklı indeks değerleri üretecek şekilde tanımlanmıştır. Bu, `opEquals`'un farklı nesnelerin eşit olmadıklarını kabul etmesine benzer.

Yukarıdaki kod `Saat` sınıfı için özel bir `toHash` işlevi tanımlanmamış olsa bile derlenir; ama istediğimiz gibi çalışmaz. Yukarıdaki tabloya eklenmiş olan `Saat` nesnesi ile aynı değere sahip olan, ama ondan farklı bir `Saat` nesnesi ile erişmek istesek; doğal olarak tablodaki "öğleni gösteren saat" değerini bulmayı bekleriz:

```
    if (new Saat(12, 0, 0) in zamanİsimleri) {
        writeln("var");

    } else {
        writeln("yok");
    }
```

Ne yazık ki, oradaki `in` işleci `false` döndürür; yani bu nesnenin tabloda bulunmadığını belirtir:

```
yok
```

Bunun nedeni, yerleştirilirken kullanılan nesne ile erişirken kullanılan nesnenin `new` ile ayrı ayrı oluşturulmuş olmalarıdır; yani ikisi farklı nesnelerdir.

Dolayısıyla; `Object`'ten kalıtımla edinilen `toHash`, eşleme tablolarında indeks değeri olarak kullanılmaya çoğu durumda elverişli değildir. `toHash`'i, bir tamsayı indeks döndürecek şekilde bizim yazmamız gerekir.

toHash için seçilecek üyeler

İndeks değeri, nesnenin üyeleri kullanılarak hesaplanır. Ancak, her üye bu indeks hesabına uygun değildir.

Bunun için seçilecek üyeler, nesneyi diğer nesnelerden ayırt etmeye yarayan üyeler olmalıdır. Örneğin `Öğrenci` gibi bir sınıfın `isim` ve `soyad` üyelerinin ikisi birden nesneleri ayırt etmek için kullanılabilir; çünkü bu iki üyenin her nesnede farklı olduğunu düşünebiliriz. (İsim benzerliklerini gözardı ediyorum.)

Öte yandan, `Öğrenci` sınıfının `notlar` dizisi uygun değildir; çünkü hem birden fazla nesnede aynı not değerleri bulunabilir; hem de aynı öğrencinin notları zamanla değişebilir.

İndeks değerinin hesaplanması

İndeks değerinin hesabı eşleme tablosunun hızını doğrudan etkiler. Üstelik, her hesap her çeşit veri üzerinde aynı derece etkili değildir. Uygun hesaplama yöntemleri bu kitabın kapsamı dışında kaldığı için bu konunun ayrıntısına girmeyeceğim ve genel bir ilke vermekle yetineceğim: Genel olarak, değerlerinin farklı oldukları kabul edilen nesnelerin farklı indeks değerlerinin olması etkinlik açısından iyidir. Farklı değerli nesnelerin aynı indeks değerini üretmeleri hata değildir; performans açısından istenmeyen bir durumdur.

Saat nesnelerinin farklı kabul edilebilmeleri için bütün üyelerinin değerlerinin önemli olduğunu düşünebiliriz. Bu yüzden, indeks değeri olarak o üç üyeden yararlanılarak elde edilen bir tamsayı değer kullanılabilir. Eğer indeks değeri olarak gece yarısından kaç saniye ötede olunduğu kullanılırsa, herhangi bir üyesi değişik olan iki nesnenin indeks değerlerinin farklı olacağı garanti edilmiş olur:

```
class Saat {
    int saat;
    int dakika;
    int saniye;

    override size_t toHash() const {
        // Saatte 3600 ve dakikada 60 saniye bulunduğu için:
        return (3600 * saat) + (60 * dakika) + saniye;
    }

    // ...
}
```

Eşleme tablolarında indeks türü olarak Saat kullanıldığında artık programcı tarafından tanımlanmış olan bu toHash kullanılır. Bunun sonucunda, yukarıdaki kodda new ile farklı olarak kurulmuş olan iki nesnenin saat, dakika, ve saniye değerleri aynı olduğundan eşleme tablosunda aynı indeks değeri üretilir.

Programın çıktısı artık beklenen sonucu verir:

```
var
```

Önceki işlevlerde olduğu gibi, üst sınıfı unutmamak gerekebilir. Örneğin, ÇalarSaat'in toHash işlevi Saat'inkinden şöyle yararlanabilir:

```
class ÇalarSaat : Saat {
    int alarmSaati;
    int alarmDakikası;

    override size_t toHash() const {
        return super.toHash() + alarmSaati + alarmDakikası;
    }

    // ...
}
```

Not: Yukarıdaki hesabı bir örnek olarak kabul edin. Tamsayı değerleri toplayarak üretilen indeks değerleri genelde eşleme tablosu performansı açısından iyi değildir.

D; kesirli sayılar, diziler, ve yapı türleri için çoğu duruma uygun olan indeks değeri algoritmaları kullanır. Bu algoritmalardan programcı da yararlanabilir.

Kulağa karmaşık geldiği halde aslında çok kısaca yapmamız gereken; önce typeid'yi üye ile, sonra da typeid'nin döndürdüğü nesnenin getHash üye işlevini üyenin adresi ile çağırmaktır. Hepsinin dönüş değeri, o üyeye uygun bir indeks değeridir. Bu; kesirli sayılar, diziler ve yapılar için hep aynı şekilde yazılır.

Öğrencinin ismini bir string üyesinde tutan ve eşleme tabloları için indeks değeri olarak bundan yararlanmak isteyen bir sınıfın toHash işlevi şöyle yazılabilir:

```
class Öğrenci {
    string isim;

    override size_t toHash() const {
        return typeid(isim).getHash(&isim);
    }

    // ...
}
```

Yapılar için toHash

Yapılar değer türleri olduklarından onların indeks değerleri zaten otomatik olarak ve etkin bir algoritmayla hesaplanır. O algoritma nesnenin bütün üyelerini dikkate alır.

Eğer herhangi bir nedenle, örneğin bir öğrenci yapısının not bilgisini dışarıda bırakacak şekilde kendiniz yazmak isterseniz; `toHash`'i yapılar için de tanımlayabilirsiniz.

56.6 Problemler

1. Elimizde renkli noktaları ifade eden bir sınıf olsun:

   ```
   enum Renk { mavi, yeşil, kırmızı }

   class Nokta {
       int x;
       int y;
       Renk renk;

       this(int x, int y, Renk renk) {
           this.x = x;
           this.y = y;
           this.renk = renk;
       }
   }
   ```

   Bu sınıfın `opEquals` işlevini rengi gözardı edecek şekilde yazın. Şu iki nokta, renkleri farklı olduğu halde eşit çıksınlar. Yani `assert` denetimi doğru çıksın:

   ```
       // Renkleri farklı
       auto maviNokta = new Nokta(1, 2, Renk.mavi);
       auto yeşilNokta = new Nokta(1, 2, Renk.yeşil);

       // Yine de eşitler
       assert(maviNokta == yeşilNokta);
   ```

2. Aynı sınıf için `opCmp` işlevini öncelikle `x`'e sonra `y`'ye bakacak şekilde yazın. Aşağıdaki `assert` denetimleri doğru çıksın:

   ```
       auto kırmızıNokta1 = new Nokta(-1, 10, Renk.kırmızı);
       auto kırmızıNokta2 = new Nokta(-2, 10, Renk.kırmızı);
       auto kırmızıNokta3 = new Nokta(-2,  7, Renk.kırmızı);

       assert(kırmızıNokta1 < maviNokta);
       assert(kırmızıNokta3 < kırmızıNokta2);

       /* Mavi renk daha önce olduğu halde, renk gözardı
        * edildiğinden maviNokta yeşilNokta'dan daha önce
        * olmamalıdır. */
       assert(!(maviNokta < yeşilNokta));
   ```

   Bu sınıfın `opCmp` işlevini de yukarıda `Öğrenci` sınıfında olduğu gibi uyumsuz türlerin karşılaştırılmalarını desteklemeyecek biçimde gerçekleştirebilirsiniz.

3. Üç noktayı bir araya getiren başka bir sınıf olsun:

```
class ÜçgenBölge {
    Nokta[3] noktalar;

    this(Nokta bir, Nokta iki, Nokta üç) {
        noktalar = [ bir, iki, üç ];
    }
}
```

O sınıf için `toHash` işlevini bütün noktalarını kullanacak biçimde yazın. Yine aşağıdaki `assert`'ler doğru çıksın:

```
    /* bölge1 ve bölge2, değerleri aynı olan farklı noktalarla
     * kuruluyorlar. (Hatırlatma: maviNokta ve yeşilNokta
     * değer olarak eşit kabul ediliyorlardı.) */
    auto bölge1 =
        new ÜçgenBölge(maviNokta, yeşilNokta, kırmızıNokta1);
    auto bölge2 =
        new ÜçgenBölge(yeşilNokta, maviNokta, kırmızıNokta1);

    // Yine de eşitler
    assert(bölge1 == bölge2);

    // Bir eşleme tablosu
    double[ÜçgenBölge] bölgeler;

    // bölge1 ile indeksleniyor
    bölgeler[bölge1] = 1.25;

    // bölge2 ile de aynı veriye erişiliyor
    assert(bölge2 in bölgeler);
    assert(bölgeler[bölge2] == 1.25);
```

`toHash` tanımlandığında `opEquals` işlevinin de tanımlanması gerektiğini unutmayın.

Çözümler: Sayfa 736

57 Arayüzler

Sınıf sıradüzenlerinde arayüz tanımlamak için `class` anahtar sözcüğü yerine `interface` kullanılır. `interface`, bazı olanakları kısıtlanmış soyut sınıf gibidir:

- Bildirdiği ama tanımını vermediği bütün üye işlevleri soyuttur; `abstract` anahtar sözcüğü bile gerekmez.
- Tanımını da verdiği üye işlevler içeriyorsa o işlevlerin `static` veya `final` olmaları şarttır. (`static` ve `final` işlevleri aşağıda açıklayacağım.)
- Eğer varsa, üye değişkenleri ancak `static` olabilirler.
- Arayüzler ancak başka arayüzlerlerden türeyebilirler.

Bu kısıtlamalarına rağmen arayüzlerin getirdikleri önemli bir yarar vardır: Her sınıf en fazla bir `class`'tan türeyebildiği halde `interface`'ten türemenin sınırı yoktur.

57.1 Tanımlanması

`class` yerine `interface` yazılarak tanımlanır:

```
interface SesliAlet {
    // ...
}
```

`interface` o arayüzün gerektirdiği işlevleri bildirir ama tanımlarını vermez:

```
interface SesliAlet {
    string ses();     // Yalnızca bildirilir (tanımı verilmez)
}
```

O arayüz ile kullanılabilmeleri için, `interface`'ten türeyen sınıfların `interface`'in bildirdiği işlevleri tanımlamaları gerekir.

Arayüz işlevlerinin `in` ve `out` blokları bulunabilir:

```
interface I {
    int işlev(int i)
    in {
        /* Bu işlevi çağıranların uyması gereken en ağır
         * koşullar. (Alt arayüzler ve sınıflar bu koşulları
         * hafifletebilirler.) */

    } out {  // ((sonuç) parametresi de bulunabilir)
        /* Bu işlevin gerçekleştirmelerinin vermeleri gereken
         * garantiler. (Alt arayüzler ve sınıflar ek
         * garantiler de verebilirler.) */
    }
}
```

Sözleşmeli programlamanın türemedeki kullanımını daha sonra Yapı ve Sınıflarda Sözleşmeli Programlama bölümünde (sayfa 395) göreceğiz.

57.2 `interface`'ten türetme

Türeme söz dizimi `class`'tan farklı değildir:

```
class Keman : SesliAlet {
    string ses() {
        return "♩♪♪";
    }
}

class Çan : SesliAlet {
    string ses() {
```

```
        return "çın";
    }
}
```

Üst sınıflarda da olduğu gibi, parametre olarak `interface` alan işlevler onları asıl türlerini bilmeden kullanabilirler. Örneğin, işlemleri sırasında bir `SesliAlet` kullanan aşağıdaki işlev hangi tür bir sesli alet olduğunu bilmeden onun `ses` işlevinden yararlanabilir:

```
void sesliAletKullan(SesliAlet alet) {
    // ... bazı işlemler ...
    writeln(alet.ses());
    // ... başka işlemler ...
}
```

Sınıflarda da olduğu gibi, o işlev `SesliAlet` arayüzünden türeyen her sınıf ile çağrılabilir:

```
    sesliAletKullan(new Keman);
    sesliAletKullan(new Çan);
```

Her aletin kendi asıl türünün tanımladığı `ses` işlevi çağrılır ve sonuçta sırasıyla `Keman.ses` ve `Çan.ses` üye işlevlerinin çıktıları görülür:

```
♩♪♪
çın
```

57.3 Birden fazla interface'ten türetme

Bir sınıf ancak tek bir `class`'tan türetilebilir. `interface`'ten türemede ise böyle bir kısıtlama yoktur.

Örnek olarak, haberleşme aletlerini temsil eden aşağıdaki arayüzü ele alalım:

```
interface HaberleşmeAleti {
    void konuş(string mesaj);
    string dinle();
}
```

`Telefon` sınıfını hem bir sesli alet, hem de bir haberleşme aleti olarak kullanabilmek için onu bu iki arayüzden birden türeterek tanımlayabiliriz:

```
class Telefon : SesliAlet, HaberleşmeAleti {
    // ...
}
```

O tanım şu iki ilişkiyi birden sağlar: "telefon bir sesli alettir" ve "telefon bir haberleşme aletidir".

`Telefon` sınıfının nesnelerinin oluşturulabilmesi için bu iki arayüzün gerektirdiği bütün işlevleri tanımlamış olması gerekir:

```
class Telefon : SesliAlet, HaberleşmeAleti {
    string ses() {                    // SesliAlet için
        return "zırrr zırrr";
    }

    void konuş(string mesaj) {        // HaberleşmeAleti için
        // ... mesajı hatta ilet ...
    }

    string dinle() {                  // HaberleşmeAleti için
        string hattaDuyulanSes;
        // ... sesi hattan oku ...
        return hattaDuyulanSes;
```

```
    }
}
```

Programın gerekleri doğrultusunda sınırsız sayıda `interface`'ten türetilebilir.

57.4 interface'ten ve class'tan türetme

Bir sınıf, bir veya daha fazla `interface`'ten türetilmenin yanında, bir adet olduğu sürece aynı zamanda bir sınıftan da türetilebilir:

```
class Saat {
    // ... kendi gerçekleştirmesi ...
}

class ÇalarSaat : Saat, SesliAlet {
    string ses() {
        return "bi bi biip";
    }
}
```

`ÇalarSaat`, `Saat`'in bütün üyelerini ve üye işlevlerini türeme yoluyla edinmektedir. Bunun yanında, `SesliAlet` arayüzünün gerektirdiği `ses` işlevini tanımlamak zorundadır.

57.5 interface'ten interface türetme

Arayüzden türetilen bir arayüz, alt sınıfların tanımlamaları gereken işlevlerin sayısını arttırmış olur:

```
interface MüzikAleti : SesliAlet {
    void akortEt();
}
```

Yukarıdaki tanıma göre, bir `MüzikAleti` olabilmek için hem `SesliAlet`'in gerektirdiği `ses` işlevinin, hem de `MüzikAleti`'nin gerektirdiği `akortEt` işlevinin tanımlanması gerekir.

Örneğin, yukarıdaki `Keman` sınıfı doğrudan `SesliAlet` arayüzünden türetilmek yerine aradaki `MüzikAleti`'nden türetilse, `akortEt` işlevini de tanımlaması gerekir:

```
class Keman : MüzikAleti {
    string ses() {              // SesliAlet için
        return "♩♪♪";
    }

    void akortEt() {            // MüzikAleti için
        // ... akort işlemleri ...
    }
}
```

57.6 static üye işlevler

`static` üye işlevler yapılar, sınıflar, ve arayüzler için tanımlanabilir. Önceki bölümleri gereğinden fazla karmaşıklaştırmamak için bu olanağı bu bölüme bıraktım.

Hatırlayacağınız gibi, normal üye işlevler her zaman için bir nesne üzerinde çağrılırlar. Üye işlev içinde kullanılan üyeler hep o nesnenin üyeleridir:

```
struct Yapı {
    int i;

    void değiştir(int değer) {
        i = değer;
    }
```

```
}

void main() {
    auto nesne0 = Yapı();
    auto nesne1 = Yapı();

    nesne0.değiştir(10);     // nesne0.i değişir
    nesne1.değiştir(10);     // nesne1.i değişir
}
```

Ek olarak, üyeler üye işlev içindeyken "bu nesne" anlamına gelen `this` ile de belirtilebilirler:

```
    void değiştir(int değer) {
        this.i = değer;     // üsttekinin eşdeğeri
    }
```

`static` üye işlevler ise hiçbir nesne üzerinde işlemezler; üye işlev içindeyken `this` anahtar sözcüğünün karşılık geldiği bir nesne yoktur. O yüzden, `static` üye işlev içindeyken hiçbir *normal üye değişken* geçerli değildir:

```
struct Yapı {
    int i;

    static void ortakİşlev(int değer) {
        i = değer;          // ← derleme HATASI
        this.i = değer;     // ← derleme HATASI
    }
}
```

`static` işlevler ancak türlerin ortak üyeleri olan `static` üyeleri kullanabilirler.

Yapılar bölümünde (sayfa 248) gördüğümüz `Nokta` türünü `static` üye işlevi olacak biçimde tekrar tanımlayalım. Hatırlarsanız, `Nokta` türünün her nesnesine farklı bir numara veriliyordu. Numaralar bu sefer `static` bir üye işlev tarafından belirleniyor:

```
import std.stdio;

struct Nokta {
    size_t numara;     // Nesnenin kendi numarası
    int satır;
    int sütun;

    // Bundan sonra oluşturulacak olan nesnenin numarası
    static size_t sonrakiNumara;

    this(int satır, int sütun) {
        this.satır = satır;
        this.sütun = sütun;
        this.numara = yeniNumaraBelirle();
    }

    static size_t yeniNumaraBelirle() {
        immutable yeniNumara = sonrakiNumara;
        ++sonrakiNumara;
        return yeniNumara;
    }
}

void main() {
    auto üstteki = Nokta(7, 0);
    auto ortadaki = Nokta(8, 0);
    auto alttaki =  Nokta(9, 0);

    writeln(üstteki.numara);
    writeln(ortadaki.numara);
    writeln(alttaki.numara);
}
```

`static` `yeniNumaraBelirle` işlevi, türün ortak değişkeni olan `sonrakiNumara`'yı kullanabilir. Sonuçta her nesnenin farklı bir numarası olur:

```
0
1
2
```

Yukarıda bir yapı üzerinde gösterdiğim `static` üye işlevler sınıflarla ve arayüzlerle de kullanılabilir.

57.7 `final` üye işlevler

`final` üye işlevler yalnızca sınıflarda ve arayüzlerde anlamlıdır çünkü yapılarda türeme yoktur. Önceki bölümleri gereğinden fazla karmaşıklaştırmamak için bu olanağı bu bölüme bıraktım.

"Son" anlamına gelen `final` anahtar sözcüğü bir üye işlevin tanımının daha alttaki sınıflar tarafından değiştirilemeyeceğini bildirir; bir anlamda, algoritmanın son tanımı bu sınıf veya arayüz tarafından verilmektedir. Bir algoritmanın ana hatlarının üst sınıf veya arayüz tarafından belirlendiği ve ayrıntılarının alt sınıflara bırakıldığı durumlarda yararlıdır.

Bunun örneğini bir `Oyun` arayüzünde görelim. Bir oyunun nasıl oynatıldığının ana hatları bu arayüzün `oynat` işlevi tarafından belirlenmektedir:

```
interface Oyun {
    final void oynat() {
        string isim = oyunİsmi();
        writefln("%s oyunu başlıyor", isim);

        oyuncularıTanı();
        hazırlan();
        başlat();
        sonlandır();

        writefln("%s oyunu bitti", isim);
    }

    string oyunİsmi();
    void oyuncularıTanı();
    void hazırlan();
    void başlat();
    void sonlandır();
}
```

`final` işlevin tanımladığı adımların alt sınıflar tarafından değiştirilmesi mümkün değildir. Alt sınıflar ancak aynı arayüz tarafından şart koşulmuş olan beş işlevi tanımlayabilirler ve böylece algoritmayı tamamlamış olurlar:

```
import std.stdio;
import std.string;
import std.random;
import std.conv;

class ZarToplamıOyunu : Oyun {
    string oyuncu;
    size_t adet;
    size_t toplam;

    string oyunİsmi() {
        return "Zar Toplamı";
    }

    void oyuncularıTanı() {
        write("İsminiz nedir? ");
        oyuncu = strip(readln());
    }
```

```
    void hazırlan() {
        write("Kaç kere zar atılsın? ");
        readf(" %s", &adet);
        toplam = 0;
    }

    void başlat() {
        foreach (i; 0 .. adet) {
            immutable zar = uniform(1, 7);
            writefln("%s: %s", i, zar);
            toplam += zar;
        }
    }

    void sonlandır() {
        writefln("Oyuncu: %s, Zar toplamı: %s, Ortalama: %s",
                 oyuncu, toplam, to!double(toplam) / adet);
    }
}

void kullan(Oyun oyun) {
    oyun.oynat();
}

void main() {
    kullan(new ZarToplamıOyunu());
}
```

Yukarıda bir arayüz üzerinde gösterdiğim `final` üye işlevler sınıflarla da kullanılabilir.

57.8 Nasıl kullanmalı

`interface` çok kullanılan bir olanaktır. Hemen hemen bütün sıradüzenlerin en üstünde bir veya daha fazla `interface` bulunur. En sık karşılaşılan sıradüzenlerden birisi, tek bir `interface`'ten türeyen basit gerçekleştirme sınıflarından oluşan sıradüzendir:

```
                 MüzikAleti
                (interface)
               /    |    \      \
        Kemençe   Saz   Kaval   ...
```

Çok daha karmaşık sıradüzenlerle de karşılaşılır ama bu basit yapı çoğu programın ihtiyacı için yeterlidir.

Bazı alt sınıfların ortak gerçekleştirmelerinin bir ara sınıfta tanımlandığı durumlarla da sık karşılaşılır. Alt sınıflar bu ortak sınıftan türerler. Aşağıdaki sıradüzende `TelliMüzikAleti` ve `NefesliMüzikAleti` sınıfları kendi alt türlerinin ortak üyelerini içeriyor olabilirler:

```
                MüzikAleti
               (interface)
                /         \
    TelliMüzikAleti    NefesliMüzikAleti
        /   |   \         /    |    \
  Kemençe  Saz  ...    Kaval  Ney    ...
```

O ortak sınıflardan türeyen alt sınıflar da kendi daha özel tanımlarını içerebilirler.

57.9 Soyutlama

Arayüzler programların alt bölümlerini birbirlerinden bağımsızlaştırmaya yararlar. Buna *soyutlama* denir. Örneğin, müzik aletleri kullanan bir programın büyük bir bölümü yalnızca `MüzikAleti` arayüzünden haberi olacak biçimde ve yalnızca onu kullanarak yazılabilir.

Müzisyen gibi bir sınıf asıl türünü bilmeden bir MüzikAleti içerebilir:

```
class Müzisyen {
    MüzikAleti alet;
    // ...
}
```

Birden fazla müzik aletini bir araya getiren türler o aletlerin asıl türlerini bilmek zorunda değillerdir:

```
    MüzikAleti[] orkestradakiAletler;
```

Programın çoğu işlevi yalnızca bu arayüzü kullanarak yazılabilir:

```
bool akortGerekiyor_mu(MüzikAleti alet) {
    bool karar;
    // ...
    return karar;
}

void güzelÇal(MüzikAleti alet) {
    if (akortGerekiyor_mu(alet)) {
        alet.akortEt();
    }

    writeln(alet.ses());
}
```

Bu şekilde bir *soyutlama* kullanarak programın bölümlerinin birbirlerinden bağımsız hale getirilmeleri, alt sınıflarda ileride gerekebilecek kod düzenlemelerinin serbestçe yapılabilmesini sağlar. Alt sınıfların gerçekleştirmeleri bu arayüzün *arkasında* oldukları için, bu arayüzü kullanan kodlar o değişikliklerden etkilenmemiş olurlar.

57.10 Örnek

SesliAlet, MüzikAleti, ve HaberleşmeAleti arayüzlerini içeren bir program şöyle yazılabilir:

```
import std.stdio;

/* Bu arayüz 'ses' işlevini gerektirir. */
interface SesliAlet {
    string ses();
}

/* Bu sınıfın yalnızca 'ses' işlevini tanımlaması gerekir. */
class Çan : SesliAlet {
    string ses() {
        return "çın";
    }
}

/* Bu arayüz 'ses' işlevine ek olarak 'akortEt' işlevini de
 * gerektirir. */
interface MüzikAleti : SesliAlet {
    void akortEt();
}

/* Bu sınıfın 'ses' ve 'akortEt' işlevlerini tanımlaması
 * gerekir. */
class Keman : MüzikAleti {
    string ses() {
        return "♩♪♪";
    }

    void akortEt() {
        // ... kemanın akort işlemleri ...
```

```
    }
}

/* Bu arayüz 'konuş' ve 'dinle' işlevlerini gerektirir. */
interface HaberleşmeAleti {
    void konuş(string mesaj);
    string dinle();
}

/* Bu sınıfın 'ses', 'konuş', ve 'dinle' işlevlerini
 * tanımlaması gerekir. */
class Telefon : SesliAlet, HaberleşmeAleti {
    string ses() {
        return "zırrr zırrr";
    }

    void konuş(string mesaj) {
        // ... mesajın hatta iletilmesi ...
    }

    string dinle() {
        string hattaDuyulanSes;
        // ... sesin hattan okunması ...
        return hattaDuyulanSes;
    }
}

class Saat {
    // ... Saat'in gerçekleştirilmesi ...
}

/* Bu sınıfın yalnızca 'ses' işlevini tanımlaması gerekir. */
class ÇalarSaat : Saat, SesliAlet {
    string ses() {
        return "bi bi biip";
    }

    // ... ÇalarSaat'in gerçekleştirilmesi ...
}

void main() {
    SesliAlet[] aletler;

    aletler ~= new Çan;
    aletler ~= new Keman;
    aletler ~= new Telefon;
    aletler ~= new ÇalarSaat;

    foreach (alet; aletler) {
        writeln(alet.ses());
    }
}
```

`main`'in içindeki `aletler` bir `SesliAlet` dizisi olduğu için, o diziye `SesliAlet`'ten türeyen her tür eklenebiliyor. Sonuçta programın çıktısı bütün aletlerin ürettikleri sesleri içerir:

```
çın
♩♪♪
zırrr zırrr
bi bi biip
```

57.11 Özet

- `interface` bir arayüz tanımlar; bütün işlevleri soyut olan bir sınıf gibidir. Gerçekleştirme olarak yalnızca `static` üye değişkenleri ve `static` ve `final` üye işlevleri olabilir.
- Bir sınıfın nesnelerinin oluşturulabilmesi için, türetildiği bütün arayüzlerin bütün işlevlerinin tanımlanmış olmaları gerekir.

- Tek `class`'tan türetebilme kısıtlaması `interface`'lerde yoktur; sınıflar ve arayüzler sınırsız sayıda `interface`'ten türetilebilirler.
- Sık karşılaşılan bir sıradüzen, üstte bir arayüz (`interface`) ve alttaki gerçekleştirmeleridir (`class`).

58 destroy ve scoped

Yaşam Süreçleri ve Temel İşlemler bölümünde (sayfa 230) değişkenlerin kurma işlemiyle başlayan ve sonlandırma işlemiyle biten yaşam süreçlerini görmüştük.

Daha sonraki bölümlerde de nesnelerin kurulması sırasında gereken işlemlerin `this` isimli kurucu işlevde, sonlandırılması sırasında gereken işlemlerin de `~this` isimli sonlandırıcı işlevde tanımlandıklarını öğrenmiştik.

Sonlandırıcı işlev, yapılarda ve başka *değer türlerinde* nesnenin yaşamı sona ererken *hemen* işletilir. Sınıflarda ve başka referans türlerinde ise çöp toplayıcı tarafından *sonraki bir zamanda* işletilir.

Burada önemli bir ayrım vardır: bir sınıf nesnesinin yaşamının sona ermesi ile sonlandırıcı işlevinin işletilmesi aynı zamanda gerçekleşmez. Nesnenin yaşamı, örneğin geçerli olduğu kapsamdan çıkıldığı an sona erer. Sonlandırıcı işlevi ise çöp toplayıcı tarafından belirsiz bir zaman sonra otomatik olarak işletilir.

Sonlandırıcı işlevlerin görevlerinden bazıları, nesne için kullanılmış olan sistem kaynaklarını geri vermektir. Örneğin `std.stdio.File` yapısı, işletim sisteminden kendi işi için almış olduğu dosya kaynağını sonlandırıcı işlevinde geri verir. Artık sonlanmakta olduğu için zaten o kaynağı kullanması söz konusu değildir.

Sınıfların sonlandırıcılarının çöp toplayıcı tarafından tam olarak ne zaman çağrılacakları belli olmadığı için, bazen kaynakların sisteme geri verilmeleri gecikebilir ve yeni nesneler için kaynak kalmayabilir.

58.1 Sınıf sonlandırıcı işlevlerinin geç işletilmesini gösteren bir örnek

Sınıfların sonlandırıcı işlevlerinin ilerideki belirsiz bir zamanda işletildiklerini göstermek için bir sınıf tanımlayalım. Bu sınıfın kurucu işlevi sınıfın `static` bir sayacını arttırsın ve sonlandırıcı işlevi de o sayacı azaltsın. Hatırlarsanız, `static` üyelerden bir tane bulunur: Sınıfın bütün nesneleri o tek üyeyi ortaklaşa kullanırlar. Böylece o sayacın değerine bakarak sınıfın nesnelerinden kaç tanesinin henüz sonlandırılmadıklarını anlayabileceğiz.

```
class YaşamıGözlenen {
    int[] dizi;           // ← her nesnenin kendisine aittir

    static int sayaç;     // ← bütün nesneler tarafından
                          //   paylaşılır

    this() {
        /* Her nesne bellekte çok yer tutsun diye bu diziyi
         * çok sayıda int'lik hale getiriyoruz. Nesnelerin
         * böyle büyük olmalarının sonucunda çöp
         * toplayıcının bellek açmak için onları daha sık
         * sonlandıracağını umuyoruz. */
        dizi.length = 30_000;

        /* Bir nesne daha kurulmuş olduğundan nesne sayacını
         * bir arttırıyoruz. */
        ++sayaç;
    }

    ~this() {
        /* Bir nesne daha sonlandırılmış olduğundan nesne
         * sayacını bir azaltıyoruz. */
        --sayaç;
    }
}
```

O sınıfın nesnelerini bir döngü içinde oluşturan bir program:

```
import std.stdio;

void main() {
    foreach (i; 0 .. 20) {
        auto değişken = new YaşamıGözlenen;  // ← baş
        write(YaşamıGözlenen.sayaç, ' ');
    } // ← son

    writeln();
}
```

O programda oluşan her `YaşamıGözlenen` nesnesinin yaşamı aslında çok kısadır: new anahtar sözcüğüyle başlar, ve `foreach` döngüsünün kapama parantezinde son bulur. Yaşamları sona eren bu nesneler çöp toplayıcının sorumluluğuna girerler.

Programdaki `baş` ve `son` açıklamaları her nesnenin yaşamının başladığı ve sona erdiği noktayı gösteriyor. Nesnelerin sonlandırıcı işlevlerinin, yaşamlarının sona erdiği an işletilmediklerini sayacın değerine bakarak görebiliyoruz:

```
1 2 3 4 5 6 7 1 2 3 4 5 6 7 1 2 3 4 5 6
```

Yukarıdaki çıktıdan anlaşıldığına göre, çöp toplayıcının bellek ayırma algoritması, bu deneyde bu sınıfın sonlandırıcısını en fazla 7 nesne için ertelemiştir. (*Not: Bu çıktı çöp toplayıcının yürüttüğü algoritmaya, boş bellek miktarına ve başka etkenlere bağlı olarak farklı olabilir.*)

58.2 Nesnenin sonlandırıcısını işletmek için `destroy()`

"Ortadan kaldır" anlamına gelen `destroy()` nesnenin sonlandırıcı işlevini çağırır:

```
void main() {
    foreach (i; 0 .. 20) {
        auto değişken = new YaşamıGözlenen;
        write(YaşamıGözlenen.sayaç, ' ');
        destroy(değişken);
    }

    writeln();
}
```

`YaşamıGözlenen.sayaç`'ın değeri new satırında kurucu işlevin işletilmesi sonucunda arttırılır ve 1 olur. Değerinin yazdırıldığı satırdan hemen sonraki `destroy()` satırında da sonlandırıcı işlev tarafından tekrar sıfıra indirilir. O yüzden yazdırıldığı satırda hep 1 olduğunu görüyoruz:

```
1 1 1 1 1 1 1 1 1 1 1 1 1 1 1 1 1 1 1 1
```

Açıkça sonlandırılan nesneler geçersiz kabul edilmelidirler ve artık kullanılmamalıdırlar:

```
    destroy(değişken);
    // ...
    // Dikkat: Geçersiz bir nesneye erişiliyor
    writeln(değişken.dizi);
```

Normalde referans türleri ile kullanılan `destroy`, gerektiğinde `struct` nesnelerinin erkenden sonlandırılmaları için de kullanılabilir.

58.3 Ne zaman kullanmalı

Yukarıdaki örnekte gördüğümüz gibi, kaynakların çöp toplayıcının kararına kalmadan hemen geri verilmesi gerektiğinde kullanılır.

58.4 Örnek

Kurucu ve Diğer Özel İşlevler bölümünde (sayfa 281) `XmlElemanı` isminde bir yapı tanımlamıştık. O yapı, XML elemanlarını `<etiket>değer</etiket>` şeklinde yazdırmak için kullanılıyordu. XML elemanlarının kapama etiketlerinin yazdırılması sonlandırıcı işlevin göreviydi:

```
struct XmlElemanı {
    // ...

    ~this() {
        writeln(girinti, "</", isim, '>');
    }
}
```

O yapıyı kullanan bir programla aşağıdaki çıktıyı elde etmiştik:

```
<dersler>
  <ders0>
    <not>
      72
    </not>   ← Kapama etiketleri doğru satırlarda beliriyor
    <not>
      97
    </not>   ←
    <not>
      90
    </not>   ←
  </ders0>   ←
  <ders1>
    <not>
      77
    </not>   ←
    <not>
      87
    </not>   ←
    <not>
      56
    </not>   ←
  </ders1>   ←
</dersler>   ←
```

O çıktının doğru belirmesinin nedeni, `XmlElemanı`'nın bir yapı olmasıdır. Yapıların sonlandırıcıları hemen çağrıldıklarından, istenen çıktı, nesneleri uygun kapsamlara yerleştirerek elde edilir:

```
void main() {
    const dersler = XmlElemanı("dersler", 0);

    foreach (dersNumarası; 0 .. 2) {
        const ders =
            XmlElemanı("ders" ~ to!string(dersNumarası), 1);

        foreach (i; 0 .. 3) {
            const not = XmlElemanı("not", 2);
            const rasgeleNot = uniform(50, 101);

            writeln(girintiDizgisi(3), rasgeleNot);

        } // ← not sonlanır

    } // ← ders sonlanır

} // ← dersler sonlanır
```

Nesneler açıklama satırları ile belirtilen noktalarda sonlandıkça XML kapama etiketlerini de çıkışa yazdırırlar.

Sınıfların farkını görmek için aynı programı bu sefer `XmlElemanı` bir sınıf olacak şekilde yazalım:

```
import std.stdio;
import std.array;
import std.random;
import std.conv;

string girintiDizgisi(int girintiAdımı) {
    return replicate(" ", girintiAdımı * 2);
}

class XmlElemanı {
    string isim;
    string girinti;

    this(string isim, int düzey) {
        this.isim = isim;
        this.girinti = girintiDizgisi(düzey);

        writeln(girinti, '<', isim, '>');
    }

    ~this() {
        writeln(girinti, "</", isim, '>');
    }
}

void main() {
    const dersler = new XmlElemanı("dersler", 0);

    foreach (dersNumarası; 0 .. 2) {
        const ders = new XmlElemanı(
            "ders" ~ to!string(dersNumarası), 1);

        foreach (i; 0 .. 3) {
            const not = new XmlElemanı("not", 2);
            const rasgeleNot = uniform(50, 101);

            writeln(girintiDizgisi(3), rasgeleNot);
        }
    }
}
```

Referans türleri olan sınıfların sonlandırıcı işlevleri çöp toplayıcıya bırakılmış olduğu için programın çıktısı artık istenen düzende değildir:

```
<dersler>
  <ders0>
    <not>
      57
    <not>
      98
    <not>
      87
  <ders1>
    <not>
      84
    <not>
      60
    <not>
      99
    </not>    ← Kapama etiketlerinin hepsi en sonda beliriyor
    </not>    ←
    </not>    ←
  </ders1>    ←
    </not>    ←
    </not>    ←
    </not>    ←
  </ders0>    ←
</dersler>    ←
```

Bütün sonlandırıcı işlevler işletilmişlerdir ama kapama etiketleri beklenen yerlerde değildir. (*Not: Aslında çöp toplayıcı bütün nesnelerin sonlandırılacakları garantisini vermez. Örneğin programın çıktısında hiçbir kapama parantezi bulunmayabilir.)*

XmlElemanı'nın sonlandırıcı işlevinin doğru noktalarda işletilmesini sağlamak için destroy() çağrılır:

```
void main() {
    const dersler = new XmlElemanı("dersler", 0);

    foreach (dersNumarası; 0 .. 2) {
        const ders = new XmlElemanı(
            "ders" ~ to!string(dersNumarası), 1);

        foreach (i; 0 .. 3) {
            const not = new XmlElemanı("not", 2);
            const rasgeleNot = uniform(50, 101);

            writeln(girintiDizgisi(3), rasgeleNot);

            destroy(not);
        }

        destroy(ders);
    }

    destroy(dersler);
}
```

Sonuçta, nesneler kapsamlardan çıkılırken sonlandırıldıkları için programın çıktısı yapı tanımında olduğu gibi düzgündür:

```
<dersler>
  <ders0>
    <not>
      66
    </not>   ← Kapama etiketleri doğru satırlarda belirmiş
    <not>
      75
    </not>   ←
    <not>
      68
    </not>   ←
  </ders0>   ←
  <ders1>
    <not>
      73
    </not>   ←
    <not>
      62
    </not>   ←
    <not>
      100
    </not>   ←
  </ders1>   ←
</dersler>   ←
```

58.5 Sonlandırıcı işlevi otomatik olarak çağırmak için scoped

Yukarıdaki programın bir yetersizliği vardır: Kapsamlardan daha destroy() satırlarına gelinemeden atılmış olan bir hata nedeniyle çıkılmış olabilir. Eğer destroy() satırlarının kesinlikle işletilmeleri gerekiyorsa, bunun bir çözümü Hatalar bölümünde (sayfa 193) gördüğümüz scope ve diğer olanaklardan yararlanmaktır.

Başka bir yöntem, sınıf nesnesini new yerine std.typecons.scoped ile kurmaktır. scoped(), sınıf değişkenini perde arkasında bir yapı nesnesi ile sarmalar. O yapı nesnesinin sonlandırıcısı kapsamdan çıkılırken otomatik olarak çağrıldığında sınıf nesnesinin sonlandırıcısını da çağırır.

scoped'un etkisi, yaşam süreçleri açısından sınıf nesnelerini yapı nesnelerine benzetmesidir.

Aşağıdaki değişikliklerden sonra program yine beklenen sonucu üretir:

```
import std.typecons;
// ...
void main() {
    const dersler = scoped!XmlElemanı("dersler", 0);

    foreach (dersNumarası; 0 .. 2) {
        const ders = scoped!XmlElemanı(
            "ders" ~ to!string(dersNumarası), 1);

        foreach (i; 0 .. 3) {
            const not = scoped!XmlElemanı("not", 2);
            const rasgeleNot = uniform(50, 101);

            writeln(girintiDizgisi(3), rasgeleNot);
        }
    }
}
```

destroy() satırlarının çıkartılmış olduklarına dikkat edin.

scoped(), asıl sınıf nesnesini sarmalayan özel bir yapı nesnesi döndürür. Döndürülen nesne asıl nesnenin *vekili* (proxy) olarak görev görür. (Aslında, yukarıdaki dersler nesnesinin türü XmlElemanı değil, Scoped'dur.)

Kendisi otomatik olarak sonlandırılırken vekil nesne sarmaladığı sınıf nesnesini de destroy() ile sonlandırır. (Bu, RAII yönteminin bir uygulamasıdır. scoped() bunu ilerideki bölümlerde göreceğimiz şablon (sayfa 401) ve alias this (sayfa 425) olanaklarından yararlanarak gerçekleştirir.)

Vekil nesnelerinin kullanımlarının asıl nesne kadar doğal olması istenir. Bu yüzden, scoped()'un döndürdüğü nesne sanki asıl türdenmiş gibi kullanılabilir. Örneğin, asıl türün üye işlevleri vekil nesne üzerinde çağrılabilirler:

```
import std.typecons;

class C {
    void foo() {
    }
}

void main() {
    auto v= scoped!C();
    v.foo();      // Vekil nesnesi v, C gibi kullanılıyor
}
```

Ancak, bu kolaylığın bir bedeli vardır: Vekil nesnesi asıl nesneye referans döndürdükten hemen sonra sonlanmış ve döndürülen referans o yüzden geçersiz kalmış olabilir. Bu durum asıl sınıf türü sol tarafta açıkça belirtildiğinde ortaya çıkabilir:

```
    C c = scoped!C();         // ← HATALI
    c.foo();                  // ← Sonlanmış bir nesneye erişir
```

Yukarıdaki c vekil nesnesi değil, açıkça C olarak tanımlandığından asıl nesneye erişim sağlamakta olan bir sınıf değişkenidir. Ne yazık ki bu durumda sağ tarafta kurulmuş olan vekil nesnesi kurulduğu ifadenin sonunda sonlandırılacaktır. Sonuçta, geçersiz bir nesneye erişim sağlamakta olan c'nin kullanılması tanımsız davranıştır. Örneğin, program bir çalışma zamanı hatasıyla çökebilir:

```
Segmentation fault
```

O yüzden, scoped() değişkenlerini asıl tür ile tanımlamayın:

```
C         a = scoped!C();    // ← HATALI
auto      b = scoped!C();    // ← doğru
const     c = scoped!C();    // ← doğru
immutable d = scoped!C();    // ← doğru
```

58.6 Özet

- Bir sınıf nesnesinin sonlandırıcı işlevinin istenen bir anda çağrılması için `destroy()` işlevi kullanılır.
- `scoped()` ile kurulan sınıf nesnelerinin sonlandırıcıları kapsamdan çıkılırken otomatik olarak çağrılır.
- `scoped()` değişkenlerini asıl türün ismiyle tanımlamak hatalıdır.

59 Modüller ve Kütüphaneler

D programlarını ve kütüphanelerini oluşturan en alt yapısal birimler modüllerdir.

D'nin modül kavramı çok basit bir temel üzerine kuruludur: Her kaynak dosya bir modüldür. Bu tanıma göre, şimdiye kadar deneme programlarımızı yazdığımız tek kaynak dosya bile bir modüldür.

Her modülün ismi, dosya isminin `.d` uzantısından önceki bölümü ile aynıdır ve kaynak dosyanın en başına yazılan `module` anahtar sözcüğü ile belirtilir. Örneğin, "kedi.d" isimli bir kaynak dosyanın modül ismi aşağıdaki gibi belirtilir:

```
module kedi;

class Kedi {
    // ...
}
```

Eğer modül bir pakedin parçası değilse `module` satırı isteğe bağlıdır. (Paketleri biraz aşağıda göreceğiz.) Yazılmadığı zaman otomatik olarak dosyanın isminin `.d`'den önceki bölümü kullanılır.

`static this()` ve `static ~this()`

Modül düzeyinde tanımlanan `static this()` ve `static ~this()`, yapı ve sınıflardaki eşdeğerleri ile aynı anlamdadır:

```
module kedi;

static this() {
    // ... modülün ilk işlemleri ...
}

static ~this() {
    // ... modülün son işlemleri ...
}
```

Bu işlevler her iş parçacığında ayrı ayrı işletilir. (Çoğu program yalnızca `main()`'in işlediği tek iş parçacığından oluşur.) İş parçacıklarının sayısından bağımsız olarak bütün programda tek kere işletilmesi gereken kodlar ise (örneğin, `shared` ve `immutable` değişkenlerin ilklenmeleri) `shared static this()` ve `shared static ~this()` işlevlerinde tanımlanırlar. Bunları daha sonraki Veri Paylaşarak Eş Zamanlı Programlama bölümünde (sayfa 643) göreceğiz.

Dosya ve modül isimleri

D programlarını Unicode olarak oluşturma konusunda şanslıyız; bu, hangi ortamda olursa olsun geçerlidir. Ancak, dosya sistemleri konusunda aynı serbesti bulunmaz. Örneğin, Windows işletim sistemlerinin standart dosya sistemleri dosya isimlerinde büyük/küçük harf ayrımı gözetmezken, Linux sistemlerinde büyük/küçük harfler farklıdır. Ayrıca, çoğu dosya sistemi dosya isimlerinde kullanılabilecek karakterler konusunda kısıtlamalar getirir.

O yüzden, programlarınızın taşınabilir olmaları için dosya isimlerinde yalnızca ASCII küçük harfler kullanmanızı öneririm. Örneğin, yukarıdaki `Kedi` sınıfı ile birlikte kullanılacak olan bir `Köpek` sınıfının modülünün dosya ismini "kopek.d" olarak seçebiliriz.

Dolayısıyla, modülün ismi de ASCII harflerden oluşur:

```
module kopek;      // ASCII harflerden oluşan modül ismi

class Köpek {      // Unicode harflerden oluşan program kodu
    // ...
}
```

59.1 Paketler

Modüllerin bir araya gelerek oluşturdukları yapıya *paket* denir. D'nin paket kavramı da çok basittir: Dosya sisteminde aynı klasörde bulunan bütün modüller aynı pakedin parçası olarak kabul edilirler. Pakedi içeren klasörün ismi de pakedin ismi haline gelir ve modül isimlerinin baş tarafını oluşturur.

Örneğin, yukarıdaki "kedi.d" ve "kopek.d" dosyalarının "hayvan" isminde bir klasörde bulunduklarını düşünürsek, modül isimlerinin başına klasör ismini yazmak, onları aynı pakedin modülleri yapmaya yeter:

```
module hayvan.kedi;

class Kedi {
    // ...
}
```

Aynı şekilde `kopek` modülü için de:

```
module hayvan.kopek;

class Köpek {
    // ...
}
```

`module` satırı bir pakedin parçası olan modüllerde zorunludur.

Paket isimleri dosya sistemi klasörlerine karşılık geldiğinden, iç içe klasörlerde bulunan modüllerin paket isimleri de o klasör yapısının eşdeğeridir. Örneğin, "hayvan" klasörünün altında bir de "omurgalilar" klasörü olsa, oradaki bir modülün paket ismi bu klasörü de içerir:

```
module hayvan.omurgalilar.kedi;
```

Kaynak dosyaların ne derece dallanacağı programın büyüklüğüne ve tasarımına bağlıdır. Küçük bir programın bütün dosyalarının tek bir klasörde bulunmasında bir sakınca yoktur. Öte yandan, dosyaları belirli bir düzen altına almak için klasörleri gerektiği kadar dallandırmak da mümkündür.

59.2 Modüllerin programda kullanılmaları

Şimdiye kadar çok kullandığımız `import` anahtar sözcüğü, bir modülün başka bir modüle tanıtılmasını ve o modül içinde kullanılabilmesini sağlar:

```
import std.stdio;
```

`import`'tan sonra yazılan modül ismi, eğer varsa paket bilgisini de içerir. Yukarıdaki koddaki `std.`, standart kütüphaneyi oluşturan modüllerin `std` isimli pakette bulunduklarını gösterir.

Benzer şekilde, `hayvan.kedi` ve `hayvan.kopek` modülleri bir "deneme.d" dosyasında şu şekilde bildirilir:

```
module deneme;          // bu modülün ismi

import hayvan.kedi;     // kullandığı bir modül
import hayvan.kopek;    // kullandığı başka bir modül
```

```
void main() {
    auto kedi = new Kedi();
    auto köpek = new Köpek();
}
```

Not: Aşağıda anlatıldığı gibi, yukarıdaki programın derlenip oluşturulabilmesi için o modül dosyalarının da bağlayıcıya derleme satırında bildirilmeleri gerekir.

Birden fazla modül aynı anda eklenebilir:

```
import hayvan.kedi, hayvan.kopek;
```

Seçerek eklemek

Bir modüldeki isimlerin hepsini birden eklemek yerine içindeki isimler tek tek seçilerek eklenebilir:

```
import std.stdio : writeln;

// ...

    writefln("Merhaba %s.", isim);     // ← derleme HATASI
```

`stdio` modülünden yalnızca `writeln` eklenmiş olduğundan yukarıdaki kod derlenemez (`writefln` eklenmemiştir).

İsimleri seçerek eklemek hepsini birden eklemekten daha iyidir çünkü *isim çakışmalarının* olasılığı daha azdır. Biraz aşağıda bir örneğini göreceğimiz gibi, isim çakışması iki farklı modüldeki aynı ismin eklenmesiyle oluşur.

Ek olarak, yalnızca belirtilen isimler derleneceğinden derleme sürelerinin kısalacağı da beklenebilir. Öte yandan, her kullanılan ismin ayrıca belirtilmesini gerektirdiğinden seçerek eklemek daha fazla emek gerektirir.

Kod örneklerini kısa tutmak amacıyla bu kitapta seçerek ekleme olanağından yararlanılmamaktadır.

Yerel `import` satırları

Bu kitaptaki bütün `import` satırlarını hep programların en başlarına yazdık:

```
import std.stdio;      // ← en başta
import std.string;     // ← en başta

// ... modülün geri kalanı ...
```

Aslında modüller herhangi başka bir satırda da eklenebilirler. Örneğin, aşağıdaki programdaki iki işlev ihtiyaç duydukları farklı modülleri kendi yerel kapsamlarında eklemekteler:

```
string mesajOluştur(string isim) {
    import std.string;

    string söz = format("Merhaba %s", isim);
    return söz;
}

void kullanıcıylaEtkileş() {
    import std.stdio;

    write("Lütfen isminizi girin: ");
    string isim = readln();
    writeln(mesajOluştur(isim));
}

void main() {
    kullanıcıylaEtkileş();
}
```

`import` satırlarının yerel kapsamlarda bulunmaları modül kapsamında bulunmalarından daha iyidir çünkü derleyici kullanılmayan kapsamlardaki `import` satırlarını derlemek zorunda kalmaz. Ek olarak, yerel olarak eklenmiş olan modüllerdeki isimler ancak eklendikleri kapsamda görünürler ve böylece isim çakışmalarının olasılığı da azalmış olur.

Daha sonra Katmalar bölümünde (sayfa 563) göreceğimiz *şablon katmaları* olanağında modüllerin yerel olarak eklenmeleri şarttır.

Bu kitaptaki örnekler yerel `import` olanağından hemen hemen hiç yararlanmazlar çünkü bu olanak D'ye bu kitabın yazılmaya başlanmasından sonra eklenmiştir.

Modüllerin dosya sistemindeki yerleri

Modül isimleri dosya sistemindeki dosyalara bire bir karşılık geldiğinden, derleyici bir modül dosyasının nerede bulunduğunu modül ismini klasör ve dosya isimlerine dönüştürerek bulur.

Örneğin, yukarıdaki programın kullandığı iki modül, "hayvan/kedi.d" ve "hayvan/kopek.d" dosyalarıdır. Dolayısıyla, yukarıdaki dosyayı da sayarsak bu programı oluşturmak için üç modül kullanılmaktadır.

Kısa ve uzun isimler

Programda kullanılan isimler, paket ve modül bilgilerini de içeren *uzun halde* de yazılabilirler. Bunu `Kedi` sınıfının tür ismini kısa ve uzun yazarak şöyle gösterebiliriz:

```
    auto kedi0 = new Kedi();
    auto kedi1 = new hayvan.kedi.Kedi();  // üsttekinin aynısı
```

Normalde uzun isimleri kullanmak gerekmez. Onları yalnızca olası karışıklıkları gidermek için kullanırız. Örneğin, iki modülde birden tanımlanmış olan bir ismi kısa olarak yazdığımızda derleyici hangi modüldekinden bahsettiğimizi anlayamaz.

Hem `hayvan` modülünde hem de `arabalar` modülünde bulunabilecek `Jaguar` isimli iki sınıftan hangisinden bahsettiğimizi uzun ismiyle şöyle belirtmek zorunda kalırız:

```
import hayvan.jaguar;
import arabalar.jaguar;

// ...

    auto karışıklık =  Jaguar();                // ← derleme HATASI

    auto hayvanım = hayvan.jaguar.Jaguar();   // ← derlenir
    auto arabam = arabalar.jaguar.Jaguar();   // ← derlenir
```

Takma isimle eklemek

Modüller kolaylık veya isim çakışmalarını önleme gibi amaçlarla takma isim vererek eklenebilirler:

```
import etobur = hayvan.jaguar;
import araç = arabalar.jaguar;

// ...

    auto hayvanım = etobur.Jaguar();         // ← derlenir
    auto arabam   = araç.Jaguar();           // ← derlenir
```

Bütün modüle takma isim vermek yerine seçilen her isme ayrı ayrı takma isim de verilebilir.

Bir örnek olarak, aşağıdaki kod `-w` derleyici seçeneği ile derlendiğinde derleyici `.sort` *niteliğinin* değil, `sort()` *işlevinin* yeğlenmesi yönünde bir uyarı verir:

```
import std.stdio;
import std.algorithm;

// ...

    auto dizi = [ 2, 10, 1, 5 ];
    dizi.sort;     // ← derleme UYARISI
    writeln(dizi);
```

```
Warning: use std.algorithm.sort instead of .sort property
```

Not: Yukarıdaki `dizi.sort` ifadesi `sort(dizi)` çağrısının eşdeğiridir. Farkı, ilerideki bir bölümde (sayfa 387) göreceğimiz UFCS söz dizimi ile yazılmış olmasıdır.

Bu durumda bir çözüm, `std.algorithm.sort` işlevinin takma isimle eklenmesidir. Aşağıdaki yeni `algSort` ismi `sort()` *işlevi* anlamına geldiğinden derleyici uyarısına gerek kalmamış olur:

```
import std.stdio;
import std.algorithm : algSort = sort;

void main() {
    auto arr = [ 2, 10, 1, 5 ];
    arr.algSort;
    writeln(arr);
}
```

Pakedi modül olarak eklemek

Bazen bir paketteki bir modül eklendiğinde o pakedin başka modüllerinin de eklenmeleri gerekiyor olabilir. Örneğin, `hayvan.kedi` modülü eklendiğinde `hayvan.kopek`, `hayvan.at`, vs. modülleri de ekleniyordur.

Böyle durumlarda modülleri tek tek eklemek yerine bütün pakedi veya bir bölümünü eklemek mümkündür:

```
import hayvan;    // ← bütün paket modül gibi ekleniyor
```

Bu, ismi `package.d` olan özel bir ayar dosyası ile sağlanır. Bu dosyada önce bir `module` satırıyla pakedin ismi bildirilir, sonra da bir arada eklenmeleri gereken modüller `public` olarak eklenirler:

```
// hayvan/package.d dosyasının içeriği:
module hayvan;

public import hayvan.kedi;
public import hayvan.kopek;
public import hayvan.at;
// ... diğer modüller için de benzer satırlar ...
```

Bir modülün `public` olarak eklenmesi, kullanıcıların eklenen modüldeki isimleri görebilmelerini sağlar. Sonuç olarak, kullanıcılar aslında bir paket olan `hayvan` modülünü eklediklerinde `hayvan.kedi`, `hayvan.kopek`, vs. modüllere otomatik olarak erişmiş olurlar.

Modül olanaklarını emekliye ayırmak

Modüller geliştikçe yeni sürümleri kullanıma sunulur. Modülün yazarları bazı olanakların belirli bir sürümden sonra *emekliye ayrılmalarına* karar vermiş olabilirler. Bir olanağın emekliye ayrılması, yeni yazılacak olan programların artık o olanağı kullanmamaları gerektiği anlamına gelir. Emekliye ayrılan bir olanak daha ilerideki bir sürümde modülden çıkartılabilir bile.

Olanakların emekliye ayrılmalarını gerektiren çeşitli nedenler vardır. Örneğin, modülün yeni sürümü o olanağın yerine kullanılabilecek daha iyi bir olanak getiriyordur, olanak başka bir modüle taşınmıştır, olanağın ismi modülün geri kalanıyla uyumlu olsun diye değiştirilmiştir, vs.

Bir olanağın emekliye ayrılmış olduğu `deprecated` anahtar sözcüğü ile ve gerekiyorsa özel bir mesajla bildirilir. Örneğin, aşağıdaki mesaj, `bir_şey_yap()` işlevini kullananlara işlevin isminin değiştiğini belirtmektedir:

```
deprecated("Lütfen bunun yerine birŞeyYap() işlevini kullanınız.")
void bir_şey_yap() {
    // ...
}
```

Emekliye ayrılan olanak kullanıldığında derleyicinin nasıl davranacağı aşağıdaki derleyici seçenekleri ile ayarlanabilir:

- `-d`: Emekliye ayrılmış olan olanakların kullanılmasına izin verilir
- `-dw`: Emekliye ayrılmış olan olanak kullanıldığında derleme uyarısı verilir
- `-de`: Emekliye ayrılmış olan olanak kullanıldığında derleme hatası verilir

Örneğin, emekliye ayrılmış olan yukarıdaki olanağı kullanan bir program `-de` seçeneği ile derlendiğinde derleme hatası oluşur:

```
    bir_şey_yap();
```

```
$ dmd deneme.d -de
deneme.d: Deprecation: function deneme.bir_şey_yap is
deprecated - Lütfen bunun yerine birŞeyYap() işlevini kullanınız.
```

Çoğu durumda, emekliye ayrılan olanak yeni olanağın *takma ismi* olarak tanımlanır:

```
deprecated("Lütfen bunun yerine birŞeyYap() işlevini kullanınız.")
alias bir_şey_yap = birŞeyYap;

void birŞeyYap() {
    // ...
}
```

`alias` anahtar sözcüğünü ilerideki bir bölümde (sayfa 419) göreceğiz.

Modüllerdeki tanımların programa dahil edilmesi

`import` anahtar sözcüğü, belirtilen modülün programın parçası haline gelmesi için yeterli değildir. `import`, yalnızca o modüldeki olanakların bu kaynak kod içinde kullanılabilmelerini sağlar. O kadarı ancak kaynak kodun *derlenebilmesi* için yeterlidir.

Yukarıdaki programı yalnızca "deneme.d" dosyasını kullanarak oluşturmaya çalışmak yetmez:

```
$ dmd deneme.d -w -de
deneme.o: In function `_Dmain':
deneme.d: undefined reference to `_D6hayvan4kedi4Kedi7__ClassZ'
deneme.d: undefined reference to `_D6hayvan5kopek6Köpek7__ClassZ'
collect2: ld returned 1 exit status
```

O hata mesajları *bağlayıcıdan* gelir. Her ne kadar anlaşılmaz isimler içeriyor olsalar da, yukarıdaki hata mesajları programda kullanılan bazı tanımların bulunamadıklarını bildirir.

Programın oluşturulması, perde arkasında çağrılan bağlayıcının görevidir. Derleyici, derlediği modülleri bağlayıcıya verir; program, bağlayıcının bir araya getirdiği parçalardan oluşturulur.

O yüzden, programı oluşturan bütün parçaların derleme satırında belirtilmeleri gerekir. Yukarıdaki programın oluşturulabilmesi için, kullandığı "hayvan/kedi.d" ve "hayvan/kopek.d" dosyaları da derleme satırında bildirilmelidir:

```
$ dmd deneme.d hayvan/kedi.d hayvan/kopek.d -w -de
```

Modülleri derleme satırında her program için ayrı ayrı belirtmek yerine kütüphaneler içinden de kullanabiliriz.

59.3 Kütüphaneler

Modül tanımlarının derlendikten sonra bir araya getirilmelerine kütüphane adı verilir. Kütüphaneler kendileri program olmadıklarından, programların başlangıç işlevi olan `main` kütüphanelerde bulunmaz. Kütüphaneler yalnızca işlev, yapı, sınıf, vs. *tanımlarını* bir araya getirirler. Daha sonra program oluşturulurken programın diğer modülleriyle bağlanırlar.

Kütüphane oluşturmak için dmd'nin `-lib` seçeneği kullanılır. Oluşturulan kütüphanenin isminin `hayvan` olacağını da `-of` seçeneği ile bildirirsek, yukarıdaki "kedi.d" ve "kopek.d" modüllerini içeren bir kütüphane şu şekilde oluşturulabilir:

```
$ dmd hayvan/kedi.d hayvan/kopek.d -lib -ofhayvan -w -de
```

Konsoldan çalıştırılan o komut, belirtilen `.d` dosyalarını derler ve bir kütüphane dosyası olarak bir araya getirir. Çalıştığınız ortama bağlı olarak kütüphane dosyasının ismi farklı olacaktır. Örneğin, Linux ortamlarında kütüphane dosyalarının uzantıları .a olur: `hayvan.a`.

Program oluşturulurken artık "hayvan/kedi.d"nin ve "hayvan/kopek.d"nin ayrı ayrı bildirilmelerine gerek kalmaz. Onları içeren kütüphane dosyası tek başına yeterlidir:

```
$ dmd deneme.d hayvan.a -w -de
```

O komut, daha önce kullandığımız şu komutun eşdeğeridir:

```
$ dmd deneme.d hayvan/kedi.d hayvan/kopek.d -w -de
```

Bir istisna olarak, şimdiye kadar çok yararlandığımız Phobos modüllerini içeren standart kütüphanenin açıkça bildirilmesi gerekmez. O kütüphane, programa otomatik olarak dahil edilir. Yoksa normalde onu da örneğin şu şekilde belirtmemiz gerekirdi:

```
$ dmd deneme.d hayvan.a /usr/lib64/libphobos2.a -w -de
```

Not: Phobos kütüphane dosyasının yeri ve ismi sizin ortamınızda farklı olabilir.

Başka dillerin kütüphanelerini kullanmak

C ve C++ gibi başka bazı derlemeli dillerin kütüphaneleri D programlarında kullanılabilir. Ancak, farklı diller farklı *bağlanım* kullandıklarından, böyle bir kütüphanenin D ile kullanılabilmesi için o kütüphanenin bir *D ilintisinin* olması gerekir.

Bağlanım, bir kütüphanenin olanaklarının dışarıdan erişimini ve o olanakların isimlerinin (sembollerinin) derlenmiş kodda nasıl ifade edildiklerini belirleyen kurallar bütünüdür. Derlenmiş koddaki isimler programcının kaynak kodda yazdığı isimlerden farklıdır: Derlenmiş koddaki isimler belirli bir dilin veya bir derleyicinin kurallarına göre *özgünleştirilmişlerdir.*

Örneğin, ismi kaynak kodda `foo` olan bir işlevin derlenmiş koddaki özgün ismi, C bağlanım kurallarına göre başına alt çizgi karakteri eklenerek oluşturulur: `_foo`. Özgün isim üretme C++ ve D dillerinde daha karmaşıktır çünkü bu diller aynı ismin farklı modüllerde, yapılarda, sınıflarda, ve bir işlevin farklı yüklemelerinde kullanılmasına izin verir. D kaynak kodundaki `foo` gibi bir işlevin özgün ismi onu olası bütün başka `foo` isimlerinden ayırt edecek biçimde seçilir. Özgün isimlerin tam olarak ne oldukları genelde programcı için önemli olmasa da, bu konuda `core.demangle` modülünden yararlanılabilir:

```
module deneme;

import std.stdio;
import core.demangle;

void foo() {
}

void main() {
    writeln(mangle!(typeof(foo))("deneme.foo"));
}
```

Not: Söz dizimi kitabın bu noktasında yabancı gelen `mangle` bir işlev şablonudur. Şablonları daha sonra Şablonlar bölümünde (sayfa 401) göreceğiz.

Programın çıktısı, yukarıdaki `foo` ile aynı türden olan `deneme.foo` isimli bir işlevin özgün ismini göstermektedir:

```
_D6deneme3fooFZv
```

Bağlayıcının verdiği hata mesajlarının anlaşılmaz isimler içermelerinin nedeni de özgün isimlerdir. Örneğin, yukarıdaki bir bağlayıcı hata mesajında `hayvan.kedi.Kedi` ismi değil, `_D6hayvan4kedi4Kedi7__ClassZ` ismi geçmiştir.

`extern()` niteliği olanakların bağlanımlarını belirtmek için kullanılır. `extern()` ile kullanılabilen bağlanım türleri şunlardır: `C`, `C++`, `D`, `Objective-C`, `Pascal`, `System`, ve `Windows`. Örneğin, bir C kütüphanesinde tanımlanmış olan bir işlevi çağırması gereken bir D kodunun o işlevi C bağlanımı ile bildirmesi gerekir:

```
// 'foo'nun C bağlanımı olduğu bildiriliyor (örneğin, bir C
// kütüphanesinde tanımlanmıştır)
extern(C) void foo();

void main() {
    foo();  // bu işlev çağrısı '_foo' özgün ismi ile yapılır
}
```

C++'ın `namespace` anahtar sözcüğü ile tanımlanan isim alanları `extern(C++)`'ın ikinci parametresi olarak belirtilir. Örneğin, aşağıdaki `bar()` bildirimi, C++ kütüphanesindeki `a::b::c::bar()` işlevine karşılık gelir (dikkat ederseniz, D kodu `::` yerine nokta kullanır):

```
// 'bar'ın a::b::c isim alanında bulunduğu ve C++ bağlanımı
// olduğu bildiriliyor:
extern(C++, a.b.c) void bar();

void main() {
    bar();          // a::b::c::bar()'a çağrıdır
    a.b.c.bar();    // üsttekinin eşdeğeri
}
```

Bir kütüphanedeki olanakların D bildirimlerini içeren dosyaya o kütüphanenin *D ilintisi* denir. D ilintilerini elle kendiniz yazmak yerine, çoğu yaygın kütüphanenin ilintilerini içeren Deimos projesinden[1] yararlanmanızı öneririm.

Bağlanım türü belirtilmeden kullanılan `extern` niteliğinin farklı bir anlamı vardır: Bir değişken için kullanılan yerin başka bir kütüphanenin sorumluluğunda olduğunu bildirir. Farklı anlamlar taşıdıklarından, `extern` ve `extern()` nitelikleri birlikte kullanılabilir:

```
// 'g_degisken' için kullanılan yerin bir C kütüphanesi
// tarafından zaten ayrıldığı bildiriliyor:
extern(C) extern int g_degisken;
```

Yukarıdaki `extern` niteliği kullanılmasa, C bağlanımına sahip olmasından bağımsız olarak, `g_degisken` bu D modülünün bir değişkeni haline gelirdi.

1. https://github.com/D-Programming-Deimos/

60 Sarma ve Erişim Hakları

Şimdiye kadar tasarladığımız bütün yapı ve sınıf türlerinin bütün üyeleri dışarıdan erişime açıktı.

Hatırlamak için şöyle bir öğrenci yapısı düşünelim.

```
enum Cinsiyet { kız, erkek }

struct Öğrenci {
    string isim;
    Cinsiyet cinsiyet;
}
```

O yapının nesnelerinin üyelerine istediğimiz gibi erişebiliyorduk:

```
    auto öğrenci = Öğrenci("Tolga", Cinsiyet.erkek);
    writefln("%s bir %s öğrencidir.", öğrenci.isim, öğrenci.cinsiyet);
```

Üyelere böyle serbestçe erişebilmek, o üyeleri programda istediğimiz gibi kullanma olanağı sağladığı için yararlıdır. O kod, öğrenci hakkındaki bilgiyi çıkışa şöyle yazdırır:

```
Tolga bir erkek öğrencidir.
```

Ancak, üye erişiminin bu kadar serbest olması sakıncalar da doğurabilir. Örneğin belki de yanlışlıkla, öğrencinin yalnızca ismini değiştirdiğimizi düşünelim:

```
    öğrenci.isim = "Ayşe";
```

O atama sonucunda artık nesnenin geçerliliği bozulmuş olabilir:

```
Ayşe bir erkek öğrencidir.
```

Başka bir örnek olarak, bir grup öğrenciyi barındıran `Okul` isminde bir sınıfa bakalım. Bu sınıf, okuldaki kız ve erkek öğrencilerin sayılarını ayrı olarak tutuyor olsun:

```
class Okul {
    Öğrenci[] öğrenciler;
    size_t kızToplamı;
    size_t erkekToplamı;

    void ekle(Öğrenci öğrenci) {
        öğrenciler ~= öğrenci;

        final switch (öğrenci.cinsiyet) {

        case Cinsiyet.kız:
            ++kızToplamı;
            break;

        case Cinsiyet.erkek:
            ++erkekToplamı;
            break;
        }
    }

    override string toString() const {
        return format(
            "%s kız, %s erkek; toplam %s öğrenci",
            kızToplamı, erkekToplamı, öğrenciler.length);
    }
}
```

`ekle` işlevini kullanarak o sınıfın nesnelerine yeni öğrenciler ekleyebiliriz:

```
    auto okul = new Okul;
    okul.ekle(Öğrenci("Leyla", Cinsiyet.kız));
    okul.ekle(Öğrenci("Metin", Cinsiyet.erkek));
    writeln(okul);
```

ve tutarlı bir çıktı elde ederiz:

```
1 kız, 1 erkek; toplam 2 öğrenci
```

Oysa bu sınıfın üyelerine serbestçe erişebiliyor olmak, onun nesnelerini de tutarsız hale getirebilir. Örneğin `öğrenciler` üyesine doğrudan yeni bir öğrenci eklediğimizi düşünelim:

```
    okul.öğrenciler ~= Öğrenci("Nimet", Cinsiyet.kız);
```

Yeni öğrenci, toplamları sayan `ekle` işlevi çağrılmadan eklendiği için bu `Okul` nesnesi artık tutarsızdır:

```
1 kız, 1 erkek; toplam 3 öğrenci
```

60.1 Sarma

Sarma, bu tür durumları önlemek için üyelere erişimi kısıtlayan bir olanaktır.

Başka bir yararı, kullanıcıların sınıfın iç yapısını bilmek zorunda kalmamalarıdır. Sınıf, sarma yoluyla bir anlamda bir kara kutu haline gelir ve ancak arayüzünü belirleyen işlevler aracılığıyla kullanılabilir.

Kullanıcıların sınıfın üyelerine doğrudan erişememeleri, ayrıca sınıfın iç tasarımının ileride rahatça değiştirilebilmesini de sağlar. Sınıfın arayüzündeki işlevlerin tanımına dokunulmadığı sürece, içinin yapısı istendiği gibi değiştirilebilir.

Sarma, kredi kartı numarası veya şifre gibi değerli veya gizli verilere erişimi kısıtlamak için değildir ve bu amaçla kullanılamaz. Sarma, program geliştirme konusunda yararlı bir olanaktır: Programdaki tanımların kolay ve doğru kullanılmalarını ve kolayca değiştirilebilmelerini sağlar.

60.2 Erişim hakları

D'de erişim hakları iki bağlamda belirtilebilir:

- **Yapı veya sınıf düzeyinde**: Her yapı veya sınıf üyesinin erişim hakkı ayrıca belirtilebilir.
- **Modül düzeyinde**: Modül içinde tanımlanmış olan her tür olanağın erişim hakkı ayrıca belirtilebilir: sınıf, yapı, işlev, enum, vs.

Bir üyenin veya modül tanımının erişim hakkı aşağıdaki özelliklerden birisi olarak belirtilebilir. Varsayılan erişim `public`'tir.

- `public`, *genel*: Programın her tarafından erişilebilmeyi ifade eder; hiçbir erişim kısıtlaması yoktur.

  Bunun bir örneği olarak `stdout` standart akımını düşünebilirsiniz. Onu bildiren `std.stdio` modülünün `import` ile eklenmesi, `stdout`'un serbestçe kullanılabilmesi için yeterlidir.
- `private`, *özel*: özel erişimi ifade eder

  Bu şekilde tanımlanan üyelere içinde tanımlı oldukları sınıfın kodları tarafından, veya o sınıfı barındıran modüldeki kodlar tarafından erişilebilir.

  Ek olarak, `private` olarak işaretlenmiş olan üye işlevler alt sınıflar tarafından tekrar tanımlanamazlar.

- `package`, *pakede açık*: paketteki modüller tarafından erişilebilmeyi ifade eder
  Bu şekilde işaretlenmiş olan bir tanım, onu barındıran paketteki bütün kodlara açıktır. Bu erişim hakkı yalnızca modülü içeren en içteki pakede verilir.
  Örneğin `hayvan.omurgalilar.kedi` isimli bir modül içinde `package` olarak işaretlenmiş olan bir tanım; `kedi` modülünün kendisinden başka, `omurgalilar` pakedindeki bütün modüllere de açıktır.
  `private` belirtecinde olduğu gibi, `package` olarak işaretlenmiş olan üye işlevler alt sınıflar tarafından tekrar tanımlanamazlar.
- `protected`, *korumalı*: türetilen sınıf tarafından da erişilebilmeyi ifade eder
  `private` erişimi genişleten bir erişimdir: Bu şekilde işaretlenmiş olan üyeye sınıf tarafından erişilmek yanında, o sınıftan türetilen sınıflardan da erişilebilir.

Ek olarak, `export` belirteci program içinde tanımlanmış olanaklara programın dışından da erişilebilmesini sağlar.

60.3 Belirtilmesi

Erişim hakları üç şekilde belirtilebilir.

Tek bir tanımın önüne yazıldığında yalnızca o tanımın erişim haklarını belirler. Bu, Java ve bazı başka dillerdeki gibidir:

```
private int birSayı;

private void birİşlev() {
    // ...
}
```

İki nokta üst üste karakteriyle yazıldığında, aynı şekilde yeni bir erişim hakkı yazılana kadarki bütün tanımları etkiler. Bu, C++'daki gibidir:

```
private:
    // ...
    // ... buradaki bütün tanımlar özel ...
    // ...

protected:
    // ...
    // ... buradakiler korumalı ...
    // ...
```

Blok söz dizimiyle yazıldığında bütün bloğun içini etkiler:

```
private {
    // ...
    // ... buradakilerin hepsi özel ...
    // ...
}
```

Bu üç yöntemin etkisi aynıdır. Hangisini kullanacağınıza tasarımınıza uygun olduğunu düşündüğünüz şekilde serbestçe karar verebilirsiniz.

60.4 `import`'lar normalde modüle özeldir

`import` ile eklenen modüller, o modülü dolaylı olarak ekleyen başka modüller tarafından görülemezler. Örneğin `okul` modülü `std.stdio` modülünü eklese, `okul` modülünü ekleyen başka modüller `std.stdio`'dan otomatik olarak yararlanamazlar.

Örneğin `okul` modülü şöyle başlıyor olsun:

```
module okul.okul;

import std.stdio;         // kendi işi için eklenmiş...

// ...
```

Onu kullanan şu program derlenemez:

```
import okul.okul;

void main() {
    writeln("merhaba");    // ← derleme HATASI
}
```

O yüzden, `std.stdio`'yu asıl modülün ayrıca eklemesi gerekir:

```
import okul.okul;
import std.stdio;

void main() {
    writeln("merhaba");    // şimdi derlenir
}
```

Bazen, eklenen bir modülün başka modülleri de otomatik ve dolaylı olarak sunması istenebilir. Örneğin `okul` isimli bir modülün eklenmesinin, `ogrenci` modülünü de otomatik olarak eklemesi istenebilir. Bu, `import` işlemi `public` olarak işaretlenerek sağlanır:

```
module okul.okul;

public import okul.ogrenci;

// ...
```

Artık `okul` modülünü ekleyen modüller `ogrenci` modülünü açıkça eklemek zorunda kalmadan, onun içindeki `Öğrenci` yapısını kullanabilirler:

```
import okul.okul;

void main() {
    auto öğrenci = Öğrenci("Tolga", Cinsiyet.erkek);

    // ...
}
```

O program yalnızca `okul` modülünü eklediği halde `Öğrenci` yapısını da kullanabilmektedir.

60.5 Sarmayı ne zaman kullanmalı

Sarma, giriş bölümünde gösterdiğim sorunları önlemek ve sınıf tasarımlarını serbest bırakmak için çok etkili bir olanaktır.

Üyelerin ve başka değişkenlerin ilgisiz kodlar tarafından serbestçe değiştirilmeleri önlenmiş olur. Böylece, yukarıdaki `ekle` işlevinde olduğu gibi, nesnelerin tutarlılıkları denetim altına alınmış olur.

Ayrıca, başka kodlar yapı ve sınıf gerçekleştirmelerine bağımlı kalmamış olurlar. Örneğin `Okul.öğrenciler` üyesine erişilebiliyor olması, sizin o diziyi daha sonradan örneğin bir eşleme tablosu olarak değiştirmenizi güçleştirir. Çünkü bu değişiklik kullanıcı kodlarını da etkileyecektir.

Sarma, nesne yönelimli programlamanın en yararlı olanakları arasındadır.

60.6 Örnek

Yukarıdaki `Öğrenci` yapısını ve `Okul` sınıfını sarmaya uygun olacak şekilde tanımlayalım ve küçük bir deneme programında kullanalım.

Bu örnekte toplam üç dosya tanımlayacağız. Önceki bölümden de hatırlayacağınız gibi; "okul" isminde bir klasör içinde tanımlandıkları için ilk ikisi `okul` pakedinin parçaları olacaklar:

- "okul/ogrenci.d": `Öğrenci` yapısını içeren `ogrenci` modülü
- "okul/okul.d": `Okul` sınıfını tanımlayan `okul` modülü
- "deneme.d": küçük bir deneme programı

Bu programın oluşturulabilmesi için bütün dosyaların belirtilmesi gerektiğini unutmayın:

```
$ dmd deneme.d okul/ogrenci.d okul/okul.d -w
```

İlk önce "okul/ogrenci.d" dosyasını görelim:

```
module okul.ogrenci;

import std.string;
import std.conv;

enum Cinsiyet { kız, erkek }

struct Öğrenci {
    package string isim;
    package Cinsiyet cinsiyet;

    string toString() const {
        return format("%s bir %s öğrencidir.",
                      isim, to!string(cinsiyet));
    }
}
```

Bu yapının üyelerini yalnızca kendi pakedindeki kodlara açmak için `package` olarak belirledim; çünkü biraz sonra göreceğimiz `Okul` sınıfının bu yapının üyelerine doğrudan erişmesini istedim.

Aynı pakedin parçası olsa bile başka bir modül tarafından yapının üyelerine erişilmesi, aslında temelde sarmaya karşıdır. Yine de; `Öğrenci` ve `Okul`'un birbirlerinin üyelerine doğrudan erişebilecek kadar yakın tanımlar oldukları düşünülebilir.

Bu sefer de, o modülden yararlanan "okul/okul.d" dosyasına bakalım:

```
module okul.okul;

public import okul.ogrenci;              // 1

import std.string;

class Okul {
private:                                 // 2

    Öğrenci[] öğrenciler;
    size_t kızToplamı;
    size_t erkekToplamı;

public:                                  // 3

    void ekle(Öğrenci öğrenci) {
        öğrenciler ~= öğrenci;

        final switch (öğrenci.cinsiyet) {   // 4a
```

```
            case Cinsiyet.kız:
                ++kızToplamı;
                break;

            case Cinsiyet.erkek:
                ++erkekToplamı;
                break;
            }
        }

        override string toString() const {
            string sonuç = format(
                "%s kız, %s erkek; toplam %s öğrenci",
                kızToplamı, erkekToplamı, öğrenciler.length);

            foreach (i, öğrenci; öğrenciler) {
                sonuç ~= (i == 0) ? ": " : ", ";
                sonuç ~= öğrenci.isim;                // 4b
            }

            return sonuç;
        }
}
```

1. Bu modülü ekleyen programlar `ogrenci` modülünü de ayrıca eklemek zorunda kalmasınlar diye; `public` olarak ekleniyor. Bir anlamda, bu "ekleme", genele açılıyor.
2. `Okul` sınıfının bütün üyeleri özel olarak işaretleniyor. Bu sayede sınıf nesnelerinin tutarlılığı güvence altına alınmış oluyor.
3. Bu sınıfın herhangi bir şekilde kullanışlı olabilmesi için üye işlevler sunması gerekir; `ekle` ve `toString` işlevleri, kullanılabilmeleri için `public` olarak işaretleniyorlar.
4. Önceki dosyada `package` olarak işaretlendikleri için, `Öğrenci` yapısının her iki üyesine de bu modüldeki kodlar tarafından erişilebiliyor.

Son olarak bu iki modülü kullanan program dosyasına da bakalım:

```
import std.stdio;
import okul.okul;

void main() {
    auto öğrenci = Öğrenci("Tolga", Cinsiyet.erkek);
    writeln(öğrenci);

    auto okul = new Okul;

    okul.ekle(Öğrenci("Leyla", Cinsiyet.kız));
    okul.ekle(Öğrenci("Metin", Cinsiyet.erkek));
    okul.ekle(Öğrenci("Nimet", Cinsiyet.kız));

    writeln(okul);
}
```

Bu program, `Öğrenci` ve `Okul`'u ancak genel erişime açık olan arayüzleri aracılığıyla kullanabilir. Ne `Öğrenci`'nin, ne de `Okul`'un üyelerine erişemez ve bu yüzden nesneler her zaman için tutarlıdır:

```
Tolga bir erkek öğrencidir.
2 kız, 1 erkek; toplam 3 öğrenci: Leyla, Metin, Nimet
```

Dikkat ederseniz, o program bu tanımları yalnızca `Okul.ekle` ve `Öğrenci.toString` işlevleri aracılığıyla kullanıyor. O işlevlerin kullanımları değiştirilmediği sürece, `Öğrenci`'nin ve `Okul`'un tanımlarında yapılan hiçbir değişiklik bu programı etkilemez.

61 İşlev Çağırma Ortak Söz Dizimi (UFCS)

UFCS "universal function call syntax"in kısaltmasıdır. Normal işlevlerin üye işlevler gibi çağrılabilmelerini sağlar. Derleyicinin otomatik olarak sağladığı bu olanak çok kısa olarak iki ifade ile anlatılabilir:

```
    değişken.işlev(parametre_değerleri)
```

Yukarıdaki gibi bir ifade ile karşılaşıldığında eğer `değişken`'in o parametrelere uyan `işlev` isminde bir üye işlevi yoksa, derleyici hata vermeden önce bir de aşağıdaki normal işlev çağrısını dener:

```
    işlev(değişken, parametre_değerleri)
```

Eğer derlenebiliyorsa o ifade kabul edilir ve aslında normal bir işlev olan `işlev` sanki bir üye işlevmiş gibi çağrılmış olur.

Not: Bu olanak yalnızca modül düzeyinde tanımlanmış olan işlevlerle kullanılabilir; örneğin, iç işlevler (sayfa 501) UFCS söz dizimi ile çağrılamazlar.

Belirli bir yapı veya sınıf türünü yakından ilgilendiren işlevlerin o türün üye işlevleri olarak tanımlandıklarını biliyoruz. Her normal işlev özel üyelere erişemediğinden üye işlevler sarma kavramı için gereklidir. Örneğin, `private` olarak işaretlenmiş olan üyelere ancak o türün kendi üye işlevleri ve o türü içeren modül tarafından erişilebilir.

Deposundaki benzin miktarını da bildiren bir `Araba` türü olsun:

```
class Araba {
    enum ekonomi = 12.5;          // litre başına km (ortalama)
    private double kalanBenzin;   // litre

    this(double kalanBenzin) {
        this.kalanBenzin = kalanBenzin;
    }

    double benzin() const {
        return kalanBenzin;
    }

    // ...
}
```

Üye işlevler ne kadar yararlı ve gerekli olsalar da, belirli bir tür üzerindeki olası bütün işlemlerin üye işlevler olarak tanımlanmaları beklenmemelidir çünkü bazı işlemler ancak belirli programlarda anlamlıdırlar veya yararlıdırlar. Örneğin, arabanın belirli bir mesafeyi gidip gidemeyeceğini bildiren işlevin üye işlev olarak değil, normal işlev olarak tanımlanması daha uygun olabilir:

```
bool gidebilir_mi(Araba araba, double mesafe) {
    return (araba.benzin() * araba.ekonomi) >= mesafe;
}
```

Doğal olarak, bu işlemin serbest işlev olarak tanımlanmış olması işlev çağrısı söz diziminde farklılık doğurur. Değişkenin ismi aşağıdaki iki kullanımda farklı yerlerde geçmektedir:

```
void main() {
    auto araba = new Araba(5);

    auto kalanBenzin = araba.benzin(); // Üye işlev söz dizimi

    if (gidebilir_mi(araba, 100)) {    // Normal işlev söz dizimi
```

```
        // ...
    }
}
```

UFCS, söz dizimindeki bu farklılığı ortadan kaldırır; normal işlevlerin de üye işlevler gibi çağrılabilmelerini sağlar:

```
    if (araba.gidebilir_mi(100)) { // Normal işlev, üye işlev söz dizimi ile
        // ...
    }
```

Bu olanak hazır değerler dahil olmak üzere temel türlerle de kullanılabilir:

```
int yarısı(int değer) {
    return değer / 2;
}

void main() {
    assert(42.yarısı() == 21);
}
```

Bir sonraki bölümde göreceğimiz gibi, işlev çağrısı sırasında parametre değeri kullanılmadığında o işlev parantezsiz olarak da çağrılabilir. Bu olanaktan da yararlanıldığında yukarıdaki ifade daha da kısalır. Sonuçta, aşağıdaki satırların üçü de aynı anlamdadır:

```
    sonuç = yarısı(değer);
    sonuç = değer.yarısı();
    sonuç = değer.yarısı;
```

UFCS özellikle işlevlerin *zincirleme olarak* çağrıldığı durumlarda yararlıdır. Bunu `int` dizileri ile işleyen üç işlev üzerinde görelim:

```
// Bütün elemanların 'bölen' ile bölünmüşlerini döndürür
int[] bölümleri(int[] dilim, int bölen) {
    int[] sonuç;
    sonuç.reserve(dilim.length);

    foreach (değer; dilim) {
        sonuç ~= değer / bölen;
    }

    return sonuç;
}

// Bütün elemanların 'çarpan' ile çarpılmışlarını döndürür
int[] çarpımları(int[] dilim, int çarpan) {
    int[] sonuç;
    sonuç.reserve(dilim.length);

    foreach (değer; dilim) {
        sonuç ~= değer * çarpan;
    }

    return sonuç;
}

// Elemanların çift olanlarını döndürür
int[] çiftleri(int[] dilim) {
    int[] sonuç;
    sonuç.reserve(dilim.length);

    foreach (değer; dilim) {
        if (!(değer % 2)) {
            sonuç ~= değer;
        }
    }
```

```
    return sonuç;
}
```

UFCS'ten yararlanılmadığı zaman bu üç işlevi zincirleme olarak çağırmanın bir yolu aşağıdaki gibidir:

```
import std.stdio;

// ...

void main() {
    auto sayılar = [ 1, 2, 3, 4, 5 ];
    writeln(çiftleri(bölümleri(çarpımları(sayılar, 10), 3)));
}
```

Sayılar önce 10 ile çarpılmakta, sonra 3 ile bölünmekte, ve sonucun çift olanları kullanılmaktadır:

```
[6, 10, 16]
```

Yukarıdaki ifadenin bir sorunu, `çarpımları` ile `10`'un ve `bölümleri` ile 3'ün birbirleriyle ilgili olmalarına rağmen ifadede birbirlerinden uzakta yazılmak zorunda olmalarıdır. UFCS bu sorunu ortadan kaldırır ve işlem sıralarına uyan daha doğal bir söz dizimi getirir:

```
    writeln(sayılar.çarpımları(10).bölümleri(3).çiftleri);
```

Bazı programcılar `writeln` gibi çağrılarda da UFCS'ten yararlanırlar:

```
    sayılar.çarpımları(10).bölümleri(3).çiftleri.writeln;
```

Ek bir bilgi olarak, yukarıdaki bütün program `map` ve `filter`'dan yararlanılarak da yazılabilir:

```
import std.stdio;
import std.algorithm;

void main() {
    auto sayılar = [ 1, 2, 3, 4, 5 ];

    writeln(sayılar
            .map!(a => a * 10)
            .map!(a => a / 3)
            .filter!(a => !(a % 2)));
}
```

Bunu sağlayan şablon (sayfa 401), aralık (sayfa 572), ve isimsiz işlev (sayfa 563) olanaklarını daha sonraki bölümlerde göreceğiz.

62 Nitelikler

Nitelikler üye işlevlerin üye değişkenlermiş gibi kullanılmalarını sağlayan olanaktır.

Bu olanağı dinamik dizilerden tanıyorsunuz. Dizilerin `length` niteliği dizideki eleman adedini bildirir:

```
    int[] dizi = [ 7, 8, 9 ];
    assert(dizi.length == 3);
```

Yalnızca bu kullanıma, yani uzunluğu bildirmesine bakarsak, `length`'in bir üye değişken olarak tasarlandığını düşünebiliriz:

```
struct BirDiziGerçekleştirmesi {
    int length;

    // ...
}
```

Oysa bu niteliğin diğer kullanımı bunun doğru olamayacağını gösterir. Dinamik dizilerde `length` niteliğine yeni bir değer atamak dizi uzunluğunu belki de yeni elemanlar ekleyecek biçimde değiştirir:

```
    dizi.length = 5;                // Artık 5 eleman var
    assert(dizi.length == 5);
```

Not: Sabit uzunluklu dizilerde `length` niteliği değiştirilemez.

Yukarıdaki atama basit bir değer değişikliği değildir. `length`'e yapılan o atamanın arkasında daha karmaşık başka işlemler gizlidir: Dizinin sığasının yeni elemanlar için yeterli olup olmadığına bakılması, gerekiyorsa daha büyük yeni bir yer ayrılması ve dizi elemanlarının o yeni yerin baş tarafına kopyalanmaları.

Bu açıdan bakınca `length`'e yapılan atamanın aslında bir işlev gibi çalışması gerektiği görülür.

Nitelikler, üye değişken gibi kullanılmalarına rağmen duruma göre belki de çok karmaşık işlemleri olan işlevlerdir.

62.1 İşlevlerin parantezsiz çağrılabilmeleri

Bir önceki bölümde de değinildiği gibi, parametre değeri gerekmeyen durumlarda işlev çağırırken parantez yazmak gerekmez:

```
    writeln();
    writeln;       // Üsttekinin eşdeğeri
```

Bu olanak niteliklerle çok yakından ilgilidir. Niteliklerin kullanımında hemen hemen hiçbir zaman parantez yazılmaz.

62.2 Değer üreten nitelik işlevleri

Çok basit bir örnek olarak yalnızca en ve boy üyeleri bulunan bir dikdörtgen yapısına bakalım:

```
struct Dikdörtgen {
    double en;
    double boy;
}
```

Dikdörtgenin alanını bildiren bir üye daha olsun:

```
    auto bahçe = Dikdörtgen(10, 20);
    writeln(bahçe.alan);
```

Şimdiye kadarki bölümlerde öğrendiğimiz kadarıyla, bunu yukarıdaki söz dizimiyle gerçekleştirebilmek için bir üçüncü üye eklememiz gerekir:

```
struct Dikdörtgen {
    double en;
    double boy;
    double alan;
}
```

Bu tasarımın sakıncası, bu yapının nesnelerinin tutarsız durumlara düşebilecek olmalarıdır: Aralarında her zaman için "en * boy == alan" gibi bir ilişkinin bulunması gerektiği halde bu ilişki üyeler serbestçe değiştirildikçe bozulabilir.

Hatta, nesne tamamen ilgisiz değerlerle bile kurulabilir:

```
    // Tutarsız nesne: alanı 10 * 20 == 200 değil, 1111
    auto bahçe = Dikdörtgen(10, 20, 1111);
```

Böyle durumları önlemenin bir yolu, alan bilgisini D'nin *nitelik* olanağından yararlanarak sunmaktır. Bu durumda yapıya yeni üye eklenmez; değer, bir işlevin sonucu olarak hesaplanır. İşlevin ismi üye değişken gibi kullanılacak olan isimdir: `alan`. Bu işlevin dönüş değeri niteliğin değeri haline gelir:

```
struct Dikdörtgen {
    double en;
    double boy;

    double alan() const {
        return en * boy;
    }
}
```

Not: İşlev bildiriminin sonundaki `const`, const ref Parametreler ve const Üye İşlevler bölümünden (sayfa 277) hatırlayacağınız gibi, bu nesnenin bu işlev içinde değiştirilmediğini bildirir.

Artık o yapıyı sanki üçüncü bir üyesi varmış gibi kullanabiliriz:

```
    auto bahçe = Dikdörtgen(10, 20);
    writeln("Bahçenin alanı: ", bahçe.alan);
```

Bu olanak sayesinde, `alan` niteliğinin değeri işlevde enin ve boyun çarpımı olarak hesaplandığı için her zaman tutarlı olacaktır:

```
Bahçenin alanı: 200
```

62.3 Atama işleci ile kullanılan nitelik işlevleri

Dizilerin `length` niteliğinde olduğu gibi, kendi tanımladığımız nitelikleri de atama işlemlerinde kullanabiliriz:

```
    bahçe.alan = 50;
```

O atamanın sonucunda alanın gerçekten değişmesi için dikdörtgenin üyelerinin, yani eninin veya boyunun değişmesi gerekir. Bunu sağlamak için dikdörtgenin *esnek* olduğunu kabul edebiliriz: "en * boy == alan" ilişkisini koruyabilmek için kenar uzunluklarının değişmeleri gerekir.

Niteliklerin atama işleminde kullanılmalarını sağlayan işlevin ismi de niteliğin isminin aynısıdır. Atama işleminin sağ tarafında kullanılan değer bu işlevin tek parametresinin değeri haline gelir.

alan niteliğine değer atamayı da sağlayan bir tür şöyle yazılabilir:

```
import std.stdio;
import std.math;

struct Dikdörtgen {
    double en;
    double boy;

    double alan() const {
        return en * boy;
    }

    void alan(double yeniAlan) {
        auto büyültme = sqrt(yeniAlan / alan);

        en *= büyültme;
        boy *= büyültme;
    }
}

void main() {
    auto bahçe = Dikdörtgen(10, 20);
    writeln("Bahçenin alanı: ", bahçe.alan);

    bahçe.alan = 50;
    writefln("Yeni durum: %s x %s = %s",
             bahçe.en, bahçe.boy, bahçe.alan);
}
```

Atama işlemi ile kullanılan işlevde std.math modülünün karekök almaya yarayan işlevi olan sqrt'u kullandım. Dikdörtgenin hem eni hem de boyu oranın karekökü kadar değişince alan da yeni değere gelmiş olur.

alan niteliğine yukarıda dörtte biri kadar bir değer atandığında (200 yerine 50), kenarların uzunlukları yarıya inmiş olur:

```
Bahçenin alanı: 200
Yeni durum: 5 x 10 = 50
```

62.4 Nitelikler şart değildir

Yukarıdaki örnekteki yapının nasıl sanki üçüncü bir üyesi varmış gibi kullanılabildiğini gördük. Ancak bu hiçbir zaman kesinlikle gerekmez çünkü değişik şekilde yazılıyor olsa da aynı işi üye işlevler yoluyla da gerçekleştirebiliriz:

```
import std.stdio;
import std.math;

struct Dikdörtgen {
    double en;
    double boy;

    double alan() const {
        return en * boy;
    }

    void alanDeğiştir(double yeniAlan) {
        auto büyültme = sqrt(yeniAlan / alan);

        en *= büyültme;
        boy *= büyültme;
    }
}

void main() {
    auto bahçe = Dikdörtgen(10, 20);
    writeln("Bahçenin alanı: ", bahçe.alan());

    bahçe.alanDeğiştir(50);
```

```
    writefln("Yeni durum: %s x %s = %s",
             bahçe.en, bahçe.boy, bahçe.alan());
}
```

Hatta, İşlev Yükleme bölümünde (sayfa 267) de anlatıldığı gibi, bu iki işlevin isimleri aynı da olabilir:

```
    double alan() const {
        // ...
    }

    void alan(double yeniAlan) {
        // ...
    }
```

62.5 Ne zaman kullanmalı

Bu bölümde anlatılan nitelik işlevleri ile daha önceki bölümlerde gördüğümüz erişim işlevleri arasında seçim yapmak her zaman kolay olmayabilir. Bazen erişim işlevleri, bazen nitelikler, bazen de ikisi birden doğal gelecektir. Niteliklerin kullanılmamaları da bir kayıp değildir. Örneğin, C++ gibi başka bazı dillerde nitelik olanağı bulunmaz.

Ancak ne olursa olsun, Sarma ve Erişim Hakları bölümünde (sayfa 381) gördüğümüz gibi, üyelere doğrudan erişimin engellenmesi önemlidir. Yapı ve sınıf tasarımları zamanla geliştikçe üyelerin kullanıcı kodları tarafından doğrudan değiştirilmeleri sorun haline gelebilir. O yüzden, üye erişimlerini mutlaka nitelikler veya erişim işlevleri yoluyla sağlamanızı öneririm.

Örneğin yukarıdaki `Dikdörtgen` yapısının en ve boy üyelerinin erişime açık bırakılmaları, yani `public` olmaları, ancak çok basit yapılarda kabul edilir bir davranıştır. Normalde bunun yerine ya üye işlevler, ya da nitelikler kullanılmalıdır:

```
struct Dikdörtgen {
private:

    double en_;
    double boy_;

public:

    double alan() const {
        return en * boy;
    }

    void alan(double yeniAlan) {
        auto büyültme = sqrt(yeniAlan / alan);

        en_ *= büyültme;
        boy_ *= büyültme;
    }

    double en() const {
        return en_;
    }

    double boy() const {
        return boy_;
    }
}
```

Üyelerin `private` olarak işaretlendiklerine ve o sayede değerlerine yalnızca nitelik işlevleri yoluyla erişilebildiklerine dikkat edin.

Ayrıca aynı isimdeki nitelik işlevleriyle karışmasınlar diye üyelerin isimlerinin sonlarına _ karakteri eklediğime dikkat edin. Üye isimlerinin bu şekilde farklılaştırılmaları nesne yönelimli programlamada oldukça sık karşılaşılan bir uygulamadır.

Yukarıda da gördüğümüz gibi, üyelere erişimin nitelik işlevleri yoluyla sağlanması kullanım açısından farklılık getirmez. en ve boy yine sanki nesnenin üyeleriymiş gibi kullanılabilir:

```
    auto bahçe = Dikdörtgen(10, 20);
    writeln("en: ", bahçe.en, " boy: ", bahçe.boy);
```

Hatta, atama işleci ile kullanılan nitelik işlevini bu üyeler için bilerek tanımlamadığımız için enin ve boyun dışarıdan değiştirilmeleri de artık olanaksızdır:

```
    bahçe.en = 100;     // ← derleme HATASI
```

Bu da, üyelere yapılan değişikliklerin kendi denetimimiz altında olması açısından çok önemlidir. Bu üyeler ancak bu sınıfın kendi işlevleri tarafından değiştirilebilirler. Nesnelerin tutarlılıkları bu sayede bu türün üye işlevleri tarafından sağlanabilir.

Dışarıdan değiştirilmelerinin yine de uygun olduğu üyeler varsa, atamayı sağlayan nitelik işlevi onlar için özel olarak tanımlanabilir.

`@property`

Nitelik tanımlarında `@property` anahtar sözcüğü de kullanılabilir. Ancak, kesinlikle gerekli olmadığından, bu sözcüğün kullanımı önerilmez.

```
import std.stdio;

struct Foo {
    @property int a() const {
        return 42;
    }

    int b() const {    // ← @property kullanılmadan tanımlanmış
        return 42;
    }
}

void main() {
    auto f = Foo();

    writeln(typeof(f.a).stringof);
    writeln(typeof(f.b).stringof);
}
```

`@property` anahtar sözcüğünün tek etkisi, nitelik söz dizimine sahip farklı çeşitten ifadelerin türlerini belirlerken farkedilir. Aşağıdaki çıktıda görüldüğü gibi, `f.a` ve `f.b` ifadelerinin türleri faklıdır:

```
int             ← f.a ifadesinin türü (dönüş değerinin türü)
const int()     ← Foo.b üye işlevinin türü
```

63 Yapı ve Sınıflarda Sözleşmeli Programlama

Sözleşmeli programlama kod hatalarını azaltmaya yarayan çok etkili bir olanaktır. D'nin sözleşmeli programlama olanaklarından ikisini Sözleşmeli Programlama bölümünde (sayfa 223) görmüştük. `in` ve `out` blokları, işlevlerin giriş ve çıkış garantilerini denetlemek için kullanılıyordu.

Not: O bölümdeki "in bloğu mu enforce mu" başlığı altındaki ilkeleri gözetmeniz önemlidir. Bu bölümdeki örnekler nesnelerin ve parametrelerin tutarlılıkları ile ilgili sorunların programcı hatalarına bağlı olduğu durumlarla ilgilidir. Diğer durumlarda ise işlevin kodları içinden `enforce`'u çağırmanız doğru olacaktır.

Hatırlamak amacıyla, üçgen alanını Heron formülünü kullanarak kenar uzunluklarından hesaplayan bir işlev yazalım. Üçgenin alanının doğru olarak hesaplanabilmesi için her kenarın uzunluğunun sıfırdan büyük olması gerekir. Ek olarak, bir üçgenin hiçbir kenarı da diğer ikisinin toplamından uzun veya eşit olamaz.

Ancak o giriş koşulları sağlandığında üçgenin alanının varlığından söz edilebilir. Bu koşulları ve bu garantiyi sağlayan bir işlev şöyle yazılabilir:

```
private import std.math;

double üçgenAlanı(double a, double b, double c)
in {
    // Kenarlar sıfırdan büyük olmalıdır
    assert(a > 0);
    assert(b > 0);
    assert(c > 0);

    // Her kenar diğer ikisinin toplamından kısa olmalıdır
    assert(a < (b + c));
    assert(b < (a + c));
    assert(c < (a + b));

} out (sonuç) {
    assert(sonuç > 0);

} do {
    immutable yarıÇevre = (a + b + c) / 2;

    return sqrt(yarıÇevre
                * (yarıÇevre - a)
                * (yarıÇevre - b)
                * (yarıÇevre - c));
}
```

63.1 Üye işlevlerin in ve out blokları

`in` ve `out` blokları üye işlevlerle de kullanılabilir ve aynı biçimde işlevin giriş koşullarını ve çıkış garantisini denetler.

Yukarıdaki alan hesabı işlevini bir üye işlev olarak yazalım:

```
import std.stdio;
import std.math;

struct Üçgen {
private:

    double a;
    double b;
    double c;

public:

    double alan() const
    out (sonuç) {
```

```
        assert(sonuç > 0);

    } do {
        const double yarıÇevre = (a + b + c) / 2;
        return sqrt(yarıÇevre
                    * (yarıÇevre - a)
                    * (yarıÇevre - b)
                    * (yarıÇevre - c));
    }
}

void main() {
    auto üçDörtBeşÜçgeni = Üçgen(3, 4, 5);
    writeln(üçDörtBeşÜçgeni.alan);
}
```

Üçgenin kenarları zaten yapının üye değişkenleri olduklarından bu işlevin parametreleri bulunmuyor. O yüzden bu işlevin `in` bloğunu yazmadım. Üye değişkenlerin tutarlılıkları için aşağıdaki bilgileri kullanmanız gerekir.

63.2 Nesnelerin geçerliliği için `in` ve `out` blokları

Yukarıdaki üye işlev parametre almadığı için `in` bloğunu yazmadık. İşlevdeki hesabı da nesnenin üyelerini kullanarak yaptık. Yani bir anlamda üyelerin geçerli değerlere sahip olduklarını varsaydık. Bu varsayımın doğru olmasını sağlamanın bir yolu, sınıfın kurucu işlevine `in` bloğu eklemektir. Böylece kurucunun aldığı parametrelerin geçerli olduklarını en baştan nesne kurulurken denetleyebiliriz:

```
struct Üçgen {
// ...

    this(double a, double b, double c)
    in {
        // Kenarlar sıfırdan büyük olmalıdır
        assert(a > 0);
        assert(b > 0);
        assert(c > 0);

        // Her kenar diğer ikisinin toplamından kısa olmalıdır
        assert(a < (b + c));
        assert(b < (a + c));
        assert(c < (a + b));

    } do {
        this.a = a;
        this.b = b;
        this.c = c;
    }

// ...
}
```

Üçgen nesnelerinin geçersiz değerlerle oluşturulmaları en başından engellenmiş olur. Artık programın geçersiz değerlerle kurulmuş olan bir üçgen nesnesi kullanması olanaksızdır:

```
    auto eksiKenarUzunluklu = Üçgen(-1, 1, 1);
    auto birKenarıFazlaUzun = Üçgen(1, 1, 10);
```

Kurucu işlevin `in` bloğu, yukarıdaki geçersiz nesnelerin oluşturulmalarına izin vermez:

```
core.exception.AssertError@deneme.d: Assertion failure
```

Bu sefer de `out` bloğunu yazmadığıma dikkat edin. Eğer gerekirse, daha karmaşık türlerde kurucu işlevin `out` bloğu da yazılabilir. O da nesnenin üyeleri kurulduktan sonra gerekebilecek denetimler için kullanılabilir.

63.3 Nesnelerin tutarlılığı için `invariant` blokları

Kurucuya eklenen `in` ve `out` blokları nesnenin yaşamının geçerli değerlerle başlayacağını, üyelere eklenen `in` ve `out` blokları da işlevlerin doğru işlediklerini garanti eder.

Ancak, bu denetimler nesnenin üyelerinin *her zaman için* geçerli veya tutarlı olacaklarını garanti etmeye elverişli değillerdir. Nesnenin üyeleri, üye işlevler içinde programcı hataları sonucunda tutarsız değerler edinebilirler.

Nesnenin tutarlılığını tarif eden koşullara "mutlak değişmez" denir. Örneğin, bir müşteri takip sınıfında her siparişe karşılık bir fatura bulunacağını varsayarsak, fatura adedinin sipariş adedinden fazla olamayacağı bu sınıfın bir mutlak değişmezidir. Eğer bu koşulun geçerli olmadığı bir müşteri takip nesnesi varsa, o nesnenin tutarlı durumda olduğunu söyleyemeyiz.

Bunun bir örneği olarak Sarma ve Erişim Hakları bölümünde (sayfa 381) kullandığımız `Okul` sınıfını ele alalım:

```
class Okul {
private:

    Öğrenci[] öğrenciler;
    int kızToplamı;
    int erkekToplamı;

// ...
}
```

Bu sınıftan olan nesnelerin tutarlı olarak kabul edilmeleri için, üç üyesi arasındaki bir mutlak değişmezin sağlanması gerekir. Öğrenci dizisinin uzunluğu, her zaman için kız öğrencilerin toplamı ile erkek öğrencilerin toplamına eşit olmalıdır:

```
    assert(öğrenciler.length == (kızToplamı + erkekToplamı));
```

O koşulun bozulmuş olması, bu sınıf kodlarında yapılan bir hatanın göstergesidir.

Yapı ve sınıf nesnelerinin tutarlılıkları o türün `invariant` bloklarında denetlenir. Bir veya daha fazla olabilen bu bloklar yapı veya sınıf tanımı içine yazılırlar ve sınıf nesnelerinin tutarlılık koşullarını belirlerler. `in` ve `out` bloklarında olduğu gibi, burada da `assert` denetimleri kullanılır:

```
class Okul {
private:

    Öğrenci[] öğrenciler;
    int kızToplamı;
    int erkekToplamı;

    invariant() {
        assert(öğrenciler.length == (kızToplamı + erkekToplamı));
    }

// ...
}
```

`invariant` bloklarındaki kodlar aşağıdaki zamanlarda otomatik olarak işletilir, ve bu sayede programın yanlış verilerle devam etmesi önlenmiş olur:

- Kurucu işlev sonunda: Böylece nesnenin yaşamına tutarlı olarak başladığı garanti edilir.
- Sonlandırıcı işlev çağrılmadan önce: Böylece sonlandırma işlemlerinin tutarlı üyeler üzerinde yapılacakları garanti edilir.
- `public` bir işlev işletilmeden önce ve sonra: Böylece üye işlevlerdeki kodların nesneyi bozmadıkları garanti edilir.
  Not: Burada `public` işlevler için söylenen, `export` işlevler için de geçerlidir. (`export` işlevleri kısaca "dinamik kütüphalerin sundukları işlevler" olarak tanımlayabiliriz.)

`invariant` bloklarındaki denetimlerin başarısız olmaları da `in` ve `out` bloklarında olduğu gibi `AssertError` atılmasına neden olur. Bu sayede programın tutarsız nesnelerle devam etmesi önlenmiş olur.

`in` ve `out` bloklarında olduğu gibi, `invariant` blokları da `-release` seçeneği ile iptal edilebilir:

```
dmd deneme.d -w -release
```

63.4 Sözleşmeli programlama ve türeme

Arayüz ve sınıf üye işlevlerinin `in` ve `out` blokları olabilir. Böylece hem alt sınıflarının güvenebilecekleri giriş koşulları hem de kullanıcılarının güvenebilecekleri çıkış garantileri tanımlamış olurlar. Üye işlevlerin alt sınıflardaki tanımları da `in` ve `out` blokları içerebilirler. Alt sınıflardaki `in` blokları giriş koşullarını hafifletebilirler ve `out` blokları da ek çıkış garantileri verebilirler.

Normalde bir arayüzle etkileşecek biçimde *soyutlanmış* olarak yazıldığından kullanıcı kodunun çoğu durumda alt sınıflardan haberi yoktur. Kullanıcı kodu bir arayüzün sözleşmesine uygun olarak yazıldığından, bir alt sınıfın bu sözleşmenin giriş koşullarını ağırlaştırması da doğru olmaz. O yüzden alt sınıflar giriş koşullarını ancak hafifletebilirler.

`in` blokları üst sınıftan alt sınıfa doğru otomatik olarak işletilir. *Herhangi bir* `in` bloğunun başarılı olması (bütün `assert`'lerin doğru çıkması), giriş koşullarının sağlanmış olduğu anlamına gelir ve işlev çağrısı başarıyla devam eder.

Benzer biçimde, alt sınıflar `out` blokları da tanımlayabilirler. Çıkış garantileri bir işlevin verdiği garantileri tanımladığından alt sınıf üye işlevi üst sınıfın garantilerini de sağlamak zorundadır. Alt sınıf ek garantiler de getirebilir.

`out` blokları üst sınıftan alt sınıfa doğru otomatik olarak işletilir. Bir işlevin çıkış garantilerinin sağlanmış olması için *bütün* `out` bloklarının başarıyla işletilmeleri gerekir.

Bu kuralları gösteren aşağıdaki yapay program bir `interface` ve ondan türeyen bir `class` tanımlamaktadır. Buradaki alt sınıf hem daha az koşul gerektirmekte hem de daha fazla garanti vermektedir:

```
interface Arayüz {
    int[] işlev(int[] a, int[] b)
    in {
        writeln("Arayüz.işlev.in");

        /* Bu arayüz işlevi parametrelerinin aynı uzunlukta
         * olmalarını gerektirmektedir. */
        assert(a.length == b.length);

    } out (sonuç) {
        writeln("Arayüz.işlev.out");
```

```
        /* Bu arayüz işlevi dönüş değerinin çift sayıda
         * elemandan oluşacağını garanti etmektedir.
         * (Not: Boş dilimin çift sayıda elemanı olduğu kabul
         * edilir.) */
        assert((sonuç.length % 2) == 0);
    }
}

class Sınıf : Arayüz {
    int[] işlev(int[] a, int[] b)
    in {
        writeln("Sınıf.işlev.in");

        /* Bu sınıf işlevi üst türdeki giriş koşullarını
         * hafifletmektedir: Birisi boş olmak kaydıyla
         * parametrelerin uzunluklarının eşit olmaları
         * gerekmemektedir. */
        assert((a.length == b.length) ||
               (a.length == 0) ||
               (b.length == 0));

    } out (sonuç) {
        writeln("Sınıf.işlev.out");

        /* Bu sınıf ek garantiler vermektedir: Sonuç boş
         * olmayacaktır ve ilk ve sonuncu elemanların
         * değerleri eşit olacaktır. */
        assert((sonuç.length != 0) &&
               (sonuç[0] == sonuç[$ - 1]));

    } do {
        writeln("Sınıf.işlev.do");

        /* Bu yalnızca 'in' ve 'out' bloklarının işleyişini
         * gösteren yapay bir gerçekleştirme. */

        int[] sonuç;

        if (a.length == 0) {
            a = b;
        }

        if (b.length == 0) {
            b = a;
        }

        foreach (i; 0 .. a.length) {
            sonuç ~= a[i];
            sonuç ~= b[i];
        }

        sonuç[0] = sonuç[$ - 1] = 42;

        return sonuç;
    }
}

import std.stdio;

void main() {
    auto c = new Sınıf();

    /* Aşağıdaki çağrı Arayüz'ün gerektirdiği koşulu
     * sağlamadığı halde kabul edilir çünkü Sınıf'ın giriş
     * koşulunu sağlamaktadır. */
    writeln(c.işlev([1, 2, 3], []));
}
```

`Sınıf.işlev`'in in bloğu `Arayüz.işlev`'in giriş koşulu sağlanmadığı için işletilmiştir:

```
Arayüz.işlev.in
Sınıf.işlev.in      ← Arayüz.işlev.in başarılı olsa bu işletilmezdi
Sınıf.işlev.do
Arayüz.işlev.out
Sınıf.işlev.out
[42, 1, 2, 2, 3, 42]
```

63.5 Özet

- `in` ve `out` bloklarını üye işlevlerle de kullanabilirsiniz; kurucu işleve ekleyerek nesnelerin geçersiz parametrelerle kurulmalarını önleyebilirsiniz.
- Nesnelerin yaşamları boyunca her zaman için tutarlı olmalarını garantilemek için `invariant` bloklarını kullanabilirsiniz.
- Alt türlerin üye işlevlerinin de `in` blokları olabilir. Alt sınıfların giriş koşulları üst sınıftakilerden daha ağır olmamalıdır. (*`in` bloğunun olmaması "hiç giriş koşulu gerektirmemek" anlamına gelir.*)
- Alt türlerin üye işlevlerinin de `out` blokları olabilir. Alt sınıf işlevleri kendi garantilerinden başka üst sınıfların garantilerini de sağlamak zorundadırlar.

64 Şablonlar

Şablonlar derleyicinin belirli bir kalıba uygun olarak kod üretmesini sağlayan olanaktır. Herhangi bir kod parçasının bazı bölümleri sonraya bırakılır; derleyici o kod bölümlerini uygun olan türler, değerler, vs. ile kendisi oluşturur.

Şablonlar algoritmaların ve veri yapılarının türden bağımsız olarak yazılabilmelerini sağlarlar ve bu yüzden özellikle kütüphanelerde çok yararlıdırlar.

D'nin şablon olanağı bazı başka dillerdekilerle karşılaştırıldığında çok güçlü ve çok kapsamlıdır. Bu yüzden şablonların bütün ayrıntılarına bu bölümde giremeyeceğim. Burada, gündelik kullanımda en çok karşılaşılan işlev, yapı, ve sınıf şablonlarının türlerle nasıl kullanıldıklarını göstereceğim.

Kendisine verilen değeri parantez içinde yazdıran basit bir işleve bakalım:

```
void parantezliYazdır(int değer) {
    writefln("(%s)", değer);
}
```

Parametresi `int` olarak tanımlandığından, o işlev yalnızca `int` türüyle veya otomatik olarak `int`'e dönüşebilen türlerle kullanılabilir. Derleyici, örneğin kesirli sayı türleriyle çağrılmasına izin vermez.

O işlevi kullanan programın zamanla geliştiğini ve artık başka türlerden olan değerlerin de parantez içinde yazdırılması gerektiğini düşünelim. Bunun için bir çözüm, D'nin işlev yükleme olanağıdır; aynı işlev başka türler için de tanımlanır:

```
// Daha önce yazılmış olan işlev
void parantezliYazdır(int değer) {
    writefln("(%s)", değer);
}

// İşlevin double türü için yüklenmesi
void parantezliYazdır(double değer) {
    writefln("(%s)", değer);
}
```

Bu da ancak belirli bir noktaya kadar yeterlidir çünkü bu işlevi bu sefer de örneğin `real` türüyle veya kendi tanımlamış olabileceğimiz başka türlerle kullanamayız. Tabii işlevi o türler için de yüklemeyi düşünebiliriz ama her tür için ayrı ayrı yazılmasının çok külfetli olacağı açıktır.

Burada dikkatinizi çekmek istediğim nokta, tür ne olursa olsun işlevin içeriğinin hep aynı olduğudur. Türler için yüklenen bu işlevdeki işlemler, *türden bağımsız olarak* hepsinde aynıdır. Benzer durumlar özellikle algoritmalarda ve veri yapılarında karşımıza çıkar.

Örneğin, ikili arama algoritması türden bağımsızdır: O algoritma yalnızca işlemlerle ilgilidir. Aynı biçimde, örneğin bağlı liste veri yapısı da türden bağımsızdır: Yalnızca topluluktaki elemanların nasıl bir arada tutulduklarını belirler.

İşte şablonlar bu gibi durumlarda yararlıdır: Kod bir kalıp halinde tarif edilir ve derleyici, programda kullanılan türler için kodu gerektikçe kendisi üretir.

64.1 İşlev şablonları

İşlevi bir kalıp olarak tarif etmek, içinde kullanılan bir veya daha fazla türün *belirsiz* olarak sonraya bırakılması anlamına gelir.

İşlevdeki hangi türlerin sonraya bırakıldıkları işlev parametrelerinden hemen önce yazılan şablon parametreleriyle belirtilir. Bu yüzden işlev şablonlarında iki adet parametre parantezi bulunur; birincisi şablon parametreleridir, ikincisi de işlev parametreleri:

```
void parantezliYazdır(T)(T değer) {
    writefln("(%s)", değer);
}
```

Yukarıda şablon parametresi olarak kullanılan T, "bu işlevde T yazdığımız yerlerde asıl hangi türün kullanılacağına derleyici gerektikçe kendisi karar versin" anlamına gelir. T yerine herhangi başka bir isim de yazılabilir. Ancak, "type"ın baş harfi olduğu için T harfi gelenekleşmiştir. "Tür"ün baş harfine de uyduğu için aksine bir neden olmadığı sürece T kullanmak yerinde olacaktır.

O şablonu yukarıdaki gibi türden bağımsız olarak yazmak, kendi türlerimiz de dahil olmak üzere onu çeşitli türlerle çağırma olanağı sağlar:

```
import std.stdio;

void parantezliYazdır(T)(T değer) {
    writefln("(%s)", değer);
}

void main() {
    parantezliYazdır(42);           // int ile
    parantezliYazdır(1.2);          // double ile

    auto birDeğer = BirYapı();
    parantezliYazdır(birDeğer);     // BirYapı nesnesi ile
}

struct BirYapı {
    string toString() const {
        return "merhaba";
    }
}
```

Derleyici, programdaki kullanımlarına bakarak yukarıdaki işlev şablonunu gereken her tür için ayrı ayrı üretir. Program, sanki o işlev T'nin kullanıldığı üç farklı tür için, yani `int`, `double`, ve `BirYapı` için ayrı ayrı yazılmış gibi derlenir:

```
/* Not: Bu işlevlerin hiçbirisi programa dahil değildir.
 *      Derleyicinin kendi ürettiği işlevlerin eşdeğerleri
 *      olarak gösteriyorum. */

void parantezliYazdır(int değer) {
    writefln("(%s)", değer);
}

void parantezliYazdır(double değer) {
    writefln("(%s)", değer);
}

void parantezliYazdır(BirYapı değer) {
    writefln("(%s)", değer);
}
```

Programın çıktısı da o üç farklı işlevin etkisini gösterecek biçimde her tür için farklıdır:

```
(42)
(1.2)
(merhaba)
```

Her şablon parametresi birden fazla işlev parametresini belirliyor olabilir. Örneğin, tek parametresi bulunan aşağıdaki şablonun hem iki işlev parametresinin hem de dönüş değerinin türü o şablon parametresi ile belirlenmektedir:

```
/* 'dilim'in 'değer'e eşit olmayan elemanlarından oluşan yeni
 * bir dilim döndürür. */
T[] süz(T)(const(T)[] dilim, T değer) {
    T[] sonuç;

    foreach (eleman; dilim) {
        if (eleman != değer) {
            sonuç ~= eleman;
        }
    }

    return sonuç;
}
```

64.2 Birden fazla şablon parametresi kullanılabilir

Aynı işlevi, açma ve kapama parantezlerini de kullanıcıdan alacak şekilde değiştirdiğimizi düşünelim:

```
void parantezliYazdır(T)(T değer, char açma, char kapama) {
    writeln(açma, değer, kapama);
}
```

Artık o işlevi, istediğimiz parantez karakterleri ile çağırabiliriz:

```
    parantezliYazdır(42, '<', '>');
```

Parantezleri belirleyebiliyor olmak işlevin kullanışlılığını arttırmış olsa da, parantezlerin türünün `char` olarak sabitlenmiş olmaları işlevin kullanışlılığını tür açısından düşürmüştür. İşlevi örneğin ancak `wchar` ile ifade edilebilen Unicode karakterleri arasında yazdırmaya çalışsak, `wchar`'ın `char`'a dönüştürülemeyeceği ile ilgili bir derleme hatası alırız:

```
    parantezliYazdır(42, '→', '←');        // ← derleme HATASI
```

```
Error: template deneme.parantezliYazdır(T) cannot deduce
template function from argument types !()(int,wchar,wchar)
```

Bunun bir çözümü, parantez karakterlerini her karakteri ifade edebilen `dchar` olarak tanımlamaktır. Bu da yetersiz olacaktır çünkü işlev bu sefer de örneğin `string` ile veya kendi özel türlerimizle kullanılamaz.

Başka bir çözüm, yine şablon olanağından yararlanmak ve parantezin türünü de derleyiciye bırakmaktır. Yapmamız gereken, işlev parametresi olarak `char` yerine yeni bir şablon parametresi kullanmak ve onu da şablon parametre listesinde belirtmektir:

```
void parantezliYazdır(T, ParantezTürü)(T değer,
                                       ParantezTürü açma,
                                       ParantezTürü kapama) {
    writeln(açma, değer, kapama);
}
```

Yeni şablon parametresinin anlamı da T'ninki gibidir: "bu işlev tanımında ParantezTürü geçen yerlerde hangi tür gerekiyorsa o kullanılsın".

Artık parantez olarak herhangi bir tür kullanılabilir. Örneğin `wchar` ve `string` türleriyle:

```
    parantezliYazdır(42, '→', '←');
    parantezliYazdır(1.2, "-=", "=-");
```

```
→42←
-=1.2=-
```

Bu şablonun yararı, tek işlev tanımlamış olduğumuz halde T ve ParantezTürü şablon parametrelerinin otomatik olarak belirlenebilmeleridir.

64.3 Tür çıkarsama

Derleyici yukarıdaki iki kullanımda şu türleri otomatik olarak seçer:

- 42'nin yazdırıldığı satırda int ve wchar
- 1.2'nin yazdırıldığı satırda double ve string

İşlevin çağrıldığı noktalarda hangi türlerin gerektiği işlevin parametrelerinden kolayca anlaşılabilmektedir. Derleyicinin, türü işlev çağrılırken kullanılan parametrelerden anlamasına *tür çıkarsaması* denir.

Derleyici şablon parametrelerini ancak ve ancak işlev çağrılırken kullanılan türlerden çıkarsayabilir.

64.4 Türün açıkça belirtilmesi

Bazı durumlarda ise şablon parametreleri çıkarsanamazlar, çünkü örneğin işlevin parametresi olarak geçmiyorlardır. Öyle durumlarda derleyicinin şablonun kullanımına bakarak çıkarsaması olanaksızdır.

Örnek olarak kullanıcıya bir soru soran ve o soru karşılığında girişten bir değer okuyan bir işlev düşünelim; okuduğu değeri döndürüyor olsun. Ayrıca, bütün türler için kullanılabilmesi için de dönüş türünü sabitlemeyelim ve bir şablon parametresi olarak tanımlayalım:

```
T giriştenOku(T)(string soru) {
    writef("%s (%s): ", soru, T.stringof);

    T cevap;
    readf(" %s", &cevap);

    return cevap;
}
```

O işlev, girişten okuma işini türden bağımsız olarak gerçekleştirdiği için programda çok yararlı olacaktır. Örneğin, kullanıcı bilgilerini edinmek için şu şekilde çağırmayı düşünebiliriz:

```
    giriştenOku("Yaşınız?");
```

Ancak, o çağırma sırasında T'nin hangi türden olacağını belirten hiçbir ipucu yoktur. Soru işleve string olarak gitmektedir ama derleyici dönüş türü için hangi türü istediğimizi bilemez ve T'yi çıkarsayamadığını bildiren bir hata verir:

```
Error: template deneme.giriştenOku(T) cannot deduce template
function from argument types !()(string)
```

Bu gibi durumlarda şablon parametrelerinin ne oldukları programcı tarafından açıkça belirtilmek zorundadır. Şablonun hangi türlerle üretileceği, yani şablon parametreleri, işlev isminden sonraki ünlem işareti ve hemen ardından gelen şablon parametre listesi ile bildirilir:

```
    giriştenOku!(int)("Yaşınız?");
```

O kod artık derlenir ve yukarıdaki şablon, T yerine int yazılmış gibi derlenir.

Tek şablon parametresi belirtilen durumlarda bir kolaylık olarak şablon parantezleri yazılmayabilir:

```
    giriştenOku!int("Yaşınız?");      // üsttekinin eşdeğeri
```

O yazılışı şimdiye kadar çok kullandığımız `to!string`'den tanıyorsunuz. `to` bir işlev şablonudur. Ona verdiğimiz değerin hangi türe dönüştürüleceğini bir şablon parametresi olarak alır. Tek şablon parametresi gerektiği için de `to!(string)` yerine onun kısası olan `to!string` yazılır.

64.5 Şablon özellemeleri

`giriştenOku` işlevini başka türlerle de kullanabiliriz. Ancak, derleyicinin ürettiği kod her tür için geçerli olmayabilir. Örneğin, iki boyutlu düzlemdeki bir noktayı ifade eden bir yapı olsun:

```
struct Nokta {
    int x;
    int y;
}
```

Her ne kadar yasal olarak derlenebilse de, `giriştenOku` şablonunu bu yapı ile kullanırsak şablon içindeki `readf` işlevi doğru çalışmaz. Şablon içinde `Nokta` türüne karşılık olarak üretilen kod şöyle olacaktır:

```
    Nokta cevap;
    readf(" %s", &cevap);      // YANLIŞ
```

Doğrusu, `Nokta`'yı oluşturacak olan x ve y değerlerinin girişten ayrı ayrı okunmaları ve nesnenin bu değerlerle *kurulmasıdır*.

Böyle durumlarda, şablonun belirli bir tür için özel olarak tanımlanmasına *özelleme* denir. Hangi tür için özellendiği, şablon parametre listesinde `:` karakterinden sonra yazılarak belirtilir:

```
// Şablonun genel tanımı (yukarıdakinin aynısı)
T giriştenOku(T)(string soru) {
    writef("%s (%s): ", soru, T.stringof);

    T cevap;
    readf(" %s", &cevap);

    return cevap;
}

// Şablonun Nokta türü için özellenmesi
T giriştenOku(T : Nokta)(string soru) {
    writefln("%s (Nokta)", soru);

    auto x = giriştenOku!int("  x");
    auto y = giriştenOku!int("  y");

    return Nokta(x, y);
}
```

`giriştenOku` işlevi bir `Nokta` için çağrıldığında, derleyici artık o özel tanımı kullanır:

```
    auto merkez = giriştenOku!Nokta("Merkez?");
```

O işlev de kendi içinde `giriştenOku!int`'i iki kere çağırarak x ve y değerlerini ayrı ayrı okur:

```
Merkez? (Nokta)
  x (int): 11
  y (int): 22
```

`girişten0ku!int` çağrıları şablonun genel tanımına, `girişten0ku!Nokta` çağrıları da şablonun özel tanımına yönlendirilecektir.

Başka bir örnek olarak, şablonu `string` ile kullanmayı da düşünebiliriz. Ne yazık ki şablonun genel tanımı *girişin sonuna kadar* okunmasına neden olur:

```
    // bütün girişi okur:
    auto isim = girişten0ku!string("İsminiz?");
```

Eğer `string`'lerin tek satır olarak okunmalarının uygun olduğunu kabul edersek, bu durumda da çözüm şablonu `string` için *özel* olarak tanımlamaktır:

```
T girişten0ku(T : string)(string soru) {
    writef("%s (string): ", soru);

    // Bir önceki kullanıcı girişinin sonunda kalmış
    // olabilecek boşluk karakterlerini de oku ve gözardı et
    string cevap;
    do {
        cevap = strip(readln());
    } while (cevap.length == 0);

    return cevap;
}
```

64.6 Yapı ve sınıf şablonları

Yukarıdaki `Nokta` sınıfının iki üyesi `int` olarak tanımlandığından, işlev şablonlarında karşılaştığımız yetersizlik onda da vardır.

`Nokta` yapısının daha kapsamlı olduğunu düşünelim. Örneğin, kendisine verilen başka bir noktaya olan uzaklığını hesaplayabilsin:

```
import std.math;

// ...

struct Nokta {
    int x;
    int y;

    int uzaklık(Nokta diğerNokta) const {
        immutable real xFarkı = x - diğerNokta.x;
        immutable real yFarkı = y - diğerNokta.y;

        immutable uzaklık = sqrt((xFarkı * xFarkı) +
                                 (yFarkı * yFarkı));

        return cast(int)uzaklık;
    }
}
```

O yapı, örneğin kilometre duyarlığındaki uygulamalarda yeterlidir:

```
    auto merkez = girişten0ku!Nokta("Merkez?");
    auto şube = girişten0ku!Nokta("Şube?");

    writeln("Uzaklık: ", merkez.uzaklık(şube));
```

Ancak, kesirli değerler gerektiren daha hassas uygulamalarda kullanışsızdır.

Yapı ve sınıf şablonları, onları da belirli bir kalıba uygun olarak tanımlama olanağı sağlarlar. Bu durumda, yapıya `(T)` parametresi eklemek ve tanımındaki `int`'ler yerine T kullanmak, bu tanımın bir şablon haline gelmesi ve üyelerin türlerinin derleyici tarafından belirlenmesi için yeterlidir:

```
struct Nokta(T) {
    T x;
    T y;

    T uzaklık(Nokta diğerNokta) const {
        immutable real xFarkı = x - diğerNokta.x;
        immutable real yFarkı = y - diğerNokta.y;

        immutable uzaklık = sqrt((xFarkı * xFarkı) +
                                 (yFarkı * yFarkı));

        return cast(T)uzaklık;
    }
}
```

Yapı ve sınıflar işlev olmadıklarından, çağrılmaları söz konusu değildir. O yüzden derleyicinin şablon parametrelerini çıkarsaması olanaksızdır; türleri açıkça belirtmemiz gerekir:

```
    auto merkez = Nokta!int(0, 0);
    auto şube = Nokta!int(100, 100);

    writeln("Uzaklık: ", merkez.uzaklık(şube));
```

Yukarıdaki kullanım, derleyicinin Nokta şablonunu T yerine int gelecek şekilde üretmesini sağlar. Bir şablon olduğundan başka türlerle de kullanabiliriz. Örneğin, virgülden sonrasının önemli olduğu bir uygulamada:

```
    auto nokta1 = Nokta!double(1.2, 3.4);
    auto nokta2 = Nokta!double(5.6, 7.8);

    writeln(nokta1.uzaklık(nokta2));
```

Yapı ve sınıf şablonları, veri yapılarını böyle türden bağımsız olarak tanımlama olanağı sağlar. Dikkat ederseniz, Nokta şablonundaki üyeler ve işlemler tamamen T'nin asıl türünden bağımsız olarak yazılmışlardır.

Nokta'nın artık bir yapı şablonu olması, giriştenOku işlev şablonunun daha önce yazmış olduğumuz Nokta özellemesinde bir sorun oluşturur:

```
T giriştenOku(T : Nokta)(string soru) {    // ← derleme HATASI
    writefln("%s (Nokta)", soru);

    auto x = giriştenOku!int("  x");
    auto y = giriştenOku!int("  y");

    return Nokta(x, y);
}
```

Hatanın nedeni, artık Nokta diye bir tür bulunmamasıdır: Nokta artık bir tür değil, bir *yapı şablonudur*. Bir tür olarak kabul edilebilmesi için, mutlaka şablon parametresinin de belirtilmesi gerekir. giriştenOku işlev şablonunu *bütün Nokta kullanımları için* özellemek için aşağıdaki değişiklikleri yapabiliriz. Açıklamalarını koddan sonra yapacağım:

```
Nokta!T giriştenOku(T : Nokta!T)(string soru) {   // 2, 1
    writefln("%s (Nokta!%s)", soru, T.stringof);  // 5

    auto x = giriştenOku!T("  x");                 // 3a
    auto y = giriştenOku!T("  y");                 // 3b

    return Nokta!T(x, y);                          // 4
}
```

1. Bu işlev şablonu özellemesinin Nokta'nın bütün kullanımlarını desteklemesi için, şablon parametre listesinde Nokta!T yazılması gerekir; bir anlamda, T ne olursa olsun, bu özellemenin Nokta!T türleri için olduğu belirtilmektedir: Nokta!int, Nokta!double, vs.
2. Girişten okunan türe uyması için dönüş türünün de Nokta!T olarak belirtilmesi gerekir.
3. Bu işlevin önceki tanımında olduğu gibi girişten0ku!int'i çağıramayız çünkü Nokta'nın üyeleri herhangi bir türden olabilir. Bu yüzden, T ne ise, girişten0ku şablonunu o türden değer okuyacak şekilde, yani girişten0ku!T şeklinde çağırmamız gerekir.
4. 1 ve 2 numaralı maddelere benzer şekilde, döndürdüğümüz değer de bir Nokta!T olmak zorundadır.
5. Okumakta olduğumuz türün "(Nokta)" yerine örneğin "(Nokta!double)" olarak bildirilmesi için şablon türünün ismini T.stringof'tan ediniyoruz.

64.7 Varsayılan şablon parametreleri

Şablonların getirdiği bu esneklik çok kullanışlı olsa da şablon parametrelerinin her durumda belirtilmeleri bazen gereksiz olabilir. Örneğin, girişten0ku işlev şablonu programda hemen hemen her yerde int ile kullanılıyordur ve belki de yalnızca bir kaç noktada örneğin double ile de kullanılıyordur.

Böyle durumlarda şablon parametrelerine varsayılan türler verilebilir ve açıkça belirtilmediğinde o türler kullanılır. Varsayılan şablon parametre türleri = karakterinden sonra belirtilir:

```
T girişten0ku(T = int)(string soru) {
    // ...
}

// ...

    auto yaş = girişten0ku("Yaşınız?");
```

Yukarıdaki işlev çağrısında şablon parametresi belirtilmediği halde int varsayılır; yukarıdaki çağrı girişten0ku!int ile aynıdır.

Yapı ve sınıf şablonları için de varsayılan parametre türleri bildirilebilir. Ancak, şablon parametre listesinin boş olsa bile yazılması şarttır:

```
struct Nokta(T = int) {
    // ...
}

// ...

    Nokta!() merkez;
```

Parametre Serbestliği bölümünde (sayfa 260) işlev parametreleri için anlatılana benzer şekilde, varsayılan şablon parametreleri ya bütün parametreler için ya da yalnızca sondaki parametreler için belirtilebilir:

```
void birŞablon(T0, T1 = int, T2 = char)() {
    // ...
}
```

O şablonun son iki parametresinin belirtilmesi gerekmez ama birincisi şarttır:

```
    birŞablon!string();
```

O kullanımda ikinci parametre int, üçüncü parametre de char olur.

64.8 Her şablon gerçekleştirmesi farklı bir türdür

Bir şablonun belirli bir tür veya türler için üretilmesi yepyeni bir tür oluşturur. Örneğin `Nokta!int` başlıbaşına bir türdür. Aynı şekilde, `Nokta!double` da başlıbaşına bir türdür.

Bu türler birbirlerinden farklıdırlar:

```
Nokta!int nokta3 = Nokta!double(0.25, 0.75); // ← derleme HATASI
```

Türlerin uyumsuz olduklarını gösteren bir derleme hatası alınır:

```
Error: cannot implicitly convert expression (Nokta(0.25,0.75))
of type Nokta!(double) to Nokta!(int)
```

64.9 Derleme zamanı olanağıdır

Şablon olanağı bütünüyle derleme zamanında işleyen ve derleyici tarafından işletilen bir olanaktır. Derleyicinin kod üretmesiyle ilgili olduğundan, program çalışmaya başladığında şablonların koda çevrilmeleri ve derlenmeleri çoktan tamamlanmıştır.

64.10 Sınıf şablonu örneği: yığın veri yapısı

Yapı ve sınıf şablonları *veri yapılarında* çok kullanılırlar. Bunun bir örneğini görmek için bir *yığın topluluğu* (stack container) tanımlayalım.

Yığın topluluğu veri yapılarının en basit olanlarındandır: Elemanların üst üste durdukları düşünülür. Eklenen her eleman en üste yerleştirilir ve yalnızca bu üstteki elemana erişilebilir. Topluluktan eleman çıkartılmak istendiğinde de yalnızca en üstteki eleman çıkartılabilir.

Kullanışlı olsun diye topluluktaki eleman sayısını veren bir nitelik de tasarlarsak, bu basit veri yapısının işlemlerini şöyle sıralayabiliriz:

- Eleman eklemek
- Eleman çıkartmak
- Üsttekine eriştirmek
- Eleman adedini bildirmek

Bu veri yapısını gerçekleştirmek için D'nin iç olanaklarından olan dizilerden yararlanabiliriz. Dizinin sonuncu elemanı, yığın topluluğunun *üstteki* elemanı olarak kabul edilebilir.

Dizi elemanı türünü de sabit bir tür olarak yazmak yerine şablon parametresi olarak belirlersek, bu veri yapısını her türle kullanabilecek şekilde şöyle tanımlayabiliriz:

```
class Yığın(T) {
private:

    T[] elemanlar;

public:

    void ekle(T eleman) {
        elemanlar ~= eleman;
    }

    void çıkart() {
        --elemanlar.length;
    }

    T üstteki() const {
        return elemanlar[$ - 1];
```

```
    }

    size_t uzunluk() const {
        return elemanlar.length;
    }
}
```

Bu sınıf için bir `unittest` bloğu tanımlayarak beklediğimiz şekilde çalıştığından emin olabiliriz. Aşağıdaki blok bu türü `int` türündeki elemanlarla kullanıyor:

```
unittest {
    auto yığın = new Yığın!int;

    // Eklenen eleman üstte görünmeli
    yığın.ekle(42);
    assert(yığın.üstteki == 42);
    assert(yığın.uzunluk == 1);

    // .üstteki ve .uzunluk elemanları etkilememeli
    assert(yığın.üstteki == 42);
    assert(yığın.uzunluk == 1);

    // Yeni eklenen eleman üstte görünmeli
    yığın.ekle(100);
    assert(yığın.üstteki == 100);
    assert(yığın.uzunluk == 2);

    // Eleman çıkartılınca önceki görünmeli
    yığın.çıkart();
    assert(yığın.üstteki == 42);
    assert(yığın.uzunluk == 1);

    // Son eleman çıkartılınca boş kalmalı
    yığın.çıkart();
    assert(yığın.uzunluk == 0);
}
```

Bu veri yapısını bir şablon olarak tanımlamış olmanın yararını görmek için onu kendi tanımladığımız bir türle kullanalım:

```
struct Nokta(T) {
    T x;
    T y;

    string toString() const {
        return format("(%s,%s)", x, y);
    }
}
```

`double` türünde üyeleri bulunan `Nokta`'ları içeren bir `Yığın` şablonu şöyle oluşturulabilir:

```
    auto noktalar = new Yığın!(Nokta!double);
```

Bu veri yapısına on tane rasgele değerli nokta ekleyen ve sonra onları teker teker çıkartan bir deneme programı şöyle yazılabilir:

```
import std.string;
import std.stdio;
import std.random;

struct Nokta(T) {
    T x;
    T y;

    string toString() const {
        return format("(%s,%s)", x, y);
    }
}
```

```
// -0.50 ile 0.50 arasında rasgele bir değer döndürür
double rasgele_double()
out (sonuç) {
    assert((sonuç >= -0.50) && (sonuç < 0.50));

} do {
    return (double(uniform(0, 100)) - 50) / 100;
}

// Belirtilen sayıda rasgele Nokta!double içeren bir Yığın
// döndürür
Yığın!(Nokta!double) rasgeleNoktalar(size_t adet)
out (sonuç) {
    assert(sonuç.uzunluk == adet);

} do {
    auto noktalar = new Yığın!(Nokta!double);

    foreach (i; 0 .. adet) {
        immutable nokta = Nokta!double(rasgele_double(),
                                       rasgele_double());
        writeln("ekliyorum   : ", nokta);
        noktalar.ekle(nokta);
    }

    return noktalar;
}

void main() {
    auto üstÜsteNoktalar = rasgeleNoktalar(10);

    while (üstÜsteNoktalar.uzunluk) {
        writeln("çıkartıyorum: ", üstÜsteNoktalar.üstteki);
        üstÜsteNoktalar.çıkart();
    }
}
```

Programın çıktısından anlaşılacağı gibi, eklenenlerle çıkartılanlar ters sırada olmaktadır:

```
ekliyorum   : (0.02,0.1)
ekliyorum   : (0.23,-0.34)
ekliyorum   : (0.47,0.39)
ekliyorum   : (0.03,-0.05)
ekliyorum   : (0.01,-0.47)
ekliyorum   : (-0.25,0.02)
ekliyorum   : (0.39,0.35)
ekliyorum   : (0.32,0.31)
ekliyorum   : (0.02,-0.27)
ekliyorum   : (0.25,0.24)
çıkartıyorum: (0.25,0.24)
çıkartıyorum: (0.02,-0.27)
çıkartıyorum: (0.32,0.31)
çıkartıyorum: (0.39,0.35)
çıkartıyorum: (-0.25,0.02)
çıkartıyorum: (0.01,-0.47)
çıkartıyorum: (0.03,-0.05)
çıkartıyorum: (0.47,0.39)
çıkartıyorum: (0.23,-0.34)
çıkartıyorum: (0.02,0.1)
```

64.11 İşlev şablonu örneği: ikili arama algoritması

İkili arama algoritması, bir dizi halinde yan yana ve sıralı olarak duran değerler arasında arama yapan en hızlı algoritmadır. Bu algoritmanın bir diğer adı "ikiye bölerek arama", İngilizcesi de "binary search"tür.

Çok basit bir algoritmadır: Sıralı olarak duran değerlerin ortadakine bakılır. Eğer aranan değere eşitse, değer bulunmuş demektir. Eğer değilse, o orta değerin aranan değerden daha küçük veya büyük olmasına göre ya sol yarıda ya da sağ yarıda aynı algoritma tekrarlanır.

Böyle kendisini tekrarlayarak tarif edilen algoritmalar *özyinelemeli* olarak *da* programlanabilirler. Ben de bu işlevi yukarıdaki tanımına da çok uyduğu için kendisini çağıran bir işlev olarak yazacağım.

İşlevi şablon olarak yazmak yerine, önce `int` için gerçekleştireceğim. Ondan sonra algoritmada kullanılan `int`'leri `T` yaparak onu bir şablona dönüştüreceğim.

```
/* Aranan değer dizide varsa değerin indeksini, yoksa
 * size_t.max döndürür. */
size_t ikiliAra(const int[] değerler, int değer) {
    // Dizi boşsa bulamadık demektir.
    if (değerler.length == 0) {
        return size_t.max;
    }

    immutable ortaNokta = değerler.length / 2;

    if (değer == değerler[ortaNokta]) {
        // Bulduk.
        return ortaNokta;

    } else if (değer < değerler[ortaNokta]) {
        // Sol tarafta aramaya devam etmeliyiz
        return ikiliAra(değerler[0 .. ortaNokta], değer);

    } else {
        // Sağ tarafta aramaya devam etmeliyiz
        auto indeks =
            ikiliAra(değerler[ortaNokta + 1 .. $], değer);

        if (indeks != size_t.max) {
            // İndeksi düzeltmemiz gerekiyor çünkü bu noktada
            // indeks, sağ taraftaki dilim ile ilgili olan
            // ve sıfırdan başlayan bir değerdedir.
            indeks += ortaNokta + 1;
        }

        return indeks;
    }

    assert(false, "Bu satıra hiç gelinmemeliydi");
}
```

Yukarıdaki işlev bu basit algoritmayı şu dört adım halinde gerçekleştiriyor:

- Dizi boşsa bulamadığımızı bildirmek için `size_t.max` döndür.
- Ortadaki değer aranan değere eşitse ortadaki değerin indeksini döndür.
- Aranan değer ortadaki değerden önceyse aynı işlevi sol tarafta devam ettir.
- Değilse aynı işlevi sağ tarafta devam ettir.

O işlevi deneyen bir kod da şöyle yazılabilir:

```
unittest {
    auto dizi = [ 1, 2, 3, 5 ];
    assert(ikiliAra(dizi, 0) == size_t.max);
    assert(ikiliAra(dizi, 1) == 0);
    assert(ikiliAra(dizi, 4) == size_t.max);
    assert(ikiliAra(dizi, 5) == 3);
    assert(ikiliAra(dizi, 6) == size_t.max);
}
```

O işlevi bir kere `int` dizileri için yazıp doğru çalıştığından emin olduktan sonra, şimdi artık bir şablon haline getirebiliriz. Dikkat ederseniz, işlevin tanımında yalnızca iki yerde `int` geçiyor:

```
size_t ikiliAra(const int[] değerler, int değer) {
    // ... burada hiç int bulunmuyor ...
}
```

Parametrelerde geçen `int`'ler bu işlevin kullanılabildiği değerlerin türünü belirlemekteler. Onları şablon parametreleri olarak tanımlamak bu işlevin bir şablon haline gelmesi ve dolayısıyla başka türlerle de kullanılabilmesi için yeterlidir:

```
size_t ikiliAra(T)(const T[] değerler, T değer) {
    // ...
}
```

Artık o işlevi içindeki işlemlere uyan her türle kullanabiliriz. Dikkat ederseniz, elemanlar işlev içinde yalnızca == ve < işleçleriyle kullanılıyorlar:

```
    if (değer == değerler[ortaNokta]) {
        // ...

    } else if (değer < değerler[ortaNokta]) {
        // ...
```

O yüzden, yukarıda tanımladığımız `Nokta` şablonu henüz bu türle kullanılmaya hazır değildir:

```
import std.string;

struct Nokta(T) {
    T x;
    T y;

    string toString() const {
        return format("(%s,%s)", x, y);
    }
}

void main() {
    Nokta!int[] noktalar;

    foreach (i; 0 .. 15) {
        noktalar ~= Nokta!int(i, i);
    }

    assert(ikiliAra(noktalar, Nokta!int(10, 10)) == 10);
}
```

Bir derleme hatası alırız:

```
Error: need member function opCmp() for struct
const(Nokta!(int)) to compare
```

O hata, `Nokta!int`'in bir karşılaştırma işleminde kullanılabilmesi için `opCmp` işlevinin tanımlanmış olması gerektiğini bildirir. Bu eksikliği gidermek için İşleç Yükleme bölümünde (sayfa 300) gösterildiği biçimde bir `opCmp` tanımladığımızda program artık derlenir ve ikili arama işlevi `Nokta` şablonu ile de kullanılabilir:

```
struct Nokta(T) {
// ...

    int opCmp(const ref Nokta sağdaki) const {
        return (x == sağdaki.x
                ? y - sağdaki.y
                : x - sağdaki.x);
    }
}
```

64.12 Özet

Şablonlar bu bölümde gösterdiklerimden çok daha kapsamlıdır. Devamını sonraya bırakarak bu bölümü şöyle özetleyebiliriz:

- Şablonlar kodun kalıp halinde tarif edilmesini ve derleyici tarafından gereken her tür için otomatik olarak üretilmesini sağlayan olanaktır.
- Şablonlar bütünüyle derleme zamanında işleyen bir olanaktır.
- Tanımlarken isimlerinden sonra şablon parametresi de belirtmek; işlevlerin, yapıların, ve sınıfların şablon haline gelmeleri için yeterlidir.

```
void işlevŞablonu(T)(T işlevParametresi) {
    // ...
}

class SınıfŞablonu(T) {
    // ...
}
```

- Şablon parametreleri ünlem işaretinden sonra açıkça belirtilebilirler. Tek parametre için parantez kullanmaya gerek yoktur.

```
    auto nesne1 = new SınıfŞablonu!(double);
    auto nesne2 = new SınıfŞablonu!double;    // aynı şey
```

- Şablonun farklı türlerle her kullanımı farklı bir türdür.

```
    assert(typeid(SınıfŞablonu!int) !=
           typeid(SınıfŞablonu!uint));
```

- Şablon parametreleri yalnızca işlev şablonlarında çıkarsanabilirler.

```
    işlevŞablonu(42);    // işlevŞablonu!int(42) çağrılır
```

- Şablonlar : karakterinden sonra belirtilen tür için özellenebilirler.

```
class SınıfŞablonu(T : dchar) {
    // ...
}
```

- Varsayılan şablon parametre türleri = karakterinden sonra belirtilebilir.

```
void işlevŞablonu(T = long)(T işlevParametresi) {
    // ...
}
```

- `pragma(msg)` şablon yazarken yararlı olabilir.

65 Pragmalar

Pragma derleyiciyle etkileşme yöntemlerinden birisidir. Hem derleyiciye bilgi vermeye hem de ondan bilgi almaya yarar. Pragmalar şablonlardan başka kodlarda yararlı olsalar da, özellikle `pragma(msg)` şablonların hatalarını ayıklarken kullanışlıdır.

Her derleyici kendi özel pragmalarını tanımlayabilir ama aşağıdaki pragmalar standarttır:

65.1 `pragma(msg)`

Derleme zamanında `stderr` çıkış akımına mesaj yazdırmaya yarar; çalışma zamanına bir etkisi yoktur.

Örneğin, aşağıdaki `pragma(msg)` bir işlev şablonunun tam olarak hangi parametrelerle çağrıldığını bildirmektedir:

```
import std.string;

void işlev(A, B)(A a, B b) {
    pragma(msg, format("Şablon parametreleri: '%s' ve '%s'",
                       A.stringof, B.stringof));
    // ...
}

void main() {
    işlev(42, 1.5);
    işlev("merhaba", 'a');
}
```

```
Şablon parametreleri: 'int' ve 'double'
Şablon parametreleri: 'string' ve 'char'
```

65.2 `pragma(lib)`

Programın bağlanması gereken kütüphaneleri bildirmek için kullanılır. Programı sistemde kurulu olan bir kütüphaneyle bağlamanın en kolay yolu budur.

Örneğin, `curl` kütüphanesini kullanan aşağıdaki program kütüphaneyi derleme satırında belirtmek gerekmeden oluşturulabilir:

```
import std.stdio;
import std.net.curl;

pragma(lib, "curl");

void main() {
    // Kitabın bu bölümünü indirmek:
    writeln(get("ddili.org/ders/d/pragma.html"));
}
```

65.3 `pragma(inline)`

İşlev içeriğinin kod içine *açılıp açılmayacağını* belirler.

Her işlev çağrısının bir masrafı vardır. Bu masraf, işlevin varsa parametrelerinin kopyalanmaları, varsa dönüş değerinin çağırana döndürülmesi, ve sonlandıktan sonra hangi noktadan devam edileceğinin hesabının tutulması ile ilgilidir.

Bu masraf çoğu durumda işlevin kendisinin ve çağıran tarafın diğer işlemlerinin masrafları yanında dikkate alınmayacak kadar küçüktür. Ancak, bazı durumlarda salt işlev çağrısı bile programın hızını ölçülebilir derecede yavaşlatabilir. Bu, özellikle işlev içeriğinin göreceli olarak hızlı olduğu ve yine göreceli olarak *küçük* bir döngüden çok sayıda çağrıldığı durumlarda görülebilir.

Aşağıdaki program küçük bir işlevi yine küçük bir döngü içinden çağırmakta ve bir sayacın değerini işlevin dönüş değerine bağlı olarak arttırmaktadır:

```
import std.stdio;
import std.datetime.stopwatch;

// Oldukça hızlı bir işlev içeriği:
ubyte hesapla(ubyte i) {
    return cast(ubyte)(i * 42);
}

void main() {
    size_t sayaç = 0;

    StopWatch kronometre;
    kronometre.start();

    // Çok sayıda tekrarlanan küçük bir döngü:
    foreach (i; 0 .. 100_000_000) {
        const parametre = cast(ubyte)i;

        if (hesapla(parametre) == parametre) {
            ++sayaç;
        }
    }

    kronometre.stop();

    writefln("%s milisaniye", kronometre.peek.total!"msecs");
}
```

Bu program döngünün ne kadar sürede işletildiğini `std.datetime.stopwatch.StopWatch` ile ölçmektedir:

```
674 milisaniye
```

`-inline` derleyici seçeneği, işlev içeriklerinin kod içine *açılmalarına* dayanan bir eniyileştirmeyi etkinleştirir:

```
$ dmd deneme.d -w -inline
```

İşlevin kod içine açılması, içeriğinin çağrıldığı noktaya sanki oraya elle yazılmış gibi yerleştirilmesi anlamına gelir. Yukarıdaki döngü bu eniyileştirme uygulandığında aşağıdaki eşdeğeri gibi derlenecektir:

```
    // Döngünün hesapla()'nın kod içine açıldığındaki eşdeğeri:
    foreach (i; 0 .. 100_000_000) {
        const parametre = cast(ubyte)i;

        const sonuç = cast(ubyte)(parametre * 42);
        if (sonuç == parametre) {
            ++sayaç;
        }
    }
```

Bu işlev çağrısının böylece ortadan kalkması programı denediğim ortamda %40 kadar bir zaman kazancı sağlamaktadır:

```
407 milisaniye
```

İşlevlerin kod içine açılmaları her ne kadar büyük bir kazanç gibi görünse de, bu eniyileştirme her duruma uygun değildir çünkü açılan işlevler kodun fazla büyümesine ve mikro işlemcinin kod ön belleğinden taşmasına neden olabilir. Bunun sonucunda da kod tam tersine *daha yavaş* işleyebilir. Bu yüzden, işlevlerin kod içine açılmalarının kararı normalde `-inline` seçeneği ile derleyiciye bırakılır.

Buna rağmen, bazı durumlarda derleyiciye bu konudaki kararında yardım edilmesi yararlı olabilir. `inline` pragması bu amaçla kullanılır:

- `pragma(inline, false)`: `-inline` derleyici seçeneği kullanılmış bile olsa belirli işlevlerin kod içine açıl*ma*maları gerektiğini bildirir.
- `pragma(inline, true)`: `-inline` derleyici seçeneği kullanıldığında belirli işlevlerin kesinlikle kod içine açılmaları gerektiğini bildirir. Bu eniyileştirmenin uygulanamadığı durumlarda derleme hataları oluşur. (Buna rağmen, bu pragmanın tam olarak nasıl işlediği derleyiciden derleyiciye değişebilir.)
- `pragma(inline)`: Kod içine açma kararını `-inline` seçeneğinin komut satırında belirtilmiş veya belirtilmemiş olmasına göre tekrar derleyiciye bırakır.

Bu pragmalar, içinde geçtikleri işlevi etkileyebildikleri gibi, birden fazla işlev üzerinde etkili olabilmek için kapsam parantezleriyle veya iki nokta üst üste karakteriyle de kullanılabilirler:

```
pragma(inline, false) {
    // Bu kapsamda tanımlanan işlevler kod içine açılmazlar
    // ...
}

int foo() {
    pragma(inline, true);  // Bu işlev kod içine açılmalıdır
    // ...
}

pragma(inline, true):
// Bu bölümde tanımlanan işlevler kod içine açılmalıdırlar
// ...

pragma(inline):
// Bu bölümde tanımlanan işlevlerin kod içine açılıp
// açılmayacaklarının kararı tekrar derleyici bırakılmıştır
// ...
```

Programların daha hızlı işlemelerini sağlayan bir başka derleyici seçeneği `-O`'dur. Bu seçenek derleyicinin başka eniyileştirme algoritmaları işletmesini sağlar. Ancak, bunun sonucunda derleme süreleri fazla uzayabilir.

65.4 pragma(startaddress)

Programın başlangıç adresini belirtmeye yarar. Başlangıç adresi zaten D'nin *çalışma ortamı* tarafından belirlendiğinden normalde bu pragmaya gerek olmaz.

65.5 pragma(mangle)

Özgün isim üretirken normal yöntemle üretilecek olandan farklı bir isim kullanılmasını belirler. Özgün isimler bağlayıcının işlevleri ve o işlevleri çağıranları tanıyabilmesi için önemlidir. Bu pragma özellikle D kodunun tesadüfen bir anahtar sözcüğe karşılık gelen bir kütüphane işlevini çağırması gereken durumlarda yararlıdır.

Örneğin, `override` bir D anahtar sözcüğü olduğundan bir C kütüphanesinin `override` ismindeki bir işlevi D kodundan çağrılamaz. İşlevin farklı bir isimle çağrılması ama yine de kütüphanenin `override` isimli işlevine bağlanması gerekir:

```
/* Bir C kütüphanesinin 'override' ismindeki işlevi ancak
 * 'c_override' gibi bir isimle çağrılabilir. Ancak, bu isim
```

```
 * yine de 'override' olarak bağlanmalıdır: */
pragma(mangle, "override")
extern(C) string c_override(string);

void main() {
    /* D kodu işlevi c_override() diye çağırır ama bağlayıcı
     * yine de doğru ismi olan 'override'ı kullanacaktır: */
    auto s = c_override("merhaba");
}
```

66 alias ve with

66.1 alias

alias anahtar sözcüğü programda geçen isimlere takma isim vermek için kullanılır. alias, farklı bir olanak olan alias this ile karıştırılmamalıdır.

Uzun bir ismi kısaltmak

Önceki bölümde gördüğümüz şablonlarda olduğu gibi, programda geçen bazı isimler kullanışsız derecede uzun olabilirler. Daha önce tanımladığımız şu işlevi hatırlayalım:

```
Yığın!(Nokta!double) rasgeleNoktalar(int adet) {
    auto noktalar = new Yığın!(Nokta!double);

    // ...
}
```

Programda açıkça Yığın!(Nokta!double) yazmanın bir kaç sakıncası görülebilir:

- Okumayı güçleştirecek derecede karmaşıktır.
- Onun bir yığın veri yapısı olduğunun ve elemanlarının Nokta şablonunun double türü ile kullanılmalarından oluştuğunun her noktada görülmesi gereksiz bir bilgi olarak kabul edilebilir.
- Programın ihtiyaçlarının değişmesi durumunda örneğin double yerine artık real kullanılması gerektiğinde, veya yığın veri yapısı yerine bir ikili ağaç veri yapısı gerektiğinde, türün açıkça yazıldığı her yerde değişiklik yapılması gerekecektir.

Bu sakıncalar Yığın!(Nokta!double) ismine tek noktada yeni bir isim vererek giderilebilir:

```
alias Noktalar = Yığın!(Nokta!double);

// ...

Noktalar rasgeleNoktalar(int adet) {
    auto noktalar = new Noktalar;

    // ...
}
```

Bir adım daha ileri giderek yukarıdaki alias'ı iki parça halinde de tanımlayabiliriz:

```
alias HassasNokta = Nokta!double;
alias Noktalar = Yığın!HassasNokta;
```

alias'ın söz dizimi şöyledir:

```
    alias takma_isim = var_olan_isim;
```

O tanımdan sonra takma isim daha önceden var olan ismin eşdeğeri haline gelir ve artık aynı biçimde kullanılır.

Bazı D programlarında bu olanağın eski söz dizimine de rastlayabilirsiniz:

```
    // Eski söz dizimini kullanmaya gerek yok:
    alias var_olan_isim takma_isim;
```

Türlerin isimlerini modülleriyle birlikte uzun uzun yazmak yerine de `alias`'tan yararlanabiliriz. Örneğin `okul` ve `firma` isimli iki modülde `Müdür` isminde iki farklı tür tanımlı olduğunu varsayalım. Bu iki modülün de programa eklendikleri bir durumda yalnızca `Müdür` yazıldığında program derlenemez:

```
import okul;
import firma;

// ...

    Müdür kişi;                // ← derleme HATASI
```

Derleyici hangi `Müdür` türünü kasdettiğimizi anlayamaz:

```
Error: okul.Müdür at [...]/okul.d(1) conflicts with
firma.Müdür at [...]/firma.d(1)
```

Bunun önüne geçmenin bir yolu, programda kullanmak istediğimiz `Müdür`'e bir takma isim vermektir. Böylece her seferinde modülüyle birlikte örneğin `okul.Müdür` yazmak zorunda kalmadan birden fazla yerde kullanabiliriz:

```
import okul;

alias OkulMüdürü = okul.Müdür;

void main() {
    OkulMüdürü kişi;

    // ...

    OkulMüdürü başkaKişi;
}
```

`alias` programdaki başka çeşit isimlerle de kullanılabilir. Aşağıdaki kod bir değişkene nasıl takma isim verildiğini gösteriyor:

```
    int uzunBirDeğişkenİsmi = 42;

    alias değişken = uzunBirDeğişkenİsmi;
    değişken = 43;

    assert(uzunBirDeğişkenİsmi == 43);
```

Tasarım esnekliği

Her ne kadar ileride değişmeyecek olduğundan emin bile olunsa, tasarımın esnek olması için `int` gibi temel türlere bile anlamlı yeni isimler verilebilir:

```
alias MüşteriNumarası = int;
alias Şirketİsmi = string;
// ...

struct Müşteri {
    MüşteriNumarası numara;
    Şirketİsmi şirket;
    // ...
}
```

Sırasıyla `int`'in ve `string`'in aynıları olsalar da, eğer o yapıyı kullanan kodlar her zaman için `MüşteriNumarası` ve `Şirketİsmi` yazarlarsa, yapı tanımında `int` veya `string` yerine başka bir tür kullanıldığında daha az satırda değişiklik gerekmiş olur.

Bu yöntem kodun anlaşılır olmasına da yardım eder. Bir değerin türünün `int` yerine `MüşteriNumarası` olması, kod okunurken o değerin anlamı konusunda hiçbir şüphe bırakmaz.

Bazı durumlarda böyle tür isimleri bir yapı veya sınıfın içinde de tanımlanabilir. Böylece o yapının veya sınıfın arayüzünde bu takma isimleriyle kullanılırlar. Örnek olarak ağırlık niteliğine sahip bir sınıfa bakalım:

```
class Kutu {
private:

    double ağırlık_;

public:

    double ağırlık() const {
        return ağırlık_;
    }

    // ...
}
```

Bu sınıfın üyesinin ve niteliğinin açıkça `double` yazılarak tanımlanmış olması kullanıcıların da ağırlığı `double` olarak kullanmalarına neden olacaktır:

```
    double toplamAğırlık = 0;

    foreach (kutu; kutular) {
        toplamAğırlık += kutu.ağırlık;
    }
```

Bunun karşıtı olarak, ağırlığın türünün sınıf içindeki bir `alias` ile tanımlandığı duruma bakalım:

```
class Kutu {
private:

    Ağırlık ağırlık_;

public:

    alias Ağırlık = double;

    Ağırlık ağırlık() const {
        return ağırlık_;
    }

    // ...
}
```

Kullanıcı kodu da sınıfın arayüzüne bağlı kalarak artık `Ağırlık` yazacaktır:

```
    Kutu.Ağırlık toplamAğırlık = 0;

    foreach (kutu; kutular) {
        toplamAğırlık += kutu.ağırlık;
    }
```

`Kutu` sınıfının tasarımcısı `Ağırlık`'ı daha sonradan başka şekilde tanımlarsa kodda değiştirilmesi gereken yerlerin sayısı bu sayede azalmış olur.

Üst sınıfın gizlenen isimlerini alt sınıfta görünür yapmak

Aynı ismin hem üst sınıfta hem de alt sınıfta bulunması isim çakışmasına neden olur. Alt sınıfta aynı isimde tek bir işlev bile bulunsa, üst sınıfın işlevlerinin isimleri *gizlenirler* ve alt sınıf arayüzünde görünmezler:

```
class GenelHesap {
    void hesapla(int x) {
        // ...
    }
}

class ÖzelHesap : GenelHesap {
    void hesapla() {
        // ...
    }
}

void main() {
    auto hesap = new ÖzelHesap;
    hesap.hesapla(42);            // ← derleme HATASI
}
```

O çağrıda 42 değeri kullanıldığından, `ÖzelHesap` nesnesinin kalıtım yoluyla edindiği ve `int` türünde parametre alan `GenelHesap.hesapla` işlevinin çağrılacağını bekleyebiliriz. Oysa, her ne kadar parametre listeleri farklı olsa da `ÖzelHesap.hesapla` işlevi, aynı isme sahip olduğu için `GenelHesap.hesapla` işlevini gizler ve program derlenmez.

Not: Üst sınıf işlevinin alt sınıfta değişik olarak yeniden tanımlanmasından bahsetmediğimize dikkat edin. Öyle olsaydı, Türeme bölümünde (sayfa 330) anlatıldığı gibi, parametre listesini üst sınıftakiyle aynı yapar ve `override` anahtar sözcüğünü kullanırdık. Burada, alt sınıfa eklenen yeni bir işlev isminin üst sınıftaki bir isimle aynı olduğu durumdan bahsediyoruz.

Derleyici, `GenelHesap.hesapla`'yı bu gizleme nedeniyle dikkate bile almaz ve `ÖzelHesap.hesapla`'nın bir `int` ile çağrılamayacağını belirten bir hata verir:

```
Error: function deneme.ÖzelHesap.hesapla () is not callable
using argument types (int)
```

Bunun geçerli bir nedeni vardır: İsim gizleme olmasa, ileride bu sınıflara eklenen veya onlardan çıkartılan `hesapla` işlevleri hiçbir uyarı verilmeden kodun istenenden farklı bir işlevi çağırmasına neden olabilirler. İsim gizleme, nesne yönelimli programlamayı destekleyen başka dillerde de bulunan ve bu tür hataları önleyen bir olanaktır.

Gizlenen isimlerin alt sınıf arayüzünde de görünmeleri istendiğinde yine `alias`'tan yararlanılır:

```
class GenelHesap {
    void hesapla(int x) {
        // ...
    }
}

class ÖzelHesap : GenelHesap {
    void hesapla() {
        // ...
    }

    alias hesapla = GenelHesap.hesapla;
}
```

Yukarıdaki `alias`, üst sınıftaki `hesapla` ismini alt sınıf arayüzüne getirir ve böylece gizlenmesini önlemiş olur.

O eklemeden sonra kod artık derlenir ve istenmiş olduğu gibi üst sınıfın `hesapla` işlevi çağrılır.

Eğer daha uygun olduğu düşünülürse, üst sınıfın işlevi farklı bir isimle bile görünür hale getirilebilir:

```
class GenelHesap {
    void hesapla(int x) {
        // ...
    }
}

class ÖzelHesap : GenelHesap {
    void hesapla() {
        // ...
    }

    alias genelHesapla = GenelHesap.hesapla;
}

void main() {
    auto hesap = new ÖzelHesap;
    hesap.genelHesapla(42);
}
```

İsim gizleme üye değişkenler için de geçerlidir. İstendiğinde onların alt sınıf arayüzünde görünmeleri de `alias` ile sağlanır.

```
class ÜstSınıf {
    int şehir;
}

class AltSınıf : ÜstSınıf {
    string şehir() const {
        return "Kayseri";
    }
}
```

Her ne kadar birisi üye değişken ve diğeri üye işlev olsa da, alt sınıftaki `şehir`, üst sınıfın aynı isimdeki üyesini gizler ve bu yüzden aşağıdaki kod derlenemez:

```
void main() {
    auto nesne = new AltSınıf;
    nesne.şehir = 42;              // ← derleme HATASI
}
```

Üst sınıfın üye değişkeni `alias` ile alt sınıf arayüzüne getirildiğinde kod artık derlenir. Aşağıdaki kod değişkenlerin de yeni isimle kullanılabileceklerini gösteriyor:

```
class ÜstSınıf {
    int şehir;
}

class AltSınıf : ÜstSınıf {
    string şehir() const {
        return "Kayseri";
    }

    alias şehirKodu = ÜstSınıf.şehir;
}

void main() {
    auto nesne = new AltSınıf;
    nesne.şehirKodu = 42;
}
```

66.2 `with`

`with`, bir nesnenin veya başka bir ismin tekrarlanmasını önler. Parantez içinde bir ifade veya isim alır ve kendi kapsamı içinde geçen isimleri belirlerken o ifade veya ismi de göz önünde bulundurur:

```
struct S {
    int i;
    int j;
}

void main() {
    auto s = S();

    with (s) {
        i = 1;     // s.i ile aynı anlamda
        j = 2;     // s.j ile aynı anlamda
    }
}
```

Parantez içinde geçici bir nesne de oluşturulabilir. Oluşturulan nesne bir sol değer (sayfa 182) haline gelir. Doğal olarak, bu geçici nesnenin yaşam süreci `with` kapsamı ile sınırlıdır:

```
    with (S()) {
        i = 1;     // geçici nesnenin i üyesi
        j = 2;     // geçici nesnenin j üyesi
    }
```

Daha sonra Göstergeler bölümünde (sayfa 426) göreceğimiz gibi, bu geçici nesnenin yaşamı new anahtar sözcüğü ile uzatılabilir.

`with` özellikle `enum` gibi tür isimlerinin `case` bloklarında tekrarlanmalarını önlemek için yararlıdır:

```
enum Renk { kırmızı, turuncu }

// ...

    final switch (r) with (Renk) {

    case kırmızı:      // Renk.kırmızı anlamında
        // ...

    case turuncu:      // Renk.turuncu anlamında
        // ...
    }
```

66.3 Özet

- `alias` var olan isimlere takma isimler verir.
- `with` aynı nesnenin veya ismin tekrarlanmasını önler.

67 alias this

Başka bağlamlarda başka anlamlara gelen alias ve this anahtar sözcükleri bir arada kullanıldıklarında farklı bir anlam kazanırlar. Bu yüzden, ikisi bir arada kullanıldığında tek bir anahtar sözcük olarak kabul edilmelidirler.

alias this, bir yapının veya sınıfın otomatik tür dönüşümü yoluyla başka türler yerine geçmesini sağlar. Tür dönüşümü için başka bir seçenek İşleç Yükleme bölümünde (sayfa 300) gördüğümüz opCast işlecidir. Farkları, opCast'in açıkça yapılan tür dönüşümleri için, alias this'in ise otomatik tür dönüşümleri için kullanılmasıdır.

Bu iki sözcük birbirlerinden ayrı olarak yazılırlar; aralarına yapının veya sınıfın bir üyesi gelir:

```
    alias üye_değişken_veya_işlev this;
```

alias this yapının veya sınıfın türünü gerektiğinde belirtilen üyenin türüne otomatik olarak dönüştürmeyi sağlar. Dönüşüm sonucunda üretilen değer o üyenin değeridir.

Aşağıdaki Kesir örneği alias this'i bir *üye işlev* ile kullanıyor. Daha aşağıdaki AraştırmaGörevlisi örneğinde ise alias this'in *üye değişkenlerle* kullanımlarını göreceğiz.

değeri işlevinin dönüş değeri double olduğundan, aşağıdaki alias this bildirimi Kesir nesnelerinin double değerler yerine kullanılabilmelerini sağlar:

```
import std.stdio;

struct Kesir {
    long pay;
    long payda;

    double değeri() const {
        return double(pay) / payda;
    }

    alias değeri this;

    // ...
}

double hesap(double soldaki, double sağdaki) {
    return 2 * soldaki + sağdaki;
}

void main() {
    auto kesir = Kesir(1, 4);    // 1/4 anlamında
    writeln(hesap(kesir, 0.75));
}
```

Yukarıdaki yapının nesneleri double türünde değer beklenen ifadelerde geçtiklerinde değeri işlevi çağrılır ve o işlevin döndürdüğü değer kullanılır. Yukarıdaki kodda aslında double bekleyen hesap işlevine bir Kesir nesnesi gönderilebilmiş ve o hesapta değeri işlevinin döndürdüğü 0.25 kullanılmıştır. Program, 2 * 0.25 + 0.75 hesabının sonucunu yazdırır:

```
1.25
```

68 Göstergeler

Göstergeler başka değişkenlere erişim sağlamak için kullanılırlar. Değerleri, erişim sağladıkları değişkenlerin adresleridir.

Göstergeler her türden değişkeni, nesneyi, ve hatta başka göstergeleri de gösterebilirler. Ben bu bölümde kısa olsun diye, bunların hepsinin yerine *değişken* sözünü kullanacağım.

Göstergeler mikro işlemcilerin en temel olanaklarındandır ve sistem programcılığının önemli bir parçasıdır.

D'nin gösterge kavramı ve kullanımı C'den geçmiştir. C öğrenenlerin anlamakta en çok zorlandıkları olanak göstergeler olduğu halde, D'de göstergelerin çok daha kolay öğrenileceğini düşünüyorum. Bunun nedeni, göstergelerin amaçlarından bazılarının D'nin başka olanakları tarafından zaten karşılanıyor olmasıdır. Bu yüzden, hem bir çok durumda gösterge kullanılması gerekmez hem de başka D olanaklarının zaten anlaşılmış olması göstergelerin anlaşılmalarını da kolaylaştırır.

Bu bölümde özellikle basit olarak seçtiğim örnekler göstergelerin kullanım amaçlarını anlatma konusunda yetersiz kalabilirler. Yazımlarını ve kullanımlarını öğrenirken bunu gözardı edebilirsiniz. En sonda vereceğim örneklerin daha anlamlı olacaklarını düşünüyorum.

Ek olarak, örneklerde basitçe `gösterge` diye seçtiğim isimlerin kullanışsız olduklarını aklınızda bulundurun. Kendi programlarınızda her ismi anlamlı ve açıklayıcı olarak seçmeye özen gösterin.

68.1 Referans kavramı

Göstergelere geçmeden önce göstergelerin temel amacı olan *referans* kavramını şimdiye kadarki bölümlerden tanıdığımız D olanakları ile kısaca hatırlayalım.

foreach'in ref değişkenleri

`foreach` Döngüsü bölümünde (sayfa 121) gördüğümüz gibi, döngü değişkenleri normalde elemanların *kopyalarıdır*:

```
import std.stdio;

void main() {
    int[] dizi = [ 1, 11, 111 ];

    foreach (sayı; dizi) {
        sayı = 0;      // ← kopya değişir; asıl eleman değişmez
    }

    writeln("Döngüden sonra elemanlar: ", dizi);
}
```

Yukarıdaki döngü içinde sıfırlanmakta olan `sayı` değişkeni her seferinde dizi elemanlarından birisinin *kopyasıdır*. Onun değiştirilmesi dizideki asıl elemanı etkilemez:

```
Döngüden sonra elemanlar: 1 11 111
```

Dizideki elemanların kendilerinin değişmeleri istendiğinde `foreach` değişkeni `ref` olarak tanımlanır:

```
    foreach (ref sayı; dizi) {
        sayı = 0;      // ← asıl eleman değişir
    }
```

sayı bu sefer dizideki asıl elemanın takma ismi gibi işlem görür ve dizideki asıl elemanlar değişir:

```
Döngüden sonra elemanlar: 0 0 0
```

ref işlev parametreleri

İşlev Parametreleri bölümünde (sayfa 169) gördüğümüz gibi, *değer türünden* olan işlev parametreleri normalde başka değişkenlerin kopyalarıdır:

```
import std.stdio;

void yarımEkle(double değer) {
    değer += 0.5;        // ← main'deki değer değişmez
}

void main() {
    double değer = 1.5;

    yarımEkle(değer);

    writeln("İşlevden sonraki değer: ", değer);
}
```

İşlev parametresi `ref` olarak tanımlanmadığından, işlev içindeki atama yalnızca işlevin yerel değişkeni olan `değer`'i etkiler. `main`'deki `değer` değişmez:

```
İşlevden sonraki değer: 1.5
```

İşlev parametresinin, işlevin çağrıldığı yerdeki değişkenin takma ismi olması için `ref` anahtar sözcüğü kullanılır:

```
void yarımEkle(ref double değer) {
    değer += 0.5;
}
```

Bu sefer `main` içindeki `değer` etkilenmiş olur:

```
İşlevden sonraki değer: 2
```

Referans türleri

D'de bazı türler referans türleridir. Bu türlerden olan değişkenler sahip olmadıkları başka değerlere erişim sağlarlar:

- Sınıf değişkenleri
- Dinamik diziler
- Eşleme tabloları

Referans kavramını Değerler ve Referanslar bölümünde (sayfa 160) görmüştük. Burada o bölüme dahil etmediğim sınıflar üzerinde bir örnek göstermek istiyorum:

```
import std.stdio;

class TükenmezKalem {
    double mürekkep;

    this() {
        mürekkep = 15;
    }

    void kullan(double miktar) {
        mürekkep -= miktar;
    }
```

```
}

void main() {
    auto kalem = new TükenmezKalem;
    auto başkaKalem = kalem;  // ← şimdi ikisi de aynı nesneye
                              //   erişim sağlarlar

    writefln("Önce : %s %s",
             kalem.mürekkep, başkaKalem.mürekkep);

    kalem.kullan(1);          // ← aynı nesne kullanılır
    başkaKalem.kullan(2);     // ← aynı nesne kullanılır

    writefln("Sonra: %s %s",
             kalem.mürekkep, başkaKalem.mürekkep);
}
```

Sınıflar referans türleri olduklarından, farklı sınıf değişkenleri olan `kalem` ve `başkaKalem` tek `TükenmezKalem` nesnesine erişim sağlamaktadır. Sonuçta, iki değişkenin kullanılması da aynı nesneyi etkiler:

```
Önce : 15 15
Sonra: 12 12
```

Bu sınıf nesnesinin ve ona erişim sağlayan iki sınıf değişkeninin bellekte şu şekilde durduklarını düşünebiliriz:

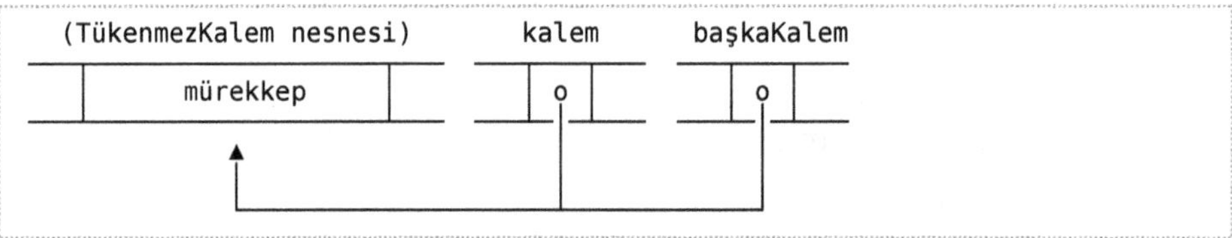

Referans kavramı yukarıdaki şekildeki gibidir: Referanslar asıl değişkenleri *gösterirler*.

Programlama dillerindeki referans ve gösterge kavramları perde arkasında mikro işlemcilerin *gösterme* amacıyla kullanılan yazmaçları ile gerçekleştirilir.

D'nin yukarıda hatırlattığım üst düzey olanakları da perde arkasında göstergelerle gerçekleştirilmiştir. Bu yüzden hem zaten çok etkin çalışırlar hem de açıkça gösterge kullanmaya gerek bırakmazlar. Buna rağmen, başka sistem programlama dillerinde de olduğu gibi, göstergeler D programcılığında da mutlaka bilinmelidir.

68.2 Tanımlanması

D'nin gösterge söz dizimi aynı C'de olduğu gibidir. Bu, C bilen programcılar için bir kolaylık olarak görülse de, özellikle * işlecinin farklı anlamlara sahip olması C'de olduğu gibi D'de de öğrenmeyi güçleştirebilir.

Biraz aşağıda anlatacağım ***her türü gösterebilen gösterge*** dışındaki göstergeler ancak belirli türden bir değişkeni gösterebilirler. Örneğin bir `int` göstergesi yalnızca `int` türünden olan değişkenleri gösterebilir.

Bir gösterge tanımlanırken, önce hangi türden değer göstereceği sonra da bir * karakteri yazılır:

```
    gösterecegi_tür * göstergenin_ismi;
```

Bir `int`'i gösterecek olan bir gösterge şöyle tanımlanabilir:

```
    int * benimGöstergem;
```

Böyle bir tanımda * karakterini "göstergesi" diye okuyabilirsiniz. `benimGöstergem`'in türü bir `int*`'dır; yani bir "int göstergesidir". * karakterinden önceki ve sonraki boşlukların yazılmaları isteğe bağlıdır ve aşağıdaki gibi kullanımlar da çok yaygındır:

```
    int* benimGöstergem;
    int *benimGöstergem;
```

Tek başına tür ismi olarak "int göstergesi" anlamında kullanıldığında, boşluksuz olarak `int*` olarak yazılması da çok yaygındır.

68.3 Göstergenin değeri ve adres alma işleci &

Göstergeler de değişkendir ve her değişkenin olduğu gibi onların da değerleri vardır. Değer atanmayan göstergelerin varsayılan değeri, hiçbir değişkene erişim sağlamama değeri olan `null`'dır.

Bir göstergenin hangi değişkeni gösterdiği (yani *erişim sağladığı*), göstergenin değer olarak o değişkenin adresini taşıması ile sağlanır. Başka bir deyişle, gösterge o adresteki değişkeni gösterir.

Şimdiye kadar `readf` işlevi ile çok kullandığımız & işlecini Değerler ve Referanslar bölümünden (sayfa 160) de hatırlayacaksınız. Bu işleç, önüne yazıldığı değişkenin adresini alır. Bu adres değeri, gösterge değeri olarak kullanılabilir:

```
    int beygirGücü = 180;
    int * benimGöstergem = &beygirGücü;
```

Yukarıdaki ifadede göstergenin `beygirGücü`'nün adresi ile ilklenmesi, `benimGöstergem`'in `beygirGücü`'nü *göstermesini* sağlar.

Göstergenin değeri `beygirGücü`'nün adresi ile aynıdır:

```
    writeln("beygirGücü'nün adresi   : ", &beygirGücü);
    writeln("benimGöstergem'in değeri: ", benimGöstergem);
```

```
beygirGücü'nün adresi   : 7FFF2CE73F10
benimGöstergem'in değeri: 7FFF2CE73F10
```

Not: Adres değeri siz denediğinizde farklı olacaktır. `beygirGücü`, programın işletim sisteminden aldığı daha büyük bir belleğin bir yerinde bulunur. Bu yer programın her çalıştırılışında büyük olasılıkla farklı bir adreste bulunacaktır.

Bir göstergenin değerinin erişim sağladığı değişkenin adresi olduğunu ve böylece o değişkeni *gösterdiğini* referanslara benzer biçimde şöyle düşünebiliriz:

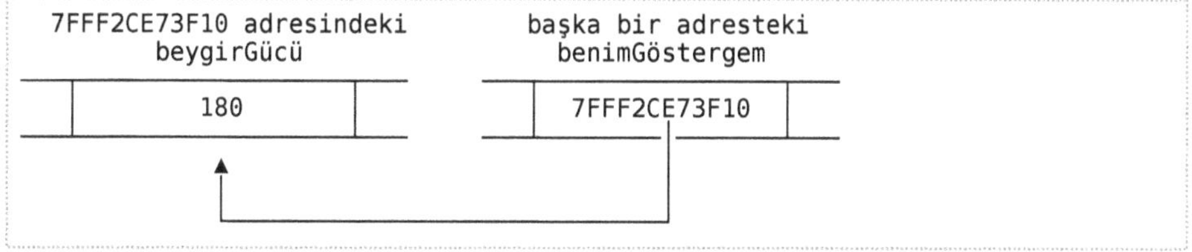

`beygirGücü`'nün değeri 180, `benimGöstergem`'in değeri de `beygirGücü`'nün adresidir.

Göstergeler de değişken olduklarından, onların adreslerini de & işleci ile öğrenebiliriz:

```
    writeln("benimGöstergem'in adresi: ", &benimGöstergem);
```

```
benimGöstergem'in adresi: 7FFF2CE73F18
```

beygirGücü ile benimGöstergem'in adreslerinin arasındaki farkın bu örnekte 8 olduğuna bakarak ve beygirGücü'nün türü olan int'in büyüklüğünün 4 bayt olduğunu hatırlayarak bu iki değişkenin bellekte 4 bayt ötede bulundukları sonucunu çıkartabiliriz.

Gösterme kavramını belirtmek için kullandığım oku da kaldırırsak, bir şerit gibi soldan sağa doğru uzadığını hayal ettiğimiz belleği şimdi şöyle düşünebiliriz:

```
    7FFF2CE73F10      7FFF2CE73F14      7FFF2CE73F18
    :                 :                 :                 :
 ---------------------------------------------------------------
    |      180        |     (boş)       |  7FFF2CE73F10   |
 ---------------------------------------------------------------
```

Kaynak kodda geçen değişken ismi, işlev ismi, anahtar sözcük, vs. gibi isimler D gibi derlemeli diller ile oluşturulan programların içinde bulunmazlar. Örneğin, programcının isim vererek tanımladığı ve kullandığı değişkenler program içinde mikro işlemcinin anladığı adreslere ve değerlere dönüşürler.

Not: Programda kullanılan isimler hata ayıklayıcıda yararlanılmak üzere programın debug *halinde de bulunurlar ama o isimlerin programın işleyişiyle ilgileri yoktur.*

68.4 Erişim işleci *

Çarpma işleminden tanıdığımız * karakterinin gösterge tanımlarken tür isminden sonra yazıldığını yukarıda gördük. Göstergeleri öğrenirken karşılaşılan bir güçlük, bu karakterin göstergenin gösterdiği değişkene erişmek için de kullanılmasıdır.

Bir göstergenin isminden önce yazıldığında, *göstergenin erişim sağladığı değer* anlamına gelir:

```
    writeln("Gösterdiği değer: ", *benimGöstergem);
```

```
Gösterdiği değer: 180
```

68.5 Gösterdiğinin üyesine erişim için . (nokta) işleci

Not: Eğer göstergeleri C'den tanıyorsanız, bu işleç C'deki -> işleci ile aynıdır.

* işlecinin gösterilen değişkene erişim için kullanıldığını gördük. Bu, temel türleri gösteren göstergeler için yeterli derecede kullanışlıdır: *benimGöstergem yazılarak gösterilen değere kolayca erişilir.

Gösterilen değişken yapı veya sınıf nesnesi olduğunda ise bu yazım sıkıntılı hale gelir. Örnek olarak x ve y üyeleri ile iki boyutlu düzlemdeki bir noktayı ifade eden bir yapıya bakalım:

```
struct Konum {
    int x;
    int y;

    string toString() const {
        return format("(%s,%s)", x, y);
    }
}
```

O türden bir değişkeni gösteren bir göstergeyi aşağıdaki gibi tanımlayabiliriz ve gösterdiğine erişebiliriz:

```
    auto merkez = Konum(0, 0);
    Konum * gösterge = &merkez;      // tanım
    writeln(*gösterge);              // erişim
```

toString işlevi tanımlanmış olduğundan, o kullanım Konum nesnesini yazdırmak için yeterlidir:

```
(0,0)
```

Ancak, gösterilen nesnenin bir üyesine erişmek için * işleci kullanıldığında kod karmaşıklaşır:

```
    // 10 birim sağa ötele
    (*gösterge).x += 10;
```

O ifade merkez nesnesinin x üyesinin değerini değiştirmektedir. Bunu şu adımlarla açıklayabiliriz:

- gösterge: merkez'i gösteren gösterge
- *gösterge: Nesneye erişim; yani merkez'in kendisi
- (*gösterge): Nokta karakteri gösterge'ye değil, onun gösterdiğine uygulansın diye gereken parantezler
- (*gösterge).x: Gösterdiği nesnenin x üyesi

Gösterilen nesnenin üyesine erişim böyle karışık bir şekilde yazılmak zorunda kalınmasın diye, . (nokta) işleci göstergenin kendisine uygulanır ama *gösterdiğinin üyesine* erişim sağlar. Yukarıdaki ifadeyi çok daha kısa olarak şöyle yazabiliriz:

```
    gösterge.x += 10;
```

Daha basit olan gösterge.x ifadesi yine merkez'in x üyesine eriştirmiştir:

```
(10,0)
```

Bunun sınıflardaki kullanımla aynı olduğuna dikkat edin. Bir sınıf *değişkenine* doğrudan uygulanan . (nokta) işleci aslında sınıf *nesnesinin* üyesine erişim sağlar:

```
class SınıfTürü {
    int üye;
}

// ...

    // Solda değişken, sağda nesne
    SınıfTürü değişken = new SınıfTürü;

    // Değişkene uygulanır ama nesnenin üyesine erişir
    değişken.üye = 42;
```

Sınıflar bölümünden (sayfa 324) hatırlayacağınız gibi, yukarıdaki koddaki nesne, new ile sağda isimsiz olarak oluşturulur. değişken, o nesneye erişim sağlayan bir sınıf değişkenidir. Değişkene uygulanan . (nokta) işleci aslında asıl nesnenin üyesine erişim sağlar.

Aynı durumun göstergelerde de bulunması sınıf değişkenleri ile göstergelerin temelde benzer biçimde gerçekleştirildiklerini ortaya koyar.

Bu kullanımın hem sınıflarda hem de göstergelerde bir istisnası vardır. . (nokta) işleciyle erişilen .sizeof gibi tür nitelikleri türün kendisine uygulanır, nesneye değil:

```
char c;
char * g = &c;

writeln(g.sizeof);  // göstergenin uzunluğu, char'ın değil
```

```
8
```

68.6 Gösterge değerinin değiştirilmesi

Göstergelerin değerleri arttırılabilir ve azaltılabilir, ve göstergeler toplama ve çıkarma işlemlerinde kullanılabilir:

```
++birGösterge;
--birGösterge;
birGösterge += 2;
birGösterge -= 2;
writeln(birGösterge + 3);
writeln(birGösterge - 3);
```

Aritmetik işlemlerden alıştığımızdan farklı olarak, bu işlemler göstergenin değerini belirtilen miktar kadar değiştirmezler. Göstergenin değeri, *belirtilen miktar kadar sonraki (veya önceki)* değişkeni gösterecek biçimde değişir.

Örneğin, göstergenin değerinin ++ işleciyle arttırılması o göstergenin bellekte bir sonra bulunan değişkeni göstermesini sağlar:

```
++birGösterge;  // daha önce gösterdiğinden bir sonraki
                // değişkeni göstermeye başlar
```

Bunun sağlanabilmesi için göstergenin değerinin türün büyüklüğü kadar arttırılması gerekir. Örneğin, `int`'in büyüklüğü 4 olduğundan `int*` türündeki bir göstergenin değeri ++ işlemi sonucunda 4 artar.

Uyarı: Göstergelerin programa ait olmayan adresleri göstermeleri tanımsız davranıştır. Erişmek için kullanılmasa bile, bir göstergenin var olmayan bir değişkeni göstermesi hatalıdır. (*Not: Bunun tek istisnası, bir dizinin sonuncu elemanından sonraki hayali elemanın gösterilebilmesidir. Bunu aşağıda açıklıyorum.*)

Örneğin, yukarıda tek `int` olarak tanımlanmış olan `beygirGücü` değişkenini gösteren göstergenin arttırılması yasal değildir:

```
++benimGöstergem;        // ← tanımsız davranış
```

Tanımsız davranış, o işlemin sonucunda ne olacağının belirsiz olması anlamına gelir. O işlem sonucunda programın çökeceği sistemler bulunabilir. Modern bilgisayarlardaki mikro işlemcilerde ise göstergenin değeri büyük olasılıkla 4 sonraki bellek adresine sahip olacak ve gösterge yukarıda "(boş)" olarak işaretlenmiş olan alanı gösterecektir.

O yüzden, göstergelerin değerlerinin arttırılması veya azaltılması ancak yan yana bulunduklarından emin olunan değişkenler gösterildiğinde kullanılmalıdır. (Aşağıda göreceğimiz gibi, dizinin son elemanından bir sonrası da gösterilebilir ama kullanılamaz.) Diziler (ve dizgiler) bu tanıma uyarlar: Bir dizinin elemanları bellekte yan yanadır (yani *art ardadır*).

Dizi elemanını gösteren bir göstergenin değerinin ++ işleci ile artırılması onun bir sonraki elemanı göstermesini sağlar:

```
import std.stdio;
import std.string;
import std.conv;

enum Renk { kırmızı, sarı, mavi }
```

```
struct KurşunKalem {
    Renk renk;
    double uzunluk;

    string toString() const {
        return format("%s santimlik %s bir kalem",
                      uzunluk, renk);
    }
}

void main() {
    writeln("KurşunKalem nesnelerinin büyüklüğü: ",
            KurşunKalem.sizeof, " bayt");

    KurşunKalem[] kalemler = [ KurşunKalem(Renk.kırmızı, 11),
                               KurşunKalem(Renk.sarı, 12),
                               KurşunKalem(Renk.mavi, 13) ];

    KurşunKalem * gösterge = &kalemler[0];          // (1)

    for (int i = 0; i != kalemler.length; ++i) {
        writeln("gösterge değeri: ", gösterge);     // (2)

        writeln("kalem: ", *gösterge);              // (3)
        ++gösterge;                                 // (4)
    }
}
```

1. Tanımlanması: Dizinin ilk elemanının adresi ile ilklenmektedir
2. Değerinin kullanılması: Değeri, gösterdiği elemanın adresidir
3. Gösterdiği nesneye erişim
4. Bir sonraki nesneyi göstermesi

Çıktısı:

```
KurşunKalem nesnelerinin büyüklüğü: 12 bayt
gösterge değeri: 114FC0
kalem: 11 santimlik kırmızı bir kalem
gösterge değeri: 114FCC
kalem: 12 santimlik sarı bir kalem
gösterge değeri: 114FD8
kalem: 13 santimlik mavi bir kalem
```

Dikkat ederseniz, yukarıdaki döngü `kalemler.length` kere tekrarlanmakta ve o yüzden gösterge hep var olan bir elemanı göstermektedir.

68.7 Göstergeler risklidir

Göstergelerin doğru olarak kullanılıp kullanılmadıkları konusunda denetim sağlanamaz. Ne derleyici, ne de çalışma zamanındaki denetimler bunu garantileyebilirler. Bir göstergenin değerinin her zaman için geçerli olması programcının sorumluluğundadır.

O yüzden, göstergeleri kullanmayı düşünmeden önce D'nin üst düzey ve güvenli olanaklarının yeterli olup olmadıklarına bakmanızı öneririm.

68.8 Dizinin son elemanından bir sonrası

Dizinin sonuncu elemanından hemen sonraki hayali elemanın gösterilmesi yasaldır.

Bu, dilimlerden alışık olduğumuz aralık kavramına benzeyen yöntemlerde kullanışlıdır. Hatırlarsanız, dilim aralıklarının ikinci indeksi işlem yapılacak olan elemanlardan *bir sonrasını* gösterir:

```
    int[] sayılar = [ 0, 1, 2, 3 ];
    writeln(sayılar[1 .. 3]);   // 1 ve 2 dahil, 3 hariç
```

Bu yöntem göstergelerle de kullanılabilir. Başlangıç göstergesinin ilk elemanı göstermesi ve bitiş göstergesinin son elemandan sonraki elemanı göstermesi yaygın bir işlev tasarımıdır.

Bunu bir işlevin parametrelerinde görelim:

```
import std.stdio;

// Kendisine verilen aralıktaki değerleri 10 katına çıkartır
void onKatı(int * baş, int * son) {
    while (baş != son) {
        *baş *= 10;
        ++baş;
    }
}

void main() {
    int[] sayılar = [ 0, 1, 2, 3 ];
    int * baş = &sayılar[1];  // ikinci elemanın adresi
    onKatı(baş, baş + 2);     // ondan iki sonrakinin adresi
    writeln(sayılar);
}
```

`baş + 2` değeri, `baş`'ın gösterdiğinden 2 sonraki elemanın, yani indeksi 3 olan elemanın adresi anlamına gelir.

Yukarıdaki `onKatı` işlevi, iki gösterge almaktadır; bunlardan ilkinin gösterdiği `int`'i kullanmakta ama ikincisinin gösterdiği `int`'e hiçbir zaman erişmemektedir. İkinci göstergeyi, işlem yapacağı `int`'lerin dışını belirten bir değer olarak kullanmaktadır. `son`'un gösterdiği elemanı kullanmadığı için de dizinin yalnızca 1 ve 2 numaralı indeksli elemanları değişmiştir:

```
0 10 20 3
```

Yukarıdaki gibi işlevler `for` döngüleri ile de gerçekleştirilebilir:

```
    for ( ; baş != son; ++baş) {
        *baş *= 10;
    }
```

Dikkat ederseniz, `for` döngüsünün hazırlık bölümü boş bırakılmıştır. Bu işlev yeni bir gösterge kullanmak yerine doğrudan `baş` parametresini arttırmaktadır.

Aralık bildiren çift göstergeler `foreach` deyimi ile de uyumlu olarak kullanılabilir:

```
    foreach (gösterge; baş .. son) {
        *gösterge *= 10;
    }
```

Bu gibi bir yöntemde bir dizinin elemanlarının *hepsinin birden* kullanılabilmesi için ikinci göstergenin dizinin sonuncu elemanından bir sonrayı göstermesi gerekir:

```
    // ikinci gösterge dizinin sonuncu elemanından sonraki
    // hayali bir elemanı gösteriyor:
    onKatı(baş, baş + sayılar.length);
```

Dizilerin son elemanlarından sonraki *aslında var olmayan* bir elemanın gösterilmesi işte bu yüzden yasaldır.

68.9 Dizi erişim işleci [ ] ile kullanımı

D'de hiç gerekmese de göstergeler bir dizinin elemanlarına erişir gibi de kullanılabilirler:

```
double[] kesirliler = [ 0.0, 1.1, 2.2, 3.3, 4.4 ];

double * gösterge = &kesirliler[2];

*gösterge = -100;            // gösterdiğine erişim
gösterge[1] = -200;          // dizi gibi erişim

writeln(kesirliler);
```

Çıktısı:

```
0 1.1 -100 -200 4.4
```

Böyle bir kullanımda göstergenin göstermekte olduğu değişken sanki bir dilimin ilk elemanıymış gibi düşünülür ve `[]` işleci o hayali dilimin belirtilen elemanına erişim sağlar. Yukarıdaki programdaki `gösterge`, `kesirliler` dizisinin 2 indeksli elemanını göstermektedir. `gösterge[1]` kullanımı, sanki hayali bir dilim varmış gibi o dilimin 1 indeksli elemanına, yani asıl dizinin 3 indeksli elemanına erişim sağlar.

Karışık görünse de bu kullanımın temelinde çok basit bir dönüşüm yatar. Derleyici `gösterge[indeks]` gibi bir yazımı perde arkasında `*(gösterge + indeks)` ifadesine dönüştürür:

```
gösterge[1] = -200;       // dizi gibi erişim
*(gösterge + 1) = -200;   // üsttekiyle aynı elemana erişim
```

Yukarıda da belirttiğim gibi, bu kullanımın geçerli bir değişkeni gösterip göstermediği denetlenemez. Güvenli olabilmesi için bunun yerine dilim kullanılmalıdır:

```
double[] dilim = kesirliler[2 .. 4];
dilim[0] = -100;
dilim[1] = -200;
```

O dilimin yalnızca iki elemanı bulunduğuna dikkat edin. Dilim, asıl dizinin 2 ve 3 indeksli elemanlarına erişim sağlamaktadır. İndeksi 4 olan eleman dilimin dışındadır.

Dilimler güvenlidir; eleman erişimi hataları çalışma zamanında yakalanır:

```
dilim[2] = -300;   // HATA: dilimin dışına erişim
```

Dilimin 2 indeksli elemanı bulunmadığından bir hata atılır ve böylece programın yanlış sonuçlarla devam etmesi önlenmiş olur:

```
core.exception.RangeError@deneme(8391): Range violation
```

68.10 Göstergeden dilim elde etmek

Dizi erişim işleciyle sorunsuz olarak kullanılabiliyor olmaları göstergelerin dilimlerle eşdeğer oldukları düşüncesini doğurabilir ancak bu doğru değildir. Göstergeler hem dilimlerin aksine eleman adedini bilmezler hem de aslında tek değişken gösterebildiklerinden dilimler kadar kullanışlı ve güvenli değillerdir.

Buna rağmen, art arda kaç eleman bulunduğunun bilindiği durumlarda göstergelerden dilim oluşturulabilir. Böylece riskli göstergeler yerine kullanışlı ve güvenli dilimlerden yararlanılmış olur.

Aşağıdaki koddaki `nesnelerOluştur`'un bir C kütüphanesinin bir işlevi olduğunu varsayalım. Bu işlev `Yapı` türünden belirtilen adet nesne oluşturuyor olsun ve bu nesnelerden ilkinin adresini döndürüyor olsun:

```
Yapı * gösterge = nesnelerOluştur(10);
```

Belirli bir göstergenin göstermekte olduğu elemanlara erişim sağlayacak olan dilim oluşturan söz dizimi aşağıdaki gibidir:

```
/* ... */ dilim = gösterge[0 .. adet];
```

Buna göre, `nesnelerOluştur`'un oluşturduğu ve ilkinin adresini döndürdüğü 10 elemana erişim sağlayan bir dilim aşağıdaki gibi oluşturulur:

```
Yapı[] dilim = gösterge[0 .. 10];
```

Artık `dilim` programda normal bir D dilimi gibi kullanılmaya hazırdır:

```
writeln(dilim[1]);    // İkinci elemanı yazdırır
```

68.11 Her türü gösterebilen void*

D'de hemen hemen hiç gerekmese de, yine C'den gelen bir olanak, *herhangi türden* değişkenleri gösterebilen göstergelerdir. Bunlar *void göstergesi* olarak tanımlanırlar:

```
int tamsayı = 42;
double kesirli = 1.25;
void * herTürüGösterebilen;

herTürüGösterebilen = &tamsayı;
herTürüGösterebilen = &kesirli;
```

Yukarıdaki koddaki `void*` türünden olan gösterge hem bir `int`'i hem de bir `double`'ı gösterebilmektedir. O satırların ikisi de yasaldır ve hatasız olarak derlenir.

`void*` türünden olan göstergeler kısıtlıdır. Getirdikleri esnekliğin bir sonucu olarak, gösterdikleri değişkenlere kendileri erişim sağlayamazlar çünkü gösterilen asıl tür bilinmediğinden gösterilen elemanın kaç baytlık olduğu da bilinemez:

```
*herTürüGösterebilen = 43;     // ← derleme HATASI
```

Böyle işlemlerde kullanılabilmesi için, `void*`'nin değerinin önce doğru türü gösteren bir göstergeye aktarılması gerekir:

```
int tamsayı = 42;                          // (1)
void * herTürüGösterebilen = &tamsayı;     // (2)

// ...

int * tamsayıGöstergesi = cast(int*)herTürüGösterebilen; // (3)
*tamsayıGöstergesi = 43;                   // (4)
```

Yukarıdaki örnek kodu şu adımlarla açıklayabiliriz:

1. Asıl değişken
2. Değişkenin değerinin bir `void*` içinde saklanması
3. Daha sonra o değerin doğru türü gösteren bir göstergeye aktarılması
4. Değişkenin değerinin doğru türü gösteren gösterge ile erişilerek değiştirilmesi

`void*` türündeki bir göstergenin değeri arttırılabilir veya azaltılabilir. `void*` aritmetik işlemlerde `ubyte` gibi tek baytlık bir türün göstergesiymiş gibi işlem görür:

```
    ++herTürüGösterebilen;    // değeri 1 artar
```

D'de void* çoğunlukla C kütüphaneleri kullanılırken gerekir. interface, sınıf, şablon, vs. gibi üst düzey olanakları bulunmayan C kütüphaneleri void* türünden yararlanmış olabilirler.

68.12 Mantıksal ifadelerde kullanılmaları

Göstergeler otomatik olarak bool türüne dönüşebilirler. Bu onların değerlerinin mantıksal ifadelerde kullanılabilmesini sağlar. null değere sahip olan göstergeler mantıksal ifadelerde false değerini alırlar, diğerleri de true değerini. Yani hiçbir değişkeni göstermeyen göstergeler false'tur.

Çıkışa nesne yazdıran bir işlev düşünelim. Bu işlev, kaç bayt yazdığını da bir çıkış parametresi ile bildiriyor olsun. Ancak, o bilgiyi yalnızca özellikle istendiğinde veriyor olsun. Bunun isteğe bağlı olması işleve gönderilen göstergenin null olup olmaması ile sağlanabilir:

```
void bilgiVer(KurşunKalem kalem, size_t * baytAdedi) {
    immutable bilgi = format("Kalem: %s", kalem);
    writeln(bilgi);

    if (baytAdedi) {
        *baytAdedi = bilgi.length;
    }
}
```

Kaç bayt yazıldığı bilgisinin gerekmediği durumlarda gösterge olarak null değeri gönderilebilir:

```
    bilgiVer(KurşunKalem(Renk.sarı, 7), null);
```

Bayt adedinin önemli olduğu durumlarda ise null olmayan bir değer:

```
    size_t baytAdedi;
    bilgiVer(KurşunKalem(Renk.mavi, 8), &baytAdedi);
    writeln("Çıkışa ", baytAdedi, " bayt yazılmış");
```

Bunu yalnızca bir örnek olarak kabul edin. Bayt adedinin işlevden her durumda döndürülmesi daha uygun bir tasarım olarak kabul edilebilir:

```
size_t bilgiVer(KurşunKalem kalem) {
    immutable bilgi = format("Kalem: %s", kalem);
    writeln(bilgi);

    return bilgi.length;
}
```

68.13 new bazı türler için adres döndürür

Şimdiye kadar sınıf nesneleri oluştururken karşılaştığımız new'ü yapı nesneleri, diziler, ve temel tür değişkenleri oluşturmak için de kullanabiliriz. new ile oluşturulan değişkenlere *dinamik değişken* denir.

new önce bellekten değişken için gereken büyüklükte bir yer ayırır. Ondan sonra bu yerde bir değişken *kurar*. Bu değişkenlerin kendi isimleri bulunmadığından onlara ancak new'ün döndürmüş olduğu referans ile erişilir.

Bu referans değişkenin türüne bağlı olarak farklı çeşittendir:

- Sınıf nesnelerinde şimdiye kadar çok gördüğümüz gibi bir *sınıf değişkenidir*:

```
    Sınıf sınıfDeğişkeni = new Sınıf;
```

- Yapı nesnelerinde ve temel türlerde bir *göstergedir*:

```
    Yapı * yapıGöstergesi = new Yapı;
    int * intGöstergesi = new int;
```

- Dizilerde ise bir *dinamik dizidir*:

```
    int[] dinamikDizi = new int[100];
```

auto ve typeof bölümünden (sayfa 87) hatırlayacağınız gibi, sol taraftaki tür isimleri yerine normalde auto anahtar sözcüğü kullanıldığından çoğunlukla bu ayrıma dikkat etmek gerekmez:

```
    auto sınıfDeğişkeni = new Sınıf;
    auto yapıGöstergesi = new Yapı;
    auto intGöstergesi = new int;
    auto dinamikDizi = new int[100];
```

Herhangi bir ifadenin tür isminin typeof(Tür).stringof yöntemiyle yazdırılabildiğini hatırlarsanız, new'ün değişik türler için ne döndürdüğü küçük bir programla şöyle görülebilir:

```
import std.stdio;

struct Yapı {
}

class Sınıf {
}

void main() {
    writeln(typeof(new int    ).stringof);
    writeln(typeof(new int[5]).stringof);
    writeln(typeof(new Yapı  ).stringof);
    writeln(typeof(new Sınıf ).stringof);
}
```

Çıktıdan anlaşıldığı gibi, new temel tür ve yapılar için gösterge türünde bir değer döndürmektedir:

```
int*
int[]
Yapı*
Sınıf
```

Eğer new ile oluşturulan dinamik değişkenin türü bir değer türü (sayfa 160) ise, o değişkenin yaşam süreci, programda ona eriştiren en az bir referans (örneğin, bir gösterge) bulunduğu sürece uzar. (Bu, referans türleri için varsayılan durumdur.)

68.14 Dizilerin .ptr niteliği

Dizilerin (ve dilimlerin) .ptr niteliği ilk elemanın adresini döndürür. Bu değerin türü eleman türünü gösteren bir göstergedir:

```
    int[] sayılar = [ 7, 12 ];

    int * ilkElemanınAdresi = sayılar.ptr;
    writeln("İlk eleman: ", *ilkElemanınAdresi);
```

Bu değer de C kütüphanelerini kullanırken yararlı olabilir. Bazı C işlevleri bellekte art arda bulunan elemanların ilkinin adresini alırlar.

Dizgilerin de dizi olduklarını hatırlarsanız, onların .ptr niteliği de ilk karakterlerinin adresini verir. Burada dikkat edilmesi gereken bir konu, dizgi elemanlarının *harf* değil, o harflerin Unicode kodlamasındaki karşılıkları olduklarıdır. Örneğin, ş harfi bir char[] veya string içinde iki tane char olarak bulunur.

.ptr niteliğinin döndürdüğü adres ile erişildiğinde, Unicode kodlamasında kullanılan karakterler ayrı ayrı gözlemlenebilirler. Bunu örnekler bölümünde göreceğiz.

68.15 Eşleme tablolarının in işleci

Aslında göstergeleri Eşleme Tabloları bölümünde (sayfa 116) gördüğümüz in işleci ile de kullanmıştık. Orada henüz göstergeleri anlatmamış olduğumdan in işlecinin dönüş türünü *geçiştirmiş* ve o değeri üstü kapalı olarak bir mantıksal ifadede kullanmıştım:

```
    if ("mor" in renkKodları) {
        // evet, renkKodları'nda "mor" indeksli eleman varmış

    } else {
        // hayır, yokmuş...
    }
```

Aslında in işleci tabloda bulunuyorsa elemanın adresini, bulunmuyorsa null değerini döndürür. Yukarıdaki koşul da bu değerin false'a veya true'ya otomatik olarak dönüşmesi temeline dayanır.

in'in dönüş değerini bir göstergeye atarsak, tabloda bulunduğu durumlarda o elemana etkin biçimde erişebiliriz:

```
import std.stdio;

void main() {
    // Tamsayıdan string'e dönüşüm tablosu
    string[int] sayılar =
        [ 0 : "sıfır", 1 : "bir", 2 : "iki", 3 : "üç" ];

    int sayı = 2;
    auto eleman = sayı in sayılar;              // (1)

    if (eleman) {                               // (2)
        writeln("Biliyorum: ", *eleman);        // (3)

    } else {
        writeln(sayı, " sayısının yazılışını bilmiyorum");
    }
}
```

Yukarıdaki koddaki eleman göstergesi in işleci ile ilklenmekte (1) ve değeri bir mantıksal ifadede kullanılmaktadır (2). Değeri null olmadığında da gösterdiği değişkene erişilmektedir (3). Hatırlarsanız, null değerinin gösterdiği geçerli bir nesne olmadığı için, değeri null olan bir göstergenin gösterdiğine erişilemez.

Orada eleman'ın türü, eşleme tablosunun *değer türünde* bir göstergedir. Bu tablodaki değerler string olduklarından in'in dönüş türü string*'dir. Dolayısıyla, auto yerine tür açık olarak aşağıdaki gibi de yazılabilir:

```
    string * eleman = sayı in sayılar;
```

68.16 Ne zaman kullanmalı

Göstergeler D'de oldukça az kullanılırlar. Girişten Bilgi Almak bölümünde (sayfa 15) de gördüğümüz gibi, readf bile aslında gösterge gerektirmez.

Kütüphaneler gerektirdiğinde

Göstergeler C ve C++ kütüphanelerinin D ilintilerinde kullanılıyor olabilirler. Örneğin, bir C kütüphanesi olan gtk'den uyarlanmış olan GtkD'nin bazı işlevlerinin bazı parametreleri göstergedir:

```
    GdkGeometry boyutlar;
    // ... boyutlar nesnesinin üyelerinin kurulması ...

    pencere.setGeometryHints(/* ... */, &boyutlar, /* ... */);
```

Değer türünden değişkenleri göstermek için

Yine kesinlikle gerekmese de, değer türünden olan bir değişkenin hangisiyle işlem yapılacağını bir gösterge ile belirleyebiliriz. Örnek olarak yazı-tura deneyi yapan bir programa bakalım:

```
import std.stdio;
import std.random;

void main() {
    size_t yazıAdedi = 0;
    size_t turaAdedi = 0;

    foreach (i; 0 .. 100) {
        size_t * hangisi = (uniform(0, 2) == 1)
                           ? &yazıAdedi
                           : &turaAdedi;
        ++(*hangisi);
    }

    writefln("yazı: %s  tura: %s", yazıAdedi, turaAdedi);
}
```

Tabii aynı işlemi gösterge kullanmadan da gerçekleştirebiliriz:

```
        uniform(0, 2) ? ++yazıAdedi : ++turaAdedi;
```

Veya bir `if` koşuluyla:

```
        if (uniform(0, 2)) {
            ++yazıAdedi;

        } else {
            ++turaAdedi;
        }
```

Veri yapılarının üyelerinde

Bazı veri yapılarının temeli göstergelere dayanır.

Dizilerin elemanlarının yan yana bulunmalarının aksine, bazı veri yapılarının elemanları bellekte birbirlerinden ayrı olarak dururlar. Bunun bir nedeni, elemanların veri yapısına farklı zamanlarda eklenmeleri olabilir. Böyle veri yapıları elemanların birbirlerini *göstermeleri* temeli üzerine kuruludur.

Örneğin, bağlı liste veri yapısının her düğümü kendisinden bir sonraki düğümü *gösterir*. İkili ağaç veri yapısının düğümleri de sol ve sağ dallardaki düğümleri *gösterirler*. Başka veri yapılarında da gösterge kullanımına çok rastlanır.

D'de veri yapıları referans türleri kullanarak da gerçekleştirilebilseler de göstergeler bazı durumlarda daha doğal olabilirler.

Gösterge üye örneklerini biraz aşağıda göreceğiz.

Belleğe doğrudan erişmek gerektiğinde
Göstergeler belleğe doğrudan ve bayt düzeyinde erişim sağlarlar. Hataya açık olduklarını akılda tutmak gerekir. Ek olarak, programa ait olmayan belleğe erişmek tanımsız davranıştır.

68.17 Örnekler

Basit bir bağlı liste

Bağlı liste veri yapısının elemanları *düğümler* halinde tutulurlar. Liste, her düğümün kendisinden bir sonraki düğümü *göstermesi* düşüncesi üzerine kuruludur. Sonuncu düğüm hiçbir düğümü göstermez (değeri `null`'dır):

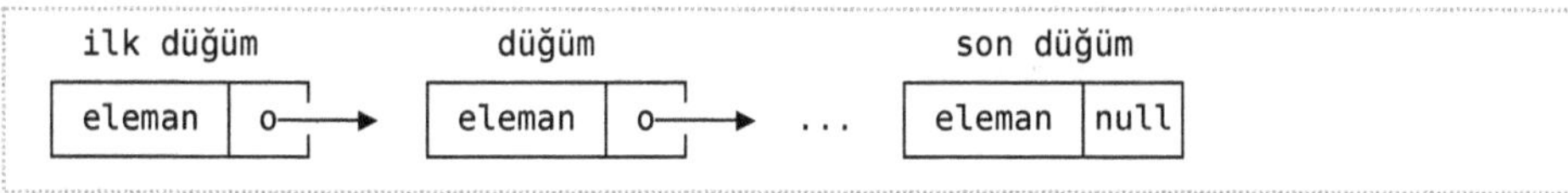

Yukarıdaki şekil yanıltıcı olabilir: Düğümlerin bellekte art arda bulundukları sanılmamalıdır; düğümler normalde belleğin herhangi bir yerinde bulunabilirler. Önemli olan, her düğümün kendisinden bir sonraki düğümü gösteriyor olmasıdır.

Bu şekle uygun olarak, bir `int` listesinin düğümünü şöyle tanımlayabiliriz:

```
struct Düğüm {
    int eleman;
    Düğüm * sonraki;

    // ...
}
```

Not: Kendi türünden nesneleri gösterdiği için bunun özyinelemeli *bir yapı olduğunu söyleyebiliriz.*

Bütün düğümlerin bir liste olarak düşünülmesi de yalnızca başlangıç düğümünü gösteren bir gösterge ile sağlanabilir:

```
struct Liste {
    Düğüm * baş;

    // ...
}
```

Bu bölümün amacından fazla uzaklaşmamak için burada yalnızca listenin başına eleman ekleyen işlevi göstermek istiyorum:

```
struct Liste {
    Düğüm * baş;

    void başınaEkle(int eleman) {
        baş = new Düğüm(eleman, baş);
    }

    // ...
}
```

Bu kodun en önemli noktası `başınaEkle` işlevini oluşturan satırdır. O satır yeni elemanı listenin başına ekler ve böylece bu yapının bir *bağlı liste* olmasını sağlar. (*Not: Aslında sonuna ekleme işlemi daha doğal ve kullanışlıdır. Bunu problemler bölümünde göreceğiz.*)

Yukarıdaki satırda sağ tarafta dinamik bir `Düğüm` nesnesi oluşturuluyor. Bu yeni nesne kurulurken, `sonraki` üyesi olarak listenin şu andaki başı kullanılıyor.

Listenin yeni başı olarak da bu yeni düğümün adresi kullanılınca, listenin başına eleman eklenmiş oluyor.

Bu küçük veri yapısını deneyen küçük bir program:

```
import std.stdio;
import std.conv;
import std.string;

struct Düğüm {
    int eleman;
    Düğüm * sonraki;

    string toString() const {
        string sonuç = to!string(eleman);

        if (sonraki) {
            sonuç ~= " -> " ~ to!string(*sonraki);
        }

        return sonuç;
    }
}

struct Liste {
    Düğüm * baş;

    void başınaEkle(int eleman) {
        baş = new Düğüm(eleman, baş);
    }

    string toString() const {
        return format("(%s)", baş ? to!string(*baş) : "");
    }
}

void main() {
    Liste sayılar;

    writeln("önce : ", sayılar);

    foreach (sayı; 0 .. 10) {
        sayılar.başınaEkle(sayı);
    }

    writeln("sonra: ", sayılar);
}
```

Çıktısı:

```
önce : ()
sonra: (9 -> 8 -> 7 -> 6 -> 5 -> 4 -> 3 -> 2 -> 1 -> 0)
```

ubyte göstergesi ile belleğin incelenmesi

Belleğin adresleme birimi bayttır. Her adreste tek baytlık bilgi bulunur. Her değişken, kendi türü için gereken sayıda bayt *üzerinde* kurulur. Göstergeler belleğe bayt bayt erişme olanağı sunarlar.

Belleğe bayt olarak erişmek için en uygun tür `ubyte*`'dir. Bir değişkenin adresi bir `ubyte` göstergesine atanır ve bu gösterge ilerletilerek o değişkeni oluşturan baytların tümü gözlemlenebilir.

Burada açıklayıcı olsun diye değeri on altılı düzende yazılmış olan bir tamsayı olsun:

```
    int birSayı = 0x01_02_03_04;
```

Bu değişkeni gösteren bir göstergenin şu şekilde tanımlandığını gördük:

```
    int * adresi = &birSayı;
```

O göstergenin değeri, birSayı'nın bellekte bulunduğu yerin adresidir. Göstergenin değerini tür dönüşümü ile bir ubyte göstergesine de atayabiliriz:

```
    ubyte * baytGöstergesi = cast(ubyte*)adresi;
```

Bu adresteki int'i oluşturan 4 baytı şöyle yazdırabiliriz:

```
    writeln(baytGöstergesi[0]);
    writeln(baytGöstergesi[1]);
    writeln(baytGöstergesi[2]);
    writeln(baytGöstergesi[3]);
```

Eğer sizin mikro işlemciniz de benimki gibi *küçük soncul* ise, int'i oluşturan baytların bellekte *ters* sırada durduklarını görebilirsiniz:

```
4
3
2
1
```

Değişkenleri oluşturan baytları gözlemleme işini kolaylaştırmak için bir işlev şablonu yazabiliriz:

```
import std.stdio;

void baytlarınıGöster(T)(ref T değişken) {
    const ubyte * baş = cast(ubyte*)&değişken;    // (1)

    writefln("tür    : %s", T.stringof);
    writefln("değer  : %s", değişken);
    writefln("adres  : %s", baş);                 // (2)
    writef  ("baytlar: ");

    writefln("%(%02x %)", baş[0 .. T.sizeof]);    // (3)

    writeln();
}
```

1. Değişkenin adresinin bir ubyte göstergesine atanması
2. Göstergenin değerinin, yani değişkenin başlangıç adresinin yazdırılması
3. Türün büyüklüğünün .sizeof niteliği ile edinilmesi ve göstergenin gösterdiği baytların yazdırılması (baş göstergesinden dilim elde edildiğine ve o dilimin yazdırıldığına dikkat edin.)

Baytlar * işleci ile erişerek şöyle de yazılabilirdi:

```
    foreach (bayt; baş .. baş + T.sizeof) {
        writef("%02x ", *bayt);
    }
```

bayt göstergesinin değeri o döngüde baş .. baş + T.sizeof aralığında değişir. baş + T.sizeof değerinin aralık dışında kaldığına ve ona hiçbir zaman erişilmediğine dikkat edin.

O işlev şablonunu değişik türlerle çağırabiliriz:

```
struct Yapı {
    int birinci;
    int ikinci;
}

class Sınıf {
    int i;
```

```
    int j;

    this(int i, int j) {
        this.i = i;
        this.j = j;
    }
}

void main() {
    int tamsayı = 0x11223344;
    baytlarınıGöster(tamsayı);

    double kesirli = double.nan;
    baytlarınıGöster(kesirli);

    string dizgi = "merhaba dünya";
    baytlarınıGöster(dizgi);

    int[3] dizi = [ 1, 2, 3 ];
    baytlarınıGöster(dizi);

    auto yapıNesnesi = Yapı(0xaa, 0xbb);
    baytlarınıGöster(yapıNesnesi);

    auto sınıfDeğişkeni = new Sınıf(1, 2);
    baytlarınıGöster(sınıfDeğişkeni);
}
```

Çıktısı aydınlatıcı olabilir:

```
tür    : int
değer  : 287454020
adres  : BFFD6D0C
baytlar: 44 33 22 11                          ← (1)

tür    : double
değer  : nan
adres  : BFFD6D14
baytlar: 00 00 00 00 00 00 f8 7f              ← (2)

tür    : string
değer  : merhaba dünya
adres  : BFFD6D1C
baytlar: 0e 00 00 00 e8 c0 06 08              ← (3)

tür    : int[3u]
değer  : 1 2 3
adres  : BFFD6D24
baytlar: 01 00 00 00 02 00 00 00 03 00 00 00  ← (1)

tür    : Yapı
değer  : Yapı(170, 187)
adres  : BFFD6D34
baytlar: aa 00 00 00 bb 00 00 00              ← (1)

tür    : Sınıf
değer  : deneme.Sınıf
adres  : BFFD6D3C
baytlar: c0 ec be 00                          ← (4)
```

Gözlemler:

1. Bazı türlerin baytları beklediğimiz gibidir: `int`'in, sabit uzunluklu dizinin (`int[3u]`), ve yapı nesnesinin değerlerinin baytları bellekte ters sırada bulunmaktadır.
2. `double.nan` özel değerini oluşturan baytları ters sırada düşününce bu değerin 0x7ff8000000000000 özel bit dizisi ile ifade edildiğini öğreniyoruz.
3. `string` 8 bayttan oluşmaktadır; onun değeri olan "merhaba dünya"nın o kadar küçük bir alana sığması olanaksızdır. Bu, `string` türünün perde

arkasında bir yapı gibi tanımlanmış olmasından gelir. Derleyicinin bir iç türü olduğunu vurgulamak için ismini __ ile başlatarak, örneğin şöyle bir yapı olduğunu düşünebiliriz:

```
struct __string {
    size_t uzunluk;
    char * ptr;     // asıl karakterler
}
```

Bu tahmini destekleyen bulguyu `string`'i oluşturan baytlarda görüyoruz: Dikkat ederseniz, "merhaba dünya" dizgisindeki toplam 13 harf, içlerindeki ü'nün UTF-8 kodlamasında iki baytla ifade edilmesi nedeniyle 14 bayttan oluşur. `string`'in yukarıda görülen ilk 4 baytı olan 0x0000000e'nin değerinin onlu sistemde 14 olması bu gözlemi doğruluyor.

4. Benzer şekilde, sınıf nesnesini oluşturan `i` ve `j` üyelerinin 4 bayta sığmaları olanaksızdır; iki `int` için 8 bayt gerektiğini biliyoruz. O çıktı, sınıf değişkenlerinin sınıf nesnesini gösterecek şekilde tek bir göstergeden oluştuğu şüphesini uyandırır:

```
struct __Sınıf_DeğişkenTürü {
    __Sınıf_AsılNesneTürü * nesne;
}
```

Şimdi biraz daha esnek bir işlev düşünelim. Belirli bir değişkenin baytları yerine, belirli bir adresteki belirli sayıdaki baytı gösteren bir işlev yazalım:

```
import std.stdio;
import std.ascii;

void belleğiGöster(T)(T * bellek, size_t uzunluk) {
    const ubyte * baş = cast(ubyte*)bellek;

    foreach (adres; baş .. baş + uzunluk) {
        char karakter = (isPrintable(*adres) ? *adres : '.');

        writefln("%s:  %02x  %s", adres, *adres, karakter);
    }
}
```

`std.ascii` modülünde tanımlı olan `isPrintable`, kendisine verilen bayt değerinin ASCII tablosunun görüntülenebilen bir karakteri olup olmadığını bildirir. Bazı bayt değerlerinin tesadüfen uç birimin kontrol karakterlerine karşılık gelerek uç birimin çalışmasını bozmalarını önlemek için "`isPrintable` olmayan" karakterler yerine `'.'` karakterini yazdırıyoruz.

Bu işlevi `string`'in `.ptr` niteliğinin gösterdiği karakterlere erişmek için kullanabiliriz:

```
import std.stdio;

void main() {
    string dizgi = "merhaba dünya";
    belleğiGöster(dizgi.ptr, dizgi.length);
}
```

Çıktıdan anlaşıldığına göre ü harfi için iki bayt kullanılmaktadır:

```
8067F18:  6d  m
8067F19:  65  e
8067F1A:  72  r
8067F1B:  68  h
8067F1C:  61  a
8067F1D:  62  b
```

```
8067F1E:  61  a
8067F1F:  20
8067F20:  64  d
8067F21:  c3  .
8067F22:  bc  .
8067F23:  6e  n
8067F24:  79  y
8067F25:  61  a
```

68.18 Problemler

1. Kendisine verilen iki `int`'in değerlerini değiş tokuş etmeye çalışan şu işlevi parametrelerinde `ref` kullanmadan düzeltin:

```
void değişTokuş(int birinci, int ikinci) {
    int geçici = birinci;
    birinci = ikinci;
    ikinci = geçici;
}

void main() {
    int i = 1;
    int j = 2;

    değişTokuş(i, j);

    // Değerleri değişsin
    assert(i == 2);
    assert(j == 1);
}
```

   O programı çalıştırdığınızda `assert` denetimlerinin başarısız olduklarını göreceksiniz.
2. Bu bölümde gösterilen liste yapısını şablona dönüştürün ve böylece `int`'ten başka türlerle de kullanılabilmesini sağlayın.
3. Bağlı listede yeni elemanların sona eklenmeleri daha doğal bir işlemdir. Ben daha kısa olduğu için bu bölümde başına eklemeyi seçtim. Yeni elemanların listenin başına değil, sonuna eklenmelerini sağlayın.

   Bunun için listenin sonuncu elemanını gösteren bir gösterge yararlı olabilir.

Çözümler: Sayfa 737

69 Bit İşlemleri

Bu bölümde mikro işlemcinin en küçük bilgi birimi olan bitlerle yapılan işlemleri tanıyacağız. Bit işlemleri mikro işlemcinin en temel olanaklarındandır.

Bu işlemler hem alt düzey programcılık açısından bilinmelidir, hem de parametre olarak *bayrak* alan işlevler için gereklidir. Bayrak alan işlevlere özellikle C kütüphanelerinden uyarlanmış olan D kütüphanelerinde rastlanabilir.

69.1 Verinin en alt düzeyde gerçekleştirilmesi

D gibi bir programlama dili aslında bir soyutlamadır. Program içinde tanımladığımız `Öğrenci` gibi bir kullanıcı türünün bilgisayarın iç yapısı ile doğrudan bir ilgisi yoktur. Programlama dillerinin amaçlarından birisi, donanımın anladığı dil ile insanın anladığı dil arasında aracılık yapmaktır.

Bu yüzden her ne kadar D dilini kullanırken donanımla ilgili kavramlarla ilgilenmek gerekmese de, üst düzey kavramların en alt düzeyde elektronik devre elemanlarına nasıl bağlı olduklarını anlamak önemlidir. Bu konularda başka kaynaklarda çok miktarda bilgi bulabileceğinizi bildiğim için bu başlığı olabildiğince kısa tutacağım.

Transistör

Modern elektronik aletlerin işlem yapma yetenekleri büyük ölçüde transistör denen elektronik devre elemanı ile sağlanır. Transistörün bir özelliği, devrenin başka tarafındaki sinyallerle kontrol edilebilmesidir. Bir anlamda elektronik devrenin kendi durumundan haberinin olmasını ve kendi durumunu değiştirebilmesini sağlar.

Transistörler hem mikro işlemcinin içinde hem de bilgisayarın ana belleğinde çok büyük sayılarda bulunurlar. Programlama dili aracılığıyla ifade ettiğimiz işlemleri ve verileri en alt düzeyde gerçekleştiren elemanlardır.

Bit

Bilgisayarlarda en küçük bilgi birimi bittir. Bit en alt düzeyde bir kaç tane transistörün belirli bir düzende bir araya getirilmesi ile gerçekleştirilir ve veri olarak iki farklı değerden birisini depolayabilir: 0 veya 1. Depoladığı veriyi tekrar değiştirilene kadar veya enerji kaynağı kesilene kadar korur.

Bilgisayarlar veriye bit düzeyinde doğrudan erişim sağlamazlar. Bunun nedeni, her bitin adreslenebilmesinin bilgisayarın karmaşıklığını ve maliyetini çok arttıracak olması ve tek bitlik kavramların desteklenmeye değmeyecek kadar nadir olmalarıdır.

Bayt

Bayt, birbirleriyle ilişkilendirilen 8 bitin bir araya gelmesinden oluşur. Bilgisayarlarda adreslenebilen, yani ayrı ayrı erişilebilen en küçük veri bayttır. Bellekten tek seferde en az bir bayt veri okunabilir ve belleğe en az bir bayt veri yazılabilir.

Bu yüzden, yalnızca `false` ve `true` diye iki farklı değer alan ve aslında tek bitlik bilgi taşıyan `bool` türü bile 1 bayt olarak gerçekleştirilir. Bunu `bool.sizeof` değerine bakarak kolayca görebiliriz:

```
    writeln(bool.stringof, ' ', bool.sizeof, " bayttır");
```

```
bool 1 bayttır
```

Yazmaç

Mikro işlemcinin kendi içinde bulunan depolama ve işlem birimleri yazmaçlardır. Yazmaçlar oldukça kısıtlı ama çok hızlı işlemler sunarlar.

Yazmaçlar her işlemcinin bit genişliğine bağlı olan sayıda bayttan oluşurlar. Örneğin, 32 bitlik işlemcilerde yazmaçlar 4 bayttan, 64 bitlik işlemcilerde de 8 bayttan oluşur. Yazmaç büyüklüğü hem mikro işlemcinin etkin olarak işleyebildiği bilgi miktarını hem de en fazla ne kadar bellek adresleyebildiğini belirler.

Programlama dili aracılığıyla gerçekleştirilen her iş eninde sonunda bir veya daha fazla yazmaç tarafından halledilir.

69.2 İkili sayı sistemi

Günlük hayatta kullandığımız onlu sayı sisteminde 10 rakam vardır: 0123456789. Bilgisayar donanımlarında kullanılan ikili sayı sisteminde ise iki rakam vardır: 0 ve 1. Bu, bitin iki değer alabilmesinden gelir. Bitler örneğin üç farklı değer alabilseler, bilgisayarlar üçlü sayı sistemini kullanırlardı.

Günlük hayatta kullandığımız sayıların basamakları birler, onlar, yüzler, binler, vs. diye artarak adlandırılır. Örneğin, 1023 gibi bir sayı şöyle ifade edilebilir:

```
1023 == 1 adet 1000, 0 adet 100, 2 adet 10, ve 3 adet 1
```

Dikkat ederseniz, sola doğru ilerlendiğinde her basamağın değeri 10 kat artmaktadır: 1, 10, 100, 1000, vs.

Aynı tanımı ikili sayı sistemine taşıyınca, ikili sistemde yazılmış olan sayıların basamaklarının da birler, ikiler, dörtler, sekizler, vs. şeklinde artması gerektiğini görürüz. Yani sola doğru ilerlendiğinde her basamağın değeri 2 kat artmalıdır: 1, 2, 4, 8, vs. Örneğin, 1011 gibi bir *ikili* sayı şöyle ifade edilebilir:

```
1011 == 1 adet 8, 0 adet 4, 1 adet 2, ve 1 adet 1
```

Basamaklar numaralanırken, en sağdaki basamağa (en düşük değerli olan basamağa) *0 numaralı basamak* denir. Buna göre, ikili sayı sisteminde yazılmış olan 32 bitlik işaretsiz bir değerin bütün basamaklarını ve basamak değerlerini şöyle gösterebiliriz:

Basamak Numarası	Değeri
31	2,147,483,648
30	1,073,741,824
29	536,870,912
28	268,435,456
27	134,217,728
26	67,108,864
25	33,554,432
24	16,777,216
23	8,388,608
22	4,194,304
21	2,097,152
20	1,048,576
19	524,288
18	262,144
17	131,072
16	65,536
15	32,768
14	16,384
13	8,192

12	4,096
11	2,048
10	1,024
9	512
8	256
7	128
6	64
5	32
4	16
3	8
2	4
1	2
0	1

Yüksek değerli bitlere *üst* bit, düşük değerli bitlere *alt* bit denir.

İkili sistemde yazılan hazır değerlerin `0b` ile başladıklarını Hazır Değerler bölümünde (sayfa 98) görmüştük. İkili sistemde değerler yazarak bu tabloya nasıl uyduklarına bakabiliriz. Okumayı kolaylaştırmak için alt çizgi karakterlerinden de yararlanarak:

```
import std.stdio;

void main() {
    //             1073741824                   4 1
    //             ↓                            ↓ ↓
    int sayı = 0b_01000000_00000000_00000000_00000101;
    writeln(sayı);
}
```

Çıktısı:

```
1073741829
```

Dikkat ederseniz, o hazır değerin içinde rakamı 1 olan yalnızca 3 adet basamak vardır. Yazdırılan değerin bu basamakların yukarıdaki tablodaki değerlerinin toplamı olduğunu görüyoruz: 1073741824 + 4 + 1 == 1073741829.

İşaretli türlerin *işaret* biti

En üst bit işaretli türlerde sayının artı veya eksi olduğunu bildirmek için kullanılır:

```
    int sayı = 0b_10000000_00000000_00000000_00000000;
    writeln(sayı);
```

```
-2147483648
```

En üst bitin diğerlerinden bağımsız olduğunu düşünmeyin. Örneğin, yukarıdaki sayı diğer bitlerinin 0 olmalarına bakarak -0 değeri olarak düşünülmemelidir (zaten tamsayılarda -0 diye bir değer yoktur). Bunun ayrıntısına burada girmeyeceğim ve bunun D'nin de kullandığı *ikiye tümleyen* sayı gösterimi ile ilgili olduğunu söylemekle yetineceğim.

Burada önemli olan, yukarıdaki tabloda gösterilen en yüksek 2,147,483,648 değerinin yalnızca *işaretsiz* türlerde geçerli olduğunu bilmenizdir. Aynı deneyi `uint` ile yaptığımızda tablodaki değeri görürüz:

```
    uint sayı = 0b_10000000_00000000_00000000_00000000;
    writeln(sayı);
```

```
2147483648
```

Bu yüzden, aksine bir neden olmadığı sürece aşağıda gösterilenler gibi bit işlemlerinde her zaman için işaretsiz türler kullanılır: `ubyte`, `ushort`, `uint`, ve `ulong`.

69.3 On altılı sayı sistemi

Yukarıdaki hazır değerlerden de görülebileceği gibi, ikili sayı sistemi okunaklı değildir. Hem çok yer kaplar hem de yalnızca 0 ve 1'lerden oluştuğu için okunması ve anlaşılması zordur. Bu yüzden, daha kullanışlı olan on altılı sayı sistemi yaygınlaşmıştır.

On altılı sayı sisteminde toplam 16 rakam vardır. Alfabelerde 10'dan fazla rakam bulunmadığı için Latin alfabesinden de 6 harf alınmış ve bu sistemin rakamları olarak 0123456789abcdef kabul edilmiştir. O sıralamadan bekleneceği gibi; a, b, c, d, e, ve f harfleri sırasıyla 10, 11, 12, 13, 14, ve 15 değerlerindedir. abcdef harfleri yerine isteğe bağlı olarak ABCDEF harfleri de kullanılabilir.

Yukarıdaki sayı sistemlerine benzer biçimde, bu sistemde sola doğru ilerlendiğinde her basamağın değeri 16 kat artar: 1, 16, 256, 4096, vs. Örneğin, on altılı sistemdeki 8 basamaklı bir sayının basamak değerleri şöyledir:

Basamak Numarası	Değeri
7	268,435,456
6	16,777,216
5	1,048,576
4	65,536
3	4,096
2	256
1	16
0	1

On altılı hazır değerlerin `0x` ile yazıldıklarını hatırlayarak bir deneme:

```
//          1048576 4096 1
//                ↓    ↓   ↓
uint sayı = 0x_0030_a00f;
writeln(sayı);
```

```
3186703
```

Bunun nedenini sayı içindeki sıfır olmayan basamakların katkılarına bakarak anlayabiliriz: 3 adet 1048576, a adet 4096, ve f adet 1. a'nın 10 ve f'nin 15 olduklarını hatırlayarak hesaplarsak: 3145728 + 40960 + 15 == 3186703.

On altılı ve ikili sistemde yazılan sayılar kolayca birbirlerine dönüştürülebilirler. On altılı sistemdeki bir sayıyı ikili sisteme dönüştürmek için, sayının her basamağı ikili sistemde dört basamak olarak yazılır. Birbirlerine karşılık gelen değerler şöyledir:

On altılı	İkili	Onlu
0	0000	0
1	0001	1
2	0010	2
3	0011	3
4	0100	4
5	0101	5
6	0110	6
7	0111	7
8	1000	8
9	1001	9
a	1010	10
b	1011	11

c	1100	12
d	1101	13
e	1110	14
f	1111	15

Örneğin, yukarıda kullandığımız 0x0030a00f on altılı değerini ikili olarak şöyle yazabiliriz:

```
    // on altılı:      0    0    3    0    a    0    0    f
    uint ikili = 0b_0000_0000_0011_0000_1010_0000_0000_1111;
```

İkili sistemden on altılı sisteme dönüştürmek için de ikili sayının her dört basamağı on altılı sistemde tek basamak olarak yazılır. Yukarıda ilk kullandığımız ikili değer için:

```
    // ikili:          0100 0000 0000 0000 0000 0000 0000 0101
    uint on_altılı = 0x___4____0____0____0____0____0____0____5;
```

69.4 Bit işlemleri

Değerlerin bitlerle nasıl ifade edildiklerini ve ikili veya on altılı olarak nasıl yazıldıklarını gördük. Şimdi değerleri bit düzeyinde değiştiren işlemlere geçebiliriz.

Her ne kadar bit düzeyindeki işlemlerden bahsediyor olsak da, bitlere doğrudan erişilemediğinden bu işlemler en az 8 biti birden etkilemek zorundadırlar. Örneğin, `ubyte` türündeki bir ifadenin 8 bitinin hepsi de, ama ayrı ayrı olarak bit işlemine dahil edilir.

Ben üst bitin özel anlamı nedeniyle işaretli türleri gözardı edeceğim ve bu örneklerde `uint` türünü kullanacağım. Siz buradaki işlemleri `ubyte`, `ushort`, ve `ulong` türleriyle; ve işaret bitinin önemini hatırlamak şartıyla `byte`, `short`, `int`, ve `long` türleriyle de deneyebilirsiniz.

Önce aşağıdaki işlemleri açıklamada yardımcı olacak bir işlev yazalım. Kendisine verilen sayıyı ikili, on altılı, ve onlu sistemde göstersin:

```
import std.stdio;

void göster(uint sayı) {
    writefln("  %032b %08x %10s", sayı, sayı, sayı);
}

void main() {
    göster(123456789);
}
```

Sırasıyla ikili, on altılı, ve onlu:

```
  00000111010110111100110100010101 075bcd15  123456789
```

Tersini alma işleci ~

Bu işleç önüne yazıldığı ifadenin bitleri ters olanını üretir. 1 olan bitler 0, 0 olanlar 1 olur:

```
    uint değer = 123456789;
    göster(değer);
    writeln("~ --------------------------------");
    göster(~değer);
```

Bu işlecin etkisi ikili gösteriminde çok kolay anlaşılıyor. Her bit tersine dönmüştür:

```
  00000111010110111100110100010101 075bcd15  123456789
~ --------------------------------
  11111000101001000011001011101010 f8a432ea 4171510506
```

Bu işlecin bit düzeyindeki etkisini şöyle özetleyebiliriz:

```
~0 → 1
~1 → 0
```

Ve işleci &

İki ifadenin arasına yazılır. İki ifadenin aynı numaralı bitlerine sırayla bakılır. Sonuç olarak her iki ifadede de 1 olan bitler için 1 değeri, diğerleri için 0 değeri üretilir.

```
    uint soldaki = 123456789;
    uint sağdaki = 987654321;

    göster(soldaki);
    göster(sağdaki);
    writeln("& --------------------------------");
    göster(soldaki & sağdaki);
```

Mikro işlemci bu işlemde her iki ifadenin 31, 30, 29, vs. numaralı bitlerini ayrı ayrı kullanır.

Çıktıda önce soldaki ifadeyi, sonra da sağdaki ifadeyi görüyoruz. Kesikli çizginin altında da bit işleminin sonucu yazdırılıyor:

```
  00000111010110111100110100010101 075bcd15  123456789
  00111010110111100110100010110001 3ade68b1  987654321
& --------------------------------
  00000010010110100100100000010001 025a4811   39471121
```

Dikkat ederseniz, kesikli çizginin altına yazdırdığım sonuç değerde 1 olan bitler çizginin üstündeki her iki ifadede de 1 değerine sahip olan bitlerdir.

Bu işleç bu yüzden *ve işleci* olarak isimlendirilmiştir: soldaki *ve* sağdaki bit 1 olduğunda 1 değerini üretir. Bunu bir tablo ile gösterebiliriz. İki bitin 0 ve 1 oldukları dört farklı durumda ancak iki bitin de 1 oldukları durum 1 sonucunu verir:

```
0 & 0 → 0
0 & 1 → 0
1 & 0 → 0
1 & 1 → 1
```

Gözlemler:

- Bir taraf 0 ise diğer taraftan bağımsız olarak sonuç 0'dır; 0 ile *"ve"lemek, sıfırlamak* anlamına gelir.
- Bir taraf 1 ise sonuç diğerinin değeridir; 1 ile *"ve"lemek* etkisizdir.

Veya işleci |

İki ifadenin arasına yazılır. İki ifadenin aynı numaralı bitlerine sırayla bakılır. Her iki ifadede de 0 olan bitlere karşılık 0 değeri üretilir; diğerlerinin sonucu 1 olur:

```
    uint soldaki = 123456789;
    uint sağdaki = 987654321;

    göster(soldaki);
    göster(sağdaki);
```

```
    writeln("| --------------------------------");
    göster(soldaki | sağdaki);
```

```
  00000111010110111100110100010101 075bcd15  123456789
  00111010110111100110100010110001 3ade68b1  987654321
| --------------------------------
  00111111110111111110110110110101 3fdfedb5 1071639989
```

Dikkat ederseniz, sonuçta 0 olan bitler her iki ifadede de 0 olan bitlerdir. Bitin soldaki *veya* sağdaki ifadede 1 olması, sonucun da 1 olması için yeterlidir:

```
0 | 0 → 0
0 | 1 → 1
1 | 0 → 1
1 | 1 → 1
```

Gözlemler:

- Bir taraf 0 ise sonuç diğerinin değeridir; 0 ile *"veya"lamak* etkisizdir.
- Bir taraf 1 ise diğer taraftan bağımsız olarak sonuç 1'dir; 1 ile *"veya"lamak* 1 yapmak anlamına gelir.

Ya da işleci ^

İki ifadenin arasına yazılır. İki ifadenin aynı numaralı bitlerine sırayla bakılır. İki ifadede farklı olan bitlere karşılık 1 değeri üretilir; diğerlerinin sonucu 0 olur:

```
    uint soldaki = 123456789;
    uint sağdaki = 987654321;

    göster(soldaki);
    göster(sağdaki);
    writeln("^ --------------------------------");
    göster(soldaki ^ sağdaki);
```

```
  00000111010110111100110100010101 075bcd15  123456789
  00111010110111100110100010110001 3ade68b1  987654321
^ --------------------------------
  00111101100001011010010110100100 3d85a5a4 1032168868
```

Dikkat ederseniz, sonuçta 1 olan bitler soldaki ve sağdaki ifadelerde farklı olan bitlerdir. İkisinde de 0 veya ikisinde de 1 olan bitlere karşılık 0 üretilir.

```
0 ^ 0 → 0
0 ^ 1 → 1
1 ^ 0 → 1
1 ^ 1 → 0
```

Gözlem:

- Kendisiyle *"ya da"lamak* sıfırlamak anlamına gelir

Değeri ne olursa olsun, aynı değişkenin kendisiyle *"ya da"*lanması 0 sonucunu üretir:

```
    uint değer = 123456789;

    göster(değer ^ değer);
```

```
  00000000000000000000000000000000 00000000          0
```

Sağa kaydırma işleci >>

İfadenin değerini oluşturan bitleri belirtilen sayıda basamak kadar sağa kaydırır. Kaydırılacak yerleri olmayan en sağdaki bitler *düşerler* ve değerleri kaybedilir. Sol taraftan yeni gelen bitler işaretsiz türlerde 0 olur.

Bu örnek bitleri 2 basamak kaydırıyor:

```
uint değer = 123456789;
göster(değer);
göster(değer >> 2);
```

Hem sağdan kaybedilecek olan bitleri hem de soldan yeni gelecek olan bitleri işaretli olarak gösteriyorum:

```
00000111010110111100110100010101 075bcd15  123456789
00000001110101101111001101000101 01d6f345   30864197
```

Dikkat ederseniz, alt satırdaki bitler üst satırdaki bitlerin iki bit sağa kaydırılması ile elde edilmiştir.

Bitler sağa kaydırılırken sol tarafa yeni gelenlerin 0 olduklarını gördünüz. Bu, işaretsiz türlerde böyledir. İşaretli türlerde ise *işaret genişletilmesi* (sign extension) denen bir yöntem uygulanır ve sayının en soldaki biti ne ise soldan hep o bitin değerinde bitler gelir.

Bu etkiyi göstermek için `int` türünde ve özellikle üst biti 1 olan bir değer seçelim:

```
int değer = 0x80010300;
göster(değer);
göster(değer >> 3);
```

Asıl sayıda üst bit 1 olduğu için yeni gelen bitler de 1 olur:

```
10000000000000010000001100000000 80010300 2147549952
11110000000000000010000001100000 f0002060 4026540128
```

Üst bitin 0 olduğu bir değerde yeni gelen bitler de 0 olur:

```
int değer = 0x40010300;
göster(değer);
göster(değer >> 3);
```

```
01000000000000010000001100000000 40010300 1073808128
00001000000000000010000001100000 08002060  134226016
```

İşaretsiz sağa kaydırma işleci >>>

Bu işleç sağa kaydırma işlecine benzer biçimde çalışır. Tek farkı *işaret genişletilmesinin* uygulanmamasıdır. Türden ve en soldaki bitten bağımsız olarak soldan her zaman için 0 gelir:

```
int değer = 0x80010300;
göster(değer);
göster(değer >>> 3);
```

```
10000000000000010000001100000000 80010300 2147549952
00010000000000000010000001100000 10002060  268443744
```

Sola kaydırma işleci <<

Sağa kaydırma işlecinin tersi olarak bitleri belirtilen basamak kadar sola kaydırır:

```
uint değer = 123456789;
göster(değer);
göster(değer << 4);
```

En soldaki bit değerleri kaybedilir ve sağ taraftan 0 değerli bitler gelir:

```
00000111010110111100110100010101 075bcd15  123456789
01110101101111001101000101010000 75bcd150 1975308624
```

Atamalı bit işleçleri

Yukarıdaki işleçlerin ikili olanlarının atamalı karşılıkları da vardır: &=, |=, ^=, >>=, >>>=, ve <<=. Tamsayılar ve Aritmetik İşlemler bölümünde (sayfa 30) gördüğümüz atamalı aritmetik işleçlerine benzer biçimde, bunlar işlemi gerçekleştirdikten sonra sonucu soldaki ifadeye atarlar.

Örnek olarak &= işlecini kullanalım:

```
değer = değer & 123;
değer &= 123;            // üsttekiyle aynı şey
```

69.5 Anlamları

Bu işleçlerin bit düzeyinde nasıl işledikleri işlemlerin hangi anlamlarda görülmeleri gerektiği konusunda yeterli olmayabilir. Burada bu anlamlara dikkat çekmek istiyorum.

| işleci birleşim kümesidir

İki ifadenin 1 olan bitlerinin birleşimini verir. Uç bir örnek olarak, bitleri birer basamak atlayarak 1 olan ve birbirlerini tutmayan iki ifadenin birleşimi, sonucun bütün bitlerinin 1 olmasını sağlar:

```
uint soldaki = 0xaaaaaaaa;
uint sağdaki = 0x55555555;

göster(soldaki);
göster(sağdaki);
writeln("| --------------------------------");
göster(soldaki | sağdaki);
```

```
  10101010101010101010101010101010 aaaaaaaa 2863311530
  01010101010101010101010101010101 55555555 1431655765
| --------------------------------
  11111111111111111111111111111111 ffffffff 4294967295
```

& işleci kesişim kümesidir

İki ifadenin 1 olan bitlerinin kesişimini verir. Uç bir örnek olarak, yukarıdaki iki ifadenin 1 olan hiçbir biti diğerini tutmadığı için, kesişimlerinin bütün bitleri 0'dır:

```
uint soldaki = 0xaaaaaaaa;
uint sağdaki = 0x55555555;

göster(soldaki);
göster(sağdaki);
writeln("& --------------------------------");
göster(soldaki & sağdaki);
```

```
  10101010101010101010101010101010 aaaaaaaa 2863311530
  01010101010101010101010101010101 55555555 1431655765
& --------------------------------
  00000000000000000000000000000000 00000000          0
```

|= işleci belirli bitleri 1 yapar

İfadelerden bir taraftakini *asıl değişken* olarak düşünürsek, diğer ifadeyi de *1 yapılacak olan bitleri seçen* ifade olarak görebiliriz:

```
    uint ifade = 0x00ff00ff;
    uint birYapılacakBitler = 0x10001000;

    write("önce       :"); göster(ifade);
    write("1 olacaklar:"); göster(birYapılacakBitler);

    ifade |= birYapılacakBitler;
    write("sonra      :"); göster(ifade);
```

Etkilenen bitlerin önceki ve sonraki durumlarını işaretli olarak gösterdim:

```
önce       : 00000000111111110000000011111111 00ff00ff  16711935
1 olacaklar: 00010000000000000001000000000000 10001000 268439552
sonra      : 00010000111111110001000011111111 10ff10ff 285151487
```

`birYapılacakBitler` değeri, bir anlamda hangi bitlerin 1 yapılacakları bilgisini taşımış ve asıl ifadenin o bitlerini 1 yapmış ve diğerlerine dokunmamıştır.

&= işleci belirli bitleri siler

İfadelerden bir taraftakini *asıl değişken* olarak düşünürsek, diğer ifadeyi de *silinecek olan bitleri seçen* ifade olarak görebiliriz:

```
    uint ifade = 0x00ff00ff;
    uint sıfırYapılacakBitler = 0xffefffef;

    write("önce        :"); göster(ifade);
    write("silinecekler:"); göster(sıfırYapılacakBitler);

    ifade &= sıfırYapılacakBitler;
    write("sonra       :"); göster(ifade);
```

Etkilenen bitlerin önceki ve sonraki durumlarını yine işaretli olarak gösteriyorum:

```
önce        : 00000000111111110000000011111111 00ff00ff   16711935
silinecekler: 11111111111011111111111111101111 ffefffef 4293918703
sonra       : 00000000111011110000000011101111 00ef00ef   15663343
```

`sıfırYapılacakBitler` değeri, hangi bitlerin sıfırlanacakları bilgisini taşımış ve asıl ifadenin o bitlerini sıfırlamıştır.

& işleci belirli bir bitin 1 olup olmadığını sorgular

Eğer ifadelerden birisinin tek bir biti 1 ise diğer ifadede o bitin 1 olup olmadığı sorgulanabilir:

```
    uint ifade = 123456789;
    uint sorgulananBit = 0x00010000;

    göster(ifade);
    göster(sorgulananBit);
    writeln(ifade & sorgulananBit ? "evet, 1" : "1 değil");
```

Asıl ifadenin hangi bitinin sorgulandığını işaretli olarak gösteriyorum:

```
    00000111010110111100110100010101 075bcd15  123456789
    00000000000000010000000000000000 00010000      65536
evet, 1
```

Başka bir bitini sorgulayalım:

```
    uint sorgulananBit = 0x00001000;
```

```
00000111010110111100110100010101 075bcd15  123456789
00000000000000000001000000000000 00001000       4096
1 değil
```

Sorgulama ifadesinde birden fazla 1 kullanarak o bitlerin *hepsinin birden* asıl ifadede 1 olup olmadıkları da sorgulanabilir.

Sağa kaydırmak ikiye bölmektir

Sağa bir bit kaydırmak değerin yarıya inmesine neden olur. Bunu yukarıdaki basamak değerleri tablosunda görebilirsiniz: bir sağdaki bit her zaman için soldakinin yarısı değerdedir.

Sağa birden fazla sayıda kaydırmak o kadar sayıda yarıya bölmek anlamına gelir. Örneğin 3 bit kaydırmak, 3 kere 2'ye bölmek, yani sonuçta 8'e bölmek anlamına gelir:

```
    uint değer = 8000;

    writeln(değer >> 3);
```

```
1000
```

Ayrıntısına girmediğim *ikiye tümleyen* sisteminde sağa kaydırmak işaretli türlerde de ikiye bölmektir:

```
    int değer = -8000;

    writeln(değer >> 3);
```

```
-1000
```

Sola kaydırmak iki katını almaktır

Basamaklar tablosundaki her bitin, bir sağındakinin iki katı olması nedeniyle, bir bit sola kaydırmak 2 ile çarpmak anlamına gelir:

```
    uint değer = 10;

    writeln(değer << 5);
```

Beş kere 2 ile çarpmak 32 ile çarpmanın eşdeğeridir:

```
320
```

69.6 Bazı kullanımları

Bayraklar

Bayraklar birbirlerinden bağımsız olarak bir arada tutulan tek bitlik verilerdir. Tek bitlik oldukları için var/yok, olsun/olmasın, geçerli/geçersiz gibi iki değerli kavramları ifade ederler.

Her ne kadar böyle tek bitlik bilgilerin yaygın olmadıklarını söylemiş olsam da bazen bir arada kullanılırlar. Bayraklar özellikle C kütüphanelerinde yaygındır. C'den uyarlanan D kütüphanelerinde bulunmaları da beklenebilir.

Bayraklar bir `enum` türünün birbirleriyle örtüşmeyen tek bitlik değerleri olarak tanımlanırlar.

Bir örnek olarak araba yarışıyla ilgili bir oyun programı düşünelim. Bu programın gerçekçiliği kullanıcı seçimlerine göre belirlensin:

- Benzin, kullanıma göre azalabilsin.
- Çarpışmalar hasar bırakabilsin.

- Lastikler kullanıma göre eskiyebilsin.
- Lastikler yolda iz bırakabilsin.

Oyun sırasında bunlardan hangilerinin etkin olacakları bayrak değerleriyle belirtilebilir:

```
enum Gerçekçilik {
    benzinBiter         = 1 << 0,
    hasarOluşur         = 1 << 1,
    lastiklerEskir      = 1 << 2,
    lastikİzleriOluşur = 1 << 3
}
```

Dikkat ederseniz, o enum değerlerinin hepsi de birbirleriyle çakışmayan tek bitten oluşmaktadırlar. Her değer 1'in farklı sayıda sola ötelenmesi ile elde edilmiştir. Bit değerlerinin şöyle olduklarını görebiliriz:

```
benzinBiter         : ...0001
hasarOluşur         : ...0010
lastiklerEskir      : ...0100
lastikİzleriOluşur : ...1000
```

Hiçbir bit diğerlerininkiyle çakışmadığı için bu değerler | ile birleştirilebilir ve hep birden tek bir değişkende bulundurulabilir. Örneğin, yalnızca lastiklerle ilgili ayarların etkin olmaları istendiğinde değer şöyle kurulabilir:

```
    Gerçekçilik ayarlar = Gerçekçilik.lastiklerEskir
                          |
                          Gerçekçilik.lastikİzleriOluşur;
    writefln("%b", ayarlar);
```

Bu iki bayrağın bitleri aynı değer içinde yan yana bulunurlar:

```
1100
```

Daha sonradan, programın asıl işleyişi sırasında bu bayrakların etkin olup olmadıkları & işleci ile denetlenir:

```
    if (ayarlar & Gerçekçilik.benzinBiter) {
        // ... benzinin azalmasıyla ilgili kodlar ...
    }

    if (ayarlar & Gerçekçilik.lastiklerEskir) {
        // ... lastiklerin eskimesiyle ilgili kodlar ...
    }
```

& işlecinin sonucu, ancak belirtilen bayrak `ayarlar` içinde de 1 ise 1 sonucunu verir.

`if` koşuluyla kullanılabilmesinin bir nedeni de Tür Dönüşümleri bölümünden (sayfa 239) hatırlayacağınız gibi, sıfır olmayan değerlerin otomatik olarak `true`'ya dönüşmesidir. & işlecinin sonucu 0 olduğunda `false`, farklı bir değer olduğunda da `true` değerine dönüşür ve bayrağın etkin olup olmadığı böylece anlaşılmış olur.

Maskeleme

Bazı kütüphanelerde ve sistemlerde belirli bir tamsayı değer içine birden fazla bilgi yerleştirilmiş olabilir. Örneğin, 32 bitlik bir değerin üst 3 bitinin belirli bir anlamı ve alt 29 bitinin başka bir anlamı bulunabilir. Bu veriler maskeleme yöntemiyle birbirlerinden ayrılabilirler.

Bunun bir örneğini IPv4 adreslerinde görebiliriz. IPv4 adresleri ağ paketleri içinde 32 bitlik tek bir değer olarak bulunurlar. Bu 32 bitin 8'er bitlik 4 parçası günlük kullanımdan alışık olduğumuz noktalı adres gösterimi değerleridir. Örneğin, 192.168.1.2 gibi bir adres, 32 bit olarak 0xc0a80102 değeridir:

```
c0 == 12 * 16 + 0 = 192
a8 == 10 * 16 + 8 = 168
01 ==  0 * 16 + 1 =   1
02 ==  0 * 16 + 2 =   2
```

Maske, ilgilenilen veri ile örtüşen sayıda 1'lerden oluşur. Asıl değişken bu maske ile *"ve"lendiğinde*, yani & işleci ile kullanıldığında verinin değerleri elde edilir. Örneğin, 0x000000ff gibi bir maske değeri ifadenin alt 8 bitini olduğu gibi korur, diğer bitlerini sıfırlar:

```
    uint değer = 123456789;
    uint maske = 0x000000ff;

    write("değer:"); göster(değer);
    write("maske:"); göster(maske);
    write("sonuç:"); göster(değer & maske);
```

Maskenin seçerek koruduğu bitleri işaretli olarak gösteriyorum. Diğer bütün bitler sıfırlanmıştır:

```
değer:  00000111010110111100110100010101 075bcd15  123456789
maske:  00000000000000000000000011111111 000000ff        255
sonuç:  00000000000000000000000000010101 00000015         21
```

Bu yöntemi 0xc0a80102 IPv4 adresine ve en üst 8 biti seçecek bir maskeyle uyguladığımızda noktalı gösterimdeki ilk adres değerini elde ederiz:

```
    uint değer = 0xc0a80102;
    uint maske = 0xff000000;

    write("değer:"); göster(değer);
    write("maske:"); göster(maske);
    write("sonuç:"); göster(değer & maske);
```

Maskenin üst bitleri 1 olduğundan, değerin de üst bitleri seçilmiş olur:

```
değer:  11000000101010000000000100000010 c0a80102 3232235778
maske:  11111111000000000000000000000000 ff000000 4278190080
sonuç:  11000000000000000000000000000000 c0000000 3221225472
```

Ancak, sonucun onlu gösterimi beklediğimiz gibi 192 değil, 3221225472 olmuştur. Bunun nedeni, maskelenen 8 bitin değerin en sağ tarafına kaydırılmalarının da gerekmesidir. O 8 biti 24 bit sağa kaydırırsak birlikte ifade ettikleri değeri elde ederiz:

```
    uint değer = 0xc0a80102;
    uint maske = 0xff000000;

    write("değer:"); göster(değer);
    write("maske:"); göster(maske);
    write("sonuç:"); göster((değer & maske) >> 24);
```

```
değer:  11000000101010000000000100000010 c0a80102 3232235778
maske:  11111111000000000000000000000000 ff000000 4278190080
sonuç:  00000000000000000000000011000000 000000c0        192
```

69.7 Problemler

1. Verilen IPv4 adresinin noktalı gösterimini döndüren bir işlev yazın:

```
string noktalıOlarak(uint ipAdresi) {
    // ...
}

unittest {
    assert(noktalıOlarak(0xc0a80102) == "192.168.1.2");
}
```

2. Verilen 4 değeri 32 bitlik IPv4 adresine dönüştüren bir işlev yazın:

```
uint ipAdresi(ubyte bayt3,    // en yüksek değerli bayt
              ubyte bayt2,
              ubyte bayt1,
              ubyte bayt0) {  // en düşük değerli bayt
    // ...
}

unittest {
    assert(ipAdresi(192, 168, 1, 2) == 0xc0a80102);
}
```

3. Maske oluşturan bir işlev yazın. Belirtilen bit ile başlayan ve belirtilen uzunlukta olan maske oluştursun:

```
uint maskeYap(int düşükBit, int uzunluk) {
    // ...
}

unittest {
    assert(maskeYap(2, 5) ==
           0b_0000_0000_0000_0000_0000_0000_0111_1100);
    //                                        ↑
    //                               başlangıç biti 2
    //                               ve 5 bitten oluşuyor
}
```

Çözümler: Sayfa 739

70 Koşullu Derleme

Programın bazı bölümlerinin belirli koşullara bağlı olarak farklı derlenmesi veya hiç derlenmemesi istenebilir. D'nin koşullu derleme olanakları bu konuda kullanılır.

Bu koşullar yalnızca derleme zamanında değerlendirilirler; programın çalışması sırasında etkileri yoktur. Çalışma zamanında etkili olan `if`, `for`, `while` gibi D olanakları koşullu derleme olanakları değildir.

Aslında önceki bölümlerde koşullu derleme olarak kabul edilebilecek olanaklarla karşılaşmıştık:

- Birim testi bloklarındaki kodlar yalnızca `-unittest` derleyici seçeneği kullanıldığında derlenir ve çalıştırılır.
- Sözleşmeli programlama olanakları olan `in`, `out`, ve `invariant` blokları `-release` seçeneği kullanılmadığı zaman etkindir.

Yukarıdakiler programın doğruluğunu arttırma amacına yönelik yardımcı olanaklar olarak görülebilir. Derleyici seçeneklerine bağlı olarak kullanılıp kullanılmamaları, programın asıl davranışını zaten değiştirmemelidir.

D'nin koşullu derlemeyi destekleyen ve bütünüyle bu amaç için tasarlanmış olan başka olanakları da vardır:

- `debug`
- `version`
- `static if`
- `is` ifadesi
- `__traits`

`is` ifadesini bir sonraki bölümde göreceğiz.

70.1 debug

Program geliştirme aşamasında yararlı olan bir olanak `debug` belirtecidir. Bu belirteçle işaretlenmiş olan ifadeler ve deyimler yalnızca derleyiciye `-debug` seçeneği verildiğinde etkilidir:

```
debug koşullu_derlenen_bir_ifade;

debug {
    // ... koşullu derlenen ifadeler ve deyimler ...

} else {
    // ... diğer durumda derlenen ifadeler ve deyimler ...
}
```

`else` bloğu isteğe bağlıdır.

Yukarıdaki tek ifade de blok içindeki ifadeler de ancak `-debug` derleyici seçeneği etkin olduğunda derlenir.

Şimdiye kadarki programların hemen hemen hepsinde programın nasıl işlediğini gösteren ve çıkışa "ekliyorum", "çıkartıyorum" gibi mesajlar yazdıran satırlar kullandık. Algoritmaların işleyişlerini böylece görsel hale getiriyor ve olası hatalarını bulabiliyorduk. "debug", *hata gidermek* anlamına gelir ve bu konuda yararlıdır.

Bunun bir örneği olarak Şablonlar bölümünde (sayfa 401) gördüğümüz `ikiliAra` işlevine bakalım. O algoritmanın açıklama satırlarını çıkartıyorum ve bilerek hatalı olarak yazıyorum:

```
import std.stdio;

// DİKKAT! Bu algoritma hatalıdır
size_t ikiliAra(const int[] değerler, int değer) {
    if (değerler.length == 0) {
        return size_t.max;
    }

    immutable ortaNokta = değerler.length / 2;

    if (değer == değerler[ortaNokta]) {
        return ortaNokta;

    } else if (değer < değerler[ortaNokta]) {
        return ikiliAra(değerler[0 .. ortaNokta], değer);

    } else {
        return ikiliAra(değerler[ortaNokta + 1 .. $], değer);
    }
}

void main() {
    auto sayılar = [ -100, 0, 1, 2, 7, 10, 42, 365, 1000 ];

    auto indeks = ikiliAra(sayılar, 42);
    writeln("Konum: ", indeks);
}
```

Yukarıdaki program 42'nin aslında 6 olan konumunu yanlış bildirir:

```
Konum: 1        ← yanlış sonuç
```

Bu hatayı bulmanın bir yolu, işlevin önemli noktalarına işlemler hakkında bilgiler veren satırlar eklemektir:

```
size_t ikiliAra(const int[] değerler, int değer) {
    writeln(değerler, " içinde ", değer, " arıyorum");

    if (değerler.length == 0) {
        writeln(değer, " bulunamadı");
        return size_t.max;
    }

    immutable ortaNokta = değerler.length / 2;

    writeln("bakılan konum: ", ortaNokta);

    if (değer == değerler[ortaNokta]) {
        writeln(değer, ", ", ortaNokta, " konumunda bulundu");
        return ortaNokta;

    } else if (değer < değerler[ortaNokta]) {
        writeln("ilk yarıda olması gerek");
        return ikiliAra(değerler[0 .. ortaNokta], değer);

    } else {
        writeln("son yarıda olması gerek");
        return ikiliAra(değerler[ortaNokta + 1 .. $], değer);
    }
}
```

Programın şimdiki çıktısı algoritmanın işleyiş adımlarını da gösterir:

```
[-100,0,1,2,7,10,42,365,1000] içinde 42 arıyorum
bakılan konum: 4
son yarıda olması gerek
```

```
[10,42,365,1000] içinde 42 arıyorum
bakılan konum: 2
ilk yarıda olması gerek
[10,42] içinde 42 arıyorum
bakılan konum: 1
42, 1 konumunda bulundu
Konum: 1
```

Hatanın bu çıktıdan yararlanılarak bulunduğunu ve giderildiğini varsayalım. Hata giderildikten sonra artık `writefln` satırlarına gerek kalmaz, üstelik silinmeleri gerekir. Buna rağmen, o satırları silmek de bir israf olarak görülebilir çünkü belki de ileride tekrar gerekebilirler.

Onun yerine, bu satırların başına debug anahtar sözcüğü yazılabilir:

```
        debug writeln(değer, " bulunamadı");
```

O satırlar artık yalnızca -debug derleyici seçeneği kullanıldığında etkin olacaktır:

```
dmd deneme.d -ofdeneme -w -debug
```

Böylece programın normal işleyişi sırasında çıktıya hiçbir bilgi yazdırılmayacak, bir hata görüldüğünde ise -debug kullanılarak algoritmanın işleyişi hakkında bilgi alınabilecektir.

debug(*isim*)

debug belirtecinin çok yerde kullanılması durumunda programın çıktısı çok kalabalıklaşabilir. Böyle durumlarda debug belirteçlerine isimler verebilir ve onların yalnızca komut satırında belirtilenlerinin etkinleşmelerini sağlayabiliriz:

```
        debug(ikili_arama) writeln(değer, " bulunamadı");
```

İsimli debug belirteçlerini etkinleştirmek için komut satırında -debug=*isim* yazılır:

```
dmd deneme.d -ofdeneme -w -debug=ikili_arama
```

İsimli debug belirteçleri de birden fazla ifade için kullanılabilir:

```
    debug(ikili_arama) {
        // ... koşullu derlenen ifadeler ve deyimler ...
    }
```

Aynı anda birden çok isimli debug belirteci de belirtilebilir:

```
$ dmd deneme.d -ofdeneme -w -debug=ikili_arama -debug=yigin_yapisi
```

O durumda hem `ikili_arama`, hem de `yigin_yapisi` isimli debug blokları etkin olur.

debug(*düzey*)

Bazen debug belirteçlerine isimler vermek yerine, hata ayıklama düzeylerini belirleyen sayısal değerler verilebilir. Örneğin, artan her düzey daha derinlemesine bilgi elde etmek için yararlı olabilir:

```
debug import std.stdio;

void birİşlev(string dosyaİsmi, int[] sayılar) {
    debug(1) writeln("birİşlev işlevine girildi");

    debug(2) {
        writeln("işlev parametreleri: ");
        writeln("  isim: ", dosyaİsmi);
```

```
        foreach (i, sayı; sayılar) {
            writefln("  %4s: %s", i, sayı);
        }
    }

    // ... asıl işlemler ...
}
```

Derleyiciye bildirilen debug düzeyi, o düzey ve daha düşük olanlarının etkinleşmesini sağlar:

```
$ dmd deneme.d -ofdeneme -w -debug=1
$ ./deneme
birİşlev işlevine girildi
```

Daha derinlemesine bilgi almak istendiğinde:

```
$ dmd deneme.d -ofdeneme -w -debug=2
$ ./deneme
birİşlev işlevine girildi
işlev parametreleri:
  isim: deneme.txt
     0: 10
     1: 4
     2: 100
```

70.2 version(*isim*), ve version(*düzey*)

version, debug olanağına çok benzer ve kod içinde aynı biçimde kullanılır:

```
    version(denemeSürümü) /* ... bir ifade ... */;

    version(okulSürümü) {
        // ... okullara satılan sürümle ilgili ifadeler ...

    } else {
        // ... başka sürümlerle ilgili ifadeler ...
    }

    version(1) birDeğişken = 5;

    version(2) {
        // ... sürüm 2 ile ilgili bir olanak ...
    }
```

Bütünüyle aynı biçimde çalışıyor olsa da, debug'dan farkı, programın farklı sürümlerini oluşturma amacıyla kullanılmasıdır.

Yine debug'da olduğu gibi, aynı anda birden fazla version bloğu etkinleştirilebilir:

```
$ dmd deneme.d -ofdeneme -w -version=kayit -version=hassas_hesap
```

Bazı version isimleri hazır olarak tanımlıdır. Tam listesini Conditional Compilation sayfasında[1] bulacağınız bu isimleri aşağıdaki tabloda özetliyorum:

Öntanımlı version belirteçleri

Derleyici	**DigitalMars GNU LDC SDC**
İşletim sistemi	**Windows Win32 Win64 linux OSX Posix FreeBSD OpenBSD NetBSD DragonFlyBSD BSD Solaris AIX Haiku SkyOS SysV3 SysV4 Hurd**
Mikro işlemci sonculluğu	**LittleEndian BigEndian**
Derleyici seçenekleri	**D_Coverage D_Ddoc D_InlineAsm_X86 D_InlineAsm_X86_64 D_LP64 D_PIC D_X32 D_HardFloat D_SoftFloat D_SIMD D_Version2 D_NoBoundsChecks unittest assert**

1. http://dlang.org/version.html

Mikro işlemci mimarisi	X86 X86_64
Platform	Android Cygwin MinGW ARM ARM_Thumb ARM_Soft ARM_SoftFP ARM_HardFP ARM64 PPC PPC_SoftFP PPC_HardFP PPC64 IA64 MIPS MIPS32 MIPS64 MIPS_O32 MIPS_N32 MIPS_O64 MIPS_N64 MIPS_EABI MIPS_NoFloat MIPS_SoftFloat MIPS_HardFloat SPARC SPARC_V8Plus SPARC_SoftFP SPARC_HardFP SPARC64 S390 S390X HPPA HPPA64 SH SH64 Alpha Alpha_SoftFP Alpha_HardFP
...	...

İki tane de özel `version` ismi vardır:

- `none`: Bu isim hiçbir zaman tanımlı değildir; kod bloklarını etkisizleştirmek için kullanılabilir.
- `all`: Bu isim her zaman tanımlıdır; `none`'ın tersi olarak kullanılır.

O tanımlardan yararlanarak programınızın farklı olanaklarla derlenmesini sağlayabilirsiniz. Kullanım örneği olarak `std.ascii` modülünde tanımlı olan `newline`'a bakalım. *Satır sonu* anlamına gelen kodları belirleyen `newline` dizisi, üzerinde derlenmekte olduğu işletim sistemine göre farklı kodlardan oluşmaktadır:

```
version(Windows) {
    immutable newline = "\r\n";

} else version(Posix) {
    immutable newline = "\n";

} else {
    static assert(0, "Unsupported OS");
}
```

70.3 debug'a ve version'a isim atamak

`debug` ve `version`'a sanki değişkenmişler gibi isim atanabilir. Değişkenlerden farklı olarak, atama işlemi değer değiştirmez, değer olarak belirtilen `debug` veya `version` ismini *de* etkinleştirir.

```
import std.stdio;

debug(hepsi) {
    debug = ikili_arama;
    debug = yigin_yapisi;
    version = denemeSürümü;
    version = okulSürümü;
}

void main() {
    debug(ikili_arama) writeln("ikili_arama etkin");
    debug(yigin_yapisi) writeln("yigin_yapisi etkin");

    version(denemeSürümü) writeln("deneme sürümü");
    version(okulSürümü) writeln("okul sürümü");
}
```

Yukarıdaki koddaki `debug(hepsi)` bloğu içindeki atamalar o isimlerin de etkinleşmelerini sağlar. Böylece bu program için derleme satırında dört `debug` ve `version` seçeneği ayrı ayrı seçilebileceği gibi, `-debug=hepsi` kullanıldığında; `ikili_arama`, `yigin_yapisi`, `denemeSürümü`, ve `okulSürümü` sanki komut satırında bildirilmişler gibi etkinleşirler:

```
$ dmd deneme.d -ofdeneme -w -debug=hepsi
$ ./deneme
ikili_arama etkin
```

```
yigin_yapisi etkin
deneme sürümü
okul sürümü
```

70.4 static if

Programın çalışması sırasındaki kararlarda çok kullandığımız `if` koşulunun derleme zamanındaki eşdeğeri `static if`'tir.

`if` koşulunda olduğu gibi, `static if` koşulu da bir mantıksal ifade ile kullanılır. `static if` bloğundaki kodlar bu mantıksal ifade `true` olduğunda derlenir ve programa dahil edilir, `false` olduğunda ise o kodlar sanki hiç yazılmamışlar gibi etkisizleşirler. Yine `if`'e benzer şekilde, `else static if` ve `else` blokları da bulunabilir.

Derleme zamanında işletildiğinden, mantıksal ifadenin sonucunun derleme zamanında biliniyor olması şarttır.

`static if` her kapsamda kullanılabilir: Modül dosyasında en üst düzeyde veya yapı, sınıf, şablon, işlev, vs. kapsamlarında. Koşul sağlandığında blok içindeki kodlar yazıldıkları satırlarda programa dahil edilirler.

`static if` şablon tanımlarında, `is` ifadesi ile birlikte, ve `__traits` olanağı ile çok kullanılır.

`static if`'in `is` ifadesi ile birlikte kullanım örneklerini bir sonraki bölümde göreceğiz. Burada çok basit bir şablon tanımında kullanalım:

```
import std.stdio;

struct VeriYapısı(T) {
    static if (is (T == float)) {
        alias SonuçTürü = double;

    } else static if (is (T == double)) {
        alias SonuçTürü = real;

    } else {
        static assert(false, T.stringof ~ " desteklenmiyor");
    }

    SonuçTürü işlem() {
        writefln("%s için sonuç türü olarak %s kullanıyorum.",
                 T.stringof, SonuçTürü.stringof);
        SonuçTürü sonuç;
        // ...
        return sonuç;
    }
}

void main() {
    auto f = VeriYapısı!float();
    f.işlem();

    auto d = VeriYapısı!double();
    d.işlem();
}
```

`VeriYapısı` yalnızca `float` ve `double` türleriyle kullanılabilen bir tür. İşlem sonucunu hep bir adım daha hassas olan türde gerçekleştirmek için `float` ile kullanıldığında `double`, `double` ile kullanıldığında ise `real` seçiyor:

```
float için sonuç türü olarak double kullanıyorum.
double için sonuç türü olarak real kullanıyorum.
```

`static if` zincirleri oluştururken `else static if` yazmak gerektiğine dikkat edin. Yanlışlıkla `else if` yazıldığında, `static if`'in `else` bloğu olarak `if` kullanılacak demektir ve `if` de doğal olarak çalışma zamanında işletilecektir.

70.5 static assert

Aslında bir koşullu derleme olanağı olarak kabul edilmese de bu olanağı `static if`'e benzerliği nedeniyle burada tanıtmaya karar verdim.

Çalışma zamanında kullanmaya alıştığımız `assert`'le aynı biçimde ama derleme zamanında işletilir. Mantıksal ifadesi `false` olduğunda derlemenin bir hata ile sonlandırılmasını sağlar.

`static if` gibi `static assert` de programda herhangi bir kapsamda bulunabilir.

`static assert` kullanımının bir örneğini yukarıdaki programda gördük: `float` veya `double` türlerinden başka bir tür belirtildiğinde derleme `static assert(false)` nedeniyle sonlanır:

```
    auto i = VeriYapısı!int();
```

Derleme hatası:

```
Error: static assert  "int desteklenmiyor"
```

Başka bir örnek olarak belirli bir algoritmanın yalnızca belirli büyüklükteki türlerle doğru olarak çalışabildiğini varsayalım. Bu koşulu bir `static assert` ile denetleyebiliriz:

```
T birAlgoritma(T)(T değer) {
    // Bu algoritma ancak büyüklüğü dördün katı olan türlerle
    // çalışabilir
    static assert((T.sizeof % 4) == 0);

    // ...
}
```

O işlev şablonu örneğin `char` ile çağrıldığında programın derlenmesi bir hata ile sonlanır:

```
Error: static assert  (1LU == 0LU) is false
```

Böylece algoritmanın uygunsuz bir türle kullanılmasının ve olasılıkla hatalı çalışmasının önüne geçilmektedir.

`static assert` de `is` ifadesi dahil olmak üzere derleme zamanında oluşturulabilen her mantıksal ifade ile kullanılabilir.

70.6 Tür nitelikleri

`__traits` anahtar sözcüğü ve `std.traits` modülü türlerin nitelikleriyle ilgili bilgileri derleme zamanında edinmeye yarar.

`__traits`, derleyicinin koddan edinmiş olduğu bilgileri sorgulamaya yarar. Söz dizimi aşağıdaki gibidir:

```
    __traits(sözcük, parametreler)
```

sözcük, `__traits`'in hangi amaçla kullanıldığını belirtir. *parametreler* ise bir veya daha fazla sayıda olmak üzere tür ismi veya ifadedir. Parametrelerin anlamları kullanılan sözcüğe bağlıdır.

`__traits`'in sunduğu bilgiler dilin başka olanakları tarafından edinilemeyen ve çoğunlukla derleyicinin toplamış olduğu bilgilerdir. Bu bilgiler özellikle şablon kodlarında ve koşullu derleme sırasında yararlıdır.

Örneğin, "aritmetik mi" anlamına gelen `isArithmetic`, `T` gibi bir şablon parametresinin aritmetik bir tür olup olmamasına göre farklı kod üretmek için kullanılabilir:

```
    static if (__traits(isArithmetic, T)) {
        // ... aritmetik bir türmüş ...

    } else {
        // ... değilmiş ...
    }
```

std.traits modülü de tür nitelikleriyle ilgili bilgileri şablon olanakları olarak yine derleme zamanında sunar. Örneğin, std.traits.isSomeChar, kendisine verilen şablon parametresi bir karakter türü olduğunda true üretir:

```
import std.traits;

// ...

    static if (isSomeChar!T) {
        // ... herhangi bir karakter türüymüş ...

    } else {
        // ... bir karakter türü değilmiş ...
    }
```

Daha fazla bilgi için __traits belgesine[1] ve std.traits belgesine[2] başvurabilirsiniz.

70.7 Özet

- debug olarak tanımlanmış olan kodlar yalnızca -debug derleyici seçeneği etkin olduğunda programa dahil edilirler.
- version ile tanımlanmış olan kodlar programın -version derleme seçeneği ile belirlenen sürümüne dahil olurlar.
- static if derleme zamanında işleyen if deyimi gibidir; kodların derleme zamanındaki koşullara göre programa dahil edilmesini sağlar.
- static assert programla ilgili varsayımları derleme zamanında denetler.
- __traits ve std.traits türler hakkında derleme sırasında bilgi edinmeye yarar.

1. http://dlang.org/traits.html
2. http://dlang.org/phobos/std_traits.html

71 is İfadesi

Bu ifade, daha önce `null` değeri ve `is` işleci bölümünde (sayfa 235) gördüğümüz `is` işlecinden anlam ve yazım açısından farklıdır:

```
a is b              // daha önce gördüğümüz is işleci
is (/* ... */)      // is ifadesi
```

Bu bölümün konusu olan `is` ifadesi derleme zamanında işletilir ve parantez içindeki ifadeye bağlı olan bir değer üretir. Ürettiği değerin türü `int`'tir; koşul geçerli olduğunda 1, geçersiz olduğunda 0 değerini alır.

`is`'in aldığı koşul bir mantıksal ifade değildir ama `is`'in kendi değeri bir mantıksal ifadede kullanılmaya elverişlidir. Örneğin `if` deyimiyle, ve derleme zamanında işletildiği için daha da uygun olarak `static if` deyimiyle kullanılabilir.

Aldığı koşul türlerle ilgilidir ve bir kaç özel biçimden birisi olarak yazılmak zorundadır. En çok şablon parametrelerini denetlemede ve şablon parametre türleriyle ilgili bilgi toplamada yararlıdır.

71.1 `is` (*Tür*)

`Tür`'ün *anlamsal* olarak geçerli bir tür olup olmadığını denetler.

`is`'in bu kullanımı için bu noktada tek başına örnekler bulmak oldukça zor. Bunun yararını daha sonraki bölümlerde şablon parametreleri ile kullanırken göreceğiz.

```
    static if (is (int)) {
        writeln("geçerli");

    } else {
        writeln("geçersiz");
    }
```

Yukarıdaki koşulda kullanılan `int`, geçerli bir türdür:

```
geçerli
```

Başka bir örnek olarak, eşleme tablosu indeks türü olarak `void` kullanmak geçersiz olduğu için bu örnekte `else` bloğu işletilir:

```
    static if (is (string[void])) {
        writeln("geçerli");

    } else {
        writeln("geçersiz");
    }
```

```
geçersiz
```

71.2 `is` (*Tür TakmaIsim*)

Yukarıdaki ile aynı şekilde çalışır. Ek olarak, koşul geçerli olduğunda `Takmaİsim`'i türün yeni takma ismi olarak tanımlar:

```
    static if (is (int Yeniİsim)) {
        writeln("geçerli");
        Yeniİsim değişken = 42; // int ve Yeniİsim aynı anlamda

    } else {
        writeln("geçersiz");
    }
```

Takma ismin bu şekilde `is` ifadesinin içinde tanımlanabilmesi, daha sonra göreceğimiz karmaşık `is` ifadelerinde yararlıdır.

71.3 `is (`*`Tür`*` : `*`ÖzelTür`*`)`

`Tür`'ün belirtilen özel türe otomatik olarak dönüşüp dönüşemediğini denetler.

Tür Dönüşümleri bölümünde (sayfa 239) gördüğümüz temel tür dönüşümlerini, veya Türeme bölümünde (sayfa 330) gördüğümüz "bu alt sınıf, o üst sınıfın türündendir" ilişkilerini denetlemede kullanılır.

```
import std.stdio;

interface Saat {
    void zamanıOku();
}

class ÇalarSaat : Saat {
    override void zamanıOku() {
        writeln("10:00");
    }
}

void birİşlev(T)(T nesne) {
    static if (is (T : Saat)) {
        // Eğer buraya geldiysek, şablon parametresi olan T
        // Saat yerine kullanılabilen bir türdür
        writeln("bu bir Saat; zamanı söyleyebiliriz");
        nesne.zamanıOku();

    } else {
        writeln("bu bir Saat değil");
    }
}

void main() {
    auto değişken = new ÇalarSaat;
    birİşlev(değişken);
    birİşlev(42);
}
```

O kod, `birİşlev` şablonu `Saat`'e dönüşebilen bir tür ile çağrıldığında `nesne`'nin `zamanıOku` işlevini de çağırmaktadır. Tür `int` olduğunda ise `else` bloğu derlenmektedir:

```
bu bir Saat; zamanı söyleyebiliriz     ← ÇalarSaat için
10:00                                  ← ÇalarSaat için
bu bir Saat değil                      ← int için
```

71.4 `is (`*`Tür TakmaİSim`*` : `*`ÖzelTür`*`)`

Yukarıdakiyle aynı şekilde çalışır. Ek olarak, koşul geçerli olduğunda `Takmaİsim`'i koşulu sağlayan türün yeni takma ismi olarak tanımlar.

71.5 `is (`*`Tür`*` == `*`ÖzelTür`*`)`

`Tür`'ün belirtilen özel türün *aynısı* olup olmadığını, veya *aynı belirtece sahip* olup olmadığını denetler.

Aynı tür anlamında

Yukarıdaki örnek kodu değiştirsek ve `:` yerine `==` kullansak, bu sefer `ÇalarSaat` için de geçersiz olacaktır:

```
    static if (is (T == Saat)) {
        writeln("bu bir Saat; zamanı söyleyebiliriz");
        nesne.zamanıOku();

    } else {
```

```
        writeln("bu bir Saat değil");
    }
```

ÇalarSaat Saat'ten türediği için bir Saat'tir, ama Saat'in aynısı değildir. O yüzden koşul hem ÇalarSaat için, hem de int için geçersizdir:

```
bu bir Saat değil
bu bir Saat değil
```

Aynı belirtece sahip anlamında

ÖzelTür yerine bir belirteç kullanıldığında türün o belirtece uyup uymadığını denetler. Bu kullanımda belirteç olarak aşağıdaki anahtar sözcükler kullanılabilir (bu sözcüklerden bazılarını daha sonraki bölümlerde göreceğiz):

- struct
- union
- class
- interface
- enum
- function
- delegate
- const
- immutable
- shared

```
void birİşlev(T)(T nesne) {
    static if (is (T == class)) {
        writeln("bu bir sınıf türü");

    } else static if (is (T == enum)) {
        writeln("bu bir enum");

    } else static if (is (T == const)) {
        writeln("bu 'const' bir tür");

    } else {
        writeln("bu başka bir tür");
    }
}
```

İşlev şablonları çağrıldıkları türe göre değişik davranacak şekilde kodlanabilirler. Koşulun değişik bloklarının etkinleştiğini göstermek için şöyle deneyebiliriz:

```
    auto değişken = new ÇalarSaat;
    birİşlev(değişken);

    // (enum HaftaGünleri biraz aşağıda tanımlanıyor)
    birİşlev(HaftaGünleri.Pazartesi);

    const double sayı = 1.2;
    birİşlev(sayı);

    birİşlev(42);
```

Çıktısı:

```
bu bir sınıf türü
bu bir enum
bu 'const' bir tür
bu başka bir tür
```

71.6 is (*Tür isim* == *Belirteç*)

Yukarıdaki ile aynı şekilde çalışır. Ek olarak, koşul geçerli olduğunda `isim`'i duruma göre farklı anlamlarda tanımlar. `isim`, yukarıdaki takma isimli kullanımlardaki gibi doğrudan türün takma ismi olabileceği gibi, belirtece bağlı olarak başka bir bilgi de olabilir:

Belirteç	isim'in anlamı
struct	*koşulu sağlayan tür*
union	*koşulu sağlayan tür*
class	*koşulu sağlayan tür*
interface	*koşulu sağlayan tür*
super	üst tür ve arayüzlerden oluşan *çokuzlu*
enum	enum'un gerçekleştirildiği *temel tür*
function	işlev parametrelerinden oluşan *çokuzlu*
delegate	delegate'in *türü*
return	işlevin, delegate'in, veya işlev göstergesinin dönüş *türü*
__parameters	işlevin, delegate'in, veya işlev göstergesinin parametrelerinden oluşan *çokuzlu*
const	*koşulu sağlayan tür*
immutable	*koşulu sağlayan tür*
shared	*koşulu sağlayan tür*

Bu olanağın nasıl çalıştığını göstermek için önce bazı türler tanımlayalım:

```
struct Nokta {
    // ...
}

interface Saat {
    // ...
}

class ÇalarSaat : Saat {
    // ...
}

enum HaftaGünleri {
    Pazartesi, Salı, Çarşamba, Perşembe, Cuma,
    Cumartesi, Pazar
}

char foo(double kesirli, int tamsayı, Saat saat) {
    return 'a';
}
```

`is` ifadesinin bu değişik türlerle kullanımlarını göstermek için aşağıdaki gibi bir işlev şablonu yazılabilir. İşlevin çağrıldığı türlerin, nesnelerin, ve `isim`'in ne anlamlara geldiklerini açıklama satırları olarak yazdım:

```
void birİşlev(T)(T nesne) {
    static if (is (T YerelTür == struct)) {
        writefln("\n--- struct ---");
        // T ve YerelTür aynı anlamdadır; 'nesne', bu işleve
        // gelen yapı nesnesidir

        writeln("Yeni bir ", YerelTür.stringof,
                " nesnesini kopyalayarak oluşturuyorum");
        YerelTür yeniNesne = nesne;
    }

    static if (is (T üstTürler == super)) {
        writeln("\n--- super ---");
        // 'üstTürler' çokuzlusu bütün üst türleri içerir;
        // 'nesne', bu işleve gelen sınıf nesnesidir

        writeln(T.stringof, " sınıfının ", üstTürler.length,
```

```
                    " adet üst türü var");

        writeln("hepsi birden: ", üstTürler.stringof);
        writeln("en üstteki: ", üstTürler[0].stringof);
    }

    static if (is (T AsılTür == enum)) {
        writeln("\n--- enum ---");
        // 'AsılTür', enum değerlerini gerçekleştirmek için
        // kullanılan asıl türdür; 'nesne', bu işleve gelen
        // enum değeridir

        writeln(T.stringof, " enum türü, perde arkasında ",
                AsılTür.stringof,
                " olarak gerçekleştirilmiştir");
    }

    static if (is (T DönüşTürü == return)) {
        writeln("\n--- return ---");
        // 'DönüşTürü', işlevin dönüş türüdür; bu işleve
        // parametre olarak gelen 'nesne', bir işlev
        // göstergesidir

        writeln("Bu, dönüş türü ", DönüşTürü.stringof,
                " olan bir işlev:");
        writeln("  ", T.stringof);
        write("çağırıyoruz... ");

        // Not: İşlev göstergeleri işlev gibi çağrılabilirler
        DönüşTürü sonuç = nesne(1.5, 42, new ÇalarSaat);
        writeln("ve sonuç: ", sonuç);
    }
}
```

O işlevi yukarıdaki farklı türlerle şöyle çağırabiliriz:

```
    // Yapı nesnesiyle
    birİşlev(Nokta());

    // Sınıf nesnesiyle
    birİşlev(new ÇalarSaat);

    // enum değerle
    birİşlev(HaftaGünleri.Pazartesi);

    // İşlev göstergesiyle
    birİşlev(&foo);
```

Çıktısı:

```
--- struct ---
Yeni bir Nokta nesnesini kopyalayarak oluşturuyorum

--- super ---
ÇalarSaat sınıfının 2 adet üst türü var
hepsi birden: (Object, Saat)
en üstteki: Object

--- enum ---
HaftaGünleri enum türü, perde arkasında int olarak
gerçekleştirilmiştir

--- return ---
Bu, dönüş türü char olan bir işlev:
  char function(double kesirli, int tamsayı, Saat saat)
çağırıyoruz... ve sonuç: a
```

71.7 `is (/* ... */ Belirteç, ŞablonParametreListesi)`

Şablon parametre listesi içeren `is` ifadesinin dört farklı kullanımı vardır:

- `is (`*`Tür`*` : `*`Belirteç, ŞablonParametreListesi`*`)`

- `is (`*`Tür == Belirteç, ŞablonParametreListesi`*`)`
- `is (`*`Tür isim : Belirteç, ŞablonParametreListesi`*`)`
- `is (`*`Tür isim == Belirteç, ŞablonParametreListesi`*`)`

Bu dört kullanım çok daha karmaşık ifadeler yazmaya olanak verir.

`isim`, `Belirteç`, `:`, ve `==` hep yukarıdaki kullanımlarıyla aynı anlamdadırlar.

`ŞablonParametreListesi` ise hem koşulun parçası olarak işlem görür hem de bütün koşul sağlandığında otomatik olarak uygun tür isimleri tanımlamaya yarar. Şablonların tür çıkarsama olanağı ile aynı biçimde işler.

Örnek olarak, indeks değeri `string` olan eşleme tabloları kullanıldığında özel işlemler yapılması gereksin. Yalnızca böyle türlere uymaya çalışan bir `is` ifadesi şöyle yazılabilir:

```
    static if (is (T == Değer[İndeks],    // (1)
                   Değer,                 // (2)
                   İndeks : string)) {    // (3)
```

O koşulu üç bölüm olarak açıklayabiliriz. Bunların son ikisi `ŞablonParametreListesi`'ni oluşturmaktadır:

1. `T`, `Değer[İndeks]` yazımına uygunsa
2. `Değer` herhangi bir tür ise
3. `İndeks` bir `string` ise (şablon özellemesi söz dizimi)

`Belirteç` olarak `Değer[İndeks]` kullanılmış olması şablon parametresi olan `T`'nin bir eşleme tablosu türü olmasını gerektirir. `Değer` için hiçbir koşul belirtilmemiş olması onun herhangi bir tür olmasının yeterli olduğu anlamına gelir. Ek olarak, eşleme tablosunun indeks türünün de özellikle `string` olması gerekmektedir. Dolayısıyla, yukarıdaki `is` ifadesi, "`T`, indeks türü `string` olan bir eşleme tablosu ise" anlamına gelmektedir.

Bu `is` ifadesini kullanan ve dört farklı türle çağrılan bir örnek şöyle yazılabilir:

```
import std.stdio;

void birİşlev(T)(T nesne) {
    writeln("\n--- ", T.stringof, " ile çağrıldık ---");

    static if (is (T == Değer[İndeks],
                   Değer,
                   İndeks : string)) {

        writeln("Evet, koşul sağlandı.");

        writeln("değer türü : ", Değer.stringof);
        writeln("indeks türü: ", İndeks.stringof);

    } else {
        writeln("Hayır, koşul sağlanmadı.");
    }
}

void main() {
    int sayı;
    birİşlev(sayı);

    int[string] intTablosu;
    birİşlev(intTablosu);

    double[string] doubleTablosu;
    birİşlev(doubleTablosu);

    dchar[long] dcharTablosu;
```

```
    birİşlev(dcharTablosu);
}
```

Koşul, yalnızca indeks türü `string` olan eşleme tabloları için sağlanmaktadır:

```
--- int ile çağrıldık ---
Hayır, koşul sağlanmadı.

--- int[string] ile çağrıldık ---
Evet, koşul sağlandı.
değer türü : int
indeks türü: string

--- double[string] ile çağrıldık ---
Evet, koşul sağlandı.
değer türü : double
indeks türü: string

--- dchar[long] ile çağrıldık ---
Hayır, koşul sağlanmadı.
```

72 İşlev Göstergeleri, İsimsiz İşlevler, ve Temsilciler

İşlev göstergeleri işlevlerin adreslerinin saklanabilmelerini ve daha sonraki bir zamanda bu göstergeler yoluyla çağrılabilmelerini sağlarlar. İşlev göstergeleri D'ye C'den geçmiştir.

Temsilciler hem işlev göstergelerini hem de o işlevlerin kullandıkları kapsamları bir arada saklayan olanaklardır. Saklanan kapsam o temsilcinin içinde oluşturulduğu ortam olabileceği gibi, bir yapı veya sınıf nesnesinin kendisi de olabilir.

Temsilciler çoğu fonksiyonel dilde bulunan *kapama* olanağını da gerçekleştirirler.

72.1 İşlev göstergeleri

Bundan önceki bölümde `is` ifadesini denerken & işleci ile işlevlerin adreslerinin de alınabildiğini görmüştük. O adresi bir işlev şablonuna parametre olarak göndermiştik.

Şablonların çeşitli türlerle çağrılabilmelerinden ve türlerin `.stringof` niteliğinden yararlanarak, işlev göstergelerinin türleri hakkında bilgi edinebiliriz:

```
import std.stdio;

int işlev(char c, double d) {
    return 42;
}

void main() {
    şablon(&işlev);     // adresinin alınması ve
                        // parametre olarak gönderilmesi
}

void şablon(T)(T parametre) {
    writeln("türü  : ", T.stringof);
    writeln("değeri: ", parametre);
}
```

O program çalıştırıldığında, `işlev` isimli işlevin adresinin türü konusunda bir fikir sahibi olabiliyoruz:

```
türü  : int function(char c, double d)
değeri: 80495B4
```

Üye işlev göstergeleri

Üye işlevlerin adresleri hem doğrudan tür üzerinden hem de o türün bir nesnesi üzerinden alınabilir. Bu iki yöntemin etkisi farklıdır:

```
struct Yapı {
    void işlev() {
    }
}

void main() {
    auto nesne = Yapı();

    auto f = &Yapı.işlev;     // tür üzerinden
    auto d = &nesne.işlev;    // nesne üzerinden

    static assert(is (typeof(f) == void function()));
    static assert(is (typeof(d) == void delegate()));
}
```

Yukarıdaki `static assert` satırlarından da görüldüğü gibi, `f` bir `function`, `d` ise bir `delegate`'tir. Daha aşağıda göreceğimiz gibi, `d` doğrudan çağrılabilir ama `f`'nin çağrılabilmesi için önce hangi nesne üzerinde çağrılacağının da belirtilmesi gerekir.

Tanımlanması

İşlev göstergeleri `function` anahtar sözcüğü ile tanımlanır. Bu sözcükten önce işlevin dönüş türü, sonra da işlevin aldığı parametreler yazılır:

```
    dönüş_türü function(aldığı_parametreler) gösterge;
```

Bu tanımda parametrelere isim verilmesi gerekmez; yukarıdaki çıktıda gördüğümüz parametre isimleri olan c'nin ve d'nin yazılmaları isteğe bağlıdır. Bir örnek olarak, yukarıdakı `işlev` isimli işlevi gösteren bir değişkeni şöyle tanımlayabiliriz:

```
    int function(char, double) gösterge = &işlev;
```

İşlev göstergelerinin yazımı oldukça karmaşık olduğundan o türe `alias` ile yeni bir isim vermek kodun okunaklılığını arttırır:

```
alias Hesapİşlevi = int function(char, double);
```

Artık `function`'lı uzun yazım yerine kısaca `Hesapİşlevi` yazmak yeterlidir.

```
    Hesapİşlevi gösterge = &işlev;
```

`auto`'dan da yararlanılabilir:

```
    auto gösterge = &işlev;
```

Çağrılması

İşlev göstergesi olarak tanımlanan değişken, sanki kendisi bir işlevmiş gibi isminden sonraki parametre listesiyle çağrılır ve dönüş değeri kullanılabilir:

```
    int sonuç = gösterge('a', 5.67);
    assert(sonuç == 42);
```

Yukarıdaki çağrı, işlevin kendi ismiyle `işlev('a', 5.67)` olarak çağrılmasının eşdeğeridir.

Ne zaman kullanmalı

İşlev göstergeleri değerlerin saklanmalarına benzer şekilde, işlemlerin de saklanabilmelerini sağlar. Saklanan göstergeler programda daha sonradan işlev gibi kullanılabilirler. Bir anlamda, daha sonradan uygulanacak olan davranışları saklarlar.

Aslında davranış farklılıklarının D'nin başka olanakları ile de sağlanabildiğini biliyorsunuz. Örneğin `Çalışan` gibi bir yapının ücretinin hesaplanması sırasında hangi işlevin çağrılacağı, bu yapının bir `enum` değeri ile belirlenebilir:

```
    final switch (çalışan.tür) {

    case ÇalışanTürü.maaşlı:
        maaşlıÜcretHesabı();
        break;

    case ÇalışanTürü.saatli:
        saatliÜcretHesabı();
```

```
        break;
    }
```

O yöntemin bir yetersizliği, o kod bir kütüphane içinde bulunduğu zaman ortaya çıkar: Bütün `enum` değerlerinin ve onlara karşılık gelen bütün işlevlerin kütüphane kodu yazıldığı sırada biliniyor olması gerekmektedir. Farklı bir ücret hesabı gerektiğinde, kütüphane içindeki ilgili `switch` deyimlerinin hepsinin yeni türü de içerecek şekilde değiştirilmeleri gerekir.

Davranış farkı konusunda başka bir yöntem, nesne yönelimli programlama olanaklarından yararlanmak olabilir. `Çalışan` diye bir arayüz tanımlanabilir ve ücret hesabı ondan türeyen alt sınıflara yaptırılabilir:

```
interface Çalışan {
    double ücretHesabı();
}

class MaaşlıÇalışan : Çalışan {
    double ücretHesabı() {
        double sonuç;
        // ...
        return sonuç;
    }
}

class SaatliÇalışan : Çalışan {
    double ücretHesabı() {
        double sonuç;
        // ...
        return sonuç;
    }
}

// ...

    double ücret = çalışan.ücretHesabı();
```

Bu, nesne yönelimli programlama dillerine uygun olan yöntemdir.

İşlev göstergeleri, davranış farklılığı konusunda kullanılan başkaca bir yöntemdir. İşlev göstergeleri, nesne yönelimli olanakları bulunmayan C dilinde yazılmış olan kütüphanelerde görülebilirler.

Parametre örneği

Kendisine verilen bir dizi sayı ile işlem yapan bir işlev tasarlayalım. Bu işlev, sayıların yalnızca sıfırdan büyük olanlarının on katlarını içeren bir dizi döndürsün:

```
int[] süz_ve_dönüştür(const int[] sayılar) {
    int[] sonuç;

    foreach (sayı; sayılar) {
        if (sayı > 0) {                       // süzme,
            immutable yeniDeğer = sayı * 10;  // ve dönüştürme
            sonuç ~= yeniDeğer;
        }
    }

    return sonuç;
}
```

O işlevi şöyle bir programla deneyebiliriz:

```
import std.stdio;
import std.random;

void main() {
```

```
    int[] sayılar;

    // Rasgele 20 sayı
    foreach (i; 0 .. 20) {
        sayılar ~= uniform(0, 10) - 5;
    }

    writeln("giriş: ", sayılar);
    writeln("sonuç: ", süz_ve_dönüştür(sayılar));
}
```

Çıktısından görüldüğü gibi, sonuç yalnızca sıfırdan büyük olanların on katlarını içermektedir:

```
giriş: -2 0 3 2 4 -3 2 -4 4 2 2 4 2 1 -2 -1 0 2 -2 4
sonuç: 30 20 40 20 40 20 20 40 20 10 20 40
```

`süz_ve_dönüştür` işlevinin bu haliyle fazla kullanışlı olduğunu düşünemeyiz çünkü her zaman için sıfırdan büyük değerlerin on katlarını üretmektedir. Oysa süzme ve dönüştürme işlemlerini nasıl uygulayacağını dışarıdan alabilse çok daha kullanışlı olabilir.

Dikkat ederseniz, süzme işlemi `int`'ten `bool`'a bir dönüşüm, sayı dönüştürme işlemi de `int`'ten yine `int`'e bir dönüşümdür:

- `sayı > 0`, `int` olan sayıya bakarak `bool` sonuç elde ediyor.
- `sayı * 10`, `int` olan sayı kullanarak yine `int` üretiyor.

Bu işlemleri işlev göstergeleri yoluyla yapmaya geçmeden önce, bu dönüşümleri sağlayacak olan işlev gösterge türlerini şöyle tanımlayabiliriz:

```
alias SüzmeİşIemi = bool function(int);      // int'ten bool
alias DönüşümİşIemi = int function(int);     // int'ten int
```

`SüzmeİşIemi`, "int alan ve bool döndüren" işlev göstergesi, `DönüşümİşIemi` de "int alan ve int döndüren" işlev göstergesi anlamındadır.

Bu türlerden olan işlev göstergelerini `süz_ve_dönüştür` işlevine dışarıdan parametre olarak verirsek süzme ve dönüştürme işlemlerini o işlev göstergelerine yaptırabiliriz. Böylece işlev daha kullanışlı hale gelir:

```
int[] süz_ve_dönüştür(const int[] sayılar,
                      SüzmeİşIemi süzücü,
                      DönüşümİşIemi dönüştürücü) {
    int[] sonuç;

    foreach (sayı; sayılar) {
        if (süzücü(sayı)) {
            immutable yeniDeğer = dönüştürücü(sayı);
            sonuç ~= yeniDeğer;
        }
    }

    return sonuç;
}
```

Bu işlev artık asıl süzme ve dönüştürme işlemlerinden bağımsız bir hale gelmiştir çünkü o işlemleri kendisine verilen işlev göstergelerine yaptırmaktadır. Yukarıdaki gibi *sıfırdan büyük olanlarının on katlarını* üretebilmesi için şöyle iki küçük işlev tanımlayabiliriz ve `süz_ve_dönüştür` işlevini onların adresleri ile çağırabiliriz:

```
bool sıfırdanBüyük_mü(int sayı) {
    return sayı > 0;
```

```
}

int onKatı(int sayı) {
    return sayı * 10;
}

// ...

    writeln("sonuç: ", süz_ve_dönüştür(sayılar,
                                     &sıfırdanBüyük_mü,
                                     &onKatı));
```

Bunun yararı, `süz_ve_dönüştür` işlevinin artık bambaşka süzücü ve dönüştürücü işlevleriyle de serbestçe çağrılacak hale gelmiş olmasıdır. Örneğin *çift olanlarının ters işaretlileri* şöyle elde edilebilir:

```
bool çift_mi(int sayı) {
    return (sayı % 2) == 0;
}

int tersİşaretlisi(int sayı) {
    return -sayı;
}

// ...

    writeln("sonuç: ", süz_ve_dönüştür(sayılar,
                                     &çift_mi,
                                     &tersİşaretlisi));
```

Çıktısı:

```
giriş: 2 -3 -3 -2 4 4 3 1 4 3 -4 -1 -2 1 1 -5 0 2 -3 2
sonuç: -2 2 -4 -4 -4 4 2 0 -2 -2
```

İşlevler `çift_mi` ve `tersİşaretlisi` gibi çok kısa olduklarında başlı başlarına tanımlanmaları gerekmeyebilir. Bunun nasıl gerçekleştirildiğini biraz aşağıda *İsimsiz işlevler* ve özellikle onların => söz dizimini tanırken göreceğiz:

```
    writeln("sonuç: ", süz_ve_dönüştür(sayılar,
                                     sayı => (sayı % 2) == 0,
                                     sayı => -sayı));
```

Üye örneği

İşlev göstergeleri değişken olarak kullanılabildikleri için yapı ve sınıf üyeleri de olabilirler. Yukarıdaki `süz_ve_dönüştür` işlevi yerine, süzme ve dönüştürme işlemlerini kurucu parametreleri olarak alan bir sınıf da yazılabilir:

```
class SüzücüDönüştürücü {
    Süzmeİşlemi süzücü;
    Dönüşümİşlemi dönüştürücü;

    this(Süzmeİşlemi süzücü, Dönüşümİşlemi dönüştürücü) {
        this.süzücü = süzücü;
        this.dönüştürücü = dönüştürücü;
    }

    int[] işlemYap(const int[] sayılar) {
        int[] sonuç;

        foreach (sayı; sayılar) {
            if (süzücü(sayı)) {
                immutable yeniDeğer = dönüştürücü(sayı);
                sonuç ~= yeniDeğer;
            }
        }
```

```
            return sonuç;
        }
}
```

Daha sonra o türden bir nesne oluşturulabilir ve yukarıdaki sonuçların aynıları şöyle elde edilebilir:

```
    auto işlemci = new SüzücüDönüştürücü(&çift_mi, &tersİşaretlisi);
    writeln("sonuç: ", işlemci.işlemYap(sayılar));
```

72.2 İsimsiz işlevler

Yukarıdaki örnek programlarda `süz_ve_dönüştür` işlevinin esnekliğinden yararlanmak için küçük işlevler tanımlandığını ve `süz_ve_dönüştür` çağrılırken o küçük işlevlerin adreslerinin gönderildiğini gördük.

Yukarıdaki örneklerde de görüldüğü gibi, işlevin asıl işi az olduğunda başlı başına işlevler tanımlamak külfetli olabilir. Örneğin, `sayı > 0` ve `sayı * 10` oldukça basit ve küçük işlemlerdir.

İşlev hazır değeri olarak da adlandırabileceğimiz *isimsiz işlev* olanağı (lambda), başka ifadelerin arasında küçük işlevler tanımlamaya yarar. İsimsiz işlevler işlev göstergesi kullanılabilen her yerde şu söz dizimiyle tanımlanabilirler:

```
    function dönüş_türü(parametreleri) { /* ... işlemleri ... */ }
```

Örneğin, yukarıdaki örnekte tanımladığımız sınıftan olan bir nesneyi *ikiden büyük olanlarının yedi katlarını* üretecek şekilde şöyle kullanabiliriz:

```
    new SüzücüDönüştürücü(
            function bool(int sayı) { return sayı > 2; },
            function int(int sayı) { return sayı * 7; });
```

Böylece, hem bu kadar küçük işlemler için ayrıca işlevler tanımlamak zorunda kalmamış oluruz hem de istediğimiz davranışı tam da gereken noktada belirtmiş oluruz.

Yukarıdaki söz dizimlerinin normal işlevlere ne kadar benzediğine dikkat edin. Normal işlevlerle isimsiz işlevlerin söz dizimlerinin bu derece yakın olmaları kolaylık olarak kabul edilebilir. Öte yandan, bu ağır söz dizimi isimsiz işlevlerin kullanım amaçlarıyla hâlâ çelişmektedir çünkü isimsiz işlevler özellikle kısa işlemleri kolayca tanımlama amacını taşırlar.

Bu yüzden isimsiz işlevler çeşitli kısa söz dizimleri ile de tanımlanabilirler.

Kısa söz dizimi

İsimsiz işlevlerin yazımlarında bazı kolaylıklar da vardır. İşlevin dönüş türünün `return` satırından anlaşılabildiği durumlarda dönüş türü yazılmayabilir:

```
    new SüzücüDönüştürücü(
            function (int sayı) { return sayı > 2; },
            function (int sayı) { return sayı * 7; });
```

İsimsiz işlevin parametre almadığı durumlarda da parametre listesi yazılmayabilir. Bunu görmek için işlev göstergesi alan bir işlev düşünelim:

```
void birİşlev(/* ... işlev göstergesi alsın ... */) {
    // ...
}
```

O işlevin aldığı parametre, `double` döndüren ama parametre almayan bir işlev göstergesi olsun:

```
void birİşlev(double function() gösterge) {
    // ...
}
```

O parametrenin tanımındaki `function`'dan sonraki parantezin boş olması, o göstergenin *parametre almayan bir işlev göstergesi* olduğunu ifade eder. Böyle bir durumda, isimsiz işlevin oluşturulduğu noktada boş parantez yazmaya da gerek yoktur. Şu üç isimsiz işlev tanımı birbirlerinin eşdeğeridir:

```
    birİşlev(function double() { return 42.42; });
    birİşlev(function () { return 42.42; }); // üsttekiyle aynı
    birİşlev(function { return 42.42; });    // üsttekiyle aynı
```

Birincisi hiçbir kısaltmaya başvurmadan yazılmıştır. İkincisi dönüş türünün `return` satırından çıkarsanmasından yararlanmıştır. Üçüncüsü de gereksiz olan boş parametre listesini de yazmamıştır.

Bir adım daha atılabilir ve `function` da yazılmayabilir. O zaman bunun isimsiz bir işlev mi yoksa isimsiz bir temsilci mi olduğuna derleyici karar verir. Oluşturulduğu ortamdaki değişkenleri kullanıyorsa temsilcidir, kullanmıyorsa `function`'dır:

```
    birİşlev({ return 42.42; });      // bu durumda 'function' çıkarsanır
```

Bazı isimsiz işlevler => söz dizimiyle daha da kısa yazılabilirler.

Tek `return` ifadesi yerine => söz dizimi

Yukarıdaki en kısa söz dizimi bile gereğinden fazla karmaşık olarak görülebilir. İşlevin parametre listesinin hemen içindeki küme parantezleri okumayı güçleştirmektedirler. Üstelik çoğu isimsiz işlev tek `return` deyiminden oluşur. Öyle durumlarda ne `return` anahtar sözcüğüne gerek olmalıdır ne de sonundaki noktalı virgüle. D'nin isimsiz işlevlerinin en kısa söz dizimi başka dillerde de bulunan => ile sağlanır.

Yalnızca tek `return` deyimi içeren bir isimsiz işlevin söz dizimini hatırlayalım:

```
    function dönüş_türü(parametreler) { return ifade; }
```

`function` anahtar sözcüğünün ve dönüş türünün belirtilmelerinin gerekmediğini yukarıda görmüştük:

```
    (parametreler) { return ifade; }
```

Aynı isimsiz işlev => ile çok daha kısa olarak şöyle tanımlanabilir:

```
    (parametreler) => ifade
```

Yukarıdaki söz diziminin anlamı, "o parametreler verildiğinde şu ifadeyi (değeri) üret" olarak açıklanabilir.

Dahası, yalnızca tek parametre bulunduğunda etrafındaki parantezler de yazılmayabilir:

```
    tek_parametre => ifade
```

Buna rağmen, D'nin gramerinin bir gereği olarak hiç parametre bulunmadığında parametre listesinin boş olarak verilmesi şarttır:

```
    () => ifade
```

İsimsiz işlevleri başka dillerden tanıyan programcılar => karakterlerinden sonra küme parantezleri yazma hatasına düşebilirler. O söz dizimi başka bir anlam taşır:

```
    // 'a + 1' döndüren isimsiz işlev
    auto l0 = (int a) => a + 1

    // 'a + 1' döndüren isimsiz işlev döndüren isimsiz işlev
    auto l1 = (int a) => { return a + 1; }

    assert(l0(42) == 43);
    assert(l1(42)() == 43);     // l1'in döndürdüğünün işletilmesi
```

Kısa söz diziminin bir örneğini `std.algorithm` modülündeki `filter` algoritmasının kullanımında görelim. `filter`, şablon parametresi olarak bir kıstas, işlev parametresi olarak da bir *aralık* alır. Kıstası elemanlara teker teker uygular; `false` çıkan elemanları eler ve diğerlerini geçirir. Kıstas, isimsiz işlevler de dahil olmak üzere çeşitli yollarla bildirilebilir.

(***Not:*** *Aralık kavramını daha sonraki bir bölümde göreceğiz. Şimdilik dilimlerin aralık olduklarını kabul edebilirsiniz.*)

Örneğin, değerleri 10'dan büyük olan elemanları geçiren ve diğerlerini eleyen bir `filter` ifadesine şablon parametresi olarak aşağıdaki gibi bir isimsiz işlev verilebilir:

```
import std.stdio;
import std.algorithm;

void main() {
    int[] sayılar = [ 20, 1, 10, 300, -2 ];
    writeln(sayılar.filter!(sayı => sayı > 10));
}
```

Çıktısı:

```
[20, 300]
```

O kıstası şöyle açıklayabiliriz: *bir sayı verildiğinde o sayı 10'dan büyük ise `true` üret.* Bu açıdan bakıldığında => söz diziminin *solundaki değere karşılık sağındaki ifadeyi üreten* bir söz dizimi olduğunu düşünebiliriz.

O kısa söz diziminin yerine bir kere de onun eşdeğeri olan en uzun söz dizimini yazalım. İsimsiz işlevin tanımını belirleyen küme parantezlerini işaretlenmiş olarak gösteriyorum:

```
    writeln(sayılar.filter!(function bool(int sayı) {
                                return sayı > 10;
                            }));
```

Görüldüğü gibi, => söz dizimi tek `return` deyimi içeren isimsiz işlevlerde büyük kolaylık ve okunaklılık sağlamaktadır.

Başka bir örnek olarak iki parametre kullanan bir isimsiz işlev tanımlayalım. Aşağıdaki algoritma kendisine verilen iki dilimin birbirlerine karşılık olan elemanlarını iki parametre alan bir işleve göndermektedir. O işlevin döndürdüğü sonuçları da bir dizi olarak döndürüyor:

```
import std.exception;

int[] ikiliHesap(int function(int, int) işlem,
                 const int[] soldakiler,
                 const int[] sağdakiler) {
    enforce(soldakiler.length == sağdakiler.length);
```

```
    int[] sonuçlar;

    foreach (i; 0 .. soldakiler.length) {
        sonuçlar ~= işlem(soldakiler[i], sağdakiler[i]);
    }

    return sonuçlar;
}
```

Oradaki işlev göstergesi iki parametre aldığından, `ikiliHesap`'ın çağrıldığı yerde => karakterlerinden önce parantez içinde iki parametre belirtilmelidir:

```
import std.stdio;

void main() {
    writeln(ikiliHesap((a, b) => (a * 10) + b,
                       [ 1, 2, 3 ],
                       [ 4, 5, 6 ]));
}
```

Çıktısı:

```
[14, 25, 36]
```

72.3 Temsilciler

Temsilci, işlev göstergesine ek olarak onun içinde tanımlandığı kapsamın da saklanmasından oluşur. Temsilciler daha çok fonksiyonel programlama dillerinde görülen *kapamaları* da gerçekleştirirler. Temsilciler çoğu emirli dilde bulunmasalar da D'nin güçlü olanakları arasındadırlar.

Yaşam Süreçleri ve Temel İşlemler bölümünde (sayfa 230) gördüğümüz gibi, değişkenlerin yaşamları tanımlı oldukları kapsamdan çıkıldığında son bulur:

```
{
    int artış = 10;
    // ...
} // ← artış'ın yaşamı burada son bulur
```

`artış` gibi *yerel* değişkenlerin adresleri bu yüzden işlevlerden döndürülemezler.

`artış`'ın işlev göstergesi döndüren bir işlev içinde tanımlanmış olan yerel bir değişken olduğunu düşünelim. Bu işlevin sonuç olarak döndürdüğü isimsiz işlev bu yerel değişkeni de kullanıyor olsun:

```
alias Hesapİşlevi = int function(int);

Hesapİşlevi hesapçı() {
    int artış = 10;
    return sayı => artış + sayı;    // ← derleme HATASI
}
```

Döndürülen isimsiz işlev yerel bir değişkeni kullanmaya çalıştığı için o kod hatalıdır. Derlenmesine izin verilmiş olsa, isimsiz işlev daha sonradan işletildiği sırada yaşamı çoktan sona ermiş olan `artış` değişkenine erişmeye çalışacaktır.

O kodun derlenip doğru olarak çalışabilmesi için `artış`'ın yaşam sürecinin isimsiz işlev yaşadığı sürece uzatılması gerekir. Temsilciler işte böyle durumlarda yararlıdırlar: Hem işlev göstergesini hem de onun kullandığı kapsamları sakladıkları için o kapsamlardaki değişkenlerin yaşamları, temsilcinin yaşamı kadar uzamış olur.

Temsilcilerin kullanımı işlev göstergelerine çok benzer: Tek farkları `function` yerine `delegate` anahtar sözcüğünün kullanılmasıdır. Yukarıdaki kodun derlenip doğru olarak çalışması için o kadarı yeterlidir:

```
alias Hesapİşlevi = int delegate(int);

Hesapİşlevi hesapçı() {
    int artış = 10;
    return sayı => artış + sayı;
}
```

O temsilcinin kullandığı yerel kapsamdaki `artış` gibi değişkenlerin yaşamları temsilci yaşadığı sürece devam edecektir. Bu yüzden temsilciler ilerideki bir zamanda çağrıldıklarında o yerel değişkenleri değiştirebilirler de. Bunun örneklerini daha sonraki bir bölümde öğreneceğimiz yapı ve sınıfların `opApply` üye işlevlerinde göreceğiz.

Yukarıdaki temsilciyi şöyle bir kodla deneyebiliriz:

```
    auto işlev = hesapçı();
    writeln("hesap: ", işlev(3));
```

`hesapçı`, isimsiz bir temsilci döndürmektedir. Yukarıdaki kod o temsilciyi `işlev` isimli bir değişkenin değeri olarak kullanmakta ve `işlev(3)` yazımıyla çağırmaktadır. Temsilcinin işi de kendisine verilen sayı ile `artış`'ın toplamını döndürmek olduğu için çıkışa 3 ve 10'un toplamı yazdırılacaktır:

```
hesap: 13
```

Kısa söz dizimi

Yukarıdaki örnekte de kullandığımız gibi, temsilciler de kısa söz dizimiyle ve hatta => söz dizimiyle yazılabilirler. `function` veya `delegate` yazılmadığında hangisinin uygun olduğuna derleyici karar verir. Kapsam saklama kaygısı olmadığından daha etkin olarak çalıştığı için öncelikle `function`'ı dener, olamıyorsa `delegate`'i seçer.

Kısa söz dizimini bir kere de parametre almayan bir temsilci ile görelim:

```
int[] özelSayılarOluştur(int adet, int delegate() sayıÜretici) {
    int[] sonuç = [ -1 ];
    sonuç.reserve(adet + 2);

    foreach (i; 0 .. adet) {
        sonuç ~= sayıÜretici();
    }

    sonuç ~= -1;

    return sonuç;
}
```

O işlev ilk ve son sayıları -1 olan bir dizi sayı oluşturmaktadır. Bu iki özel sayının arasına kaç adet başka sayı geleceğini ve bu sayıların nasıl üretileceklerini ise parametre olarak almaktadır.

O işlevi, her çağrıldığında aynı sabit değeri döndüren aşağıdaki gibi bir temsilciyle çağırabiliriz. Yukarıda belirtildiği gibi, parametre almayan isimsiz işlevlerin parametre listesinin boş olarak belirtilmesi şarttır:

```
    writeln(özelSayılarOluştur(3, () => 42));
```

Çıktısı:

```
-1 42 42 42 -1
```

Aynı işlevi bir de yerel bir değişken kullanan bir temsilci ile çağıralım:

```
    int sonSayı;
    writeln(özelSayılarOluştur(15, () => sonSayı += uniform(0, 3)));

    writeln("son üretilen sayı: ", sonSayı);
```

O temsilci rasgele bir değer üretmekte, ama her zaman için son sayıya eklediği için rasgele sayıların değerleri hep artan yönde gitmektedir. Yerel değişkenin temsilcinin işletilmesi sırasında nasıl değişmiş olduğunu da çıktının son satırında görüyoruz:

```
-1 0 2 3 4 6 6 8 9 9 9 10 12 14 15 17 -1
son üretilen sayı: 17
```

Temsilci olarak nesne ve üye işlevi

Temsilcinin bir işlev göstergesini ve onun oluşturulduğu kapsamı bir arada sakladığını gördük. Bu ikisinin yerine belirli bir nesne ve onun bir üye işlevi de kullanılabilir. Böyle oluşturulan temsilci, o üye işlevi ve nesnenin kendisini bir araya getirmiş olur.

Bunun söz dizimi aşağıdaki gibidir:

```
    &nesne.üye_işlev
```

Önce bu söz diziminin gerçekten de bir `delegate` oluşturduğunu yine `.stringof`'tan yararlanarak görelim:

```
import std.stdio;

struct Konum {
    long x;
    long y;

    void sağa(size_t adım)     { x += adım; }
    void sola(size_t adım)     { x -= adım; }
    void yukarıya(size_t adım) { y += adım; }
    void aşağıya(size_t adım)  { y -= adım; }
}

void main() {
    auto nokta = Konum();
    writeln(typeof(&nokta.sağa).stringof);
}
```

Çıktısı:

```
void delegate(ulong adım)
```

O söz dizimi yalnızca bir temsilci oluşturur. Nesnenin üye işlevi temsilci oluşturulduğu zaman çağrılmaz. O işlev, temsilci daha sonradan işlev gibi kullanıldığında çağrılacaktır. Bunun örneğini görmek için bir temsilci değişken tanımlayabiliriz:

```
    auto yönİşlevi = &nokta.sağa;    // burada tanımlanır
    yönİşlevi(3);                    // burada çağrılır
    writeln(nokta);
```

Çıktısı:

```
Konum(3, 0)
```

İşlev göstergeleri, isimsiz işlevler, ve temsilciler kendileri değişken olabildiklerinden; değişkenlerin kullanılabildikleri her yerde kullanılabilirler. Örneğin yukarıdaki nesne ve üye işlevlerinden oluşan bir temsilci dizisi şöyle oluşturulabilir ve daha sonra işlemleri işletilebilir:

```
    auto nokta = Konum();

    void delegate(size_t)[] işlemler =
        [ &nokta.sağa, &nokta.yukarıya, &nokta.sağa ];

    foreach (işlem; işlemler) {
        işlem(1);
    }

    writeln(nokta);
```

O dizide iki kere sağa bir kere de yukarıya gitme işlemi bulunduğundan bütün temsilciler işletildiklerinde noktanın durumu şöyle değişmiş olur:

```
Konum(2, 1)
```

Temsilci nitelikleri

Bir temsilcinin işlev ve kapsam göstergeleri `.funcptr` ve `.ptr` nitelikleri ile elde edilebilir:

```
struct Yapı {
    void işlev() {
    }
}

void main() {
    auto nesne = Yapı();

    auto d = &nesne.işlev;

    assert(d.funcptr == &Yapı.işlev);
    assert(d.ptr == &nesne);
}
```

Bu niteliklere değerler atayarak `delegate` oluşturmak mümkündür:

```
struct Yapı {
    int i;

    void işlev() {
        import std.stdio;
        writeln(i);
    }
}

void main() {
    auto nesne = Yapı(42);

    void delegate() d;
    assert(d is null);    // null temsilci ile başlıyoruz

    d.funcptr = &Yapı.işlev;
    d.ptr = &nesne;

    d();
}
```

Yukarıdaki `d()` söz dizimi ile temsilcinin çağrılması `nesne.işlev()` ifadesinin (yani, `Yapı.işlev`'in `nesne` üzerinde işletilmesinin) eşdeğeridir:

```
42
```

lazy parametre temsilcidir

`lazy` anahtar sözcüğünü İşlev Parametreleri bölümünde (sayfa 169) görmüştük:

```
void logla(Önem önem, lazy string mesaj) {
    if (önem >= önemAyarı) {
```

```
            writeln(mesaj);
        }
}

// ...

        if (!bağlanıldı_mı) {
            logla(Önem.orta,
                  format("Hata. Bağlantı durumu: '%s'.",
                         bağlantıDurumunuÖğren()));
        }
```

Yukarıdaki `mesaj` isimli parametre `lazy` olduğundan, işleve o parametreye karşılık gönderilen bütün `format` ifadesi (yaptığı `bağlantıDurumunuÖğren()` çağrısı dahil), ancak o parametre işlev içinde kullanıldığında işletilir.

Perde arkasında `lazy` parametreler aslında temsilcidirler. O parametrelere karşılık olarak gönderilen ifadeler otomatik olarak temsilci nesnelerine dönüştürülürler. Buna göre, aşağıdaki kod yukarıdakinin eşdeğeridir:

```
void logla(Önem önem, string delegate() tembelMesaj) {  // (1)
    if (önem >= önemAyarı) {
        writefln("%s", tembelMesaj());                  // (2)
    }
}

// ...

    if (!bağlanıldı_mı) {
        logla(Önem.orta,
              delegate string() {                       // (3)
                  return
                      format("Hata. Bağlantı durumu: '%s'.",
                             bağlantıDurumunuÖğren());
              });
    }
```

1. `lazy` parametre `string` değildir; `string` döndüren bir temsilcidir.
2. O temsilci çağrılır ve dönüş değeri kullanılır.
3. Bütün ifade onu döndüren bir temsilci ile sarmalanır.

Belirsiz sayıda `lazy` parametre

Belirsiz sayıda `lazy` parametresi olan bir işlevin *sayıları belirsiz olan* bu parametreleri `lazy` olarak işaretlemesi olanaksızdır.

Bu durumda kullanılan çözüm, belirsiz sayıda `delegate` parametre tanımlamaktır. Böyle parametreler temsilcilerin *dönüş türüne* uyan bütün ifadeleri parametre değeri olarak kabul ederler. Bir koşul, bu temsilcilerin kendilerinin parametre almamasıdır:

```
import std.stdio;

void foo(double delegate()[] parametreler...) {
    foreach (parametre; parametreler) {
        writeln(parametre());    // Temsilcinin çağrılması
    }
}

void main() {
    foo(1.5, () => 2.5);     /* 'double' ifade, temsilci
                              * olarak gönderiliyor. */
}
```

Yukarıdaki hem `double` ifade hem de isimsiz işlev belirsiz sayıdaki parametreye uyar. `double` ifade otomatik olarak bir temsilci ile sarmalanır ve işlev gereğinde *tembel* olarak işletilebilecek olan bu parametrelerinin değerlerini çıkışa yazdırır:

```
1.5
2.5
```

Bu yöntemin bir yetersizliği, bütün parametrelerin aynı türden olmalarının gerekmesidir (bu örnekte `double`). Daha sonraki Ayrıntılı Şablonlar bölümünde (sayfa 522) göreceğimiz *çokuzlu şablon parametreleri* bu yetersizliği giderir.

72.4 delegate parametreli toString

Nesneleri `string` türünde ifade etmek için kullanılan `toString` işlevini kitabın bu noktasına kadar hep parametre almayan ve `string` döndüren işlevler olarak tanımladık. Yapılar ve sınıflar kendi üyelerinin `toString` işlevlerini `format` aracılığıyla dolaylı olarak çağırıyorlardı ve `toString` işlevleri kolaylıkla tanımlanabiliyordu:

```
import std.stdio;
import std.string;

struct Nokta {
    int x;
    int y;

    string toString() const {
        return format("(%s,%s)", x, y);
    }
}

struct Renk {
    ubyte r;
    ubyte g;
    ubyte b;

    string toString() const {
        return format("RGB:%s,%s,%s", r, g, b);
    }
}

struct RenkliNokta {
    Renk renk;
    Nokta nokta;

    string toString() const {
        // Bu, Renk.toString ve Nokta.toString'den yararlanıyor:
        return format("{%s;%s}", renk, nokta);
    }
}

struct Poligon {
    RenkliNokta[] noktalar;

    string toString() const {
        // Bu, RenkliNokta.toString'den yararlanıyor
        return format("%s", noktalar);
    }
}

void main() {
    auto poligon = Poligon(
        [ RenkliNokta(Renk(10, 10, 10), Nokta(1, 1)),
          RenkliNokta(Renk(20, 20, 20), Nokta(2, 2)),
          RenkliNokta(Renk(30, 30, 30), Nokta(3, 3)) ]);

    writeln(poligon);
}
```

Yukarıdaki `poligon` nesnesinin programın son satırında çıktıya yazdırılabilmesi için `Poligon`, `RenkliNokta`, `Renk`, ve `Nokta` yapılarının `toString` işlevlerinden dolaylı olarak yararlanıldığında toplam 10 farklı `string` nesnesi oluşturulmaktadır. Dikkat ederseniz, alt düzeylerde oluşturulan her `string` nesnesi yalnızca kendi üst düzeyindeki `string` nesnesini oluşturmak için kullanılmakta ve ondan sonra yaşamı sona ermektedir.

Sonuçta çıktıya tek mesaj yazdırılmış olmasına rağmen 10 adet `string` nesnesi oluşturulmuş, ancak bunlardan yalnızca sonuncusu çıktıya yazdırılmak için kullanılmıştır:

```
[{RGB:10,10,10;(1,1)}, {RGB:20,20,20;(2,2)}, {RGB:30,30,30;(3,3)}]
```

Bu yöntem kodun gereksizce yavaş işlemesine neden olabilir.

Bu yavaşlığın önüne geçmek için `toString` işlevinin `delegate` türünde parametre alan ve genel olarak daha hızlı işleyen çeşidi de kullanılabilir:

```
    void toString(void delegate(const(char)[]) çıkış) const;
```

Dönüş türünün `void` olmasından anlaşıldığı gibi, `toString`'in bu tanımı `string` döndürmez. Onun yerine, çıktıya yazılacak olan karakterleri kendisine verilen temsilciye gönderir. O temsilci de verilen karakterleri sonuçta yazdırılacak olan tek `string`'in sonuna ekler.

Bu `toString` işlevinden yararlanmak için yapılması gereken, `std.string.format` yerine `std.format.formattedWrite`'ı çağırmak ve `çıkış` isimli parametreyi onun ilk parametresi olarak vermektir (aşağıda UFCS söz dizimi ile). Ek olarak, aşağıdaki çağrılar düzen dizgilerini şablon parametreleri olarak belirtmekte ve böylece `formattedWrite`'ın düzen dizgilerini derleme zamanında denetlemesinden yararlanmaktadırlar.

```
import std.stdio;
import std.format;

struct Nokta {
    int x;
    int y;

    void toString(void delegate(const(char)[]) çıkış) const {
        çıkış.formattedWrite!"(%s,%s)"(x, y);
    }
}

struct Renk {
    ubyte r;
    ubyte g;
    ubyte b;

    void toString(void delegate(const(char)[]) çıkış) const {
        çıkış.formattedWrite!"RGB:%s,%s,%s"(r, g, b);
    }
}

struct RenkliNokta {
    Renk renk;
    Nokta nokta;

    void toString(void delegate(const(char)[]) çıkış) const {
        çıkış.formattedWrite!"{%s;%s}"(renk, nokta);
    }
}

struct Poligon {
    RenkliNokta[] noktalar;
```

```
    void toString(void delegate(const(char)[]) çıkış) const {
        çıkış.formattedWrite!"%s"(noktalar);
    }
}

void main() {
    auto poligon = Poligon(
        [ RenkliNokta(Renk(10, 10, 10), Nokta(1, 1)),
          RenkliNokta(Renk(20, 20, 20), Nokta(2, 2)),
          RenkliNokta(Renk(30, 30, 30), Nokta(3, 3)) ]);

    writeln(poligon);
}
```

Bu programın farkı, yine toplam 10 adet `toString` işlevi çağrılmış olmasına rağmen, o çağrıların tek `string`'in sonuna karakter eklenmesine neden olmalarıdır.

72.5 Özet

- `function` anahtar sözcüğü ile işlev göstergeleri tanımlanabilir ve bu göstergeler daha sonra işlev gibi kullanılabilir.
- `delegate` anahtar sözcüğü temsilci tanımlar. Temsilci, işlev göstergesine ek olarak o işlev göstergesinin kullandığı kapsamı da barındırır.
- Bir nesne ve onun bir üye işlevi `&nesne.üye_işlev` söz dizimi ile `delegate` oluşturur.
- İşlev göstergesi veya temsilci gereken yerlerde isimsiz işlevler veya isimsiz temsilciler tanımlanabilir.
- Temsilciler `.funcptr` ve `.ptr` niteliklerine değer atanarak açıkça oluşturulabilirler.
- İsimsiz işlevlerin çeşitli kısa söz dizimleri vardır. Tek `return` deyimi içeren isimsiz işlevler bu söz dizimlerinin en kısası olan `parametre => ifade` söz dizimi ile tanımlanabilirler.
- `toString`'in daha hızlı işleyen çeşidi `delegate` parametre alır.

73 Yapı ve Sınıflarda foreach

foreach Döngüsü bölümünden (sayfa 121) hatırlayacağınız gibi, bu döngü uygulandığı türe göre değişik şekillerde işler. Nasıl kullanıldığına bağlı olarak farklı elemanlara erişim sağlar: dizilerde, sayaçlı veya sayaçsız olarak dizi elemanlarına; eşleme tablolarında, indeksli veya indekssiz olarak tablo elemanlarına; sayı aralıklarında, değerlere; kütüphane türlerinde, o türe özel bir şekilde, örneğin `File` için dosya satırlarına...

`foreach`'in nasıl işleyeceğini kendi türlerimiz için de belirleyebiliriz. Bunun için iki farklı yöntem kullanılabilir:

- Türün aralık algoritmalarıyla da kullanılmasına olanak veren *aralık işlevleri* tanımlamak
- Tür için `opApply` üye işlevleri tanımlamak

Bu iki yöntemden `opApply` işlevleri önceliklidir: Tanımlanmışlarsa derleyici o üye işlevleri kullanır; tanımlanmamışlarsa *aralık işlevlerine* başvurur. Öte yandan, *aralık işlevleri* yöntemi çoğu durumda yeterli, daha basit, ve daha kullanışlıdır.

Bu yöntemlere geçmeden önce, `foreach`'in her türe uygun olamayacağını vurgulamak istiyorum. Bir nesne üzerinde `foreach` ile ilerlemek, ancak o tür herhangi bir şekilde bir *topluluk* olarak kabul edilebiliyorsa anlamlıdır.

Örneğin, `Öğrenci` gibi bir sınıfın `foreach` ile kullanılmasında ne tür değişkenlere erişileceği açık değildir. O yüzden `Öğrenci` sınıfının böyle bir konuda destek vermesi beklenmeyebilir. Öte yandan, başka bir bakış açısı ile, `foreach` döngüsünün `Öğrenci` nesnesinin notlarına erişmek için kullanılacağı da düşünülebilir.

Kendi türlerinizin `foreach` desteği verip vermeyeceklerine ve vereceklerse ne tür değişkenlere erişim sağlayacaklarına siz karar vermelisiniz.

73.1 foreach desteğini aralık işlevleri ile sağlamak

`foreach`'in `for`'un daha kullanışlısı olduğunu biliyoruz. Şöyle bir `foreach` döngüsü olsun:

```
foreach (eleman; aralık) {
    // ... ifadeler ...
}
```

O döngü, derleyici tarafından arka planda bir `for` döngüsü olarak şöyle gerçekleştirilir:

```
for ( ; /* bitmediği sürece */; /* başından daralt */) {

    auto eleman = /* aralığın başındaki */;

    // ... ifadeler ...
}
```

`foreach`'in kendi türlerimizle de çalışabilmesi için yukarıdaki üç özel bölümde kullanılacak olan üç özel üye işlev tanımlamak gerekir. Bu üç işlev; döngünün sonunu belirlemek, sonrakine geçmek (aralığı baş tarafından daraltmak), ve en baştakine erişim sağlamak için kullanılır.

Bu üç üye işlevin isimleri sırasıyla `empty`, `popFront`, ve `front`'tur. Derleyicinin arka planda ürettiği kod bu üye işlevleri kullanır:

```
    for ( ; !aralık.empty(); aralık.popFront()) {

        auto eleman = aralık.front();

        // ... ifadeler ...
    }
```

Bu üç işlev aşağıdaki gibi işlemelidir:

- `.empty()`: Aralık tükenmişse `true`, değilse `false` döndürür
- `.popFront()`: Bir sonrakine geçer (aralığı baş tarafından daraltır)
- `.front()`: Baştaki elemanı döndürür

O şekilde işleyen böyle üç üye işleve sahip olması, türün `foreach` ile kullanılabilmesi için yeterlidir.

Örnek

Belirli aralıkta değerler üreten bir yapı tasarlayalım. Aralığın başını ve sonunu belirleyen değerler, nesne kurulurken belirlensinler. Geleneklere uygun olarak, son değer aralığın *dışında* kabul edilsin. Bir anlamda, D'nin `baş..son` şeklinde yazılan aralıklarının eşdeğeri olarak çalışan bir tür tanımlayalım:

```
struct Aralık {
    int baş;
    int son;

    invariant() {
        // baş'ın hiçbir zaman son'dan büyük olmaması gerekir
        assert(baş <= son);
    }

    bool empty() const {
        // baş, son'a eşit olduğunda aralık tükenmiş demektir
        return baş == son;
    }

    void popFront() {
        // Bir sonrakine geçmek, baş'ı bir arttırmaktır. Bu
        // işlem, bir anlamda aralığı baş tarafından kısaltır.
        ++baş;
    }

    int front() const {
        // Aralığın başındaki değer, baş'ın kendisidir
        return baş;
    }
}
```

Not: Ben güvenlik olarak yalnızca `invariant` bloğundan yararlandım. Ona ek olarak, `popFront` ve `front` işlevleri için `in` blokları da düşünülebilirdi; o işlevlerin doğru olarak çalışabilmesi için ayrıca aralığın boş olmaması gerekir.

O yapının nesnelerini artık `foreach` ile şöyle kullanabiliriz:

```
    foreach (eleman; Aralık(3, 7)) {
        write(eleman, ' ');
    }
```

`foreach`, o üç işlevden yararlanarak aralıktaki değerleri sonuna kadar, yani `empty`'nin dönüş değeri `true` olana kadar kullanır:

```
3 4 5 6
```

Ters sırada ilerlemek için `std.range.retro`

`std.range` modülü aralıklarla ilgili çeşitli olanaklar sunar. Bunlar arasından `retro`, kendisine verilen aralığı ters sırada kullanır. Türün `retro` ile kullanılabilmesi için bu amaca yönelik iki üye işlev daha gerekir:

- `.popBack()`: Bir öncekine geçer (aralığı son tarafından daraltır)
- `.back()`: Sondaki elemanı döndürür

Ancak, `retro`'nun o iki işlevi kullanabilmesi için bir işlevin daha tanımlanmış olması gerekir:

- `.save()`: Aralığın şu andaki durumunun kopyasını döndürür

Bu üye işlevler hakkında daha ayrıntılı bilgiyi daha sonra Aralıklar bölümünde (sayfa 572) göreceğiz.

Bu üç işlevi `Aralık` yapısı için şöyle tanımlayabiliriz:

```
struct Aralık {
// ...

    void popBack() {
        // Bir öncekine geçmek, son'u bir azaltmaktır. Bu
        // işlem, bir anlamda aralığı son tarafından kısaltır.
        --son;
    }

    int back() const {
        // Aralığın sonundaki değer, son'dan bir önceki
        // değerdir; çünkü gelenek olarak aralığın sonu,
        // aralığa dahil değildir.
        return son - 1;
    }

    Aralık save() const {
        // Aralık nesnesinin şu andaki durumu bir kopyası
        // döndürülerek sağlanabilir.
        return this;
    }
}
```

Bu türün nesneleri `retro` ile kullanılmaya hazırdır:

```
import std.range;

// ...

    foreach (eleman; Aralık(3, 7).retro) {
        write(eleman, ' ');
    }
```

Kodun çıktısından anlaşıldığı gibi, `retro` yukarıdaki üye işlevlerden yararlanarak bu aralığı ters sırada kullanır:

```
6 5 4 3
```

73.2 foreach desteğini opApply ve opApplyReverse işlevleri ile sağlamak

Bu başlık altında `opApply` için anlatılanlar `opApplyReverse` için de geçerlidir. `opApplyReverse`, nesnenin `foreach_reverse` döngüsüyle kullanımını belirler.

Yukarıdaki üye işlevler, nesneyi sanki bir aralıkmış gibi kullanmayı sağlarlar. O yöntem, nesnelerin `foreach` ile tek bir şekilde kullanılmaları durumuna daha uygundur. Örneğin `Öğrenciler` gibi bir türün nesnelerinin, öğrencilere `foreach` ile teker teker erişim sağlaması, o yöntemle kolayca gerçekleştirilebilir.

Öte yandan, bazen bir nesne üzerinde farklı şekillerde ilerlemek istenebilir. Bunun örneklerini eşleme tablolarından biliyoruz: Döngü değişkenlerinin tanımına bağlı olarak ya yalnızca elemanlara, ya da hem elemanlara hem de indekslere erişilebiliyordu:

```
    string[string] ingilizcedenTürkçeye;

    // ...

    foreach (türkçesi; ingilizcedenTürkçeye) {
        // ... yalnızca elemanlar ...
    }

    foreach (ingilizcesi, türkçesi; ingilizcedenTürkçeye) {
        // ... indeksler ve elemanlar ...
    }
```

`opApply` işlevleri, kendi türlerimizi de `foreach` ile birden fazla şekilde kullanma olanağı sağlarlar. `opApply`'ın nasıl tanımlanması gerektiğini görmeden önce `opApply`'ın nasıl çağrıldığını anlamamız gerekiyor.

Programın işleyişi, `foreach`'in kapsamına yazılan işlemler ile `opApply` işlevinin işlemleri arasında, belirli bir *anlaşmaya* uygun olarak gider gelir. Önce `opApply`'ın içi işletilir; `opApply` kendi işi sırasında `foreach`'in işlemlerini çağırır; ve bu karşılıklı gidiş geliş döngü sonuna kadar devam eder.

Bu *anlaşmayı* açıklamadan önce `foreach` döngüsünün yapısını tekrar hatırlatmak istiyorum:

```
// Programcının yazdığı döngü:

    foreach (/* döngü değişkenleri */; nesne) {
        // ... işlemler ...
    }
```

Eğer döngü değişkenlerine uyan bir `opApply` işlevi tanımlanmışsa; derleyici, döngü değişkenlerini ve döngü kapsamını kullanarak bir *temsilci* oluşturur ve nesnenin `opApply` işlevini o temsilci ile çağırır.

Buna göre, yukarıdaki döngü derleyici tarafından arka planda aşağıdaki koda dönüştürülür. Temsilciyi oluşturan kapsam parantezlerini işaretlenmiş olarak gösteriyorum:

```
// Derleyicinin arka planda kullandığı kod:

    nesne.opApply(delegate int(/* döngü değişkenleri */) {
        // ... işlemler ...
        return sonlandı_mı;
    });
```

Yani, `foreach` döngüsü ortadan kalkar; onun yerine nesnenin `opApply` işlevi derleyicinin oluşturduğu bir temsilci ile çağrılır. Derleyicinin oluşturduğu bir temsilcinin kullanılıyor olması `opApply` işlevinin yazımı konusunda bazı zorunluluklar getirir.

Bu dönüşümü ve uyulması gereken zorunlulukları şu maddelerle açıklayabiliriz:

1. `foreach`'in işlemleri temsilciyi oluşturan işlemler haline gelirler. Bu temsilci `opApply` tarafından çağrılmalıdır.

2. Döngü değişkenleri temsilcinin parametreleri haline gelirler. Bu parametrelerin `opApply`'ın tanımında `ref` olarak işaretlenmeleri gerekir. (Parametreler aslında `ref` anahtar sözcüğünü kullanmadan da tanımlanabilirler ama o zaman elemanlara *referans olarak* (sayfa 160) erişilemez.)
3. Temsilcinin dönüş türü `int`'tir. Buna uygun olarak, temsilcinin sonuna derleyici tarafından bir `return` satırı eklenir. `return`'ün döndürdüğü bilgi, döngünün `break` veya `return` ile sonlanıp sonlanmadığını anlamak için kullanılır. Eğer sıfır ise döngü devam etmelidir; sıfırdan farklı ise döngü sonlanmalıdır.
4. Asıl döngü `opApply`'ın içinde programcı tarafından gerçekleştirilir.
5. `opApply`, temsilcinin döndürmüş olduğu `sonlandı_mı` değerini döndürmelidir.

`Aralık` yapısını bu anlaşmaya uygun olarak aşağıdaki gibi tanımlayabiliriz. Yukarıdaki maddeleri, ilgili oldukları yerlerde açıklama satırları olarak belirtiyorum:

```
struct Aralık {
    int baş;
    int son;
                          //    (2)         (1)
    int opApply(int delegate(ref int) işlemler) const {
        int sonuç = 0;

        for (int sayı = baş; sayı != son; ++sayı) {  // (4)
            sonuç = işlemler(sayı);  // (1)

            if (sonuç) {
                break;               // (3)
            }
        }

        return sonuç;                // (5)
    }
}
```

Bu yapıyı da `foreach` ile aynı şekilde kullanabiliriz:

```
    foreach (eleman; Aralık(3, 7)) {
        write(eleman, ' ');
    }
```

Çıktısı, aralık işlevleri kullanıldığı zamanki çıktının aynısı olacaktır:

```
3 4 5 6
```

Farklı biçimlerde ilerlemek için opApply'ın yüklenmesi

Nesne üzerinde farklı şekillerde ilerleyebilmek, `opApply`'ın değişik türlerdeki temsilcilerle yüklenmesi ile sağlanır. Derleyici, `foreach` değişkenlerinin uyduğu bir `opApply` yüklemesi bulur ve onu çağırır.

Örneğin, `Aralık` nesnelerinin iki `foreach` değişkeni ile de kullanılabilmelerini isteyelim:

```
    foreach (birinci, ikinci; Aralık(0, 15)) {
        writef("%s,%s ", birinci, ikinci);
    }
```

O kullanım, eşleme tablolarının hem indekslerine hem de elemanlarına `foreach` ile erişildiği duruma benzer.

Bu örnekte, `Aralık` yukarıdaki gibi iki değişkenle kullanıldığında art arda iki değere erişiliyor olsun; ve döngünün her ilerletilişinde değerler beşer beşer artsın. Yani yukarıdaki döngünün çıktısı şöyle olsun:

```
0,1 5,6 10,11
```

Bunu sağlamak için iki değişkenli bir temsilci ile çalışan yeni bir `opApply` tanımlamak gerekir. O temsilci `opApply` tarafından ve bu kullanıma uygun olan iki değerle çağrılmalıdır:

```
    int opApply(int delegate(ref int, ref int) işlemler) const {
        int sonuç = 0;

        for (int i = baş; (i + 1) < son; i += 5) {
            int birinci = i;
            int ikinci = i + 1;

            sonuç = işlemler(birinci, ikinci);

            if (sonuç) {
                break;
            }
        }

        return sonuç;
    }
```

İki değişkenli döngü kullanıldığında üretilen temsilci bu `opApply` yüklemesine uyduğu için, derleyici bu tanımı kullanır.

Tür için anlamlı olduğu sürece başka `opApply` işlevleri de tanımlanabilir.

Hangi `opApply` işlevinin seçileceği döngü değişkenlerinin adedi yanında, türleri ile de belirlenebilir. Değişkenlerin türleri `foreach` döngüsünde açıkça yazılabilir ve böylece ne tür elemanlar üzerinde ilerlenmek istendiği açıkça belirtilebilir.

Buna göre, `foreach` döngüsünün hem öğrencilere hem de öğretmenlere erişmek için kullanılabileceği bir `Okul` sınıfı şöyle tanımlanabilir:

```
class Okul {
    int opApply(int delegate(ref Öğrenci) işlemler) const {
        // ...
    }

    int opApply(int delegate(ref Öğretmen) işlemler) const {
        // ...
    }
}
```

Bu `Okul` türünü kullanan programlar, hangi elemanlar üzerinde ilerleneceğini döngü değişkenini açık olarak yazarak seçebilirler:

```
    foreach (Öğrenci öğrenci; okul) {
        // ...
    }

    foreach (Öğretmen öğretmen; okul) {
        // ...
    }
```

Derleyici, değişkenin türüne uyan bir temsilci üretecek ve o temsilciye uyan `opApply` işlevini çağıracaktır.

73.3 Döngü sayacı

`foreach`'in dizilerle kullanımında kolaylık sağlayan döngü sayacı bütün türler için otomatik değildir. İstendiğinde kendi türlerimiz için açıkça programlamamız gerekir.

Aralık işlevleriyle döngü sayacı

Eğer `foreach` aralık işlevleriyle sağlanmışsa sayaç elde etmenin en kolay yolu `std.range` modülünde tanımlı olan ve "numaralandır" anlamına gelen `enumerate`'ten yararlanmaktır:

```
import std.range;

// ...

    foreach (i, eleman; Aralık(42, 47).enumerate) {
        writefln("%s: %s", i, eleman);
    }
```

`enumerate` sıfırdan başlayan sayılar üretir ve bu sayıları asıl aralığın elemanları ile eşleştirir. (Sıfırdan farklı başlangıç değeri de seçilebilir.) Sonuçta, sayaç ve asıl aralıktaki değerler `foreach`'in iki döngü değişkeni olarak elde edilirler:

```
0: 42
1: 43
2: 44
3: 45
4: 46
```

opApply ile döngü sayacı

`foreach` desteğinin `opApply` ile sağlandığı durumda ise sayaç değişkeninin `size_t` türünde ek bir değişken olarak tanımlanması gerekir. Bunu göstermek için noktalardan oluşan ve kendi rengine sahip olan bir poligon yapısı tasarlayalım.

Bu yapının noktalarını sunan *sayaçsız* bir `opApply` yukarıdakilere benzer biçimde şöyle tanımlanabilir:

```
import std.stdio;

enum Renk { mavi, yeşil, kırmızı }

struct Nokta {
    int x;
    int y;
}

struct Poligon {
    Renk renk;
    Nokta[] noktalar;

    int opApply(int delegate(ref const(Nokta)) işlemler) const {
        int sonuç = 0;

        foreach (nokta; noktalar) {
            sonuç = işlemler(nokta);

            if (sonuç) {
                break;
            }
        }

        return sonuç;
    }
}

void main() {
```

```
    auto poligon = Poligon(Renk.mavi,
                           [ Nokta(0, 0), Nokta(1, 1) ] );

    foreach (nokta; poligon) {
        writeln(nokta);
    }
}
```

opApply'ın tanımında da foreach'ten yararlanıldığına dikkat edin. main içinde poligon nesnesi üzerinde işleyen foreach, poligonun noktalar üyesi üzerinde işletilen bir foreach'ten yararlanmış olur.

delegate'in parametresinin ref const(Nokta) olduğuna dikkat edin. Bu, bu opApply'ın elemanların foreach içinde değiştirilmelerine izin vermediği anlamına gelir. Elemanların değiştirilmelerine izin verilmesi için hem opApply'ın hem de parametresinin const belirteci olmadan tanımlanmaları gerekir.

Çıktısı:

```
const(Nokta)(0, 0)
const(Nokta)(1, 1)
```

Poligon türünü bu tanımı ile sayaçlı olarak kullanmaya çalıştığımızda bu kullanım opApply yüklemesine uymayacağından doğal olarak bir derleme hatasıyla karşılaşırız:

```
    foreach (sayaç, nokta; poligon) {     // ← derleme HATASI
        writefln("%s: %s", sayaç, nokta);
    }
```

Derleme hatası foreach değişkenlerinin anlaşılamadıklarını bildirir:

```
Error: cannot uniquely infer foreach argument types
```

Böyle bir kullanımı destekleyen bir opApply yüklemesi, opApply'ın aldığı temsilcinin size_t ve Nokta türlerinde iki parametre alması ile sağlanmalıdır:

```
    int opApply(int delegate(ref size_t,
                             ref const(Nokta)) işlemler) const {
        int sonuç = 0;

        foreach (sayaç, nokta; noktalar) {
            sonuç = işlemler(sayaç, nokta);

            if (sonuç) {
                break;
            }
        }

        return sonuç;
    }
```

Program foreach'in son kullanımını bu opApply yüklemesine uydurur ve artık derlenir:

```
0: const(Nokta)(0, 0)
1: const(Nokta)(1, 1)
```

Bu opApply'ın tanımında noktalar üyesi üzerinde işleyen foreach döngüsünün otomatik sayacından yararlanıldığına dikkat edin. (*Temsilci parametresi ref size_t olarak tanımlanmış olduğu halde, main içindeki foreach döngüsü noktalar üzerinde ilerleyen otomatik sayacı değiştiremez.*)

Gerektiğinde sayaç değişkeni açıkça tanımlanabilir ve arttırılabilir. Örneğin, aşağıdaki opApply bu sefer bir while döngüsünden yararlandığı için sayacı kendisi tanımlıyor ve arttırıyor:

```
int opApply(int delegate(ref size_t,
                         ref Eleman) işlemler) const {
    int sonuç = 0;
    bool devam_mı = true;

    size_t sayaç = 0;
    while (devam_mı) {
        // ...

        sonuç = işlemler(sayaç, sıradakiEleman);

        if (sonuç) {
            break;
        }

        ++sayaç;
    }

    return sonuç;
}
```

73.4 Uyarı: foreach'in işleyişi sırasında topluluk değişmemelidir

Hangi yöntemle olursa olsun, `foreach` desteği veren bir tür, döngünün işleyişi sırasında sunduğu *topluluk* kavramında bir değişiklik yapmamalıdır: döngünün işleyişi sırasında yeni elemanlar eklememeli ve var olan elemanları silmemelidir. (Var olan elemanların değiştirilmelerinde bir sakınca yoktur.)

Bu kurala uyulmaması tanımsız davranıştır.

73.5 Problemler

1. Yukarıdaki `Aralık` gibi çalışan, ama aralıktaki değerleri birer birer değil, belirtilen adım kadar ilerleten bir yapı tanımlayın. Adım bilgisini kurucu işlevinin üçüncü parametresi olarak alsın:

```
foreach (sayı; Aralık(0, 10, 2)) {
    write(sayı, ' ');
}
```

Sıfırdan 10'a kadar ikişer ikişer ilerlemesi beklenen o `Aralık` nesnesinin çıktısı şöyle olsun:

```
0 2 4 6 8
```

2. Yazı içinde geçen `Okul` sınıfını, `foreach`'in döngü değişkenlerine göre öğrencilere veya öğretmenlere erişim sağlayacak şekilde yazın.

Çözümler: Sayfa 740

74 İç İşlevler, Yapılar, ve Sınıflar

İşlevler, yapılar, ve sınıflar iç kapsamlarda tanımlanabilirler. Bu hem isimlerin daha dar kapsamlarda geçerli olmalarını ve böylece bir anlamda o isimlerin sarmalanmalarını sağlar hem de İşlev Göstergeleri, İsimsiz İşlevler, ve Temsilciler bölümünde (sayfa 476) gördüğümüz kapamaların başka bir gerçekleştirmesidir.

Bir örnek olarak, aşağıdaki `dışİşlev()` işlevinin kapsamında bir işlev, bir yapı, ve bir de sınıf tanımlanmaktadır:

```
void dışİşlev(int parametre) {
    int yerel;

    void içİşlev() {
        yerel = parametre * 2;
    }

    struct İçYapı {
        void üyeİşlev() {
            yerel /= parametre;
        }
    }

    class İçSınıf {
        void üyeİşlev() {
            yerel += parametre;
        }
    }

    // İşlev içindeki kullanımları:

    içİşlev();

    auto y = İçYapı();
    y.üyeİşlev();

    auto s = new İçSınıf();
    s.üyeİşlev();
}

void main() {
    dışİşlev(42);
}
```

Beklenebileceği gibi, iç tanımlar dış kapsamlarındaki değişkenlere erişebilirler. Örneğin, yukarıdaki koddaki iç tanımların üçü de `parametre` ve `yerel` adlı değişkenlere erişebilmektedir.

İşlev içinde tanımlanan değişkenlerde olduğu gibi, işlev içinde tanımlanan isimler de yalnızca tanımlandıkları kapsamda geçerlidir. Örneğin; `içİşlev()`, `İçYapı`, ve `İçSınıf` isimleri `main()` içinde kullanılamaz:

```
void main() {
    auto a = İçYapı();              // ← derleme HATASI
    auto b = dışİşlev.İçYapı();     // ← derleme HATASI
}
```

Ancak, isimleri kullanılamasalar da iç tanımlar başka kapsamlarda kullanılabilirler. Örneğin, bir çok Phobos algoritması görevini kendi içinde tanımladığı bir yapı aracılığıyla gerçekleştirir.

Bunun bir örneğini görmek için kendisine verilen dilimi bir baştan bir sondan tüketerek kullanan bir işlev tanımlayalım:

```
import std.stdio;
import std.array;
```

```
auto baştanSondan(T)(T[] dilim) {
    bool baştan_mı = true;

    struct BaştanSondanAralığı {
        bool empty() const {
            return dilim.empty;
        }

        T front() const {
            return baştan_mı ? dilim.front : dilim.back;
        }

        void popFront() {
            if (baştan_mı) {
                dilim.popFront();
                baştan_mı = false;

            } else {
                dilim.popBack();
                baştan_mı = true;
            }
        }
    }

    return BaştanSondanAralığı();
}

void main() {
    auto a = baştanSondan([ 1, 2, 3, 4, 5 ]);
    writeln(a);
}
```

Her ne kadar ismine erişemese de, `main()` `baştanSondan()` işlevinin kurduğu ve döndürdüğü iç yapı nesnesini kullanabilir:

```
[1, 5, 2, 4, 3]
```

Not: İsimlerinin söylenemiyor olması Harry Potter karakterlerinden Voldemort'u çağrıştırdığından bu çeşit türlere Voldemort türü denir.

Dikkat ederseniz, `baştanSondan()` işlevinin döndürdüğü iç yapının hiçbir üyesi bulunmamaktadır. O yapı görevini yalnızca işlev parametresi olan `dilim`'i ve yerel değişken olan `baştan_mı`'yı kullanarak gerçekleştirmektedir. Bu değişkenlerin normalde işlevden çıkılırken sonlanacak olan yaşamları iç yapı nesnesi yaşadığı sürece uzatılır. Bu; İşlev Göstergeleri, İsimsiz İşlevler, ve Temsilciler bölümünde (sayfa 476) gördüğümüz *kapsam saklama* kavramının aynısıdır: İşlevlerden döndürülen iç tanımlar tanımlandıkları kapsamların yaşam süreçlerini kendileri yaşadıkları sürece uzatırlar ve böylece fonksiyonel programlamadaki *kapama* kavramını oluştururlar.

Kapama gerekmeyen durumlarda `static`

Tanımlandıkları kapsamı da barındırdıklarından iç tanımlar modül düzeyinde tanımlanmış olan benzerlerinden daha masraflıdır. Ek olarak, bu türlerin nesneleri işledikleri kapsamın hangisi olduğunu bildiren gizli bir *kapsam göstergesi* de barındırmak zorundadırlar. İç tanım nesneleri bu yüzden daha fazla yer de kaplarlar. Örneğin, aynı sayıda üye değişkene sahip oldukları halde aşağıdaki iki yapının boyutları farklıdır:

```
import std.stdio;

struct Dış {
    int i;

    void işlev() {
    }
```

```
}

void foo() {
    struct İç {
        int i;

        void işlev() {
        }
    }

    writefln("Dıştaki %s bayt, içteki %s bayt",
             Dış.sizeof, İç.sizeof);
}

void main() {
    foo();
}
```

Büyüklükler farklı ortamlarda farklı olabilir. Benim ortamımdaki çıktısı aşağıdaki gibi:

```
Dıştaki 4 bayt, içteki 16 bayt
```

İç tanımlar bazen yalnızca kodu olabildiğince yerel tanımlamak amacıyla kullanılırlar; kapsamdaki değişkenlere erişmeyle ve dolayısıyla kapama oluşturmayla ilgileri yoktur. Getirdikleri masraf böyle durumlarda gereksiz olacağından iç tanımların normal tanımlara eşdeğer olmaları istendiğinde `static` anahtar sözcüğü kullanılır. Bunun doğal sonucu olarak `static` iç tanımlar kapsamdaki değişkenlere erişemezler:

```
void dışİşlev(int parametre) {
    static class İçSınıf {
        int i;

        this() {
            i = parametre;      // ← derleme HATASI
        }
    }
}
```

Bir iç sınıf nesnesinin kapsam göstergesi `.outer` niteliği ile `void*` türünde elde edilebilir. Örneğin, aynı kapsamda oluşturulan iki sınıf değişkeninin kapsam göstergeleri bekleneceği gibi aynıdır:

```
void foo() {
    class C {
    }

    auto a = new C();
    auto b = new C();

    assert(a.outer is b.outer);
}
```

Sınıf içinde tanımlanan sınıflarda kapsam göstergesinin türü `void*` değil, dış sınıfın türüdür. Bunu biraz aşağıda göreceğiz.

Sınıf içinde tanımlanan sınıflar

Bir sınıf başka bir sınıf içinde tanımlandığında iç sınıfın kapsamı dış sınıf nesnesinin kendisidir.

Bu çeşit iç sınıf nesneleri özel `this.new` söz dizimi ile oluşturulurlar. Dış kapsamı oluşturan nesneye gerektiğinde `this.outer` ile erişilebilir:

```
class Dış {
    int dışÜye;
```

```
    class İç {
        int işlev() {
            /* İç sınıf dış sınıfın üyelerine erişebilir. */
            return dışÜye * 2;
        }

        Dış dışNesne() {
            /* İç nesne kendi kapsamı olan dış nesnesine
             * 'outer' anahtar sözcüğüyle erişebilir. Bu
             * örnekte yalnızca dönüş değeri olarak
             * kullanıyor.  */
            return this.outer;
        }
    }

    İç algoritma() {
        /* Dış kendisini kapsam olarak kullanacak olan bir İç
         * nesnesini özel 'this.new' söz dizimi ile kurar. */
        return this.new İç();
    }
}

void main() {
    auto dış = new Dış();

    /* Dış'ın bir işlevinin bir İç nesnesi döndürmesi: */
    auto iç = dış.algoritma();

    /* Döndürülen nesnenin kullanılması: */
    iç.işlev();

    /* Doğal olarak 'iç'in kapsamı 'dış'tır: */
    assert(iç.dışNesne() is dış);
}
```

Bu örnekteki `this.new` ve `this.outer` söz dizimleri yerine `.new` ve `.outer` var olan değişkenlere de uygulanabilir:

```
    auto dış = new Dış();
    auto iç = dış.new Dış.İç();
    auto dış2 = iç.outer;
```

74.1 Özet

- İç kapsamlarda tanımlanan işlevler, yapılar, ve sınıflar o kapsamlardaki isimlere doğrudan erişebilirler.
- İç tanımlar tanımlandıkları kapsamları canlı tutarak kapama oluştururlar.
- İç tanımlar normal tanımlardan daha masraflıdır. Bu masraf kapama gerekmeyen durumlarda `static` anahtar sözcüğü ile önlenir.
- Sınıf içinde tanımlanan sınıfın kapsamı, dışındaki sınıf nesnesidir. Sınıf içi sınıflar `this.new` veya `değişken.new` ile kurulurlar; kapsamlarına `this.outer` veya `değişken.outer` ile erişilir.

75 Birlikler

Birlikler, birden fazla üyenin aynı bellek alanını paylaşmalarını sağlarlar. D'ye C dilinden geçmiş olan alt düzey bir olanaktır.

İki fark dışında yapılarla aynı şekilde kullanılır:

- `struct` yerine `union` anahtar sözcüğü ile tanımlanır
- üyeleri aynı bellek alanını paylaşırlar; birbirlerinden bağımsız değillerdir

Yapılar gibi, birliklerin de üye işlevleri bulunabilir.

Aşağıdaki örnek programlar derlendikleri ortamın 32 bit veya 64 bit olmasına bağlı olarak farklı sonuçlar üreteceklerdir. Bu yüzden, bu bölümdeki programları derlerken `-m32` derleyici seçeneğini kullanmanızı öneririm. Aksi taktirde sizin sonuçlarınız aşağıda gösterilenlerden farklı olabilir.

Şimdiye kadar çok karşılaştığımız yapı türlerinin kullandıkları bellek alanı bütün üyelerini barındıracak kadar büyüktü:

```
struct Yapı {
    int i;
    double d;
}

// ...

    writeln(Yapı.sizeof);
```

Dört baytlık `int`'ten ve sekiz baytlık `double`'dan oluşan o yapının büyüklüğü 12'dir:

```
12
```

Aynı şekilde tanımlanan bir birliğin büyüklüğü ise, üyeleri aynı bellek bölgesini paylaştıkları için, üyelerden en büyüğü için gereken yer kadardır:

```
union Birlik {
    int i;
    double d;
}

// ...

    writeln(Birlik.sizeof);
```

Dört baytlık `int` ve sekiz baytlık `double` aynı alanı paylaştıkları için bu birliğin büyüklüğü en büyük üye için gereken yer kadardır:

```
8
```

Bunun bellek kazancı sağlayan bir olanak olduğunu düşünmeyin. Aynı bellek alanına birden fazla veri sığdırmak olanaksızdır. Birliklerin yararı, aynı bölgenin farklı zamanlarda farklı türden veriler için kullanılabilmesidir. Belirli bir anda ancak tek üyenin değerine güvenilebilir. Buna rağmen, her ortamda aynı şekilde çalışmasa da, birliklerin yararlarından birisi, geçerli olan verinin parçalarına diğer üyeler yoluyla erişilebilmesidir.

Aşağıdaki örneklerden birisi, geçerli üye dışındakilere erişimin `typeid`'den yararlanılarak nasıl engellenebileceğini göstermektedir.

Yukarıdaki birliği oluşturan sekiz baytın bellekte nasıl durduklarını ve üyeler için nasıl kullanıldıklarını şöyle gösterebiliriz:

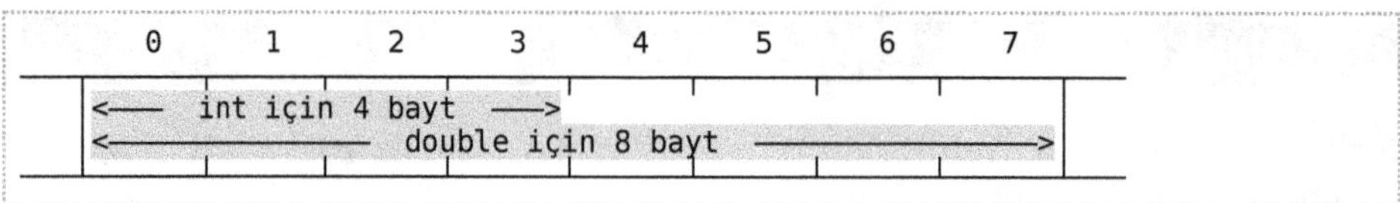

Ya sekiz baytın hepsi birden `double` üye için kullanılır, ya da ilk dört bayt `int` üye için kullanılır ve gerisine dokunulmaz.

Ben örnek olarak iki üye kullandım; birlikleri istediğiniz kadar üye ile tanımlayabilirsiniz. Üyelerin hepsi aynı alanı paylaşırlar.

Aynı bellek bölgesinin kullanılıyor olması ilginç sonuçlar doğurabilir. Örneğin, birliğin bir `int` ile ilklenmesi ama bir `double` olarak kullanılması, baştan kestirilemeyecek `double` değerleri verebilir:

```
    auto birlik = Birlik(42);      // int üyenin ilklenmesi
    writeln(birlik.d);             // double üyenin kullanılması
```

`int` üyeyi oluşturan dört baytın 42 değerini taşıyacak şekilde kurulmaları, `double` üyenin değerini de etkiler:

```
2.07508e-322
```

Mikro işlemcinin bayt sıralarına bağlı olarak `int` üyeyi oluşturan dört bayt bellekte 0|0|0|42, 42|0|0|0, veya daha başka bir düzende bulunabilir. Bu yüzden yukarıdaki `double` üyenin değeri başka ortamlarda daha farklı da olabilir.

75.1 İsimsiz birlikler

İsimsiz birlikler, içinde bulundukları bir yapının hangi üyelerinin paylaşımlı olarak kullanıldıklarını belirlerler:

```
struct BirYapı {
    int birinci;

    union {
        int ikinci;
        int üçüncü;
    }
}

// ...

    writeln(BirYapı.sizeof);
```

Yukarıdaki yapının son iki üyesi aynı alanı paylaşırlar ve bu yüzden yapı, toplam iki `int`'in büyüklüğü kadar yer tutar. Birlik üyesi olmayan `birinci` için gereken 4 bayt, ve `ikinci` ile `üçüncü`'nün paylaştıkları 4 bayt:

```
8
```

75.2 Başka bir türün baytlarını ayrıştırmak

Birlikler, türleri oluşturan baytlara teker teker erişmek için kullanılabilirler. Örneğin aslında 32 bitten oluşan IPv4 adreslerinin 4 bölümünü elde etmek için bu 32 biti paylaşan 4 baytlık bir dizi kullanılabilir. Adres değerini oluşturan üye ve dört bayt bir birlik olarak şöyle bir araya getirilebilir:

```
union IpAdresi {
    uint değer;
    ubyte[4] baytlar;
}
```

O birliği oluşturan iki üye, aynı belleği şu şekilde paylaşırlar:

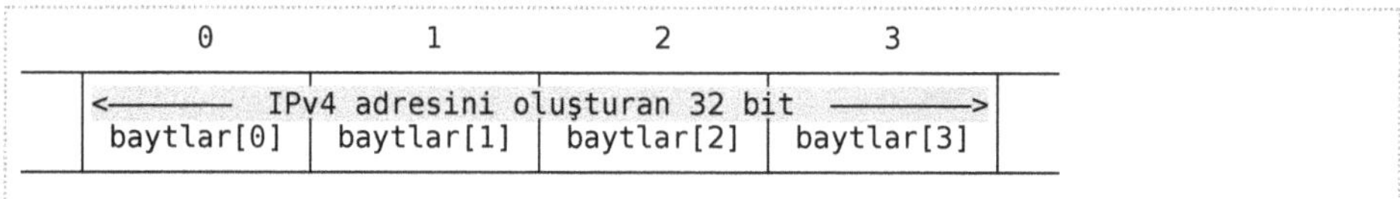

Bu birlik, daha önceki bölümlerde 192.168.1.2 adresinin değeri olarak karşılaştığımız 0xc0a80102 ile ilklendiğinde, `baytlar` dizisinin elemanları teker teker adresin dört bölümüne karşılık gelirler:

```
void main() {
    auto adres = IpAdresi(0xc0a80102);
    writeln(adres.baytlar);
}
```

Adresin bölümleri, bu programı denediğim ortamda alışık olunduğundan ters sırada çıkmaktadır:

```
[2, 1, 168, 192]
```

Bu, programı çalıştıran mikro işlemcinin küçük soncul olduğunu gösterir. Başka ortamlarda başka sırada da çıkabilir.

Bu örnekte özellikle belirtmek istediğim, birlik üyelerinin değerlerinin belirsiz olabilecekleridir. Birlikler, ancak ve ancak tek bir üyeleri ile kullanıldıklarında beklendiği gibi çalışırlar. Hangi üyesi ile kurulmuşsa, birlik nesnesinin yaşamı boyunca o üyesi ile kullanılması gerekir. O üye dışındaki üyelere erişildiğinde ne tür değerlerle karşılaşılacağı ortamdan ortama farklılık gösterebilir.

Bu bölümle ilgisi olmasa da, `core.bitop` modülünün `bswap` işlevinin bu konuda yararlı olabileceğini belirtmek istiyorum. `bswap`, kendisine verilen `uint`'in baytları ters sırada olanını döndürür. `std.system` modülündeki `endian` değerinden de yararlanırsak, küçük soncul bir ortamda olduğumuzu şöyle belirleyebilir ve yukarıdaki IPv4 adresini oluşturan baytları tersine çevirebiliriz:

```
import std.system;
import core.bitop;

// ...

    if (endian == Endian.littleEndian) {
        adres.değer = bswap(adres.değer);
    }
```

`Endian.littleEndian` değeri sistemin küçük soncul olduğunu, `Endian.BigEndian` değeri de büyük soncul olduğunu belirtir. Yukarıdaki dönüşüm sonucunda IPv4 adresinin bölümleri alışık olunan sırada çıkacaktır:

```
[192, 168, 1, 2]
```

Bunu yalnızca birliklerle ilgili bir kullanım örneği olarak gösterdim. Normalde IPv4 adresleriyle böyle doğrudan ilgilenmek yerine, o iş için kullanılan bir kütüphanenin olanaklarından yararlanmak daha doğru olur.

75.3 Örnekler

Haberleşme protokolü

Bazı protokollerde, örneğin ağ protokollerinde, bazı baytların anlamı başka bir üye tarafından belirleniyor olabilir. Ağ pakedinin daha sonraki bir bölümü, o üyenin değerine göre farklı bir şekilde kullanılıyor olabilir:

```
struct Adres {
    // ...
}

struct BirProtokol {
    // ...
}

struct BaşkaProtokol {
    // ...
}

enum ProtokolTürü { birTür, başkaTür }

struct AğPakedi {
    Adres hedef;
    Adres kaynak;
    ProtokolTürü tür;

    union {
        BirProtokol birProtokol;
        BaşkaProtokol başkaProtokol;
    }

    ubyte[] geriKalanı;
}
```

Yukarıdaki `AğPakedi` yapısında hangi protokol üyesinin geçerli olduğu `tür`'ün değerinden anlaşılabilir, programın geri kalanı da yapıyı o değere göre kullanır.

Korumalı birlik

Korumalı birlik, `union` kullanımını güvenli hale getiren bir veri yapısıdır. `union`'ın aksine, yalnızca belirli bir anda geçerli olan üyeye erişilmesine izin verir.

Aşağıdaki, yalnızca `int` ve `double` türlerini kullanan basit bir korumalı birlik örneğidir. Veri saklamak için kullandığı `union` üyesine ek olarak bir de o birliğin hangi üyesinin geçerli olduğunu bildiren bir `TypeInfo` (sayfa 344) üyesi vardır.

```
import std.stdio;
import std.exception;

struct Korumalı {
private:

    TypeInfo geçerliTür_;

    union {
        int i_;
        double d_;
    }

public:

    this(int değer) {
        // Bu atama, aşağıdaki nitelik işlevini çağırır
        i = değer;
    }

    // 'int' üyeyi değiştirir
    void i(int değer) {
        i_ = değer;
        geçerliTür_ = typeid(int);
    }

    // 'int' veriyi döndürür
    int i() const {
        enforce(geçerliTür_ == typeid(int),
                "Veri 'int' değil.");
        return i_;
```

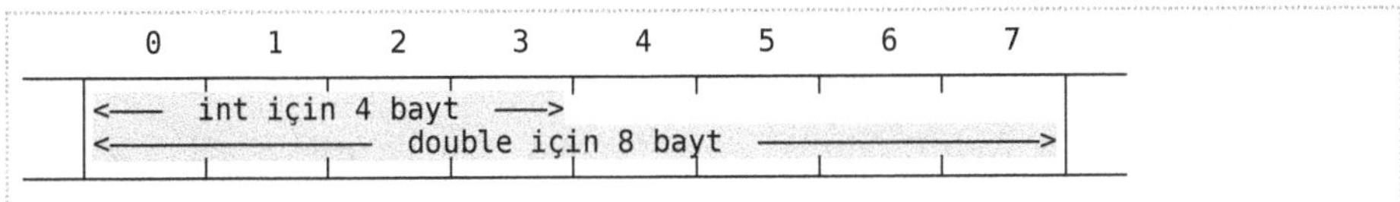

Ya sekiz baytın hepsi birden `double` üye için kullanılır, ya da ilk dört bayt `int` üye için kullanılır ve gerisine dokunulmaz.

Ben örnek olarak iki üye kullandım; birlikleri istediğiniz kadar üye ile tanımlayabilirsiniz. Üyelerin hepsi aynı alanı paylaşırlar.

Aynı bellek bölgesinin kullanılıyor olması ilginç sonuçlar doğurabilir. Örneğin, birliğin bir `int` ile ilklenmesi ama bir `double` olarak kullanılması, baştan kestirilemeyecek `double` değerleri verebilir:

```
    auto birlik = Birlik(42);     // int üyenin ilklenmesi
    writeln(birlik.d);            // double üyenin kullanılması
```

`int` üyeyi oluşturan dört baytın 42 değerini taşıyacak şekilde kurulmaları, `double` üyenin değerini de etkiler:

```
2.07508e-322
```

Mikro işlemcinin bayt sıralarına bağlı olarak `int` üyeyi oluşturan dört bayt bellekte 0|0|0|42, 42|0|0|0, veya daha başka bir düzende bulunabilir. Bu yüzden yukarıdaki `double` üyenin değeri başka ortamlarda daha farklı da olabilir.

75.1 İsimsiz birlikler

İsimsiz birlikler, içinde bulundukları bir yapının hangi üyelerinin paylaşımlı olarak kullanıldıklarını belirlerler:

```
struct BirYapı {
    int birinci;

    union {
        int ikinci;
        int üçüncü;
    }
}

// ...

    writeln(BirYapı.sizeof);
```

Yukarıdaki yapının son iki üyesi aynı alanı paylaşırlar ve bu yüzden yapı, toplam iki `int`'in büyüklüğü kadar yer tutar. Birlik üyesi olmayan `birinci` için gereken 4 bayt, ve `ikinci` ile `üçüncü`'nün paylaştıkları 4 bayt:

```
8
```

75.2 Başka bir türün baytlarını ayrıştırmak

Birlikler, türleri oluşturan baytlara teker teker erişmek için kullanılabilirler. Örneğin aslında 32 bitten oluşan IPv4 adreslerinin 4 bölümünü elde etmek için bu 32 biti paylaşan 4 baytlık bir dizi kullanılabilir. Adres değerini oluşturan üye ve dört bayt bir birlik olarak şöyle bir araya getirilebilir:

```
union IpAdresi {
    uint değer;
    ubyte[4] baytlar;
}
```

O birliği oluşturan iki üye, aynı belleği şu şekilde paylaşırlar:

75 Birlikler

Birlikler, birden fazla üyenin aynı bellek alanını paylaşmalarını sağlarlar. D'ye C dilinden geçmiş olan alt düzey bir olanaktır.

İki fark dışında yapılarla aynı şekilde kullanılır:

- `struct` yerine `union` anahtar sözcüğü ile tanımlanır
- üyeleri aynı bellek alanını paylaşırlar; birbirlerinden bağımsız değillerdir

Yapılar gibi, birliklerin de üye işlevleri bulunabilir.

Aşağıdaki örnek programlar derlendikleri ortamın 32 bit veya 64 bit olmasına bağlı olarak farklı sonuçlar üreteceklerdir. Bu yüzden, bu bölümdeki programları derlerken `-m32` derleyici seçeneğini kullanmanızı öneririm. Aksi taktirde sizin sonuçlarınız aşağıda gösterilenlerden farklı olabilir.

Şimdiye kadar çok karşılaştığımız yapı türlerinin kullandıkları bellek alanı bütün üyelerini barındıracak kadar büyüktü:

```
struct Yapı {
    int i;
    double d;
}

// ...

    writeln(Yapı.sizeof);
```

Dört baytlık `int`'ten ve sekiz baytlık `double`'dan oluşan o yapının büyüklüğü 12'dir:

```
12
```

Aynı şekilde tanımlanan bir birliğin büyüklüğü ise, üyeleri aynı bellek bölgesini paylaştıkları için, üyelerden en büyüğü için gereken yer kadardır:

```
union Birlik {
    int i;
    double d;
}

// ...

    writeln(Birlik.sizeof);
```

Dört baytlık `int` ve sekiz baytlık `double` aynı alanı paylaştıkları için bu birliğin büyüklüğü en büyük üye için gereken yer kadardır:

```
8
```

Bunun bellek kazancı sağlayan bir olanak olduğunu düşünmeyin. Aynı bellek alanına birden fazla veri sığdırmak olanaksızdır. Birliklerin yararı, aynı bölgenin farklı zamanlarda farklı türden veriler için kullanılabilmesidir. Belirli bir anda ancak tek üyenin değerine güvenilebilir. Buna rağmen, her ortamda aynı şekilde çalışmasa da, birliklerin yararlarından birisi, geçerli olan verinin parçalarına diğer üyeler yoluyla erişilebilmesidir.

Aşağıdaki örneklerden birisi, geçerli üye dışındakilere erişimin `typeid`'den yararlanılarak nasıl engellenebileceğini göstermektedir.

Yukarıdaki birliği oluşturan sekiz baytın bellekte nasıl durduklarını ve üyeler için nasıl kullanıldıklarını şöyle gösterebiliriz:

```
    }

    this(double değer) {
        // Bu atama, aşağıdaki nitelik işlevini çağırır
        d = değer;
    }

    // 'double' üyeyi değiştirir
    void d(double değer) {
        d_ = değer;
        geçerliTür_ = typeid(double);
    }

    // 'double' veriyi döndürür
    double d() const {
        enforce(geçerliTür_ == typeid(double),
                "Veri 'double' değil." );
        return d_;
    }

    // Geçerli verinin türünü bildirir
    const(TypeInfo) tür() const {
        return geçerliTür_;
    }
}

unittest {
    // 'int' veriyle başlayalım
    auto k = Korumalı(42);

    // Geçerli tür 'int' olarak bildirilmelidir
    assert(k.tür == typeid(int));

    // 'int' veri okunabilmelidir
    assert(k.i == 42);

    // 'double' veri okunamamalıdır
    assertThrown(k.d);

    // 'int' yerine 'double' veri kullanalım
    k.d = 1.5;

    // Geçerli tür 'double' olarak bildirilmelidir
    assert(k.tür == typeid(double));

    // Bu sefer 'double' veri okunabilmelidir ...
    assert(k.d == 1.5);

    // ... ve 'int' veri okunamamalıdır
    assertThrown(k.i);
}
```

Bunu basit bir örnek olarak kabul edin. Kendi programlarınızda `std.variant` modülünde tanımlı olan `Algebraic` ve `Variant` türlerini kullanmanızı öneririm. Ek olarak, bu örnek şablonlar (sayfa 401) ve katmalar (sayfa 563) gibi diğer D olanaklarından yararlanabilir ve en azından kod tekrarının önüne geçebilirdi.

Dikkat ederseniz, içinde tuttuğu verinin türünden bağımsız olarak `Korumalı` diye tek tür bulunmaktadır. (Öte yandan, şablon kullanan bir gerçekleştirme verinin türünü bir şablon parametresi olarak alabilir ve bunun sonucunda şablonun her farklı parametre değeri için kullanımının farklı bir tür olmasına neden olabilirdi.) `Korumalı`, bunun sayesinde dizi elemanı türü olarak kullanılabilir ve bunun sonucunda da farklı türden verilerin aynı dizide bir araya getirilmeleri sağlanmış olur. Ancak, kullanıcılar yine de veriye erişmeden önce hangi verinin geçerli olduğundan emin olmak zorundadırlar. Örneğin, aşağıdaki işlev bunun için `Korumalı` türünün `tür` niteliğinden yararlanmaktadır:

```
void main() {
    Korumalı[] dizi = [ Korumalı(1), Korumalı(2.5) ];

    foreach (değer; dizi) {
        if (değer.tür == typeid(int)) {
            writeln("'int' veri kullanıyoruz    : ", değer.i);

        } else if (değer.tür == typeid(double))  {
            writeln("'double' veri kullanıyoruz: ", değer.d);

        } else {
            assert(0);
        }
    }
}
```

```
'int' veri kullanıyoruz    : 1
'double' veri kullanıyoruz: 2.5
```

76 Etiketler ve goto

Etiketler kod satırlarına isimler vermeye ve program akışını bu isimli satırlara yöneltmeye yararlar.

Etiketin isminden ve : karakterinden oluşurlar:

```
bitiş:   // ← bir etiket
```

Yukarıdaki etiket, tanımlandığı satıra *bitiş* ismini verir.

Not: Aslında etiketler herhangi iki deyimin arasında da bulunabilirler ve bulundukları o noktayı isimlendirmiş olurlar. Ancak bu kullanım yaygın değildir:

```
    birİfade(); bitiş: başkaİfade();
```

76.1 goto

İngilizce'de "git" anlamına gelen `goto`, program akışını ismi belirtilen satıra yönlendirir:

```
void birİşlev(bool koşul) {
    writeln("birinci");

    if (koşul) {
        goto bitiş;
    }

    writeln("ikinci");

bitiş:

    writeln("üçüncü");
}
```

Yukarıdaki işlev, `koşul`'un `true` olduğu durumlarda doğrudan `bitiş` isimli satıra gider, ve "ikinci" yazdırılmaz:

```
birinci
üçüncü
```

Etiketler ve `goto` D'ye C'den geçmiştir. `goto`, yapısal programlamaya aykırı olduğu için C'de bile kaçınılması önerilen bir olanaktır. Doğrudan belirli satırlara yönlendiren `goto`'lar yerine `while`, `for`, ve diğer yapısal deyimlerin kullanılması önerilir.

Örneğin yukarıdaki kodun eşdeğeri, şimdiye kadar çoğu kodda gördüğümüz gibi, `goto` kullanmadan şöyle yazılabilir:

```
void birİşlev(bool koşul) {
    writeln("birinci");

    if (!koşul) {
        writeln("ikinci");
    }

    writeln("üçüncü");
}
```

Buna rağmen `goto`'nun C dilinde iki tane geçerli kullanımı vardır. Bu kullanımların ikisi de D'de gereksizdir.

D'de gerekmeyen, sonlandırıcı bölge

goto'nun C'deki geçerli bir kullanımı, işlevlerin sonlarına yazılan ve o işlevde ayrılmış olan kaynakların geri verilmesi gibi işlemleri içeren sonlandırıcı bölgedir:

```
// --- C kodu ---

int birIslev() {
    // ...

    if (hata) {
        goto bitis;
    }

    // ...

bitis:
    // ... sonlandirma islemleri buraya yazilir ...

    return hata;
}
```

D'de kaynak yönetimi için başka olanaklar bulunduğu için bu kullanım D'de gereksizdir. D'de sonlandırma işlemleri; çöp toplayıcı, sonlandırıcı işlevler, hata atma düzeneğinin `catch` ve `finally` blokları, `scope()` deyimleri, vs. gibi olanaklarla sağlanır.

Not: Bu kullanıma C++'ta da gerek yoktur.

D'de gerekmeyen, iç içe döngülerde kullanımı

goto'nun C'deki diğer geçerli kullanımı, iç içe döngülerin daha dışta olanlarını etkilemektir.

Döngüyü kırmak için kullanılan `break`, ve döngüyü hemen ilerletmek için kullanılan `continue`, yalnızca en içteki döngüyü etkiler. C'de ve C++'ta dıştaki döngüyü kırmanın bir yolu, döngüden sonraki bir etikete gitmektir; dıştaki döngüyü ilerletmenin bir yolu da, onun hemen içindeki bir etikete gitmektir:

```
// --- C kodu ---

    while (birKosul) {

        while (baskaKosul) {

            // yalnizca icteki donguyu etkiler
            continue;

            // yalnizca icteki donguyu etkiler
            break;

            // distaki icin 'continue' gibi calisir
            goto distakiniIlerlet;

            // distaki icin 'break' gibi calisir
            goto distakindenCik;
        }

    distakiniIlerlet:
        ;
    }
distakindenCik:
```

Not: Bu kullanıma C++ programlarında da rastlanabilir.

Aynı durum iç içe bulunan `switch` deyimlerinde de vardır; `break` yalnızca içteki `switch`'i etkilediğinden dıştakinden de çıkmak için `goto` kullanılabilir.

D'de goto'nun bu kullanımına da gerek yoktur. Onun yerine biraz aşağıda göstereceğim döngü etiketleri kullanılır.

goto'nun kurucu işlevleri atlama sorunu

Kurucu işlevler nesnelerin kuruldukları satırlarda çağrılırlar. Bunun nedenlerinden birisi, nesnenin kurulması için gereken bilginin henüz mevcut olmaması olabilir. Bir başka neden, belki de hiç kullanılmayacak olan bir nesneyi kurmak için gereksizce zaman ve kaynak harcamamaktır.

Nesnelerin kuruldukları satırlar goto ile atlandığında, henüz kurulmadıklarından hatalı sonuçlar doğuran nesnelerle karşılaşılabilir:

```
    if (koşul) {
        goto birEtiket;     // kurucu işlevi atlar
    }

    auto nesne = Yapı(42); // nesnenin kurulduğu satır

birEtiket:

    nesne.birİşlem();       // HATA: belki de hazır olmayan nesne
```

Derleyici bu hatayı önler:

```
Error: goto skips declaration of variable deneme.main.s
```

76.2 Döngü etiketleri

D'de döngülerden hemen önce etiketler tanımlanabilir. continue ve break anahtar sözcüklerinde de etiket belirtilebilir ve o döngülerin etkilenmeleri sağlanabilir:

```
dışDöngü:
    while (birKoşul) {

        while (başkaKoşul) {

            // içteki döngüyü ilerletir
            continue;

            // içteki döngüden çıkar
            break;

            // dıştaki döngüyü ilerletir
            continue dışDöngü;

            // dıştaki döngüden çıkar
            break dışDöngü;
        }
    }
```

Aynısı switch deyimleri için de geçerlidir. break deyimlerinin dıştaki bir switch'i etkilemesi için o switch deyiminden önce de etiket tanımlanabilir.

76.3 case bölümlerinde kullanımı

goto'nun case bölümlerinde nasıl kullanıldıklarını switch ve case bölümünde (sayfa 127) görmüştük:

- `goto case`, bir sonraki case'e atlanmasını sağlar.
- `goto default`, default bölümüne atlanmasını sağlar.
- `goto case` *`ifade`*, ifadeye uyan case'e atlanmasını sağlar.

76.4 Özet

- `goto`'nun riskli kullanımlarına D'de gerek yoktur.
- İç içe döngülerden veya `switch` deyimlerinden hangisinin etkileneceğini belirtmek için `break` ve `continue` deyimlerinde etiket kullanılabilir.
- `case` bölümlerindeki `goto`'lar diğer `case` ve `default` bölümlerine atlanmasını sağlarlar.

77 Çokuzlular

Çokuzlu birden fazla değeri bir araya getirerek hep birden bir yapı nesnesi gibi kullanılmalarını sağlayan olanaktır. Bazı dillerin iç olanağı olan çokuzlular D'de `std.typecons` modülündeki `Tuple` ile bir kütüphane olanağı olarak gerçekleştirilmiştir.

`Tuple` bazı işlemleri için `std.meta` modülündeki `AliasSeq`'ten da yararlanır.

77.1 Tuple ve tuple()

Çokuzlular `Tuple` şablonu ile gerçekleştirilmişlerdir. Çoğunlukla kolaylık işlevi olan `tuple()` ile oluşturulurlar:

```
import std.stdio;
import std.typecons;

void main() {
    auto çokuzlu = tuple(42, "merhaba");
    writeln(çokuzlu);
}
```

Yukarıdaki `tuple()` işlevi 42 değerindeki `int`'in ve `"merhaba"` değerindeki `string`'in bir araya gelmesinden oluşan bir nesne oluşturur. Bu nesnenin türünü ve üyelerinin değerlerini programın çıktısında görüyoruz:

```
Tuple!(int, string)(42, "merhaba")
```

O çokuzlu türünün aşağıdaki sözde yapının eşdeğeri olduğunu ve perde arkasında da öyle gerçekleştirildiğini düşünebilirsiniz:

```
// Tuple!(int, string)'in eşdeğeri
struct __Çokuzlu_int_string {
    int __üye_0;
    string __üye_1;
}
```

Çokuzluların üyelerine normalde sıra numarasıyla erişilir. Bu açıdan bakıldığında her bir üyesi farklı türden olabilen bir dizi gibi düşünülebilir:

```
    writeln(çokuzlu[0]);
    writeln(çokuzlu[1]);
```

Çıktısı:

```
42
merhaba
```

Üye isimleri

`tuple()` ve `Tuple` şablonlarına üye isimleri de bildirildiğinde çokuzlu üyelerine isimlerle de erişilebilir:

```
    auto a = tuple!("sayı", "mesaj")(42, "merhaba");
    auto b = Tuple!(int, "sayı", string, "mesaj")(42, "merhaba");
```

Yukarıdaki tanımlar, `int` türündeki 0 numaralı üyeye ayrıca `.sayı` niteliğiyle ve `string` türündeki 1 numaralı üyeye ayrıca `.mesaj` niteliğiyle erişilmesini sağlar:

```
    writeln("0 sıra numarasıyla    : ", a[0]);
    writeln(".sayı niteliği olarak : ", a.sayı);
    writeln("1 sıra numarasıyla    : ", a[1]);
    writeln(".mesaj niteliği olarak: ", a.mesaj);
```

Çıktısı:

```
0 sıra numarasıyla    : 42
.sayı niteliği olarak : 42
1 sıra numarasıyla    : merhaba
.mesaj niteliği olarak: merhaba
```

Üyelerin değer listesi olarak açılmaları

Çokuzlu nesneleri üyelerinin değerlerinden oluşan liste olarak açılabilir ve örneğin o türlere uyan bir işlevi çağırırken kullanılabilir. Bu, `.expand` niteliği ile veya çokuzlu nesnesi dilimlenerek sağlanır:

```
import std.stdio;
import std.typecons;

void foo(int i, string s, double d, char c) {
    // ...
}

void bar(int i, double d, char c) {
    // ...
}

void main() {
    auto ç = tuple(1, "2", 3.3, '4');

    // İkisi de foo(1, "2", 3.3, '4')'ün eşdeğeridir:
    foo(ç.expand);
    foo(ç[]);

    // bar(1, 3.3, '4')'ün eşdeğeridir:
    bar(ç[0], ç[$-2..$]);
}
```

Yukarıdaki çokuzlu `int`, `string`, `double`, ve `char` türündeki değerlerden oluşmaktadır. Bu yüzden, bütün üyelerinin açılmasından oluşan liste `foo()`'nun parametre listesine uyar ve o yüzden `foo()` çağrılırken kullanılabilir. `bar()` çağrılırken ise yalnızca ilk üyesinin ve son iki üyesinin değerlerinden oluşan üç değer gönderilmektedir.

Üyelerin türleri aynı dizinin elemanı olabilecek kadar uyumlu olduklarında çokuzlunun açılımı bir diziyi ilklerken de kullanılabilir:

```
import std.stdio;
import std.typecons;

void main() {
    auto çokuzlu = tuple(1, 2, 3);
    auto dizi = [ çokuzlu.expand, çokuzlu[] ];
    writeln(dizi);
}
```

Yukarıdaki örnek dizi üç `int`'ten oluşan çokuzlunun iki kere açılmasından oluşmaktadır:

```
[1, 2, 3, 1, 2, 3]
```

Derleme zamanı foreach'i

Hem dizi gibi düşünülebildiklerinden hem de değerleri liste olarak açılabildiğinden çokuzlular `foreach` ile de kullanılabilirler:

```
    auto çokuzlu = tuple(42, "merhaba", 1.5);

    foreach (i, üye; çokuzlu) {
```

```
        writefln("%s: %s", i, üye);
    }
```

Çıktısı:

```
0: 42
1: merhaba
2: 1.5
```

Yukarıdaki koddaki `foreach`'in çalışma zamanında işletildiği düşünülebilir; ancak, bu doğru değildir. Çokuzlu üyeleri üzerinde işletilen `foreach`'ler aslında döngü değil, döngünün içeriğinin üye adedi kadar tekrarlanmasından oluşan bir *döngü açılımıdır.* Dolayısıyla, yukarıdaki `foreach` döngüsü aşağıdaki üç kod bloğunun eşdeğeridir:

```
    {
        enum size_t i = 0;
        int üye = çokuzlu[i];
        writefln("%s: %s", i, üye);
    }
    {
        enum size_t i = 1;
        string üye = çokuzlu[i];
        writefln("%s: %s", i, üye);
    }
    {
        enum size_t i = 2;
        double üye = çokuzlu[i];
        writefln("%s: %s", i, üye);
    }
```

Bunun nedeni, her çokuzlu üyesinin farklı türden olabilmesi ve dolayısıyla döngünün her ilerletilişinde döngü kapsamındaki kodların farklı olarak derlenmesinin gerekmesidir.

Aynı amaçla kullanılan ama bazı durumlarda daha kullanışlı olabilen `static foreach` olanağını sonraki bir bölümde (sayfa 605) göreceğiz.

Birden fazla değer döndürmek

Çokuzlular işlevlerin tek değer döndürebilme yetersizliklerine karşı basit bir çözüm olarak görülebilirler. Örneğin, `std.algorithm` modülündeki `findSplit()` bir aralığı başka bir aralık içinde arar ve arama sonucunda üç bilgi üretir: bulunan aralıktan öncesi, bulunan aralık, ve bulunan aralıktan sonrası. `findSplit()`, bu üç parça bilgiyi bir çokuzlu olarak döndürür:

```
import std.algorithm;

// ...

    auto bütünAralık = "merhaba";
    auto aranan = "er";

    auto sonuç = findSplit(bütünAralık, aranan);

    writeln("öncesi : ", sonuç[0]);
    writeln("bulunan: ", sonuç[1]);
    writeln("sonrası: ", sonuç[2]);
```

Çıktısı:

```
öncesi : m
bulunan: er
sonrası: haba
```

Birden fazla değer için yapı nesnesi de döndürülebilir:

```
struct Sonuç {
    // ...
}

Sonuç işlev() {
    // ...
}
```

77.2 AliasSeq

std.meta modülünde tanımlı olan AliasSeq normalde derleyiciye ait olan ve hep üstü kapalı olarak geçen ve yukarıda da rastladığımız bir kavramı programcının kullanımına sunar: virgüllerle ayrılmış değer listesi. Aşağıda bunun üç örneğini görmekteyiz:

- İşlev parametre değeri listesi
- Şablon parametre değeri listesi
- Dizi hazır değeri eleman listesi

Bu üç farklı listenin örnekleri şöyle gösterilebilir:

```
    işlev(1, "merhaba", 2.5);                 // işlev parametreleri
    auto n = YapıŞablonu!(char, long)();  // şablon parametreleri
    auto d = [ 1, 2, 3, 4 ];                  // dizi elemanları
```

Daha yukarıda örneklerini gördüğümüz Tuple üyelerinin değer listesi olarak açılabilmeleri de aslında AliasSeq tarafından sağlanır.

AliasSeq'in adı "sıralanmış isimler" olarak açıklanabilen "alias sequence"tan gelir ve türler, değerler, ve isimler içerir. (AliasSeq ve std.meta'nın eski isimleri sırasıyla TypeTuple ve std.typetuple idi.)

Bu bölümde AliasSeq'in yalnızca ya bütünüyle türlerden ya da bütünüyle değerlerden oluşan örneklerini göreceğiz. Hem türlerden hem değerlerden oluşan örneklerini bir sonraki bölüme ayıracağız. AliasSeq bir sonraki bölümde göreceğimiz *belirsiz sayıda parametre* alan şablonlarda da yararlıdır.

Değerlerden oluşan AliasSeq

Bir derleme zamanı olanağı olan AliasSeq, ifade ettiği parametre listesini kendi şablon parametreleri olarak alır. Bunu üç parametre alan bir işlev çağrısında görelim:

```
import std.stdio;

void foo(int i, string s, double d) {
    writefln("foo çağrıldı: %s %s %s", i, s, d);
}
```

Normalde o işlevin açıkça üç parametre değeri ile çağrıldığını biliyoruz:

```
    foo(1, "merhaba", 2.5);
```

AliasSeq o parametre değerlerini tek değişken olarak bir arada tutabilir ve işlev çağrıları sırasında otomatik olarak parametre listesi olarak açılabilir:

```
import std.meta;

// ...

    alias parametreler = AliasSeq!(1, "merhaba", 2.5);
    foo(parametreler);
```

Her ne kadar bu sefer tek değer alıyormuş gibi görünse de, yukarıdaki `foo` çağrısı öncekinin eşdeğeridir ve her iki yöntem de aynı çıktıyı üretir:

```
foo çağrıldı: 1 merhaba 2.5
```

`parametreler`'in `auto` anahtar sözcüğü ile değişken olarak değil, `alias` sözcüğü ile belirli bir `AliasSeq`'in takma ismi olarak tanımlandığına dikkat edin. `auto` anahtar sözcüğünün kullanılabildiği durumlar olsa da bu bölümdeki örneklerde yalnızca takma isim olarak göreceğiz.

Yukarıda `Tuple` başlığı altında da gördüğümüz gibi, değerlerin hepsi aynı türden veya daha genel olarak *uygun* türlerden olduklarında, `AliasSeq` bir dizi hazır değerinin elemanlarını da temsil edebilir:

```
    alias elemanlar = AliasSeq!(1, 2, 3, 4);
    auto dizi = [ elemanlar ];
    assert(dizi == [ 1, 2, 3, 4 ]);
```

Türlerden oluşan `AliasSeq`

`AliasSeq`'in parametreleri türlerin *kendilerinden* de oluşabilir. Yani, belirli bir türün belirli bir değeri değil, `int` gibi bir türün *kendisi* olabilir.

Tür içeren `AliasSeq`'ler şablonlarla kullanılmaya elverişlidir. Bunun bir örneğini görmek için iki parametreli bir yapı şablonu düşünelim. Bu şablonun ilk parametresi yapının bir dizisinin eleman türünü, ikincisi de yapının bir işlevinin dönüş türünü belirliyor olsun:

```
import std.conv;

struct S(ElemanTürü, SonuçTürü) {
    ElemanTürü[] dizi;

    SonuçTürü uzunluk() {
        return to!SonuçTürü(dizi.length);
    }
}

void main() {
    auto s = S!(double, int)([ 1, 2, 3 ]);
    auto u = s.uzunluk();
}
```

Yukarıda bu şablonun `(double, int)` türleri ile kullanıldığını görüyoruz. Aynı amaç için iki tür içeren bir `AliasSeq`'ten de yararlanılabilir:

```
import std.meta;

// ...

    alias Türler = AliasSeq!(double, int);
    auto s = S!Türler([ 1, 2, 3 ]);
```

Yukarıda `S` şablonu her ne kadar tek şablon parametresi ile kullanılıyor gibi görünse de, `Türler` otomatik olarak açılır ve sonuçta `S!(double, int)` türünün aynısı elde edilir.

`AliasSeq` özellikle *belirsiz sayıda parametre* alan şablonlarda yararlıdır. Bunun örneklerini bir sonraki bölümde göreceğiz.

Dizi gibi kullanılması

`AliasSeq`'in kurulduğu şablon parametrelerine dizi erişim işleci ile erişilebilir:

```
    alias parametreler = AliasSeq!(1, "merhaba", 2.5);
    assert(parametreler[0] == 1);
```

```
    assert(parametreler[1] == "merhaba");
    assert(parametreler[2] == 2.5);
```

`AliasSeq` yine dizilerde olduğu gibi dilimleme işleminde de kullanılabilir. Yukarıdaki örneklerde kullanılan `AliasSeq`'in son iki parametresine uyan bir işlev olduğunu düşünelim. Böyle bir işlev yukarıdaki `parametreler`'in son iki değeri dilimlenerek çağrılabilir:

```
void bar(string s, double d) {
    // ...
}

// ...

    bar(parametreler[$-2 .. $]);
```

`foreach` ile kullanılması

Yukarıda gördüğümüz `Tuple`'da olduğu gibi, `AliasSeq`'in `foreach` ile kullanılmasında da çalışma zamanında işletilen bir döngü *oluşmaz*; döngünün içeriği parametre listesindeki her eleman için derleme zamanında kod olarak açılır ve sonuçta o açılım derlenir.

Bunun örneğini yukarıdaki S yapı şablonu için yazılmış olan bir birim testinde görelim. Aşağıdaki kod bu yapı şablonunun eleman türü olarak `int`, `long`, ve `float` kullanılabildiğini test ediyor (`SonuçTürü` ise hep `size_t`):

```
unittest {
    alias Türler = AliasSeq!(int, long, float);

    foreach (Tür; Türler) {
        auto s = S!(Tür, size_t)([ Tür.init, Tür.init ]);
        assert(s.uzunluk() == 2);
    }
}
```

Yukarıdaki koddaki `Tür` değişkeni sırasıyla `int`, `long`, ve `float` türünü temsil eder ve sonuçta `foreach` döngüsü aşağıdaki eşdeğer döngü açılımı olarak derlenir:

```
    {
        auto s = S!(int, size_t)([ int.init, int.init ]);
        assert(s.uzunluk() == 2);
    }
    {
        auto s = S!(long, size_t)([ long.init, long.init ]);
        assert(s.uzunluk() == 2);
    }
    {
        auto s = S!(float, size_t)([ float.init, float.init ]);
        assert(s.uzunluk() == 2);
    }
```

77.3 `.tupleof` niteliği

`.tupleof` bir türün veya bir nesnenin bütün üyelerini bir çokuzlu olarak elde etmeye yarar. Aşağıdaki örnek `.tupleof` niteliğini bir türe uyguluyor:

```
import std.stdio;

struct Yapı {
    int numara;
    string dizgi;
    double kesirli;
}
```

Kestirme tanım; biraz aşağıda göreceğimiz *tek tanım içeren şablon* olanağı ile ilgilidir.

Şablon isim alanı

`template` bloğu, aslında bir seferde birden çok şablon tanımlanmasına da olanak verir:

```
template ŞablonBloğu(T) {
    T birİşlev(T değer) {
        return değer / 3;
    }

    struct BirYapı {
        T üye;
    }
}
```

Yukarıdaki blokta bir işlev bir de yapı şablonu tanımlamaktadır. O şablonları örneğin `int` ve `double` türleri için, ve uzun isimleriyle şöyle kullanabiliriz:

```
    auto sonuç = ŞablonBloğu!int.birİşlev(42);
    writeln(sonuç);

    auto nesne = ŞablonBloğu!double.BirYapı(5.6);
    writeln(nesne.üye);
```

Şablonun belirli bir türle kullanımı bir *isim alanı* tanımlar. Bloğun içindeki isimler o isim alanı açıkça belirtilerek kullanılabilirler. Bu isimler fazla uzun olabileceklerinden onlara `alias` bölümünde (sayfa 419) gördüğümüz `alias` anahtar sözcüğü ile kısa takma isimler verilebilir:

```
    alias KarakterYapısı = ŞablonBloğu!dchar.BirYapı;

// ...

    auto nesne = KarakterYapısı('ğ');
    writeln(nesne.üye);
```

Aynı isimde tanım içeren `template` blokları

Şablon bloğunun ismi ile aynı isimde tanım içeren şablon blokları içerdikleri o tanımın yerine geçerler. Bu, şimdiye kadarki şablonlarda kullandığımız kestirme söz dizimini sağlayan olanaktır. (*Not: Bu olanağa İngilizce'de* eponymous templates *denir.*)

Örnek olarak, büyüklüğü 20 bayttan fazla olan türlerin *büyük* olarak kabul edildiği bir program olsun. Bir türün büyük olup olmadığının kararı şöyle bir şablonun içindeki bir `bool` değişken ile belirlenebilir:

```
template büyük_mü(T) {
    enum büyük_mü = T.sizeof > 20;
}
```

Dikkat ederseniz, hem şablonun hem de içindeki tanımın isimleri aynıdır. Öyle olduğunda bu uzun şablon tanımının isim alanı ve içindeki tanım açıkça `büyük_mü!int.büyük_mü` diye yazılmaz, kısaca yalnızca şablonun isim alanı yazılır:

```
    writeln(büyük_mü!int);
```

Yukarıdaki işaretli bölüm, şablon içindeki aynı isimli `bool` yerine geçer. Yukarıdaki kod çıktıya `false` yazar çünkü `büyük_mü!int`, şablon içindeki `bool` türündeki değişkendir ve int'in uzunluğu 4 bayt olduğundan o bool değişkenin değeri false'tur.

Yukarıdaki aynı isimde tanım içeren şablon, kısa söz dizimiyle de tanımlanabilir:

```
enum büyük_mü(T) = T.sizeof > 20;
```

Aynı isimde tanım içeren şablonların yaygın bir kullanımı, türlere takma isimler vermektir. Örneğin, aşağıdaki şablon verilen türlerden büyük olanına eşdeğer olan bir alias tanımlamaktadır:

```
template Büyüğü(A, B) {
    static if (A.sizeof < B.sizeof) {
        alias Büyüğü = B;

    } else {
        alias Büyüğü = A;
    }
}
```

Sekiz bayttan oluşan long türü dört bayttan oluşan int türünden daha büyük olduğundan Büyüğü!(int, long), long'un eşdeğeri olur. Bu çeşit şablonlar A ve B gibi türlerin kendilerinin şablon parametreleri oldukları durumlarda özellikle yararlıdırlar:

```
// ...

/* Bu işlevin dönüş türü, şablon parametrelerinden büyük
 * olanıdır: Ya A ya da B. */
auto hesapla(A, B)(A a, B b) {
    Büyüğü!(A, B) sonuç;
    // ...
    return sonuç;
}

void main() {
    auto h = hesapla(1, 2L);
    static assert(is (typeof(h) == long));
}
```

78.2 Şablon çeşitleri

İşlev, sınıf, ve yapı şablonları

Bu alt başlığı bütünlük amacıyla yazdım.

Yukarıda da görüldüğü gibi, bu tür şablonlarla hem Şablonlar bölümünde (sayfa 401) hem de daha sonraki örneklerde çok karşılaştık.

Üye işlev şablonları

Yapı ve sınıf üye işlevleri de şablon olabilir. Örneğin, aşağıdaki ekle() üye işlev şablonu, içindeki işlemlerle uyumlu olduğu sürece her türden değişkeni kabul eder (bu örnekteki tek şart, o değişkenin to!string ile kullanılabilmesidir):

```
class Toplayıcı {
    string içerik;

    void ekle(T)(auto ref const T değer) {
        import std.conv;
        içerik ~= değer.to!string;
    }
}
```

Ancak, şablonların teoride sonsuz farklı kullanımı olabileceğinden, sanal işlev (sayfa 330) olamazlar çünkü derleyici şablonun hangi kullanımlarının sınıfın arayüzüne dahil edileceğine karar veremez. (Sanal işlev olamadıklarından abstract anahtar sözcüğü ile de tanımlanamazlar.)

Örneğin, aşağıdaki alt sınıfın ekle() şablonu üst sınıftaki aynı isimli işlevin yeni tanımını veriyormuş gibi görünse de aslında isim gizlemeye neden olur (isim gizlemeyi alias bölümünde (sayfa 419) görmüştük):

```
class Toplayıcı {
    string içerik;

    void ekle(T)(auto ref const T değer) {
        import std.conv;
        içerik ~= değer.to!string;
    }
}

class KümeParantezliToplayıcı : Toplayıcı {
    /* Bu şablon üst sınıftakinin yeni tanımı değildir; üst
     * sınıftaki 'ekle' ismini gizlemektedir. */
    void ekle(T)(auto ref const T değer) {
        import std.string;
        super.ekle(format("{%s}", değer));
    }
}

void toplayıcıyıDoldur(Toplayıcı toplayıcı) {
    /* Aşağıdaki işlev çağrıları sanal değildir. Buradaki
     * 'toplayıcı' parametresinin türü 'Toplayıcı' olduğundan
     * her iki çağrı da Toplayıcı.ekle şablonuna
     * devredilirler. */

    toplayıcı.ekle(42);
    toplayıcı.ekle("merhaba");
}

void main() {
    auto toplayıcı = new KümeParantezliToplayıcı();
    toplayıcıyıDoldur(toplayıcı);

    import std.stdio;
    writeln(toplayıcı.içerik);
}
```

Sonuçta, asıl nesnenin türü KümeParantezliToplayıcı olduğu halde, toplayıcıyıDoldur() işlevinin içindeki bütün çağrılar parametresinin türü olan Toplayıcı'ya sevk edilir. İçerik KümeParantezliToplayıcı.ekle() işlevinin yerleştirdiği küme parantezlerini içermemektedir:

```
42merhaba    ← KümeParantezliToplayıcı'nın işi değil
```

Birlik şablonları

Birlik şablonları, yapı şablonları ile aynı şekilde tanımlanırlar. Birlik şablonları için de kestirme şablon söz dizimi kullanılabilir.

Bir örnek olarak, Birlikler bölümünde (sayfa 505) tanımladığımız IpAdresi birliğinin daha genel ve daha kullanışlı olanını tasarlamaya çalışalım. O bölümdeki birlik; değer olarak uint türünü kullanıyordu. O değerin parçalarına erişmek için kullanılan dizinin elemanlarının türü de ubyte idi:

```
union IpAdresi {
    uint değer;
    ubyte[4] baytlar;
}
```

O birlik, hem IPv4 adresi değeri tutuyordu, hem de o değerin parçalarına ayrı ayrı erişme olanağı veriyordu.

Aynı kavramı daha genel isimler de kullanarak bir şablon halinde şöyle tanımlayabiliriz:

```
union ParçalıDeğer(AsılTür, ParçaTürü) {
    AsılTür değer;
    ParçaTürü[/* gereken eleman adedi */] parçalar;
}
```

Bu birlik şablonu, asıl değerin ve alt parçalarının türünü serbestçe tanımlama olanağı verir. Asıl tür ve parça türü, birbirlerinden bağımsız olarak seçilebilirler.

Burada gereken bir işlem, parça dizisinin uzunluğunun kullanılan türlere bağlı olarak hesaplanmasıdır. `IpAdresi` birliğinde, `uint`'in dört adet `ubyte` parçası olduğunu bildiğimiz için sabit olarak 4 yazabilmiştik. Bu şablonda ise dizinin uzunluğu, kullanılan türlere göre otomatik olarak hesaplanmalıdır.

Türlerin bayt olarak uzunluklarının `.sizeof` niteliğinden öğrenilebildiğini biliyoruz. Kaç parça gerektiği bilgisini `.sizeof` niteliğinden yararlanan ve kısa söz dizimine olanak veren bir şablon içinde hesaplayabiliriz:

```
template elemanAdedi(AsılTür, ParçaTürü) {
    enum elemanAdedi = (AsılTür.sizeof + (ParçaTürü.sizeof - 1))
                       / ParçaTürü.sizeof;
}
```

Not: O hesaptaki `(ParçaTürü.sizeof - 1)` ifadesi, türlerin uzunluklarının birbirlerine tam olarak bölünemediği durumlarda gerekir. Asıl türün 5 bayt, parça türünün 2 bayt olduğunu düşünün. Aslında 3 parça gerektiği halde o ifade eklenmediğinde 5/2 hesabının sonucu tamsayı kırpılması nedeniyle 2 çıkar.

Artık parça dizisinin eleman adedi olarak o şablonun değerini kullanabiliriz ve böylece birliğin tanımı tamamlanmış olur:

```
union ParçalıDeğer(AsılTür, ParçaTürü) {
    AsılTür değer;
    ParçaTürü[elemanAdedi!(AsılTür, ParçaTürü)] parçalar;
}
```

Daha önce tanımladığımız `IpAdresi` birliğinin eşdeğeri olarak bu şablonu kullanmak istesek, türleri `IpAdresi`'nde olduğu gibi sırasıyla `uint` ve `ubyte` olarak belirtmemiz gerekir:

```
import std.stdio;

void main() {
    auto adres = ParçalıDeğer!(uint, ubyte)(0xc0a80102);

    foreach (eleman; adres.parçalar) {
        write(eleman, ' ');
    }
}
```

Birlikler bölümünde (sayfa 505) gördüğümüz çıktının aynısını elde ederiz:

```
2 1 168 192
```

Bu şablonun getirdiği esnekliği görmek için IPv4 adresinin parçalarını iki adet `ushort` olarak edinmek istediğimizi düşünelim. Bu sefer, `ParçalıDeğer` şablonunun `ParçaTürü` parametresi olarak `ushort` yazmak yeterlidir:

```
    auto adres = ParçalıDeğer!(uint, ushort)(0xc0a80102);
```

Alışık olmadığımız bir düzende olsa da, bu seferki çıktı iki `ushort`'tan oluşmaktadır:

```
258 49320
```

Arayüz şablonları

Arayüz şablonları arayüzde kullanılan türler, değerler, vs. konusunda serbestlik getirirler. Arayüz şablonlarında da kestirme tanım kullanılabilir.

Örnek olarak, renkli nesnelerin arayüzünü tanımlayan ama renk olarak hangi türün kullanılacağını serbest bırakan bir arayüz tasarlayalım:

```
interface RenkliNesne(RenkTürü) {
    void renklendir(RenkTürü renk);
}
```

O arayüz, kendisinden türeyen sınıfların `renklendir` işlevini tanımlamalarını gerektirir; ama renk olarak ne tür kullanılacağı konusunu serbest bırakır.

Bir sitedeki bir çerçeveyi temsil eden bir sınıf; renk olarak kırmızı, yeşil, ve maviden oluşan üçlü bir yapı kullanabilir:

```
struct KırmızıYeşilMavi {
    ubyte kırmızı;
    ubyte yeşil;
    ubyte mavi;
}

class SiteÇerçevesi : RenkliNesne!KırmızıYeşilMavi {
    void renklendir(KırmızıYeşilMavi renk) {
        // ...
    }
}
```

Öte yandan, renk olarak ışığın frekansını kullanmak isteyen bir sınıf, renk için frekans değerine uygun olan başka bir türden yararlanabilir:

```
alias Frekans = double;

class Lamba : RenkliNesne!Frekans {
    void renklendir(Frekans renk) {
        // ...
    }
}
```

Yine Şablonlar bölümünden (sayfa 401) hatırlayacağınız gibi, "her şablon gerçekleştirmesi farklı bir türdür". Buna göre, `RenkliNesne!KırmızıYeşilMavi` ve `RenkliNesne!Frekans` arayüzleri, farklı arayüzlerdir. Bu yüzden, onlardan türeyen sınıflar da birbirlerinden bağımsız sıradüzenlerin parçalarıdırlar; `SiteÇerçevesi` ve `Lamba`, birbirlerinden bağımsızdır.

78.3 Şablon parametre çeşitleri

Şimdiye kadar gördüğümüz şablonlar, hep türler konusunda serbestlik getiriyorlardı.

Yukarıdaki örneklerde de kullandığımız `T` ve `RenkTürü` gibi şablon parametreleri, hep türleri temsil ediyorlardı. Örneğin `T`'nin anlamı, şablonun kod içindeki kullanımına bağlı olarak `int`, `double`, `Öğrenci`, vs. gibi bir tür olabiliyordu.

Şablon parametreleri; değer, `this`, `alias`, ve çokuzlu da olabilirler.

Tür parametreleri

Bu alt başlığı bütünlük amacıyla yazdım.

Şimdiye kadar gördüğümüz bütün şablon parametreleri zaten hep tür parametreleriydi.

Değer parametreleri

Şablon parametresi olarak değerler de kullanılabilir. Bu, şablonun tanımı ile ilgili bir değerin serbest bırakılmasını sağlar.

Şablonlar derleme zamanı olanakları olduklarından, değer olarak kullanılan şablon parametresinin derleme zamanında hesaplanabilmesi şarttır. Bu yüzden, programın çalışması sırasında hesaplanan, örneğin girişten okunan bir değer kullanılamaz.

Bir örnek olarak, belirli sayıda köşeden oluşan şekilleri temsil eden yapılar tanımlayalım:

```
struct Üçgen {
    Nokta[3] köşeler;
// ...
}

struct Dörtgen {
    Nokta[4] köşeler;
// ...
}

struct Beşgen {
    Nokta[5] köşeler;
// ...
}
```

Örnek kısa olsun diye başka üyelerini göstermedim. Normalde, o türlerin başka üyelerinin ve işlevlerinin de bulunduğunu ve hepsinde tamamen aynı şekilde tanımlandıklarını varsayalım. Sonuçta, dizi uzunluğunu belirleyen *değer* dışında, o yapıların tanımları aynı olsun.

Değer şablon parametreleri böyle durumlarda yararlıdır. Yukarıdaki tanımlar yerine tek yapı şablonu tanımlanabilir. Yeni tanım genel amaçlı olduğu için, ismini de o şekillerin genel ismi olan *poligon* koyarak şöyle tanımlayabiliriz:

```
struct Poligon(size_t köşeAdedi) {
    Nokta[köşeAdedi] köşeler;
// ...
}
```

O yapı şablonu parametre olarak `size_t` türünde ve `köşeAdedi` isminde bir şablon parametresi almaktadır. O parametre değeri yapının tanımında herhangi bir yerde kullanılabilir.

Artık o şablonu istediğimiz sayıda köşesi olan poligonları ifade etmek için kullanabiliriz:

```
    auto yüzKöşeli = Poligon!100();
```

Yine `alias`'tan yararlanarak kullanışlı isimler verebiliriz:

```
alias Üçgen = Poligon!3;
alias Dörtgen = Poligon!4;
alias Beşgen = Poligon!5;

// ...

    auto üçgen = Üçgen();
    auto dörtgen = Dörtgen();
    auto beşgen = Beşgen();
```

Yukarıdaki *değer* şablon parametresinin türü `size_t` idi. Değer derleme zamanında bilindiği sürece değer türü olarak bütün temel türler, yapılar, diziler, dizgiler, vs. kullanılabilir.

```
struct S {
    int i;
}

// Türü S yapısı olan değer şablon parametresi
void foo(S s)() {
    // ...
}

void main() {
    // İşlev şablonunun S(42) hazır değeriyle kullanılması
    foo!(S(42))();
}
```

Başka bir örnek olarak, basit XML elemanları oluşturmakta kullanılan bir sınıf şablonu tasarlayalım. Bu basit XML tanımı, çok basitçe şu çıktıyı üretmek için kullanılsın:

- Önce < > karakterleri arasında elemanın ismi: `<isim>`
- Sonra elemanın değeri
- En sonunda da </ > karakterleri arasında yine elemanın ismi: `</isim>`

Örneğin değeri 42 olan bir elemanın `<isim>42</isim>` şeklinde görünmesini isteyelim.

Eleman isimlerini bir sınıf şablonunun `string` türündeki bir değer parametresi olarak belirleyebiliriz:

```
import std.string;

class XmlElemanı(string isim) {
    double değer;

    this(double değer) {
        this.değer = değer;
    }

    override string toString() const {
        return format("<%s>%s</%s>", isim, değer, isim);
    }
}
```

Bu örnekteki şablon parametresi, şablonda kullanılan bir türle değil, bir `string` *değeriyle* ilgilidir. O `string`'in değeri de şablon içinde gereken her yerde kullanılabilir.

`alias`'tan yararlanarak kullanışlı tür isimleri de tanımlayarak:

```
alias Konum = XmlElemanı!"konum";
alias Sıcaklık = XmlElemanı!"sıcaklık";
alias Ağırlık = XmlElemanı!"ağırlık";

void main() {
    Object[] elemanlar;

    elemanlar ~= new Konum(1);
    elemanlar ~= new Sıcaklık(23);
    elemanlar ~= new Ağırlık(78);

    writeln(elemanlar);
}
```

Not: Ben bu örnekte kısa olsun diye ve nasıl olsa bütün sınıf sıradüzenlerinin en üstünde bulunduğu için bir `Object` dizisi kullandım. O sınıf şablonu aslında daha uygun bir arayüz sınıfından da türetilebilirdi.

Yukarıdaki kodun çıktısı:

```
[<konum>1</konum>, <sıcaklık>23</sıcaklık>, <ağırlık>78</ağırlık>]
```

Değer parametrelerinin de varsayılan değerleri olabilir. Örneğin, herhangi boyutlu bir uzaydaki noktaları temsil eden bir yapı tasarlayalım. Noktaların koordinat değerleri için kullanılan tür ve uzayın kaç boyutlu olduğu, şablon parametreleri ile belirlensin:

```
struct Konum(T, size_t boyut = 3) {
    T[boyut] koordinatlar;
}
```

boyut parametresinin varsayılan bir değerinin bulunması, bu şablonun o parametre belirtilmeden de kullanılabilmesini sağlar:

```
    Konum!double merkez;    // üç boyutlu uzayda bir nokta
```

Gerektiğinde farklı bir değer de belirtilebilir:

```
    Konum!(int, 2) nokta;   // iki boyutlu düzlemde bir nokta
```

Parametre Serbestliği bölümünde (sayfa 260) *özel anahtar sözcüklerin* varsayılan parametre değeri olarak kullanıldıklarında farklı etkileri olduğunu görmüştük.

Benzer biçimde, varsayılan şablon parametre değeri olarak kullanıldıklarında şablonun tanımlandığı yerle değil, şablonun kullanıldığı yerle ilgili bilgi verirler:

```
import std.stdio;

void işlev(T,
           string işlevİsmi = __FUNCTION__,
           string dosya = __FILE__,
           size_t satır = __LINE__)(T parametre) {
    writefln("%s dosyasının %s numaralı satırındaki %s " ~
             "işlevi tarafından kullanılıyor.",
             dosya, satır, işlevİsmi);
}

void main() {
    işlev(42);      // ← satır 13
}
```

Yukarıdaki özel anahtar sözcükler şablonun tanımında geçtikleri halde şablonu kullanmakta olan main() işlevine işaret ederler:

```
deneme.d dosyasının 13 numaralı satırındaki deneme.main
işlevi tarafından kullanılıyor.
```

__FUNCTION__ anahtar sözcüğünü aşağıdaki işleç yükleme örneğinde de kullanacağız.

Üye işlevler için this şablon parametreleri

Üye işlevler de şablon olarak tanımlanabilirler. Üye işlev şablonlarının da tür ve değer parametreleri bulunabilir, ve normal işlev şablonlarından beklendiği gibi çalışırlar.

Ek olarak, üye işlev şablonlarının parametreleri this anahtar sözcüğü ile de tanımlanabilir. Bu durumda, o anahtar sözcükten sonra yazılan isim, o nesnenin this referansının türü haline gelir. (*Not: Burada, çoğunlukla kurucu işlevler içinde gördüğümüz `this.üye = değer` kullanımındaki `this` referansından, yani* nesnenin kendisini ifade eden *referanstan bahsediyoruz.*)

```
struct BirYapı(T) {
    void birİşlev(this KendiTürüm)() const {
        writeln("Bu nesnenin türü: ", KendiTürüm.stringof);
```

```
    }
}
```

`KendiTürüm` şablon parametresi o üye işlevin işlemekte olduğu nesnenin asıl türüdür:

```
    auto m = BirYapı!int();
    auto c = const(BirYapı!int)();
    auto i = immutable(BirYapı!int)();

    m.birİşlev();
    c.birİşlev();
    i.birİşlev();
```

Çıktısı:

```
Bu nesnenin türü: BirYapı!int
Bu nesnenin türü: const(BirYapı!int)
Bu nesnenin türü: immutable(BirYapı!int)
```

Görüldüğü gibi, `KendiTürüm` hem T'nin bu kullanımda `int` olan karşılığını hem de `const` ve `immutable` gibi tür belirteçlerini içerir.

`this` şablon parametresi, şablon olmayan yapıların veya sınıfların üye işlevlerinde de kullanılabilir.

`this` şablon parametreleri özellikle iki bölüm sonra göreceğimiz *şablon katmalarında* yararlıdır. O bölümde bir örneğini göreceğiz.

alias parametreleri

`alias` şablon parametrelerine karşılık olarak D programlarında geçebilen bütün yasal isimler veya ifadeler kullanılabilir. Bu isimler yerel isimler, modül isimleri, başka şablon isimleri, vs. olabilirler. Tek koşul, o parametrenin şablon içindeki kullanımının o parametreye uygun olmasıdır.

Bu olanak, `filter` ve `map` gibi şablonların da işlemleri dışarıdan almalarını sağlayan olanaktır.

Örnek olarak, hangi yerel değişkeni değiştireceği kendisine bir `alias` parametre olarak bildirilen bir yapıya bakalım:

```
struct BirYapı(alias değişken) {
    void birİşlev(int değer) {
        değişken = değer;
    }
}
```

O yapının üye işlevi, `değişken` isminde bir değişkene bir atama yapmaktadır. O değişkenin programdaki hangi değişken olduğu; bu şablon tanımlandığı zaman değil, şablon kullanıldığı zaman belirlenir:

```
    int x = 1;
    int y = 2;

    auto nesne = BirYapı!x();
    nesne.birİşlev(10);
    writeln("x: ", x, ", y: ", y);
```

Yapı şablonunun yukarıdaki kullanımında yerel `x` değişkeni belirtildiği için, `birİşlev` içindeki atama onu etkiler:

```
x: 10, y: 2
```

Öte yandan, `BirYapı!y` biçimindeki kullanımda `değişken` değişkeni `y` yerine geçerdi.

Başka bir örnek olarak, `filter` ve `map` gibi `alias` parametresini işlev olarak kullanan bir işlev şablonuna bakalım:

```
void çağıran(alias işlev)() {
    write("çağırıyorum: ");
    işlev();
}
```

`()` parantezlerinden anlaşıldığı gibi, `çağıran` ismindeki işlev şablonu, kendisine verilen parametreyi bir işlev olarak kullanmaktadır. Ayrıca, parantezlerin içinin boş olmasından anlaşıldığı gibi, o işlev parametre göndermeden çağrılmaktadır.

Parametre almadıkları için o kullanıma uyan iki de işlev bulunduğunu varsayalım:

```
void birinci() {
    writeln("birinci");
}

void ikinci() {
    writeln("ikinci");
}
```

O işlevler, `çağıran` şablonu içindeki kullanıma uydukları için o şablonun `alias` parametresinin değeri olabilirler:

```
    çağıran!birinci();
    çağıran!ikinci();
```

Belirtilen işlevin çağrıldığını görürüz:

```
çağırıyorum: birinci
çağırıyorum: ikinci
```

`alias` şablon parametrelerini her çeşit şablonla kullanabilirsiniz. Önemli olan, o parametrenin şablon içindeki kullanıma uymasıdır. Örneğin, yukarıdaki `alias` parametresi yerine bir değişken kullanılması derleme hatasına neden olacaktır:

```
    int değişken;
    çağıran!değişken();          // ← derleme HATASI
```

Aldığımız hata, `()` karakterlerinden önce bir işlev beklendiğini, `int` türündeki `değişken`'in uygun olmadığını belirtir:

```
Error: function expected before (), not değişken of type int
```

Her ne kadar işaretlediğim satır nedeniyle olsa da, derleme hatası aslında `çağıran` işlevinin içindeki `işlev()` satırı için verilir. Derleyicinin gözünde hatalı olan; şablona gönderilen parametre değil, o parametrenin şablondaki kullanılışıdır. Uygunsuz şablon parametrelerini önlemenin bir yolu, *şablon kısıtlamaları* tanımlamaktır. Bunu aşağıda göreceğiz.

Öte yandan, bir işlev gibi çağrılabilen her olanak bu örnekteki `alias` parametresi yerine kullanılabilir. Aşağıda hem `opCall()` işlecini yüklemiş olan bir sınıf ile hem de bir isimsiz işlev ile kullanımını görüyoruz:

```
class Sınıf {
    void opCall() {
        writeln("Sınıf.opCall çağrıldı.");
    }
}

// ...
```

```
    auto nesne = new Sınıf();
    çağıran!nesne();

    çağıran!({ writeln("İsimsiz işlev çağrıldı."); })();
```

Çıktısı:

```
çağırıyorum: Sınıf.opCall çağrıldı.
çağırıyorum: İsimsiz işlev çağrıldı.
```

`alias` parametreleri de özellenebilirler. Ancak, özelleme söz dizimi diğer parametre çeşitlerinden farklıdır; özellenen tür `alias` ile parametre ismi arasına yazılır:

```
import std.stdio;

void foo(alias değişken)() {
    writefln("Genel tanım %s türündeki '%s' değişkeni için işliyor.",
             typeof(değişken).stringof, değişken.stringof);
}

void foo(alias int i)() {
    writefln("int özellemesi '%s' değişkeni için işliyor.",
             i.stringof);
}

void foo(alias double d)() {
    writefln("double özellemesi '%s' değişkeni için işliyor.",
             d.stringof);
}

void main() {
    string isim;
    foo!isim();

    int adet;
    foo!adet();

    double uzunluk;
    foo!uzunluk();
}
```

Asıl değişkenlerin isimlerinin de şablon içinde görülebildiklerine ayrıca dikkat edin:

```
Genel tanım string türündeki 'isim' değişkeni için işliyor.
int özellemesi 'adet' değişkeni için işliyor.
double özellemesi 'uzunluk' değişkeni için işliyor.
```

Çokuzlu parametreleri

İşlevlerin belirsiz sayıda parametre alabildiklerini biliyoruz. Örneğin, `writeln` işlevini istediğimiz sayıda parametre ile çağırabiliriz. Bu tür işlevlerin nasıl tanımlandıklarını Parametre Serbestliği bölümünde (sayfa 260) görmüştük.

Aynı serbestlik şablon parametrelerinde de bulunur. Şablon parametrelerinin sayısını ve çeşitlerini serbest bırakmak şablon parametre listesinin en sonuna bir çokuzlu ismi ve `...` karakterleri yazmak kadar basittir. İsmi belirtilen çokuzlu, şablon parametre değerlerini ifade eden bir `AliasSeq` gibi kullanılabilir.

Bunu parametreleri hakkında bilgi veren basit bir işlev şablonunda görelim:

```
void bilgiVer(T...)(T parametreler) {
    // ...
}
```

Şablon parametresi olan `T...`, `bilgiVer` işlev şablonunun belirsiz sayıda parametre ile çağrılabilmesini sağlar. Hem `T` hem de `parametreler` çokuzludur:

- `T`, işlev parametre değerlerinin türlerinden oluşan çokuzludur.
- `parametreler`, işlev parametre değerlerinden oluşan çokuzludur.

İşlevin üç farklı türden parametre ile çağrıldığı duruma bakalım:

```
import std.stdio;

// ...

void main() {
    bilgiVer(1, "abc", 2.3);
}
```

Aşağıda `parametreler`'in `foreach` ile kullanımını görüyoruz:

```
void bilgiVer(T...)(T parametreler) {
    // 'parametreler' bir AliasSeq gibi kullanılır:
    foreach (i, parametre; parametreler) {
        writefln("%s: %s türünde %s",
                 i, typeof(parametre).stringof, parametre);
    }
}
```

Not: Bir önceki bölümde gördüğümüz gibi, parametre değerleri çokuzlu olduğundan, yukarıdaki `foreach` bir derleme zamanı `foreach`'idir.

Çıktısı:

```
0: int türünde 1
1: string türünde abc
2: double türünde 2.3
```

Parametrelerin türleri `typeof(parametre)` yerine `T[i]` ile de edinilebilir.

İşlev şablonu parametre türlerinin derleyici tarafından çıkarsanabildiklerini biliyorsunuz. Yukarıdaki `bilgiVer()` çağrısı sırasında parametre değerlerine bakılarak onların türlerinin sırasıyla `int`, `string`, ve `double` oldukları derleyici tarafından çıkarsanmıştır.

Bazı durumlarda ise şablon parametrelerinin açıkça belirtilmeleri gerekebilir. Örneğin, `std.conv.to` şablonu hedef türü açıkça belirtilmesi gereken bir şablon parametresi olarak alır:

```
    to!string(42);
```

Şablon parametreleri açıkça belirtildiğinde o parametreler değer, tür, veya başka çeşitlerden karışık olabilirler. Öyle durumlarda her şablon parametresinin tür veya başka çeşitten olup olmadığının belirlenmesi ve şablon kodlarının buna uygun olarak yazılması gerekebilir. Şablon çeşitlerini ayırt etmenin yolu, parametreleri yine `AliasSeq` gibi kullanmaktır.

Bunun örneğini görmek için yapı tanımı üreten bir işlev tasarlayalım. Bu işlev belirtilen türlerde ve isimlerde üyeleri olan yapı tanımı içeren kaynak kod üretsin ve `string` olarak döndürsün. İlk olarak yapının ismi verildikten sonra üyelerin tür ve isimleri çiftler halinde belirtilsinler:

```
import std.stdio;

void main() {
    writeln(yapıTanımla!("Öğrenci",
                         string, "isim",
                         int, "numara",
                         int[], "notlar")());
}
```

Yukarıdaki programın çıktısı aşağıdaki kaynak kod olmalıdır:

```
struct Öğrenci {
    string isim;
    int numara;
    int[] notlar;
}
```

Not: `yapıTanımla` gibi kod üreten işlevlerin yararlarını daha sonraki bir bölümdeki (sayfa 563) `mixin` anahtar sözcüğünü öğrenirken göreceğiz.

O sonucu üreten şablon aşağıdaki gibi tanımlanabilir. Koddaki denetimlerde `is` ifadesinden de yararlanıldığına dikkat edin. Hatırlarsanız, `is (parametre)` ifadesi `parametre` geçerli bir tür olduğunda `true` üretiyordu:

```
import std.string;

string yapıTanımla(string isim, Üyeler...)() {
    /* Üyeler tür ve isim olarak çiftler halinde
     * belirtilmelidir. Önce bunu denetleyelim. */
    static assert((Üyeler.length % 2) == 0,
                  "Üyeler çiftler halinde belirtilmedilir.");

    /* Önce yapı tanımının ilk satırını oluşturuyoruz. */
    string sonuç = "struct " ~ isim ~ "\n{\n";

    foreach (i, parametre; Üyeler) {
        static if (i % 2) {
            /* Tek numaralı parametreler üye isimlerini
             * belirliyorlar. Onları hemen burada kullanmak
             * yerine aşağıdaki 'else' bölümünde Üyeler[i+1]
             * söz dizimiyle kullanacağız.
             *
             * Yine de üye isimlerinin string olarak
             * belirtildiklerini burada denetleyelim. */
            static assert(is (typeof(parametre) == string),
                          "Üye ismi " ~ parametre.stringof ~
                          " string değil.");

        } else {
            /* Bu durumda 'parametre' üyenin türünü
             * belirtiyor. Öncelikle bu parametrenin gerçekten
             * bir tür olduğunu denetleyelim. */
            static assert(is (parametre),
                          parametre.stringof ~ " tür değil.");

            /* Tür ve üye isimlerini kullanarak satırı
             * oluşturuyoruz.
             *
             * Not: Burada Üyeler[i] yerine 'parametre' de
             * yazabilirdik. */
            sonuç ~= format("    %s %s;\n",
                            Üyeler[i].stringof, Üyeler[i+1]);
        }
    }

    /* Yapı tanımının kapama parantezi. */
    sonuç ~= "}";

    return sonuç;
}

import std.stdio;

void main() {
    writeln(yapıTanımla!("Öğrenci",
                         string, "isim",
                         int, "numara",
                         int[], "notlar")());
}
```

78.4 typeof(this), typeof(super), ve typeof(return)

Şablonların genel tanımlar ve genel algoritmalar olmalarının bir etkisi, bazı tür isimlerinin yazımlarının güç veya olanaksız olmasıdır. Aşağıdaki üç özel `typeof` çeşidi böyle durumlarda yararlıdır. Her ne kadar bu bölümde tanıtılıyor olsalar da, bu olanaklar şablon olmayan kodlarda da geçerlidirler.

- `typeof(this)`, yapının veya sınıfın `this` referansının türünü (yani, kendi tam türünü) verir. Bu olanak yapı veya sınıfın tanımı içinde olmak koşuluyla üye işlevler dışında da kullanılabilir.

```
struct Liste(T) {
    // T int olduğunda 'sonraki'nin türü Liste!int'tir
    typeof(this) *sonraki;
    // ...
}
```

- `typeof(super)` bir sınıfın üst sınıfının türünü (yani, `super` referansının türünü) verir.

```
class ListeOrtak(T) {
    // ...
}

class Liste(T) : ListeOrtak!T {
    // T int olduğunda 'sonraki'nin türü ListeOrtak!int'tir
    typeof(super) *sonraki;
    // ...
}
```

- `typeof(return)` bir işlevin dönüş türünü o işlev içerisindeyken verir.
  Örneğin, yukarıdaki `hesapla()` işlevinin dönüş türünü `auto` yerine daha açıklayıcı olmak için `Büyüğü!(A, B)` olarak tanımlayabiliriz. (Daha açık olmanın bir yararı, işlev açıklamalarının en azından bir bölümünün gereksiz hale gelmesidir.)

```
Büyüğü!(A, B) hesapla(A, B)(A a, B b) {
    // ...
}
```

  `typeof(return)`, dönüş türünün işlevin içinde tekrarlanmasını önler:

```
Büyüğü!(A, B) hesapla(A, B)(A a, B b) {
    typeof(return) sonuç;    // Ya A ya da B
    // ...
    return sonuç;
}
```

78.5 Şablon özellemeleri

Özellemeleri de Şablonlar bölümünde (sayfa 401) görmüştük. Aşağıdaki *meta programlama* başlığında da özelleme örnekleri göreceksiniz.

Tür parametrelerinde olduğu gibi, başka çeşit şablon parametreleri de özellenebilir. Aşağıdaki şablonun hem genel hem de 0 değeri için özel tanımı görülüyor:

```
void birİşlev(int birDeğer)() {
    // ... genel tanımı ...
}

void birİşlev(int birDeğer : 0)() {
    // ... sıfıra özel tanımı ...
}
```

78.6 Meta programlama

Kod üretme ile ilgili olduklarından şablonlar diğer D olanaklarından daha üst düzey programlama araçları olarak kabul edilirler. Şablonlar bir anlamda kod oluşturan kodlardır. Kodların daha üst düzey kodlarla oluşturulmaları kavramına *meta programlama* denir.

Şablonların derleme zamanı olanakları olmaları normalde çalışma zamanında yapılan işlemlerin derleme zamanına taşınmalarına olanak verir. (*Not: Aynı amaçla* Derleme Zamanında İşlev İşletme (CTFE) *olanağı da kullanılabilir. Bu konuyu daha sonraki bir bölümde göreceğiz.*)

Şablonların bu amaçla derleme zamanında *işletilmeleri*, çoğunlukla özyineleme üzerine kuruludur.

Bunun bir örneğini görmek için 0'dan başlayarak belirli bir sayıya kadar olan bütün sayıların toplamını hesaplayan normal bir işlev düşünelim. Bu işlev, parametre olarak örneğin 4 aldığında 0+1+2+3+4'ün toplamını döndürsün:

```
int topla(int sonDeğer) {
    int sonuç = 0;

    foreach (değer; 0 .. sonDeğer + 1) {
        sonuç += değer;
    }

    return sonuç;
}
```

Aynı işlevi özyinelemeli olarak da yazabiliriz:

```
int topla(int sonDeğer) {
    return (sonDeğer == 0
            ? sonDeğer
            : sonDeğer + topla(sonDeğer - 1));
}
```

Özyinelemeli işlev kendi düzeyindeki değeri bir önceki hesaba eklemektedir. İşlevde 0 değerinin özel olarak kullanıldığını görüyorsunuz; özyineleme onun sayesinde sonlanmaktadır.

İşlevlerin normalde çalışma zamanı olanakları olduklarını biliyoruz. `topla`'yı çalışma zamanında gerektikçe çağırabilir ve sonucunu kullanabiliriz:

```
    writeln(topla(4));
```

Aynı sonucun yalnızca derleme zamanında gerektiği durumlarda ise, o hesap bir işlev şablonuyla da gerçekleştirilebilir. Yapılması gereken; değerin işlev parametresi olarak değil, şablon parametresi olarak kullanılmasıdır:

```
// Uyarı: Bu kod yanlıştır
int topla(int sonDeğer)() {
    return (sonDeğer == 0
            ? sonDeğer
            : sonDeğer + topla!(sonDeğer - 1)());
}
```

Bu şablon da hesap sırasında kendisinden yararlanmaktadır. Kendisini, `sonDeğer`'in bir eksiği ile kullanmakta ve hesabı yine özyinelemeli olarak elde etmeye çalışmaktadır. Ne yazık ki o kod yazıldığı şekilde çalışamaz.

Derleyici, `?:` işlecini çalışma zamanında işleteceği için, yukarıdaki özyineleme derleme zamanında sonlanamaz:

```
    writeln(topla!4());    // ← derleme HATASI
```

Derleyici, aynı şablonun sonsuz kere dallandığını anlar ve bir hata ile sonlanır:

```
Error: template instance deneme.topla!(-296) recursive expansion
```

Şablon parametresi olarak verdiğimiz 4'ten geriye doğru -296'ya kadar saydığına bakılırsa, derleyici şablonların özyineleme sayısını 300 ile sınırlamaktadır.

Meta programlamada özyinelemeyi kırmanın yolu, şablon özellemeleri kullanmaktır. Bu durumda, aynı şablonu 0 değeri için özelleyebilir ve özyinelemenin kırılmasını bu sayede sağlayabiliriz:

```
// Genel tanım
int topla(int sonDeğer)() {
    return sonDeğer + topla!(sonDeğer - 1)();
}

// Sıfır değeri için özellemesi
int topla(int sonDeğer : 0)() {
    return 0;
}
```

Derleyici, `sonDeğer`'in sıfırdan farklı değerleri için hep genel tanımı kullanır ve en sonunda 0 değeri için özel tanıma geçer. O tanım da basitçe 0 değerini döndürdüğü için özyineleme sonlanmış olur.

O işlev şablonunu şöyle bir programla deneyebiliriz:

```
import std.stdio;

void main() {
    writeln(topla!4());
}
```

Şimdi hatasız olarak derlenecek ve 4+3+2+1+0'ın toplamını üretecektir:

```
10
```

Burada dikkatinizi çekmek istediğim önemli nokta, `topla!4()` işlevinin bütünüyle derleme zamanında işletiliyor olmasıdır. Sonuçta derleyicinin ürettiği kod, `writeln`'e doğrudan 10 hazır değerini göndermenin eşdeğeridir:

```
    writeln(10);            // topla!4()'lü kodun eşdeğeri
```

Derleyicinin ürettiği kod, 10 hazır değerini doğrudan programa yazmak kadar hızlı ve basittir. O 10 hazır değeri, yine de 4+3+2+1+0 hesabının sonucu olarak bulunmaktadır; ancak o hesap, şablonların özyinelemeli olarak kullanılmalarının sonucunda derleme zamanında işletilmektedir.

Burada görüldüğü gibi, meta programlamanın yararlarından birisi, şablonların derleme zamanında işletilmelerinden yararlanarak normalde çalışma zamanında yapılmasına alıştığımız hesapların derleme zamanına taşınabilmesidir.

Yukarıda da söylediğim gibi, daha sonraki bir bölümde göstereceğim CTFE olanağı bazı meta programlama yöntemlerini D'de gereksiz hale getirir.

78.7 Derleme zamanı çok şekilliliği

Bu kavram, İngilizce'de "compile time polymorphism" olarak geçer.

Nesne yönelimli programlamada çok şekilliliğin sınıf türetme ile sağlandığını biliyorsunuz. Örneğin bir işlev parametresinin bir arayüz olması, o parametre yerine o arayüzden türemiş her sınıfın kullanılabileceği anlamına gelir.

Daha önce gördüğümüz bir örneği hatırlayalım:

```
import std.stdio;

interface SesliAlet {
    string ses();
}

class Keman : SesliAlet {
    string ses() {
        return "♩♪♪";
    }
}

class Çan : SesliAlet {
    string ses() {
        return "çın";
    }
}

void sesliAletKullan(SesliAlet alet) {
    // ... bazı işlemler ...
    writeln(alet.ses());
    // ... başka işlemler ...
}

void main() {
    sesliAletKullan(new Keman);
    sesliAletKullan(new Çan);
}
```

Yukarıdaki `sesliAletKullan` işlevi çok şekillilikten yararlanmaktadır. Parametresi `SesliAlet` olduğu için, ondan türemiş olan bütün türlerle kullanılabilir.

Yukarıdaki son cümlede geçen *bütün türlerle kullanılabilme* kavramını şablonlardan da tanıyoruz. Böyle düşününce, şablonların da bir çeşit çok şekillilik sunduklarını görürüz. Şablonlar bütünüyle derleyicinin derleme zamanındaki kod üretmesiyle ilgili olduklarından, şablonların sundukları çok şekilliliğe *derleme zamanı çok şekilliliği* denir.

Doğrusu, her iki çok şekillilik de *bütün* türlerle kullanılamaz. Her ikisinde de türlerin uymaları gereken bazı koşullar vardır.

Çalışma zamanı çok şekilliliği, belirli bir arayüzden türeme ile kısıtlıdır.

Derleme zamanı çok şekilliliği ise şablon içindeki kullanıma uyma ile kısıtlıdır. Şablon parametresi, şablon içindeki kullanımda derleme hatasına neden olmuyorsa, o şablonla kullanılabilir. (*Not: Eğer tanımlanmışsa, şablon kısıtlamalarına da uyması gerekir. Şablon kısıtlamalarını biraz aşağıda anlatacağım.*)

Örneğin, yukarıdaki `sesliAletKullan` işlevi bir şablon olarak yazıldığında, `ses` üye işlevi bulunan bütün türlerle kullanılabilir:

```
void sesliAletKullan(T)(T alet) {
    // ... bazı işlemler ...
    writeln(alet.ses());
    // ... başka işlemler ...
}

class Araba {
    string ses() {
        return "düt düt";
    }
}

// ...

    sesliAletKullan(new Keman);
    sesliAletKullan(new Çan);
    sesliAletKullan(new Araba);
```

Yukarıdaki şablon, diğerleriyle kalıtım ilişkisi bulunmayan `Araba` türü ile de kullanılabilmiştir.

Derleme zamanı çok şekilliliği *ördek tipleme* olarak da bilinir. Ördek tipleme, asıl türü değil, davranışı ön plana çıkartan mizahi bir terimdir.

78.8 Kod şişmesi

Şablonlar kod üretme ile ilgilidirler. Derleyici, şablonun farklı parametrelerle her kullanımı için farklı kod üretir.

Örneğin yukarıda en son yazdığımız `sesliAletKullan` işlev şablonu, programda kullanıldığı her tür için ayrı ayrı üretilir ve derlenir. Programda yüz farklı tür ile çağrıldığını düşünürsek; derleyici o işlev şablonunun tanımını, her tür için ayrı ayrı, toplam yüz kere oluşturacaktır.

Programın boyutunun büyümesine neden olduğu için bu etkiye *kod şişmesi* (code bloat) denir. Çoğu programda sorun oluşturmasa da, şablonların bu özelliğinin akılda tutulması gerekir.

Öte yandan, `sesliAletKullan` işlevinin ilk yazdığımız `SesliAlet` alan tanımında, yani şablon olmayan tanımında, böyle bir kod tekrarı yoktur. Derleyici, o işlevi bir kere derler ve her `SesliAlet` türü için aynı işlevi çağırır. İşlev tek olduğu halde her hayvanın kendisine özel olarak davranabilmesi, derleyici tarafından işlev göstergeleriyle sağlanır. Derleyici her tür için farklı bir işlev göstergesi kullanır ve böylece her tür için farklı üye işlev çağrılır. Çalışma zamanında çok küçük bir hız kaybına yol açsa da, işlev göstergeleri kullanmanın çoğu programda önemi yoktur ve zaten bu çözümü sunan en hızlı gerçekleştirmedir.

Burada sözünü ettiğim hız etkilerini tasarımlarınızda fazla ön planda tutmayın. Program boyutunun artması da, çalışma zamanında fazladan işlemler yapılması da hızı düşürecektir. Belirli bir programda hangisinin etkisinin daha fazla olduğuna ancak o program denenerek karar verilebilir.

78.9 Şablon kısıtlamaları

Şablonların her tür ve değerdeki şablon parametresi ile çağrılabiliyor olmalarının getirdiği bir sorun vardır. Uyumsuz bir parametre kullanıldığında, bu uyumsuzluk ancak şablonun kendi kodları derlenirken farkedilebilir. Bu yüzden, derleme hatasında belirtilen satır numarası, şablon bloğuna işaret eder.

Yukarıdaki `sesliAletKullan` şablonunu `ses` isminde üye işlevi bulunmayan bir türle çağıralım:

```
class Fincan {
    // ... ses() işlevi yok ...
}

// ...

    sesliAletKullan(new Fincan);    // ← uyumsuz bir tür
```

Oradaki hata, şablonun uyumsuz bir türle çağrılıyor olmasıdır. Oysa derleme hatası, şablon içindeki kullanıma işaret eder:

```
void sesliAletKullan(T)(T alet) {
    // ... bazı işlemler ...
    writeln(alet.ses());            // ← derleme HATASI
    // ... başka işlemler ...
}
```

Bunun bir sakıncası, belki de bir kütüphane modülünde tanımlı olan bir şablona işaret edilmesinin, hatanın o kütüphanede olduğu yanılgısını uyandırabileceğidir. Daha önemlisi, asıl hatanın hangi satırda olduğunun hiç bildirilmiyor olmasıdır.

Böyle bir sorunun arayüzlerde bulunmadığına dikkat edin. Parametre olarak arayüz alacak şekilde yazılmış olan bir işlev, ancak o arayüzden türemiş olan türlerle çağrılabilir. Türeyen her tür arayüzün işlevlerini gerçekleştirmek zorunda olduğu için, işlevin uyumsuz bir türle çağrılması olanaksızdır. O durumda derleme hatası, işlevi uygunsuz türle çağıran satıra işaret eder.

Şablonların yalnızca belirli koşulları sağlayan türlerle kullanılmaları şablon kısıtlamaları ile sağlanır. Şablon kısıtlamaları, şablon bloğunun hemen öncesine yazılan `if` deyiminin içindeki mantıksal ifadelerdir:

```
void birŞablon(T)()
        if (/* ... kısıtlama koşulu ... */) {
    // ... şablonun tanımı ...
}
```

Derleyici bu şablon tanımını ancak kısıtlama koşulu `true` olduğunda göze alır. Koşulun `false` olduğu durumda ise bu şablon tanımını gözardı eder.

Şablonlar derleme zamanı olanakları olduklarından şablon kısıtlamaları da derleme zamanında işletilirler. Bu yüzden, `is` İfadesi bölümünde (sayfa 469) gördüğümüz ve derleme zamanında işletildiğini öğrendiğimiz `is` ifadesi ile de çok kullanılırlar. Bunun örneklerini aşağıda göstereceğim.

Tek üyeli çokuzlu parametre yöntemi

Bazen tek şablon parametresi gerekebilir ama o parametrenin tür, değer, veya `alias` çeşidinden olabilmesi istenir. Bunu sağlamanın bir yolu, çokuzlu çeşidinde parametre kullanmak ama çokuzlunun uzunluğunu bir şablon kısıtlaması ile tek olarak belirlemektir:

```
template birŞablon(T...)
        if (T.length == 1) {
    static if (is (T[0])) {
        // Şablonun tek parametresi bir türmüş
        enum bool birŞablon = /* ... */;

    } else {
        // Şablonun tek parametresi tür değilmiş
        enum bool birŞablon = /* ... */;
    }
}
```

Daha ileride göreceğimiz `std.traits` modülündeki bazı şablonlar bu yöntemden yararlanır.

İsimli kısıtlama yöntemi

Şablon kısıtlamaları bazı durumlarda yukarıdakinden çok daha karmaşık olabilirler. Bunun üstesinden gelmenin bir yolu, benim *isimli kısıtlama* olarak adlandırdığım bir yöntemdir. Bu yöntem D'nin dört olanağından yararlanarak kısıtlamaya anlaşılır bir isim verir. Bu dört olanak; isimsiz işlev, `typeof`, `is` ifadesi, ve tek tanım içeren şablonlardır.

Bu yöntemi burada daha çok bir kalıp olarak göstereceğim ve her ayrıntısına girmemeye çalışacağım.

Parametresini belirli şekilde kullanan bir işlev şablonu olsun:

```
void kullan(T)(T nesne) {
    // ...
    nesne.hazırlan();
    // ...
    nesne.uç(42);
```

```
    // ...
    nesne.kon();
    // ...
}
```

Şablon içindeki kullanımından anlaşıldığı gibi, bu şablonun kullanıldığı türlerin `hazırlan`, `uç`, ve `kon` isminde üç üye işlevinin bulunması gerekir (UFCS olanağı sayesinde normal işlevler de olabilirler.) O işlevlerden `uç`'un ayrıca `int` türünde bir de parametresi olmalıdır.

Bu kısıtlamayı `is` ve `typeof` ifadelerinden yararlanarak şöyle yazabiliriz:

```
void kullan(T)(T nesne)
        if (is (typeof(nesne.hazırlan())) &&
            is (typeof(nesne.uç(1))) &&
            is (typeof(nesne.kon()))) {
    // ...
}
```

O koşulun anlamını aşağıda daha ayrıntılı olarak göreceğiz. Şimdilik `is (typeof(nesne.hazırlan()))` kullanımını bir kalıp olarak *eğer o tür `nesne.hazırlan()` çağrısını destekliyorsa* anlamında kabul edebilirsiniz. İşleve `is (typeof(nesne.uç(1)))` biçiminde parametre verildiğinde ise, *o işlev `int` türünde parametre de alıyorsa* diye kabul edebilirsiniz.

Yukarıdaki gibi bir kısıtlama istendiği gibi çalışıyor olsa da, her zaman için tam açık olmayabilir. Onun yerine, o şablon kısıtlamasının ne anlama geldiğini daha iyi açıklayan bir isim verilebilir:

```
void kullan(T)(T nesne)
        if (uçabilir_mi!T) {      // ← isimli kısıtlama
    // ...
}
```

Bu kısıtlama bir öncekinden daha açıktır. Bu şablonun *uçabilen* türlerle çalıştığını okunaklı bir şekilde belgeler.

Yukarıdaki gibi isimli kısıtlamalar şu kalıba uygun olarak tanımlanırlar:

```
template uçabilir_mi(T) {
    enum uçabilir_mi = is (typeof(
    {
        T uçan;
        uçan.hazırlan();  // uçmaya hazırlanabilmeli
        uçan.uç(1);       // belirli mesafe uçabilmeli
        uçan.kon();       // istendiğinde konabilmeli
    }()));
}
```

O yöntemde kullanılan D olanaklarını ve birbirleriyle nasıl etkileştiklerini çok kısaca göstermek istiyorum:

```
template uçabilir_mi(T) {
    //       (6)        (5)  (4)
    enum uçabilir_mi = is (typeof(
    { // (1)
        T uçan;           // (2)
        uçan.hazırlan();
        uçan.uç(1);
        uçan.kon();
  // (3)
    }()));
}
```

1. **İsimsiz işlev:** İsimsiz işlevleri İşlev Göstergeleri, İsimsiz İşlevler, ve Temsilciler bölümünde (sayfa 476) görmüştük. İşaretli olarak gösterilmiş olan yukarıdaki blok parantezleri, isimsiz bir işlev tanımlar.
2. **İşlev bloğu:** İşlev bloğu, kısıtlaması tanımlanmakta olan türü asıl şablonda kullanıldığı gibi kullanır. Yukarıdaki blokta önce bu türden bir nesne oluşturulmakta ve o türün sahip olması gereken üç üye işlevi çağrılmaktadır. (*Not: Bu kodlar `typeof` tarafından kullanılırlar ama hiçbir zaman işletilmezler.*)
3. **İşlevin işletilmesi:** Bir işlevin sonuna yazılan `()` parantezleri normalde o işlevi işletir. Ancak, yukarıdaki işletme bir `typeof` içinde olduğundan bu işlev hiçbir zaman işletilmez. (Bu, bir sonraki maddede açıklanıyor.)
4. **`typeof` ifadesi:** `typeof`, şimdiye kadarki örneklerde çok kullandığımız gibi, kendisine verilen ifadenin türünü üretir.

   `typeof`'un önemli bir özelliği, türünü ürettiği ifadeyi işletmemesidir. `typeof`, bir ifadenin *eğer işletilse* ne türden bir değer üreteceğini bildirir:

   ```
   int i = 42;
   typeof(++i) j;      // 'int j;' yazmakla aynı anlamdadır

   assert(i == 42);    // ++i işletilmemiştir
   ```

   Yukarıdaki `assert`'ten de anlaşıldığı gibi, `++i` ifadesi işletilmemiştir. `typeof`, yalnızca o ifadenin türünü üretmiş ve böylece `j` de `int` olarak tanımlanmıştır.

   Eğer `typeof`'a verilen ifadenin geçerli bir türü yoksa, `typeof` `void` bile olmayan geçersiz bir tür döndürür.

   Eğer `uçabilir_mi` şablonuna gönderilen tür, o isimsiz işlev içindeki kodlarda gösterildiği gibi derlenebiliyorsa, `typeof` geçerli bir tür üretir. Eğer o tür işlev içindeki kodlardaki gibi derlenemiyorsa, `typeof` geçersiz bir tür döndürür.
5. **`is` ifadesi:** `is` İfadesi bölümünde (sayfa 469) `is` ifadesinin birden fazla kullanımını görmüştük. Buradaki `is (`*`Tür`*`)` şeklindeki kullanımı, kendisine verilen türün anlamlı olduğu durumda `true` değerini üretir:

   ```
   int i;
   writeln(is (typeof(i)));                  // true
   writeln(is (typeof(varOlmayanBirİsim)));  // false
   ```

   Yukarıdaki ikinci ifadede bilinmeyen bir isim kullanıldığı halde derleyici hata vermez. Programın çıktısı ikinci satır için `false` değerini içerir:

   ```
   true
   false
   ```

   Bunun nedeni, `typeof`'un ikinci kullanım için geçersiz bir tür üretmiş olmasıdır.
6. **Tek tanım içeren şablon:** Daha yukarıda anlatıldığı gibi, `uçabilir_mi` şablonunun içinde tek tanım bulunduğundan ve o tanımın ismi şablonun ismiyle aynı olduğundan; `uçabilir_mi` şablonu, içerdiği `uçabilir_mi` `enum` sabit değeri yerine geçer.

Sonuçta, yukarıdaki `kullan` işlev şablonu bütün bu olanaklar sayesinde isimli bir kısıtlama edinmiş olur:

```
void kullan(T)(T nesne)
        if (uçabilir_mi!T) {
    // ...
}
```

O şablonu birisi uyumlu, diğeri uyumsuz iki türle çağırmayı deneyelim:

```
// Şablondaki kullanıma uyan bir tür
class ModelUçak {
    void hazırlan() {
    }

    void uç(int mesafe) {
    }

    void kon() {
    }
}

// Şablondaki kullanıma uymayan bir tür
class Güvercin {
    void uç(int mesafe) {
    }
}

// ...

    kullan(new ModelUçak);      // ← derlenir
    kullan(new Güvercin);       // ← derleme HATASI
```

İsimli veya isimsiz, bir şablon kısıtlaması tanımlanmış olduğundan, bu derleme hatası artık şablonun içine değil şablonun uyumsuz türle kullanıldığı satıra işaret eder.

78.10 Şablonların çok boyutlu işleç yüklemedeki kullanımı

`opDollar`, `opIndex`, ve `opSlice` işlevlerinin eleman erişimi ve dilimleme amacıyla kullanıldıklarını İşleç Yükleme bölümünde (sayfa 300) görmüştük. Bu işlevler o bölümdeki gibi *tek boyutlu* kullanımlarında aşağıdaki görevleri üstlenirler:

- `opDollar`: Topluluktaki eleman adedini döndürür.
- `opSlice`: Topluluğun ya bütün elemanlarını ya da bir bölümünü ifade eden aralık nesnesi döndürür.
- `opIndex`: Belirtilen elemana erişim sağlar.

O işlevlerin şablon olarak yüklenebilen çeşitleri de vardır. Bu işlev şablonlarının anlamları yukarıdakilerden farklıdır. Özellikle `opSlice`'ın görevinin `opIndex` tarafından üstlenilmiş olduğuna dikkat edin:

- `opDollar` şablonu: Topluluğun belirli bir boyutunun uzunluğunu döndürür. Hangi boyutun uzunluğunun döndürüleceği şablon parametresinden anlaşılır:

```
size_t opDollar(size_t boyut)() const {
    // ...
}
```

- `opSlice` şablonu: Dilimi belirleyen sayı aralığı bilgisini döndürür. (Örneğin, `dizi[baş..son]` yazımındaki baş ve son değerleri.) Bu bilgi `Tuple!(size_t, size_t)` veya eşdeğeri bir tür olarak döndürülebilir. Aralığın hangi boyutla ilgili olduğu şablon parametresinden anlaşılır:

```
Tuple!(size_t, size_t) opSlice(size_t boyut)(size_t baş,
                                             size_t son) {
    return tuple(baş, son);
}
```

- `opIndex` şablonu: Belirtilen alt topluluğu ifade eden bir aralık döndürür. Aralığın sınırları şablonun çokuzlu parametrelerinden anlaşılır:

```
    Aralık opIndex(A...)(A parametreler) {
        // ...
    }
```

`opIndexAssign` ve `opIndexOpAssign`'ın da şablon çeşitleri vardır. Bunlar da belirli bir alt topluluktaki elemanlar üzerinde işlerler.

Çok boyutlu işleçleri tanımlayan türler aşağıdaki gibi çok boyutlu erişim ve dilimleme söz dizimlerinde kullanılabilirler:

```
              // İndekslerle belirlenen alt topluluktaki
              // elemanların değerlerini 42 yapar:
              m[a, b..c, $-1, d..e] = 42;
//                ↑  ↑     ↑    ↑
// boyutlar:      0  1     2    3
```

Öyle bir ifade görüldüğünde önce `$` karakterleri için `opDollar` ve konum aralıkları için `opSlice` perde arkasında otomatik olarak çağrılır. Elde edilen uzunluk ve aralık bilgileri yine otomatik olarak `opIndexAssign`'a parametre olarak geçirilir. Sonuçta, yukarıdaki ifade yerine aşağıdaki ifade işletilmiş olur (boyut değerleri işaretlenmiş olarak gösteriliyor):

```
    // Üsttekinin eşdeğeri:
    m.opIndexAssign(
        42,                    // ← atanan değer
        a,                     // ← sıfırıncı boyutun parametresi
        m.opSlice!1(b, c),     // ← birinci boyutun parametresi
        m.opDollar!2() - 1,    // ← ikinci boyutun parametresi
        m.opSlice!3(d, e));    // ← üçüncü boyutun parametresi
```

Sonuçta, `opIndexAssign` işlemde kullanacağı alt aralığı çokuzlu şablon parametrelerinin türlerine ve değerlerine bakarak belirler.

İşleç yükleme örneği

Aşağıdaki `Matris` türü bu işleçlerin nasıl tanımlandıklarının bir örneğini içeriyor.

Bu örnek çok daha hızlı işleyecek biçimde de gerçekleştirilebilir. Örneğin, aşağıdaki kodun tek elemana `m[i, j]` biçiminde erişirken bile *tek elemanlı bir alt matris* oluşturması gereksiz kabul edilebilir.

Ek olarak, işlev başlarındaki `writeln(__FUNCTION__)` ifadelerinin kodun işlevselliğiyle bir ilgisi bulunmuyor. Onlar yalnızca perde arkasında hangi işlevlerin hangi sırada çağrıldıklarını göstermek amacıyla eklenmişlerdir.

Boyut değerlerini denetlemek için şablon kısıtlamalarından yararlanıldığına da dikkat edin.

```
import std.stdio;
import std.format;
import std.string;

/* İki boyutlu bir int dizisi gibi işler. */
struct Matris {
private:

    int[][] satırlar;

    /* İndekslerle belirlenen satır ve sütun aralığı bilgisini
     * bir araya getirir. */
    struct Aralık {
        size_t baş;
        size_t son;
```

```
    }

    /* Satır ve sütun aralıklarıyla belirlenen alt matrisi
     * döndürür. */
    Matris altMatris(Aralık satırAralığı, Aralık sütunAralığı) {
        writeln(__FUNCTION__);

        int[][] dilimler;

        foreach (satır; satırlar[satırAralığı.baş ..
                                 satırAralığı.son]) {

            dilimler ~= satır[sütunAralığı.baş ..
                              sütunAralığı.son];
        }

        return Matris(dilimler);
    }

public:

    this(size_t yükseklik, size_t genişlik) {
        writeln(__FUNCTION__);

        satırlar = new int[][](yükseklik, genişlik);
    }

    this(int[][] satırlar) {
        writeln(__FUNCTION__);

        this.satırlar = satırlar;
    }

    void toString(void delegate(const(char)[]) hedef) const {
        hedef.formattedWrite!"%(%(%5s %)\n%)"(satırlar);
    }

    /* Belirtilen değeri matrisin bütün elemanlarına atar. */
    Matris opAssign(int değer) {
        writeln(__FUNCTION__);

        foreach (satır; satırlar) {
            satır[] = değer;
        }

        return this;
    }

    /* Belirtilen işleci ve değeri her elemana uygular ve
     * sonucu o elemana atar. */
    Matris opOpAssign(string işleç)(int değer) {
        writeln(__FUNCTION__);

        foreach (satır; satırlar) {
            mixin ("satır[] " ~ işleç ~ "= değer;");
        }

        return this;
    }

    /* Belirtilen boyutun uzunluğunu döndürür. */
    size_t opDollar(size_t boyut)() const
            if (boyut <= 1) {
        writeln(__FUNCTION__);

        static if (boyut == 0) {
            /* Sıfırıncı boyutun uzunluğu isteniyor;
             * 'satırlar' dizisinin uzunluğudur. */
            return satırlar.length;

        } else {
            /* Birinci boyutun uzunluğu isteniyor; 'satırlar'
             * dizisinin elemanlarının uzunluğudur. */
```

```
        return satırlar.length ? satırlar[0].length : 0;
    }
}

/* 'baş' ve 'son' ile belirlenen aralığı ifade eden bir
 * nesne döndürür.
 *
 * Not: Bu gerçekleştirmede 'boyut' parametresi
 * kullanılmıyor olsa da, bu bilgi başka bir tür için
 * yararlı olabilir. */
Aralık opSlice(size_t boyut)(size_t baş, size_t son)
        if (boyut <= 1) {
    writeln(__FUNCTION__);

    return Aralık(baş, son);
}

/* Parametrelerle belirlenen alt matrisi döndürür. */
Matris opIndex(A...)(A parametreler)
        if (A.length <= 2) {
    writeln(__FUNCTION__);

    /* Bütün elemanları temsil eden aralıklarla
     * başlıyoruz. Böylece opIndex'in parametresiz
     * kullanımında bütün elemanlar kapsanırlar. */
    Aralık[2] aralıklar = [ Aralık(0, opDollar!0),
                            Aralık(0, opDollar!1) ];

    foreach (boyut, p; parametreler) {
        static if (is (typeof(p) == Aralık)) {
            /* Bu boyut için 'matris[baş..son]' gibi
             * aralık belirtilmiş; parametreyi olduğu gibi
             * aralık olarak kullanabiliriz. */
            aralıklar[boyut] = p;

        } else static if (is (typeof(p) : size_t)) {
            /* Bu boyut için 'matris[i]' gibi tek konum
             * değeri belirtilmiş; kullanmadan önce tek
             * uzunluklu aralık oluşturmak gerekiyor. */
            aralıklar[boyut] = Aralık(p, p + 1);

        } else {
            /* Bu işlevin başka bir türle çağrılmasını
             * beklemiyoruz. */
            static assert(
                false, format("Geçersiz indeks türü: %s",
                              typeof(p).stringof));
        }
    }

    /* 'parametreler'in karşılık geldiği alt matrisi
     * döndürüyoruz. */
    return altMatris(aralıklar[0], aralıklar[1]);
}

/* Belirtilen değeri belirtilen elemanlara atar. */
Matris opIndexAssign(A...)(int değer, A parametreler)
        if (A.length <= 2) {
    writeln(__FUNCTION__);

    Matris altMatris = opIndex(parametreler);
    return altMatris = değer;
}

/* Belirtilen işleci ve değeri belirtilen elemanlara
 * uygular ve sonuçları yine aynı elemanlara atar. */
Matris opIndexOpAssign(string işleç, A...)(int değer,
                                           A parametreler)
        if (A.length <= 2) {
    writeln(__FUNCTION__);

    Matris altMatris = opIndex(parametreler);
    mixin ("return altMatris " ~ işleç ~ "= değer;");
```

```
    }
}

/* Dizgi halinde belirtilen ifadeyi işletir ve hem işlemin
 * sonucunu hem de matrisin yeni durumunu yazdırır. */
void işlet(string ifade)(Matris m) {
    writefln("\n--- %s ---", ifade);
    mixin ("auto sonuç = " ~ ifade ~ ";");
    writefln("sonuç:\n%s", sonuç);
    writefln("m:\n%s", m);
}

void main() {
    enum yükseklik = 10;
    enum genişlik = 8;

    auto m = Matris(yükseklik, genişlik);

    int sayaç = 0;
    foreach (satır; 0 .. yükseklik) {
        foreach (sütun; 0 .. genişlik) {
            writefln("%s / %s ilkleniyor",
                     sayaç + 1, yükseklik * genişlik);

            m[satır, sütun] = sayaç;
            ++sayaç;
        }
    }

    writeln(m);

    işlet!("m[1, 1] = 42")(m);
    işlet!("m[0, 1 .. $] = 43")(m);
    işlet!("m[0 .. $, 3] = 44")(m);
    işlet!("m[$-4 .. $-1, $-4 .. $-1] = 7")(m);

    işlet!("m[1, 1] *= 2")(m);
    işlet!("m[0, 1 .. $] *= 4")(m);
    işlet!("m[0 .. $, 0] *= 10")(m);
    işlet!("m[$-4 .. $-2, $-4 .. $-2] -= 666")(m);

    işlet!("m[1, 1]")(m);
    işlet!("m[2, 0 .. $]")(m);
    işlet!("m[0 .. $, 2]")(m);
    işlet!("m[0 .. $ / 2, 0 .. $ / 2]")(m);

    işlet!("++m[1..3, 1..3]")(m);
    işlet!("--m[2..5, 2..5]")(m);

    işlet!("m[]")(m);
    işlet!("m[] = 20")(m);
    işlet!("m[] /= 4")(m);
    işlet!("(m[] += 5) /= 10")(m);
}
```

78.11 Özet

Önceki şablonlar bölümünün sonunda şunları hatırlatmıştım:

- Şablonlar kodun kalıp halinde tarif edilmesini ve derleyici tarafından gereken her tür için otomatik olarak üretilmesini sağlayan olanaktır.
- Şablonlar bütünüyle derleme zamanında işleyen bir olanaktır.
- Tanımlarken isimlerinden sonra şablon parametresi de belirtmek; işlevlerin, yapıların, ve sınıfların şablon haline gelmeleri için yeterlidir.
- Şablon parametreleri ünlem işaretinden sonra açıkça belirtilebilirler. Tek parametre için parantez kullanmaya gerek yoktur.
- Şablonun farklı türlerle her kullanımı farklı bir türdür.
- Şablon parametreleri yalnızca işlev şablonlarında çıkarsanabilirler.

- Şablonlar `:` karakterinden sonra belirtilen tür için özellenebilirler.
- Varsayılan şablon parametre türleri `=` karakterinden sonra belirtilebilir.

Bu bölümde de şu kavramları gördük:

- Şablonlar kestirme veya uzun söz dizimleriyle tanımlanabilirler.
- Şablon kapsamı bir isim alanı belirler.
- İçinde bir tanımla aynı isime sahip olan şablon o tanım yerine geçer.
- İşlev, sınıf, yapı, birlik, ve arayüz şablonları tanımlanabildiği gibi, bu tanımlar şablon kapsamı içinde karışık olarak bulunabilirler.
- Şablon parametrelerinin tür, değer, `this`, `alias`, ve çokuzlu çeşitleri vardır.
- Şablonlar parametrelerinin herhangi bir kullanımı için özellenebilirler.
- `typeof(this)`, `typeof(super)`, ve `typeof(return)` tür yazımlarında kolaylık sağlarlar.
- Meta programlama, işlemlerin derleme zamanında yapılmalarını sağlar.
- Şablonlar *derleme zamanı çok şekilliliği* olanaklarıdır.
- Şablonun her farklı parametreli kullanımı için ayrı kod üretilmesi *kod şişmesine* neden olabilir.
- Olası derleme hatalarının şablonun yanlış kullanıldığı satıra işaret edebilmesi için şablon kısıtlamaları tanımlanabilir.
- İsimli kısıtlama yöntemi kısıtlamalara okunaklı isimler vermeye yarar.
- `opDollar`, `opSlice`, `opIndex`, `opIndexAssign`, ve `opIndexOpAssign` işlevlerinin şablon çeşitleri çok boyutlu eleman erişimine ve dilimlemeye olanak sağlar.

79 Diğer İşlev Olanakları

İşlevleri daha önce aşağıdaki bölümlerde görmüştük:

- İşlevler (sayfa 136)
- İşlev Parametreleri (sayfa 169)
- İşlev Yükleme (sayfa 267)
- İşlev Göstergeleri ve Kapamalar (sayfa 476)

Burada o bölümlerde yer almayan başka işlev olanaklarını göreceğiz.

79.1 Dönüş türü olanakları

İşlevler `auto`, `ref`, `inout`, ve `auto ref` olarak bildirilebilirler. Bunlar işlevlerin dönüş türleriyle ilgilidir.

auto işlevler

`auto` olarak bildirilen işlevlerin dönüş türlerinin açıkça yazılması gerekmez:

```
auto topla(int birinci, double ikinci) {
    double sonuç = birinci + ikinci;
    return sonuç;
}
```

Derleyici dönüş türünü `return` satırından otomatik olarak çıkarsar. Yukarıdaki işlevin `return` ile döndürdüğü sonuç `double` olduğundan, o işlev sanki dönüş türü açıkça `double` yazılmış gibi derlenir.

Birden fazla `return` deyimi bulunduğunda işlevin dönüş türü o dönüş ifadelerinin `ortak türüdür`. (Ortak türü Üçlü İşleç ?: (sayfa 95) bölümünde görmüştük.) Örneğin, `int` ve `double` türlerinin ortak türü `double` olduğundan aşağıdaki `auto` işlevin dönüş türü `double`'dır:

```
auto işlev(int i) {
    if (i < 0) {
        return i;          // Burada 'int' döndürülüyor
    }

    return i * 1.5;        // Burada 'double' döndürülüyor
}

void main() {
    // İşlevin dönüş türü, 'int' ve 'double' türlerinin ortak
    // türü olan 'double' türüdür
    auto sonuç = işlev(42);
    static assert(is (typeof(sonuç) == double));
}
```

ref işlevler

İşlevlerin döndürdükleri değerler normalde işlevi çağıran tarafa kopyalanırlar. `ref` belirteci, dönüş değerinin kopyalanmak yerine referans olarak döndürülmesini sağlar.

Örneğin, aşağıdaki işlev kendisine verilen iki parametreden büyük olanını döndürmektedir:

```
int büyüğü(int birinci, int ikinci) {
    return (birinci > ikinci) ? birinci : ikinci;
}
```

O işlevin hem parametreleri hem de dönüş değeri normalde kopyalanır:

```
import std.stdio;

void main() {
    int a = 1;
    int b = 2;
    int sonuç = büyüğü(a, b);
    sonuç += 10;                // ← ne a ne de b etkilenir
    writefln("a: %s, b: %s, sonuç: %s", a, b, sonuç);
}
```

büyüğü işlevinin dönüş değeri `sonuç` değişkenine kopyalandığından, değişkenin arttırılması yalnızca `sonuç` isimli kopyayı etkiler. İşleve kendileri de zaten kopyalanarak geçirilmiş olan a ve b değişmezler:

```
a: 1, b: 2, sonuç: 12
```

Parametrelerin kopyalanmak yerine referans olarak gönderilmeleri için `ref` anahtar sözcüğünün kullanıldığını biliyorsunuz. Aynı sözcük dönüş türü için de kullanılabilir ve işlevin dönüş değerinin de referans olarak döndürülmesini sağlar:

```
ref int büyüğü(ref int birinci, ref int ikinci) {
    return (birinci > ikinci) ? birinci : ikinci;
}
```

Bu durumda döndürülen referans parametrelerden birisinin takma ismi yerine geçecek ve onda yapılan değişiklik artık ya a'yı ya da b'yi değiştirecektir:

```
    int a = 1;
    int b = 2;
    büyüğü(a, b) += 10;         // ← ya a ya b etkilenir
    writefln("a: %s, b: %s", a, b);
```

Dikkat ederseniz, işlevin döndürdüğü referansı `sonuç` diye bir değişken kullanmadan doğrudan arttırıyoruz. O işlem, a ve b'den büyük olanını etkiler:

```
a: 1, b: 12
```

Yerel referans için gösterge gerekir: Burada bir noktaya dikkatinizi çekmek istiyorum. `ref` kullanılmış olmasına rağmen, o dönüş değerinin yerel bir değişkene atanması a veya b'yi yine de değiştirmez:

```
    int sonuç = büyüğü(a, b);
    sonuç += 10;              // ← yine yalnızca 'sonuç' değişir
```

büyüğü işlevi a'ya veya b'ye referans döndürüyor olsa da, o referans `sonuç` ismindeki yerel değişkene kopyalandığından a veya b değişmez:

```
a: 1, b: 2, sonuç: 12
```

`sonuç`'un a'nın veya b'nin referansı olması istendiğinde gösterge olarak tanımlanması gerekir:

```
    int * sonuç = &büyüğü(a, b);
    *sonuç += 10;
    writefln("a: %s, b: %s, sonuç: %s", a, b, *sonuç);
```

`sonuç` artık ya a'ya ya da b'ye erişim sağladığından, onun aracılığıyla yapılan değişiklik o ikisinin büyük olanını etkilerdi:

```
a: 1, b: 12, sonuç: 12
```

Yerel değişkene referans döndürülemez: Yukarıdaki `ref` dönüş değeri daha işlev çağrılmadan önce yaşamaya başlayan iki değişkenden birisinin takma ismi gibi çalışmaktadır. Bir başka deyişle, `birinci` de döndürülse `ikinci` de döndürülse o dönüş değeri hep işlevin çağrıldığı noktada zaten yaşamakta olan a'nın veya b'nin referansıdır.

Yaşam süresi işlevden çıkılırken sona erecek olan bir değişkene referans döndürülemez:

```
ref string parantezİçinde(string söz) {
    string sonuç = '(' ~ söz ~ ')';
    return sonuç;     // ← derleme HATASI
} // ← sonuç'un yaşamı burada sona erer
```

İşlev kapsamında tanımlanmış olan `sonuç`'un yaşamı o işlevden çıkıldığında sona erer. O yüzden, o değişkenin takma ismi gibi kullanılacak bir dönüş değeri olamaz.

Derleme, yerel değişkene referans döndürüldüğünü bildiren bir hata ile sonlanır:

```
Error: escaping reference to local variable sonuç
```

`auto ref` işlevler

Yukarıdaki `parantezİçinde` işlevinin yaşam süresi sona eren yerel değişken nedeniyle derlenemediğini gördük. `auto ref` öyle durumlarda yararlıdır.

`auto ref` olarak bildirilmiş olan bir işlevin dönüş türü `auto` işlevlerde olduğu gibi otomatik olarak çıkarsanır. Ek olarak, referans olamayacak bir değer döndürüldüğünde o değer referans olarak değil, kopyalanarak döndürülür.

Aynı işlevi `auto ref` olarak yazdığımızda program derlenir:

```
auto ref parantezİçinde(string söz) {
    string sonuç = '(' ~ söz ~ ')';
    return sonuç;                   // ← derlenir
}
```

İşlevin değer mi yoksa referans mı döndüreceği içindeki ilk `return` deyimi tarafından belirlenir.

`auto ref` daha çok parametrelerin duruma göre referans veya kopya olabildikleri işlev şablonlarında yararlıdır.

`inout` işlevler

Bu belirteç işlev parametrelerinde ve dönüş türünde kullanılır ve o işlevin parametrelerine bağlı olarak `const`, `immutable`, veya *değişebilen* anlamına gelir.

Yukarıdaki işlevi `string` alacak ve `string` döndürecek şekilde tekrar yazalım:

```
string parantezİçinde(string söz) {
    return '(' ~ söz ~ ')';
}
```

O işleve `string` türünde parametre verilmesi gerektiğini ve sonucunun `string` olduğunu biliyoruz:

```
    writeln(parantezİçinde("merhaba"));
```

`"merhaba"` hazır değerinin türü `string`, yani `immutable(char)[]` olduğundan o kod derlenir ve çalışır:

```
(merhaba)
```

Burada kullanışsız bir durum vardır: O işlev `string` türüne bağlı olarak yazıldığından `immutable` olmayan bir dizgi ile çağrılamaz:

```
    char[] dizgi;            // elemanları değişebilir
    dizgi ~= "selam";
    writeln(parantezİçinde(dizgi));     // ← derleme HATASI
```

Derleme hatası, *değişebilen* karakterlerden oluşan `char[]` türünün `string`'e dönüştürülemeyeceğini bildirir:

```
Error: function deneme.parantezİçinde (string söz)
is not callable using argument types (char[])
```

Aynı sorun `const(char)[]` dizgilerinde de vardır.

Bu sorunu çözmek için bir kaç yöntem düşünülebilir. Bir yöntem, işlevi *değişebilen* ve `const` karakter dizileri için de yüklemektir:

```
char[] parantezİçinde(char[] söz) {
    return '(' ~ söz ~ ')';
}

const(char)[] parantezİçinde(const(char)[] söz) {
    return '(' ~ söz ~ ')';
}
```

Bunun programcılıkta kaçınılması gereken *kod tekrarı* anlamına geldiğini görüyoruz. Bu işlevlerin ileride gelişebileceklerini veya olası hatalarının giderilebileceklerini düşünürsek, o değişikliklerin üçünde de yapılmasının unutulmaması gerekecektir. O yüzden bu riskli bir tasarımdır.

Başka bir yöntem, işlevi şablon olarak tanımlamaktır:

```
T parantezİçinde(T)(T söz) {
    return '(' ~ söz ~ ')';
}
```

O çözüm şablon içindeki kullanıma uyan her tür ile kullanılabilir. Bunun bazen fazla esnek olabileceğini ve şablon kısıtlamaları kullanılmasının gerekebileceğini de önceki bölümde görmüştük.

`inout` yöntemi şablon çözümüne çok benzer ama bütün türü değil, yalnızca türün `const`, `immutable`, veya *değişebilen* özelliğini esnek bırakır. O özelliği işlevin parametrelerinden otomatik olarak çıkarsar:

```
inout(char)[] parantezİçinde(inout(char)[] söz) {
    return '(' ~ söz ~ ')';
}
```

`inout`, parametreden otomatik olarak çıkarsanan özelliği dönüş türüne de aktarır.

O işlev `char[]` türüyle çağrıldığında hiç `inout` yazılmamış gibi derlenir. `immutable(char)[]` veya `const(char)[]` türleriyle çağrıldığında ise `inout` sırasıyla `immutable` veya `const` yerine geçer. Bunu işlevin dönüş türünü yazdırarak görebiliriz:

```
    char[] değişebilen;
    writeln(typeof(parantezİçinde(değişebilen)).stringof);

    const(char)[] sabit;
    writeln(typeof(parantezİçinde(sabit)).stringof);

    immutable(char)[] değişmez;
    writeln(typeof(parantezİçinde(değişmez)).stringof);
```

Üç çağrının farklı dönüş türleri:

```
char[]
const(char)[]
string
```

Özetle, `inout` parametre türünün `const`, `immutable`, veya *değişebilen* özelliğini dönüş türüne aktarır.

79.2 Davranış olanakları

`pure`, `nothrow`, ve `@nogc` işlevlerin davranışlarıyla ilgilidir.

`pure` işlevler

İşlevlerin değer üretebildiklerini ve yan etki oluşturabildiklerini İşlevler bölümünde (sayfa 136) görmüştük. Değer üretmenin yan etki oluşturmaktan daha yararlı olduğunun kabul edildiğini de o bölümde görmüştük.

Buna benzeyen başka yararlı bir kavram, bir işlevin saflığıdır. Bu kavramın D'deki tanımı fonksiyonel programlamadaki genel tanımından farklıdır: D'deki tanıma göre, dönüş değerini üretirken veya olası yan etkilerini oluştururken *değişebilen* evrensel veya `static` değerlere erişmeyen bir işlev saftır. (Giriş çıkış aygıtları da değişebilen evrensel durum olarak kabul edildiklerinden saf işlevler giriş ve çıkış işlemleri de içeremezler.)

Bir başka deyişle, dönüş değeri ve yan etkileri yalnızca parametrelerine, yerel değişkenlerine, ve değişmez evrensel değerlere bağlı olan bir işlev saftır.

Dolayısıyla, saflığın D'deki önemli farkı saf işlevlerin parametrelerini değiştirebilmeleridir.

Ek olarak, programın genel durumunu etkilediği için aslında izin verilmemesi gereken bazı işlemlere de D'nin bir sistem dili olması nedeniyle izin verilir. Bu yüzden, D'de saf işlevler aşağıdaki işlemleri de gerçekleştirebilirler:

- `new` ifadesi ile nesne oluşturulabilirler.
- Programı sonlandırabilirler.
- İşlemcinin kesirli sayı bayraklarına erişebilirler.
- Hata atabilirler.

`pure` anahtar sözcüğü bir işlevin bu koşullara uyduğunu bildirir ve bu durumun derleyici tarafından denetlenmesini sağlar.

Doğal olarak, aynı garantileri vermediklerinden saf olmayan işlevler saf işlevler tarafından çağrılamazlar.

Aşağıdaki örnek program bu koşullardan bazılarını gösteriyor:

```
import std.stdio;
import std.exception;

int değişebilenEvrensel;
const int constEvrensel;
immutable int immutableEvrensel;

void safOlmayanİşlev() {
}

int safİşlev(ref int i, int[] dilim) pure {
    // Hata atabilir:
    enforce(dilim.length >= 1);

    // Parametrelerini değiştirebilir:
    i = 42;
    dilim[0] = 43;
```

```
    // Değişmez evrensel duruma erişebilir:
    i = constEvrensel;
    i = immutableEvrensel;

    // new ifadesini kullanabilir:
    auto p = new int;

    // Değişebilen evrensel duruma erişemez:
    i = değişebilenEvrensel;    // ← derleme HATASI

    // Giriş ve çıkış işlemleri uygulayamaz:
    writeln(i);                 // ← derleme HATASI

    static int değişebilenStatik;

    // Değişebilen statik duruma erişemez:
    i = değişebilenStatik;      // ← derleme HATASI

    // Saf olmayan işlevleri çağıramaz:
    safOlmayanİşlev();          // ← derleme HATASI

    return 0;
}

void main() {
    int i;
    int[] dilim = [ 1 ];
    safİşlev(i, dilim);
}
```

Bazı saf işlevler parametrelerinde değişiklik de yapmazlar. Dolayısıyla, bu gibi işlevlerin programdaki tek etkileri dönüş değerleridir. Bu açıdan bakıldığında, parametrelerinde değişiklik yapmayan saf işlevlerin belirli parametre değerlerine karşılık hep aynı değeri döndürecekleri belli demektir. Dolayısıyla, böyle bir işlevin dönüş değeri eniyileştirme amacıyla sonradan kullanılmak üzere saklanabilir. (Bu gözlem hem derleyici hem de programcı için yararlıdır.)

Bir şablonun tam olarak ne çeşit kodlar içereceği ve derleneceği şablon parametrelerine bağlı olduğundan, saf olup olmadığı da şablon parametrelerine bağlı olabilir. Bu yüzden, şablonların saf olup olmadıkları derleyici tarafından otomatik olarak belirlenir. Şablonlarda gerekmese de `pure` anahtar sözcüğü istendiğinde yine de belirtilebilir. Benzer biçimde, `auto` işlevlerin saflıkları da otomatik olarak çıkarsanır.

Örneğin, aşağıdaki şablon N'nin sıfır olduğu durumda saf olmadığından `şablon!0`'ın saf olan bir işlev tarafından çağrılması mümkün değildir:

```
import std.stdio;

// Bu şablon N sıfır olduğunda saf değildir.
void şablon(size_t N)() {
    static if (N == 0) {
        // N sıfır olduğunda çıkışa yazdırmaya çalışmaktadır:
        writeln("sıfır");
    }
}

void foo() pure {
    şablon!0();     // ← derleme HATASI
}

void main() {
    foo();
}
```

Derleyici yukarıdaki şablonun `0` kullanımının saf olmadığını otomatik olarak anlar ve onun saf olan `foo` tarafından çağrılmasına izin vermez:

```
Error: pure function 'deneme.foo' cannot call impure function
'deneme.şablon!0.şablon'
```

Öte yandan, şablonun örneğin 1 değeri ile kullanımı saftır ve kod derlenir:

```
void foo() pure {
    şablon!1();        // ← derlenir
}
```

`writeln` gibi işlevlerin evrensel durumu etkiledikleri için kullanılamadıklarını gördük. Bu gibi kısıtlamalar özellikle hata ayıklama gibi durumlarda büyük sıkıntıya neden olacaklarından `debug` olarak işaretlenmiş olan kodlara saf olmasalar bile `pure` işlevler içinde izin verilir:

```
import std.stdio;

debug size_t fooÇağrılmaSayacı;

void foo(int i) pure {
    debug ++fooÇağrılmaSayacı;

    if (i == 0) {
        debug writeln("i sıfır");
        i = 42;
    }

    // ...
}

void main() {
    foreach (i; 0..100) {
        if ((i % 10) == 0) {
            foo(i);
        }
    }

    debug writefln("foo %s kere çağrıldı", fooÇağrılmaSayacı);
}
```

Yukarıdaki koddaki saf işlev hem değişebilen evrensel bir değişkeni değiştirmekte hem de çıkışa bir mesaj yazdırmaktadır. Bunlara rağmen derlenebilmesinin nedeni, o işlemlerin `debug` olarak işaretlenmiş olmalarıdır.

Not: Hatırlarsanız, o deyimlerin etkinleşmesi için programın `-debug` seçeneği ile derlenmesi gerekir.

Üye işlevler de saf olabilirler. Saf olmayan bir üye işlevin alt sınıftaki tanımı saf olabilir ama bunun tersi doğru değildir. Bunların örneklerini aşağıdaki kodda görmekteyiz:

```
interface Arayüz {
    void foo() pure;       // Alt sınıflar foo'yu saf olarak
                           // tanımlamak zorundadırlar.

    void bar();            // Alt sınıflar bar'ı isterlerse saf
                           // olarak da tanımlayabilirler.
}

class Sınıf : Arayüz {
    void foo() pure {       // Gerektiği için pure
        // ...
    }

    void bar() pure {       // Gerekmediği halde pure
        // ...
    }
}
```

Temsilciler ve isimsiz işlevler de saf olabilirler. Hazır değer olarak tanımlandıklarında derleyici saf olup olmadıklarını otomatik olarak çıkarsar:

```
import std.stdio;

void foo(int delegate(double) pure temsilci) {
    int i = temsilci(1.5);
}

void main() {
    foo(a => 42);                    // ← derlenir

    foo((a) {                        // ← derleme HATASI
            writeln("merhaba");
            return 42;
        });
}
```

Yukarıdaki koddaki `foo`, parametresinin saf bir temsilci olmasını gerektirmektedir. Derleyici `a => 42` temsilcisinin saf olduğunu anlar ve birinci çağrıya izin verir. İkinci temsilci ise saf olmadığı için `foo`'ya parametre değeri olarak gönderilemez:

```
Error: function deneme.foo (int delegate(double) pure temsilci)
is not callable using argument types (void)
```

`pure` işlevlerin bir yararı, dönüş değerlerinin `immutable` değişkenleri ilklemek için kullanılabilmesidir. Aşağıdaki işlevin üretmekte olduğu dizi değişebilen çeşitten olduğu halde o dizinin elemanlarının `diziYap` işlevi dışındaki kodlar tarafından değiştirilmesi olanaksızdır. Bu yüzden, `immutable` bir dizinin ilklenmesinde bir sakınca yoktur.

```
int[] diziYap() pure {
    int[] sonuç;
    sonuç ~= 42;
    return sonuç;
}

void main() {
    immutable dizi = diziYap();
}
```

`nothrow` işlevler

D'nin hata düzeneğini Hata Yönetimi bölümünde (sayfa 193) görmüştük.

Her işlevin hangi durumda ne tür hata atacağı o işlevin belgesinde belirtilmelidir. Ancak, genel bir kural olarak her işlevin her türden hata atabileceği varsayılabilir.

Bazı durumlarda ise çağırdığımız işlevlerin ne tür hatalar atabildiklerini değil, kesinlikle hata atmadıklarını bilmek isteriz. Örneğin, belirli adımlarının kesintisiz olarak devam etmesi gereken bir algoritma o adımlar sırasında hata atılmadığından emin olmak isteyebilir.

`nothrow`, işlevin hata atmadığını garanti eder:

```
int topla(int birinci, int ikinci) nothrow {
    // ...
}
```

Not: Hatırlarsanız, "giderilemez derecede hatalı" durumları ifade eden `Error` sıradüzeni altındaki hataların yakalanmaları önerilmez. Burada bir işlevin hata atmadığından söz edilirken o işlevin "`Exception` sıradüzeni altındaki hatalardan *atmadığı" kastediliyor. Yoksa, `nothrow` işlevler `Error` sıradüzeni altındaki hataları atabilirler.*

Yukarıdaki işlev ne kendisi hata atabilir ne de hata atabilen bir işlevi çağırabilir:

```
int topla(int birinci, int ikinci) nothrow {
    writeln("topluyorum");          // ← derleme HATASI
    return birinci + ikinci;
}
```

Derleme hatası, `topla`'nın bu koşula uymadığını bildirir:

```
Error: function deneme.topla 'topla' is nothrow yet may throw
```

Bunun nedeni, `writeln`'in `nothrow` olarak bildirilmiş bir işlev olmamasıdır.

Derleyici, işlevlerin kesinlikle hata atmayacaklarını da anlayabilir. `topla`'nın aşağıdaki tanımında her tür hata yakalandığından `nothrow`'un getirdiği garantiler geçerliliğini sürdürür ve işlev `nothrow` olmayan işlevleri bile çağırabilir:

```
int topla(int birinci, int ikinci) nothrow {
    int sonuç;

    try {
        writeln("topluyorum");    // ← derlenir
        sonuç = birinci + ikinci;

    } catch (Exception hata) {    // bütün hataları yakalar
        // ...
    }

    return sonuç;
}
```

Yukarıda belirtildiği gibi, `nothrow` belirteci `Error` sıradüzeni altındaki hataları kapsamaz. Örneğin, dilim elemanına `[]` işleci ile erişilirken `RangeError` atılabileceği halde aşağıdaki işlev yine de `nothrow` olarak tanımlanabilir:

```
int foo(int[] arr, size_t i) nothrow {
    return 10 * arr[i];
}
```

`pure`'da olduğu gibi, şablonların, temsilcilerin, isimsiz işlevlerin, ve `auto` işlevlerin hata atıp atmadıkları otomatik olarak çıkarsanır.

@nogc işlevler

D çöp toplayıcılı bir dildir. Çoğu programda kullanılan çok sayıda değişken ve algoritma, çöp toplayıcıya ait olan dinamik bellek bölgelerini kullanır. Programda kullanımları sona eren dinamik bellek bölgeleri daha sonra *çöp toplama* adı verilen bir algoritma ile otomatik olarak sonlandırılır.

Sık kullanılan bazı D olanakları da çöp toplayıcıdan yararlanır. Örneğin, dizi elemanları dinamik bellek bölgelerinde yaşarlar:

```
// Dolaylı olarak çöp toplayıcıdan yararlanan bir işlev
int[] ekle(int[] dizi) {
    dizi ~= 42;
    return dizi;
}
```

Yukarıdaki `~=` işleci de mevcut sığa yetersiz olduğunda çöp toplayıcıdan yeni bir bellek bölgesi ayırır.

Hem veri yapıları hem de algoritmalar açısından büyük kolaylık getirmelerine rağmen, bellek ayırma ve çöp toplama işlemleri program hızını farkedilir derecede yavaşlatabilir.

"No garbage collector operations"ın kısaltması olan ve "çöp toplayıcı işlemleri içermez" anlamına gelen `@nogc`, işlevlerin hız kaybına neden olabilecek böyle işlemler içermediğini garanti etmek içindir:

```
void foo() @nogc {
    // ...
}
```

Derleyici bu garantiyi denetler. Örneğin, aşağıdaki işlev yukarıdaki `ekle()` işlevini çağıramaz çünkü `ekle()` bu garantiyi vermemektedir:

```
void foo() @nogc {
    int[] dizi;
    // ...
    ekle(dizi);     // ← derleme HATASI
}
```

```
Error: @nogc function 'deneme.foo' cannot call non-@nogc function
'deneme.ekle'
```

79.3 Güvenilirlik olanakları

`@safe`, `@trusted`, ve `@system` belirteçleri işlevlerin güvenilirlikleri ile ilgilidir. Yine `pure`'da olduğu gibi, şablonların, temsilcilerin, isimsiz işlevlerin, ve `auto` işlevlerin güvenilirlikleri otomatik olarak çıkarsanır.

`@safe` işlevler

Programcı hatalarının önemli bir bölümü farkında olmadan belleğin yanlış yerlerine yazılması ve o yerlerdeki bilgilerin bu yüzden *bozulmaları* ile ilgilidir. Bu hatalar genellikle göstergelerin yanlış kullanılmaları ve güvensiz tür dönüşümleri sonucunda oluşur.

"Güvenli" anlamına gelen `@safe` işlevler, belleği bozmayacağını garanti eden işlevlerdir.

Bazılarına bu bölümlerde hiç değinmemiş olsam da derleyici `@safe` işlevlerde aşağıdaki işlemlere ve olanaklara izin vermez:

- Göstergeler `void*` dışındaki gösterge türlerine dönüştürülemezler.
- Gösterge olmayan bir değer bir gösterge türüne dönüştürülemez.
- Gösterge değeri değiştirilemez (gösterge *aritmetiği* yapılamaz; ancak, bir gösterge kendi türünden olan başka bir göstergeye atanabilir).
- Gösterge veya referans üyeleri bulunan birlikler kullanılamaz.
- `@system` olarak bildirilmiş olan işlevler çağrılamaz.
- `Exception` sınıfından türemiş olmayan bir hata yakalanamaz.
- *Inline assembler* kullanılamaz.
- *Değişebilen* değişkenler `immutable`'a dönüştürülemezler.
- `immutable` değişkenler *değişebilen* türlere dönüştürülemezler.
- İş parçacıklarının yerel değişkenleri `shared`'e dönüştürülemezler.
- `shared` değişkenler iş parçacığının yerel değişkeni olacak şekilde dönüştürülemezler.
- İşlevlerin yerel değişkenlerinin veya parametrelerinin adresleri alınamaz.
- `__gshared` olarak tanımlanmış olan değişkenlere erişilemez.

`@trusted` işlevler

"Güvenilir" anlamına gelen `@trusted` olarak bildirilmiş olan işlevler `@safe` olarak bildirilemeyecek oldukları halde tanımsız davranışa neden olmayan işlevlerdir.

Böyle işlevler `@safe` işlevlerin yasakladığı işlemleri yapıyor oldukları halde hatalı olmadıkları programcı tarafından garantilenen işlevlerdir. Programcının derleyiciye "bu işleve güvenebilirsin" demesi gibidir.

Derleyici programcının sözüne güvenir ve `@trusted` işlevlerin `@safe` işlevlerden çağrılmalarına izin verir.

`@system` işlevler

`@safe` veya `@trusted` olarak bildirilmiş olmayan bütün işlevlerin `@system` oldukları varsayılır. Derleyici böyle işlevlerin doğru veya güvenilir olduklarını düşünemez.

79.4 Derleme zamanında işlev işletme (CTFE)

Derleme zamanında yapılabilen hesaplar çoğu programlama dilinde oldukça kısıtlıdır. Bu hesaplar genellikle sabit uzunluklu dizilerin uzunlukları veya hazır değerler kullanan aritmetik işlemler kadar basittir:

```
    writeln(1 + 2);
```

Yukarıdaki `1 + 2` işlemi derleme zamanında işletilir ve program doğrudan `writeln(3)` yazılmış gibi derlenir; o hesap için çalışma zamanında hiç süre harcanmaz.

D'nin "compile time function execution (CTFE)" denen özelliği ise normal olarak çalışma zamanında işletildiklerini düşüneceğimiz işlevlerin bile derleme zamanında işletilmelerini sağlar.

Çıktıya bir menü yazdıran bir programa bakalım:

```
import std.stdio;
import std.string;
import std.range;

string menüSatırları(string[] seçenekler) {
    string sonuç;

    foreach (i, seçenek; seçenekler) {
        sonuç ~= format(" %s. %s\n", i + 1, seçenek);
    }

    return sonuç;
}

string menü(string başlık, string[] seçenekler,
            size_t genişlik) {
    return format("%s\n%s\n%s",
                  başlık.center(genişlik),
                  '='.repeat(genişlik),    // yatay çizgi
                  menüSatırları(seçenekler));
}

void main() {
    enum tatlıMenüsü =
        menü("Tatlılar",
             [ "Baklava", "Kadayıf", "Muhallebi" ], 20);

    writeln(tatlıMenüsü);
}
```

Aynı iş çok farklı başka yollarla da yapılabilse de, yukarıdaki program bazı işlemler sonucunda bir dizgi üretmekte ve bu dizgiyi çıktıya yazdırmaktadır:

```
        Tatlılar
====================
 1. Baklava
 2. Kadayıf
 3. Muhallebi
```

tatlıMenüsü değişkeni enum olarak tanımlandığından değerinin derleme zamanında bilinmesi gerektiğini biliyoruz. Bu, menü işlevinin derleme zamanında işletilmesi için yeterlidir ve döndürdüğü değer tatlıMenüsü'nü ilklemek için kullanılır. Sonuçta, tatlıMenüsü değişkeni sanki o işlemlerin sonucunda oluşan dizgi programa açıkça yazılmış gibi derlenir:

```
    // Yukarıdaki kodun eşdeğeri:
    enum tatlıMenüsü = "        Tatlılar      \n"
                       "====================\n"
                       " 1. Baklava\n"
                       " 2. Kadayıf\n"
                       " 3. Muhallebi\n";
```

Bir işlevin derleme zamanında işletilmesi için bunun gerektiği bir ifadede geçmesi yeterlidir:

- static bir değişkenin ilklenmesi
- enum bir değişkenin ilklenmesi
- Sabit uzunluklu bir dizinin uzunluğunun hesaplanması
- Bir değer şablon parametresinin değerinin hesaplanması

Her işlev derleme zamanında işletilemez. Örneğin, evrensel bir değişkene erişen bir işlev o değişken ancak çalışma zamanında yaşamaya başlayacağından derleme zamanında işletilemez. Benzer biçimde, stdout da çalışma zamanında yaşamaya başlayacağından çıkışa yazdıran bir işlev de derleme zamanında işletilemez.

__ctfe değişkeni

CTFE'nin güçlü bir tarafı, aynı işlevin hem çalışma zamanında hem de derleme zamanında kullanılabilmesidir. İşlevin bunun için farklı yazılması gerekmese de bazı ifadelerin ancak çalışma zamanında etkinleştirilmeleri gerekebilir. Bunun için __ctfe değişkeninden yararlanılır: Bu değişken işlev derleme zamanında işletilirken true, çalışma zamanında işletilirken false değerindedir:

```
import std.stdio;

size_t sayaç;

int foo() {
    if (!__ctfe) {
        // Çalışma zamanında işletilmekteyiz
        ++sayaç;
    }

    return 42;
}

void main() {
    enum i = foo();
    auto j = foo();
    writefln("foo %s kere çağrıldı.", sayaç);
}
```

sayaç değişkeninin derleme zamanında arttırılması mümkün olmadığından yukarıdaki program onu yalnızca çalışma zamanında işletildiğinde arttırmaktadır. i derleme zamanında ve j çalışma zamanında ilklendiklerinden foo çalışma zamanında 1 kere çağrılmaktadır:

```
foo 1 kere çağrıldı.
```

79.5 Özet

- auto işlevin dönüş türü otomatik olarak çıkarsanır.
- ref işlevin dönüş değeri var olan bir değişkene referanstır.
- auto ref işlevin dönüş değeri referans olabiliyorsa referans, değilse kopyadır.
- inout, parametrenin const, immutable, veya *değişebilen* özelliğini dönüş türüne aktarır.
- pure işlev *değişebilen* evrensel veya static değerlere erişemez. Şablonların, temsilcilerin, isimsiz işlevlerin, ve auto işlevlerin saf olup olmadıkları otomatik olarak çıkarsanır.
- nothrow işlev hata atamaz. Şablonların, temsilcilerin, isimsiz işlevlerin, ve auto işlevlerin hata atıp atmadıkları otomatik olarak çıkarsanır.
- @nogc işlev çöp toplayıcı işlemleri içeremez.
- @safe işlev bellek hatalarına neden olamaz. Şablonların, temsilcilerin, isimsiz işlevlerin, ve auto işlevlerin @safe olup olmadıkları otomatik olarak çıkarsanır.
- @trusted işlev güvenilir olduğu halde @safe olarak işaretlenmemiş olan işlevdir; @safe kabul edilerek derlenir.
- @system işlev her D olanağını kullanabilir. @system, varsayılan güvenilirlik belirtecidir.
- İşlevler derleme zamanında işletilebilirler (CTFE). Bu durum __ctfe değişkeni ile denetlenebilir.

80 Katmalar

Katmalar, derleme zamanında şablonlar veya dizgiler tarafından üretilen kodların programın istenen noktalarına eklenmelerini sağlarlar.

80.1 Şablon katmaları

Şablonların belirli kalıplara göre kod üreten olanaklar olduklarını Şablonlar (sayfa 401) ve Ayrıntılı Şablonlar (sayfa 522) bölümlerinde görmüştük. Şablonlardan yararlanarak farklı parametre değerleri için işlev, yapı, birlik, sınıf, arayüz, ve yasal olduğu sürece her tür D kodunu oluşturabiliyorduk.

Şablon katmaları, bir şablon içinde tanımlanmış olan bütün kodların programın belirli bir noktasına, sanki oraya açıkça elle yazılmış gibi eklenmelerini sağlarlar. Bu açıdan, C ve C++ dillerindeki makrolar gibi işledikleri düşünülebilir.

`mixin` anahtar sözcüğü, şablonun belirli bir kullanımını programın herhangi bir noktasına yerleştirir. "Katmak", "içine karıştırmak" anlamına gelen "mix in"den türemiştir. `mixin` anahtar sözcüğünden sonra şablonun belirli parametre değerleri için bir kullanımı yazılır:

```
    mixin bir_şablon!(şablon_parametreleri)
```

O şablonun o parametrelerle kullanımı için üretilen kodlar, oldukları gibi `mixin` satırının bulunduğu noktaya yerleştirilirler. Aşağıdaki örnekte göreceğimiz gibi, `mixin` anahtar sözcüğü şablon katmalarının *tanımlarında* da kullanılır.

Örnek olarak bir köşe dizisini ve o köşeler üzerindeki işlemleri kapsayan bir şablon düşünelim:

```
mixin template KöşeDizisiOlanağı(T, size_t adet) {
    T[adet] köşeler;

    void köşeDeğiştir(size_t indeks, T köşe) {
        köşeler[indeks] = köşe;
    }

    void köşeleriGöster() {
        writeln("Bütün köşelerim:");

        foreach (i, köşe; köşeler) {
            writef("%s:%s ", i, köşe);
        }

        writeln();
    }
}
```

O şablon, dizi elemanlarının türü ve eleman adedi konusunda esneklik getirmektedir; tür ve eleman adedi ihtiyaca göre serbestçe seçilebilir.

O şablonun `int` ve `2` parametreleri ile kullanımının istenmekte olduğu, bir `mixin` ile şöyle belirtilir:

```
    mixin KöşeDizisiOlanağı!(int, 2);
```

Yukarıdaki `mixin`, şablonun içindeki kodları kullanarak iki elemanlı `int` dizisini ve o diziyi kullanan iki işlevi oluşturur. Böylece, onları örneğin bir yapının üyeleri haline getirebiliriz:

```
struct Çizgi {
    mixin KöşeDizisiOlanağı!(int, 2);
}
```

Şablon içindeki kodlar, T'ye karşılık `int`, ve `adet`'e karşılık 2 olacak şekilde üretilirler ve `mixin` anahtar sözcüğünün bulunduğu yere yerleştirilirler. Böylece, `Çizgi` yapısı 2 elemanlı bir dizi ve o dizi ile işleyen iki işlev edinmiş olur:

```
import std.stdio;

void main() {
    auto çizgi = Çizgi();
    çizgi.köşeDeğiştir(0, 100);
    çizgi.köşeDeğiştir(1, 200);
    çizgi.köşeleriGöster();
}
```

Program şu çıktıyı üretir:

```
Bütün köşelerim:
0:100 1:200
```

Aynı şablonu örneğin bir işlev içinde ve başka parametre değerleri ile de kullanabiliriz:

```
struct Nokta {
    int x;
    int y;
}

void main() {
    mixin KöşeDizisiOlanağı!(Nokta, 5);

    köşeDeğiştir(3, Nokta(3, 3));
    köşeleriGöster();
}
```

O `mixin`, `main`'in içine yerel bir dizi ve yerel iki işlev yerleştirir. Çıktısı:

```
Bütün köşelerim:
0:Nokta(0,0) 1:Nokta(0,0) 2:Nokta(0,0) 3:Nokta(3,3) 4:Nokta(0,0)
```

Şablon katmaları yerel `import` kullanmalıdır

Şablon katmalarının oldukları gibi kod içine yerleştirilmeleri kendi kullandıkları modüller açısından bir sorun oluşturur: Şablonun kendi yararlandığı modüller şablonun sonradan eklendiği noktalarda mevcut olmayabilirler.

Örneğin, aşağıdaki şablonun a isimli bir modülde tanımlı olduğunu düşünelim. Doğal olarak, bu şablon yararlanmakta olduğu `format()`'ın tanımlandığı `std.string` modülünü ekleyecektir:

```
module a;

import std.string;     // ← yanlış yerde

mixin template A(T) {
    string a() {
        T[] dizi;
        // ...
        return format("%(%s, %)", dizi);
    }
}
```

Ancak, `std.string` modülü o şablonu kullanan ortamda eklenmiş değilse `format()`'ın tanımının bilinmediği yönünde bir derleme hatası alınır. Örneğin, a modülünü kullanan aşağıdaki program derlenemez:

```
import a;

void main() {
```

```
    mixin A!int;      // ← derleme HATASI
}
```

```
Error: undefined identifier format
Error: mixin deneme.main.A!int error instantiating
```

O yüzden, şablon katmalarının kullandıkları modüller yerel kapsamlarda eklenmelidirler:

```
module a;

mixin template A(T) {
    string a() {
        import std.string;     // ← doğru yerde

        T[] dizi;
        // ...
        return format("%(%s, %)", dizi);
    }
}
```

Şablon tanımının içinde olduğu sürece, `import` bildirimi `a()` işlevinin dışında da bulunabilir.

Sarmalayan türü katmanın içinde edinmek

Bazı durumlarda katmanın kendisi içine katıldığı türü edinmek zorunda kalabilir. Bunun için daha önce Ayrıntılı Şablonlar bölümünde (sayfa 522) gördüğümüz `this` şablon parametrelerinden yararlanılır:

```
mixin template ŞablonKatması(T) {
    void birİşlev(this AsılTür)() {
        import std.stdio;
        writefln("İçine katıldığım asıl tür: %s",
                 AsılTür.stringof);
    }
}

struct BirYapı {
    mixin ŞablonKatması!(int);
}

void main() {
    auto a = BirYapı();
    a.birİşlev();
}
```

Çıktısı, katılan işlevin asıl türü `BirYapı` olarak edindiğini gösteriyor:

```
İçine katıldığım asıl tür: BirYapı
```

80.2 Dizgi katmaları

D'nin güçlü bir olanağı değerleri derleme sırasında bilinen dizgilerin de kod olarak programın içine yerleştirilebilmeleridir.

İçinde yasal D kodları bulunan her dizgi `mixin` anahtar sözcüğü ile programa eklenebilir. Bu kullanımda dizginin parantez içinde belirtilmesi gerekir:

```
    mixin (derleme_zamanında_oluşturulan_dizgi)
```

Örneğin, *merhaba dünya* programını bir dizgi katması ile şöyle yazabiliriz:

```
import std.stdio;

void main() {
    mixin (`writeln("Merhaba, Dünya!");`);
}
```

Dizgi içindeki kod `mixin` satırına eklenir, program derlenir, ve beklediğimiz çıktıyı verir:

```
Merhaba, Dünya!
```

Bunun etkisini göstermek için biraz daha ileri gidebilir ve bütün programı bile bir dizgi katması olarak yazabiliriz:

```
mixin (
`import std.stdio; void main() { writeln("Merhaba, Dünya!"); }`
);
```

Bu örneklerdeki `mixin`'lere gerek olmadığı açıktır. O kodların şimdiye kadar hep yaptığımız gibi programa açıkça yazılmaları daha mantıklı olacaktır.

Dizgi katmalarının gücü, kodun derleme zamanında otomatik olarak oluşturulabilmesinden gelir. Derleme zamanında oluşturulabildiği sürece, `mixin` ifadesi işlevlerin döndürdüğü dizgilerden bile yararlanabilir. Aşağıdaki örnek `mixin`'e verilecek olan kod dizgilerini CTFE'den yararlanarak bir işleve oluşturtmaktadır:

```
import std.stdio;

string yazdırmaDeyimi(string mesaj) {
    return `writeln("` ~ mesaj ~ `");`;
}

void main() {
    mixin (yazdırmaDeyimi("Merhaba, Dünya!"));
    mixin (yazdırmaDeyimi("Selam, Dünya!"));
}
```

Yukarıdaki program, `yazdırmaDeyimi`'nin oluşturduğu iki dizgiyi `mixin` satırlarının yerlerine yerleştirir ve program o kodlarla derlenir. Burada dikkatinizi çekmek istediğim nokta, `writeln` işlevlerinin `yazdırmaDeyimi`'nin içinde çağrılmadıklarıdır. `yazdırmaDeyimi`'nin yaptığı, yalnızca içinde `"writeln"` geçen dizgiler döndürmektir.

O dizgiler `mixin`'lerin bulundukları satırlara kod olarak yerleştirilirler. Sonuçta derlenen program, şunun eşdeğeridir:

```
import std.stdio;

void main() {
    writeln("Merhaba, Dünya!");
    writeln("Selam, Dünya!");
}
```

`mixin`'li program, sanki o iki `writeln` satırı varmış gibi derlenir ve çalışır:

```
Merhaba, Dünya!
Selam, Dünya!
```

Birden fazla `mixin` parametre değeri

`mixin` birden fazla parametre değeri aldığında onların `string` karşılıklarını otomatik olarak birleştirir:

```
    mixin ("const a = ", int.sizeof, ";");
```

Bu da bazı durumlarda örneğin `format` ifadeleri kullanmaktan daha kullanışlı ve okunaklı olabilir:

```
    mixin (format!"const a = %s;"(int.sizeof));  // Üsttekinin eşdeğeri
```

Dizgi katmalarındaki kod hataları

Üretilen kodun bütünü kaynak kod içinde açıkça görülmediğinden, `mixin` ifadelerindeki derleme hatalarının nedenleri kolayca anlaşılmayabilir. dmd'nin `-mixin` komut satırı seçeneği, dizgi katmalarını belirtilen dosyaya yazar ve böylece hata ayıklamada yardımcı olur.

Katmaya çalıştığı kodda bir yazım hatası bulunan aşağıdaki programa bakalım. Ürettiği koddaki yapı üyesinin tanımının sonundaki noktalı virgülün eksik olduğu, `mixin` satırına işaret eden derleme hatasından anlaşılamamaktadır:

```
string structÜret(string yapıİsmi, string üyeİsmi) {
  import std.format;
  return format!"struct %s {\n  int %s\n}"(yapıİsmi, üyeİsmi);
}

mixin (structÜret("S", "a"));      // ← derleme HATASI

void main() {
}
```

Program `-mixin` derleyici seçeneği ile derlendiğinde, derleme hatası, belirtilen `mixin_kodlari` dosyasının içindeki bir satıra işaret eder:

```
$ dmd -mixin=mixin_kodlari deneme.d
mixin_kodlari(154): Error: semicolon expected, not }
```

Standart kütüphane tarafından `mixin` ile katılmış olan kodlara ek olarak `mixin_kodlari` dosyası içinde aşağıdaki kod da görülecektir:

```
[...]
// expansion at deneme.d(6)
struct S {
  int a
}        ← Satır 154
```

Dizgi katmalarındaki hataları ayıklama konusunda bir diğer olanak, üretilen kodu derleme sırasında çıktıya yazdıran `pragma(msg)` (sayfa 415)'dir. `mixin` anahtar sözcüğünü geçici olarak `pragma(msg)` ile değiştirmeyi gerektirdiğinden bu yöntemin daha az kullanışlı olduğu düşünülebilir:

```
pragma(msg, structÜret("S", "a"));
```

80.3 Katmaların isim alanları

Şablon katmaları isim çakışmalarını önlemeye yönelik korumalar getirirler.

Örneğin, aşağıdaki programda `main()`'in kapsamı içinde iki farklı `i` tanımı bulunmaktadır: Biri `main()` içinde açıkça tanımlanan, diğeri de `Şablon`'un kod içine katılması ile gelen. Şablon katması sonucunda oluşan isim çakışmaları durumunda şablonun getirdiği tanım değil, katmayı kapsayan isim alanındaki tanım kullanılır:

```
import std.stdio;

template Şablon() {
    int i;

    void yazdır() {
        writeln(i);    // Her zaman için Şablon içindeki i'dir
    }
}

void main() {
    int i;
    mixin Şablon;
```

```
    i = 42;          // main içindeki i'yi değiştirir
    writeln(i);      // main içindeki i'yi yazdırır
    yazdır();        // Şablon'un getirdiği i'yi yazdırır
}
```

Yukarıdaki açıklama satırlarından da anlaşılacağı gibi, her şablon katması kendi içeriğini sarmalayan bir isim alanı tanımlar ve şablon içindeki kodlar öncelikle o isim alanındaki isimleri kullanırlar. Bunu `yazdır()`'ın davranışında görüyoruz:

```
42
0      ← yazdır()'ın yazdırdığı
```

Birden fazla şablonun aynı ismi tanımlaması ise derleyicinin kendi başına karar veremeyeceği bir isim çakışmasıdır. Bunu görmek için aynı şablonu iki kere katmayı deneyelim:

```
template Şablon() {
    int i;
}

void main() {
    mixin Şablon;
    mixin Şablon;

    i = 42;          // ← derleme HATASI
}
```

Derleme hatası hangi i'den bahsedildiğinin bilinemediğini bildirir:

```
Error: deneme.main.Şablon!().i at ... conflicts with
deneme.main.Şablon!().i at ...
```

Bu gibi isim çakışmalarını gidermenin yolu şablon katmalarına koda eklendikleri noktada isim alanı atamak ve onların içerdikleri isimleri bu isim alanları ile kullanmaktır:

```
    mixin Şablon A;      // A.i'yi tanımlar
    mixin Şablon B;      // B.i'yi tanımlar

    A.i = 42;            // ← hangi i olduğu bellidir
```

Bu olanaklar dizgi katmalarında bulunmaz. Buna rağmen, bütün işi verilen bir dizgiyi şablon katması haline getiren bir şablondan yararlanarak bunun da üstesinden gelinebilir.

Bunu görmek için önce yukarıdaki isim çakışması sorununu bu sefer de bir dizgi katması ile yaşayalım:

```
void main() {
    mixin ("int i;");
    mixin ("int i;");    // ← derleme HATASI

    i = 42;
}
```

Bu durumdaki derleme hatası i'nin zaten tanımlanmış olduğunu bildirir:

```
Error: declaration deneme.main.i is already defined
```

Bu sorunu gidermenin bir yolu dizgi katmasını şablon katmasına dönüştüren aşağıdaki gibi basit bir şablon kullanmaktır:

```
template ŞablonKatmasıOlarak(string dizgi) {
    mixin (dizgi);
}
```

```
void main() {
    mixin ŞablonKatmasıOlarak!("int i;") A;    // A.i'yi tanımlar
    mixin ŞablonKatmasıOlarak!("int i;") B;    // B.i'yi tanımlar

    A.i = 42;        // ← hangi i olduğu bellidir
}
```

80.4 İşleç yüklemedeki kullanımı

Bazı işleçlerin şablon söz dizimi ile tanımlandıklarını İşleç Yükleme bölümünde (sayfa 300) görmüştük. O söz dizimlerini o bölümde bir kalıp olarak kabul etmenizi rica etmiş ve onların şablonlarla ilgili bölümlerden sonra açıklığa kavuşacaklarını söylemiştim.

İşleç yüklemeyle ilgili olan üye işlevlerin şablonlar olarak tanımlanmalarının nedeni, işleçleri belirleyen şablon parametrelerinin `string` türünde olmaları ve bu yüzden dizgi katmalarından yararlanabilmeleridir. Bunun örneklerini hem o bölümde hem de o bölümün problem çözümlerinde görmüştük.

80.5 Eklenen sonlandırıcılar

Kullanıcı türlerine `mixin` ile birden fazla sonlandırıcı işlev eklenebilir. Nesne sonlanırken bu sonlandırıcılar eklendikleri sıranın tersi sırada işletilirler. Bu olanak kullanıcı türlerine birden fazla kaynak eklenmesini ve her kaynağın temizlik kodunun kendisi tarafından getirilmesini sağlar.

```
import std.stdio;

mixin template Foo() {
    ~this() {
        writeln("Foo tarafından eklenen sonlandırıcı");
    }
}

mixin template Bar() {
    ~this() {
        writeln("Bar tarafından eklenen sonlandırıcı");
    }
}

struct S {
    ~this() {
        writeln("Türün kendi sonlandırıcısı");
    }
    mixin Foo;
    mixin Bar;
}

void main() {
    auto s = S();
}
```

```
Bar tarafından eklenen sonlandırıcı
Foo tarafından eklenen sonlandırıcı
Türün kendi sonlandırıcısı
```

Bu bölümün yazıldığı sırada halen etkili olan bir hata nedeniyle bu olanak kurucu işlev gibi diğer özel işlevlerle kullanılamaz. Ek olarak, bir dizgi katması tarafından eklenen sonlandırıcı işlev, türün kendi sonlandırıcısı ile çakışır.

80.6 Dosya içeriğinin programa dahil edilmesi

Dosyalar derleme zamanında okunabilir ve içerikleri oldukları gibi programa dahil edilebilir. Dosyanın içeriği `string` olarak işlem görür ve bir dizginin kullanılabildiği her yerde kullanılabilir. Örneğin, `mixin` ile program kodu olarak dahil edilebilir.

Örneğin, `dosya_bir` ve `dosya_iki` adındaki iki dosyanın içerikleri aşağıdaki gibi olsun.

- `dosya_bir`:

```
Merhaba
```

- `dosya_iki`:

```
s ~= ", Dünya!";
import std.stdio;
writeln(s);
```

Bu durumda, aşağıdaki programdaki iki `import` anahtar sözcüğü, derleme zamanında o dosya içeriklerinden oluşan iki dizgi yerine geçer:

```
void main() {
    string s = import ("dosya_bir");
    mixin (import ("dosya_iki"));
}
```

Bu olanak, dosyaların bulundukları klasörlerin `-J` derleyici seçeneği ile bildirilmelerini gerektirir. Örneğin, o iki dosya Linux ortamlarında `.` ile belirtilen *bu klasör* içinde iseler, program aşağıdaki komutla derlenebilir:

```
$ dmd -J. deneme.d
```

Çıktısı:

```
Merhaba, Dünya!
```

Dosya içerikleri dizgi olarak düşünüldüğünde program aşağıdakinin eşdeğeridir:

```
void main() {
    string s = `Merhaba`;
    mixin (`s ~= ", Dünya!";
import std.stdio;
writeln(s);`);
}
```

`mixin` ile kullanılan dizginin kod olarak dahil edildiğini de göz önüne alınca programın aşağıdakinin eşdeğeri olduğu görülür:

```
void main() {
    string s = `Merhaba`;
    s ~= ", Dünya!";
    import std.stdio;
    writeln(s);
}
```

80.7 Örnek

(Not: Kıstasların bu örnekte olduğu gibi dizgi olarak belirtilmeleri isimsiz işlevlerin => söz dizimlerinden daha eski bir olanaktır. Bu örnekteki dizgi kullanımı Phobos'ta hâlâ geçerli olsa da => söz dizimi daha kullanışlıdır.)

Kendisine verilen sayılardan belirli bir koşula uyanlarını seçen ve bir dizi olarak döndüren bir işlev şablonuna bakalım:

```
int[] seç(string koşul)(int[] sayılar) {
    int[] sonuç;

    foreach (eleman; sayılar) {
```

```
        if (mixin (koşul)) {
            sonuç ~= eleman;
        }
    }

    return sonuç;
}
```

O işlev şablonu seçme koşulunu şablon parametresi olarak almakta ve `if` deyiminin parantezinin içine o koşulu olduğu gibi kod olarak yerleştirmektedir.

O ifadenin örneğin elemanların 7'den küçük olanlarını seçmesi için `if` deyimi içine şöyle bir ifadenin yazılması gerekir:

```
        if (eleman < 7) {
```

Yukarıdaki `seç` şablonu bize o koşulu programda bir dizgi olarak bildirme olanağı vermiş olur:

```
    int[] sayılar = [ 1, 8, 6, -2, 10 ];
    int[] seçilenler = seç!"eleman < 7"(sayılar);
```

Önemli bir ayrıntı olarak, `seç` şablonuna parametre olarak verilen dizginin içinde kullanılan değişken isminin `seç` işlevi içinde tanımlanan değişken ismi ile aynı olması şarttır ve o değişken isminin ne olduğu `seç` işlevinin belgelerinde belirtilmek zorundadır. O işlevi kullanan programcılar da o isme uymak zorundadırlar.

Bu amaçla kullanılan değişken isimleri konusunda Phobos'ta bir standart gelişmeye başlamıştır. Benim seçtiğim "eleman" gibi uzun bir isim değil; a, b, n diye tek harflik isimler kullanılır.

81 Aralıklar

Aralıklar, topluluk elemanlarına erişim işlemini soyutlarlar. Bu soyutlama, çok sayıdaki veri yapısının çok sayıdaki algoritma ile uyumlu olarak kullanılmasını sağlar. Veri yapılarının nasıl gerçekleştirilmiş oldukları önemsizleşir, elemanlarına nasıl erişildiği ön plana çıkar.

Aralıklar, türlerin belirli isimdeki işlevleri sunmaları ilkesi üzerine kurulu olan aslında çok basit bir kavramdır. Bu kavramla daha önce Yapı ve Sınıflarda `foreach` bölümünde (sayfa 492) de karşılaşmıştık: `empty`, `front` ve `popFront()` üye işlevlerini tanımlayan her tür, `foreach` döngüsü ile kullanılabiliyordu. O üç işlev, `InputRange` aralık çeşidinin gerektirdiği işlevlerdir.

Aralıklarla ilgili kavramları en basit aralık çeşidi olan `InputRange` ile göstereceğim. Diğer aralıkların farkları, başka işlevler de gerektirmeleridir.

Daha ileri gitmeden önce aralıklarla doğrudan ilgili olan topluluk ve algoritma tanımlarını hatırlatmak istiyorum.

Topluluk (veri yapısı): Topluluk, neredeyse bütün programlarda karşılaşılan çok yararlı bir kavramdır. Değişkenler belirli amaçlarla bir araya getirilirler ve sonradan bir topluluğun elemanları olarak kullanılırlar. D'deki topluluklar; diziler, eşleme tabloları, ve `std.container` modülünde tanımlanmış olan topluluk türleridir. Her topluluk belirli bir *veri yapısı* olarak gerçekleştirilir. Örneğin eşleme tabloları bir *hash table* veri yapısı gerçekleştirmesidir.

Her veri yapısı türü, elemanları o veri yapısına özel biçimde barındırır ve elemanlara o veri yapısına özel biçimde eriştirir. Örneğin dizi veri yapısında elemanlar yan yana dururlar ve sıra numarası ile erişilirler; bağlı liste yapısında elemanlar düğümlerde saklanırlar ve bu düğümler aracılığıyla erişilirler; ikili ağaç veri yapısında düğümler kendilerinden sıralamada önceki ve sonraki elemanlara farklı dallar yoluyla erişim sağlarlar; vs.

Ben bu bölümde *topluluk* ve *veri yapısı* deyimlerini aynı anlamda kullanacağım.

Algoritma (işlev): Veri yapılarının belirli amaçlarla ve belirli adımlar halinde işlenmelerine algoritma denir. Örneğin *sıralı arama* algoritması, aranan değeri topluluktaki bütün elemanları başından sonuna kadar ilerleyerek arayan bir algoritmadır; *ikili arama* algoritması, her adımda elemanların yarısını eleyerek arayan bir algoritmadır; vs.

Ben bu bölümde *algoritma* ve *işlev* deyimlerini aynı anlamda kullanacağım.

Aşağıdaki çoğu örnekte eleman türü olarak `int`, topluluk türü olarak da `int[]` kullanacağım. Aslında aralıkların gücü şablonlarla birlikte kullanıldıklarında ortaya çıkar. Aralıkların birbirlerine uydurduğu çoğu topluluk ve çoğu algoritma şablondur. Bunların örneklerini bir sonraki bölüme bırakacağım.

81.1 Tarihçe

Algoritmalarla veri yapılarını birbirlerinden başarıyla soyutlayan bir kütüphane, C++ dilinin standart kütüphanesinin de bir parçası olan STL'dir (Standard Template Library). STL bu soyutlamayı C++'ın şablon olanağından yararlanarak gerçekleştirdiği *erişici* (iterator) kavramı ile sağlar.

Çok güçlü bir soyutlama olmasına rağmen erişici kavramının bazı zayıflıkları da vardır. Aralıklar, erişicilerin bu zayıflıklarını gidermeye yönelik olarak tasarlanmıştır.

Andrei Alexandrescu, Eleman Erişimi Üzerine[1] isimli makalesinde aralıkları tanıtır ve aralıkların erişicilerden nasıl daha üstün olabildiklerini gösterir.

1. http://ddili.org/makale/eleman_erisimi_uzerine.html

81.2 Aralıklar D'de kaçınılmazdır

D dilimleri en işlevsel aralık çeşidi olan RandomAccessRange'e uyarlar ve Phobos, aralıklarla ilgili çok sayıda olanak içerir. Çoğu programda kendi aralık türlerimizi veya aralık işlevlerimizi yazmamız gerekmez. Buna rağmen aralıkların Phobos'ta nasıl kullanıldığını bilmek önemlidir.

Phobos'taki çok sayıda algoritma, kullanımları sırasında farkedilmese bile aslında geçici aralık nesneleri döndürürler. Örneğin elemanların 10'dan büyük olanlarını seçmek için kullanılan aşağıdaki `filter()` dizi değil, aralık nesnesi döndürür:

```
import std.stdio;
import std.algorithm;

void main() {
    int[] sayılar = [ 1, 20, 7, 11 ];
    writeln(sayılar.filter!(sayı => sayı > 10));
}
```

`writeln`, `filter()`'ın döndürmüş olduğu aralık nesnesini gerektikçe tembel olarak kullanır. Sonuçta, belirtilen kıstasa uyan elemanlar yazdırılırlar:

```
[20, 11]
```

O sonuca bakarak `filter()`'ın `int` dizisi döndürdüğü düşünülebilir; ancak bu doğru değildir. Döndürülen nesne bir dizi olmadığı için örneğin aşağıdaki satır derlenemez:

```
    int[] seçilenler = sayılar.filter!(sayı => sayı > 10); // ← derleme HATASI
```

Döndürülen nesnenin türünü hata mesajında görüyoruz:

```
Error: cannot implicitly convert expression (filter(sayılar))
of type FilterResult!(__lambda2, int[]) to int[]
```

Not: O tür sizin denediğiniz Phobos sürümünde farklı olabilir.

O geçici aralık nesnesinin istendiğinde bir diziye de dönüştürülebileceğini aşağıda göstereceğim.

81.3 Algoritmaların geleneksel gerçekleştirmeleri

Geleneksel olarak algoritmalar işlemekte oldukları veri yapılarının nasıl gerçekleştirildiklerini bilmek zorundadırlar. Örneğin bir bağlı listenin elemanlarını sırayla çıkışa yazdıran aşağıdaki işlev, kullandığı bağlı listenin düğümlerinin `eleman` ve `sonraki` isminde iki üyesi bulunduğunu bilmek zorundadır:

```
struct Düğüm {
    int eleman;
    Düğüm * sonraki;
}

void yazdır(const(Düğüm) * liste) {
    for ( ; liste; liste = liste.sonraki) {
        write(' ', liste.eleman);
    }
}
```

Benzer şekilde, bir diziyi yazdıran işlev de dizilerin `length` isminde niteliklerinin bulunduğunu ve elemanlarına `[]` işleci ile erişildiğini bilmek zorundadır:

```
void yazdır(const int[] dizi) {
    for (int i = 0; i != dizi.length; ++i) {
```

```
        write(' ', dizi[i]);
    }
}
```

Not: Dizilerde ilerlerken `foreach`'in daha uygun olduğunu biliyoruz. Amacım algoritmaların geleneksel olarak veri yapılarına doğrudan bağlı olduklarını göstermek olduğu için, `for`'un gerçekten gerektiği bir durum olduğunu kabul edelim.

Algoritmaların veri yapılarına bu biçimde bağlı olmaları, onların her veri yapısı için özel olarak yazılmalarını gerektirir. Örneğin; dizi, bağlı liste, eşleme tablosu, ikili ağaç, yığın, vs. gibi veri yapılarının her birisi için ara(), sırala(), ortakOlanlarınıBul(), değiştir(), vs. gibi algoritmaların ayrı ayrı yazılmaları gerekir. Bunun sonucunda da A adet algoritmanın V adet veri yapısı ile kullanılabilmesi için gereken işlev sayısı A çarpı V'dir. (Not: Her algoritma her veri yapısı ile kullanılamadığı için gerçekte bu sayı daha düşüktür. Örneğin eşleme tabloları sıralanamazlar.)

Öte yandan, aralıklar veri yapılarıyla algoritmaları birbirlerinden soyutladıkları için yalnızca A adet algoritma ve V adet veri yapısı yazmak yeterli olur. Yeni yazılan bir veri yapısı, onun sunduğu aralık çeşidini destekleyen bütün algoritmalarla kullanılmaya hazırdır; yeni yazılan bir algoritma da onun gerektirdiği aralık çeşidine uyan bütün veri yapıları ile işlemeye hazırdır.

81.4 Phobos aralıkları

Bu bölümün konusu olan aralıklar, `baş..son` biçiminde yazılan sayı aralıklarından farklıdır. Sayı aralıklarını `foreach` döngüsündeki ve dilimlerdeki kullanımlarından tanıyoruz:

```
    int[] dilim = dizi[5..10];      // sayı aralığı,
                                    // Phobos aralığı DEĞİL

    foreach (sayı; 3..7) {          // sayı aralığı,
                                    // Phobos aralığı DEĞİL
```

Ben bu bölümde *aralık* yazdığım yerlerde Phobos aralıklarını kastedeceğim.

Aralıklar bir *aralık sıradüzeni* oluştururlar. Bu sıradüzen en basit aralık olan `InputRange` ile başlar. Diğer aralıklar, temel aldıkları aralığın gerektirdiği işlevlere ek olarak başka işlevler de gerektirirler. Aralık çeşitleri, en temelden en işlevsele doğru ve gerektirdikleri işlevlerle birlikte şunlardır:

- `InputRange`, *giriş aralığı*: `empty`, `front` ve `popFront()` işlevleri
- `ForwardRange`, *ilerleme aralığı*: ek olarak `save` işlevi
- `BidirectionalRange`, *çift uçlu aralık*: ek olarak `back` ve `popBack()` işlevleri
- `RandomAccessRange`, *rastgele erişimli aralık*: ek olarak `[]` işleci (sonlu veya sonsuz olmasına göre başka koşullar da gerektirir)

Bu sıradüzeni aşağıdaki gibi gösterebiliriz. `RandomAccessRange`, sonlu ve sonsuz olarak iki çeşittir:

```
                InputRange
               (giriş aralığı)
                    ↑
               ForwardRange
             (ilerleme aralığı)
                ↗         ↖
BidirectionalRange       RandomAccessRange (sonsuz)
(çift uçlu aralık)       (rastgele erişimli aralık)
        ↑
RandomAccessRange (sonlu)
(rastgele erişimli aralık)
```

Yukarıdaki aralıklar eleman erişimine yönelik aralıklardır. Onlara ek olarak eleman *çıkışı* ile ilgili olan bir aralık daha vardır:

- `OutputRange`, *çıkış aralığı*: `put(aralık, eleman)` işlemini desteklemek

Bu beş aralık, algoritmaların veri yapılarından soyutlanmaları için yeterlidir.

Aralığı daraltarak ilerlemek

Şimdiye kadar çoğu örnekte kullandığımız ilerleme yönteminde aralığın kendi durumunda değişiklik olmaz. Örneğin bir dilimde `foreach` veya `for` ile ilerlendiğinde dilimin kendisi değişmez:

```
    int[] dilim = [ 10, 11, 12 ];

    for (int i = 0; i != dilim.length; ++i) {
        write(' ', dilim[i]);
    }

    assert(dilim.length == 3);    // uzunluğu değişmez
```

Burada, salt ilerleme işleminin dilimde bir değişiklik oluşturmadığını belirtmek istiyorum.

Farklı bir bakış açısı getiren bir yöntem, aralığı başından daraltarak ilerlemektir. Bu yöntemde aralığın hep ilk elemanına erişilir. İlerleme, her seferinde baştaki eleman çıkartılarak sağlanır:

```
    for ( ; dilim.length; dilim = dilim[1..$]) {
        write(' ', dilim[0]);    // hep ilk elemana erişilir
    }
```

Yukarıdaki döngünün *ilerlemesi*, `dilim = dilim[1..$]` ifadesinin baştaki elemanı dilimden çıkartması ile sağlanmaktadır. Dilim, o ifadenin etkisiyle aşağıdaki aşamalardan geçerek daralır ve sonunda boşalır:

```
[ 10, 11, 12 ]
    [ 11, 12 ]
        [ 12 ]
           [ ]
```

İşte Phobos aralıklarındaki ilerleme kavramı, aralığı bu şekilde başından daraltma düşüncesi üzerine kuruludur. (`BidirectionalRange` ve sonlu `RandomAccessRange` aralıkları son taraftan da daralabilirler.)

O örneği yalnızca bu tür ilerleme kavramını göstermek için verdim; `for` döngülerinin o şekilde yazılması normal kabul edilmemelidir.

Salt ilerlemiş olmak için elemanların dilimden bu şekilde çıkartılmaları çoğu durumda istenmeyeceğinden; asıl topluluğun kendisi değil, yalnızca ilerlemek için oluşturulan başka bir aralık tüketilir. Bu örnekteki asıl dilimi korumak için örneğin başka bir dilimden yararlanılabilir:

```
    int[] dilim = [ 10, 11, 12 ];
    int[] dilim2 = dilim;

    for ( ; dilim2.length; dilim2 = dilim2[1..$]) {
        write(' ', dilim2[0]);
    }

    assert(dilim2.length == 0);   // ← dilim2 boşalır
    assert(dilim.length == 3);    // ← dilim değişmez
```

Phobos işlevleri de asıl topluluğun değişmemesi için özel aralık nesneleri döndürürler.

81.5 InputRange, *giriş aralığı*

Bu çeşit aralık, yukarıdaki geleneksel `yazdır()` işlevlerinde de olduğu gibi elemanların art arda erişildikleri aralık çeşidini ifade eder. Bu erişim hep ileri yöndedir; tekrar başa dönülemez. Buna rağmen, çok sayıda algoritma yalnızca `InputRange` kullanarak yazılabilir; çünkü çoğu algoritma yalnızca *ileri yönde ilerleme* üzerine kuruludur. Programların standart girişlerinde olduğu gibi, okundukça elemanların tüketildikleri akımlar da bu tür aralık tanımına girerler.

`InputRange` aralıklarının gerektirdiği üç işlevi bütünlük amacıyla bir kere daha hatırlatıyorum:

- `empty`: "boş mu" anlamına gelir ve aralığın sonuna gelinip gelinmediğini bildirir; aralık boş kabul edildiğinde `true`, değilse `false` döndürmelidir
- `front`: "öndeki" anlamına gelir ve aralığın başındaki elemana erişim sağlar
- `popFront()`: "öndekini çıkart" anlamına gelir ve aralığın başındaki elemanı çıkartarak aralığı baş tarafından daraltır

Not: `empty` ve `front` işlevlerini nitelik olarak kullanılmaya uygun oldukları için parantezsiz, `popFront()` işlevini ise yan etkisi olan bir işlev olduğu için parametre listesi ile yazmaya karar verdim.

`yazdır()` işlevini bir kere de bu üç işlevden yararlanacak şekilde gerçekleştirelim:

```
void yazdır(T)(T aralık) {
    for ( ; !aralık.empty; aralık.popFront()) {
        write(' ', aralık.front);
    }

    writeln();
}
```

Aralığın elemanlarının türü konusunda bir kısıtlama getirmiş olmamak için işlevi ayrıca şablon olarak tanımladığıma dikkat edin. `yazdır()` böylece topluluğun asıl türünden de bağımsız hale gelir ve `InputRange`'in gerektirdiği üç işlevi sunan her toplulukla kullanılabilir.

Bir InputRange örneği

Daha önce de karşılaşmış olduğumuz `Okul` türünü `InputRange` tanımına uygun olarak tekrar tasarlayalım. `Okul`'u bir `Öğrenci` topluluğu olarak düşünelim ve onu elemanlarının türü `Öğrenci` olan bir aralık olarak tanımlamaya çalışalım.

Örneği kısa tutmuş olmak için bazı önemli konularla ilgilenmeyeceğim:

- yalnızca bu bölümü ilgilendiren üyeleri yazacağım
- bütün türleri yapı olarak tasarlayacağım
- `private`, `public`, `const` gibi aslında yararlı olan belirteçler kullanmayacağım

- sözleşmeli programlama veya birim testi olanaklarından yararlanmayacağım

```
import std.string;

struct Öğrenci {
    string isim;
    int numara;

    string toString() const {
        return format("%s(%s)", isim, numara);
    }
}

struct Okul {
    Öğrenci[] öğrenciler;
}

void main() {
    auto okul = Okul( [ Öğrenci("Ebru", 1),
                        Öğrenci("Derya", 2) ,
                        Öğrenci("Damla", 3) ] );
}
```

`Okul` türünü bir `InputRange` olarak kullanabilmek için, `InputRange`'in gerektirdiği üç üye işlevi tanımlamamız gerekiyor.

`empty` işlevinin aralık boş olduğunda `true` döndürmesini sağlamak için doğrudan `öğrenciler` dizisinin uzunluğunu kullanabiliriz. Dizinin uzunluğu 0 olduğunda aralık da boş kabul edilmelidir:

```
struct Okul {
    // ...

    bool empty() const {
        return öğrenciler.length == 0;
    }
}
```

`front` işlevinin aralıktaki ilk elemanı döndürmesi, dizinin ilk elemanı döndürülerek sağlanabilir:

```
struct Okul {
    // ...

    ref Öğrenci front() {
        return öğrenciler[0];
    }
}
```

Not: Dizideki asıl elemana erişim sağlamış olmak için `ref` dönüş türü kullandığımıza dikkat edin. Öyle yazmasaydık, `Öğrenci` bir yapı türü olduğu için ilk elemanın kopyası döndürülürdü.

`popFront()` işlevinin aralığı başından daraltması, `öğrenciler` dizisini başında daraltarak sağlanabilir:

```
struct Okul {
    // ...

    void popFront() {
        öğrenciler = öğrenciler[1 .. $];
    }
}
```

Not: Yukarıda da değindiğim gibi, salt ilerlemiş olmak için aralıktan öğrenci çıkartılıyor olması çoğu duruma uygun değildir. Bu sorunu daha sonra özel bir aralık türü yardımıyla gidereceğiz.

Bu üç işlev `Okul` türünün `InputRange` olarak kullanılması için yeterlidir. `Okul` nesnelerini artık başka hiçbir şey gerekmeden örneğin `yazdır()` şablonuna gönderebiliriz:

```
    yazdır(okul);
```

`yazdır()`, `InputRange` tanımına uyan `Okul`'u aralık işlevleri aracılığıyla kullanır. Sonuçta aralığın elemanları teker teker çıkışa yazdırılırlar:

```
 Ebru(1) Derya(2) Damla(3)
```

Böylece kendi yazdığımız bir türü `InputRange` tanımına uydurmuş ve `InputRange`'lerle işleyen bir işleve gönderebilmiş olduk. `Okul`, Phobos veya başka kütüphanelerin `InputRange` alan algoritmalarıyla da kullanılmaya hazırdır. Bunu biraz aşağıda göreceğiz.

Dilimleri aralık olarak kullanabilmek için `std.array` modülü

En sık kullanılan topluluk çeşidi olan dilimler, en işlevsel aralık çeşidi olan `RandomAccessRange` olarak kullanılabilirler. Bunun için `std.array` modülünün eklenmesi yeterlidir.

`std.array` modülü; `empty`, `front`, `popFront()` ve diğer aralık işlevlerini dilimler için özel olarak tanımlar. Böylece dilimler örneğin `yazdır()` işlevine gönderilmeye hazırdırlar:

```
import std.array;

// ...

    yazdır([ 1, 2, 3, 4 ]);
```

Not: Biraz aşağıda göreceğimiz `std.range` modülü eklendiğinde `std.array`'in ayrıca eklenmesine gerek yoktur.

Sabit uzunluklu dizilerden eleman çıkartılması mümkün olmadığından `popFront()` onlar için tanımlanamaz. Bu yüzden sabit uzunluklu diziler kendileri aralık olarak kullanılamazlar:

```
void yazdır(T)(T aralık) {
    for ( ; !aralık.empty; aralık.popFront()) { // ← derleme HATASI
        write(' ', aralık.front);
    }

    writeln();
}

void main() {
    int[4] dizi = [ 1, 2, 3, 4 ];
    yazdır(dizi);
}
```

Not: Derleme hatasının `yazdır()`'ın çağrıldığı satırda oluşması hatanın kaynağını göstermesi açısından daha yararlı olurdu. Bunun için `yazdır()`'a bir sonraki bölümde göreceğimiz `isInputRange`'den yararlanan bir şablon kısıtlaması eklenebilir.

```
void yazdır(T)(T aralık)
        if (isInputRange!T) {    // ← şablon kısıtlaması
    // ...
}
// ...
    yazdır(dizi);    // ← derleme HATASI
```

Sabit uzunluklu bir dizinin elemanlarına aralık işlevleriyle erişmek yine de mümkündür. Yapılması gereken, dizinin kendisini değil, bütün diziye erişim sağlayan bir dilim kullanmaktır:

```
    yazdır(dizi[]);     // şimdi derlenir
```

Her dilimin aralık olarak kullanılabilmesinin aksine, aralıklar dizi olarak kullanılamazlar. Aralık elemanlarından dizi oluşturmak gerektiğinde elemanlar teker teker açıkça kopyalanmalıdır. Bunun için `std.array.array` işlevi kullanılabilir. `array()`, `InputRange` aralığını başından sonuna kadar ilerler, her elemanı kopyalar, ve yeni bir dizi döndürür:

```
import std.array;

// ...

    // Not: UFCS'ten de yararlanılıyor
    auto öğrencilerinKopyaları = okul.array;
    writeln(öğrencilerinKopyaları);
```

Çıktısı:

```
[Ebru(1), Derya(2), Damla(3)]
```

Kodda UFCS'ten de yararlanıldığına dikkat edin. UFCS kodun yazımı ile işleyişini birbirine uygun hale getirdiğinden özellikle aralık algoritmalarında çok yararlanılan bir olanaktır.

Dizgilerin dchar aralığına dönüşmeleri

Tanım gereği olarak zaten *karakter dizisi* olan dizgiler de `std.array` modülü sayesinde hemen hemen bütün aralık çeşitleri olarak kullanılabilirler. Bunun istisnaları, `char` ve `wchar` dizgilerinin `RandomAccessRange` tanımına giremiyor olmalarıdır.

Ancak, `std.array` modülünün dizgilere özel önemli bir yararı daha vardır: Dizgilerde ileri veya geri yönde ilerlendiğinde elemanlara UTF kod birimleri olarak değil, Unicode karakterleri olarak erişilir. Bunun anlamı, ne tür dizgi olursa olsun dizgi elemanlarının *harf harf* ilerlenmesidir.

Aşağıdaki dizgilerde `char`'a sığmadıklarını bildiğimiz ç ve ğ harflerinden başka `wchar`'a sığmayan *çift çizgili matematik A harfi* (𝔸) de bulunuyor. Bu ortamda desteklenmiyorsa bir soru işareti olarak görünüyor olabilir:

```
import std.array;

// ...

    yazdır("abcçdefgğ𝔸"c);
    yazdır("abcçdefgğ𝔸"w);
    yazdır("abcçdefgğ𝔸"d);
```

Buna rağmen, programın çıktısı çoğu durumda zaten istemiş olacağımız gibidir:

```
a b c ç d e f g ğ 𝔸
a b c ç d e f g ğ 𝔸
a b c ç d e f g ğ 𝔸
```

Bu çıktının Karakterler (sayfa 56) ve Dizgiler (sayfa 74) bölümlerinde gördüğümüz davranışlara uymadığına dikkat edin. Hatırlarsanız, `char` ve `wchar` dizgilerinin elemanları UTF kod birimleridir.

Yukarıdaki çıktılarda kod birimleri yerine Unicode karakterlerinin belirmesinin nedeni, aralık olarak kullanıldıklarında dizgilerin elemanlarının otomatik olarak Unicode karakterlerine dönüştürülmeleridir. Aşağıda göreceğimiz gibi, Unicode karakteri olarak beliren dchar değerleri dizgilerin asıl elemanları değil, onlardan oluşturulan *sağ değerlerdir* (sayfa 182).

Bunu hatırlamak için dizgilerin elemanlarını tek tek indeksleyerek yazdıralım:

```
void elemanlarınıYazdır(T)(T dizgi) {
    for (int i = 0; i != dizgi.length; ++i) {
        write(' ', dizgi[i]);
    }

    writeln();
}

// ...

    elemanlarınıYazdır("abcçdefgğA"c);
    elemanlarınıYazdır("abcçdefgğA"w);
    elemanlarınıYazdır("abcçdefgğA"d);
```

Doğrudan dizgi elemanlarına erişildiğinde Unicode harflerine değil, UTF kod birimlerine erişilmiş olunur:

```
 a b c � � d e f g � � � � � �
 a b c ç d e f g ğ ��� ���
 a b c ç d e f g ğ A
```

Bu otomatik dönüşüm her duruma uygun değildir. Örneğin, bir dizginin ilk elemanına atamaya çalışan aşağıdaki program derlenemez çünkü .front'un dönüş değeri bir *sağ değerdir* (sayfa 182):

```
import std.array;

void main() {
    char[] s = "merhaba".dup;
    s.front = 'M';                    // ← derleme HATASI
}
```

```
Error: front(s) is not an lvalue
```

Bir aralık algoritması dizginin asıl elemanlarını değiştirmek istediğinde (ve bu değişikliğin dizginin UTF kodlamasını bozmayacağı bir durumda), std.string.represention çağrılarak dizgi bir ubyte aralığı olarak kullanılabilir:

```
import std.array;
import std.string;

void main() {
    char[] s = "merhaba".dup;
    s.representation.front = 'M';     // derlenir
    assert(s == "Merhaba");
}
```

representation; char, wchar, ve dchar dizgilerinin asıl elemanlarını sırasıyla ubyte, ushort, ve uint aralıkları olarak sunar.

Kendi elemanları bulunmayan aralıklar

Yukarıda aralık örneği olarak kullandığımız dizilerde ve Okul nesnelerinde hep gerçek elemanlar bulunuyordu. Örneğin Okul.front, var olan bir Öğrenci nesnesine referans döndürüyordu.

Aralıkların bir üstünlüğü, bu konuda da esneklik getirmeleridir: front'un döndürdüğü elemanın bir topluluğun gerçek bir elemanı olması gerekmez. O *sözde eleman*, örneğin popFront() her çağrıldığında hesaplanarak oluşturulabilir ve front her çağrıldığında döndürülebilir.

Gerçek elemanları bulunmayan bir aralık örneğiyle aslında biraz yukarıda da karşılaştık: Dizgiler aralık olarak kullanıldıklarında UTF kod birimlerine değil, Unicode karakterlerine erişildiğini gördük. Oysa; char ve wchar Unicode karakteri ifade edemeyeceklerinden, aralık olarak kullandığımızda elde edilen Unicode karakterleri o dizgilerin gerçek elemanları olamazlar. front'un döndürdüğü karakter, dizgideki UTF kod birimlerinin bir araya getirilmelerinden *oluşturulan* bir dchar'dır:

```
import std.array;

void main() {
    dchar harf = "şu".front; // front'un döndürdüğü dchar,
                             // ş'yi oluşturan iki char'ın
                             // bileşimidir
}
```

Dizginin eleman türü char olduğu halde yukarıdaki front'un dönüş türü dchar'dır. O dchar, dizgi içindeki iki UTF kod biriminden oluşmuştur ama kendisi dizginin elemanı değil, onlardan oluşan bir *sağ değerdir* (sayfa 182).

Buna benzer olarak, bazı aralıkların ise hiç elemanları yoktur; böyle aralıklar yalnızca başka aralıkların elemanlarına erişim sağlamak için kullanılırlar. Bu, yukarıda Okul aralığında ilerlerken karşılaştığımız eleman kaybedilmesi sorununu da ortadan kaldırır. Bunun için örneğin Okul türünün kendisi değil, tek amacı okuldaki öğrencilere erişim sağlamak olan özel bir tür InputRange olarak tanımlanır.

Daha önce Okul içinde tanımlamış olduğumuz bütün aralık işlevlerini yeni ÖğrenciAralığı türüne taşıyalım. Dikkat ederseniz bu değişiklik sonrasında Okul artık kendisi bir aralık olarak kabul edilemez:

```
struct Okul {
    Öğrenci[] öğrenciler;
}

struct ÖğrenciAralığı {
    Öğrenci[] öğrenciler;

    this(Okul okul) {
        this.öğrenciler = okul.öğrenciler;
    }

    bool empty() const {
        return öğrenciler.length == 0;
    }

    ref Öğrenci front() {
        return öğrenciler[0];
    }

    void popFront() {
        öğrenciler = öğrenciler[1 .. $];
    }
}
```

Yeni aralık, kendisine verilen Okul'un öğrencilerini gösteren bir dilim oluşturur ve popFront() içinde o dilimi tüketir. Bunun sonucunda da asıl dizi değişmemiş olur:

```
    auto okul = Okul( [ Öğrenci("Ebru", 1),
                        Öğrenci("Derya", 2) ,
                        Öğrenci("Damla", 3) ] );
```

```
yazdır(ÖğrenciAralığı(okul));
assert(okul.öğrenciler.length == 3); // asıl dizi değişmez
```

Not: Bütün işlerini doğrudan üyesi olan dilime yaptırdığı için `ÖğrenciAralığı`'nın iyi bir örnek olmadığını düşünebiliriz. Çünkü nasıl olsa `Okul.öğrenciler` dizisinin bir dilimini kendimiz de doğrudan kullanabilirdik. Öte yandan, `öğrenciler` dizisi `Okul`'un özel bir üyesi de olabilirdi ve `ÖğrenciAralığı` en azından o özel üyeye erişim sağlamak için yararlı olabilirdi.

Sonsuz aralıklar

Kendi elemanları bulunmayan aralıkların başka bir yararı, sonsuz uzunlukta aralıklar oluşturabilmektir.

Bir aralığın hiç sonlanmaması, `empty` işlevinin her zaman için `false` değerinde olması ile sağlanır. Her zaman için `false` değerinde olan `empty`'nin işlev olması da gerekmeyeceğinden bir `enum` değer olarak tanımlanır:

```
enum empty = false;                   // ← sonsuz aralık
```

Başka bir seçenek, değişmez bir `static` üye kullanmaktır:

```
static immutable bool empty = false;  // üsttekiyle aynı
```

Bunun bir örneğini görmek için Fibonacci serisini üreten bir aralık düşünelim. Aşağıdaki aralık, yalnızca iki adet `int` üyesi bulunmasına rağmen sonsuz uzunluktaki Fibonacci serisi olarak kullanılabilir:

```
struct FibonacciSerisi
{
    int baştaki = 0;
    int sonraki = 1;

    enum empty = false;  // ← sonsuz aralık

    int front() const {
        return baştaki;
    }

    void popFront() {
        const ikiSonraki = baştaki + sonraki;
        baştaki = sonraki;
        sonraki = ikiSonraki;
    }
}
```

Not: Her ne kadar sonsuz olsa da, sayı türü olarak `int` kullandığı için `int.max`'tan daha büyük değerlere gelindiğinde `FibonacciSerisi` yanlış çalışır.

`FibonacciSerisi` nesneleri için `empty`'nin değeri hep `false` olduğundan, parametre olarak gönderildiğinde `yazdır()`'ın içindeki `for` döngüsü hiç sonlanmaz:

```
yazdır(FibonacciSerisi());    // hiç sonlanmaz
```

Sonsuz aralıklar ancak sonuna kadar ilerlemenin gerekmediği durumlarda kullanılabilirler. `FibonacciSerisi`'nin yalnızca belirli adet elemanının nasıl kullanılabildiğini aşağıda göreceğiz.

Aralık döndüren işlevler

Bir `ÖğrenciAralığı` nesnesini yukarıda açıkça `ÖğrenciAralığı(okul)` yazarak oluşturmuş ve kullanmıştık.

Bazı durumlarda ise `ÖğrenciAralığı` gibi türleri açıkça yazmak yerine, o türün nesnelerini döndüren işlevlerden yararlanılır. Örneğin bütün işi bir `ÖğrenciAralığı` nesnesi döndürmek olan aşağıdaki işlev, kodlamayı kolaylaştırabilir:

```
ÖğrenciAralığı öğrencileri(ref Okul okul) {
    return ÖğrenciAralığı(okul);
}

// ...

    // Not: Burada da UFCS'ten yararlanılıyor
    yazdır(okul.öğrencileri);
```

Böylece kullanıcılar bazı durumlarda çok karmaşık olabilen özel aralık türlerinin isimlerini ve şablon parametrelerini bilmek ve açıkça yazmak yerine, onları döndüren işlevlerin kısa isimlerini hatırlayabilirler.

Bunun bir örneğini çok basit olan `std.range.take` işlevinde görebiliriz. "Al" anlamına gelen `take()`, kendisine verilen bir aralığın başındaki belirli adet elemana teker teker erişim sağlar. Aslında bu işlem `take()` işlevi tarafından değil, onun döndürmüş olduğu özel bir aralık türü tarafından gerçekleştirilir. Yine de biz `take()`'i kullanırken bunu bilmek zorunda değilizdir:

```
import std.range;

// ...

    auto okul = Okul( [ Öğrenci("Ebru", 1),
                        Öğrenci("Derya", 2) ,
                        Öğrenci("Damla", 3) ] );

    yazdır(okul.öğrencileri.take(2));
```

Yukarıdaki kullanımda `take()`, `okul` nesnesinin başındaki 2 elemana erişim sağlayacak olan geçici bir aralık nesnesi döndürür. `yazdır()` da `take()`'in döndürmüş olduğu bu geçici aralık nesnesini kullanır:

```
Ebru(1) Derya(2)
```

Yukarıdaki işlemin sonucunda `okul` nesnesinde hiçbir değişiklik olmaz; onun hâlâ 3 elemanı vardır:

```
    yazdır(okul.öğrencileri.take(2));
    assert(okul.öğrenciler.length == 3);
```

`take()` gibi işlevlerin kendi amaçları için döndürdükleri aralıkların türleri çoğu durumda bizi ilgilendirmez. Onların isimleriyle bazen hata mesajlarında karşılaşabiliriz; veya daha önce de yararlanmış olduğumuz `typeof` ve `stringof` ile kendimiz de yazdırabiliriz:

```
    writeln(typeof(okul.öğrencileri.take(2)).stringof);
```

Çıktısı, `take()`'in döndürdüğü türün `Take` isminde bir şablon olduğunu gösteriyor:

```
Take!(ÖğrenciAralığı)
```

`std.range` ve `std.algorithm` modülleri

Kendi türlerimizi aralık olarak tanımlamanın çok büyük bir yararı; onları yalnızca kendi işlevlerimizle değil, Phobos ve başka kütüphanelerin aralık algoritmalarıyla da kullanabilmemizdir.

`std.range` modülünde özellikle aralıklarla ilgili olan çok sayıda olanak bulunur. `std.algorithm` modülü ise başka dillerin kütüphanelerinde de bulunan çok sayıda tanınmış algoritma içerir.

Bir örnek olarak `std.algorithm.swapFront` algoritmasını `Okul` türü ile kullanalım. "Öndekini değiş tokuş et" anlamına gelen `swapFront`, kendisine verilen iki `InputRange` aralığının ilk elemanlarını değiş tokuş eder.

```
import std.algorithm;

// ...

    auto türkOkulu = Okul( [ Öğrenci("Ebru", 1),
                             Öğrenci("Derya", 2) ,
                             Öğrenci("Damla", 3) ] );

    auto amerikanOkulu = Okul( [ Öğrenci("Mary", 10),
                                 Öğrenci("Jane", 20) ] );

    swapFront(türkOkulu.öğrencileri,
              amerikanOkulu.öğrencileri);

    yazdır(türkOkulu.öğrencileri);
    yazdır(amerikanOkulu.öğrencileri);
```

İki okuldaki ilk öğrenciler değişmiştir:

```
Mary(10) Derya(2) Damla(3)
Ebru(1) Jane(20)
```

Başka bir örnek olarak `std.algorithm.filter` algoritmasına bakalım. `filter()`, elemanların belirli bir kıstasa uymayanlarını elemekle görevli olan özel bir aralık döndürür. Bu işlem sırasında asıl aralıkta hiçbir değişiklik olmaz.

`filter()`'a verilen kıstas çok genel olarak *uyanlar için `true`, uymayanlar için `false`* üreten bir ifadedir. `filter()`'a şablon parametresi olarak verilen kıstası bildirmenin bir kaç yolu vardır. Bir yol, daha önce de karşılaştığımız gibi isimsiz bir işlev kullanmaktır. Kısa olması için ö olarak adlandırdığım parametre aralıktaki her öğrenciyi temsil eder:

```
    okul.öğrencileri.filter!(ö => ö.numara % 2)
```

Yukarıdaki ifadedeki kıstas, `okul.öğrencileri` aralığındaki elemanların numarası tek olanlarını seçer.

`take()` işlevinde olduğu gibi, `filter()` da özel bir aralık nesnesi döndürür. Böylece, döndürülen aralık nesnesini de doğrudan başka işlevlere gönderebiliriz. Örneğin, seçilmiş olan elemanları üretecek olan aralık nesnesi `yazdır()`'a gönderilebilir:

```
    yazdır(okul.öğrencileri.filter!(ö => ö.numara % 2));
```

O kodu sağdan sola doğru okuyarak şöyle açıklayabiliriz: *`okul.öğrencileri` aralığındaki elemanların tek numaralı olanlarını seçen bir aralık oluştur ve `yazdır()` işlevine gönder.*

Çıktısı yalnızca tek numaralı öğrencilerden oluşur:

```
Ebru(1) Damla(3)
```

Seçilecek olan elemanlar için `true` üretmesi koşuluyla, kıstas `filter()`'a bir işlev olarak da bildirilebilir:

```
import std.array;

// ...

    bool başHarfiD_mi(Öğrenci öğrenci) {
        return öğrenci.isim.front == 'D';
    }

    yazdır(okul.öğrencileri.filter!başHarfiD_mi);
```

Yukarıdaki örnekteki kıstas işlevi, aldığı `Öğrenci` nesnesinin baş harfi D olanları için `true`, diğerleri için `false` döndürmektedir.

Not: O ifadede baş harf için `öğrenci.isim[0]` yazmadığıma dikkat edin. Öyle yazsaydım baş harfini değil, ilk UTF-8 kod birimini elde ederdim. Yukarıda da belirttiğim gibi; `front`, `isim`'i bir aralık olarak kullanır ve her zaman için ilk Unicode karakterini, yani ilk harfini döndürür.

O kodun sonucunda da baş harfi D olan öğrenciler seçilir ve yazdırılır:

```
Derya(2) Damla(3)
```

`std.range` modülündeki `generate`, bir işlevin döndürdüğü değerlerin bir `InputRange`'in elemanlarıymış gibi kullanılmalarını sağlar. İşlev gibi çağrılabilen herhangi bir değişken (işlev göstergesi, isimsiz işlev, vs.) alır ve kavramsal olarak o işlevin döndürdüğü değerlerden oluşan bir `InputRange` nesnesi döndürür.

Döndürülen aralık nesnesi sonsuzdur. Bu nesnenin `front` niteliğine her erişildiğinde asıl işlev işletilir ve onun döndürdüğü değer, aralığın *elemanı* olarak sunulur. Bu nesnenin `popFront` işlevi ise hiç iş yapmaz.

Örneğin, aşağıdaki `zarAtıcı` nesnesi sonsuz bir aralık olarak kullanılabilmektedir:

```
import std.stdio;
import std.range;
import std.random;

void main() {
    auto zarAtıcı = generate!(() => uniform(0, 6));
    writeln(zarAtıcı.take(10));
}
```

```
[1, 0, 3, 5, 5, 1, 5, 1, 0, 4]
```

Tembellik

Aralık döndüren işlevlerin başka bir yararı, o aralıkların tembel olarak kullanılabilmeleridir. Bu hem program hızı ve bellek kullanımı açısından çok yararlıdır, hem de sonsuz aralıkların var olabilmeleri zaten bütünüyle tembellik olanağı sayesindedir.

Tembel aralıklar işlerini gerektikçe ve parça parça gerçekleştirirler. Bunun bir örneğini `FibonacciSerisi` aralığında görüyoruz: Elemanlar ancak gerektikçe `popFront()` işlevinde teker teker hesaplanırlar. `FibonacciSerisi` eğer tembel yerine hevesli bir aralık olsaydı, yani kullanılmadan önce bütün aralığı üretmeye çalışsaydı, sonsuza kadar işlemeye devam ederdi. Ürettiği elemanları saklaması da gerekeceği için sonsuz sayıdaki elemana da yer bulamazdı.

Hevesli aralıkların başka bir sakıncası, sonlu sayıda bile olsalar belki de hiç kullanılmayacak olan elemanlar için bile gereksizce yer harcayacak olmalarıdır.

Phobos'taki çoğu algoritma gibi `take()` ve `filter()` da tembellikten yararlanırlar. Örneğin `FibonacciSerisi`'ni `take()`'e vererek bu sonsuz aralığın belirli sayıdaki elemanını kullanabiliriz:

```
    yazdır(FibonacciSerisi().take(10));
```

Çıktısı yalnızca ilk 10 sayıyı içerir:

```
0 1 1 2 3 5 8 13 21 34
```

81.6 ForwardRange, *ilerleme aralığı*

`InputRange`, elemanları çıkartıldıkça tükenen aralık kavramını ifade ediyordu.

Bazı aralıklar ise `InputRange` gibi işleyebilmelerinin yanında, aralığın belirli bir durumunu hatırlama yeteneğine de sahiptirler. `FibonacciSerisi` nesneleri bunu sağlayabilirler, çünkü `FibonacciSerisi` nesneleri serbestçe kopyalanabilirler ve bu kopyalar birbirlerinden bağımsız aralıklar olarak yaşamlarına devam edebilirler.

`ForwardRange` aralıkları, aralığın belirli bir andaki kopyasını döndüren `save` işlevini de sunan aralıklardır. `save`'in döndürdüğü kopyanın asıl aralıktan bağımsız olarak kullanılabilmesi şarttır. Örneğin bir kopya üzerinde ilerlemek diğer kopyayı ilerletmemelidir.

`std.array` modülünün eklenmiş olması dilimleri de otomatik olarak `ForwardRange` tanımına sokar.

`save` işlevini `FibonacciSerisi` için gerçekleştirmek istediğimizde nesnenin bir kopyasını döndürmek yeterlidir:

```
struct FibonacciSerisi {
// ...

    FibonacciSerisi save() const {
        return this;
    }
}
```

Döndürülen kopya, bu nesnenin kopyalandığı yerden devam edecek olan bağımsız bir aralıktır.

`save`'in döndürdüğü nesnenin asıl aralıktan bağımsız olduğunu aşağıdaki gibi bir program yardımıyla görebiliriz. Programda yararlandığım `std.range.popFrontN()`, kendisine verilen aralığın başından belirtilen sayıda eleman çıkartır. `bilgiVer()` işlevi de çıkışı kısa tutmak için yalnızca ilk beş elemanı gösteriyor:

```
import std.range;

// ...

void bilgiVer(T)(const dchar[] başlık, const ref T aralık) {
    writefln("%40s: %s", başlık, aralık.take(5));
}

void main() {
    auto aralık = FibonacciSerisi();
    bilgiVer("Başlangıçtaki aralık", aralık);

    aralık.popFrontN(2);
    bilgiVer("İki eleman çıkartıldıktan sonra", aralık);

    auto kopyası = aralık.save;
    bilgiVer("Kopyası", kopyası);

    aralık.popFrontN(3);
```

```
    bilgiVer("Üç eleman daha çıkartıldıktan sonra", aralık);
    bilgiVer("Kopyası", kopyası);
}
```

O kodun çıktısı, aralıktan'tan eleman çıkartılmış olmasının kopyası'nı etkilemediğini gösterir.:

```
           Başlangıçtaki aralık: [0, 1, 1, 2, 3]
    İki eleman çıkartıldıktan sonra: [1, 2, 3, 5, 8]
                        Kopyası: [1, 2, 3, 5, 8]
Üç eleman daha çıkartıldıktan sonra: [5, 8, 13, 21, 34]
                        Kopyası: [1, 2, 3, 5, 8]
```

bilgiVer() içinde aralıkları doğrudan writefln'e gönderdiğime ayrıca dikkat edin. Kendi yazdığımız yazdır() işlevinde olduğu gibi, stdio modülünün çıkış işlevleri de InputRange aralıklarını kullanabilirler. Bundan sonraki örneklerde yazdır() yerine stdio'nun çıkış işlevlerini kullanacağım.

ForwardRange aralıklarıyla işleyen bir algoritma örneği olarak std.range.cycle'a bakabiliriz. cycle(), kendisine verilen aralığı sürekli olarak tekrarlar. Başından tekrarlayabilmesi için aralığın ilk durumunu saklaması gerekeceğinden, bu aralığın bir ForwardRange olması şarttır.

Artık bir ForwardRange de kabul edilen FibonacciSerisi nesnelerini cycle() işlevine gönderebiliriz:

```
    writeln(FibonacciSerisi().take(5).cycle.take(20));
```

Hem cycle()'a verilen aralığın hem de cycle()'ın döndürdüğü aralığın sonlu olmaları için iki noktada take()'ten yararlanıldığına dikkat edin. Çıktısı, *FibonacciSerisi aralığının ilk beş elemanının tekrarlanmasından oluşan aralığın ilk yirmi elemanıdır*:

```
[0, 1, 1, 2, 3, 0, 1, 1, 2, 3, 0, 1, 1, 2, 3, 0, 1, 1, 2, 3]
```

Kodun anlaşılmasını kolaylaştırmak için ara değişkenler de tanımlanabilir. Yukarıdaki tek satırlık kodun bir eşdeğeri şudur:

```
    auto seri                      = FibonacciSerisi();
    auto başTarafı                 = seri.take(5);
    auto tekrarlanmışı             = başTarafı.cycle;
    auto tekrarlanmışınınBaşTarafı = tekrarlanmışı.take(20);

    writeln(tekrarlanmışınınBaşTarafı);
```

Tembelliğin yararını burada bir kere daha hatırlatmak istiyorum: İlk dört satırda yalnızca asıl işlemleri gerçekleştirecek olan geçici aralık nesneleri oluşturulur. Bütün ifadenin üretmiş olduğu sayılar, FibonacciSerisi.popFront() işlevi içinde ve ancak gerektikçe hesaplanırlar.

Not: ForwardRange olarak FibonacciSerisi türünü kullanacağımızı söylediğimiz halde cycle()'a FibonacciSerisi.take(5) ifadesini verdik. take()'in döndürdüğü aralığın türü parametresine uyar: parametre olarak ForwardRange verildiğinde döndürdüğü aralık da ForwardRange türündedir. Bunu sağlayan isForwardRange olanağını bir sonraki bölümde göstereceğim.

81.7 BidirectionalRange, *çift uçlu aralık*

BidirectionalRange aralıkları, ForwardRange işlevlerine ek olarak iki işlev daha sunarlar. back, front'un benzeri olarak aralığın sonundaki elemanı döndürür. popBack() de popFront()'un benzeri olarak aralığı sonundan daraltır.

std.array modülü eklendiğinde dilimler BidirectionalRange tanımına da girerler.

Örnek olarak BidirectionalRange aralığı gerektiren std.range.retro işlevini göstermek istiyorum. retro(), kendisine verilen aralığın front'unu back'ine, popFront()'unu da popBack()'ine bağlayarak aralıktaki elemanlara ters sırada erişilmesini sağlar:

```
    writeln([ 1, 2, 3 ].retro);
```

Çıktısı:

```
[3, 2, 1]
```

retro()'nun döndürdüğü özel aralığın bir benzerini çok basit olarak aşağıdaki gibi tanımlayabiliriz. Yalnızca int dizileriyle işlediği için çok kısıtlı olsa da aralıkların gücünü göstermeye yetiyor:

```
import std.array;
import std.stdio;

struct TersSırada {
    int[] aralık;

    this(int[] aralık) {
        this.aralık = aralık;
    }

    bool empty() const {
        return aralık.empty;
    }

    int front() const {
        return aralık.back;  // ← ters
    }

    int back() const {
        return aralık.front; // ← ters
    }

    void popFront() {
        aralık.popBack();    // ← ters
    }

    void popBack() {
        aralık.popFront();   // ← ters
    }
}

void main() {
    writeln(TersSırada([ 1, 2, 3]));
}
```

Aralığı *ters sırada* kullandığı için retro() ile aynı sonuç elde edilir:

```
[3, 2, 1]
```

81.8 RandomAccessRange, *rastgele erişimli aralık*

RandomAccessRange, belirli sıradaki elemanlarına [] işleci ile erişilebilen aralıkları ifade eder. İşleç Yükleme bölümünden (sayfa 300) hatırlayacağınız gibi, [] işleci opIndex() üye işlevi ile tanımlanır.

std.array modülü genel olarak dilimleri de RandomAccessRange tanımına sokar. Ancak; UTF-8 ve UFT-16 kodlamaları harflere sıra numarasıyla erişimi desteklemedikleri için, char ve wchar dizgileri harf erişimi açısından RandomAccessRange aralığı olarak kullanılamazlar. Öte yandan, UTF-32 kodlamasında kodlarla harfler bire bir karşılık geldiklerinden, `dchar` dizgileri harf erişiminde `RandomAccessRange` olarak kullanılabilirler.

Her türün `opIndex()` işlevini kendisine en uygun biçimde tanımlayacağı doğaldır. Ancak, bilgisayar biliminin algoritma karmaşıklıkları ile ilgili olarak bu konuda bir beklentisi vardır: Rastgele erişim, *sabit zamanda* gerçekleşmelidir. Sabit zamanda erişim, erişim için gereken işlemlerin aralıktaki eleman adedinden bağımsız olması anlamına gelir. Aralıkta ne kadar eleman olursa olsun, hiçbirisinin erişimi aralığın uzunluğuna bağlı olmamalıdır.

`RandomAccessRange` tanımına girebilmek için ek olarak aşağıdaki koşullardan *birisinin* daha sağlanmış olması gerekir:

- sonsuz bir `ForwardRange` olmak

veya

- `length` niteliğini de sunan bir `BidirectionalRange` olmak

Sonsuz RandomAccessRange

Önce *sonsuz ForwardRange* tanımı üzerine kurulu olan bir `RandomAccessRange` örneğine bakalım. Bu tanıma girebilmek için gereken işlevler şunlardır:

- `InputRange`'in gerektirdiği `empty`, `front` ve `popFront()`
- `ForwardRange`'in gerektirdiği `save`
- `RandomAccessRange`'in gerektirdiği `opIndex()`
- sonsuz olabilmek için `empty`'nin değerinin derleme zamanında `false` olarak belirlenmiş olması

`FibonacciSerisi`'nin en son tanımı onu bir `ForwardRange` yapmaya yetiyordu. Ancak, `opIndex()` işlevi `FibonacciSerisi` için sabit zamanda işleyecek şekilde gerçekleştirilemez; çünkü belirli bir elemana erişebilmek için o elemandan önceki elemanların da hesaplanmaları gerekir. Bunun anlamı; N'inci sıradaki elemanın hesaplanması için ondan önceki N-1 elemanın hesaplanması gerektiği, bu yüzden de işlem adedinin N'ye bağlı olduğudur.

`opIndex()` işlevinin sabit zamanda işletilebildiği bir örnek olarak tamsayıların karelerinden oluşan sonsuz bir aralık tanımlayalım. Böyle bir aralık sonsuz olduğu halde bütün elemanlarının değerlerine sabit zamanda erişilebilir:

```
class KareAralığı {
    int baştaki;

    this(int baştaki = 0) {
        this.baştaki = baştaki;
    }

    enum empty = false;

    int front() const {
        return opIndex(0);
    }

    void popFront() {
        ++baştaki;
    }

    KareAralığı save() const {
        return new KareAralığı(baştaki);
    }

    int opIndex(size_t sıraNumarası) const {
```

```
        /* Bu işlev sabit zamanda işler */
        immutable tamsayıDeğeri = baştaki + cast(int)sıraNumarası;
        return tamsayıDeğeri * tamsayıDeğeri;
    }
}
```

Not: `KareAralığı`'nın bir `struct` olarak tanımlanması daha uygun olurdu.

Hiçbir eleman için yer ayrılmadığı halde bu aralığın bütün elemanlarına `[]` işleci ile erişilebilir:

```
    auto kareler = new KareAralığı();

    writeln(kareler[5]);
    writeln(kareler[10]);
```

Çıktısı 5 ve 10 sıra numaralı elemanları içerir:

```
25
100
```

Sıfırıncı eleman her zaman için aralığın ilk elemanını temsil etmelidir. Bunu denemek için yine `popFrontN()`'den yararlanabiliriz:

```
    kareler.popFrontN(5);
    writeln(kareler[0]);
```

Aralığın ilk 5 elemanı sırasıyla 0, 1, 2, 3 ve 4'ün kareleri olan 0, 1, 4, 9 ve 16'dır. Onlar çıkartıldıktan sonraki ilk eleman artık bir sonraki sayının karesi olan 25'tir:

```
25
```

`KareAralığı` en işlevsel aralık olan `RandomAccessRange` olarak tanımlandığı için diğer aralık çeşitleri olarak da kullanılabilir. Örneğin `InputRange` olarak:

```
    bool sonİkiHaneAynı_mı(int sayı) {
        /* Doğru olabilmesi için en az iki rakamı bulunmalı */
        if (sayı < 10) {
            return false;
        }

        /* Son iki hanesi 11'e tam olarak bölünmeli */
        immutable sonİkiHane = sayı % 100;
        return (sonİkiHane % 11) == 0;
    }

    writeln(kareler.take(50).filter!sonİkiHaneAynı_mı);
```

Çıktısı, ilk 50 elemanın son iki hanesi aynı olanlarını içerir:

```
[100, 144, 400, 900, 1444, 1600]
```

Sonlu RandomAccessRange

Şimdi de *sonlu uzunluklu `BidirectionalRange`* tanımı üzerine kurulu olan bir `RandomAccessRange` örneğine bakalım. Bu çeşit bir aralık olarak kabul edilmek için gereken işlevler şunlardır:

- `InputRange`'in gerektirdiği `empty`, `front` ve `popFront()`
- `ForwardRange`'in gerektirdiği `save`
- `BidirectionalRange`'in gerektirdiği `back` ve `popBack()`
- `RandomAccessRange`'in gerektirdiği `opIndex()`
- aralığın uzunluğunu bildiren `length`

Bu örnekte, kendisine verilen bütün aralıklardaki bütün elemanları sanki tek bir aralığın elemanlarıymış gibi sunan `std.range.chain`'in bir benzerini tasarlayalım. `chain()` her tür elemanla ve farklı aralıklarla işleyebilir. Bu örneği kısa tutabilmek için biz yalnızca `int` dizileriyle işleyecek şekilde tanımlayacağız.

Önce adına `BirArada` diyeceğimiz bu türün nasıl kullanılacağını göstermek istiyorum:

```
    auto aralık = BirArada([ 1, 2, 3 ],
                           [ 101, 102, 103]);
    writeln(aralık[4]);
```

İki farklı diziyle ilklenen `aralık`, `[ 1, 2, 3, 101, 102, 103 ]` elemanlarından oluşan tek bir diziymiş gibi kullanılacak. Örneğin dizilerin ikisinde de 4 numaralı eleman bulunmadığı halde diziler art arda düşünüldüklerinde 102, 4 numaralı eleman olarak kabul edilecek:

```
102
```

Bütün aralık nesnesi yazdırıldığında da elemanlar tek bir dizi gibi görünecekler:

```
    writeln(aralık);
```

Çıktısı:

```
[1, 2, 3, 101, 102, 103]
```

`BirArada` türünün bir yararı, bu işlemler gerçekleştirilirken elemanların yeni bir diziye kopyalanmayacak olmalarıdır. Bütün elemanlar kendi dizilerinde durmaya devam edecekler.

Belirsiz sayıda dilim ile ilklenecek olan bu aralık, Parametre Serbestliği bölümünde (sayfa 260) gördüğümüz *belirsiz sayıda parametre* olanağından yararlanabilir:

```
struct BirArada {
    const(int)[][] aralıklar;

    this(const(int)[][] aralıklar...) {
        this.aralıklar = aralıklar.dup;

        başıTemizle();
        sonuTemizle();
    }

// ...
}
```

Bu yapının elemanlarda değişiklik yapmayacağının bir göstergesi olarak eleman türünün `const(int)` olarak tanımlandığına dikkat edin. Öte yandan, ilerleme kavramını sağlayabilmek için dilimlerin kendileri `popFront()` tarafından değiştirilmek zorundadır.

Kurucu içinde çağrıldığını gördüğümüz `başıTemizle()` ve `sonuTemizle()` işlevleri, aralıkların baştaki ve sondaki boş olanlarını çıkartmak için kullanılıyorlar. Aralığa zaten bir katkıları bulunmayan boş aralıkların işlemleri karmaşıklaştırmaları böylece önlenmiş olacak:

```
struct BirArada {
// ...

    private void başıTemizle() {
        while (!aralıklar.empty && aralıklar.front.empty) {
            aralıklar.popFront();
```

```
        }
    }

    private void sonuTemizle() {
        while (!aralıklar.empty && aralıklar.back.empty) {
            aralıklar.popBack();
        }
    }
}
```

O işlevleri daha sonra `popFront()` ve `popBack()` içinden de çağıracağız.

`başıTemizle()` ve `sonuTemizle()` işlevlerinin başta ve sonda boş aralık bırakmayacaklarını bildiğimizden, tek bir alt aralığın bile kalmış olması bütün aralığın henüz tükenmediği anlamına gelir:

```
struct BirArada {
// ...

    bool empty() const {
        return aralıklar.empty;
    }
}
```

İlk alt aralığın ilk elemanı bu aralığın da ilk elemanıdır:

```
struct BirArada {
// ...

    int front() const {
        return aralıklar.front.front;
    }
}
```

İlk aralığın ilk elemanını çıkartmak, bu aralığın ilk elemanını çıkartmış olur. Bu işlem sonucunda ilk aralık boşalmış olabileceğinden, gerektiğinde o aralığın ve onu izleyen olası boş aralıkların da çıkartılmaları için `başıTemizle()` işlevinin çağrılması gerekir:

```
struct BirArada {
// ...

    void popFront() {
        aralıklar.front.popFront();
        başıTemizle();
    }
}
```

Aralığın belirli bir durumunun kopyası, elimizde bulunan alt aralıklarla ilklenen yeni bir `BirArada` nesnesi döndürerek sağlanabilir:

```
struct BirArada {
// ...

    BirArada save() const {
        return BirArada(aralıklar.dup);
    }
}
```

Aralığın son tarafındaki işlemler baş tarafındakilerin benzerleridir:

```
struct BirArada {
// ...

    int back() const {
        return aralıklar.back.back;
    }
```

```
    void popBack() {
        aralıklar.back.popBack();
        sonuTemizle();
    }
}
```

Bütün aralığın uzunluğu, alt aralıkların uzunluklarının toplamı olarak hesaplanabilir:

```
struct BirArada {
// ...

    size_t length() const {
        size_t uzunluk = 0;

        foreach (aralık; aralıklar) {
            uzunluk += aralık.length;
        }

        return uzunluk;
    }
}
```

Aynı işlem `std.algorithm.fold` işlevi ile daha kısa olarak da gerçekleştirilebilir. `fold()`, şablon parametresi olarak aldığı işlemi kendisine verilen aralıktaki bütün elemanlara uygular.

```
import std.algorithm;

// ...

    size_t length() const {
        return aralıklar.fold!((a, b) => a + b.length)(size_t.init);
    }
```

Şablon parametresindeki a şimdiye kadarki toplamı, b de aralıktaki her bir elemanı temsil eder. İlk işlev parametresi hesabın hangi aralıktaki elemanlara uygulanacağını, ikinci işlev parametresi de toplamın ilk değerini (burada 0) belirler. (`aralıklar`'ın UFCS'ten (sayfa 387) yararlanılarak `fold`'dan önce yazıldığına dikkat edin.)

Not: `length` her çağrıldığında uzunluğun böyle baştan hesaplanması yerine `uzunluk` isminde bir üyeden de yararlanılabilir. Bu üyenin değeri kurucu işlev içinde bir kere baştan hesaplanabilir, ve ondan sonra `popFront()` ve `popBack()` işlevleri her çağrıldıklarında teker teker azaltılabilir.

Belirli bir sıra numarasındaki elemanın döndürülebilmesi için bütün alt aralıklara baştan sona doğru bakılması ve sıra numarasının hangi aralıktaki bir elemana denk geldiğinin bulunması gerekir:

```
struct BirArada {
// ...

    int opIndex(size_t sıraNumarası) const {
        /* Hata mesajı için saklıyoruz */
        immutable baştakiSıraNumarası = sıraNumarası;

        foreach (aralık; aralıklar) {
            if (aralık.length > sıraNumarası) {
                return aralık[sıraNumarası];

            } else {
                sıraNumarası -= aralık.length;
            }
        }
```

```
        throw new Exception(
            format("Geçersiz sıra numarası: %s (uzunluk: %s)",
                   baştakiSıraNumarası, this.length));
    }
}
```

Not: `opIndex`, yukarıdaki uyarının aksine sabit zamanda gerçekleşemez. Bu aralığın kabul edilir derecede hızlı işleyebilmesi için `aralıklar` üyesinin fazla uzun olmaması gerekir.

Tanımladığımız bu aralık, istediğimiz sayıda `int` dizisiyle kullanılmaya hazırdır. Kendisine vereceğimiz dizileri `take()` ve `array()` işlevleri yardımıyla bu bölümde tanımladığımız türlerden bile edinebiliriz:

```
    auto aralık = BirArada(FibonacciSerisi().take(10).array,
                           [ 777, 888 ],
                           (new KareAralığı()).take(5).array);

    writeln(aralık.save);
```

Çıktısı, üç aralığın tek aralıkmış gibi kullanılabildiğini gösterir:

```
[0, 1, 1, 2, 3, 5, 8, 13, 21, 34, 777, 888, 0, 1, 4, 9, 16]
```

Bu aralığı başka çeşit aralık kullanan algoritmalara da gönderebiliriz. Örneğin `BidirectionalRange` gerektiren `retro()`'ya:

```
    writeln(aralık.save.retro);
```

```
[16, 9, 4, 1, 0, 888, 777, 34, 21, 13, 8, 5, 3, 2, 1, 1, 0]
```

`BirArada`'yı bu bölümde öğrendiklerimizin bir uygulaması olarak tasarladık. Programlarınızda daha kapsamlı olan `std.range.chain`'i kullanmanızı öneririm.

81.9 OutputRange, *çıkış aralığı*

Şimdiye kadar gördüğümüz aralıklar hep elemanlara erişimle ilgili olan aralıklardır. `OutputRange` ise çıkış aralığıdır. `stdout`'ta olduğu gibi elemanların belirli bir hedefe yazıldıkları akımları temsil ederler.

`OutputRange` aralıklarının gerektirdiği işlemi yukarıda kısaca `put(aralık, eleman)` olarak belirtmiştim. `put()`, `std.range` modülünde tanımlanmış olan bir işlevdir; çıkış aralığının hangi olanaklara sahip olduğunu `static if` yardımıyla derleme zamanında belirler ve *elemanı aralığa gönderirken* elemana ve aralığa en uygun olan yöntemi kullanır.

`put()`'un sırayla denediği durumlar ve seçtiği yöntemler aşağıdaki tablodaki gibidir. Tablodaki durumlara yukarıdan aşağıya doğru bakılır ve uygun olan ilk durum seçilir. Tabloda `A`, aralığın türünü; `aralık`, bir aralık nesnesini; `E`, eleman türünü; ve `e` de bir eleman nesnesini temsil ediyor:

Olası Durum	Seçilen Yöntem
`A` türünün parametre olarak `E` alan `put` isminde bir üye işlevi varsa	`aralık.put(e);`
`A` türünün parametre olarak `E[]` alan `put` isminde bir üye işlevi varsa	`aralık.put([ e ]);`
`A` bir `InputRange` aralığıysa ve `e`, `aralık.front`'a atanabiliyorsa	`aralık.front = e;` `aralık.popFront();`
`E` bir `InputRange` aralığıysa ve `A` aralığına kopyalanabiliyorsa	`for (; !e.empty; e.popFront())` `put(aralık, e.front);`
`A`, parametre olarak `E` alabiliyorsa (`A` örneğin bir `delegate` olabilir)	`aralık(e);`

A, parametre olarak E[] alabiliyorsa (A örneğin bir delegate olabilir)	aralık([e]);

Ben bu kullanımlardan birincisinin bir örneğini göstereceğim: Tanımlayacağımız aralık türünün `put` isminde bir işlevi olacak ve bu işlev çıkış aralığının eleman türünü parametre olarak alacak.

Tanımlayacağımız çıkış aralığı, kurulurken belirsiz sayıda dosya ismi alsın. Daha sonradan `put()` işlevi ile yazdırılan elemanları hem bu dosyaların hepsine, hem de `stdout`'a yazdırsın. Ek olarak, her elemandan sonra yine kurucusunda aldığı ayracı yazdırsın.

```
struct ÇokHedefeYazan {
    string ayraç;
    File[] dosyalar;

    this(string ayraç, string[] dosyaİsimleri...) {
        this.ayraç = ayraç;

        /* stdout her zaman dahil */
        this.dosyalar ~= stdout;

        /* Belirtilen her dosya ismi için yeni bir dosya  */
        foreach (dosyaİsmi; dosyaİsimleri) {
            this.dosyalar ~= File(dosyaİsmi, "w");
        }
    }

    /* Dilimlerle kullanılan put() (dizgiler hariç) */
    void put(T)(T dilim)
            if (isArray!T && !isSomeString!T) {
        foreach (eleman; dilim) {
            // Bu, aşağıdaki put()'u çağırmaktadır
            put(eleman);
        }
    }

    /* Dilim olmayan türlerle ve dizgilerle kullanılan put() */
    void put(T)(T değer)
            if (!isArray!T || isSomeString!T) {
        foreach (dosya; dosyalar) {
            dosya.write(değer, ayraç);
        }
    }
}
```

Her türden çıkış aralığı yerine geçebilmesi için `put()` işlevini de şablon olarak tanımladım. Bu sayede aşağıda hem `int` hem de `string` aralığı olarak kullanabiliyoruz.

Phobos'ta `OutputRange` kullanan bir algoritma `std.algorithm.copy`'dir. `copy()`, bir `InputRange` aralığının elemanlarını bir `OutputRange` aralığına kopyalayan çok basit bir işlevdir.

```
import std.traits;
import std.stdio;
import std.algorithm;

// ...

void main() {
    auto çıkış = ÇokHedefeYazan("\n", "deneme_0", "deneme_1");
    copy([ 1, 2, 3], çıkış);
    copy([ "kırmızı", "mavi", "yeşil" ], çıkış);
}
```

Yukarıdaki kod, giriş aralıklarındaki elemanları hem `stdout`'a, hem de "deneme_0" ve "deneme_1" isimli dosyalara yazar:

```
1
2
3
kırmızı
mavi
yeşil
```

Dilimlerin OutputRange olarak kullanılmaları

`std.range`, dilimleri `OutputRange` tanımına da sokar. (`std.array` ise yalnızca giriş aralıkları tanımına sokar). Ancak, dilimlerin `OutputRange` olarak kullanılmalarının beklenmedik bir etkisi vardır: `OutputRange` olarak kullanılan dilim, her `put()` işlemine karşılık bir eleman kaybeder. Üstelik kaybedilen eleman, yeni atanmış olan baştaki elemandır.

Bunun nedeni, `put()` üye işlevleri bulunmayan dilimlerin yukarıdaki tablodaki şu yönteme uymalarıdır:

```
    aralık.front = e;
    aralık.popFront();
```

Her bir `put()` için yukarıdaki kod işletildiğinde hem baştaki elemana yeni değer atanır, hem de `popFront()`'un etkisiyle baştaki eleman dilimden çıkartılır:

```
import std.stdio;
import std.range;

void main() {
    int[] dilim = [ 1, 2, 3 ];
    put(dilim, 100);
    writeln(dilim);
}
```

Bir `OutputRange` olarak kullanıldığı halde dilim eleman kaybetmiştir:

```
[2, 3]
```

Bu yüzden dilimin kendisi değil, başka bir dilim `OutputRange` olarak kullanılmalıdır:

```
import std.stdio;
import std.range;

void main() {
    int[] dilim = [ 1, 2, 3 ];
    int[] dilim2 = dilim;

    put(dilim2, 100);

    writeln(dilim2);
    writeln(dilim);
}
```

Bu sefer ikinci dilim tükendiği halde asıl dilim istediğimiz elemanlara sahiptir:

```
[2, 3]
[100, 2, 3]      ← istenen sonuç
```

Burada önemli bir noktaya dikkat etmek gerekir: `OutputRange` olarak kullanılan dilimin uzunluğu otomatik olarak artmaz. Dilimde yeterli yer olması programcının sorumluluğundadır:

```
    int[] dilim = [ 1, 2, 3 ];
    int[] dilim2 = dilim;

    foreach (i; 0 .. 4) {    // ← dilimde 4 elemana yer yok
```

```
        put(dilim2, i * 100);
    }
```

`popFront()` nedeniyle boşalan dilimde yer kalmadığı için program boş dilimin ilk elemanı bulunmadığını bildiren bir hatayla sonlanır:

```
core.exception.AssertError@...: Attempting to fetch the front
of an empty array of int
```

`std.array.Appender` ve onun kolaylık işlevi `appender` dilimleri *sonuna eklenen bir OutputRange* olarak kullanmaya yarar. `appender`'ın döndürdüğü özel aralık nesnesinin kendi `put()` işlevi, verilen elemanı dilimin sonuna ekler:

```
import std.array;

// ...

    auto sonunaEkleyen = appender([ 1, 2, 3 ]);

    foreach (i; 0 .. 4) {
        sonunaEkleyen.put(i * 100);
    }
```

Yukarıdaki koddaki `appender` bir dizi ile çağrılıyor, ve onun döndürmüş olduğu nesne `put()` işlevi çağrılarak bir `OutputRange` olarak kullanılıyor. `appender`'ın bir çıkış olarak kullanıldığında edindiği elemanlara `.data` niteliği ile erişilir:

```
    writeln(sonunaEkleyen.data);
```

Çıktısı:

```
[1, 2, 3, 0, 100, 200, 300]
```

`Appender` dizilerin `~=` işlecini de destekler:

```
    sonunaEkleyen ~= 1000;
    writeln(sonunaEkleyen.data);
```

Çıktısı:

```
[1, 2, 3, 0, 100, 200, 300, 1000]
```

OutputRange parametreli toString

`toString` üye işlevleri temsilci parametre alabildikleri gibi (sayfa 476), `OutputRange` de alabilirler. `format`, `writefln`, ve `writeln` gibi işlevler de karakterleri bu çıkış aralığının ara belleğine yerleştirerek daha etkin işlerler.

Bütün `OutputRange` aralıklarıyla kullanılabilmesi için, böyle tanımlanmış bir `toString` işlevinin şablon olarak tanımlanması gerekir. Aşağıdaki örnek bir şablon kısıtlamasından da yararlanıyor:

```
import std.stdio;
import std.range;

struct S {
    void toString(O)(ref O o) const
            if (isOutputRange!(O, char)) {
        put(o, "merhaba");
    }
}

void main() {
    auto s = S();
    writeln(s);
}
```

Dikkat ederseniz, `main` içindeki kod açıkça `OutputRange` tanımlamamaktadır. `OutputRange` nesnesini `writeln` oluşturur ve yazdıracağı karakterleri önce bu nesnenin ara belleğine yerleştirir:

```
merhaba
```

81.10 Aralık şablonları

Bu bölümde kendi yazdığımız çoğu örnekte `int` aralıkları kullandık. Oysa aralıkların ve aralık kullanan algoritmaların şablon olarak tasarlanmaları kullanışlılıklarını büyük ölçüde arttırır.

`std.range` modülü aralıklarla ilgili olan çok sayıda yardımcı şablon da tanımlar. Bunların nasıl kullanıldıklarını bir sonraki bölümde göstereceğim.

81.11 Özet

- Aralıklar veri yapılarıyla algoritmaları birbirlerinden soyutlayan ve birbirleriyle uyumlu olarak kullanılmalarını sağlayan olanaktır.
- Aralıklar D'ye özgü bir kavramdır ve Phobos'ta çok kullanılır.
- Phobos'taki çoğu algoritma kendisi işlem yapmak yerine özel bir aralık nesnesi döndürür ve tembellikten yararlanır.
- UFCS aralık algoritmaları ile çok uyumludur.
- Dizgiler `InputRange` olarak kullanıldıklarında elemanlarına *harf harf* erişilir.
- `InputRange`'in gerektirdiği işlevler `empty`, `front` ve `popFront()`'tur.
- `ForwardRange`'in gerektirdiği ek işlev `save`'dir.
- `BidirectionalRange`'in gerektirdiği ek işlevler `back` ve `popBack()`'tir.
- Sonsuz `RandomAccessRange`'in `ForwardRange`'e ek olarak gerektirdiği işlev `opIndex()`'tir.
- Sonlu `RandomAccessRange`'in `BidirectionalRange`'e ek olarak gerektirdiği işlevler `opIndex()` ve `length`'tir.
- `std.array.appender` dilimlerin sonuna ekleyen bir `OutputRange` nesnesi döndürür.
- Dilimler sonlu `RandomAccessRange` aralıklarıdır
- Sabit uzunluklu diziler aralık değillerdir.

82 Başka Aralık Olanakları

Bundan önceki bölümdeki çoğu aralık örneğinde `int` aralıkları kullandık. Aslında topluluklar, algoritmalar, ve aralıklar, hep şablonlar olarak gerçekleştirilirler. Biz de bir önceki bölümde `yazdır()` işlevini şablon olarak tanımladığımız için farklı `InputRange` aralıklarıyla kullanabilmiştik:

```
void yazdır(T)(T aralık) {
    // ...
}
```

`yazdır()`'ın bir eksiği, şablon parametresinin bir `InputRange` olması gerektiği halde bunu bir şablon kısıtlaması ile belirtmiyor olmasıdır. (Şablon kısıtlamalarını Ayrıntılı Şablonlar (sayfa 522) bölümünde görmüştük.)

`std.range` modülü, hem şablon kısıtlamalarında hem de `static if` deyimlerinde yararlanılmak üzere çok sayıda yardımcı şablon içerir.

82.1 Aralık çeşidi şablonları

Bu şablonların "öyle midir" anlamına gelen `is` ile başlayanları, belirli bir türün o aralık çeşidinden olup olmadığını belirtir. Örneğin `isInputRange!T`, "T bir `InputRange` midir" sorusunu yanıtlar. Aralık çeşidini sorgulayan şablonlar şunlardır:

- `isInputRange`
- `isForwardRange`
- `isBidirectionalRange`
- `isRandomAccessRange`
- `isOutputRange`

`yazdır()` işlevinin şablon kısıtlaması `isInputRange`'den yararlanarak şöyle yazılır:

```
void yazdır(T)(T aralık)
        if (isInputRange!T) {
    // ...
}
```

Bunlar arasından `isOutputRange`, diğerlerinden farklı olarak iki şablon parametresi alır: Birincisi desteklenmesi gereken aralık türünü, ikincisi ise desteklenmesi gereken eleman türünü belirler. Örneğin aralığın `double` türü ile uyumlu olan bir çıkış aralığı olması gerektiği şöyle belirtilir:

```
void birİşlev(T)(T aralık)
        if (isOutputRange!(T, double)) {
    // ...
}
```

O kısıtlamayı *T bir `OutputRange` ise ve `double` türü ile kullanılabiliyorsa* diye okuyabiliriz.

`static if` ile birlikte kullanıldıklarında bu şablonlar kendi yazdığımız aralıkların ne derece yetenekli olabileceklerini de belirlerler. Örneğin asıl aralık `ForwardRange` olduğunda `save()` işlevine de sahip olacağından, kendi yazdığımız özel aralık türünün de `save()` işlevini sunmasını o işlevden yararlanarak sağlayabiliriz.

Bunu görmek için kendisine verilen aralıktaki değerlerin ters işaretlilerini üreten bir aralığı önce bir `InputRange` olarak tasarlayalım:

```
import std.range;

struct Tersi(T)
        if (isInputRange!T) {
    T aralık;

    bool empty() {
        return aralık.empty;
    }

    auto front() {
        return -aralık.front;
    }

    void popFront() {
        aralık.popFront();
    }
}
```

Not: `front`'un dönüş türü olarak `auto` yerine biraz aşağıda göreceğimiz `ElementType!T` de yazılabilir.

Bu aralığın tek özelliği, `front` işlevinde asıl aralığın başındaki değerin ters işaretlisini döndürmesidir.

Çoğu aralık türünde olduğu gibi, kullanım kolaylığı açısından bir de yardımcı işlev yazalım:

```
Tersi!T tersi(T)(T aralık) {
    return Tersi!T(aralık);
}
```

Bu aralık örneğin bir önceki bölümde gördüğümüz `FibonacciSerisi` aralığıyla birlikte kullanılmaya hazırdır:

```
struct FibonacciSerisi {
    int baştaki = 0;
    int sonraki = 1;

    enum empty = false;

    int front() const {
        return baştaki;
    }

    void popFront() {
        const ikiSonraki = baştaki + sonraki;
        baştaki = sonraki;
        sonraki = ikiSonraki;
    }

    FibonacciSerisi save() const {
        return this;
    }
}

// ...

    writeln(FibonacciSerisi().take(5).tersi);
```

Çıktısı, aralığın ilk 5 elemanının ters işaretlilerini içerir:

```
[0, -1, -1, -2, -3]
```

Doğal olarak, `Tersi` bu tanımıyla yalnızca bir `InputRange` olarak kullanılabilir ve örneğin `ForwardRange` gerektiren `cycle()` gibi algoritmalara gönderilemez:

```
    writeln(FibonacciSerisi()
            .take(5)
            .tersi
            .cycle          // ← derleme HATASI
            .take(10));
```

Oysa, asıl aralık `FibonacciSerisi` gibi bir `ForwardRange` olduğunda `Tersi`'nin de `save()` işlevini sunamaması için bir neden yoktur. Bu durum derleme zamanında `static if` ile denetlenir ve ek işlevler asıl aralığın yetenekleri doğrultusunda tanımlanırlar. Bu durumda, asıl aralığın bir kopyası ile kurulmuş olan yeni bir `Tersi` nesnesi döndürmek yeterlidir:

```
struct Tersi(T)
        if (isInputRange!T) {
// ...

    static if (isForwardRange!T) {
        Tersi save() {
            return Tersi(aralık.save());
        }
    }
}
```

Yukarıdaki ek işlev sayesinde `Tersi!FibonacciSerisi` de artık bir `ForwardRange` olarak kabul edilir ve yukarıdaki `cycle()` satırı artık derlenir:

```
    writeln(FibonacciSerisi()
            .take(5)
            .tersi
            .cycle          // ← artık derlenir
            .take(10));
```

Çıktısı, *Fibonacci serisinin ilk 5 elemanının ters işaretlilerinin sürekli olarak tekrarlanmasından oluşan aralığın ilk 10 elemanıdır:*

```
[0, -1, -1, -2, -3, 0, -1, -1, -2, -3]
```

`Tersi` aralığının duruma göre `BidirectionalRange` ve `RandomAccessRange` olabilmesi de aynı yöntemle sağlanır:

```
struct Tersi(T)
        if (isInputRange!T) {
// ...

    static if (isBidirectionalRange!T) {
        auto back() {
            return -aralık.back;
        }

        void popBack() {
            aralık.popBack();
        }
    }

    static if (isRandomAccessRange!T) {
        auto opIndex(size_t sıraNumarası) {
            return -aralık[sıraNumarası];
        }
    }
}
```

Böylece örneğin dizilerle kullanıldığında elemanlara `[]` işleci ile erişilebilir:

```
    auto d = [ 1.5, 2.75 ];
    auto e = tersi(d);
    writeln(e[1]);
```

Çıktısı:

```
-2.75
```

82.2 ElementType ve ElementEncodingType

ElementType, aralıktaki elemanların türünü bildiren bir şablondur. ElementType!T, "T aralığının eleman türü" anlamına gelir.

Örneğin, belirli türden iki aralık alan ve bunlardan birincisinin elemanlarının türü ile uyumlu olan bir çıkış aralığı gerektiren bir işlevin şablon kısıtlaması şöyle belirtilebilir:

```
void işle(G1, G2, Ç)(G1 giriş1, G2 giriş2, Ç çıkış)
        if (isInputRange!G1 &&
            isForwardRange!G2 &&
            isOutputRange!(Ç, ElementType!G1)) {
    // ...
}
```

Yukarıdaki şablon kısıtlamasını şöyle açıklayabiliriz: G1 bir InputRange ve G2 bir ForwardRange olmalıdır; ek olarak, Ç de G1'in elemanlarının türü ile kullanılabilen bir OutputRange olmalıdır.

Dizgiler aralık olarak kullanıldıklarında elemanlarına harf harf erişildiği için dizgi aralıklarının eleman türü her zaman için dchar'dır. Bu yüzden dizgilerin UTF kodlama türü ElementType ile belirlenemez. UTF kodlama türünü belirlemek için ElementEncodingType kullanılır. Örneğin bir wchar dizgisinin ElementType'ı dchar, ElementEncodingType'ı da wchar'dır.

82.3 Başka aralık nitelikleri

std.range modülü aralıklarla ilgili başka şablon olanakları da sunar. Bunlar da şablon kısıtlamalarında ve static if deyimlerinde kullanılırlar.

- isInfinite: Aralık sonsuzsa true üretir.
- hasLength: Aralığın length niteliği varsa true üretir.
- hasSlicing: Aralığın a[x..y] biçiminde dilimi alınabiliyorsa true üretir.
- hasAssignableElements: Aralığın elemanlarına değer atanabiliyorsa true üretir.
- hasSwappableElements: Aralığın elemanları std.algorithm.swap ile değiş tokuş edilebiliyorsa true üretir.
- hasMobileElements: Aralığın elemanları std.algorithm.move ile aktarılabiliyorsa true üretir.

  Bu, aralık çeşidine bağlı olarak baştaki elemanı aktaran moveFront()'un, sondaki elemanı aktaran moveBack()'in, veya rastgele bir elemanı aktaran moveAt()'in mevcut olduğunu belirtir. Aktarma işlemi kopyalama işleminden daha hızlı olduğundan hasMobileElements niteliğinin sonucuna bağlı olarak bazı işlemler move() ile daha hızlı gerçekleştirilebilirler.
- hasLvalueElements: Aralığın elemanları *sol değer* olarak kullanılabiliyorsa true üretir. Bu kavramı, *aralığın elemanları gerçekte var olan elemanlara referans iseler* diye düşünebilirsiniz.

  Örneğin hasLvalueElements!FibonacciSerisi'nin değeri false'tur çünkü FibonacciSerisi aralığının elemanları gerçekte var olan elemanlar değillerdir; hesaplanarak oluşturulurlar. Benzer şekilde hasLvalueElements!(Tersi!(int[]))'in değeri de false'tur çünkü o aralığın da gerçek elemanları yoktur. Öte yandan, `hasLvalueElements!(int[])`'in değeri `true`'dur çünkü dilimler gerçekte var olan elemanlara erişim sağlarlar.

Örneğin `empty`, `isInfinite!T`'nin değerine bağlı olarak farklı biçimde tanımlanabilir. Böylece, asıl aralık sonsuz olduğunda `Tersi!T`'nin de derleme zamanında sonsuz olması sağlanmış olur:

```
struct Tersi(T)
        if (isInputRange!T) {
// ...

    static if (isInfinite!T) {
        // Tersi!T de sonsuz olur
        enum empty = false;

    } else {
        bool empty() {
            return aralık.empty;
        }
    }

// ...
}

static assert( isInfinite!(Tersi!FibonacciSerisi));
static assert(!isInfinite!(int[]));
```

82.4 Çalışma zamanı çok şekilliliği için `inputRangeObject()` ve `outputRangeObject()`

Aralıklar, şablonların getirdiği *derleme zamanı çok şekilliliğine* sahiptirler. Biz de bir önceki ve bu bölümdeki çoğu örnekte bu olanaktan yararlandık. (*Not: Derleme zamanı çok şekilliliği ile çalışma zamanı çok şekilliliğinin farklarını Ayrıntılı Şablonlar bölümündeki (sayfa 522) "Derleme zamanı çok şekilliliği" başlığında görmüştük.*)

Derleme zamanı çok şekilliliğinin bir etkisi, şablonun her farklı kullanımının farklı bir şablon türü oluşturmasıdır. Örneğin `take()` algoritmasının döndürdüğü özel aralık nesnesinin türü `take()`'e gönderilen aralık türüne göre değişir:

```
    writeln(typeof([11, 22].tersi.take(1)).stringof);
    writeln(typeof(FibonacciSerisi().take(1)).stringof);
```

Çıktısı:

```
Take!(Tersi!(int[]))
Take!(FibonacciSerisi)
```

Bunun doğal sonucu, farklı türlere sahip olan aralık nesnelerinin uyumsuz oldukları için birbirlerine atanamamalarıdır. Bu uyumsuzluk iki `InputRange` nesnesi arasında daha açık olarak da gösterilebilir:

```
    auto aralık = [11, 22].tersi;
    // ... sonraki bir zamanda ...
    aralık = FibonacciSerisi();      // ← derleme HATASI
```

Bekleneceği gibi, derleme hatası `FibonacciSerisi` türünün `Tersi!(int[])` türüne otomatik olarak dönüştürülemeyeceğini bildirir:

```
Error: cannot implicitly convert expression (FibonacciSerisi(0,1))
of type FibonacciSerisi to Tersi!(int[])
```

Buna rağmen, her ne kadar türleri uyumsuz olsalar da aslında her ikisi de `int` aralığı olan bu aralık nesnelerinin birbirlerinin yerine kullanılabilmelerini bekleyebiliriz. Çünkü kullanım açısından bakıldığında, bütün işleri `int` türünden elemanlara eriştirmek olduğundan, o elemanların hangi düzenek yoluyla üretildikleri veya eriştirildikleri önemli olmamalıdır.

Phobos, bu sorunu `inputRangeObject()` ve `outputRangeObject()` işlevleriyle giderir. `inputRangeObject()`, aralıkları *belirli türden elemanlara sahip belirli çeşit aralık* tanımıyla kullandırmaya yarar. Aralık nesnelerini türlerinden bağımsız olarak, örneğin *elemanları `int` olan `InputRange` aralığı* genel tanımı ile kullanabiliriz.

`inputRangeObject()` bütün erişim aralıklarını destekleyecek kadar esnektir. Bu yüzden nesnelerin tanımı `auto` ile yapılamaz; aralık nesnesinin nasıl kullanılacağının açıkça belirtilmesi gerekir:

```
    // "int giriş aralığı" anlamında
    InputRange!int aralık = [11, 22].tersi.inputRangeObject;

    // ... sonraki bir zamanda ...

    // Bu atama artık derlenir
    aralık = FibonacciSerisi().inputRangeObject;
```

`inputRangeObject()`'in döndürdüğü nesnelerin ikisi de `InputRange!int` olarak kullanılabilmektedir.

Aralığın örneğin *`int` elemanlı bir `ForwardRange`* olarak kullanılacağı durumda ise açıkça `ForwardRange!int` yazmak gerekir:

```
    ForwardRange!int aralık = [11, 22].tersi.inputRangeObject;

    auto kopyası = aralık.save;

    aralık = FibonacciSerisi().inputRangeObject;
    writeln(aralık.save.take(10));
```

Nesnelerin `ForwardRange` olarak kullanılabildiklerini göstermek için `save()` işlevlerini çağırarak kullandım.

`outputRangeObject()` de `OutputRange` aralıkları ile kullanılır ve onları *belirli tür elemanlarla kullanılabilen `OutputRange` aralığı* genel tanımına uydurur.

82.5 Özet

- `std.range` modülü şablon kısıtlamalarında yararlı olan bazı şablonlar içerir.
- `std.range` modülündeki şablonlar, tanımladığımız aralıkların başka aralıkların yeteneklerinin el verdiği ölçüde yetenekli olabilmelerini sağlarlar.
- `inputRangeObject()` ve `outputRangeObject()`, farklı türden aralık nesnelerinin *elemanları belirli türden olan belirli çeşitten aralık* genel tanımına uymalarını sağlarlar.

83 static foreach

Derleme zamanı *foreach* olanağını daha önce Çokuzlular bölümünde (sayfa 515) görmüştük. O olanak, döngünün derleme zamanında işletilmesini ve kod olarak *açılmasını* sağlar. Örnek olarak bir çokuzlu üzerinde işletilen aşağıdaki döngüye bakalım:

```
    auto t = tuple(42, "merhaba", 1.5);

    foreach (i, üye; t) {
        writefln("%s: %s", i, üye);
    }
```

Derleyici döngüyü aşağıdaki eşdeğeri olarak *açar*:

```
    {
        enum size_t i = 0;
        int üye = t[i];
        writefln("%s: %s", i, üye);
    }
    {
        enum size_t i = 1;
        string üye = t[i];
        writefln("%s: %s", i, üye);
    }
    {
        enum size_t i = 2;
        double üye = t[i];
        writefln("%s: %s", i, üye);
    }
```

Çok güçlü bir olanak olmasına karşılık, bu olanak her durumda kullanışlı olmayabilir:

- Döngünün her açılımı farklı bir kapsam (ve isim alanı) tanımlar. Bu sayede, yukarıdaki koddaki i ve üye gibi değişkenler tanım tekrarı hatalarına neden olmadan kullanılabilirler. Bu bazı durumlarda yararlı olsa da, belirli bir döngü adımında açılan bir kodun başka bir döngü adımında açılan kod tarafından erişilmesini olanaksızlaştırır.
- Derleme zamanı `foreach` olanağı yalnızca çokuzlularla kullanılabilir (`AliasSeq` olarak erişilebilen şablon parametreleri dahil). Örneğin, aşağıdaki dizi sabit değeri derleme zamanında bilindiği halde, `foreach` döngüsünün doğası gereği kod çalışma zamanında işletilir (bazı durumlarda istenen de tam olarak budur):

```
void main() {
    enum dizi = [1, 2];
    // Derleme zamanında açılmaz, çalışma zamanında işletilir
    foreach (i; dizi) {
        // ...
    }
}
```

- Normal `foreach` gibi, derleme zamanı `foreach` döngüsü de yalnızca işlev içlerinde kullanılabilir. Örneğin, modül düzeyinde veya kullanıcı türlerinin içlerinde kullanılamaz.

```
import std.meta;

// Modül düzeyinde işlev yüklemeleri tanımlamaya çalışılıyor:
foreach (T; AliasSeq!(int, double)) {    // ← derleme HATASI
```

```
    T ikiKatı(T sayı) {
        return sayı * 2;
    }
}

void main() {
}
```

```
Error: declaration expected, not foreach
```

- `break` ve `continue` deyimlerinin derleme zamanı `foreach`'inin kendisi ile mi yoksa açılan kodun parçası mı oldukları açık olmayabilir.

`static foreach` bu konularda daha fazla seçim sağlayan daha güçlü bir olanaktır:

- Derleme zamanında işletilebilen her çeşit aralıkla kullanılabilir (`1..10` gibi sayı aralıkları dahil). Örneğin, Aralıklar bölümünde (sayfa 572) gördüğümüz `FibonacciSerisi` aralığı ve bir sayının çift olup olmadığını belirleyen bir işlev olduğunu varsayarak:

```
    static foreach (n; FibonacciSerisi().take(10).filter!çift_mi) {
        writeln(n);
    }
```

Yukarıdaki döngü aşağıdaki eşdeğeri olarak açılır:

```
    writeln(0);
    writeln(2);
    writeln(8);
    writeln(34);
```

- Modül düzeyinde kullanılabilir
- Döngünün her adımı için farklı kapsam getirmez. Örneğin, aşağıdaki kod bir işlevin iki yüklemesini modül düzeyinde tanımlamaktadır:

```
import std.meta;

static foreach (T; AliasSeq!(int, double)) {
    T ikiKatı(T sayı) {
        return sayı * 2;
    }
}

void main() {
}
```

Yukarıdaki döngü aşağıdaki eşdeğeri olarak açılır:

```
    int ikiKatı(int sayı) {
        return sayı * 2;
    }

    double ikiKatı(double sayı) {
        return sayı * 2;
    }
```

- `static foreach` döngüleri içindeki `break` ve `continue` deyimlerinde etiket belirtilmesi şarttır. Örneğin, bir `switch` deyimi içine `case` bölümleri ekleyen aşağıdaki döngüde, açılmakta olan kodun parçası olan `break`, ilgili olduğu `switch`'i bir etiketle bildirmektedir:

```
import std.stdio;

void main(string[] parametreler) {

switchDeyimi:
    switch (parametreler.length) {
        static foreach (i; 1..3) {
            case i:
                writeln(i);
                break switchDeyimi;
        }

    default:
        writeln("varsayılan davranış");
        break;
    }
}
```

Yukarıdaki döngü açıldığında bütün `switch` deyimi aşağıdakinin eşdeğeridir:

```
    switch (parametreler.length) {
    case 1:
        writeln(1);
        break;

    case 2:
        writeln(2);
        break;

    default:
        writeln("varsayılan davranış");
        break;
    }
```

84 Koşut İşlemler

Günümüzdeki mikro işlemciler her birisi bağımsız işlem birimi olarak kullanılabilen birden fazla *çekirdekten* oluşurlar. Çekirdekler farklı programların farklı bölümlerini aynı anda işletebilirler. `std.parallelism` modülü bu çekirdeklerin aynı anda işletilmelerini ve programın bu sayede daha hızlı çalışmasını sağlayan olanaklar içerir.

Bu bölümde aşağıdaki olanakların ayrıntılarını göreceğiz. Bu olanakları yalnızca işlemler birbirlerinden bağımsız olduklarında kullanabilirsiniz:

- `parallel`: Bir aralığın elemanlarına koşut olarak erişir.
- `task`: Başka işlemlerle aynı anda işletilecek olan görevler oluşturur.
- `asyncBuf`: `InputRange` aralığındaki elemanları yarı hevesli olarak aynı anda ilerletir.
- `map`: İşlevleri `InputRange` aralığındaki elemanlara yarı hevesli olarak aynı anda uygular.
- `amap`: İşlevleri `RandomAccessRange` aralığındaki elemanlara tam hevesli olarak aynı anda uygular.
- `reduce`: `RandomAccessRange` aralığındaki elemanların hesaplarını aynı anda işletir.

Daha önce kullandığımız bütün örneklerdeki bütün kodlarda işlemlerin yazıldıkları sırada işletildiklerini varsaydık:

```
    ++i;
    ++j;
```

Yukarıdaki kodda önce `i`'nin değerinin, ondan sonra da `j`'nin değerinin arttırılacağını biliyoruz. Aslında bu her zaman doğru değildir: Derleyicinin kodun daha hızlı işlemesi için uyguladığı eniyileştirmeler sonucunda her iki değişken de mikro işlemcinin yazmaçlarında depolanmış olabilirler. Bu yazmaçlar da birbirlerinden bağımsız olduklarından, mikro işlemci o iki işlemi *aynı anda* işletebilir.

Bu tür eniyileştirmeler yararlıdırlar ama çok alt düzeydeki işlemlerden daha üst düzey kapsamlarda uygulanamazlar. Bir grup üst düzey işlemin birbirlerinden bağımsız olduklarına ve bu yüzden de aynı anda işletilebileceklerine çoğu durumda yalnızca programcı karar verebilir.

Aşağıdaki `foreach` döngüsündeki elemanların başından sonuna kadar ve teker teker işletileceklerini biliyoruz:

```
    auto öğrenciler =
        [ Öğrenci(1), Öğrenci(2), Öğrenci(3), Öğrenci(4) ];

    foreach (öğrenci; öğrenciler) {
        öğrenci.uzunBirİşlem();
    }
```

Yukarıdaki kod, işletim sisteminin o programı çalıştırmak için seçmiş olduğu tek çekirdek üzerinde işletilir. `foreach` döngüsü de öğrencileri başından sonuna kadar işlettiği için `uzunBirİşlem()` öğrencilere sırayla ve teker teker uygulanır. Oysa çoğu durumda bir öğrencinin işletilebilmesi için önceki öğrencilerin işlemlerinin tamamlanmış olmaları gerekmez. `Öğrenci` işlemlerinin birbirlerinden bağımsız oldukları durumlarda diğer çekirdeklerden yararlanılmıyor olması zaman kaybına yol açacaktır.

Aşağıdaki örneklerdeki işlemlerin hissedilir derecede uzun süren işlemlere benzemeleri için `core.thread` modülündeki `Thread.sleep`'ten yararlanacağım. `Thread.sleep` işlemleri belirtilen süre kadar durdurur. Ne kadar bekleneceğini bildirmenin bir yolu, "süre" anlamına gelen "duration"ın kısaltması olan `dur`'u kullanmaktır. `dur`'un şablon parametresi zaman birimini belirler: milisaniye için `"msecs"`, saniye için `"seconds"`. `Thread.sleep` işlemciyi hiç meşgul etmeden zaman geçirdiği için buradaki örneklerde fazla yapay kalıyor; buna rağmen, koşut işlemlerin amaçlarını göstermede yeterince etkilidir.

```
import std.stdio;
import core.thread;

struct Öğrenci {
    int numara;

    void uzunBirİşlem() {
        writeln(numara,
                " numaralı öğrencinin işlemi başladı");

        /* Gerçekte yavaş olduklarını varsaydığımız işlemlerin
         * yavaşlıklarına benzesin diye 1 saniye bekliyoruz */
        Thread.sleep(1.seconds);

        writeln(numara, " numaralı öğrencinin işlemi bitti");
    }
}

void main() {
    auto öğrenciler =
        [ Öğrenci(1), Öğrenci(2), Öğrenci(3), Öğrenci(4) ];

    foreach (öğrenci; öğrenciler) {
        öğrenci.uzunBirİşlem();
    }
}
```

Yukarıdaki programın çalışma süresi uç birimde `time` komutu ile ölçülebilir:

```
$ time ./deneme
1 numaralı öğrencinin işlemi başladı
1 numaralı öğrencinin işlemi bitti
2 numaralı öğrencinin işlemi başladı
2 numaralı öğrencinin işlemi bitti
3 numaralı öğrencinin işlemi başladı
3 numaralı öğrencinin işlemi bitti
4 numaralı öğrencinin işlemi başladı
4 numaralı öğrencinin işlemi bitti

real    0m4.003s    ← toplam 4 saniye
user    0m0.000s
sys     0m0.000s
```

Öğrenci işlemleri sırayla işletildiklerinden ve her işlem 1 saniye tuttuğundan toplam süre beklendiği gibi yaklaşık olarak 4 saniye olmaktadır. Oysa 4 öğrencinin işlemleri örneğin 4 çekirdeğin bulunduğu bir ortamda aynı anda ve tek seferde işletilebilseler bütün işlem 1 saniye tutabilir.

Bunun nasıl gerçekleştirildiğine geçmeden önce, programın çalıştırıldığı ortamda kaç çekirdek bulunduğunun `std.parallelism.totalCPUs`'un değeri ile belirlenebildiğini göstermek istiyorum:

```
import std.stdio;
import std.parallelism;

void main() {
    writefln("Bu ortamda toplam %s çekirdek var.", totalCPUs);
}
```

Bu bölümü yazdığım ortamda şu çıktıyı alıyorum:

```
Bu ortamda toplam 4 çekirdek var.
```

84.1 taskPool.parallel()

Bu işlev kısaca `parallel()` diye de çağrılabilir.

`parallel()`, bir aralığın elemanlarına bütün çekirdeklerden yararlanarak koşut olarak erişmeye yarar. Yukarıdaki programa `std.parallelism` modülünü eklemek ve `öğrenciler` yerine `parallel(öğrenciler)` yazmak bütün çekirdeklerden yararlanmak için yeterlidir:

```
import std.parallelism;

// ...

    foreach (öğrenci; parallel(öğrenciler)) {
```

Yapı ve Sınıflarda `foreach` bölümünde (sayfa 492) gördüğümüz gibi, `foreach` döngüsünün kapsamı nesnelerin `opApply` işlevlerine bir `delegate` olarak gönderilir. `parallel()`'in döndürdüğü geçici nesne bu `delegate`'i her eleman için farklı bir çekirdek üzerinde işleten bir aralık nesnesidir.

Asıl topluluğu `parallel()` işlevine göndererek kullanmak, programın 4 çekirdek bulunan bu ortamda 1 saniyede tamamlanması için yeterli olur:

```
$ time ./deneme
2 numaralı öğrencinin işlemi başladı
1 numaralı öğrencinin işlemi başladı
3 numaralı öğrencinin işlemi başladı
4 numaralı öğrencinin işlemi başladı
2 numaralı öğrencinin işlemi bitti
3 numaralı öğrencinin işlemi bitti
1 numaralı öğrencinin işlemi bitti
4 numaralı öğrencinin işlemi bitti

real    0m1.004s    ← şimdi 1 saniye
user    0m0.000s
sys     0m0.000s
```

Not: Programın çalışma süresi sizin ortamınızda farklı olabilir; kabaca "4 saniye bölü çekirdek sayısı" hesabının sonucu kadar sürede tamamlanacağını bekleyebiliriz.

Programların işletilmeleri sırasında mikro işlemcinin kodların üzerinden belirli geçişlerine *iş parçacığı* denir. Programlar aynı anda etkin olarak işletilen birden fazla iş parçacığından oluşuyor olabilirler. İşletim sistemi her iş parçacığını bir çekirdek üzerinde başlatır, işletir, ve diğer iş parçacıkları da işletilebilsinler diye duraklatır. Her iş parçacığının işletilmesi bir çok kere başlatılması ve duraklatılması ile devam eder.

Mikro işlemcinin bütün çekirdekleri işletim sistemindeki bütün iş parçacıkları tarafından paylaşılır. Bu iş parçacıklarının hangi sırayla başlatıldıklarına ve hangi koşullarda duraksatıldıklarına işletim sistemi karar verir. Bu yüzden `uzunBirİşlem()` içinde yazdırdığımız mesajların sıralarının karışık olarak çıktıklarını görüyoruz. Döngü içindeki işlemler her öğrenci için bağımsız oldukları sürece hangisinin daha önce sonlandığının programın işleyişi açısından bir önemi yoktur.

`parallel()` yardımıyla aynı anda işletilen işlemlerin gerçekten birbirlerinden bağımsız oldukları programcının sorumluluğundadır. Örneğin, yukarıdaki mesajların çıkışta belirli bir sırada görünmeleri gerekseydi bunu sağlamak elimizde olmadığından `parallel()`'in kullanılması bir hata olarak kabul edilirdi.

İş parçacıklarının birbirlerine bağımlı oldukları durumlarda *eş zamanlı programlamadan* yararlanılır. Onu bir sonraki bölümde göreceğiz.

`foreach` tamamlandığında bütün işlemler de tamamlanmıştır. Program işleyişine bütün öğrenci işlemlerinin tamamlanmış oldukları garantisiyle devam edebilir.

İş birimi büyüklüğü

`parallel()`'in ikinci parametresinin anlamı duruma göre farklılık gösterir ve bazen bütünüyle gözardı edilir:

```
/* ... */ = parallel(aralık, iş_birimi_büyüklüğü = 100);
```

- `RandomAccessRange` aralıkları üzerinde ilerlerken:
  İşlemlerin iş parçacıklarına dağıtılmalarının küçük de olsa bir bedeli vardır. Bu bedel özellikle işlemlerin kısa sürdüğü durumlarda farkedilir düzeyde olabilir. Bunun önüne geçmek gereken nadir durumlarda her iş parçacığına birden fazla eleman vermek daha hızlı olabilir:

  ```
  foreach (öğrenci; parallel(öğrenciler, 2)) {
      // ...
  }
  ```

  Yukarıdaki kod elemanların iş parçacıklarına ikişer ikişer dağıtılmalarını sağlar.
  Otomatik olarak seçilen iş birimi büyüklüğü çoğu duruma uygundur ve özel olarak belirtilmesi gerekmez.
- `RandomAccessRange` olmayan aralıklar üzerinde ilerlerken:
  `parallel()`, `RandomAccessRange` olmayan aralıklar üzerinde ilerlerken ilk elemanları koşut olarak değil, sırayla işletir. Asıl koşutluk baştaki *iş birimi büyüklüğü* adet elemanın işlemleri tamamlandıktan sonra başlar. Bu yüzden kısa ve `RandomAccessRange` olmayan aralıklar üzerinde ilerlerken `parallel()`'in etkisiz olduğu gibi yanlış bir izlenim edinilebilir.
- `asyncBuf()` ve koşut `map()`'in sonuçları üzerinde ilerlerken (bu iki işlevi aşağıda göreceğiz):
  Bu durumda iş birimi büyüklüğü bütünüyle gözardı edilir. `parallel()`, `asyncBuf()` veya `map()`'in sonuç olarak ürettiği aralığın içindeki ara belleği kullanır.

84.2 Görev türü Task

Programdaki başka işlemlerle aynı anda işletilebilen işlemlere *görev* denir. Görevler `std.parallelism.Task` türü ile ifade edilirler.

`parallel()` her iş parçacığı için `foreach` bloğundaki işlemlerden oluşan farklı bir `Task` nesnesi kurar ve o görevi otomatik olarak başlatır. `foreach` döngüsünden çıkmadan önce de başlattığı bütün görevlerin tamamlanmalarını bekler. *Kurma, başlatma,* ve *tamamlanmasını bekleme* işlemlerini otomatik olarak yürüttüğü için çok yararlıdır.

Aynı anda işletilebilen işlemlerin herhangi bir topluluk ile doğrudan ilgileri olmayan durumlarda kurma, başlatma, ve bekleme işlevlerinin bir `Task` nesnesi üzerinden açıkça çağrılmaları gerekir. Görev nesnesi kurmak için `task()`, görevi başlatmak için `executeInNewThread()`, görevin tamamlanmasını beklemek için de `yieldForce()` kullanılır. Bu işlevleri aşağıdaki programın açıklama satırlarında anlatıyorum.

Aşağıdaki programdaki `birİşlem()` iki farklı iş için iki kere başlatılmaktadır. Hangi iş ile ilgili olarak işlediğini görebilmemiz için `kimlik`'in baş harfini çıkışa yazdırıyor.

Not: Standart çıkışa yazdırılan bilgiler çoğu durumda çıkışta hemen belirmezler; satır sonu karakteri gelene kadar bir ara bellekte bekletilirler. `write` satır sonu karakteri yazdırmadığından, programın işleyişini izleyebilmek için o ara belleğin hemen çıkışa gönderilmesini `stdout.flush()` ile sağlıyoruz.

```
import std.stdio;
import std.parallelism;
import std.array;
import core.thread;

/* kimlik'in baş harfini yarım saniyede bir çıkışa yazdırır */
int birİşlem(string kimlik, int süre) {
    writefln("%s %s saniye sürecek", kimlik, süre);

    foreach (i; 0 .. (süre * 2)) {
        Thread.sleep(500.msecs);  /* yarım saniye */
        write(kimlik.front);
        stdout.flush();
    }

    return 1;
}

void main() {
    /* birİşlem()'i işletecek olan bir görev kuruluyor.
     * Burada belirtilen işlev parametreleri görev işlevine
     * parametre olarak gönderilirler. */
    auto görev = task!birİşlem("görev", 5);

    /* 'görev' başlatılıyor */
    görev.executeInNewThread();

    /* 'görev' işine devam ederken başka bir işlem
     * başlatılıyor */
    immutable sonuç = birİşlem("main içindeki işlem", 3);

    /* Bu noktada main içinde başlatılan işlemin
     * tamamlandığından eminiz; çünkü onu görev olarak değil,
     * her zaman yaptığımız gibi bir işlev çağrısı olarak
     * başlattık. */

    /* Öte yandan, bu noktada 'görev'in işini tamamlayıp
     * tamamlamadığından emin olamayız. Gerekiyorsa
     * tamamlanana kadar beklemek için yieldForce()'u
     * çağırıyoruz. yieldForce() ancak görev tamamlanmışsa
     * döner. Dönüş değeri görev işlevinin, yani
     * birİşlem()'in dönüş değeridir. */
    immutable görevSonucu = görev.yieldForce();

    writeln();
    writefln("Hepsi tamam; sonuç: %s", sonuç + görevSonucu);
}
```

Programın çıktısı benim denediğim ortamda aşağıdakine benziyor. İşlemlerin aynı anda gerçekleştiklerini `m` ve `g` harflerinin karışık olarak yazdırılmalarından anlıyoruz:

```
main içindeki işlem 3 saniye sürecek
görev 5 saniye sürecek
mgmggmmgmgmggggg
Hepsi tamam; sonuç: 2
```

Yukarıdaki `task!birİşlem` kullanımında görev işlevi `task`'e şablon parametresi olarak belirtilmektedir. Bu yöntem çoğu duruma uygun olsa da, Şablonlar bölümünde (sayfa 401) gördüğümüz gibi, bir şablonun her farklı gerçekleştirmesi farklı bir türdendir. Bu fark, aynı türden olmalarını bekleyeceğimiz görev nesnelerinin aslında farklı türden olmalarına ve bu yüzden birlikte kullanılamamalarına neden olabilir.

Örneğin, aşağıdaki iki işlevin parametre ve dönüş türleri aynı olduğu halde `task()` işlev şablonu yoluyla elde edilen iki `Task` şablon gerçekleştirmesi farklı türdendir. Bu yüzden, aynı dizinin elemanı olamazlar:

```
import std.parallelism;

double foo(int i) {
    return i * 1.5;
}

double bar(int i) {
    return i * 2.5;
}

void main() {
    auto tasks = [ task!foo(1),
                   task!bar(2) ];    // ← derleme HATASI
}
```

Derleyici, "uyumsuz türler" anlamına gelen bir hata mesajı verir:

```
Error: incompatible types for ((task(1)) : (task(2))):
'Task!(foo, int)*' and 'Task!(bar, int)*'
```

`task()`'in başka bir yüklemesi görev işlevini şablon parametresi olarak değil, işlev parametresi olarak alır:

```
    void işlem(int sayı) {
        // ...
    }

    auto görev = task(&işlem, 42);
```

Bu yöntem farklı şablon gerçekleştirmeleri kullanmadığından, farklı işlev kullanıyor olsalar bile farklı `Task` nesneleri aynı dizinin elemanı olabilirler:

```
import std.parallelism;

double foo(int i) {
    return i * 1.5;
}

double bar(int i) {
    return i * 2.5;
}

void main() {
    auto tasks = [ task(&foo, 1),
                   task(&bar, 2) ];    // ← derlenir
}
```

Gerektiğinde isimsiz bir işlev veya `opCall()` işlecini tanımlamış olan bir türün bir nesnesi de kullanılabilir. Örneğin bir isimsiz işlev ile şöyle çağrılabilir:

```
    auto görev = task((int sayı) {
                          /* ... */
                      }, 42);
```

Atılan hatalar

Görevler farklı iş parçacıklarında işletildiklerinden, attıkları hatalar onları başlatan iş parçacığı tarafından yakalanamaz. Bu yüzden, atılan hatayı görevin kendisi yakalar ve `yieldForce()` çağrılana kadar bekletir. Aynı hata `yieldForce()` çağrıldığında tekrar atılır ve böylece görevi başlatmış olan iş parçacığı tarafından yakalanabilir.

```
import std.stdio;
import std.parallelism;
import core.thread;

void hataAtanİşlem() {
    writeln("hataAtanİşlem() başladı");
    Thread.sleep(1.seconds);
    writeln("hataAtanİşlem() hata atıyor");
    throw new Exception("Atılan hata");
}

void main() {
    auto görev = task!hataAtanİşlem();
    görev.executeInNewThread();

    writeln("main devam ediyor");
    Thread.sleep(3.seconds);

    writeln("main, görev'in sonucunu alıyor");
    görev.yieldForce();
}
```

Görev sırasında atılan hatanın programı hemen sonlandırmadığını programın çıktısında görüyoruz:

```
main devam ediyor
hataAtanİşlem() başladı
hataAtanİşlem() hata atıyor               ← atıldığı zaman
main, görev'in sonucunu alıyor
object.Exception@deneme.d(10): Atılan hata  ← farkedildiği zaman
```

Görevin attığı hata, istendiğinde `yieldForce()`'u sarmalayan bir `try-catch` bloğu ile yakalanabilir. Bunun alışılmışın dışında bir kullanım olduğuna dikkat edin: `try-catch` bloğu normalde hatayı atan kodu sarmalar. Görevlerde ise `yieldForce()`'u sarmalar:

```
    try {
        görev.yieldForce();

    } catch (Exception hata) {
        writefln("görev sırasında bir hata olmuş: '%s'",
                 hata.msg);
    }
```

Programın şimdiki çıktısı:

```
main devam ediyor
hataAtanİşlem() başladı
hataAtanİşlem() hata atıyor               ← atıldığı zaman
main, görev'in sonucunu alıyor
görev sırasında bir hata olmuş: 'Atılan hata'  ← yakalandığı zaman
```

Task işlevleri

- done: Görevin tamamlanıp tamamlanmadığını bildirir; görev sırasında hata atılmışsa o hatayı atar.

```
    if (görev.done) {
        writeln("Tamamlanmış");

    } else {
        writeln("İşlemeye devam ediyor");
    }
```

- `executeInNewThread()`: Görevi yeni başlattığı bir iş parçacığında işletir.
- `executeInNewThread(int öncelik)`: Görevi yeni başlattığı iş parçacığında ve belirtilen öncelikle (priority) işletir. (Öncelik değeri iş parçacıklarının işlem önceliklerini belirleyen bir işletim sistemi kavramıdır.)

Görevin tamamlanmasını beklemek için üç farklı işlev vardır:

- `yieldForce()`: Henüz başlatılmamışsa görevi bu iş parçacığında başlatır; zaten tamamlanmışsa dönüş değerini döndürür; hâlâ işlemekteyse bitmesini mikro işlemciyi meşgul etmeden bekler; hata atılmışsa tekrar atar.
- `spinForce()`: `yieldForce()`'tan farkı, gerektiğinde mikro işlemciyi meşgul ederek beklemesidir.
- `workForce()`: `yieldForce()`'tan farkı, beklenen görev tamamlananana kadar yeni bir görevi işletmeye başlamasıdır.

Bunlar arasından çoğu durumda en uygun olan `yieldForce()`'tur. `spinForce()`, her ne kadar mikro işlemciyi meşgul etse de görevin çok kısa bir süre sonra tamamlanacağının bilindiği durumlarda yararlıdır. `workForce()`, görev beklenene kadar başka bir görevin başlatılmasının istendiği durumlara uygundur.

`Task`'in diğer üye işlevleri için internet üzerindeki Phobos belgelerine bakınız.

84.3 taskPool.asyncBuf()

Bu işlev normalde sırayla ilerletilen `InputRange` aralıklarının koşut olarak ilerletilmelerini sağlar. `asyncBuf()` koşut olarak ilerlettiği aralığın elemanlarını kendisine ait bir ara bellekte bekletir ve gerektikçe buradan sunar.

Ancak, olasılıkla bütünüyle tembel olan giriş aralığının bütünüyle hevesli hale gelmesini önlemek için elemanları dalgalar halinde ilerletir. Belirli sayıdaki elemanı koşut olarak hazırladıktan sonra onlar `popFront()` ile aralıktan çıkartılana kadar başka işlem yapmaz. Daha sonraki elemanları hesaplamaya başlamadan önce hazırdaki o elemanların tamamen kullanılmalarını bekler.

Parametre olarak bir aralık ve seçime bağlı olarak her dalgada kaç eleman ilerletileceği bilgisini alır. Bu bilgiyi *ara bellek uzunluğu* olarak adlandırabiliriz:

```
    auto elemanlar = taskPool.asyncBuf(aralık, ara_bellek_uzunluğu);
```

`asyncBuf()`'ın etkisini görmek için hem ilerletilmesi hem de `foreach` içindeki kullanımı yarım saniye süren bir aralık olduğunu varsayalım. Bu aralık, kurulurken belirtilmiş olan sınır değere kadar elemanlar üretiyor:

```
import std.stdio;
import core.thread;

struct BirAralık {
    int sınır;
    int i;

    bool empty() const {
        return i >= sınır;
    }

    int front() const {
        return i;
    }

    void popFront() {
        writefln("%s değerinden sonrası hesaplanıyor", i);
        Thread.sleep(500.msecs);
```

```
            ++i;
        }
}

void main() {
    auto aralık = BirAralık(10);

    foreach (eleman; aralık) {
        writefln("%s değeri kullanılıyor", eleman);
        Thread.sleep(500.msecs);
    }
}
```

Aralık tembel olarak kullanıldıkça elemanları teker teker hesaplanır ve döngü içinde kullanılır. Her elemanın hesaplanması ve kullanılması toplam bir saniye sürdüğü için 10 elemanlı aralığın işlemleri 10 saniye sürer:

```
$ time ./deneme
0 değeri kullanılıyor
0 değerinden sonrası hesaplanıyor
1 değeri kullanılıyor
1 değerinden sonrası hesaplanıyor
2 değeri kullanılıyor
...
8 değerinden sonrası hesaplanıyor
9 değeri kullanılıyor
9 değerinden sonrası hesaplanıyor

real        0m10.007s    ← toplam 10 saniye
user        0m0.004s
sys        0m0.000s
```

Elemanların sırayla hesaplandıkları ve kullanıldıkları görülüyor.

Oysa, bir sonraki elemanın hazırlanmasına başlamak için öndeki elemanların işlemlerinin sonlanmaları gerekmeyebilir. Öndeki elemanın kullanılması ile bir sonraki elemanın hesaplanması aynı anda gerçekleşebilseler, bütün süre kabaca yarıya inebilir. `asyncBuf()` bunu sağlar:

```
import std.parallelism;
//...
    foreach (eleman; taskPool.asyncBuf(aralık, 2)) {
```

Yukarıdaki kullanımda `asyncBuf()` her seferinde iki elemanı hazırda bekletecektir. Yeni elemanların hazırlanmaları döngü işlemleri ile koşut olarak gerçekleştirilir ve toplam süre azalır:

```
$ time ./deneme
0 değerinden sonrası hesaplanıyor
1 değerinden sonrası hesaplanıyor
0 değeri kullanılıyor
2 değerinden sonrası hesaplanıyor
1 değeri kullanılıyor
3 değerinden sonrası hesaplanıyor
2 değeri kullanılıyor
4 değerinden sonrası hesaplanıyor
3 değeri kullanılıyor
5 değerinden sonrası hesaplanıyor
4 değeri kullanılıyor
6 değerinden sonrası hesaplanıyor
5 değeri kullanılıyor
7 değerinden sonrası hesaplanıyor
6 değeri kullanılıyor
8 değerinden sonrası hesaplanıyor
7 değeri kullanılıyor
9 değerinden sonrası hesaplanıyor
8 değeri kullanılıyor
9 değeri kullanılıyor
```

```
real        0m6.007s    ← şimdi 6 saniye
user        0m0.000s
sys         0m0.004s
```

Hangi ara bellek uzunluğunun daha hızlı sonuç vereceği her programa ve her duruma göre değişebilir. Ara bellek uzunluğunun varsayılan değeri 100'dür.

`asyncBuf()` `foreach` döngüleri dışında da yararlıdır. Aşağıdaki kod `asyncBuf()`'ın dönüş değerini bir `InputRange` aralığı olarak kullanıyor:

```
    auto aralık = BirAralık(10);
    auto koşutAralık = taskPool.asyncBuf(aralık, 2);
    writeln(koşutAralık.front);
```

84.4 `taskPool.map()`

Koşut `map()`'i anlamadan önce `std.algorithm` modülündeki `map()`'i anlamak gerekir. Çoğu fonksiyonel dilde de bulunan `std.algorithm.map`, belirli bir işlevi belirli bir aralıktaki bütün elemanlara teker teker uygular. Sonuç olarak o işlevin sonuçlarından oluşan yeni bir aralık döndürür. İşleyişi tembeldir; işlevi elemanlara ancak gerektikçe uygular. `std.algorithm.map` tek çekirdek üzerinde işler.

`map()`'in tembel işleyişi bir çok programda hız açısından yararlıdır. Ancak, işlevin nasıl olsa bütün elemanlara da uygulanacağı ve o işlemlerin birbirlerinden bağımsız oldukları durumlarda bu tembellik aksine yavaşlığa neden olabilir. `std.parallelism` modülündeki `taskPool.map()` ve `taskPool.amap()` ise bütün işlemci çekirdeklerinden yararlanırlar ve bu gibi durumlarda daha hızlı işleyebilirler.

Bu üç algoritmayı yine `Öğrenci` örneği üzerinde karşılaştıralım. Elemanlara uygulanacak olan işlev örneği olarak `Öğrenci` türünün not ortalaması döndüren bir işlevi olduğunu varsayalım. Koşut programlamanın etkisini görebilmek için bu işlevi de `Thread.sleep` ile yapay olarak yavaşlatalım.

`std.algorithm.map`, uygulanacak olan işlevi şablon parametresi olarak, aralığı da işlev parametresi olarak alır. İşlevin elemanlara uygulanmasından oluşan sonuç değerleri başka bir aralık olarak döndürür:

```
    auto sonuç_aralık = map!işlev(aralık);
```

İşlev `map()`'e önceki bölümlerde de gördüğümüz gibi *isimsiz işlev* olarak verilebilir. Aşağıdaki örnekteki ö parametresi işlevin uygulanmakta olduğu elemanı belirler:

```
import std.stdio;
import std.algorithm;
import core.thread;

struct Öğrenci {
    int numara;
    int[] notlar;

    double ortalamaNot() {
        writeln(numara,
                " numaralı öğrencinin işlemi başladı");
        Thread.sleep(1.seconds);

        const ortalama = notlar.sum / notlar.length;

        writeln(numara, " numaralı öğrencinin işlemi bitti");
        return ortalama;
    }
}
```

```
void main() {
    Öğrenci[] öğrenciler;

    foreach (i; 0 .. 10) {
        /* Her öğrenciye 80'li ve 90'lı iki not */
        öğrenciler ~= Öğrenci(i, [80 + i, 90 + i]);
    }

    auto sonuçlar = map!(ö => ö.ortalamaNot)(öğrenciler);

    foreach (sonuç; sonuçlar) {
        writeln(sonuç);
    }
}
```

Programın çıktısı `map()`'in tembel olarak işlediğini gösteriyor; `ortalamaNot()` her sonuç için `foreach` ilerledikçe çağrılır:

```
$ time ./deneme
0 numaralı öğrencinin işlemi başladı
0 numaralı öğrencinin işlemi bitti
85                   ← foreach ilerledikçe hesaplanır
1 numaralı öğrencinin işlemi başladı
1 numaralı öğrencinin işlemi bitti
86
...
9 numaralı öğrencinin işlemi başladı
9 numaralı öğrencinin işlemi bitti
94

real        0m10.006s    ← toplam 10 saniye
user        0m0.000s
sys         0m0.004s
```

`std.algorithm.map` hevesli bir algoritma olsaydı, işlemlerin başlangıç ve bitişleriyle ilgili mesajların hepsi en başta yazdırılırlardı.

`std.parallelism` modülündeki `taskPool.map()`, temelde `std.algorithm.map` ile aynı biçimde işler. Tek farkı, işlevleri aynı anda işletmesidir. Ürettiği sonuçları uzunluğu ikinci parametresi ile belirtilen bir ara belleğe yerleştirir ve buradan sunar. Örneğin, aşağıdaki kod işlevleri her adımda üç eleman için aynı anda işletir:

```
import std.parallelism;
// ...
double ortalamaNot(Öğrenci öğrenci) {
    return öğrenci.ortalamaNot;
}
// ...
    auto sonuçlar = taskPool.map!ortalamaNot(öğrenciler, 3);
```

Not: Yukarıdaki `ortalamaNot()` işlevi temsilcilerin şablonlarla kullanımları ile ilgili bir kısıtlama nedeniyle gerekmiştir. Daha kısa olan aşağıdaki satır, `TaskPool.map`'in bir "sınıf içi şablon" olması nedeniyle derlenemez:

```
auto sonuçlar =
    taskPool.map!(ö => ö.ortalamaNot)(öğrenciler, 3); // ← derleme HATASI
```

Bu sefer işlemlerin üçer üçer aynı anda ama belirsiz sırada işletildiklerini görüyoruz:

```
$ time ./deneme
0 numaralı öğrencinin işlemi başladı  ← aynı anda
2 numaralı öğrencinin işlemi başladı  ← ama belirsiz sırada
1 numaralı öğrencinin işlemi başladı
0 numaralı öğrencinin işlemi bitti
2 numaralı öğrencinin işlemi bitti
```

```
1 numaralı öğrencinin işlemi bitti
85
86
87
5 numaralı öğrencinin işlemi başladı
3 numaralı öğrencinin işlemi başladı
4 numaralı öğrencinin işlemi başladı
5 numaralı öğrencinin işlemi bitti
4 numaralı öğrencinin işlemi bitti
3 numaralı öğrencinin işlemi bitti
88
89
90
8 numaralı öğrencinin işlemi başladı
6 numaralı öğrencinin işlemi başladı
7 numaralı öğrencinin işlemi başladı
8 numaralı öğrencinin işlemi bitti
6 numaralı öğrencinin işlemi bitti
7 numaralı öğrencinin işlemi bitti
91
92
93
9 numaralı öğrencinin işlemi başladı
9 numaralı öğrencinin işlemi bitti
94

real        0m4.007s    ← toplam 4 saniye
user        0m0.000s
sys         0m0.004s
```

İşlevin belgesinde `bufSize` olarak geçen ikinci parametrenin anlamı `asyncBuf()`'ın ikinci parametresi ile aynı anlamdadır. Bu parametre, üretilen sonuçların depolandığı ara belleğin uzunluğunu belirtir ve varsayılan değeri 100'dür. Üçüncü parametre ise `parallel()`'de olduğu gibi *iş birimi büyüklüğü* anlamındadır. Farkı, varsayılan değerinin `size_t.max` olmasıdır:

```
    /* ... */ = taskPool.map!işlev(aralık,
                                   ara_bellek_uzunluğu = 100,
                                   iş_birimi_büyüklüğü = size_t.max);
```

84.5 taskPool.amap()

İki fark dışında `taskPool.map()` ile aynı biçimde işler:

- Bütünüyle hevesli bir algoritmadır.
- Yalnızca `RandomAccessRange` aralıklarıyla işler.

```
    auto sonuçlar = taskPool.amap!ortalamaNot(öğrenciler);
```

Hevesli olduğu için `amap()`'ten dönüldüğünde bütün sonuçlar hesaplanmışlardır:

```
$ time ./deneme
0 numaralı öğrencinin işlemi başladı  ← hepsi en başta
2 numaralı öğrencinin işlemi başladı
1 numaralı öğrencinin işlemi başladı
3 numaralı öğrencinin işlemi başladı
0 numaralı öğrencinin işlemi bitti
4 numaralı öğrencinin işlemi başladı
1 numaralı öğrencinin işlemi bitti
5 numaralı öğrencinin işlemi başladı
3 numaralı öğrencinin işlemi bitti
6 numaralı öğrencinin işlemi başladı
2 numaralı öğrencinin işlemi bitti
7 numaralı öğrencinin işlemi başladı
4 numaralı öğrencinin işlemi bitti
8 numaralı öğrencinin işlemi başladı
5 numaralı öğrencinin işlemi bitti
9 numaralı öğrencinin işlemi başladı
```

```
6 numaralı öğrencinin işlemi bitti
7 numaralı öğrencinin işlemi bitti
9 numaralı öğrencinin işlemi bitti
8 numaralı öğrencinin işlemi bitti
85
86
87
88
89
90
91
92
93
94

real        0m3.005s    ← toplam 3 saniye
user        0m0.000s
sys         0m0.004s
```

amap() koşut map()'ten daha hızlı işler ama bütün sonuçları alacak kadar büyük bir dizi kullanmak zorundadır. Hız kazancının karşılığı olarak daha fazla bellek kullanır.

amap()'in isteğe bağlı olan ikinci parametresi de parallel()'de olduğu gibi *iş birimi büyüklüğü* anlamındadır:

```
    auto sonuçlar = taskPool.amap!ortalamaNot(öğrenciler, 2);
```

Sonuçlar dönüş değeri olarak elde edilmek yerine üçüncü parametre olarak verilen bir RandomAccessRange aralığına da yazılabilirler. O aralığın uzunluğu elemanların uzunluğuna eşit olmalıdır:

```
    double[] sonuçlar;
    sonuçlar.length = öğrenciler.length;
    taskPool.amap!ortalamaNot(öğrenciler, 2, sonuçlar);
```

84.6 taskPool.reduce()

Koşut reduce()'u anlamadan önce std.algorithm modülündeki reduce()'u anlamak gerekir.

std.algorithm.reduce, daha önce Aralıklar bölümünde (sayfa 572) gördüğümüz fold()'un eşdeğeridir. En belirgin farkı, işlev parametrelerinin sırasının fold'un tersi olmasıdır. (Bu yüzden, koşut olmayan işlemlerde std.algorithm.reduce yerine UFCS'e (sayfa 387) olanak veren std.algorithm.fold'u yeğlemenizi öneririm.)

reduce() başka dillerde de bulunan üst düzey bir algoritmadır. map()'te olduğu gibi, şablon parametresi olarak bir veya birden fazla işlev alır. İşlev parametreleri olarak da bir başlangıç değeri ve bir aralık alır. Belirtilen işlevleri o andaki sonuca ve her elemana uygular. Açıkça başlangıç değeri verilmediği zaman aralığın ilk elemanını başlangıç değeri olarak kullanır.

Nasıl işlediği, kendi içinde tanımlamış olduğu varsayılan sonuç isimli bir değişken üzerinden aşağıdaki gibi ifade edilebilir:

1. sonuç'u başlangıç değeri ile ilkler.
2. Her bir eleman için sonuç = işlev(sonuç, eleman) ifadesini işletir.
3. sonuç'un son değerini döndürür.

Örneğin bir dizinin bütün elemanlarının karelerinin toplamı aşağıdaki gibi hesaplanabilir:

```
import std.stdio;
import std.algorithm;

void main() {
    writeln(reduce!((a, b) => a + b * b)(0, [5, 10]));
}
```

İşlev yukarıdaki gibi dizgi olarak belirtildiğinde a belirli bir andaki sonuç değerini, b de eleman değerini temsil eder. İlk işlev parametresi başlangıç değeridir (yukarıdaki 0).

Program sonuçta 5 ve 10'un kareleri olan 25 ve 100'ün toplamını yazdırır:

```
125
```

Tarifinden de anlaşılacağı gibi `reduce()` kendi içinde bir döngü işletir. O döngü tek çekirdek üzerinde işlediğinden, elemanların işlemlerinin birbirlerinden bağımsız oldukları durumlarda yavaş kalabilir. Böyle durumlarda `std.parallelism` modülündeki `taskPool.reduce()` kullanılarak işlemlerin bütün çekirdekler üzerinde işletilmeleri sağlanabilir.

Bunun örneğini görmek için `reduce()`'u yine yapay olarak yavaşlatılmış olan bir işlevle kullanalım:

```
import std.stdio;
import std.algorithm;
import core.thread;

int birHesap(int sonuç, int eleman) {
    writefln("başladı    - eleman: %s, sonuç: %s",
             eleman, sonuç);

    Thread.sleep(1.seconds);
    sonuç += eleman;

    writefln("tamamlandı - eleman: %s, sonuç: %s",
             eleman, sonuç);

    return sonuç;
}

void main() {
    writeln("Sonuç: ", reduce!birHesap(0, [1, 2, 3, 4]));
}
```

`reduce()` elemanları sırayla ve teker teker kullanır ve bu yüzden program 4 saniye sürer:

```
$ time ./deneme
başladı    - eleman: 1, sonuç: 0
tamamlandı - eleman: 1, sonuç: 1
başladı    - eleman: 2, sonuç: 1
tamamlandı - eleman: 2, sonuç: 3
başladı    - eleman: 3, sonuç: 3
tamamlandı - eleman: 3, sonuç: 6
başladı    - eleman: 4, sonuç: 6
tamamlandı - eleman: 4, sonuç: 10
Sonuç: 10

real       0m4.003s    ← 4 saniye
user       0m0.000s
sys        0m0.000s
```

`parallel()` ve `map()` örneklerinde olduğu gibi, bu programa da `std.parallelism` modülünü eklemek ve `reduce()` yerine `taskPool.reduce()`'u çağırmak bütün çekirdeklerden yararlanmak için yeterlidir:

```
import std.parallelism;
// ...
    writeln("Sonuç: ", taskPool.reduce!birHesap(0, [1, 2, 3, 4]));
```

Ancak, `taskPool.reduce()`'un işleyişinin önemli farklılıkları vardır.

Yukarıda gördüğümüz koşut algoritmalarda olduğu gibi `taskPool.reduce()` da elemanları birden fazla göreve paylaştırarak koşut olarak işletir. Her görev kendisine verilen elemanları kullanarak farklı bir `sonuç` hesaplar. Yalnızca tek başlangıç değeri olduğundan, her görevin hesapladığı `sonuç` o değerden başlar (yukarıdaki `0`).

Görevlerin hesapları tamamladıkça, onların ürettikleri sonuçlar son bir kez aynı `sonuç` hesabından geçirilirler. Bu son hesap koşut olarak değil, tek çekirdek üzerinde işletilir. O yüzden `taskPool.reduce()` bu örnekte olduğu gibi az sayıda elemanla kullanıldığında daha yavaş sonuç verebilir. Bunu aşağıdaki çıktıda göreceğiz.

Aynı başlangıç değerinin bütün görevler tarafından kullanılıyor olması `taskPool.reduce()`'un hesapladığı sonucun normal `reduce()`'dan farklı çıkmasına neden olabilir. Bu sonuç aynı nedenden dolayı yanlış da olabilir. O yüzden başlangıç değeri bu örnekteki toplama işleminin başlangıç değeri olan `0` gibi etkisiz bir değer olmak zorundadır.

Ek olarak, elemanlara uygulanan işlevin aldığı parametrelerin türü ve işlevin dönüş türü ya aynı olmalıdır ya da birbirlerine otomatik olarak dönüşebilmelidirler.

`taskPool.reduce()` ancak bu özellikleri anlaşılmışsa kullanılmalıdır.

```
import std.parallelism;
// ...
    writeln("Sonuç: ", taskPool.reduce!birHesap(0, [1, 2, 3, 4]));
```

Çıktısında önce birden fazla görevin aynı anda, onların sonuçlarının ise sırayla işletildiklerini görüyoruz. Sırayla işletilen işlemleri işaretli olarak gösteriyorum:

```
$ time ./deneme
başladı     - eleman: 1, sonuç: 0  ← önce görevler aynı anda
başladı     - eleman: 2, sonuç: 0
başladı     - eleman: 3, sonuç: 0
başladı     - eleman: 4, sonuç: 0
tamamlandı - eleman: 1, sonuç: 1
başladı     - eleman: 1, sonuç: 0  ← onların sonuçları sırayla
tamamlandı - eleman: 2, sonuç: 2
tamamlandı - eleman: 3, sonuç: 3
tamamlandı - eleman: 4, sonuç: 4
tamamlandı - eleman: 1, sonuç: 1
başladı     - eleman: 2, sonuç: 1
tamamlandı - eleman: 2, sonuç: 3
başladı     - eleman: 3, sonuç: 3
tamamlandı - eleman: 3, sonuç: 6
başladı     - eleman: 4, sonuç: 6
tamamlandı - eleman: 4, sonuç: 10
Sonuç: 10

real        0m5.006s   ← bu örnekte koşut reduce daha yavaş
user        0m0.004s
sys         0m0.000s
```

Matematik sabiti *pi*'nin (π) seri yöntemiyle hesaplanması gibi başka hesaplarda koşut `reduce()` daha hızlı işleyecektir.

84.7 Birden çok işlev ve çokuzlu sonuçlar

Hem `std.algorithm` modülündeki `map()` hem de `std.parallelism` modülündeki `map()`, `amap()`, ve `reduce()` birden fazla işlev alabilirler. O durumda bütün işlevlerin sonuçları bir arada Çokuzlular bölümünde (sayfa 515) gördüğümüz `Tuple` türünde döndürülür. Her işlevin sonucu, o işlevin sırasına karşılık gelen çokuzlu üyesidir. Örneğin, ilk işlevin sonucu çokuzlunun 0 numaralı üyesidir.

Aşağıdaki program birden fazla işlev kullanımını `std.algorithm.map` üzerinde gösteriyor. Dikkat ederseniz `çeyreği()` ve `onKatı()` işlevlerinin dönüş türleri farklıdır. Öyle bir durumda çokuzlu sonuçların üyelerinin türleri de farklı olur.

```
import std.stdio;
import std.algorithm;
import std.conv;

double çeyreği(double değer) {
    return değer / 4;
}

string onKatı(double değer) {
    return to!string(değer * 10);
}

void main() {
    auto sayılar = [10, 42, 100];
    auto sonuçlar = map!(çeyreği, onKatı)(sayılar);

    writefln("  Çeyreği  On Katı");

    foreach (çeyrekSonucu, onKatSonucu; sonuçlar) {
        writefln("%8.2f%8s", çeyrekSonucu, onKatSonucu);
    }
}
```

Çıktısı:

```
  Çeyreği  On Katı
    2.50     100
   10.50     420
   25.00    1000
```

`taskPool.reduce()` kullanımında sonuçların ilk değerlerinin de çokuzlu olarak verilmeleri gerekir:

```
    taskPool.reduce!(foo, bar)(tuple(0, 1), [1, 2, 3, 4]);
```

84.8 TaskPool

`std.parallelism` modülünün bütün koşut algoritmalarının perde arkasında yararlandıkları görevler bir `TaskPool` topluluğunun parçalarıdır. Normalde, bütün algoritmalar aynı `taskPool` isimli topluluğu kullanırlar.

`taskPool` programın çalışmakta olduğu ortama uygun sayıda göreve sahip olduğundan çoğu durumda ondan başkaca `TaskPool` nesnesine gerek duyulmaz. Buna rağmen bazen özel bir görev topluluğunun açıkça oluşturulması ve bazı koşut işlemler için onun kullanılması istenebilir.

`TaskPool` kaç iş parçacığı kullanacağı bildirilerek kurulur. İş parçacığı adedinin varsayılan değeri ortamdaki çekirdek adedinin bir eksiğidir. Bu bölümde gördüğümüz bütün olanaklar açıkça kurulmuş olan bir `TaskPool` nesnesi üzerinden kullanılabilirler.

Aşağıdaki örnekte `parallel()` ile nasıl kullanıldığını görüyoruz:

```
import std.stdio;
import std.parallelism;

void main() {
```

```
    auto işçiler = new TaskPool(2);

    foreach (i; işçiler.parallel([1, 2, 3, 4])) {
        writefln("%s kullanılıyor", i);
    }

    işçiler.finish();
}
```

Görevler tamamlandığında `TaskPool` nesnesinin iş parçacıklarının sonlandırılmaları için `TaskPool.finish()` çağrılır.

84.9 Özet

- Birbirlerine bağlı işlemlerin koşut olarak işletilmeleri hatalıdır.
- `parallel()`, Bir aralığın elemanlarına koşut olarak erişilmesini sağlar.
- Gerektiğinde görevler `task()` ile oluşturulabilirler, `executeInNewThread()` ile başlatılabilirler ve `yieldForce()` ile beklenebilirler.
- Hata atılarak sonlanmış olan görevlerden atılan hatalar `yieldForce()` gibi işlevler çağrıldığında yakalanabilirler.
- `asyncBuf()`, `InputRange` aralığındaki elemanları yarı hevesli olarak aynı anda ilerletir.
- `map()`, işlevleri `InputRange` aralığındaki elemanlara yarı hevesli olarak aynı anda uygular.
- `amap()`, işlevleri `RandomAccessRange` aralığındaki elemanlara tam hevesli olarak aynı anda uygular.
- `reduce()`, hesapları `RandomAccessRange` aralığındaki elemanlar için aynı anda işletir.
- `map()`, `amap()`, ve `reduce()` birden fazla işlev alabilirler; öyle olduğunda sonuçlar çokuzlu üyeleridirler.
- İstendiğinde `taskPool`'dan başka `TaskPool` nesneleri de kullanılabilir.

85 Mesajlaşarak Eş Zamanlı Programlama

Eş zamanlı programlama bir önceki bölümde gördüğümüz koşut işlemlere çok benzer. İkisi de işlemlerin farklı iş parçacıkları üzerinde aynı anda işletilmeleri ile ilgilidir ve aslında koşut işlemler de perde arkasında eş zamanlı programlama ile gerçekleştirilir. Bu iki kavram bu yüzden çok karıştırılır.

Koşut işlemlerle eş zamanlı programlama arasındaki farklar şunlardır:

- Koşut işlemlerin temel amacı mikro işlemci çekirdeklerinden yararlanarak programın hızını arttırmaktır. Eş zamanlı programlama ise yalnızca tek çekirdeği bulunan ortamlarda bile gerekebilir ve programın aynı anda birden fazla iş yürütmesini sağlar. Örneğin bir sunucu program her istemcinin işini farklı bir iş parçacığında yürütebilir.
- Koşut işlemler birbirlerinden bağımsızdırlar. Hatta, birbirlerine bağlı olan işlemlerin koşut olarak işletilmeleri hata olarak kabul edilir. Eş zamanlı programlamada ise çoğu zaman iş parçacıkları birbirlerine bağlıdırlar. Örneğin, devam edebilmek için başka iş parçacıklarının ürettikleri verilere gerek duyarlar.
- Her iki yöntem de işletim sisteminin iş parçacıklarını kullanırlar. Koşut işlemler iş parçacıklarını *görev* kavramının arkasına gizlerler; eş zamanlı programlama ise doğrudan iş parçacıklarını kullanır.
- Koşut işlemler çok kolay kullanılırlar ve görevler bağımsız oldukları sürece program doğruluğu açısından güvenlidirler. Eş zamanlı programlama ise ancak mesajlaşma yöntemi kullanıldığında güvenlidir. Veri paylaşımına dayanan geleneksel eş zamanlı programlamada programın doğru çalışacağı kanıtlanamayabilir.

D hem mesajlaşmaya dayanan hem de veri paylaşımına dayanan eş zamanlı programlamayı destekler. Veri paylaşımı ile hatasız programlar üretmek çok zor olduğundan modern programcılıkta mesajlaşma yöntemi benimsenmiştir. Bu bölümde `std.concurrency` modülünün sağladığı mesajlaşma olanaklarını, bir sonraki bölümde ise veri paylaşımına dayalı eş zamanlı programlama olanaklarını göreceğiz.

85.1 Kavramlar

İş parçacığı (thread): İşletim sistemi bütün programları *iş parçacığı* adı verilen işlem birimleri ile işletir. Çalıştırılan her D programının `main()` ile başlayan işlemleri işletim sisteminin o programı çalıştırmak için seçmiş olduğu bir iş parçacığı üzerinde başlatılır. `main()`'in işlettiği bütün işlemler normalde hep aynı iş parçacığı üzerinde işletilirler. Program, gerektiğinde kendisi başka iş parçacıkları başlatabilir ve böylece aynı anda birden fazla iş yürütebilir. Örneğin bir önceki bölümde gördüğümüz her görev, `std.parallelism`'in olanakları tarafından başlatılmış olan bir iş parçacığını kullanır.

İşletim sistemi iş parçacıklarını önceden kestirilemeyecek anlarda duraksatır ve tekrar başlatır. Bunun sonucunda örneğin aşağıdaki kadar basit işlemler bile bir süre yarım kalmış olabilirler:

```
    ++i;
```

Yukarıdaki işlem aslında üç adımdan oluşur: Değişkenin değerinin okunması, değerin arttırılması ve tekrar değişkene atanması. İşletim sisteminin bu iş parçacığını duraksattığı bir anda bu adımlar sonradan devam edilmek üzere yarım kalmış olabilirler.

Mesaj (message): İş parçacıklarının işleyişleri sırasında birbirlerine gönderdikleri bilgilere mesaj denir. Mesaj her türden ve her sayıda değişkenden oluşabilir.

İş parçacığı kimliği (Tid): Her iş parçacığının bir kimliği vardır. Kimlik, gönderilen mesajın alıcısı olan iş parçacığını belirler.

Sahip (owner): İş parçacığı başlatan her iş parçacığı, başlatılan iş parçacığının sahibi olarak anılır.

İşçi (worker): Başlatılan iş parçacığına işçi denir.

85.2 İş parçacıklarını başlatmak

Yeni bir iş parçacığı başlatmak için `spawn()` kullanılır. `spawn()` parametre olarak bir işlev alır ve yeni iş parçacığını o işlevden başlatır. O işlevin belki de başka işlevlere de dallanarak devam eden işlemleri artık yeni iş parçacığı üzerinde işletilir. `spawn()` ile `task()` (sayfa 608) arasındaki bir fark, `spawn()` ile başlatılan iş parçacıklarının birbirlerine mesaj gönderebilmeleridir.

İşçinin başlatılmasından sonra sahip ve işçi birbirlerinden bağımsız iki alt program gibi işlemeye devam ederler:

```
import std.stdio;
import std.concurrency;
import core.thread;

void işçi() {
    foreach (i; 0 .. 5) {
        Thread.sleep(500.msecs);
        writeln(i, " (işçi)");
    }
}

void main() {
    spawn(&işçi);

    foreach (i; 0 .. 5) {
        Thread.sleep(300.msecs);
        writeln(i, " (main)");
    }

    writeln("main tamam");
}
```

İşlemlerin aynı anda işletildiklerini gösterebilmek için buradaki örneklerde de `Thread.sleep`'ten yararlanıyorum. Programın çıktısı `main()`'den ve `işçi()`'den başlamış olan iki iş parçacığının diğerinden bağımsız olarak işlediğini gösteriyor:

```
0 (main)
0 (işçi)
1 (main)
2 (main)
1 (işçi)
3 (main)
2 (işçi)
4 (main)
main tamam
3 (işçi)
4 (işçi)
```

Program bütün iş parçacıklarının tamamlanmasını otomatik olarak bekler. Bunu yukarıdaki çıktıda görüyoruz: `main()`'in sonundaki "main tamam" yazdırıldığı halde `işçi()` işlevinin de tamamlanması beklenmiştir.

İş parçacığını başlatan işlevin aldığı parametreler spawn()'a işlev isminden sonra verilirler. Aşağıdaki programdaki iki işçi, çıkışa dörder tane sayı yazdırıyor. Hangi değerden başlayacağını parametre olarak alıyor:

```
import std.stdio;
import std.concurrency;
import core.thread;

void işçi(int başlangıçDeğeri) {
    foreach (i; 0 .. 4) {
        Thread.sleep(500.msecs);
        writeln(başlangıçDeğeri + i);
    }
}

void main() {
    foreach (i; 1 .. 3) {
        spawn(&işçi, i * 10);
    }
}
```

İş parçacıklarından birisinin yazdırdıklarını işaretli olarak belirtiyorum. İşletim sisteminin iş parçacıklarını başlatmasına ve duraklatmasına bağlı olarak bu çıktıdaki satırlar farklı sırada da olabilirler:

```
10
20
11
21
12
22
13
23
```

İşletim sistemleri belirli bir anda işlemekte olan iş parçacıklarının sayısı konusunda kısıtlama getirir. Bu kısıtlamalar kullanıcı başına olabileceği gibi, bütün sistem başına veya herhangi başka bir kavramla ilgili olabilir. Mikro işlemciyi meşgul ederek işleyen iş parçacıklarının sayısı sistemdeki çekirdek sayısından fazla olduğunda bütün sistemin performansı düşebilir. Belirli bir anda mikro işlemciyi meşgul ederek işlemekte olan iş parçacıklarına *mikro işlemciye bağlı* denir. Öte yandan, bazı iş parçacıkları zamanlarının çoğunu iş yaparak değil, belirli bir olayın gerçekleşmesini bekleyerek geçirirler. Örneğin, kullanıcıdan veya ağ üzerinden bilgi gelmesinin veya bir `Thread.sleep` çağrısının sonlanmasının beklenmesi sırasında mikro işlemci meşgul değildir. Böyle durumdaki iş parçacıklarına *giriş/çıkış'a bağlı* denir. İş parçacıklarının çoğunluğunun giriş/çıkış'a bağlı olarak işlediği bir programın sistemdeki çekirdek sayısından daha fazla iş parçacığı başlatmasında bir sakınca yoktur. Program hızıyla ilgili her tasarım kararında olması gerektiği gibi, bu konudaki kararlarınızı da ölçümler yaparak vermenizi öneririm.

85.3 İş parçacıklarının kimlikleri

`thisTid()` iş parçacığının kendi kimliğini döndürür. İsmi "bu iş parçacığının kimliği" anlamına gelen "this thread's identifier"dan türemiştir. Bir işlev olmasına rağmen daha çok parantezsiz kullanılır:

```
import std.stdio;
import std.concurrency;

void kimlikBilgisi(string açıklama) {
    writefln("%s: %s", açıklama, thisTid);
}
```

```
void işçi() {
    kimlikBilgisi("işçi ");
}

void main() {
    spawn(&işçi);
    kimlikBilgisi("sahip");
}
```

Tid türündeki kimliğin değerinin program açısından bir önemi olmadığından bu türün toString işlevi bile tanımlanmamıştır. Bu yüzden programın aşağıdaki çıktısında yalnızca türün ismini görüyoruz:

```
sahip: Tid(std.concurrency.MessageBox)
işçi : Tid(std.concurrency.MessageBox)
```

Çıktıları aynı olsa da sahip ve işçinin kimlikleri farklıdır.

spawn()'ın bu noktaya kadar gözardı etmiş olduğum dönüş değeri de işçinin kimliğini sahibe bildirir:

```
    Tid işçim = spawn(&işçi);
```

Her işçinin sahibinin kimliği ise ownerTid() işlevi ile elde edilir.

Özetle, sahibin kimliği ownerTid değişkeni ile, işçinin kimliği de spawn'ın dönüş değeri ile elde edilmiş olur.

85.4 Mesajlaşma

Mesaj göndermek için send(), belirli türden mesaj beklemek için de receiveOnly() kullanılır. (Çeşitli türlerden mesaj bekleyen receive()'i ve belirli süreye kadar bekleyen receiveTimeout()'u daha aşağıda göstereceğim.)

Aşağıdaki programdaki sahip iş parçacığı işçisine int türünde bir mesaj göndermekte ve ondan double türünde bir mesaj beklemektedir. Bu iş parçacıkları sahip sıfırdan küçük bir değer gönderene kadar mesajlaşmaya devam edecekler. Önce sahip iş parçacığını gösteriyorum:

```
void main() {
    Tid işçi = spawn(&işçiİşlevi);

    foreach (değer; 1 .. 5) {
        işçi.send(değer);
        double sonuç = receiveOnly!double();
        writefln("gönderilen: %s, alınan: %s", değer, sonuç);
    }

    /* Sonlanmasını sağlamak için işçiye sıfırdan küçük bir
     * değer gönderiyoruz */
    işçi.send(-1);
}
```

main(), spawn()'ın döndürdüğü iş parçacığının kimliğini işçi ismiyle saklamakta ve bu kimliği send() ile mesaj gönderirken kullanmaktadır.

İşçi ise kullanacağı int'i bir mesaj olarak alıyor, onu bir hesapta kullanıyor ve ürettiği double'ı yine bir mesaj olarak sahibine gönderiyor:

```
void işçiİşlevi() {
    int değer = 0;

    while (değer >= 0) {
        değer = receiveOnly!int();
        double sonuç = cast(double)değer / 5;
        ownerTid.send(sonuç);
    }
}
```

Yukarıdaki iş parçacığı mesajdaki değerin beşte birini hesaplar. Programın çıktısı şöyle:

```
gönderilen: 1, alınan: 0.2
gönderilen: 2, alınan: 0.4
gönderilen: 3, alınan: 0.6
gönderilen: 4, alınan: 0.8
```

Birden fazla değer aynı mesajın parçası olarak gönderilebilir:

```
    ownerTid.send(thisTid, 42, 1.5);
```

Aynı mesajın parçası olarak gönderilen değerler alıcı tarafta bir çokuzlunun üyeleri olarak belirirler. `receiveOnly()`'nin şablon parametrelerinin mesajı oluşturan türlere uymaları şarttır:

```
    /* Tid, int, ve double türlerinden oluşan bir mesaj
     * bekliyoruz */
    auto mesaj = receiveOnly!(Tid, int, double)();

    /* Mesaj bir çokuzlu olarak alınır */
    auto gönderen = mesaj[0];    // Tid türünde
    auto tamsayı =  mesaj[1];    // int türünde
    auto kesirli =  mesaj[2];    // double türünde
```

Türler uymadığında "mesaj uyumsuzluğu" anlamına gelen `MessageMismatch` hatası atılır:

```
import std.concurrency;

void işçiİşlevi() {
    ownerTid.send("merhaba");    // ← string gönderiyor
}

void main() {
    spawn(&işçiİşlevi);

    auto mesaj = receiveOnly!double();    // ← double bekliyor
}
```

Çıktısı:

```
std.concurrency.MessageMismatch@std/concurrency.d(202):
Unexpected message type: expected 'double', got 'immutable(char)[]'
```

Örnek

Şimdiye kadar gördüğümüz kavramları kullanan basit bir benzetim programı tasarlayalım.

Bu örnek iki boyutlu düzlemdeki robotların birbirlerinden bağımsız ve rasgele hareketlerini belirliyor. Her robotu farklı bir iş parçacığı yönetiyor. Her iş parçacığı başlatılırken üç bilgi alıyor:

- Robotun numarası: Gönderilen mesajın hangi robotla ilgili olduğu
- Başlangıç noktası: Robotun hareketinin başlangıç noktası
- Robotun dinlenme süresi: Robotun ne kadar zamanda bir yer değiştireceği

Yukarıdaki üç bilgiyi bir arada tutan bir `İş` yapısı şöyle tanımlanabilir:

```
struct İş {
    size_t robotNumarası;
    Yer başlangıç;
    Duration dinlenmeSüresi;
}
```

Bu iş parçacığının yaptığı tek iş, robotun numarasını ve hareketini koşulsuz bir döngüde sahibine göndermek:

```
void gezdirici(İş iş) {
    Yer nereden = iş.başlangıç;

    while (true) {
        Thread.sleep(iş.dinlenmeSüresi);

        Yer nereye = rasgeleKomşu(nereden);
        Hareket hareket = Hareket(nereden, nereye);
        nereden = nereye;

        ownerTid.send(HareketMesajı(iş.robotNumarası, hareket));
    }
}
```

Sahip de sonsuz bir döngü içinde bu mesajları bekliyor. Aldığı mesajların hangi robotla ilgili olduğunu her mesajın parçası olan robot numarasından anlıyor:

```
    while (true) {
        auto mesaj = receiveOnly!HareketMesajı();

        writefln("%s %s",
                 robotlar[mesaj.robotNumarası],
                 mesaj.hareket);
    }
```

Bu örnekteki bütün mesajlar işçilerden sahibe gönderiliyor. Daha karmaşık programlarda her iki yönde ve çok çeşitli türlerden mesajlar da gönderilebilir. Programın tamamı şöyle:

```
import std.stdio;
import std.random;
import std.string;
import std.concurrency;
import core.thread;

struct Yer {
    int satır;
    int sütun;

    string toString() {
        return format("%s,%s", satır, sütun);
    }
}

struct Hareket {
    Yer nereden;
    Yer nereye;

    string toString() {
        return ((nereden == nereye)
                ? format("%s (durgun)", nereden)
                : format("%s -> %s", nereden, nereye));
    }
}

class Robot {
    string görünüm;
    Duration dinlenmeSüresi;

    this(string görünüm, Duration dinlenmeSüresi) {
        this.görünüm = görünüm;
        this.dinlenmeSüresi = dinlenmeSüresi;
    }

    override string toString() {
        return format("%s(%s)", görünüm, dinlenmeSüresi);
    }
```

```
}

/* 0,0 noktası etrafında rasgele bir yer döndürür */
Yer rasgeleYer() {
    return Yer(uniform!"[]"(-10, 10), uniform!"[]"(-10, 10));
}

/* Verilen değerin en fazla bir adım ötesinde bir değer
 * döndürür */
int rasgeleAdım(int şimdiki) {
    return şimdiki + uniform!"[]"(-1, 1);
}

/* Verilen Yer'in komşusu olan bir Yer döndürür; çapraz
 * komşusu olabileceği gibi tesadüfen aynı yer de olabilir. */
Yer rasgeleKomşu(Yer yer) {
    return Yer(rasgeleAdım(yer.satır),
               rasgeleAdım(yer.sütun));
}

struct İş {
    size_t robotNumarası;
    Yer başlangıç;
    Duration dinlenmeSüresi;
}

struct HareketMesajı {
    size_t robotNumarası;
    Hareket hareket;
}

void gezdirici(İş iş) {
    Yer nereden = iş.başlangıç;

    while (true) {
        Thread.sleep(iş.dinlenmeSüresi);

        Yer nereye = rasgeleKomşu(nereden);
        Hareket hareket = Hareket(nereden, nereye);
        nereden = nereye;

        ownerTid.send(HareketMesajı(iş.robotNumarası, hareket));
    }
}

void main() {
    /* Farklı hızlardaki robotlar */
    Robot[] robotlar = [ new Robot("A",  600.msecs),
                         new Robot("B", 2000.msecs),
                         new Robot("C", 5000.msecs) ];

    /* Her birisi için bir iş parçacığı başlatılıyor */
    foreach (robotNumarası, robot; robotlar) {
        spawn(&gezdirici, İş(robotNumarası,
                             rasgeleYer(),
                             robot.dinlenmeSüresi));
    }

    /* Artık hareket bilgilerini işçilerden toplamaya
     * başlayabiliriz */
    while (true) {
        auto mesaj = receiveOnly!HareketMesajı();

        /* Bu robotla ilgili yeni bilgiyi çıkışa
         * yazdırıyoruz */
        writefln("%s %s",
                 robotlar[mesaj.robotNumarası],
                 mesaj.hareket);
    }
}
```

Program sonlandırılana kadar robotların konumlarını çıkışa yazdırır:

```
A(600 ms) -3,3 -> -4,4
A(600 ms) -4,4 -> -4,3
A(600 ms) -4,3 -> -3,2
B(2 secs) -6,9 (durgun)
A(600 ms) -3,2 -> -2,2
A(600 ms) -2,2 -> -3,1
A(600 ms) -3,1 -> -2,0
B(2 secs) -6,9 -> -5,9
A(600 ms) -2,0 (durgun)
A(600 ms) -2,0 -> -3,-1
C(5 secs) -6,6 -> -6,7
A(600 ms) -3,-1 -> -4,-1
...
```

Mesajlaşmaya dayanan eş zamanlı programlamanın yararını bu örnekte görebiliyoruz. Her robotun hareketi aynı anda ve diğerlerinden bağımsız olarak hesaplanıyor. Bu basit örnekteki sahip yalnızca robotların hareketlerini çıkışa yazdırıyor; bütün robotları ilgilendiren başka işlemler de uygulanabilir.

85.5 Farklı çeşitlerden mesaj beklemek

`receiveOnly()` yalnızca belirtilen türden mesaj bekleyebilir. `receive()` ise farklı çeşitlerden mesajlar beklemek için kullanılır. Parametre olarak belirsiz sayıda *mesajcı işlev* alır. Gelen mesaj bu mesajcı işlevlere sırayla uydurulmaya çalışılır ve mesaj, mesajın türünün uyduğu ilk işleve gönderilir.

Örneğin aşağıdaki `receive()` çağrısı ilki `int`, ikincisi de `string` bekleyen iki mesajcı işlev kullanmaktadır:

```
void işçiİşlevi() {
    bool tamam_mı = false;

    while (!tamam_mı) {
        void intİşleyen(int mesaj) {
            writeln("int mesaj: ", mesaj);

            if (mesaj == -1) {
                writeln("çıkıyorum");
                tamam_mı = true;
            }
        }

        void stringİşleyen(string mesaj) {
            writeln("string mesaj: ", mesaj);
        }

        receive(&intİşleyen, &stringİşleyen);
    }
}
```

Gönderilen `int` mesajlar `intİşleyen()`'e, `string` mesajlar da `stringİşleyen()`'e uyarlar. O iş parçacığını şöyle bir kodla deneyebiliriz:

```
import std.stdio;
import std.concurrency;

// ...

void main() {
    auto işçi = spawn(&işçiİşlevi);

    işçi.send(10);
    işçi.send(42);
    işçi.send("merhaba");
    işçi.send(-1);          // ← işçinin sonlanması için
}
```

Mesajlar alıcı taraftaki uygun mesajcı işlevlere gönderilirler:

```
int mesaj: 10
int mesaj: 42
string mesaj: merhaba
int mesaj: -1
çıkıyorum
```

`receive()`, yukarıdaki normal işlevler yerine isimsiz işlevler veya `opCall()` üye işlevi tanımlanmış olan türlerin nesnelerini de kullanabilir. Bunun bir örneğini görmek için programı isimsiz işlevler kullanacak şekilde değiştirelim. Ek olarak, işçinin sonlanmasını da -1 gibi özel bir değer yerine ismi açıkça `Sonlan` olan özel bir türle bildirelim.

Aşağıda `receive()`'e parametre olarak üç isimsiz işlev gönderildiğine dikkat edin. Bu işlevlerin açma ve kapama parantezlerini işaretlenmiş olarak belirtiyorum:

```
import std.stdio;
import std.concurrency;

struct Sonlan {
}

void işçiİşlevi() {
    bool devam_mı = true;

    while (devam_mı) {
        receive(
            (int mesaj) {
                writeln("int mesaj: ", mesaj);
            },

            (string mesaj) {
                writeln("string mesaj: ", mesaj);
            },

            (Sonlan mesaj) {
                writeln("çıkıyorum");
                devam_mı = false;
            });
    }
}

void main() {
    auto işçi = spawn(&işçiİşlevi);

    işçi.send(10);
    işçi.send(42);
    işçi.send("merhaba");
    işçi.send(Sonlan());
}
```

Beklenmeyen mesaj almak

`std.variant` modülünde tanımlanmış olan `Variant` her türden veriyi sarmalayabilen bir türdür. `receive()`'e verilen diğer mesajcı işlevlere uymayan mesajlar `Variant` türünü bekleyen bir mesajcı tarafından yakalanabilirler:

```
import std.stdio;
import std.concurrency;

void işçiİşlev() {
    receive(
        (int mesaj) { /* ... */ },

        (double mesaj) { /* ... */ },

        (Variant mesaj) {
            writeln("Beklemediğim bir mesaj aldım: ", mesaj);
        });
```

```
}

struct ÖzelMesaj {
    // ...
}

void main() {
    auto işçi = spawn(&işçiİşlev);
    işçi.send(ÖzelMesaj());
}
```

Çıktısı:

```
Beklemediğim bir mesaj aldım: ÖzelMesaj()
```

Bu bölümün konusu dışında kaldığı için `Variant`'ın ayrıntılarına girmeyeceğim.

85.6 Mesajları belirli süreye kadar beklemek

Mesajların belirli bir süreden daha fazla beklenmesi istenmeyebilir. Gönderen iş parçacığı geçici olarak meşgul olmuş olabilir veya bir hata ile sonlanmış olabilir. Mesaj bekleyen iş parçacığının belki de hiç gelmeyecek olan bir mesajı sonsuza kadar beklemesini önlemek için `receiveTimeout()` çağrılır.

`receiveTimeout()`'un ilk parametresi mesajın en fazla ne kadar bekleneceğini bildirir. Dönüş değeri de mesajın o süre içinde gelip gelmediğini belirtir: Mesaj alındığında `true`, alınmadığında ise `false` değeridir.

```
import std.stdio;
import std.concurrency;
import core.thread;

void işçi() {
    Thread.sleep(3.seconds);
    ownerTid.send("merhaba");
}

void main() {
    spawn(&işçi);

    writeln("mesaj bekliyorum");
    bool alındı = false;
    while (!alındı) {
        alındı = receiveTimeout(600.msecs,
                                (string mesaj) {
                                    writeln("geldi: ", mesaj);
                                });

        if (!alındı) {
            writeln("... henüz yok");

            /* ... burada başka işlere devam edilebilir ... */
        }
    }
}
```

Yukarıdaki sahip, gereken mesajı en fazla 600 milisaniye bekliyor. Mesaj o süre içinde gelmezse başka işlerine devam edebilir:

```
mesaj bekliyorum
... henüz yok
... henüz yok
... henüz yok
... henüz yok
geldi: merhaba
```

Mesajın belirli süreden uzun sürmesi sonucunda çeşitli durumlarda başka kararlar da verilebilir. Örneğin, mesaj geç geldiğinde artık bir anlamı yoktur.

85.7 İşçide atılan hatalar

Hatırlayacağınız gibi, `std.parallelism` modülünün çoğu olanağı görevler sırasında atılan hataları yakalar ve görevle ilgili bir sonraki işlem sırasında tekrar atmak üzere saklar. Böylece örneğin bir görevin işlemesi sırasında atılmış olan hata daha sonra `yieldForce()` çağrıldığında görevi başlatan tarafta yakalanabilir:

```
    try {
        görev.yieldForce();

    } catch (Exception hata) {
        writefln("görev sırasında bir hata olmuş: '%s'",
                 hata.msg);
    }
```

`std.concurrency` genel hata türleri konusunda kolaylık sağlamaz. Atılan olası bir hatanın sahip iş parçacığına iletilebilmesi için açıkça yakalanması ve bir mesaj halinde gönderilmesi gerekir. Bir kolaylık olarak, biraz aşağıda göreceğimiz gibi, `OwnerTerminated` ve `LinkTerminated` hataları mesaj olarak da alınabilirler.

Aşağıdaki `hesapçı()` işlevi `string` türünde mesajlar alıyor; onları `double` türüne çeviriyor, 0.5 değerini ekliyor ve sonucu bir mesaj olarak gönderiyor:

```
void hesapçı() {
    while (true) {
        auto mesaj = receiveOnly!string();
        ownerTid.send(to!double(mesaj) + 0.5);
    }
}
```

Yukarıdaki `to!double()`, "merhaba" gibi `double`'a dönüştürülemeyen bir dizgi ile çağrıldığında hata atar. Atılan o hata `hesapçı()`'dan hemen çıkılmasına neden olacağından aşağıdaki üç mesajdan yalnızca birincisinin yanıtı alınabilir:

```
import std.stdio;
import std.concurrency;
import std.conv;

// ...

void main() {
    Tid hesapçı = spawn(&hesapçı);

    hesapçı.send("1.2");
    hesapçı.send("merhaba");  // ← hatalı veri
    hesapçı.send("3.4");

    foreach (i; 0 .. 3) {
        auto mesaj = receiveOnly!double();
        writefln("sonuç %s: %s", i, mesaj);
    }
}
```

Bu yüzden, sahip "1.2"nin sonucunu 1.7 olarak alır ama işçi sonlanmış olduğundan bir sonraki mesajı alamaz:

```
sonuç 0: 1.7
                    ← hiç gelmeyecek olan mesajı bekleyerek takılır
```

Hesapçı iş parçacığının bu konuda yapabileceği bir şey, kendi işlemleri sırasında atılabilecek olan hatayı `try-catch` ile yakalamak ve özel bir mesaj olarak iletmektir. Programı hatanın nedenini bir `HesapHatası` nesnesi olarak gönderecek şekilde aşağıda değiştiriyoruz. Ek olarak, iş parçacığının sonlanması da özel Sonlan türü ile sağlanıyor:

```
import std.stdio;
import std.concurrency;
import std.conv;

struct HesapHatası {
    string neden;
}

struct Sonlan {
}

void hesapçı() {
    bool devam_mı = true;

    while (devam_mı) {
        receive(
            (string mesaj) {
                try {
                    ownerTid.send(to!double(mesaj) + 0.5);

                } catch (Exception hata) {
                    ownerTid.send(HesapHatası(hata.msg));
                }
            },

            (Sonlan mesaj) {
                devam_mı = false;
            });
    }
}

void main() {
    Tid hesapçı = spawn(&hesapçı);

    hesapçı.send("1.2");
    hesapçı.send("merhaba");  // ← hatalı veri
    hesapçı.send("3.4");
    hesapçı.send(Sonlan());

    foreach (i; 0 .. 3) {
        writef("sonuç %s: ", i);

        receive(
            (double mesaj) {
                writeln(mesaj);
            },

            (HesapHatası hata) {
                writefln("HATA! '%s'", hata.neden);
            });
    }
}
```

Hatanın nedeninin "rakam bulunamadı" anlamına gelen "no digits seen" olduğunu bu sefer görebiliyoruz:

```
sonuç 0: 1.7
sonuç 1: HATA! 'no digits seen'
sonuç 2: 3.9
```

Bu konuda diğer bir yöntem, işçinin yakaladığı hatanın olduğu gibi sahibe gönderilmesidir. Aynı hata sahip tarafından kullanılabileceği gibi tekrar atılabilir de:

```
// ... işçi tarafta ...
                try {
                    // ...
```

```
            } catch (shared(Exception) hata) {
                ownerTid.send(hata);
            }},

// ... sahip tarafta ...
    receive(
        // ...

        (shared(Exception) hata) {
            throw hata;
        });
```

Yukarıdaki shared belirteçlerine neden gerek olduğunu bir sonraki bölümde göreceğiz.

85.8 İş parçacıklarının sonlandıklarını algılamak

İş parçacıkları alıcı tarafın herhangi bir nedenle sonlanmış olduğunu algılayabilirler.

OwnerTerminated hatası

"Sahip sonlandı" anlamına gelen bu hata işçinin bu durumdan haberinin olmasını sağlar. Aşağıdaki programdaki aracı iş parçası iki mesaj gönderdikten sonra sonlanıyor. Bunun sonucunda işçi tarafta bir OwnerTerminated hatası atılıyor:

```
import std.stdio;
import std.concurrency;

void main() {
    spawn(&aracıİşlev);
}

void aracıİşlev() {
    auto işçi = spawn(&işçiİşlev);
    işçi.send(1);
    işçi.send(2);
} // ← İki mesajdan sonra sonlanıyor.

void işçiİşlev() {
    while (true) {
        auto mesaj = receiveOnly!int(); // ← Sahip sonlanmışsa
                                        //   hata atılır.
        writeln("Mesaj: ", mesaj);
    }
}
```

Çıktısı:

```
Mesaj: 1
Mesaj: 2
std.concurrency.OwnerTerminated@std/concurrency.d(248):
Owner terminated
```

İstendiğinde o hata işçi tarafından yakalanabilir ve böylece işçinin de hatasız olarak sonlanması sağlanabilir:

```
void işçiİşlev() {
    bool devam_mı = true;

    while (devam_mı) {
        try {
            auto mesaj = receiveOnly!int();
            writeln("Mesaj: ", mesaj);

        } catch (OwnerTerminated hata) {
            writeln("Sahibim sonlanmış.");
```

```
            devam_mı = false;
        }
    }
}
```

Çıktısı:

```
Mesaj: 1
Mesaj: 2
Sahibim sonlanmış.
```

Bu hatanın mesaj olarak da alınabileceğini biraz aşağıda göreceğiz.

LinkTerminated hatası

`spawnLinked()` ile başlatılmış olan bir iş parçacığı sonlandığında sahibin tarafında `LinkTerminated` hatası atılır. `spawnLinked()`, `spawn()` ile aynı biçimde kullanılır:

```
import std.stdio;
import std.concurrency;

void main() {
    auto işçi = spawnLinked(&işçiİşlev);

    while (true) {
        auto mesaj = receiveOnly!int(); // ← İşçi sonlanmışsa
                                        //   hata atılır.
        writeln("Mesaj: ", mesaj);
    }
}

void işçiİşlev() {
    ownerTid.send(10);
    ownerTid.send(20);
} // ← İki mesajdan sonra sonlanıyor.
```

İşçi yalnızca iki mesaj gönderdikten sonra sonlanıyor. İşçisini `spawnLinked()` ile başlatmış olduğu için sahip bu durumu bir `LinkTerminated` hatası ile öğrenir:

```
Mesaj: 10
Mesaj: 20
std.concurrency.LinkTerminated@std/concurrency.d(263):
Link terminated
```

`OwnerTerminated` hatasında olduğu gibi bu hata da yakalanabilir ve sahip de bu durumda düzenli olarak sonlanabilir:

```
    bool devam_mı = true;

    while (devam_mı) {
        try {
            auto mesaj = receiveOnly!int();
            writeln("Mesaj: ", mesaj);

        } catch (LinkTerminated hata) {
            writeln("İşçi sonlanmış.");
            devam_mı = false;
        }
    }
```

Çıktısı:

```
Mesaj: 10
Mesaj: 20
İşçi sonlanmış.
```

Bu hata mesaj olarak da alınabilir.

Hataları mesaj olarak almak

`OwnerTerminated` ve `LinkTerminated` hataları karşı tarafta mesaj olarak da alınabilirler. Aşağıdaki kod bunu `OwnerTerminated` hatası üzerinde gösteriyor:

```
    bool devam_mı = true;

    while (devam_mı) {
        receive(
            (int mesaj) {
                writeln("Mesaj: ", mesaj);
            },

            (OwnerTerminated hata) {
                writeln("Sahip sonlanmış; çıkıyorum.");
                devam_mı = false;
            }
        );
    }
```

85.9 Posta kutusu yönetimi

İş parçacıklarına gönderilen mesajlar her iş parçacığına özel bir posta kutusunda dururlar. Posta kutusundaki mesajların sayısı alıcının mesajları işleyiş hızına bağlı olarak zamanla artabilir ve azalabilir. Posta kutusunun aşırı büyümesi hem sistem belleğine fazla yük getirir hem de programın tasarımındaki bir hataya işaret eder. Posta kutusunun sürekli olarak büyümesi bazı mesajların hiçbir zaman alınamayacaklarını da gösteriyor olabilir.

Posta kutusunun uzunluğu `setMaxMailboxSize()` işlevi ile kısıtlanır. Bu işlevin ilk parametresi hangi iş parçacığına ait posta kutusunun kısıtlanmakta olduğunu, ikinci parametresi posta kutusunun en fazla kaç mesaj alabileceğini, üçüncü parametresi de posta kutusu dolu olduğunda ne olacağını belirler. Üçüncü parametre için dört seçenek vardır:

- `OnCrowding.block`: Gönderen taraf posta kutusunda yer açılana kadar bekler.
- `OnCrowding.ignore`: Mesaj gözardı edilir.
- `OnCrowding.throwException`: Mesaj gönderilirken `MailboxFull` hatası atılır.
- `bool function(Tid)` türünde işlev göstergesi: Belirtilen işlev çağrılır.

Bunun bir örneğini görmek için önce posta kutusunun sürekli olarak büyümesini sağlayalım. Aşağıdaki programdaki işçi hiç zaman geçirmeden art arda mesaj gönderdiği halde sahip iş parçacığı her mesaj için bir saniye zaman harcamaktadır:

```
/* UYARI: Bu program çalışırken sisteminiz aşırı derecede
 *        yavaşlayabilir. */
import std.concurrency;
import core.thread;

void işçiİşlev() {
    while (true) {
        ownerTid.send(42);    // ← Sürekli olarak mesaj üretiyor.
    }
}

void main() {
    spawn(&işçiİşlev);

    while (true) {
        receive(
```

```
            (int mesaj) {
                // Her mesajda zaman geçiriyor.
                Thread.sleep(1.seconds);
            });
    }
}
```

Mesajları tüketen taraf üreten taraftan yavaş kaldığı için yukarıdaki programın kullandığı bellek sürekli olarak artacaktır. Bunun önüne geçmek için ana iş parçacığının posta kutusu daha işçi başlatılmadan önce belirli bir mesaj sayısı ile kısıtlanabilir:

```
void main() {
    setMaxMailboxSize(thisTid, 1000, OnCrowding.block);

    spawn(&işçiİşlev);
// ...
}
```

Yukarıdaki `setMaxMailboxSize()` çağrısı ana iş parçacığının posta kutusunun uzunluğunu 1000 ile kısıtlamaktadır. `OnCrowding.block`, gönderen tarafın mesaja yer açılana kadar beklemesine neden olur.

`OnCrowding.throwException` kullanılan aşağıdaki örnekte ise mesajı gönderen taraf posta kutusunun dolu olduğunu atılan `MailboxFull` hatasından anlamaktadır:

```
import std.concurrency;
import core.thread;

void işçiİşlev() {
    while (true) {
        try {
            ownerTid.send(42);

        } catch (MailboxFull hata) {
            /* Gönderemedim; biraz sonra tekrar denerim. */
            Thread.sleep(1.msecs);
        }
    }
}

void main() {
    setMaxMailboxSize(thisTid, 1000, OnCrowding.throwException);

    spawn(&işçiİşlev);

    while (true) {
        receive(
            (int mesaj) {
                Thread.sleep(1.seconds);
            });
    }
}
```

85.10 Öncelikli mesajlar

`prioritySend()` ile gönderilen mesajlar önceliklidir. Bu mesajlar posta kutusunda beklemekte olan mesajlardan daha önce alınırlar:

```
    prioritySend(ownerTid, ÖnemliMesaj(100));
```

Alıcı tarafta `prioritySend()` ile gönderilmiş olan mesajın türünü bekleyen mesajcı işlev yoksa `PriorityMessageException` hatası atılır:

```
std.concurrency.PriorityMessageException@std/concurrency.d(280):
Priority message
```

85.11 İş parçacığı isimleri

Şimdiye kadar kullandığımız basit örneklerde sahip ve işçinin birbirlerinin kimliklerini kolayca edindiklerini gördük. Çok sayıda iş parçacığının görev aldığı programlarda ise iş parçacıklarının `Tid` değerlerini birbirlerini tanısınlar diye elden ele geçirmek karmaşık olabilir. Bunun önüne geçmek için iş parçacıklarına bütün program düzeyinde isimler atanabilir.

Aşağıdaki üç işlev bütün iş parçacıkları tarafından erişilebilen bir eşleme tablosu gibi düşünülebilirler:

- `register()`: İş parçacığını bir isimle eşleştirir.
- `locate()`: Belirtilen isme karşılık gelen iş parçacığını döndürür. O isme karşılık gelen iş parçacığı yoksa `Tid.init` değerini döndürür.
- `unregister()`: İş parçacığı ile ismin ilişkisini kaldırır.

Aşağıdaki program birbirlerini isimleriyle bulan iki eş iş parçacığı başlatıyor. Bu iş parçacıkları sonlanmalarını bildiren `Sonlan` mesajını alana kadar birbirlerine mesaj gönderiyorlar:

```
import std.stdio;
import std.concurrency;
import core.thread;

struct Sonlan {
}

void main() {
    // Eşinin ismi "ikinci" olan bir iş parçacığı
    auto birinci = spawn(&oyuncu, "ikinci");
    register("birinci", birinci);
    scope(exit) unregister("birinci");

    // Eşinin ismi "birinci" olan bir iş parçacığı
    auto ikinci = spawn(&oyuncu, "birinci");
    register("ikinci", ikinci);
    scope(exit) unregister("ikinci");

    Thread.sleep(2.seconds);

    prioritySend(birinci, Sonlan());
    prioritySend(ikinci, Sonlan());

    // unregister() çağrıları iş parçacıkları sonlandıktan
    // sonra işletilsinler diye main() beklemelidir.
    thread_joinAll();
}

void oyuncu(string eşİsmi) {
    Tid eş;

    while (eş == Tid.init) {
        Thread.sleep(1.msecs);
        eş = locate(eşİsmi);
    }

    bool devam_mı = true;

    while (devam_mı) {
        eş.send("merhaba " ~ eşİsmi);
        receive(
            (string mesaj) {
                writeln("Mesaj: ", mesaj);
                Thread.sleep(500.msecs);
            },

            (Sonlan mesaj) {
                writefln("%s, ben çıkıyorum.", eşİsmi);
```

```
                devam_mı = false;
            });
    }
}
```

main'in sonunda çağrıldığını gördüğümüz thread_joinAll, sahip iş parçacığının işçilerinin hepsinin sonlanmalarını beklemesini sağlar.

Çıktısı:

```
Mesaj: merhaba birinci
Mesaj: merhaba ikinci
Mesaj: merhaba birinci
Mesaj: merhaba ikinci
Mesaj: merhaba birinci
Mesaj: merhaba ikinci
Mesaj: merhaba ikinci
Mesaj: merhaba birinci
birinci, ben çıkıyorum.
ikinci, ben çıkıyorum.
```

85.12 Özet

- İş parçacıklarının birbirlerine bağlı olmadıkları durumlarda bir önceki bölümün konusu olan std.parallelism modülünün sunduğu *koşut programlamayı* yeğleyin. Ancak iş parçacıkları birbirlerine bağlı olduklarında std.concurrency'nin sunduğu *eş zamanlı programlamayı* düşünün.
- Veri paylaşımı çeşitli program hatalarına açık olduğundan eş zamanlı programlama gerçekten gerektiğinde bu bölümün konusu olan mesajlaşmayı yeğleyin.
- spawn() ve spawnLinked() iş parçacığı başlatır.
- thisTid bu iş parçacığının kimliğidir.
- ownerTid bu iş parçacığının sahibinin kimliğidir.
- send() ve prioritySend() mesaj gönderir.
- receiveOnly(), receive() ve receiveTimeout() mesaj bekler.
- Variant her mesaja uyar.
- setMaxMailboxSize() posta kutusunun büyüklüğünü kısıtlar.
- register(), unregister() ve locate() iş parçacıklarını isimle kullanma olanağı sağlar.
- Mesajlaşma sırasında hata atılabilir: MessageMismatch, OwnerTerminated, LinkTerminated, MailboxFull ve PriorityMessageException.
- Sahip, işçiden atılan hataları otomatik olarak yakalayamaz.

86 Veri Paylaşarak Eş Zamanlı Programlama

Bir önceki bölümdeki yöntemler iş parçacıklarının mesajlaşarak bilgi alış verişinde bulunmalarını sağlıyordu. Daha önce de söylediğim gibi, eş zamanlı programlamada güvenli olan yöntem odur.

Diğer yöntem, iş parçacıklarının aynı verilere doğrudan erişmelerine dayanır; iş parçacıkları aynı veriyi doğrudan okuyabilirler ve değiştirebilirler. Örneğin, sahip işçiyi `bool` bir değişkenin adresi ile başlatabilir ve işçi de sonlanıp sonlanmayacağını doğrudan o değişkenin değerini okuyarak karar verebilir. Başka bir örnek olarak, sahip bir kaç tane iş parçacığını hesaplarının sonuçlarını ekleyecekleri bir değişkenin adresi ile başlatabilir ve işçiler de o değişkenin değerini doğrudan arttırabilirler.

Veri paylaşımı ancak paylaşılan veri değişmez olduğunda güvenilirdir. Verinin değişebildiği durumda ise iş parçacıkları birbirlerinden habersizce yarış halinde bulunurlar. İşletim sisteminin iş parçacıklarını ne zaman duraksatacağı ve ne zaman tekrar başlatacağı konusunda hiçbir tahminde bulunulamadığından programın davranışı bu yüzden şaşırtıcı derecede karmaşıklaşabilir.

Bu başlık altındaki örnekler fazlaca basit ve anlamsız gelebilir. Buna rağmen, veri paylaşımının burada göreceğimiz sorunlarıyla gerçek programlarda da çok daha büyük ölçeklerde karşılaşılır. Ek olarak, buradaki örnekler iş parçacığı başlatırken kolaylık olarak `std.concurrency.spawn`'dan yararlanıyor olsalar da, burada anlatılan kavramlar `core.thread` modülünün olanakları ile başlatılmış olan iş parçacıkları için de geçerlidir.

86.1 Paylaşım otomatik değildir

Çoğu dilin aksine, D'de değişkenler iş parçacıklarına özeldir. Örneğin, her ne kadar aşağıdaki programdaki `değişken` tekmiş gibi görünse de her iş parçacığı o değişkenin kendi kopyasını edinir:

```
import std.stdio;
import std.concurrency;
import core.thread;

int değişken;

void bilgiVer(string mesaj) {
    writefln("%s: %s (@%s)", mesaj, değişken, &değişken);
}

void işçi() {
    değişken = 42;
    bilgiVer("İşçi sonlanırken");
}

void main() {
    spawn(&işçi);
    thread_joinAll();
    bilgiVer("İşçi sonlandıktan sonra");
}
```

`işçi`'de değiştirilen değişkenin `main`'in kullandığı değişkenin aynısı olmadığı hem `main`'deki değerinin sıfır olmasından hem de adreslerinin farklı olmasından anlaşılıyor:

```
İşçi sonlanırken: 42 (@7F299DEF5660)
İşçi sonlandıktan sonra: 0 (@7F299DFF67C0)
```

Değişkenlerin iş parçacıklarına özel olmalarının doğal bir sonucu, onların iş parçacıkları tarafından otomatik olarak paylaşılamamalarıdır. Örneğin, sonlanmasını bildirmek için işçiye bool türündeki bir değişkenin adresini göndermeye çalışan aşağıdaki kod D'de derlenemez:

```
import std.concurrency;

void işçi(bool * devam_mı) {
    while (*devam_mı) {
        // ...
    }
}

void main() {
    bool devam_mı = true;
    spawn(&işçi, &devam_mı);          // ← derleme HATASI

    // ...

    // Daha sonra işçi'nin sonlanmasını sağlamak için
    devam_mı = false;

    // ...
}
```

std.concurrency modülündeki bir static assert, bir iş parçacığının değişebilen (mutable) yerel verisine başka iş parçacığı tarafından erişilmesini engeller:

```
src/phobos/std/concurrency.d(329): Error: static assert
"Aliases to mutable thread-local data not allowed."
```

main() içindeki devam_mı değişebilen yerel bir veri olduğundan ona erişim sağlayan adresi hiçbir iş parçacığına geçirilemez.

Verinin iş parçacıklarına özel olmasının bir istisnası, __gshared olarak işaretlenmiş olan değişkenlerdir:

```
__gshared int bütünProgramdaTek;
```

Bu çeşit değişkenlerden bütün programda tek adet bulunur ve o değişken bütün iş parçacıkları tarafından paylaşılır. __gshared değişkenler paylaşımın otomatik olduğu C ve C++ gibi dillerin kütüphaneleri ile etkileşirken gerekirler.

86.2 Veri paylaşımı için shared

Değişebilen yerel verilerin iş parçacıkları tarafından paylaşılabilmeleri için "paylaşılan" anlamına gelen shared olarak işaretlenmeleri gerekir:

```
import std.concurrency;

void işçi(shared(bool) * devam_mı) {
    while (*devam_mı) {
        // ...
    }
}

void main() {
    shared(bool) devam_mı = true;
    spawn(&işçi, &devam_mı);

    // ...

    // Daha sonra işçi'nin sonlanmasını sağlamak için
    devam_mı = false;

    // ...
}
```

(Not: İş parçacıklarının haberleşmeleri için bu örnekteki gibi veri paylaşımını değil, bir önceki bölümdeki mesajlaşmayı yeğleyin.)

Öte yandan, `immutable` verilerin değiştirilmeleri olanaksız olduğundan onların paylaşılmalarında bir sakınca yoktur. O yüzden `immutable` veriler açıkça belirtilmeseler de `shared`'dirler:

```
import std.stdio;
import std.concurrency;
import core.thread;

void işçi(immutable(int) * veri) {
    writeln("veri: ", *veri);
}

void main() {
    immutable(int) bilgi = 42;
    spawn(&işçi, &bilgi);          // ← derlenir

    thread_joinAll();
}
```

Yukarıdaki program bu sefer derlenir ve beklenen çıktıyı üretir:

```
veri: 42
```

`bilgi`'nin yaşamı `main()` ile sınırlı olduğundan, ona erişmekte olan iş parçacığı sonlanmadan `main()`'den çıkılmamalıdır. Bu yüzden, yukarıdaki programda `main()`'den çıkılması programın sonundaki `thread_joinAll()` çağrısı ile engellenmekte ve `bilgi` değişkeni `işçi()` işlediği sürece geçerli kalmaktadır.

86.3 Veri değiştirirken yarış halinde olma örneği

Değişebilen verilerin paylaşıldığı durumda programın davranışının doğruluğunu sağlamak programcının sorumluluğundadır.

Bunun önemini görmek için aynı değişebilen veriyi paylaşan birden fazla iş parçacığına bakalım. Aşağıdaki programdaki iş parçacıkları iki değişkenin adreslerini alıyorlar ve o değişkenlerin değerlerini değiş tokuş ediyorlar:

```
import std.stdio;
import std.concurrency;
import core.thread;

void değişTokuşçu(shared(int) * birinci, shared(int) * ikinci) {
    foreach (i; 0 .. 10_000) {
        int geçici = *ikinci;
        *ikinci = *birinci;
        *birinci = geçici;
    }
}

void main() {
    shared(int) i = 1;
    shared(int) j = 2;

    writefln("önce : %s ve %s", i, j);

    foreach (adet; 0 .. 10) {
        spawn(&değişTokuşçu, &i, &j);
    }

    // Bütün işlemlerin bitmesini bekliyoruz
    thread_joinAll();

    writefln("sonra: %s ve %s", i, j);
}
```

Ne yazık ki, yukarıdaki program büyük olasılıkla yanlış sonuç üretir. Bunun nedeni, 10 iş parçacığının `main()` içindeki `i` ve `j` isimli aynı değişkenlere erişmeleri ve farkında olmadan yarış halinde birbirlerinin işlerini bozmalarıdır.

Yukarıdaki programdaki toplam değiş tokuş adedi 10 çarpı 10 bindir. Bu değer bir çift sayı olduğundan `i`'nin ve `j`'nin değerlerinin program sonunda yine başlangıçtaki gibi 1 ve 2 olmalarını bekleriz:

```
önce : 1 ve 2
sonra: 1 ve 2          ← beklenen sonuç
```

Program farklı zamanlarda ve ortamlarda bazen o sonucu üretebilse de aşağıdaki yanlış sonuçların çıkma olasılığı daha yüksektir:

```
önce : 1 ve 2
sonra: 1 ve 1          ← yanlış sonuç
```

```
önce : 1 ve 2
sonra: 2 ve 2          ← yanlış sonuç
```

Bazı durumlarda sonuç "2 ve 1" bile çıkabilir.

Bunun nedenini A ve B olarak isimlendireceğimiz yalnızca iki iş parçacığının işleyişiyle bile açıklayabiliriz. İşletim sistemi iş parçacıklarını belirsiz zamanlarda duraksatıp tekrar başlattığından bu iki iş parçacığı verileri birbirlerinden habersiz olarak aşağıda gösterildiği biçimde değiştirebilirler.

`i`'nin ve `j`'nin değerlerinin sırasıyla 1 ve 2 olduğu duruma bakalım. Aynı `değişTokuşçu()` işlevini işlettikleri halde A ve B iş parçacıklarının yerel `geçici` değişkenleri farklıdır. Ayırt edebilmek için onları aşağıda geçiciA ve geçiciB olarak belirtiyorum.

Her iki iş parçacığının işlettiği aynı 3 satırlık kodun zaman ilerledikçe nasıl işletildiklerini yukarıdan aşağıya doğru gösteriyorum: 1 numaralı işlem ilk işlem, 6 numaralı işlem de son işlem. Her işlemde `i` ve `j`'den hangisinin değiştiğini de işaretlenmiş olarak belirtiyorum:

```
İşlem        İş parçacığı A                          İş parçacığı B
──────────────────────────────────────────────────────────────────────────────

  1:   int geçici = *ikinci;  (geçiciA==2)
  2:   *ikinci = *birinci;    (i==1, j==1)

              (A duraksatılmış ve B başlatılmış olsun)

  3:                                         int geçici = *ikinci;  (geçiciB==1)
  4:                                         *ikinci = *birinci;    (i==1, j==1)

              (B duraksatılmış ve A tekrar başlatılmış olsun)

  5:   *birinci = geçici;     (i==2, j==1)

              (A duraksatılmış ve B tekrar başlatılmış olsun)

  6:                                         *birinci = geçici;     (i==1, j==1)
```

Görüldüğü gibi, yukarıdaki gibi bir durumda hem `i` hem de `j` 1 değerini alırlar. Artık programın sonuna kadar başka değer almaları mümkün değildir.

Yukarıdaki işlem sıraları bu programdaki hatayı açıklamaya yeten yalnızca bir durumdur. Onun yerine 10 iş parçacığının etkileşimlerinden oluşan çok sayıda başka karmaşık durum da gösterilebilir.

86.4 Veri korumak için synchronized

Yukarıdaki hatalı durum aynı verinin birden fazla iş parçacığı tarafından serbestçe okunması ve yazılması nedeniyle oluşmaktadır. Bu tür hataları önlemenin bir yolu, belirli bir anda yalnızca tek iş parçacığı tarafından işletilmesi gereken kod bloğunu `synchronized` olarak işaretlemektir. Yapılacak tek değişiklik programın artık doğru sonuç üretmesi için yeterlidir:

```
    foreach (i; 0 .. 10_000) {
        synchronized {
            int geçici = *ikinci;
            *ikinci = *birinci;
            *birinci = geçici;
        }
    }
```

Çıktısı:

```
önce : 1 ve 2
sonra: 1 ve 2        ← doğru sonuç
```

`synchronized`, isimsiz bir kilit oluşturur ve bu kilidi belirli bir anda yalnızca tek iş parçacığına verir. Yukarıdaki kod bloğu da bu sayede belirli bir anda tek iş parçacığı tarafından işletilir ve `i` ve `j`'nin değerleri her seferinde doğru olarak değiş tokuş edilmiş olur. Değişkenler `foreach` döngüsünün her adımında ya "1 ve 2" ya da "2 ve 1" durumundadırlar.

Not: Bir iş parçacığının bir kilidin açılmasını beklemesi ve tekrar kilitlemesi masraflı bir işlemdir ve programın farkedilir derecede yavaş işlemesine neden olabilir. Bazı programlarda veri paylaşımı `synchronized` ile kilit kullanılmasına gerek kalmadan kesintisiz işlemlerden yararlanılarak da sağlanabilir ve program bu sayede daha hızlı işleyebilir. Bunun örneklerini biraz aşağıda göreceğiz.

Kullanacağı kilit veya kilitler `synchronized`'a açıkça da verilebilir. Bu, belirli bir anda birden fazla bloktan yalnızca birisinin işlemesini sağlar.

Bunun bir örneğini görmek için aşağıdaki programa bakalım. Bu programda paylaşılan veriyi değiştiren iki kod bloğu bulunuyor. Bu blokları `shared(int)` türündeki aynı değişkenin adresi ile çağıracağız. Birisi bu değişkenin değerini arttıracak, diğeri ise azaltacak:

```
void arttırıcı(shared(int) * değer) {
    foreach (i; 0 .. adet) {
        *değer = *değer + 1;
    }
}

void azaltıcı(shared(int) * değer) {
    foreach (i; 0 .. adet) {
        *değer = *değer - 1;
    }
}
```

Not: Yukarıdaki ifadeler yerine daha kısa olan `++(*değer)` ve `--(*değer)` ifadeleri kullanıldığında derleyici o ifadelerin `shared` değişkenler üzerinde işletilmelerinin emekliye ayrıldığını bildiren bir uyarı mesajı verir.

Aynı veriyi değiştirdikleri için bu iki bloğun da `synchronized` olarak işaretlenmeleri düşünülebilir, ancak bu yeterli olmaz. Bu bloklar farklı olduklarından her birisi farklı bir kilit ile korunacaktır ve değişkenin tek iş parçacığı tarafından değiştirilmesi yine sağlanamayacaktır:

```
import std.stdio;
import std.concurrency;
import core.thread;

enum adet = 1000;

void arttırıcı(shared(int) * değer) {
```

```
    foreach (i; 0 .. adet) {
        synchronized { // ← bu kilit aşağıdakinden farklıdır
            *değer = *değer + 1;
        }
    }
}

void azaltıcı(shared(int) * değer) {
    foreach (i; 0 .. adet) {
        synchronized { // ← bu kilit yukarıdakinden farklıdır
            *değer = *değer - 1;
        }
    }
}

void main() {
    shared(int) ortak = 0;

    foreach (i; 0 .. 100) {
        spawn(&arttırıcı, &ortak);
        spawn(&azaltıcı, &ortak);
    }

    thread_joinAll();
    writeln("son değeri: ", ortak);
}
```

Eşit sayıda arttırıcı ve azaltıcı iş parçacığı başlatılmış olduğundan `ortak` isimli değişkenin son değerinin sıfır olmasını bekleriz ama büyük olasılıkla sıfırdan farklı çıkar:

```
son değeri: -3325  ← sıfır değil
```

Farklı blokların aynı kilidi veya kilitleri paylaşmaları gerektiğinde kilit veya kilitler `synchronized`'a parantez içinde bildirilir:

Not: dmd 2.098.1 bu olanağı desteklemez.

```
    // Not: dmd 2.098.1 bu olanağı desteklemez.
    synchronized (kilit_nesnesi, başka_kilit_nesnesi, ...)
```

D'de özel bir kilit nesnesi yoktur; herhangi bir sınıf türünün herhangi bir nesnesi kilit olarak kullanılabilir. Yukarıdaki programdaki iş parçacıklarının aynı kilidi kullanmaları için `main()` içinde bir nesne oluşturulabilir ve iş parçacıklarına parametre olarak o nesne gönderilebilir. Programın değişen yerlerini işaretliyorum:

```
import std.stdio;
import std.concurrency;
import core.thread;

enum adet = 1000;

class Kilit {
}

void arttırıcı(shared(int) * değer, shared(Kilit) kilit) {
    foreach (i; 0 .. adet) {
        synchronized (kilit) {
            *değer = *değer + 1;
        }
    }
}

void azaltıcı(shared(int) * değer, shared(Kilit) kilit) {
    foreach (i; 0 .. adet) {
        synchronized (kilit) {
            *değer = *değer - 1;
        }
```

```
    }
}

void main() {
    shared(Kilit) kilit = new shared(Kilit)();
    shared(int) ortak = 0;

    foreach (i; 0 .. 100) {
        spawn(&arttırıcı, &ortak, kilit);
        spawn(&azaltıcı, &ortak, kilit);
    }

    thread_joinAll();
    writeln("son değeri: ", ortak);
}
```

Bütün iş parçacıkları `main()` içinde tanımlanmış olan aynı kilidi kullandıklarından belirli bir anda bu iki `synchronized` bloğundan yalnızca bir tanesi işletilir ve beklenen sonuç elde edilir:

```
son değeri: 0          ← doğru sonuç
```

Sınıflar da `synchronized` olarak tanımlanabilirler. Bunun anlamı, o türün bütün üye işlevlerinin aynı kilidi kullanacaklarıdır:

```
synchronized class Sınıf {
    void foo() {
        // ...
    }

    void bar() {
        // ...
    }
}
```

`synchronized` olarak işaretlenen türlerin bütün üye işlevleri nesnenin kendisini kilit olarak kullanırlar. Yukarıdaki sınıfın eşdeğeri aşağıdaki sınıftır:

```
class Sınıf {
    void foo() {
        synchronized (this) {
            // ...
        }
    }

    void bar() {
        synchronized (this) {
            // ...
        }
    }
}
```

Birden fazla nesnenin kilitlenmesi gerektiğinde bütün nesneler aynı `synchronized` deyimine yazılmalıdırlar. Aksi taktirde farklı iş parçacıkları farklı nesnelerin kilitlerini ele geçirmiş olabileceklerinden sonsuza kadar birbirlerini bekleyerek takılıp kalabilirler.

Bunun tanınmış bir örneği, bir banka hesabından diğerine para aktaran işlevdir. Böyle bir işlemin hatasız gerçekleşmesi için her iki banka hesabının da kilitlenmesinin gerekeceği açıktır. Bu durumda yukarıda gördüğümüz `synchronized` kullanımını aşağıdaki gibi uygulamak hatalı olur:

```
void paraAktar(shared(BankaHesabı) kimden,
               shared(BankaHesabı) kime) {
    synchronized (kimden) {           // ← HATALI
        synchronized (kime) {
            // ...
```

```
        }
    }
}
```

Yanlışlığın nedenini şöyle basit bir durumla açıklayabiliriz: Bir iş parçacığının A hesabından B hesabına para aktardığını, başka bir iş parçacığının da B hesabından A hesabına para aktardığını düşünelim. İşletim sisteminin iş parçacıklarını belirsiz zamanlarda duraksatması sonucunda; `kimden` olarak A hesabını işlemekte olan iş parçacığı A nesnesini, `kimden` olarak B nesnesini işlemekte olan iş parçacığı da B nesnesini kilitlemiş olabilir. Bu durumda her ikisi de diğerinin elinde tuttuğu nesneyi kilitlemeyi bekleyeceklerinden sonsuza kadar takılıp kalacaklardır.

Bu sorunun çözümü `synchronized` deyiminde birden fazla nesne belirtmektir: *Not: dmd 2.098.1 bu olanağı desteklemez.*

```
void paraAktar(shared(BankaHesabı) kimden,
               shared(BankaHesabı) kime) {
    // Not: dmd 2.098.1 bu olanağı desteklemez.
    synchronized (kimden, kime) {     // ← doğru
        // ...
    }
}
```

Derleyici ya nesnelerin ikisinin birden kilitleneceğini ya da hiçbirisinin kilitlenmeyeceğini garanti eder.

86.5 Tek ilkleme için shared `static this()` ve tek sonlandırma için shared `static ~this()`

`static this()`'in modül değişkenlerini ilklerken kullanıldığını görmüştük. D'de veri iş parçacıklarına özel olduğundan `static this()` her iş parçacığı için ayrıca işletilir:

```
import std.stdio;
import std.concurrency;
import core.thread;

static this() {
    writeln("static this() işletiliyor");
}

void işçi() {
}

void main() {
    spawn(&işçi);

    thread_joinAll();
}
```

Yukarıdaki programdaki `static this()` bir kere ana iş parçacığında bir kere de `spawn()` ile başlatılan iş parçacığında işletilir:

```
static this() işletiliyor
static this() işletiliyor
```

Bu durum `shared` olarak işaretlenmiş olan modül değişkenleri (`immutable` dahil) için bir sorun oluşturur çünkü aynı değişkenin birden fazla ilklenmesi *yarış hali* nedeniyle özellikle eş zamanlı programlamada yanlış olacaktır. Bunun çözümü `shared static this()` bloklarıdır. Bu bloklar bütün programda tek kere işletilirler:

```
int a;                  // her iş parçacığına özel
immutable int b;        // bütün programda paylaşılan

static this() {
    writeln("İş parçacığı değişkeni ilkleniyor; adresi: ", &a);
    a = 42;
}

shared static this() {
    writeln("Program değişkeni ilkleniyor; adresi: ", &b);
    b = 43;
}
```

Çıktısı:

```
Program değişkeni ilkleniyor; adresi: 6B0140      ← programda tek
İş parçacığı değişkeni ilkleniyor; adresi: 7F80E22667D0
İş parçacığı değişkeni ilkleniyor; adresi: 7F80E2165670
```

Benzer biçimde, `shared static ~this()` de bütün programda tek kere işletilmesi gereken sonlandırma işlemleri içindir.

86.6 Kesintisiz işlemler

İşlemlerin başka iş parçacıkları araya girmeden kesintisiz olarak işletilmesini sağlamanın bir yolu; mikro işlemci, derleyici, veya işletim sistemi tarafından sunulmuş olan kesintisiz işlemlerden yararlanmaktır.

Phobos bu olanakları `core.atomic` modülünde sunar. Bu bölümde bu olanaklardan yalnızca ikisini göstereceğim:

atomicOp

Bu işlev, şablon parametresi olarak belirtilen işleci parametrelerine uygular. Şablon parametresinin +, +=, vs. gibi bir *ikili işleç* olması şarttır:

```
import core.atomic;

// ...

        atomicOp!"+="(*değer, 1);     // kesintisiz
```

Yukarıdaki satır, aşağıdakinin kesintiye uğratılmadan işletilmesinin eşdeğeridir:

```
        *değer += 1;                  // kesintili
```

Dolayısıyla, eğer kesintiye uğratılmadan işletilmesi gereken işlem bir ikili işleç ise `synchronized` bloğuna gerek kalmaz ve kod daha hızlı işleyebilir. Yukarıdaki `arttırıcı` ve `azaltıcı` işlevlerinin aşağıdaki eşdeğerleri de programın doğru çalışmasını sağlar. Bu çözümde `Kilit` türüne de gerek yoktur:

```
import core.atomic;

//...

void arttırıcı(shared(int) * değer) {
    foreach (i; 0 .. adet) {
        atomicOp!"+="(*değer, 1);
    }
}

void azaltıcı(shared(int) * değer) {
    foreach (i; 0 .. adet) {
        atomicOp!"-="(*değer, 1);
    }
}
```

`atomicOp` başka ikili işleçlerle de kullanılabilir.

cas

Bu işlevin ismi "karşılaştır ve değiş tokuş et" anlamına gelen İngilizce *compare and swap*'ın kısasıdır. İşleyişi, *değişkenin hâlâ belirli bir değere eşit ise değiştirilmesi* temeline dayanır. Önce değişkenin mevcut değeri okunur ve o değer `cas`'a yeni değerle birlikte verilir:

```
    bool değişti_mi = cas(değişken_adresi, mevcutDeğer, yeniDeğer);
```

Değişkenin mevcut değerinin `cas`'ın işleyişi sırasında aynı kalmış olması başka bir iş parçacığının araya girmediğinin göstergesidir. Bu durumda `cas` değişkene yeni değerini atar ve değişimin başarıyla gerçekleştiğini belirtmek için `true` döndürür. Değişkenin eski değerine eşit olmadığını gördüğünde `cas` işleyişine devam etmez ve `false` döndürür.

Aşağıdaki işlevler `cas` başarısız olduğunda (yani, dönüş değeri `false` olduğunda) mevcut değeri tekrar okumakta ve işlemi hemen tekrar denemekteler. Bu çağrıların anlamı *değeri `mevcutDeğer`'e eşit ise yeni değerle değiştir* diye açıklanabilir:

```
void arttırıcı(shared(int) * değer) {
    foreach (i; 0 .. adet) {
        int mevcutDeğer;

        do {
            mevcutDeğer = *değer;
        } while (!cas(değer, mevcutDeğer, mevcutDeğer + 1));
    }
}

void azaltıcı(shared(int) * değer) {
    foreach (i; 0 .. adet) {
        int mevcutDeğer;

        do {
            mevcutDeğer = *değer;
        } while (!cas(değer, mevcutDeğer, mevcutDeğer - 1));
    }
}
```

Yukarıdaki işlevler de `synchronized` bloğuna gerek kalmadan doğru sonuç üretirler.

`core.atomic` modülünün olanakları çoğu durumda `synchronized` bloklarından kat kat hızlıdır. Probleme uygun olduğu sürece öncelikle bu modülden yararlanmanızı öneririm.

Bu olanaklar bu kitabın konusu dışında kalan *kilitsiz veri yapılarının* gerçekleştirilmelerinde de kullanılırlar.

Klasik eş zamanlı programlamada çok karşılaşılan başka olanakları da `core.sync` pakedinin modüllerinde bulabilirsiniz:

- `core.sync.barrier`
- `core.sync.condition`
- `core.sync.config`
- `core.sync.exception`
- `core.sync.mutex`
- `core.sync.rwmutex`
- `core.sync.semaphore`

86.7 Özet

- İş parçacıklarının birbirlerine bağlı olmadıkları durumlarda iki önceki bölümün konusu olan `std.parallelism` modülünün sunduğu *koşut programlamayı* yeğleyin. Ancak iş parçacıkları birbirlerine bağlı olduklarında `std.concurrency`'nin sunduğu *eş zamanlı programlamayı* düşünün.
- Eş zamanlı programlama gerçekten gerektiğinde bir önceki bölümün konusu olan mesajlaşmayı yeğleyin çünkü veri paylaşımı çeşitli program hatalarına açıktır.
- Yalnızca `shared` veriler paylaşılabilir; `immutable` otomatik olarak `shared`'dir.
- `__gshared` C ve C++ anlamında veri paylaşımı sağlar.
- `synchronized` belirli bir kod bloğunun belirli bir anda tek iş parçacığı tarafından işletilmesini sağlar.
- Bir sınıf türü `synchronized` olarak tanımlandığında belirli bir nesnesi üzerinde belirli bir anda üye işlevlerinden yalnızca birisi işletilir.
- `static this()` her iş parçacığı için ayrıca işletilir; `shared static this()` bütün programda tek kere işletilir.
- `core.atomic` modülünün olanakları `synchronized`'dan çok daha hızlı işleyen programlar üretir; ancak, her duruma uygun değildir.
- `core.sync` pakedi başka eş zamanlı programlama olanakları içerir.

87 Fiberler

Fiber, tek iş parçacığının birden fazla görev yürütmesini sağlayan bir *işlem birimidir*. Koşut işlemlerde ve eş zamanlı programlamada normalde yararlanılan iş parçacıklarıyla karşılaştırıldığında bir fiberin duraksatılması ve tekrar başlatılması çok daha hızlıdır. Fiberler *ortak işlevlere* (coroutines) ve *yeşil iş parçacıklarına* (green threads) çok benzerler ve bu terimler bazen aynı anlamda kullanılır.

Fiberler temelde iş parçacıklarının birden fazla çağrı yığıtı kullanmalarını sağlarlar. Bu yüzden, fiberlerin yararını tam olarak görebilmek için önce *çağrı yığıtının* getirdiği kolaylığı anlamak gerekir.

87.1 Çağrı yığıtı

Bir işlevin parametreleri, `static` olmayan yerel değişkenleri, dönüş değeri, geçici ifadeleri, ve işletilmesi sırasında gereken başka her türlü bilgi o işlevin *yerel durumudur* (local state). Yerel durumu oluşturan değişkenler için kullanılan alan her işlev çağrısında otomatik olarak ayrılır ve bu değişkenler otomatik olarak ilklenirler.

Her çağrı için ayrılan bu alan o çağrının *çerçevesi* olarak adlandırılır. İşlevler başka işlevleri çağırdıkça bu çerçeveler kavramsal olarak yığıt biçiminde *üst üste* yerleştirilirler. Belirli bir andaki bütün etkin işlev çağrılarının çerçevelerinden oluşan alana o işlevleri işletmekte olan iş parçacığının *çağrı yığıtı* denir.

Örneğin, aşağıdaki programın ana iş parçacığında `main`'in `foo`'yu çağırmasının ardından `foo`'nun da `bar`'ı çağırdığı durumda toplam üç etkin işlev çağrısı vardır:

```
void main() {
    int a;
    int b;

    int c = foo(a, b);
}

int foo(int x, int y) {
    bar(x + y);
    return 42;
}

void bar(int parametre) {
    string[] dizi;
    // ...
}
```

O çağrılar sonucunda `bar`'ın işletilmesi sırasında çağrı yığıtı üç çerçeveden oluşur:

```
Çağrı yığıtı işlev çağrıları
derinleştikçe yukarıya doğru büyür.
                                          ▲  ▲
                                          |  |
Çağrı yığıtının tepesi →  ┌────────────────┐
                          │ int parametre  │  ← bar'ın çerçevesi
                          │ string[] dizi  │
                          ├────────────────┤
                          │ int x          │
                          │ int y          │  ← foo'nun çerçevesi
                          │ dönüş değeri   │
                          ├────────────────┤
                          │ int a          │
                          │ int b          │  ← main'in çerçevesi
  Çağrı yığıtının dibi →  └────────────────┘
```

İşlevlerin başka işlevleri çağırarak daha derine dallanmalarına ve bu işlevlerden üst düzeylere dönülmelerine bağlı olarak çağrı yığıtının büyüklüğü buna uygun olarak artar veya azalır. Örneğin, bar'dan dönüldüğünde artık çerçevesine gerek kalmadığından o alan ilerideki başka bir çağrı için kullanılmak üzere boş kalır:

```
                              ┌───────────────┐
Çağrı yığıtının tepesi →      ├───────────────┤
                              │ int x         │
                              │ int y         │   ← foo'nun çerçevesi
                              │ dönüş değeri  │
                              ├───────────────┤
                              │ int a         │
                              │ int b         │   ← main'in çerçevesi
   Çağrı yığıtının dibi →     └───────────────┘
```

Bu kitapta yazdığımız her programda üzerinde durmasak da hep çağrı yığıtından yararlandık. Özyinelemeli işlevlerin basit olabilmelerinin nedeni de çağrı yığıtıdır.

Özyineleme

Özyineleme, bir işlevin doğrudan veya dolaylı olarak kendisini çağırması durumudur. Özyineleme, aralarında *böl ve fethet* (divide-and-conquer) diye tanımlananlar da bulunan bazı algoritmaları büyük ölçüde kolaylaştırır.

Bunun bir örneğini görmek için bir dilimin elemanlarının toplamını döndüren aşağıdaki işleve bakalım. Bu işlev görevini yerine getirirken yine kendisini, ama farklı parametre değerleriyle çağırmaktadır. Her çağrı, parametre olarak alınan dilimin bir eksik elemanlısını kullanmaktadır. Bu özyineleme dilim boş kalana kadar devam eder. Belirli bir ana kadar hesaplanmış olan toplam değer ise işlevin ikinci parametresi olarak geçirilmektedir:

```
import std.array;

int topla(int[] dilim, int anlıkToplam = 0) {
    if (dilim.empty) {
        /* Ekleyecek eleman yok. Bu ana kadar hesaplanmış olan
         * toplamı döndürelim. */
        return anlıkToplam;
    }

    /* Baştaki elemanın değerini bu andaki toplama ekleyelim
     * ve kendimizi dilimin geri kalanı ile çağıralım. */
    return topla(dilim[1..$], anlıkToplam + dilim.front);
}

void main() {
    assert(topla([1, 2, 3]) == 6);
}
```

Not: Yukarıdaki işlev yalnızca gösterim amacıyla yazılmıştır. Bir aralıktaki elemanların toplamı gerektiğinde `std.algorithm.sum` işlevini kullanmanızı öneririm. O işlev kesirli sayıları toplarken özel algoritmalardan yararlanır ve daha doğru sonuçlar üretir.

`topla`'nın yukarıdaki gibi `[1, 2, 3]` dilimiyle çağrıldığını düşünürsek, özyinelemenin son adımında çağrı yığıtı aşağıdaki çerçevelerden oluşacaktır. Her parametrenin değerini == işlecinden sonra gösteriyorum. Çağrı sırasına uygun olması için çerçeveleri aşağıdan yukarıya doğru okumanızı öneririm:

```
┌──────────────────────────────┐
│ dilim       == []            │ ← topla'nın son çağrılışı
│ anlıkToplam == 6             │
├──────────────────────────────┤
│ dilim       == [3]           │ ← topla'nın üçüncü çağrılışı
│ anlıkToplam == 3             │
├──────────────────────────────┤
│ dilim       == [2, 3]        │ ← topla'nın ikinci çağrılışı
│ anlıkToplam == 1             │
├──────────────────────────────┤
│ dilim       == [1, 2, 3]     │ ← topla'nın ilk çağrılışı
│ anlıkToplam == 0             │
├──────────────────────────────┤
│             ...              │ ← main'in çerçevesi
└──────────────────────────────┘
```

Not: Eğer özyinelemeli işlev `topla`'da olduğu gibi kendisini çağırmasının sonucunu döndürüyorsa, derleyiciler "kuyruk özyinelemesi" denen bir eniyileştirme (tail-call optimization) yönteminden yararlanırlar ve her çağrı için ayrı çerçeve kullanımını önlerler.

Birden fazla iş parçacığı kullanılan durumda her iş parçacığı diğerlerinden bağımsızca kendi görevini yürüttüğünden, her iş parçacığı için ayrı çağrı yığıtı vardır.

Bir fiberin gücü, kendisi iş parçacığı olmadığı halde kendi çağrı yığıtına sahip olmasından kaynaklanır. Fiberler, normalde tek çağrı yığıtına sahip olan iş parçacıklarının birden fazla çağrı yığıtı kullanabilmelerini sağlarlar. Tek çağrı yığıtı ancak tek görevin durumunu saklayabildiğinden birden fazla çağrı yığıtı bir iş parçacığının birden fazla görev yürütmesini sağlar.

87.2 Kullanım

Fiberlerin genel kullanımı aşağıdaki işlemlerden oluşur. Bunların örneklerini biraz aşağıda göreceğiz.

- Bir fiberin işleyişi, çağrılabilen herhangi bir *birimden* (işlev göstergesi, temsilci, vs.) başlar. Bu başlangıç çağrısı parametre almaz ve değer döndürmez. Örneğin, fiberin başlangıcının türü `void function()` olabilir:

```
void fiberİşlevi() {
    // ...
}
```

- Bir fiber temelde `core.thread.Fiber` sınıfının bir nesnesi olarak kurulur:

```
import core.thread;

// ...

    auto fiber = new Fiber(&fiberİşlevi);
```

Gerektiğinde `Fiber` sınıfından türemiş olan bir sınıf da kullanılabilir. Bu durumda başlangıç işlevi üst sınıfın kurucusuna parametre olarak geçirilir:

```
class ÖzelFiber : Fiber {
    this() {
        super(&başlangıç);
    }

    void başlangıç() {
        // ...
    }
}

// ...
```

```
auto fiber = new ÖzelFiber();
```

- Bir fiber `call()` üye işlevi ile başlatılır:

```
fiber.call();
```

İş parçacıklarının tersine, fiber işlerken onu çağıran kod durur.

- Bir fiber kendisini `Fiber.yield()` ile duraksatır:

```
void fiberİşlevi() {
    // ...

        Fiber.yield();

    // ...
}
```

Fiber duraksadığında onu çağıran kod kaldığı yerden tekrar işlemeye başlar.

- Bir fiberin çalışma durumu `.state` niteliği ile öğrenilir:

```
if (fiber.state == Fiber.State.TERM) {
    // ...
}
```

`Fiber.State` aşağıdaki değerlerden oluşan bir `enum` türüdür:

  - `HOLD`: Fiber duraksamış (yani, başlatılabilir) durumdadır.
  - `EXEC`: Fiber işlemektedir.
  - `TERM`: Fiber işlemini tamamlamış durumdadır. Yeniden başlatılması isteniyorsa önce `reset()` üye işlevinin çağrılması gerekir.

87.3 Fiberlerin aralıklara yararı

Hemen hemen her aralık en son nerede kaldığı bilgisini saklamak üzere üye değişkenlerden yararlanır. Bu bilgi, aralık nesnesi `popFront` ile *ilerletilirken* kullanılır. Hem Aralıklar bölümünde (sayfa 572) hem de daha sonraki bölümlerde gördüğümüz çoğu aralığın da üye değişkenleri bulunuyordu.

Örneğin, daha önce tanımlamış olduğumuz `FibonacciSerisi`, serinin iki sonraki sayısını hesaplamak için iki üye değişkenden yararlanıyordu:

```
struct FibonacciSerisi {
    int baştaki = 0;
    int sonraki = 1;

    enum empty = false;

    int front() const {
        return baştaki;
    }

    void popFront() {
        const ikiSonraki = baştaki + sonraki;
        baştaki = sonraki;
        sonraki = ikiSonraki;
    }
}
```

İlerleme durumu için böyle değişkenler tanımlamak `FibonacciSerisi` gibi bazı aralıklar için basit olsa da, ikili ağaç gibi bazı özyinelemeli veri yapılarında şaşırtıcı derecede güçtür. Şaşırtıcılığın nedeni, aynı algoritmaların özyinelemeli olarak yazıldıklarında ise çok basit olmalarıdır.

Örneğin, özyinelemeli olarak tanımlanmış olan aşağıdaki `ekle` ve `yazdır` işlevleri hiç değişken tanımlamaları gerekmeden ve ağaçtaki eleman sayısından bağımsız olarak çok basitçe yazılabilmişlerdir. Özyinelemeli çağrıları işaretli olarak gösteriyorum. (Dikkat ederseniz, `ekle`'nin özyinelemesi `ekleVeyaİlkle` üzerindendir.)

```
import std.stdio;
import std.string;
import std.conv;
import std.random;
import std.range;
import std.algorithm;

/* İkili ağacın düğümlerini temsil eder. Aşağıdaki Ağaç
 * yapısının gerçekleştirilmesinde kullanılmak üzere
 * tanımlanmıştır. */
struct Düğüm {
    int eleman;
    Düğüm * sol;     // Sol alt ağaç
    Düğüm * sağ;     // Sağ alt ağaç

    void ekle(int eleman) {
        if (eleman < this.eleman) {
            /* Küçük elemanlar sol alt ağaca */
            ekleVeyaİlkle(sol, eleman);

        } else if (eleman > this.eleman) {
            /* Büyük elemanlar sağ alt ağaca */
            ekleVeyaİlkle(sağ, eleman);

        } else {
            throw new Exception(format("%s mevcut", eleman));
        }
    }

    void yazdır() const {
        /* Önce sol alt ağacı yazdırıyoruz. */
        if (sol) {
            sol.yazdır();
            write(' ');
        }

        /* Sonra bu düğümün elemanını yazdırıyoruz. */
        write(eleman);

        /* En sonunda da sağ alt ağacı yazdırıyoruz. */
        if (sağ) {
            write(' ');
            sağ.yazdır();
        }
    }
}

/* Elemanı belirtilen alt ağaca ekler. Eğer 'null' ise düğümü
 * ilkler. */
void ekleVeyaİlkle(ref Düğüm * düğüm, int eleman) {
    if (!düğüm) {
        /* Bu alt ağacı ilk elemanıyla ilkliyoruz. */
        düğüm = new Düğüm(eleman);

    } else {
        düğüm.ekle(eleman);
    }
}

/* Ağaç veri yapısını temsil eder. 'kök' üyesi 'null' ise ağaç
 * boş demektir. */
struct Ağaç {
    Düğüm * kök;

    /* Elemanı bu ağaca ekler. */
```

```
    void ekle(int eleman) {
        ekleVeyaİlkle(kök, eleman);
    }

    /* Elemanları sıralı olarak yazdırır. */
    void yazdır() const {
        if (kök) {
            kök.yazdır();
        }
    }
}

/* '10 * n' sayı arasından rasgele seçilmiş olan 'n' sayı ile
 * bir ağaç oluşturur. */
Ağaç rasgeleAğaç(size_t n) {
    /* '10 * n' sayı arasından 'n' tane seç. */
    auto sayılar = iota((n * 10).to!int)
                   .randomSample(n, Random(unpredictableSeed))
                   .array;

    /* 'n' sayıyı karıştır. */
    randomShuffle(sayılar);

    /* Ağacı o sayılarla doldur. */
    auto ağaç = Ağaç();
    sayılar.each!(e => ağaç.ekle(e));

    return ağaç;
}

void main() {
    auto ağaç = rasgeleAğaç(10);
    ağaç.yazdır();
}
```

Not: Yukarıdaki program aşağıdaki Phobos olanaklarından da yararlanmaktadır:

- `std.range.iota`, verilen değer aralığındaki elemanları tembel olarak üretir. (İlk eleman belirtilmediğinde `.init` değeri varsayılır.) Örneğin, `iota(10)` 0 ile 9 arasındaki değerlerden oluşan bir `int` aralığıdır.
- `std.algorithm.each`, `std.algorithm.map`'e çok benzer. `map` her elemana karşılık yeni bir sonuç ürettiği halde `each` her elemana karşılık yan etki üretir. Ek olarak, `map` tembeldir ama `each` heveslidir.
- `std.random.randomSample`, verilen aralıktan sıralarını değiştirmeden rasgele elemanlar seçer.
- `std.random.randomShuffle`, bir aralıktaki elemanların sıralarını rasgele değiştirir.

Her toplulukta olduğu gibi, aralık algoritmalarıyla kullanılabilmesi için bu ağaç topluluğunun da bir aralık arayüzü sunmasını isteriz. Bunu `opSlice` üye işlevini tanımlayarak gerçekleştirebileceğimizi biliyoruz:

```
struct Ağaç {
// ...

    /* Ağacın elemanlarına sıralı erişim sağlar. */
    struct SıralıAralık {
        ... Gerçekleştirmesi nasıl olmalıdır? ...
    }

    SıralıAralık opSlice() const {
        return SıralıAralık(kök);
    }
}
```

Yukarıda tanımlanan `yazdır` üye işlevi de temelde elemanlara sırayla eriştiği halde, bir ağacın elemanlarına erişim sağlayan bir `InputRange` tanımlamak göründüğünden çok daha güç bir iştir. Ben burada `SıralıAralık` yapısını tanımlamaya çalışmayacağım. Ağaç erişicilerinin nasıl gerçekleştirildiklerini kendiniz araştırmanızı ve geliştirmeye çalışmanızı öneririm. (Bazı erişici gerçekleştirmeleri `sol` ve `sağ` üyelerine ek olarak üstteki (parent) düğümü gösteren `Node*` türünde bir üye daha olmasını gerektirirler.)

`yazdır` gibi özyinelemeli ağaç algoritmalarının o kadar basit yazılabilmelerinin nedeni çağrı yığıtıdır. Çağrı yığıtı, belirli bir andaki elemanın hangisi olduğunun yanında o elemana hangi alt ağaçlar izlenerek erişildiği (hangi düğümlerde sola veya sağa dönüldüğü) bilgisini de otomatik olarak saklar.

Örneğin, özyinelemeli `sol.yazdır()` çağrısından soldaki elemanlar yazdırılıp dönüldüğünde, şu anda işlemekte olan `yazdır` işlevi sırada boşluk karakteri olduğunu zaten bilir:

```
    void yazdır() const {
        if (sol) {
            sol.yazdır();
            write(' '); // ← Çağrı yığıtına göre sıra bundadır
        }

        // ...
    }
```

Fiberler özellikle çağrı yığıtının büyük kolaylık sağladığı bu gibi durumlarda yararlıdır.

Fiberlerin sağladığı kolaylık Fibonacci serisi gibi basit türler üzerinde gösterilemese de, fiber işlemlerini özellikle böyle basit bir yapı üzerinde tanıtmak istiyorum. Daha aşağıda bir ikili ağaç aralığı da tanımlayacağız.

```
import core.thread;

/* Elemanları üretir ve 'ref' parametresine atar. */
void fibonacciSerisi(ref int baştaki) {              // (1)
    baştaki = 0;    // Not: 'baştaki' parametrenin kendisidir
    int sonraki = 1;

    while (true) {
        Fiber.yield();                                // (2)
        /* Bir sonraki call() çağrısı tam bu noktadan
         * devam eder. */                             // (3)

        const ikiSonraki = baştaki + sonraki;
        baştaki = sonraki;
        sonraki = ikiSonraki;
    }
}

void main() {
    int baştaki;                                      // (1)
                            // (4)
    Fiber fiber = new Fiber(() => fibonacciSerisi(baştaki));

    foreach ( ; 0 .. 10) {
        fiber.call();                                 // (5)

        import std.stdio;
        writef("%s ", baştaki);
    }
}
```

1. Yukarıdaki fiber işlevi parametre olarak `int` türünde bir değişken referansı almakta ve ürettiği elemanları kendisini çağırana bu parametre aracılığıyla iletmektedir. (Bu parametre `ref` yerine `out` olarak da tanımlanabilir.)
2. Fiber, yeni eleman hazır olduğunda kendisini `Fiber.yield()` ile duraksatır.
3. Bir sonraki `call()` çağrısı, fiberi en son duraksatmış olan `Fiber.yield()`'in hemen sonrasından devam ettirir. (İlk `call()` ise fiber işlevini başlatır.)
4. Fiber işlevleri parametre almadıklarından `fibonacciSerisi()` doğrudan kullanılamaz. O yüzden, `Fiber` nesnesi kurulurken parametresiz bir isimsiz işlev (sayfa 476) kullanılmıştır.
5. Çağıran, fiberi `call()` üye işlevi ile başlatır ve devam ettirir.

Sonuçta, `main` eleman değerlerini `baştaki` değişkeni üzerinden elde eder ve yazdırır:

```
0 1 1 2 3 5 8 13 21 34
```

Fiberlerin `std.concurrency.Generator` ile aralık olarak kullanılmaları

Fibonacci serisinin yukarıdaki fiber gerçekleştirmesinin bazı yetersizlikleri vardır:

- Bu seri, aralık arayüzü sunmadığından mevcut aralık algoritmalarıyla kullanılamaz.
- `ref` çeşidinden bir parametrenin değiştirilmesi yerine elemanların çağırana *kopyalandıkları* bir tasarım tercih edilmelidir.
- Fiberi böyle *alt düzey* olanaklarıyla açıkça kurmak ve kullanmak yerine kullanım kolaylığı getiren başka çözümler tasarlanabilir.

`std.concurrency.Generator` sınıfı bu yetersizliklerin hepsini giderir. Aşağıdaki `fibonacciSerisi`'nin nasıl basit bir işlev olarak yazılabildiğine dikkat edin. Tek farkı, işlevden tek eleman döndürmek yerine `yield` ile birden fazla eleman üretmesidir. (Bu örnekte sonsuz sayıda eleman üretilmektedir.)

Ek olarak, aşağıdaki `yield` daha önce kullandığımız `Fiber.yield` üye işlevi değil, `std.concurrency` modülündeki `yield` işlevidir.

```
import std.stdio;
import std.range;
import std.concurrency;

/* Bu alias std.range.Generator ile olan bir isim çakışmasını
 * gidermek içindir. */
alias FiberAralığı = std.concurrency.Generator;

void fibonacciSerisi() {
    int baştaki = 0;
    int sonraki = 1;

    while (true) {
        yield(baştaki);

        const ikiSonraki = baştaki + sonraki;
        baştaki = sonraki;
        sonraki = ikiSonraki;
    }
}

void main() {
    auto seri = new FiberAralığı!int(&fibonacciSerisi);
    writefln("%(%s %)", seri.take(10));
}
```

Sonuçta, bir fiber işlevinin ürettiği elemanlar kolayca bir `InputRange` aralığı olarak kullanılabilmektedir:

```
0 1 1 2 3 5 8 13 21 34
```

Ağaç elemanlarına `InputRange` arayüzü vermek için de `Generator`'dan yararlanılabilir. Dahası, `InputRange` arayüzü bulunan bir ağacın `yazdır` işlevine de artık gerek kalmaz. Aşağıdaki `düğümleri` işlevinin `sonrakiDüğüm`'ü çağıran bir isimsiz işlev oluşturduğuna ve `Generator`'a o isimsiz işlevi verdiğine dikkat edin:

```
import std.concurrency;

alias FiberAralığı = std.concurrency.Generator;

struct Düğüm {
// ...

    /* Not: Gerekmeyen yazdır() işlevi çıkartılmıştır. */

    auto opSlice() const {
        return düğümleri(&this);
    }
}

/* Bu fiber işlevi eleman değerine göre sıralı olarak bir
 * sonraki düğümü üretir. */
void sonrakiDüğüm(const(Düğüm) * düğüm) {
    if (!düğüm) {
        /* Bu düğümün kendisinde veya altında eleman yok */
        return;
    }

    sonrakiDüğüm(düğüm.sol);      // Önce soldaki elemanlar
    yield(düğüm);                 // Şimdi bu eleman
    sonrakiDüğüm(düğüm.sağ);      // Sonra sağdaki elemanlar
}

/* Ağacın düğümlerinden oluşan bir InputRange döndürür. */
auto düğümleri(const(Düğüm) * düğüm) {
    return new FiberAralığı!(const(Düğüm)*)(
        () => sonrakiDüğüm(düğüm));
}

// ...

struct Ağaç {
// ...

    /* Not: Gerekmeyen yazdır() işlevi çıkartılmıştır. */

    auto opSlice() const {
        /* Düğümlerden eleman değerlerine dönüşüm. */
        return düğümleri(this).map!(d => d.eleman);
    }
}

/* Ağacın düğümlerinden oluşan bir InputRange döndürür. Ağaçta
 * eleman bulunmadığında (yani, 'kök' 'null' olduğunda) boş
 * aralık döndürür. */
auto düğümleri(const(Ağaç) ağaç) {
    if (ağaç.kök) {
        return düğümleri(ağaç.kök);

    } else {
        alias AralıkTürü = typeof(return);
        return new AralıkTürü(() {});     // ← Boş aralık
    }
}
```

Artık Ağaç nesneleri [] işleciyle dilimlenebilirler ve InputRange olarak kullanılabilirler:

```
    writefln("%(%s %)", ağaç[]);
```

87.4 Fiberlerin zaman uyumsuz giriş/çıkış işlemlerinde kullanılmaları

Fiberlerin çağrı yığıtları zaman uyumsuz giriş/çıkış işlemlerini de kolaylaştırır.

Bunun bir örneğini görmek için kullanıcıların sırayla *isim*, *e-posta*, ve *yaş* bilgilerini girerek kayıt oldukları bir servis düşünelim. Bu örneği bir internet sitesinin *üye kayıt iş akışına* (flow) benzetebiliriz. Örneği kısa tutmak için bir internet sunucusu yerine kullanıcılarla komut satırı üzerinden etkileşen bir program yazalım. Bu etkileşim girilen bilgilerin işaretli olarak gösterildikleri aşağıdaki protokolü kullanıyor olsun:

- merhaba: Bir kullanıcı bağlansın ve kendi akışının numarasını edinsin.
- *numara veri*: Belirtilen numaralı akışın kullanıcısı bir sonraki veriyi girsin. Örneğin, 42 numaralı akışın bir sonraki verisi *isim* ise ve kullanıcısının adı Ayşe ise, giriş 42 Ayşe olsun.
- son: Program sonlansın.

Örneğin, Ayşe ve Barış adlı iki kullanıcının etkileşimleri aşağıdaki gibi olabilir. Kullanıcıların girdikleri veriler işaretli olarak gösterilmiştir. Her kullanıcı bağlandıktan sonra *isim*, *e-posta*, ve *yaş* bilgisini girmektedir:

```
> merhaba                    ← Ayşe bağlanır
0 numaralı akış başladı.
> 0 Ayşe
> 0 ayse@example.com
> 0 20                       ← Ayşe kaydını tamamlar
Akış 0 tamamlandı.
'Ayşe' eklendi.
> merhaba                    ← Barış bağlanır
1 numaralı akış başladı.
> 1 Barış
> 1 baris@example.com
> 1 30                       ← Barış kaydını tamamlar
Akış 1 tamamlandı.
'Barış' eklendi.
> son
Güle güle.
Kullanıcılar:
  Kullanıcı("Ayşe", "ayse@example.com", 20)
  Kullanıcı("Barış", "baris@example.com", 30)
```

Bu programı merhaba komutunu bekleyen ve kullanıcı verileri için bir işlev çağıran bir tasarımla gerçekleştirebiliriz:

```
    if (giriş == "merhaba") {
        yeniKullanıcıKaydet();   // ← UYARI: Giriş tıkayan tasarım
    }
```

Eğer program eş zamanlı programlama yöntemleri kullanmıyorsa, yukarıdaki gibi bir tasarım *girişi tıkayacaktır* (block) çünkü bağlanan kullanıcının verileri tamamlanmadan program başka kullanıcı kabul edemez. Verilerini dakika mertebesinde giren kullanıcılar fazla yüklü olmayan bir sunucuyu bile kullanışsız hale getirecektir.

Böyle bir servisin tıkanmadan işlemesini (yani, birden fazla kullanıcının kayıt işlemlerinin aynı anda sürdürülebilmesini) sağlayan çeşitli tasarımlar düşünülebilir:

- Görevlerin açıkça yönetilmesi: Ana iş parçacığı her bağlanan kullanıcı için `spawn` ile farklı bir iş parçacığı oluşturabilir ve bilgileri o iş parçacığına mesajlar halinde iletebilir. Bu çözümde veri geçerliliğinin `synchronized` gibi yöntemlerle korunması gerekebilir. Ek olarak, aşağıda *işbirlikli çoklu görev* bölümünde açıklanacağı gibi, iş parçacıkları fiberlerden genelde daha yavaş işlerler.
- Akış durumunun açıkça yönetilmesi: Program birden fazla akış kabul edebilir ve her akışın durumunu açıkça yönetebilir. Örneğin, Ayşe henüz yalnızca ismini girmişse, onun akışının durum bilgisi bir sonraki verinin e-posta olduğunu belirtir.

Her kayıt akışı için ayrı fiber kullanan bir yöntem de düşünülebilir. Bunun yararı, akışın doğrusal olarak ve kullanıcı protokolüne tam uygun olarak yazılabilmesidir: önce isim, sonra e-posta, ve son olarak yaş. Aşağıdaki `başlangıç` işlevinin akışın durumunu saklamak için değişken tanımlamak zorunda kalmadığına dikkat edin. Her `call` çağrısı bir önceki `Fiber.yield`'in kaldığı yerden devam eder; bir sonra işletilecek olan işlem, çağrı yığıtı tarafından üstü kapalı olarak saklanmaktadır.

Önceki örneklerden farklı olarak, aşağıdaki programdaki fiber, `Fiber`'in alt sınıfı olarak tanımlanmıştır:

```
import std.stdio;
import std.string;
import std.format;
import std.exception;
import std.conv;
import std.array;
import core.thread;

struct Kullanıcı {
    string isim;
    string eposta;
    uint yaş;
}

/* Bu alt sınıf kullanıcı kayıt akışını temsil eder. */
class KayıtAkışı : Fiber {
    /* Bu akış için en son okunmuş olan veri. */
    string veri_;

    /* Kullanıcı nesnesi kurmak için gereken bilgi. */
    string isim;
    string eposta;
    uint yaş;

    this() {
        /* Fiberin başlangıç noktası olarak 'başlangıç' üye
         * işlevini belirtiyoruz. */
        super(&başlangıç);
    }

    void başlangıç() {
        /* İlk girilen veri isimdir. */
        isim = veri_;
        Fiber.yield();

        /* İkinci girilen veri e-postadır. */
        eposta = veri_;
        Fiber.yield();

        /* Sonuncu veri yaştır. */
        yaş = veri_.to!uint;

        /* Bu noktada Kullanıcı nesnesi oluşturacak bütün
         * veriyi toplamış bulunuyoruz. 'Fiber.yield()' ile
```

```
         * duraksamak yerine artık işlevin sonlanmasını
         * istiyoruz. (Burada açıkça 'return' deyimi de
         * olabilirdi.) Bunun sonucunda bu fiberin durumu
         * Fiber.State.TERM değerini alır. */
    }

    /* Bu nitelik işlevi çağıranın veri girmesi içindir. */
    void veri(string yeniVeri) {
        veri_ = yeniVeri;
    }

    /* Bu nitelik işlevi kurulan nesneyi çağırana vermek
     * içindir. */
    Kullanıcı kullanıcı() const {
        return Kullanıcı(isim, eposta, yaş);
    }
}

/* Belirli bir akış için girişten okunmuş olan veriyi temsil
 * eder. */
struct AkışVerisi {
    size_t numara;
    string yeniVeri;
}

/* Belirtilen satırdan akış verisi okur. */
AkışVerisi akışVerisiOku(string satır) {
    size_t numara;
    string yeniVeri;

    const adet =
        satır.formattedRead!" %s %s"(numara, yeniVeri);

    enforce(adet == 2,
            format("Geçersiz veri: '%s'.", satır));

    return AkışVerisi(numara, yeniVeri);
}

void main() {
    Kullanıcı[] kullanıcılar;
    KayıtAkışı[] akışlar;

    bool bitti_mi = false;

    while (!bitti_mi) {
        write("> ");
        string satır = readln.strip;

        switch (satır) {
        case "merhaba":
            /* Yeni bağlanan kullanıcı için yeni akış
             * oluşturalım. */
            akışlar ~= new KayıtAkışı();

            writefln("%s numaralı akış başladı.",
                     akışlar.length - 1);
            break;

        case "son":
            /* Programdan çıkalım. */
            bitti_mi = true;
            break;

        default:
            /* Girilen satırı akış verisi olarak kullanmaya
             * çalışalım. */
            try {
                auto kullanıcı = veriİşle(satır, akışlar);

                if (!kullanıcı.isim.empty) {
                    kullanıcılar ~= kullanıcı;
                    writefln("'%s' eklendi.", kullanıcı.isim);
```

```
                }
            } catch (Exception hata) {
                writefln("Hata: %s", hata.msg);
            }
            break;
        }
    }

    writeln("Güle güle.");
    writefln("Kullanıcılar:\n%(  %s\n%)", kullanıcılar);
}

/* Girilen verinin ait olduğu fiberi belirler, yeni verisini
 * bildirir, ve o fiberin işleyişini kaldığı yerden devam
 * ettirir. Eğer girilen son veri üzerine akış sonlanmışsa,
 * üyeleri geçerli değerlerden oluşan bir Kullanıcı nesnesi
 * döndürür. */
Kullanıcı veriİşle(string satır, KayıtAkışı[] akışlar) {
    const akışVerisi = akışVerisiOku(satır);
    const numara = akışVerisi.numara;

    enforce(numara < akışlar.length,
            format("Geçersiz numara: %s.", numara));

    auto akış = akışlar[numara];

    enforce(akış.state == Fiber.State.HOLD,
            format("Akış %s işletilebilir durumda değil.",
                   numara));

    /* Akışa yeni verisini bildir. */
    akış.veri = akışVerisi.yeniVeri;

    /* Akışı kaldığı yerden devam ettir. */
    akış.call();

    Kullanıcı kullanıcı;

    if (akış.state == Fiber.State.TERM) {
        writefln("Akış %s tamamlandı.", numara);

        /* Dönüş değerine yeni oluşturulan kullanıcıyı ata. */
        kullanıcı = akış.kullanıcı;

        /* Sonrası için fikir: 'akışlar' dizisinin artık işi
         * bitmiş olan bu elemanı yeni bağlanacak olan
         * kullanıcılar için kullanılabilir. Ancak, önce
         * 'akış.reset()' ile tekrar başlatılabilir duruma
         * getirilmesi gerekir. */
    }

    return kullanıcı;
}
```

`main` işlevi girişten satırlar okur, onları ayrıştırır, ve veriyi işlenmek üzere ilgili akışa bildirir. Her akışın durumu kendi çağrı yığıtı tarafından otomatik olarak bilinmektedir. Yeni kullanıcılar bilgileri tamamlandıkça sisteme eklenirler.

Yukarıdaki programı çalıştırdığınızda kullanıcıların bilgi girme hızlarından bağımsız olarak sistemin her zaman için yeni kullanıcı kabul ettiğini göreceksiniz. Aşağıdaki örnekte Ayşe'nin etkileşimi işaretlenmiştir:

```
> merhaba                       ← Ayşe bağlanır
0 numaralı akış başladı.
> 0 Ayşe
> merhaba                       ← Barış bağlanır
1 numaralı akış başladı.
> merhaba                       ← Can bağlanır
2 numaralı akış başladı.
> 0 ayse@example.com
> 1 Barış
```

```
> 2 Can
> 2 can@example.com
> 2 40                    ← Can kaydını tamamlar
Akış 2 tamamlandı.
'Can' eklendi.
> 1 baris@example.com
> 1 30                    ← Barış kaydını tamamlar
Akış 1 tamamlandı.
'Barış' eklendi.
> 0 20                    ← Ayşe kaydını tamamlar
Akış 0 tamamlandı.
'Ayşe' eklendi.
> son
Güle güle.
Kullanıcılar:
  Kullanıcı("Can", "can@example.com", 40)
  Kullanıcı("Barış", "baris@example.com", 30)
  Kullanıcı("Ayşe", "ayse@example.com", 20)
```

Önce Ayşe, sonra Barış, ve en son Can bağlandıkları halde kayıt işlemlerini farklı sürelerde tamamlamışlardır. Sonuçta `kullanıcılar` dizisinin elemanları tamamlanan akış sırasına göre eklenmiştir.

Fiberlerin bu programa bir yararı, `KayıtAkışı.başlangıç` işlevinin kullanıcı giriş hızlarından bağımsız olarak basitçe yazılabilmiş olmasıdır. Ek olarak, başka akışlardan bağımsız olarak her zaman için yeni kullanıcı kabul edilebilmektedir.

vibe.d[1] gibi çok sayıdaki *zaman uyumsuz giriş/çıkış çatısı* da fiberler üzerine kurulu tasarımlardan yararlanır.

87.5 Fiberler ve hata yönetimi

Hata Yönetimi bölümünde (sayfa 193) "alt düzey bir işlevden atılan bir hatanın teker teker o işlevi çağıran üst düzey işlevlere geçtiğini" görmüştük. Hiçbir düzeyde yakalanmayan bir hatanın ise "`main`'den de çıkılmasına ve programın sonlanmasına" neden olduğunu görmüştük. O bölümde hiç çağrı yığıtından bahsedilmemiş olsa da hata atma düzeneği de çağrı yığıtından yararlanır.

Bu bölümün ilk örneğinden devam edersek, `bar` içinde bir hata atıldığında çağrı yığıtından önce `bar`'ın çerçevesi çıkartılır, ondan sonra `foo`'nunki, ve en sonunda da `main`'inki. İşlevler sonlanırken çerçevelerinin çağrı yığıtından çıkartılması sırasında o işlevlerin yerel değişkenlerinin sonlandırıcı işlevleri de işletilir. İşlevlerden hata atılması üzerine çıkılması ve sonlandırıcıların işletilmesine *yığıt çözülmesi* denir.

Fiberlerin kendi çağrı yığıtları olduğundan, atılan hata da fiberin kendi çağrı yığıtını etkiler, fiberi çağıran kodun çağrı yığıtını değil. Hata yakalanmadığında ise fiber işlevinden de çıkılmış olur ve fiberin durumu `Fiber.State.TERM` değerini alır.

Bu, bazı durumlarda tam da istenen davranış olabileceği gibi, bazen fiberin kaldığı yeri kaybetmeden hata durumunu bildirmesi istenebilir. `Fiber.yieldAndThrow`, fiberin kendisini duraksatmasını ve hemen ardından çağıranın kapsamında bir hata atmasını sağlar.

Bundan nasıl yararlanılabileceğini görmek için yukarıdaki kayıt programına geçersiz yaş bilgisi verelim:

```
> merhaba
0 numaralı akış başladı.
> 0 Ayşe
> 0 ayse@example.com
> 0 selam               ← kullanıcı geçersiz yaş bilgisi girer
Hata: Unexpected 's' when converting from type string to type uint
```

1. http://vibed.org

```
> 0 20                    ← hatasını düzeltmeye çalışır
Hata: Akış 0 işletilebilir durumda değil. ← ama fiber sonlanmıştır
```

Fiberin sonlanması nedeniyle bütün kullanıcı akışının kaybedilmesi yerine, fiber atılan dönüşüm hatasını yakalayabilir ve kendisini çağırana `yieldAndThrow` ile bildirebilir. Bunun için yaş bilgisinin dönüştürüldüğü aşağıdaki satırın değiştirilmesi gerekir:

```
        yaş = veri_.to!uint;
```

O satırın koşulsuz bir döngüdeki bir `try-catch` deyimi içine alınması, `uint`'e dönüştürülebilecek veri gelene kadar fiberi canlı tutacaktır:

```
        while (true) {
            try {
                yaş = veri_.to!uint;
                break;  // ← Dönüştürüldü; döngüden çıkalım

            } catch (ConvException hata) {
                Fiber.yieldAndThrow(hata);
            }
        }
```

Bu sefer, geçerli veri gelene kadar döngü içinde kalınır:

```
> merhaba
0 numaralı akış başladı.
> 0 Ayşe
> 0 ayse@example.com
> 0 selam                ← kullanıcı geçersiz yaş bilgisi girer
Hata: Unexpected 's' when converting from type string to type uint
> 0 dünya                ← tekrar geçersiz yaş bilgisi girer
Hata: Unexpected 'd' when converting from type string to type uint
> 0 20                   ← sonunda doğru bilgi girer
Akış 0 tamamlandı.
'Ayşe' eklendi.
> son
Güle güle.
Kullanıcılar:
  Kullanıcı("Ayşe", "ayse@example.com", 20)
```

Programın çıktısında görüldüğü gibi, artık akış hata nedeniyle sonlanmaz ve kullanıcı sisteme eklenmiş olur.

87.6 İşbirlikli çoklu görevler

İşletim sisteminin sunduğu çoklu görev olanağı iş parçacıklarını belirsiz zamanlarda duraksatmaya ve tekrar başlatmaya dayanır. Fiberler ise kendilerini istedikleri zaman duraksatırlar ve çağıranları tarafından tekrar başlatılırlar. Bu ayrıma göre, işletim sisteminin sunduğu çoklu görev sistemine *geçişli çoklu görev*, fiberlerin sunduğuna ise *işbirlikli çoklu görev* denir.

Geçişli çoklu görev sistemlerinde işletim sistemi başlattığı her iş parçacığına belirli bir süre ayırır. O süre dolduğunda iş parçacığı duraksatılır ve başka bir iş parçacığına *geçilir*. Bir iş parçacığından başkasına geçmeye *bağlam değiştirme* denir. Bağlam değiştirme göreceli olarak masraflı bir işlemdir.

Sistemler genelde çok sayıda iş parçacığı işlettiklerinden bağlam değiştirme hem kaçınılmazdır hem de programların kesintisiz işlemeleri açısından istenen bir durumdur. Ancak, bazı iş parçacıkları ayrılan süreleri daha dolmadan kendilerini duraksatma gereği duyarlar. Bu durum, bir iş parçacığının başka bir iş parçacığından veya bir cihazdan veri beklediği zamanlarda oluşabilir. Bir iş parçacığı kendisini durdurduğunda işletim sistemi başka bir iş parçacığına geçmek için yeniden bağlam değiştirmek zorundadır. Sonuçta, mikro işlemcinin iş gerçekleştirmek amacıyla ayırdığı sürenin bir bölümü bağlam değiştirmek için harcanmıştır.

Fiberlerde ise fiber ve onu çağıran kod aynı iş parçacığı üzerinde işletilirler. (Fiber ve çağıranının aynı anda işletilmemelerinin nedeni budur.) Bunun bir yararı, ikisi arasındaki geçişlerde bağlam değiştirme masrafının bulunmamasıdır. (Yine de işlev çağırma masrafı kadar küçük olan bir masraf vardır.)

İşbirlikli çoklu görevlerin başka bir yararı, fiberle çağıranı arasında iletilen verinin mikro işlemcinin önbelleğinde bulunma olasılığının daha yüksek olmasıdır. Önbelleğe erişmek sistem belleğine erişmekten yüzlerce kat hızlı olduğundan, fiberler iş parçacıklarından çok daha hızlı işleyebilirler.

Dahası, fiber ve çağıranı aynı anda işlemediklerinden, veri erişiminde *yarış hali* de söz konusu değildir. Dolayısıyla, `synchronized` gibi olanaklar kullanılması da gerekmez. Ancak, programcı yine de fiberin gereğinden erken duraksatılmadığından emin olmalıdır. Örneğin, aşağıdaki `işlev()` çağrısı sırasında `Fiber.yield` çağrılmamalıdır çünkü `paylaşılanVeri`'nin değeri o sırada henüz ikiye katlanmamıştır:

```
void fiberİşlevi() {
    // ...

        işlev();                    // ← fiberi duraksatmamalıdır
        paylaşılanVeri *= 2;
        Fiber.yield();              // ← istenen duraksatma noktası

    // ...
}
```

Fiberlerin bariz bir yetersizliği, fiber ve çağıranının tek çekirdek üzerinde işliyor olmalarıdır. Mikro işlemcinin boşta bekleyen çekirdekleri olduğunda bu durum kaynak savurganlığı anlamına gelir. Bunun önüne geçmek için *M:N iş parçacığı modeli* (M:N threading model) gibi çeşitli yöntemlere başvurulabilir. Bu yöntemleri kendiniz araştırmanızı öneririm.

87.7 Özet

- Çağrı yığıtı işlev yerel durumu için kullanılan alanın çok hızlıca ayrılmasını sağlar ve aralarında özyinelemelilerin de bulunduğu bazı algoritmaları çok basitleştirir.
- Fiberler normalde tek çağrı yığıtına sahip olan iş parçacıklarının birden fazla çağrı yığıtı kullanmalarını sağlarlar.
- Fiber ve çağıranı aynı iş parçacığı üzerinde işletilirler (aynı anda değil).
- Fiber kendisini `yield` ile duraksatır ve çağıranı tarafından `call` ile tekrar başlatılır.
- `Generator` fiberi `InputRange` olarak sunar.
- Fiberler çağrı yığıtına dayanan algoritmaları basitleştirirler.
- Fiberler zaman uyumsuz giriş/çıkış işlemlerini basitleştirirler.
- Fiberler *geçişli çoklu görev* sistemlerinden farklı artıları ve eksileri bulunan *işbirlikli çoklu görev* sistemleridirler.

88 Bellek Yönetimi

Şimdiye kadar yazdığımız programlarda hiç bellek yönetimiyle ilgilenmek zorunda kalmadık çünkü D bellek yönetimi gerektirmeyen bir dildir. O yüzden, burada anlatılanlara büyük olasılıkla hiç ihtiyaç duymayacaksınız. Buna rağmen, D gibi sistem dillerinde alt düzey bellek işlemleri ile ilgilenmek gerekebilir.

Bellek yönetimi çok kapsamlı bir konudur. Bu bölümde yalnızca çöp toplayıcıyı tanıyacağız, çöp toplayıcıdan nasıl bellek ayrıldığını ve belirli bellek bölgelerine değişkenlerin nasıl yerleştirildiklerini göreceğiz. Farklı bellek yönetimi yöntemlerini ve özellikle `std.allocator` modülünü kendiniz araştırmanızı öneririm. (`std.allocator` bu kitap yazıldığı sırada henüz deneysel aşamadaydı.)

Önceki bazı bölümlerde olduğu gibi, aşağıda kısaca yalnızca *değişken* yazdığım yerlerde yapı ve sınıf nesneleri de dahil olmak üzere her türden değişkeni kastediyorum.

88.1 Bellek

Bellek hem programın kendisini hem de kullandığı verileri barındırır. Bu yüzden diğer bilgisayar kaynaklarından daha önemlidir. Bu kaynak temelde işletim sistemine aittir. İşletim sistemi belleği ihtiyaçlar doğrultusunda programlara paylaştırır. Her programın kullanmakta olduğu bellek o programın belirli zamanlardaki ihtiyaçları doğrultusunda artabilir veya azalabilir. Belirli bir programın kullandığı bellek o program sonlandığında tekrar işletim sistemine geçer.

Bellek, değişken değerlerinin yazıldığı bir defter gibi düşünülebilir. Her değişken bellekte belirli bir yere yazılır. Her değişkenin değeri gerektikçe aynı yerden okunur ve kullanılır. Yaşamı sona eren değişkenlerin yerleri daha sonradan başka değişkenler için kullanılır.

Bellekle ilgili deneyler yaparken değişkenlerin adres değerlerini veren & işlecinden yararlanabiliriz:

```
import std.stdio;

void main() {
    int i;
    int j;

    writeln("i: ", &i);
    writeln("j: ", &j);
}
```

Not: Adresler programın her çalıştırılışında büyük olasılıkla farklı olacaktır. Ek olarak, adres değerini edinmiş olmak, normalde bir mikro işlemci yazmacında yaşayacak olan bir değişkenin bile bellekte yaşamasına neden olur.

Çıktısı:

```
i: 7FFF2B633E28
j: 7FFF2B633E2C
```

Adreslerdeki tek fark olan son hanelere bakarak `i`'nin bellekte `j`'den hemen önce bulunduğunu görebiliyoruz: 8'e `int`'in büyüklüğü olan 4'ü eklersek on altılı sayı düzeninde C elde edilir.

88.2 Çöp toplayıcı

D programlarındaki dinamik değişkenler çöp toplayıcıya ait olan bellek bölgelerinde yaşarlar. Yaşamları sona eren değişkenler çöp toplayıcının işlettiği bir algoritma ile sonlandırılırlar. Bu değişkenlerin yerleri tekrar kullanılmak üzere geri alınır. Bu işleme aşağıda bazen *çöp toplama*, bazen de *temizlik* diyeceğim.

Çöp toplayıcının işlettiği algoritma çok kabaca şöyle açıklanabilir: Çağrı yığıtı da dahil olmak üzere *kök* olarak adlandırılan bölgeler taranır. O bölgelerdeki değişkenler yoluyla doğrudan veya dolaylı olarak erişilebilen bütün bellek bölgeleri belirlenir ve program tarafından herhangi bir yolla erişilebilen bütün bölgelerin hâlâ kullanımda olduklarına karar verilir. Kullanımda olmadıkları görülen diğer bellek bölgelerindeki değişkenlerin sonlandırıcıları işletilir ve o bellek bölgeleri sonradan başka değişkenler için kullanılmak üzere geri alınır. Kökler; her iş parçacığının çağrı yığıtından, bütün evrensel değişkenlerden, ve `GC.addRoot` veya `GC.addRange` ile tanıtılmış olan bölgelerden oluşur.

Bazı çöp toplayıcılar kullanımda olan bütün değişkenleri bellekte yan yana dursunlar diye başka yerlere taşıyabilirler. Programın tutarlılığı bozulmasın diye de o değişkenleri gösteren bütün göstergelerin değerlerini otomatik olarak değiştirirler. (D'nin bu kitabın yazıldığı sırada kullandığı çöp toplayıcısı nesne taşıyan çeşitten değildi.)

Hangi bellek bölgelerinde gösterge bulunduğunun ve hangilerinde bulunmadığının hesabını tutan çöp toplayıcılarına *hassas* (precise) denir. Bunun aksine, her bellek bölgesindeki değerlerin gösterge olduklarını varsayan çöp toplayıcılarına ise *korunumlu* (conservative) denir. Bu kitabın yazıldığı sırada kullanılan D çöp toplayıcısının yarı korunumlu olduğunu söyleyebiliriz: yalnızca gösterge içeren bellek bölgelerini, ama o bölgelerin tamamını tarar. Bunun bir etkisi, bazı bellek bölgelerinin hiç toplanmayarak *bellek sızıntısı* oluşturabilmesidir. *Yalancı göstergelerin* neden olduğu bu durumdan kaçınmak için artık kullanılmadığı bilinen bellek bölgelerinin programcı tarafından açıkça geri verilmesi önerilir.

Temizlik işlemlerinin hangi sırada işletildikleri belirsizdir. Örneğin, nesnelerin referans türündeki (göstergeler dahil) üyeleri kendilerini barındıran nesneden daha önce sonlanmış olabilirler. Bu yüzden, yaşamları çöp toplayıcıya ait olan ve kendileri referans türünden olan üyelerin sonlandırıcı işlevler içinde kullanılmaları hatalıdır. Bu kavram sonlanma sıralarının tam olarak belirli olduğu C++ gibi bazı dillerden farklıdır.

Temizlik işlemleri boş yerin azalmaya başlaması gibi nedenlerle ve önceden kestirilemeyecek zamanlarda işletilebilir. Temizlik işlemleri devam ederken yeni yer ayrılması çöp toplama düzeneğinde karışıklık yaratabileceğinden programa ait olan bütün iş parçacıkları temizlik sırasında kısa süreliğine durdurulabilirler. Bu işlem sırasında programın tutukluk yaptığı hissedilebilir.

Programcının çöp toplayıcının işine karışması çoğu durumda gerekmese de temizlik işlemlerinin hemen işletilmeleri veya ertelenmeleri gibi bazı işlemler `core.memory` modülünün olanakları ile sağlanabilir.

Temizlik başlatmak ve ertelemek

Programın tutukluk yapmadan çalışması gereken yerlerde temizlik işlemlerinin ertelenmesi mümkündür. `GC.disable` temizlik işlemlerini erteler, `GC.enable` da tekrar etkinleştirir:

```
    GC.disable();

// ... tutukluk hissedilmeden işlemesi gereken işlemler ...

    GC.enable();
```

Ancak, temizlik işlemlerinin kesinlikle işletilmeyecekleri garantili değildir: Çöp toplayıcı belleğin çok azaldığını farkettiği durumlarda boş yer bulmak için yine de işletebilir.

Temizlik işlemleri programın tutukluk yapmasının sorun oluşturmadığının bilindiği bir zamanda programcı tarafından `GC.collect()` ile başlatılabilir:

```
import core.memory;
// ...
    GC.collect();         // temizlik başlatır
```

Normalde, çöp toplayıcı boş kalan bellek bölgelerini işletim sistemine geri vermez ve ileride oluşturulacak olan değişkenler için elinde tutmaya devam eder. Bunun bir sorun oluşturduğunun bilindiği programlarda boş bellek bölgeleri `GC.minimize()` ile işletim sistemine geri verilebilir:

```
    GC.minimize();
```

88.3 Bellekten yer ayırmak

Bellekten herhangi bir amaç için bellek bölgesi ayrılabilir. Böyle bir bölge örneğin üzerinde değişkenler kurmak için kullanılabilir.

Belirli sayıda bayttan oluşan bir bellek bölgesi sabit uzunluklu bir dizi olarak ayrılabilir:

```
    ubyte[100] yer;                 // 100 baytlık yer
```

Yukarıdaki dizi 100 baytlık bellek bölgesi olarak kullanılmaya hazırdır. Bazen bu bölgenin `uybte` gibi bir türle ilgisi olması yerine *hiçbir türden* olması istenebilir. Bunun için eleman türü olarak `void` seçilir ve `void` türü herhangi bir değer alamadığından böyle dizilerin özel olarak `=void` ile ilklenmeleri gerekir:

```
    void[100] yer = void;           // 100 baytlık yer
```

Bu bölümde bellek ayırmak için yalnızca `core.memory` modülündeki `GC.calloc` işlevini kullanacağız. Aynı modüldeki diğer bellek ayırma işlevlerini kendiniz araştırmak isteyebilirsiniz. Ek olarak, C standart kütüphanesinin olanaklarını içeren `core.stdc.stdlib` modülündeki `calloc()` ve diğer işlevler de kullanılabilir.

`GC.calloc` bellekten kaç bayt istendiğini parametre olarak alır ve ayırdığı bellek bölgesinin başlangıç adresini döndürür:

```
import core.memory;
// ...
    void * yer = GC.calloc(100);    // 100 baytlık yer
```

`void*` ile gösterilen bir bölgenin hangi tür için kullanılacağı o türün göstergesine dönüştürülerek belirlenebilir:

```
    int * intYeri = cast(int*)yer;
```

Ancak, o ara adım çoğunlukla atlanır ve `GC.calloc`'un döndürdüğü adres istenen türe doğrudan dönüştürülür:

```
    int * intYeri = cast(int*)GC.calloc(100);
```

Öylesine seçmiş olduğum 100 gibi hazır değerler kullanmak yerine örneğin türün uzunluğu ile nesne adedi çarpılabilir:

```
    // 25 int için yer
    int * yer = cast(int*)GC.calloc(int.sizeof * 25);
```

Sınıf nesnelerinin uzunluğu konusunda önemli bir fark vardır: `.sizeof` sınıf nesnesinin değil, sınıf değişkeninin uzunluğudur. Sınıf nesnesinin uzunluğu `__traits(classInstanceSize)` ile öğrenilir:

```
    // 10 Sınıf nesnesi için yer
    Sınıf * yer =
        cast(Sınıf*)GC.calloc(
            __traits(classInstanceSize, Sınıf) * 10);
```

İstenen büyüklükte bellek ayrılamadığı zaman `core.exception.OutOfMemoryError` türünde bir hata atılır:

```
    void * yer = GC.calloc(10_000_000_000);
```

O kadar bellek ayrılamayan durumdaki çıktısı:

```
core.exception.OutOfMemoryError
```

Ayrılan bellek işi bittiğinde `GC.free` ile geri verilebilir:

```
    GC.free(yer);
```

Ancak, açıkça çağrılan `free()`, sonlandırıcıları işletmez. Sonlanmaları gereken nesnelerin bellek geri verilmeden önce `destroy()` ile teker teker sonlandırılmaları gerekir. Çöp toplayıcı `struct` ve `class` nesnelerini sonlandırma kararını verirken çeşitli etkenleri gözden geçirir. Bu yüzden, sonlandırıcının kesinlikle çağrılması gereken bir durumda en iyisi nesneyi `new` işleci ile kurmaktır. O zaman `GC.free()` sonlandırıcıyı işletir.

Daha önce çöp toplayıcıdan alınmış olan bir bellek bölgesinin *uzatılması* mümkündür. `GC.realloc()`, daha önce edinilmiş olan adres değerini ve istenen yeni uzunluğu parametre olarak alır ve yeni uzunlukta bir yer döndürür. Aşağıdaki kod önceden 100 bayt olarak ayrılmış olan bellek bölgesini 200 bayta uzatıyor:

```
    void * eskiYer = GC.calloc(100);
// ...
    void * yeniYer = GC.realloc(eskiYer, 200);
```

`realloc()` gerçekten gerekmedikçe yeni yer ayırmaz:

- Eski yerin hemen sonrası yeni uzunluğu karşılayacak kadar boşsa orayı da eski yere ekleyerek bir anlamda eski belleği uzatır.
- Eski yerin hemen sonrası boş değilse veya yeni büyüklük için yeterli değilse, istenen miktarı karşılayacak yeni bir bellek bölgesi ayırır ve eski belleğin içeriğini oraya kopyalar.
- Eski yer olarak `null` gönderilebilir; o durumda yalnızca yeni bir yer ayırır.
- Yeni uzunluk olarak eski uzunluktan daha küçük bir değer gönderilebilir; o durumda yalnızca bellek bölgesinin geri kalanı çöp toplayıcıya geri verilmiş olur.
- Yeni uzunluk 0 ise eski bellek `free()` çağrılmış gibi geri verilir.

`GC.realloc` C kütüphanesindeki aynı isimli işlevden gelmiştir. Görevi hem fazla çeşitli hem de fazla karmaşık olduğundan hatalı tasarlanmış bir işlev olarak kabul edilir. `GC.realloc`'un şaşırtıcı özelliklerinden birisi, asıl bellek `GC.calloc` ile ayrılmış bile olsa uzatılan bölümün sıfırlanmamasıdır. Bu yüzden, belleğin sıfırlanmasının önemli olduğu durumlarda aşağıdaki gibi bir işlevden yararlanılabilir (bellekNitelikleri parametresinin anlamını biraz aşağıda göreceğiz):

```
import core.memory;

/* GC.realloc gibi işler. Ondan farklı olarak, belleğin
 * uzatıldığı durumda eklenen baytları sıfırlar. */
void * boşOlarakUzat(
            void * yer,
            size_t eskiUzunluk,
            size_t yeniUzunluk,
            GC.BlkAttr bellekNitelikleri = GC.BlkAttr.NONE,
            const TypeInfo türBilgisi = null) {
    /* Asıl işi GC.realloc'a yaptırıyoruz. */
    yer = GC.realloc(yer, yeniUzunluk,
                     bellekNitelikleri, türBilgisi);

    /* Eğer varsa, yeni eklenen bölümü sıfırlıyoruz. */
    if (yeniUzunluk > eskiUzunluk) {
        import core.stdc.string;

        auto eklenenYer = yer + eskiUzunluk;
        const eklenenUzunluk = yeniUzunluk - eskiUzunluk;

        memset(eklenenYer, 0, eklenenUzunluk);
    }

    return yer;
}
```

core.stdc.string modülünde tanımlı olan memset() belirtilen adresteki belirtilen sayıdaki bayta belirtilen değeri atar. Örneğin, yukarıdaki çağrı eklenenYer'deki eklenenUzunluk adet baytı 0 yapar.

boşOlarakUzat() işlevini aşağıdaki bir örnekte kullanacağız.

GC.realloc ile benzer amaçla kullanılan GC.extend'in davranışı çok daha basittir çünkü yalnızca yukarıdaki ilk maddeyi uygular: Eski yerin hemen sonrası yeni uzunluğu karşılayamıyorsa hiçbir işlem yapmaz ve bu durumu 0 döndürerek bildirir.

Ayrılan belleğin temizlik işlemlerinin belirlenmesi

Çöp toplayıcı algoritmasında geçen kavramlar ve adımlar bir enum türü olan BlkAttr'ın değerleri ile her bellek bölgesi için ayrı ayrı ayarlanabilir. BlkAttr, GC.calloc ve diğer bellek ayırma işlevlerine parametre olarak gönderilebilir ve bellek bölgelerinin niteliklerini belirlemek için kullanılır. BlkAttr türünün değerleri şunlardır:

- NONE: Sıfır değeri; hiçbir niteliğin belirtilmediğini belirler.
- FINALIZE: Bölgedeki nesnelerin temizlik sırasında çöp toplayıcı tarafından sonlandırılmaları gerektiğini belirler.

  Normalde, çöp toplayıcı kendisinden ayrılmış olan bellekteki nesnelerin yaşam süreçlerinin artık programcının sorumluluğuna girdiğini düşünür ve bu bölgelerdeki nesnelerin sonlandırıcılarını işletmez. GC.BlkAttr.FINALIZE değeri, çöp toplayıcının sonlandırıcıları yine de işletmesinin istendiğini belirtir:

```
    Sınıf * yer =
        cast(Sınıf*)GC.calloc(
            __traits(classInstanceSize, Sınıf) * 10,
            GC.BlkAttr.FINALIZE);
```

FINALIZE, çöp toplayıcının bellek bloğuna yazdığı kendi özel ayarlarıyla ilgili bir belirteçtir. O yüzden, bu belirtecin normalde programcı tarafından değil, çöp toplayıcı tarafından kullanılması önerilir.

- NO_SCAN: Bölgenin çöp toplayıcı tarafından taran*ma*ması gerektiğini belirler.
  Ayrılan bölgedeki bayt değerleri tesadüfen ilgisiz başka değişkenlerin adreslerine karşılık gelebilirler. Öyle bir durumda çöp toplayıcı hâlâ kullanımda olduklarını sanacağından, aslında yaşamları sona ermiş bile olsa o başka değişkenleri sonlandırmaz.
  Başka değişken referansları taşımadığı bilinen bellek bölgelerinin taranması GC.BlkAttr.NO_SCAN niteliği ile engellenir:

```
    int * intYeri =
        cast(int*)GC.calloc(100, GC.BlkAttr.NO_SCAN);
```

  Yukarıdaki bellek bölgesine yerleştirilecek olan int değerlerinin tesadüfen başka değişkenlerin adreslerine eşit olmaları böylece artık sorun oluşturmaz.
- NO_MOVE: Bölgedeki nesnelerin başka bölgelere taşın*ma*maları gerektiğini belirler.
- APPENDABLE: Bu, D *çalışma ortamına* ait olan ve dizilere daha hızlı eleman eklenmesini sağlayan bir belirteçtir. Programcı tarafından kullanılmaz.
- NO_INTERIOR: Bu bölgenin *iç tarafındaki* değişkenleri gösteren gösterge bulunmadığını belirtir (olası göstergeler bölgenin yalnızca ilk adresini gösterirler). Bu, *yalancı gösterge* olasılığını düşürmeye yarayan bir belirteçtir.

Bu değerler Bit İşlemleri bölümünde (sayfa 447) gördüğümüz işleçlerle birlikte kullanılabilecek biçimde seçilmişlerdir. Örneğin, iki değer | işleci ile aşağıdaki gibi birleştirilebilir:

```
    const bellekAyarları =
        GC.BlkAttr.NO_SCAN | GC.BlkAttr.NO_INTERIOR;
```

Doğal olarak, çöp toplayıcı yalnızca kendi ayırdığı bellek bölgelerini tanır ve temizlik işlemleri sırasında yalnızca o bölgeleri tarar. Örneğin, core.stdc.stdlib.calloc ile ayrılmış olan bellek bölgelerinden çöp toplayıcının normalde haberi olmaz.

Kendisinden alınmamış olan bir bölgenin çöp toplayıcının yönetimine geçirilmesi için GC.addRange() işlevi kullanılır. Bunun karşıtı olarak, bellek geri verilmeden önce de GC.removeRange()'in çağrılması gerekir.

Bazı durumlarda çöp toplayıcı kendisinden ayrılmış olan bir bölgeyi gösteren hiçbir referans bulamayabilir. Örneğin, ayrılan belleğin tek referansı bir C kütüphanesi içinde tutuluyor olabilir. Böyle bir durumda çöp toplayıcı o bölgenin kullanımda olmadığını düşünecektir.

GC.addRoot(), belirli bir bölgeyi çöp toplayıcıya tanıtır ve oradan dolaylı olarak erişilebilen bütün nesneleri de yönetmesini sağlar. Bunun karşıtı olarak, bellek geri verilmeden önce de GC.removeRoot() işlevinin çağrılması gerekir.

Bellek uzatma örneği

realloc()'un kullanımını göstermek için dizi gibi işleyen çok basit bir yapı tasarlayalım. Çok kısıtlı olan bu yapıda yalnızca eleman ekleme ve elemana erişme olanakları bulunsun. D dizilerinde olduğu gibi bu yapının da sığası olsun. Aşağıdaki yapı sığayı gerektikçe yukarıda tanımladığımız ve kendisi GC.realloc'tan yararlanan boşOlarakUzat() ile arttırıyor:

```
struct Dizi(T) {
    T * yer;            // Elemanların bulunduğu yer
    size_t sığa;        // Toplam kaç elemanlık yer olduğu
    size_t uzunluk;     // Eklenmiş olan eleman adedi

    /* Belirtilen numaralı elemanı döndürür */
    T eleman(size_t numara) {
        import std.string;
        enforce(numara < uzunluk,
                format("%s numara yasal değil", numara));

        return *(yer + numara);
    }

    /* Elemanı dizinin sonuna ekler */
    void ekle(T eleman) {
        writefln("%s numaralı eleman ekleniyor", uzunluk);

        if (uzunluk == sığa) {
            /* Yeni eleman için yer yok; sığayı arttırmak
             * gerekiyor. */
            size_t yeniSığa = sığa + (sığa / 2) + 1;
            sığaArttır(yeniSığa);
        }

        /* Elemanı en sona yerleştiriyoruz */
        *(yer + uzunluk) = eleman;
        ++uzunluk;
    }

    void sığaArttır(size_t yeniSığa) {
        writefln("Sığa artıyor: %s -> %s",
                 sığa, yeniSığa);

        const eskiUzunluk = sığa * T.sizeof;
        const yeniUzunluk = yeniSığa * T.sizeof;

        /* Bu bölgeye yerleştirilen bayt değerlerinin
         * tesadüfen başka değişkenlerin göstergeleri
         * sanılmalarını önlemek için NO_SCAN belirtecini
         * kullanıyoruz. */
        yer = cast(T*)boşOlarakUzat(
            yer, eskiUzunluk, yeniUzunluk, GC.BlkAttr.NO_SCAN);

        sığa = yeniSığa;
    }
}
```

Bu dizinin sığasi her seferinde yaklaşık olarak %50 oranında arttırılıyor. Örneğin, 100 elemanlık yer tükendiğinde yeni sığa 151 oluyor. (*Yeni sığa hesaplanırken eklenen 1 değeri, başlangıç durumunda sıfır olan sığa için özel bir işlem gerekmesini önlemek içindir. Öyle olmasaydı, sıfırın %50 fazlası da sıfır olacağından sığa hiç artamazdı.*)

Bu yapıyı double türünde elemanlarla şöyle deneyebiliriz:

```
import std.stdio;
import core.memory;
import std.exception;

// ...

void main() {
    auto dizi = Dizi!double();

    size_t adet = 10;

    foreach (i; 0 .. adet) {
        double elemanDeğeri = i * 1.1;
        dizi.ekle(elemanDeğeri);
    }
```

```
    writeln("Bütün elemanlar:");

    foreach (i; 0 .. adet) {
        write(dizi.eleman(i), ' ');
    }

    writeln();
}
```

Çıktısı:

```
0 numaralı eleman ekleniyor
Sığa artıyor: 0 -> 1
1 numaralı eleman ekleniyor
Sığa artıyor: 1 -> 2
2 numaralı eleman ekleniyor
Sığa artıyor: 2 -> 4
3 numaralı eleman ekleniyor
4 numaralı eleman ekleniyor
Sığa artıyor: 4 -> 7
5 numaralı eleman ekleniyor
6 numaralı eleman ekleniyor
7 numaralı eleman ekleniyor
Sığa artıyor: 7 -> 11
8 numaralı eleman ekleniyor
9 numaralı eleman ekleniyor
Bütün elemanlar:
0 1.1 2.2 3.3 4.4 5.5 6.6 7.7 8.8 9.9
```

88.4 Hizalama birimi

Değişkenler normalde kendi türlerine özgü bir değerin katı olan adreslerde bulunurlar. Bu değere o türün *hizalama birimi* denir. Örneğin, `int` türünün hizalama birimi 4'tür çünkü `int` değişkenler ancak dördün katı olan adreslerde (4, 8, 12, vs.) bulunabilirler.

Hizalama, hem mikro işlemci işlemlerinin hızlı olması için istenen hem de mikro işlemcinin nesne adresleyebilmesi için gereken bir kavramdır. Ek olarak, bazı değişkenler yalnızca kendi türlerinin hizalama birimine uyan adreslerde iseler kullanılabilirler.

Türlerin `.alignof` niteliği

Bir türün `.alignof` niteliği o türün *varsayılan* hizalama birimini döndürür. Ancak, sınıflarda `.alignof` sınıf nesnesinin değil, sınıf değişkeninin hizalama birimidir. Sınıf nesnesinin hizalama birimi için `std.traits.classInstanceAlignment` kullanılmalıdır.

Aşağıdaki program çeşitli türün hizalama birimini yazdırıyor.

```
import std.stdio;
import std.meta;
import std.traits;

struct BoşYapı {
}

struct Yapı {
    char c;
    double d;
}

class BoşSınıf {
}

class Sınıf {
    char karakter;
}
```

```
void main() {
    alias Türler = AliasSeq!(char, short, int, long,
                             double, real,
                             string, int[int], int*,
                             BoşYapı, Yapı, BoşSınıf, Sınıf);

    writeln(" Uzunluk  Hizalama  Tür\n",
            "========================");

    foreach (Tür; Türler) {
        static if (is (Tür == class)) {
            size_t uzunluk = __traits(classInstanceSize, Tür);
            size_t hizalama = classInstanceAlignment!Tür;

        } else {
            size_t uzunluk = Tür.sizeof;
            size_t hizalama = Tür.alignof;
        }

        writefln("%6s%9s     %s",
                 uzunluk, hizalama, Tür.stringof);
    }
}
```

Bu programın çıktısı farklı ortamlarda farklı olabilir:

```
Uzunluk  Hizalama  Tür
========================
      1         1   char
      2         2   short
      4         4   int
      8         8   long
      8         8   double
     16        16   real
     16         8   string
      8         8   int[int]
      8         8   int*
      1         1   BoşYapı
     16         8   Yapı
     16         8   BoşSınıf
     17         8   Sınıf
```

Biraz aşağıda nesnelerin belirli adreslerde de kurulabildiklerini göreceğiz. Bunun güvenle yapılabilmesi için hizalama birimlerinin gözetilmeleri gerekir.

Bunun örneğini görmek için yukarıdaki 17 bayt uzunluğundaki `Sınıf` türünün iki nesnesinin bellekte *yan yana* nasıl durabileceklerine bakalım. Her ne kadar yasal bir adres olmasa da, örneği kolaylaştırmak için birinci nesnenin 0 adresinde bulunduğunu varsayalım. Bu nesneyi oluşturan baytlar 0'dan 16'ya kadar olan adreslerdedir:

```
     0    1          16
    ┌────┬────┬ ... ┬────┬───  ...
    │<───birinci nesne───>│
    └────┴────┴ ... ┴────┴───  ...
```

Bir sonraki boş yerin adresi 17 olduğu halde o adres değeri `Sınıf`'ın hizalama birimi olan 8'in katı olmadığından ikinci nesne orada kurulamaz. İkinci nesnenin 8'in katı olan bir sonraki adrese, yani 24 adresine yerleştirilmesi gerekir. Aradaki kullanılmayan baytlara *doldurma* baytları denir:

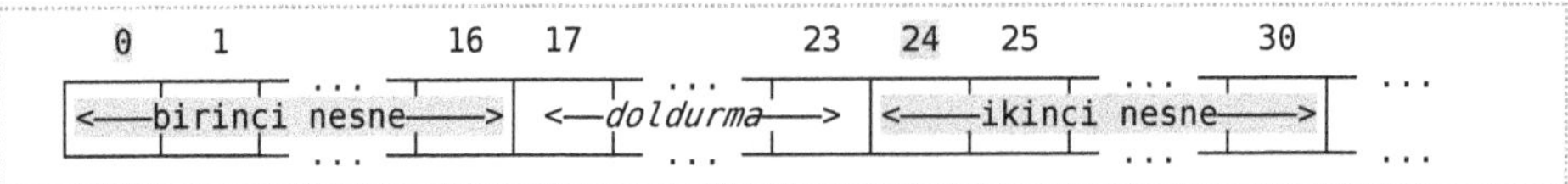

Bir nesnenin belirli bir aday adresten sonra yasal olarak kurulabileceği ilk adresi elde etmek için şu hesap kullanılabilir:

```
        (adayAdres + hizalamaBirimi - 1)
        / hizalamaBirimi
        * hizalamaBirimi
```

Yukarıdaki hesabın doğru olarak işlemesi için bölme işleminden kalanın gözardı edilmesi şarttır. O yüzden o hesapta tamsayı türleri kullanılır.

Aşağıda `emplace()`'in örneklerini gösterirken yukarıdaki hesabı uygulayan şu işlevden yararlanacağız:

```
T * hizalıAdres(T)(T * adayAdres) {
    import std.traits;

    static if (is (T == class)) {
        const hizalama = classInstanceAlignment!T;

    } else {
        const hizalama = T.alignof;
    }

    const sonuç = (cast(size_t)adayAdres + hizalama - 1)
                  / hizalama * hizalama;
    return cast(T*)sonuç;
}
```

Yukarıdaki işlev nesnenin türünü şablon parametresinden otomatik olarak çıkarsamaktadır. Onun `void*` adresleri ile işleyen yüklemesini de şöyle yazabiliriz:

```
void * hizalıAdres(T)(void * adayAdres) {
    return hizalıAdres(cast(T*)adayAdres);
}
```

Bu işlev de aşağıda `emplace()` ile *sınıf* nesneleri oluştururken yararlı olacak.

Son olarak, yukarıdaki işlevden yararlanan yardımcı bir işlev daha tanımlayalım. Bu işlev, nesnenin boşluklarla birlikte kaç bayt yer tuttuğunu döndürür:

```
size_t boşlukluUzunluk(T)() {
    static if (is (T == class)) {
        size_t uzunluk = __traits(classInstanceSize, T);

    } else {
        size_t uzunluk = T.sizeof;
    }

    return cast(size_t)hizalıAdres(cast(T*)uzunluk);
}
```

.offsetof niteliği

Hizalama üye değişkenlerle de ilgili olan bir kavramdır. Üyeleri kendi türlerinin hizalama birimlerine uydurmak için üyeler arasına da doldurma baytları yerleştirilir. Örneğin, aşağıdaki yapının büyüklüğü bekleneceği gibi 6 değil, 12'dir:

```
struct A {
    byte b;     // 1 bayt
    int i;      // 4 bayt
    ubyte u;    // 1 bayt
}

static assert(A.sizeof == 12);    // 1 + 4 + 1'den daha fazla
```

Bunun nedeni, hem `int` üye dördün katı olan bir adrese denk gelsin diye ondan önceye yerleştirilen, hem de bütün yapı nesnesi yapı türünün hizalama birimine uysun diye en sona yerleştirilen doldurma baytlarıdır.

`.offsetof` niteliği bir üyenin nesnenin başlangıç adresinden kaç bayt sonra olduğunu bildirir. Aşağıdaki işlev belirli bir türün bellekteki yerleşimini doldurma baytlarını `.offsetof` ile belirleyerek yazdırır:

```
void nesneYerleşiminiYazdır(T)()
        if (is (T == struct) || is (T == union)) {
    import std.stdio;
    import std.string;

    writefln("=== '%s' nesnelerinin yerleşimi" ~
             " (.sizeof: %s, .alignof: %s) ===",
             T.stringof, T.sizeof, T.alignof);

    /* Tek satır bilgi yazar. */
    void satırYazdır(size_t uzaklık, string bilgi) {
        writefln("%4s: %s", uzaklık, bilgi);
    }

    /* Doldurma varsa miktarını yazdırır. */
    void doldurmaBilgisiYazdır(size_t beklenenUzaklık,
                               size_t gözlemlenenUzaklık) {
        if (beklenenUzaklık < gözlemlenenUzaklık) {
            /* Gözlemlenen uzaklık beklenenden fazlaysa
             * doldurma baytı var demektir. */

            const doldurmaMiktarı =
                gözlemlenenUzaklık - beklenenUzaklık;

            satırYazdır(beklenenUzaklık,
                        format("... %s bayt DOLDURMA",
                               doldurmaMiktarı));
        }
    }

    /* Bir sonraki üyenin doldurma olmayan durumda nerede
     * olacağı bilgisini tutar. */
    size_t doldurmasızUzaklık = 0;

    /* Not: __traits(allMembers) bir türün üyelerinin
     * isimlerinden oluşan bir 'string' topluluğudur. */
    foreach (üyeİsmi; __traits(allMembers, T)) {
        mixin (format("alias üye = %s.%s;",
                      T.stringof, üyeİsmi));

        const uzaklık = üye.offsetof;
        doldurmaBilgisiYazdır(doldurmasızUzaklık, uzaklık);

        const türİsmi = typeof(üye).stringof;
        satırYazdır(uzaklık, format("%s %s", türİsmi, üyeİsmi));

        doldurmasızUzaklık = uzaklık + üye.sizeof;
    }

    doldurmaBilgisiYazdır(doldurmasızUzaklık, T.sizeof);
}
```

Aşağıdaki program, büyüklüğü yukarıda 12 bayt olarak bildirilen A yapısının yerleşimini yazdırır:

```
struct A {
    byte b;
    int i;
    ubyte u;
}

void main() {
    nesneYerleşiminiYazdır!A();
}
```

Programın çıktısı 6 doldurma baytının nesnenin nerelerinde olduğunu gösteriyor. Çıktıda soldaki sütun nesnenin başından olan uzaklığı göstermektedir:

```
=== 'A' nesnelerinin yerleşimi (.sizeof: 12, .alignof: 4) ===
   0: byte b
   1: ... 3 bayt DOLDURMA
   4: int i
   8: ubyte u
   9: ... 3 bayt DOLDURMA
```

Doldurma baytlarını olabildiğince azaltmanın bir yolu, üyeleri yapı içinde büyükten küçüğe doğru sıralamaktır. Örneğin, `int` üyeyi diğerlerinden önceye alınca yapının büyüklüğü azalır:

```
struct B {
    int i;      // Üye listesinin başına getirildi
    byte b;
    ubyte u;
}

void main() {
    nesneYerleşiminiYazdır!B();
}
```

Bu sefer yalnızca en sonda 2 doldurma baytı bulunduğundan yapının büyüklüğü 8'e inmiştir:

```
=== 'B' nesnelerinin yerleşimi (.sizeof: 8, .alignof: 4) ===
   0: int i
   4: byte b
   5: ubyte u
   6: ... 2 bayt DOLDURMA
```

`align` niteliği

`align` niteliği değişkenlerin, kullanıcı türlerinin, ve üyelerin hizalama birimlerini belirler. Parantez içinde belirtilen değer hizalama birimidir. Her tanımın hizalama birimi ayrı ayrı belirlenebilir. Örneğin, aşağıdaki tanımda `S` nesnelerinin hizalama birimi 2, ve özellikle `i` üyesinin hizalama birimi 1 olur (hizalama birimi 1, hiç doldurma baytı olmayacak demektir):

```
align (2)               // 'S' nesnelerinin hizalama birimi
struct S {
    byte b;
    align (1) int i;    // 'i' üyesinin hizalama birimi
    ubyte u;
}

void main() {
    nesneYerleşiminiYazdır!S();
}
```

`int` üyenin hizalama birimi 1 olduğunda onun öncesinde hiç doldurma baytına gerek kalmaz ve yapının büyüklüğü üyelerinin büyüklüğü olan 6'ya eşit olur:

```
=== 'S' nesnelerinin yerleşimi (.sizeof: 6, .alignof: 4) ===
   0: byte b
   1: int i
   5: ubyte u
```

Ancak, varsayılan hizalama birimleri gözardı edildiğinde programın hızında önemli derecede yavaşlama görülebilir. Ek olarak, yanlış hizalanmış olan değişkenler bazı mikro işlemcilerde programın çökmesine neden olabilirler.

`align` ile değişkenlerin hizalamaları da belirlenebilir:

```
    align (32) double d;     // Bu değişkenin hizalama birimi
```

Ancak, çöp toplayıcı new ile ayrılmış olan nesnelerin hizalama birimlerinin size_t türünün uzunluğunun bir tam katı olduğunu varsayar. Çöp toplayıcıya ait olan değişkenlerin hizalama birimlerinin buna uymaması tanımsız davranışa neden olur. Örneğin, size_t 8 bayt ise new ile ayrılmış olan nesnelerin hizalama birimleri 8'in katı olmalıdır.

88.5 Değişkenleri belirli bir yerde kurmak

new ifadesi üç işlem gerçekleştirir:

1. Bellekten nesnenin sığacağı kadar yer ayırır. Bu bellek bölgesi henüz hiçbir nesneyle ilgili değildir.
2. Nesnenin türünün .init değerini o yere kopyalar ve kurucu işlevini o bellek bölgesi üzerinde işletir. Nesne ancak bu işlemden sonra o bölgeye *yerleştirilmiş* olur.
3. Nesne daha sonradan sonlandırılırken kullanılmak üzere bellek bölgesi belirteçlerini ayarlar.

Bu işlemlerden birincisinin GC.calloc ve başka işlevlerle gerçekleştirilebildiğini yukarıda gördük. Bir sistem dili olan D, normalde otomatik olarak işletilen ikinci adımın da programcı tarafından belirlenmesine olanak verir.

Nesnelerin belirli bir adreste kurulması için "yerleştir" anlamına gelen std.conv.emplace kullanılır.

Yapı nesnelerini belirli bir yerde kurmak

emplace(), nesnenin kurulacağı adresi parametre olarak alır ve o adreste bir nesne kurar. Eğer varsa, nesnenin kurucu işlevinin parametreleri bu adresten sonra bildirilir:

```
import std.conv;
// ...
    emplace(adres, /* ... kurucu parametreleri ... */);
```

Yapı nesneleri kurarken türün ayrıca belirtilmesi gerekmez; emplace() hangi türden nesne kuracağını kendisine verilen göstergenin türünden anlar. Örneğin, aşağıdaki emplace() çağrısında öğrenciAdresi'nin türü bir Öğrenci* olduğundan emplace() o adreste bir Öğrenci nesnesi kurar:

```
        Öğrenci * öğrenciAdresi = hizalıAdres(adayAdres);
// ...
        emplace(öğrenciAdresi, isim, numara);
```

Yukarıdaki işlevlerden yararlanan aşağıdaki program bütün nesneleri alabilecek büyüklükte bir bölge ayırıyor ve nesneleri o bölge içindeki hizalı adreslerde kuruyor:

```
import std.stdio;
import std.string;
import core.memory;
import std.conv;

// ...

struct Öğrenci {
    string isim;
    int numara;

    string toString() {
```

```
        return format("%s(%s)", isim, numara);
    }
}

void main() {
    /* Önce bu türle ilgili bilgi yazdırıyoruz. */
    writefln("Öğrenci.sizeof: %#x (%s) bayt",
             Öğrenci.sizeof, Öğrenci.sizeof);
    writefln("Öğrenci.alignof: %#x (%s) bayt",
             Öğrenci.alignof, Öğrenci.alignof);

    string[] isimler = [ "Deniz", "Pınar", "Irmak" ];
    const toplamBayt =
        boşlukluUzunluk!Öğrenci() * isimler.length;

    /* Bütün Öğrenci nesnelerine yetecek kadar yer ayırıyoruz.
     *
     * UYARI! Bu dilimin eriştirdiği nesneler henüz
     * kurulmamışlardır. */
    Öğrenci[] öğrenciler =
        (cast(Öğrenci*)GC.calloc(toplamBayt))
            [0 .. isimler.length];

    foreach (i, isim; isimler) {
        Öğrenci * adayAdres = öğrenciler.ptr + i;
        Öğrenci * öğrenciAdresi = hizalıAdres(adayAdres);
        writefln("adres %s: %s", i, öğrenciAdresi);

        const numara = 100 + i.to!int;
        emplace(öğrenciAdresi, isim, numara);
    }

    /* Bütün elemanları kurulmuş olduğundan bir Öğrenci dilimi
     * olarak kullanmakta artık bir sakınca yoktur. */
    writeln(öğrenciler);
}
```

Yukarıdaki program `Öğrenci` türünün uzunluğunu, hizalama birimini, ve her öğrencinin kurulduğu adresi de yazdırıyor:

```
Öğrenci.sizeof: 0x18 (24) bayt
Öğrenci.alignof: 0x8 (8) bayt
adres 0: 7FCF0B0F2F00
adres 1: 7FCF0B0F2F18
adres 2: 7FCF0B0F2F30
[Deniz(100), Pınar(101), Irmak(102)]
```

Sınıf nesnelerini belirli bir yerde kurmak

Sınıf değişkenlerinin nesnenin tam türünden olması gerekmez. Örneğin, `Hayvan` değişkenleri `Kedi` nesnelerine de erişim sağlayabilirler. Bu yüzden `emplace()`, kuracağı nesnenin türünü kendisine verilen göstergenin türünden anlayamaz ve asıl türün `emplace()`'e şablon parametresi olarak bildirilmesini gerektirir. (*Not: Ek olarak, sınıf göstergesi nesnenin değil, değişkenin adresi olduğundan türün açıkça belirtilmesi nesne mi yoksa değişken mi yerleştirileceği seçimini de programcıya bırakmış olur.*)

Sınıf nesnelerinin kurulacağı yer `void[]` türünde bir dilim olarak belirtilir. Bunlara göre sınıf nesneleri kurarken şu söz dizimi kullanılır:

```
    Tür değişken =
        emplace!Tür(voidDilimi,
                    /* ... kurucu parametreleri ... */);
```

`emplace()`, belirtilen yerde bir nesne kurar ve o nesneye erişim sağlayan bir sınıf *değişkeni* döndürür.

Bunları denemek için bir `Hayvan` sıradüzeninden yararlanalım. Bu sıradüzene ait olan nesneleri `GC.calloc` ile ayrılmış olan bir belleğe yan yana yerleştireceğiz.

Alt sınıfları özellikle farklı uzunlukta seçerek her nesnenin yerinin bir öncekinin uzunluğuna bağlı olarak nasıl hesaplanabileceğini göreceğiz.

```
interface Hayvan {
    string şarkıSöyle();
}

class Kedi : Hayvan {
    string şarkıSöyle() {
        return "miyav";
    }
}

class Papağan : Hayvan {
    string[] sözler;

    this(string[] sözler) {
        this.sözler = sözler;
    }

    string şarkıSöyle() {
        /* std.algorithm.joiner, belirtilen aralıktaki
         * elemanları belirtilen ayraçla birleştirir. */
        return sözler.joiner(", ").to!string;
    }
}
```

Nesnelerin yerleştirilecekleri bölgeyi `GC.calloc` ile ayıracağız:

```
    const sığa = 10_000;
    void * boşYer = GC.calloc(sığa);
```

Normalde, nesneler kuruldukça o bölgenin tükenmediğinden de emin olunması gerekir. Örneği kısa tutmak için bu konuyu gözardı edelim ve kurulacak olan iki nesnenin on bin bayta sığacaklarını varsayalım.

O bölgede önce bir `Kedi` nesnesi sonra da bir `Papağan` nesnesi kuracağız:

```
    Kedi kedi = emplace!Kedi(kediYeri);
// ...
    Papağan papağan =
        emplace!Papağan(papağanYeri, [ "merrba", "aloo" ]);
```

Dikkat ederseniz `Papağan`'ın kurucusunun gerektirdiği parametreler nesnenin yerinden sonra belirtiliyorlar.

`emplace()` çağrılarının döndürdükleri değişkenler bir `Hayvan` dizisine eklenecekler ve daha sonra bir `foreach` döngüsünde kullanılacaklar:

```
    Hayvan[] hayvanlar;
// ...
    hayvanlar ~= kedi;
// ...
    hayvanlar ~= papağan;

    foreach (hayvan; hayvanlar) {
        writeln(hayvan.şarkıSöyle());
    }
```

Diğer açıklamaları programın içine yazıyorum:

```
import std.stdio;
import std.algorithm;
import std.conv;
import core.memory;

// ...

void main() {
```

```
    /* Bu bir Hayvan değişkeni dizisidir; Hayvan nesnesi
     * dizisi değildir. */
    Hayvan[] hayvanlar;

    /* On bin baytın bu örnekte yeterli olduğunu varsayalım.
     * Normalde nesnelerin buraya gerçekten sığacaklarının da
     * denetlenmesi gerekir. */
    const sığa = 10_000;
    void * boşYer = GC.calloc(sığa);

    /* İlk önce bir Kedi nesnesi yerleştireceğiz. */
    void * kediAdayAdresi = boşYer;
    void * kediAdresi = hizalıAdres!Kedi(kediAdayAdresi);
    writeln("Kedi adresi   : ", kediAdresi);

    /* Sınıflarda emplace()'e void[] verildiğinden adresten
     * dilim elde etmek gerekiyor. */
    size_t kediUzunluğu = __traits(classInstanceSize, Kedi);
    void[] kediYeri = kediAdresi[0..kediUzunluğu];

    /* Kedi'yi o yerde kuruyoruz ve döndürülen değişkeni
     * diziye ekliyoruz. */
    Kedi kedi = emplace!Kedi(kediYeri);
    hayvanlar ~= kedi;

    /* Papağan'ı Kedi nesnesinden sonraki ilk uygun adreste
     * kuracağız. */
    void * papağanAdayAdresi = kediAdresi + kediUzunluğu;
    void * papağanAdresi =
        hizalıAdres!Papağan(papağanAdayAdresi);
    writeln("Papağan adresi: ", papağanAdresi);

    size_t papağanUzunluğu =
        __traits(classInstanceSize, Papağan);
    void[] papağanYeri = papağanAdresi[0..papağanUzunluğu];

    Papağan papağan =
        emplace!Papağan(papağanYeri, [ "merrba", "aloo" ]);
    hayvanlar ~= papağan;

    /* Nesneleri kullanıyoruz. */
    foreach (hayvan; hayvanlar) {
        writeln(hayvan.şarkıSöyle());
    }
}
```

Çıktısı:

```
Kedi adresi   : 7F869469E000
Papağan adresi: 7F869469E018
miyav
merrba, aloo
```

Programın adımlarını açıkça gösterebilmek için bütün işlemleri `main` içinde ve belirli türlere bağlı olarak yazdım. O işlemlerin iyi yazılmış bir programda `yeniNesne(T)` gibi bir şablon içinde bulunmalarını bekleriz.

88.6 Nesneyi belirli bir zamanda sonlandırmak

`new` işlecinin tersi, sonlandırıcı işlevin işletilmesi ve nesne için ayrılmış olan belleğin çöp toplayıcı tarafından geri alınmasıdır. Bu işlemler normalde belirsiz bir zamanda otomatik olarak işletilir.

Bazı durumlarda sonlandırıcı işlevin programcının istediği bir zamanda işletilmesi gerekebilir. Örneğin, açmış olduğu bir dosyayı sonlandırıcı işlevinde kapatan bir nesnenin sonlandırıcısının hemen işletilmesi gerekebilir.

Buradaki kullanımında "ortadan kaldır" anlamına gelen `destroy()`, nesnenin sonlandırıcı işlevinin hemen işletilmesini sağlar:

```
    destroy(değişken);
```

Sonlandırıcı işlevi işlettikten sonra `destroy()` değişkene türünün `.init` değerini atar. Sınıf değişkenlerinin ilk değeri `null` olduğundan nesne o noktadan sonra kullanılamaz. `destroy()` yalnızca sonlandırıcı işlevi işletir; belleğin gerçekten ne zaman geri verileceği yine de çöp toplayıcının kararına kalmıştır.

Uyarı: *Yapı* göstergesiyle kullanıldığında `destroy()`'a göstergenin kendisi değil, gösterdiği nesne verilmelidir. Yoksa nesnenin sonlandırıcısı çağrılmaz, göstergenin kendisi `null` değerini alır:

```
import std.stdio;

struct S {
    int i;

    this(int i) {
        this.i = i;
        writefln("%s değerli nesne kuruluyor", i);
    }

    ~this() {
        writefln("%s değerli nesne sonlanıyor", i);
    }
}

void main() {
    auto g = new S(42);

    writeln("destroy()'dan önce");
    destroy(g);                         // ← YANLIŞ KULLANIM
    writeln("destroy()'dan sonra");

    writefln("g: %s", g);

    writeln("main'den çıkılıyor");
}
```

`destroy()`'a gösterge verildiğinde sonlandırılan (yani, türünün `.init` değeri verilen) göstergenin kendisidir:

```
42 değerli nesne kuruluyor
destroy()'dan önce
destroy()'dan sonra          ← Bu satırdan önce nesne sonlanmamıştır
g: null                      ← Onun yerine gösterge null olmuştur
main'den çıkılıyor
42 değerli nesne sonlanıyor
```

Bu yüzden, yapı göstergesiyle kullanıldığında `destroy()`'a gösterilen nesne verilmelidir:

```
    destroy(*g);                        // ← Doğru kullanım
```

Sonlandırıcı işlevin bu sefer doğru noktada işletildiğini ve göstergenin değerinin `null` olmadığını görüyoruz:

```
42 değerli nesne kuruluyor
destroy()'dan önce
42 değerli nesne sonlanıyor       ← Nesne doğru noktada sonlanmıştır
destroy()'dan sonra
g: 7FC5EB4EE200                   ← Gösterge null olmamıştır
main'den çıkılıyor
0 değerli nesne sonlanıyor        ← Bir kere de S.init değeriyle
```

Son satır, artık `S.init` değerine sahip olan nesnenin sonlandırıcısı bir kez de kapsamdan çıkılırken işletilirken yazdırılmıştır.

88.7 Nesneyi çalışma zamanında ismiyle kurmak

`Object` sınıfının `factory()` isimli üye işlevi türün ismini parametre olarak alır, o türden bir nesne kurar, ve adresini döndürür. `factory()`, türün kurucusu için parametre almaz; bu yüzden türün parametresiz olarak kurulabilmesi şarttır:

```
module deneme;

import std.stdio;

interface Hayvan {
    string ses();
}

class Kedi : Hayvan {
    string ses() {
        return "miyav";
    }
}

class Köpek : Hayvan {
    string ses() {
        return "hav";
    }
}

void main() {
    string[] kurulacaklar = [ "Kedi", "Köpek", "Kedi" ];

    Hayvan[] hayvanlar;

    foreach (türİsmi; kurulacaklar) {
        /* "Sözde değişken" __MODULE__, her zaman için içinde
         * bulunulan modülün ismidir ve bir string olarak
         * derleme zamanında kullanılabilir. */
        const tamİsim = __MODULE__ ~ '.' ~ türİsmi;
        writefln("%s kuruluyor", tamİsim);
        hayvanlar ~= cast(Hayvan)Object.factory(tamİsim);
    }

    foreach (hayvan; hayvanlar) {
        writeln(hayvan.ses());
    }
}
```

O programda hiç new kullanılmadığı halde üç adet `Hayvan` nesnesi oluşturulmuş ve `hayvanlar` dizisine eklenmiştir:

```
deneme.Kedi kuruluyor
deneme.Köpek kuruluyor
deneme.Kedi kuruluyor
miyav
hav
miyav
```

`Object.factory()`'ye türün tam isminin verilmesi gerekir. O yüzden yukarıdaki tür isimleri `"Kedi"` ve `"Köpek"` gibi kısa olarak değil, modülün ismi ile birlikte `"deneme.Kedi"` ve `"deneme.Köpek"` olarak belirtiliyorlar.

`factory`'nin dönüş türü `Object`'tir; bu türün yukarıdaki `cast(Hayvan)` kullanımında gördüğümüz gibi doğru türe açıkça dönüştürülmesi gerekir.

88.8 Özet

- Çöp toplayıcı belleği belirsiz zamanlarda tarar, artık kullanılmayan nesneleri belirler, onları sonlandırır, ve yerlerini geri alır.
- Çöp toplayıcının temizlik işlemleri `GC.collect`, `GC.disable`, `GC.enable`, `GC.minimize`, vs. ile bir ölçüye kadar yönetilebilir.

- Çöp toplayıcıdan yer ayırmak için `GC.calloc` (ve başka işlevler), ayrılmış olan belleği uzatmak için `GC.realloc`, geri vermek için de `GC.free` kullanılır.
- Çöp toplayıcıdan ayrılan belleğin `GC.BlkAttr.NO_SCAN`, `GC.BlkAttr.NO_INTERIOR`, vs. olarak işaretlenmesi gerekebilir.
- `.alignof` türün varsayılan hizalama birimini verir. Sınıf *nesneleri* için `classInstanceAlignment` kullanılır.
- `.offsetof` bir üyenin nesnenin başlangıç adresinden kaç bayt sonra olduğunu bildirir.
- `align` niteliği değişkenlerin, kullanıcı türlerinin, ve üyelerin hizalama birimlerini belirler.
- `emplace` yapı nesnesi kurarken gösterge, sınıf nesnesi kurarken `void[]` alır.
- `destroy` nesnenin sonlandırıcısını işletir. (`destroy`'a yapı göstergesi değil, gösterilen yapı nesnesi verilmelidir.)
- `Object.factory` uzun ismiyle belirtilen türde nesne kurar.

89 Kullanıcı Nitelikleri (UDA)

Programdaki her tanıma (yapı türü, sınıf türü, değişken, vs.) nitelikler atanabilir ve bu nitelikler derleme zamanında sorgulanarak programın farklı derlenmesi sağlanabilir. Kullanıcı nitelikleri bütünüyle derleme zamanında etkili olan bir olanaktır.

Nitelikler `@` işareti ile belirtilirler ve o niteliğin atanmakta olduğu tanımdan önce yazılırlar. Örneğin, aşağıdaki kod `isim` değişkenine `ŞifreliKayıt` niteliğini atar:

```
    @ŞifreliKayıt string isim;
```

Birden fazla nitelik ayrı ayrı belirtilebilecekleri gibi, hepsi birden parantez içinde de belirtilebilirler. Örneğin, aşağıdaki iki satırdaki nitelikler aynı anlamdadır:

```
    @ŞifreliKayıt @RenkliÇıktı string soyad;     // ← ayrı ayrı
    @(ŞifreliKayıt, RenkliÇıktı) string adres;   // ← ikisi birden
```

Nitelikler yalnızca tür isminden oluşabildikleri gibi, nesne veya temel tür değeri de olabilirler. Ancak, anlamları genelde açık olmadığından 42 gibi hazır değerlerin nitelik olarak kullanılması önerilmez:

```
struct ŞifreliKayıt {
}

enum Renk { siyah, mavi, kırmızı }

struct RenkliÇıktı {
    Renk renk;
}

void main() {
    @ŞifreliKayıt              int a;    // ← tür ismi
    @ŞifreliKayıt()            int b;    // ← nesne
    @RenkliÇıktı(Renk.mavi)    int c;    // ← nesne
    @(42)                      int d;    // ← hazır değer (önerilmez)
}
```

Yukarıdaki a ve b değişkenlerinin nitelikleri farklı çeşittendir: a değişkeni `ŞifreliKayıt` türünün kendisi ile, b değişkeni ise bir `ŞifreliKayıt` *nesnesi* ile nitelendirilmiştir. Bu, niteliklerin derleme zamanında sorgulanmaları açısından önemli bir farktır. Bu farkı aşağıdaki örnek programda göreceğiz.

Niteliklerin ne anlama geldikleri bütünüyle programın ihtiyaçlarına bağlıdır. Nitelikler `__traits(getAttributes)` ile derleme zamanında elde edilirler, çeşitli derleme zamanı olanağı ile sorgulanırlar, ve programın uygun biçimde derlenmesi için kullanılırlar.

Aşağıdaki kod belirli bir yapı üyesinin (örneğin, `Kişi.isim`) niteliklerinin `__traits(getAttributes)` ile nasıl elde edildiğini gösteriyor:

```
import std.stdio;

// ...

struct Kişi {
    @ŞifreliKayıt @RenkliÇıktı(Renk.mavi) string isim;
    string soyad;
    @RenkliÇıktı(Renk.kırmızı) string adres;
}

void main() {
    foreach (nitelik; __traits(getAttributes, Kişi.isim)) {
```

```
        writeln(nitelik.stringof);
    }
}
```

Program, `Kişi.isim` üyesinin niteliklerini yazdırır:

```
ŞifreliKayıt
RenkliÇıktı(cast(Renk)1)
```

Kullanıcı niteliklerinden yararlanırken aşağıdaki `__traits` ifadeleri de kullanışlıdır:

- `__traits(allMembers)` bir türün (veya modülün) bütün üyelerini `string` türünde döndürür.
- `__traits(getMember)` üyelere erişirken kullanılabilen bir *isim* (symbol) üretir. İlk parametresi bir tür veya değişken ismi, ikinci parametresi ise bir dizgidir. Birinci parametresi ile ikinci parametresini bir nokta ile birleştirir ve yeni bir isim üretir. Örneğin, `__traits(getMember, Kişi, "isim")`, `Kişi.isim`'i oluşturur.

```
import std.string;

// ...

void main() {
    foreach (üyeİsmi; __traits(allMembers, Kişi)) {
        writef("%5s üyesinin nitelikleri:", üyeİsmi);

        foreach (nitelik;
                 __traits(getAttributes,
                          __traits(getMember, Kişi, üyeİsmi))) {
            writef(" %s", nitelik.stringof);
        }

        writeln();
    }
}
```

Program, bütün üyelerin niteliklerini yazdırır:

```
 isim üyesinin nitelikleri: ŞifreliKayıt RenkliÇıktı(cast(Renk)1)
soyad üyesinin nitelikleri:
adres üyesinin nitelikleri: RenkliÇıktı(cast(Renk)2)
```

Kullanıcı nitelikleri konusunda yararlı olan bir başka araç belirli bir *ismin* belirli bir niteliğe sahip olup olmadığını bildiren `std.traits.hasUDA` şablonudur; değeri, nitelik bulunduğunda `true`, bulunmadığında ise `false` olur. `Kişi.isim`'in `ŞifreliKayıt` niteliği bulunduğandan aşağıdaki `static assert` denetimi başarılı olur:

```
import std.traits;

// ...

static assert(hasUDA!(Kişi.isim, ŞifreliKayıt));
```

`hasUDA` bir nitelik türü ile kullanılabileceği gibi, o türün belirli bir değeri ile de kullanılabilir. Aşağıdaki `static assert` denetimlerinin ikisi de başarılı olur:

```
static assert(hasUDA!(Kişi.isim, RenkliÇıktı));
static assert(hasUDA!(Kişi.isim, RenkliÇıktı(Renk.mavi)));
```

89.1 Örnek

Niteliklerin derleme zamanında nasıl sorgulanabildiklerini görmek için bir işlev şablonu tasarlayalım. Bu şablon kendisine verilen yapı nesnesinin bütün üyelerini niteliklerine uygun olarak XML düzeninde yazdırsın

```
void xmlOlarakYazdır(T)(T nesne) {
// ...

    foreach (üyeİsmi; __traits(allMembers, T)) {            // (1)
        string değer =
            __traits(getMember, nesne, üyeİsmi).to!string; // (2)

        static if (hasUDA!(__traits(getMember, T, üyeİsmi),// (3)
                           ŞifreliKayıt)) {
            değer = değer.şifrelisi.to!string;
        }

        writefln(`  <%1$s renk="%2$s">%3$s</%1$s>`, üyeİsmi,
                 renkNiteliği!(T, üyeİsmi), değer);         // (4)
    }
}
```

Bu şablonun işaretli bölümleri şöyle açıklanabilir:

1. Türün bütün üyeleri `__traits(allMembers)` ile elde ediliyor.
2. Her üyenin değeri biraz aşağıda kullanılmak üzere `string` türünde elde ediliyor. Örneğin, `üyeİsmi` `"isim"` olduğunda atama işlecinin sağ tarafı `nesne.isim.to!string` ifadesidir.
3. Her üyenin `ŞifreliKayıt` niteliğinin olup olmadığı `hasUDA` ile sorgulanıyor ve bu niteliğe sahip olan üyelerin değerleri şifreleniyor.
4. Biraz aşağıda göreceğimiz `renkNiteliği()` şablonu ile her üyenin renk niteliği elde ediliyor.

`renkNiteliği()` işlev şablonu aşağıdaki gibi gerçekleştirilebilir:

```
Renk renkNiteliği(T, string üye)() {
    foreach (nitelik; __traits(getAttributes,
                               __traits(getMember, T, üye))) {
        static if (is (typeof(nitelik) == RenkliÇıktı)) {
            return nitelik.renk;
        }
    }

    return Renk.siyah;
}
```

Bütün bu olanaklar derleme zamanında işlediğinde `xmlOlarakYazdır()` şablonu `Kişi` türü için aşağıdaki işlevin eşdeğeri olarak oluşturulur ve derlenir:

```
/* xmlOlarakYazdır!Kişi işlevinin eşdeğeri */
void xmlOlarakYazdır_Kişi(Kişi nesne) {
// ...

    {
        string değer = nesne.isim.to!string;
        değer = değer.şifrelisi.to!string;
        writefln(`  <%1$s renk="%2$s">%3$s</%1$s>`,
                 "isim", Renk.mavi, değer);
    }
    {
        string değer = nesne.soyad.to!string;
        writefln(`  <%1$s renk="%2$s">%3$s</%1$s>`,
                 "soyad", Renk.siyah, değer);
    }
    {
```

```
        string değer = nesne.adres.to!string;
        writefln(`  <%1$s renk="%2$s">%3$s</%1$s>`,
                 "adres", Renk.kırmızı, değer);
    }
}
```

Programda başka açıklamalar da bulunuyor:

```
import std.stdio;
import std.string;
import std.algorithm;
import std.conv;
import std.traits;

/* Nitelediği tanımın şifreleneceğini belirler. */
struct ŞifreliKayıt {
}

enum Renk { siyah, mavi, kırmızı }

/* Nitelediği tanımın rengini belirler. Belirtilmediği zaman
 * siyah renk varsayılır. */
struct RenkliÇıktı {
    Renk renk;
}

struct Kişi {
    /* Bu üyenin şifreleneceği ve mavi renkle yazdırılacağı
     * belirtiliyor. */
    @ŞifreliKayıt @RenkliÇıktı(Renk.mavi) string isim;

    /* Bu üye için herhangi bir nitelik belirtilmiyor. */
    string soyad;

    /* Bu üyenin kırmızı renkle yazdırılacağı belirtiliyor. */
    @RenkliÇıktı(Renk.kırmızı) string adres;
}

/* Belirtilen üyenin varsa renk niteliğinin değerini, yoksa
 * Renk.siyah değerini döndürür. */
Renk renkNiteliği(T, string üye)() {
    auto sonuç = Renk.siyah;

    foreach (nitelik; __traits(getAttributes,
                               __traits(getMember, T, üye))) {
        static if (is (typeof(nitelik) == RenkliÇıktı)) {
            sonuç = nitelik.renk;
        }
    }

    return sonuç;
}

/* Verilen dizginin Sezar şifresi ile şifrelenmişini
 * döndürür. (Uyarı: Sezar şifresi çok güçsüz bir şifreleme
 * algoritmasıdır.) */
auto şifrelisi(string değer) {
    return değer.map!(a => dchar(a + 1));
}

unittest {
    assert("abcdefghij".şifrelisi.equal("bcdefghijk"));
}

/* Belirtilen nesneyi niteliklerine uygun olarak XML düzeninde
 * yazdırır. */
void xmlOlarakYazdır(T)(T nesne) {
    writefln("<%s>", T.stringof);
    scope(exit) writefln("</%s>", T.stringof);

    foreach (üyeİsmi; __traits(allMembers, T)) {
        string değer =
            __traits(getMember, nesne, üyeİsmi).to!string;
```

```
        static if (hasUDA!(__traits(getMember, T, üyeİsmi),
                           ŞifreliKayıt)) {
            değer = değer.şifrelisi.to!string;
        }

        writefln(`  <%1$s renk="%2$s">%3$s</%1$s>`,
                 üyeİsmi, renkNiteliği!(T, üyeİsmi), değer);
    }
}

void main() {
    auto kişiler = [ Kişi("Doğu", "Doğan", "Diyarbakır"),
                     Kişi("Batı", "Batan", "Balıkesir") ];

    foreach (kişi; kişiler) {
        xmlOlarakYazdır(kişi);
    }
}
```

Programın çıktısı bütün üyelerin kendi renk niteliklerine sahip olduklarını ve `isim` üyesinin de şifrelendiğini gösteriyor:

```
<Kişi>
  <isim renk="mavi">EpĠv</isim>                  ← mavi ve şifreli
  <soyad renk="siyah">Doğan</soyad>
  <adres renk="kırmızı">Diyarbakır</adres>      ← kırmızı
</Kişi>
<Kişi>
  <isim renk="mavi">CbuJ</isim>                  ← mavi ve şifreli
  <soyad renk="siyah">Batan</soyad>
  <adres renk="kırmızı">Balıkesir</adres>       ← kırmızı
</Kişi>
```

89.2 Kullanıcı niteliklerinin yararı

Kullanıcı niteliklerinin yararı, niteliklerin programın başka bir yerinde değişiklik gerekmeden değiştirilebilmesidir. Örneğin, bütün üyelerin şifreli olarak yazdırılması için `Kişi` yapısının aşağıdaki gibi değiştirilmesi yeterlidir:

```
struct Kişi {
    @ŞifreliKayıt {
        string isim;
        string soyad;
        string adres;
    }
}

// ...

    xmlOlarakYazdır(Kişi("Güney", "Gün", "Giresun"));
```

Çıktısı:

```
<Kişi>
  <isim renk="siyah">Hýofz</isim>          ← şifreli
  <soyad renk="siyah">Hýo</soyad>          ← şifreli
  <adres renk="siyah">Hjsftvo</adres>      ← şifreli
</Kişi>
```

Hatta, `xmlOlarakYazdır()` ve yararlandığı nitelikler başka türlerle de kullanılabilir:

```
struct Veri {
    @RenkliÇıktı(Renk.mavi) string mesaj;
}

// ...
```

```
    xmlOlarakYazdır(Veri("merhaba dünya"));
```

Çıktısı:

```
<Veri>
  <mesaj renk="mavi">merhaba dünya</mesaj>     ← mavi
</Veri>
```

89.3 Özet

- Programda kullanılan bütün tanımlara nitelikler atanabilir.
- Nitelikler tür isimlerinden veya değerlerden oluşabilir.
- Nitelikler derleme zamanında `hasUDA` ve `__traits(getAttributes)` ile sorgulanarak programın farklı derlenmesi sağlanabilir.

90 İşleç Öncelikleri

Kitabın başından beri yaptığımız gibi, ikiden fazla ifade birden fazla işleç ile bir araya getirilebilir. Örneğin, aşağıdaki satır üç işleç ile bağlanmış olan dört ifade içerir:

```
a = b + c * d    // üç işleç: =, +, ve *
```

İşleçlerin öncelik kuralları, birden fazla işleç bulunan durumda o işleçlerin hangi sırada işletileceklerini ve hangi ifadeleri kullanacaklarını belirler. İşleçler önceliklerine göre işletilirler: önce yüksek öncelikli olanlar, sonra düşük öncelikli olanlar.

Aşağıdaki tablo D'nin işleç önceliklerini yüksek öncelikliden düşük öncelikliye doğru sıralanmış olarak verir. Aynı tablo satırında bulunan işleçler aynı önceliğe sahiptir. (Aynı tablo hücresi içindeki satırların önemi yoktur; örneğin, == ile `!is` aynı önceliğe sahiptir.) Özellikle belirtilmediği sürece bütün işleçler *sol birleşimlidir*.

Tabloda kullanılan terimlerin bazıları aşağıda açıklanıyor.

<table>
<tr><th>İşleçler</th><th>Açıklama</th><th>Notlar</th></tr>
<tr><td><code>!</code></td><td>Şablon gerçekleştirmesi</td><td>Zincirlenemez</td></tr>
<tr><td><code>=></code></td><td>İsimsiz işlev tanımı</td><td>Gerçek bir işleç değildir; tabloda iki yerde bulunur; bu satır sol tarafıyla ilgilidir</td></tr>
<tr><td><code>. ++ -- ([</code></td><td>Sonek işleçler</td><td><code>(</code> ve <code>[</code> parantezleri sırasıyla <code>)</code> ve <code>]</code> ile kapatılmalıdır</td></tr>
<tr><td><code>^^</code></td><td>Üs alma işleci</td><td>Sağ birleşimli</td></tr>
<tr><td><code>++ -- * + - ! & ~</code>
<code>cast</code></td><td>Tekli işleçler</td><td></td></tr>
<tr><td><code>* / %</code></td><td>İkili işleçler</td><td></td></tr>
<tr><td><code>+ - ~</code></td><td>İkili işleçler</td><td></td></tr>
<tr><td><code><< >> >>></code></td><td>Bit kaydırma işleçleri</td><td></td></tr>
<tr><td><code>== != > < >= <= in</code>
<code>!in is !is</code></td><td>Karşılaştırma işleçleri</td><td>Bit işleçleri ile aralarında öncelik tanımlı değildir; Zincirlenemezler</td></tr>
<tr><td><code>&</code></td><td>Bit işlemi ve</td><td>Karşılaştırma işleçleri ile aralarında öncelik tanımlı değildir</td></tr>
<tr><td><code>^</code></td><td>Bit işlemi ya da</td><td>Karşılaştırma işleçleri ile aralarında öncelik tanımlı değildir</td></tr>
<tr><td><code>|</code></td><td>Bit işlemi veya</td><td>Karşılaştırma işleçleri ile aralarında öncelik tanımlı değildir</td></tr>
<tr><td><code>&&</code></td><td>Mantıksal ve</td><td>İkinci ifade işletilmeyebilir</td></tr>
<tr><td><code>||</code></td><td>Mantıksal veya</td><td>İkinci ifade işletilmeyebilir</td></tr>
<tr><td><code>?:</code></td><td>Üçlü işleç</td><td>Sağ birleşimli</td></tr>
<tr><td><code>= -= += = *= %= ^=</code>
<code>^^= ~= <<= >>= >>>=</code></td><td>Atamalı işleçler</td><td>Sağ birleşimli</td></tr>
<tr><td><code>=></code></td><td>İsimsiz işlev tanımı</td><td>Gerçek bir işleç değildir; tabloda iki yerde bulunur; bu satır sağ tarafıyla ilgilidir</td></tr>
<tr><td><code>,</code></td><td>Virgül işleci</td><td>Ayraç olarak kullanılan virgül ile karıştırılmamalıdır</td></tr>
<tr><td><code>..</code></td><td>Sayı aralığı</td><td>Gerçek bir işleç değildir; söz diziminin özel bir parçasıdır</td></tr>
</table>

İşleç zincirleme

Bölümün başındaki ifadeye tekrar bakalım:

```
a = b + c * d
```

İkili * işlecinin önceliği ikili + işlecininkinden ve ikili + işlecinin önceliği = işlecininkinden yüksek olduklarından o ifade aşağıdaki parantezli eşdeğeri gibi işletilir:

```
a = (b + (c * d))    // önce *, sonra +, sonra =
```

Başka bir örnek olarak, sonek `.` işlecinin önceliği tekli `*` işlecininkinden yüksek olduğundan aşağıdaki ifade önce `n` nesnesinin `gösterge` üyesine erişir, sonra da onun gösterdiğine:

```
*n.gösterge       // ← n.gösterge'nin gösterdiğine erişir
*(n.gösterge)     // ← üsttekinin eşdeğeri
(*n).gösterge     // ← üsttekinin eşdeğeri DEĞİL
```

Bazı işleçler zincirlenemezler:

```
if (a > b == c) {        // ← derleme HATASI
    // ...
}
```

```
Error: found '==' when expecting ')'
```

İşlem sırasını programcının örneğin parantezlerle belirtmesi gerekir:

```
if ((a > b) == c) {      // ← derlenir
    // ...
}
```

Birleşim

Aynı önceliğe sahip işleçler bulunduğunda hangisinin önce işletileceği işleç birleşimlerine göre belirlenir: ya soldaki ya da sağdaki.

Çoğu işleç sol birleşimlidir; önce soldaki işletilir:

```
10 - 7 - 3;
(10 - 7) - 3;     // ← üsttekinin eşdeğeri (== 0)
10 - (7 - 3);     // ← üsttekinin eşdeğeri DEĞİL (== 6)
```

Bazı işleçler sağ birleşimlidir; önce sağdaki işletilir:

```
4 ^^ 3 ^^ 2;
4 ^^ (3 ^^ 2);     // ← üsttekinin eşdeğeri (== 262144)
(4 ^^ 3) ^^ 2;     // ← üsttekinin eşdeğeri DEĞİL (== 4096)
```

Öncelikleri tanımsız işleç grupları

Bit işleçleriyle karşılaştırma işleçleri arasında öncelik tanımlı değildir:

```
if (a & b == c) {        // ← derleme HATASI
    // ...
}
```

```
Error: b == c must be parenthesized when next to operator &
```

İşlem sırasını programcının örneğin parantezlerle belirtmesi gerekir:

```
if ((a & b) == c) {      // ← derlenir
    // ...
}
```

=> işaretinin önceliği

Aslında bir işleç olmayan =>, solundaki ve sağındaki işleçlerle farklı önceliklere sahip olduğundan tabloda iki satırda yer alır.

```
l = a => a = 1;
```

Yukarıda => işaretinin her iki tarafında da = işleci olduğu halde, => sol tarafta = işlecinden daha öncelikli olduğundan soldaki a'ya kendisi bağlanır ve sanki programcı aşağıdaki parantezleri yazmış gibi kabul edilir:

```
l = (a => a = 1);
```

Öte yandan, => sağ tarafta = işlecinden daha düşük öncelikli olduğundan, sağdaki a = işlecine bağlanır ve sanki aşağıdaki parantezler de yazılmış gibi kabul edilir:

```
l = (a => (a = 1));
```

Dolayısıyla, isimsiz işlevin tanımı `a => a` haline *gelmez*; ifadenin geri kalanını da içerir: `a => a = 1` (anlamı: *a'ya karşılık a = 1 değerini üret*). O isimsiz işlev de sonuçta `l` değişkenine atanmaktadır.

Not: Bunu yalnızca bir örnek olarak kabul edin. `a = 1` *ifadesi bir isimsiz işlevin içeriği olarak anlamlı değildir çünkü parametresine yapılan o atama normalde etkisizdir ve işlev hep 1 değerini üretir. (Burada "normalde" denmesinin nedeni, aslında* `a`*'nın atama işlecinin yüklenmiş olabileceği ve işletildiğinde yan etki üretebileceğidir.)*

Virgül işleci

Virgül işleci ikili bir işleçtir. Önce sol tarafındaki ifadeyi sonra sağ tarafındaki ifadeyi işletir. İfadelerin ürettikleri değerler göz ardı edilir.

```
int a = 1;
foo(), bar(), ++a;

assert(a == 2);
```

Virgül işlecinin en yaygın kullanımı, `for` döngüsünün ilerletilmesi sırasında birden fazla değişkenin değiştirilmesi gereken durumdur:

```
for ({ int i; int j; } i < 10; ++i, ++j) {
    // ...
}
```

Problem Çözümleri

Merhaba Dünya (sayfa 1)

1.
```
import std.stdio;

void main() {
    writeln("Başka bir şey... :p");
}
```

2.
```
import std.stdio;

void main() {
    writeln("Bir satır...");
    writeln("Başka bir satır...");
}
```

3. Bu program `writeln` satırının sonunda noktalı virgül olmadığı için derlenemez:

```
import std.stdio;

void main() {
    writeln("Merhaba, Dünya!")     // ← derleme HATASI
}
```

writeln ve write (sayfa 5)

1. Bir yöntem, arada bir parametre daha kullanmaktır:

```
    writeln("Merhaba, Dünya!", " ", "Merhaba, balıklar!");
```

2. `write` da birden fazla parametre alabilir:

```
    write("bir", " iki", " üç");
```

Temel Türler (sayfa 8)

`int` yerine başka bir tür ismi kullanmak yeter. İki tanesi:

```
import std.stdio;

void main() {
    writeln("Tür                : ", short.stringof);
    writeln("Bayt olarak uzunluğu: ", short.sizeof);
    writeln("En küçük değeri    : ", short.min);
    writeln("En büyük değeri    : ", short.max);
    writeln("İlk değeri         : ", short.init);

    writeln();

    writeln("Tür                : ", ulong.stringof);
    writeln("Bayt olarak uzunluğu: ", ulong.sizeof);
    writeln("En küçük değeri    : ", ulong.min);
    writeln("En büyük değeri    : ", ulong.max);
    writeln("İlk değeri         : ", ulong.init);
}
```

Atama ve İşlem Sıraları (sayfa 11)

a, b, ve c'nin değerlerini her işlem adımının sağ tarafında gösteriyorum (değişen değer işaretlenmiş olarak):

```
başlangıçta   →    a 1, b 2, c önemsiz
c = a         →    a 1, b 2, c 1
a = b         →    a 2, b 2, c 1
b = c         →    a 2, b 1, c 1
```

Sonuçta a ve b'nin değerleri değiş tokuş edilmişlerdir.

Değişkenler (sayfa 12)

```
import std.stdio;

void main() {
    double kur = 2.11;
    int adet = 20;

    writeln(kur, " kurundan ", adet, " avro bozdurdum.");
}
```

Standart Giriş ve Çıkış Akımları (sayfa 14)

```
import std.stdio;

void main() {
    stdout.write(1, ",", 2);

    // Gerektiğinde satırı sonlandırmak için:
    writeln();
}
```

Girişten Bilgi Almak (sayfa 15)

`stdin`, gelen karakterleri istenen türe dönüştüremeyince kullanılamaz duruma girer. Örneğin, `int` türünde bilgi beklenen durumda "abc" harflerinin girilmesi `stdin`'in kullanılamaz duruma girmesine neden olur.

Mantıksal İfadeler (sayfa 18)

1. Derleyici `10 < sayı`'yı bir ifade olarak tanıdığı için, ondan sonra bir virgül bekliyor. Bütün ifadenin etrafına parantezler koyulduğunda da sorun çözülmüyor, çünkü bu sefer de `10 < sayı` ifadesinden sonra bir kapama parantezi bekliyor.
2. `(10 < sayı) < 20` şeklinde gruplama kullanıldığında derleme hatası olmaz, çünkü derleyici önce `10 < sayı` ifadesini işletir, ondan sonra onun sonucunu `< 20` ile kullanır. `10 < sayı` gibi bir mantıksal ifadenin sonucunun da ya `false` ya da `true` olduğunu biliyoruz.

   `false` ve `true` değerleri tamsayı işlemlerinde kullanıldıklarında otomatik olarak 0 ve 1 değerlerine dönüşürler. (Otomatik tür dönüşümlerini daha sonra göreceğiz.) O yüzden de bütün ifade ya `0 < 20` ya da `1 < 20` haline gelir ve ikisinin sonucu da her zaman için `true`'dur.
3. "Alt sınırdan büyüktür ve üst sınırdan küçüktür" mantıksal ifadesini şöyle kurarız:

   ```
   writeln("Arasında: ", (sayı > 10) && (sayı < 20));
   ```
4. "Yeterince bisiklet var" ifadesini `kişi_sayısı <= bisiklet_sayısı` veya `bisiklet_sayısı >= kişi_sayısı` olarak yazabiliriz. Diğerleri de sorudaki ifade doğrudan D koduna çevrilerek yazılabilir:

```
    writeln("Plaja gidiyoruz: ",
            ((mesafe < 10) && (bisiklet_sayısı >= kişi_sayısı))
            ||
            ((kişi_sayısı <= 5) && araba_var && ehliyet_var)
           );
```

Okumayı kolaylaştırmak için || işlecinin ayrı bir satıra yazıldığına dikkat edin. Böylece sorudaki iki koşulu temiz bir şekilde iki ayrı satırda görebiliyoruz.

if Koşulu (sayfa 23)

1. Bu programda `writeln("Tabağı kaldırıyorum")` ifadesi sanki `else` kapsamındaymış gibi içerletilerek yazılmış. Oysa `else`'ten sonra küme parantezleri kullanılmadığı için, kurallar gereği bu `else` kapsamında tek bir ifade vardır: `writeln("Baklava yiyorum")`.

   Programdaki boşlukların önemi de olmadığı için (yazım hatalarına neden olmadıkları sürece) tabaklı ifade aslında `main` içinde serbest bir ifadedir ve hiçbir koşula bağlı olmadan her zaman için işletilir. İçerletildiği için okuyanı yanıltabiliyor. Eğer tabaklı ifade de `else` kapsamında olacaksa, o zaman küme parantezlerini unutmamak gerekir:

```
import std.stdio;

void main() {
    bool limonata_var = true;

    if (limonata_var) {
        writeln("Limonata içiyorum");
        writeln("Bardağı yıkıyorum");

    } else {
        writeln("Baklava yiyorum");
        writeln("Tabağı kaldırıyorum");
    }
}
```

2. Bu oyundaki koşulları tasarlamak için birden çok çözüm düşünebiliriz. Ben iki tane göstereceğim. Önce soruda verilen bilgiyi bire bir uygulayarak:

```
import std.stdio;

void main() {
    write("Zar kaç geldi? ");
    int zar;
    readf(" %s", &zar);

    if (zar == 1) {
        writeln("Siz kazandınız");

    } else if (zar == 2) {
        writeln("Siz kazandınız");

    } else if (zar == 3) {
        writeln("Siz kazandınız");

    } else if (zar == 4) {
        writeln("Ben kazandım");

    } else if (zar == 5) {
        writeln("Ben kazandım");

    } else if (zar == 6) {
        writeln("Ben kazandım");
```

```
    } else {
        writeln("HATA: Geçersiz değer: ", zar);
    }
}
```

Ne yazık ki o programda çok tekrar bulunuyor. Aynı sonucu başka biçimde de elde edebiliriz. Bir tanesi:

```
import std.stdio;

void main() {
    write("Zar kaç geldi? ");
    int zar;
    readf(" %s", &zar);

    if ((zar == 1) || (zar == 2) || (zar == 3)) {
        writeln("Siz kazandınız");

    } else if ((zar == 4) || (zar == 5) || (zar == 6)) {
        writeln("Ben kazandım");

    } else {
        writeln("HATA: Geçersiz değer: ", zar);
    }
}
```

3. Artık yukarıda gösterilen çözümleri kullanamayız. Kimse 1000 değişik değeri öyle açıkça yazmaz: aşırı emek gerektirir, doğruluğundan emin olunamaz, okuyan bir şey anlamaz, vs. O yüzden burada "bu sayı iki sınırın arasında mı" karşılaştırmasını kullanırız:

```
    if ((sayı >= 1) && (sayı <= 500))
```

while Döngüsü (sayfa 27)

1. `sayı`'nın ilk değeri 0 olduğu için `while` döngüsünün mantıksal ifadesi en baştan `false` oluyor ve döngüye bir kere bile girilmiyor. Bunun için programcılıkta çok kullanılan bir yöntem, döngüye girmeyi sağlayacak bir ilk değer kullanmaktır:

```
    int sayı = 3;
```

2. Bu programda açıkça ilk değerler verilmiyor çünkü sayıların 0 olan ilk değerleri her iki döngüye de mutlaka girileceğini garanti ediyorlar:

```
import std.stdio;

void main() {
    int gizli_sayı;

    while ((gizli_sayı < 1) || (gizli_sayı > 10)) {
        write("1-10 aralığındaki gizli sayıyı bildirin: ");
        readf(" %s", &gizli_sayı);
    }

    int tahmin;

    while (tahmin != gizli_sayı) {
        write("Tahmin? ");
        readf(" %s", &tahmin);
    }

    writeln("Doğru!");
}
```

Tamsayılar ve Aritmetik İşlemler (sayfa 30)

1. / işlecini bölüm için, % işlecini de kalan için kullanabiliriz:

```
import std.stdio;

void main() {
    int birinci_sayı;
    write("Birinci sayı: ");
    readf(" %s", &birinci_sayı);

    int ikinci_sayı;
    write("İkinci sayı : ");
    readf(" %s", &ikinci_sayı);

    int bölüm = birinci_sayı / ikinci_sayı;
    int kalan = birinci_sayı % ikinci_sayı;

    writeln(birinci_sayı, " = ",
            ikinci_sayı, " * ", bölüm, " + ", kalan);
}
```

2. Kalanın 0 olup olmadığını `if` koşulu ile denetleyebiliriz:

```
import std.stdio;

void main() {
    int birinci_sayı;
    write("Birinci sayı: ");
    readf(" %s", &birinci_sayı);

    int ikinci_sayı;
    write("İkinci sayı : ");
    readf(" %s", &ikinci_sayı);

    int bölüm = birinci_sayı / ikinci_sayı;
    int kalan = birinci_sayı % ikinci_sayı;

    // Burada artık writeln kullanamayacağımıza dikkat
    // edin. Satırı daha sonra sonlandırmak zorundayız.
    write(birinci_sayı, " = ", ikinci_sayı, " * ", bölüm);

    // Bu kısmını ancak kalan 0 olmadığı zaman yazdırıyoruz
    if (kalan != 0) {
        write(" + ", kalan);
    }

    // Artık satırı sonlandırıyoruz
    writeln();
}
```

3.

```
import std.stdio;

void main() {
    while (true) {
        write("0: Çık, 1: Toplama, 2: Çıkarma, ",
              "3: Çarpma, 4: Bölme - İşlem? ");

        int işlem;
        readf(" %s", &işlem);

        // Önce işlemi denetleyelim
        if ((işlem < 0) || (işlem > 4)) {
            writeln("Bu işlemi daha öğrenmedim");
            continue;
        }

        if (işlem == 0){
            writeln("Güle güle!");
            break;
        }
```

```
        // Eğer bu noktaya gelmişsek, bildiğimiz 4 işlemden
        // birisi ile ilgilendiğimizden eminiz. Artık
        // kullanıcıdan 2 sayıyı isteyebiliriz:

        int birinci;
        int ikinci;

        write("Birinci sayı? ");
        readf(" %s", &birinci);

        write(" İkinci sayı? ");
        readf(" %s", &ikinci);

        // İşlemin sonucunu bu değişkene yerleştireceğiz
        int sonuç;

        if (işlem == 1) {
            sonuç = birinci + ikinci;

        } else if (işlem == 2) {
            sonuç = birinci - ikinci;

        } else if (işlem == 3) {
            sonuç = birinci * ikinci;

        } else if (işlem == 4) {
            sonuç = birinci / ikinci;

        }  else {
            writeln(
                "Programda bir hata var! ",
                "Bu noktaya kesinlikle gelmemeliydik...");
            break;
        }

        writeln("       Sonuç: ", sonuç);
    }
}
```

4.

```
import std.stdio;

void main() {
    int sayı = 1;

    while (sayı <= 10) {
        if (sayı != 7) {
            writeln(sayı);
        }

        ++sayı;
    }
}
```

Kesirli Sayılar (sayfa 41)

1. `float` yerine `double` kullanıldığında farklı biçimde şaşırtıcı olan bir sonuçla karşılaşılır:

```
// ...

    double sonuç = 0;

// ...

    if (sonuç == 1) {
        writeln("Beklendiği gibi 1");

    } else {
```

```
        writeln("FARKLI: ", sonuç);
    }
```

`sonuç == 1` karşılaştırması doğru çıkmadığı halde sonuç 1 olarak yazdırılmaktadır:

```
FARKLI: 1
```

Bu şaşırtıcı durum, kesirli sayılar için normalde kullanılan çıktı düzeniyle ilgilidir. Virgülden sonraki kısım daha fazla haneyle yazdırıldığında değerin aslında tam 1 olmadığı görülür. (Çıktı düzenini ilerideki bir bölümde (sayfa 103) göreceğiz:)

```
        writefln("FARKLI: %.20f", sonuç);
```

```
FARKLI: 1.00000000000000066613
```

2. Önceki bölümdeki hesap makinesi programındaki üç satırdaki `int`'leri `double` yapmak yeter:

```
        double birinci;
        double ikinci;

        // ...

        double sonuç;
```

3. Problemde 5 yerine daha fazla sayı girilmesi istenseydi programın nasıl daha da içinden çıkılmaz bir hale geleceğini görüyor musunuz:

```
import std.stdio;

void main() {
    double sayı_1;
    double sayı_2;
    double sayı_3;
    double sayı_4;
    double sayı_5;

    write("Sayı 1: ");
    readf(" %s", &sayı_1);
    write("Sayı 2: ");
    readf(" %s", &sayı_2);
    write("Sayı 3: ");
    readf(" %s", &sayı_3);
    write("Sayı 4: ");
    readf(" %s", &sayı_4);
    write("Sayı 5: ");
    readf(" %s", &sayı_5);

    writeln("İki katları:");
    writeln(sayı_1 * 2);
    writeln(sayı_2 * 2);
    writeln(sayı_3 * 2);
    writeln(sayı_4 * 2);
    writeln(sayı_5 * 2);

    writeln("Beşte birleri:");
    writeln(sayı_1 / 5);
    writeln(sayı_2 / 5);
    writeln(sayı_3 / 5);
    writeln(sayı_4 / 5);
    writeln(sayı_5 / 5);
}
```

Diziler (sayfa 48)

1.
```
import std.stdio;
import std.algorithm;

void main() {
    write("Kaç sayı var? ");
    int adet;
    readf(" %s", &adet);

    double[] sayılar;
    sayılar.length = adet;

    int sayaç;
    while (sayaç < adet) {
        write("Sayı ", sayaç, ": ");
        readf(" %s", &sayılar[sayaç]);
        ++sayaç;
    }

    writeln("Sıralı olarak:");
    sort(sayılar);

    sayaç = 0;
    while (sayaç < adet) {
        write(sayılar[sayaç], " ");
        ++sayaç;
    }
    writeln();

    writeln("Ters sırada:");
    reverse(sayılar);

    sayaç = 0;
    while (sayaç < adet) {
        write(sayılar[sayaç], " ");
        ++sayaç;
    }
    writeln();
}
```

2. Açıklamalar kodun içinde:

```
import std.stdio;
import std.algorithm;

void main() {
    // Kaç tane sayı geleceğini baştan bilmediğimiz için
    // dinamik diziler kullanıyoruz
    int[] tekler;
    int[] çiftler;

    writeln("Lütfen tamsayılar girin (sonlandırmak için -1)");

    while (true) {

        // Sayıyı okuyoruz
        int sayı;
        readf(" %s", &sayı);

        // Sayı özellikle -1 olduğunda döngüden çıkıyoruz
        if (sayı == -1) {
            break;
        }

        // Tek veya çift olması durumuna göre farklı dizinin
        // sonuna yerleştiriyoruz; ikiye bölümünden kalan 0
        // ise çifttir, değilse tektir
        if ((sayı % 2) == 0) {
            çiftler ~= sayı;

        } else {
```

```
            tekler ~= sayı;
        }
    }

    // Önce tekleri ve çiftleri ayrı ayrı sıralıyoruz
    sort(tekler);
    sort(çiftler);

    // Ondan sonra birleştiriyoruz
    int[] sonuç;
    sonuç = tekler ~ çiftler;

    writeln("Önce tekler, sonra çiftler; sıralı olarak:");

    // Daha önce gördüğümüz gibi bir döngü kurarak dizinin
    // bütün elemanlarını çıkışa yazdırıyoruz
    int i;
    while (i < sonuç.length) {
        write(sonuç[i], " ");
        ++i;
    }

    writeln();
}
```

3. Bu programda üç hata var. İki hata `while` döngüleriyle ilgili: her ikisinde de < işleci yerine <= kullanılmış. O yüzden program yasal olmayan bir indeks kullanarak dizinin dışına taşıyor.

   Üçüncü hatayı kendiniz uğraşarak gidermeniz önemli olduğundan çözümü hemen vermek istemiyorum. Yukarıdaki iki hatayı giderdikten sonra programı tekrar derleyin ve neden sonucu yazdırmadığını bir sonraki paragrafı okumadan kendiniz çözmeye çalışın.

   `i` sayacı hâlâ bir önceki döngüden çıkıldığındaki değerinde olduğundan, ikinci `while` döngüsünün koşulu hiçbir zaman sağlanmaz ve ikinci döngü bir kere bile tekrarlanmaz. Çözüm olarak ikinci döngüden önce bir `i = 0;` ifadesi yazmanız gerekir.

Başka Dizi Olanakları (sayfa 64)

Aşağıdaki dilimdeki gibi *başından kısaltarak tüketmek*, D'de çok yaygındır. Bu yöntem, daha ileride göreceğimiz Phobos aralıklarının da temelini oluşturur.

```
import std.stdio;

void main() {
    double[] dizi = [ 1, 20, 2, 30, 7, 11 ];

    double[] dilim = dizi;     // işimize dizinin bütün
                               // elemanlarına erişim
                               // sağlayan bir dilimle
                               // başlıyoruz

    while (dilim.length) {     // o dilimde eleman bulunduğu
                               // sürece ...

        if (dilim[0] > 10) {   // işlemlerde yalnızca ilk
            dilim[0] /= 2;     // elemanı kullanıyoruz
        }

        dilim = dilim[1 .. $]; // dilimi başından kısaltıyoruz
    }

    writeln(dizi);             // asıl dizi değişmiş oluyor
}
```

Dizgiler (sayfa 74)

1. Kütüphane başvuru belgelerinin amaçları öğretmek değildir. Kütüphane belgelerini caydırıcı derecede kısa ve anlaşılmaz bulabilirsiniz. Siz de zamanla alışacaksınız ve uzun yazılardan çok öz belgeler yeğleyeceksiniz.

2.
```
import std.stdio;
import std.string;

void main() {
    write("Adınız? ");
    string ad = capitalize(strip(readln()));

    write("Soyadınız? ");
    string soyad = capitalize(strip(readln()));

    string adSoyad = ad ~ " " ~ soyad;
    writeln(adSoyad);
}
```

3.
```
import std.stdio;
import std.string;

void main() {
    write("Satırı giriniz: ");
    string satır = strip(readln());

    ptrdiff_t ilk_a = indexOf(satır, 'a');

    if (ilk_a == -1) {
        writeln("Bu satırda a harfi yok.");

    } else {
        ptrdiff_t son_a = lastIndexOf(satır, 'a');
        writeln(satır[ilk_a .. son_a + 1]);
    }
}
```

Standart Akımları Dosyalara Bağlamak (sayfa 81)

Programların giriş ve çıkışlarının birbirlerine bağlanabilmeleri özellikle Unix türevi işletim sistemlerinde çok kullanılır. Buna olanak vermek için, programların olabildiğince standart giriş ve çıkış akımlarıyla etkileşecek şekilde yazılmalarına çalışılır.

Örneğin ismi `deneme.d` olan bir dosyanın hangi klasörde olduğu `find` ve `grep` programları ile şu şekilde bulunabilir:

```
find | grep deneme.d
```

`find`, içinde bulunulan klasörden itibaren bütün klasörlerin içindeki bütün dosyaların isimlerini çıkışına gönderir. Onun çıktısı `|` ile `grep`'e verilir ve o da içinde `deneme.d` bulunan satırları kendi çıkışına yazdırır.

Dosyalar (sayfa 83)

```
import std.stdio;
import std.string;

void main() {
    write("Lütfen dosya ismini yazınız: ");
    string girişDosyasıİsmi = strip(readln());
    File giriş = File(girişDosyasıİsmi, "r");

    string çıkışDosyasıİsmi = girişDosyasıİsmi ~ ".bak";
    File çıkış = File(çıkışDosyasıİsmi, "w");

```

```
    while (!giriş.eof()) {
        string satır = strip(giriş.readln());

        if (satır.length != 0) {
            çıkış.writeln(satır);
        }
    }

    writeln(çıkışDosyasıİsmi, " dosyasını oluşturdum.");
}
```

auto ve typeof (sayfa 87)

Türünü bulmak istediğimiz hazır değeri `typeof`'a vererek türünü üretebiliriz, ve o türün `.stringof` niteliği ile de türün ismini yazdırabiliriz:

```
import std.stdio;

void main() {
    writeln(typeof(1.2).stringof);
}
```

Çıktısı:

```
double
```

for Döngüsü (sayfa 92)

1.
```
import std.stdio;

void main() {
    for (int satır = 0; satır != 9; ++satır) {
        for (int sütun = 0; sütun != 9; ++sütun) {
            write(satır, ',', sütun, ' ');
        }

        writeln();
    }
}
```

2. Üçgen:

```
import std.stdio;

void main() {
    for (int satır = 0; satır != 5; ++satır) {
        int uzunluk = satır + 1;

        for (int i = 0; i != uzunluk; ++i) {
            write('*');
        }

        writeln();
    }
}
```

Paralelkenar:

```
import std.stdio;

void main() {
    for (int satır = 0; satır != 5; ++satır) {
        for (int i = 0; i != satır; ++i) {
            write(' ');
        }

        writeln("********");
```

```
    }
}
```

Baklava dilimi çizdirebilir misiniz?

```
   *
  ***
 *****
*******
 *****
  ***
   *
```

Üçlü İşleç ?: (sayfa 95)

Soruda istendiği için ?: işlecini kullanıyoruz; siz burada `if` deyiminin daha kullanışlı olduğunu düşünebilirsiniz. Dikkat ederseniz, bu çözümde iki tane ?: işleci kullanılmaktadır:

```
import std.stdio;

void main() {
    write("Lütfen net miktarı girin: ");

    int net;
    readf(" %s", &net);

    writeln(net < 0 ? -net : net, " lira ",
            net < 0 ? "zarardasınız" : "kazançlısınız");
}
```

Program sıfır değeri için bile "kazançlısınız" yazmaktadır. Programı değiştirerek daha uygun bir mesaj yazmasını sağlayın.

Hazır Değerler (sayfa 98)

1. Buradaki sorun, sağ taraftaki hazır değerin bir `int`'e sığmayacak kadar büyük olması ve o yüzden de türünün derleyici tarafından `long` olarak belirlenmesidir. Bu yüzden soldaki `int` türündeki değişkene uymaz. Burada en az iki çözüm vardır.

   Bir çözüm, açıkça `int` yazmak yerine, değişkenin türü için `auto` kullanmak ve tür seçimini derleyiciye bırakmaktır:

   ```
       auto miktar = 10_000_000_000;
   ```

   Böylece `miktar` değişkeninin değeri de `long` olarak seçilir.

   Diğer çözüm, değişkenin türünü de açıkça `long` yazmaktır:

   ```
       long miktar = 10_000_000_000;
   ```

2. Burada satırın başına götüren `'\r'` karakteri kullanılabilir. Böylece hep aynı satırın üstüne yazılır.

   ```
   import std.stdio;

   void main() {
       for (int sayı = 0; ; ++sayı) {
           write("\rSayı: ", sayı);
       }
   }
   ```

   Yukarıdaki programın çıktısı hem fazla hızlı hem de `stdout`'un ara belleğinin dolup boşalmasına bağlı olarak tutarsız olabilir. Aşağıdaki program her yazmadan sonra hem `flush()` ile çıkış ara belleğini boşaltır, hem de 10 milisaniye bekler:

```
import std.stdio;
import core.thread;

void main() {
    for (int sayı = 0; ; ++sayı) {
        write("\rSayı: ", sayı);
        stdout.flush();
        Thread.sleep(10.msecs);
    }
}
```

Normalde çıkış ara belleğinin açıkça boşaltılmasına gerek yoktur. Ara bellek yeni satıra geçmeden önce veya girişten bilgi okunmadan önce de otomatik olarak boşaltılır.

Çıktı Düzeni (sayfa 103)

1. Bunun düzen belirteciyle nasıl yapıldığını zaten gördünüz. Hiçbir hesap yapmaya gerek kalmadan:

```
import std.stdio;

void main() {
    writeln("(Programdan çıkmak için 0 giriniz.)");

    while (true) {
        write("Lütfen bir sayı giriniz: ");
        long sayı;
        readf(" %s", &sayı);

        if (sayı == 0) {
            break;
        }

        writefln("%1$d <=> %1$#x", sayı);
    }
}
```

2. `%` karakterinin kendisini yazdırmak için çift yazmak gerektiğini hatırlayarak:

```
import std.stdio;

void main() {
    write("Yüzde değeri? ");
    double yüzde;
    readf(" %s", &yüzde);

    writefln("%%%.2f", yüzde);
}
```

Giriş Düzeni (sayfa 112)

Tarihin yazımındaki her bir tamsayının yerine `%s` yerleştirmek işimize yarayan düzen dizgisini oluşturmaya yeter:

```
import std.stdio;

void main() {
    int yıl;
    int ay;
    int gün;

    readf("%s.%s.%s", &yıl, &ay, &gün);
```

```
    writeln("Ay: ", ay);
}
```

do-while Döngüsü (sayfa 114)

Bu programın do-while ile özellikle bir ilgisi yok; ama while yerine kesinlikle do-while ile yapılması gereken bir örnek de bulunamaz.

Program, tuttuğunuz sayıyı üstten ve alttan kıstırarak bulur. Örneğin ilk tahmini 50 olsa, ve siz "çık" diye yanıt verseniz; artık sayının [51,100] aralığında olduğunu öğrenir. Ondan sonra bu iki sayının tam ortasında bir değer tutsa, ve "in" deseniz; bu sefer de örneğin [51,75] aralığında olduğunu bilir.

O şekilde kıstıra kıstıra tek bir sayı kaldığında tuttuğunuz sayıyı da bulmuş olur.

enum (sayfa 132)

Açıklamalar kodun içerisinde:

```
import std.stdio;
import std.conv;

enum İşlem { çıkış, toplama, çıkarma, çarpma, bölme }

void main() {
    // Programın desteklediği işlemleri yazdırıyoruz
    write("İşlemler - ");
    for (İşlem işlem; işlem <= İşlem.max; ++işlem) {
        writef("%d:%s ", işlem, işlem);
    }
    writeln();

    // Kullanıcı isteyene kadar programda kalmak için sonsuz
    // döngü kullanıyoruz.
    while (true) {
        write("İşlem? ");

        // Girişten yine de enum'un asıl türü olan int olarak
        // okumak zorundayız
        int işlemKodu;
        readf(" %s", &işlemKodu);

        /* Bu noktadan sonra sihirli sabitler yerine enum
         * değerler kullanacağız.
         *
         * Girişten int olarak okuduğumuz için bu int değerin
         * türünü İşlem'e dönüştürüyoruz
         *
         * (Tür dönüşümlerini ayrıntılı olarak daha sonraki
         * bir bölümde göreceğiz.) */
        İşlem işlem = cast(İşlem)işlemKodu;

        if ((işlem < İşlem.min) || (işlem > İşlem.max)) {
            writeln("HATA: Geçersiz işlem");
            continue;
        }

        if (işlem == İşlem.çıkış) {
            writeln("Güle güle!");
            break;
        }

        double birinci;
        double ikinci;
        double sonuç;

        write("Birinci sayı? ");
        readf(" %s", &birinci);

        write(" İkinci sayı? ");
```

```
            readf(" %s", &ikinci);

            switch (işlem) {

            case İşlem.toplama:
                sonuç = birinci + ikinci;
                break;

            case İşlem.çıkarma:
                sonuç = birinci - ikinci;
                break;

            case İşlem.çarpma:
                sonuç = birinci * ikinci;
                break;

            case İşlem.bölme:
                sonuç = birinci / ikinci;
                break;

            default:
                throw new Exception(
                    "HATA: Bu satıra hiç gelinmemeliydi.");
            }

            writeln("        Sonuç: ", sonuç);
    }
}
```

İşlevler (sayfa 136)

1.
```
import std.stdio;

void menüyüGöster(string[] seçenekler, int ilkNumara) {
    foreach (i, seçenek; seçenekler) {
        writeln(' ', i + ilkNumara, ' ', seçenek);
    }
}

void main() {
    string[] seçenekler =
        [ "Siyah", "Kırmızı", "Yeşil", "Mavi", "Beyaz" ];
    menüyüGöster(seçenekler, 1);
}
```

2. Bir kaç fikir:

   - Yatay çizgi çizen `yatayÇizgiÇiz` adında bir işlev tanımlayın.
   - Kare çizen `kareÇiz` adında bir işlev tanımlayın. Bu işlev `düşeyÇizgiÇiz` ve `yatayÇizgiÇiz` işlevlerinden yararlanabilir.
   - Boyarken hangi karakteri kullanacaklarını çizim işlevlerine bir parametre olarak verin. Böylece her şekil farklı bir karakterle çizilebilir:

```
void benekKoy(Kağıt kağıt, int satır, int sütun, dchar boya) {
    kağıt[satır][sütun] = boya;
}
```

Eşleme Tabloları (sayfa 116)

1. - Eşleme tablosunun `.keys` niteliği, bütün indeksleri içeren bir dizi döndürür. Bu dizinin elemanlarını bir `for` döngüsünde gezersek, ve her birisi için eşleme tablosunun `.remove` niteliğini kullanırsak bütün elemanlar eşleme tablosundan silinmiş olurlar ve sonuçta tablo boşalır:

```
import std.stdio;

void main() {
    string[int] isimleSayılar =
    [
        1   : "bir",
        10  : "on",
        100 : "yüz",
    ];

    writeln("Başlangıçtaki tablo büyüklüğü    : ",
            isimleSayılar.length);

    int[] indeksler = isimleSayılar.keys;

    /* foreach for'a benzer ama ondan daha kullanışlıdır.
     * foreach'i bir sonraki bölümde göreceğiz. */
    foreach (indeks; indeksler) {
        writeln(indeks, " indeksinin elemanını siliyorum");
        isimleSayılar.remove(indeks);
    }

    writeln("Sildikten sonraki tablo büyüklüğü: ",
            isimleSayılar.length);
}
```

O çözüm özellikle büyük tablolarda yavaş olacaktır. Aşağıdaki çözümlerin ikisi de tabloyu bir seferde boşaltırlar.

- Başka bir çözüm, eşleme tablosuna kendisiyle aynı türden boş bir tablo atamaktır:

```
    string[int] boşTablo;
    isimleSayılar = boşTablo;
```

- Her türün `.init` niteliği, o türün *ilk değeri* anlamındadır. Bir eşleme tablosunun ilk değeri de boş tablo olduğu için, bir önceki çözümün de eşdeğeri olan şunu kullanabiliriz:

```
    isimleSayılar = isimleSayılar.init;
```

2. Burada öğrenci ismine karşılık birden fazla not tutmak istiyoruz. Yani bir *dizi* not... Eğer eşleme tablomuzu `string`'den `int[]` türüne eşleyecek şekilde tanımlarsak, isimle eriştiğimiz eleman, bir `int` dizisi olur. O dizinin sonuna not ekleyerek de amacımıza erişiriz:

```
import std.stdio;

void main() {
    /* Eşleme tablosunun indeks türü string; eleman türü ise
     * int[], yani bir int dizisi. Belirginleştirmek için
     * aralarında boşlukla tanımlıyorum: */
    int[] [string] notlar;

    /* Artık "emre" indeksine karşılık gelen elemanı bir int
     * dizisi gibi kullanabiliriz. */

    // Diziye notlar eklemek:
    notlar["emre"] ~= 90;
    notlar["emre"] ~= 85;

    // Diziyi yazdırmak
    writeln(notlar["emre"]);
}
```

Notları teker teker eklemek yerine hepsini bir dizi olarak da atayabiliriz:

```
import std.stdio;

void main() {
    int[][string] notlar;

    notlar["emre"] = [ 90, 85, 95 ];

    writeln(notlar["emre"]);
}
```

foreach Döngüsü (sayfa 121)

`isimle` tablosunun tersi olarak çalışabilmesi için indeks türü yerine eleman türü, eleman türü yerine de indeks türü kullanmak gerekir. Yani `int[string]`... Asıl dizginin elemanlarını `foreach` ile gezerek indeks olarak eleman değerini, eleman olarak da indeks değerini kullanırsak, ters yönde çalışan bir eşleme tablosu elde ederiz:

```
import std.stdio;

void main() {
    string[int] isimle = [ 1:"bir", 7:"yedi", 20:"yirmi" ];

    int[string] rakamla;

    foreach (indeks, eleman; isimle) {
        rakamla[eleman] = indeks;
    }

    writeln(rakamla["yirmi"]);
}
```

switch ve case (sayfa 127)

1.

```
import std.stdio;
import std.string;

void main() {
    string işlem;
    double birinci;
    double ikinci;

    write("İşlem? ");
    işlem = strip(readln());

    write("İki sayıyı aralarında boşlukla yazın: ");
    readf(" %s %s", &birinci, &ikinci);

    double sonuç;

    final switch (işlem) {

    case "topla":
        sonuç = birinci + ikinci;
        break;

    case "çıkart":
        sonuç = birinci - ikinci;
        break;

    case "çarp":
        sonuç = birinci * ikinci;
        break;

    case "böl":
        sonuç = birinci / ikinci;
        break;
    }
```

```
    writeln(sonuç);
}
```

2. `case` değerlerinin virgüllerle belirlenebilmesi olanağını kullanarak:

```
    final switch (işlem) {

    case "topla", "+":
        sonuç = birinci + ikinci;
        break;

    case "çıkart", "-":
        sonuç = birinci - ikinci;
        break;

    case "çarp", "*":
        sonuç = birinci * ikinci;
        break;

    case "böl", "/":
        sonuç = birinci / ikinci;
        break;
    }
```

3. Bu durumda `default` bölümünü eklemek gerekeceği için `final switch` kullanamayız. Programın değişen yerleri:

```
// ...

    switch (işlem) {

    // ...

    default:
        throw new Exception("Geçersiz işlem");
    }

// ...
```

İşlev Parametreleri (sayfa 169)

Bu işlevin parametreleri kopyalanan türden olduklarından işlev içindeki değiş tokuş işlemi yalnızca bu kopyaları değiş tokuş eder.

Parametrelerin referans olarak gönderilmeleri gerekir:

```
void değişTokuş(ref int birinci, ref int ikinci) {
    const int geçici = birinci;
    birinci = ikinci;
    ikinci = geçici;
}
```

Artık `main` içindeki değişkenler etkilenirler:

```
2 1
```

Programdaki hatayla ilgisi olmasa da, bir kere ilklendikten sonra değeri değiştirilmeyeceğinden `geçici` de `const` olarak belirlenmiştir.

Programın Çevresiyle Etkileşimi (sayfa 186)

1.
```
import std.stdio;
import std.conv;

int main(string[] parametreler) {
    if (parametreler.length != 4) {
        stderr.writeln(
            "HATA! Doğru kullanım: \n    ", parametreler[0],
```

```
            " bir_sayı işlem başka_sayı");
        return 1;
    }

    immutable birinci = to!double(parametreler[1]);
    string işlem = parametreler[2];
    immutable ikinci = to!double(parametreler[3]);

    switch (işlem) {

    case "+":
        writeln(birinci + ikinci);
        break;

    case "-":
        writeln(birinci - ikinci);
        break;

    case "x":
        writeln(birinci * ikinci);
        break;

    case "/":
        writeln(birinci / ikinci);
        break;

    default:
        throw new Exception("Geçersiz işlem: " ~ işlem);
    }

    return 0;
}
```

2.
```
import std.stdio;
import std.process;

void main() {
    write("Başlatmamı istediğiniz program satırını yazın: ");
    string komutSatırı = readln();

    writeln("Çıktısı: ", executeShell(komutSatırı));
}
```

assert İfadesi ve enforce (sayfa 209)

1. Bu programı `06:09` ve `1:2` vererek çalıştırdığınızda hata atmadığını göreceksiniz. Buna rağmen, sonucun doğru olmadığını da farkedebilirsiniz:

```
09:06'da başlayan ve 1 saat 2 dakika süren işlem
10:08'de sonlanır.
```

Görüldüğü gibi, `06:09` girildiği halde, çıkışa `09:06` yazdırılmaktadır. Bu hata, bir sonraki problemde bir `assert` denetimi yardımıyla yakalanacak.

2. Programa `06:09` ve `15:2` verildiğinde atılan hata, bizi şu satıra götürür:

```
string zamanDizgisi(int saat, int dakika) {
    assert((saat >= 0) && (saat <= 23));
    // ...
}
```

Saat bilgisinin 0 ile 23 arasında bir değerde olmasını denetleyen bu `assert` denetiminin başarısız olması, ancak bu işlev programın başka yerinden yanlış `saat` değeriyle çağrıldığında mümkündür.

`zamanDizgisi` işlevinin çağrıldığı `sonucuYazdır` işlevine baktığımızda bir yanlışlık göremiyoruz:

```
void sonucuYazdır(
        int başlangıçSaati, int başlangıçDakikası,
        int işlemSaati, int işlemDakikası,
        int bitişSaati, int bitişDakikası) {
    writef("%s'%s başlayan",
           zamanDizgisi(başlangıçSaati,
                        başlangıçDakikası),
           daEki(başlangıçDakikası));

    writef(" ve %s saat %s dakika süren işlem",
           işlemSaati,
           işlemDakikası);

    writef(" %s'%s sonlanır.",
           zamanDizgisi(bitişSaati, bitişDakikası),
           daEki(bitişDakikası));

    writeln();
}
```

Bu durumda sonucuYazdır işlevini çağıran noktalardan şüphelenir ve onun programda main içinden ve tek bir noktadan çağrıldığını görürüz:

```
void main() {
    // ...
    sonucuYazdır(başlangıçSaati, başlangıçDakikası,
                 işlemSaati, işlemDakikası,
                 bitişSaati, bitişDakikası);
}
```

Çağıran noktada da bir sorun yok gibi görünüyor. Biraz daha dikkat ve zaman harcayarak sonunda başlangıç zamanının ters sırada okunduğunu farkederiz:

```
    zamanOku("Başlangıç zamanı",
             başlangıçDakikası,
             başlangıçSaati);
```

Programcının yaptığı o dikkatsizlik nedeniyle 06:09 olarak girilen bilgi aslında 09:06 olarak algılanmakta ve daha sonra buna 15:2 süresi eklenmektedir. zamanDizgisi işlevindeki assert de saat değerini 24 olarak görür ve bu yüzden hata atılmasına neden olur.

Burada çözüm, başlangıç zamanının okunduğu noktada parametreleri doğru sırada yazmaktır:

```
    zamanOku("Başlangıç zamanı",
             başlangıçSaati,
             başlangıçDakikası);
```

Çıktısı:

```
Başlangıç zamanı? (SS:DD) 06:09
İşlem süresi? (SS:DD) 15:2
06:09'da başlayan ve 15 saat 2 dakika süren işlem
21:11'de sonlanır.
```

3. Bu seferki hata, daEki işlevindeki assert ile ilgili:

```
    assert(ek.length != 0);
```

O denetimin hatalı çıkması, *da* ekinin uzunluğunun 0 olduğunu, yani ekin boş olduğunu gösteriyor. Dikkat ederseniz, 06:09 ve 1:1 zamanlarını toplayınca sonuç 07:10 olur. Yani bu sonucun dakika değerinin son hanesi 0'dır. daEki işlevine dikkat ederseniz, 0'ın hangi eki alacağı bildirilmemiştir. Çözüm, 0'ın case bloğunu da switch ifadesine eklemektir:

```
    case 6, 9, 0:
        ek = "da";
        break;
```

Bu hatayı da bir `assert` sayesinde yakalamış ve gidermiş olduk:

```
Başlangıç zamanı? (SS:DD) 06:09
İşlem süresi? (SS:DD) 1:1
06:09'da başlayan ve 1 saat 1 dakika süren işlem
07:10'da sonlanır.
```

4. Daha önce de karşılaştığımız `assert` yine doğru çıkmıyor:

```
    assert((saat >= 0) && (saat <= 23));
```

Bunun nedeni, `zamanEkle` işlevinin saat değerini 23'ten büyük yapabilmesidir. Bu işlevin sonuna, saat değerinin her zaman için 0 ve 23 aralığında olmasını sağlayan bir *kalan* işlemi ekleyebiliriz:

```
void zamanEkle(
        int başlangıçSaati, int başlangıçDakikası,
        int eklenecekSaat, int eklenecekDakika,
        out int sonuçSaati, out int sonuçDakikası) {
    sonuçSaati = başlangıçSaati + eklenecekSaat;
    sonuçDakikası = başlangıçDakikası + eklenecekDakika;

    if (sonuçDakikası > 59) {
        ++sonuçSaati;
    }

    sonuçSaati %= 24;
}
```

Yukarıdaki işlevdeki diğer hatayı da görüyor musunuz? `sonuçDakikası` 59'dan büyük bir değer olduğunda `sonuçSaati` bir arttırılıyor, ama `sonuçDakikası`'nın değeri 59'dan büyük olarak kalıyor.

Belki de şu daha doğru bir işlev olur:

```
void zamanEkle(
        int başlangıçSaati, int başlangıçDakikası,
        int eklenecekSaat, int eklenecekDakika,
        out int sonuçSaati, out int sonuçDakikası) {
    sonuçSaati = başlangıçSaati + eklenecekSaat;
    sonuçDakikası = başlangıçDakikası + eklenecekDakika;

    sonuçSaati += sonuçDakikası / 60;
    sonuçSaati %= 24;

    assert((sonuçSaati >= 0) && (sonuçSaati <= 23));
    assert((sonuçDakikası >= 0) && (sonuçDakikası <= 59));
}
```

Aslında `sonuçDakikası` hâlâ hatalıdır çünkü ona da 60'tan kalanı atamak gerekir. Ama şimdi işin güzel tarafı, artık bu işlevin hatalı saat ve dakika değerleri üretmesi `assert` denetimleri nedeniyle olanaksızdır.

Yukarıdaki işlevi örneğin `06:09` ve `1:55` değerleriyle çağırırsanız, `sonuçDakikası`'nı denetleyen `assert` denetiminin hata vereceğini göreceksiniz.

5. Burada sorun, son hanenin 0 olmasından kaynaklanıyor. Son hane sıfır olunca onlar hanesini de katarak "on", "kırk", "elli", vs. diye okuyunca 0'a verilmiş olan "da" eki her durumda doğru çalışmıyor. Bu problemin çözümünü size bırakıyorum.

Birim Testleri (sayfa 216)

Programı önce bu haliyle başlatıyor ve hata atıldığından emin oluyoruz:

```
$ dmd deneme.d -ofdeneme -w -unittest
$ ./deneme
core.exception.AssertError@deneme(11): unittest failure
```

Böylece testlerin çalıştığından eminiz; bizi ileride yapılabilecek hatalara karşı koruyacaklar. Bu durumdaki hata mesajındaki satır numarasına (11) bakarak, birim testlerinden ilkinin başarısız olduğunu görüyoruz.

Şimdi, göstermek amacıyla bilerek hatalı bir gerçekleştirmesini deneyelim. Bu gerçekleştirme, özel harfe hiç dikkat etmez ve girilen dizinin aynısını döndürür:

```
dstring harfBaşa(dstring dizgi, dchar harf) {
    dstring sonuç;

    foreach (eleman; dizgi) {
        sonuç ~= eleman;
    }

    return sonuç;
}

unittest {
    immutable dizgi = "merhaba"d;

    assert(harfBaşa(dizgi, 'm') == "merhaba");
    assert(harfBaşa(dizgi, 'e') == "emrhaba");
    assert(harfBaşa(dizgi, 'a') == "aamerhb");
}

void main() {
}
```

Bu sefer birinci `assert` denetimi *tesadüfen* başarılı olur, ama ikincisi hata atar:

```
$ ./deneme
core.exception.AssertError@deneme(17): unittest failure
```

Tesadüfün nedeni, o hatalı gerçekleştirmede "merhaba" girildiği zaman yine "merhaba" döndürülmesi ve birim testinin beklentisine uymasıdır. Tekrar deneyelim:

```
dstring harfBaşa(dstring dizgi, dchar harf) {
    dstring başTaraf;
    dstring sonTaraf;

    foreach (eleman; dizgi) {
        if (eleman == harf) {
            başTaraf ~= eleman;

        } else {
            sonTaraf ~= eleman;
        }
    }

    return başTaraf ~ sonTaraf;
}

unittest {
    immutable dizgi = "merhaba"d;

    assert(harfBaşa(dizgi, 'm') == "merhaba");
    assert(harfBaşa(dizgi, 'e') == "emrhaba");
    assert(harfBaşa(dizgi, 'a') == "aamerhb");
}

void main() {
}
```

Şimdi testlerin tümü geçer:

```
$ ./deneme
$
```

Artık bu noktadan sonra güvendeyiz; işlevi, testlerine güvenerek istediğimiz gibi değiştirebiliriz. Aşağıda iki farklı gerçekleştirmesini daha görüyorsunuz. Bunların ikisi de aynı testlerden geçerler.

- `std.algorithm` modülündeki `partition` işlevini kullanan bir gerçekleştirme:

```
import std.algorithm;

dstring harfBaşa(dstring dizgi, dchar harf) {
    dchar[] sonuç = dizgi.dup;
    partition!(e => e == harf, SwapStrategy.stable)(sonuç);

    return sonuç.idup;
}

unittest {
    immutable dizgi = "merhaba"d;

    assert(harfBaşa(dizgi, 'm') == "merhaba");
    assert(harfBaşa(dizgi, 'e') == "emrhaba");
    assert(harfBaşa(dizgi, 'a') == "aamerhb");
}

void main() {
}
```

Not: Yukarıdaki programda kullanılan ve isimsiz işlev oluşturmaya yarayan => söz dizimini daha sonraki bölümlerde göreceğiz.

- Önce özel harften kaç tane bulunduğunu sayan bir gerçekleştirme... Bu, sonucun baş tarafını daha sonra `tekrarlıDizi` isimli başka bir işleve yaptırıyor. Sağlam programcılık gereği, o işlevin de kendi birim testleri yazılmış:

```
dstring tekrarlıDizi(int adet, dchar harf) {
    dstring dizi;

    foreach (i; 0..adet) {
        dizi ~= harf;
    }

    return dizi;
}

unittest {
    assert(tekrarlıDizi(3, 'z') == "zzz");
    assert(tekrarlıDizi(10, 'ğ') == "ğğğğğğğğğğ");
}

dstring harfBaşa(dstring dizgi, dchar harf) {
    int özelHarfAdedi;
    dstring sonTaraf;

    foreach (eleman; dizgi) {
        if (eleman == harf) {
            ++özelHarfAdedi;

        } else {
            sonTaraf ~= eleman;
        }
    }

    return tekrarlıDizi(özelHarfAdedi, harf) ~ sonTaraf;
}
```

```
unittest {
    immutable dizgi = "merhaba"d;

    assert(harfBaşa(dizgi, 'm') == "merhaba");
    assert(harfBaşa(dizgi, 'e') == "emrhaba");
    assert(harfBaşa(dizgi, 'a') == "aamerhb");
}

void main() {
}
```

Sözleşmeli Programlama (sayfa 223)

Birim testlerinin yazımına main'deki kodlar kopyalanarak başlanabilir. Aşağıdaki programa yalnızca ikinci takımın kazandığı durumun testi eklenmiş:

```
int puanEkle(int goller1, int goller2,
             ref int puan1, ref int puan2)
in {
    assert(goller1 >= 0);
    assert(goller2 >= 0);
    assert(puan1 >= 0);
    assert(puan2 >= 0);

} out (sonuç) {
    assert((sonuç >= 0) && (sonuç <= 2));

} do {
    int kazanan;

    if (goller1 > goller2) {
        puan1 += 3;
        kazanan = 1;

    } else if (goller1 < goller2) {
        puan2 += 3;
        kazanan = 2;

    } else {
        ++puan1;
        ++puan2;
        kazanan = 0;
    }

    return kazanan;
}

unittest {
    int birincininPuanı = 10;
    int ikincininPuanı = 7;
    int kazananTaraf;

    // Birinci takım kazanır
    kazananTaraf =
        puanEkle(3, 1, birincininPuanı, ikincininPuanı);
    assert(birincininPuanı == 13);
    assert(ikincininPuanı == 7);
    assert(kazananTaraf == 1);

    // Berabere
    kazananTaraf =
        puanEkle(2, 2, birincininPuanı, ikincininPuanı);
    assert(birincininPuanı == 14);
    assert(ikincininPuanı == 8);
    assert(kazananTaraf == 0);

    // İkinci takım kazanır
    kazananTaraf =
        puanEkle(0, 1, birincininPuanı, ikincininPuanı);
    assert(birincininPuanı == 14);
    assert(ikincininPuanı == 11);
```

```
    assert(kazananTaraf == 2);
}

void main() {
    // ...
}
```

Bu işlevde de sözleşme ifadelerinden yararlanılabilir:

```
int puanEkle(int goller1, int goller2,
             ref int puan1, ref int puan2)
in (goller1 >= 0)
in (goller2 >= 0)
in (puan1 >= 0)
in (puan2 >= 0)
out (sonuç; (sonuç >= 0) && (sonuç <= 2)) {
    // ...
}
```

Yapılar (sayfa 248)

1. Aksine bir neden olmadığı için, en basit olarak iki tane karakter ile:

```
struct OyunKağıdı {
    dchar renk;
    dchar değer;
}
```

2. Yine çok basit olarak, yapı nesnesinin üyelerini yan yana çıkışa göndermek yeterli olur:

```
void oyunKağıdıYazdır(OyunKağıdı kağıt) {
    write(kağıt.renk, kağıt.değer);
}
```

3. Eğer `yeniSeri` isminde başka bir işlevin yazılmış olduğunu kabul edersek, `yeniDeste` işlevini de onu her renk için dört kere çağırarak kolayca yazabiliriz:

```
OyunKağıdı[] yeniDeste()
out (sonuç) {
    assert(sonuç.length == 52);

} do {
    OyunKağıdı[] deste;

    deste ~= yeniSeri('♠');
    deste ~= yeniSeri('♡');
    deste ~= yeniSeri('♢');
    deste ~= yeniSeri('♣');

    return deste;
}
```

İşin diğer bölümü yararlandığımız `yeniSeri` tarafından halledilir. Bu işlev verilen renk bilgisini bir dizginin bütün elemanlarıyla sırayla birleştirerek bir seri oluşturuyor:

```
OyunKağıdı[] yeniSeri(dchar renk)
in {
    assert((renk == '♠') ||
           (renk == '♡') ||
           (renk == '♢') ||
           (renk == '♣'));

} out (sonuç) {
```

```
    assert(sonuç.length == 13);

} do {
    OyunKağıdı[] seri;

    foreach (değer; "234567890JQKA") {
        seri ~= OyunKağıdı(renk, değer);
    }

    return seri;
}
```

Program hatalarını önlemek için işlevlerin giriş koşullarını ve çıkış garantilerini de yazdığıma dikkat edin.

4. Rasgele seçilen iki elemanı değiş tokuş etmek, sonuçta destenin karışmasını da sağlar. Rastgele seçim sırasında, küçük de olsa aynı elemanı seçme olasılığı da vardır. Ama bu önemli bir sorun oluşturmaz, çünkü elemanı kendisiyle değiştirmenin etkisi yoktur.

```
void karıştır(OyunKağıdı[] deste, int değişTokuşAdedi) {
    /* Not: Daha etkin bir yöntem, desteyi başından sonuna
     *      kadar ilerlemek ve her elemanı destenin sonuna
     *      doğru rasgele bir elemanla değiştirmektir.
     *
     * En doğrusu, zaten aynı algoritmayı uygulayan
     * std.algorithm.randomShuffle işlevini çağırmaktır. Bu
     * karıştır() işlevini bütünüyle kaldırıp main() içinde
     * açıklandığı gibi randomShuffle()'ı çağırmak daha doğru
     * olur. */
    foreach (i; 0 .. değişTokuşAdedi) {

        // Rasgele iki tanesini seç
        immutable birinci = uniform(0, deste.length);
        immutable ikinci = uniform(0, deste.length);

        // Değiş tokuş et
        swap(deste[birinci], deste[ikinci]);
    }
}
```

O işlevde `std.algorithm` modülündeki swap işlevinden yararlandım. swap, kendisine verilen iki değeri değiş tokuş eder. Temelde şu işlev gibi çalışır:

```
void değişTokuş(ref OyunKağıdı soldaki,
                ref OyunKağıdı sağdaki) {
    immutable geçici = soldaki;
    soldaki = sağdaki;
    sağdaki = geçici;
}
```

Programın tamamı şöyle:

```
import std.stdio;
import std.random;
import std.algorithm;

struct OyunKağıdı {
    dchar renk;
    dchar değer;
}

void oyunKağıdıYazdır(OyunKağıdı kağıt) {
    write(kağıt.renk, kağıt.değer);
}

OyunKağıdı[] yeniSeri(dchar renk)
in {
    assert((renk == '♠') ||
```

```
            (renk == '♡') ||
            (renk == '♢') ||
            (renk == '♣'));

} out (sonuç) {
    assert(sonuç.length == 13);

} do {
    OyunKağıdı[] seri;

    foreach (değer; "234567890JQKA") {
        seri ~= OyunKağıdı(renk, değer);
    }

    return seri;
}

OyunKağıdı[] yeniDeste()
out (sonuç) {
    assert(sonuç.length == 52);

} do {
    OyunKağıdı[] deste;

    deste ~= yeniSeri('♠');
    deste ~= yeniSeri('♡');
    deste ~= yeniSeri('♢');
    deste ~= yeniSeri('♣');

    return deste;
}

void karıştır(OyunKağıdı[] deste, int değişTokuşAdedi) {
    /* Not: Daha etkin bir yöntem, desteyi başından sonuna
     *      kadar ilerlemek ve her elemanı destenin sonuna
     *      doğru rasgele bir elemanla değiştirmektir.
     *
     * En doğrusu, zaten aynı algoritmayı uygulayan
     * std.algorithm.randomShuffle işlevini çağırmaktır. Bu
     * karıştır() işlevini bütünüyle kaldırıp main() içinde
     * açıklandığı gibi randomShuffle()'ı çağırmak daha doğru
     * olur. */
    foreach (i; 0 .. değişTokuşAdedi) {

        // Rasgele iki tanesini seç
        immutable birinci = uniform(0, deste.length);
        immutable ikinci = uniform(0, deste.length);

        // Değiş tokuş et
        swap(deste[birinci], deste[ikinci]);
    }
}

void main() {
    OyunKağıdı[] deste = yeniDeste();

    karıştır(deste, 100);
    /* Not: Yukarıdaki karıştır() çağrısı yerine aşağıdaki
     *      randomShuffle() daha doğru olur:
     *
     * randomShuffle(deste);
     */
    foreach (kağıt; deste) {
        oyunKağıdıYazdır(kağıt);
        write(' ');
    }

    writeln();
}
```

Parametre Serbestliği (sayfa 260)

hesapla işlevinin belirsiz sayıda Hesap nesnesi alabilmesi için parametre listesinin bir Hesap dilimini ve ... karakterlerini içermesi gerekir:

```
double[] hesapla(Hesap[] hesaplar...) {
    double[] sonuçlar;

    foreach (hesap; hesaplar) {
        final switch (hesap.işlem) {

        case İşlem.toplama:
            sonuçlar ~= hesap.birinci + hesap.ikinci;
            break;

        case İşlem.çıkarma:
            sonuçlar ~= hesap.birinci - hesap.ikinci;
            break;

        case İşlem.çarpma:
            sonuçlar ~= hesap.birinci * hesap.ikinci;
            break;

        case İşlem.bölme:
            sonuçlar ~= hesap.birinci / hesap.ikinci;
            break;
        }
    }

    return sonuçlar;
}
```

İşleve gönderilen bütün parametre değerleri hesaplar dizisinde bulunur. Bütün hesap nesnelerini bir döngüde teker teker kullanarak sonuçları da bir double dizisine yerleştiriyoruz ve işlevin sonucu olarak döndürüyoruz.

Bütün program:

```
import std.stdio;

enum İşlem { toplama, çıkarma, çarpma, bölme }

struct Hesap {
    İşlem işlem;
    double birinci;
    double ikinci;
}

double[] hesapla(Hesap[] hesaplar...) {
    double[] sonuçlar;

    foreach (hesap; hesaplar) {
        final switch (hesap.işlem) {

        case İşlem.toplama:
            sonuçlar ~= hesap.birinci + hesap.ikinci;
            break;

        case İşlem.çıkarma:
            sonuçlar ~= hesap.birinci - hesap.ikinci;
            break;

        case İşlem.çarpma:
            sonuçlar ~= hesap.birinci * hesap.ikinci;
            break;

        case İşlem.bölme:
            sonuçlar ~= hesap.birinci / hesap.ikinci;
            break;
        }
    }
```

```
    return sonuçlar;
}

void main() {
    writeln(hesapla(Hesap(İşlem.toplama, 1.1, 2.2),
                    Hesap(İşlem.çıkarma, 3.3, 4.4),
                    Hesap(İşlem.çarpma, 5.5, 6.6),
                    Hesap(İşlem.bölme, 7.7, 8.8)));
}
```

Çıktısı:

```
[3.3, -1.1, 36.3, 0.875]
```

İşlev Yükleme (sayfa 267)

Daha önce yazılan `bilgiVer` işlevlerinden yararlanan iki yüklemesi şöyle yazılabilir:

```
void bilgiVer(Yemek yemek) {
    bilgiVer(yemek.zaman);
    write('-');
    bilgiVer(zamanEkle(yemek.zaman, GününSaati(1, 30)));

    write(" Yemek, Yer: ", yemek.adres);
}

void bilgiVer(GünlükPlan plan) {
    bilgiVer(plan.sabahToplantısı);
    writeln();
    bilgiVer(plan.öğleYemeği);
    writeln();
    bilgiVer(plan.akşamToplantısı);
}
```

Bütün bu türleri kullanan programın tamamı:

```
import std.stdio;

struct GününSaati {
    int saat;
    int dakika;
}

void bilgiVer(GününSaati zaman) {
    writef("%02s:%02s", zaman.saat, zaman.dakika);
}

GününSaati zamanEkle(GününSaati başlangıç,
                     GününSaati eklenecek) {
    GününSaati sonuç;

    sonuç.dakika = başlangıç.dakika + eklenecek.dakika;
    sonuç.saat = başlangıç.saat + eklenecek.saat;
    sonuç.saat += sonuç.dakika / 60;

    sonuç.dakika %= 60;
    sonuç.saat %= 24;

    return sonuç;
}

struct Toplantı {
    string      konu;
    int         katılımcıSayısı;
    GününSaati başlangıç;
    GününSaati bitiş;
}

void bilgiVer(Toplantı toplantı) {
    bilgiVer(toplantı.başlangıç);
```

```
    write('-');
    bilgiVer(toplantı.bitiş);

    writef(" \"%s\" toplantısı (%s katılımcı)",
           toplantı.konu,
           toplantı.katılımcıSayısı);
}

struct Yemek {
    GününSaati zaman;
    string     adres;
}

void bilgiVer(Yemek yemek) {
    bilgiVer(yemek.zaman);
    write('-');
    bilgiVer(zamanEkle(yemek.zaman, GününSaati(1, 30)));

    write(" Yemek, Yer: ", yemek.adres);
}

struct GünlükPlan {
    Toplantı sabahToplantısı;
    Yemek    öğleYemeği;
    Toplantı akşamToplantısı;
}

void bilgiVer(GünlükPlan plan) {
    bilgiVer(plan.sabahToplantısı);
    writeln();
    bilgiVer(plan.öğleYemeği);
    writeln();
    bilgiVer(plan.akşamToplantısı);
}

void main() {
    immutable geziToplantısı = Toplantı("Bisiklet gezisi", 4,
                                         GününSaati(10, 30),
                                         GününSaati(11, 45));

    immutable öğleYemeği = Yemek(GününSaati(12, 30), "Taksim");

    immutable bütçeToplantısı = Toplantı("Bütçe", 8,
                                          GününSaati(15, 30),
                                          GününSaati(17, 30));

    immutable bugününPlanı = GünlükPlan(geziToplantısı,
                                         öğleYemeği,
                                         bütçeToplantısı);

    bilgiVer(bugününPlanı);
    writeln();
}
```

Yukarıdaki main, nesneler tanımlamak yerine yalnızca yapı hazır değerleri ile şöyle de yazılabilir:

```
void main() {
    bilgiVer(GünlükPlan(Toplantı("Bisiklet gezisi", 4,
                                 GününSaati(10, 30),
                                 GününSaati(11, 45)),

                        Yemek(GününSaati(12, 30), "Taksim"),

                        Toplantı("Bütçe", 8,
                                 GününSaati(15, 30),
                                 GününSaati(17, 30))));
    writeln();
}
```

Üye İşlevler (sayfa 271)

1. Azaltan işlev, eksi değerler nedeniyle daha karmaşık oluyor:

```
struct GününSaati {
    // ...

    void azalt(Süre süre) {
        int azalanDakika = süre.dakika % 60;
        int azalanSaat = süre.dakika / 60;

        dakika -= azalanDakika;

        if (dakika < 0) {
            dakika += 60;
            ++azalanSaat;
        }

        saat -= azalanSaat;

        if (saat < 0) {
            saat = 24 - (-saat % 24);
        }
    }

    // ...
}
```

2. `toString`'in programı çok daha kısa ve kullanışlı hale getirdiğini göreceksiniz. Karşılaştırma amacıyla, programın önceki halinde (sayfa 726) `Toplantı` nesnesini yazdıran işlevi tekrar göstermek istiyorum:

```
void bilgiVer(Toplantı toplantı) {
    bilgiVer(toplantı.başlangıç);
    write('-');
    bilgiVer(toplantı.bitiş);

    writef(" \"%s\" toplantısı (%s katılımcı)",
           toplantı.konu,
           toplantı.katılımcıSayısı);
}
```

Aşağıdaki programdaki `Toplantı.toString` ise kısaca şöyle yazılabiliyor:

```
    string toString() {
        return format("%s-%s \"%s\" toplantısı (%s katılımcı)",
                      başlangıç, bitiş, konu, katılımcıSayısı);
    }
```

Programın tamamı:

```
import std.stdio;
import std.string;

struct Süre {
    int dakika;
}

struct GününSaati {
    int saat;
    int dakika;

    string toString() {
        return format("%02s:%02s", saat, dakika);
    }

    void ekle(Süre süre) {
        dakika += süre.dakika;

        saat += dakika / 60;
```

```
            dakika %= 60;
            saat %= 24;
        }
}

struct Toplantı {
    string      konu;
    int         katılımcıSayısı;
    GününSaati başlangıç;
    GününSaati bitiş;

    string toString() {
        return format("%s-%s \"%s\" toplantısı (%s katılımcı)",
                      başlangıç, bitiş, konu, katılımcıSayısı);
    }
}

struct Yemek {
    GününSaati zaman;
    string      adres;

    string toString() {
        GününSaati bitiş = zaman;
        bitiş.ekle(Süre(90));

        return format("%s-%s Yemek, Yer: %s",
                      zaman, bitiş, adres);
    }
}

struct GünlükPlan {
    Toplantı sabahToplantısı;
    Yemek    öğleYemeği;
    Toplantı akşamToplantısı;

    string toString() {
        return format("%s\n%s\n%s",
                      sabahToplantısı,
                      öğleYemeği,
                      akşamToplantısı);
    }
}

void main() {
    auto geziToplantısı = Toplantı("Bisiklet gezisi", 4,
                                   GününSaati(10, 30),
                                   GününSaati(11, 45));

    auto öğleYemeği = Yemek(GününSaati(12, 30), "Taksim");

    auto bütçeToplantısı = Toplantı("Bütçe", 8,
                                    GününSaati(15, 30),
                                    GününSaati(17, 30));

    auto bugününPlanı = GünlükPlan(geziToplantısı,
                                   öğleYemeği,
                                   bütçeToplantısı);

    writeln(bugününPlanı);
    writeln();
}
```

Programın çıktısı da eski halinin aynısı:

```
10:30-11:45 "Bisiklet gezisi" toplantısı (4 katılımcı)
12:30-14:00 Yemek, Yer: Taksim
15:30-17:30 "Bütçe" toplantısı (8 katılımcı)
```

İşleç Yükleme (sayfa 300)

Aşağıdaki gerçekleştirme bütün birim testlerinden geçiyor. Tasarım kararlarını kod açıklamaları içine yazdım.

Bu yapının bazı işleçleri daha etkin olarak tasarlanabilirdi. Ek olarak, payı ve paydayı sadeleştirmek de gerekir. Pay ve payda değerleri örneğin 20 ve 60 olarak kalmak yerine en büyük ortak bölenlerine bölündükten sonra 1 ve 3 olarak saklanmalıdır. Yoksa, çoğu işlem payın ve paydanın gittikçe büyümelerine neden olmakta.

```
import std.exception;
import std.conv;

struct Kesir {
    long pay;
    long payda;

    /* Kurucu işlev kolaylık olsun diye paydanın
     * belirtilmesini gerektirmiyor ve 1 varsayıyor. */
    this(long pay, long payda = 1) {
        enforce(payda != 0, "Payda sıfır olamaz");

        this.pay = pay;
        this.payda = payda;

        /* Paydanın eksi değer almasını başından önlemek daha
         * sonraki işlemleri basitleştirecek. */
        if (this.payda < 0) {
            this.pay = -this.pay;
            this.payda = -this.payda;
        }
    }

    /* Tekli - işleci: Kesirin eksi değerli olanını
     * döndürür. */
    Kesir opUnary(string işleç)() const
            if (işleç == "-") {
        /* İsimsiz bir nesne üretiyor ve döndürüyor. */
        return Kesir(-pay, payda);
    }

    /* ++ işleci: Kesirin değerini bir arttırır. */
    ref Kesir opUnary(string işleç)()
            if (işleç == "++") {
        /* Burada 'this += Kesir(1)' de kullanılabilirdi. */
        pay += payda;
        return this;
    }

    /* -- işleci: Kesirin değerini bir azaltır. */
    ref Kesir opUnary(string işleç)()
            if (işleç == "--") {
        /* Burada 'this -= Kesir(1)' de kullanılabilirdi. */
        pay -= payda;
        return this;
    }

    /* += işleci: Kesirin değerini arttırır. */
    ref Kesir opOpAssign(string işleç)(Kesir sağdaki)
            if (işleç == "+") {
        /* Toplama formülü: a/b + c/d = (a*d + c*b)/(b*d) */
        pay = (pay * sağdaki.payda) + (sağdaki.pay * payda);
        payda *= sağdaki.payda;
        return this;
    }

    /* -= işleci: Kesirin değerini azaltır. */
    ref Kesir opOpAssign(string işleç)(Kesir sağdaki)
            if (işleç == "-") {
        /* Burada zaten tanımlanmış olan += ve tekli -
         * işleçlerinden yararlanılıyor. Bunun yerine bu işleç
         * de += işlecine benzer biçimde ve çıkarma formülü
         * açıkça gerçekleştirilerek tanımlanabilirdi:
         *
         * Çıkarma formülü: a/b - c/d = (a*d - c*b)/(b*d)
```

```
         */
        this += -sağdaki;
        return this;
    }

    /* *= işleci: Kesiri sağdaki ile çarpar. */
    ref Kesir opOpAssign(string işleç)(Kesir sağdaki)
            if (işleç == "*") {
        /* Çarpma formülü: a/b * c/d = (a*c)/(b*d) */
        pay *= sağdaki.pay;
        payda *= sağdaki.payda;
        return this;
    }

    /* /= işleci: Kesiri sağdakine böler. */
    ref Kesir opOpAssign(string işleç)(Kesir sağdaki)
            if (işleç == "/") {
        enforce(sağdaki.pay != 0, "Sıfırla bölme hatası");

        /* Bölme formülü: (a/b) / (c/d) = (a*d)/(b*c) */
        pay *= sağdaki.payda;
        payda *= sağdaki.pay;
        return this;
    }

    /* + işleci: Bu kesirle sağdakinin toplamını üretir. */
    Kesir opBinary(string işleç)(Kesir sağdaki) const
            if (işleç == "+") {
        /* Önce bu nesnenin bir kopyası alınıyor ve zaten
         * tanımlanmış olan += işleci o kopyaya
         * uygulanıyor. */
        Kesir sonuç = this;
        sonuç += sağdaki;
        return sonuç;
    }

    /* - işleci: Bu kesirle sağdakinin farkını üretir. */
    Kesir opBinary(string işleç)(Kesir sağdaki) const
            if (işleç == "-") {
        /* Zaten tanımlanmış olan -= işleci kullanılıyor. */
        Kesir sonuç = this;
        sonuç -= sağdaki;
        return sonuç;
    }

    /* * işleci: Bu kesirle sağdakinin çarpımını üretir. */
    Kesir opBinary(string işleç)(Kesir sağdaki) const
            if (işleç == "*") {
        /* Zaten tanımlanmış olan *= işleci kullanılıyor. */
        Kesir sonuç = this;
        sonuç *= sağdaki;
        return sonuç;
    }

    /* / işleci: Bu kesirin sağdakine bölümünü üretir. */
    Kesir opBinary(string işleç)(Kesir sağdaki) const
            if (işleç == "/") {
        /* Zaten tanımlanmış olan /= işleci kullanılıyor. */
        Kesir sonuç = this;
        sonuç /= sağdaki;
        return sonuç;
    }

    /* double türünde eşdeğer üretme işleci. */
    double opCast(T : double)() const {
        /* Basit bir bölme işlemi. Ancak, long türünde bölme
         * işlemi virgülden sonrasını kırpacağından burada
         * pay/payda yazılamazdı. */
        return to!double(pay) / payda;
    }

    /* Sıra karşılaştırması: Bu kesir önce ise eksi, sonra ise
     * artı, ikisi de eşit iseler sıfır üretir. */
```

```
    int opCmp(const Kesir sağdaki) const {
        immutable sonuç = this - sağdaki;
        /* long türündeki pay dönüş türü olan int'e otomatik
         * olarak dönüştürülemeyeceğinden 'to' ile açıkça tür
         * dönüşümü gerekir. */
        return to!int(sonuç.pay);
    }

    /* Eşitlik karşılaştırması: Eşit iseler true üretir.
     *
     * Eşitlik karşılaştırması işlecinin bu tür için özel
     * olarak tanımlanması gerekmektedir çünkü derleyicinin
     * otomatik olarak işlettiği ve üyelerin teker teker
     * karşılaştırılmalarından oluşan opEquals Kesir türü için
     * yeterli değildir.
     *
     * Örneğin, derleyicinin opEquals'ı her ikisinin değeri de
     * 0.5 olan Kesir(1,2) ve Kesir(2,4)'ün eşit olmadıklarına
     * karar verirdi. */
    bool opEquals(const Kesir sağdaki) const {
        /* opCmp'ın değerinin 0 olup olmadığına bakmak
         * yeterlidir. */
        return opCmp(sağdaki) == 0;
    }
}

unittest {
    /* Payda 0 olduğunda hata atılmalı. */
    assertThrown(Kesir(42, 0));

    /* 1/3 değeriyle başlayacağız. */
    auto a = Kesir(1, 3);

    /* -1/3 */
    assert(-a == Kesir(-1, 3));

    /* 1/3 + 1 == 4/3 */
    ++a;
    assert(a == Kesir(4, 3));

    /* 4/3 - 1 == 1/3 */
    --a;
    assert(a == Kesir(1, 3));

    /* 1/3 + 2/3 == 3/3 */
    a += Kesir(2, 3);
    assert(a == Kesir(1));

    /* 3/3 - 2/3 == 1/3 */
    a -= Kesir(2, 3);
    assert(a == Kesir(1, 3));

    /* 1/3 * 8 == 8/3 */
    a *= Kesir(8);
    assert(a == Kesir(8, 3));

    /* 8/3 / 16/9 == 3/2 */
    a /= Kesir(16, 9);
    assert(a == Kesir(3, 2));

    /* double türünde bir değere dönüştürülebilmeli.
     *
     * Hatırlarsanız, double türü her değeri tam olarak ifade
     * edemez. 1.5 değeri tam olarak ifade edilebildiği için
     * bu testi bu noktada uyguladım. */
    assert(to!double(a) == 1.5);

    /* 1.5 + 2.5 == 4 */
    assert(a + Kesir(5, 2) == Kesir(4, 1));

    /* 1.5 - 0.75 == 0.75 */
    assert(a - Kesir(3, 4) == Kesir(3, 4));
```

```
    /* 1.5 * 10 == 15 */
    assert(a * Kesir(10) == Kesir(15, 1));

    /* 1.5 / 4 == 3/8 */
    assert(a / Kesir(4) == Kesir(3, 8));

    /* Sıfırla bölmek hata atmalı. */
    assertThrown(Kesir(42, 1) / Kesir(0));

    /* Payı az olan öncedir. */
    assert(Kesir(3, 5) < Kesir(4, 5));

    /* Paydası büyük olan öncedir. */
    assert(Kesir(3, 9) < Kesir(3, 8));
    assert(Kesir(1, 1_000) > Kesir(1, 10_000));

    /* Değeri küçük olan öncedir. */
    assert(Kesir(10, 100) < Kesir(1, 2));

    /* Eksi değer öncedir. */
    assert(Kesir(-1, 2) < Kesir(0));
    assert(Kesir(1, -2) < Kesir(0));

    /* Aynı değerler hem <= hem de >= olmalı.  */
    assert(Kesir(-1, -2) <= Kesir(1, 2));
    assert(Kesir(1, 2) <= Kesir(-1, -2));
    assert(Kesir(3, 7) <= Kesir(9, 21));
    assert(Kesir(3, 7) >= Kesir(9, 21));

    /* Değerleri aynı olanlar eşit olmalı. */
    assert(Kesir(1, 3) == Kesir(20, 60));

    /* Karışık işaretler aynı sonucu üretmeli. */
    assert(Kesir(-1, 2) == Kesir(1, -2));
    assert(Kesir(1, 2) == Kesir(-1, -2));
}

void main() {
}
```

Bölümde de kısaca değinildiği gibi, `mixin` olanağı bazı işleçlerin tanımlarını birleştirmek için kullanılabilir. Örneğin, aşağıdaki tanım dört aritmetik işlecin hepsini birden tanımlar:

```
    /* İkili aritmetik işleçleri. */
    Kesir opBinary(string işleç)(Kesir sağdaki) const
            if ((işleç == "+") || (işleç == "-") ||
                (işleç == "*") || (işleç == "/")) {
        /* Önce bu nesnenin bir kopyası alınıyor ve zaten
         * tanımlanmış olan atamalı işleç o kopyaya
         * uygulanıyor. */
        Kesir sonuç = this;
        mixin ("sonuç " ~ işleç ~ "= sağdaki;");
        return sonuç;
    }
```

Türeme (sayfa 330)

1. Üst sınıfın `abstract` olarak belirttiği `sesÇıkart` işlevi alt sınıflar tarafından `override` anahtar sözcüğü ile tanımlanır.

   Bu problemde `Tren` sınıfını gözardı edersek yalnızca `Vagon.sesÇıkart` ve `Lokomotif.sesÇıkart` işlevleri yeterlidir:

```
import std.stdio;

class DemirYoluAracı {
    void ilerle(size_t kilometre) {
        writefln("Araç %s kilometre ilerliyor:", kilometre);
```

```
        foreach (i; 0 .. kilometre / 100) {
            writefln("  %s", sesÇıkart());
        }
    }

    abstract string sesÇıkart();
}

class Vagon : DemirYoluAracı {
    override string sesÇıkart() const {
        return "takıtak tukutak";
    }

    // ...
}

class YolcuVagonu : Vagon {
    // ...
}

class YükVagonu : Vagon {
    // ...
}

class Lokomotif : DemirYoluAracı {
    override string sesÇıkart() {
        return "çuf çuf";
    }
}

void main() {
    auto vagon1 = new YolcuVagonu;
    vagon1.ilerle(100);

    auto vagon2 = new YükVagonu;
    vagon2.ilerle(200);

    auto lokomotif = new Lokomotif;
    lokomotif.ilerle(300);
}
```

2. Aşağıdaki program Tren'in sesini onu oluşturan parçaların bir birleşimi olarak üretmektedir:

```
import std.stdio;

class DemirYoluAracı {
    void ilerle(size_t kilometre) {
        writefln("Araç %s kilometre ilerliyor:", kilometre);

        foreach (i; 0 .. kilometre / 100) {
            writefln("  %s", sesÇıkart());
        }
    }

    abstract string sesÇıkart();
}

class Vagon : DemirYoluAracı {
    override string sesÇıkart() const {
        return "takıtak tukutak";
    }

    abstract void bindir();
    abstract void indir();
}

class YolcuVagonu : Vagon {
    override void bindir() {
        writeln("Yolcular biniyor");
    }
```

```
    override void indir() {
        writeln("Yolcular iniyor");
    }
}

class YükVagonu : Vagon {
    override void bindir() {
        writeln("Mal yükleniyor");
    }

    override void indir() {
        writeln("Mal boşalıyor");
    }
}

class Lokomotif : DemirYoluAracı {
    override string sesÇıkart() {
        return "çuf çuf";
    }
}

class Tren : DemirYoluAracı {
    Lokomotif lokomotif;
    Vagon[] vagonlar;

    this(Lokomotif lokomotif) {
        this.lokomotif = lokomotif;
    }

    void vagonEkle(Vagon[] vagonlar...) {
        this.vagonlar ~= vagonlar;
    }

    override string sesÇıkart() {
        string sonuç = lokomotif.sesÇıkart();

        foreach (vagon; vagonlar) {
            sonuç ~= ", " ~ vagon.sesÇıkart();
        }

        return sonuç;
    }

    void istasyondanAyrıl(string istasyon) {
        foreach (vagon; vagonlar) {
            vagon.bindir();
        }

        writefln("%s garından ayrılıyoruz", istasyon);
    }

    void istasyonaGel(string istasyon) {
        writefln("%s garına geldik", istasyon);

        foreach (vagon; vagonlar) {
            vagon.indir();
        }
    }
}

void main() {
    auto lokomotif = new Lokomotif;
    auto tren = new Tren(lokomotif);

    tren.vagonEkle(new YolcuVagonu, new YükVagonu);

    tren.istasyondanAyrıl("Ankara");
    tren.ilerle(500);
    tren.istasyonaGel("Haydarpaşa");
}
```

Çıktısı:

```
Yolcular biniyor
Mal yükleniyor
Ankara garından ayrılıyoruz
Araç 500 kilometre ilerliyor:
  çuf çuf, takıtak tukutak, takıtak tukutak   ← Tren.sesÇıkart'ın sonucu
  çuf çuf, takıtak tukutak, takıtak tukutak
  çuf çuf, takıtak tukutak, takıtak tukutak
  çuf çuf, takıtak tukutak, takıtak tukutak
  çuf çuf, takıtak tukutak, takıtak tukutak
Haydarpaşa garına geldik
Yolcular iniyor
Mal boşalıyor
```

Object (sayfa 344)

1. Eşitlik karşılaştırmasında öncelikle sağdaki'nin null olmadığına ve yalnızca x ve y üyelerine bakmak yeterli olur:

```
enum Renk { mavi, yeşil, kırmızı }

class Nokta {
    int x;
    int y;
    Renk renk;

// ...

    override bool opEquals(Object o) const {
        const sağdaki = cast(const Nokta)o;

        return (sağdaki &&
                (x == sağdaki.x) &&
                (y == sağdaki.y));
    }
}
```

2. Sağdaki nesnenin türü de Nokta olduğunda önce x'e sonra y'ye göre karşılaştırılıyor:

```
class Nokta {
    int x;
    int y;
    Renk renk;

// ...

    override int opCmp(Object o) const {
        const sağdaki = cast(const Nokta)o;
        enforce(sağdaki);

        return (x != sağdaki.x
                ? x - sağdaki.x
                : y - sağdaki.y);
    }
}
```

3. Aşağıdaki opCmp içinde tür dönüştürürken const ÜçgenBölge yazılamadığına dikkat edin. Bunun nedeni, sağdaki'nin türü const ÜçgenBölge olduğunda onun üyesi olan sağdaki.noktalar'ın da const olacağı ve const değişkenin nokta.opCmp'a parametre olarak gönderilemeyeceğidir. (opCmp'ın parametresinin const Object değil, Object olduğunu hatırlayın.)

```
class ÜçgenBölge {
    Nokta[3] noktalar;

    this(Nokta bir, Nokta iki, Nokta üç) {
```

```
        noktalar = [ bir, iki, üç ];
    }

    override bool opEquals(Object o) const {
        const sağdaki = cast(const ÜçgenBölge)o;
        return sağdaki && (noktalar == sağdaki.noktalar);
    }

    override int opCmp(Object o) const {
        auto sağdaki = cast(ÜçgenBölge)o;
        enforce(sağdaki);

        foreach (i, nokta; noktalar) {
            immutable karşılaştırma =
                nokta.opCmp(sağdaki.noktalar[i]);

            if (karşılaştırma != 0) {
                /* Sıralamaları bu noktada belli oldu. */
                return karşılaştırma;
            }
        }

        /* Buraya kadar gelinmişse eşitler demektir. */
        return 0;
    }

    override size_t toHash() const {
        /* 'noktalar' üyesini bir dizi olarak tanımladığımız
         * için dizilerin toHash algoritmasından
         * yararlanabiliriz. */
        return typeid(noktalar).getHash(&noktalar);
    }
}
```

Göstergeler (sayfa 426)

1. Parametre türleri yalnızca `int` olduğunda işleve `main()` içindeki değişkenlerin kopyalarının gönderildiklerini biliyorsunuz. `main()` içindeki değişkenlerin referanslarını edinmenin bir yolu, parametreleri `ref int` olarak tanımlamaktır.

   Diğer bir yol, o değişkenlere erişim sağlayan göstergeler göndermektir. Programın değişen yerlerini işaretlenmiş olarak gösteriyorum:

```
void değişTokuş(int * birinci, int * ikinci) {
    int geçici = *birinci;
    *birinci = *ikinci;
    *ikinci = geçici;
}

void main() {
    int i = 1;
    int j = 2;

    değişTokuş(&i, &j);

    assert(i == 2);
    assert(j == 1);
}
```

2. Hem `Düğüm` hem de `Liste` `int` türüne bağlı olarak yazılmışlardı. Bu iki yapıyı şablona dönüştürmenin yolu, tanımlanırken isimlerinden sonra `(T)` eklemek ve tanımlarındaki `int`'leri `T` ile değiştirmektir. Değişen yerlerini işaretlenmiş olarak gösteriyorum:

```
struct Düğüm(T) {
    T eleman;
    Düğüm * sonraki;
```

```
    string toString() const {
        string sonuç = to!string(eleman);

        if (sonraki) {
            sonuç ~= " -> " ~ to!string(*sonraki);
        }

        return sonuç;
    }
}

struct Liste(T) {
    Düğüm!T * baş;

    void başınaEkle(T eleman) {
        baş = new Düğüm!T(eleman, baş);
    }

    string toString() const {
        return format("(%s)", baş ? to!string(*baş) : "");
    }
}
```

Liste'yi artık int'ten başka türlerle de deneyebiliriz:

```
import std.stdio;
import std.conv;
import std.string;

// ...

struct Nokta {
    double x;
    double y;

    string toString() const {
        return format("(%s,%s)", x, y);
    }
}

void main() {
    Liste!Nokta noktalar;

    noktalar.başınaEkle(Nokta(1.1, 2.2));
    noktalar.başınaEkle(Nokta(3.3, 4.4));
    noktalar.başınaEkle(Nokta(5.5, 6.6));

    writeln(noktalar);
}
```

Çıktısı:

```
((5.5,6.6) -> (3.3,4.4) -> (1.1,2.2))
```

3. Bu durumda sondaki düğümü gösteren bir üyeye daha ihtiyacımız olacak. Açıklamaları programın içine yerleştirdim:

```
struct Liste(T) {
    Düğüm!T * baş;
    Düğüm!T * son;

    void sonunaEkle(T eleman) {
        /* Sona eklenen elemandan sonra düğüm bulunmadığından
         * 'sonraki' düğüm olarak 'null' gönderiyoruz. */
        auto yeniDüğüm = new Düğüm!T(eleman, null);

        if (!baş) {
            /* Liste boşmuş. Şimdi 'baş' bu düğümdür. */
            baş = yeniDüğüm;
        }
```

```
        if (son) {
            /* Şu andaki 'son'dan sonraya bu düğümü
             * yerleştiriyoruz. */
            son.sonraki = yeniDüğüm;
        }

        /* Bu düğüm yeni 'son' oluyor. */
        son = yeniDüğüm;
    }

    void başınaEkle(T eleman) {
        auto yeniDüğüm = new Düğüm!T(eleman, baş);

        /* Bu düğüm yeni 'baş' oluyor. */
        baş = yeniDüğüm;

        if (!son) {
            /* Liste boşmuş. Şimdi 'son' bu düğümdür. */
            son = yeniDüğüm;
        }
    }

    string toString() const {
        return format("(%s)", baş ? to!string(*baş) : "");
    }
}
```

`başınaEkle()` işlevi aslında daha kısa olarak da yazılabilir:

```
    void başınaEkle(T eleman) {
        baş = new Düğüm!T(eleman, baş);

        if (!son) {
            son = baş;
        }
    }
```

Yukarıdaki `Nokta` nesnelerinin tek değerli olanlarını başa, çift değerli olanlarını sona ekleyen bir deneme:

```
void main() {
    Liste!Nokta noktalar;

    foreach (i; 1 .. 7) {
        if (i % 2) {
            noktalar.başınaEkle(Nokta(i, i));

        } else {
            noktalar.sonunaEkle(Nokta(i, i));
        }
    }

    writeln(noktalar);
}
```

Çıktısı:

```
((5,5) -> (3,3) -> (1,1) -> (2,2) -> (4,4) -> (6,6))
```

Bit İşlemleri (sayfa 447)

1. IPv4 adreslerinin her zaman 4 parçadan oluştuğu bilindiğinden bu kadar kısa bir işlevde sihirli sabitler kullanılabilir. Bunun nedeni, aksi taktirde aralara nokta karakterlerinin yerleştirilmesinin ek bir karmaşıklık getireceğidir.

```
string noktalıOlarak(uint ipAdresi) {
    return format("%s.%s.%s.%s",
```

```
                    (ipAdresi >> 24) & 0xff,
                    (ipAdresi >> 16) & 0xff,
                    (ipAdresi >>  8) & 0xff,
                    (ipAdresi >>  0) & 0xff);
}
```

Kullanılan tür işaretsiz bir tür olduğu için soldan her zaman için 0 değerli bitler geleceğini hatırlarsak, 24 bit kaydırıldığında ayrıca maskelemeye gerek yoktur. Ek olarak, sıfır kere kaydırmanın da hiçbir etkisi olmadığından o işlevi biraz daha kısa olarak yazabiliriz:

```
string noktalıOlarak(uint ipAdresi) {
    return format("%s.%s.%s.%s",
                   ipAdresi >> 24,
                  (ipAdresi >> 16) & 0xff,
                  (ipAdresi >>  8) & 0xff,
                   ipAdresi        & 0xff);
}
```

Buna rağmen daha okunaklı olduğu için birinci işlev yeğlenebilir çünkü etkisiz olan işlemler bazı durumlarda zaten derleyici tarafından elenebilir.

2. Her bayt IPv4 adresinde bulunduğu yere kaydırılabilir ve bu değerler "*veya*"lanabilir:

```
uint ipAdresi(ubyte bayt3,    // en yüksek değerli bayt
              ubyte bayt2,
              ubyte bayt1,
              ubyte bayt0) {  // en düşük değerli bayt
    return
        (bayt3 << 24) |
        (bayt2 << 16) |
        (bayt1 <<  8) |
        (bayt0 <<  0);
}
```

3. Aşağıdaki yöntem bütün bitlerin 1 olduğu değerle başlıyor. Önce bitleri sağa kaydırarak üst bitlerin 0 olmalarını, daha sonra da sola kaydırarak alt bitlerin 0 olmalarını sağlıyor:

```
uint maskeYap(int düşükBit, int uzunluk) {
    uint maske = uint.max;
    maske >>= (uint.sizeof * 8) - uzunluk;
    maske <<= düşükBit;
    return maske;
}
```

`uint.max`, bütün bitlerin 1 olduğu değerdir. Onun yerine 0 değerinin tümleyeni de kullanılabilir:

```
    uint maske = ~0;
    // ...
```

Yapı ve Sınıflarda `foreach` (sayfa 492)

1. Aralığın başı ve sonuna ek olarak adım miktarının da saklanması gerekir. `opApply` içindeki döngüdeki değer bu durumda `adım` kadar arttırılır:

```
struct Aralık {
    int baş;
    int son;
    int adım;

    int opApply(int delegate(ref int) işlemler) const {
        int sonuç;
```

```
        for (int sayı = baş; sayı != son; sayı += adım) {
            sonuç = işlemler(sayı);
            if (sonuç) {
                break;
            }
        }

        return sonuç;
    }
}

import std.stdio;

void main() {
    foreach (eleman; Aralık(0, 10, 2)) {
        write(eleman, ' ');
    }

    writeln();
}
```

2.
```
import std.stdio;
import std.string;

class Öğrenci {
    string isim;
    int numara;

    this(string isim, int numara) {
        this.isim = isim;
        this.numara = numara;
    }

    override string toString() {
        return format("%s(%s)", isim, numara);
    }
}

class Öğretmen {
    string isim;
    string ders;

    this(string isim, string ders) {
        this.isim = isim;
        this.ders = ders;
    }

    override string toString() {
        return format("%s dersine %s Öğretmen", ders, isim);
    }
}

class Okul {
private:

    Öğrenci[] öğrenciler;
    Öğretmen[] öğretmenler;

public:

    this(Öğrenci[] öğrenciler,
         Öğretmen[] öğretmenler) {
        this.öğrenciler = öğrenciler.dup;
        this.öğretmenler = öğretmenler.dup;
    }

    /* Parametresi Öğrenci olduğundan, bu 'delegate'i
     * kullanan opApply, foreach döngü değişkeninin Öğrenci
     * olduğu durumda çağrılır. */
    int opApply(int delegate(ref Öğrenci) işlemler) {
        int sonuç;
```

```
        foreach (öğrenci; öğrenciler) {
            sonuç = işlemler(öğrenci);

            if (sonuç) {
                break;
            }
        }

        return sonuç;
    }

    /* Benzer şekilde, bu opApply da foreach döngü değişkeni
     * Öğretmen olduğunda çağrılır. */
    int opApply(int delegate(ref Öğretmen) işlemler) {
        int sonuç;

        foreach (öğretmen; öğretmenler) {
            sonuç = işlemler(öğretmen);

            if (sonuç) {
                break;
            }
        }

        return sonuç;
    }
}

void girintiliYazdır(T)(T nesne) {
    writeln("  ", nesne);
}

void main() {
    auto okul = new Okul(
        [ new Öğrenci("Can", 1),
          new Öğrenci("Canan", 10),
          new Öğrenci("Cem", 42),
          new Öğrenci("Cemile", 100) ],

        [ new Öğretmen("Nazmiye", "Matematik"),
          new Öğretmen("Makbule", "Türkçe") ]);

    writeln("Öğrenci döngüsü");
    foreach (Öğrenci öğrenci; okul) {
        girintiliYazdır(öğrenci);
    }

    writeln("Öğretmen döngüsü");
    foreach (Öğretmen öğretmen; okul) {
        girintiliYazdır(öğretmen);
    }
}
```

Çıktısı:

```
Öğrenci döngüsü
  Can(1)
  Canan(10)
  Cem(42)
  Cemile(100)
Öğretmen döngüsü
  Matematik dersine Nazmiye Öğretmen
  Türkçe dersine Makbule Öğretmen
```

İki işlevin dizi türleri dışında aynı olduklarını görüyoruz. Buradaki ortak işlemleri dizinin türüne göre değişen bir işlev şablonu olarak yazabilir ve iki opApply'dan bu ortak işlevi çağırabiliriz:

```
class Okul {
// ...
```

```
    int opApplyOrtak(T)(T[] dizi, int delegate(ref T) işlemler) {
        int sonuç;

        foreach (eleman; dizi) {
            sonuç = işlemler(eleman);

            if (sonuç) {
                break;
            }
        }

        return sonuç;
    }

    int opApply(int delegate(ref Öğrenci) işlemler) {
        return opApplyOrtak(öğrenciler, işlemler);
    }

    int opApply(int delegate(ref Öğretmen) işlemler) {
        return opApplyOrtak(öğretmenler, işlemler);
    }
}
```

Sözlük

A

abstract: [soyut], somut gerçekleştirmesi verilmemiş olan

açıkça elle yapılan: [explicit], programcı tarafından açık olarak yapılan

açıklama satırı: [comment], programı açıklamak için programın içine yazılan satır

address: [adres], değişkenin (veya nesnenin) bellekte bulunduğu yer

akım: [stream], nesnelerin art arda erişildiği giriş çıkış birimi

algorithm: [algoritma], verilerin işlenme adımları, işlev

alias: [takma isim], var olan bir olanağın başka bir ismi

alignment: [hizalama birimi], bir türün değişkenlerinin bulunabileceği adres adımı

alt düzey: [low level], donanıma yakın olanak

alt sınıf: [subclass], başka sınıftan türetilen sınıf

anahtar sözcük: [keyword], dilin kendisi için ayırmış olduğu ve iç olanakları için kullandığı sözcük

and (logical): [ve (mantıksal)], iki ifadenin her ikisinin doğru olduğunu denetleyen işleç

aralık: [range], belirli biçimde erişilen bir grup eleman

arayüz: [interface], yapının, sınıfın, veya modülün sunduğu işlevler

argument: [parametre değeri], işleve parametre olarak verilen bir değer

array: [dizi], elemanları yan yana duran ve indeksle erişilen topluluk

arttırma: [increment], değerini bir arttırmak

assign: [atama], değişkene yeni bir değer vermek

associative array: [eşleme tablosu], elemanlarına tamsayı olmayan indekslerle de erişilebilen veri yapısı (bir 'hash table' gerçekleştirmesi)

asynchronous: [zaman uyumsuz], önceden bilinmeyen zaman aralıklarında gerçekleşen

atama: [assign], değişkene yeni bir değer vermek

atomic operation: [kesintisiz işlem], bir iş parçacığı tarafından kesintiye uğramadan işletilen işlem

aynı isimde tanım içeren: [eponymous], kendisiyle aynı isimde tanım içeren şablon

azaltma: [decrement], değerini bir azaltmak

B

bağlam değiştirme: [context switching], başka iş parçacığına geçilmesi

bağlanım: [linkage], derlenen koddaki özgün ismi belirleyen kurallar vs.

bağlayıcı: [linker], derleyicinin oluşturduğu program parçalarını bir araya getiren program

bağlı liste: [linked list], her elemanı bir sonraki elemanı gösteren veri yapısı

bayrak: [flag], bir işlemin veya sonucun geçerli olup olmadığını bildiren bit

bayt: [byte], 8 bitlik tür

bayt sırası: [endianness], veriyi oluşturan baytların bellekte sıralanma düzeni

belirsiz sayıda parametre: [variadic], aynı işlevi (veya şablonu) farklı sayıda parametre ile çağırabilme olanağı

bellek sızıntısı: [memory leak], artık kullanılmasa bile bellek bölgesinin geri verilmemesi

betik: [script], terminal komutlarından oluşan program

big endian: [büyük soncul], değerin üst bitlerini oluşturan baytın bellekte önceki adreste bulunduğu işlemci mimarisi

bildirim: [declare], tanımını vermeden belirtmek

binary system: [ikili sayı sistemi], iki rakamdan oluşan sayı sistemi

binding: [ilinti], yabancı kütüphanenin olanaklarını D söz dizimiyle bildiren dosya

birim testi: [unit test], programın alt birimlerinin bağımsız olarak denetlenmeleri

birlik: [union], birden fazla değişkeni aynı bellek bölgesinde depolayan veri yapısı

bit: [bit], 0 ve 1 değerlerini alabilen en temel bilgi birimi

block: [blok], küme parantezleriyle gruplanmış ifadelerin tümü

BOM, byte order mark: [BOM], dosyanın en başına yazılan Unicode kodlama belirteci

büyük soncul: [big endian], değerin üst bitlerini oluşturan baytın bellekte önceki adreste bulunduğu işlemci mimarisi

byte: [bayt], 8 bitlik tür

C

cache: [ön bellek], hızlı veri veya kod erişimi için kullanılan mikro işlemci iç belleği

call stack: [çağrı yığıtı], belleğin kısa ömürlü değişkenler ve işlev çağrıları için kullanılan bölgesi

capacity: [sığa], yeni elemanlar için önceden ayrılmış olan yer

character: [karakter], 'a', '€', '\n', gibi en alt düzey metin parçası

character encoding: [karakter kodlaması], karakter kodlarının ifade edilme yöntemi

class: [sınıf], kendi üzerinde kullanılan işlevleri de tanımlayan veri yapısı

client: [istemci], sunucu programın hizmetlerinden yararlanan program

closure: [kapama], işlemi ve işlediği kapsamı bir arada saklayan program yapısı

code bloat: [kod şişmesi], şablon için çok sayıda kod üretilmesi

code page: [kod tablosu], 127'den büyük karakter değerlerinin bir dünya dili için tanımlanmaları

code point: [kod noktası], Unicode'un tanımlamış olduğu harf, im, vs.

code unit: [kod birimi], UTF kodlaması kod değeri

collateral exception: [ikincil hata], hata atılması sırasında atılan başka hata

comment: [açıklama satırı], programı açıklamak için programın içine yazılan satır

Compile Time Function Execution: [CTFE], derleme zamanında işlev işletme

compiler: [derleyici], programlama dili kodunu bilgisayarın anladığı makine koduna çeviren program

concurrency: [eş zamanlı programlama], iş parçacıklarının birbirlerine bağımlı olarak işlemeleri

const: [sabit], bir bağlamda değiştirilmeyen

constraint: [kısıtlama], şablon parametrelerinin uyması gereken koşulların belirlenmesi

construct: [kurma], yapı veya sınıf nesnesini kullanılabilir duruma getirmek

constructor: [kurucu işlev], nesneyi kuran işlev

container: [topluluk], aynı türden birden fazla veriyi bir araya getiren veri yapısı

context switching: [bağlam değiştirme], başka iş parçacığına geçilmesi

contract programming: [sözleşmeli programlama], işlevlerin giriş çıkış koşullarını ve nesnelerin tutarlılığını denetleyen dil olanağı

control character: [kontrol karakteri], yeni satır açan `'\n'`, yatay sekme karakteri `'\t'`, gibi özel karakterler

cooperative multi-tasking: [işbirlikli çoklu görev], görevlerin kendilerini duraksattıkları çoklu görev yöntemi

copy construct: [kopyalama], nesneyi başka bir nesnenin kopyası olarak kurmak

copy constructor: [kopyalayıcı işlev], nesneyi kopyalayan işlev

core feature: [iç olanak], dilin kütüphane gerektirmeyen bir olanağı

coroutine: [ortak işlev], aynı zamanda işletilen görevlerden birisi

CPU: [mikro işlemci], bilgisayarın beyni

CPU bound: [mikro işlemciye bağlı], zamanının çoğunu mikro işlemciyi işleterek geçiren

CPU core: [mikro işlemci çekirdeği], başlı başına mikro işlemci olarak kullanılabilen işlemci birimi

crash: [çökme], programın hata ile sonlanması

CTFE: [Compile Time Function Execution], derleme zamanında işlev işletme

Ç

çağrı yığıtı: [call stack], belleğin kısa ömürlü değişkenler ve işlev çağrıları için kullanılan bölgesi

çalışma ortamı: [runtime], çalışma zamanında dil desteği veren ve her programa otomatik olarak eklenmiş olan program parçası

çerçeve: [frame], işlev çağrısının yerel durumunu barındıran alan

çıkarsama: [deduction, inference], derleyicinin kendiliğinden anlaması

çıkış koşulu: [postcondition], işlevin garanti ettiği sonuç

çıktı: [output], programın bilgi olarak ürettiği herşey

çok paradigmalı: [multi-paradigm], çeşitli programlama yöntemlerini destekleyen

çok şekillilik: [polymorphism], başka bir tür gibi davranabilmek

çoklu görev: [multi-tasking], birden fazla görevin etkin olması

çokuzlu: [tuple], bir kaç parçanın diziye benzer biçimde bir araya gelmesinden oluşan yapı

çökme: [crash], programın hata ile sonlanması

çöp toplayıcı: [garbage collector], işi biten nesneleri sonlandıran düzenek

D

data structures: [veri yapıları], verilerin bilgisayar biliminin tanımladığı biçimde saklanmaları ve işlenmeleri

debug: [hata ayıklama], programın hatalarını bulma ve giderme

declare: [bildirim], tanımını vermeden belirtmek

decrement: [azaltma], değerini bir azaltmak

deduction, inference: [çıkarsama], derleyicinin kendiliğinden anlaması

default: [varsayılan], özellikle belirtilmediğinde kullanılan

definition: [tanım], bir ismin neyi ifade ettiğinin belirtilmesi

değer: [value], ay adedi 12 gibi isimsiz bir büyüklük

değer türü: [value type], değer taşıyan tür

değişken: [variable], kavramları temsil eden veya sınıf nesnesine erişim sağlayan program yapısı

değişmez: [immutable], programın çalışması süresince kesinlikle değişmeyen

delegate: [temsilci], oluşturulduğu ortamdaki değişkenlere erişebilen isimsiz işlev

deprecated: [emekliye ayrılan], hâlâ kullanılan ama yakında geçersiz olacak olanak

derleyici: [compiler], programlama dili kodunu bilgisayarın anladığı makine koduna çeviren program

designated initializer: [isimli ilklendirici], yapı üyelerinin isimle ilklendirilmeleri

destruct: [sonlandırma], nesneyi kullanımdan kaldırırken gereken işlemleri yapmak

destructor: [sonlandırıcı işlev], nesneyi sonlandıran işlev

deyim: [statement], ifadelerin işletilmelerini ve sıralarını etkileyen program yapısı

dilim: [slice], başka bir dizinin bir bölümüne erişim sağlayan yapı

dinamik: [dynamic], çalışma zamanında değişebilen

directory: [klasör], dosyaları barındıran dosya sistemi yapısı, "dizin"

discriminated union: [korumalı birlik], yalnızca geçerli üyesine eriştiren birlik

dizgi: [string], "merhaba" gibi bir karakter dizisi

dizi: [array], elemanları yan yana duran ve indeksle erişilen topluluk

doldurma baytı: [padding byte], değişkenleri hizalamak için aralarına gelen baytlar

döngü: [loop], tekrarlanan program yapısı

döngü açılımı: [loop unrolling], döngü içeriğinin her eleman için art arda tekrarlanması

dönüş değeri: [return value], işlevin üreterek döndürdüğü değer

duck typing: [ördek tipleme], türün değil, davranışın önemli olması

duyarlık: [precision], sayının belirgin basamak (hane) adedi

düzen: [format], bilginin giriş ve çıkışta nasıl düzenlendiği

dynamic: [dinamik], çalışma zamanında değişebilen

E

eager: [hevesli], işlemlerin, ürettikleri sonuçların kullanılacaklarından emin olunmadan gerçekleştirilmeleri

element: [eleman], topluluktaki verilerin her biri

emekliye ayrılan: [deprecated], hâlâ kullanılan ama yakında geçersiz olacak olanak

emirli programlama: [imperative programming], işlemlerin deyimler halinde adım adım belirlendikleri programlama yöntemi

encapsulation: [sarma], üyelere dışarıdan erişimi kısıtlamak

endianness: [bayt sırası], veriyi oluşturan baytların bellekte sıralanma düzeni

eniyileştirme: [optimization], kodun daha hızlı çalışacak biçimde davranışı bozulmadan değiştirilmesi

environment variable: [ortam değişkeni], programı başlatan ortamın sunduğu PATH gibi değişken

eponymous: [aynı isimde tanım içeren], kendisiyle aynı isimde tanım içeren şablon

erişici: [iterator], elemanlara erişim sağlayan yapı

eş zamanlı programlama: [concurrency], iş parçacıklarının birbirlerine bağımlı olarak işlemeleri

eşleme tablosu: [associative array], elemanlarına tamsayı olmayan indekslerle de erişilebilen veri yapısı (bir 'hash table' gerçekleştirmesi)

etiket: [label], kod satırlarına isimler vermeye yarayan olanak

evrensel: [global], modül düzeyinde tanımlanmış

exception: [hata], devam edilemeyen işlemden atılan nesne

explicit: [açıkça elle yapılan], programcı tarafından açık olarak yapılan

expression: [ifade], programın değer oluşturan veya yan etki üreten bir bölümü

expression-based contracts: [sözleşme ifadeleri], sözleşme kısa söz dizimi

F

flag: [bayrak], bir işlemin veya sonucun geçerli olup olmadığını bildiren bit

floating point: [kayan noktalı sayı], kesirli sayı

fonksiyonel programlama: [functional programming], yan etki üretmeme ilkesine dayalı programlama yöntemi

format: [düzen], bilginin giriş ve çıkışta nasıl düzenlendiği

frame: [çerçeve], işlev çağrısının yerel durumunu barındıran alan

function: [işlev], programdaki bir kaç adımı bir araya getiren program parçası

functional programming: [fonksiyonel programlama], yan etki üretmeme ilkesine dayalı programlama yöntemi

G

garbage collector: [çöp toplayıcı], işi biten nesneleri sonlandıran düzenek

geçici: [temporary], bir işlem için geçici olarak oluşturulan ve yaşamı kısa süren değişken veya nesne

geçişli çoklu görev: [preemptive multi-tasking], görevlerin bilinmeyen zamanlarda duraksatıldığı çoklu görev yöntemi

geliştirme ortamı: [IDE], program yazmayı kolaylaştıran program

genel erişim: [public], herkese açık erişim

generative: [kod üretmeli], kod üreten kodlar kullanan

generic: [türden bağımsız], belirli türlere bağlı olmayan veri yapıları ve algoritmalar

gerçekleştirme: [implementation], kodun oluşturulması

giriş koşulu: [precondition], işlevin gerektirdiği koşul

giriş/çıkış'a bağlı: [I/O bound], zamanının çoğunu giriş/çıkış işlemlerini bekleyerek geçiren

global: [evrensel], modül düzeyinde tanımlanmış

görev: [task], programın geri kalanıyla koşut işletilebilen işlem birimi

gösterge: [pointer], bir değişkeni gösteren değişken

H

hata: [exception], devam edilemeyen işlemden atılan nesne

hata atma: [throw exception], işlemin devam edilemeyeceği için sonlandırılması

hata ayıklama: [debug], programın hatalarını bulma ve giderme

hazır değer: [literal], kod içinde hazır olarak yazılan değer

hevesli: [eager], işlemlerin, ürettikleri sonuçların kullanılacaklarından emin olunmadan gerçekleştirilmeleri

hexadecimal system: [on altılı sayı sistemi], on altı rakamdan oluşan sayı sistemi

hierarchy: [sıradüzen], sınıfların türeyerek oluşturdukları aile ağacı

high level: [üst düzey], donanımdan bağımsız kavramları temsil etmeye elverişli

hizalama birimi: [alignment], bir türün değişkenlerinin bulunabileceği adres adımı

I

I/O bound: [giriş/çıkış'a bağlı], zamanının çoğunu giriş/çıkış işlemlerini bekleyerek geçiren

iç olanak: [core feature], dilin kütüphane gerektirmeyen bir olanağı

iç tanım: [nested definition], iç kapsamda tanımlanmış olan

IDE: [geliştirme ortamı], program yazmayı kolaylaştıran program

ifade: [expression], programın değer oluşturan veya yan etki üreten bir bölümü

ikili sayı sistemi: [binary system], iki rakamdan oluşan sayı sistemi

ikincil hata: [collateral exception], hata atılması sırasında atılan başka hata

ilinti: [binding], yabancı kütüphanenin olanaklarını D söz dizimiyle bildiren dosya

ilklemek: [initialize], ilk değerini vermek

imaginary number: [sanal sayı], salt sanal değerden oluşan karmaşık sayı

immutable: [değişmez], programın çalışması süresince kesinlikle değişmeyen

imperative programming: [emirli programlama], işlemlerin deyimler halinde adım adım belirlendikleri programlama yöntemi

implementation: [gerçekleştirme], kodun oluşturulması

implicit: [otomatik], derleyici tarafından otomatik olarak yapılan

increment: [arttırma], değerini bir arttırmak

index: [indeks], topluluk elemanlarına erişmek için kullanılan bilgi

infinity: [infinity], sonsuzluk

inherit: [türetmek], bir sınıfı başka sınıfın alt türü olarak tanımlamak

inheritance: [kalıtım], başka bir türün üyelerini türeme yoluyla edinmek

initialize: [ilklemek], ilk değerini vermek

inline function: [kod içi işlev], işlevin çağrılması yerine içeriğinin çağrıldığı noktaya yerleştirilmesi

interface: [arayüz], yapının, sınıfın, veya modülün sunduğu işlevler

invariant: [mutlak değişmez], nesnenin tutarlılığı açısından her zaman için doğru olan

isim alanı: [name scope], ismin geçerli olduğu kapsam

isim gizleme: [name hiding], üst sınıfın aynı isimli üyelerinin alt sınıftakiler tarafından gizlenmeleri

isimli ilklendirici: [designated initializer], yapı üyelerinin isimle ilklendirilmeleri

isimsiz işlev: [lambda], çoğunlukla işlevlere parametre değeri olarak gönderilen kısa ve isimsiz işlev

istemci: [client], sunucu programın hizmetlerinden yararlanan program

iş parçacığı: [thread], işletim sisteminin program işletme birimi

işaretli tür: [signed type], eksi ve artı değer alabilen tür

işaretsiz tür: [unsigned type], yalnızca artı değer alabilen tür

işbirlikli çoklu görev: [cooperative multi-tasking], görevlerin kendilerini duraksattıkları çoklu görev yöntemi

işleç: [operator], bir veya daha fazla ifadeyle iş yapan özel işaret (+, -, =, [], vs.)

işleç birleşimi: [operator associativity], aynı önceliğe sahip işleçlerden soldakinin mi sağdakinin mi önce işletileceği

işlev: [function], programdaki bir kaç adımı bir araya getiren program parçası

iterator: [erişici], elemanlara erişim sağlayan yapı

K

kalan: [modulus], bölme işleminin kalan değeri

kalıtım: [inheritance], başka bir türün üyelerini türeme yoluyla edinmek

kapama: [closure], işlemi ve işlediği kapsamı bir arada saklayan program yapısı

kapsam: [scope], küme parantezleriyle belirlenen bir alan

karakter: [character], 'a', '€', '\n', gibi en alt düzey metin parçası

karakter kodlaması: [character encoding], karakter kodlarının ifade edilme yöntemi

katma: [mixin], program içine otomatik olarak kod yerleştirme

kayan noktalı sayı: [floating point], kesirli sayı

kaynak dosya: [source file], programcının yazdığı kodu içeren dosya

kesintisiz işlem: [atomic operation], bir iş parçacığı tarafından kesintiye uğramadan işletilen işlem

keyword: [anahtar sözcük], dilin kendisi için ayırmış olduğu ve iç olanakları için kullandığı sözcük

kırpılma: [truncate], sayının virgülden sonrasının kaybedilmesi

kısıtlama: [constraint], şablon parametrelerinin uyması gereken koşulların belirlenmesi

kilitsiz veri yapısı: [lock-free data structure], kilit nesnesi gerektirmeden eş zamanlı programlamada doğru işleyen veri yapısı

klasör: [directory], dosyaları barındıran dosya sistemi yapısı, "dizin"

kod birimi: [code unit], UTF kodlaması kod değeri

kod içi işlev: [inline function], işlevin çağrılması yerine içeriğinin çağrıldığı noktaya yerleştirilmesi

kod noktası: [code point], Unicode'un tanımlamış olduğu harf, im, vs.

kod şişmesi: [code bloat], şablon için çok sayıda kod üretilmesi

kod tablosu: [code page], 127'den büyük karakter değerlerinin bir dünya dili için tanımlanmaları

kod üretmeli: [generative], kod üreten kodlar kullanan

kontrol karakteri: [control character], yeni satır açan `'\n'`, yatay sekme karakteri `'\t'`, gibi özel karakterler

kopya sonrası: [post blit], üyelerin kopyalanmalarından sonraki işlemler

kopyalama: [copy construct], nesneyi başka bir nesnenin kopyası olarak kurmak

kopyalayıcı işlev: [copy constructor], nesneyi kopyalayan işlev

korumalı birlik: [discriminated union], yalnızca geçerli üyesine eriştiren birlik

korumalı erişim: [protected], belirli ölçüde korumalı erişim

koşut işlemler: [parallelization], bağımsız işlemlerin aynı anda işletilmeleri

kurma: [construct], yapı veya sınıf nesnesini kullanılabilir duruma getirmek

kurucu işlev: [constructor], nesneyi kuran işlev

küçük soncul: [little endian], değerin alt bitlerini oluşturan baytın bellekte önceki adreste bulunduğu işlemci mimarisi

kütüphane: [library], belirli bir konuda çözüm getiren tür tanımlarının ve işlevlerin bir araya gelmesi

L

label: [etiket], kod satırlarına isimler vermeye yarayan olanak

lambda: [isimsiz işlev], çoğunlukla işlevlere parametre değeri olarak gönderilen kısa ve isimsiz işlev

lazy evaluation: [tembel değerlendirme], işlemlerin gerçekten gerekene kadar geciktirilmesi

library: [kütüphane], belirli bir konuda çözüm getiren tür tanımlarının ve işlevlerin bir araya gelmesi

linkage: [bağlanım], derlenen koddaki özgün ismi belirleyen kurallar vs.

linked list: [bağlı liste], her elemanı bir sonraki elemanı gösteren veri yapısı

linker: [bağlayıcı], derleyicinin oluşturduğu program parçalarını bir araya getiren program

literal: [hazır değer], kod içinde hazır olarak yazılan değer

little endian: [küçük soncul], değerin alt bitlerini oluşturan baytın bellekte önceki adreste bulunduğu işlemci mimarisi

lock-free data structure: [kilitsiz veri yapısı], kilit nesnesi gerektirmeden eş zamanlı programlamada doğru işleyen veri yapısı

logical expression: [mantıksal ifade], değeri false veya true olan ifade

loop: [döngü], tekrarlanan program yapısı

loop unrolling: [döngü açılımı], döngü içeriğinin her eleman için art arda tekrarlanması

low level: [alt düzey], donanıma yakın olanak

lvalue: [sol değer], adresi alınabilen değer

M

machine code: [makine kodu], mikro işlemcinin dili

magic constant: [sihirli sabit], ne anlama geldiği anlaşılmayan sabit değer

makine kodu: [machine code], mikro işlemcinin dili

mantıksal ifade: [logical expression], değeri false veya true olan ifade

member: [üye], yapı veya sınıfın özel değişkenleri ve nesneleri

member function: [üye işlev], yapı veya sınıfın kendi tanımladığı işlemleri

memory leak: [bellek sızıntısı], artık kullanılmasa bile bellek bölgesinin geri verilmemesi

message passing: [mesajlaşma], iş parçacıklarının birbirlerine mesaj göndermeleri

metin düzenleyici: [text editor], metin yazmaya yarayan program

mikro işlemci: [CPU], bilgisayarın beyni

mikro işlemci çekirdeği: [CPU core], başlı başına mikro işlemci olarak kullanılabilen işlemci birimi

mikro işlemciye bağlı: [CPU bound], zamanının çoğunu mikro işlemciyi işleterek geçiren

mixin: [katma], program içine otomatik olarak kod yerleştirme

module: [modül], programın veya kütüphanenin işlev ve tür tanımlarından oluşan bir alt birimi

modulus: [kalan], bölme işleminin kalan değeri

modül: [module], programın veya kütüphanenin işlev ve tür tanımlarından oluşan bir alt birimi

move: [taşıma], bir yerden bir yere kopyalamadan aktarma

multi-paradigm: [çok paradigmalı], çeşitli programlama yöntemlerini destekleyen

multi-tasking: [çoklu görev], birden fazla görevin etkin olması

mutlak değişmez: [invariant], nesnenin tutarlılığı açısından her zaman için doğru olan

N

name hiding: [isim gizleme], üst sınıfın aynı isimli üyelerinin alt sınıftakiler tarafından gizlenmeleri

name mangling: [özgün isim üretme], bağlayıcı tanıyabilsin diye programdaki isimlerin özgünleştirilmeleri

name scope: [isim alanı], ismin geçerli olduğu kapsam

nesne: [object], belirli bir sınıf veya yapı türünden olan değişken

nesne yönelimli: [object oriented], işlemlerin ilgili oldukları tür üzerinde tanımlanmaları

nested definition: [iç tanım], iç kapsamda tanımlanmış olan

nitelik: [property, attribute], bir türün veya nesnenin bir özelliği

O

object: [nesne], belirli bir sınıf veya yapı türünden olan değişken

object lifetime: [yaşam süreci], bir değişkenin veya nesnenin tanımlanmasından işinin bitmesine kadar geçen süre

object oriented: [nesne yönelimli], işlemlerin ilgili oldukları tür üzerinde tanımlanmaları

on altılı sayı sistemi: [hexadecimal system], on altı rakamdan oluşan sayı sistemi

operator: [işleç], bir veya daha fazla ifadeyle iş yapan özel işaret (+, -, =, [], vs.)

operator associativity: [işleç birleşimi], aynı önceliğe sahip işleçlerden soldakinin mi sağdakinin mi önce işletileceği

optimization: [eniyileştirme], kodun daha hızlı çalışacak biçimde davranışı bozulmadan değiştirilmesi

or (logical): [veya (mantıksal)], iki ifadenin en az birisinin doğru olduğunu denetleyen işleç

ortak işlev: [coroutine], aynı zamanda işletilen görevlerden birisi

ortam değişkeni: [environment variable], programı başlatan ortamın sunduğu PATH gibi değişken

otomatik: [implicit], derleyici tarafından otomatik olarak yapılan

output: [çıktı], programın bilgi olarak ürettiği herşey

overflow veya underflow: [taşma; üstten veya alttan], değerin bir türe sığamayacak kadar büyük veya küçük olması

overloading: [yükleme], aynı isimde birden çok işlev tanımlama

override: [yeniden tanımlama], üye işlevin alt sınıf tarafından yeniden tanımlanması

Ö

ön bellek: [cache], hızlı veri veya kod erişimi için kullanılan mikro işlemci iç belleği

önceki değerli arttırma: [post-increment], sayıyı arttıran ama önceki değerini üreten işleç

önceki değerli azaltma: [post-decrement], sayıyı azaltan ama önceki değerini üreten işleç

öncelik: [precedence], işleçlerin hangi sırada işletilecekleri

ördek tipleme: [duck typing], türün değil, davranışın önemli olması

özel erişim: [private], başkalarına kapalı erişim

özelleme: [specialization], şablonun bir özel tanımı

özgün isim üretme: [name mangling], bağlayıcı tanıyabilsin diye programdaki isimlerin özgünleştirilmeleri

özyineleme: [recursion], bir işlevin doğrudan veya dolaylı olarak kendisini çağırması

P

package: [paket], aynı klasörde bulunan modüller

padding byte: [doldurma baytı], değişkenleri hizalamak için aralarına gelen baytlar

paket: [package], aynı klasörde bulunan modüller

parallelization: [koşut işlemler], bağımsız işlemlerin aynı anda işletilmeleri

parameter: [parametre], işleve işini yapması için verilen bilgi

parametre değeri: [argument], işleve parametre olarak verilen bir değer

Phobos: [Phobos], D dilinin standart kütüphanesi

pointer: [gösterge], bir değişkeni gösteren değişken

polymorphism: [çok şekillilik], başka bir tür gibi davranabilmek

post blit: [kopya sonrası], üyelerin kopyalanmalarından sonraki işlemler

post-decrement: [önceki değerli azaltma], sayıyı azaltan ama önceki değerini üreten işleç

post-increment: [önceki değerli arttırma], sayıyı arttıran ama önceki değerini üreten işleç

postcondition: [çıkış koşulu], işlevin garanti ettiği sonuç

postfix operator: [sonek işleç], `i++`'da olduğu gibi ifadenin sonuna eklenen işleç

precedence: [öncelik], işleçlerin hangi sırada işletilecekleri

precision: [duyarlık], sayının belirgin basamak (hane) adedi

precondition: [giriş koşulu], işlevin gerektirdiği koşul

preemptive multi-tasking: [geçişli çoklu görev], görevlerin bilinmeyen zamanlarda duraksatıldığı çoklu görev yöntemi

private: [özel erişim], başkalarına kapalı erişim

program: [program], bilgisayara yapacağı işleri bildiren bir dizi ifade

property, attribute: [nitelik], bir türün veya nesnenin bir özelliği

protected: [korumalı erişim], belirli ölçüde korumalı erişim

proxy: [vekil], başka nesne yerine kullanılan nesne

public: [genel erişim], herkese açık erişim

R

race condition: [yarış hali], verinin yazılma ve okunma sırasının kesin olmaması

range: [aralık], belirli biçimde erişilen bir grup eleman

recursion: [özyineleme], bir işlevin doğrudan veya dolaylı olarak kendisini çağırması

referans: [reference], asıl nesneye, onun takma ismi gibi erişim sağlayan program yapısı

referans türü: [reference type], başka bir nesneye erişim sağlayan tür

reference: [referans], asıl nesneye, onun takma ismi gibi erişim sağlayan program yapısı

reference type: [referans türü], başka bir nesneye erişim sağlayan tür

register: [yazmaç], mikro işlemcinin en temel iç depolama ve işlem birimi

return value: [dönüş değeri], işlevin üreterek döndürdüğü değer

runtime: [çalışma ortamı], çalışma zamanında dil desteği veren ve her programa otomatik olarak eklenmiş olan program parçası

rvalue: [sağ değer], adresi alınamayan değer

S

sabit: [const], bir bağlamda değiştirilmeyen

sağ değer: [rvalue], adresi alınamayan değer

sanal işlev: [virtual function], tanımı alt sınıfta değiştirilebilen işlev

sanal işlev tablosu: [virtual function table, vtbl], sınıfın sanal işlev göstergelerinden oluşan tablo

sanal sayı: [imaginary number], salt sanal değerden oluşan karmaşık sayı

sarma: [encapsulation], üyelere dışarıdan erişimi kısıtlamak

scope: [kapsam], küme parantezleriyle belirlenen bir alan

script: [betik], terminal komutlarından oluşan program

sekme: [tab], çıktı düzeni için kullanılan hayali sütunlar

server: [sunucu], başka programlara hizmet eden program

sığa: [capacity], yeni elemanlar için önceden ayrılmış olan yer

sınıf: [class], kendi üzerinde kullanılan işlevleri de tanımlayan veri yapısı

sıradüzen: [hierarchy], sınıfların türeyerek oluşturdukları aile ağacı

sırasızlık: [unordered], sıra ilişkisi olmama durumu

side effect: [yan etki], bir ifadenin, ürettiği değer dışındaki etkisi

signed type: [işaretli tür], eksi ve artı değer alabilen tür

sihirli sabit: [magic constant], ne anlama geldiği anlaşılmayan sabit değer

slice: [dilim], başka bir dizinin bir bölümüne erişim sağlayan yapı

sol değer: [lvalue], adresi alınabilen değer

sonek işleç: [postfix operator], `i++`'da olduğu gibi ifadenin sonuna eklenen işleç

sonlandırıcı işlev: [destructor], nesneyi sonlandıran işlev

sonlandırma: [destruct], nesneyi kullanımdan kaldırırken gereken işlemleri yapmak

source file: [kaynak dosya], programcının yazdığı kodu içeren dosya

soyut: [abstract], somut gerçekleştirmesi verilmemiş olan

söz dizimi: [syntax], dilin yazım ile ilgili olan kuralları

sözleşme ifadeleri: [expression-based contracts], sözleşme kısa söz dizimi

sözleşmeli programlama: [contract programming], işlevlerin giriş çıkış koşullarını ve nesnelerin tutarlılığını denetleyen dil olanağı

specialization: [özelleme], şablonun bir özel tanımı

stack unwinding: [yığıt çözülmesi], atılan hata nedeniyle çerçevelerin çağrı yığıtından çıkartılmaları

standard input: [standart giriş], program girişinin normalde okunduğu akım

standard output: [standart çıkış], program çıktısının normalde gönderildiği akım

standart giriş: [standard input], program girişinin normalde okunduğu akım

statement: [deyim], ifadelerin işletilmelerini ve sıralarını etkileyen program yapısı

static: [statik], derleme zamanında belirli olan

stream: [akım], nesnelerin art arda erişildiği giriş çıkış birimi

string: [dizgi], "merhaba" gibi bir karakter dizisi

struct: [yapı], başka verileri bir araya getiren veri yapısı

subclass: [alt sınıf], başka sınıftan türetilen sınıf

sunucu: [server], başka programlara hizmet eden program

super class: [üst sınıf], kendisinden sınıf türetilen sınıf

sürüm: [version], programın, olanaklarına göre farklar içeren hali

syntax: [söz dizimi], dilin yazım ile ilgili olan kuralları

Ş

şablon: [template], derleyicinin örneğin 'türden bağımsız programlama' için kod üretme düzeneği

T

tab: [sekme], çıktı düzeni için kullanılan hayali sütunlar

takma isim: [alias], var olan bir olanağın başka bir ismi

tanım: [definition], bir ismin neyi ifade ettiğinin belirtilmesi

tanımsız davranış: [undefined behavior], programın ne yapacağının dil tarafından tanımlanmamış olması

task: [görev], programın geri kalanıyla koşut işletilebilen işlem birimi

taşıma: [move], bir yerden bir yere kopyalamadan aktarma

taşma; üstten veya alttan: [overflow veya underflow], değerin bir türe sığamayacak kadar büyük veya küçük olması

tembel değerlendirme: [lazy evaluation], işlemlerin gerçekten gerekene kadar geciktirilmesi

template: [şablon], derleyicinin örneğin 'türden bağımsız programlama' için kod üretme düzeneği

temporary: [geçici], bir işlem için geçici olarak oluşturulan ve yaşamı kısa süren değişken veya nesne

temsilci: [delegate], oluşturulduğu ortamdaki değişkenlere erişebilen isimsiz işlev

terminal: [uç birim], bilgisayar sistemlerinin kullanıcıyla etkileşen giriş/çıkış birimi; "konsol", "komut satırı", "cmd penceresi", "DOS ekranı", vs.

ternary operator: [üçlü işleç], ifadenin değerine göre ya birinci, ya da ikinci değeri üreten işleç

text editor: [metin düzenleyici], metin yazmaya yarayan program

thread: [iş parçacığı], işletim sisteminin program işletme birimi

throw exception: [hata atma], işlemin devam edilemeyeceği için sonlandırılması

topluluk: [container], aynı türden birden fazla veriyi bir araya getiren veri yapısı

truncate: [kırpılma], sayının virgülden sonrasının kaybedilmesi

tuple: [çokuzlu], bir kaç parçanın diziye benzer biçimde bir araya gelmesinden oluşan yapı

tür dönüşümü: [type conversion], bir değeri kullanarak başka bir türden değer elde etmek

tür nitelendirici: [type qualifier], const, immutable, shared, ve inout

türden bağımsız: [generic], belirli türlere bağlı olmayan veri yapıları ve algoritmalar

türetmek: [inherit], bir sınıfı başka sınıfın alt türü olarak tanımlamak

type conversion: [tür dönüşümü], bir değeri kullanarak başka bir türden değer elde etmek

type qualifier: [tür nitelendirici], const, immutable, shared, ve inout

U

uç birim: [terminal], bilgisayar sistemlerinin kullanıcıyla etkileşen giriş/çıkış birimi; "konsol", "komut satırı", "cmd penceresi", "DOS ekranı", vs.

undefined behavior: [tanımsız davranış], programın ne yapacağının dil tarafından tanımlanmamış olması

union: [birlik], birden fazla değişkeni aynı bellek bölgesinde depolayan veri yapısı

unit test: [birim testi], programın alt birimlerinin bağımsız olarak denetlenmeleri

unordered: [sırasızlık], sıra ilişkisi olmama durumu

unsigned type: [işaretsiz tür], yalnızca artı değer alabilen tür

Ü

üçlü işleç: [ternary operator], ifadenin değerine göre ya birinci, ya da ikinci değeri üreten işleç

üst düzey: [high level], donanımdan bağımsız kavramları temsil etmeye elverişli

üst sınıf: [super class], kendisinden sınıf türetilen sınıf

üye: [member], yapı veya sınıfın özel değişkenleri ve nesneleri

üye işlev: [member function], yapı veya sınıfın kendi tanımladığı işlemleri

V

value: [değer], ay adedi 12 gibi isimsiz bir büyüklük

value type: [değer türü], değer taşıyan tür

variable: [değişken], kavramları temsil eden veya sınıf nesnesine erişim sağlayan program yapısı

variadic: [belirsiz sayıda parametre], aynı işlevi (veya şablonu) farklı sayıda parametre ile çağırabilme olanağı

varsayılan: [default], özellikle belirtilmediğinde kullanılan

ve (mantıksal): [and (logical)], iki ifadenin her ikisinin doğru olduğunu denetleyen işleç

vekil: [proxy], başka nesne yerine kullanılan nesne

veri yapıları: [data structures], verilerin bilgisayar biliminin tanımladığı biçimde saklanmaları ve işlenmeleri

version: [sürüm], programın, olanaklarına göre farklar içeren hali

veya (mantıksal): [or (logical)], iki ifadenin en az birisinin doğru olduğunu denetleyen işleç

virtual function: [sanal işlev], tanımı alt sınıfta değiştirilebilen işlev

virtual function table, vtbl: [sanal işlev tablosu], sınıfın sanal işlev göstergelerinden oluşan tablo

X

xor (exclusive or) (logical): [ya da (mantıksal)], iki ifadenin tekinin doğru olduğunu denetleyen işleç

Y

yan etki: [side effect], bir ifadenin, ürettiği değer dışındaki etkisi

yapı: [struct], başka verileri bir araya getiren veri yapısı

yarış hali: [race condition], verinin yazılma ve okunma sırasının kesin olmaması

yaşam süreci: [object lifetime], bir değişkenin veya nesnenin tanımlanmasından işinin bitmesine kadar geçen süre

yazmaç: [register], mikro işlemcinin en temel iç depolama ve işlem birimi

yeniden tanımlama: [override], üye işlevin alt sınıf tarafından yeniden tanımlanması

yığıt çözülmesi: [stack unwinding], atılan hata nedeniyle çerçevelerin çağrı yığıtından çıkartılmaları

yükleme: [overloading], aynı isimde birden çok işlev tanımlama

Z

zaman uyumsuz: [asynchronous], önceden bilinmeyen zaman aralıklarında gerçekleşen

Dizin

C

Ç

D

E

F

G

J

K

L

M

S

Z

www.ingramcontent.com/pod-product-compliance
Lightning Source LLC
Chambersburg PA
CBHW080546060326
40689CB00021B/4762

* 9 7 8 1 0 8 7 9 3 3 0 6 1 *